宋代社会经济史论集

增订本

上册

梁庚尧 著

创于1897
商務印書館
The Commercial Press

图书在版编目(CIP)数据

宋代社会经济史论集/梁庚尧著.—增订本.—北京:商务印书馆,2024
ISBN 978-7-100-12925-1

Ⅰ.①宋… Ⅱ.①梁… Ⅲ.①中国经济史—宋代—文集 Ⅳ.①F129.44-53

中国版本图书馆CIP数据核字(2017)第010040号

宋代社会经济史论集
(增订本)
(上下册)
梁庚尧 著

商务印书馆出版
(北京王府井大街36号 邮政编码100710)
商务印书馆发行
北京中科印刷有限公司印刷
ISBN 978-7-100-12925-1

2024年6月第1版 开本 880×1230 1/32
2024年6月北京第1次印刷 印张 45¾
定价:288.00元

作者简介

梁庚尧，一九四八年出生于广州，旋即移居香港，后定居台北。历史学博士，台湾大学历史系教授，专研宋史。自一九七七年任教于台湾大学历史系迄今，接续《食货》和《新史学》的传统，是台湾史学界崛起的优秀历史学者。先后出版有:《南宋的农地利用政策》《南宋的农村经济》《宋代社会经济史论集》《中国社会史》《宋代科举社会》等专著。

谨以此书纪念

先母钟太夫人八秩冥诞

增订本序

本书原于一九九七年由台北的允晨文化实业股份有限公司出版，如今由北京的商务印书馆重刊，添入了四篇论文。这四篇论文都发表于一九九七年之后，包括书中“地区发展与城镇社会”类的《从南北到东西——宋代真州转运地位的转变》和《南宋城市的公共卫生问题》，以及“附录”的《从〈读书杂志〉到〈食货〉半月刊——中国社会经济史研究的兴起》和《历史未停滞：从中国社会史分期论争看全汉昇的唐宋经济史研究》，其中讨论宋代真州一文的发表已迟至二〇一三年十二月，这时我已自教职退休。所以选取这四篇发表较晚的论文添入，前两文在于这是延续我教书早期对宋代城市的研究而来，和原已收于书中的其他同类论文可以比并而观；后两文则由于所讨论的是中国社会经济史研究的早期发展，所涉及的两位主要学者陶希圣先生和全汉昇先生，又特别与台湾的史学界相关，置于这本书名以社会经济史为题的论文集中，应该不无意义。以下分别说明这四篇论文的写作缘起和要旨。

新收入“地区发展与城镇社会”类的两篇论文，《南宋城市的公共卫生问题》发表在先，《从南北到东西——宋代真州转运地位的转变》的写作却动念在前。我开始注意到真州经济地位的重要，是在念研究所时读到全汉昇先生的《唐宋时代扬州经济景况的繁荣与衰落》，这篇论文讲唐末、五代以后扬州所以衰落，与宋代真州的兴起有密切关系，扬州原有的运输业、国内贸易业、金融业与造船业等，为邻近的真州所夺。起意要写一篇讨论真州的论文，则在教书初期，由于搜集城市史料，发现真州州城的城市户口比率颇高，在南宋时仅次于行都临安，因而对这处城市感到兴趣，想要多一点了解。自此陆续搜集资料，后来研究南宋淮浙盐业，也对真州在淮浙盐货转运上的重要性有更多的认识，但是一直未能集中精神、时间去做。要到退休前两年，才专心进行这项研究，将论文写成。这篇论文写成于退休前，写成后曾在二〇一三年五月于台大历史系由教师轮流主讲的讲论会上提出报告，这也是我在系里讲论会最后一次的报告，此文又是我退休前所写的最后一篇论文，对我自己来说，具有纪念的意义。

这篇论文从转运城市的特色来看真州，指出真州在南、北宋之间所发挥的转运功能曾有所转变。北宋时南北之间的联系要优于东西之间的联系，到了南宋，由于政治局势的转变，转以东西之间的联系为主，联系南北的功能虽仍存在，却大为减弱。这一个转变，也导致真州在长江沿岸城市中转运地位的转变，在北宋时是首屈一指，到南宋时却有其他城市可以与之并驾齐驱。如果从经济功能的观点来看宋代的城市，依其主要特色划分为消费、生产和转运三种类型，北宋都城汴京和南宋都城临安，主要以全国政治中心所带来的巨量消费而繁盛，可以归类为消费型城市，已有全汉昇先生的两篇论文自输入贸易的角度来申论；原已收于本书的《宋元时代的苏州》，从苏州如何以邻近地区的肥沃土地和丰盛农产为基础，发展成一处富于商业性的大城市，可以归类为生产型城市；至于全汉昇先生已经讨论过的南方大贸易海港广州，和这篇论文所讨论的位于长江和运河交口的真州，主要因各种物资的转运而繁盛，则无疑应归类为转运型城市。

《南宋城市的公共卫生问题》这篇论文，是由于参加台北的“中央研究院”历史语言研究所在一九九八年所举办的“洁净的历史”研讨会而撰写的，谈的是当时城市居住及进出人口大量增加之后，所造成的污秽问题，以及因此而导致的传染病流行。这种情形，不仅见于南宋最繁盛的大城市临安，也普遍见于各处的地方城市。文中进一步讨论了政府面对这种情况所采取的各种措施，有些尝试从心理上来安定民众，有些企图维持一个比较洁净的环境，有些则提供给民众医疗的方便，甚至成立各种公共卫生与社会福利设施。这一类设施在城市中普遍设置，是宋代以迄明清时期城市的一项特色，宋代则是这项特色奠基的时期，特别是南宋。这项特色所以会出现，应与政府企求舒缓疾病流行的影响有部分关联。这一个题目本来不在我当初写作的规划之内，不过对于这一个问题的注意，却早在原已收于本书的《南宋城市的发展》这篇论文在一九八一年初发表之后。当时有一位对科技史有浓厚兴趣的陈胜昆医师，读到《南宋城市的发展》引用了几条讲城市中河道污染的史料，找我讨论，指出一处人口若密集到某个程度，就容易发生传染病。我从此才注意到宋代城市中疫病流行的记载，但是并没有想到要写一篇论文来讨论这个问题，如果不是应邀参加这一次研讨会，是不会写的。这篇论文写作时，陈医师已因意外去世多年，令人不胜感怀。

新收入“附录”的《从〈读书杂志〉到〈食货〉半月刊——中国社会经济史研究的兴起》《历史未停滞：从中国社会史分期论争看全汉昇的唐宋经济史研究》两篇论文，所讨论的是同一个课题，亦即早期的中国社会经济史研究从政治论争转入学术研究的过程。这一个课题虽非完全和我从事的宋史研究无关，但已转入了近代史学史的范围。所以会写这两篇论文，缘起于应当时任教于台中中兴大学历史系的周梁楷教授之邀，参加他担任总主持的一项近代史学史整合型计划。这项计划以一九三〇到一九六〇年代的中西史家为探讨对象，而以史家与时代的关联为讨论重心，他希望我能选取一位研究宋史的史家为研究对象。我因为对全汉昇先生的宋代经济史论著比较熟悉，自念硕士班时读他的论文起，就对他十分钦佩，所以决定研究全先生。一开始着手时，虽然对收在他的《中国经济史论丛》和《中国经济史研究》两部论文集中的唐宋经济史论文，都已经读过不止一次，却摸不着头绪，找不到一条可以引出问题的中心线索。后来读到他用皮伦的笔名，发表在《文史杂志》上的一篇短文《秦汉以后的社会是停滞不进的吗》，才掌握到问题，也才了解全先生早期的研究和时代的关联。于是我从全汉昇先生的师长陶希圣先生和《食货》半月刊入手，先看全先生所承受的影响，然后才看他的唐宋经济史研究在时代中的意义，写成上述两篇论文。

这两篇论文中的《从〈读书杂志〉到〈食货〉半月刊——中国社会经济史研究的兴起》可以说是这项研究的前篇，讨论的是中国社会经济史如何从《读书杂志》中的现实政治论争，转变为陶希圣先生所创办的《食货》半月刊中的学术研究。最后指出《食货》半月刊虽然因为抗战爆发而停刊，却也培育出几位重要的中国社会经济史学者，特别是全汉昇先生，他对中国社会经济史分期的看法来自陶希圣先生，他的唐宋经济史业绩也得益于《食货》半月刊的作品。本书原刊本的序中提到过，我所以会以宋代城市为继宋代农村之后的研究课题，是由于在教育部的博士论文口试中得到陶希圣先生的指点，一直到我这时为了研究全汉昇先生而去读陶先生早年在《读书杂志》

和《食货》半月刊上的一些文字，才比较了解他何以会如此指引。这篇论文写成之后，刚好周梁楷教授为祝贺逯耀东老师的七十寿庆而向我征稿。我从念研究所时起就得到逯老师的关照，周教授找我参加他总主持的计划，我了解曾得到逯老师的指示，以全汉昇先生为研究课题也得到他的首肯，《读书杂志》上的中国社会史论战又是他曾经处理过的问题，于是就以此文向他祝寿，收入了周教授编的祝寿论文集《结网二篇》中。论文集出版后不到三年，逯老师便去世，到如今已约有十年。逯老师看过我那篇论文后，在鼓励的同时，也期望我今后能就中国近代史学史中社会经济史研究这个课题，继续往下研究，可是我力有未及。感念师恩，上述因他的指引而选题完成的两篇论文，实不足以为报。

《历史未停滞：从中国社会史分期论争看全汉昇的唐宋经济史研究》可以说是这项研究的本篇，要点在指出，全汉昇先生的唐宋经济史研究，可以说是陶希圣先生和傅斯年先生两人学风的结合，在研究功夫上是踏实的，在方法上是严谨的，可是却不仅仅是就史料以探史实而已，而是同时能对时代有所回应，具有现实的意义。他在进入“中央研究院”工作之后，运用丰富的史料，表达以细致的论述，以市场经济的发展为中心，探讨唐宋时期的经济史，认为中唐以前和中唐以后的社会是两个具有不同形态的段落，以前后两个段落相对比，秦汉以后的社会并非如一些人所认为的长期停滞不前。具体地讲，是从中古时代商品交换比较沉寂的自然经济，演变到中唐以后商品交换日趋活跃的货币经济。此一见解，显然是针对社会史论战中的长期停滞论而发。他的说法，将陶希圣先生所主张的历史阶段论中的第二阶段到第三阶段的演变，落实到研究上，并且开拓出一些早期相关论述的作者所没有注意到的问题。从全先生的例子也可以看出，即使是“中央研究院”内的史学研究，也并非完全无关于世变。当周梁楷教授和我讨论他的计划时，全汉昇先生尚仍健在，不久之后即以九十高龄去世，这篇论文刊出时，已在全先生去世之后约四年。不过早在他的生前，他认为在唐宋之际曾有过一次较大的经济形态转变的说法，在海峡两岸的史学界都已获得共鸣。

新收入本书的四篇论文，除收于《结网二编》的一篇外，其他三篇都发表于学术期刊，刊出前曾参考审查人的意见修改，谨此致谢。本书在大陆由商务印书馆以简体字版重刊，承北京中国政法大学法律古籍整理研究所赵晶副教授积极推动，与台北“科技部”人文社会科学研究中心从事博士后研究的李如钧先生居间联系，又蒙北京大学历史系邓小南教授和中国人民大学历史系包伟民教授惠予推荐，一并于此致谢。此外，原刊本所附五幅地图，此次均得台大历史研究所博士生吴挺志先生重绘；增订本新收入的《从南北到东西——宋代真州转运地位的转变》所附两幅地图，则系此文写作时由当时尚是硕士生的吴先生所绘，亦在此表达谢意。

当撰写这篇增订本序时，业师林瑞翰教授逝世已七个多月。我在原刊本序中，曾述及伯羽师在我念研究所时所给予的指导。他要求我从基本史料阅读奠定好研究基础，以及在研究过程中严守谨严的态度，却宽容我在题目选择和问题思考上自由驰骋，他在提示我几个北宋政治史题目和研究方向的同时，也说明仅是供我参考，也因此才有我的硕士论文《南宋的农地利用政策》的完成，然后在他的推荐下顺理成章地以研究计划“南宋的农村经济”报考博士班。尽管他对我的论文初稿仔细阅读，并且字斟句酌地修改，却能够接受我对于史事有不同于他的意见。他对学生的奖掖也不遗余力，将我写的《南宋农村的户口概况》推荐到《沈刚伯先生八秩荣庆论文集》上发表，我从此才渐为学术界所知。这时我博士班尚未毕业，这篇论文后来成为我的博士论文《南宋的农村经济》的第一章，其中对宋代户多口少现象形成基本原因的主张，正是我和伯羽师过去看法相左之处，但是他认为我已有论证而不以为忤。伯羽师兼长魏晋南北朝史与宋史，他在二〇一〇年时已是八十三岁高龄，以带病之身，仍然自学术期刊汇集过去与逯耀东师合作分篇撰写的《晋会要》已完成篇章，并独力再撰写六篇，出版《晋会要》一书。其治学精神，几近持之终身，可为后辈典范。感念多年来伯羽师的教诲和提携之恩，谨借此序表达深挚的追思。

梁庚尧序于二〇一五年十二月二日

本书初校得到王俪桥小姐、邹武霖先生、黄登仪小姐三位的协助，尤其以王俪桥小姐的贡献为多，到后来几乎就是她一个人的贡献。复校得到长子俊平的协助，他受过海峡两岸的历史学训练，了解历史论文的表达方式，对于简体字也颇能掌握。上册最后的校改出于我自己之手，下册则得到李如钧先生与周睿立先生的协助，我自己在他们改定后曾亲阅一过。于此向协助校对诸君表达致谢之意。

又本书于编排时发现了引用史料颇有文字疏误之处，获李如钧先生、周睿立先生、廖伟伦先生协助，重新校对所引史料，加以更正，谨此致谢。

补记于二〇二一年九月二十七日

二〇二二年二月十日再补

二〇二三年十月二日再补

序

本书共收论文二十一篇，分成上、下册，除附录中《刘爚〈云庄集〉的版本及其真伪》一文发表时间较早外，其余各篇均写于一九七七年任教台湾大学历史系以后，发表则最早一篇已在一九八一年初。此后十五年间，所发表的论文大多已收入本书，只有关于南宋盐政的作品，由于篇数稍多，研究也尚未全部完成，而未收入。书中各篇论文，较之初发表时已稍有增删修订。这些论文利用教学余暇写成，过程往往匆忙，即使已作修改，必定仍有疏误，有待读者指正。

收在本书的论文，除附录四篇外，都属于宋代社会经济史的研究范围。以各篇所涉及的问题为依据，大别可以归为四类。第一类是西北边粮与宋夏战争，包括《边粮运输问题与北宋前期对夏政策的转变》《宋神宗时代西北边粮的筹措》《北宋元丰伐夏战争的军粮问题》三篇。这几篇论文主要以宋、夏之间两次有关灵州争夺的战争为中心，讨论边粮问题在其间所发生的作用。这一部分可以说是我在台湾大学读硕士班时，在林伯羽师指导下研读《续资治通鉴长编》的成果，观念初步形成于当时，写成论文却在任教之后。

第二类是财政对政策与朝议的影响，包括《市易法述》《北宋的圩田政策》《南宋时期关于岁币的讨论》三篇。这几篇讨论的对象差异较大，写作的背景也有不同，但是皆以财政的影响力作为探讨的重心。《市易法述》的写作，源于研究南宋城市时引生出的兴趣，原本想从社会政策的角度去观察，细阅史料之后，却不得不转向财政政策的方向。这一篇论文和前述两篇讨论宋神宗时代西北边粮的论文合并而观，构成了我对此一时期政情的一点浅见。《北宋的圩田政策》一文，是我的硕士论文《南宋的农地利用政策》中，《南宋的圩田政策》一章的延伸，主要是为南宋的圩田政策追溯渊源，不过写成已在最近，前后相隔超过二十年。至于《南宋时期关于岁币的讨论》一文也在近几年写成，这个问题原和我多年来的研究课题少有关联，写作纯出于一时的机缘。后两篇论文都指出，在政策或朝议转变的过程中，财政压力的加重或减轻，常发生重要的影响。

第三类是地区发展与城镇社会，包括《宋元时代的苏州》《南宋城市的发展》《南宋城市的社会结构》《南宋的市镇》《宋代伎艺人的社会地位》五篇。感谢陶希圣先生在“教育部”博士论文口试时的指点，宋代城市成为我继博士论文《南宋的农村经济》之后接续的研究课题。《宋元时代的苏州》一文，以苏州一地为范围，探讨这一个当时全国经济核心地区的发展。重点在说明苏州郡城如何以苏州的地理形势与经济环境为基础，发展成为一处富于商业性的大城市。同时认为这一个过程在当时的南方而言，是优异的，而非特殊的，因此可以作为宋元时期地区性经济发展的一个范例。由于探讨城市社会，而对当时活跃于城市的伎艺人发生兴趣，因此有《宋代伎艺人的社会地位》一文的写作。至于其他三篇，则是有关南宋城镇的研究，主旨在说明产业与商业的发展，推动了城市市区的扩张与市镇的兴起，城墙虽然仍具有护卫行政中心的作用，但是原来作为分隔城市、乡村的意义已逐渐淡薄。而城镇社会由于商业性质的增强而产生种种变化，日形复杂，一方面具有不同于农村社会的特殊性，可是另一方面，也和农村社会维持着关连性。

第四类是官户、士人的家境与活动，包括《南宋的贡院》《南宋官户与士人的城居》《南宋城居官户与士人的经济来源》《南宋的贫士与贫宦》《南宋的社仓》《豪横与长者：南宋官户与士人居乡的两种形象》六篇。其中除《南宋的社仓》一篇发表较早外，其他各篇均发表于一九九〇年以后。感谢"国科会"的补助以及刘子健先生、余英时先生的协助，一九八八年九月至一九八九年六月间，有机会到美国普林斯顿大学游学，这期间的玩索涵泳，使我回国后研究方向从城市转向官户与士人。《南宋的社仓》一文虽然是博士论文有关贫穷救济论点的进一步发挥，内容却与后来官户、士人活动的研究相呼应，因此也归入这一类中。这方面问题的探索，最初仍然是从城市开始的。贡院在南宋时期确立为城市中一处常见的建筑物，反映出当时士人数目的激增，而官宦、士人在乡里中对贡院兴修工作的参与，则显现出他们对本身公益的关心，也显现出他们对地方事务的影响。传统耕读传家的说法，使人认为官户、士人多来自农村，然而就南宋而言，他们也有不少出身于城市，实际上当时城市里的教育与生活条件，对原本住在农村的官户、士人有很大的吸引力。不过许多官户、士人虽然住在城市，却仍和农村维持有经济关系，这就牵涉到他们的经济来源的问题。一般把官户、士人归之于富裕阶层，实际上从经济来源看，他们贫富不齐，其间可以有很大的差异，不仅贫士普遍存在，贫宦也并不罕见。官户、士人成为社会上一个特殊的群体，他们与一般民众的关系，也值得探讨。他们之中固然有许多在乡里中运用特权，营求私利，欺压善良，成为地方官眼中的豪横；

但是也有许多在地方上善用财富与影响力，济弱扶贫，成为民众心中的长者，而社仓的创设与推广，正是出自乡居官户与士人的力量。

除了以上四个部分之外，附录的部分收录了四篇论文。《刘爚〈云庄集〉的版本及其真伪》一文，牵涉到本书所用史料的版本考证。《披荆斩棘——新耕地的开发》《中国历史上民间的济贫活动》两文，都是纵贯中国历史的讨论，所探讨的问题，与收于本书的论文有所关连，可以互相参照。《中国社会史教学有关宋代的讲题》一文，则是在台湾大学讲授中国社会史一课的教学检讨，这一门课的讲授内容，也有部分关连到本书所收的论文。

二十五年前，初入研究所读书，往见林伯羽师，禀告想从地方志入手，研究宋代南方的地区发展。他指示说，不论要研究宋史的哪一方面，都必须从《续资治通鉴长编》《三朝北盟会编》《建炎以来系年要录》《建炎以来朝野杂记》几部基本的史料书读起，并且多翻阅《宋会要辑稿》，才能打好基础。我遵照他的指示去做，许多年来，确实是获益匪浅。长期以来主要的研究方向一直是南宋的社会经济，可是也能写成收在本书第一、第二部分的几篇论文，便是说明。除了感谢林伯羽师为我打好基础外，本书所收论文在刊物发表前的审查程序里，在研讨会上宣读时的讨论过程中，都得到师长、前辈、朋友们赐予宝贵的意见。王德毅师给予我的指点尤其多，使其中的疏忽、错误得以减少；赵雅书教授也多次匡正拙文缺失，颇受其益。谨借此机会，向所有曾赐予教益者致谢。朋友们平日的切磋，有助于研究工作，也是我所感激的。与黄宽重兄相识既久，又同样以南宋为主要钻研范围，在交谈中不时获得启发。《宋元时代的苏州》一文原本只计划专做宋代，便是由于他的建议而往下做到元代，因此解决了一些仅做宋代不能解决的问题。柳立言兄来台北工作后，交往亦多，也常在交谈中启引我去作一些新的思考。此外，也要感谢黄进兴兄，承蒙他的推介，本书才得以结集出版。

整理本书文稿，翻阅至南宋士人家庭妇女为儿辈教育而奉献的篇章，内子梅玲督促两个孩子读书的声音正从室外传来，顿时令我回忆起三十多年前还在念小学时，在北投清江路狭窄的房子里，和家母讨论学校功课，她对我们兄弟循循善诱的情景。近千年来母亲对儿辈的期望，何其相似。然而多年以来，由于专注于教学与研究，对于家母晚年未能悉心侍奉，使她原本病弱的身体，衰老得更快。当我全神贯注于《市易法述》一文写作的期间，正是她帕金森症发病的时刻；赴美国进修才过三个月，她又因肠癌而入院，我虽然赶回来见到她最后一面，然而心中的悔疚已永远无法弥补。屈指算来，家母去世已过七年。这篇序文写作之时，正近先母八秩冥诞之日，谨以此书呈献于她的灵前，以表达内心的哀思。同时也趁这个机会，对梅玲十几年来辛劳地持家教子，致深挚的谢意。

梁庚尧序于一九九六年青年节

上册目录

叁　地区发展与城镇社会

壹

西北边粮与宋夏战争

边粮运输问题与北宋前期对夏政策的转变

一、前言

宋、夏关系的演变，大致上说，可以用李继迁攻占灵州作为第一个关键。自唐代以来，灵州一直是中国西北方的国防重镇，具有控遏四夷的形势，西夏据有灵州，使得北宋的西北门户洞开，对北宋国防的影响，正如顾祖禹所评论："自是西夏遂成强敌。天圣（一〇二三～一〇三一）以后，泾原、环庆关门不启，而东至鄜延，西至秦凤，亦皆残敝，盖灵州据诸路上游，纵横四出，关中且不知所备也。"（注一）不仅如此，在宋人心目中，李继迁原来只是叛臣，而宋在李继迁死后，和其子德明议和，承认李德明据有灵州，这无异默认他的自主，抬高了西夏的地位。三十年后，李德明之子元昊站在自主的地位上，进一步向宋要求称帝，就导致了宋仁宗中期影响深远的宋夏战争。

李继迁能够攻陷灵州，一方面固然由于宋的军事失利；另一方面，自从灵州开始受到李继迁的骚扰之后，北宋朝廷上就逐渐形成一种主张放弃灵州的议论，随着李继迁叛乱的延续，这种议论对朝廷决策的压力逐渐增加，使得宋对李继迁的政策，从深入穷追转变为姑息羁縻，再从姑息羁縻转变为放弃灵州。而主张放弃灵州的议论所持的理由，则是边粮运输问题严重地影响到陕西的民生。因此，边粮运输问题实为影响北宋前期对夏政策转变的重要因素。

二、夏州之役与乌白池之战

夏州李氏的自主意识在五代时期已经形成（注二），而宋初的政策则有意要压抑李氏的自主（注三）。太平兴国七年（九八二），李继捧因族内纷争而入朝，献所管四州八县之地（注四），宋的目的可以说是暂时达到。但是李氏的自主意识既然已经形成，宋的统治权就不可避免地遭受反抗，李继捧的族弟李继迁随即以复兴祖先宗绪为号召，聚集族帐而自立（注五）。宋的对策，是对李继迁属下党项诸族，一面攻击，一面招抚，削弱他的实力，这一个策略，颇收一时之功（注六）；宋又派李继捧回夏州镇抚，并派军队出击李继迁，于是取得他的暂时归顺（注七）。事实上，李继迁已先依附于辽，辽于统和八年（宋淳化元年，九九〇）封之为夏国王（注八），李继迁的自主得到辽的承认。李继迁表面上向宋表示归顺，暗中却和李继捧勾连，寇边不已（注九）。

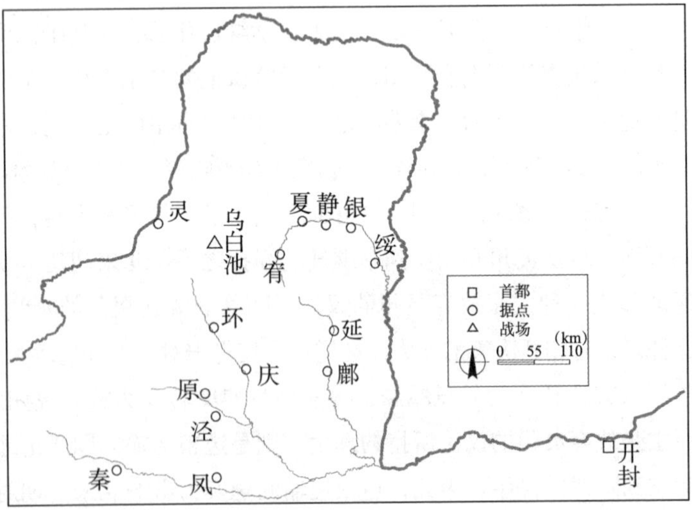

灵州地理位置图

灵州从淳化三年（九九二）起，开始受到李继迁的骚扰。由于运往灵州的刍粮被李继迁抄掠，陕西转运副使郑文宝建议禁止陕西人民用谷麦和沿边蕃部交易青白盐，试图以经济封锁的方法制服李继迁。但是这一个方法实施之后，一方面引起沿边蕃族的叛乱，另一方面由于沿边盐价过低，内地商人不愿运盐前往贩卖，使得陕西人民无盐可食，宋不得已在次年八月解除这个禁令（注一〇）。淳化五年（九九四），李继迁攻围灵州、通远军的堡寨，侵掠居民，焚烧积聚，于是宋太宗下令出师征讨（注一一）。

朝臣的意见却和宋太宗不同。宋琪、王禹偁相继上疏，认为不宜出师。宋琪分析西北沿边的地理风俗，反对深入穷追，主张持重守疆，等待对方部族分散，再四面会兵攻击（注一二）。王禹偁进一步反对用兵，主张用计，利用沿边蕃族来对付李继迁，他反对用兵的理由之一，就是战争仰仗粮运，而粮运有伤民生："自陕以西，岁非大稔，加之馈饷，转恐凋残。"（注一三）因此，从灵州开始受到骚扰起，边粮运输问题对民生的影响，就成为反战论者所持的重要理由。

反战的议论一时还不能对宋廷的决策有所影响，于是宋军出师。李继捧在夏州不仅和李继迁勾连，且已暗中归附于辽（注一四），这时得知宋军出师，上言说已和李继迁解仇，宋军移师夏州攻击李继捧，李继迁乘机掠夺李继捧的财物远窜沙漠，宋军进入夏州，擒李继捧而还（注一五）。宋太宗下令出师，可能只是激于一时的愤怒，他对经营西北边疆显然不感兴趣，他在取得宰相吕蒙正的同意后，下令隳夏州故城，将夏州人民向内迁徙到银、绥两州。将领李继隆表示反对，并且建议在银、夏两州南界的山中增置堡戍，以利边防，但是朝廷对他的建议毫无反应（注一六）。

这一次军事行动没有达成制服李继迁的目的，而陕西人民却已深受运输边粮的困扰，例如邠州百姓运粮前往环州，“岁已再运，民皆荡析产业，而转运司复督运”（注一七）。至道元年（九九五）适逢丰熟，宋太宗也坦白向宰相表示近年“河西、蜀川，相继叛乱，飞刍挽粟，千里骚然”（注一八）。反战论者所持的理由显然并非过虑。为了解决粮运问题，宋采取了若干措施，但是由于地理位置的特殊，部分措施反而对民生产生更大的伤害。灵州部署阳琼导黄河灌溉民田数千顷（注一九），目的当在于减少灵州对粮运的依赖。陕西转运副使郑文宝则在灵州和环州之间的沙漠中建筑清远军，试图推行屯田。清远军的兴筑，还没有收到减轻粮运负担的效果，就先引起民怨，陕西百姓为了供给兴筑清远军城的力役和运输戍兵的粮饷，竟造成富者鬻田园而贫者卖妻子的惨状（注二〇）。

宋与李继迁之间只维持了短暂的和平。至道元年（九九五）九月，李继迁率兵寇清远军；次年，灵州又再受到骚扰，白守荣等护送刍粟四十万往灵州，被李继迁在浦洛河邀击，“运馈尽为继迁所得”（注二一），运粮的百姓“道路被伤者相继”（注二二）；同年五月，李继迁寇灵州，灵州告急（注二三）。

宋太宗接到灵州的边报之后，就有了放弃灵州的念头（注二四），而朝臣的意见则分为主战和反战两种。主战的如宰相吕端，他认为必须深入李继迁的巢穴，才能解决灵州的粮食问题：

> 灵武军储乏少，贼党又据瀚海津要，环、庆三道各发劲卒，约轻赍径走平夏，攻取继迁帐幕，继迁必顾惜巢穴，望风引退，如此则灵武之围解，饷道得通矣（注二五）。

反战的如参知政事张洎，他附和宋太宗的意思，反对吕端的意见，举出了四点理由，认为由于边粮问题无法解决，所以必须放弃灵州：

> 今继迁以党项余孽，边方黠虏，据平夏全壤，扼瀚海要冲，倏忽往来，若居衽席之上。国家若兵车大出，则兽惊鸟散，莫见其踪由；若般运载驰，则蚁聚蜂屯，便行于劫夺。向来转般刍粟，既下失地利，又上违圣谟，致此奔冲，理甚明显，其事一也。甲马行役，粮草飞挽，军须所急，莫若井泉，自环抵灵，瀚海七百里，斥卤枯泽，无谿涧川谷，荷戈甲而受渴乏，虽勇如贲、育，亦将投身于死地，又安能与贼群争锋哉？其事二也。自逆寇滔天，灵州闭垒，披猖之众，蹂践四郊，田畴日荒，樵苏绝路，负户而汲，易子而食，备御理尽，飞走望断，岂能复为国家坚守者乎？其事三也。假使灵州围解，瀚海尘清，朝廷当须召发甲兵，裹送粮草，未逾终岁，辇运复兴，乃是以日系时，而转输无已，驱秦、雍之百姓，供灵武之一方，使无辜之民，膏涂原野，朝廷大计，岂若是乎？其事四也。（注二六）

他虽然只是附和宋太宗的意思，却能够言之成理，于是主张放弃灵州的议论形成。而双方的意见，都着眼于边粮运输的问题，可见这一个问题确实严重。

然而由于张崇贵、冯讷的入朝议事，使得宋太宗的态度转变（注二七）。张崇贵是绥州边将，曾经接待过李继迁派来的使臣赵光祚、张浦，亦曾出使李继迁（注二八）；冯讷则曾经在至道元年（九九五）出使李继迁（注二九），他们所以能够影响宋太宗的态度，原因可能在宋太宗认为他们对李继迁有比较直接的认识。于是宋太宗决定增兵固守灵州（注三〇），同时下令五路出兵攻击李继迁的巢穴，会兵于乌白池。乌白池之战的结果，虽然李继迁远遁，但是宋军作战也不顺利，五路中只有两路抵达乌白池和李继迁作战，归途还被李继迁派人阻塞（注三一）。灵州被围一年有余，确实粮食已尽，幸赖守将窦神宝守城有法，籴粮河外，才得保全（注三二）。

三、宋赐还李继迁夏、绥、银、宥、静五州

宋军深入讨伐李继迁，使得陕西人民深受运输边粮的困扰。调发之初，已经造成“陕西骚动，民皆逃匿赋役，不肯供给”（注三三）；除极少数地方官外，大多数地方官不仅不能达成运粮的任务，反使“人畜死者十八九”（注三四），“为虏所杀掠及饥渴死者不可胜计”（注三五）。在这种情形下，当至道三年（九九七）正月，宋太宗下令调发军粮往灵州，准备再度出师时，立刻引起朝臣的反对，主张放弃灵州的议论从此弥漫朝廷。

首先提出反对的是张鉴。张鉴在五路出师时，曾经在环州和李继隆商议运粮前往灵州的事宜，亲眼见到陕西人民所受的困扰（注三六），这时受命调发陕西军储，就上疏主张将灵州赐给李继迁。他指出陕西的人民不但受运粮的困扰，而且为了补充军粮的需要而支移税租，实在再也无力担负运粮的重责，如果还要求他们负担这一项工作，势将造成农村的崩溃：

伏以关辅之民，数年以来，并有科役，畜产荡尽，室

庐顿空。加以浦洛之行曾经剽劫，原州之役又致迁延，非独令之弗从，实缘力所不逮。况复先弃粮草，见今逐处追科；本户税租，互遣他州送纳。往返千里，费耗十倍；愁苦怨嗟，充塞路歧；自春徂冬，曾无暂息。糇粮乏绝，力用殚穷，顾此疲羸，尤堪轸息。今若复有差率，益致流亡，纵使驱迫而前，复恐逗挠而溃。（注三七）

他的建议没有得到反应。三月，傅潜等将二十五州军刍粟往灵州，适逢宋太宗不豫，于是停止出师（注三八）。这一次停止出师，和张鉴的建议无关，因此，宋太宗在位期间，主张放弃灵州的议论虽然已经出现，却没有对决策发生作用。

宋真宗继位之后，主张放弃灵州的议论对宋廷决策开始发生影响。宋真宗即位之初，下诏求直言极谏，田锡连上两封奏疏，力主放弃灵州。田锡曾经出使秦州，亲眼见到关右人民被河西力役所困扰，他在第一封奏疏里，指出只有放弃灵州才能使粮运停止，关辅安宁，四夷无事：

今利害之大者莫先于舍灵武，康济之先者莫重于安关辅。舍灵武则甲兵不兴，甲兵不兴则挽运自息，挽运既息则关辅必宁，关辅必宁则四方无虞，四方无虞则四夷无事。（注三九）

在第二封奏疏里，他进一步叙述灵州缺粮的情形，指出粮运失败的原因，也描绘了陕西人民因运粮而生的惨况：

今灵州闭坚壁以待馈粮，无外援，不敢御寇。昨闻百姓馈送粮草，死者十余万人。粮草二十五万，到者七、八万。

粮草不到者，非戎人劫掠之；百姓不来者，非戎人杀戮之。是自相蹈藉，或因被劫夺，饥饿既众，死亡遂多。去虽援之以甲兵，回即害之者士卒。今关西父哭子，弟哭兄，妻哭夫，悲哀之声感动行路，冤枉之苦轸恻圣心。（注四〇）

他并且在第一封奏疏里预言，民力既然困弊，就难免会有寇盗作乱，这些寇盗如果西据剑阁，东峙重江，影响及于南方，将使得各地上供的钱帛物货不能转输京师。这两封奏疏显然影响了宋真宗的态度。宋真宗曾向宰相说，近日奏疏大多只谈琐细之务，“惟田锡、康戬陈词不繁，指事尤切，张齐贤颇留意于民政”（注四一）。可见他对田锡的嘉许。不久，即下诏“西边将吏严烽堠，李继迁来则备御，去则勿追，以宽陕西之民”（注四二）。又向宰臣展示西边山川形势图，说：“朕已令屯兵于内地，且简其闲冗，转饷当遂减省矣。”（注四三）可见宋真宗有意罢兵。同时，又有西北边境用军队代替人民运粮的命令（注四四），用意无疑在解除粮运所带给人民的困扰。

宋廷采取上述措施之后，主张放弃灵州的言论仍然愈来愈盛。田锡在上前两封奏疏之后的四个月，又上第三封奏疏，指出他的预言已经成为事实，他列举在三个月之内，京师附近州县所发生的盗贼十三伙，大伙的达百余人；又指出陕西人民困敝如故，盗贼有继续扩大的可能。他进一步强调陕西的府库已经空虚，而灵州米价高涨，如果还要坚守灵州，实在是所得不如所失：

要车子运粮，是边上仓廪素无储备矣；请自京支钱，是关右帑库素无积蓄矣；奏米每斗十贯文，即灵州军民今已饿殍矣。未审朝廷惜灵州有何所得，弃灵州有何所失，

若因力役未息而中原难起，制御失宜而外方变生，实谓所得不如所失也。（注四五）

而参知政事李至的态度，也和田锡相同。宋真宗向宰相询问灵武事宜，李至指出运输边粮不仅没有达成目的，反而造成陕西民生的痛苦，力主放弃灵州：

自郑文宝为国生事，致朝廷旰食，怀西顾之忧；关辅生灵，困转输之役。积骸满野，十室九空，饿殍满城，边氓尽没，肖然空壁，老我师徒。而张颐待饲者不下五千，送粮四十万而止获六万，此则求欲固守，不可得也。（注四六）

他又说："今灵州不可坚守，万口同议"，可见主张放弃灵州的人已经不少。

弃灵州议的压力虽然还没有使宋放弃灵州，却已使宋放弃了深入穷追的政策。王禹偁在宋真宗下诏求直言极谏之后，曾经上疏建议五项事情，其中第一项是"谨边防，通盟好，使辇运之民有所休息"，他主张一方面和契丹谈和，另一方面将夏州故地赐还李继迁（注四七）。这一个建议得到宋真宗的采纳，于是乘李继迁遣使修贡时，将李继捧所纳的夏、绥、银、宥、静五州土地赐还李继迁，并且恢复从前所赐姓名赵保吉，封定难军节度使（注四八）。

四、灵州陷夏

虽然李继迁已经接受怀柔，但是边粮问题仍然有待解决。

咸平二年（九九九），派遣何亮、陈纬到灵州相度屯田，显然是为了解决粮运的问题。何亮回来上安边书，建议在清远军和灵州之间筑城屯田，一方面可以使军队前往灵州时有舍宿的地方，一方面可以就地增加军储（注四九）。这一个建议没有得到反应。至于灵州本地的屯田，从咸平三年（一〇〇〇）至五年（一〇〇二）裴济守灵州时兴屯田之利看来（注五〇），可能在何亮、陈纬相度之后就开始实施。原初在河北实施的商人入中边粮的方法，也在咸平三年推广到陕西（注五一），这一个办法可以减轻人民运粮的负担，但是由于交通困难，效果不彰。陈恕在咸平四年（一〇〇一）论陕西的入中说："近者陕西盐法，亦令纳秸资边，一年之间，数亦无几，全亡实验，但有虚名。"（注五二）灵州斗粟的售价仍然高达千钱（注五三），而在稍晚的大中祥符元年（一〇〇八），内地斗粟至多不过售三十钱而已（注五四）。

粮运问题没有完全解决，宋与李继迁之间的和平已在咸平二年（九九九）秋天中止，李继迁在宋、辽再度发生冲突时，开始骚扰宋的边境。这年七月，辽准备入寇的消息传到汴京（注五五）；八月、九月，宋与李继迁连续在边境发生冲突（注五六）；十月，辽入寇定州（注五七）。这种时间上的相合，当非偶然，辽、夏之间可能已有默契存在。次年，辽封李继迁之子李德明为朔方军节度使（注五八），朔方军节度使自唐代以来，一直治理灵州，辽的这一封赐，无异于鼓励李继迁攻占灵州。同年九月，李守恩、陈纬运粮经过瀚海，被李继迁邀击战殁；十月，王荣运粮往灵州，又被蕃贼抄掠，亡失几尽（注五九），灵州粮道再度阻塞。咸平四年（一〇〇一）九月，清远军都监段义踰城向李继迁投降，清远军随即陷落（注六〇）。清远军位居环州通往灵州道路的正中，扼粮道的要冲，清远军陷落，灵州已无希望获得外援。灵州怀远镇随即因为食尽力竭，被李继迁攻陷（注六一）。

清远军陷落之后，宋臣提出各种坚守灵州的计策。这些计策，包括以夷制夷、建城屯田、出师征讨和恩恤边将等（注六二）。以夷制夷的方法马上就被采用，于是任命西凉府六谷都首领博罗齐为盐州防御使兼灵州西面都巡检使（注六三）；下诏西蕃各族如果能够生擒李继迁或者斩首来献，授官、赐物有差（注六四）；同时决定派遣宋沆、梅询出使博罗齐，招谕秦陇以西诸戎，使他们攻击李继迁（注六五）。从以夷制夷方法的采用，可知宋已明白本身实力的限度，避免直接和李继迁作战，运用蕃族作为牵制李继迁的力量。

宋廷一方面试图使用以夷制夷的方法以求固守灵州，另一方面考虑到灵州的弃守问题。这年十二月，宋真宗下诏群臣讨论灵州弃守事宜，主张放弃和主张坚守两种意见形成对立。主张放弃的如杨亿，他的理由是坚守灵州必须运粮，运粮必然有伤民生：

> 臣以为存之有大害，弃之有大利。且如国家募人入粟，偿以十倍之直；发卒运送，涉兹不毛之地，此古之所谓率二十钟而致一石，驱民于死者也。今弃之即可以岁省戍卒，分守内郡，一卒之费，可给十夫，国家无飞刍挽粟之劳，士卒免暴露流离之苦。（注六六）

主张坚守的如刘综，他的理由为坚守灵州是暂劳永逸，如果放弃，边防的劳费可能更多：

> 今或轻从群议，遂弃灵州，是纵敌之奸计矣。且灵州民淳土沃，为西陲巨屏，所宜固守，以为扞蔽；然后于浦洛

河建军城，屯兵积粮，为之应援，此暂劳永逸之势也。况镇戎军与灵州相接，今若弃之，则原、渭等州益须设备，较其劳费，十倍而多，则利害之理，昭然可验矣。（注六七）

从稍后张齐贤的上疏可以知道，在粮道没有阻塞以前，主张放弃灵州的人已经不少，清远军陷落之后，持这一主张的人更多；而当时左右辅臣则都向宋真宗表示灵州是必争之地，如果灵州失守，沿边诸州也不可保（注六八）。可见两方面的意见都有相当的力量。宋真宗最初倾向左右辅臣的看法，然而宰相李沆的态度却有决定性的作用。李沆是宋真宗即位后擢任的宰相，又是宋真宗的东宫旧僚，很得宋真宗的敬重（注六九）。他认为灵州早晚会被攻陷，不如撤回军民，放弃灵州，以安定陕西民生：

臣谓莫若发单车之使，召州将部分戍卒居民，委其空垒而归，如此则关右之民息肩矣。（注七〇）

除了李沆之外，兵部尚书张齐贤也有相同的看法。张齐贤曾经出使陕西，回来后主张使用以夷制夷的方法坚守灵州，现在也同意在不得已的情况下，可以撤离灵州军民（注七一）。

宋真宗接受了李沆、张齐贤的意见，从两件事实可以看出来。第一，宋真宗派遣王超率领六万步、骑援灵州，根据灵州陷落以后大臣的批评说："张皇事势，明揭榜云：限二十五日裹粮取灵武一郡老幼。"（注七二）可知这支军队出师的真正目的是撤离灵州百姓。第二，宋沆受命出使博罗齐，还没有出发，宋真宗在任命王超率军援灵州之后，就停止宋沆的出使（注七三），可见宋真宗的态度已经趋向消极。

宋既然采取放弃灵州的政策，灵州陷落只是迟早的问题。咸平五年（一〇〇二），王超的援军才抵达环州，灵州已经被李继迁攻陷（注七四），撤离军民的任务没有达成。灵州陷落以后，博罗齐在咸平六年（一〇〇三）二月遣使来请会师灵州，宋不肯出师（注七五）；次年（景德元年，一〇〇四）二月，李继迁被博罗齐击败，中流矢而死（注七六）；六月，博罗齐再请会师灵州，宋敷衍而已（注七七）。可见宋对灵州已经不存收复的希望。李继迁死后，李德明嗣位，宋、夏进行和议，而宋、辽澶渊之盟已经先告成立。宋起初坚持归还灵州，最后同意灵州为夏所有（注七八）。景德三年（一〇〇六）十月，和议达成，宋封赵德明为定难军节度使、西平王（注七九），夏的自主地位得到宋的默认。

五、结论

主张放弃灵州的议论对灵州陷夏未必有决定性的作用，但确实促使宋廷采取放弃灵州的政策。这种议论的主要理由是边粮的供应和运输严重地影响到陕西的民生，事实上也的确有这种现象。

边粮的供应和运输所以会严重地影响到陕西的民生，牵涉到灵州的战略位置，也与经济中心的南移有密切的关系：

第一，灵州的战略位置在唐、宋之间有很大的改变，唐代灵州原领六县，宋初仅余一县（注八〇），成为距离次边环州有七百里沙漠的孤城。行政区的锐减说明了农业耕种面积的锐减，在唐代足以作为朔方兵根据地的灵州，在宋代就必须大量的仰赖内地粮食的供应，粮运于是不可避免。而粮运必须经过七百里的沙漠，经常受到西夏的阻截，成为北宋在战略上的一个重大弱点。人民为国家长程运粮，既有跋涉伤亡之苦，又荒废了自己的生业，自然深感困扰。

第二，宋初农业生产中心已经完全转移到东南，陈靖所谓“国家御戎西北而仰漕东南”（注八一），陕西的军粮实有赖江、淮的支援。然而江、淮生产的粮食除了支援陕西的军需之外，还要支援河北御辽的军需；另一方面，连接南北的运河，汴京以西的一段在宋代已经不能发挥运输的作用（注八二）。在这两种情形下，南方粮食对陕西的支援受到相当大的限制，陕西本身的负担因而增大，于是很快就使陕西府库空虚。再加上陕西人民因为运粮而荒废了自己的生业，农业生产必然减少，增重了陕西财政的困难。而陕西地方政府又以加重人民赋役的方式来解决财政困难，民生更加深受影响。

总之，经济的弱点结合厌战的心理（注八三），形成了主张放弃灵州的议论，这种议论迫使北宋政府逐渐向夏州李氏让步，西北边境因此而获得一时的安宁，但也伏下了日后更大的祸患。

（原刊于《食货月刊》第十六卷第七、八期合刊，一九八七年七月。）

注释

注一：顾祖禹《读史方舆纪要》卷六十二《陕西篇》。

注二：后唐派药彦稠率军护送安从进往夏州代李彝超为定难留后，李彝超以祖先故地为理由拒绝，从此轻侮中国朝廷，和叛臣相结纳。见司马光《资治通鉴》卷二七八后唐明宗长兴四年（九三三）七月庚辰条：

“李彝超兄弟登城谓从进曰：‘夏州贫瘠，非有珍宝蓄积，可以充朝廷贡赋也，但以祖父世守此土，不欲失之，蕞尔孤城，胜之不武，何足烦国家劳费如此。……’”又壬午条：“……自是夏州轻朝廷，每有叛臣，必阴与之连，以邀赂遗。”可知夏州李氏的自主意识已经形成。

注三：后周封李彝兴西平王；入宋，彝兴卒，子克睿立，授定难军节度使；克睿卒，子继筠立，授定难观察留后。见彭百川《太平治迹统类》卷二《太祖太宗经制西夏篇》。宋逐步削减夏州李氏的封爵，即反映了有目的的压抑李氏的自主。

注四：李焘《续资治通鉴长编》(以下简称《长编》)卷二十三太平兴国七年五月乙酉条。按：李氏原领夏、绥、银、宥、静五州，《长编》载李继捧献四州八县之地，可能因为静州在五代已废，乐史《太平寰宇记》之《关西道篇》有夏、绥、银、宥四州而无静州。但王称《东都事略》卷一二七《附录五》仍作献夏、绥、银、宥、静五州。

注五：《长编》卷二十五雍熙元年九月月末条。

注六：《太平治迹统类》卷二《太祖太宗经制西夏篇》。

注七：《长编》卷二十九端拱元年五月壬申条；卷三十二淳化元年七月丙午条。

注八：《辽史》卷十三《圣宗纪》。

注九：《太平治迹统类》卷二《太祖太宗经制西夏篇》。

注一〇：《宋史》卷二七七《郑文宝传》；马端临《文献通考》卷十五《征榷考》；《宋会要辑稿》(以下简称《会要》)之《食货二三·盐法篇》淳化四年八

月条。又可以参考赵翼《廿二史劄记》卷二十六《西夏番盐条》；宫崎市定《西夏の兴起と青白盐问题》（收入宫崎市定《アジア史研究第一》）；廖隆盛《宋夏关系中的青白盐问题》（《食货月刊》复刊第五卷第十期）。廖文认为初禁青白盐不在淳化三年，而在淳化四年。

注一一：《长编》卷三十五淳化五年正月癸酉条。

注一二：同上。

注一三：同上。

注一四：《辽史》卷十三《圣宗纪》。

注一五：《长编》卷三十五淳化五年三月丁丑条。

注一六：《长编》卷三十五淳化五年四月乙酉条。

注一七：《长编》卷三十五淳化五年三月丁丑条。

注一八：《长编》卷三十八至道元年十二月癸酉条。

注一九：《武经总要·前集》卷十八下《边防类·西蕃地界篇》："灵州灵武郡，……本朝至道初，阳琼为部署，导黄河溉民田数千顷。……"

注二〇：《太平治迹统类》卷二《太祖太宗经制西夏篇》："转运副使郑文宝先建议于灵州南界积石岭筑城，号清远军，在瀚海中，距灵、环皆三四百里，地不毛，无泉水，文宝大发民版筑，益负水于数百里外，关外之民始皆悉怨，城垒既就，戍兵数千人，转饷供馈，益为劳扰，自同、华抵环、庆，运粟一斗为钱七百，刍一围为银一两，陕西民富者鬻田园，贫者卖妻子，以供力役。"

注二一：《宋史》卷四八五《夏国传》。

注二二：《宋史》卷二七九《周仁美传》。

注二三:《长编》卷三十九至道二年五月癸卯条。

注二四:《长编》卷三十九至道二年五月壬子条;《宋史》卷四六六《张崇贵传》; 释文莹《玉壶清话》卷八。

注二五:《长编》卷三十九至道二年五月癸卯条。

注二六:《长编》卷三十九至道二年五月壬子条。

注二七:《宋史》卷四六六《张崇贵传》。

注二八:《长编》卷三十六淳化五年八月甲午条。

注二九:《太平治迹统类》卷二《太祖太宗经制西夏篇》。

注三〇: 同注二七。

注三一:《长编》卷四十至道二年九月己卯条;《宋史》卷四八五《夏国传》。

注三二:《长编》卷三十九至道二年五月癸卯条:"时中使窦神宝在灵州,贼围城岁余,地震二百余日,城中粮糗皆绝,潜遣人市籴河外,宵运以入,间出兵击贼,卒全其城。"

注三三: 司马光《涑水纪闻》卷二。

注三四: 同上。

注三五: 司马光《稽古录》卷十七至道二年五月癸卯条。

注三六:《宋史》卷二七七《张鉴传》。

注三七:《长编》卷四十一至道三年正月丙子条。

注三八:《长编》卷四十一至道三年三月癸酉条。

注三九:《长编》卷四十一至道三年七月丙寅条。

注四〇: 同上。

注四一: 同上。

注四二:《稽古录》卷十七至道三年七月条。

注四三:《长编》卷四十二至道三年九月丙子条。

注四四:《长编》卷四十二至道三年十一月己卯条:"先是,

西鄙运粮诏以诸军代民挽送。”

注四五:《长编》卷四十二至道三年十一月己巳条。

注四六:《长编》卷四十二至道三年十二月辛丑条。

注四七:《长编》卷四十二至道三年十二月甲寅条。

注四八:《长编》卷四十二至道三年十二月辛丑条、甲寅条。

注四九:《长编》卷四十四咸平二年六月戊午条:“秘书丞何亮初通判永兴军,诏与转运使陈纬同往灵州经度屯田,及还,乞召对,因上安边书曰:‘……自清远至灵武,有溥乐,有耀德,盖水草之地,为河西之粮道,而悉有古城之迹存焉。夏寇西掠诸戎,则此其要害之路也,故每扬言曰:朝廷如修溥乐城,我必力争。其言不恭之甚,其实惧朝廷之城溥乐以通粮道,而扼其往还要害之路也。……虽存灵武,而使阻隔旱海,居绝塞之外,不城溥乐、耀德,为之唇齿,则戎狄之患,亦未可量,与舍灵武无异,而加之有连年供给之厚费,无防边尺寸之微功,但兀然孤城,以困极关右者也。今特城二城而贼不敢动,则可建溥乐为军,耀德为寨,严其刁斗,坚其守备,募天都之贫民,营田于塞下,以益军储,然后谨择将帅,谨守边防,而以恩信抚临之,则数十世之利也。议者必曰:国家赡灵武,犹曰困匮,而更供给二城,其费益大。此不练事之深也。夫有清远,而无二城,则灵武无援,一日西北服从,合而为一,有不测之患焉,当是之时,国家虽累千百二城之费,遽能剖而分之以弱其势,使贼敛迹夏境而不为边患乎?其灵武至清远不满三百里,而谷价绝殊于清远者，以度越旱海，无舍宿之地，有贼寇之忧故也。如建此二城，则军兵之趋灵武也，有舍宿之地，少贼寇之忧，输籴日益，谷能无贱乎？以减谷之价，供二城之费，足矣，又何疑焉。’”

注五〇：《长编》卷五十一咸平五年三月戊申条：“（裴）济在灵州凡二年，谋缉八镇，兴屯田之利，民甚赖焉。”

注五一：戴裔煊《宋代钞盐制度研究》页二三四。

注五二：《长编》卷五十咸平四年十一月己卯条。

注五三：《长编》卷六十景德二年五月辛亥条：“自有事二边，戍兵浸广，师行馈运，仰于博易，有司务优物估以来，输入……。西鄙回远，及涉碛阴，运载甚难，其入中之价，灵州斗粟有至千钱以上者。”

注五四：全汉昇《北宋物价的变动》（收入全汉昇《中国经济史论丛》第一册）。

注五五：《长编》卷四十五咸平二年七月甲申条。

注五六：《会要》之《方域二一·府州篇》咸平二年八月、九月条。

注五七：《长编》卷四十五咸平二年十月癸酉条。

注五八：《辽史》卷十四《圣宗纪》。

注五九：《长编》卷四十七咸平三年九月月末条：“是月，知灵州陇州刺史李守恩、陕西转运使度支郎中陈纬部刍粟过瀚海，为李继迁所邀，守恩、纬皆战没。”同上，十月丙辰条：“邠宁环庆清远副都部署滨州防御使王荣帅兵援送灵武刍粮，荣素无术略，又不严斥堠，至积石，夜为蕃贼所抄，荣部大乱，……死者甚众，亡失殆尽。”

注六〇：《长编》卷四十九咸平四年九月庚午条、乙亥条。

注六一：《长编》卷四十九咸平四年十月丁未条：“录故灵州怀远镇驻泊借职李赞子重贵为殿直，重宝为借职，拾得为殿侍。先是，赞为李继迁所围，本镇戍兵数不满百，拒战累日，食尽力竭，积藁自焚而死。”

注六二：见《长编》卷四十九咸平四年十月丁未条载张齐贤上言，卷五十咸平四年十月辛巳条载吴淑上言，十二月乙卯条载李继和上言，同月壬戌条载刘综上言。

注六三：《长编》卷四十九咸平四年十月乙卯条。

注六四：《长编》卷五十咸平四年十一月甲午条。

注六五：《长编》卷五十咸平四年十二月癸丑条。

注六六：《长编》卷五十咸平四年十二月丁卯条。

注六七：同上。

注六八：《长编》卷五十咸平四年十二月丁卯条。

注六九：《东都事略》卷四十《李沆传》。

注七〇：同注六八。

注七一：同注六八。

注七二：《长编》卷五十四咸平六年三月辛亥条。

注七三：《长编》卷五十咸平四年闰十二月丁卯条。

注七四：《长编》卷五十一咸平五年三月戊申条，又同月乙酉条。

注七五：《长编》卷五十四咸平六年二月己卯条、庚辰条。

注七六：《长编》卷五十六景德元年二月丁巳条。

注七七：《长编》卷五十六景德元年六月丁丑条。

注七八:《长编》卷五十六景德元年二月丁巳条;卷六十景德二年六月甲午条。

注七九:《长编》卷六十三景德三年五月甲辰条。

注八〇:《太平寰宇记》卷三十六《关西道篇·灵州条》:“元领县六,今一,五县废。”

注八一:《长编》卷四十五咸平二年十月辛未条。

注八二:见全汉昇《唐宋帝国与运河》(收入全汉昇《中国经济史研究》上册)第七章。

注八三:北宋晚期,秦观对北宋前期的厌战心理有很好的评述,见秦观《淮海集》卷十八《边防中》:“昔咸平之时,海内初离分裂之祸,上下厌苦于兵,俱欲休息,而继迁之党,以凶悍狡险之姿,据平夏之全壤,扼瀚海之要冲,故其攘清远而窃灵武也,朝廷置之度外而不复问。”这种厌战的心理,同样的反映于北宋前期对辽和战的议论中,参考陈芳明《宋初弭兵论的检讨》(《“国立”编译馆馆刊》第四卷第二期)。

宋神宗时代西北边粮的筹措

宋神宗元丰四年（一〇八一），因河湟开拓有成，加以夏国有内乱的传闻，大举伐夏，结果惨败而归。这一次军事挫折的原因很多，但是军粮供应与运输发生问题，无疑是重要原因之一（注一）。本文的目的，在于说明这次战争之前，宋神宗时代有关筹措西北边粮的措施及其效果，以提供了解这次战争的线索。

其实为了征讨西夏，宋神宗和他的大臣很早就注意到储积边粮。宋神宗时代以前，宋朝对夏已经有了不少作战的经验，粮食问题在西北边防上的重要性早就充分显现。熙宁三、四年（一〇七〇、一〇七一）间，宋夏之间又曾发生过一次规模不算很大的冲突，半年多内，陕西一路所费多达“钱粮银紬绢共千二百万贯匹（按，贯匹当是贯石匹两之略）”（注二），应该更加强了这方面的认识。所以在熙宁六年（一〇七三），宋神宗和王安石在对谈中论及夏国，宋神宗担忧地说：“事欲及时，但患难得将帅与陕西财用阙乏而已。”宋神宗所谓事欲及时，是指早日完成伐西夏以包制辽国的目标，而王安石则回答，“将帅随时搜择，亦不乏人，经制财用备西事，不必专在陕西，今天下财用足，则转给陕西无难者，但以米谷难于运致，故惟陕西农事欲经制尔”（注三）。王安石的意思是，为了满足陕西边粮的需要，既必须从粮产丰盛的地区转输粮食到陕西，也同时要促进陕西本地的农业生产。除了陕西边境大半与夏国相接外，河东边境的西北面也邻近夏界，为了应援陕西，也有储积边粮的必要。熙宁三年宋夏冲突进行时，宋神宗便曾经批示："边事方起，河东岚、石、隰、麟、府州最是缓急应援陕西之地，近岁虚屯军马，颇闻粮草阙乏"（注四），满足陕西边粮需要的两个原则，应该同样适用于河东。自然河东粮草的储备，除了供西北对夏边防之用外，也有防备东北边辽国的作用。

在上述原则的指导下，许多措施陆续用来充实陕西、河东军粮的储备。第一，继续经由入中的方式，以陕西解池所产的池盐和河东永利东西两监所产的土盐，来换取粮草。陕西边境的入中，原由商人运粮草至边境，由政府给以券引，然后持券引至解池取盐。庆历八年（一〇四八）范祥改革解盐盐政，罢入中粮草，而令商人入实钱，受钞以领盐，再由政府以商人所入缗钱自市粮草（注五），这项制度沿用到熙宁年间。负责这项事务的折博务，在陕西原设有九处，熙宁五年（一〇七二）以后，又陆续在新开拓的州军增设（注六）。由于所需粮草浩繁，盐钞因而有发行过多的现象，熙宁六年（一〇七三），陕西缘边"入纳钱五百二十三万余缗，给盐钞九十万二千七百一十六席，而民间实用四十二万八千六百一席，余皆虚钞"，即使出现虚钞的现象，政府仍然缺钱购粮草，于是"虽有条约，须纳钱方给钞，以钱市粮草，缘官中阙钱，监籴之官务办年计，不免止以钞折兑粮草"（注七），无疑是回复到庆历八年以前的办法。盐钞发行过多，价格因而贬跌，再以钞折兑粮草，粮价随之而提高，形成政府财政上的负担。政府的对策，是由朝廷以实钱收购虚出之钞，减少盐钞的流通量，以抬高其价格。但是到元丰二年（一〇七九），宋神宗仍不免叹息："都内凡出钱五百万缗，卒不能救钞法之弊"（注八），反映出陕西历年需购粮草的急切。

河东永利东西监所产盐，原来也是“商人入中粮草，增饶给钞支盐”。熙宁八年（一〇七五），三司使章惇认为，粮草虚估，“县官暗失钱数，铺户获利不赀”，而请求改法（注九），结果依其所请，改为由官府和雇车乘，搬运自卖，“并边粮草以见钱籴买”（注一〇）。实施之后，效果不佳，对于民生、边粮都有弊害（注一一），于是在元丰元年（一〇七八），又从三司户部副使陈安石的建议，改由商人输钱于缘边州军，持券至永利东西监请盐，“以除加饶折籴之弊”（注一二）。

第二，在陕西、河东从事农业建设，以增进当地的粮食生产。宋神宗时代以前，陕西、河东边郡已有招募弓箭手开垦缘边荒田的制度，这项制度在熙宁、元丰年间继续实施，而且从熙宁年间以来，对开垦荒田的弓箭手又行借助法，由官府支借本钱，供弓箭手购置牛具、种粮、农器、屋舍，助其开耕，待耕种有成之后再加利息二分偿还（注一三）。熙宁五年（一〇七二）赵卨建议于陕西缘边实施营田，熙宁十年（一〇七七）霍翔建议于熙河推行官庄，其实都是以弓箭手垦荒，赵卨在建议实施营田时指出：“今陕西虽有旷土而未尝耕垦，朝廷屯戍不可撤而远方有输纳之勤，愿以闲田募民耕种，以纾西顾之忧”，可见弓箭手垦荒有筹措边粮的作用（注一四）。官府除了经由租税的方式向弓箭手征取粮谷外（注一五），陕西和籴“或以钱、茶、银、䌷绢籴于弓箭手”（注一六）。至于在陕西、河东的内郡，则一本于王安石的农田水利法，兴修水利，增广淤田。在兴修水利方面，如熙宁五年，提举陕西常平沈披修复京兆府武功县古迹六门堰。同年，另一位提举陕西常平杨蟠议修郑白渠，朝廷遣都水丞周良孺相视，王安石请求捐常平息钱兴作，宋神宗更表示“纵用内帑钱亦何惜也”，次年便派赞善大夫蔡朦进行兴修。熙宁七年（一〇七四），知耀州阎充国募流民治漆水堤。次年，太原府草泽史守一修晋祠水利，溉田六百亩。在增广淤田方面，如熙宁七年，因都水监丞王孝先的建议，而在同州朝邑县界畎黄河，淤安昌等处咸地，次年，知河中府陆经奏管下淤田已有二千余顷。熙宁九年（一〇七六），由于权判都水监程师孟的建议，而遣都水监丞耿琬淤河东路田（注一七）。

第三，经由赋税的转移与增收，增加陕西、河东边郡税粮的收入及收购粮草的本钱。陕西边郡的粮草，部分来自内地州郡税粮的支移，由税户将应纳的赋税运至缘边缴纳。熙宁三年（一〇七〇），提举陕西常平苏涓便指出鄜延、秦凤、泾原、环庆四路并边州军，由于常缺军食，所以“不免支移内地民赋，百姓苦于陆运”，他建议改以水运，“自河洛运入鄜延路至延州，自渭运入秦凤路至秦州，自泾运入泾原、环庆路至渭、庆州，又四路中绥德城尤远，亦可自河入无定河运至绥德城”，朝廷经过检讨，终于因“山河峻急，石碛险恶，恐难以通漕”，而无法实施（注一八）。税粮支移的来源，或来自陕西内郡，例如熙宁四年（一〇七一），检正中书户房公事章惇曾因陕西路每年“支移沿边斛斗才十万三千余石，草二十四万余束，所省不过三数万贯，而一路为之搔扰”，请求废罢，但是没有下文（注一九）。也有来自外路，例如河东路一直到元丰七年（一〇八四），尚是“岁认粜谷十万石，送鄜延路，支移太远，民不便之”（注二〇）。除民间支移外，朝廷又不时将四川财税由官府转运到陕西供作边费，例如在熙宁三年，曾经一次指示三司，将西川四路上供金帛及卖度僧牒钱所变转物，除京师必须支用者外，“并截留陕西转运司，令相度于永兴或凤翔府桩以备边费。”另有一次指示陕西转运司，“以西川四路物帛内变转见钱二十万缗，充制置解盐司钞场本钱”。王安石认为这种作法，“非独省蜀人输送，且可以免自京师支拨之费”（注二一），可见具有和支移相同的作用。元丰四年（一〇八一），又曾派司农寺主簿李元辅将蜀中司农钱谷物帛运至陕西，其中除可以充作支遣者存留，“其余变转移徙出卖，或折博籴粮斛，并于边要州郡桩管”，至于尚未搬运者，“即催促搬运”（注二二）。

河东则有强制性的和籴，实际上同于增税。虽然名为和籴，但是其法不同于其他各路，“民间所输一石，才及和市一斗之直”（注二三），人民所得不过是粮谷十分之一的价钱而已，这是政府为了获取边粮而出的下策，不仅如此，“以其量支价钱，虽遇荒歉，无例检放，纵许倚阁，亦次年催纳”（注二四），可见全为强制性。这一大弊政，又有“支移之苦”，因而使“一路之人，诛剥岁久，匮乏已极”（注二五）。由于河东路十三州二税粮谷只有三十九万二千余石，和籴则达八十二万四千余石，是二税的两倍有余，而且“恃为边储，理不可阙”，所以经过反复检讨，仍然无法免除，只能依权发遣户部副使陈安石之议，在元丰元年（一〇七八），将和籴钱八万贯移付河东转运司，支与缘边州郡市籴粮草封桩，以后人民纳和籴粮草，政府不再支钱，但是遇到灾伤不必再补纳，而以封桩粮草补填，没有灾伤则每三年免输一年，也以封桩粮草充数，并且派陈安石出任河东转运使推行（注二六）。和籴既已不再支钱，于是在实质上更明显的成为赋税的一部分。陈安石建议的办法虽然较为减轻人民的负担，但似乎未曾彻底实施，所以在元丰七年（一〇八四），吕惠卿出任知太原府后，曾经指出，“河东于二税外，别有和籴、支移劳弊，与正税同，而灾伤无蠲减之法，自军兴民尤以远输为病”（注二七）。从吕惠卿所言，可知河东的正税也有支移到本路边郡的情形。

第四，朝廷不断运用各种财源，支钱作陕西、河东的市籴本钱。在陕西方面，每次少则十万贯，多可达百万贯，支钱次数之频繁，前所未见。在河东方面，次数虽不及陕西之多，但每次也少则十万贯，多则三十万贯（注二八）。这些经费除来自三司与内藏之外（注二九），又与若干新法有密切关系。熙宁三年，朝臣在议论河东、陕西边粮时，王安石已经指出：“常平新法本所以权边籴，待缓急故也”（注三〇），常平新法即青苗法，不仅青苗法，其他如免役、市易等法也与边粮的筹措有关。例如熙宁九年（一〇七六）正月，“赐秦凤等路常平坊场免役剩钱十万缗赴熙河市刍粟”（注三一），同年十月，陕西转运使皮公弼以“本路今岁极丰，而常平多积钱”，请“借百万缗，乘贱计置”，获得应允（注三二），按酒税坊场在实施差役法时期原供酬奖衙前者，实施免役法后由官府收回扑卖，所收坊场钱视同役钱（注三三），与免役钱同归常平管辖（注三四），而常平钱中又应有青苗息钱在内。又如熙宁八年（一〇七五）八月，“诏司农寺于河东沿边近边州军丰熟处以三十万缗计置粮草封桩”（注三五），次年二月，又“诏司农寺于秦凤等路本寺银绢或见钱内更赐一十万贯赴转运司，令熙河路籴买刍粮”（注三六），而司农寺自新法实施后，专主天下常平广惠仓农田水利差役事（注三七），差役其后改为免役，司农寺所管钱中自然应有青苗息钱和免役钱在内。此外，因市易法而设的都提举市易司和成都茶场司，都担负有籴买陕西边粮的任务，经常奉诏支拨物货或息钱市籴陕西粮草。熙河、秦凤两路的市易务也都设官兼领市籴，以朝廷所拨本钱营运生息，作为市籴本钱（注三八）。

虽然从熙宁以来，政府积极的筹措陕西、河东缘边粮草，然而成效并不很好。所以如此，主要原因在于受到天灾的影响。从熙宁元年（一〇六八）以来，到元丰五年（一〇八二）之间，全国各地可以说是旱蝗相继（注三九）。其中熙宁六年至八年（一〇七三～一〇七五）之间，灾情尤其严重，河北、河东、陕西、京东西、淮南、两浙、荆湖、江南、福建、四川各地同时发生旱灾（注四〇），司马光在熙宁七年（一〇七四）上疏指出，“北尽塞表，东被海涯，南踰江淮，西及邛蜀，自去岁秋冬，绝少雨雪，井泉溪涧，往往涸竭，二麦无收，民已绝望，孟夏过半，秋种未入”（注四一），可见灾区之广。灾情严重到“永兴、秦凤、河东路民饥死者相属”（注四二），“河东灾伤州军至人相食”（注四三），连接夏境的陕西、河东两路如此，其他各路的情况也不轻，粮草生产中心的东南诸路是“人户流散，穷荒极敝”（注四四）。全国各地的粮价也随之而上涨，熙宁、元丰间，江淮米价贱时只不过每斗二十文，而熙宁八年卖到每斗八十文以上，京城米价在熙宁六年时已在每斗七十五文到一百零五文间，熙宁八年更达到每斗一百五十文（注四五）。至于陕西缘边的熙河路，在熙宁七、八年的米麦价格，则是“每㪷计钱四五百文，贱亦不减三百以上”（注四六），而司马光在熙宁四年（一〇七一）正月预估陕西谷价，仅只粟每斗二十五文、小麦每斗四十文、米每斗七十五文而已（注四七）。陕西、河东本地粮谷既因灾荒而缺乏，东南诸路的米粮也因灾荒而无法运至，一方面对于税户“以荐饥减放租赋”，另一方面原有的仓储“赈贷之余已无几”，“军储乏甚”是势所必然（注四八）。熙宁九年（一〇七六）以后恢复丰熟，熙河路米价在元丰元年（一〇七八）也滑落至每斗一百二十文（注四九），次年则陕西全境食米中价更只每斗六十五文（注五〇）。但是地区较小的旱蝗灾情仍然延续不绝，元丰四年（一〇八一），亦即出师伐夏的当年，陕西尚有“凤翔府、凤、阶州饥”而“阶、成、凤、岷州人民阙食流移”的情形（注五一），对于军粮的筹措当然不能没有影响。

旱蝗之外，熙宁、元丰年间黄河也曾经多次决口，酿成水灾，影响到黄河下游的农业生产。自熙宁二年（一〇六九）以来，黄河在北京大名府附近屡次横决，“水势散漫，淹浸民田”，熙宁六年（一〇七三）十月开始策划治河，到次年六月，已“渐次退出田土”，但仍要继续修治，始能“退出民田数万顷”（注五二）。然而在熙宁八年（一〇七五）九月，大名府境又“大河衍溢坏民田，多者六十村，户至万七千，少者九村，户至四千六百”（注五三）。最严重的水灾发生在熙宁十年（一〇七七）七月，黄河大决于澶州曹村，“凡灌郡县四十五，而濮、齐、郓、徐尤甚”，“河朔、京东被水患者莫知其数，嗷嗷吁天”，“坏民田三十万顷，坏民庐舍三十八万家”（注五四），至于虽未被水冲坏而遭淹浸的民田则更广，到次年，仅京东便尚有“良田百余万顷，被水退迟，麦种不入，秋田又失指拟”（注五五）。由于河水泛滥的影响，加上元丰元年（一〇七八）冬天，河北、京东没有降雪（注五六），所以到次年春天，京东路的齐、兖、济、郓等州“谷价贵甚，斗直几二百，艰食流转之民颇多”，河北路的滨、棣、德、博等州也“饥甚，艰食之民颇多”，灾区之内甚至“民饥至相食”（注五七）。这一次黄河决口，经过一番工程才将缺口堵塞，但是到元丰三、四年（一〇八〇～一〇八一），黄河又两度在澶州决口，元丰四年一次尤其严重（注五八），河北“夏田大河横水冲没”（注五九）。黄河下游泛滥虽然无关陕西、河东，也无关东南诸路，却会对全国的粮食调配发生影响，为了救济水灾地区的灾民，能用来支援陕西、河东的粮食自必减少。

天灾之外，地理和人事因素也妨碍到陕西、河东边粮储备的成效。两路位置偏远，又缺乏水运，因此运输困难，正由于运输困难，所以不得不特别倚重市籴与入中，但却提供商人哄抬粮价与官商营私舞弊的机会。以新开辟的熙河路为例，在军粮的筹措上，“犹仰东州转车，挽运则人力不给，置场和籴则猾民得以乘时要价”（注六〇），“入中刍粮，多是闲官举人及四方浮浪之人结籴，有经年方输到，或以物折纳，类皆伍次轻弱，久之不能结绝”（注六一）。所谓结籴，是官府事先以粮草价钱赊贷给商人，一定期限后，商人购得粮草缴纳官府，并附纳息钱（注六二），所以有拖欠的情形。不仅如此，拖欠的商人中竟有陕西的边防官员。熙宁九年（一〇七六），由于熙河籴场拖欠商人钱钞，及“本路总管王君万等三十二人，拖欠熙河两州结籴十四万三百六十余缗、银三百余两”，朝廷展开调查，调查结果，除王君万外，尚有知熙州高遵裕、知河州鲜于师中、权发遣秦凤路转运副使张穆之、岷州通判黄察及若干官员，同时因违法结籴而受到处分（注六三）。其次，兴修水利与增广淤田大多有名无实，成效不著，例如沈披修六门堰，“大抵迂阔少效”。王孝先献议于同州朝邑县淤黄河咸地为田，结果不但淤田不成，反而使河水“灌注朝邑县长丰乡永丰等十社千九百户，秋苗田三百六十余顷”（注六四）。郑白渠的修筑，大概也没有效果，所以到元丰三年（一〇八〇），负责官员如杨蟠、蔡朦等都受到处分（注六五）。此外，从熙宁初年宋夏冲突之后，到元丰伐夏时，宋朝另有几次边事，都颇费粮草，熙宁五、六年（一〇七二～一〇七三），开拓荆湖及蜀边诸蛮地，据郑侠于熙宁六年上书王安石所说，“今湖北用兵，自去年供运至今不休，不知其费用几许千亿”（注六六），言辞虽然夸大，但足以说明耗费之多。熙宁七、八年（一〇七四～一〇七五），宋辽划界纠纷发生，王安石描述宋的紧张情形，“括配车牛驴骡，广籴河北刍粮，扰扰之形，见于江淮之间，即河北、京东可知”（注六七）。熙宁九年征安南，用运粮人夫达二十万人，“军事实费钱帛金银粮草五百一十九万贯匹两石束”

（注六八）。元丰三、四年（一〇八〇～一〇八一）两次伐泸州蛮，第一次用粮夫三万多人，耗时三月，粮运屡遭劫夺，从四川再次支援粮草到前线（注六九），第二次用粮夫五万人，备八十日粮草（注七〇）。这些耗费军粮的边事虽然也和陕西、河东无关，但同样也会影响到全国粮食的调配，妨碍了陕西、河东边粮的筹措。

由于以上因素，西北边粮始终感到缺乏。熙宁六年（一〇七三）八月，全国性的旱蝗尚未对粮食生产发生影响，而三司已报告“永兴军兵储才支三季”（注七一），三司使薛向因此在十月奉诏根究陕西财用缺乏（注七二）。全国性旱蝗期间，情况自然更加严重，由于军粮缺乏，所以熙宁七年（一〇七四）八月，泾原、环庆、鄜延、永兴、秦凤等路转运使同帅臣，奉诏“议抽减缘边军马，徙之内地或住营州军，以弓箭手代之”（注七三）。恢复丰熟之后，情况当有所改善，但是西北边粮经过几年的收购蓄积，仍未见十分充实。元丰二年（一〇七九），鄜延路全年军粮二十七万余石，竟必须向永兴军路常平仓挪用。而永兴军路常平仓只提供十九万石便已无余，鄜延路军粮仍然差八万石，必须另外设法解决（注七四）。所以在同年，检正中书礼房公事王震奉命会计陕西五路年计，就难免有“临时调度常不足，执事相诿，每烦朝廷，非所以为法”的指责（注七五）。平时边粮已有不足之感，战时的供应自然更感困难，宋朝竭尽心思在筹措西北边粮上，却始终无法突破困窘的局限。而在军粮储备不见得十分充实的情况下，宋朝竟挑起了对夏的边衅。

（原刊于《刘子健博士颂寿纪念宋史研究论集》，
京都，同朋舍，一九八九年九月。）

注释

注一：见拙作《北宋元丰伐夏战争的军粮问题》（载于本书上册页三九～七四）。

注二：《长编》卷二三一熙宁五年二月甲申条。

注三：《长编》卷二四四熙宁六年四月丁酉条。

注四：《长编》卷二一八熙宁三年十二月戊午条。

注五：《宋史》卷一八一《食货志·盐篇》。

注六：见戴裔煊《宋代钞盐制度研究》页一四七。

注七：《长编》卷二五四熙宁七年六月壬辰条。

注八：《长编》卷二九六元丰二年正月丙申条。

注九：《长编》卷二六五熙宁八年六月己酉条。

注一〇：《长编》卷二六九熙宁八年十月辛亥条。

注一一：《长编》卷二七九熙宁九年十一月丙申条。

注一二：《宋史》卷一八三《食货志·盐篇》。

注一三：见小笠原正治《宋代弓箭手の研究》前篇（载《中国の社会と宗教：东洋史学论集第二》）。

注一四：《会要》之《食货二·营田杂录》熙宁五年四月十日条，熙宁十年六月二日条。

注一五：同注一三。

注一六：《宋史》卷二七五《食货志·和籴篇》。

注一七：《宋史》卷九五《河渠志·河北诸水篇》。

注一八：《长编》卷二一四熙宁三年八月丙子条。

注一九：《会要》之《食货七〇·赋税杂录》熙宁四年十月十四日条。

注二〇：《长编》卷二四六元丰七年六月辛巳条。

注二一：《长编》卷二一五熙宁三年九月庚戌条，卷二一七熙宁三年十一月己酉条。

注二二：《长编》卷三一一元丰四年正月己酉条，卷三一二元丰四年四月甲申条。

注二三：《长编》卷二七五熙宁九年五月辛巳条。

注二四：《长编》卷二六七熙宁八年八月壬子条。

注二五：同注一一。

注二六：《长编》卷二八七元丰元年闰正月丙子条。

注二七：《长编》卷三四四元丰七年三月庚申条，李焘自注引《吕惠卿家传》。

注二八：可详阅《会要》之《食货三九·市籴粮草篇》。

注二九：《会要》之《食货三九·市籴粮草篇》熙宁三年八月十三日条载权三司使吴充言，“陕西近年出左藏库及内帑银钱䌷绢数百万计”，左藏库属三司管辖。

注三〇：《会要》之《食货三九·市籴粮草篇》熙宁三年八月十三日条。

注三一：《长编》卷二七二熙宁九年正月戊寅条。

注三二：《长编》卷二七八熙宁九年十月戊子条。

注三三：见《长编》卷二二七熙宁四年十月壬子条所录颁募役法诏书。

注三四：见《会要》之《职官四三·提举常平仓农田水利差役篇》熙宁九年十月十二日条。又见《永乐大典》卷七五〇七《仓篇·常平仓条》引《中书备对》。

注三五：《会要》之《食货三九·市籴粮草篇》熙宁八年八月二十八日条。

注三六：《会要》之《食货三九·市籴粮草篇》熙宁九年二月二日条。

注三七：《会要》之《职官二六·司农寺篇》熙宁三年八月二十七日条。

注三八：见拙作《市易法述》（载于本书上册页七七～二〇六）。

注三九：可详阅《会要》之《瑞异二·旱灾篇》，《瑞异三·蝗灾篇》。马端临《文献通考》卷三〇四《物异考·恒旸篇》，卷三一四《物异考·蝗虫篇》。《宋史》卷六十二《五行志·水篇》，卷六十六《五行志·金篇》。

注四〇：《宋史》卷六十六《五行志·金篇》。《长编》卷二四二熙宁六年二月乙酉条；卷二五一熙宁七年三月乙丑条。

注四一：《长编》卷二五二熙宁七年四月甲申条。

注四二：《长编》卷二五九熙宁八年正月甲寅条。

注四三：《长编》卷二六〇熙宁八年二月壬申条。

注四四：《长编》卷二七六熙宁九年六月月末条载张方平言。

注四五：见全汉昇《北宋物价的变动》（收入全汉昇《中国经济史论丛》第一册）。

注四六：《长编》卷二七六，熙宁九年六月月末条载富弼言。

注四七：司马光《传家集》卷四十六《奏为乞不将米折青苗钱状》。

注四八：《长编》卷二七七熙宁九年八月乙未条。

注四九：《长编》卷二九二元丰元年九月己丑条。

注五〇：《长编》卷三四二元丰七年正月丁未条载范纯粹言王震会定陕西粮草价，事在元丰二年。

注五一：《长编》卷三二一元丰四年年末条；卷三一一元丰四年二月丙戌条。

注五二：《长编》卷二五四熙宁七年六月月末条。

注五三：《长编》卷二六八熙宁八年九月癸酉条。

注五四：《会要》之《方域十四·治河篇》熙宁十年七月十七日条。《长编》卷二八三熙宁十年七月丙子条；卷二八四熙宁十年八月丙戌条。

注五五：《长编》卷二八八元丰元年二月己酉条。

注五六：《长编》卷二九六元丰元年正月癸丑条。

注五七：《长编》卷二九六元丰二年二月辛亥条、乙卯条、乙丑条。

注五八：《宋史》卷九十二《河渠志·黄河篇》。

注五九：《长编》卷三一三元丰四年六月丁卯条。

注六〇：《长编》卷二七〇熙宁八年十一月庚辰条。

注六一：《长编》卷二七一熙宁八年十二月己酉条。

注六二：见日野开三郎《神宗朝を中心として観たる北宋時代の結糴》(《史渊》第二十辑)。

注六三：《长编》卷二七四熙宁九年四月戊子条；卷二八〇熙宁十年二月戊子条。

注六四：同注一七。

注六五：《会要》之《食货七·水利篇》元丰三年七月十二日条。

注六六：郑侠《西塘集》卷六《上王荆公书》。

注六七：《长编》卷二六二熙宁八年四月癸亥条。

注六八：《长编》卷二七四熙宁九年四月丙戌条；卷二八一熙宁十年三月辛未条。

注六九：《长编》卷三〇六元丰三年七月乙亥条：卷三一一元丰四年正月辛卯条、甲午条。

注七〇：《长编》卷三一二元丰四年四月甲子条。

注七一：《长编》卷二四六熙宁六年八月丁丑条。

注七二：《长编》卷二四七熙宁六年十月壬申条。

注七三：《长编》卷二五五熙宁七年八月丙子条。

注七四：《会要》之《食货三九·市籴粮草篇》元丰二年九月二十四日条。

注七五：《长编》卷二九九元丰二年七月戊子条。

北宋元丰伐夏战争的军粮问题

一、前言

宋朝自太宗以来，屡次受挫于辽，宋神宗即位之后，常志切复仇，急于储备讨伐辽国的兵费。王安石所以得到重用，推行以理财为最高目标的新法，主要原因便在于此。但是辽国强大，不可骤然征讨，于是先以夏国为目标，“已服夏国，当觇幽燕”，正是王安石本人预定的步骤；为了攻伐夏国，宋朝又先从事河湟的经营，所谓“欲取西夏，当先复河湟”，自熙宁五年（一〇七二）以后，陆续自西蕃手中取得边地，并于其地设通远军、熙州、河州、岷州（注一）。王安石罢政之后，这一项政策仍然继续执行，元丰四年（一〇八一），宋终于因河湟开拓有成，加以传闻夏国内乱，大举伐夏，结果惨败而归。这一次军事挫折的原因很多，但是军粮供应与运输发生问题，无疑是重要原因之一。宋太宗、真宗时代讨伐李继迁失利的症结（注二），在这次军事行动中又再重演。元丰五年（一〇八二），宋准备再度出师，从陕西边境一路兴筑堡寨，深入夏国境内，但是为了供应和运输前一年伐夏战争的军粮，已使得西北地区公私困乏，面对可能有民变发生的危机，宋朝不得不放弃深入的计划，仅在境外不远之处兴筑永乐城：永乐城才刚筑好，便遭到西夏大军的围攻，终于因城中饮水、粮食无法支持而沦陷，守城宋军几近全军覆没。经过两次大败，终宋神宗之世再也没有采取征伐西夏的行动。

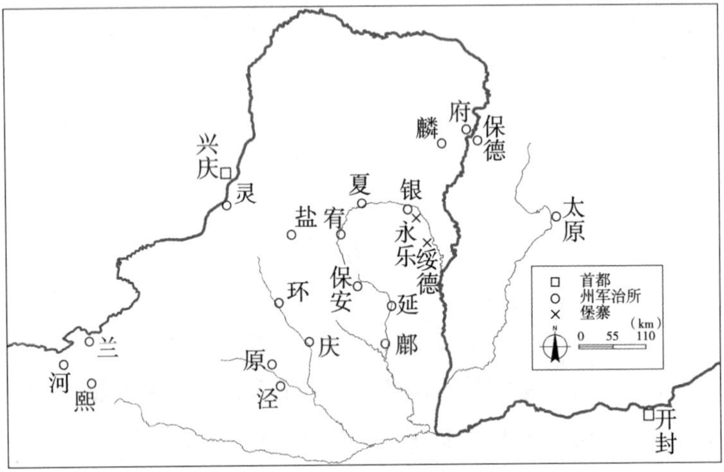

北宋元丰伐夏形势图

其实为了征讨西夏，宋神宗和他的大臣很早就注意储积陕西、河东的边粮，陆续采用的措施包括，第一，继续经由入中的方式，以陕西解池所产的解盐和河东永利东西两监所产的土盐，来换取粮草；第二，继续在陕西、河东边郡招募弓箭手开垦缘边荒田，并对弓箭手行借助开耕资本之法，在陕西、河东内郡，则一本于王安石的农田水利法，兴修水利，增广淤田，企图经由农业建设，增进当地的农业生产；第三，支移内地税粮往陕西、河东边郡，又不时将四川财税由官府转运到陕西供作边费，河东则有同于增税的强制性和籴，换言之，经由赋税的转移与增收，增加陕西、河东边郡税粮的收入及收购粮草的本钱；第四，朝廷不断的运用各种财源，支钱作陕西、河东的市籴本钱，这方面的经费除来自三司与内藏之外，又与青苗、免役、市易等新法有密切关系。虽然从熙宁以来，政府积极的筹措陕西、河东缘边粮草，然而成效并不很好，所以如此，主要原因在于受到天灾的影响，其中熙宁六年至八年（一〇七三～一〇七五）之间的全国性旱蝗影响尤大。此外，两路位置偏远，缺乏水运，导致运输困难；商人哄抬粮价，官商营私舞弊，既亏损官府钱物，也使边粮无法及时获得；兴修水利与增广淤田，则大多有名无实，成效不著；而从熙宁三、四年（一〇七〇～一〇七一）宋夏一次规模不算很大的冲突后，到元丰伐夏时，宋朝另有开拓荆湖及蜀边诸蛮地、征安南及伐泸州蛮等几次军事行动，都颇费粮草，影响到全国粮食的调配，间接妨碍了陕西、河东边粮的筹措。因此，西北边粮始终感到缺乏，全国性旱蝗期间固不用说，即使在恢复丰熟之后，仍未见十分充实。平时边粮已有不足之感，战时的供应自然更感困难，宋朝竭尽心思在筹措西北边粮上，却一直无法突破困窘的局限（注三）。

二、五路出师的经过

在军粮储备不见得十分充实的情况下，宋朝挑起了边衅。元丰四年（一〇八一）四月，谍报传来夏国内乱及君主秉常遇弒的消息，鄜延路守将种谔立即向朝廷报告，并且建议乘机进攻，“止裹十数日之粮，卷甲以趋，乘其君长未定，仓猝之间，大兵直捣兴、灵”（注四）；数日之后，种谔再向朝廷报告，秉常未被弒害，但夏国确已内乱，为防止契丹先举兵吞并，宜速征讨，“不必远调兵赋，止发本路九将兵裹粮出塞，直趋巢穴。”（注五）种谔久戍陕西，颇建战功（注六），这时显然已有轻敌之心。宋神宗早有伐夏的企图，在接获种谔第一次报告后，立即一面派内侍王中正往鄜延、环庆路体量经制边事，一面策划在陕西（鄜延、环庆、泾原、熙河）、河东五路聚集兵马，命令中书、枢密各委官准备钱粮器械（注七）。宋神宗在接见种谔面谈后，决意出师，六月开始调兵遣将，除本路兵外，并调动开封府、京东路、京西路兵前往参加军事行动（注八）。军事部署从六月以后几经变更，到八月最后的配置是内侍李宪领熙河路兵马，约同西蕃董戬进军，王中正领河东路兵马，鄜延路由种谔领军，受王中正节制，外戚高遵裕领环庆路兵马，泾原路由守将刘昌祚领军，受高遵裕节制（注九）。除熙河路先于八月出师外，其他四路均预定于九月下旬出师，五路大举，以西夏国都兴庆府（兴州）及其东南隔黄河相对的灵州为目标（注一〇）。灵州在宋初原为宋的国土，在宋真宗咸平五年（一〇〇二）陷于夏人之手（注一一），这次出师以灵州作为进攻兴庆府前的会师目标，自然有重要意义。

在大举出师前的预备时间里，宋廷已经考虑到进军时的粮食供应和运输问题。宋神宗在七月曾对鄜延、环庆、泾原、河东四路指示军队进入夏界后的遵守事项，其中有两条关系军粮问题，一是“粮草数少，降附之众，或有畜藏，与文记借给，候事定偿其价”，另一是“仍切照管粮道，无令艰阻”（注一二）。可知宋方自知军粮在供应上将有不足之虞，打算因粮于敌，也预料到西夏将会阻截粮道。一方面考虑到敌方可以利用和必须防备的因素，另一方面也必须竭己之力，所以在同月，宋神宗又指令陕西诸路，“运军须粮草部夫官违期致阙者，依乏军兴法”，至于运粮的人力，则指示用义勇保甲，如果不足，即差民夫（注一三）；次月，对河东也同样指令以义勇代替壮城厢军，尽数用于馈运，不足则于缘边差夫（注一四）。按义勇原为宋代河北、河东、陕西三边的民兵，元丰四年正月，为统一民兵之法，悉改为保甲，称义勇保甲（注一五）。新法之一的保甲法原有精简募兵的作用，沿边教阅保甲必须接受军事训练，但是在这次军事行动中却主要只用之于运粮。所以先用保甲，不足之后才差民夫，应是为了减少差夫对民间的骚扰。宋神宗又指示，如果因军事需要而赁借民间物资，也必须"明给价值，不得直行科率，仍常切抚存人户，务令安静，无致骚扰"（注一六）。夏国方面，在获知宋朝将要大举进犯后，梁太后问策于廷，年轻的将领都主张迎战，只有一位老将认为不必，"但坚壁清野，纵其深入，聚劲兵于灵夏，而遣轻骑抄绝其馈运，大兵无食，可不战而困也"（注一七）。事实证明，宋朝确是败在粮运不继上。

宋廷虽然对军粮的供应与运输问题已经详加考虑，但是在出师的过程中，不仅前线的粮草有不继的情况，后方民生也深受骚扰。五路之中，熙河路之师最早出动，李宪与西蕃董戬相约，出兵日期在八月半（注一八），八月下旬，李宪率军从熙河东北上，已与夏军发生战斗，传来捷报（注一九），九月初便攻取了兰州（注二〇）。李宪率领军队粮夫十余万人，驻兵兰州，以修筑城堡为借口，原只拟选劲兵五、七千继续前进，宋神宗一再催促全师进发（注二一），李宪又向朝廷报告粮草不继。西北地方多在田中挖窖储谷，窖口仍然种植禾黍掩盖，但是叩地有声，雪易消释，可以由此而发现（注二二），李宪在进军兰州时，路经龛谷川，是"秉常僭号御庄之地，极有窖积"，于是"发窖取谷"（注二三）。然而驻军兰州日久，仍然"苦见粮无旬日之备"，可见军粮消耗甚大，而后方未能及时支援，负责军粮供应的权管勾熙河秦凤路转运判官马申因此立即遭到下狱的处分（注二四）。李宪在十月初领兵继续东上，宋神宗特意叮咛转运司官员赵济、胡宗哲"趣应办军须"

（注二五）。十一月上旬李宪攻至天都山，这时已是“去灵武数舍非久”，宋神宗亟望这支军队能与泾原、环庆之师会合，围攻灵州（注二六）。再前进至七朱川，军粮又已告急，随军的权管勾熙河秦凤路转运司公事赵济因此牒知本司，“先差下急夫津般人马食三万（按：万下疑缺石字），干粮一百五十万斤，自通远装发赴西宁寨会合”。由于不断调发陕西役夫搬运粮草，征程又旷日持久，役夫已经无法忍受，这时“众且溃”，赵济“度无以制，使民自溃，则后不可复役，乃悉纵遣，辍马负粮”（注二七）。在这种情况下，军队要继续前进已无可能，因此在十一月中旬，便奉命就近到泾原路“有粮草州军城寨歇泊”，安养士气，等候夫粮有备再进军（注二八），数日后又奉命“亟旋师本路”（注二九）。这时正当泾原、环庆两路军队围攻灵州之际，熙河路之师始终没有能进军到灵州。

鄜延路之师虽然预定出师日期在九月下旬，但是统帅种谔在八月初便已率军进驻绥德城外，绥德城即绥州，是种谔在宋神宗即位之初从夏人手中收复之地。随即派遣部将出界招纳蕃部，与夏军发生冲突，粮草也遭夏人劫掠。朝廷认为种谔轻出，所以命其受王中正节制，八月下旬，出界浅攻诸将才被召回（注三〇）。九月下旬，军队从绥德城出塞，将士共计九万三千人（注三一），粮夫则共十万人（注三二）。出师第三天，攻围米脂寨，夏军八万余人来援，激战之后，为种谔所败，十月初米脂寨请降（注三三）。种谔曾请求不受王中正节制，米脂捷书传至朝廷，宋神宗喜动颜色，允其所请（注三四）。攻下米脂寨后，不到半个月的时间，已先后入石州，入夏州，入银州（注三五）。种谔所率兵夫总数几达二十万人，粮食供应自然是一大问题，除随军粮草外，在米脂寨曾搜获窖藏粮谷一万九千五百余石，军队进至夏州为止，一路上得俘虏作向导，指引启发夏国官私窖粟，例如在德靖镇七里平山上便“得西人谷窖大小百余所，约八万石”，又行经水草丰足之处（注三六），所以军粮充备。但是过了夏州之后，情况便不相同，粮道开始受到夏军阻截，部将曲珍奉派往安定黑水堡折运粮草，与夏军激战，“至晓收集不齐，人夫冻死在道，无复收敛”（注三七），因此所运不多，继续发掘窖粟，数量也有限，已经“士卒有饥饿逃亡”的情形（注三八），甚至部队因久不得食，而数千人群聚，将有哗变之忧，幸得部将折可适化解（注三九）。十一月初，军队进驻麻家平，已是“士卒饥困，皆无人色”，种谔欲诛鄜延路转运使李稷，李稷请亲自督粮运而得免，然而“民夫苦折运，多散走”，李稷禁不能止，于是“使士卒斩其足筋，宛转山谷间，数日乃死，至数千人”（注四〇）。

前线军粮短缺已经到了如此紧急的程度，而后方的军需供应与运粮人力也发生问题。官府之力不足，向民间征集前线军需，弊端百出，“科率之物，名件不一，内亦有非军中要急使用”，引起了民怨（注四一）。沉重的军粮压力，不仅来自鄜延本路军队，河东路之师这时已退入鄜延境内，鄜延路经略使沈括因此向朝廷报告:“边粮已费力，又益河东兵，愈阙粮食。”为了运输军粮，“延州诸县丁夫发尽，已差及妇女”，政府虽然屡次禁止差妇女运粮，但是“运粮须办，则势不得不极”，民力已经无以为继（注四二）。朝廷不得不扩大差夫的区域范围，在京西路的均州、邓州，“发夫三万”，“赴鄜延路馈运”（注四三）。种谔在麻家平等待后方粮运不及，在“士卒益饥困”的情况下，勉强继续进军。八日之后，行至盐州，路上虽然得降人指引，获知在桃堆平有粟窖，“称是国官粟，密密相排”，派遣兵夫前往搬运，但似乎尚未运到，军队在盐州便遇上大雪，“死者十二三”，同时“左班殿直刘归仁率众南奔，相继而溃入塞者三万人，尘坌四起，居人骇散”，幸赖沈括在鄜延境内处置得宜，溃军才没有发生事变（注四四）。既然已经溃不成军，所以种谔便奉命“速引军并塞于便处权泊”，等“士气稍宽，粮馈有备”之后再进军，事隔数日，种谔再奉命将军队“领还本路”（注四五）。这时也正当泾原、环庆两路军队围攻灵州失利之际，鄜延路之师没有能进军到灵州。

河东路之师在九月下旬从麟州出发，王中正在出师祭辞中自言代皇帝亲征，率领军队六万人，粮夫也有六万余人，行至白草平，报奏已入夏国界内，留屯九日不进，派遣士卒往来就粮于麟州（注四六）。五路统帅之中，以王中正最缺乏军事经验，也最妄自尊大，未出发之前，已弄得河东一路官民皆怨。征集军需，“皆用一而调二，其数皆千万计，或非所急，或非所用”，河东都转运使陈安石为之手足无措，慑于王中正内侍的身份，只得“奉行唯力，恐不办，或增调之”，于是“一道骚然，百姓朘削至骨”（注四七）。转运司原为军队准备四十日粮，但是王中正仗恃鄜延路之师受其节制，两军会合之后，“彼粮皆我有也”，指示只带半月粮，随军的转运判官庄公岳、提举常平赵咸为防中途绝粮，暗中再多带了八日粮（注四八）。等到王中正驻军白草平八日不进，陈安石为之大惊，担心四十日粮也不足用，将承担上乏军兴的罪名，“即发民再运，一切增配趣办”（注四九），并且向朝廷报告，“军兴以来，应朝省封桩并诸司及提举司钱物并归本司，虑缓急移用不足，乞更应副”（注五〇）。宋神宗令权管勾河东转运司公事路昌衡再具实申报，而路昌衡的主张竟也和陈安石相同，奏乞“于河北边近本路州县差科人夫四万人，般担军须至太原府”（注五一），可见河东民力、财力均已困竭。宋神宗对于河东的情况十分忿怒，派赵禼权管勾河东都转运司，前往调查，并将陈安石和河东提点刑狱兼转运事黄廉下狱治罪。赵禼到河东后，据所见所闻指出，“军须调发烦扰，止是不急之物，如绛州运枣千石往麟府，每石只直四百，而雇直乃约费三十千”。又指出，仅潞州一地，便已“差夫万一千随军”，坊郭上户一户有“差夫四百人者，其次一、二百人，愿出驴者三驴当五夫，每五驴别差一夫”，而民间雇夫雇驴的价钱是“驱喝一夫顾直约三十千以上，驴约八十千”，则受差民夫负担之重，可得而知，再“加之期会迫趣，民力实不能胜”（注五二）。潞州这时已第二次差夫，坊郭户王槩等人，“责夫钱六万三千余缗”，因无法缴出，竟被械系（注五三），夫役之重确实已到了民力无法负担的程度。

王中正到十月上旬才从白草平领兵西进，中旬渡无定河，循河水而行，“地多湿沙，人畜往往陷不得出”，至横山下神堆驿，和鄜延路之师相遇，相距不过数里。恰巧次日种谔不受王中正节制的诏书抵达，于是种谔不见王中正，领兵先往夏州。河东粮夫在神堆驿听鄜延粮夫说，此地离绥德城很近，“两日中亡归者二千余人，转运判官庄公岳、赵咸等斩之不能禁”（注五四）。由于种谔不再受王中正节制，所以王中正取资于鄜延路之师军粮的打算落空，而派官属指引民夫千余人启发夏人窖粟，竟只得千余石（注五五）。所以当王中正随种谔之后不久领军抵达夏州时，河东路之师已粮食将尽，又没有战功，于是王中正接受了诸将的建议，往袭宥州，借以塞责（注五六）。进军宥州的途中，王中正透过鄜延路统帅种谔和转运使李稷，向朝廷请求从鄜延路的保安军取粮，以解决乏食的困难。赵禼因而奉派从河东领空夫赴保安军，借刍粮转运给王中正，但是赵禼认为河东如果再兴夫役，将生变乱，而且从太原前往保安，路程也颇艰远，拒绝执行任务（注五七）。王中正当初在河东征调粮夫原达十一万人，出发时因为所带军粮减少，只用了六万余人，其余留在保德军待命，此批粮夫这时奉命由将官訾虎以军队八千人护送，从麟州运粮供给河东路之师，而訾虎回报兵少夫多，难以护送，出塞后又不知王中正所在，于是又奉命撤回（注五八）。宥州城中只有居民五百余家，王中正轻易攻入，并且屠城，这时距师出国境已近三十日，所携粮食已经用尽，后方粮食又不再运来，在宥州靠“杀所得马、牛、羊以充食”（注五九），在宥州附近又发取到粮窖（注六〇），军队才得以继续前进。

离宥州才两天的时间，河东路之师又粮食已尽。幸好遇上鄜延路掌机宜景思谊率军出境，于是取用其粮，不再前进，折入保安军顺宁寨，驻于归娘岭下，不敢入寨，遣官属向顺宁寨请粮，这时的境况，已凄惨到“兵夫冻馁，僵仆于道，未死，众已剐其肉而食之”（注六一）。王中正从河东出师，一路上只是望空而行，没有向导斥候，而又生性畏怯，唯恐夏人知其扎营之处，所以“每夜二更，辄令军中灭火，后军饭尚未熟，士卒食之多病，又禁军中驴鸣”，士卒早已愤怨，在折返顺宁寨时，由于粮食已尽，士卒更流言先杀王中正及庄公岳、赵咸，然后溃归（注六二）。这支军队显然已不能再战，因而奉令“分擘于延州、保安军诸城寨歇泊”，整补安养之后，再出境讨敌，于是王中正“引军还延州，计士卒死者近二万，民夫逃归大半，死者近三千人，随军入寨者万一千余人，马二千余匹死者几半，驴三千余头无还者”（注六三）。这是五路中溃败最早的一路，这时尚在泾原、环庆两路军队围攻灵州失利之前。但是这支军队的溃散没有就此结束。王中正还延州之后，分所部屯驻河东诸州，“山东兵往往千百为群，擅自溃归”，“本营土兵亦有擅去者”（注六四），也有士卒因“或扇摇以再出，稍避匿至聚为盗”（注六五）。等到泾原、环庆之师攻围灵州失利，朝廷命王中正从延州前往救援，士卒已喧哗不肯行，部将亦起而抗命（注六六），主帅威信及军队军纪都已荡然。

泾原路之师和环庆路之师也分别在九月下旬出发。朝廷事先有命令，泾原路军队当用粮草丁夫，由环庆路主帅高遵裕牒知泾原路转运司办理（注六七），由于高遵裕的指示，泾原、环庆两路转运司都准备了一个月粮草上路（注六八）。朝廷又有命令，环庆、泾原两路军队会合，从泾原路边界进讨（注六九），但是环庆路之师许久没有前来会合，刘昌祚只好率领泾原路军队五万人单独出境，十月中旬，在磨脐隘口遇上夏军三万余人扼守，激战之后，将夏军击退，宋军从此通行无阻（注七〇）。行军十八日尚未到灵州，而出师时只带了一个月的粮食，刘昌祚得知鸣沙川有积粟，夏人谓之御仓，所以决定迁绕鸣沙，前往取粮（注七一）。行至鸣沙，离出师有二十日，却已“军无见粮”，转运司属官令狐俅因“远望有野烧”，而想到是“岂敌人不尽窖而藏之反烧耶”，率军奔走数十里抵达烧所，“果得菽麦二万八千斛”（注七二）。在鸣沙川又搜得窖藏粟及杂草三万三千余石束、牛羊万余头，抵鸣沙城外再搜得窖粟一万八千余石，粮食问题得以解决，于是直趋灵州，在灵州城外又夺得马牛羊驼畜万余头、粮草五万余石（注七三）。至于环庆路方面，高遵裕率领步骑八万七千人、粮夫九万七千人在九月下旬从庆州出发（注七四），随军粮草在“运期迫遽”的情况下起运（注七五）。这支军队一直拖延到磨脐隘口之战后才迈出国界，经清远军、韦州往前推进（注七六）。高遵裕所领军队人数虽多，但是据其在战后检讨，环庆路的精卒壮马，已先被选去征讨泸南，所以征伐西夏的人马均非精良，而所携带的武器，也不适合使用（注七七），这对军心无疑有很大的影响，行军至旱海，由于随军的环庆路转运副使李察“请以驴代夫运粮”，而“驴塞路，馈不继”，夫众则“都无部勒，弃抛粮草，望风遁归”，又遭夏军抄掠粮运（注七八）。所以环庆路之师尚未抵达灵州，军粮也已发生问题。前线情况如此，后方也为军粮的供应与运输而窘困，泾原路已是“缘边诸寨见粮不多，复今物价甚贵”（注七九）；随军出征的环庆路转运判官范纯粹则在战后指出，“去年调夫出界，其近上等第人户有至独出数十夫之家，其贫下户人亦须数户共出一夫”，而一夫“雇直至及百贯”，不仅如此，而且“转运司接续调发，至于再三”（注八〇），财力、民力无疑都已虚竭。

当泾原路之师攻至灵州城下时，环庆路之师尚未抵达。由于当初有先得灵州者除节度使的诏命（注八一），而刘昌祚又受高遵裕节制，所以高遵裕企图阻止刘昌祚先攻取灵州。泾原路的先锋乘灵州城门未闭时，几将攻入，高遵裕却已派人赍书而至，以遣使入城招安为理由，促使泾原路之师停止行动，刘昌祚为了避免争功之嫌，按兵不动（注八二）。环庆路之师在十一月初行抵灵州城外三十里的南平州，遇夏军来攻，得刘昌祚率兵救援。但刘昌祚往见高遵裕，高遵裕却摆出侮蔑的态度，对其建议先击东关，断绝灵州外援，使灵州成为孤城的战略，也不以为然，甚至要撤除其兵权，交付泾原路副帅姚麟，因姚麟不敢接受而止（注八三）。环庆路之师进至灵州城下，与泾原路之师合而为一，兵夫总计达三十余万人，高遵裕认为城朝夕可拔，不愿刘昌祚分功，派其巡逻营寨。刘昌祚击退来犯夏军，将战利品缴至高遵裕帐下，高遵裕却责其不禀节制。灵州城久围不下，“粮草告乏”，刘昌祚“侦巾子岌、鸣沙川有积聚”，向高遵裕报告，派遣部属往取，只得“草一万余束，粟豆千三百斛”，“泾原兵仰给有余，则转给环庆，两军有无相通，然人情终各自为计云”（注八四）。高遵裕攻城只用环庆兵，军中没有攻城工具，也没有人懂得制造方法，临时采木制造，都细小朴拙不可用。高遵裕又企图以军法斩刘昌祚，虽得众人救解，刘昌祚却因此忧愤成疾，泾原兵为之愤怒。幸赖范纯粹居中调解，两军的摩擦才不至于扩大（注八五）。坚城未下，大敌当前，而将帅不和，显然不是吉兆。

当高遵裕久攻灵州不下时，清远军以北的粮道已经遭受夏军抄掠。宋军搜荡之后，打通了清远军至韦州的道路，但是自韦州以北至灵州的道路仍然阻截不通。彭孙奉派从泾原路护送军粮往前线，途中遭到劫掠，所领士卒十亡其八，粮草丧失几尽；环庆路再遣夫运粮，也因为道路艰阻，无法运达（注八六），大军粮草的后继已近绝望。由于军粮食尽，所以士气低落，“人皆四散，汉蕃兵投灵州者甚众”，加上“进攻灵州不下，两值大风雨雪”，使得“冻死及杀伤士卒不少”。灵州绕城原有分水大渠三重，又有沟浍纵横贯注，用以溉田，宋军抵达时，渠水都已干涸，宋军驻于离城一里，累土囊成堤，高约二丈以自卫。高遵裕攻城到第十八天，夏人决七级渠灌宋军，宋军所处地势卑下，在慌忙中断炮为梁，涉水撤退，一路上遭受夏军追击。宋军在撤退的过程中，“水浸及寒冻，人马颇有死者”，“为贼伤杀，十过二三”，同时军纪也已荡然，“士卒乃敢攘夺公私之物，至剥取军员衣服，生埋揜之，并自去巾栉，辫发诈为蕃兵，追夺财物”，转战累日抵达韦州，“士争入寨，无复队伍”，夏军乘乱攻杀，宋军“溃死者甚众”（注八七）。在这样的情况下，高遵裕不得不决定班师。由于乏粮，环庆路兵众曾经扬言，“我曹不惮进战，止忧饥死”，当十二月初师抵国境时，已是“逃亡不少，几是全军溃散”（注八八）；泾原路之师也损失惨重，“出界正兵及汉蕃弓箭手共五万一千六十人，马五千七百八十二匹，除逃散外，见管一万三千四十八人，马三千一百九十五匹”（注八九）。两军合计，死者达十余万人（注九〇）。泾原路之师和环庆路之师虽然进抵灵州，却是惨败而归。

三、永乐之役的前后

五路出师的结果，仅收复了兰州及米脂寨，另外沈括乘隙于鄜延路边境出击，收复了吴堡、义合、细浮图等寨（注九一），但是人马损失不可胜计。虽然大败而归，宋神宗却没有放弃征伐夏国的企图，军队回师后，立即诏令帅臣与转运司官共议将来攻守长策（注九二）。早在这次出征败象渐露之时，已有臣僚建议必须先在界外兴筑堡寨，屯积粮草，作为进取之资。例如提举河东路常平公事赵咸指出，“聚兵境上，于夏、宥二州之间，相地形险阻，量度远近，修立堡寨，储蓄粮草，以次修完夏、宥，移挪兵粮，以为根本，俟其足备，徐图进取”（注九三）；管勾河东转运司兼措置麟府兵马事赵卨也建议，如果决计开拓，“即且城宥州，分裂堡障，与夏州相接，建绥、宥、银、夏别为一道，修复安远、塞门三十六寨”；泾原路转运判官张大宁则主张，自熙宁寨经磨脐口至兜岭以南，皆可通车，因此可“就岭南相地利建一城寨，使大车自镇戎军载粮草至彼”，然后“更于中路量度远近，筑立小堡，以相应接”（注九四）。这些言论无疑对宋神宗发生影响，所以他在战后有这样的看法，如果再度进讨夏国，必须“自泾原、环庆便路趋灵州，当于兵行之道两旁，筑城堡约十五处，置守具，积粮草”，同时派李承之为陕西路都转运使兼提举泾原、环庆路军需等事，筹划修筑事宜（注九五）。而李宪也在这时应宋神宗的诏命，提出建议，他认为分路进讨，西夏已经熟见虚实，如果再度进攻，应该并诸路兵为一道，攻其必救，使之莫测，他主张，“须于泾原会合并攻，自熙宁寨筑堡障，直抵鸣沙城，以为驻兵之地”（注九六），这一主张正和宋神宗的想法两相谋合。

宋神宗迅即采纳了李宪的建议，决计从泾原路出界修筑堡寨。于是以李宪权泾原路经略制置使，又派另一内侍李舜举为照管泾原路制置司一行军马兼参议军吏大事，负责这项行动，并且开始筹措所需军需粮草（注九七）。军队也同时从各路往泾原路调动（注九八），到元丰五年（一〇八二）四月，泾原路聚集各路兵马已约有正兵及厢军二十万人、马四万，另外有粮夫二十万人、牲口二万（注九九），以军队人数而论，已是泾原路去年出界人数的三倍有余。这样多的人马牲口，消耗粮草数量自必甚巨。李宪在一封上疏里便批评，“随军粮食转运司经制胶柱，需索浩大，虽倾关中事力，佐以此路金谷，亦未应副所办”，所以他“自任计置米五十万石，干粮二十万斤，自从本司运致出塞”（注一〇〇）。李宪如此批评转运司，目的在于强调自己的竭智尽忠，争取皇上的宠信，而所需粮草数量之巨却于此可见。陕西转运司官员范纯粹等人，则向宋神宗率直的指出，目前屯聚于泾原路的人马牲口所消耗的粮食，“约总其数，日费万石而草不预焉，且以百日计之，所损百万斛矣”，而将来开始行动，“所赍出界之粮数百万，又须为接续馈饷之计，若新修城堡既成，更当储积以备守御”，所以他们“度今公私之力，恐决无办具之理”（注一〇一）。从范纯粹等人的估计看，所需粮草数量确是十分巨大，不易筹足。

策划中的行动要用如此多的人马粮草，可是经过去年五路出师之后，陕西、河东无论公私都已困弊，实难支持这样大的耗费。河东的情况已在上节述及，王中正才率军出界，河吏转运司便已向朝廷请求补助。而陕西则在当时出兵不久之后，财政也有了问题，军兴以来，四路转运使“惟以调度军食为急，其所取办金帛，又仰朝廷分颁之数，是以本路经费岁入全阙”（注一〇二）。所以回师之后，刘挚曾经指出，“陕西、河东昨以军兴之际，调发猝遽，所在仓廪，支用耗竭”，即使要乘秋收储籴粮草，也因“诸州军昨经烦费，帑藏萧然”，而感到困难（注一〇三）。地方财政既已枯竭，战后边境屯戍的军费，“粮食傔料，至于犒赐，及累次特支之类，皆系所赐钱斛内支费，所余无几”（注一〇四）。宋神宗志在开疆复仇，并不在乎由朝廷特赐经费到陕西、河东，这年五月，中书省上奏“陕西边事未息，欲广调军须”，他便认为秦以关中一隅尚能统一天下，而宋朝疆土之大十倍于秦，自然可以“远取东南财赋以赡关中”（注一〇五）。而各地因行新法而收的巨量钱财，自元丰初年也已开始向京城输送，集中储存，在元丰三年（一〇八〇）又为之设立元丰库，所贮“以待非常之用”（注一〇六）。元丰五年三月间，便曾“诏司农寺趣诸路提举司，起发常平并坊场积剩钱五百万缗输元丰库”；而在永乐之役后的十月，又“诏户部右曹，于京东、淮浙、江湖、福建十二路发常平钱八百万缗输元丰库”（注一〇七），财源不绝，所以宋神宗有恃无恐。事实上，五月间也确曾支司农寺钱二百万缗、内藏库银三百万两、盐钞二百万缗，下陕西转运司，均给诸路，“乘夏熟于缘边市籴军粮，封桩以须军事”（注一〇八），一次由朝廷支拨这样多的经费作陕西的市籴本钱，可以说是前所未见。即使如此，认为“节俭非帝王之事”的宋神宗（注一〇九），也未尝没有感受到边事的财政压力，多次关照陕西边臣，为朝廷爱惜财用（注一一〇）。尽管朝廷有能力拨赐大量经费到陕西，然而由于物价高涨，这些经费的作用已大打折扣。去年的军事行动，造成这年陕西、河东的“物价翔贵”（注一一一），以粮价而言，元丰二年（一〇七九）陕西食米中价每斗只六十五文（注一一二），而这年据宋神宗自己的了解，“关右之粮，每斛数千，而挽输之费倍之”（注一一三），亦即不计运费，每斗已高达数百文，可见涨幅之大，粮草的筹措也必然因此而增加困难。

至于民生方面，问题更加严重。上节已述及，五路出师时，河东、陕西夫役之重，甚至差及妇女，科调物资也造成对民间的骚扰。当时军兴诸州，除刘航在陕州措置得宜，政令期会如平时外，各地“令佐荷校督民于田里，民多弃田宅，或至自杀”（注一一四），“人情震惧，多全室逃亡”（注一一五）。回师之后，判河南府文彦博在当年年底曾经上疏劝阻再度用兵，指出他在洛阳负责转输军需物资到陕西，颇闻陕西的悲惨情况，“丁壮运粮从军，夏麦多不下种”，“粟麦之价，今已腾踊，若至春后，必多流亡”（注一一六）。差夫调粮已经造成民心的震惧，出征途中大量士卒、人夫的死亡，使得这种震惧更为加深，富弼在其遗表中所说：“前日西师之举，秦晋之民，肝脑涂地，毒亦甚矣，乡村保聚，哭声相闻”（注一一七），是应有的现象。另一方面，治安也开始出现问题，自从调发义勇保甲赴边之后，陕西盗贼突然增多（注一一八），而在出征途中逃回的士卒、弓箭手、保甲与民夫，有许多回到境内后，不敢出面，藏匿山中，劫掠行人（注一一九），河东、陕西的亡卒，不少甚至窜入了京西路（注一二〇）。再加上元丰四年陕西凤翔府、凤、阶、成等州的饥荒，一直延续到元丰五年春天仍未结束，这几州“饥民流移东来以万数，州郡未有安集之计”（注一二一），社会已经萌现不安的状态。

由于陕西、河东社会已经萌现不安，所以宋神宗虽然决定再次西征，却表示不会再差夫出界。元丰五年二月，敕榜晓谕百姓，“访闻昨经西讨，调发丁夫随军，极为不易，尔后边事更不差夫出界，令各安农业”（注一二二），而从各地调用厢兵四万一千人到泾原路运粮（注一二三）。对于军需物资的科调，则指令“除军中委酌要用之物，方得科买制造之外，敢此外配率及耗费官钱收买，当重行黜降”（注一二四）。但是厢军人数有限，而所运粮草数量众多，据陕西转运司官员范纯粹等人的估计，“除候制置司分擘厢军外，见相度合雇大小车及驾喝人约二十万”，所以朝廷又有指令，“修筑般运，并用厢军，及和雇百姓”，也就是虽不差夫，却可以用和雇的方式，用民夫运粮。范纯粹等人又强调，即使所雇人车能够足数，而“一运粮斛才十余万石，仅可充十余日之费”，必须“往还八九运”，才能将粮草运足。他们更认为，“今来运粮之役，窃度关中民力自去年调发随军之后，凋残惊畏，虽给雇直，必不愿受雇出塞。州县若无人应募，不免差雇以应期会，则是名为和雇，实为调发”，既然会有名雇实差的情形出现，则“人情骚动，别致生事，不可不虑”（注一二五）。范纯粹又单独上奏，提出同样的忧虑，他指出“去岁兵师一出，而公私困弊若此其甚，今者再议大举，人气事力大非去岁之比”，陕西民众在去年出师时，已是“冻馁艰苦，遇贼被害，死亡凋弊，久未可完”，所以“今兹再籍，百姓已谙事势，人心骇畏，颇有逃散。麰麦在陇，秋禾将耘，妨夺农时，适于此日”，可是朝廷对主管官员责以军法，自然不能不办，结果将是“人户大段流移，关内骚动，根本之地，事有可忧”（注一二六）。当永兴军接获陕西转运司所下和雇民夫的命令后，曾向朝廷表示处于窘境，“准诏谕民不复调夫出塞，今漕檄雇夫，非科差不可，从之则违诏，不从恐误师期”，而宋神宗的回答却是“诏如前诏”（注一二七），这样的回答根本无法解决永兴军所面对的难题。在这种情况下，宋神宗仍然下诏陕西军兴诸州，差雇车乘之人，至缘边为止，“运粮出界，止差厢军”（注一二八），这道诏令可以说是完全昧于厢军有限而军粮数多的实情。

然而范纯粹和其他陕西转运司官员所担心的事情毕竟发生了。陕西转运司在李宪的要求下，再调夫运粮，“以和雇为名，官日给钱二百”，李宪并且对转运司施加威胁，自称“受密诏，若军须不办，听擅斩都转运使以下”。转运司遵令执行的结果，是“民间骚然，出钱百缗不能雇一夫”，于是民众群起反抗，“相聚立栅于山泽，不受调”，解州的情况是“枷知县以督之，不能集，知州、通判自诣县督之，亦不能集，命巡检尉逼之，则执挺欲斗”（注一二九）。河东在这次军兴时似乎也曾奉命应援陕西，调雇人夫。据吕惠卿在元丰七年（一〇八四）赴知太原府任后指出，“自五年军兴，调夫与驴于民，夫一名官支雇钱一千、米一石，驴一头官支赁钱五百”，但是民间运粮从太原至潞州、至河外的雇直，“一夫之费多至百千，驴之直多至十千”（注一三〇），可见官方雇直和民间雇直相差之远，虽名为雇，实与差发无异。河东人民虽然没有反抗的行动，但也必然因此而构成他们沉重的负担。内侍李舜举从陕西回到京师，向宋神宗报告陕西的情况，指出“财粮未备，人夫惮行”，并且“为上泣言，若再出师，关中必乱”，宋神宗这才相信陕西民情可虑（注一三一）。于是在五月先下令“尚须措置诸路团结兵马，已令制置司未得勾抽，先差发将兵并就近里歇泊，缘泾原事所差文武官并发归原差来处”（注一三二），又指令“放散人夫等”（注一三三），再于六月诏罢泾原路经略制置使（注一三四），再度西征之议因而停罢。

宋神宗并没有就此放弃开疆拓土的念头。当决定不再执行李宪之议时，鄜延路经略副使种谔入京晋见，带来他和经略使沈括的另一建议，他们主张近据横山北界，修筑夏州和宥州之间的古乌延城，“立坚城，宿重兵”，“山界既城，则下瞰灵武，不过数程，纵使坚守，必有时而懈，缘边修战备，积军食，明斥堠，待其弛备，发洮河之舟以塞大河，下横山之卒捣其不意，此一举可覆也”，此一构想，大概出自种谔，而得沈括的附从（注一三五）。宋神宗对他们的建议显然甚感兴趣，立即派遣给事中徐禧、内侍李舜举往鄜延路计议边事，徐禧在六月到了延州，并且催促种谔速自京返回商议（注一三六）。宋神宗在一次谈论西事时说：“兵不可不试，当先其易者”（注一三七），似乎隐喻进筑古乌延城不如从泾原路进筑堡塞至鸣沙川那么艰巨，可以先从此着手进行。徐禧这个人“喜言兵，以为西北唾掌可取，但将帅怯懦耳”（注一三八），得到担任边事的机会，便力求表现，抵达延州之后，改变了进筑古乌延城的计划，而主张“银州故城不便，移置于东南十余里间永乐埭上”，同时“自永乐西接居延，为大小十二城以据山界”。沈括这时已改而附从徐禧之议，徐禧并且为了不愿种谔分功而对其展开排挤（注一三九）。宋神宗同意改筑永乐城，开始调动军队并支降军需到鄜延路（注一四〇）。

八月上旬，徐禧、李舜举、沈括从延州出发，率领蕃汉十余军，“所将凡八万，役夫荷粮者倍之”，往筑永乐城，永乐“无井泉”，仅“有无定河浸渍之余，可以汲食”，种谔因而极力反对此行，奉诏留守延州，没有同往。城在九月上旬筑成，诏赐名银川寨（注一四一）。夏国在获知宋将从泾原路进筑堡塞时，已经“调民为兵，十丁取九，得三十万人”，携带好几个月的粮食，屯于泾原之北，等待宋军出塞，便加以攻击。西夏的聚兵边境，早从七月中旬已多次由谍报传来宋方，宋廷也曾命令鄜延邻近各路军马戒备。及至夏军得知宋人往筑永乐城，引兵前来鄜延边境，边民接连报告十余次，徐禧却不肯相信。也许是因为在筑城期间，几次小股夏军来争，都被击退，所以徐禧夸口说，如果敌军大至，将是他立功之秋（注一四二）。永乐城筑好后，留转运使李稷与部将曲珍以步兵三万余人护城，并继续进行城内各项工程（注一四三），而徐禧、沈括、李舜举则返回米脂寨。徐禧等离去之后九日，西夏大军已进抵永乐城侧，曲珍遣使驰报，徐禧强迫李舜举共同率军二万五千人前往救援；沈括反对此行，徐禧也不愿其分功，所以留守米脂（注一四四）。徐禧复入永乐城后，战守无策，陷于夏军重围之中。城中"为井十四，筑垒营之"，夏军骤至，李稷"惜军食，不纳役卒"，于是"卒以所持䦆锸掘垒为磴道，争先登"，夏军乘乱而攻，"遂夺水寨"（注一四五）。此后"城中乏水，已数日凿井不得泉，渴死者大半"，"援兵及馈运，皆为夏大军所隔"（注一四六）。城中兵卒又自相残杀，徐禧命曲珍将其平定，但是在乏水乏食的情况下，仍不免有"杀人而吮睛饮血"或"绞马粪，食死人脑"的惨事；偶有微雨，"将士露立，以衣承焉，吮之而止渴"；继续凿井，"始有浸润，士率渴甚争急，至者斩之不能止，尸敝井旁，有投于井中饮者，踰刻而填塞"（注一四七）。至九月中旬，已是"惟禧、舜举有水两壶，诸将绝饮已三日"，在"士卒饥疲"的情况下，永乐城终于被夏军攻陷，徐禧、李舜举及李稷均死于难，"士卒得免者十无一二"（注一四八）。士卒役夫死于这次筑城之役中的，多达十几万人，丧马则达七千匹（注一四九）。宋神宗获知城陷的消息后，"涕泣悲愤，为之不食，早朝对辅臣恸哭，莫敢仰视"（注一五〇）。从五路出师到永乐之役，死于边事者已有数十万人之众，而宋神宗预定的目标却无法达成，他的悲恸是很自然的。

由于元丰五年西北再次军兴，所以永乐之役以后，陕西、河东仍然呈现公私困弊的状态。元丰六年（一〇九一），右司郎中吴雍在请求乘陕西丰熟让人民补纳以往税负时，提到“自军兴以来，仓廪空虚”（注一五一）。元丰六年、七年（一〇九二）之间，陕西转运副使范纯粹也指出，“本司职务，经累年军事之余，上下侵蠹，极于残弊，事力已竭，无所取济”；而当时物价，“沿边诸路，如帅臣所在，米斗犹不下一百六十文足，草束不下六十文足，他皆称是，其外城堡砦，又非此比”，比起元丰五年米价已有下降的趋势，但和元丰二年的米价相比，仍然高出甚多，“籴入贵贱如此之不同”，增加了地方财政的困难（注一五二）。地方财政如此，而民生也未见复苏。范纯粹在元丰六年年初曾向朝廷报告，“本路州县民间甚有阙食去处，又逃移过主客人户数目不少”，其中“永兴军长安、万年两县及凤翔府宝鸡一县共三处申到文状，已是逃移过五千余户”，至于“其余州县，若供申齐足，必是数目极多”，而所以有这种情况，则是由于“累年不熟，又自军兴以后，调拨雇率，凋弊为甚，而集教团教之法，方此推行，兼民间以边事未平，妄意私忧，加之向春阙食，遂此流散”，范纯粹因此建议暂停陕西保甲的集教团结（注一五三）。知永兴军刘庠也以“军旅之后，年饥人劳”，提出相同的建议（注一五四）。而老臣富弼在其撰于元丰五、六年间的遗表中，除了指出范纯粹和刘庠已经提到的一些现象外，更强调“连岁薄稔，大兵之后，公私虚耗，粒食踊贵，兵无见粮，逃溃之卒与阻饥之民，渐成群党”，因此也建议暂停保甲团教，以免使陕西民众惊骇（注一五五）。宋神宗终于在元丰六年正月下诏暂停陕西保甲团教，显示出他已认清陕西人民因收成欠佳与军兴调发而致流移的事实（注一五六）。而事实上，据永兴军路安抚司在这年四月的报告，陕西已的确“近者盗贼屡发”（注一五七），到闰六月，朝廷尚督促陕西诸路搜捕逃亡兵卒，以免其“骚扰人户”（注一五八）。元丰七年，仍有以王冲为首的逃卒百人，聚于长安邻近的商州、虢州山中，不时出而剽掠，官府立赏发兵，始将其歼除（注一五九）。这些事实，说明社会不安有扩大的萌兆。

河东的情况也许没有陕西严重，然而同样民生并不安定，财力也感困竭。在元丰五年冬天，绛州已有盗贼王达“群聚阻山，横行劫略”，甚至“张红繖以入县镇”，经河东提点刑狱黄廉在当年十二月平定（注一六〇）。不过直到元丰六、七年间，河东仍多流民。元丰六年六月，黄廉在前往岚州、石州的途中，便“道遇岢岚军流民”，达“老幼二千余口”，奉诏发遣还乡，但是他们在岚州、石州租地种粟麦，已将有收成，因此请求“及分田乃归”，黄廉为他们向朝廷求情，并且建议“火山军亦乞依此”，可见火山军也有不少流民在外（注一六一）。吕惠卿在元丰七年春往知太原府，“至河阳以北，流移者负老携幼，属于道，皆本路之民也”，河阳即京西路北侧的孟州，北过黄河即入河东境。吕惠卿为了抚存流民，到任后立即以“尤急者三事上闻”，一是元丰五年军兴时向民间调夫驴，所给雇直既远低于民间雇直，“其后有司复以为但至极边，未尝入界，追理所支”，二是河东于二税外，有强制性的和籴，“支移劳弊，与正税同，而灾伤无蠲减之法，自军兴民尤以远输为病”，三是河东每年以粮谷十万石支移陕西的鄜延路，“民间之费，几至倍蓰，乃能毕足”（注一六二），吕惠卿认为导致流民的三事，都直接或间接与对夏作战的军粮问题有关。流民不仅活动于河东本路，据这年正月河东经略使王居卿的报告，“诸州多流人往西京”（注一六三），西京洛阳在京西路，可见河东流民已有流徙出本路以外的情形。在财政方面，元丰六年，河东转运司奉命市籴粮草，向朝廷报告，“昨自军兴以来，费用浩瀚，又新收复葭芦、吴堡寨，增置官属及屯兵马支费倍多”，以致“本司阙钱支用”，而请求支钱补助（注一六四），可见军兴对河东财用不足的影响依旧存在。次年正月，王居卿为安抚河东流民而赈济下等户，竟请求暂停诸司籴买粮草（注一六五），也确证河东财力有限，无法两者兼顾。

四、结语

总而言之，自元丰四年（一〇八一）起，至元丰七年（一〇八四）止，陕西、河东两地，无论就政府而言，或就民间而言，景况都是相当黯淡的。出征西夏的五路大军，其中三路没有抵达预定目标，在中途因为军粮不继而折返，不战而溃，另外两路虽然抵达灵州，却粮草已尽，粮道又被夏军截断，最后战争失利，溃败而归，五路的士卒役夫在征程中都大量死亡逃散；至于进筑永乐城的军队在守城战争中更是粮、水皆绝，主帅阵亡，几近全军覆没。民众则因政府向他们征调军需与差发运粮而困苦不堪，惊惶失措，而众多的役夫一去不返，死于征途，更带给民心莫大的震撼，对农业生产也造成不良的影响。战前多年积极的筹措西北粮草效果有限，未能为宋朝在对夏战争中增添胜机；战后的陕西、河东则已仓廪虚竭，公私俱困，粮价高涨，人口流亡，社会萌现不安的状态，且有扩大形成盗乱的迹象。

上述种种情形，不禁令人想起王安石所作的《元丰行》及《歌元丰》等诗，这几首诗颂扬元丰年间的农业丰收与民生安乐，近世学者引为新法收太平之效的证据（注一六六）。然而本文所述元丰年间陕西、河东的阴郁境况，竟与这几首诗中所显示的欣愉景象，相去如此之远，甚至可说是成为明显的对比。事实上，当时不只河东、陕西有这种情况，仅是兵祸或天灾，已使其他许多地区的民众也陷于苦痛，不过没有陕西、河东严重。例如熙宁九年（一〇七六）征安南失利，结果十万士卒及征调自湖南、广西的二十万民夫，“冒暑涉瘴，死亡过半，存者皆病瘁”（注一六七），到元丰元年（一〇七八），广西邕州尚因这次战争而“戾气未息，水火疫疠相继”（注一六八），湖南及广西其他地区受这次战争的影响大约也一样会持续数年之久。又如元丰三年、四年（一〇八〇～一〇八一）两度征泸州蛮，均无功而返，第一度随军出征，调自四川的三万民夫，路上既遭劫夺，又有许多人染上瘴疾，“死于病者十犹二三”（注一六九）；第二度出征的士卒民夫共十万人，“兵夫冻堕指者十二三，疾病死亡不可胜数，往往取僵尸脔割食之”（注一七〇），十万人中，有五万是调自四川的民夫，他们也因“瘴疠大起”，而“相枕藉而死者十凡八九”，勉强还家的，“则疫及其家，血属皆亡”（注一七一）。再如元丰元年及二年（一〇七九），京东、河北地区因水旱交集而造成严重的饥荒，甚至有人相食的现象（注一七二）。这些事实，说明在元丰年间，至少东北起自京东、河北，往西经河东、陕西，再南折向四川、湖南、广西，这一片既长而广，大体上属于边区的地带，都先后存在着并非和乐的民生景象。王安石这几首诗，无疑至多只能反映一时一地的情景，能否作为判断新法收太平之效的证据，也有待从各方面去斟酌。

对宋神宗来讲，元丰年间的经验也是十分不愉快的，五路出师和永乐之役连续的失败，给他心理上非常大的冲击，“自是之后，上始知边臣不可信，亦厌兵事，无意西伐矣”（注一七三）。然而他这种心情没有持续多久，一方面因为宋夏之间的冲突没有消失，元丰六、七年（一〇八三～一〇八四）间，夏军三度攻围兰州（注一七四），很容易激起一位好强的君主再战的欲望；另一方面，宋神宗心中一直存在着为祖宗复仇的压力，他在元丰五年（一〇八二）曾对执政说：“康定（一〇四〇）中西鄙用兵，契丹乘间有所要请，仁宗御延和，对辅臣，至于感愤涕泣，朕为人子孙，守祖宗神器，每念付托之重，宜如何也”，讲完后改容泣下（注一七五），所谓“付托之重”的阴影在他的心中大概始终挥之不去。所以在元丰七年八月，宋神宗又“诏熙河兰会经略安抚司访问兰州并河至灵州，度河至兴州，通道有几，其地理远近迂直以闻”（注一七六）；到十月，他表示已“得泾原奏，体访去兴、灵州迂直道径，方知兰州渡河去贼巢甚迩”，因此又有自兰州兴兵伐夏之意，认为若不“除此祸孽”，则“祖宗大耻无日可雪，四方生灵赋役无日可宽”（注一七七）。

然而等不及兴师，次年三月宋神宗便去世了。他一生最大的作为在于变法，而变法的目标在于积累财力，伐西夏以包制辽国。伐西夏不仅没有成功，反而因为军粮的供应与运输问题，增添了陕西、河东民众的许多痛苦，至于包制辽国的目标，在伐夏失败之后自然更加无法达成。这一位积极有为的君主，心愿始终没有实现，民众因兵祸所受的痛苦与为祖宗复仇的意向这两股力量，想必在他的内心交战不已，使他精神上承受极重的压力，宋神宗的晚年，当是郁郁以终。

（原刊于《陶希圣先生九秩荣庆祝寿论文集：国史释论》，
台北，食货出版社，一九八七年十一月。）

注释

注一：见拙作《市易法述》(载于本书上册页七七～二〇六)。

注二：见拙作《边粮运输问题与北宋前期对夏政策的转变》(载于本书上册页三～二三)。

注三：见拙作《宋神宗时代西北边粮的筹措》(载于本书上册页二四～三八)。

注四：《长编》卷三一二元丰四年四月壬申条。

注五：《长编》卷三一二元丰四年四月丙子条。

注六：王称《东都事略》卷六十一《种谔传》;《宋史》卷三三五《种谔传》。

注七：《长编》卷三一二元丰四年四月癸酉条、甲戌条。

注八：《长编》卷三一三元丰四年六月辛巳条、壬午条。

注九：《长编》卷三一五元丰四年八月丙辰条、壬申条、丁丑条。

注一〇：《长编》卷三一五元丰四年八月壬申条、丁丑条、庚辰条。

注一一：同注二。

注一二：《长编》卷三一四元丰四年七月庚寅条。

注一三：《长编》卷三一四元丰四年八月己亥条。

注一四：《长编》卷三一五元丰四年八月丁巳条。

注一五：见林伯羽师《宋代保甲》(收入《大陆杂志史学丛书》第一辑第五册)。

注一六：《长编》卷三一五元丰四年八月丙寅条。

注一七：《宋史》卷四八六《夏国传》。

注一八：《长编》卷三一五元丰四年八月丙辰条。

注一九：《长编》卷三一五元丰四年八月丁丑条。

注二〇：《长编》卷三一六元丰四年九月乙酉条。

注二一：《长编》卷三一六元丰四年九月丙申条、戊戌条、辛丑条、甲辰条。

注二二：庄绰《鸡肋篇》卷上。

注二三：《长编》卷三一六元丰四年九月乙未条。

注二四：《长编》卷三一七元丰四年十月己未条。

注二五：《长编》卷三一七元丰四年十月乙卯条、壬戌条。

注二六：《长编》卷三一九元丰四年十一月己丑条。

注二七：《长编》卷三一九元丰四年十一月庚寅条，及同条李焘自注引《赵济本传》。

注二八：《长编》卷三二〇元丰四年十一月辛丑条。

注二九：《长编》卷三二〇元丰四年十一月甲辰条。

注三〇：《长编》卷三一五元丰四年八月丙辰条、辛酉条、乙丑条、壬申条、丁丑条、己卯条。

注三一：《长编》卷三一六元丰四年九月乙巳条。

注三二：《长编》卷三二七元丰五年六月丁巳条载御史王宗道弹劾鄜延路转运判官李稷："方大兵未行，以十万坐食之夫，顿于五龙川者十日。"

注三三：《长编》卷三一七元丰四年十月戊午条；卷三一八元丰四年十月丙寅条。

注三四：《长编》卷三一七元丰四年十月戊午条；卷三一八元丰四年十月丙寅条。

注三五：《长编》卷三一七元丰四年十月癸亥条；卷三一八元丰四年十月戊辰条、己巳条。

注三六：《长编》卷三一八元丰四年十月丙寅条、丙子条、己卯条；卷三一九元丰四年十一月甲申条。

注三七：《长编》卷三一九元丰四年十一月甲申条、乙酉条、丁亥条。

注三八:《长编》卷三二〇元丰四年十一月丁未条。

注三九:李之仪《姑溪居士集》卷二十《折可适墓志铭》,原文记此事在元丰五年,当为元丰四年之误。

注四〇:《长编》卷三一九元丰四年十一月甲申条。

注四一:《长编》卷三二五元丰五年四月戊辰条。

注四二:《长编》卷三一九元丰四年十一月己丑条。

注四三:《长编》卷三二〇元丰四年十一月辛丑条。

注四四:《长编》卷三一九元丰四年十月辛卯条、丁酉条。

注四五:《长编》卷三二〇元丰四年十一月癸卯条、丙午条。

注四六:同注三一。

注四七:黄庭坚《山谷集·别集》卷八《叔父给事行状》。

注四八:《长编》卷三一九元丰四年十一月甲申条。

注四九:《长编》卷三一七元丰四年十月乙丑条。

注五〇:《长编》卷三一七元丰四年十月己未条。

注五一:《长编》卷三一七元丰四年十月乙丑条。

注五二:同注四九。

注五三:《长编》卷三一九元丰四年十一月辛卯条。

注五四:《长编》卷三一八元丰四年十月丙寅条。

注五五:司马光《涑水记闻》卷十四。

注五六:《长编》卷三一八元丰四年十月庚午条。

注五七:《长编》卷三一九元丰四年十一月辛卯条。

注五八:《长编》卷三一九元丰四年十一月乙酉条。

注五九:《长编》卷三一八元丰四年十月癸酉条。

注六〇:《长编》卷三一八元丰四年十月甲戌条。

注六一:《长编》卷三一八元丰四年十月丙子条、己卯条。按:《长编》原作运粮于福宁寨,福当是顺之误，据《涑水记闻》卷十四改正。

注六二：《长编》卷三一九元丰四年十一月甲申条。

注六三：《长编》卷三一九元丰四年十一月丙戌条。

注六四：同注五五。

注六五：刘挚《忠肃集》卷十二《直龙图阁蔡君墓志铭》。

注六六：同注五五。

注六七：《长编》卷三一五元丰四年八月戊寅条。

注六八：王铚《默记》卷上；《长编》卷三二一元丰四年十二月戊午条。

注六九：《长编》卷三一六元丰四年九月戊子条。

注七〇：《长编》卷三一七元丰四年十月乙丑条。

注七一：《长编》卷三一八元丰四年十月辛巳条。

注七二：毕仲游《西台集》卷十二《奉议郎令狐端夫墓志铭》。

注七三：《长编》卷三一八元丰四年十月壬午条，李焘自注引《实录》。

注七四：同注三一。

注七五：《宋史》卷二八一《毕仲游传》。

注七六：《长编》卷三一八元丰四年十月丙寅条、庚午条、癸酉条。

注七七：《长编》卷三二二元丰五年正月辛丑条。

注七八：《长编》卷三一八元丰四年十月丁丑条，又见同注七七。

注七九：《长编》卷三一八元丰四年十月己卯条。

注八〇：《长编》卷三二六元丰五年五月乙酉条。

注八一：《东都事略》卷一〇八《西夏附录》；彭百川《太

平治迹统类》卷十五《种谔建议大举篇》。

注八二:《长编》卷三一八元丰四年十月壬午条。

注八三:《长编》卷三一九元丰四年十一月癸未条。

注八四:《长编》卷三一九元丰四年十一月乙酉条。原文作“鄜延、环庆两路合一军”,鄜延当是泾原之误;又原文作“乃遣昌祚与种谔、桑湜同巡逻营寨”,种谔二字当亦误。

注八五:《长编》卷三一九元丰四年十一月戊子条。

注八六:《长编》卷三二〇元丰四年十一月乙巳条、丙午条;卷三二一元丰四年十二月戊午条;卷三二二元丰五年正月乙巳条。

注八七:《长编》卷三二〇元丰四年十一月辛丑条;卷三二一元丰四年十二月乙卯条、戊午条、癸亥条。

注八八:《长编》卷三二一元丰四年十二月庚申条。

注八九:《长编》卷三二一元丰四年十二月辛酉条。

注九〇:《东都事略》卷八十《王珪传》。

注九一:《长编》卷三一九元丰四年十一月庚子条。

注九二:《长编》卷三二一元丰四年十二月乙卯条。

注九三:《长编》卷三一九元丰四年十一月己丑条。

注九四:《长编》卷三一九元丰四年十一月辛卯条。

注九五:《长编》卷三二一元丰四年十二月丙子条。

注九六:《长编》卷三二一元丰四年十二月戊寅条。

注九七:《长编》卷三二三元丰五年二月乙卯条、丙辰条。

注九八:《长编》卷三二三元丰五年二月己未条、乙亥条。

注九九:《长编》卷三二五元丰五年四月庚辰条。

注一〇〇:《长编》卷三二五元丰五年四月癸亥条。

注一〇一:同注九九。

注一〇二：《长编》卷三一八元丰四年十月己卯条。

注一〇三：《忠肃集》卷五《论陕西河东储籴奏》。

注一〇四：同注九九。

注一〇五：《长编》卷三二六元丰五年五月癸未条。

注一〇六：陈均《皇朝编年纲目备要》卷二十元丰三年十一月己丑条；《长编》卷三三〇元丰五年十月壬申条。

注一〇七：《会要》之《食货五二·元丰库篇》元丰五年三月十一日条，十月二十五日条。

注一〇八：《长编》卷三二六元丰五年五月戊申条。

注一〇九：《长编》卷三二三元丰五年二月己巳条。

注一一〇：《长编》卷三二三元丰五年二月庚午条；卷三二六元丰五年五月辛巳条、甲申条。

注一一一：《长编》卷三二六元丰五年五月甲申条；卷三二七元丰五年六月甲寅条。

注一一二：《长编》卷三四二元丰七年正月丁未条。

注一一三：《长编》卷三二七元丰五年六月甲寅条。

注一一四：《长编》卷三二七元丰五年六月甲子条。

注一一五：《长编》卷三二〇元丰四年十一月己酉条。

注一一六：《长编》卷三二一元丰四年十二月月末条。

注一一七：《长编》卷三三六元丰六年闰六月丙申条。

注一一八：《长编》卷三一九元丰四年十一月癸未条。

注一一九：《长编》卷三一九元丰四年十一月乙酉条；卷三二一元丰四年十二月癸丑条。

注一二〇：《长编》卷三二三元丰五年二月乙亥条。

注一二一：《长编》卷三二一元丰四年年末条；卷三二五元丰五年四月癸亥条。

注一二二：《长编》卷三二三元丰五年二月丁巳条。

注一二三：《长编》卷三二三元丰五年二月己未条。

注一二四：《长编》卷三二五元丰五年四月戊辰条。

注一二五：同注九九。

注一二六：《长编》卷三二六元丰五年五月乙酉条。

注一二七：《长编》卷三二六元丰五年五月辛丑条。

注一二八：《长编》卷三二六元丰五年五月丙申条。

注一二九：《长编》卷三二七元丰五年六月乙卯条。

注一三〇：《长编》卷三四四元丰七年三月庚申条，李焘自注引《吕惠卿家传》。

注一三一：同注一二九。

注一三二：同注一二七。

注一三三：同注一二九。

注一三四：《长编》卷三二八元丰五年七月丁酉条。

注一三五：《长编》卷三二六元丰五年五月丙午条；卷三二八元丰五年七月丙戌条。

注一三六：《长编》卷三二六元丰五年五月丙午条；卷三二七元丰五年六月丙寅条。

注一三七：《长编》卷三二七元丰五年六月戊辰条。

注一三八：《长编》卷三三〇元丰五年十月乙丑条。

注一三九：《长编》卷三二八元丰五年七月丙戌条、戊子条。

注一四〇：《长编》卷三二八元丰五年七月戊子条、壬寅条。

注一四一：张舜民《永洛故城事记》，载《永乐大典》卷八千零八十九，藏大英博物馆，收入栾贵明《四库辑本别集拾遗》下册；《长编》卷三二九元丰五年八月壬戌条，九月甲申条、丙戌条。

注一四二：《长编》卷三二八元丰五年七月辛卯条、戊戌条、己酉条；卷三二九元丰五年九月甲申条。

注一四三：《涑水记闻》卷十四；《太平治迹统类》卷十五《徐禧等筑永乐城篇》；《长编》卷三二九元丰五年九月甲申条。按：留守兵数在《长编》作“使景思谊以兵四千守之”，《宋史》卷四八六《夏国传》则作“以兵万人属曲珍守之”，疑均过少，今据《涑水记闻》及《太平治迹统类》。

注一四四：李廌《师友谈记》；《长编》卷三二九元丰五年九月甲申条、乙酉条；《宋史》卷四八六《夏国传》。

注一四五：《长编》卷三二九元丰五年九月戊戌条。

注一四六：《宋史》卷四八六《夏国传》。

注一四七：《永洛故城事记》；《师友谈记》；《涑水记闻》卷十四。

注一四八：同注一四五。

注一四九：《永洛故城事记》；《皇朝编年纲目备要》卷二十一元丰五年九月条；张舜民《画墁录》卷一。按《宋史》卷四八六《夏国传》作死者二十余万人，疑有夸大。

注一五〇：《长编》卷三三〇元丰五年十月戊申条。

注一五一：《长编》卷三三五元丰六年五月甲午条。

注一五二：《长编》卷三四二元丰七年正月丁未条。

注一五三：《长编》卷三三二元丰六年正月丁酉条。

注一五四：吕陶《净德集》卷二十一《枢密刘公墓志铭》。

注一五五：同注一一七。

注一五六：《长编》卷三三二元丰六年正月壬寅条。宋神宗此诏当受范纯粹或刘庠上言之影响，而与富弼遗表无关，因富弼于本年闰六月逝世后，其遗表始上呈。

注一五七：《长编》卷三三四元丰六年四月丁卯条。

注一五八：《长编》卷三三六元丰六年闰六月癸未条。

注一五九：《净德集》卷二十一《枢密刘公墓志铭》："南山逃卒仅百人，依聚山谷，时出剽近县，或杀官吏，厚遗山民为耳目，因保甲团教，掠兵器，驱村落马骡乘以遁，捕者虽勇锐，终莫能遏，长安大恐，公于是徙山中居民入保，奏罢并山团教，令厂外马悉归州县，乃发兵驱之，未几贼势自蹙，遂歼凶渠，而支党亦溃矣。"又《会要》之《兵十二·捕贼篇》元丰七年八（原文误作六）月二十一日条："永兴军路提点刑狱司言，军贼王冲久于商、虢州界作过，除依条立赏外，乞亲捕获人与班行，官员设方略或斗敌捕杀徒伴，优与迁官，并召募土人，日支钱米，选捕盗官统领，令分路入山缉捕。从之。"两段记载所述当同为一事。

注一六〇：同注四七。

注一六一：同注四七；又《会要》之《食货六九·逃移篇》元丰六年六月二十日条。

注一六二：同注一三〇。

注一六三：《长编》卷三四二元丰七年正月戊申条。

注一六四：《长编》卷三三五元丰六年五月乙未条。

注一六五：同注一六三。

注一六六：见蔡上翔《王荆公年谱考略》卷二十二元丰四年条；梁启超《王荆公》页一四二～一四四。原诗《元丰行示德逢》及《后元丰行》见王安石《临川先生文集》卷一；《歌元丰五首》见同书卷二十七。

注一六七：《长编》卷二七四熙宁九年四月丙戌条；卷二七九熙宁九年十二月癸卯条。

注一六八：《长编》卷二九二元丰元年九月丁亥条。

注一六九：《长编》卷三一一元丰四年正月辛卯条；《净德集》卷二十四《朝散郎费君墓志铭》。

注一七〇：《长编》卷三二三元丰五年二月丙辰条。

注一七一：《长编》卷三一二元丰四年四月甲子条；《净德集》卷二十四《朝散郎费君墓志铭》。

注一七二：同注三。

注一七三：《长编》卷三三〇元丰五年十月乙丑条。

注一七四：《宋史》卷四八六《夏国传》。

注一七五：《太平治迹统类》卷十五《李宪再举取灵武篇》。

注一七六：《长编》卷三四八元丰七年八月戊子条。

注一七七：《长编》卷三四九元丰七年十月癸巳条。

贰

财政对政策与朝议的影响

市易法述

一、前言

王安石的新法，规模宏大，目标高远，而实以理财为中心。新法中青苗、免役、市易诸法，近世学者多强调其社会政策的意义，具有摧抑兼并的功效，然而究其实际，这几项新法的目标，是以社会政策而兼收财政政策的效果，将利权自富家的手中收之于政府，以增加政府的收入，政府收入既增，一方面可以用之于均济贫弱，一方面也可以解决政府财政的困难（注一）。由于新法具有财政政策的特色，所以在施行的过程中，便不免以财政的考虑为先，使得实行的结果与原初立法的理想颇有差距，利权虽已收归国家，而贫弱则未见均济，民生反而遭受困扰。刘谊论这几项新法说："皆良法也。行之数年，天下讼之，法弊而民病，色色有之"（李焘《续资治通鉴长编》，以下简称《长编》，卷三二四元丰五年［一〇八二］三月乙酉条）；杨时也有相同的意见："其施设之意厚矣，然未十有年间，羡余之息，充溢府库，而民反有受其弊者"（杨时《龟山集》卷十五《策问》），他们的批评，均非无的放矢。市易法的施行，便是这种情况的具体例证。本文的目的在于，第一，重建有关市易法的史实，包括其形成、颁布与施行的过程，及其演变为南宋时期各地城市普遍设置的公营当铺之经过；第二，以此一史实为基础，申明市易法立法原意与施行实况的距离，实证市易法的施行，表现为财政政策而非社会政策。

二、市易法的形成与颁行

（一）宋神宗时代的财政难题

新法所以以理财为中心，是为了要解决宋神宗时代所面临的财政难题。这一个财政难题，一方面是继承前代而来，另一方面则是自从王安石执政之后，有所作为，使财政开支不断增大所造成。

北宋自宋仁宗时期以来，由于冗官与冗兵日益增加，政府俸禄与军费的支出不断增大（注二），财政收支的平衡逐渐难以维持，在宋仁宗晚期和宋英宗时期，这个问题已十分严重。宋真宗景德（一〇〇四～一〇〇七）年间，政府岁入六千五百六十万三千匹石贯两，岁出六千五百一十五万三千八百匹石贯两；宋仁宗庆历八年（一〇四八），政府岁入一亿二千二百五十九万二千九百匹石贯两，岁支一亿一千一百七十八万三千六百匹石贯两（注三）。可知宋仁宗庆历年间以前，政府岁计虽然不断增加，但是尚有剩余。到了宋仁宗皇祐元年（一〇四九），情况便已不同，“入一亿二千六百二十五万一千九百六十四，而所出无余”（王应麟《玉海》卷二八五《食货类·会计篇·皇祐会计录条》）；再晚到宋英宗治平二年（一〇六五），“内外入一亿一千六百一十三万八千四百五，出一亿二千三十四万三千一百七十四，非常出者又一千一百五十二万一千二百七十八”（马端临《文献通考》卷二十四《国用考》），则已出现赤字了。宋神宗即位以后，面对着宋英宗时代所遗留下来的问题，自然以理财为当务之急。《太平治迹统类》卷二十九《祖宗用度损益・神宗篇》熙宁元年（一〇六八）三月条：

> 上谓文彦博等曰：“当今理财，最为急务，养兵备边，府库不可不丰，大臣宜共留意节用。”

充分说明宋神宗对于理财的重视，而此时宋神宗心目中的理财方针，尚是以节用为原则。

王安石执政之后，对于节用并未完全忽略，例如废并郡县，迄熙宁八年（一〇七五）为止，“凡废州、军、监三十一”，“废县一百二十七”（沈括《梦溪笔谈》卷十二《官政篇》），目的便在节省开支（注四）；然而王安石有所作为，对外、对内政策均转趋积极，节约的效果不彰，政府开支反而继续扩大。在对外的开支方面，主要用之于边地的开拓。宋朝自太宗以来，屡次受辱于辽，宋神宗常志切复仇。《长编》卷二九五元丰元年（一〇七八）十二月丁卯条：

> 上每愤北人倔强，慨然有恢复幽燕之志，即景福殿库聚金帛为兵费，是年始更库名。自制诗以揭之曰：“五季失图，猃狁孔炽。艺祖造邦，思有惩艾。爰设内府，基以募士。曾孙保之，敢忘厥志。”凡三十三库。后积羡赢，又揭以诗曰：“每虔夕惕心，妄意遵遗业。顾予不武姿，何日成戎捷。”

可知宋神宗自即位以来便急于理财的原因，是在于储备讨伐辽国的兵费。王安石执政，奉行宋神宗之志，但是辽国强大，不可骤然征讨，于是先以夏国为目标。王安石尝分析辽国的态度："彼以为中国若已服夏国，当觇幽燕"（《长编》卷二二〇熙宁四年［一〇七一］二月庚午条），实际上，这正是王安石本人预定的步骤，所以王安石又曾对宋神宗说："累世以来，夷狄人众地大，未有如今契丹，陛下若不务广规模，则包制契丹不得"（《长编》卷二三六熙宁五年［一〇七二］闰七月戊申条），而灭夏国即所以广规模而包制契丹。为了攻伐夏国，宋朝又从事河湟的经营，熙宁元年（一〇六八），王韶上平戎三策，"其略以为西夏可取，欲取西夏，当先复河湟"（《宋史》卷三二八《王韶传》），此后王韶得王安石的重用，以其主持河湟的开拓。河湟开拓颇有成果，自熙宁五年以后，陆续自西蕃手中取得边地，并于其地设通远军、熙州、河州、岷州；王安石罢政之后，开拓仍然继续进行，元丰四年（一〇八一）又取兰州。河湟的开拓，为宋朝带来沉重的财政负担。《长编》卷二五三熙宁七年（一〇七四）五月甲辰条：

> 诏熙河路岁计用钱，令秦凤等路转运司、熙河路经略司用具无事时各一年收支数申中书。自开建熙河，岁费四百万缗，七年以来，财用出入稍可会常费三百六十万缗。

按，这仅是无事时的常费而已，若有事时花费自必更多。又章俊卿《群书考索·后集》卷六十四《财赋门·内库类·续本朝内藏库篇》载元祐元年（一〇八六）四月苏辙言：

> 西边熙、兰等州及安强、米脂等寨（按：寨当为寨之误），每年费用约三百六十七万贯。

可知直至元丰末年，经营河湟的费用仍然相当庞大。宋经营河湟使夏感受威胁，于是夏于熙宁三年（一〇七〇）入侵宋陕西边境，次年宋反攻，于宋、夏边界进筑堡寨，夏复来侵，新筑诸堡完全陷没。这次战争规模不大，但是耗费已不小。《长编》卷二三一熙宁五年三月甲申条：

> 上谓王安石曰："楚建中言，昨陕西用兵，凡费缗钱七百余万，有是否？"安石曰："臣亦疑之，然建中稽考沈起簿书数，果如是，钱粮银紬绢共千二百万贯匹，一路半年有奇，所费已如是之多，何由供亿。"

可知此次战争，所费缗钱达七百万贯，钱粮银细绢合计则达千二百万贯匹，北宋政府已有无力负担之感。此后宋、夏双方均因财力关系而维持和平，但夏对宋边境的威胁仍在（注五），宋西北边防不能不加强。元丰四年，宋终于以河湟开拓有成，大举伐夏，结果损失惨重。战后宋于泾原路聚兵，企图进筑堡寨，侵复疆土，所需粮食"日费万石，而草不预焉，且以百日计之，所损百万斛矣"（《长编》卷三二五元丰五年［一〇八二］四月庚辰条），则战前陕西边备与战争期间军费消耗的庞大，可以想见。因此，在宋神宗时代，西北的开拓始终是财政上的一大负担。

除了开拓西北之外，宋神宗时代尚有其他的边费支出。熙宁年间，开拓荆湖与蜀边诸蛮地，郑侠于熙宁六年（一〇七三）上书王安石，指出："今湖北用兵，自去年供运至今不休，不知其费用几许千亿"（郑侠《西塘集》卷六《上王荆公书》），言辞虽然夸大，但足以说明耗费之多，元丰以后，蛮地的开拓仍未停止。熙宁八年（一〇七五）、九年（一〇七六），又南伐交阯，所用兵费“钱帛金银粮草五百一十九万贯匹两石”（《太平治迹统类》卷十七《神宗平交阯篇》），也十分庞大。东北对辽虽然没有战事，但辽给予宋巨大的压力，使宋的边备始终不敢松懈，熙宁七年（一〇七四）、八年，辽使萧禧来宋要求重划国界，宋大为紧张，据王安石描述当时的情形："括配车牛、驴骡，广籴河北刍粮，扰扰之形，见于江、淮之间，即河北、京东可知”（《长编》卷二六二熙宁八年四月癸亥条），因此东北边防的费用当也不少。这些开支累积起来，使得宋的财政负担更为沉重。

在对内的开支方面，主要用于廪禄支出的扩大。吏禄的支付，是其中的重要项目。宋代政府机关中的胥吏，原来没有俸禄，依靠受贿为生。熙宁三年（一〇七〇），王安石为禁绝请托之弊，才制定吏禄，而对受贿的胥吏施以重法惩处（注六），称为仓法，初行于汴京粮仓的收纳（注七），其后推广而实施于全国。吏禄的开支，见于《长编》卷二四八熙宁六年（一〇七三）十二月壬申条的记载：

> 时内自政府百司，外及监司、诸州胥吏皆赋以禄，谓之仓法。京师岁增吏禄四十一万三千四百余缗，监司、诸州六十八万九千八百余缗。

京师、地方合计，吏禄的支出在一百一十万贯以上。此后吏禄开支颇有增损，以京师吏禄而言，熙宁八年（一〇七五）为三十七万一千五百余贯，元丰末为三十二万贯（注八），虽然较熙宁六年减少，但始终维持在三十万贯以上。在申严仓法的同时，又革除以往军粮侵克之弊，通令军人的廪粮，此后每石实支十斗。《宋会要辑稿》（以下简称《会要》）之《职官五七·俸禄篇》熙宁三年八月癸未条：

上批：闻在京诸班直并诸军所请月粮，例皆斗数不足，内出军家口亏减尤多，请领之际，仓界斗级、守门人等，过有乞取侵克，甚非朕所以爱养将士之意，宜自今每石实支十斗。

因此，军粮的支出为之增加，据王安石说："支十斗全粮给军，一岁增费亦计数十万缗"（《长编》卷二四二熙宁六年正月乙巳条），可知数目也颇不小。为了使下级官员的收入足以养廉，他们的俸禄也增加了。《长编》卷二二六熙宁四年（一〇七一）九月癸卯条：

中书言："天下选人俸既薄，而又多寡不一，恐不足以劝廉吏，今欲月增县令、录事参军俸钱至十五千，米、麦四石，司理、司法、司户参军，主簿、县尉、防团军事推官、军监判官钱十二千，米、麦三石，每月通增俸钱一万二千余缗，米、麦二千八十余石。其三班使臣、短使、并押纲运并糜费不易，欲令三司勘会开画以闻。"从之。先是，选人廪给下者至请钱七千，米、麦两石而已，贫不足以自养，则往往陷于苟贱不廉之地，上闵之，故更此法，其后三班使臣卒不及增。

按，宋代进士及第后，先任幕职州县官，至改任京官以前，称为选人。选人俸禄增加后，每月政府支出共增钱一万二千余贯，米、麦二千八十余石，则一年所增为钱十四万四千余贯，米、麦两万四千九百六十余石，也是一个相当的数字。除了上述三方面俸禄支出的增加外，王安石为了安排疲老不任事和意见不合的官员，又增加祠禄官的人数，不限员额（注九），使得俸禄的支出更为增加，自然也加重了北宋政府的财政负担。

新增的财政开支如此浩大，财政收支的平衡于是更成问题，理财也更加显得必要。所以当熙宁二年（一〇六九），均输法颁行后，薛向以发运使领均输平准事，宋神宗谕示薛向说："政事之先，理财为急"（《宋史》卷一八六《食货志·均输篇》）；王安石与宋神宗论及征讨外敌，也曾说："今所以未举事，凡以财不足。故臣以理财为方今先急，未暇理财而先举事，则事难济"（《长编》卷二二〇熙宁四年［一〇七一］二月庚午条）。理财既已不可能仅经由节用的途径，便只有从开源着手，这便是诸项理财新法为王安石所制定，并且在王安石罢相之后仍然继续实施的理由。毕仲游《西台集》卷七《上门下侍郎司马温公书》：

> 昔王荆公以兴作之说歆动先帝，先帝信之而患财之不足也，乃散青苗，置市易，敛役钱，变盐法，凡政之可以得民财者无不用。

清楚的指出了市易法以及其他新法施行的背景，在于解决当时开支日增的财政问题。

总之，在宋英宗的时代，政府财政的收支平衡已经无法维持，宋神宗即位之后，虽然以理财为急，但是王安石的对外、对内政策均转趋积极，使得边费和俸禄的支出，继续扩大，仅赖节用的途径已无法解决财政的问题，于是王安石的诸项新法陆续颁行，力辟财源。

（二）王安石的理财思想

诸项新法以理财为目标，而皆缘饰以摧抑兼并的外貌。以市易法来说，其立法本意在于抑制富商大贾的垄断市场，在理论上本于周官泉府，在事实上则源自汉代平准（注一〇）。此一特性，必须从王安石的理财思想来说明。

王安石理财的基本原则，在于"民不加赋而国用饶"。他自入仕以来，便以深谙理财之术自命。他认为国家财用不患不足，而患理财无方，而理财所以无方，在于失生财之道。王安石《临川先生文集》卷七十五《与马运判书》：

> 尝以谓方之今所以穷空，不独费出之无节，又失所以生财之道故也。富其家者资之国，富其国者资之天下，欲富天下则资之天地。盖为家者不为其子生财，有父之严而子富焉，则何求而不得，今阖门而与其子市，而门之外莫入焉，虽尽得子之财，犹不富也。盖近世之言利虽善矣，皆有国者资天下之术耳，直相市于门之内而已，此其所以困与。

所谓"直相市于门之内"，其意应指拘限于固定的财源，固定的财源有一定的负担限度，自然容易困竭。因此，生财之道当在于超越出既有的财源，从更广阔的范围来提供国家的经费。嘉祐五年，王安石上万言书于宋仁宗，更进一步指出，财用不必患不足，只要理财有道，增加支出不致于有碍经费。《临川先生文集》卷三十九《上仁宗皇帝言事书》：

> 臣于财利固未尝学，然窃观前世治财之大略矣。盖因天下之力以生天下之财，取天下之财以供天下之费。自古

治世未尝以不足为天下之公患也，患在治财无其道耳。今天下不见兵革之具，而元元安土乐业，人致己力，以生天下之财，然而公私常以困穷为患者，殆以理财未得其道，而有司不能度世之宜而通其变耳。诚能理财以其道而通其变，臣虽愚，固知增吏禄不足以伤经费也。

而他所谓的理财之道，在于“因天下之力以生天下之财，取天下之财以供天下之费”，所强调的也仍然在善辟财源，若能识时通变以理财，则政府、人民都不会困穷，这已经隐含了“民不加赋而国用饶”的意义在内。宋神宗即位之后，拔擢王安石为翰林学士，这时王安石与司马光有一场关于理财的争辩，在这一次对话中，王安石提出了“民不加赋而国用饶”的看法。司马光《司马文正公集》卷三十九八月十一日《迩英对问河北灾变》：

介甫曰：“国用不足，由未得善理财之人故也。”光曰：“善理财之人，不过头会箕敛，以尽民财，如此则百姓困穷，流离为盗，岂国家之利邪。”介甫曰：“此非善理财者也。善理财者，民不加赋而国用饶。”光曰：“此乃桑羊（按：桑下当缺弘字）欺汉武帝之言，司马迁书之以讥武帝之不明耳。天地所生货财百物，止有此数，不在民间，则在公家，桑羊能致国用之饶，不取于民，将焉取之。”

按，介甫，王安石字。这段对话，清楚的表现了王安石与司马光对于理财看法的不同。司马光认为善理财即是聚敛，如果从王安石的观点来看，这完全因为没有摆脱“直相市于门之内”的态度，才会有这样的看法。而司马光深于史学，他指出王安石“民不加赋而国用饶”的理财原则，是承袭汉代桑弘羊的理财方针而来，正是事实。就王安石的新法看，达成“民不加赋而国用饶”的手段有二,一为扩大生产，如农田水利法；一为摧制兼并，如青苗、免役、市易诸法。二者之中，显然又以后者为重。

王安石所以重视摧抑兼并，实由于他对社会上的富豪兼并向来有所不满，认为他们夺走了原应操之于公家的利权。他在一首题为《兼并》的诗中，表达了这种态度。《临川先生文集》卷四《兼并》：

> 三代子百姓，公私无异财。人主擅操柄，如天持斗魁。赋予皆自我，兼并乃奸回。奸回法有诛，势亦无自来。后世始倒持，黔首遂难裁。秦王不知此，更筑怀清台。礼义日已偷，圣经久埋埃。法尚有存者，欲言时所咍。俗吏不知方，掊克乃为材。俗儒不知变，兼并可无摧。利孔至百出，小人私阖开。有司与之争，民愈可怜哉。

王安石在诗中指出，由于后世不知摧抑兼并，于是利柄倒持，民间生产所得，流入兼并者之手，而政府的财源，却只限于那些遭受兼并之害的小民，在不断的苛取之下，他们的生活自然愈加困苦。因此，王安石认为，理财的善法，便是将利柄从兼并之家取回，归之于政府。《临川先生文集》卷八十二《度支副使厅壁题记》：

> 夫合天下之众者财，理天下之财者法，守天下之法者吏也。吏不良则有法而莫守，法不善则有财而莫理。有财而莫理，则阡陌闾巷之贱人，皆能私取予之势，擅万物之

利，以与人主争。黔首而放其无穷之欲，非必贵强桀大而后能如是。而天子犹为不失其民者，盖特号而已耳。虽欲食蔬衣敝，憔悴其身，愁思其心，以幸天下之给足，而安吾政，吾知其犹不得也。

如果能够裁制兼并，使兼并之家不能“私取予之势，擅万物之利”，政府的财源自然大为增广，不必再限于贫困的小民，而天下之给足也就可以达成。但是裁制兼并并不是可以徒托空言的，兼并之家所以能够操持利柄，在于他们的资金在民间经济中具有关键性的作用，小民的生活费用、生产资本都要向他们借贷，产品也全靠他们收购。所以王安石在一首题为《寓言》的诗中，又提出了进一步的看法。《临川先生文集》卷十《寓言》之四：

婚丧孰不供，贷钱免尔萦。耕收孰不给，倾粟助之生。物赢我收之，物窘出使营。后世不务此，区区挫兼并。

这首诗的涵意，在指出政府必须取代兼并之家在社会中原有的功能，担负起融通资金的责任，才能达成裁制兼并的目的。王安石的这种思想，完全表达在诸项新法上。青苗法与市易法，便都是透过政府资金的融通以裁制兼并，经由裁制兼并而达成理财的目的。

裁制兼并所以能够达成理财的目的，在于将富家的利权收之于政府，政府的收入为之增加，财政问题得以解决，而绝大多数的民众并没有增加赋税的负担，贫弱且可得以均济。在王安石的心目中，这是可以一举而同时达成社会政策和财政政策的效果的。然而新法的实施既然为了解决当时开支日增的财政难题，所以财源的开辟才是新法的基本目标。《龟山集》卷六《神宗日录辨》引王安石《熙宁奏对日录》：

> 上问如何得陕西钱重，可积边谷。对曰："欲钱重，当修天下开阖敛散之法。"因为言泉府一官，先王所以摧制兼并，均济贫弱，变通天下之财而使利出于一孔者，以有此也。其言曰："国事之财用取具焉。"盖经费则有常赋以待之，至于国有事则财用取具于泉府。后世桑弘羊、刘晏粗合此意，自秦汉以来，学者不能推明其法，以为人主不当与百姓争利。又因请内藏可出几何，以为均输之本。上曰："三二百万或三五百万可出也。"

周官泉府为理财新法共同的理论基础，王安石引述其说，实偏重于"国事之财用取具焉"；王安石又推崇汉代的桑弘羊与唐代的刘晏，认为他们的作法粗合周官泉府之意，而二人均为理财名臣，则王安石的自我期许，可得而知，均输法的实行，便是他施展此一抱负的开始。王安石对于理财，又有阴阳之说。《龟山集》卷六《神宗日录辨》引《熙宁奏对日录》：

> 因言理财，诚方今所先，然人主当以礼义成廉耻之俗为急。凡利者，阴也，阴当隐伏；义者，阳也，阳当宣著。此天地之道，阴阳之理也。若宣著为利之实，而礼义廉耻之俗坏，则天下不胜其弊，恐陛下不能得终于逸乐，无为而治也。

就王安石的思想来看，财利虽为急务，但不当明示天下，而当阳宣以义。而摧抑兼并正合于他所谓的"礼义廉耻之俗"，显然理财新法皆以社会政策的姿态出现，不过是阳宣的外貌而已，至于真正精神，实为阴伏的财利。

王安石的理财新法，具有裁制兼并的外貌，和他的理财思想密切相关。他的理财原则在于“民不加赋而国用饶”，而裁制兼并以开拓财源，则是在此原则之下的实际作法。由于经由裁制兼并而达成理财的目的，所以诸项新法兼具社会政策与财政政策的性质，而以社会政策的姿态表现于外。但是新法的真正精神，却为阴伏的财利。因为如此，市易法的立法理想和施行实况之间便不免会发生差距。

（三）均输法与缘边市易

虽然市易法的正式颁布迟至熙宁五年（一〇七二）三月，但是其法意早已包含于熙宁二年（一〇六九）颁布的均输法中，市易的名称和实际经营方针，也已出现于熙宁三年（一〇七〇）以后秦凤路的缘边市易。也就是说，市易法的颁布，是有所继承的。

王安石于熙宁二年（一〇六九）二月被任命为参知政事，开始执政，同月即设置制置三司条例司，“以讲求理财之术焉”（黄以周《续资治通鉴长编拾补》，以下简称《长编拾补》，卷四熙宁二年二月甲子条），七月，“诏置均输法”（《长编拾补》卷五熙宁二年七月辛巳条），是为首项新法。均输法的内容及其法意，见于《临川先生文集》卷七十《乞制置三司条例》：

> 窃观先王之法，自畿之内，赋入精粗，以百里为之差，而畿外邦国，各以所有为贡，又为经用通财之法以懋迁之。其治市之货财，则亡者使有，害者使除；市之不售，货之滞于民用，则吏为敛之，以待不时而买者。凡此

非专利也。盖聚天下之人，不可以无财；理天下之财，不可以无义。夫以义理天下之财，则转输之劳逸不可以不均，用度之多寡不可以不通，货贿之有无不可以不制，而轻重敛散之权不可以无术。今天下财用窘急无余，典领之官拘于弊法，内外不以相知，盈虚不以相补。诸路上供岁有定额，丰年便道可以多致而不敢不（按：不当作取）赢；年俭物贵难于供备而不敢不足，远方有倍蓰之输，中都有半价之鬻。三司、发运使按簿书促期会而已，无所可否增损于其间。至遇军国郊祀之大费，则遣使划刷，殆无余藏，诸司财用事往往为伏匿，不敢实言，以备缓急。又忧年计之不足，则多为支移折变以取之民，纳租税数至或倍其本数。而朝廷所用之物，多求于不产，责于非时，富商大贾因时乘公私之急，以擅轻重敛散之权。臣等以谓发运使总六路之赋入，而其职以制置茶盐矾税为事，军储国用多所仰给，宜假以钱货，继其用之不给，使周知六路财赋之有无而移用之。凡籴买税敛上供之物，皆得徙贵就贱，用近易远，令在京库藏年支见在之定数所当供办者，得以从便变卖以待上令。稍收轻重敛散之权归之公上，而制其有无，以便转输，省劳费，去重敛，宽农民，庶几国用可足，民财不匮矣。

据以上所引，可知均输法是由发运使以政府的资本从事买卖，调节各路上供京师物资的盈虚，一方面节省政府的劳费，一方面抑制富商的操纵，再一方面又减轻农民的负担。而抑制富商的操纵，为王安石在奏状中所一再强调，与市易法的用意相同；奏状中所称“治市之货，则亡者使有，害者使除，市之不售，货之滞于民用，则吏为敛之，以待不时而买者”，亦与市易法的作法不殊。所以史称“以发运使薛向领均输平准事”(《文献通考》卷二十《市籴考》),可见虽名为均输法,而平准之意已寓于其中。然而均输法其后“讫不能成”(同上),何以如此,原因不得而详。但王安石“以义理天下之财”的基本立场,则没有放弃,市易法的颁行,实用以取代均输法。这不仅就平准之意来说是如此,市易法实施之后,经营范围远较法令规定为大,包含了转输物资的业务在内,这正是均输法的内容。

市易之名,首次出现于熙宁三年(一〇七〇)王韶关于秦凤路市易司的建议中。王韶于熙宁元年(一〇六八)上书建议收复河湟之后,深受重用,于同年十二月被任命为管幹秦凤经略司机宜文字(注一一),从事西蕃之经营。王韶招抚西蕃,略有成绩之后,进一步奏请于秦凤路置市易司,以笼商贾之利。《会要》之《食货三七·市易篇》熙宁五年(一〇七二)三月二十六日条:

> 先是,同管勾秦凤路经略机宜文字王韶言:“沿边州郡惟秦凤一路与西蕃诸国连接,蕃中物货四流而归于我者岁不知几百千万,而商旅之利尽归民间,欲于本路置市易司,借官钱为本,稍笼商贾之利,即一岁之入亦不下一二十万贯。”吕公弼亦言:“秦州蕃商以行铺赊物货,多滞留耗失。”王安石欲令推市易新法行之,吴充恐远近人情不同也。上曰:“官为出钱市之,复令坐贾量出息,以赊价入官,蕃商既得早售,坐贾亦无所费,官又收息,此事所以为便也。”由是用韶议,令将本司见管西川交子差人往彼转易,赴沿边置场。

按《会要》之《食货五五·市易务篇》载王韶上言事在熙宁三

年二月十一日，则距王韶受命经营西蕃已一年有余。又《宋史》卷三二八《王韶传》：

韶又言，渭源至秦州，良田不耕者万顷，愿置市易司，颇笼商贾之利，取其赢以治田。帝从其言。

《长编》卷二二六熙宁四年（一〇七一）八月辛酉条：

初，韶言措置洮河事，止用回易息钱给招降羌人，未尝辄费官本。

可知王韶缘边市易之议，目的在以政府的财力介入边界的贸易，从中取利，以其收入作为开拓边地和招抚西蕃的经费，虽有融通商业资金的作用，而实着眼于财政。按，宋代以官本从事贸易，收取利息以助边用，早有先例，亦即前引王韶所说“止用回易息钱给招降羌人”中的回易（注一二）；而宋仁宗时，种世衡于鄜州边界筑青涧城，也曾“开营田二千顷，又募商贾，贷以缗钱，使通货贿”（王称《东都事略》卷六十一《种世衡传》），以融通商业资金的方法取得开拓边地的经费。因此，王韶的缘边市易之议，不过是转化已有的成例。

缘边市易之议既获得王安石的支持，于是付诸实施，王韶也被任命为提举蕃部兼营田市易（注一三）。市易司原设于秦州，其后又依王韶的请求而西移至古渭寨（注一四）。王韶在秦凤路边界经营市易，颇受批评，而王安石始终为之极力维护，言其不便的秦凤路经略使李师中、窦舜卿先后被罢（注一五）。王安石尝于宋神宗面前为王韶辩护。《长编》卷二一四熙宁三年（一〇七〇）八月辛未条载王安石言：

韶欲于古渭置市易，非特一利而已，使蕃部得与官司交关，不患边人逋欠，既足以怀来蕃部，又可收其赢以佐军费。古渭固宜聚兵，但患财谷不足，若收市易之赢，更垦辟荒土，即将来古渭可以聚兵决矣。

可知王安石对于缘边市易的支持，在于可以获取利息以供给边用。王安石又尝为缘边市易与参知政事冯京、枢密使文彦博辩论。《长编》卷二二四熙宁四年（一〇七一）六月丙子条：

京曰："不止为此，兼韶言市易事亦不便。"彦博因助之。上曰："市易无不便。"彦博曰："官中更为贩卖事，诚不便。"安石曰："且不论古事，止以今事论，公使皆贩卖，人无以为不便，何也？"彦博曰："近日事多，费更不足，如置古渭以来，秦州愈不足。"安石曰："今日古渭，文彦博亦不知其不可废，所以费不足，正由不理财故也。既拓地则须理财以足其费，此乃市易之所以不可无也。"

按，所谓"公使皆贩卖"，指公使钱而言（注一六），北宋边郡之回易，多以公使钱为本（注一七）。王安石一方面指出官府经营商业已有成例，一方面则强调非理财不足以供给边费。总之，王安石所以支持王韶于古渭寨经营市易，实着重于其理财的作用。王韶的缘边市易并不强调抑富济贫，似与熙宁五年（一〇七二）颁布的市易法无所关连，但从其后市易法实施时所表现的强烈理财色彩来看，二者之间实际上可以说是一脉相承；在经营的方式上，王韶缘边市易所使用的融通商业资金办法，也为市易法的立法所继承。

在市易法颁布以前，王安石企图透过对于商业的干预以达成理财的目的，已有均输法和缘边市易两项尝试。这两项尝试均对后来的市易法有所影响。均输法未曾贯彻实施，但其“以义理天下之财”的立场，平准物价、转输物资的业务，均为市易法所继承。缘边市易则直接启示了市易法的名称，指引了市易法采用融通商业资金的办法，其强烈的理财色彩也与市易法的施行实况相一贯。

（四）市易法的颁行

市易法颁布于熙宁五年（一〇七二）三月，其时已在王安石拜同平章事一年四个月之后。市易法的制定，很可能是王安石受到王韶缘边市易启发的结果，借市易之名而实行其“以义理天下之财”的构想，弥补均输法夭折的缺憾。

市易法的制定，史称发动于“有魏继宗者自称草泽上言”（《长编》卷二三一熙宁五年三月丙午条），但魏继宗是否确为一介平民，实有疑问。按京城于熙宁二年（一〇六九）十月至次年三月间重建左藏库，“在城巡检魏继宗实董役事”（强至《祠部集》卷三十二《重建左藏库记》）。此一职居在城巡检的魏继宗和前述建议制定市易法的魏继宗，同在京师而年代相近，若是同为一人，则其“自称”草泽上言，其中或有巧妙，魏继宗身居武职，而非商贾，何以对京师商业有如此深切的关怀，而其建言内容，又和王安石的以义理财思想全相符合，且中书省迅即据此一建议制定市易法，综而观之，魏继宗的上言，有可能是出自王安石的授意。《长编》卷二三一熙宁五年（一〇七二）三月丙午条载魏继宗上言：

> 京师百货所居，市无常价，贵贱相倾，或倍本数，富人大姓皆得乘伺缓急，擅开阖敛散之权，当商旅并至，而

物来于非时，则明抑其价使极贱，而后争出私蓄以收之，及舟车不继，而京师物少，民有所必取，则往往闭塞蓄藏，待价昂贵而后售，至取数倍之息。以此外之商旅，无所牟利，而不愿行于途；内之小民，日愈朘削而不聊生。其财既偏聚而不泄，则国家之用亦尝患其窘迫矣。古人有言曰，富能夺，贫能与，乃可以为天下。则当此之时，岂可无术以均之也。况今榷货务自近岁以来，钱货实多余积，而典领之官但拘常制，不务以变易平均为事，宜假所积钱别置常平市易司，择通财之官以任其责，仍求良贾为之辅，使审知市物之贵贱，贱则少增价取之，令不至伤商，贵则少损价出之，令不至害民，出入不失其平，因得取余息以给公上，则市物不至于腾踊，而开阖敛散之权不移于富民，商旅以通，黎民以遂，国用以足矣。

按当时汴京为一大商业城市，颇有富商操纵市场的情形（注一八），此一建议的要点，在于以政府的财力介入市场，抑制京师富商对于市场的操纵，以平稳物价。宋代原有常平仓法平准粮价，遇米价贱则由常平仓增价以籴，遇米价贵则减价而粜常平仓米，此一建议无异于将常平仓法推广于其他百货，所以建议中将主管此事的机构称为“常平市易司”。建议中也指出，政府既亲自介入京师市场的买卖，便可“得其余息以供公上”，“国用以足矣”，同时解决民生和财政两个问题。但是很明显的，建议中所强调的仍然是物价稳定的问题，至于财用问题只是附带提及而已，并非建议的重心。

中书省随即据魏继宗的上言，制定市易法。其内容据《长编》卷二三一熙宁五年（一〇七二）三月丙午条所载中书省奏文，大略可以划分为以下几项：

一、“在京置市易务，监官二，提举官一，勾当公事官一，许召在京诸行铺、牙人充本务行人、牙人。”

二、“内行人令供通己所有，或借他人产业、金银充抵当，五人以上充一保，遇有客人物货出卖不行，愿卖入官者，许至务中投卖，勾行、牙人与客人平其价，据行人所要物数，先支官钱买之。如愿折博官物者，亦听。”

三、“以抵当物力多少，许令均分赊请，相度立一限或两限遂纳价钱，若半年纳，即出息一分，一年纳即出息二分以上，并不得抑勒。”

四、“若非行人见要物，而实可以收蓄变转，亦委官司折博收买，随时估出卖，不得过取利息。”

五、“其三司诸司库务年计物，若比在外科买省官私烦费，亦一就收买。”

以上第一项是关于市易务组织的规定，其他四项则是关于市易务经营的规定。在组织方面，市易务除设有管理官员之外，又有行人、牙人，由京师行铺、牙人投充。在经营方面，第二、三两项是针对富商的操纵市场而制定的，由政府以融通商业资金的方式，作外来客商与京师行铺的中介，打破富商的居间垄断。当外来客商的货物被京师富商压价过低，无利可图，不愿出售时，可以至市易务出售，透过牙人的协议价格，直接与行人交易，而市易务则以赊贷的方式，先代行人支付价钱，如果行人愿意购买政府的物品，也可以采用同一方式；行人必须以产业和金银作抵押，才能向市易务赊贷，偿还时附加利息，半年偿还纳息一分，一年偿还则纳息二分以上。此外又有规定，虽然无抵押，只要三人相保，市易务也予以赊贷，此一规定不见于上引中书省奏文中，但应为市易法初颁行时的条文之一（注一九）。中书省奏文中有

“不得抑勒”的说明，因此外来客商和京师行铺之间的买卖，是否由市易务作中介，完全听由他们自己的意愿。第四、五两项则是为政府本身而设，外来客商运至市易务出售的商品，若无人收买，而市易务认为有利可图，则可由市易务收买，再以时价转卖至市场上，但不得赚取过分的利润；而官府所需用的物品，如果在市易务收购比较方便而节省，也可以一并在市易务收购。

中书省认为，这一法令实施后，便可以“通有无，权贵贱，以平物价”，达成“抑兼并”的目的，消除“富商大室得以乘时射利，出纳敛散之权一切不归公上”（《长编》二三一熙宁五年［一〇七二］三月丙午条），虽然提到可使政府收回出纳敛散之权，但是所强调的却是其摧制兼并的作用，而非财政的目的。宋神宗据中书省的奏文而下诏设置市易务，诏文中更只说明是由于“天下商旅物货至京，多为兼并之家所困，往往折阅失业，至于行铺稗贩，亦为取利，致多穷窘”（同上），丝毫未涉及财政上的目的。然而王安石在同年上疏宋神宗论市易法，却说：“今以百万缗之钱，权物价之轻重，以通商而贯之，令民以岁入数万缗息。……市易之法成，则货贿通流而国用饶矣”（《临川先生文集》卷四十一《上五事札子》），很清楚的，在王安石的心目中，市易法以利息来增加财入的作用，十分重要。中书省的奏文和宋神宗的诏书中所表现的，只不过是市易法阳宣的一面而已。

市易法颁布于熙宁五年（一〇七二）三月，同月即任命三司户部判官吕嘉问提举在京市易务，赐内藏库钱一百万缗为市易本钱（注二〇），五月，又赐京东路熙宁四年（一〇七一）、五年上供年额粮斛八十七万缗，为在京市易务本钱（注二一）。于是市易务在吕嘉问的主持下，开始经营。王安石对市易法期望甚深，但也深知此法如执行非人，易生偏差，所以曾对宋神宗论免役、保甲、市易三法说："此三法者，有大利害焉，得其人而行之，则为大利，非其人而行之，则为大害，缓而图之，则为大利，急而成之，则为大害"，而对三法之中的市易法，则"窃恐希功幸赏之人，速求成效于年岁之间，则吾法隳矣"（《临川先生文集》卷四十一《上五事札子》）。然而市易法颁布之后，王安石用吕嘉问主持市易务，以后的事实证明，吕嘉问正是"速求成效于年岁之间"的"希功幸赏之人"，足见王安石以财利的考虑为先，不能自守其"缓而图之"的原则。吕嘉问为吕公弼的侄孙，王安石初变法时，吕公弼任枢密使，屡次上疏，表示宜务安静，而吕嘉问窃取吕公弼的奏章，示知王安石（注二二）；另一方面，吕嘉问任户部判官，曾行连灶法于酒坊，岁省柴钱十六万缗（注二三）。显然吕嘉问之所以能得王安石的重用，主持市易务，和他本人的财政才干，以及善于迎合王安石的意旨，均有关系。既然如此，则吕嘉问在主持市易务之后，自然会进一步揣摸王安石急于财利的心理，加以逢迎，使得市易法摧制兼并的本意，受到忽视。在这种情况之下，市易法从开始实施，便已决定了其财政政策而非社会政策的方向。

市易法的颁行，是王安石对于"以义理天下之财"的实践，经由摧抑富商大贾的操纵市场，而增加政府的财政收入，兼具有民生和财政的作用。在立法上，以政府的力量来制止富商大贾赚取过分的利润，保护中小商人，不能不说是法良意美。然而，对于王安石来讲，摧制兼并只是一种手段，增加财政收入才是最后的目的，他用来主持市易务的吕嘉问，又是"速求成效于年岁之间"的"希功幸赏之人"，于是市易法在施行的过程中，其立法精神便晦而不彰。

三、市易经营的扩大与争议

（一）市易组织的扩充与经营的扩大

市易务在吕嘉问的主持下，以财利为指导方针，积极的展开经营，不过两年半的时间，市易组织已经大为扩充，市易经营的范围也比原初的立法颇有扩张，但在同时，也制造出许多问题。

市易组织扩充的方向，可以分两方面说。一方面，在京师中，市易务合并了其他与商业有关的财税机构，使得原来在立法上居于京师商业协调者地位的市易务，一跃而成为京师商业的管理者与经营者。《会要》之《职官二七·太府寺篇》熙宁五年（一〇七二）七月五日条：

> 诏并榷货务入市易务，将市易务作上界，以榷货务作下界，仍以东西务为名，所有公人即将榷货务旧额并市易务新添人户量行均定。从提举市易务所请也。

所谓“以东西务为名”，即以原市易务为市易东务上界，原榷货务为市易西务下界。市易务与榷货务的合并，维持至元丰七年（一〇八四）四月，才又分开（注二四）。又《会要》之《职官二七·都提举市易司篇》熙宁五年七月十四日条：

> 诏在京商税院、杂卖场、杂卖（按：卖当作买）务并隶提举市易务。

可知在京师市易务设置之后不到四个月的时间，已合并了榷货务、都商税院、杂卖场、杂买务等机构。按，榷货务“掌受商人便钱给券，及入中茶、盐，出卖香药、象货之类”（《会要》之《食货五五·榷货务篇》），为一透过茶、盐、香药等商品的专卖而筹措军粮的机构；都商税院“掌京城商贾廊店市收”（《会要》之《职官二七·都商税院篇》），为一主管京师商税征收的机构；杂卖场“掌受内外幂余之物，计直以待出货，或准折支用”（《会要》之《职官二七·太府寺篇》），为一职掌抛售宫廷及政府剩余物资的机构；杂买务“掌和市百物，凡宫禁官府所须，以待供纳”（同上），为一职掌收购宫廷及政府所需物资的机构。这四个机构，都和商业有关。其中杂买务的归隶于市易务，尚可说是牵涉到市易法令中的“其三司诸司库务年计物，若比在外科买者省官私烦费，亦一就收买”；榷货务和杂卖场的归并于市易务，则或许和市易法令中许可商人折博官物有关。但即便如此，使宫廷和政府物资的买卖完全由市易务来控制，已远超出市易法令所规定的范围。至于都商税院的归隶于市易务，则纯粹是市易务职权的膨胀。就这四个机构的性质看，都和政府的财政有密切的关系。因此，市易务合并了这几个机构之后，即使仅就其职掌而言，财政的色彩已突然浓厚，使得原来立法中所强调的抑制兼并作用为之冲淡。

另一方面，市易务的设置由京师扩展向地方，许多州郡陆续设置了市易务，使得市易经营不限于原来立法中所指定的京师，因而从地理上扩大了市易组织，而京师市易务也升格为统领各地市易务的都提举市易司。在熙宁七年（一〇七四）八月以前，新设市易务或行市易法之所，至少已有镇洮军（其后改称熙州）、杭州、楚州、黔州、成都府、大名府、广州、密州等地。熙宁五年（一〇七二）七月，首先于“镇洮军置市易务，赐钱帛五十万”（《会要》之《食货三七·市易篇》熙宁五年七月十七日条）；六年（一〇七三）正月，“诏在京市易务勾当公事孙迪同两浙、淮南东路转运司制置杭州、楚州市易务利害以闻”（《长编》卷二四二熙宁六年正月丁卯条），杭州市易务至十月当已成立（注二五），楚州市易务至晚在七年四月以前亦已成立（注二六）；六年三月，“赐夔州路转运司度僧牒五百，置市易司于黔州”（《长编》卷二四三熙宁六年三月庚午条）；同年十二月至七年正月，先后遣蒲宗闵、沈逵、李杞等人相度成都府置市易务利害（注二七），七年三月，都提举市易司再“遣试将作监主簿刘默相度置市易务于成都”，并“借司银十万买茶”（《长编》卷二五一熙宁七年三月辛丑条），然而成都府市易务的设置，因为大臣引宋初王小波之乱作鉴戒来反对，而迁延不决（注二八），至四月，终于诏李杞等“罢相度成都府置市易务，止具经画买茶于秦凤、熙河路博买以闻。”（《长编》卷二五二熙宁七年四月壬申条），成都府虽未置市易务，但其后买茶，实用市易法收息，所以吕陶批评成都府路买茶收息的弊端，谓其“比于市易原条，自相违越”（吕陶《净德集》卷一《奏为茶园户暗折三分价钱令客旅纳官充息乞检会前奏早赐更改事状》）；七年正月，大名府以“本路安抚司岁封桩绌或致陈腐”，而获许“依市易法令民入抵出息”（《会要》之《食货三七·市易篇》熙宁七年正月十九日条）；七年四月，宋神宗批：“闻广州市舶司顿亏岁课二十四万缗，或称缘市易司之故，致舶客不至”（《长编》卷二五二熙宁七年四月己丑条），则广州市易司的设置，必在此以前；密州市易司的设置，则出于京东路转运判官王子渊的私意，而非朝廷的政令，七年八月，王子渊“坐擅于密州置市易务，借官钱市乳香”而“送审官东院差通判洋州”（《长编》卷二五五熙宁七年八月癸酉条）。由于地方市易务陆续设立，所以熙宁六年十月，便“改提举在京市易务为都提举市易司，应诸州市易务隶焉”（《会要》之

《食货三七·市易篇》熙宁六年十月二日条）。

上述地方市易务设置的地点，大致可以分为三类。第一类是与蕃夷接境之所，如镇洮军为王韶经营西蕃新开拓的州郡，黔州则地接蛮夷。镇洮军的设置市易务，显然是当初王韶缘边市易的延伸，目的在筹措开拓边地的经费；黔州早在宋真宗时期，已是北宋政府向南蛮市马的处所（注二九），熙宁年间致力于开拓蛮地，于此设市易务，当亦有筹措边费的作用。第二类是沿海的商港，如广州、密州。广州是北宋时期最繁盛的港口，原已设有市舶司，舶货入港，市舶司除予以抽解外，对于禁榷与利润丰厚的商品，又加以博买（或称官市），抽解的比率自一分至三分，博买则榷货完全由政府收购，其他货品则收购可达其半，而且收购时政府支付的价格要较市价低，又常不支付现钱，而是以其他货品折支（注三〇）。因此，北宋政府实已是广州市场最大的垄断者，市易务设置于此，自然不是针对政府来摧制兼并，而是企图再多笼舶货之利，官吏因此而欲以财入邀赏，所以才会导致“广州市易务勾当公事吕邈擅入市舶司拘拦蕃商物”（《长编》卷二五四熙宁七年［一〇七四］七月甲寅条）。至于王子渊于密州私设市易务，借官钱购乳香，是由于“知密州海舶多私贩乳香”，因而“召舶客入官中，以贱价收之，自以为奇”（苏辙《龙川略志》卷五《王子渊为转运以贱价收私贩乳香条》），欲以财利邀功的动机十分明显。第三类是重要的商业城市，包括杭州、楚州，以及未设市易务而行市易法的成都府、大名府。楚州监市易务王景彰曾经“违法籴买商人物货，及虚作中籴入务，立诡名籴之，白纳息钱，谓之干息，又勒商贩不得往他郡，多为留难以阻抑之”（《长编》卷二五二熙宁七年四月丙戌条），这也是官吏在以财入邀赏的心理驱使下而发生的。而成都府以市易法买茶，是为了供给秦凤路、熙河路博买的资本；大名府以市易法贷绢于民，是为了防止细绢陈腐而致亏损官物，无疑都以财政为目的。总之，市易务设置的扩展向地方，也表现出强烈的理财色彩。

市易法颁行之后不过一年多的时间，京师市易务又增加了征收市利钱和免行钱两项业务。市利钱又称事例钱、市例钱，是随商税而征收的一种规费，创征于市易法颁行之后，由于都商税院归隶京师市易务，市利钱的征收自然也就归市易务管辖。市利钱创征的缘起和征收的实况，郑侠在《西塘集》卷一《上皇帝论新法进流民图附市利钱》中有所叙述：

> 建言者以诸门及本务税钱额亏折，皆是官员饶税过多，而吏人受财，共偷瞒，不知乃为市易拘拦商旅入务官买，以及商旅不行，税乃大亏也。遂立条约，专拦皆有食钱，官员不得饶税，专拦取钱，依仓法，官员妄饶税，并停替。仍会问诸处申约，官税一百，专拦等合得事例钱十文，官中遂以为定例，每纳税钱一百文，别取客人事例钱六文，以给专拦等食钱。已而市易司作弊，于申收事例钱项，即声说所收不及十文，亦收十文，此明为所收事例钱不及十文，亦收十文。及法行，乃谓所收之税不及十文，亦收事例钱十文，只如苎麻一斤，收钱五文，山豆根一斤，收钱五文，却问客人别要事例钱十文。本门为不便，申省及市易司，并不施行。致客人为事例故，累与专拦相拖拽，云我官钱十文纳了，你却问我要甚事例钱，必须取条贯分明详谕，方肯纳钱而去。

按郑侠于熙宁六年（一〇七三）、七年（一〇七四）间监京城安上门，所见当得其实。诸门及税务吏人行仓法，亦即可领取吏禄，而市利钱即为吏禄的来源，其创征当在熙宁六年正月以前（注三一）。据郑侠所言，政府法令原定为每纳商税一百文，附征市利钱六文；至市易司订定条例时，已规定征收市利钱不及十文，也作十文征收；而到实际执行时，竟成为所纳商税不及十文，也附征市利钱十文。因此，对于一些作小买卖的商人，市利钱就成为一种不合理的负担，甚至超出原所应纳的商税，实有悖王安石“民不加赋而国用饶”的原则，也不合市易法保护中小商人的本旨。市利钱的征收，原来就是为了达成供给吏禄的财政目的，而京师市易务又如此扭曲法令与条例，巧取豪征，实反映其急于财利的态度。

免行钱则为行户所负担的一种规费。宋代城市商人的同业组织称为行，官府所需的物资，多下行购买，官府购物时，对于行户常有所需索，运费又由行户负担，所以行户不堪其扰，不愿入行，为了达成对官府物资的供应，竟有纠人入行的现象（注三二）。熙宁六年（一〇七三），有肉行行人徐中正等请求，“屠户中下户二十六户，每年共出免行钱六百贯文赴官，更不逐处供肉”（《长编》卷二四五熙宁六年五月戊辰条注文）。自杂买务归隶市易务之后，官府购物已由市易务统筹办理，所以“诏提举在京市易司及开封府司禄司，同详定诸行利害以闻”（《长编》卷二四四熙宁六年四月庚辰条），至八月，详定行户利害所将肉行的请求推广到诸行，奏请：“约诸行利入厚薄，纳免行钱以禄吏，与免行户祗应”（《长编》卷二四六熙宁六年八月丙申条），从此开始向行户征收免行钱。免行钱征收的情形，郑侠也有所描述。《西塘集》卷一《上皇帝论新法进流民图附免行钱》：

此法固善，若要深合民心，上等行人多出，中等助之，下等贫乏特与免，官中只取足用，无冀其余，则善矣。洎至立法，更不辨上中下之等，一例出钱，富者之幸，贫者之不幸，其不愿者固多，而愿者少矣。才立法，随有指挥，元不系行之人，不得在街市卖易，与纳免行钱人争利，仰各自诣官投充行人，纳免行钱，方得在市卖易，不赴官自投行者有罪，告者有赏。此指挥行凡十余日之间，京师如街市提瓶者必投充茶行，负水担粥以至麻鞋头发之属，无敢不投行者。

据郑侠所言，可知免行钱在立法时，已有不均之弊，行人不论贫富，一例出钱，有违王安石“均济贫弱”的理想；而至执行时，又强制所有商人必须入行，先纳免行钱，然后才可以做买卖，许多小生意人，原来没有入行，并没有供给官府物资的负担，现在也因此而必须纳免行钱，不能不说是对民间的一种苛扰。就如市利钱一样，免行钱在立法时，已有了供给吏禄这一个财政目的，而其征收的实况，也反映出京师市易务急于财利的态度。

京师市易务征收到市利钱和免行钱之后，并非仅是储存以待支给吏禄，而是另有生财之道，送抵当所召人抵押借贷，收取利息。抵当所原隶开封府司录司检校库，从熙宁四年（一〇七一）起，先后以官钱贷放收息，供给各项公用（注三三），自收受市利钱和免行钱之后，又称为抵当免行所，改隶都提举市易司。《会要》之《职官二七·抵当免行所篇》：

抵当免行所，在府司检校库，旧隶府，后属都提举市易司，以官钱召人抵当出息，凡五窠检校，小儿钱为一，开封府杂供库为一，国子监、律、武学为一，军器、都水监为一，市易务为一，并受免行钱。

同篇熙宁六年（一〇七三）十二月二十七日条：

> 诏市易司市利钱量留支用外，十万贯并送抵当所出息，准备支充吏禄，其抵当所令都提举市易统辖，罢勾当曹官一员，却置勾当公事两员，专切检估。

据此，可知免行钱和市利钱送至抵当所贷放收息，是为了使吏禄的财源更为充足。而熙宁六年十二月之后，都提举市易司又多统领了抵当免行所此一机构，使其组织更为扩充，其所经营贷放收息的范围，也因此不再限于原初立法中所规定的融通商业资金，进一步扩大到其他一般消费性项目。《长编》卷二五二熙宁七年（一〇七四）四月乙亥条载参知政事冯京对市易经营的批评：

> 开封府祥符县给散民钱，有出息抵当银、绢、米、麦、缓急丧葬之目，如此七八种。小民无知，但见官中给钱，无不愿请，积累数多，实送纳不得。

当即为抵当免行所归隶都提举市易司之后的情况。这种作法，一方面不能不说是为了解决民间急需的困难，但另一方面也是为了广辟政府的财源。

京师市易务对于商品买卖的经营，也超出了原初法令的规定。原初法令规定京师市易务的角色是外来客商与京师中小商人的中介，而京师市易务却遣人至外地从事买卖。《长编》卷二四一熙宁五年（一〇七二）十二月乙亥条：

诏罢诸路上供科买，以提举在京市易务言，上供荐席黄芦之数六十色，凡百余州，不胜科扰，乞计钱数，从本务召人承揽以便民也。

地方上供物资改由京师市易务召人承揽收购，使得市易经营有了均输法的性质。京师市易务又介入边境榷场的买卖。《长编》卷二四六熙宁六年（一〇七三）八月庚寅条：

高阳关路走马承受克基（按：当为任克基之误，《长编》卷二五五熙宁七年八月丙子条载有入内供奉官广信军走马承受公事任克基）言："市易司指使冯崇与北人卖买，不依资次，非便。"上曰："崇不忠信，无行，可令亟还，彼自有官司交易，悉存旧规。"王安石曰："崇，一百姓牙人耳，安足责，陛下左右前后所亲信，孰为忠信，孰为有行，窃恐有未察者。"

冯崇当为京师市易务所派遣出的指使，介入河北边境的榷场贸易，不遵守原有的规矩，导致不满，王安石却为之辩解，可见京师市易务此一作法得到王安石的支持。京师市易务还派遣官员至外地转贩各种商品。《长编》卷二五二熙宁七年（一〇七四）四月甲申条载曾布言：

近日（吕）嘉问奏称，……其间有贴黄云，近差官往湖南贩茶、陕西贩盐、两浙贩纱，皆未敢计息。

可知京师市易务派人至外地转贩茶、盐、纱等商品，贩运的地区北及陕西，南至湖南、两浙。这些活动，使得京师市易务本身扮演起商人的角色，而其活动的范围也不再限于京师一地。其次，市易法原初规定，对于商人是否以市易务作买卖的中介，不得抑勒，而京师市易务却有强制的情形。以商品的投卖至市易务而言，郑侠曾经指出有抑勒的行为。《西塘集》卷一《上皇帝论新法进流民图附税钱三十文以下放》：

> 诸门皆准都市易司指挥，如有商货入门，并须尽数押赴市易司官卖。

可知京师市易司以官府的力量，透过城门出入的控制，而企图垄断外来商品的收购。以市易务的出售商品而言，至少有糯米一项是强制配销的。《长编》卷二六〇熙宁八年（一〇七五）二月甲子条：

> 诏酒户贷市易司糯米，自去年中限至末限，息钱并减半。初，市易司权粜糯米，以贷酒户收息，犯者听人告，赏钱至三百千，米没官。商人以官粜贱，不至，又值岁俭，京师糯米少，价益高，本息钱厚，故有是诏。

可知在熙宁七年以前，京师酒户所用的糯米已由市易司配销。这些措施，使得京师市易务本身成为京城商业的垄断者。而京师市易务所以有这些超出法令规定之外的经营活动，目的显然是为了增加息钱的收入。

市易经营如此重视财利，实由于主政者的鼓励，所以市易法颁行之后两年半的时间内，主持市易的官员已经屡次因为收入增加而蒙受奖赏。吕嘉问在主持京师市易务一年之后，已因市易务“岁收息钱有羡”而官升一任。《长编》卷二四五熙宁六年（一〇七三）五月庚午条：

> 提举在京市易务殿中丞吕嘉问为国子博士，仍升一任，监上界屯田员外郎刘佐为都官员外郎，仍减磨勘二年，并以市易务岁收息钱有羡也。初，议嘉问转一官，王安石以为宜更升一任。上曰："嘉问功诚多。"遂更升一任。

吕嘉问和刘佐都因为主持市易务有功而获得奖励，吕嘉问原来只获转一官，但因为王安石认为他功多，而更升一任。所以如此，实由于吕嘉问的作法满足了王安石开辟财源的要求，而吕嘉问既获此奖励，其作法自然也更为积极。此后熙宁七年（一〇七四）二月，从知熙州王韶所请，"通远军自置市易司以来，岁收息本钱五十七万缗"，而"下三司根磨推奖官吏"（《会要》之《食货三七·市易篇》熙宁七年二月十二日条），按通远军即原来的古渭寨。同年四月，据曾布言，吕嘉问于近日又"奏称熙宁六年收息八十余万，乞推赏官吏"（《长编》卷二五二熙宁七年四月甲申条）。次月，"都提举市易司吕嘉问升一任，以在京都商税课增羡也"（《长编》卷二五三熙宁五年七月甲辰条），两年之内，吕嘉问已连升两任，而京师商税收入所以增加，则由于都商税院归隶市易务之后，颇有苛取的缘故（注三四）。至九月，吕嘉问已因为京师市易之狱而出知常州，但仍与其他市易官员同时获得奖赏。《长编》卷二六五熙宁七年九月癸丑条：

> 诏新知常州国子博士吕嘉问、监市易务上界职方员外郎刘佐、西头供奉官吴真卿并迁一官，勾当公事须城县尉刘迥为奉礼郎，各减磨勘三年，余官吏循资赐钱有差。以

三司驱磨市易上界课利，比六年增十余万缗也。

吕嘉问和其他市易官员所以获得奖赏，是由于熙宁七年市易收入比起熙宁六年又颇有增加。这一事实，说明市易经营以收入作为奖励的标准，诱使市易官员不断的追求收入的增加。在这种情形下，市易经营已不可能重视市易法摧抑兼并的立法本意。

市易法施行之后短短的两年半之内，施行的实况不仅超出了法令的规定，也偏离了立法的原意。这种演变，所反映的是对财利的重视，以收入的增加为优先的经营目标。市易经营的偏差，导致了京师市易的争议。

（二）京师市易的争议

由于市易法的执行确实有所偏差，所以不仅旧党对其表示不满，新党的内部也有不同的意见。对于批评的言论，王安石完全不能接纳，他始终坚定的支持吕嘉问，驳斥这些言论，始则从摧抑兼并的作用来辩护，继而强调其对供给吏禄的贡献，最后竟运用政治压力，打击批评者，酿成市易之狱。王安石以财利为先的心理，在这场争议中已充分显露。

市易法自立法之初，便已引起争论，至实施后，众议纷纭，宋神宗听到许多市易务苛扰的传闻，而王安石则在宋神宗面前，竭力为市易法辩解。当三司为市易法立法时，原本共十三条，其中一条为“兼并之家，较固取利，有害新法，令市易务觉察，申三司按置以法”，赋予市易法执行法律的权力，宋神宗“减去此条，余悉可之”，御史刘孝孙上言赞美，“因言宜约束市易务”，王安石于是向宋神宗驳斥刘孝孙。《长编》卷二三二熙宁五年（一〇七二）四月丙子条载王安石言：

孝孙称颂此事，以为圣政，臣愚窃谓此乃圣政之阙，天付陛下九州四海，固将使陛下抑豪强，伸贫弱，使贫富均受其利，非当有所畏忌不敢也。较固法是有律已来所行用，今但申明，所以为均。均无贫，盖孔子之言，于圣政有何害。陛下不欲行此，此兼并有以窥见陛下于权制豪强有所不敢，故内连近习，外惑言事官，使之腾口也。

可见市易法立法之初，王安石的辩解，特别强调其“抑豪强，申贫弱”的作用，所以市易务不仅要以经济的力量来摧抑兼并，还必须赋予法律上的权力，使其检察豪强，按置以法。市易法实施数月之后，宋神宗听到许多传闻，“闻市易买卖极苛细，市人籍籍怨谤，以为官司浸淫尽收天下之货，自作经营”，“闻榷货卖冰，致民卖雪都不成”，“又闻卖梳朴即梳朴贵，卖脂麻即脂麻贵”，“或云吕嘉问少年不练事，所置勾当人尽奸滑”，“又闻立赏钱捉人不来市易司买卖”，王安石对于这些传闻，一一答辩，同时指出市易务在抑制兼并方面已经有所表现。《长编》卷二三六熙宁五年闰七月丙辰条载王安石言：

卖梳朴者为兼并所抑，久留京师，乃至经待漏，乞指挥，臣谕令自经市易务，此事非中所管。寻闻吕嘉问才买梳朴，兼并即欲依新法占买，乃悉俵与近下梳铺。此所以通利商贾，抑兼并，榷估市井，元立法意政为此。

又言：

在京师官司若寤寐饮食不忘职事，又能晓达事情，如吕嘉问，即朝廷可以无事。所置勾当人如沈可道、孙用勤，若不收置务中，即必首为兼并害法，今置之务中，所谓御得其道，狙诈咸作使也。

又言：

今修市易法，即兼并之家，以至自来开店停客之人并牙人又皆失职。兼并之家，如茶一行自来有十余户。……今立市易法，即此十余户与下户买卖均一，此十余户所以不便新法，造谤议也。

王安石的辩解，强调吕嘉问所主持的市易务，正积极的致力于抑制兼并，认为宋神宗所听到的传闻，是来自兼并之家不满市易法而制造的谤议。到此时为止，王安石对于批评言论的答辩，所强调的是市易法抑制兼并的功效，这个立场和立法原意尚是一致的。

从熙宁五年（一〇七二）十月到熙宁六年（一〇七三）正月，文彦博多次对市易法提出批评，问题的中心是市易务自卖果实："见市易于御街东廊置叉子数十间，前后积累果实，逐日差官就彼监卖，分取牙利"（赵汝愚《诸臣奏议》卷一一六《财赋门·新法篇》载文彦博《上神宗论市易》），"官作贾区，公取牙利，所谓理财正辞者，岂若是之琐屑乎"（同上第二状）。宋神宗也多次以此事质询王安石，王安石起初否认，"以为官未尝自卖果实也"（《长编》卷二三九熙宁五年十月丁亥条），然后又解释说："市易司但以细民上为官司科买所困，下为兼并取息所苦，自投状乞借官钱出息，行仓法，供纳官果实"（《长编》卷二四〇熙宁五年十一月丁巳条），最后则辩称："陛下近岁放百姓贷粮至二百万，支十斗全粮给军一岁增费亦计数十万缗，以至添选人俸，增吏禄，给押纲使臣，所费又有百万缗。……岂有所费如此，而乃于果实收数千缗息以规利者”（《长编》卷二四二熙宁六年正月乙巳条）。这些辩辞，虽然仍站在抑制兼并的立场，但也供出了行仓法需用市易息钱，以及政府财政开支的增加。所以当宋神宗接受了王安石的解释，改而提出“行人皆贫弊，宜与除放息钱”的要求时，王安石答辩的重点便有了转移。《长编》卷二四〇熙宁五年十一月丁巳条载王安石言：

> 行人比旧已各苏息，可以存活，何须除放息钱。若行人已苏息，比旧侵刻之苦已十去八九，更须除放息钱，即见今商税所取，不择贫富，固有至贫乏之人，尚为税务所困，亦合为之蠲除，既未能蠲除彼，何独蠲除此。今诸司吏禄极有不足，乃令乞觅为生，不乞觅即不能自存，乞觅又犯刑法，若除放息钱，何如以所收息钱增此辈吏禄。

王安石在此指出，所收息钱，必须用于供给吏禄，所以不能因行人贫弊而除放，并且用“商税所取，不择贫富”作比喻，已经明白的揭示出市易法的财政目的。从上述的争议，可以看出，王安石为市易法辩护的理由，从抑制兼并移转到财利，这一个转变，正与市易法在立法原意与施行实况之间的改变相呼应。

熙宁六年（一〇七三）以后，征收免行钱，争论的重点也集中在免行钱上。免行钱开始征收之后不久，御史盛陶便上疏纠弹吕嘉问，指其“过为苛察，牢取微利”，请求“应免行钱更加均定，惟给行人常费之外，其余中下户并与蠲放”（《长编》卷二四八熙宁六年十二月甲戌条）。熙宁七年（一〇七四）三月，宋神宗听到免行钱苛扰的传闻，质问王安石说：“纳免行如何？或云提汤瓶人亦令出钱，有之乎？”王安石否认，答以中书“实无此文字”（《长编》卷二五一熙宁七年三月癸丑条）。数日之后，宋神宗又质问王安石说：“见说匹帛行下旧有抱缊角人今已尽收入行”，王安石答以“未必有也”（《长编》卷二五一熙宁七年三月戊午条）。对于上述传闻，王安石向宋神宗指出，是由于后族、近习造谣所致。《长编》卷二五一熙宁七年三月戊午条载王安石言：

> 如后族即向经自来影占行人，因催行免行新法，遂依条收入，经尝以牒理会，不见从。又曹佾赊买人木植，不还钱，太后殿内勾当修曹佾宅，内臣却伪作曹佾宅幹当人状云，被市易强买已定下木植，及勾到客人，乃云但有曹侍中已赊买过木植，不还钱，即无曹侍中已定木植，却卖与市易司。吕嘉问具此牒，送开封府勾曹佾幹当人，乃云元不曾过状。根究得此状，乃是太皇太后合臣伪作姓名，过状诬告市易官员，开封府但牒市易司照会而已，元不曾行遣，此内臣等罪过。陛下试观此两事，即后族何缘不结造语言。

王安石之意，为后族原是兼并之家，免行钱开始征收之后，对其不利，所以制造事端，诬告市易官员，诬告不成，谣言便由此而生。这一篇辩词，也仍然是站在抑制兼并的立场上。次日，宋神宗谕王安石：“欲减省行人所纳免行钱”，王安石的答辩又转移了重点。《长编》卷二五一熙宁七年三月己未条载王安石言：

> 下户已自减省不少，若更减省，不知却令何人出钱给吏禄。

清楚地指出了免行钱收入对于供给吏禄的重要性。大约同时，宋神宗的东宫旧臣韩维，也在宋神宗面前奏论市易、免行的不当（注三五），由于批评的声浪太大，宋神宗终于下诏“翰林学士承旨韩维、知开封府孙永，据详定行户利害所供行户投行事，追集行人体问诣实利害以闻”（《长编》卷二五一熙宁七年四月辛酉条）。诏命既下，自然给王安石带来很大的压力，于是由详定行户利害所上疏宋神宗，说明不得不征收免行钱的理由。《长编》卷二五一熙宁七年四月辛酉条载详定行户利害所奏：

> 朝廷所以许民间输直免行者，盖人情无不欲安居乐业，而厌于追扰，若一切罢去，则无人祗应。又公人禄廪素薄，不免有求于行人，非重法不能禁，以薄俸申重法，则法有时而不行，县官为给，则三司经费无穷。今取于民薄，而公人各知自重，不敢冒法，此所以使上下交济，臣等推行之本意也。

这一篇奏疏，由详定行户利害所出面上奏，实代表王安石和吕嘉问的态度。奏疏中所强调的，仍然是财利，由于三司经费有限，不能维持吏禄，所以必须征收免行钱。王安石为免行钱辩护的理由，同样的也是从抑制兼并转移到财利，反映出征收免行钱的实际意义。

在京师市易的争议中，王安石对于吕嘉问始终坚定支持，他说：“如市易司非吕嘉问孰敢守法，不避左右近习，非臣孰敢为嘉问辨明，以忤近习”（《长编》卷二五一熙宁七年［一〇七四］三月癸丑条）。对于批评的言论，他除了归咎于后族、近习的造谣外，又归咎于文彦博和冯京的有意阻扰（注三六）。后族、近习凭恃特权，或许确有如王安石所说的情形；

文彦博、冯京始终反对新法，他们的批评也可能带有党派偏见。然而据郑侠、魏继宗的观察，以及曾布的调查，市易法的施行确实有许多问题存在，甚至违反了立法的原旨。

郑侠原是王安石的崇拜者，曾问学于王安石，熙宁初，任光州司法参军，决谳疑狱，得王安石采行，于是更以王安石为知己。当王安石得宋神宗知遇，受命执政时，郑侠深信太平在望，可是新法陆续施行，民间不以为便，郑侠欲尽知己之忠，将民间实况告知王安石，便在熙宁五年（一〇七二）春天，当光州司法参军任满之后，前往京师。既抵京师，往见王安石，告知新法施行实况，然而王安石无动于衷。王安石欲使郑侠应明法科，郑侠以未尝习法而不从，反而谋取一监京城安上门的低微职位（注三七）。郑侠任此职后，所见民间疾苦愈为真切，尤以京城为市易法施行的主要范围，而商旅须出入城门，前述郑侠所知市利钱、免行钱的弊病，均可于此得之，因而上书王安石，申诉症结所在。《西塘集》卷六《上王荆公书》：

> 侠每见朝廷举一令，新一事，未尝不与三代尧舜同其仁，凡命令之初下，士民稍有识者，莫不欢欣鼓舞，以为真得利民之术，而太平可坐致也。及行之未几，往往败坏，民吏厌苦，至于颦眉蹙额而后道。良以贪缪之人，急功而要利，督促以成就，不念民之休戚，势之缓亟可否，使君相虽有利民拯物之心，与夫至美至善之法，不可以久行。

郑侠书中所论，包括青苗法、免役法与市易法，他认为这些新法法良意美，然而实施之后，却招致民怨，原因在于“急功而要利，督促以成就”，实已道出了市易法执行时急于财利的倾向。此书中曾提及免行钱的问题，所以上书时间应在熙宁六年

（一〇七三）八月以后。郑侠的规谏，对王安石的态度没有发生影响，恰巧自熙宁六年七月至七年（一〇七四）三月间，北方发生旱灾，各路流民涌入京城，郑侠将其在安上门所见，绘成一图，擅发马递，奏为密急事，献于宋神宗（注三八）。这幅流民图对于心中已有疑虑的宋神宗，发生了相当的影响力，韩维、孙永奉命体问行人实情，便是在郑侠上图的次日。同时，宋神宗又下令放免原不系行人投纳到免行钱一万三千余贯，放免商税务及诸门商税三十文以下，及市利钱二十文以下（注三九）。而王安石于熙宁七年四月罢相，出知江宁府，也是受此事的影响。

王安石的罢相，并没有使市易经营的方向得以扭转，相反的，不久之后，便有打击批评者的市易之狱发生，而在这一案件中遭受打击的，竟是同属新党的曾布和当初自称草泽上言的魏继宗。市易司隶属于三司，吕嘉问以王安石亲信的身份，提举市易，对三司使薛向态度傲慢，薛向未尝与之计较，熙宁七年（一〇七四）二月，曾布继任三司使，不能忍受吕嘉问的气焰，又听说宋神宗诘责市易事，于是意欲有所更张（注四〇）。郑侠上流民图之前，宋神宗已曾下手札给曾布，询问市易经营的实况，曾布趁此机会，在韩维、孙永奉命体问行人实情的当天，将调查结果陈报宋神宗。《长编》卷二五一熙宁七年三月壬戌条：

> 是月丁巳，上夜降手札赐布，曰："闻市易务日近收买物货，有违朝廷元初立法本意，颇妨细民经营，众语喧哗，不以为便，致有出不逊语者，卿必知之，可详具奏。"布先受命察访河北，辟魏继宗为察访司指使，继宗实监市易务，嘉问自初建议，以及其后增损措置，莫不与闻，布因

召继宗问之。继宗愤惋自陈，以谓市易主者榷固掊克，皆不如初议，都邑之人不胜其愤怨。布遂携继宗见安石，具言曲折。安石责继宗曰："事诚如此，何故未尝以告安石。"继宗曰："提举日在相公左右，何敢及此。"提举谓嘉问也，安石默然。布谓安石曰："布翌日当对，欲悉以此白上。"安石诺之。辛酉，布对于崇政殿，具奏所闻于继宗者曰："嘉问等务多收息以干赏，凡商旅所有，必卖于市易，或非市肆所无，必买于市易，而本务率皆贱买贵卖，重入轻出，广收赢余。诚如继宗所言，则是挟官府而为兼并之事也。"……布又言："所召问行人，往往涕咽。陛下以久旱焦劳，诚垂意于此，足以致雨。"

魏继宗自始即在市易务任职，所见当为事实；而行人于被询问时涕咽，也表示他们心中颇有冤曲。据魏继宗所言，则市易务的所作所为，已完全与原初立法本意相反，不但没有抑制兼并，平衡物价，反而为了"广收赢余"而"贱买贵卖，重入轻出"，取代京师富商而成为唯一的市场垄断者。王安石责怪魏继宗何以不早将实情向他报告，但是在宋神宗面前却又将曾布所言归因于"布与嘉问不相足"，宋神宗随即"诏令布与吕惠卿同根究市易务不便事，诣实以闻"，而吕惠卿所以和曾布同时奉命，则由于"大抵安石意主嘉问，不以布言为是，故使惠卿居其间也"（《长编》卷二五一熙宁七年三月壬戌条）。很明显的，王安石并不认为吕嘉问的作法不对，即使明知市易务的所作所为已经违反原初立法的宗旨，对吕嘉问仍然这样坚定的支持，王安石急于财利的心理，在此充分暴露。

吕惠卿与曾布虽同属新党，但两人早在改定役法时已生嫌隙（注四一）。曾布批评市易法执行的偏差，自然得罪王安石，而吕惠卿又是王安石最亲信的人，参与调查市易经营是出于王安石的推荐，负有维护吕嘉问的任务。所以曾布、吕惠卿两人在调查工作进行的方向上，便不免背道而驰。曾布为防止吕嘉问将市易司案牍携回家中藏匿删改，张榜于吕嘉问家门口，悬厚赏募人告发，而吕惠卿则透过王安石，企图揭去此榜（注四二）。魏继宗、行人的证词，尤其是此案的一大关键，吕惠卿至三司，询问魏继宗及行人，结果“无一有异辞者”，吕惠卿无可奈何，再携魏继宗还官舍，“诘布所以辟继宗为指使缘由，再三诱胁继宗，令诬布以增加所言”，然而“继宗不从，反具以告布”，吕惠卿仍不放弃，遣其弟吕温卿密报王安石说：“行人辞如一，不可不急治继宗，若继宗语小差，则事必可变”（《长编》卷二五一熙宁七年［一〇七四］三月乙丑条）。显然吕惠卿已准备运用政治压力，推翻曾布向宋神宗提出的报告，使调查的结果有利于吕嘉问。到了四月，宋神宗的态度起先仍然偏向曾布，曾论及市易说：“朝廷所以设此者，本欲为平准之法以便民，周官泉府之事是也，今正尔相反，使中平之民如此失业”（《长编》卷二五二熙宁七年四月庚午条）；而市易司方面则继续企图扭转劣势，首先详定行户利害所取得宋神宗的允许，所有韩维、孙永等体问行户的文件，均降至详定行户利害所，使其得以凭之申覆（注四三），然后宋神宗又从吕惠卿所请，送魏继宗于开封府讯问（注四四），当曾布与吕惠卿再讯问行人时，虽然行人“如前不变”（《长编》卷二五二熙宁七年四月甲申条），可是吕惠卿已“颇有得色，诟骂行人及胥吏，以语侵布，布不敢校也”（《长编》卷二五二熙宁七年四月乙酉条），这些事实，说明宋神宗的态度已经转变，改而偏向市易司了。这是王安石罢相以前的事。王安石罢相之后，韩绛继相，吕惠卿升参知政事，“时号绛为传法沙门，惠卿为护法善神”(《长编》卷二五二熙宁七年四月丙戌条),曾布的处境更加恶劣。宋神宗令“见根究市易司事可催促结绝”,并从吕惠卿所请,“应根究文字尽纳中书”,曾布虽然在宋神宗面前“条析前后所陈”,并“比较治平二年(一〇六五)、熙宁六年(一〇七三)收支钱物数进陈”,以示“岁费浸广”(《长编》卷二五二熙宁七年四月己丑条),但是情势已完全由中书掌握。曾布的比较治平、熙宁前后开支,到后来反而成为他的罪名之一。

局势发展至此,已经没有批评者置喙的余地。熙宁七年(一〇七四)五月以后,情势急转直下,宋神宗从中书所请,诏于军器监置司兴狱,由章惇、曾孝宽主持,调查市易争议的罪状,吕惠卿又令中书户房会计治平、熙宁财赋收支数,而所得和曾布的陈报不同。曾布向宋神宗分析所以不同的原因,并表白自己与章惇有嫌隙,对前途已感到悲观(注四五)。八月,市易之狱酿成,曾布以不觉察吏人教令添饰词理,及比较治平、熙宁收支不实两项罪名,贬知饶州,吕嘉问以不觉察杂买务多纳月息钱而贬知常州,魏继宗则受到免官的处分(注四六)。其他和此一事件有关的人,郑侠已先于六月被编管汀州(注四七),韩维、孙永到了十一月也同因定夺免行钱不当而贬官(注四八)。批评市易的言论,由于王安石、吕惠卿运用政治压力而受到镇压。虽然吕嘉问也受到贬官的处分,但这显然只是平息众怒的一种姿态。因为吕嘉问在贬官的次月,便因市易收入的增加而受到迁一官的奖赏;再过三月,又升迁为提举河北籴便粮草(注四九);次年二月,又与吴安持同因“详定免行法成”而“各升一任”(《长编》卷二六〇熙宁八年[一〇七五]二月癸酉条)。

在这一场争议中,新党内部的分歧,显示对于市易经营的批评不是旧党的偏见。而王安石的始终文过饰非，则说明了市易法的真正精神在于增加政府的财政收入，而非立法时所强调的抑制兼并。

四、市易经营的再扩大

（一）财政政策的持续

市易之狱成立之后四个月，王安石返京复相，至熙宁九年（一〇七六）十月而罢，此后至元丰末，先后继任宰相者，有吴充（熙宁九年十月至元丰三年［一〇八〇］三月）、王珪（熙宁九年十月至元丰八年［一〇八五］五月）、蔡確（元丰五年［一〇八二］四月至元祐元年［一〇八六］闰二月），基本上仍然遵循王安石的政策，仅吴充曾企图有所更张，“议变法”，而当时的参知政事蔡確反对，争论之下，“充屡屈，法遂不变”（《长编》卷二九八元丰二年［一〇七九］五月戊子条）。在这段期间，市易经营仍然遵循着市易之狱以前的方针，以增加政府财政收入为根本目的。

市易之狱发生，吕嘉问去职，但是在吕惠卿主政之下，市易经营的方针不可能有改变。王安石于熙宁八年（一〇七五）二月复相，见宋神宗之后所谈第一事，便是要求复用吕嘉问，“陛下必欲修市易法，则须却令嘉问领市易”（《长编》卷二六一熙宁八年三月己未条），吕嘉问随即以检正中书户房公事兼提举市易司（注五〇），可见王安石仍然要延续市易之狱以前的经营方针。吕嘉问主管市易直至熙宁十年（一〇七七）十月，才出知江宁府（注五一）。王安石复相后，又欲许“提举市易司举刘佐”，刘佐原监市易务上界，坐法免职，王安石所以欲许之，是因为“代佐者不知买卖次第，比较所收息，大不及佐”，韩绛反对，认为“小人喻于利，不可用”，而王安石答以“市易务若不喻于利，如何勾当”(《永乐大典》卷一二五〇七引《长编》熙宁八年五月丙子条)，王安石至此已公开承认市易经营以财利为目标，不再以摧制兼并作为阳宣的外貌。宋神宗在郑侠上流民图之后所下令宽减征敛的一些措施，都随着王安石的复相而被扭曲或解除。《永乐大典》卷一二五〇六引《长编》熙宁八年四月癸未条：

> 权知开封府司录参军朱炎言：“奉诏在京免行钱，贫下户减万缗，已减百六十余行，依旧祗应。近有彩色等十三行，愿复纳免行，欲听许。”从之。乃诏贫下户量减钱，毋得过半。既而上批：“昨日依朱炎所请，于已放免行钱万缗，却令复认纳五千缗，再详事理未便，可再取旨。”中书进呈，卒如炎所奏。

按宋神宗原来的命令是减放原不系行人的免行钱，可是执行的结果，则是这些人户在减放免行钱之后，却必须供纳官府所需物资，朱炎在上言中用了“依旧祗应”四字，把这些在征收免行钱之后才被逼入行的小生意人，当做原来就有行役负担的行户。至于情愿复纳免行钱的彩色等十三行，很可能是新增的行役过重，使他们不能不同意继续纳免行钱，而这十三行所认纳的免行钱，便达五千缗之多。因此，所谓减放免行钱，在执行时实已被扭曲。又《会要》之《食货十七·商税篇》熙宁八年五月十五日条：

> 都提举市易司言：“昨商税院奉诏流民物货不多，免税

钱，今已丰熟，而诸门放税如故，虑失岁课，请如旧制。”从之。

按宋神宗的放免商税三十文以下及市利钱二十文以下，应是由于市易务征敛商旅过苛而导致。流民因旱灾逃难而来，如何有商品携至京师出售，都提举市易司却将放税的原因转移到流民身上，而以丰熟为理由，中止放税。这两件事实，也显示出市易经营不拟修正其原初以财利为目标的方针。在市易之狱以后至元丰末年的一段期间里，市易经营的财政目标除了供给吏禄之外，与西北边费的关系愈来愈密切，熙宁八年十月，都提举市易司勾当公事孙迥奉命“勘会熙河路岁市刍粮及杂支钱实数，本路岁入几何，不足当如何计画，及有无可减冗费以闻”（《长编》卷二六九熙宁八年十月丙辰条），以都提举市易司的官员来策划西北的边费，市易经营自然不得不以财利为目标。

吕嘉问复出提举市易司有两年半的时间，此后都提举市易司的主管多次更换，经营方式也略有修改，但是基本方针大体没有改变，市易官员依旧不断因为息钱增羡而受到奖赏。例如熙宁八年（一〇七五）十月，贾昌衡、吴安持、吕嘉问等受赏，原因是“昌衡等提举市易司，自去年四月至今收息钱、市例钱百万二千六百七十余缗”（《长编》卷二六九熙宁八年十月丁酉条）；熙宁九年（一〇七六）九月，吕嘉问、吴安持又受赏，原因是“市易务收息钱、市利钱总百三十三万二千余缗”（《长编》卷二七七熙宁九年九月辛未条）；元丰二年（一〇七九）十二月，在京市易务官员再受赏，原因是“市易务去年八月至今年七月，收息钱、市利钱总百三十三万余缗”（《长编》卷三〇一元丰二年十二月己未条）。前述吕嘉问当熙宁七年（一〇七四）时，以京师市易务于熙宁六年

（一〇七三）收息八十余万缗而乞推赏官吏，而至熙宁九年，京师市易务所收息钱、市利钱已经在一百三十三万缗以上，可知在奖赏的激励下，市易官员不断力求增加市易的收入。至于地方市易务，息入也是评定市易官员成绩的标准，例如两浙市易官员彭特于元丰二年正月受赏，原因是“岁余收息十九万缗”（《会要》之《职官二七·都提举市易司篇》元丰二年正月二十六日条）；而广州市易司在元丰四年（一〇八一）则以入息过少而面临废罢的问题。《会要》之《食货三七·市易篇》元丰四年二月二十三日条：

> 提举广南东路常平等事吴潜言：“广州自置市易司，七年本息钱七十四万缗，去岁驱磨欠五十五万缗，始用本钱三十万缗，今于本钱尚少十万有余，可废罢。”诏都大提举市易司委官根究。其后市易司言：“本路钱物才经林颜根磨，虽有逋欠，然转运司有钱二十七万余缗尚未拨还，以此可见出息不少。”会三司度支副使蹇周辅亦以为言，乃诏本路提点刑狱司催理，限一年了绝。

可知吴潜主张废罢广州市易司，理由是现存本息合计尚不敷本钱，而广州市易司则表示本路其他机构尚欠其二十七万缗未拨还，息入实际不少。市易司存在的目的，全为息入，于此可见。

在这样的经营方针指导下，市易经营的范围继续在扩大，与财政的关系愈益明显，而其摧抑兼并的作用，不仅晦而不彰，反有助长兼并的现象。

（二）市易资本的增加与地方市易的增设

市易资本的增加与地方市易的增设，使得市易营业量更大，经营范围也更广，这是市易经营继续扩大的一个表现。

据前文所述，京师市易务初创设时，由内藏库拨钱一百万缗作本钱，此后京师市易务的资本不断增加。至熙宁十年（一〇七七）五月，也就是市易法施行五年之后，已定市易上界本钱“以五百万缗为额”（《长编》卷二八二熙宁十年五月甲子条），是最初的五倍；十一月，再定市易本钱“以七百万贯为定额，如不足，以岁所收息补满”（《长编》卷二八五熙宁十年十一月甲寅条）；至元丰末，已是“市易本钱前后诸处拨到共计一千二百二十六万余贯”（苏辙《栾城集》卷三十八《乞放市易欠钱状》），十三年间，市易本钱已增加了十二倍有余。资本增加的幅度如此之大，经营的业务自然也应该有相应的扩充。北宋熙宁、元丰年间，政府每年岁入中的钱币数量约为六千余万贯（注五二），因此一千二百多万贯的市易本钱不是一个小数目。资本额如此庞大的一个公营商业机构，其营业量之大，可想而知，而这尚仅限于京师的都提举市易司，各地市易务的资本额并没有计算在内。

虽然地方市易的资本没有详细的资料可供比较，但是从地方市易务或市易司的陆续增设，同样可以看出市易经营继续扩大的事实。自熙宁七年（一〇七四）八月以后，至元丰末为止，奉命增设的市易务或市易司，至少有秦州、永兴军、凤翔府、润州、越州、真州、大名府、安肃军、瀛州、沧州、定州、真定府、郓州、密州板桥镇、河州、岷州、饶州景德镇、兰州等处。熙宁八年（一〇七五）二月，“诏秦州、永兴军、凤翔府、润州、越州、真州、大明（按：明当作名）府、安肃军、瀛州、沧州、定州、真定府并置市易司”（《会要》之《食货五五·市易务篇》熙宁八年二月条），地方市易骤然大事推广；同年八月，“诏司农寺支坊场钱三十万缗为郓州市易本钱”

（《会要》之《食货五五·市易务篇》熙宁八年八月二十六日条），可见郓州市易务已经创设；十年（一〇七七）二月，"诏蠲郓州助教李君升所负钱千八百缗，以君升尝乞置密州板桥镇市易司，出息二十余万缗，乞蠲旧逋为赏故也"（《长编》卷二八〇熙宁十年二月乙酉条），既已出息二十余万缗，则密州板桥镇市易司必已设置有一段时日；元丰二年（一〇七九）七月，经制熙河路边防财用李宪请"诏秦、熙、河、岷州、通远军互市易务募博买牙人引致蕃货，赴市易务中卖，如敢私市，许人告"（《长编》卷二九九元丰二年七月庚辰条），秦州、熙州、通远军的市易务已见前述，可知河州、岷州此时亦已设置市易务；五年（一〇八二）八月，"饶州景德镇置瓷窑博易务，从宣义郎都提举市易司勾当公事余尧臣请也"（《长编》卷三二九元丰五年八月甲寅条），虽然称为博易务，但既为市易官员所建议设置，大约也是从事市易经营的机构；六年（一〇八三）七月，从熙河兰会路边防财用司所请，"于兰州添置市易务，支拨钱本，应接汉蕃人户交易，以助边计"（《长编》卷三三七元丰六年七月丙辰条）。此外，据崇宁二年（一一〇三）四月户部言："苏州人户旧欠市易官本钱米，系熙宁、元丰年所逋欠钱物"（《会要》之《食货三七·市易篇》崇宁二年四月十一日条），可知苏州也设有市易务，但其设置时间在熙宁七年八月以前或以后，则不能确定。

除了地方市易陆续增设之外，都提举市易司又介入边界上的榷场贸易。熙宁八年（一〇七五）二月，从都提举市易司所请，"借奉宸库象牙、犀角、真珠直总二十万缗，于榷场交易，至明年终偿见钱"（《长编》卷二六〇熙宁八年二月丁巳条）。前文述及，熙宁六年（一〇七三）八月市易司指使冯崇在高阳关路边界与北人买卖，当时尚受到宋神宗的斥责，而此时市易司介入榷场贸易已得到诏命的允许了。按北宋与辽、夏贸易的主要榷场，对辽方面，在澶渊之盟以后，有雄州、霸州、安肃军、广信军（注五三）；对夏方面，自宋仁宗时期以来，有保安军、镇戎军（注五四）。其中安肃军已在熙宁八年二月奉命置市易司，其他榷场虽未设市易司，却也成为市易经营的据点。所以在熙宁十年（一〇七七）十二月，经制熙河路财用司成立后，条陈工作要点，其中之一是“熙、河、岷州、通远军各置榷场，贸易百货，以来远人，获利助边”，宋神宗便诏以“榷场以市易司为名”（《长编》卷二八六熙宁十年十二月丁丑条）。

上述新设市易机构的分布，显示出一个特色，即是大多集中于西、北两边的边境，包括河北、陕西两地，以及新开拓的熙河兰会路，都是宋与辽、夏及西蕃贸易必经之地。极边如对辽、对夏诸榷场，对西蕃的河州、岷州、兰州的市易务。很明显的，这些地区的市易经营，是沿袭王韶缘边市易的作用而来，以财入为目的。例如李宪请求由秦、熙、河、岷州、通远军市易务募牙人，招引蕃货赴市易务中卖，便是为了防止“博买牙人与蕃部私交易，由小路入秦州，避免商税打扑”（《长编》卷二九九元丰二年［一〇七九］七月庚辰条），而元丰六年（一〇八三）于兰州设置市易务，更清楚的表示是为了“以助边计”。至于次边的诸州郡，如陕西的凤翔府和永兴军，设置市易务的目的，是为了和极边的秦、熙等州市易务相为表里（注五五）；河北的大名府、真定府、瀛州、沧州等地设置市易务，大概也有相同的作用。其他地区，如密州板桥镇，为海舶贸易之地，熙宁七年（一〇七四）京东转运判官王子渊曾于密州擅设市易务，因而受罚，但事实证明，北宋政府终于抵挡不住财利的诱惑，在板桥镇正式设置市易司，建议人李君升亦因板桥镇市易司出息二十余万缗而受赏，清楚的显示出板桥镇市易司设立与财政因素的密切关系；而余尧臣建议于饶州景德镇设瓷窑博易务，目的在“榷饶州陶器”（吴允嘉《浮梁陶政记》引《东坡志林》），实欲垄断景德镇陶器的销售，以增加财入。至于苏州、润州、越州、真州、郓州，则都是重要的商业中心，有利于政府笼取市易之利。

自市易之狱以后，不仅都提举市易司的资本急速增加，成为一个有雄厚资本的商业机构，地方市易也纷纷增设。而地方市易的增设，实以西、北边境为集中地，强烈的延续了王韶缘边市易的本质，而与熙宁五年（一〇七五）的市易法立法本意少所关连。即使其他地区市易司的增设，也表现出财利的色彩。

（三）物资的收购与转贩

都提举市易司及其他市易机构，在各地从事物资的收购与转贩，甚或垄断以取利，远超出市易之狱以前的范围，是市易经营继续扩大的另一表现。

据原初市易法立法，京师市易务的经营范围以京城为限，所收购者限于外地客商运至京师而滞销的货物。但是实施之后，市易法逐渐兼有均输法的功能，京师市易务获准购买各地上供的物资。进一步京师市易务又有在外地转贩茶、盐、纱等商品的情形，但是当宋神宗获知此一事实后，却批问“何年月日指挥许令如此”，而执政“进呈不行”（《长编》卷二五三熙宁七年［一〇七四］五月己亥条），显然这种活动没有法令上的根据，所以执政对宋神宗的批问不敢答复。至市易之狱以后，这项活动公开进行，已成市易机构的主要业务。《长编》卷二五七熙宁七年十月己丑条：

三司使章惇乞借内藏库钱五百万缗，令市易司选能干之人分往四路入中算请盐引，及乘贱计置籴买。诏借二百万缗。

都提举市易司往外地经营商业，自此得到准许，但收购的物资仍只限于盐引和粮草。不久之后，收购的范围大为扩充。《长编》卷二六〇熙宁八年（一〇七五）二月乙丑条：

都提举市易司言，乞以诸路市易务隶本司，许本司移用钱物，度人物要会处，分诸路监官置局，随土地所产，商旅所聚，与货之滞于民者，皆可收敛。从之。

按，各地市易务原已隶属都提举市易司，都提举市易司此一奏请的要旨，在于可以移用各地市易务的资金，于外地收购商品，而所收购商品的种类并没有限制。因此，都提举市易司已在全国各地张下了一个庞大的物资收购网。又《长编》卷二九四元丰元年（一〇七八）十一月戊戌条：

都大提举市易司言，本司遣官以物货往诸路变转，乞十万缗以上限二年，二十万缗限三年，如一年内索及二分，依递年比较推恩，限满索及八分以上，与理为任，过限不立定分数者不在酬奖理任之限，仍先停支官吏请给。从之。

市易司于各地收购物资，除供给公用外，目的是为了转贩以图利，所以又有上述的奖励规定。市易司在各地从事物资的收购和转贩，为了多取息人，不免有垄断的现象，使得商人的活动受到限制。例如元丰元年，宋神宗便听闻“熙河路商货所至州军，并市易司权买”（《长编》卷二九四元丰元年十一月乙酉条），商货既皆为市易司所买，商人便没有直接交易的余地。

总之，自从市易之狱以后，市易经营已从被动的接受客商运来的商品，扩展而为主动的往外地收购转贩。这项活动，不仅成为合法，而且受到奖励。所以韩琦批评说：“内外置市易务，尽笼商旅之货，官自取利”（《长编》卷二六二熙宁八年［一〇七五］四月丙寅条）；苏辙批评说：“自置市易，无物不买，无利不笼，命官遣人，贩卖南北”（《栾城集》卷三十五《自齐州回论时事书》）；彭汝砺批评说：“江以南其地利在茶，浙江东西所利在物帛，州乡之类，以此为生，而贾者资焉，每岁舟浮辇运，络驿于路。……今而市易既自遣使，以专其利，而商贾不行矣”（黄淮、杨士奇编《历代名臣奏议》卷二六九《理财篇》），均为观察所得的实情，而非无的放矢。在这种情况下，官府已成为最大的商业垄断者，非任何商人所能竞争。

市易司收购或转贩的物资，如糯米，市易之狱以前，市易司已榷买客商运至京城的糯米，贷给酒户以收息，熙宁九年（一〇七六）二月，都提举市易司又以“在京酒户岁用米三十万石，比江浙荐饥，米价翔贵”，获准“选官往出产处预给钱，至秋成折纳”（《长编》卷二七三熙宁九年二月壬寅条），同年十一月，中书户房检正官毕仲衍始以有损三司酒课为理由力争，而停止市易司的榷买糯米（注五六）。如耕牛，熙宁八年（一〇七五）三月，“诏都提举市易司遣官于麟府路博买耕牛，给借环庆、熙河路蕃部弓箭手”（《长编》卷二六一熙宁八年三月丙辰条）。如丝绢，熙宁八年九月，杭州助教孙麟“乞借市易务钱五七万缗买细绢，比杭州结钱民间预买可增十万余匹”（《会要》之《食货三八·和市篇》熙宁八年九月二十三日条）；

元丰元年（一〇七八）十月，从都提举市易司所请，“以见钱于河北出丝蚕州县，俟三司和豫买䌷绢足日，如民愿请价钱，委令佐续支给，其收敛并依和预买条施行”（《长编》卷二九三元丰元年十月乙巳条）。所以熙宁九年永兴军路阙乏军装绢时，请求于市易兑拨十万匹（注五七）；元丰四年（一〇八一）伐夏，供应鄜延、环庆、泾原三路经略司绢十七万五千匹中，市易司可以供给十五万五千匹（注五八）；元丰五年（一〇八二），甚至传闻“市易变染币帛”（《长编》卷三二九元丰五年八月丙辰条），足见京师市易务收购绢帛的众多，竟至于亲自从事染布业。如药品，元丰二年（一〇七九）十二月，从都大提举市易司王居卿所请，“岁赐州府合药钱大郡二百千，小郡百千，乞以赐钱之半，买药于市易务”（《长编》卷三〇一元丰二年十二月壬寅条），由于市易司收购了大量药品，才会有这一强制配销的请求。至于市易司于各地收购或转贩的最大宗物资，则是茶、盐和粮草，而从市易司对这些物资的经营，可以看出市易经营与财政目标的密切关系。

（1）茶

兹先述茶。自宋仁宗嘉祐年间以来，茶的买卖行自由通商（注五九），官不征榷。市易之狱以前，都提举市易司已遣使往湖南贩茶。熙宁八年（一〇七五）十二月，又从都提举市易司之请，“岁买商人茶，从本司贸易”，“以三百万斤为额”（《长编》卷二七一熙宁八年十二月丙申条）。宋仁宗天圣元年（一〇二三），东南诸路岁产茶约二千三百万斤（注六〇），即使天圣元年以后产量有所增加，三百万斤也仍然在总产量中占一比例。至熙宁十年（一〇七七）四月，忽然诏“市易务茶限三年结绝，许客茶交易”（《长编》卷二八一熙宁十年四月甲辰条），原因何在，不得而知，但是从这一诏令，可知在此以前，市易务垄断了部分茶的交易，不许客茶与其竞争。此后这一诏令如果不是没有切实执行，便是已被推翻。《净德集》卷三《奏乞罢京东河北路赊放大方茶状》：

臣访闻京东、河北路往年将市易大方茶搭算脚息，召人通抵产赊请，限半年纳钱。多是浮浪贪债之人，及不逞子弟，蒙昧尊属，虚供抵当，赊请出外，减价破卖。洎至限满催钱，不免抑勒尊长认纳，往往破薄资产，偿还未足后，州县买茶官更作饶限名目，再赊一番，暗令填纳旧欠，其何以堪。

按，吕陶此状上于元祐年间，其所谓往年，当指元丰年间而言。据状中所陈，可知京东、河北两路均有市易司卖茶之事。地方如此，京师亦然。《宋史》卷一八四《茶篇》：

元丰中，宋用臣都提举汴河堤岸，创奏修置水磨，凡在京茶户擅磨末茶者有禁，并许赴官请买。……商贾贩茶，应往府界，及在京，须令产茶山场州军给引，并赴京场中卖。

据此，则官府已垄断了京师水磨茶的买卖。至元丰七年（一〇八四）六月，又将此法推广至开封府界诸县（注六一）。京师水磨茶的官售，使政府增加了二十余万贯息钱的收入（注六二）。而官府为卖水磨茶而买下的末茶，至元祐四年（一〇八九），据梁焘言，尚积有“五十九万七千七百余斤，计四千六百六十余箬，尽是市易司磨茶买下杂陈茶”（《长编》卷四三二元祐四年八月壬戌条），可见其数量甚大，亦可知此等末茶，实经由市易司而购得。官府垄断京师及开封府界水磨茶买卖的结果，据《长编》卷三七〇元祐元年（一〇八六）闰二月辛亥条载刘挚言：

> 商贾以茶至者，触藩抵禁，须至尽卖入官，而又使牙侩制之，不量茶之色品，一切痛裁其价，留滞邀遏，其状百端。

可知官府本身已取代了市易法颁行前的富商，对于前来京师贸易的客商多方压抑，从价格上获取厚利。

收利更厚的，是政府于四川榷茶，然后依市易法添加息钱出售。蜀茶产量甚大，元丰末，年产量几达三千万斤（注六三），超过东南诸路的总产量，自然是值得重视的一个利源。熙宁七年（一〇七四）四月，相度于成都府设置市易务不成，但自此开始，于蜀中榷茶，以供给秦凤、熙河路边费，此后对于蜀中茶息的征取，不断增加，成为蜀民的一大负担。《栾城集》卷三十六《论蜀茶五害状》：

> 朝廷始因民间贩卖，量行收税，所取虽不甚多，而商贾流行，为利自广。近岁李杞初立茶法，一切禁止民间私买，然犹所收之息，止以四十万贯为额，供亿熙河。至刘佐、蒲宗闵提举茶事，取息太重，立法太严，远人始病。是时知彭州吕陶奏乞改法，只行长引，令民自贩茶，每茶一贯，出长引钱一百，更不得取息，得旨依奏，民间闻之，方有息肩之望。又却差孙迥、李稷入川相度，始议极力掊取，因建言乞许茶价随时增减。茶法既有增减之文，则取息依旧，由是息钱、长引二说并行，而民间转不易矣。而稷等又益以贩盐、布，乃能增额及六十万贯。及李稷引陆

师闵共事，又增额至一百万贯。师闵近岁又乞于额外以一百万贯为献，朝廷许之，于是奏乞于成都府置都茶场，客旅无见钱买茶，许以金银诸货折博，遂以折博为名，多遣公人、牙人，公行拘拦民间物货入场，贱买贵卖，其害过于市易，又以本钱质典诸物，公违条法，欺罔朝廷。盖茶法始行至今，法度凡四变矣，每变取利益深，民益困弊。

按蜀中茶税原初总额为三十万贯（注六四），自熙宁七年李杞初变茶法，增茶利为四十万贯之后，至元丰末年，茶利已累增至两百万贯，则民间负担的不断加重，可想而知。

蜀中榷茶与市易法有密切关系。自从决定不设成都市易务之后，负责于四川经画买茶的，仍为市易司（注六五）。蜀中榷茶，目的在“应副熙河等路博马及籴买粮草”（《会要》之《食货三〇·茶法杂录》熙宁九年［一〇七六］五月一日条），官府向园户收购茶后，添加息钱，转售给客商，指定客商运至熙州、秦州、通远军、岷州及永宁寨等茶场出售，而此缘边数茶场，均受提举熙河路市易司节制（注六六）。为求事权的统一，在熙宁八年闰四月，将提举熙河路市易司与提举成都府、利州、秦凤、熙河等路茶场司合并，隶属于都提举市易司（注六七）。所以当后来运茶发生积滞的现象时，“都提举市易司因建遣都官郎中刘佐体量”（《长编本末》卷七十六《李稷等措置茶法篇》引《食货志》）。至熙宁十年（一〇七七）九月，茶场司脱离都提举市易司而独立（注六八），但是此后茶场司的经营方式，仍然具有市易机构的性质。

蜀中榷茶的方式，仿自市易法的收购商品，添息出售。刘佐在蜀时，“尽榷诸州茶货入官，便收三分利息，旋行出卖”（《淨德集》卷一《奏具置场买茶远方不便事状》），比之李杞在蜀时，“增息钱至倍”（《长编》卷二八四熙宁十年［一〇七七］九月癸亥条），可知自李杞初变茶法，已是如此经营。三分之息，实较原初市易法的规定为高，而茶场司旋买旋卖，息钱迅即入手，取利又较市易经营为易。《净德集》卷一《奏为茶园户暗折三分价钱令客旅纳官息乞检会前奏早赐改更事状》：

伏见国家置市易司，笼制百货，岁出息钱不过二分，须以一年为率。盖为今年支出官本一百万贯，至年终要见息钱二十万贯，即不是早买一百贯物，晚卖一百二十贯文。今来茶场司却不以一年为率，务将重刑立法，尽榷民间茶货入官，旋买旋卖，取利三分。或今日买十贯之茶，明日便作十三贯卖于客旅，或朝买一贯，暮作一贯三百出卖，日将官本变转，殊不休已。

按吕陶此状上于熙宁十年三月，当时吕陶知彭州，在榷茶区内，所见当得其实。不仅如此，茶商又与茶场司牙人勾结，对产茶的园户多方邀难，压抑价格，使得三分息钱名义上由茶商负担，实际上却转嫁给园户。同上：

客旅并牙子等为见榷茶不许衷私买卖，一向邀难园户，或称官中高抬斤两，或言多方退难，遂便于外面预先商量减价。其园户各为畏法惧罪，且为变货营生，穷迫之间，势不获已，情愿与客旅商议，每斤只收七分实钱，中卖于官，所余三分留在客人体上，用充买茶之息，才投场中卖了当。……则是园户只得七分价钱，暗折三分；官中虽得三分之息，自是园户本钱，客人未曾出息。

市易法立法原意在抑制富商兼并，而蜀中依市易法榷茶，却反而助长茶商的势力，构成园户的负担。至于官府，则只求息钱收入的增加，对于这个问题并不顾虑。自李稷入蜀以至元丰末年，茶利剧增，而取息则愈重，增及五分以上。《净德集》卷三《为缴连先知彭州日三次论奏榷买川茶不便并条述今来利害事状》：

> 茶法许增息二分出卖，缘茶司违法，别作名目，收及五分以上，或加倍以来。只如雅州茶每斤三十文者计一百文卖，二十文者计三十四文卖，十八文者计三十二文卖。乃是贱买园户茶货，过取买人息钱，两自侵损（原注：有息钱、头子、长引钱、税钱、牙钱、打角钱，凡六事）。

取息如此之高，说明财入原是蜀中榷茶的唯一目标，而官府自身所从事的就是兼并之事。市易经营表现在蜀中榷茶上，完全没有摧制兼并的意义可言。

为了满足息入的数额，茶场司又从事其他商品的转贩。据前引《栾城集》之《论蜀茶五害状》，起初“益以贩盐、布”，其后更“公行拘拦民间货物入场，贱买贵卖”。这种情形，吕陶有更详细的描述。《净德集》卷三《为缴连先知彭州日三次论奏榷买川茶不便并条述今来利害事状》：

> 名为茶法，却贩布并大宁盐及陶器，并运解盐入川，相兼收受。近更置博易茶场，买丝绵、紬绢、纱罗、绫布、金、银、楮皮、笺纸、香药、米、豆等出息货卖，仍许监官出外招诱，及遣牙子往诸县编拦，其害过于市易。

可知茶场司不仅依市易法榷茶，而其经营范围已扩大到其他商品，并且垄断收购的弊端也与市易经营相同。这些货物的收购转贩，“依茶为名，通曰茶息”（刘挚《忠肃集》卷五《论川蜀茶法疏》）。收息既多，“官吏以息为功，以功第赏，既进官减年矣，又以息额之余钱，使与胥吏、牙侩分取入已，曰用市易法也”（同上），可知茶场官员以息入受赏，也与市易官员相同，而所依据即为市易法。所以如此苛取，实如吕陶所言：“边费巨万，仰给于茶”（《净德集》卷三《奏乞罢榷名山等三处茶以广德泽亦不阙备边之费状》）；或如刘挚所言：“岂非以蜀之茶法，与熙河兰会之经制相为用者欤”（《忠肃集》卷五《论川蜀茶法疏》）。蜀中依市易法榷茶，与财政的关系十分明显。

（2）盐

其次述盐。四川民众原食本地所产的井盐，井有官井，有私井，蜀中榷茶之后，市易司又“患西蜀井盐不可禁，欲尽填私井，而运解盐以足之”（《长编》卷二五五熙宁七年［一〇七四］八月丙戌条），因沈括反对而未成事实（注六九）。然而当时茶场司已“依客例，买解盐入川，变转茶本，不禁私贩”（《会要》之《食货二四·盐法篇》元丰元年［一〇七八］正月二十六日条），及至刘佐入蜀，禁止商人私贩，进一步作更大规模的贩运。《长编》卷二七四熙宁九年（一〇七六）四月丁未条：

> 体量成都府等路茶场利害刘佐言：“商人贩解盐入川，买茶至陕西，获利甚厚，欲依商人例，岁以盐十万席，易茶六万驮，约用本钱二百一万缗，比商贾取利，皆酌中之数，禁商人私贩。”从之。

可知茶场司计划自熙宁九年四月起，每年运解盐入川达十万席之多，而所以有此措施，在其“获利甚厚”。茶场司为一市易机构，刘佐入蜀亦为都提举市易司所派遣，因此这一项措施，可以说是将熙宁七年八月都提举市易司的构想付之实施。自茶场司垄断蜀中盐利之后，盐价涌贵，民生大受影响。《会要》之《食货二四·盐法篇》熙宁九年十一月二十七日条载周尹言：

又因言利臣僚奏请募人搬解盐往川中货卖，自陕西至成都府经隔二千里以来，山路险阻，不能般运到彼。致近日成都府路盐价涌贵，每斤二百五十文足，更值丰岁，以二斗米只换一斤盐，贫下之家，尤为不易。

成都府路盐价的涌贵，竟增加了贫苦人家生活的困难，都提举市易司所策划的这一项措施，实有违市易法“通有无、权贵贱、以平物价”的宗旨。由于加重了民众的负担，批评言论随之而起，加上解盐司认为有碍钞法，蜀中榷盐因此废罢（注七〇）。榷法虽然废罢，但其后李稷、蒲宗闵于元丰元年起仍“如商人例买盐入川，变易本钱，岁无过万席”（《长编》卷二九二元丰元年九月壬申条），恢复了刘佐入蜀以前的措施。至元丰六年（一〇八三），陆师闵更“运盐入川，见计置万三千席，约卖尽，得二分五厘之息”（《会要》之《食货二六·盐法篇》元丰六年十月二十一日条），数量又有增加，而二分五厘之息也较市易法所规定的二分之息为高。

解盐自宋仁宗时起，行钞盐制之通商法，而非官卖（注七一）。至熙宁九年（一〇七六），除官贩解盐于蜀中外，都提举市易司又指定州郡，由官府自卖解盐，其后虽因有碍盐钞制度而有所修正，但也只是若干郡县改行通商，其余地区仍由官卖。司马光《涑水纪闻》卷十五：

熙宁中，市易司始榷开封、曹、濮等州，及利、益二路，官自运解盐卖之。……九年，有殿中丞张景温建议，请榷河中、陕、解、同、华五州，官自卖盐，增重其价。民不肯买，乃课民日买官盐，随其贫富作业为多少之差。有买卖私盐，听人告讦，重给赏钱，以犯人家财充赏，官盐食之不尽留经宿者，同私盐法。于是民间骚怨。盐折钞旧法每席六缗，至是才直二缗有余，商人不入粟，边储失备。朝廷疑之，乃召陕西东路转运使皮公弼入议其事。……于是罢开封、河中等州、益州等路卖盐，独曹、濮等数州行景温之法。

按，司马光所述榷盐地颇有疏漏，初榷盐在熙宁九年二月，都提举市易司指定榷盐地包括开封府界部分县份，及曹、濮、澶、怀、济、单、解州、河中府（注七二），其后榷地当又有推广，至熙宁十年（一〇七七）三月缩减征榷范围，罢榷之地均在京城以西，而澶、濮、济、单、曹、怀州、南京（彰德府）及开封府界若干县份仍为榷地（注七三）。官府卖盐竟至于必须按日抑配于民，则其价格的昂贵可想而知，亦可见都提举市易司此一措施纯以财入为目的。其后措施有所修正，实因妨及边储而不得不然，所考虑的仍然是财政因素。京城虽然不在上述禁榷范围之内，但在熙宁十年四月，却规定京城食盐的买卖必须透过市易务。《会要》之《食货二四·盐法篇》熙宁十年四月十二日条：

诏今后客盐入京，并于市易务中卖，本务依市价收买，虽贱每席不得减十贯，并画时支还见钱。其京城内外诸厢贩卖盐人，并于本务给印历请买，愿立限赊请者听。如私自买卖，许人告首，等第给赏，盐没纳入官。

可知盐商运盐至京城，必须完全卖给市易务，而京城零售商所需食盐，也必须完全向市易务购买。京城食盐的买卖，因此而为市易务所垄断。

河北、京东原来亦不榷盐，至市易法实施后，即有改变此一地区盐法的企图。熙宁七年（一〇七四）十一月，苏轼自密州致书丞相韩绛，已称有“所谓王伯瑜者，欲变京东、河北盐法，置市易盐务”（苏轼《东坡前集》卷二十九《上韩丞相论灾伤手实书》）；熙宁八年（一〇七五）六月，三司使章惇又奏“诸路榷盐，独河北、京东不榷，官失岁课，其数不赀”（《长编》卷二六五熙宁八年六月戊申条）；其后当沈括权发遣三司事时，“市易司欲岁输三司钞三十万缗，以请河北、京东两路盐税，官自榷卖”（同上原注引《沈括自志》）；元丰元年（一〇七八）正月，王伯瑜再言市易盐务之法，其法“官买于灶户，以售商人”，朝廷“诏提举市易司召伯瑜审议”（《会要》之《食货二四·盐法篇》元丰元年正月二十二日条）。此一企图，显然与市易经营有密切关系，而始终未成为事实。但至元丰三年（一〇八〇）以后，京东、河北终于先后实施榷盐。《宋史》卷一八一《食货志·盐篇》：

元丰三年，京东转运副使李察言，南京、济、濮、曹、单行解盐，余十有二州行海盐，请用今税法，置买卖盐场，其法尽灶户所鬻盐而官自卖，重禁私为市者，岁收钱二十七万三千余缗，而息几半之。吴居厚为转运判官，承察后治盐法，利入盖多。六年，较本路及河北买卖盐场，自改法后抵今一年有半，得息钱三十六万缗。……诏运卖盐钱储之北京，令河北都转运使蹇周辅、判官李南公受法于居厚，行之河北。

又《宋史》卷一八二《食货志·盐篇》：

元丰七年（一〇八四），知沧州赵瞻请自大名府、澶、恩、信安、雄、霸、瀛、莫、冀等州尽榷卖，以增其利，才半岁，获息钱十有六万七千缗。

京东、河北榷盐的实施，虽然都发自地方官，但是自元丰二年（一〇七九）十二月以后，"自今申请财利与市易相干者，先下都提举市易司相度"（《长编》卷三〇一元丰二年十二月壬寅条），买卖食盐事关市易，因此必然经过都提举市易司的同意。京东行榷盐之后，息入大增，朝廷即推广之于河北，可知官自贩盐的目的，实在于增加政府的财入。然而京东、河北榷盐之后，民生大受影响。苏轼《东坡奏议集》卷二《乞罢登莱榷盐书》：

今来既榷入官，官买价贱，比之灶户卖与百姓，三不及一，灶户失业，渐以逃亡，其害一也。居民咫尺大海，而今顿食贵盐，深山穷谷，遂至食淡，其害二也。

又《宋史》卷一八二《食货志·盐篇》：

哲宗即位，监察御史王岩叟言，河北二年以来，新行盐法，所在价增一倍，既夺商贾之利，又增居民之价以为息，闻贫家至以盐比药。

官府一方面以贱价向灶户买盐，再以贵盐转销给消费的百姓，从中赚取厚利，却使灶户收入减少，消费人户负担增加，贫家尤感痛苦。因此，官府实际上已自为兼并，违背了市易法立法的原意。

除了官自卖盐之外，市易司又介入盐钞的买卖。按北宋边境的军粮供应，原采入中法（或称折中法），商人运粮草至沿边，然后政府给以券引，以换取茶、盐、香药、宝货或缗钱（注七四）。陕西边境入中，向给解盐。至庆历八年（一〇四八），范祥改革解盐盐政，罢入中粮草，而令商人入实钱，受券以领盐，再由政府以商人所入缗钱自市粮草（注七五）。至熙宁年间，由于开拓河湟，又与西夏发生冲突，于是西北边境所需粮草浩繁，盐钞因而有发行过多的现象。熙宁六年（一〇七三），陕西缘边"入纳钱五百二十三万余缗，给盐钞九十万二千七百一十六席，而民间实用四十二万八千六百一席，余皆虚钞。虽有条约，须纳钱方给钞，以钱市粮草，缘官中阙钱，监籴之官，务办年计，不免止以钞折兑粮草"（《长编》卷二五四熙宁七年［一〇七四］六月壬辰条）。盐钞发行过多，则其价贱，再以钞折兑粮草，粮价随之高抬，形成政府财政上的一大负担。北宋政府的对策，是以实钱收购虚出之钞，减少盐钞的流通量，以提高其价格。入中原是榷货务的职掌，自熙宁五年（一〇七二）以后，榷货务已并入市易务，所以市易司便介入了盐钞的买卖。前文述及，熙宁七年十月，三司曾借内藏库钱二百万贯，令市易司遣人分往缘边诸路算请盐引，并计置籴买。熙宁八年（一〇七五）闰四月，中书户房比较陕西盐钞利害，定条约八事，置场平买虚钞。据《永乐大典》卷一二五〇六引《长编》熙宁八年闰四月乙巳条载，其中事关市易司者有以下两项：

一、"旧钞因官失买，致价钱已为商人中粮亏官，即不妨市易司用市价买。"

二、“若所在滷盐，自可令市易司、买钞场依商人例，以钞请盐自卖。”

这两项规定，在精神上实相违背，盐钞发行额既已溢出民间食盐消费量达一倍以上，则市易司所收购的盐钞，自然应该全数销毁，才能发挥平准钞价的作用，若是市易司可以钞请盐，则虚钞仍然存在，钞价如何能够提高。所以会有如此自相矛盾的规定，当是为了满足市易司增加本身息入的要求所致，而此后市易司也确有贷盐钞予百姓以收息钱的事实（注七六）。由于这种情形，再加上市易司于若干州郡行官卖解盐之法，使得请钞销盐的商人在销售范围上大受限制，钞价因此毫无改善。熙宁十年（一〇七七）二月，同制置解盐使皮公弼再度整顿盐钞，“盐法不得不改，官卖不得不罢”，除缩减官卖解盐区域外，在盐法更改方面，行贴纳之法，“尽买旧钞入官，其已请出盐，立限许人自陈，准新价贴纳价钱”，而“市易司卖盐亦依客例贴纳价钱”（《会要》之《食货二四·盐法篇》熙宁十年二月二十五日条）。收购盐钞的工作，仍由市易务负责（注七七）。市易司一方面收购盐钞，一方面仍可卖盐，矛盾的现象依然存在。市易司既不肯放弃本身的利益，所收效果自然有限，自熙宁十年冬至元丰三年（一〇八〇），“通印过一百七十七万二千余席，而会问池盐所出，才一百一十七万五千余席”（《会要》之《食货二四·盐法篇》元丰四年［一〇八四］四月十二日条），仍有虚钞的情形。因此，宋神宗在元丰二年（一〇七九）不免为之叹息：“都内凡出钱五百万缗，卒不能救钞法之弊”（《长编》卷二九六元丰二年正月丙申条）。市易司的介入盐钞买卖，密切的关系到西北的边费，但是在这一个过程中，却显现出市易司过分追求本身的息入，而使国家的财政政策不能作充分的发挥。

（3）粮草

再次述粮草。市易司收籴粮草，主要供河北、陕西两边军备之用。在河北方面，熙宁七年（一〇七四）七月，“赐市易息钱二十万缗付定州封桩”（《长编》卷二五四熙宁七年七月庚申条），当即作为收籴粮草之用。其后因市易司“籴定州军储数多，谷价以故增长”，于是在熙宁八年（一〇七五）闰四月，“诏诸路近河北州县，令民输税于河北，以足定州军储，其借过税数，令市易司于本路籴还”（《永乐大典》卷一二五〇六引《长编》熙宁八年闰四月庚戌条）。这时正是宋、辽发生划界纠纷，边事紧急的时候，因而又有诏运米百万石往澶州、北京，由于运费过昂，随即改为市易司以末盐钞、米谷贷予河北农民，农民至收成时以谷物偿还官府。《长编》卷二六五熙宁八年六月戊申条：

> 中书言：“近诏运米百万石往澶州、北京，计道路縻费不少，请岁给米（按：米当作末）盐钱钞、在京粳米总六十万贯石，付都提举市易司贸易，度民田入多寡，预给钱物，至收成时，令于澶州、北京及缘边州军入米粟麦封桩，候有备。遇物价贵，听籴便司权住入中，借兑支用，须岁丰补还；其市易司所籴，如价高，令以渐计置。”从之。

《长编》卷二七三熙宁九年（一〇七六）二月辛卯条：

> 市易司言：“昨被旨本司以末盐钞贷河北耕人，至秋成日偿以米粟，积为军储，今乞差官于定州受敌州军支纳。”

市易司为了能顺利籴取军粮，先以末盐钞贷予农民，但是一般农民不可能持盐钞往盐产地请领食盐，并从事经销，必定是将盐钞转卖给交引铺的商人，以换取金钱，而交引铺一向“邀难客旅，减克钱物”（《会要》之《食货三六·榷易篇》大中祥符八年［一〇一五］六月条），盐钞的价格不可避免的会被压低，使得农民的利益受到损害。可见市易司为了财务上的需要，对于商人兼并的弊病已无法顾及。自熙宁九年五月以后，又设有淤田水利市易司，掌管河北军粮的收籴（注七八）。至元丰二年（一〇七九）二月，市易司始将市籴粮草的职掌完全移交给河北籴便司，不再负责此事（注七九）。

陕西方面，对于粮草的需要更大。为了筹措陕西路籴本，都提举市易司多方策划。早在熙宁六年（一〇七三）十二月，已“给度僧牒二千付都提举市易司，募人入钱为秦凤路籴本”（《长编》卷二四八熙宁六年十二月丙子条）。熙宁八年（一〇七五）二月，又“诏陕西都转运司与都提举市易司协力兴治银铜坑冶，以其所入为熙河路籴本”（《长编》卷二六〇熙宁八年二月丁丑条）。熙宁九年（一〇七六）间，都提举市易司至少三次奉命拨钱市籴陕西粮草。《长编》卷二七四熙宁九年四月甲午条：

> 中书户房言：“近提举市易司已发物货十五万缗为熙河市易本钱，今欲令市易司增五万缗，以十万输熙河，十万令在京市易司入中本路粮草。”从之。

《会要》食货三九《市籴粮草篇》熙宁九年九月七日条：

> 中书省言：“欲令市易司发钱三十万缗，于鄜延、环庆两路同经略司籴谷封桩，其钱令本司指射拨还。”从之，仍令市易司止于今次息钱内除破所支钱。

同上戊寅条：

> 熙河走马承受长孙良臣言："本路岁丰，乞支见钱以广籴。"于是中书言："市易司见入中四十万缗，今欲更令市易司就支本路钱十万缗，与秦凤等路转运司计置熙河粮草，仍于息钱除破。"从之。

以上三次市籴陕西边境粮草，均出自市易司物货或息钱，三次合计已达一百万贯之多。而都提举市易司自熙宁七年（一〇七四）十月以后，介入盐钞的买卖，目的也在减轻陕西市籴粮草的成本。熙宁十年（一〇七七）十二月以后，设置经制熙河路边防财用司，并兼秦凤路市利事，熙河、秦凤路市易务均归其统辖，不复隶属都提举市易司（注八〇）。都提举市易司才不再负责此一地区的市籴粮草。经制熙河路边防财用司接掌熙河、秦凤路的市易业务以后，于元丰二年（一〇七九）二月，获准"市易务各增监官一员，兼领市籴，可减罢本司准备差使四人"（《长编》卷二九六元丰二年二月乙丑条），可知当地的市易司仍然负有市籴粮草的责任。

除了市易司从事陕西边境粮草的籴买外，具有市易机构性质的茶场司也担负同样的任务。熙宁八年（一〇七五），刘佐奉都提举市易司之命，入川体量川茶，"因便结籴熙河路军储，得谷七万余石"（《长编》卷二七〇熙宁八年十一月辛未条）。元丰元年（一〇七八）正月，又诏提举成都府等路茶场司李稷"相度置场买茶，听商人于熙河路入钱及粮草，定价给引，指射请贩利害以闻"（《会要》之《食货三〇·茶法杂录》元丰元年正月十七日条）。此后茶场司多次拨钱市籴陕西粮草。《长编》卷二九二元丰元年九月丙戌条：

诏提举成都府等路茶场司拨钱十万缗赐环庆路，四十万缗分赐秦凤、泾原路，并令经略司市粮封桩。

《长编》卷二九九元丰二年（一〇七九）八月壬子条：

权陕西转运使都大提举成都府等路茶场李稷言："陕西路有茶场司本息钱帛至多，不能运动，乞遇谷贱别司不籴处，许茶场接籴转徙。"从之。仍诏本息钱毋过二十万缗。

《长编》卷三〇八元丰三年（一〇八〇）九月甲子条：

诏赐茶场司钱二十万缗付泾原路安抚使籴买粮草封桩。

《长编》卷三二三元丰五年（一〇八二）二月乙卯条：

诏借拨茶场司钱四十万缗付秦凤经略司市粮草。

《会要》之《食货三〇·茶法杂录》元丰六年（一〇八三）十月十六日条：

茶场司言："准敕每岁下本司熙州桩管茶一万驮，于经制司年额现钱内除豁，充兰州博籴粮斗，仍依市价计钱。今乞分四料，每季支茶二千五百驮。"从之。

可知茶场司拨钱籴买陕西粮草，每次少则二十万贯，多则四、五十万贯。元丰六年以茶一万驮支付兰州市籴之需，按当时茶每驮卖三十贯至四十贯（注八一），一万驮也相当于三四十万贯。市易司与茶场司的市籴河北、陕西粮草，清楚的说明了市易经营的财政目的。

市易司与其他市易机构对于各项物资的收购或转贩，清楚的显示出市易经营以财利为优先的目标。为了达成此一目的，市易机构不惜自为兼并，垄断市场，造成生产者的损失与消费者负担的增加，为民生带来困扰。而对于商人兼并的裁制，以川茶的征榷为例，却未必收到实效。市易法的立法本意，在实际的市易经营中完全无从表现。不仅如此，都提举市易司甚至以本身的息入为重，而使国家整体的财政政策蒙受损伤。

（四）结保赊请法的废止与抵当法的推广

市易法实施多年，也碰到了一些问题，使其经营方式不能不有所修改。贷借人户欠钱不还，便是最主要的一个问题。由于这一个问题，导致了结保赊请法的废止与抵当法的推广，而抵当法的推广，是市易经营继续扩大的又一表现。

市易法对于欠钱不还者，原有处罚的规定，“过期不输，息外每月更罚钱百分之二”（《长编》卷二九六元丰二年［一〇七九］正月己卯条），但即使如此，仍然不能防止欠钱不还的情形。早在市易之狱以前，宋神宗已曾质问王安石：“百姓为贷市易抵当所钱，多没产及枷锢者”（《长编》卷二五一熙宁七年［一〇七四］三月庚戌条），所以如此，即因民众欠市易司本息不还的缘故。此后这种现象愈益严重。《栾城集》卷三十五《自齐州回论时事书附画一状》：

> 况复小民好利，类无远见，争取官债，以救目前，欺谩父兄，妄引抵当，期限既迫，逃窜无所，妇子离散，行路咨嗟。

《长编》卷二九六元丰二年正月己卯条：

> 贪人及无赖子弟，多取官货，不能偿，积息罚愈滋，囚系督责，徒存虚数，实不可得。

都说明贷借人户欠钱不还的严重情形。尤其值得注意的，是积欠的市易本息钱中，市易官员和富家占了很大的一个比例。例如深受王安石器重的刘佐，其后竟“负市易钱十八万缗”（《长编》卷二九八元丰二年五月癸巳条）；提举秦、熙州市易的汲逢，也因“本务欠钱十二万缗，无主名”，而被怀疑是由于其“母与母族亦尝借贷”（《长编》卷二九四元丰元年［一〇七八］十一月丁亥条）。至元丰末年为止，京师市易司积欠的情形，苏辙曾据监在京市易务宋肇所提供的资料，作一统计。《栾城集》卷三十八《乞放市易欠钱状》：

> 欠人共计二万七千一百五十五户，共欠钱二百三十七万余贯。其间大姓三十五、酒户二十七，共欠钱一百五十四万余贯；小姓二万七千九十三户，共欠钱八十三万余贯。

可知在欠户中占极少数的大姓欠户，竟积欠了大部分的欠钱。按北宋晚期京师的大酒店有七十二户，称为正店，其余较小的脚店不能遍数（注八二），上述与大姓三十五户并列的二十七家酒户，想必是正店之中规模较大的。对于这种富家抵赖的现象，苏辙早在熙宁九年就已指出：“奸民巨贾，窥伺间隙，取利则多，或输滞积不售之货以易见钱，或指残破无用之屋以赊实货”（《栾城集》卷三十五《自齐州回论时事书附画一状》）；

而元丰年间，王安礼知开封府时，亦曾发生“大姓负市易息钱者累诉于庭”（《长编》卷三二九元丰五年［一〇八二］八月丙辰条）。这些情况，说明市易司最大的贷放对象，实为富家大姓，与市易法摧制兼并的立法原意正相违背。王安石在熙宁八年（一〇七五）四月复相之后，曾对宋神宗说：“近京师大姓多止开质库，市易摧制兼并之效似可见”（《永乐大典》卷一二五〇六引《长编》熙宁八年四月庚申条），认为市易经营已达成立法所期盼的效果。然而按之实际，京师大姓只是转移了兼并的方向，既然无法在商场上从事操纵，于是资金转而用于开设质库，以放债取利，而他们又能够从市易司取得巨额的放款，积久不还，更有助于他们的质库经营。就此而言，市易经营反有助长兼并的嫌疑。

亏欠不还既多，自然影响到市易收入，为了解决这一问题，都提举市易司采取了各种措施。在元丰元年（一〇七八）十月以前，这些措施大致可分为两方面。一方面是限制贷放的对象，熙宁九年（一〇七六）正月，“诏市易司自今不得赊请钱货与宗室、官员、公人”（《长编》卷二七二熙宁九年正月壬午条），显然因为他们享有政治特权，容易赖债，所以必须加以限制；另一方面，则是减轻处罚，延长偿还的期限，熙宁九年十一月，“诏都市易司今日以前赊请钱物限外已输本息者，悉蠲罚息，本息未足者展半年”（《长编》卷二七九熙宁九年十一月乙卯条）；次年四月，又“诏在京见欠市易及诸处官钱人免收禁，听责保知在”（《长编》卷二八一熙宁十年［一〇七七］四月戊戌条），目的显然在减轻欠负人户的负担，给予他们更多偿还的机会。

元丰元年（一〇七八），王居卿出任都提举市易司（注八三），对于市易经营作了更加明显的调整。首先，在元丰元年十月，王居卿降低了抵押借贷钱货的利率，“应赊市易钱货许以金帛等物为抵当，收息毋过一分二厘，其不及者月计之”（《长编》卷二九三元丰元年十月壬子条），而原来的利率则为二分。然后，到次年正月，进一步取消了立保赊钱法。《长编》卷二九六元丰二年（一〇七九）正月己卯条：

> 诏市易司罢立保赊钱法，已出钱，立输限，如半年内输本息足者，蠲其出限罚息钱，物力虽薄而有营运者，量力支借，毋过旧数三之一。令元体量检估官分认催收，限三年结绝，岁具所收钱数比较赏罚，专委勾当公事官一员催驱。其自今用产业抵当者，并拘留契书，岁收息一分半。检估官吏如容增直冒请，以违制论，不以去官赦降原减，其赊请物且如旧法检估本家物力，所请不得过所有之半。

原初市易法中结保赊钱的规定，从此废除，此后只能以抵押赊钱，所以作此改变，显然因为结保赊钱，欠负不易追偿，而抵押品则可以用来偿还欠债，基本上仍然就收入着眼，所以诏令中对于追收欠息，又有比较赏罚的规定。二月，又“诏应置市易务处赊请钱并依在京市易务法，听以金银物帛抵当收息，毋过一分二厘”（《长编》卷二六九元丰二年二月丁巳条），将结保赊钱法的废除推广到全国各地。元丰二年所废除的仅是结保赊请现钱，至于结保赊请物货则仍然继续实施，元丰三年（一〇八〇）九月，王居卿再进而请求对于结保赊请物货加以限制。《长编》卷三〇八元丰三年九月甲子条：

> 都提举市易司王居卿言：“……去岁有旨先罢结保见钱，惟赊请物货旧法未革，然恐久远未便。……欲乞自今后市易

务许人户赊请物货，岁不过二百万贯，别置簿支收，惟听旧户请赊，以接济在京行铺之家，期以五年，所收息已逾元数，然后或止或行，更不取朝廷裁度。其非旧请人户，则惟用抵当、贸迁二法，可以敛滞货、通余财，如此则法全利远而用不穷矣。其诸路市易钱谷，以四分为率，量留一分接济旧户外，亦不行赊借之法。……”诏中书户房立法以闻。已而户房乞在京物货许欠户赊请，敛而复散，通欠数不得过三百万贯，诸路市易货以四分为率，以一分许旧欠赊请，敛而复散，通欠数不得过一分，并别置簿收支。从之。

从此新请人户不得再以结保赊请物货，旧请人户虽然可以继续行用此法，但赊请数量也受到限制，而且以五年为期，市易司本身可以决定此法或行或废。于是到此时止，结保赊请法已面临全面废罢的命运。

结保赊钱法已被废罢，新请人户也不得再以结保赊请物货，而对于欠负人户所欠息钱、罚钱，仍然继续多次蠲减或展限（注八四），王居卿又于元丰三年（一〇八〇）九月，以免行钱“建法之始，失以贫富为较，但以其人作业为等，纳钱轻重不一，虽贫者至轻，而日不自给，何暇输官”，而请得朝廷准许，“其贫下者并与除放”（《长编》卷三〇八元丰三年九月甲子条），似乎市易司有缩减其经营范围的趋势。但是实际上，抵当法旋即迅速推广，使得市易经营不但没有缩减范围，反而大为扩张。《长编》卷三一二元丰四年（一〇八一）四月丙子条：

诏茶场司条令中书别立抵当法（按：此句疑有脱误，或茶场司条令五字为衍文）。先是，特旨市易司罢赊请官钱，令民用金帛抵当，公私以为便，故欲推广之。

可知朝廷为了推广抵当收息之制，而特别为之立法。同年十二月，从都提举市易司贾青之请，“于新旧城内外置四抵当所，委官专管勾，罢市易上界等处抵当，以便内外民户”（《长编》卷三二一元丰四年十二月庚申条），按原初京师官府经办抵当贷借，除市易务上界之外，只有抵当免行所一处，新制停办市易上界抵当贷借，而于京城内外增设四抵当所，连抵当免行所共有五处之多。次年正月，贾青再请“推抵当法，行之畿县”（《长编》卷三二二元丰五年［一〇八二］正月辛亥条），于是抵当法的施行，自京城推广到开封府界诸县。元丰六年（一〇八三）正月，太府寺又以“畿邑抵当之法，外路殊未施行”，而请“许诸路常平司市易赊借钱、宽剩钱，五路各借十万缗，余路各借五万缗，充抵当本钱”（《长编》卷三三二元丰六年正月乙未条），抵当法因而推广到全国。元丰七年（一〇八四）八月，再诏“诸提举常平司存留一半见钱，以二分为市易抵当”（《长编》卷三四八元丰七年八月辛卯条）。按，熙宁二年（一〇六九）九月，颁行青苗法，以常平钱贷予农民，又规定如有剩余，坊郭有抵当人户也可以支借（注八五）。因此，以常平本钱提供作各城市的抵当本钱，是顺理成章的事。市易抵当的分布，远较市易司或市易务为广，不仅各路的一些大城市设置，户部条敕中又规定有“诸路各量闲要州县，兴置市易抵当，僻小县分不可兴置处不置”（《长编》卷三五六元丰八年［一〇八五］五月庚子条），可知除特别偏僻的县份不设之外，一般的县城都设有。黄庭坚于元丰末监德州德安镇，“镇小民贫”，而德州通判赵挺之却“欲于本镇行市易法”（《东坡奏议集》卷五《乞郡札子》），则市易抵当的推行，甚至下及市镇。市易抵当推广之后，也产生了扰民的问题。《长编》卷三六九元祐元年（一〇八六）闰二月丙午条载苏辙言：

窃见朝廷近日察知蜀中卖盐、榷茶及市易比较收息，为远人所苦。……至于市易比较收息，始因提举官韩玠以灵泉小县收息增羡，遂督责诸县，以灵泉为比，务令多得息钱。

地方官督责诸县，比较收息，说明市易抵当的普遍推行，仍然是以息入为目的。因此，市易法的施行，不论作如何的修正，始终不脱其财利的特色。

市易法实施到元丰末年，已经扩大成为一个全国性的绵密市易经营网。市易抵当遍布各地，深入县镇，成为地方城市所共有的一个公营抵押借贷的机构，设置的普遍，前所未有，所以南宋时人追溯地方这类机构的起源，便说："州抵当库起元丰七年（一〇八四）"（梁克家《淳熙三山志》卷七《公廨类·安抚司抵当库条》）。而市易抵当的经营，也仍然以财利为目标。

五、市易法的废罢与复行

（一）元祐年间市易法的废罢

正当市易经营的范围扩大到顶点的时候，政局发生了剧烈的变化。宋神宗于元丰八年（一〇八五）三月逝世，宋哲宗立，因为年幼，由祖母太皇太后高氏临朝听政。太皇太后起用旧党，司马光于五月自西京入相，此后元祐年间，为旧党当政时期。司马光执政自元丰八年五月至元祐元年（一〇八六）九月，在此期间，重要新法全数尽罢。对于市易法，司马光向无好感，曾多次上疏指责（注八六），因此，市易法遭逢与其他新法同样的命运，是势所必然的。

市易法完全废罢在元祐元年（一〇八六）六月，但是在此之前，已陆续采取了若干相关的措施。这些措施，大致有以下几项。第一、除放欠户的市易息钱，至于本钱，则延展其缴纳期限。元丰八年（一〇八五）四月，诏在京人户所欠息钱，“大姓户放七分，小姓户全放”（《长编》卷三五四元丰八年四月辛未条）；六月，又诏“除放息钱外，其合纳本钱特与展限三年”（《长编》卷三五七元丰八年六月癸未条），十一月，再诏“蠲大姓户所欠市易三分息钱”（《会要》之《食货七〇·蠲放杂录》元丰八年十一月十八日条）；元祐元年闰二月，将除放息钱的命令推广到各路，诏“应诸路人户见欠市易息钱，并特与除放”（《长编》卷三六九元祐元年闰二月丙午条），至于所欠本钱，“特许以纳过息罚钱充折，如已纳及官本，即便与除放”（《长编》卷三七〇元祐元年闰二月丁巳条）。第二、限制市易抵当的设置。元丰八年七月，诏“诸镇寨市易抵当并罢”（《会要》之《食货三七·市易篇》元丰八年七月二日条）；至八月，从户部所请，“除诸路州军抵当收息至薄，以济民间缓急，可存留外，其州县市易及余处抵当，一切可皆省罢”（《长编》卷三五九元丰八年八月乙巳条）。可知仅存留州军抵当，至于县镇抵当及地方市易均一并废罢。第三、废除免行钱，元丰八年九月，从尚书省所请，“在京免行钱并行放罢”，至于原由免行钱所供给的吏禄，则改以“所拨汴河堤岸司及京城所房廊钱内给”（《长编》卷三五九元丰八年九月乙未条）。这些措施，仍未动摇到京师市易务的地位。

直接促成市易法完全废置的，是监察御史孙升和韩川的议论。他们两人的议论，不仅如同其他批评者一样，强调市易经营与民争利，而且进一步指责其未达成财政的目的。这一个批评，成为废罢市易法的最佳理由。《会要》之《食货三七·市易篇》元祐元年（一〇八六）正月十二日条载孙升言：

朝廷立市易之法，意在抑兼并，便商贾，通流货财，平准物价。而行法之初，吕嘉问实领其事，附会柄臣，奋行私智，引用兼并之徒，杜绝商贾之利，罔上坏法，肆为奸欺，簿帐不明，首尾无据，官吏隐庇，曾无关防，以致蠹害之酷，奸弊之深。货物才行赊请，息钱已计分厘，县官所得虚名，官吏皆冒实赏。先朝察知弊害，废灭殆尽，自元丰四年置局拘催，取责内外。所欠九百二十一万五千九百余贯，今近五年，除放免息钱，支拨皇亲公人旧欠外，纳未及其半，其间失陷固多。自京师以及四方之人，破家丧身者不可胜数，害及公私，毒流天下者，嘉问怀私坏法，实为之首。

孙升指责以吕嘉问为首的市易官吏，以虚息冒实赏，而实际上息钱的收入尚未能偿足本钱。吕嘉问随即被贬知淮阳军（注八七）。吕嘉问的被贬，清楚的反映出朝廷对市易经营已采取否定的态度，这是市易法全面废罢的前奏。至六月，韩川上疏论市易。《长编》卷三八〇元祐元年六月甲辰条载韩川言：

朝廷更市易之法，捐减所收息数，宿逋放释殆尽。自罢赊卖以来，实用钱物交易，日入不过三百千，收一分之息，月得九百千；月得九百千，又未必满一分也，虑货之陈积，但及五厘，足以免罚，则亦出之，是月息钱才四百五十千。而仓务共占官六员，专副、书吏、库级等不减百人，月给俸食几千缗，所收之息不补所费之半。窃维市易之设，虽曰平均物直，而其事则不免计较以取利，使获其利，实足以佐用，尚不可，而又所收不补所费，顾可为邪。请于市易务监官、监门内各留一员，及实用公人催纳欠负，结绝见在物货，画日更不收买。

韩川对于市易经营的批评比起孙升来又更进一步，他指出市易息钱尚不足以供给市易官吏的俸食。朝廷从韩川之请，于是京师市易务结束营业，市易法完全废罢。至于市利钱的征收，也随市易法的废罢而停止（注八八）。与市易经营有关的茶、盐买卖，都跟着废除，元祐元年七月，"罢市易所置买卖盐场"（《长编本末》卷一一〇《市易务篇》元祐元年七月癸未条）；川茶的征榷问题，早在元祐元年二月已派遣黄廉入蜀中按察（注八九），黄廉随后又被任命为都大提举榷茶买马监牧公事，于八月到任（注九〇），按察之后，将榷地限于名山、油麻坝、洋州三处，其余川茶产地皆开放通商（注九一）。于是与市易有关的经营，几乎全被推翻。

市易法虽已废罢，但市易积欠的问题仍未解决。苏辙上书指出，京师市易欠户共二万七千一百五十五户，共欠钱二百三十七万余贯，建议将欠二百贯以下人户的积欠除放。《栾城集》卷三十八《乞放市易欠钱状》：

若将欠二百贯以下人户除放，共放二万五千三百五十三户，放钱四十六万六千二百余贯，所放人户九分以上，而所放钱止及二分。……元丰年中朝廷催理欠负极为峻急，然一岁所纳不过三万贯，顷来朝廷优假细民，所催微细，自今年正月至今，止及六七千贯，今且以三万贯为率，犹须七十余年，乃可纳足。

据苏辙估计，在除放欠二百贯以下人户的积欠之后，所余积欠，即使每年能催收三万贯，也要七十多年才能催足，可见问题的不易解决。朝廷从苏辙之请，元祐元年七月，“应内外欠市易司人户，见欠二百贯以下并与除放”（《长编》卷三八三元祐元年七月壬午条原注）。此后积欠问题确如苏辙所言，拖延甚久，尚不能解决。《长编》元祐八年（一〇九三）二月丙子条：

> 尚书省检会市易欠户已降今年正月朝旨，每保五百贯以下依赦除放，大姓仍不得过三保。

可知到元祐八年，除放的数额已提高到五百贯，而大姓以三保为限，亦即在一千五百贯以内的积欠皆可除放，显然是希望能够早日将催收欠负的问题结束。但是直到宋徽宗崇宁二年（一一〇三），此一问题仍然存在（注九二）。

司马光对于理财的看法，和王安石原本不同，认为“善理财之人，不过头会箕敛，以尽民财”，因此执政之后，政策全变，以理财为目标的市易法，也因而废罢。然而这一次废罢，并没有将市易法就此推翻，不久之后，宋哲宗亲政，情况又有改变。

（二）绍圣以后市易法的复行

宋哲宗于绍圣元年（一〇九四）亲政，改弦易辙，复用新党，国是又再大变，市易法因之而复行。从此以后，市易法一直施行到北宋灭亡，仅在宋徽宗初即位时中断了很短的一段时间。

绍圣元年（一〇九四）以后，熙宁、元丰间市易法的内容陆续恢复。绍圣元年七月，尚书省首先以行人情愿出钱免行为理由，而策划在开封府恢复征收免行钱。《会要》之《职官二七·太府寺篇》绍圣元年七月二十七日条：

侍御史来之邵、监察御史刘拯等乞复免行钱，章惇等奏曰："行人多诣尚书省陈状，愿出钱免行，则民间固便之，愿下开封府问行人之欲复者。"上曰："须从民便，不愿免行者勿强也。"又曰："如宽剩钱亦何须取之，朝廷安待以此佐用邪。"诏差开封府司录参军陈厚取问行人愿纳钱免行，即具旧条措置闻奏，不得抑勒，及收宽剩钱毋过一分。

可知当时计划恢复征收的免行钱，大致沿用旧制，征收区域也限于开封府，但已较熙宁、元丰年间多取一分宽剩钱。至十二月，依开封府的措置，颁令自明年正月一日起实施（注九三）。市易务的恢复，则迟至绍圣四年（一〇九七）十二月以后。《长编》卷四九三绍圣四年十二月甲辰条：

三省言："熙宁年兴市易务，本以通有无，利商贾，抑兼并，元祐任事之臣，不深原先朝立法之意，一切罢去，民实病之。"诏户部、太府寺同详立法惠意，复置市易务，许用见钱交易，收息不过二分，不许赊请。监官惟立任满赏法，即不得计息理赏，其余应杂物并不许辄有措置，限十日条画以闻。

按，此事《会要》之《食货三七·市易篇》及《食货五五·市易务篇》均系之于绍圣三年（一〇九六）十二月，陈均《皇朝编年纲目备要》卷二十四则与《长编》相同，系于绍圣四年十二月，从长编。三省请求复设市易务的理由，仍然和当初制定市易法相同，是"通有无，抑兼并"；至于市易经营的方式，除收息二分和当初市易法相同外，其他方面已有很多限制，如只用现钱交易，不许赊请，监官不得计息理赏，以及其余杂物不得有所措置等，无疑都是针对熙宁、元丰年间市易经营的偏失而作修正。但是另一方面，据曾布于元符二年（一〇九九）所说，市易务复设之后，“复以吕嘉问主之，中外汹汹不平”（《长编》卷五〇六元符二年二月乙未条），则似乎又重循熙宁年间市易经营的路线。元丰末年普遍设立的地方市易抵当，到元符二年大概也都恢复。《会要》之《职官二七·太府寺篇》元符二年二月二日条：

户部言：“河北东路提举常平司奏，乞将本路诸州管下外镇，并依元丰旧法兴置抵当。”从之。

连市镇都获准设置抵当，则其上的县治、州治抵当亦必已恢复设置。于是至元符二年为止，熙宁、元丰间市易法的内容大致都已恢复。此后元符三年（一一〇〇）五月，又从太府少卿贾种民之请，将市易务改名为平准务，“使四方晓知朝廷止欲平物价，抑兼并，来商贾，便百姓”（《会要》之《食货五五·市易务篇》元符三年五月十七日条）。

市易务复设之后，虽然在经营方式上有所修正，又改名为平准务，以表明经营原则是“止欲平物价，抑兼并”，但是实际的经营情形却非如此，并且因此而使得平准务在元符三年（一一〇〇）十月遭到废罢。《会要》之《食货三七·市易篇》元符三年十月二十八日条：

尚书省勘会平准务见置官吏、公人等所费请给不少，兼差官出外计置物色，不无搔扰，及石炭自近年官中收买，置场出卖，后来在市价转增高，实于细民不便。诏罢平准务，仍今后更不官买石炭出卖，其户部、太府寺应缘平准务添置官吏及请给并罢。

可知平准务仍有差官往外地收购物资的情形，而且垄断了京城石炭的买卖。按石炭即煤，为北宋末年汴京居民的主要燃料（注九四）。平准务垄断了这一大宗物资的买卖，竟使都城石炭价格为之上涨，显然已与“平物价，抑兼并”的宗旨相违背，而以财入为其经营的目标。平准务这些经营偏失所以会被指出，并且因而被废罢，实和当时政局的变动有关。宋哲宗于元符三年正月去世，宋徽宗继位。宋徽宗继位之初，新旧党人兼收并用，元符三年十月，以韩忠彦、曾布并相。曾布虽为新党，但当初曾在熙宁七年指责市易经营的不当，因此而在市易之狱中被贬，对于市易法自然怀有反感。绍圣年间复行市易法之后，他曾在宋哲宗面前有所批评：“市易用千五百万本钱，得息钱九百万，失陷者乃七百八十万，徒作一大事，一无所得，复行之何益”（《长编》卷五〇六元符二年［一〇九九］二月乙未条）。因此，曾布既执政柄，便有废罢平准务的措施。至于免行钱和地方抵当，则未见更张，据陈瓘所上国用须知，建中靖国元年（一一〇一）二月，且“敕诸路提举司将见在抵当息钱并起发上京，应副朝廷支用”（《历代名臣奏议》卷二百七十《理财门》），可知在平准务废罢的期间，地方抵当的经营仍然以财入为目标，而且是为了供给中央政府财政的需要。

平准务的废罢只不过一年的时间，建中靖国元年（一一〇一）十一月，又“复平准务”（《皇朝编年纲目备要》卷二十六）。当时曾布尚在相位，但是宋徽宗的态度已有改变，倾向于恢复熙、丰新法（注九五）。市易法既为新法的一环，自然不能任平准务废罢。崇宁元年（一一〇二）六月，户部又扩充平准务的资本，“得旨于诸路起发钱一百万贯支用”，并请求“应平准务钱物官司并不许借用或乞取拨，虽奉特旨，并许本部奏知不行”（《会要》之《食货三七·市易篇》崇宁元年六月十七日条），显然准备扩大平准务的经营。自崇宁元年五月以来，韩忠彦、曾布先后罢相，至七月，蔡京入相，用制置三司条例司故事，置讲议司，“讲议元丰已行法度及神宗所欲为而未暇者”（《皇朝编年纲目备要》卷二十六崇宁元年七月条），此后市易法的推动更加积极。平准务于崇宁二年（一一〇三）“分为南北二务”（《皇朝编年纲目备要》卷二十六建中靖国元年十一月条），何以如此，原因不得而知，但组织的细分显示其所管辖的业务必已更复杂。地方上也在崇宁二年普遍设置市易务。《会要》之《食货五五·市易务篇》崇宁二年三月二十四日条：

命官提举诸州市易务兼抵当库，置监官一员，大州增一员。

同上四月十九日条：

诏诸路、州及万户县并置监市易务兼抵当库官，大州二员，余州及县一员，专行其事。

同上六月十八日条：

诏府界诸县除万户及虽非万户而路居要紧去处，市易抵当已自设官置局外，其不及万户处非充（按：充当是冲之误）要，及诸镇有监官却系商贩要会处，依元丰条例并置市易抵当，就委监官兼领。

可知地方市易务的设置，从州推广到大县，再从大县推广到小县及大镇。按自绍圣四年（一〇七九）复设市易务以来，市易务或平准务的设置始终限于京师，而至崇宁二年，市易抵当的设置已下及州、县及镇，恢复到元丰末年的情况。崇宁五年（一一〇六），对市易务的设置才加以限制，“郡县应置市易者，凡岁收息，官吏用度之余及千缗以上，置官监，五百缗以上，令场务兼领，余并罢”（《宋史》卷一八六《食货志·市易篇》），而所以加以限制，是考虑到收入是否能补偿开支，显然也是就财入而着眼。

崇宁以来市易法的推广，又与茶榷密切结合。早在绍圣四年（一〇九七）四月，已“诏成都府路产茶州军复行禁榷”（《长编》卷四八六绍圣四年四月甲辰条）；崇宁元年（一一〇二）十一月，蔡京将茶榷推广到全国，“仍给缗钱三百万充本，官自置场市之，令客人于在京榷货入纳，请长短引赴诸场受茶贩易”，至崇宁四年（一一〇五），“罢茶场，并入市易务，令客人赴官请引，自于园户买茶，赴官盘称纳息，批引贩卖”（《皇朝编年纲目备要》卷二十六崇宁元年十二月条），可知各地的市易务已成为兼征茶息的机构。至政和二年（一一一二）定茶法，加严征榷，其中规定有“客人于园户处买到茶，并令园户于引内批凿的实色号、斤重价钱，于所在州县市易税务点检封记”；又规定盛茶的笼篰有一定的规格，由官府制造，“付市易税务收掌，随所贩茶令客人收买。盛茶候装到茶令所在州县市易税务点检封记”（《会要》之《食货三〇·茶法杂录》政和二年八月二十六日条），可知市易务仍然兼掌茶榷。上引规定中以市易税务连称，似乎此时市易务与商税务已合而为一，可能与上述崇宁五年规定郡县市易岁收净息五百缗至千缗之间者由场务兼领有关。

崇宁以来推行市易法，其目的显然仍在于增加政府的财政收入。王安石从事理财，是为了开辟财源以供给吏禄及边费，尚以国家的整体利益为目标；而蔡京起而效之，不过是为了丰盛京师，以实现其"丰亨豫大"之说，博取宋徽宗的欢心。以市易务兼掌的茶榷来说。《文献通考》卷十八《征榷考·榷茶篇》：

> 大观三年（一一〇九），计七路一岁之息一百二十五万一千九百余缗。……京专用是以舞智固权，自是岁以百万缗输京师，所供私奉掊息滋厚。

可知地方市易所收，仅茶息一项已有一百二十五万余缗，而此项庞大收入，均输送京师。由于以息入为目的，所以市易经营的实况，完全违反平准物价的原意。《会要》之《食货五五·市易务篇》大观四年（一一一〇）十二月三日条：

> 诏熙、丰市易之法，本与公私贸迁有无，买贱卖贵，以阜商贾，非取利于官。近年市易官司专截买商人过税之货，及不许计贵贱，一例取息，与民争利，非朝廷立法之意。令户部检元丰条下诸路监司，常切诫市易官吏，如敢违犯，许客人径诣所属陈诉推治，即不得将客人一例拘留，有妨商贩。

可知当时地方市易经营，有截留商旅，强制收购其货物的情形，于出售时，又多取利息。而所以有此一检讨市易经营的诏令，是因为自大观三年六月至政和二年（一一一二）五月间，蔡京不在相位，朝廷政策微有变更的缘故。然而即使有此一禁止市易违法经营的诏令，当时市易务仍然不免作为一财政机构来经营。大观四年八月，政府决定于解盐行销地收购东北盐，然后由市易务添加息钱出售。《会要》之《食货二五·盐法篇》大观四年八月二日条：

> 官买下客人铺户东北盐于市易或于税务出卖，比熙、丰通行解盐日，官卖解盐铜钱价上每斤添钱三文出卖，其本钱还逐司，依旧桩管。息钱内市易钱以二分与本司，三分与转运司，五分封桩；余并以五分与本官司，五分封椿。

按，解池于元符初年因霖潦而坏，原解盐行销地改行东北盐（河北、京东末盐），其后解池修复，至大观四年张商英为相，才“议复通行解盐，如旧法，而东北盐毋得与解盐地相乱”（《宋史》卷一八一《食货志·盐篇》），而在解盐复销之前已运入解盐行销地的东北盐，则由政府按上引办法收购出售。卖盐所得的市易息钱中，除市易务本身留用二分之外，其余分别以三分给转运司，五分封桩。所谓封桩，即将财入留供中央政府支用。无论是给转运司或封桩，市易收入的财政目标都十分明显。政和七年（一一一七），朝廷督责地方财政，举出违戾隳废者凡七事，其中之一为督责“市易岁终收息数少路分”（《会要》之《职官四三·提举常平仓农田水利差役篇》政和七年八月二十五日条），更清楚的说明了政府以市易息入的多寡作为评定地方官吏政绩的标准之一。

自崇宁元年（一一〇二）以来，地方抵当库的经营也表现出类似的特色，以其收入来供给中央政府的财政需要。《会要》之《职官二七·太府寺篇》崇宁元年八月二十七日条：

> 太府少卿郑仅言：“窃见朝廷岁用金不少，每下诸路

和买，不免搔扰，欲乞应内外抵当库出限不赎金，更不估卖，并赴元丰库送纳，以备朝廷支用。所有抵当本钱如有阙少，欲于内外户部右曹所隶封桩钱内应副，候金稍有余，即依旧估卖。”从之。

同上大观四年（一一一〇）六月三十日条：

江南东路提举常平司奏：“抵当库出限不赎银等，承朝旨依抵当金法，更不估卖，赴大观库送纳。……”

同上政和元年（一一一一）三月一日条：

诏诸路抵当出限不赎金、银、珠子并有匹绫罗紬绢，令起发赴大观西库送纳，其元当本钱却于本路诸司封桩钱内拨还。

可知地方抵当库所收存的金、银、珠子、丝织品等过期不赎抵押品，均须送至中央的元丰库或大观库，成为中央政府的财源。而政和七年（一一一七）朝廷督责地方财政，督责的对象之中，有“抵当岁终收息数少路分”（《会要》之《职官四三·提举常平仓农田水利差役篇》政和七年八月二十五日条），可见抵当息入的多寡，也是评定地方官吏政绩的标准之一。

至于北宋末年免行钱的征收，则更明显是一种苛敛。宣和三年（一一二一），开封府征收免行钱，便发生了“已纳免行钱人户，又行科差”（《会要》之《食货三八·和市篇》宣和三年二月二十八日条），既然如此，则免行钱已失去免行的意义，反而使行户有双重的负担。免行钱自熙宁年间创征以来，只行于开封府，绍圣年间恢复征收，仍然如此。至宣和七年（一一二五），宋金局势紧张，战事继之而起，而北宋的财赋已于伐辽一役中大为消耗，财源待辟，于是将免行钱的征收，自开封府推广到全国。《长编拾补》卷四十九宣和七年四月己未条：

> 讲议司奏，内降臣僚劄子及杭州里外市户吴信等状，乞纳免行事，看详，州县行户立定时的价直，令在任官下行买物，盖知物价低昂，以防亏损贪暴之吏怙法倚势，非理搔扰等。今相度欲依所乞，令两（按：两下当缺浙字）路依杭州已降指挥，立为永法，诸路州县依此。仍令逐路提刑司选委清强等官，同州县知通令佐，取索行户色数，计在任官多寡，随陪费轻重，永定免行钱，其钱并作上供，赴大观库送纳云云。诏依讲议司措置到事理施行。

可知开封府以外地区的征收免行钱，起于杭州，然后推广到两浙，再推广到其他诸路。各地所征收的免行钱，不仅以“在京所收免行钱依法许收一分宽剩钱支使”而“合更收宽剩钱数”，又“合依系省常平给纳法，每贯收头子钱五文足”（《会要》之《职官二七·太府寺篇》宣和七年四月十九日条），可见地方免行钱的征敛比起开封府来又要加重。而地方所收的免行钱，全数上供至京师的财库，很显然是供作中央政府财政之用。虽然到五月，又诏免行钱“更不起发上京，令逐路提点刑狱司拘收封桩，每季具数申尚书省”（《会要》之《职官二七·太府寺篇》宣和七年五月十九日条），但仍是封桩以待中央政府的支用。熙宁年间征收免行钱，用于支给吏禄，尚有澄清吏治，使行户免受骚扰之意；而宣和末年的征收免行钱，则只是巧立名目，征得之后，封桩以待中央政府的支用，无疑是作为政府军国经费的一个财源，其用途与减轻各地城市行户的行役负担全无关系。至同年十一月，以“帅府监司置司所在州县推行已得就绪”，而令“所有其余州县应合一体施行”（《长编拾补》卷四十九宣和七年一月庚辰条），于是全国县级以上的城市，均征收免行钱。但是这时北宋国运已近末路，金人围攻汴京，宋徽宗禅位于钦宗，靖康元年（一一二六）正月，宋钦宗诏“罢诸郡免行钱”（《会要》之《职官二七·太府寺篇》靖康元年正月十八日条），北宋免行钱全国性的征收，实施尚不及一年。

绍圣年间以来，熙、丰时期市易法的内容如免行钱、市易务及抵当库均行恢复，而崇宁以后市易经营与全国性的茶榷相结合，以及宣和末年全国性的征收免行钱，则更已超越出熙、丰时期市易法的范围。自绍圣年间至北宋灭亡为止，市易经营仍然重循熙、丰时期的路线，以增加财政收入为目的，同样的也因此而加重了民众的负担。

（三）南宋时期市易法的余迹

南宋建立，市易法再次被废。建炎二年（一一二八）二月，因“言者以为所入不偿所费”，而“罢在京及诸路市易务，惟抵当库仍旧”（李心传《建炎以来系年要录》，以下简称《要录》，卷十三建炎二年二月癸亥条），废罢市易法的理由，与元祐年间如出一辙。但是实际上，南宋时期市易法的余迹犹存，不仅“抵当库仍旧”，免行钱在南宋初期亦曾一度征收，许多城市更曾经设置有市易务或平准务。

兹先述免行钱的复征。自靖康元年（一一二六）以来，停征免行钱，绍兴元年（一一三一）三月，重申前令（注九六），绍兴三年（一一三三）七月之前，似乎曾有一度复收免行钱（注九七），但不久当即废罢。至绍兴十一年（一一四一）四月，才因“会军兴用乏”，而“诏诸州县量收免行钱”（不著撰人《宋史全文续资治通鉴》卷二十一绍兴十一年四月丙子条），可知免行钱的复征，是基于供给军需的财政理由。复征之后的免行钱，沿用宣和七年（一一二五）的制度，在全国各级城市普遍征收，连一些位置偏僻、人口稀少而商业不发达的城市，也很难幸免。例如广南西路的雷、化、高、融、宜、廉、邕、钦、贵、贺州，夔州路的开州，广南东路的连、英、循、惠、新、恩州，这些州郡的州城和县城，都曾经征收免行钱（注九八）。不仅如此，甚至连乡村小店的小生意人也必须缴纳。《会要》之《食货六四·免行钱篇》绍兴十一年六月十八日条载户部言：

> 诸路州县行铺户等依近降指挥，并免供应，令量纳免行钱，革去科扰之弊。今访闻州县多将零细小铺、贫下经纪，不系合该行户之人，及村店货卖细小之民，一例敷纳，其实有物力行铺户等却致作弊幸免。

同上绍兴十一年七月七日条载臣僚言：

> 近者复免行钱，而州县行遣，与法意大不相当。既兼收于贫弱下户，复连及于乡村下店，富有者贿赂以悦胥吏，故输钱甚轻，贫者无货财以行请嘱，故输钱反重。一出于胥吏之手，而民日益困，故有店铺而废业者，有携家而他徙者。

可知当时免行钱的征收，已全失免行之意，连一般原不系行，没有行役负担的商人也必须缴纳；而且负担很不公平，富有的大商人得以逃避，贫弱的小商人却必须承担。因此，免行钱实已成为一种苛捐杂税。直到绍兴十七年（一一四七），尚诏“乡村第四等、坊郭第七等以下人户，并与放免”《会要》之《食货六四·免行钱篇》绍兴十七年四月三日条），可知乡村中属于第四等户以上的商人，缴纳免行钱是出于法令的规定。免行钱征收既广，收入颇大，“时川陕四路岁收免行钱至五十万缗，东南又倍之”（《建炎以来朝野杂记》甲集卷十五《免行钱条》），共达一百五十万缗之多。绍兴十七年，诏诸路人户所纳免行钱三分减一分（注九九）。至绍兴二十五年（一一五五），据户部侍郎曹泳所言，所收尚“一岁计一百八万余缗”（《要录》卷一六八绍兴二十五年五月丁未条），由于曹泳“言其所取苛细，始尽罢之”（《建炎以来朝野杂记》甲集卷十五《免行钱条》）。绍兴二十五年以后，再也没有复征免行钱。

其次述市易务与平准务的复设。南宋建国之后，由于税源减少，而开支增大，财政十分困难，为了增加收入，南宋政府竭尽心思，复置市易务便是办法之一。据侍御史张致远言：“士夫扼腕奋臂而言利者，不过鬻命妇告身，增添酒税额，复置市易，换给度牒”（《要录》卷八十五绍兴五年［一一三五］二月乙酉条），可知在废罢市易务之后不过数年，便有人从财利的动机来建议复设市易务。朝廷接受此一建议，自绍兴五年开始复设。《要录》卷八十四绍兴五年正月乙丑条：

> 罢淮南茶盐提刑司，置提点两路公事官一员，兼领刑狱、茶盐、漕运、市易等事，应合行事如发运使例。以直秘阁江南西路转运副使张澄提点淮南东、西两路公事。

可知市易为新设的提点淮南东西两路公事所辖业务之一。自此之后，陆续设置市易务于淮南的泗州、楚州、濠州、庐州、寿春府，及湖北的岳州、湖南的潭州，并于建康府设都市易场。

《要录》卷八十六绍兴五年闰二月辛亥条：

> 诏权于濠州等处置市易务，以通商货，合行事令提点司条具申尚书省。时淮南残破，常赋无所入，州县经费不充，故有是旨。其后岳州、潭州亦如之（原注：岳州四月戊辰，守臣张觷建请；潭州八月庚午，都督行府建请）。

又《要录》卷八十七绍兴五年三月己丑条：

> 提点淮南两路公事都督府提领市易务张澄乞泗、楚、濠、庐州、寿春府市易务监官到任半年转一官，二年更转一官，选人通三考改合入官。本钱十万缗以上，收息一倍即与转一官，仍减二年磨勘，亏折元本者，展二年磨勘；每万缗收息钱三分已上给五十千，官吏均给，折一分已上仍与专副备偿，其余以是为差。岁终委建康府都市易场监官点算置籍，申本司比较。并从之。

可知诸市易务的设置，是为了解决地方经费不足的问题，而市易官吏的奖惩，也以息入的多寡为标准。次年二月，进一步下令“诸路常平司于管下客旅会聚州军权置市易务，候事平日罢”（《要录》卷九十八绍兴六年二月戊午条），将市易务的设置推广到全国各路。当时市易务转贩的大宗物资，有茶、盐、矾引等（注一〇〇）。

自从绍兴五年（一一三五）开始设置市易务之后，逐渐推广，在绍兴九年（一一三九）以前，江浙地区也设置了市易务，各地并且有平准务的设立（注一〇一）。绍兴二十五年（一一五五），李椿年知婺州，设置平准务，“尽笼一郡之货，侵夺百姓之利”（《要录》卷一七一绍兴二十六年［一一五六］正月乙丑条），可知南宋时期地方平准务的经营，仍然不免官府自为兼并。李椿年因此而被黜，浙东提举常平司平准务亦于绍兴二十六年废罢（注一〇二）。但是南宋政府并没有因此而全面废罢平准务，反而在绍兴二十七年（一一五七）颁布了平准官员的赏罚办法。《会要》之《职官四三·提举常平仓农田水利差役篇》绍兴二十七年八月四日条：

> 户部言："逐路常平司保明到本路州县所立平准务，合用本钱除不不（按：后不字衍）及一千贯去处，不立赏罚外，今相度比拟条法，将立到本钱一千贯以上去处，以本多寡参酌立定监官候一岁终以本计息赏罚格，自收息及三分以上，升一季名次，不及一分五厘，展一季名次；五千贯以上，收息及三分以上，升半年，不及一分五厘，展半年；一万贯以上，收息三分以上，升一年，不及一分五厘，展一年；三万贯以上，收息不及分（按：分字前当缺三字）以上，减一年磨勘，不及一分五厘，展一年磨勘。本部除已相度监官岁终收息分数赏罚外，窃缘立到本钱既多寡不同，即难以一等添破食钱，欲乞将不及一千贯以上本钱去处，比拟条法，除不赏罚外，每月收息及二分，止与添破食钱三贯文之外；有立到本钱一千贯以上，添五贯文；五千贯以上，添七贯五百文；一万贯以上，添一十贯文；三万贯以上，添一十五贯文。如不及二分，即依已降指挥，不支食钱。欲下逐路常平司行下州县遵守施行，余依见行条法指挥。"从之。

可知这时平准务已广布于各路的州县，而平准官吏的奖惩，同样是以息入的多寡为标准。总之，南宋时期无论市易务或平准务的经营，都延续了北宋时期市易法实施时所表现的特色，以财利为目标。市易务与平准务在南宋时期似乎都不曾长久存在，自绍兴二十七年以后，即不再见有平准务的资料；市易务的资料则止于淳熙五年（一一七八），这年五月，“诏淮东西总领所各置市易库一所”（《会要》之《职官四一·总领所篇》淳熙五年五月十一日条），二者演变的详情，均不得而知。

至于地方设置抵当库的制度，则沿用至南宋末年，始终没有废止。自元丰末以常平钱置市易抵当以来，地方抵当便归提举常平司管辖，崇宁二年（一一〇三），蔡京也说：“农田水利、山泽、市易抵当，皆常平职事”（《会要》之《职官四三·提举常平仓农田水利差役篇》崇宁二年三月二十三日条）。南宋初期，诸路常平皆设有抵当库。洪适《盘州文集》卷四十一《乞罢诸路常平抵当库劄子》：

> 臣伏见诸路常平抵当，毋虑百万贯。始欲轻息利民，而出纳者邀留需觅，得之不时，故民间不复与官为市。率皆官吏作弊，以粗恶之物，抵质高强，久而不取，遂成失陷，所存见缗，又掌之者那兑侵借。今江东一路共有本钱十五万贯，而所名息钱才二千余贯。臣愚欲乞睿慈，将诸路抵当库并行减罢，所有见在钱物限日下尽数起发，如有侵兑，并勒填补，庶几少赡军旅之费。

按，洪适出任提举江东路常平茶盐公事在绍兴三十一年（一一六一）（注一〇三），可知至绍兴末年为止，诸路常平司下皆辖有抵当库，其本钱共达百万贯之多，然而经营不善。朝廷对于洪适的建议如何处置，不得而知。但周必大在淳熙七年尚建议：“若令总领、转运措置，将朝廷所降本钱依常平法随置司及屯军处各开抵当库一两所，专收息钱，应副诸军，则不惟明年下半年便有指准，兼事体正当，久远可行。……”（周必大《文忠集》卷一四三《论措置营运》），可知直到淳熙七年（一一八〇），常平法尚有设置抵当库的条文。南宋晚期，抚州州城也仍然有“提举司抵当库，在仓台右”（《永乐大典》卷一〇九五〇抚州府条引《抚州府志》），所谓提举司，当即提举常平司。不仅提举常平司之下辖有抵当库，南宋时期其他政府机构以抵当库取息方便，利于增辟财源，也纷纷设置。《会要》之《职官四一·总领所篇》载淮东、淮西两总领所下辖的机构：

分差粮料院、审计司、榷货务、都茶场、御前封桩甲仗库、大军仓、大军库、赡军酒库、市易抵当库、惠民药局。

可知两总领所之下都辖有市易抵当库。南宋晚期，淮西总领所在建康府城，便有“抵当两库，一在旧米市，一在鸡行街”（《景定建康志》卷二十三《城阙志·诸库篇》）。此外，负责地方军事的安抚司和沿江制置司，也设有抵当库。例如福州州城有福建安抚司所设的抵当库，“凡三所”，“绍兴初，帅奏行回易，此始置”（《淳熙三山志》卷七《公廨类·安抚司抵当库条》）；江东路安抚司在建康府城亦曾设有抵当库，“将钱本举借应副猪羊牙户，从便打发猪羊客人，收息解发”（《景定建康志》卷二十三《城阙志·诸库篇》）；沿江制置司则在建康府城有“抵当两库，一在御街锦绣坊之南，一在宽征坊”（同上）。其他如市舶司设有抵当库，广州市舶使陈炜于南宋晚期“以所积赢余二万缗，创抵当库，收其利息，为天时不顺之备、纲解水脚之需”（刘克庄《后村先生大全集》卷一六五《陈光仲常卿墓志铭》）；甚至连教育机构，如抚州州城的临汝书院，也设有“抵当库，在感化坊之东，淳祐十二年（一一八五）创”（《永乐大典》卷一〇九五〇《抚州府条》引《抚州府志》）；又如抚州州城的本州抵当库，及汀州州城、台州州城、严州州城、临安府富阳县城等地的抵当库（注一〇四），可能分别隶属于当地的郡县政府或提举常平司。除了抵当库之外，南宋城市中有其他名称的官营机构，所经营的业务与抵当库相似，例如惠军典库、激赏解库、济民库、抵质库、便民典库、抵钱库等，大概都是经营抵押借贷的机构（注一〇五）。由于许多军事及行政机关都设有抵当库及其同类机构，因此一个城市之中，这类机构常有多处。例如建康府城中，便至少有抵当库四处，惠军典库一处；抚州州城中，也至少有抵当库三处，济民库一处；福州州城中，仅安抚司便设置有抵当库三所。因此，抵当取息已成为南宋城市中一项重要的官营事业。

南宋政府经营抵当库及其他的同类机构，对于急需现金周转的民众，确实有方便之处，但是南宋政府的主要目的，仍然是在财入。南宋初年，经费困难，抵当库的利息一度高到月息三分，抵押品赎还的期限也从两年缩短为一年。《要录》卷八十六绍兴五年（一一三五）闰二月壬申条：

> 户部尚书章谊请诸州县抵当物货，并限一年，不赎检估。从之。去岁以调兵，始令诸路依旧质当金银匹帛等，每贯月收息钱三分，满十月不赎者并没官。已而两浙西路提点刑狱兼提举常平朱缔乞依绍圣旧法，以二年为准，许之。谊谓即今州县与昔日事体不同，恐难以积压本钱，守待二年，故有是命。

可知自北宋绍圣以后，抵押品的赎还期限为两年，绍兴四年（一一三四）由于军费的需要，一度缩减为十月不赎便没官，至绍兴五年才放宽为一年。绍兴四年，又定抵当利息为月息三分，一年以十二个月计，月息三分相当于年息三分六厘，如逢闰年，更相当于年息三分九厘，而且利息必须逐月缴纳，这与原初市易法立法时所定的年息二分相比，无疑高出甚多。这可能一方面由于当时在战乱之中，物价腾涌，资金难得（注一〇六），以致于利率随之升高，另一方面显然也由于南宋政府在财政上有迫切的需要，不得不特别提高利率。创于绍兴五年的南宋重要杂税总制钱，其众多来源之中便有一项是抵当库桩四分息钱（注一〇七），所谓四分息钱，当为抵当库所收息钱以四分桩留作总制钱。此后抵当库设置渐多，许多抵当库及其同类机构的经营者都是军需或军事机构，如钱粮总领所、安抚司、沿江制置司，显然具有供给军费的目的。前述周必大建议由总领所和转运司在置司或屯军处开设抵当库，便指出是为了“专收息钱，应副诸军”；江东安抚司在建康府城所经营的抵当库，所收息钱，“每日分隶解纳本司军须库交纳”（《景定建康志》卷二十三《城阙志·诸库篇》），清楚的说明交给军须库；又如惠军典库、激赏解库，其名称也明显的表示是为了供给军中福利或犒赏之用。至于其他地方机构所经营的抵当库，例如知和州富嘉谋于嘉定五年（一二一二）计划于和州阛阓之处开置激励抵当库，“月收息钱，专助添支当来守御立功厢禁军，以为军人无穷之利，以示激劝”（《会要》之《食货六二·诸州仓库篇》嘉定五年三月二十八日条），仍然是以开辟犒军经费来源作为经营的目的；广州市舶使陈炜所创的抵当库，以其利息为“天时不顺之备，纲解水脚之需”，虽然不是为了供给军用，但也有其财政上的目的。

南宋建立之后，虽然明令废止市易法，然而由于财政上的需要，市易法的内容却未从此消失。免行钱在绍兴年间曾复行有十余年之久，成为一种苛捐杂税。市易务或平准务在绍兴五年（一一三五）以后也曾恢复设置，其经营仍然以财利为目标，至淳熙年间尚有新设的市易库。至于抵当库则亘南宋全期始终存在，而且还出现了许多名称虽异而性质却同的机构，成为南宋城市中一项重要的官营事业，其所收息钱，为南宋政府的财源之一。

六、结语

市易法的颁行，原是为了解决宋神宗时代财政开支扩大的问题，由于王安石的以义理财思想，使其在立法时表现出摧制兼并的外貌。然而，社会政策只是市易法阳宣的一面，财政政策才是其阴伏的真正本质。

所以市易法一旦实施，便急于以息入作为政策目标，市易组织与经营范围均迅速扩大，表现出强烈的财政色彩，甚至构成贫弱民众的负担亦在所不顾，与立法的原意完全相反。由于市易经营骚扰到民生，因此引起各方面的批评，不仅旧党对其表示不满，新党的内部也有不同的意见。王安石对于主持市易的吕嘉问，坚定的支持，运用政治压力，酿成市易之狱，使批评者遭受打击。足见市易经营以财利为目的，是王安石的本意。

市易之狱以后，市易经营继续扩大，实施到元丰末年，在内容上与原初的立法已有很大的距离。在经营范围上，已不限于京师，而是构成一个全国性的市易经营网，地方市易愈设愈多，而市易抵当则更遍布州军，深入县镇。在经营方式上，市易务从商业协调者的角色，一跃而为经营者，而且经营者的角色不断在膨胀，市易机构贩运物资遍及全国各地，在某些地区，若干物资且由其垄断收购及转贩；另一方面，赊贷的办法也有了改变，结保赊请法以易生积欠而遭废罢，抵当法因可资抵偿而大为推广。在经营精神上，社会政策的一面晦而不彰，财政政策的一面则充分暴露，不断的追求息入的增加，造成民众负担的加重，所谓“民不加赋而国用饶”，不过是徒托空言，摧制兼并的理想不但没有达成，而政府本身已成为一大垄断者，新法立法原意与施行实况之间，有如此大的距离。

元祐年间市易法与其他新法一同废罢，但是市易法没有就此推翻。绍圣以后，市易法各项内容一一复行，直到北宋灭亡为止，这段期间，市易经营的方针仍然依循熙宁、元丰时期的路线，以财利为目的，也同样的产生了有碍民生的问题。南宋建立，曾经明令废止市易法，但是财政上的需要却使免行钱一度复征，市易务和平准务也一度复设，而抵当库则亘南宋全期始终存在，并且更为推广。市易法的实施，经过几番转折，竟成为南宋各地城市中官营当铺的起源。

（原刊于《台湾大学历史学系学报第十、
十一期合刊》，一九八四年十二月。）

注释

注一：社会政策之说，最早发自梁启超《王荆公》一书，但梁启超论市易法，已指出“其初意本欲以裁制兼并者，而其结果，势必至以国家而自为兼并者也”（《王荆公》页七九）。其后学者发挥梁氏之说，往往只就裁制兼并一端立论，如全汉昇《北宋汴梁的输出入贸易》(收入全汉昇《中国经济史论丛》第一册）一文，论及汴梁的输入贸易与市易法，便是如此。近人讨论王安石新法较详者，如漆侠《王安石变法》一书，对于市易法亦从裁制兼并的角度讨论；邓广铭《王安石——中国十一世纪时的改革家》一书，虽然也从裁制兼并的角度讨论市易法，却强调其功效在理财方面，稍能补社会政策说的偏失；日人东一夫《王安石新法の研究》一书，论青苗法与市易法的专章名为《青苗法、市易法と社会政策》，则作者之观点可知，但亦未完全忽略财政方面的因素。最近日人熊本崇《北宋神宗期の国家財政と市易法——熙宁八、九年を中心に》(《文化》第四十五卷第三、四合号）一文，始强调市易法与财政的关系，惟所论仅限于熙宁八年（一〇七五)、九年（一〇七六）前后。

注二：彭百川《太平治迹统类》卷九《仁宗诸臣谋国远略篇》至和二年（一〇五五）三月条："真宗时，内外兵九十一万二千，宗室吏员受禄者九千七百八十五，宝元（一〇三八～一〇三九）以后，募兵益广，宗室蕃衍，吏员益增，至是兵百二十五万九千，宗室吏员受禄者万三千四百四十三，禄廪俸禄从而增广。"

注三：包拯《孝肃包公奏议》卷一《论冗官财用等》："臣谨按景德（一〇〇四～一〇〇七）中，天下财赋等岁入四千七百二十一万一千匹贯石两，支四千九百七十四万八千九百匹石贯两，在京岁入一千八百三十九万二千匹贯石两，支一千五百四十万四千九百匹贯石两；庆历八年（一〇四八），天下财赋等岁入一万三百五十九万六千四百匹贯石两，支八千九百三十八万二千七百匹贯石两，在京岁入一千八百九十九万六千五百匹贯石两，支二千二百四十万九百匹贯石两。”

注四：杨仲良《资治通鉴长编纪事本末》（以下简称《长编本末》）卷七十七《州县废复篇》熙宁五年（一〇七二）八月辛巳条：“上又问执政曰：‘闻郑人不以废州为便，然否？’王安石进曰：‘此乃郑民吏自乞，又属王畿，则诸事优便，所省钱一岁几十万缗，省州官十余员，郑州州役省四百人。’”

注五：《长编》卷二七六熙宁九年（一〇七六）六月乙酉条：“是日，上为王安石言：‘熙河探报，夏国欲用十二万人，取熙河六万，拒汉兵来路六万，果如此，奈何？’”

注六：《梦溪笔谈》卷十二《官政篇》：“天下吏人素无常禄，唯以受赇为生，往往致富者，熙宁三年（一〇七〇），始制天下吏禄，而设重法以绝请托之弊。”

注七：《长编》卷二一四熙宁三年（一〇七〇）八月癸未条：“中书谓：‘乞取有多少，致罪当有轻重，今一钱以上论以一法，恐未善，又增禄不厚，不可责其廉谨，宜岁增至一万八千九百缗。在京应干仓界人，如因仓事受取粮纲及请人钱物，并诸司公人取受应干仓界并粮纲钱物，并计赃钱，不满一百，徒一年，每一百钱加一等，一千流一千里，每一千加一等，罪止流三千里，其过致并与者减首罪二等，徒罪皆配五百里外牢城，流罪皆配千里外，满十千即受赃为首者配沙门岛，若许赃未受，其取与过致人各减本罪一等，为首者依上条内合配沙门岛者配广南牢城。仍许人陈告，犯人该徒给赏钱百千，流二百千，配沙门岛三百千，若系公人，给赏外更转一资。已上人仍亦许陈首免罪给赏。’从之。”

注八：《梦溪笔谈》卷十二《官政篇》：“至熙宁八年（一〇七五），岁支三十七万一千五百三十三贯一百七十八。……京师旧有禄及天下吏禄皆不预此数。”《长编》卷三九四元祐二年（一〇八七）正月辛酉条：“户部言，中都吏禄岁计缗钱三十二万。”

注九：马端临《文献通考》卷六十《职官考·总宫观条》：“宋朝设祠禄之官，以佚老优贤，祖宗时员数绝少（原注：官制旧典云，祖宗时待臣以礼，虽年及挂冠，未尝直令致仕者，皆以宫观处之，假以禄耳）。熙宁以后乃增焉，是时方经理时政，患疲老不任事者废职，欲悉罢之，乃使任宫观，以食其禄，时相王安石亦欲以此处异议者，遂诏宫观毋限员，并差知州人，以三十月为任。”

注一〇：《会要》之《食货三七·市易篇》熙宁六年（一〇七三）正月七日条载王安石与宋神宗论市易：“泉府之法，市之不售，货之滞于民用者，以其价买之，以待买者。”《长编》卷三二八元丰五年（一〇八二）七月甲申条载宋神宗言：“朝廷设市易法，本要平准百货，盖同周官泉府之政也。”

注一一：《长编拾补》卷三下熙宁元年（一〇六八）十二月月末条：“是月，王韶管干秦凤经略司机宜文字。”

注一二：范仲淹《范文正公集》之《政府奏议下·奏乞许陕西四路经略司回易钱帛》："臣等窃以西陲用兵以来，沿边所费钱帛万数浩瀚，官司屈乏，未能充用，其鄜延等四路帅臣，虽有管本路粮草之名，然转运司终是本职，故不敢专行计置，若不委之经度，即边计常是不足。臣等欲乞特降指挥，下鄜延、环庆、泾原、秦凤路经略使司，应本路州军所管钱帛，并许选差除廉干使臣公人等，任便回易，其收到利钱，明入省帐收附，所有勾当人等，如能大段回易得利息，委本司具数保明闻奏，特与相度酬赏，所贵有助军费，少纾民力。"

注一三：《长编》卷二一二熙宁三年（一〇七〇）六月丙寅条："王韶之议开边也，（李）师中赞成之，及韶改提举蕃部兼营田市易（原注：二月十一日），师中始言其不便。"

注一四：《会要》之《食货五五·市易务篇》熙宁三年（一〇七〇）七月十日条："诏陕西转运司详度移市易司于古渭寨利害以闻。先是，王韶召对言边事，请于古渭寨置市易司，许之。已而李师中与韶异议，遣内侍押班李克恿与三司判官王克臣同行视，与师中协，上疑不实，故复下转运司。"按，据《长编》卷二一三熙宁三年七月己亥条："韩绛亦以市易不在秦州为非。"则市易司原设于秦州。又同书卷二二四熙宁四年（一〇七一）六月丙子条载王安石与文彦博争论市易事："安石曰：'今日古渭，文彦博亦不知其不可废。……'"则此时市易司已从秦州移至古渭寨。

注一五：《宋史》卷三二八《王韶传》："经略使李师中言韶乃欲指古极边弓箭手地耳，又将移市易司于古渭，恐秦州自此益多事，所得不补所亡。王安石主韶议，为罢师中，以窦舜卿代，且遣李若愚按实。若愚至，问田所在，韶不能对，舜卿检索，仅得地一顷，既地主有讼，又归之矣。若愚奏其欺，安石又为罢舜卿，而命韩缜，遂附会实其事。"

注一六：李心传《建炎以来朝野杂记》甲集卷十七《公使库条》："公使库者，诸道监帅司及州军边县与戎帅皆有之。盖祖宗时以前代牧伯皆敛于民，以佐厨传，是以制公使钱，以给其费，惧及民也，然正赐钱不多，而著令许收遗利，以此州郡得以自恣。"

注一七：《长编》卷一六一庆历七年（一〇四七）十一月丙戌条："诏非沿边州军毋得以公使钱回易。"

注一八：《长编》卷二三六熙宁五年（一〇七二）闰七月丙辰条载王安石言："兼并之家，如茶一行自来有十余户，若客人将茶到京，即先馈献设燕，乞为定价，此十余户所买茶，更不敢取利，但得为定高价，即于下户倍取利以偿其费。"

注一九：《长编》卷二九六元丰二年（一〇七九）正月己卯条："市易旧法，听人赊钱，以田宅或金银为抵当，无抵当者三人相保则给之。"

注二〇：《会要》之《食货三七·市易篇》熙宁五年（一〇七二）三月二十七日条："诏三司户部判官吕嘉问提举在京市易务，仍赐内藏库钱一百万缗为市易本钱，其余合用交钞及折博物令三司应副。"

注二一：《长编》卷二三三熙宁五年（一〇七二）五月壬辰条："诏赐京东路去年今年上供年额粮斛八十七万缗为在京市易务本钱。"

注二二：《长编》卷二一三熙宁三年（一〇七〇）七月壬辰条："枢密使刑部侍郎吕公弼罢为吏部侍郎观文殿学士知太原府。王安石变法，公弼数言宜务安静，……从孙嘉问窃公弼论事奏草以示安石，安石辄先白上，始不乐公弼。……"

注二三：《长编》卷二三三熙宁五年（一〇七二）五月丁酉条："户部判官吕嘉问言，畿内酒坊等处连三灶，岁省柴四十余万斤，推之府界陈留一县，省三十二万斤，约诸州岁省柴钱十六万缗。"

注二四：《长编》卷三四五元丰七年（一〇八四）四月乙巳条："户部乞改市易下界依旧为榷货务，上界为市易务。从之。"

注二五：《会要》之《食货三七·市易篇》熙宁六年（一〇七三）十月一日条："提举在京市易务言：市易上界先借内藏库本钱百万缗，乞三年还。从之，仍以今年当拨钱三十万缗借为杭州市易务本。"

注二六：《长编》卷二五二熙宁七年（一〇七四）四月丙戌条："诏监楚州市易务著作佐郎王景彰追两官，勒停，并劾违法干系官吏，命官具案闻奏。"

注二七：《会要》之《食货三七·市易篇》熙宁六年（一〇七三）十二月二十四日条："诏命梓夔路察访司准备差遣蒲宗闵、新知温州永嘉县沈逵，同成都府路转运司相度成都府置市易务利害以闻。"《长编》卷二四九熙宁七年（一〇七四）正月癸亥条："遣三司勾当公事李杞相度成都府置市易务利害。”

注二八：《长编》卷二四九熙宁七年（一〇七四）正月癸亥条：“其后上与辅臣论及市易。冯京曰：‘曩时西川因榷买物，致王小波之乱，故今颇以市易为言。臣检实录，实有此说。’王安石曰：‘王小波自以饥民众，不为官司所恤，遂相聚为盗，而史官乃归咎般取蜀物上供多而致，然不知般取孟氏府库物上供，于饥民有何利害？’上曰：‘李杞行未？’安石曰：‘未也。然愿陛下勿疑，臣保市易必不能致蜀人为变也。’”同书卷二五一熙宁七年三月癸丑条：“是日，上谓辅臣曰：‘成都且休置市易务，如何？’王安石曰：‘已遣李杞相度，竢其还，不置亦无伤。’上曰：‘若不置，更相度，则蜀人必致惊扰。’安石曰：“不知置市易务有何惊扰，况但相度，因何惊扰？’上曰：‘天旱民饥，且欲省事。’安石曰：‘若因天旱民饥，便废修政事，恐无此理。臣初固言，成都市易必致异论。……’”

注二九：《长编》卷五十四咸平六年（一〇〇三）二月癸亥条：“夔州路转运使丁谓言，黔州之南，蛮族颇有善马，请致馆设，给缗帛，每岁收市。从之。”

注三〇：朱彧《萍洲可谈》卷二记广州市舶司：“凡舶至，帅、漕与市舶监官莅阅其货而征之，谓之抽解，以十分为率，真珠、龙脑凡细色抽一分，瑇瑁、苏木凡粗色抽三分。抽外官市各有差，然后商人得为己物，象牙重及三十斤，并乳香抽外，尽官市，盖榷货也。……凡官市价微，又准他货与之，多折阅，故商人病之。”《会要》之《职官四四·市舶司篇》淳化二年（九九一）四月条：“诏广州市舶每岁商人舶船，官尽增常价买之，良苦相杂，官益少利，自今除榷货外，他货择良者止市其半，如时价给之，粗恶者恣其卖，勿禁。”

注三一：《长编》卷二四二熙宁六年正月己酉条：“安石以为初行仓法，用万八千缗，以故收市例钱九万缗。”

注三二：《长编》卷二四四熙宁六年（一〇七三）四月庚辰条：“初，京师供百物有行，虽与外州军等，而官司上下须索，无虑十倍以上，凡诸行陪纳猥多，而赍操运送之费复不在是，下逮稗贩贫民，亦多以故失职。”同书卷二四〇熙宁五年（一〇七二）十一月丁巳条：“安石曰：‘……每年行人为供官不给，辄走却数家，每纠一人入行，辄诉讼不已。……’”

注三三：《会要》之《职官二七·抵当免行所篇》熙宁四年（一〇七一）五月四日条：“同勾当司录司检校库吴安持言：‘本库检校小儿财物，月给钱，岁给衣，逮及长成，或至罄竭，非朝廷爱民本意，乞将见寄金银见钱，依常平等仓例，召人先入抵当，请领出息，以给元检校人户。’诏千贯以下并如所请施行。”熙宁四年十一月十一日条：“权发遣开封府推官晁端彦言：‘杂供库支费浩大，岁约九千余贯，已裁减三分之一，乞下左藏库借钱为本，依古公廨钱，及今检校库召人借钱出息，却候攒剩拨还。’诏左藏库支钱七万贯为本。”熙宁五年（一〇七二）七月二十三日条：“诏给武学钱万贯，送检校库出息，以供公用。”熙宁五年十一月二十七日条："诏给国子监钱二万贯，送检校库出息，以供公用。"熙宁六年（一〇七三）四月二十四日条："诏给律学钱万贯，送检校库出息，以供公用。"熙宁六年（一〇七三）十二月十八日条："都水监言：'乞将本监钱一万五千贯，送抵当所出息供用。'从之。"熙宁六年十二月二十六日条："军器监言：'乞将本监钱一万九千余贯，依武学例，送府司出息供用。'从之。"

注三四：《西塘集》卷六《上王荆公书》："又擘画一贯以下税钱，不以是何名色，尽令在门收税，五、七月间，陡见税额增羡，岂意前者以增羡获赏，后者更加严峻，日务增一日，月务增一月，人务增一人，至于剥削根究，唯务尽税，则前日之事无复存，而法又将可厌而坏矣。……今试言坏法之处，且如木炭未行仓法时，每驮税钱十五文，今收三十五文；香附子每担收钱十五文，今一担税钱四十文；……"

注三五：韩维《南阳集》附《韩维行状》："公因奏对，面陈市易免行事，上感悟。"

注三六：《长编》卷二五一熙宁七年（一〇七四）三月庚戌条载王安石言："文彦博之徒，言朝廷不合言利，此乃为臣而发。"熙宁七年三月戊午条载王安石言："凡士大夫不逞，以冯京为归，故冯京独闻此言，臣未尝闻此言也。"

注三七：周应合《景定建康志》卷四十八《直臣传·郑侠条》："治平二年（一〇六五），公随父翚赴江宁府监税，得清凉寺一小室闭户读书，时王安石以中书舍人持服寓江宁，公携所业往见，蒙安石称许。治平四年（一〇六七），擢进士甲科，年二十四，调光州司法以归。安石服除，起知江宁府，相见愈厚。及公赴浮光，安石入参大政，兴利除害，言无不行。公平日雅重安石，以为尧舜三代君臣相遇，有为于世，太平可期月而望。已而青苗、免役、方田、保甲、市易等事，相次施行，民间不以为便。会光有疑狱数事，公以谳议傅奏，为安石言之，报下，皆如公请。公感知己，欲尽忠以告。秩满，不复移令，遂为入都之行，时熙宁五年（一〇七二）春也。公行所过，田父野老，必从访问新法利害，答者无一人言其是。至京，斋戒具书，见安石，甚奖之。再见，乃及试法之事。时初行试法之令，选人中者补京官，公辞以未尝习法。三见而问近何所闻，公略言青苗、免役数事，与边鄙用兵，在侠心不能无区区，安石不答，左右遽请公退。自是不复见，但时于门下具实封反复言新法之为民害，皆不报。……久之，得监在京安上门。”

注三八：《景定建康志》卷四十八《直臣传·郑侠条》：“时亢旱日久，自去年七月不雨，至于三月，民间焦熬，殊无生意。公度安石终不可谏，乃以本门所见冬春以来三路流离之民，每风沙霾曀，大者车乘，小者负担，扶老携幼，蔽塞道路，羸瘠愁苦，身无全衣，城外饥民，朝晚入城买麻籸麦麸之类，合米为糜，或茹木实草根以活，及其质妻鬻子，狼狈困苦之状，至于身被锁械，而负瓦揭木，卖以偿官者，累累然于道，公不忍坐视，乃呼画工，列为一图。裁书诣阁门投进，不纳，遂于本门勾马递于银台通进司，奏为密急事，仍自劾擅发马递之罪。……时（熙宁）七年（一〇七四）三月二十六日也。”

注三九：《西塘集》卷一《上皇帝论新法进流民图附三月二十六日以后所行事目》：“时韩维判银台通进司，特为奏，仍一面收递铺兵士送开封，即时具侯擅发马递事取旨。其状并图到御前，日已过午，后闻说上反复看状并图，长嘘者数四，即袖其书并图。是夜，上于寝殿中不复眠寐，直至早朝，使有旨差韩维体量免行钱事，先放元不系行人投纳到免行钱一万三千余贯，又的实计逐年免行钱于所须用外并放，差三司使曾布体量市易事，差官于在京诸寺开仓粜米，放商税务及诸门商税三十文以下、市利钱二十文以下。”

注四〇：《长编》卷二五〇熙宁七年（一〇七四）二月丁丑条：“翰林学士起居舍人曾布权三司使。”同书，卷二五一，熙宁七年三月壬戌条：“初，吕嘉问以户部判官提举市易务，挟王安石势，陵慢三司使薛向，且数言向沮害市易事，安石信之。其实向于嘉问未尝敢与之校曲直，凡牙侩市井之人，有敢与市易争买卖者，一切循其意，小则笞责，大则编管。嘉问自知不直，虑间己，故先以沮害之，使其言不信于安石。市易本隶三司，而嘉问气焰盛，三司固多出其下。及曾布代向为三司使，素知嘉问骄恣，怀不能平，又闻上数以市易苛细诘责中书，意欲有所更张。”

注四一：《长编》，卷二一五，熙宁三年（一〇七〇）九月乙未条：“太子中允崇政殿说书曾布同判司农寺，布寻改助役为免役，吕惠卿大恨之。”

注四二：《长编》卷二五一熙宁七年（一〇七四）三月乙丑条：“曾布既受诏同吕惠卿根究市易事，或为布言，中书每以不便事诘嘉问，嘉问未尝不巧为蔽欺，至于案牍往往藏匿改易，如不惩革此弊，虽根究无以见其实。布又闻嘉问已呼胥吏持案牍还私家隐藏更改，遂奏乞出榜以厚赏募告者。明日，上批依奏付三司施行，布即榜嘉问所居。……惠卿又遣弟温卿密造王安石，言张榜事。……而嘉问诉于安石尤切，安石欲夜收张榜，左右白以有御宝批，乃止。……而中书建白，三司承内降，当中书覆奏取旨，乃擅出榜，欲案治。诏官吏特释其罪，其元批依奏指挥更不施行，榜仍缴纳中书。布论三司奏请御批，例不覆奏，且三司尝申知中书，虑无罪，可放，寻有诏如布请。”

注四三：《长编》卷二五二熙宁七年（一〇七四）四月己卯条：“详定行户利害所言，窃知体问行户利害所取行人状，与经本所所供利害不同，虑朝廷不知因依，欲望自今凡有体问行户所状，乞降本所，以凭具析申奏。从之。”

注四四：《长编》卷二五二熙宁七年（一〇七四）四月甲申条：“曾布、吕惠卿同根究市易事，凡三五日一对，上初以布言为是，已而中变，从惠卿请，送魏继宗于开封府知在（原案：此处疑有脱误）。”

注四五:《长编》卷二五三熙宁七年（一〇七四）五月辛酉条:“中书户房比对市易务及曾布根究市易违法事，诏章惇、曾孝宽就军器监置司根究以闻。吕惠卿又令户部会计治平、熙宁财赋收支之数，与布所陈皆不同。上令布分析所以不同，因依具奏。后八日，布对于延和殿，言户房所以不同之故，上以布言为然。布因言市易已置狱，朝夕窜黜，自尔必无繇复望清光。上曰:‘卿为三司，案所部违法，有何罪？’布曰:‘陛下以为无罪，不知中书之意如何，况臣尝自言与章惇有隙，今乃以惇治狱，其意可见。’上曰:‘有曾孝宽在，事既付狱，未必不直。’布曰:‘臣与惠卿争论职事，今惠卿已秉政，势倾中外，虽使臣为狱官，亦未必敢以臣为直，以惠卿为曲。……’上慰劳之曰:‘卿不须如此。’自尔不复请对。”

注四六:《长编》卷二五五熙宁七年（一〇七四）八月壬午条:“翰林学士行起居舍人权三司使曾布落职，以本官知饶州，都提举市易司国子博士吕嘉问知常州。军器监狱具，布坐不觉察吏人教令行户添饰词理，不应奏而奏，公罪，杖八十；嘉问亦坐不觉察杂买务多纳月息钱，公罪，杖六十。而中书又言，布所陈治平财赋有内藏库钱九十六万缗，当于收数内除豁，布乃于支数除之，令御史台推直官蹇周辅劾布所陈，意欲明朝廷支费多于日前，致财用阙欠，收入之数不足为出，当奏事诈不实，徒二年，而有是命。魏继宗仍追一官，勒停。”

注四七:《长编》卷二五四熙宁七年（一〇七四）六月乙

亥条："诏监安上门光州司法参军郑侠勒停，编管汀州。"

注四八：《长编》卷二五八熙宁七年（一〇七四）十一月庚子条："端明殿学士兼翰林侍读学士龙图阁学士知河阳韩维落端明殿学士，以侍御史知杂事张琥言，维与孙永同定夺免行钱不当，故责及之。"《东都事略》卷八十五《孙永传》："城都市贾收钱以免直，名免行钱，神宗虑立法未尽，诏韩维及永究实利害，而御史张琥言，维与永定夺不当，永罢降龙图阁直学士，知颍州。"

注四九：《长编》卷二五八熙宁七年（一〇七四）十二月乙亥条："虞部员外郎新知常州吕嘉问提举河北籴便粮草，复理提点刑狱资序，以检正中书户房公事张谔讼嘉问不应黜陟故也。"

注五〇：《永乐大典》卷一二五〇六引《长编》熙宁八年（一〇七五）四月甲申条："金部员外郎检正中书户房公事吕嘉问，兼提举市易司。"

注五一：《长编》卷二八五熙宁十年（一〇七八）十月戊戌条："司勋员外郎提举市易司吕嘉问，为司封员外郎直昭文馆知江宁府。"

注五二：《建炎以来朝野杂记》甲集卷十四《国初至绍熙天下岁收数条》："其后月增岁广，至熙、丰间，合苗、役、市易、税等钱，所入乃至六千余万。"

注五三：《宋史》卷一八六《互市舶法篇》："（景德）二年（一〇〇五），令雄、霸州、安肃军置三榷场。……又于广信军置场。"

注五四：《宋史》卷一八六《互市舶法篇》："元昊请臣，数遣使求复互市，庆历六年（一〇四六），复为置榷场于保安、镇戎二军。”

注五五：《长编》卷二八八元丰元年（一〇七八）二月丙午条：“提举市易司俞充言：‘永兴军路当两川、秦凤、熙河、泾原、环庆冲要，乞皆置市易务，与经制熙河路边防财用司所置市易相为表里，以牵客旅往来。……’”同书，卷二九六，元丰二年（一〇七九）二月戊辰条：“经制熙河路边防财用司言十事：‘……凤翔府增置市易务，与秦、熙等五市易务相为表里，移用变易，四也。……’”

注五六：《长编》卷二七九熙宁九年（一〇七六）十一月丙辰条：“诏都提举市易司住行计置糯米收籴，在京市上新米与已籴米中半支在京酒户，候支绝，令人户任便官私交易。其熙宁五年（一〇七二）四月二十五日指挥更不施行，及俵糯米官仰发遣归合属去处。”按，此事经过见《西台集》卷十六《毕仲衍行状》：“入为司农寺主簿，迁丞，以事至中书，丞相吴充素不识君，一见大喜，即以君为中书刑房检正官，俄迁户房。先是，提举市易司岁榷民糯米为赢，凡商贾之至者，官尽榷买之，而益其价以售酒户，酒户售米多陈且贵，酤益不行，遂废其坊，而三司岁课大耗，惟市易得私其赢以为功。户房欲弛其禁，而提举市易司弗便，数与户房论难不决，其人方用事，甚宠。会迁户房，人为君忧之。君取纸半尺许，疏问市易未榷糯米之前，京师酒户为坊者几何，岁停几何；已榷之后，京师酒户为坊者几何，岁停几何。盖未榷之前，酒户为坊者多，而停者少，既榷之后，酒户为坊者少，而停者多，利害明甚。市易徒与户房以言语往复相诘，及得所疏问，无他一词，遂不知所答，卒服非是而罢榷事。”

注五七：《长编》卷二七八熙宁九年（一〇七六）十月戊戌条：“永兴军等路转运司言，本路军装绢阙少，乞于市易或内藏库兑拨绢一十万匹，以本路新兴镇所收北银冶所输银十万两折还。从之。”

注五八：《长编》卷三一六元丰四年（一〇八一）九月壬子条：“三司言，起发应副鄜延、环庆、泾原三路经略司绢十七万五千匹，市易司起发十五万五千匹。……”

注五九：《宋史》卷一八四《食货志·茶篇》：“嘉祐（一〇五六～一〇六三）始行通商，虽议者或以为不便，而更法之意，则主于优民。”

注六〇：《长编》卷一百天圣元年（一〇二三）正月庚午条：“国朝惟川峡、广南茶听民自买卖，禁其出境，余皆榷，犯者有刑。在淮南，……总为税课八百六十五万余斤，……江南千二十七万余斤，两浙百二十七万九千余斤，荆湖二百四十七万余斤，福建三十九万二千余斤。”

注六一：《会要》之《食货三〇·茶法杂录》元丰七年（一〇八四）六月一日条：“尚书户部言：‘准批状提举汴河司言，畿内诸县民间茶铺亦乞请买官茶，其法施于京师，众以为便，府界宜与辇毂之下不殊。’从之，候二年立法。”

注六二：《长编拾补》卷十一绍圣元年（一〇九四）九月

丙寅条："敕中书省送到户部状，准敕勘会元丰中置水磨茶出卖与在京铺户，故京师求食茶无夹杂之弊，而茶商无留滞之患，官岁收计息二十余万。……"

注六三：《净德集》卷三《奏乞罢榷名山等三处茶以广德泽亦不阙备边之费状》："蜀茶岁约三千万斤（原注：元丰七年［一〇八四］，二千九百一十四万七千斤；八年［一〇八五］，二千九百五十四万八千斤）。"

注六四：《宋史》卷一八四《食货志·茶篇》："初，蜀之茶园，皆民两税地，不殖五谷，唯宜种茶，赋税一例折输，……而税额总三十万。"

注六五：《会要》之《职官四三·都大提举茶马司篇》篇首："自熙宁七年（一〇七四）四月，差太子中舍三司干当公事李杞、著作佐郎梓夔路察访司准备差遣蒲宗闵相度成都市易务，得旨令市易司经画收买茶货，专充秦凤、熙河路博马，更不相度市易。"

注六六：《会要》之《食货三〇·茶法杂录》熙宁八年（一〇七五）二月三日条："都大提举熙河路买马司奏：'据提举熙河路市易司状申，准都大提举买马司札子，坐准熙宁七年（一〇七四）七月十六日中书札子，内圣旨指挥施行，内一项节文，客人兴贩川茶入秦凤等路货卖者，并令出产州县出给长引，指定只得于熙、秦州、通远军及永宁寨茶场中卖入官，今来已有客人兴贩茶货到岷州茶场中卖，窃虑颁行近降条贯，其产茶州县不发长引赴岷州，却致客人枉路，茶货不得通行，乞于上项条贯内熙、秦州、通远军字下及永宁寨字上，添入岷州二字，所贵客人茶货通行，不致阻节。……”

注六七：《会要》之《职官四三·都大提举茶马司篇》熙宁八年（一〇七五）闰四月二十六日条：“中书门下言：‘提举熙河路市易司申明，与提举成都府、利州、秦凤、熙河等路茶场司有无统辖。勘会成都府买茶，于熙河路博马，元系都提举市易司擘画，昨差李杞、蒲宗闵前去相度，遂就差提举买茶，即是熙河路市易司一事。今相度其茶场司合并入市易司，为买茶税场，李杞、蒲宗闵合兼提举熙河路市易司，仍各依旧分头干当，并隶都提举市易司统辖。’从之。”

注六八：《会要》之《职官四三·都大提举茶马司篇》熙宁十年（一〇七七）九月四日条：“诏提举成都府、利州、秦凤、熙河等路茶场司更不隶都提举市易司，亦罢兼秦凤路市易司。”

注六九：《长编本末》卷七十六《周尹措置蜀盐条》：“熙宁中，患井盐不可禁，欲实私井，而运解盐以足之。朝议未决，帝以问修起居注沈括，对曰：‘私井既容其扑买，则不得无私易，一切实之，而运解盐，使一出于官售，此亦省刑罚、笼遗利之端，然忠、万、戎、泸间戎界诸小井犹多，止之实难，若立候加警，恐所得不酬所费。’帝悦，其议遂寝。”

注七〇：《会要》之《食货二四·盐法篇》元丰元年（一〇七八）正月二十二日条：“同提举成都府等路茶场蒲宗闵言：‘……后刘佐榷卖，遂致人言，及因解盐司申陈，尽从废罢。……’”

注七一：《长编本末》卷七十六《薛向等措置陕西盐钞篇》："旧制，河南北，曹、濮以西，秦、凤以东，皆食解盐。自仁宗时，解盐通商，不复榷。"

注七二：《长编》卷二七三熙宁九年（一〇七六）二月癸卯条："三司市易司言：'同详定开封府界阳武、酸枣、封邱、考城、东明、白马、中牟、陈留、长垣、胙城、韦城县、曹、濮、澶、怀、济、单、解州、河中府等州县官场可卖解盐。'从之。"

注七三：《会要》之《食货二四·盐法篇》熙宁十年（一〇七七）三月十六日条："三司言：'相度出产小盐，邻接京东、河北末盐地分，澶、濮、济、单、曹、怀州、南京及开封府界阳武、酸枣、封邱、考城、东明、白马、长垣、祚城九县，纵令通商，必是为外来及小盐侵夺，贩卖不行，自合依旧官卖，仍召客人入中外，其河阳、同、华、解州、河中、陕府及开封府界陈留、雍邱、襄邑、中牟、管城、尉氏、鄢陵、扶沟、太康、咸平、新郑十一县，欲且令通商，候逐月缴到客人交引，对比官卖课利，如不至相远，即立为定法，若比之相远，或趁办年额不敷，即依旧官卖。'从之。"

注七四：《宋史》卷一七五《食货志·和籴篇》："河北又募商人输刍粟于边，以要券取盐及缗钱、香药、宝货于京师或东南州军，陕西则受盐于两池，谓之入中。"《长编》卷三十端拱二年（九八九）九月戊子条："自河北用兵，切于馈饷，始令商人输刍粮塞下，酌地之远近而优为其直，执文券至京师，偿以缗钱，或移文江、淮给茶盐，谓之折中。"

注七五：《宋史》卷一八一《食货志·盐篇》："（庆历）八年（一〇四八），（范）祥复申其说，乃以为陕西提点刑狱兼制置解盐事，使推行之。其法，旧禁盐地，一切通商，听盐入蜀，罢九州军入中刍粟，令人入实钱，偿以盐。视入钱州军远近，及所指东西南盐，第优其直。东南盐又听入钱永兴、凤翔、河中。岁课入钱，总为盐三十七万五千大席，授以要券，即池验券，按数而出。……以所入缗钱，市并边九州军刍粟。"

注七六：《长编》卷二六六熙宁八年（一〇七五）七月壬申条："诏百姓郭怀信逋市易司违限罚钱，听输同、延二州。先是，怀信自言请市易司盐钞，既纳本息，犹以纳不如期罚钱千五百缗，已纳百七十缗，而市易司又使增纳百三十缗，乞输同、延二州，省道路之费。上批可，勘会元请钱，因依进呈，而有是诏。"

注七七：《会要》之《食货二四·盐法篇》熙宁十年（一〇七七）四月二十四日条："三司言，近奉朝旨将旧法南东盐钞委官于在京等七处置场，每席三贯四百，权于内藏库借见钱二十万贯应副收买，候贴纳到盐钱逐旋拨还。寻令市易务依此收买。"

注七八：《长编》卷二七五熙宁九年（一〇七六）五月丙子条："诏中书淤田水利市易司计置澶、定州、北京军粮，令立法以闻。"

注七九：《长编》卷三二五元丰二年（一〇七九）正月甲申条："诏司农寺市易淤田水利司封桩粮斛，并兑换与河北籴便司，更不计置。"

注八〇：《会要》之《职官四四·经制使篇》熙宁十年（一〇七七）十二月二十五日条："诏经制熙河路边防财用司兼秦凤路市利事及置市易务，不隶都提举市易司，其熙河、秦凤路市易务并罢。"

注八一：《净德集》卷三《奏乞罢榷名山等三处茶以广德泽亦不阙备边之费状》："名山茶一驮榷买载脚至秦州不满十贯，而卖三十贯以来或四十贯。"

注八二：孟元老《东京梦华录》卷二《酒楼条》："在京正店七十二户，此外不能遍数，其余皆谓之脚店。"

注八三：《长编》卷二九一元丰元年（一〇七八）八月壬子条："提举市易司兼在京诸司库务太常丞集贤殿修撰俞充为右正言天章阁待制知庆州。"同书卷二九二元丰元年九月丁丑条："赐刑部郎中都提举市易王居卿紫章服。"则王居卿出任都提举市易司在元丰元年八、九月之间。

注八四：《长编》卷二九五元丰元年（一〇七八）十二月辛丑条："诏都提举市易司，人户赊当已输足本息者，见欠罚息钱特蠲其半，即输本息未足，与展限半年，候足日亦依此。"同书卷三〇三元丰三年（一〇八〇）三月己丑条："诏在京及诸路赊当市易司钱物出限者展一季，如于限内纳足本息，其出限息罚钱悉蠲之。"同书卷三一二元丰四年（一〇八一）五月乙巳条："诏内外市易务民户见欠屋业等抵当，并结保赊请钱物息罚钱并等第除放，其本钱分三季输纳，息钱并出限罚钱分为三分，等第除放，第一季本钱纳足者息罚钱并放，第二季放二分，第三季放一分。"《会要》之《食货七〇·蠲放杂录》元丰五年（一〇八二）四月二十七日条："诏内外市易务、在京酒户罚息并除之。"

注八五：《会要》之《食货四·青苗篇》熙宁二年（一〇六九）九月四日条载制置三司制例司言："如支与乡村人户有剩，即亦准上法支俵与坊郭有抵当人户。"

注八六：《长编》卷二五二熙宁七年（一〇七四）四月庚申条载司马光上疏："方今朝政阙失，其大者有六而已。……三曰置市易司，与细民争利，而实耗散官物。"《司马文正公集》卷五十七《遗表》："其尤病民伤国者，略举四条。……其四曰市易，遣吏坐列贩卖，与细民争利，下至菜果油面，驵侩所得，皆擢而夺之，使道路怨嗟，远近羞笑，商旅不行，酒税亏损，夺彼与此，得少失多；又称贷于民，恣其所取，使无赖子弟，得醉饱之资，在家父兄，受督责之苦，倾赀破产，什有五六。"《长编》卷三六三元丰八年（一〇八五）十二月己丑条载司马光上言："置市易司，强市榷取，坐列贩卖，增商税色件，下及菜果，而商贾始贫困矣。又立赊贷之法，诱不肖子弟破其家。"

注八七：《长编》卷三六四元祐元年（一〇八六）正月辛丑条："朝散大夫光禄卿吕嘉问知淮阳军。以监察御史孙升言，市易之法初行，嘉问实领其事，罔上坏法，失陷甚多，故有是命。"

注八八：《长编》卷三九四元祐二年（一〇八七）正月辛酉条载户部言："今议罢市易，市利钱随废。"

注八九：《长编》卷三六六元祐元年（一〇八六）二月癸酉条："诏户部郎中黄廉按察川路茶法，具利害以闻。”

注九〇：《长编》卷三八一元祐元年（一〇八六）六月甲寅条：“朝奉大夫户部郎中黄廉直秘阁都大提举榷茶买马监牧公事。”原注：“廉除茶马不得其月日，据题名记，以元祐元年八月十四日到任。”

注九一：《净德集》卷三《奏乞罢名山等三处茶以广德泽亦不阙备边之费状》：“今黄廉遍诣诸郡及山场等处，寻究弊端，尽见其实，累具奏列，皆有条绪，蜀茶之害，十去七八。……且黄廉所以欲榷名山、油麻坝、洋州三处者，犹利榷买之贱，出息之多尔，然诸场不榷，而此独榷，则民有幸有不幸。”

注九二：《会要》之《食货三七·市易篇》崇宁二年（一一〇三）四月十一日条：“户部言：‘苏州人户旧欠市易官本钱米，系熙宁、元丰年所逋欠钱物，元符元年（一〇九八）赦敕展限三年，分为十二季送纳未足，准朝旨权住催理，后复准敕不许除放，提举司请再与展作二年八季。’诏据住催月日并行除豁，指挥到日，依元降催科指挥施行，外路依此。”

注九三：《会要》之《职官二七·太府寺篇》绍圣元年（一〇九四）十二月二十二日条：“户部言：‘开封府措置到免行钱。’从之。仍自明年正月一日为始。”

注九四：庄绰《鸡肋编》卷中：“昔汴都数百万家，尽仰石炭，无一家燃薪者。”

注九五：《皇朝编年纲目备要》卷二十六建中靖国元年（一一〇一）六月条：“（范）纯礼奏曰：‘近见朝廷是元丰而非元祐。……’”九月条：“上数语人曰：‘（韩）忠彦尚能主张韩琦，朕岂不能主张神宗。’”

注九六：《要录》卷四十三绍兴元年（一一三一）三月甲寅条：“诏罢免行钱，州县官市买方物如民间之直，违者以自盗论，俟边事宁息日取旨依旧法。”

注九七：《要录》卷六十七绍兴三年（一一三三）七月辛巳条：“先是，有诏复收免行钱。”

注九八：《会要》之《食货六四·免行钱篇》绍兴十三年（一一四三）二月十七日条：“广西提刑司言，乞将雷、化、高、融、宜、廉州每月见认免行钱五分中减二分，邕、敛（按：当为钦之误）、贺、贵州见认免行钱三分减一分。诏并与蠲免。”绍兴十四年（一一四四）七月十日条：“诏开州所管两县，在夔部尤为僻远，其免行钱可令减半。”绍兴十九年（一一四九）五月二十六日条：“前权发遣连州王大宝言，广南路连、英、循、惠、新、恩卅，城市不过六七百家，非通商贩之地。诏广南路小州月纳免行钱更与审量裁减。”

注九九：《会要》之《食货六四·免行钱篇》绍兴十七年（一一四七）四月三日条：“诏诸路州军人户见纳免行钱不拘等第，并以三分为率，蠲免一分。”

注一〇〇：《要录》卷八十八绍兴五年（一一三五）四月丙辰条：“诏建州岁起片茶五万斤赴行在，仍市末茶十五万斤赴都督行府市易务交纳。旧额岁贡茶二十一万六千斤，叶浓之乱，园户逃散，遂罢之而取其钱，至是本州奏乞蠲免，而行府以为指准淮南支用，乃命市末茶，俾商人持往淮北焉。”同书卷九十二绍兴五年八月庚午条：“置潭州市易务，用提领张澄请也。仍令以湖湘所得舟运贩淮盐，其息钱非奉朝廷及都府指挥毋得擅用。”《会要》之《食货三四·坑冶杂录》绍兴十年（一一四〇）二月六日条：“淮东常平司言，本司契勘楚、泗州市易务，先蒙支降矾钞引各一千道，缘本处不是就便去处，是致无人承买，今来泗州市易务已得指挥罢局，所有本务元承支降到矾引共一千道，申部乞指挥施行。”

注一〇一：《会要》之《职官四四·经制使篇》绍兴九年（一一三九）八月二十九日条载臣僚言：“一、经制司若行寝罢，欲乞将拘催检察上供钱物粮斛等职事，并各并归逐路所属监司主管施行。……常平并市易、回易、平准等钱物隶常平司。一、据经制司主管官具到，见管江浙钱物，欲令逐州军主管官，除市易务钱物外，依旧窠名桩管，听候户部充籴本支用。”

注一〇二：《要录》卷一七五绍兴二十六年（一一五六）十月己巳条：“罢浙东提举常平司平准务，提举官赵公称请也，仍以其钱充籴本。”

注一〇三：《要录》卷一八九绍兴三十一年（一一六一）三月庚辰条：“左朝请郎、提举两浙西路常平茶盐公事洪适移江南东路，避亲嫌也。”

注一〇四：《永乐大典》卷七八九二《汀州府条》引《临汀志》：“抵当库，宝祐六年（一二五八），奉朝旨移创州门前西庑。”同书卷一〇九五〇《抚州府条》引《抚州府志》："本州抵当库，旧附都税务，久废。绍定（一二二八～一二三三）中，郡守黄公炳兼庾节，创于仓台右，名以修城抵当，后权郡守李公元锴捐库息，市民居，移就税务西，提督属民曹。"陈耆卿《嘉定赤城志》卷七《公廨门·仓库篇》："抵当库，在州治西二十步，合同茶场左。嘉定四年（一二一一），黄守畚建。先是，军民当春冬雪寒，质贷多弗售，公乃捐钱二千缗为此以便之（原注：自十月至三月，每质不过五百，拘息一分为簿书油索费），今废。"董弅，《严州图经》卷一《仓场库务篇》："抵当库，在州东。"潜说友《咸淳临安志》卷三十五《官寺志·富阳县条》："抵当库，附于税务。"

注一〇五：《景定建康志》卷二十三《城阙志·诸库篇》："惠军典库，在十三丈街。右隶沿江制置司。"罗濬《宝庆四明志》卷三《叙郡》："激赏解库，淳祐五年（一二四五）二月，制帅大卿黄公壮猷任内创，就激赏库关过本钱二十万贯十七界；淳祐六年（一二四六）七月，制帅集撰颜公颐仲再于激赏库关过本钱三十二万贯十七界。"《永乐大典》卷一〇九五〇《抚州府条》引《抚州府志》："提举司济民库，宝祐初，杨公修之，以本钱附临汝书院库。宝祐二年（一二五四），赵公时焕别设屋于推官厅之南，又增拨本钱。"方仁荣、郑瑶《景定严州续志》卷一《仓库场务篇》："抵质库，在军门内东，淳祐辛亥（一二五一），知州赵汝历以旧醋库改充。"陆师《康熙仪真志》卷六《建置志·官署篇》："宋转运司便民典库，在司法厅西，上官涣酉建，拨钱三万缗充本收息，以济军民之乏者。旧志，又有抵钱库二，一在忠节营，一在厢军营，吴机建，拨钱二千贯，以便忠节、厢军抵当。"

注一〇六：《要录》卷一百绍兴六年（一一三六）四月甲子条："言者论，近闻诸处米谷皆贵，钱亦难得。"

注一〇七：《会要》之《食货六四·经总制钱篇》绍兴五年（一一三五）四月二十日条："尚书省言：'近经画耆户长顾钱、并抵当库桩四分息钱、及转运司移用钱、与勘合朱墨等钱、并出卖系官田舍钱、及赦限内典卖田宅牛畜等印契税钱、并进献贴纳钱、与常平司七分钱、及茶盐司袋息钱、并人户典买物业勘合钱，并依已降指挥，令诸路州县遇有收到钱物，各即时令项桩管，才候及数，依限起发赴行在送纳，如更有以后节次措置到别色钱物，各依此别项桩管，以备应办军期支用。'诏依，仍令户部限一日具节次措置到钱物申总制司……。"

北宋的圩田政策

一、前言

古代中国的经济重心原在北方，从魏晋时期起，已有往南移动的倾向。到唐末、五代，江南、两浙完全取代了北方，成为经济最发达的地区。由于对粮食、耕地的需求日增，使得这一地区的土地利用面积不断扩大，原来的湖泊、溪泽逐渐垦而为田。在五代时期，江南、两浙已经存在一种新的地理景观，这就是圩田。到了宋代，又有围田、湖田等称呼的耕地出现。北宋时期，这一类耕地在经济上的地位日形重要，引起了政府的重视，成为政府政策的一部分（注一）。本文的目的，即在于探讨北宋政府对于这类耕地态度的演变。

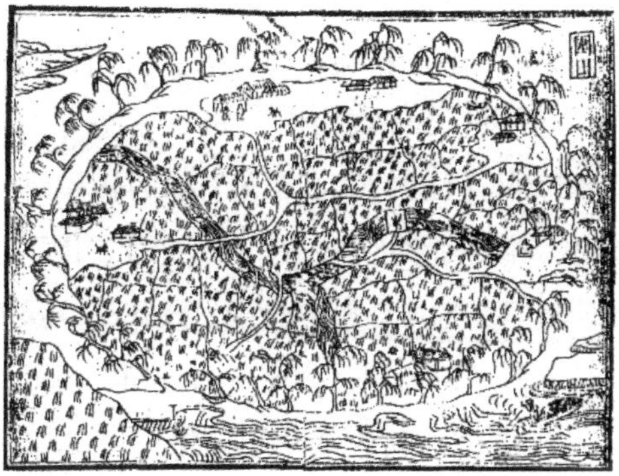

图一　围田图（采自元·王桢《农书》卷七）

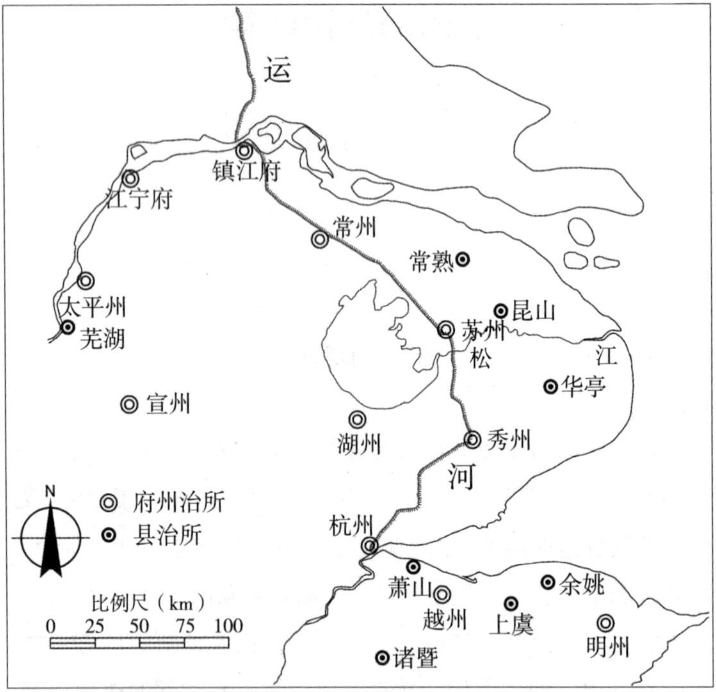

图二　北宋圩田分布地区图

圩田、围田、湖田，都是开辟湖泊、溪泽而成的耕地。在江东多称圩田，在浙西多称围田，在浙东多称湖田。名称虽然不同，却都是同一类型的耕地。据宋人所言，所谓圩田，是在低湿之地筑堤排水而成的耕地（注二）。圩又有一些别的称呼，苏州一带“或谓之段，或谓之围”（注三）；湖州的方言则“谓围为圩，又名为坍”（注四）。江东路农家的解释是：“圩者，围也。内以围田，外以围水”（注五）。可见圩、围不过是方言的异读，而且圩的意义也可以解释为围。湖田一词虽然多用于浙东，但是有时也和圩田通用，称湖田为圩田，或称圩田为湖田（注六）。因此，本文所讨论的圩田政策，对象实际包含了圩田、围田、湖田三种称呼的耕地。

二、宋初圩田的荒废与湖田的初起

根据北宋时人的追述，江东、浙西的圩田，在五代时期即已存在。在北宋最初八十年里，朝廷虽然重视农地的开辟，但是重点在开垦京师附近的京西路荒田（注七），尚未能顾及距离较远的江浙，圩田反而有逐渐荒废的趋势。浙东的湖田在北宋初期开始出现，不过面积很小，政府采取禁绝的态度。

庆历改革时，范仲淹上《十事疏》，在“厚农桑”一项里，提到从宋朝开国以来，朝廷在粮食供应上只知取给于江南、浙西，却忽视这一个地区的农政。他指出：“江南圩田，浙西河塘，大半隳废，失东南之大利。”（注八）这反映出来，在五代时期，江浙一带已有圩田存在，而北宋政府在庆历改革以前，对这一类型的农地，则一直没有重视，任其荒废。江南圩田的荒废，江南东路太平州芜湖县的秦家圩是一个例子。秦家圩位置在芜湖县荆山之北，是当地圩田规模最大的一所，粮产丰盛。由于为土豪秦氏世代所专有，所以称为秦家圩。南唐李氏建国于江南，由朝廷派官掌管，收取租课，以赐后宫。宋朝建立之后，将管辖权归之于芜湖县，所收租课也还之于户部。这所圩田毁坏的经过，沈括曾有叙述：“太平兴国（九七六～九八三）中，江南大水，圩吏欧阳某护圩不谨，圩以废。废且八十年，其间数欲治之，辄为游说所格。有司藏其议，一车不能载。”（注九）何以宋初秦家圩为洪水冲毁之后，朝廷始终在反对的言论影响下，对修复的建议置之不理？这应该和当时主政者处事的原则有关，太宗朝的宰相吕端、吕蒙正，真宗朝的宰相李沆，都持重清静，不喜兴作（注一〇）。他们的态度，正反映出庆历改革之前的政治作风。在这样的政治作风之下，建议推动大规模的筑圩工程，自然难以为朝廷所接受。

不仅在江东地区如此，浙西地区的圩田也由于缺乏适当的维护，而日渐损坏。郏亶在熙宁变法时，上疏建议兴复两浙水田之利，追溯浙西圩田的源起演变。他指出从前“田各成圩，圩必有长”，圩长经常率领农民“修筑堤防，浚治浦港”。民间固然努力维护，政府也加以督导，“至钱氏有国，尚有撩清指挥之名，此其遗法也”。然而时间既久，古法废弃，圩岸因之而毁坏。毁坏的原因很多，据郏亶所述：

> 或因田户行舟及安舟之便，而破其圩；或因人户请射下脚，而废其堤；或因官中开淘，而减少丈尺；或因田主只收租课，而不修堤岸；或因租户利于易田，而故要淹没；或因决破古堤，张捕鱼虾，而渐致破损；或因边圩之人不肯出田与众做岸；或因一圩难完，傍圩无力，而连延隳坏；或因贫富同圩，而出力不齐；或因公私相吝，而因循不治。故堤防尽坏，而低田漫然复在江水下也（注一一）。

这些原因，有很多固然是出于人们只顾私利，但是官府的因循不理，也是其中之一。吴越所设置的撩清指挥，到北宋已经不存在，说明北宋前期政府对于浙西圩田的态度，已不如吴越时期那样重视。郏亶认为，许多圩田由于公私的疏忽，而淹没在水泽之中。

浙东越州的鉴湖，和明州的广德湖，都是当地重要的灌溉水源。从北宋初年开始，出现了侵湖为田的现象。鉴湖是东汉时期兴设的一个人工湖，北宋时期，越州山阴、会稽两县九千顷的农田全赖湖水灌溉。湖田的出现在宋真宗大中祥符（一〇〇八～一〇一六）年间之后，根据曾巩在熙宁二年（一〇六九）的追述："祥符之间二十七户，庆历（一〇四一～一〇四八）之间二户，为田田（按：田当为四之误）顷"。由于有碍灌溉，所以当时朝廷的三司，地方的转运司，都"下书切责州县，使复田为湖"（注一二）。明州的广德湖也是一个人工湖，兴设于南朝梁、齐之际。熙宁二年时，湖水灌溉明州鄞县东乡之田，达二千顷。早在唐代大中元年（八四七），已有地方豪民请求废湖为田，但是未能得逞。宋初以来，又不断有人提出这项要求，甚至付诸实际的行动。曾巩对这一项发展，也有所叙述：

> 宋兴，淳化二年（九九一），民始与州县强吏盗湖为田，久不能正。至道二年（九九六），知州事丘崇元躬按治之，而湖始复。转运使言其事，诏禁民敢田者，至其后遂著之于一州敕。咸平（九九八～一〇〇三）中，赐官吏职田，取湖之西山足之地百顷为之，既而务益取湖以自广。天禧二年（一〇一八），知州事李夷庚始正湖界，起堤十有八里以限之。湖之滨有地曰林村砂末，曰高桥腊台，而其中有山曰白鹤、曰望春，自太平兴国以来，民冒取之。夷庚又命禁绝，而湖始复。天圣（一〇二三～一〇三一）、景祐（一〇三四～一〇三七）之间，民复相率请湖为田，州从事张大有案行止之，而知州事李照又言其事，报如至道诏书，照以刻之石，自此言请湖为田者始息（注一三）。

可知湖田虽然已在广德湖出现，但是政府对这种扩张耕地的活动并不支持。许多地方官设法加以禁绝，而朝廷的态度，也一如对明州的鉴湖，采取和地方官相同的立场。由于政府的干涉，浙东湖田的扩张受到抑制。

总而言之，北宋初年江东、浙西已有圩田存在，湖田也开始在浙东出现。尽管政府这时也曾视之为财源（注一四），但是并未特别重视，不支持或谋求这一类耕地的扩大。在政府这一种态度之下，原已存在的江东、浙西圩田逐渐荒废，初起的浙东湖田也无法扩张。

三、庆历、熙宁间政策的转折

庆历改革时期，政府对于南方农地的增辟开始加以重视，政策也就逐渐有了转变。从这时起，到熙宁变法时期，政府先后致力于增广江东、浙西的圩田。至于浙东的湖田，朝廷起初仍然采取禁绝的态度，然而废湖为田的要求愈来愈强，地方官面对强大的压力，已经不易执行朝廷的命令；熙宁变法时，连政府本身也不遵守禁令，于是湖田有扩张的趋势。可是在推动圩田扩张的过程中，发生了问题，使得政策又再改变，政府大规模兴筑圩田的计划因而中辍。

从宋初以来，京西路的荒田开垦虽然不能说是没有成效，但是对北宋政府的财政显然未能发生补助的作用（注一五）。而北宋政府由于官员、军队日益增加，也由于对外战争的需要，仰赖东南漕运的程度愈来愈大（注一六）。因而范仲淹在庆历三年（一〇四三）推动改革时，便要求朝廷注重江浙农业的发展。他在《十事疏》中，指出江南圩田过去的功效与当今的隳废，建议应该加以兴复（注一七）。朝廷根据他的建议，在这年十一月下诏督促地方官致力农事：

> 访闻江南旧有圩田，能御水旱，并两浙地卑，常多水灾，虽有堤塘，大半隳废；及京东西亦有积潦之地，旧

常开决沟河，今已罢役数年，渐已堙塞，复将为患。宜令江、淮、两浙、荆湖、京东、京西路转运司辖下州军，圩田并河渠、堤堰、陂塘之类，合行开修去处，选官，计工料，每岁于二月间未农作时兴役，半月即罢（注一八）。

修复圩田是这道诏令的重点之一，但是兴工时间仅限半个月，显然只能对破损的圩岸作修补，而无法作规模较大的兴筑。次年正月，又再下诏：

陂塘、圩田之类及逐处堤堰、河渠可备水患者，或能创制、开决；或久远废坏堙塞，却能兴复；或前人已兴工未成，后来接续了毕者，仰逐处勘会工料大小、所利广狭以闻（注一九）。

这道诏令比前一诏令更往前推进了一步，鼓励地方从事圩田兴筑的工程，无论是新创、兴复或补完。这两道诏令，奠定了北宋政府推动圩田建设的基础。

虽然庆历改革不久便失败，范仲淹也离开朝廷，但是政府此后仍然在江东地区致力于圩田的兴筑。嘉祐六年（一〇六一），江东转运使张颙、转运判官谢景温又再讨论秦家圩的兴复，宣州宁国县令沈披也参与商议。沈披对以往反对兴复的理由加以驳斥，转运司认为他的说法有理，于是在报请朝廷批准，并克服反对的议论后兴工。工程由沈披负责执行，转运使将治所移至芜湖，亲临督导。总共动用了一万四千个丁夫，费时四十日而筑成圩岸，圩长八十四里，圩内有田一千二百七十顷，又费时四十日而筑成圩内的通路和水门。“圩既成，天子赐其名曰万春”，天子赐名正反映了朝廷的支持。万春圩筑成之后，转运司“又过其圩东十五里，筑圩曰百丈，其工半万春”（注二〇）。大约同时，周之道知江宁府江宁县，当地“田苦下潦，与江通”，他“筑圩数千丈，民赖其获”（注二一）。但是这一回兴筑圩田的努力不久便遭受挫折。万春圩筑成之后四年，长江中下游发生大水灾，万春圩安然无恙，百丈圩却遭冲毁。朝议归罪于当初推动筑圩的转运司官员张颙、谢景温，“使、判官皆坐谪，而百丈会废”（注二二）。官员因为筑圩而获罪，圩田的兴筑自然难以继续推动。

在同一时期，朝廷对于浙东的湖田仍然采取禁绝的态度，但是地方官已经无法切实执行，湖田日益扩大。这项发展，越州的鉴湖是最明显的一个例子。曾巩对于庆历年间以后鉴湖湖田的扩张，有这样的记载：

> 然自此吏益慢法，而奸民浸起，至于治平（一〇六四～一〇六七）之间，盗湖为田者凡八千余户，为田七百余顷，而湖废几尽矣。其仅存者，东为漕渠，自州至于东城六六（按：疑衍一六字）里；南通若耶溪，自樵风泾至于桐坞十里，皆水广不能十余丈。每岁少雨，田未病而湖盖已先涸矣（注二三）。

说明鉴湖由于湖田不断的增辟，到宋英宗治平年间，湖面已经缩小到十分狭小，同时也无法继续发挥灌溉的作用。浙东地区的湖泊遭侵占为田，并非鉴湖一处的现象。早在宋仁宗皇祐元年（一〇四九～一〇五三），知越州余姚县谢景初已指出，县内陂湖三十一所，“有被形势豪强人户请射作田，纳租课，后来遂废水利去处。”（注二四）。嘉祐五年（一〇六〇），罗拯奉差往两浙路均定茶租，也观察到除鉴湖之外，“诸处系官湖塘并运河边田土，多被权要之家请射，及邻近乡民侵占污淀，种作成田，或量出租课入官，其实微薄，却致湖塘渐堙废，有妨灌溉”（注二五）。

这种现象所以存在，谢景初认为，是由于朝廷虽然规定不能占围山泽，却没有明言不得请射营种，又没有簿籍拘管，因而“官司因循请托，或致受纳赂遗，令形势人户请射作田，以起租税为名，改作己业”（注二六）。尽管朝廷根据他的建议，申令陂湖设置簿籍拘管，此后不准以起纳租税为名请射，但是这种现象并没有因此而遭遏止。各种防禁的议论也纷纷出现，朝廷进一步订定了罚则，却依然收不到效果，“田者不止而日愈多，湖不加浚而日愈废”，原因何在？曾巩指出，“法令不行而苟且之俗胜也”，由于承平日久，“在位者重举事而乐因循，而请湖为田者，其语言气力往往足以动人，至于修水土之利，则又费财动众，从古所难”，因而“说虽传而未尝行，法虽密而未尝举”（注二七）。

江东圩田的兴筑难以继续推动，浙东湖田虽然不断扩大而禁绝的法令仍在，可是到了熙宁变法时期，情况有了改变，政府全面支持各地农地的开拓。于是圩田的兴修在江浙各地陆续展开，例如崔遹担任宣州宣城县主簿期间，“复圩田”（注二八）。而越州诸暨县的落星湖，也在这时“以湖地高者为田，为三千八百一十一亩，置十九围”（注二九），这显然是出于政府的主动兴筑，禁绝的法令不仅对民间不生作用，连政府本身也不再遵守。对于鉴湖湖田，政府亦已完全承认事实，江衍奉命到越州访求利害，他不建议复湖，而“立石牌以分内外”，牌内为田，牌外为湖，“凡牌内之田始皆履亩，许民租之，号曰湖田”（注三〇）。熙宁变法期间，江浙地区规模最大的兴筑圩田计划，则发生在浙西。这时所以会有如此的变化，和新法的内容有关。王安石推动变法，原以理财为首要目标，而理财的方法之一，是经由农业生产的提升以增加政府的税入。制置三司条例司在熙宁二年（一〇六九）颁下农田利害条约，作这样的宣布：

> 应官吏、诸色人有能知土地所宜、种植之法，及可以完复陂湖河港；或不可兴复，只可召人耕佃；或元无陂塘圩埠堤堰沟洫，而即今可以创修；或水利可及众，而为之占擅；或田土去众用河港不远，为人地界所隔，可以相度均济疏通者。但干农田水利事件，并许经管勾官或所属州县陈述，管勾官与本路提刑或转运商量，或委官按视，如是利便，即付州县施行（注三一）。

这项宣布所牵涉的农田水利事宜颇广，而创修圩埠是其中之一。令下之后，献策言水利的人很多（注三二）。而其中最重要的，是昆山人郏亶。他在熙宁三年（一〇七〇）以后，两次上疏，建议在苏州广筑圩田。

苏州西接太湖，东临大海，东北濒长江。东、北、西三面地势略高，中间地势低洼，湖荡散布，塘浦纵横。松江源于太湖，经由苏州南境，东流至秀州入海。由于地势低洼，虽有塘浦、松江，雨水过多时仍不易宣泄，所以苏州时常发生水灾。宋仁宗时期，政府曾多次浚治塘浦、松江，以求减轻水患（注三三）。郏亶在他的上疏里，指出以往的治水方法无法收到效果。他认为圩田是古时的善法，由于圩岸破坏才造成苏州常有水灾。治水的方法在于恢复圩田，变湖为田不但没有害处，而且可以增加赋税的收入。他提出具体的办法：

> 今欲先取昆山之东、常熟之北，凡所谓高田者，一切

役（按：役当为设之误）堰瀦水以灌溉之，又浚其所谓经界沟洫，使水周流于其间以浸润之，立岗门以防其壅，则高田常无枯旱之患，而水田亦减数百里流注之势。然后取今之凡谓水田者，除四湖外，一切罢去其某家泾、某家浜之类，循古今遗迹，或五里、七里为一纵浦，又七里或十里而为一横塘，因塘浦之土以为堤岸，使塘浦阔深而堤岸高厚。塘浦阔深则水通流而不能为田之害也，堤岸高厚则田自固而水可拥，而必趋于江也。然后泽江之曲者，若所谓槎浦、金灶子浦而决之，使水必趋于海。又究五堰之遗址而复之，使水不入于城，是虽有大水不能为苏州之患也。如此则高低皆利，而无水旱之忧（注三四）。

所谓四湖，指苏州除太湖外的四个主要湖泊，包括常熟的昆湖、承湖，昆山的阳城湖，长洲的沙湖。郏亶的计划，是以高筑圩岸为主，而辅以深浚塘浦、松江。一方面高圩可以阻挡洪水泛滥入田，另一方面洪水也可以经由塘浦、松江宣泄。他对要动用多少人力，花费多少时间，也都有估计（注三五）。并且强调完工之后，“水旱无忧，则三四十万之税必可增也。公家之利如此，则民间从可知也”（注三六），是公私两利的事情。

郏亶的建议获得朝廷的重视，熙宁五年（一〇七二）十一月奉派为司农寺丞、两浙路提举兴修水利（注三七），将计划付诸实施。但是他所计划的工程十分浩大，开工之时，“凡六郡三十四县，比户调夫，同日举役，转运、提刑皆受约束，民以为扰，多逃移”。适逢吕惠卿被召，“言其措置乖方”。朝廷下令停工，郏亶亦遭免职（注三八）。而熙宁变法期间，政府对于江浙地区圩田兴修的全面推动，也就此结束。一直要到宋徽宗时，政府才再大规模地致力于圩田的兴筑。

四、北宋末年圩田、湖田的大规模兴筑

宋徽宗时期，自从蔡京掌权之后，倡丰亨豫大之说，朝廷多方面开辟财源，以夸示富盛，并供宫廷挥霍。其后宦官得宠，更以应奉为名，笼取东南之利。在这样的背景下，政府期望经由耕地的开辟，以增加租税的收入，于是一方面致力于江东、浙西圩田的兴修，另一方面也不再理会原有浙东湖田的禁令。

政和年间以前，江东地区已经在富家和官户私人的开辟下，新围出许多圩田，并且向政府缴纳租税（注三九）。到了政和年间，政府开始主动积极修筑圩田。政和四年（一一一四），工部上言：

> 前太平州军事判官卢宗原请开修自江州至真州古来河道堙塞者凡七处，以成运河，入浙西一百五十里，可避一千六百里大江风涛之患，凡用夫五百二十六万一千一百七十五工，米一十五万七千八百三十五硕。又可就工兴筑自古江水浸没膏腴田自三百顷至万顷者凡九所，计四万二千余顷，其三百顷以下者，又过之。乞依宗原任太平州判官日已兴政和圩田例，召人户自备财力兴修，更不用官钱粮。仍依府畿见行兴修水利法，不限等第，许请佃，岁约得官租一百余万贯硕。若朝廷专遣官总核兴修，众工并举，一年之间，可见成效（注四〇）。

按太平州于政和二年（一一一二），“将路西湖兴修作政和圩”（注四一），即为卢宗原任职时的成果。由于有筑政和圩的经验，所以卢宗原在政和四年作进一步的建议。他的建议虽然首

先提到开修河道，但重点却在兴筑圩田，而兴筑的理由，则在于每年可以获得一百余万贯硕的官租。朝廷接获建议之后，派遣官员相度措置，并且派卢宗原担任干当公事（注四二）。这件事后来如何发展，不得而详。但是江东路有几处重要的圩田，是在这时兴筑的。除政和圩外，太平川的利国圩也兴修于政和年间（注四三）；又如位于建康府，管田九百五十余顷的永丰圩（注四四），则“自政和五年（一一一五），围湖成田”（注四五）。宣和三年（一一二一）的一道诏书里这样说：“江南路官私圩埠，有司希功妄作，或辄将上流闭塞，致下流无水灌溉；或壅遏无所发泄，致邻左例遭水患。”（注四六）由于朝廷鼓励筑圩，才会有地方政府“希功妄作”的情形。这也反映出来，江东路在这一段时间里，兴筑了大量的圩田。而圩田大量兴筑的结果，则是圩岸影响到水流的宣泄，使得有些田地缺水灌溉，有些田地常遭水灾。尽管出现了这样的问题，当宣和七年（一一二五）金人入侵，国家财用窘急时，知江宁府卢襄和江东路的提点刑狱官、提举常平官，仍然以“能奉诏体国，罢丹阳、固城、石臼三湖为圩田”，而获得升迁（注四七）。

对于浙西的圩田，政府也从政和年间开始积极经营。政和元年（一一一一），已有人建议“苏、湖、秀三州并江积水，岁为患，故须圩岸以障”，请求运用鉴湖田租作经费，令浙西提举常平司“委三州令佐相视，创立圩岸”，而为朝廷所接受（注四八）。到政和六年（一一一六），平江府已因“兴修围田二千余顷”，而“令佐而下以差减磨勘年”（注四九）。这年四月，平江府户曹赵霖又奉御笔召赴京师，向尚书省陈述治水之道。赵霖建议的方法，和郏亶大体相似，是“大筑圩岸，高围民田”，步骤则是“一曰开治港浦，二曰置闸启闭，三曰筑圩裹田”。关于筑圩，详细的方案如下所述：

今若开浦置闸之后，先自南乡大筑圩岸，围裹低田，使位位相接，以御风涛，以狭水源，治之上也。修作至和、常熟二塘之岸，以限绝东西往来之水，治之次也。凡积水之田，尽令修筑圩岸，使水无所容，治之终也。……目今积水之中，有力人户能作小塍岸，围裹己田，禾稼无虞。盖积水本不深，而圩岸皆可筑。但民频年重困，无力为之，必官司借贷钱谷，集植利之众，并工戮力，督以必成。或十亩、或二十亩地之中，弃一亩取土为岸。所取之田，令众户均价偿之。其贷借钱谷，官为置籍，责以三年六限，随税输还（注五〇）。

他的计划，除了以政府之力来开浦，并且修筑规模较大的圩岸之外，也由政府借贷钱谷给民众，由民众自己修筑较为低小的圩岸。

这年八月，尚书省将赵霖所提的计划，和其他地方官员的意见，合并申报朝廷（注五一）。九月，赵霖被擢升为两浙提举常平，奉命急速赴任，修治积水。一切措施，“悉依御笔，违者以违御笔论”，可见此事得朝廷的全力支持（注五二）。政和七年（一一一七）初，由于臣僚以人民在灾伤之后需要休息为理由，提出论奏，而一度罢役（注五三）。但是后来显然又再复工，到宣和元年（一一一九）正月，已“前后修过一江、一港、四浦、五十八渎，修筑常熟塘岸一条，随岸开塘”（注五四）。赵霖和有关官员，并且先后获得奖赏（注五五）。八月，政府开始将浙西积水退后露出的田土，以围为单位，编号登记，召民投状请佃，而由出租较多者取得佃权（注五六）。到了十月，又有御笔指称“平江府常熟县常湖、秀州华亭泖并可为田”，命令赵霖“相度措置召租，限一季了当，具便民利害、图籍，岁入以闻”。于是赵霖又进行修筑常湖、华亭泖两处圩田的工程，到宣和二年（一一二〇）八月停工（注五七）。从宣和元年八月召民请佃的措施，和十月御笔的内容，可以了解，当时政府所以积极经营浙西圩田，租入是重要的考虑。宣和二年十月，方腊在睦州起兵，不久杭州陷落，浙西震动。而浙西圩田的围筑，也自此不再见于北宋末年的记载。

至于浙东的湖田，也为了租入的理由而完全放弃禁令，并且由政府主动予以扩大。越州的鉴湖，江衍在熙宁年间曾立石牌，牌内为田，牌外为湖。到政和末年，“郡守方侈进奉，复废牌外之湖以为田，输所入于少府”，由于地方官府本身已不遵守规定，因而“自是环湖之民，不复顾忌，湖之不为田者无几矣”（注五八）。当时的郡守，为王仲嶷（注五九）。此后鉴湖“仅存其名”，“占湖为田盖二千三百余顷”（注六〇）。王仲嶷不仅为了进奉宫廷，而扩大鉴湖湖田，又“引鉴湖自然淤淀已成田陆为说，又有不妨民间水利之语”，在郡内上虞县最大的湖泊夏盖湖围筑湖田，召民租佃。“佃户占请之初，各有亩数，不敢侵冒，当时湖之为田者才十二三”，但是就如鉴湖一样，日积月累，民众“冒占不已”，到南宋初年，“湖尽为田矣”（注六一）。上虞、余姚两县的其他湖泊，也都遭到同样的命运（注六二）。政和六年八月，王仲嶷已经调回朝廷担任鸿胪卿，在尚书省申报赵霖等人的计划后，上奏指出，“两浙积水之地，多是民田，止因兴筑围岸苟简灭裂，岁时风水充荡弥漫，遂成陂湖”，因此他建议派遣官员，“专行计置兴筑围岸”，朝廷将他的建议送交赵霖施行（注六三）。这显然是王仲嶷想要迎合朝廷的意旨，将他在浙东越州的作为推广到两浙其他州郡。

明州的广德湖，也在这时发生明显的改变。在北宋末年以前，广德湖的境遇和越州鉴湖有很大的不同。自从宋仁宗时期以来，地方官颇注意广德湖的濬治。康定元年（一〇四〇），鄞县主簿曾公望“益治湖”；宋神宗熙宁二年（一〇六九），鄞县令张峋又高筑环湖的堤防，增建控制湖水进出的碶、埭，“既成而田不病旱，舟不病涸”（注六四）。熙宁变法时期，广德湖也没有受到当时拓广湖田政策的影响。直到宋哲宗元祐（一〇八六～一〇九三）年间，才又有人倡议废湖为田。这时官宦舒亶正闲居乡里，对这种主张痛加反驳，废湖的议论因之而停歇。宋徽宗即位以后，有俞襄再提这种建议，为郡守叶棣所拒绝。俞襄前往京城，向宰相蔡京献策，蔡京不喜其人，并未接受。政和年间以后，“淫侈之用日广，茶盐之课不能给，宦官用事，务兴利以中主欲”，于是奔竞之人，争相献议。而广德湖也就在这种情况下，无法继续保持完整。当时楼异丁忧服除，到京师求差遣，对所获州郡不满意，而想典乡郡明州。他得到主管接待高丽贡使的宦官邓忠仁指点，在上殿辞离时，“献言明之广德湖可为田，以其岁入储以待丽人往来之用有余”，得到宋徽宗的欢心，立即改差明州。上任之后，“经理湖为田八百顷，募民佃租，岁入米近二万石”（注六五）。按楼异知明州已在政和七年（注六六）。广德湖和其他浙东湖泊废而为田后，就如江东地区一样，也发生了水利问题。宣和三年的诏书中指出：“越州鉴湖、明州广德湖自措置为田，下流堙塞，有妨灌溉”（注六七）。不仅是缺水灌溉，由于失去了蓄水的处所，大雨时也容易发生水灾（注六八）。这种弊病虽然已经出现，但是宋金战争在几年之后爆发，湖田的收入由应奉御前转供国家急用（注六九），政府自然不可能采取复湖的措施。

北宋末年对江东、浙西圩田及浙东湖田的兴修，可以说是全面性的（注七〇），政府的态度十分积极。政和六年，尚书省制定管干圩岸、围岸官赏罚之法，并付诸实施（注七一），反映出政府对圩田的重视。全面兴修的结果，使得圩田、围田、湖田在宋代农地上的地位，实际奠定于此时。

五、结语

江东、浙西的圩田在五代时期就已经存在，浙东的湖田则到北宋初年才开始出现。北宋前期，政府开辟农地的努力主要在北方，对于圩田忽视不理，对于湖田则因其有妨灌溉而加以禁绝。由于政府的不支持，这时江东、浙西的圩田都有荒废的情形，而浙东的湖田面积也很有限。

庆历年间以后，政府的态度逐渐有了改变。由于国家财政对于南方漕运的仰赖日增，庆历改革开始重视圩田的修治，尽管庆历改革失败，这一个政策并没有放弃，宋仁宗晚期，江东路便兴筑了好几处圩田。不过这一方面的努力由于百丈圩遭洪水冲毁，而暂受挫折。对于浙东的湖田，这时朝廷仍然维持禁绝的态度，然而要求废湖为田的压力已愈来愈大，地方官府无法抗拒，湖田面积因此日益扩大。熙宁变法以理财为目的，为了增加税入，政府再积极经营圩田、湖田。江东圩田的兴修再度展开，对于浙东的湖田，则不仅承认既存事实，而且地方政府本身也曾主动围裹。至于当时政府最庞大的计划，则是在浙西地区以高筑圩岸的方法来治水。这项计划，才刚进行，便由于扰民而被迫放弃。政府扩大江浙圩田的努力，再次中挫。

虽然在熙宁年间，政府对于江东、浙西圩田和浙东湖田的态度，已逐渐走往同一方向，但是至少明州的地方官仍尽力维持广德湖不受侵垦。到政和、宣和年间，政府对江东、浙西圩田和浙东湖田的态度已毫无歧义。这时为了供应宫廷的花费，政府多方开辟财源，圩田、湖田在这种情况下又获得重视。政府在江东、浙西，有计划而且大规模地兴筑圩田。对浙东的湖田，也完全放弃禁令，由地方官府来推动其扩大。即使从北宋中期以来，一直保持完好的明州广德湖，这时也由官府召民承佃，垦而为田。政府不仅积极推动圩田、湖田的兴筑，也加重地方官照管圩岸、围岸的责任。

总结而言，庆历年间以前，政府仍未重视圩田、湖田，应是由于在财政上尚未有迫切的需要。从庆历年间到北宋末年，政府推动圩田、湖田的兴筑，则始终是基于财政的理由，也就是为了增加租税的收入。政府所以追求租税收入的增加，在庆历、熙宁年间是为了充实国用，在政和、宣和年间则是为了满足宫廷挥霍。但是圩田、湖田的垦辟，固然达成了财政上的目的，却难免有妨害民生之处。潴水的湖泽辟而为田之后，一方面丧失了灌溉的水源，另一方面雨水也无所容蓄，使得水旱灾容易发生，伤害到其他民田的耕作。这种弊病在北宋末年的江东、浙东都已经逐渐明显，浙西尚未出现这种现象，可是到南宋时期也发生同样的问题。宣和年间以后，政府虽然已经注意到圩田、湖田所导致的水利问题，但是宋、金战争不久便爆发，圩田、湖田的收入已成政府所仰仗的财源。朝廷本身求生尚且不暇，岂有余力去解决财政和民生冲突的问题。这种冲突，继续表现于以后南宋的圩田政策中，而且更加扩大（注七二）。

（原刊于《世变、群体与个人：
第一届“全国”历史学学术讨论会论文集》，台北，
台湾大学历史学系，一九九六年六月。）

注释：

注一：关于圩田、围田和湖田的研究，由于资料的关系，多偏重南宋。对于北宋讨论稍详的，有周藤吉之《宋代の圩田と庄园制》（收入周藤吉之《宋代经济史研究》）、《宋代浙西地方の围田の发展》（收入周藤吉之《宋代史研究》）。本文曾参考周藤氏的著作，但是着重在政府态度的演变。

注二：《长编》卷一四三庆历三年（一〇四三）九月丁卯条载范仲淹上言："江南旧有圩田，每一圩方数十里，如大城，中有河渠，外有门闸，旱则开闸引江水之利，潦则闭闸拒江水之害。旱潦不及，为农美利。"沈括《长兴集》卷二十一《万春圩图记》："江南大都山地，可耕之地皆下湿。厌水濒江，规其地以堤，而蓺其中，谓之圩。"

注三：范成大《吴郡志》卷十九《水利上》引郏亶《治田利害》。

注四：《永乐大典》卷二二七七《湖州府条》引《吴兴续志》。

注五：杨万里《诚斋集》卷三十二《圩丁词十解》序。

注六：拙作《南宋的农地利用政策》第三章《南宋的圩田政策》曾举出南宋时期的一些例子。北宋的例子如《长编》卷九十八乾兴元年（一〇二二）六月乙丑条载两浙转运司上言："苏、秀二州湖田生圣米，颇济饥民。"苏、秀二州均在浙西，为围田分布区。

注七：例如在宋太宗至道元年（九九五），陈尧叟、梁鼎建议开垦京西路荒田，见《长编》卷三十七至道元年正月丙辰条；宋真宗咸平二年（九九九），知襄州耿望建议在襄州营田，见同书卷四十四咸平二年四月丙子条。

注八：《长编》卷一四三庆历三年九月丁卯条。

注九：《长兴集》卷二十一《万春圩图记》。据沈括所述万春圩的起源，可以追溯到南唐建国以前，亦即至晚在晚唐时期，江南已出现圩田这一类型的耕地。漆侠在《宋代经济史》上册中，追溯圩田的起源于晚唐李翱文集所载当涂县“渚田”（页九二）。但是“渚田”一词的意義难以确定，此说仅可供作参考。

注一〇：吕端、吕蒙正事见罗从彦《豫章集》卷三《遵尧录二》所载宋太宗与二人之对话。李沆事见《长编》卷五十六景德元年（一〇〇四）七月丙戌条。

注一一：见同注三。

注一二：曾巩《元丰类稿》卷十三《序越州鉴湖图》。

注一三：《元丰类稿》卷十九《广德湖记》。

注一四：《会要》之《食货六一·水利杂录》天禧二年（一〇一八）十二月条：“都官员外郎张若谷言，宣州化城圩水陆地八百八十余顷，岁纳租米二万四千余石，见属永（按：永当为水之误）阳镇监税使臣勾当，未得整肃，望置一使臣专领其事。从之。”此一事实，说明当时政府不愿化城圩租米因管理不当而减损。

注一五：宋仁宗天圣四年（一〇二六），由于襄、唐二州营田务自兴置以来，所得课利不敷所支费用，诏令废罢。见《会要》之《食货二·营田杂录》天圣四年九月条。嘉祐（一〇五六～一〇六三）年间，唐、邓二州依旧“尚多旷土，入草莽者十八九”。见《宋史》卷一七三《食货志》。

注一六：宋太宗时每年运江、淮米三百万石至汴京，宋仁宗时所运有时已多达八百万石。见全汉昇《唐宋帝国与运河》（收入全汉昇《中国经济史研究》上册）第七章。

注一七：见同注八。

注一八：《会要》之《食货六一·水利杂录》庆历三年十一月七日条。

注一九：《会要》之《食货六一·水利杂录》庆历四年（一〇四四）正月二十八日条。

注二〇：见同注九。百丈圩在宣州宣城县，见《宋史》卷二九五《谢景温传》。

注二一：汪藻《浮溪集》卷二十六《尚书刑部侍郎赠通议大夫周公墓志铭》。周之道先知歙州祁门县，移知江宁府江宁县，知祁门县时适逢王安石提点江东刑狱。按王安石提点江东刑狱在嘉祐三年（一〇五八）、四年（一〇五九）间，所以周之道在江宁县筑圩的时间，约在嘉祐四年之后。

注二二：见同注九。

注二三：见同注一二。

注二四：《会要》之《食货六一·水利杂录》皇祐元年正月二十五日条。

注二五：《会要》之《食货六一·水利杂录》嘉祐五年七月六日条。

注二六：见同注二四。

注二七：见同注一二。

注二八：邹浩《道乡集》卷三十四《提点刑狱崔君墓志铭》。

注二九：施宿《嘉泰会稽志》卷十《湖篇》。

注三〇：《嘉泰会稽志》卷十三《镜湖篇》。

注三一：《会要》之《食货六三·农田杂录》熙宁二年十一月十三日条。

注三二：《长编》卷二四〇熙宁五年（一〇七二）十一月庚午条李焘自注引林希《野史》："如沈披欲筑江障湖为田。徙福建民耕。初信以为然，众谓迂诞骇绝，事未行，披徒陕西。如王廷老、俞希旦、陈睦、卢东、张靓，皆新进，以农田水利为职，竟无可成功。张若济知华亭，言知水利，遂别创一司。昆山富人郏亶，以苏田尽如江南，筑圩岸，召赴司农。及曹孝立者，亦献水利，召赴苏经画。"

注三三：见拙作《宋元时代的苏州》（载本书上册页二六九～三八五）。

注三四：见《吴郡志》卷十九《水利上》载郏亶自广东机宜上奏。

注三五：见同注三。

注三六：见同注三四。

注三七：《长编》卷二四〇熙宁五年十一月癸丑条。

注三八：见《吴郡志》卷十九《水利上》。郏亶被罢后，朝廷派遣沈括相度两浙路农田水利差役等事，已期盼沈括谨慎。见《会要》之《食货六一·水利杂录》熙宁六年（一〇七三）六月十六日条、八月二日条。

注三九：《会要》之《食货六三·农田杂录》大观四年（一一一〇）三月二十八日条："宣州、太平州圩田并近年所作，多是上等及官户假人名籍请射修围，今已成田认租税。”

注四〇：《会要》之《食货六一·水利杂录》政和四年二月十五日条。

注四一：《会要》之《食货七·水利杂录》绍兴四年（一一三四）九月二十二日条。

注四二：见同注四〇。

注四三：洪迈《夷坚丙志》卷七《利国圩工条》：“政和中，太平州修利国圩，工徒甚众。”

注四四：《会要》之《食货六三·农田杂录》绍兴四年二月十三日条载通判建康府吴若言：“本府管下永丰圩，旧管田九百五十余顷”。

注四五：《会要》之《食货六一·水利杂录》乾道二年（一一六六）六月十五日条。

注四六：《会要》之《食货六一·水利杂录》宣和三年三月十九日条。

注四七：《会要》之《食货六一·水利杂录》宣和七年九月二十二日条。

注四八：《会要》之《食货六一·水利杂录》政和元年十月二日条。

注四九：《宋史》卷一七三《食货志》。

注五〇：见《吴郡志》卷十九《水利上》载赵霖相度之说。

注五一：《会要》之《食货六一·水利杂录》政和六年八月四日条：“尚书省言，平江府司户曹事赵霖相度平江府积水，旧有三十六浦导其水归于江海，又为之闸以导积水，今堙塞殆尽。措置当兴修并置闸等，共用役夫一千七百五十六万五千余工，钱一百四万二千余贯，米五十二万六千余硕。又发运副使庞安道委官相视港浦六处堙塞，合行先开，共役夫二百八十万八千余工，合用钱粮二十四万七千余贯硕。秀州华亭县欲并循古法，尽去诸堰，各置小斗门。常州、镇江府望亭镇合依旧置闸。诏札与赵霖相度保明闻奏。”

注五二：《吴郡志》卷十九《水利上》。

注五三：《会要》之《食货六一·水利杂录》政和七年正月二十日条：“臣僚言，赵霖兴役治水，苏、杭等州去岁灾伤疾疫，民力正宜休息。诏罢役，霖别与差遣。”

注五四：见同注五二。

注五五：《会要》之《食货六一·水利杂录》宣和元年三月二十三日条：“诏直秘阁提举两浙路常平赵霖降两官，以增修水利不当故也。”六月七日条：“诏比遣赵霖措置兴修吴浙水利，霖召募被水艰食之民，凡役工二百七十八万二千四百有奇，开一江、一港、四浦、五十八渎，已见成绩，霖可升职一等，仍复所降两官。其后十月十日诏，赵霖差辟到水利官属，具等第、职位、姓民（按：民为名之误）闻奏，当优与推赏。”

注五六：《会要》之《食货六三·农田杂录》宣和元年八月二十四日条：“农田所奏，应浙西州县因今来积水减退，露出田土，乞每县选委水利司谙晓农田文武官，同与知佐分诣乡村，检视标记。除出入户已产外，其余远年逃田、天荒田、草葑茭荡及湖泺退滩、沙涂等地，并打量步亩，立四至坐落、著望乡村，每围以千字文为号，置簿拘籍，以田邻见纳租课比扑量减分数，出榜限一百日召人实封投状，添租请佃。限满折封，给租多之人。……从之。”

注五七：见同注五二。

注五八：见同注三〇。

注五九：据《嘉泰会稽志》卷二《太守篇》，王仲嶷知越州自政和四年八月至政和六年五月。

注六〇：王十朋《梅溪先生文集·后集》卷二十七《鉴湖说上》。

注六一：《嘉泰会稽志》卷十《湖篇》。按，夏盖湖在熙宁六年（一〇七三）已曾一度奉旨垦为湖田，到元祐四年（一〇八九）又奉旨废罢湖田，还复为湖。徐时聘《万历上虞县志》卷三《舆地志·水利篇》及唐煦春《光绪上虞县志》卷二十《水利篇》均有记载，而以后书所载较详。又参见本田治《宋元时代の夏盖湖水利について》（载中国水利史研究会编《佐藤博士还历纪念中国水利史论集》）。

注六二：据《嘉泰会稽志》卷十《湖篇》：“绍兴二年（一一三二），上虞县令赵不摇言，县所管夏盖湖一十三处为田，不便。”又：“知越州张守言，上虞县夏盖湖改为田者一百三十一顷二十四亩，余姚县汝仇等湖一十三所改为田八十一顷四十九亩。”南宋初年的这种现象，应是北宋末年发展的结果。

注六三：《会要》之《食货六一·水利杂录》政和六年八月十六日条。

注六四：见同注一三。

注六五：罗濬《宝庆四明志》卷十二《鄞县志第一·叙水》。

注六六：《宝庆四明志》卷一《叙郡上·郡守篇》。

注六七：《会要》之《食货六一·水利杂录》宣和三年二月一日条。

注六八：《会要》之《食货六一·水利杂录》绍兴三年三月二十九日条载吏部侍郎李光言："自政和以来，楼异知明州，王仲嶷知越州，内交权臣，专务应奉，将两浙陂湖废以为田，涝则增溢不已，旱则无灌溉之利。"

注六九：《会要》之《职官四三·提举常平仓水利差役》建炎三年（一一二九）正月十一日条载吏部尚书吕颐浩等言："农田水利，东南所入甚厚，如越州鉴湖，湖（按：湖当作明）州广德湖、润州练湖所收租课，依靖康元年（一一二六）五月五日指挥，发运翁彦国拘收，专充籴转般代发斛斗本钱，皆系常平司所管田产，始者取充应奉，次取充漕计，见取充发运司籴本。伏望追还常平司桩管，以待朝廷缓急移用。"

注七〇：但是亦非没有例外。越州萧山县在政和二年杨时担任县令期间，曾经废罢田地三万七千零二亩为湖，以供灌溉，命名湘湖。宣和元年，乡居官宦有人主张废湖为田，里老多不赞成，当时的县令也支持里老的意见。最后大家同意，以当年旱涝的情况来决定湖的存废。结果当年大旱，赖湖水灌溉而没有发生饥荒，湖得不废。见周易藻《萧山湘湖志》卷一。又参见斯波义信《绍兴府萧山

县湘湖の水利》(载《宋代江南经济史の研究》)。

注七一:《会要》之《食货六三·农田杂录》政和六年五月二十九日条:“尚书省言,新授邓州司户曹事毕昂奏,切见自来诸处圩岸,多是所属寻常不切照管,到水涨之时,常有决溢,公私被害不细。县官任满,别无疏虞,虽许免试一次,缘赏典尚轻,及未有决溢断罪之法,欲望重立赏罚。仍于逐县令佐衔内添切管干圩岸字,其邻圩去处,亦乞并禁樵采,以固堤防。诏令尚书省立法。今拟立下条,管干圩岸、围岸官任内修葺牢固,不致隳损堙塞者,三年任满,承务郎以上减磨勘一年,承直郎以下占射差遣一次;二年以上移替,承务郎以上与家便差遣,承直郎以下升一年名次。从之。”

注七二:见拙作《南宋的农地利用政策》第三章《南宋的圩田政策》。

南宋时期关于岁币的讨论

一、前言

以物资的赠遗来维持对外的和平关系，原是中国历史上外交策略运用的传统之一，宋朝继续使用这项策略。北宋真宗景德元年（一〇〇四）宋辽澶渊之盟成立，协议宋每年赠辽岁币绢二十万匹、银十万两，双方从此互不侵犯，使得这一项策略在宋代成为定型。此后经过宋仁宗庆历二年（一〇四三）的增币交涉，宋以增加岁币银十万两、绢十万匹打消辽所提出的割地要求，一直到宋徽宗宣和四年（一一二二）宋金联兵伐辽之前，宋辽之间始终没有发生战争，双方维持和平关系几近一百二十年，岁币外交可以说是发挥了作用。北宋末年，蔡京以皇上不愿再承担五十万两、匹的岁币来解释联金伐辽的理由，郑居中加以反驳，便以汉代每年给予匈奴和西域各国的费用，来比较对西羌用兵的经费，从两者的悬殊说明当时每年给辽岁币并非失策（注一）。当南宋初年在金人强大的压力下，当权者致力于向金求和时，北宋岁币外交的传统自然是他们心中的一个重要典型。事实上，宋朝以物资的赠遗来进行对金外交也非始自南宋初年，早在北宋宣和二年（一一二〇）宋金协议联兵伐辽时，宋朝便曾主动提议将原来给辽的银绢全数转交给金（注二）。南宋时期每年赠送给金的银绢，自绍兴十二年

（一一四二）至三十一年（一一六一）间称为岁贡，自乾道元年（一一六五）以后称为岁币，虽有名称上的不同，但是即使在绍兴三十一年以前，岁贡一词主要只是用于对金的文书上，南宋朝廷内的讨论仍然称为岁币。因此不妨撇开名称的差异，从南宋以赠送金朝银绢来换取和平的特色，继北宋对辽之旧，称呼南宋对金的外交为岁币外交。不过南宋内部，对于应否以岁币来进行对金外交，始终有一些不同的意见。

二、从求和到订盟

南宋初年，宋高宗且战且走，逃往南方，同时不断派遣使臣至金求和（注三）。不过尽管这时南宋的情势危急，反对和议的声浪却颇为高涨。反对和议的言论，除了表示无法接受割地称臣之外，对于以物资的赠遗来换取金人休兵的策略，也不能容忍。像李纲早在建炎元年（一一二七）便曾指出金人贪得无厌，“虽日割天下之山河，竭取天下之财用，山河、财用有尽，而金人之欲无穷，少有衅端，前所予者，其功尽废，遂当拱手以听其命而已”，他并且举出契丹与金人交往的实例，“昔金人与契丹二十余岁交战，战必割地厚赂以求和，既和又求衅以战，卒灭契丹”（注四）。他举这一例证的用意，很明显是要求不可重蹈契丹的覆辙。对于宋高宗遣使求和，金人并非完全没有反应。建炎四年（一一三〇），金朝大将挞懒将秦桧释放，让他回到南宋，秦桧后来成为代宋高宗主持求和政策的首要人物；绍兴二年（一一三二），又把扣留近五年的南宋使臣王伦放回，让王伦传达金人有息兵讲和之意。宋高宗既获金人反应，求和行动更加积极，继续多次遣使至金，具体讨论和议条件。对于宋高宗屈意求和的态度，这时部分人士有强烈的反应，他们的反对意见中，不愿给金物资的赠遗也是重点之一。当王伦从金国返抵南宋之后，李纲上书朝廷，认为金人以遣使陪伴王伦南归为借口，必将有所邀求，而邀求之一将是“必求岁赂，广其数目，使我坐困”，对于这项邀求，他主张必不可从，因为“朝廷全盛之时，岁赂金人百五十万，犹不能给，遂至败盟，今日之保据东南，财用鲜少，又有养兵之费，日益窘迫，而欲增赂以求全，盖亦难矣”（注五），他将反对的理由放在国家财用的困难上。又有刘嵘上万言书，向宋高宗指出，“而陛下卑词厚礼，避地称臣，无所不至，宜稍缓兵于我矣，何乃累年而尚未效耶”，因此和议决不可恃，不如“刻意讲武，以使命之币，为养兵之费”（注六）。

然而这些言论对宋高宗并没有发生影响。绍兴四年（一一三四）八月魏良臣、王绘这一次出使，岁币的商谈便是他们一项主要的任务。出发之前，宰相朱胜非问使臣作何打算，王绘回答以“欲更增岁币耳”。使臣向宋高宗辞行，宋高宗也指示不必和金人计较言语，他说：“卑辞厚礼，朕且不惮，如岁币、岁贡之类不须较”。岁币的条件，应该在先前的出使已经谈到，至于这一次商谈准备增加到多少，宋廷也许经过一番斟酌，由于传闻金人将大举用兵，于是在使臣出发前一天决定增至五十万（注七）。所以当宋使进入金境，挞懒派来的接待官员问他们这次前来所要商谈的事项，魏良臣便回答说：“此来为江南欲守见存之地，每岁贡银、绢二十五万匹、两”（注八），清楚的表达南宋准备以物资的赠遗和国际地位的降低，来换取国家的生存。然而这时正逢金与其扶植的齐国刘豫联兵侵宋，南宋虽然卑躬屈膝，金人却认为多谈无益（注九）。这时对金来讲，银绢仍然比不上土地更具吸引力，宋使求和的任务因此无法达成。巨额岁币无法于此刻换取金人罢兵，在这一次出使中担任副使的王绘早已预见这样的结果。出发之前他曾对朝廷大臣说：“今乞岁币只是虚数”，大臣们为之愕然，他解释说：“今虏之所欲，吾淮南、川陕之土地耳，且以淮南盐税论之，岁一千万，与岁币孰多，今增岁币，虏未必受，故曰虚数”（注一〇）。

王绘在出使途中见到军情的紧急，对于这种“和议未定，虏兵已集”的状况有很深的感慨。他指出从古以来，两国议和，都是由于势力相埒，不能相下，所以有讲和修睦之请，息兵安民之议，没有听说以弱和强，对方毫无畏惮，而能曲意定和，他举出宋代历史上的范例，“澶渊之役，规模宏远，昭然可见”（注一一）。澶渊之盟时，北宋具备了与辽势力相当的条件，所以岁币外交能够收到效果；而当时南宋对金则不具备这样的条件，这就是这次出使，虽然卑辞厚礼，金人却不加理会的原因。尽管如此，这一次金、齐联兵南侵并未收到预期的战果，宋将韩世忠在扬州大仪镇获得大捷，最后金、齐联军由于金太宗病重而退师。其后绍兴六年（一一三六），齐军再度大举进犯，宋将杨沂中又有濠州藕塘之捷，迫使齐军败退（注一二）。屡次的战胜，逐渐为南宋创造出运用岁币外交的条件。国力不仅见之于战场，国家财政的承担能力也是令人考虑的因素。这时由于战争的影响，南宋政府丧失了大量的税源，政府收入减少，而军费开支大增，财政深感困难（注一三），要再每年赠送一笔数量颇大的银绢给金，负担更为加重。前述李纲的忧虑并非无根之言。所以当王绘回答朱胜非以欲增岁币时，知枢密院事赵鼎在旁边便发出“只此数将来已不易出，须减百官俸，多方收簇”的质疑（注一四）。尽管这在当时是一笔很大的开支，宋高宗仍然是毫不顾惜，继续努力企求达成以之换取和平的目的。

绍兴五年（一一三五）至八年（一一三八）之间，金的国内政局发生变化，金熙宗继位，继而主和的挞懒获得了主导国政的权力，并且在绍兴七年（一一三七）废掉齐国这个傀儡政权（注一五）。由于金国内主和势力抬头，南宋的求和行动有了进展，宋金双方在绍兴八年年底达成初步协议。金朝将原来刘豫所统治的河南、陕西之地归还于宋，并归还宋徽宗梓宫及皇太后，宋奉表称臣，余事则仍待商谈。至于岁币，宰相赵鼎在绍兴八年七月王伦再度出发至金之前，曾有所指示："和议成，若要岁币，须量力应副，缘兵火以来，诸州例皆残破，户口耗减，难比以前全盛时，除岁币外，或有邀求应副，不得过币，银、绢各不过二十五万匹、两"（注一六），岁币之数仍然维持魏良臣、王绘出使的底线。在这一段期间，南宋国内反对和议的声浪仍然很高，尤其以绍兴八年协议将要达成之前为甚，这些议论多从义理之说立论，不满宋高宗向金称臣，不过每年给金的赠遗也是他们反对的重点之一。例如杨造认为以赂求和，是"竭民脂膏，以资盗粮"（注一七）；胡铨在写给张浚的信里，指出南宋在金人欲战的情况下亟于求和："其所以为币者必重，币重则国用竭，国用竭则诛敛豪夺之法不得不施于今之世矣"（注一八）；张戒认为，"复中原，还梓宫，归渊圣"，臣子之心皆然，可是"以兵取之则可，以货取之则不可，非惟不可，亦必不得"，即或得之，也不过"如童贯买燕云之地，虏人暂去复来，则财与地两失之"（注一九）；曾开认为金人要求增加岁币，是想"竭我力而慢我兵"（注二〇）；而王庶甚至反对以岁币来换取河南、陕西之地，他指出金"所责岁赂，无虑数百万"，而宋所换来的却是"兵火之余，白骨未殓，几无人迹"的荒地，"又岂可加内郡之赋，以偿不毛之土"（注二一)。他们的意见，显然都认为这笔赠遗会构成国家财力的沉重负担。进一步的忧虑，表现在绍兴八年六月王之道给吏部侍郎魏矼的信里，他指出与金议和有九不可、一可，九不可的其中之一是，以岁贡换取金人罢兵，却又无法保其不叛盟，将造成“兵不可罢”而又“不能不于养兵之费外横赋重敛，岁供壑溪无厌之求”，民变将因此而生(注二二)。次年正月，张浚在得见议和诏书后，从贬所永州致书参知政事孙近，表示他对和议的担心，首先提到的就是“异时岁币求增而不已”(注二三)，自然也是从国家财力的负担来考虑。反对和议的声浪虽然高，但是这时秦桧已获得宋高宗的充分信任，另一位宰相赵鼎主张以和、战交相运用来达成守之目的，因遭受秦桧的排挤而引疾乞免(注二四)，秦桧于绍兴八年十月独居相位，反对和议者只有一一遭到斥逐。

虽然南宋朝廷文臣反对和议的声音已经沉寂，金的政局却又生变化，主和派失势，挞懒被杀，主战派掌权，战争又再开始，金人迅速将河南、陕西的土地夺回。不过这时南宋的战力已非昔比，自建炎以来各地此起彼落的盗乱，已先后平定，内部安定之后，经济得以开始复苏，也可以全力对外，而将领的战斗经验又逐渐丰富，在战场上打了不少胜仗，刘锜顺昌之捷尤其深挫金军的锐气，岳飞则率军北上逼近开封，只是孤军深入，难以开展(注二五)。不过也并非所有将领都收到如同刘锜、岳飞一样的战果。顺昌战后，王之道曾上书皇帝，虽然他指出金人“用人如牛羊，杀人如草菅”而宋高宗“视民如伤，不惮屈己增币，俯徇讲和之请，冀与天下休息”，为宋高宗“五胜”之一，但这不是他上书的真意所在。他的真意，在于强调和议之不可恃，他指出古人所谓和戎国之福，以其有以休兵息民，而宋金和议却令兵不得休，民不得息，“于养兵之外，岁取于民，以供溪壑无厌之欲，一有不满，其势必至于兴师，虽久近未可知，而理所不免”，所谓“岁取于民，以供溪壑无厌之欲”，所指正是岁币。对于和议的破裂，他认为是祸兮福所倚，但他也向宋高宗直陈他的担忧。他的忧虑主要是在军政上，首先是各军缺乏统帅，其次是无法对将领行罚，第三则是将领拥兵有如私家军队，彼此相视如仇，不能协力。因此他建议迅速选命统帅，严明军政（注二六）。王之道的上书，由于言者认为他恣睢妄行、全无忌惮而遭受降官的处分（注二七），但是他所陈述的军政问题，却很可能打中宋高宗的心坎。

南宋在战场上的战果，使得这时的情势，符合了王绘所说的“势力相埒，不能相下”的议和时机。宋高宗无心再战，金人内部也有问题，愿意谈和。宋高宗为了达成议和的目的，下令前线军队班师，并且在绍兴十一年（一一四一）四月罢除张俊、韩世忠、岳飞三大将兵权，更进而害死岳飞，扫除和议的障碍。和议终于在绍兴十二年（一一四二）二月达成，河南、陕西地归金，宋对金奉表称臣，受金册封为帝，岁贡给金银二十五万两、绢二十五万匹，金归还宋徽宗梓宫及高宗母韦太后。银绢的赠遗确定成为宋金和约中的重要项目。

三、盟约的破坏与重议

南宋对金进行岁币外交，所收到的效果显然不如北宋之对辽。绍兴和议成立之后不到二十年，便遭受金人破坏。金海陵帝有志统一天下，定策伐宋。金人将要举兵的消息，早在盟约破坏之前好几年便已传到南方来，绍兴二十九年（一一五九）金人关闭宋金沿边进行两国贸易的各个榷场，仅余泗州一场开放，意图已经明显（注二八）。到绍兴三十一年（一一六一）年初，风声更紧，南宋朝廷讨论对策，有人提出增添岁币作解决问题的方法，但是也有人认为岁币对于维持双方和平来讲，并不可靠。例如冯方便强调，“若曰添岁币，则彼之互市之所入，岁以巨万计，略不顾惜，议者犹欲以赵元昊待之，谓绝岁币可以使之坐困，添岁币可以使之弭伏，亦已疏矣”（注二九）；沈介上疏论对敌之策，也指出“或者猥曰，誓约至坚，币帛至厚，可以格奸心，过矣”（注三〇）。这年五月，金使至宋，入境之后，举止倨傲，言词挑衅，宋人知道败盟不可避免（注三一），言论也随之激昂。张阐上言请求“和议以来，岁有聘币之役，民不堪命，愿陛下毋以外裔困中国，可乎”（注三二）；黄中在上奏中强调与金和好二十余年，“我未尝一日言战，彼未尝一日忘战，取我岁币，啖彼士卒，我日益削，彼日以强”（注三三）；汪澈继之向皇帝指出“陛下屈己和戎，厚遗金缯，而彼辄出恶言，以憾吾国，若将唾掌而取，三尺之童，无不痛愤”（注三四）。他们或从民生，或从国力，或从国家尊严，指斥岁币。而太学生程宏图因传闻金使之来，“以还天眷、减岁币为辞，乃欲增割淮、汉地界，邀取将相大臣”，而上书表示决不可从，认为如果接受其要求，“天眷虽还，岁币虽减，其能国乎”，但这不意谓他乐见维持原有的岁币，相反的，他希望借此机会废除和议，对金用兵（注三五）。

到了九月，金海陵帝终于发兵南侵，直下淮南，宋军退至长江以南。当宋军败退时，朝廷又有增币请和的议论，而为曾几所反驳（注三六）。战场上的逆势，幸经虞允文在采石一战获胜，才得以扭转。恰巧这时金的政局发生变化，采石战前，金世宗已经自立，海陵帝于战后为属下所弑，金军退兵，宋军乘势收复两淮州县。次年，金世宗遣使至宋，告知登位，并表示愿意罢兵（注三七）。王之望在四川得知金使抵达京师的消息，致书宰执，指出金有内忧，必然急于议和，而宋应接纳，但有三事须审慎处理，“一正名分，二减币聘，三画疆界”，他认为前二者金人必定不敢固执，唯有画疆界一事，恐费商榷。他的看法是，就经济与军事利益来讲，得淮、汉不如得陕西，应以宋军新复淮、汉州郡与金交换陕西之地，“如尚不可，则稍增币，期于必从”（注三八）。他的态度，显然是以疆界的有利重划更较岁币的增减为重要。宋在接见金使之前，为了借此争取较佳的条件，朝廷内已先有讨论。宋高宗对执政大臣说，“名称以何为正，疆土以何为准，朝见之仪，岁币之数，所宜先定”；其后陈俊卿也在朝廷讨论时表示“先正名分，名分正则国威张而岁币亦可减矣”（注三九）。而韩元吉在此时虽主张应该兴师北伐，也只是认为此举“近可以得京洛，下不失削其岁币，俟其请命，而与之正君臣之分”（注四〇）。可见这时南宋上下已经认为岁币的赠遗是理所当然的事，只不过争其多寡而已，甚至不惜增加岁币以换取更有利的条件。随后洪迈出使至金，企图争取成为兄弟之国，并取回河南地，这样的条件对金来讲显然过高，无法接受，因此未能达成任务（注四一）。

宋孝宗受宋高宗内禅而即位，他向有恢复之志，于是起用主张进取的张浚主持边防，而金也委派重臣经略宋事。双方开战的结果，宋军一度深入淮北，但随即有宿州符离之溃，退回淮南。宋军败后，朝廷谋求议和，而金也因为国内情势不稳，有意休兵（注四二）。早在双方开战之前，南宋朝廷讨论对金策略，洪迈、金安节、唐文若、周必大等人已主张，“或许稍归侵地，勿遽为之屈，谓宜岁遣金缯如来议，不可弃海、泗地，则彼亦无可借口也”（注四三），他们重视土地的收复要超过岁币的赠遗。符离之败以后，南宋朝臣的意见，如蔡堪上言，“愿陛下甘言厚礼，外示和亲，选将练兵，内修武备”（注四四）；周麟之则指出遣使当以审议为名，“名数有未定者乎，在所议也；疆界有未定者乎，在所议也；礼币之厚薄有未齐者乎，在所议也”（注四五），他们对于赠金岁币也都不计较。南宋遣使至金商谈，宋孝宗希望能保有绍兴末年收复的泗、海、唐、邓州，而宰相汤思退却谕示使臣弃之亦无妨；另一方面，宋向金表示，“至于岁币，固非所较，第以两淮凋残之后，恐未能充其数”，亦即要求减少岁币的数量。至于金人，则划定与宋谈判的四原则，“一、叔侄通书之式，二、唐邓泗海之地，三、岁币银绢之数，四、叛亡俘掠之人”（注四六）。在两国来往关系上，金已自愿让步，将原来的君臣关系改为叔侄关系，显示出金世宗为了应付国内情势而希望早日达成和议。

宋使回国报告金人的条件，宋孝宗仍想只割泗、海，唐、邓再作商议。至于群臣的意见，除胡铨坚决反对和议，并且认为岁币和其他使节往来的费用将使“生民疲于奔命，帑廪涸于将迎，瘠中国以肥敌”外（注四七），其他人都认为可以在条件上作商量。金安节的主张与稍早又有不同，他除建议须妥善议定双方来往的称呼外，并反对割地，认为“海、泗、唐、邓为两淮襄汉屏蔽，恐绝中原士民归向，必不得已，宁于岁币少增其数，以厌其贪求，但修奉陵寝，迎护梓宫，当在所先”（注四八）；周操、陈良翰主张“勿与四州，待得陵寝而后与岁币”；余时言、路彬主张“既正名分，则和当遣使，当与岁币，而四州疆土当讲，与祖宗之陵寝及钦庙梓宫两易之”；张阐主张“和不可不议，使不可不遣，岁币不必较，四州不可割，今不如击之既胜而后与和，则恩威兼著”；尹穑主张“国家事力未备，当与金和，惟增加岁币，勿弃四州，勿请陵寝，则和议可集”。他们都认为不必计较岁币，甚至可以增加岁币来换取其他条件。钱周材、马骐的言论没有明白提到岁币，但是他们主张“我当称大宋谨白，如与大辽之事，先有定议，四州决不可割，又乞令张浚参决”，也意谓可以像北宋待辽一样的待金，而岁币的赠遗即为宋辽和平关系中的重要项目之一；还有阎安中主张“四州我之门户，决不可弃，当以和好为权宜，用兵为实政”，同样没有反对予金岁币（注四九）。这些议论，反映南宋朝臣大多数对于岁币的负担已不在意。这样的态度，与宋高宗内禅前南宋君臣面对宋金议和时所表现的态度并无二致。不仅如此，随后奉派使金的王之望甚至在一篇策论中这样认为，外敌“矧得中国玉帛子女以乱其志虑，上有惑志，下有争心，外无强敌，内多功臣，士马疲于战斗，仇雠聚于心腹，不过数年，内变必起，我以全制其后，可以万全。此兵家所谓其强易弱者也，何不可图之有哉”（注五〇），这无异暗示岁币具有腐蚀甚至颠覆敌国的作用。不过对于朝廷的遣使，张浚仍然有不同的意见，他不反对和议，却不赞成主动求和，在得知王之望奉派出使后，上书劝阻，指出朝廷遣使，是“以款之之名而为和之之实”，虽然以“吾将款之而修吾兵政”为理由，可是他认为“使命一遣，岁币一出，国书一正，将士褫气，忠义解体，人心愤怨，何兵政之可修”；或者又以“吾将款之而理吾财”为理由，可是他认为“今虽遣使，而兵不可省，备不可撤，重以岁币之费，虏使之来，复有他须，何财用之可理”（注五一）。

尽管张浚强烈反对主动遣使，南宋仍然继续遣使与金议和，其中最重要的一次是隆兴二年（一一六四）十月魏杞的出使。出使之前，恰逢金人犯边，宋自动从唐、邓、泗、海撤退，魏杞至金，要求宋对金的关系易臣为侄，并争取减少岁币、不遣还俘虏归附人。金人当时虽未接受，但魏杞经过力争后，看出对方已倾向同意。当时金军渡淮，宋孝宗正为之震怒，魏杞回国后，稳住了震怒的宋孝宗，再遣使至金商谈（注五二）。这时的执政钱端礼一向力主和议，他认为南宋在交涉中已经获得最重要的条件，“今既以皇帝兼称，则名位已正，虽曰称侄，是敌国，与向日殊不同，又减十万岁币，此三事最大，我执之已坚，彼不能易，此外若更力争，是求衅也”（注五三），也就是说，名分已正，岁币又减，南宋应可满意，不必再为土地去冒重启兵端的危险。乾道元年（一一六五）正月，魏杞再奉派往金正式定约，金宋改以叔侄互称，岁币减为银绢各二十万，在文书上不称贡，疆界恢复绍兴年间旧界，归还被俘人，但叛亡者不遣。南宋的国际地位获得改善，岁币负担也得以减少。金的重臣兀术于宋金绍兴十二年和议成立之后三年去世，临死前曾经预料，不数年后，南宋将会因为供给岁币及各项使节来往的费用，而财用困竭，重敛于民，导致民间叛乱（注五四）。事实的发展并不如兀术所料，南宋局势安定下来之后，经济日益发展，到宋孝宗即位，经济实力已远胜绍兴初年，隆兴年间讨论与金谈判的条件时，对岁币的问题较不在意，正是这种情况的反映。到乾道和约成立，岁币反而减少，负担更轻。乾道和议成立以后，岁币减少已成为主张持重守疆者所持的重要理由之一，刘朔对虞允文图谋恢复表示异议，向宋孝宗指出，“臣观今日通和，未为失策”，所以未为失策，是因为和议中南宋对金在条件上已有很多的改善，其中之一就是“昔富弼累增岁币，今减十万矣”（注五五）。

岁币究竟构成南宋财政多大的负担？辛弃疾在乾道和议前后著《美芹十论》（注五六），文中反对继续给金岁币，却不从财政负担上立论，反而认为当时每年赠金的物资“以缗计者二百余万，以天下之大，而为生灵社稷计，曾何二百余万之足云”，所以他“不为二百余万缗惜也”（注五七）。由于辛弃疾上此论时乾道和议才刚成立，所以上述估计应该是绍兴末年以前的状况。绍兴末绢每匹值四贯，隆兴间银每两值三贯（注五八），以这样的物价计算，银二十五万两约值七十五万缗，绢二十五万匹约值一百万缗，其余二十五万缗或更多，应包括南宋遣使贺金主正旦生辰所携礼物、赠馈金使礼物及移交岁币时应付金官吏需索等花费（注五九）。宋高宗末年，南宋中央政府仅从东南诸路取得的钱币收入便达到六千余万缗，米谷、绢帛、丝绵等实物收入尚未计算在内（注六〇）。二百余万缗不过是六千余万缗的3%左右，也就无怪乎辛弃疾要说“不为二百余万缗惜也”。乾道和议成立以后，银、绢各减五万，朱熹对此也有约略的估计，除去“每常往来，人事礼数皆用金银器、盛脑子、贵药物之类，所费不赀外”，银绢定数“大约等绢三千五百文一匹、银二千五百文一两，大数一百二十万缗”（注六一），占中央政府岁收的比例自应更低。乾道和议成立之后的四十年，正好是南宋经济的全盛期，依上述的情况来看，每年给金的岁币对宋的财政自然不能说全无影响，但应该不至于成为很重的负担。也因此陈亮在淳熙十五年（一一八九）所说：“南方之红女积尺寸之功于机杼，岁以输虏人，固已不胜其痛矣；金宝之出于山泽者有限，而输诸虏人者无穷，十数年后，岂不遂尽哉”（注六二），并不完全符合实情。岁币对宋人的影响恐怕主要是在心理上，因为这构成国体的屈辱，也容易养成苟安的心态。辛弃疾所说：“今则不然，待敌则恃欢和于金帛间，立国则借湖山之险”（注六三），虞俦所说：“爰自讲和日久，人情狃以为常，……徒见岁捐金币以填溪壑，遂谓此为久安之策”（注六四），都指出了当时人居安忘战的态度；而叶适所说：“今天下非不知请和之非义矣，然而不敢自言于上者，畏用兵之害也，其意以为一绝使罢赂则必至于战，而吾未有以待之故也”（注六五），更清晰的描绘出当时人处于国体屈辱和苟且偷安的心理矛盾中。

这次和平维持的时间较长，有四十年之久。在这一段和平而繁荣的时间里，南宋士大夫尽管大多数如叶适所说，不愿提罢使绝赂之事，但也有人对年年输金岁币不以为然，前述辛弃疾、陈亮、叶适都是例子，而辛弃疾、叶适更说出何以不必畏惧断绝岁币。辛弃疾说，“然而绝岁币则财用未可以遽富，都金陵则中原未可以遽复，是三尺童子之所知”，何以他还要主张断绝岁币？因为“盖古之英雄拨乱之君，必内有以作三军之气，外有以破敌人之心，故曰未战养其气，又曰先人有夺人之心”，亦即断绝岁币有助于振作士气，他进一步强调，“今绝岁币，都金陵，其形必至于战，天下有战形矣，然后三军有所怒而思奋，中原有所恃而思乱，陛下间取其二百万缗以资吾养兵赏劳之费，岂不为朝廷之利乎”，也就是移岁币作军费（注六六）。叶适则认为，“以臣计之，一战之可畏，犹未足畏也；然虽绝使罢赂，而臣以为犹未至于遽战者，盖求战在敌，使之不得战在我”（注六七），他的看法是，只要能对战争早作准备，就不必倚赖岁币来维持和平。他们的主张在当时虽非主流，然而破坏盟约，结束这段和平时期的竟是宋人。宋宁宗庆元元年（一一九五），金为蒙古侵扰的消息传到南方来，已有官员主张“机会之来，有不可失”，而在宋宁宗前期掌握朝廷大权的韩侂胄，也从谍报中获知金内部一些混乱情况（注六八）。他想趁金内外都遭逢问题的时刻，以北伐为自己建立盖世功名，巩固权位。经过几年的准备，韩侂胄在开禧二年（一二〇六）五月发动北伐，结果为金所败，沿边州郡有不少沦陷于金，更严重的是这年年底，吴曦据蜀自立，与金通好。情势对南宋是如此的不利，韩侂胄只得遣使与金议和。

议和的过程起自开禧三年（一二〇七）正月方信孺奉命使金。他抵达金境后，金人提出返俘、归币、缚送首谋、称藩、割地五项要求。方信孺回国报告，朝廷经过讨论，“众议还俘获、罪首谋、增币五万如绍兴”。他再赴金交涉，这时吴曦已被属下所杀，金人气焰稍挫，但是仍然坚持原初的条件，他尽力争取，金人表示让步，愿意将双方叔侄关系改为伯侄关系而不必称臣，岁币外别致犒军钱而不必割地（注六九）。经方信孺和其他使臣往返交涉，定议为国境如前、金宋为伯侄之国、遣还归附人、岁币增为银绢各三十万，此外南宋须致送给金犒军钱三百万贯文、并函送韩侂胄首级。韩侂胄已于开禧三年十一月间在史弥远的策划下被杀，嘉定元年（一二〇八）五月，韩侂胄首级函送金国，两国于是恢复和平。在这一次议和的过程里，南宋朝廷也许因为己方先破坏盟约，自认理亏，而且战败，对于岁币大增至银绢各三十万，似乎没有争议，他们情愿以岁币增加来换取其他条件。例如许奕认为“宜于要索之间，审所从违，如增岁币、归縶俘或可尔，外此其可从乎”（注七〇）；黄畴若则“谓函首失国体，退率同列，乞令虏先归关隘，我复与岁币”（注七一）。嘉定元年和约定议前，傅伯成对宋宁宗说：“使和议成，犹可以纾一时之急，否则虚帑藏以资敌人，驱降附以绝来者，非计也。为今之策虽以和为主，宜惜日为战守之备”（注七二），虽然担心和议不成，但也没有反对输送岁币。一方面由于岁币大增，另一方面南宋的经济状况这时也开始走向下坡，难免感到不同于从前的财政压力，所以黄畴若又建议“增币约和，国胡以支，欲专创一局，共议撙节”，于是设置安边所（注七三）。

开禧末的议和过程中，南宋朝臣虽然对增加岁币没有争议，但是事后却有太学生对此不以为然（注七四）；真德秀也在上殿奏札中表达他对“虏人欲多岁币之数，而吾亦曰可增，虏人欲得奸臣之首，而吾亦曰可与”这种“奉命惟谨”态度的不满（注七五）。真德秀的言论，正预示着晚宋政坛上清议派的即将抬头。

四、岁币的停输

开禧北伐的失败虽然使南宋给金的岁币为之大增，不过南宋对金的岁币外交这时也已接近尾声了。由于蒙古入侵华北，从嘉定四年（一二一一）起，南宋派遣往金祝贺金主正旦、生辰、登位的使臣，屡次无法抵达燕京，于是宋以漕渠干涸为理由，停止输金岁币，不过至少到嘉定十二年（一二一九）为止，每年应纳的岁币仍然暂时贮存于政府的财库中（注七六）。岁币占南宋岁入的比例颇低，但是对金的财政经济来讲，却很重要。由于这时经济中心已在南方，宋金两国于和平时期在边界上所进行的榷场贸易或走私贸易，大体上宋是居于出超的地位（注七七），南宋给金的岁币，经由贸易的出超，又收了回来，而金若没有南宋所给的岁币，对南宋贸易的入超便很难平衡。据估计南宋前后给金的岁币和赠馈，总数不下银二千万两、绢二千万匹（注七八），再加上每年从宋走私入金的银两，使得金境内有大量的银在流通，影响到金的货币制度，金章宗承安二年（一一九七），将银两正式铸造成货币来使用，这是中国历史上银首次成为法定货币（注七九）。而且这时金面对蒙古的入侵，财政日益困难（注八〇）。南宋的岁币更是足堪补助的财源。所以对金来讲，南宋停输岁币不仅事关国家的体面，也牵涉到政府的财源，于是金在嘉定七年（一二一四）三月、八月，两次遣使至宋督索岁币（注八一）。

恰巧在这期间，金在蒙古军队的强大压力下，将都城南迁至汴京。面对这些情况，南宋朝臣展开了一场应否继续输金岁币的争论（注八二）。早在南宋得知金人迁都汴京之前，刘爚已经指出金人有前来索取岁币的可能，因此朝廷必须早作准备，对于金人“或以款塞为名，或遣使索币，皆当有以应之；或其势既分，各来索币，亦当思所以答”（注八三），至于应否输纳岁币，刘爚这时尚未表示意见。这年七月，金人遣使至宋，告知迁都之事（注八四），衰败之势已经显著，宋廷反对继续输金岁币的言论开始兴盛。真德秀在金使至后，随即上疏，主张断绝岁币的输纳，他认为应该“乘敌之将亡而亟图自立之策”，而“以忍耻和戎为福，以息兵忘战为常，积安边之金缯，饰行人之玉帛，女真尚存，则用之于女真，强敌更生，则施之于强敌”，只是“苟安之计”，他担心金势虽衰，可是另有强敌兴起，“今不于斯时大有所振立，万一更生虎狼之敌，知吾易与，潜启桀心，当是时也，不知安边金缯、行人玉帛，可以窒其无餍之欲乎”。他又提出上中下三策，上策是断绝与金来往，“以其货币，颁犒诸军，缮修戎备”；中策是命边防官员以文书和金人商讨，将岁币裁减回隆兴年间的旧数；下策则是“彼来我与，一切如初”，他说这不仅是下策，简直是无策（注八五）。大约同时，刘爚也上疏建议停止遣使至金贺正旦，他认为“当虏灭亡之时，正我立国之日，竭民膏血，以奉垂亡之虏，固不可”（注八六），所谓“竭民膏血，以奉垂亡之虏”，应即指南宋对金岁币的负担。到十月，传闻宋廷仍将遣使至金贺正旦，刘爚又再上疏，更清楚的表达他的态度，他认为如果继续输送岁币给金，不仅有失国体，而且会导致蒙古和山东红袄贼的轻侮，“河北有方张之虏，山东有崛起之盗，乘女真衰微，各谋吞并，若复通女真岁币，既失大国之体，复起取侮之端”，何以会“起取侮之端”？他说：“彼二寇将曰，女真将亡，我犹事以币帛，设若先以嫚书，因而求衅，窥伺边陲，当是之时，何以待之”。面对当前的状况，他主张从声、实两方面着手，使蒙古、红袄不敢有轻侮的念头，“所谓实者，建制置司于淮上，移兵屯于要地是也；所谓声者，罢通贺女真之使是也”。停止遣使至女真，是否会引起战争呢？他认为不必对此顾虑，因为金人对“腋肘之盗，尚不暇图，其敢复生一敌乎”（注八七）。刘爚反对继续输金岁币的理由，实与真德秀相一致。

这时宋廷对是否要断绝与金来往，并停输岁币，似乎尚在犹豫之中。当七月间，真德秀在宋宁宗面前奏请停输岁币时，曾口奏，“虏人既有迁都之报，旦夕须来索币，臣窃以为不可与”，宋宁宗也以厉于常时的声音回答：“不当与”；十一月间，丞相史弥远向宋宁宗报告，“从臣刘某、李珏皆有文字，谓不当予币”，请宋宁宗裁断，宋宁宗仍然记得“真德秀亦曾说来”（注八八）。史弥远所说的刘某，就是刘爚，除了他和真德秀外，另有一位朝臣李珏，也曾上疏作同样的主张。宋宁宗的态度显然是倾向停输岁币，史弥远的上奏则似乎是向宋宁宗试探。是否继续输送岁币虽然没有作决定，但是在十一月，南宋终究还是派遣使臣往金贺正旦。对于这项措施，刘爚上疏言其不可，太学诸生也加入反对的行列（注八九）。而史弥远原本犹豫的态度，则由于淮西转运使乔行简上书的影响，改而倾向于继续输送岁币。乔行简所持的理由是，“金，昔吾之雠也，今吾之蔽也，古人唇亡齿寒之辙可覆，宜姑与币，使得拒鞑”，这一个说法，史弥远认为是“为虑甚深”（注九〇）。所谓“宜姑与币，使得拒鞑”，根据黄榦所得传闻，是“进言之臣以为金人若索岁币，即当与之，使得以赂蒙古，然后两国宁静”（注九一），亦即以经济力量支援金人向蒙古求和，使蒙古不再继续攻金。主张继续输送岁币的理由，除了以岁币作经援，助金向蒙古求和，以免蒙古灭金以后，成为宋的威胁外，宋金国力的对比也是令人考虑的因素。程珌在一封上呈执政的信中，认为金国仍未大乱，“未易遽以垂尽之敌视之”，此时来督索岁币，“安知其非尝试之谋，求衅之渐”，而且金已迁都汴京，距离宋境甚近，“于泗于寿，朝走一介，暮入吾境，岂容其不予乎”。他进一步强调必须“予之而有以处其予，不予而有以制其夺”，如果“吾国而固，吾兵而强，吾将而良，则减其数可也，与之可也，不与亦可也”。南宋是否具有这样的条件呢？程珌提出他的看法，“如其未然，可不先为之所哉”（注九二）。他显然认为宋的实力有限，因此在对金关系上无法操主动之权，若不给予金人岁币，将导致对方启衅。

对于乔行简、程珌所持的理由，反对继续输纳岁币的一派加以反驳。郑性之在嘉定八年（一二一五）正月，针对“吾军政未修，一旦绝币，兵连祸结，岂不甚于行李之费”的说法，指出“国人之论，未尝欲朝廷用兵，但愿陛下勿忘国雠，勿惮亡虏”，他认为金人“自亡而不暇，岂复敢与我为敌哉”，而这正是“天启我自治之时，奈何以兵端不可妄启，一切排抑”，他进一步抨击继续输送岁币的主张，只是“借生事之戒，以盖其怯畏之心；托待时之说，以便其苟安之意”（注九三）。刘爚在这年二月上疏，指出“遣使与币，可为吾扞御”的说法，是“此皆迎合，责任不专”（注九四）；黄榦在代人写给宰执的信中，则对以岁币助金拒蒙古的效果提出怀疑，他认为“若金人果南走，蒙古果侵陵不已，区区岁币，果能遏其锋乎？靖康之事，吾国未尝不行赂也，卒不能遏女真之祸，今女真又岂能以岁币而止蒙古之师乎？”他进一步主张应加强两淮边备，在外交上妥善处理应对，使金“知吾国有人，未敢与吾为敌，又困于蒙古之侵陵，亦不暇与吾为敌，在彼自是两国交争，吾因其弊而后乘之”（注九五）。对于是否断绝输金岁币，南宋朝廷一直无法作决定，只是一方面借遣使至金贺生辰的机会，要求削减岁币至乾道和议时的数量（注九六），另一方面继续以漕渠干涸为理由停止输送。嘉定九年十二月，真德秀在江东计度转运副使任内，上疏奏论边事，表示对这个理由感到不满，“岁币之弗遣是矣，然不以还燕为词，而诿曰漕渠之干涸，使残虏得以移文督责，中原豪杰闻之，宁不以寡谋见哂乎”。他又认为“金缯遗虏，虽后世偃兵息民之权宜”，可是有适当的条件才能运用，他以北宋史事来说明，景德年间国势强盛，所以能运用成功，而宣和年间国势萎靡，所以用之适足以召侮。他仍然强调国家必须自立，“傥不思自强其国，而倚赂遗以幸一日之安，臣知其非策矣”（注九七）。两派人同样认识到南宋本身国力的不足，但是对应否运用岁币外交却有完全不同的见解。直到嘉定十年（一二一七）三月钱抚使金时，南宋仍然未恢复输送岁币（注九八）。

金的财政既已枯竭，又失岁币，图谋取得宋淮南之蓄作为补偿，于是在嘉定十年以宋停罢岁币为理由，出兵伐宋（注九九）。兵事初起，南宋朝臣仍然意见不一，为应否借岁币以弭兵端发生争论。程珌在一篇题为《边币议》的文章里，以“残敌不道，杀戮边民，然其辞则以币言也”开头，申论他的看法，他认为派遣精兵作战，击溃敌军，然后“使可遣，币可议”的说法，不为无理，可是他接着要求条画“何人可将，赍几日粮，几日而成功，彼之居守者何人，战兵若干，强敌已与之和否，大盗已与一否”，显然他对南宋的军事力量有所疑问，最后他提出警告，如果处置不当，“边事一开，将不只一残敌而已”（注一〇〇）。从程珌所提出的疑问和警告，可以了解他并不赞同和金决裂，即使是在战争中获胜，也仍然要遣使议币。程珌没有明白主张以补还金人历年岁币来换取和平，可是当时朝臣确有如此的建议。对于这种为了消弭金人“举兵寇边”而“欲以攒年岁币输之”的主张，袁燮有强烈的反应。他认为“果出此，国不可以为国矣”，因而上奏反驳（注一〇一），指出金人渝盟，目的在要索岁币，如果顺其要求，“是畏其威也，是示之弱也，堂堂大朝，而见胁于衰微之小丑，唯其所欲，略不敢较，兹其为耻辱也大矣”，要是金国势尚强，又守盟约，与之岁币无妨，如今金国势已衰，又已渝盟，若与之岁币，“我气先索，何以立国”，蒙古及其他华北豪杰，“见吾怯弱如此，将有吞噬之心”，他认为不如将岁币移用作边防之费（注一〇二）。嘉定十一年（一二一八）二月，他在上言中再度强调，“堂堂中国，卑词厚币，谨奉垂亡之虏，自示削弱，谁不侮之”（注一〇三）。他的论点，和真德秀、刘爚相似。黄榦与袁燮又都指出，要索岁币只是金人对宋用兵表面上的理由，金人真正的目的在于夺取宋的土地，袁燮认为通和只有导致对方更大的邀索，黄榦更强调情势不得不战（注一〇四）。自嘉定七年以来，反对继续输送岁币的议论，几乎都从有失国体和易成苟安立论，而少提政府财力的问题，和南宋初年反对输金岁币的言论大不相同，这应是由于当时南宋经济虽已开始走下坡，却尚未甚坏（注一〇五）。至于宋宁宗的态度，这时依然倾向于停输岁币，当嘉定十年袁燮上言不可因金要索而输送岁币时，宋宁宗回答：“却可以此赏功”（注一〇六）。他这种始终支持停罢岁币的态度，对南宋朝廷的决策应该有所影响。

这场争论，结果因为战争的绵延不断而消失于无形。一直到嘉定十七年（一二二四），金宣宗去世，金哀宗继位，才罢兵与宋议和。战争的结果，金人不但没有达成用兵的目的，反而导致兵财俱困，国力更为消耗，无力抵御蒙古，这无疑是促成金朝灭亡的原因之一。至于南宋，在停止输金岁币之后，国政也没有起色，一天比一天衰弱，财政愈来愈困难。而在金亡之前，袁燮已经从兵力与岁币的角度，意识到将会有更复杂的问题等待南宋去面对（注一〇七）。

五、结语

总结本文所述，南宋时期关于岁币的讨论，反映国家内外情势的变迁。南宋初年，宋高宗积极向金求和，以岁币作为条件之一。这时南宋国势甚弱，但是士大夫由于身遭国家民族的大变，反对和议的声浪甚高。这些言论大多从义理立论，不满向金称臣，不过也有一部分强调国家财力有限，无法负担巨额的岁币。宋高宗借秦桧之助，压制反对的言论，达成与金议和的目标。

此后国家日渐安定，经济日益发展，南宋群臣却大多对输金岁币已习以为常，当绍兴末宋金战争将要爆发前，虽然有人指出岁币对于维持和平并不可恃，但也有人主张增加岁币以换取和平。绍兴末、隆兴间两度议和，南宋君臣并不计较向金输纳岁币，只不过争其多寡，甚至希望以岁币来换取其他条件。这种情形，一方面是由于南宋君臣认识到本身实力有限，不足以完全推翻绍兴和约；另一方面也由于这时国家的经济状况已非南宋初年之比，岁币支出占岁入比例颇低，即使是主张停罢岁币的辛弃疾，也不从财力的负担立论，反而认为区区之数不足顾惜。当大多数人隐忍于岁币换来的和平时，陈亮、辛弃疾、虞俦、叶适却呼吁正视岁币外交所带来的不良影响，不过陈亮从财政经济来论这方面的影响，并非全是事实，而辛弃疾、虞俦和叶适从国体和心态来论这方面的影响，则比较真切。开禧年间，北伐失败，导致和约的又一次重议。大约南宋朝臣自知败盟理亏，而且战败，所以对于增加岁币并无异议，至多只是希望用岁币来换取其他条件，然而由于这时南宋经济开始走向下坡，他们已感觉到不同于从前的财政压力。

不久之后，由于蒙古入侵华北，宋使无法抵达金都燕京，岁币于是暂停输送。金人迁都汴京后，遣使至宋督索岁币，后来并且为岁币而与宋开战。这时宋廷为了是否继续输金岁币而发生争论，主张输送的一派以宰相史弥远为首，反对输送的一派则是一些清议分子。两派人都认识到南宋本身国力的不足，但是对应否运用岁币外交却有完全不同的见解。前者认为金国力尚未大衰，应避免与其发生冲突，又主张以岁币作经援，助金向蒙古求和，以免宋直接面对蒙古的威胁。后者则认为金已近衰亡，再向其输纳岁币，有失大国之体，助长蒙古和华北群雄对宋的觊觎，同时也容易养成苟安的心理，他们主张应该趁此机会自强自立。后者从国体和心态来主张不应继续输送岁币，立论的重点和宋孝宗时期的辛弃疾、叶适相一致，他们很少提出岁币给予政府财政负担的问题，则应是由于这时南宋经济虽已开始走下坡，却尚未甚坏。这场争论，最后因为宋金战争的爆发与延续而消失于无形。

宋金战争的结果，金人不仅未能使宋复输岁币，反而因国力消耗而灭于蒙古。而南宋虽然不再向金输纳岁币，却也没有把握机会自强自立，国力抵消于内部政争之中，在金亡之后，迅即面对蒙古的强大军事压力，的确令人有唇亡齿寒之感。到嘉熙二年（一二三八）蒙古使臣王檝来宋要求输纳岁币，南宋虽未同意，但这时通货膨胀严重，宋人对其要求已有“比之开禧时，物价腾踊，奚啻倍蓰”之说（注一〇八）。此后开庆元年（一二五九）鄂州之役，贾似道以允诺划江为界、岁奉银绢各二十万而得蒙古退兵，事后却对朝廷隐匿不报，并且拘禁蒙古派来议和的使臣郝经（注一〇九），南宋朝廷因此没有讨论以岁币换取对蒙古和平的机会。等到蒙古再兴大军侵宋，南宋军事既不能振作，财力又已枯竭，外交上更没有回旋的空间，只得继金之后步向灭亡。

（原刊于《台湾大学历史学系学报》
第十八期，一九九四年十二月。）

注释

注一：徐梦莘《三朝北盟会编》（以下简称《会编》）卷一政和八年（一一一八）四月二十七日条。

注二：《会编》卷四宣和二年七月十八日条、九月二十日条。

注三：关于宋高宗时期与金议和的史实，可参考迟景德《宋高宗与金讲和本末》（收入宋史座谈会编《宋史研究集》第十七辑），及徐秉愉《宋高宗之对金政策——建炎元年至绍兴十二年》（台湾大学历史研究所硕士论文）。

注四：《会编》卷一〇五建炎元年六月二日条，又见李纲《梁溪集》卷五十八《十议上·议国是》。

注五：《梁溪集》卷一〇二《论使事札子》。

注六：《会编》卷一五二绍兴二年十月六日条。

注七：《会编》卷一六一绍兴四年九月十九日条。

注八：《要录》卷八十一绍兴四年十月己丑条。

注九：见同注三。

注一〇：见同注七。

注一一：见同注七。《要录》卷八十一绍兴四年十月庚辰条载此一感慨出自魏良臣上辅臣之禀目。

注一二：见林伯羽师《建炎明州之战及绍兴宋与伪齐之战》（收入《大陆杂志史学丛书》第一辑第五册）。

注一三：见拙作《南宋的农地利用政策》第二章第一节。

注一四：见同注七。

注一五：见陶晋生师《完颜昌与金初的对中原政策》（收入陶晋生《边疆史研究集——宋金时期》）。

注一六：赵鼎《忠正德文集》卷九《使指笔录》。

注一七：《会编》卷一六八绍兴五年五月条。

注一八：胡铨《胡澹庵先生文集》卷十《上张丞相》。内称"仆年三十有五矣"，当作于绍兴六年（一一三六）。

注一九：《会编》卷一八四绍兴八年六月十七日条。

注二〇：《会编》卷一八五绍兴八年十一月十九日条。

注二一：《会编》卷一八六绍兴八年十一月二十四日条。

注二二：《会编》卷二〇三绍兴十年闰六月十八日条。

注二三：《要录》卷一二五绍兴九年正月丙戌条。

注二四：见黄繁光《赵鼎与宋室南渡政局的关系》（载中国文化大学《第二届国际华学研究会议论文集》）。

注二五：见林伯羽师《宋代政治史》页三二六～三三五。又关于岳飞孤军深入之后难以开展，邓广铭《岳飞传》（增订本）页三一二有评论，王曾瑜《岳飞新传》页二六〇～二六一亦叙述了岳飞军队缺乏友军配合的史实。

注二六：《会编》卷二〇二绍兴十年闰六月十八日条。

注二七：《要录》卷一三七绍兴十年七月乙卯条。

注二八：见陶晋生师《金海陵帝的伐宋与采石战役的考实》页六三～六六。

注二九：《会编》卷二二五绍兴三十一年正月十四日条。

注三〇：《会编》卷二二六绍兴三十一年正月条。

注三一：《要录》卷一九〇绍兴三十一年五月丙子条、辛卯条。

注三二：《要录》卷一九〇绍兴三十一年五月丁亥条。

注三三：《要录》卷一九〇绍兴三十一年五月甲午条。

注三四：《要录》卷一九〇绍兴三十一年五月乙未条。

注三五：程敏政《新安文献志》卷四程宏图《请罢和议决意用兵疏》。

注三六：《要录》卷一九三绍兴三十一年十月丙辰条："时有欲遣使诣金以缓师者，曾几闻之，上疏曰，遣使请和，增币献城，中（按：中当为终之误）无小益，而有大害。"

注三七：详细经过参阅陶晋生师《金海陵帝的伐宋与采石战役的考实》。

注三八：《要录》卷一九八绍兴三十二年闰二月癸巳条。

注三九：《宋史》卷三七三《洪迈传》。又朱熹《朱文公文集》卷九十六《陈俊卿行状》对陈俊卿的议论有更详细的记载。

注四〇：韩元吉《南涧甲乙稿》卷十三《上贺参政书》。韩元吉此书中有"自讲和之议兴，敌之和好，又二十年矣"语，当作于绍兴三十二年间。

注四一：见陈乐素《读〈宋史·魏杞传〉》（收入陈乐素《求是集》第二集）。

注四二：金世宗即位之初国内情势不稳的情形，见黄宽重《南宋时代抗金的义军》页一二六。

注四三：见李心传《建炎以来朝野杂记》甲集卷二十《癸未甲申和战本末》。

注四四：蔡堪《定斋集》卷二《论和战疏》。

注四五：周麟之《海陵集》卷四《封事》。

注四六：见同注四三。

注四七：《胡澹庵先生文集》卷八《上孝宗封事》。

注四八：《新安文献志》卷七十三金文刚《肃（按：肃上当缺忠字）金公家传》。

注四九：各人言论见同注四三。又陈良翰、周操的主张又见《朱文公文集》卷九十七《敷文阁直学士陈公行状》，及周必大《文忠集》卷六十六《敷文阁直学士陈公神道碑》。

注五〇：王之望《汉滨集》卷十四《汉光武、晋穆帝御戎是非策》。

注五一：《朱文公文集》卷九十五下《张浚行状》。

注五二：见同注四一。

注五三：楼钥《攻媿集》卷九十二《观文殿学士钱公行状》。

注五四：《会编》卷二一五绍兴十五年十月条。

注五五：叶适《水心先生文集》卷十六《著作、正字二刘公墓志铭》。

注五六：《美芹十论》奏进于乾道元年，见邓广铭《辛稼轩年谱》，及郑骞《辛稼轩年谱》。又邓广铭辑校

《辛稼轩诗文钞存》附录《美芹十论作年考》认为此论有可能在隆兴二年已写成。

注五七：黄淮、杨士奇《历代名臣奏议》卷九十四。

注五八：绢价见全汉昇《南宋初年物价的大变动》（收入全汉昇《中国经济史论丛》第一册），银价见加藤繁《南宋时代银的流通以及银和会子的关系》（收入加藤繁著、吴杰译《中国经济史考证》）。

注五九：这类花费，参见周密《齐东野语》卷十二《淳绍岁币条》。

注六〇：见郭正忠《南宋中央财政货币岁收考辨》（载《宋辽金史论丛》第一辑）。

注六一：黎靖德编《朱子语类》卷一三三《本朝七·夷狄篇》。

注六二：陈亮《陈亮集》（增订本）卷一《戊申再上孝宗皇帝书》。

注六三：见同注五七。

注六四：虞俦《尊白堂集》卷六《论对札子》。

注六五：《水心先生别集》卷四《进卷·外论二》。《进卷》为叶适早年备制科之举而作，见周学武《叶水心先生年谱》页四六。

注六六：见同注五七。

注六七：见同注六五。

注六八：见黄俊彦《韩侂胄与南宋中期的政局变动》（台湾师范大学历史研究所硕士论文）页一八六、一八九。

注六九：刘克庄《后村先生大全集》卷一六六《宝谟寺丞诗境方公行状》。

注七〇：魏了翁《鹤山先生大全文集》卷六十九《许奕神道碑》。

注七一：《后村先生大全集》卷一四二《焕学尚书黄公神道碑》。

注七二：《后村先生大全集》卷一六七《龙学行隐傅公行状》。

注七三：见同注七一。安边所事又见不著撰人《两朝纲目备要》卷十一嘉定元年年末条，及《建炎以来朝野杂记》乙集卷十三《提领拘催安边钱物所条》。

注七四：见朱瑞熙《宋朝的岁币》（载岳飞研究会编《岳飞研究》第三辑）。

注七五：真德秀《真文忠公文集》卷二《戊辰四月上殿奏札一》。按戊辰为嘉定元年。

注七六：见黄宽重《晚宋朝臣对国事的争议——理宗时代的和战、边防与流民》页十四、十五。

注七七：见加藤繁《宋代和金国的贸易》（收入加藤繁著、吴杰译《中国经济史考证》），全汉昇《宋金间的走私贸易》（收入全汉昇《中国经济史论丛》第一册）。

注七八：见王德毅师《略论宋代国计上的重大难题》（收入王德毅《宋史研究论集》第二辑）。朱瑞熙《宋朝的岁币》一文估计南宋以岁贡或岁币的名义向金前后输纳银一千四百八十五万两、绢一千四百八十五万匹、铜钱三百万贯文，但不包括其他馈赠在内。

注七九：见全汉昇《宋金间的走私贸易》，李剑农《宋元明经济史稿》页八三、八四。

注八〇：见林伯羽师《晚金国情的研究》（收入《大陆杂志

史学丛书》第一辑第五册)。

注八一:《两朝纲目备要》卷十四嘉定七年三月庚辰条、八月癸卯条。

注八二:这场争论,黄宽重《晚宋朝臣对国是的争议》页十五~十七已有讨论,本文对此一问题的探讨,以黄氏的研究为基础而略有补充。

注八三:《真文忠公文集》卷四十一《刘文简公神道碑》。

注八四:《两朝纲目备要》卷十四嘉定七年七月乙亥条。

注八五:《真文忠公文集》卷三《直前奏事札子》。《两朝纲目备要》载真德秀此疏上于嘉定七年七月庚寅。

注八六:刘爚《云庄先生刘文简公文集》附录《云庄先生刘文简公年谱》嘉定七年七月条。本文所用之《云庄先生刘文简公文集》为"中央图书馆"所藏之明弘治间刘煓刊嘉靖间修补本,而非四库全书本之刘爚《云庄集》,有关版本之考证见拙作《刘爚〈云庄集〉之版本及其真伪》(载于本书下册页一一六九~一一八一)。

注八七:《云庄先生刘文简公文集》卷一《乞绝金虏岁币札子》。上疏时间据《云庄先生刘文简公年谱》嘉定七年十月条。

注八八:《真文忠公文集》卷三《直前奏事札子》,《云庄先生刘文简公文集》附录《云庄先生刘文简公年谱》嘉定七年十月条。

注八九:《两朝纲目备要》卷十四嘉定七年十一月辛酉条。

注九〇:叶绍翁《四朝闻见录》甲集《请斩乔相条》。

注九一:黄榦《勉斋集》卷二十七《代人禀宰执论岁币》。

注九二:程珌《洺水集》卷十三《上执政书·其二》。

注九三：《后村先生大全集》卷一四七《毅肃郑观文神道碑》。

注九四：《云庄先生刘文简公文集》卷一《奏乞建制置司于历阳以援两淮》。上疏时间见《云庄先生刘文简公年谱》嘉定八年二月条。

注九五：见同注九一。

注九六：《金史》卷六十二《交聘表》贞祐三年三月丙子条，金贞祐三年当宋嘉定八年。

注九七：《真文忠公文集》卷五《江东奏论边事状》。

注九八：陈耆卿《篔窗集》卷八《朝散郎秘书丞钱公抚墓志铭》载钱抚奉使至金贺生辰，“公见敌调法纷纷，知盟好必败，乃钩引他故，撼庀事者。庀事者具言状，且曰岁币安在，吾国将留使者而问焉，闻之乎？”按钱抚出使在金兴定元年，即宋嘉定十年三月，见《金史》卷六十二《交聘表》。

注九九：见同注八〇。

注一〇〇：《洺水集》卷四《边币议》。

注一〇一：《真文忠公文集》卷四十七《袁燮行状》。

注一〇二：袁燮《絜斋集》卷四《论备边札子一》。

注一〇三：见同注一〇一，又见《絜斋集》卷三《论修战守札子》。

注一〇四：《勉斋集》卷十《再与侍制李梦闻书》：“今彼既为蒙古所驱，失其巢穴，岂肯甘心处河南数州之地？其垂涎两淮以广其境土，非一日也，今吾又绝其岁币，则彼之决于一战，既无可疑，吾亦不得不与之为敌，和既不可，其势必不可以不战，此大体之最易见者也。”同书卷十一《与金陵制使李梦闻书》："敌人侵边，亦已一年，彼其君臣上下日夜相与经营，必欲得吾两淮而后已，虽以岁币为名，而实不在乎岁币也。"《絜斋集》卷三《论修战守札子》："汴都四平，难以立国，欲夺我险要，为驻足之地，首犯浮光，肆及襄汉，骎骎以至蜀，观其志愿，非专为岁赐也，彼无求和之意，而我强欲与通和，大有邀索，何以堪之。"

注一〇五：嘉定时期通货膨胀已经开始，但比起以后宋理宗、度宗时期的恶性通货膨胀却要轻微得多。见全汉昇《宋末的通货膨胀及其对于物价的影响》（收入全汉昇《中国经济史论丛》第一册）。

注一〇六：见同注一〇一。

注一〇七：《絜斋集》卷二《轮对乾德三年内库金帛用度札子》："金人衰微，行且灭矣，金亡之后，群雄纷然，皆与我为敌，而吾所以待之者，亦惟曰和战两端而已。与之战乎，安得兵力如是之劲；与之和乎，安得岁币如是之多。此诚未易处也。"

注一〇八：《宋史》卷四〇五《李宗勉传》。事在嘉熙二年参见《宋史》卷四十二《理宗纪》。

注一〇九：见毕沅《续资治通鉴》卷一七五开庆元年闰十一月甲申条；卷一七六景定元年（一二六〇）三月戊辰条，七月戊子条。关于贾似道与蒙古约和的问题，四川大学的学者有不同的意见，认为实无其事，纯系蒙古方面所编造，见胡昭曦、邹重华主编《宋蒙（元）关系史》页二四五～二五四。但据宋、元人若干著作，笔者的看法是，贾似道对蒙古有所承诺应无问题。此类史料，王德毅师《宋季忠烈汪立信年谱》(《台湾大学历史学系学报》第十四期）颇有征引。《宋蒙（元）关系史》书中认为此事出于伪造的重要根据之一，是《宋史·卷四七四》之《贾似道传》载贾似道于这年十一月得知蒙哥在四川的死讯，以之告知尚不知情的忽必烈，使其同意约和退兵，为不可能，因为南宋方面至迟在这年八月已获得此一消息。但此事可能为《宋史》误记，据《新安文献志》卷十五张枢《汪端明（立信）仗节记》所载，贾似道告知攻鄂州蒙军的消息，为“亲王居守者作乱京师”，而非蒙哥之死讯。忽必烈得知此一消息而急于北返，愿意接受贾似道的请求，双方有所约定，并将细节留待日后遣使再谈，实有可能，此种约定不必是正式的和约。蒙古对此一约定认真看待，所以事后遣使至宋；而贾似道当时则不过如方回论其罪时所说：“是虽要盟，姑以纾急”（方回《桐江集》卷六《乙亥前上书本末》)，所以事后极力掩饰。

叁

地区发展与城镇社会

宋元时代的苏州

一、前言

宋代以后，南方已经成为中国的经济中心，而南方各地又以浙西地区特别富庶。苏州是浙西大郡，南宋时谚称“天上天堂，地下苏、杭”及“苏、湖熟，天下足”（范成大《吴郡志》卷五十《杂志篇》），无论在农业生产或城市繁荣方面均有领先的地位。杭州、湖州和苏州在这两则谚语中相提并论，实际上湖州的富庶比不上苏州，而杭州城市的繁荣固然远过苏州，农业生产的地位却无法和苏州相比，而且南宋时杭州的特殊繁荣，有相当大的成分是作为行都的政治因素所造成。因此，苏州可以作为探讨宋代以后地区性经济发展的一个范例，在全国经济发展中具有关键性的意义，研究苏州不仅增进对于苏州本身的了解，而且有助于了解浙西地区以至于全国的经济动态。本文以宋、元时代为限，首先讨论苏州的地理形势与经济环境，其次讨论苏州的社会结构与商业活动，最后讨论苏州的市镇兴起与城市发展，一方面从各个不同的层面来描绘此一时期苏州的经济发展，另一方面也说明苏州郡城如何以苏州的地理形势和经济环境为基础，发展成为一富于商业性的大城市。

二、地理形势与经济环境

宋、元时代苏州的经济繁荣，奠基于生产事业和交通运输之上。苏、杭繁荣相提并论，而其繁荣基础，就后者而言，苏州与杭州具有共同的特色，就前者而言，苏州与杭州却颇有不同。南宋杭州的经济繁荣，主要是巨量的消费所推动，而消费虽然也是苏州经济繁荣的导因之一，但农业和手工业的生产却显得更为重要，尤以农业生产的兴盛，为其重要特色，即使是消费，也与苏州生产发达所带来的富裕有若干关系。由于苏州产业的发达，而有产品的外销，产品外销带动了商业繁盛，商业繁盛促进了城市发展。而苏州的地形、位置、人口与自然资源，提供了产业发达与产品外销的条件。

苏州古代为吴国之地，秦代属会稽郡，东汉始置吴郡，自会稽郡分出，有钱塘江以西之地。两晋南朝吴郡疆域屡次分割，而郡名相沿不改，隋代始改称苏州。唐代苏州有吴、长洲、嘉兴、昆山、常熟、海盐、华亭七县，五代分吴县地置吴江县，又割嘉兴、海盐、华亭三县别置秀州。宋初苏州领吴、长洲、昆山、吴江、常熟五县，北宋政和三年（一一一三），升苏州为平江府，南宋嘉定十年（一二一七），分昆山县滨海之地置嘉定县，自此领有六县。元初改称平江路，仍领六县，元贞二年（一二九六），升吴江、常熟、昆山、嘉定为州，于是领四州二县。自唐代起，苏州郡治吴、长洲两县，宋、元时期仍然如此（注一）。唐代苏州疆域东西四百三十九里，南北三百三十里，宋、元时代则只有东西三百二十五里，南北三百里（注二），比起唐代已颇为缩小。

苏州西接太湖，东临大海，东北濒扬子江，东北西三面地势略高，中间地势低洼，湖荡散布，塘浦纵横，号称“泽国”

（注三）。外围的高地，自东北面起，昆山、常熟两县濒临江海之地，由东南向西北延伸，“冈阜相属，俗谓之冈身”（《吴郡图经续记》卷下《治水篇》）；常熟县西北邻接常州，常州地势较苏州为高，多长冈高垄（注四），所以“冈身之西又与常州地形相等”（《吴郡志》卷十九《水利篇》引赵霖言）；常熟县之南，东为长洲县，西为吴县，吴县西面，自北而南，山岭起伏，拱绕太湖，如虎丘山、横山、姑苏山、胥山、岝崿山、报恩山、砚石山、阳山、华山、天平山、穹窿山、黄山等，太湖中也有山，多至七十二峰，而以包山为大，包山又称洞庭山，分为东、西二山。诸山之中，包山高七十丈，虎丘山高一百三十丈，砚石山高三百六十丈，阳山高达八百五十余丈，而穹窿山比阳山尤高（注五）。高地环绕的低洼地区，是湖泊淤积平原，水源不仅来自太湖，由于外围皆高，所以“其势又亢若仰盂，水亦反流而趋，内四面皆源，独其中受水之流”（黄震《黄氏日抄》卷八十四《代平江府回裕斋马相公催泄水书》）。然而最大的水源，仍为太湖。太湖之水，古称经由三江入海，但至北宋时，只有松江一江，松江又称吴松江或吴淞江，源自太湖东南隅，东南流经吴江县，入秀州，至华亭县青龙镇入海（注六）。平原之上，“为湖者十之二三”（范仲淹《范文正公集》卷九《上吕相并呈中丞咨目》），其大者如淀山湖、练湖、阳城湖、巴湖、昆湖、承湖、尚湖、石湖、沙湖等，湖之外，又有荡、瀼、淹等潴水之处（注七）。湖、荡、瀼、淹之间，有江、河、溪、塘、浦、泾、浜、港等自然或人工水道相连，纵横交错，不计其数（注八）。而这些湖泽水道，“无不与太湖贯通”（《黄氏日抄》卷八十四《代平江府回裕斋马相公催泄水书》），有宣泄太湖之水的功用。东北两面虽然地势较高，也有塘浦贯穿冈身而入海。苏州的这种地形，一方面容易发生水灾，另一方面却也提供了优良的稻作农业环境。

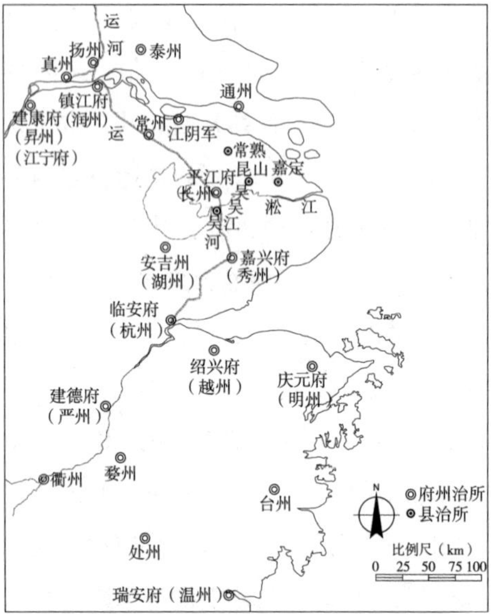

图一　宋代苏州（平江府）形势图

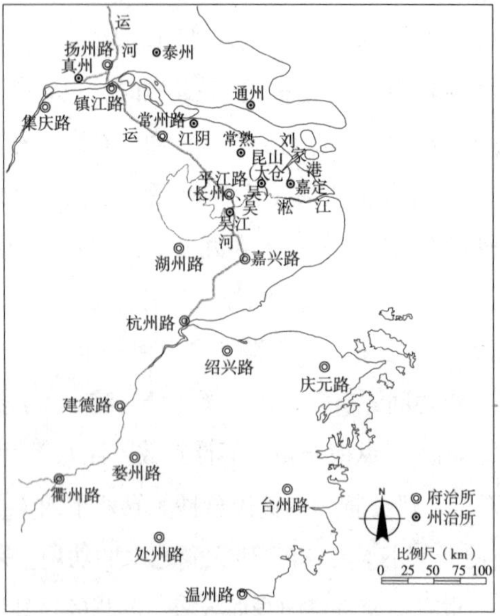

图二　元代苏州（平江路）形势图

苏州位当交通要冲，所谓“郡当冲会，为津为岐”（张方平《乐全集》卷四《姑苏蒋公北池诗序》），“平江当四达之冲”（崔敦礼《宫教集》卷五《代平江守臣乞截拨牙契钱修城札子》）。其内部及对外联系，以水运为主，陆运为辅。相应于地形的特征，苏州的内外交通以水运为重要。运河是苏州对外交通的干线，自郡城南航经吴江县、平望镇、秀州，可至杭州，其支流则可至湖州，北航经常州、镇江府而入长江，可渡长江而继续北行至汴京，也可溯长江而西上至建康府、鄂州，自常州至苏州航路一百六十里，漕船航行约三日，自苏州至杭州航路三百六十里，漕船航行约八日（注九），杭州在南宋时为行都，在北宋和元代也是全国有数的大都市，苏州的交通位置自然显得特别重要。太湖也有航行之利，自木渎镇西十里胥口出太湖（注一〇），湖中“商帆贾楫，日相上下”（胡宿《文恭集》卷七《论太湖登在祀典》），北航可抵常州，常州晋陵县的戚墅港，“太湖之舟艑至焉”（同上卷三十五《晋陵县开渠港记》），无锡县的洛社港，也是“商旅舟楫走集之地”（孙觌《内简尺牍》卷五《与常守陈检讨》），南航则可至湖州，自湖岸有运河通湖州郡城（注一一）。松江亦可通航，读北宋蒋堂《游松江》诗：“六幅青帆趁潮去”（《吴郡志》卷十八《川篇》）可知，自松江顺流而下，可至秀州青龙镇海口，元朝且一度“海舟巨舰每自吴淞江、青龙江直抵平江城东葑门湾泊”（归有光《三吴水利录》卷三《周文英书一篇》）。纵横苏州全境的塘、浦、泾、浜等水道，多有航行功能，举其要者而言，自郡城至昆山县有至和塘（又称昆山塘）相连，自郡城至常熟县有常熟塘相连，即北宋末年赵霖所说：“昆山去城七十里，通往来者，至和塘也；常熟去城一百五里，通往来者，常熟塘也”（《吴郡志》卷十九

《水利篇》)。昆山塘又称娄江，自昆山县城继续往东展延出海（注一二），出海口“宋时湮塞，潮汐不通，至元时娄港不浚自深，日往月来，不数年间，潮汐两汛，可容万斛之舟”(《洪武苏州府志》卷三《川志》)，即元代漕粮海运的起点刘家港。常熟县城又有许浦北通扬子江口，南宋以前，“水势顺达，海舶时至邑城”（邓韨《嘉靖常熟县志》卷四《水利志》)。此外“水行之道，可以通舟楫，土人谓之为泾”（赵孟頫《松雪斋文集》卷七《南泾道院记》)，所以下至小泾小浜，也有“行舟安舟之便”(《吴郡志》卷十九《水利篇》引郏亶言)。这些密布的水道，伸展出苏州境外，在经济发达的浙西地区形成一个交通网，使苏州和浙西其他州郡的联系十分方便，方回《听航船歌》:“船头船尾唱歌声，苏、秀、湖、杭总弟兄”（方回《桐江续集》卷十三)，即指这种交通的便利而言。除了以水道与内陆各地相连之外，苏州濒海，秀州青龙镇、昆山县刘家港、常熟县许浦镇等地均为出海口，因此又可经由海运与明州、泉州、广州等贸易港以及沿海各地相交通，甚至可以和海外各国相来往。而苏州也因此成为一海防要地，南宋时期在许浦镇驻有水军，其后又分驻于昆山县顾迳港（注一三)。

陆路交通虽然不如水路交通重要，但也不可忽视。陆路交通的建设，可以上溯唐代，吴江县地自古为水乡，无陆路可行，唐元和五年（八一〇），苏州刺史王仲舒堤松江为路，始有陆路可通郡城（注一四)。自郡城至昆山县之间七十里，也是从古积水，无陆路可行，来往之人苦于跋涉，北宋至和（一〇五四～一〇五五)、嘉祐（一〇五六～一〇六三)年间，筑成至和塘之后，才有人献计，筑墙车水，取土筑堤，每隔三四里则建一桥，以通水之南北，共建五十二桥，堤成之后，给行旅带来很大的便利（注一五）。堤岸之外，桥梁为苏州水乡陆路交通的另一特色。例如北宋天圣（一〇二三～一〇三一）年间，两浙转运使徐奭、江淮发运使赵贺“自市泾以北、赤门以南筑石堤九十里，起桥十有八（原注：或云四十余）”（《姑苏志》卷十一《水利志》）。前述至和塘之上，也建有五十二桥。又如自郡城出盘门外，陆途南行至木渎镇，须乘舟渡越运河，由于正当两水汇流之处，水流深广，往来不便，元丰（一〇七八～一〇八五）年间才建新桥，以利行旅（注一六）。再如吴江县跨越吴淞江的利往桥，建于庆历八年（一〇四八），东西千余尺，桥成之后，行旅免于舟楫风波之苦（注一七），至南宋时，“中兴驻驆武林，往来憧憧，千万承平时，此桥方为大利”（《吴郡志》卷十七《桥梁篇》），实为苏州至行都的重要交通孔道。自宋至元，交通继续改善，土堤又改砌为石路，木桥也改建为石桥，如建于唐代元和年间的元和塘（即常熟塘），南宋嘉定七年（一二一四）知常熟县惠畴重修，甃石为路以达郡城（注一八）。郡城封门外十五里的宝带桥，“正舟车往来之冲，桥界澹台湖，故木不能支久，过者危之，绍定五年（一二三二），郡守邹应博易以石”（《洪武苏州府志》卷六《桥梁志》）。吴江利往桥也在元朝泰定二年（一三二五）由木桥改建为石桥（注一九）。总之，宋、元以来，苏州以其自然地势，加以人工建设，水陆交通都很便利，内部既能紧密联系，便于本地生产品的集中外运；对外也能四通八达，有利于与国内各重要生产、消费地区进行产品的交换或转运，甚至间接或直接的展开对海外的国际贸易。

自唐至宋，苏州疆域虽然已经缩小，而人口却反见增加。唐初苏州有 11,859 户，天宝（七四二～七五五）年间增至76,421户（注二〇），安史之乱爆发之后，北方人士避难于苏州者颇众，梁肃于大历十四年（七七九）撰《吴县记》，称："国家当上元之际，中夏多难，衣冠南避，寓于兹土，参编户之一"（《吴郡志》卷三十七《县记篇》），于是人口继续增长，长庆（八二一～八二四）年间白居易为苏州刺史时，"版图十万户"（王象之《舆地纪胜》卷五《两浙西路平江府篇》引自白居易《到郡斋诗》），已称富盛。而"自长庆以来，更七代三百年，吴人老死不见兵革"（龚明之《中吴纪闻》卷六《苏民三百年不识兵条》），长期安定使人口不断增殖。宋初承五代疆域割置秀州之后，仅有35,195户（注二一），大中祥符四年（一〇一一）已增至66,139户，由大中祥符至元丰三年（一〇八〇）七十余年间，更增至199,892户，为大中祥符四年的三倍，较唐代全盛时亦增一倍，此数据《吴郡图经续记》卷上《户口篇》，另据王存《元丰九域志》卷五《两浙路苏州条》，则仅有主户158,767户，客户15,202户，共173,969户，疑《元丰九域志》所载客户数有脱漏，所以总户数较少。元祐五年（一〇九〇）、六年（一〇九一），浙西连续两年大水，"苏、湖、常三郡，水通为一，……父老皆言，耳目未曾闻见"（苏轼《东坡奏议集》卷九《乞将上供封桩斛㪷应副浙西诸郡接续粜米札子》），元祐五年浙西一路死者已达五十余万人（注二二），元祐六年死亡人数当亦不少，因此至崇宁（一一〇二～一一〇六）年间，苏州户数略减为152,821（注二三）。然而二十年后的宣和（一一一九～一一二五）年间，据孙觌于南宋初年追记，竟"覆露生养至四十三万家"（孙觌《鸿庆居士集》卷二十二《平江府枫桥普明禅院兴造记》），似乎增加过速，可能有记忆之误或夸张之嫌。南北宋间苏州曾惨遭金人屠掠，"士民得脱者十之二三，而迁避不及遭杀者十之六七”（《洪武苏州府志》卷四十六《杂志》），但涵养生息五十年后，一方面由于人口自然增长，另一方面由于北方人口避难南移，苏州户口又已恢复元丰年间的水准，卢瑢于淳熙三年（一一七六）作《居养安济院记》，称：“户者今二十余万”（《吴都文粹续集》卷八），《吴郡志》卷二十一《户口税租篇》所载淳熙十一年（一一八四）苏州户数，则仅有173,042，若非前者语气夸张，则后者有脱漏的可能。此后下迄元末，人口继续上升。宋末德祐元年（一二七五）有329,603户（注二四），在此四年之前，边实为昆山县作《玉峰续志》，称“时异事殊，巨家上室，公私交困，率多替徙，市井萧索”（《风俗条》），“富者迁避，贫者转徙，赋役既缺，团甲多废”（《户口条》），因此德祐元年的户数并非南宋苏州最盛时的数字，最盛时的户数当在此数之上。元代统一全国之后，于至元二十六年（一二八九）籍江南户口（注二五），躲避赋役的户口难再逃漏，至元二十七年（一二九〇）苏州户数便达466,158之多，下至明初洪武四年（一三七一）又增为473,862户（注二六）。洪武四年的苏州户数虽然可视为元末的反映，却非元代苏州最盛时的户数，元末至正十二年（一三五二），方国珍入昆山太仓劫掠，于至正十六年（一三五六）退兵，太仓原有十万余户的人口，乱后经招徕复业的仅有二万余户（详第四节），可见元末损失人口甚多，元代苏州最盛时当不下五十余万户。从以上的讨论，可以推知南宋苏州盛时户数当可达唐代盛时的四倍，而元代盛时则更已达五倍有余。兹列举自唐代至明初苏州全郡户数于表一，以见其持续增长的趋势。

表一：唐至明初苏州全郡户数

年代	唐初	天宝年间	长庆年间	宋初	大中祥符四年	元丰三年
户数	11,859	76,421	100,000	35,195	66,139	199,892
年代	崇宁年间	淳熙三年	德祐元年	元至元二十七年	明洪武四年	
户数	152,821	二十余万	329,603	466,158	473,862	

户口的增长，在苏州所辖各县之内是相同的，并没有偏枯的现象。宋、元时代苏州六县，除吴县之外，其他各县都有两个以上的户口数字可作比较。北宋初年，王禹偁知长洲县时，只有“七千余家”（《吴都文粹续集》补遗卷上王禹偁《入朝又上疏》），南宋中叶，周南作《长洲主簿厅壁记》，则已“自占籍五等而上，应输之户五万”（周南《山房集》卷四），而客户尚不在其内，至明初洪武四年总户数更达85,868（注二七）；常熟县在北宋治平二年（一〇六五）“民版之数至四万户”（《琴川志》卷十一《叙文》载郎淑《常熟新建顺民仓记》），南宋淳熙元年（一一七四）主客以户计“五万一千三十八”（同上载龚颐正《续题名记》），元代至正二十七年增至60,194户（注二八），明初洪武四年则有62,185户；吴江县于宋时有户25,552，元初至元二十七年增至84,300户（注二九），明初洪武四年略减为80,384户；昆山县在北宋大中祥符（一〇〇八～一〇一六）年间有16,348户，南宋庆元（一一九五～一二〇〇）年间有主户35,342，客户有3,700，共38,942户，按客户数仅占总户数的9%，似乎偏低，可能有漏记的情形，否则不至于淳祐（一二四一～一二五二）年间滨海之地已分割出另设嘉定县，昆山县疆域较从前狭窄，而仍有民户45,368（注三〇），元初至元二十七年有50,300户

（注三一），明初洪武四年则有 80,384 户；嘉定县在南宋嘉定（一二〇八～一二二四）年间初创县时有户 30,000，元初至元十八年（一二八一）增至69,425户，至元二十九年（一二九二）突增至 95,795 户（注三二），当为籍户的结果，明初洪武四年则有96,072户。而吴县虽然没有两个年代的户口数字可资比较，但明初洪武四年吴县有 60,355 户，已几近于北宋大中祥符四年全郡的总户数，则其户口在宋、元之间也必然有显著的成长。兹列举明洪武四年各县户数于表二，以反映元末苏州户口的地域分布状况。

表二：明洪武四年苏州各县户数

县分	常熟县	长洲县	吴县
户数	62,185	85,868	60,355
县分	嘉定县	昆山县	吴江县
户数	95,795	80,384	80,384

人口如此均衡而急速的成长，必然导致苏州境内经济活动的种种变化，从生产方面来说，最显著的莫过于农业高度的发展。耕地的充分利用，便是农业高度发展的一个表现。早在唐代元和年间，苏州已是"农实邦本"，"强家大族，畴接壤制，动涉千顷，年登万箱"（《琴川志》卷十二《叙文》载刘允文《大唐苏州新开常熟塘碑铭并序》），但是到北宋景祐（一〇三四～一〇三七）年间，张方平知苏州昆山县时，仍然不免"郡邑地旷人杀"（《乐全集》附录《张方平行状》）。以后随着人口的增加，原野景观发生变化，元祐（一〇八六～一〇九三）年间的情况，已和景祐年间不同，"畎浍脉分，原田碁布，邱阜之间，灌以机械，沮洳之滨，环以茭楗，则舄卤硗确变为膏泽之野，苹藻葭苇垦为秔稻之陆"（《吴

郡志》卷三十七《县记篇》引郭受《吴县记》），可见耕地已经大量开发，到南宋中叶范成大作《吴郡志》时，则更已“四郊无旷土，随高下悉为田”（同上卷二《风俗篇》），耕地利用达到穷尽的地步。北宋景祐年间范仲淹知苏州时，“一州之田系出税者三万四千顷”（《范文正公集》之《政府奏议上·答手诏条陈十事》），稻米生产已称富盛，而至南宋时期，仅常熟一县在端平二年（一二三五）便有田2419,892亩（注三三），相当于二万四千余顷，六县合计当数倍于北宋景祐时，正与人口增长的趋势相呼应。南宋其他州郡绝大部分县份的耕地面积，都不及常熟县甚远，甚至有不及十分之一的情形（注三四）。而苏州田地，以常遭水淹，涂泥淤积，特别肥沃，即郏亶所称“吴人以一易再易之田，谓之白涂田，所收倍于常稔之田”（《吴郡志》卷十九《水利篇》），赵霖也说“平江之田，以低为胜”（同上），所以“二浙之田，独苏、湖、秀为最美”（吴潜《许国公奏议》卷二《奏论计亩官会一贯有九害》），“水田之美，无过于苏州”（《吴郡志》卷十九《水利篇》引郏亶言）。以数量众多的田亩，配合上优良的土质，苏州农业生产的丰盛是必然的。

推动这一个耕地面积成长的力量，除了人口增加的基本导因之外，还有若干其他的因素。由于苏州地势低洼，容易发生水灾，“一或霖潦兼旬，则漭为巨浸”（《侨吴集》卷八《祈晴有应序》），因此在农业发展的过程中，水利整治工作提供了重大的贡献，所谓“惟疏瀹浚导，水有所归，则旱干水溢不为患”（《洪武苏州府志》卷三《水利志》），而政府则在水利整治工作中扮演了重要的角色。宋、元两代，都在苏州设置有负责治水的机构。自吴越时，苏州已设置撩清指挥主水事，导河筑堤，以减水患，宋代沿袭其制，设置开江指挥，分驻于郡城、吴江、常熟、昆山四处，士卒最多时有二千人，许多重大的水利工程，除征募民夫之外，均有开江士卒参预（注三五）。元代于苏州设都水庸田司，疏浚河道为其职司之一，其后又立行都水监，专事吴淞江的浚导（注三六）。

水利整治的重点，就地域言可分三方面，一是太湖沿岸，一是松江下游，一是常熟、昆山两县的塘浦。太湖沿岸在北宋天圣元年（一〇二三）曾由两浙转运使徐奭、江淮发运使赵贺加以整治，自市泾以北，赤门以南，筑石堤九十里，“浚积潦，自吴江东赴海，复良田数千顷”（《姑苏志》卷十一《水利志》）；庆历年间，苏州通判李禹卿又“堤太湖八十里为渠，……其口蓄水溉田千余顷”（同上）。此后即没有重大的工程，治水重点集中在松江下游和常熟、昆山两县的塘浦。松江下游曲折宛转，水流迟缓，容易造成泥沙淤积，有碍排水，宝元（一〇三八～一〇三九）年间，两浙转运使叶清臣曾开凿盘龙汇，使其取直道而行；嘉祐（一〇五六～一〇六三）年间，两浙转运使李圭、昆山知县韩正彦，又在盘龙汇上游的白鹤汇另辟水道，使江水直达于海，因此松江有新江、旧江之别；其后熙宁（一〇六八～一〇七七）年间，两浙转运使郏亶复加以浚治（注三七）；再经北宋末崇宁至宣和间，提举浙西常平徐确、中书舍人许光凝、两浙提举常平赵霖等多次疏浚（注三八），松江排水功能已大为改善，对农业产生良好的影响。所以南宋时范成大说：“昆山从昔号为下湿，数十年前，十种九涝，自赵霖凿吴松江积潦，三十年来岁无荐饥”（《浙西水利书》卷上《范文穆公水利图序》）。南宋时松江仅在乾道（一一六五～一一七三）年间，由前进士胡恪一度开修，至元代则松江泥沙淤积又再严重，浚治松江成为最主要的治水工作。大德（一二九七～一三〇七）年间至泰定（一三二四～一三二七）年间，曾经数次由行都水少监任仁发主持开浚，其后至正元年（一三四一）又由都水庸田司从事浚导（注三九）。昆山、常熟两县塘浦的修治，是更加繁重的水利工程。太湖之水非松江一江所能宣泄，因此又在苏州北部昆山、常熟两县，以人工修筑塘浦，导水分别东流入大海，北流入扬子江。塘浦之兴，由来已久，早在唐代元和年间，已开常熟塘；北宋天禧（一〇一七～一〇二一）、天圣（一〇二四～一〇三一）年间，苏州水灾，发运使张纶于昆山、常熟两县各开塘浦，以导积水；景祐（一〇三四～一〇三七）年间，范仲淹知苏州，亲至海浦，开浚五河；其后两浙转运使沈立之又开昆山县的顾浦（注四〇）；庆历（一〇四一～一〇四八）年间，常熟知县范琪浚金泾、鹤渎二浦，"溉田千余顷"（《洪武苏州府志》卷三《水利志》）。至和塘的修筑，尤其是北宋时一重要工程，自唐代以来，已有修筑此塘的意图，而始终未能实现，北宋至道（九九五～九九八）及皇祐（一〇四九～一〇五三）年间，又尝议兴修而不果，至和（一〇五四～一〇五五）、嘉祐（一〇五六～一〇六三）年间，才先后由昆山县主簿丘与权和知县韩正彦修治完成，修治至和塘的同时，又浚治其他诸泾、浦、塘多处，"于是阳城诸湖若瀼皆道而及江，田无洿潴"（《吴郡志》卷十九《水利篇》引丘与权《至和塘记》），且"得膏腴田数百顷"（《淳祐玉峰志》卷中《名宦篇·韩正彦条》）。熙宁年间郏亶上疏论苏州水利，主张围湖成田，而以修治塘浦的方法来疏导积水。郏亶的建议在当时才刚施行，便因阻力太大而中止，但是到北宋末年形成为政府的政策。政和以后，北宋政府在浙西地区进行围湖成田（详后），在此前后，崇宁元年（一一〇二）提举淮浙澳闸司管干鲍朝懋浚杨林河、福山塘，政和三年（一一一三）知常熟县李光浚山塘、小山港，重和元年知昆山县吴昉修至和塘（注四一），赵霖也在宣和年间大事兴修水利，而浚治塘浦便是工程的重点（注四二）。南宋时期对塘浦的重视远过于松江，绍兴二十四年（一一五四），大理寺丞周环首先提出疏浚白茅浦之议，自绍兴二十八年（一一五八）至二十九年（一一五九），便先后由两浙转运副使赵子潚、知平江府蒋灿、监察御史任古主持，开浚常熟县梅里塘、茆浦、崔浦、福山浦、黄四浦，及昆山县新洋江、小虞浦、雇浦、郭泽塘（注四三）。隆兴二年（一一六三）至乾道二年（一一六六），又由知平江府沈度、两浙转运判官陈弥作、两浙转运副使姜诜先后主持，疏浚常熟县许浦、白茆浦、崔浦、黄泗浦，及昆山县茜泾、下张、七丫浦、三浦、川沙、杨林、掘浦（注四四）；而昆山县令李结，也在乾道元年（一一六五）自行募民浚导新洋、小虞、茜泾、下张、顾浦及郭泽、七鸦、至和诸塘（注四五）。乾道八年（一一七二）至淳熙二年（一一七五），又由于臣僚的建议，由许浦水军开浚许浦（注四六）。直至南宋末年，这项工作仍不时进行，例如淳祐三年（一二四三），常熟知县张从龙开支塘；淳祐六年（一二四六），发运使魏峻疏至和塘；宝祐四年（一二五六），常熟知县王文雍又开福山塘（注四七）。元代对于塘浦远不如对松江重视，但亦未完全忽略，如卢克治知平江常熟州，便"行视许浦、福山诸水之故道湮废不治者十六，募民浚导之"（黄溍《黄文献公集》卷八上《亚中大夫汉阳知府致仕卢公墓志铭》）；元末周文英论苏州水利，也力主浚治塘浦，而元朝不能用，其后张士诚据有苏州，得周文英书，依其议开浚诸水而境内丰熟（注四八）。

上述治水工程的建设，无疑是巨大的投资，因为耗费了多量的资金，也动用了庞大的人力。先列举若干治水工程所使用的经费及人工数量于表三，再作讨论。

表三：宋元苏州水利工程使用经费、人工

年代	工程	经费	人工	资料来源
宋景佑二年（一〇三五）	开五河	钱米十八万三千五百贯石	不详	《吴中水利全书》卷十《水治篇》
至和二年（一〇五五）	开至和塘	钱若干贯，米四千八百六十石	十五万六千工	《吴郡志》卷十九《水利篇》
崇宁二年（一一〇三）	浚吴淞江	钱米十八万三千六百贯石	二百二十二万七千工	《宋史》卷九十六《河渠志》
宣和年间（一一一九～一一二五）	修平江府水利	不详	二百六十五万四千六百工	《吴郡志》卷十九《水利篇》
绍兴（一一三一～一一六二）末年	修常熟、昆山县塘浦	钱三十三万七千四百贯，米十万一千五百石	三百三十七万四千工	《会要》之《食货七·水利篇》绍兴二十八年九月十三日条
隆兴（一一六三～一一六四）、乾道间	修常熟、昆山县塘浦	钱二十七万五千七百贯，米九万六千八百石	三百二十二万七千工	《会要》之《食货八·水利篇》隆兴二年八月六日条、乾道元年三月六日条
乾道元年（一一六五）	修昆山县塘浦	钱一万一千二百贯，稻麦七千七百钟	十三万四千六百工	《浙西水利书》卷上范成大《昆山县新开塘浦记》

（续表）

乾道年间（一一六五～一一七三）	浚吴淞江	钱米十八万三千贯石	二百二十二万七千八百工	《吴中水利全书》卷十《水治篇》
绍定五年（一二三二）	修石塘	钱三十万贯，米一千二百石	不详	《洪武苏州府志》卷三《水利志》
淳祐六年（一二四六）	疏至和塘	钱二万三千二百贯，米二百石	不详	《洪武苏州府志》卷三《水利志》
元大德八年（一三〇四）	浚吴淞江	不详	一百六十五万一千六百工	《吴中水利全书》卷十《水治篇》
大德十年（一三〇六）	浚吴淞江	不详	二百四十五万六千四百工	《吴中水利全书》卷十《水治篇》
至治三年（一三二三）	浚吴淞江及诸河渠	不详	二千四百六十六万八千五百工	《吴中水利全书》卷十《水治篇》
泰定元年（一三二四）	浚吴淞江	不详	四万夫	《浙西水利书》卷中《泰定初开江条》
天历二年（一三二八）	修石塘	钞一千锭，米一千石	不详	《吴中水利全书》卷十《水治篇》
至正元年（一三三五）	浚吴淞江	钞三千一百锭、米四千七百石	十九万八百夫	《吴中水利全书》卷十《水治篇》
至正二十四年（一三六四）	浚白茆塘	不详	十万夫	《吴中水利全书》卷十《水治篇》

上列资料中，有部分是工程进行以前预估的经费及人工数。据表三所显示，各工程所耗用的经费和人工都很浩大，钱米常达数万至数十万贯石，人工则常用数百万工，甚至上千万工。经费的来源，主要筹自政府，政府筹集的经费，除了出自官钱米之外，富家也分摊部分。例如宣和年间赵霖兴修浙西水利，便是“其合用钱米，越州鉴湖封桩米支拨十万石，借支本路常平本钱十万贯，如阙则以常平米及常平封桩钱贴支，并降空名度牒二千道出卖，承信、承节、将仕郎官告各伍拾道，其命词并以兴修水利为名，别立价直，将合用工料召有力户备钱米，官为募夫，监部开修，候毕工，计实用钱米纽直给告，或给空名”（《吴郡志》卷十九《水利篇》），其中政府经费不足的部分虽然分摊给富家负担，但却由政府发给度牒、官告等作为补偿。又如淳祐六年疏至和塘的工程，表三中所列经费只是出于政府的部分，另外“富民争出财以助工役”（《洪武苏州府志》卷四十八《集文志》载郑霖《重修昆山塘记》），但也只是协助而已。由于这类治水工程多事关好几个郡县，必须由政府来统筹办理，因此不见富家独立自动捐资兴办的例子，和渠、堰、陂、竭等灌溉工程的兴修有所不同（注四九）。人工的来源，除动用开江士卒外，多由政府从食利人户或赈济人户中召募，例如绍兴二十八年赵子潚和蒋灿所提出的修浚昆山、常熟两县塘浦计划，其中昆山县“工力不多，止用本县食利人户支给钱米”，而常熟县则“食利人户以五千人为率，人夫数少，即于三县见赈济人内募强壮人充”（《会要》之《食货七·水利篇》绍兴二十八年八月二日条），所谓三县，指吴、长洲、常熟三县而言。而这大量的人工，也必须由政府来统筹运用，才能有组织的投入工程建设之中。政府的力量之外，苏州人口的众多，提供了充分的劳力，因此民众在水利整治工作中所扮演的角色也不容忽视。

由于对水利整治工作的重视，使得许多良田不致于被洪水所淹没，农业生产蒙受水患的损失因而减低，甚至还开发出一些新耕地。不仅如此，北宋以来围田的发展，导致苏州的耕地一步一步的向湖泽展拓，使许多潴水之地变为农田。围田又称湖田、圩田，是疏排湖泽之水，筑堤围裹，然后在堤内新生的土地耕作，自五代、宋初起，江浙一带已有人构筑这一类耕地（注五〇）。至于苏州地区大规模的构筑围田，则始自北宋末年。熙宁（一〇六八～一〇七七）年间郏亶曾有变湖为田的建议而未能行（注五一），政和年间，政府开始在苏、湖、秀三州创立圩岸，至政和六年（一一一六），苏州已兴修围田二千顷（注五二）；宣和年间，赵霖兴修浙西水利时，又奉御笔修围平江府常熟县常湖、秀州华亭泖为田，共动用了三十三万一千六百余工（注五三）。熙宁时期和政、宣时期，都是新法当令的时期，而理财是新法的一个重要特色，所以北宋末年政府的构筑围田，其目的当为增加赋入。南宋初年，为安置流民与增加赋入，继续在苏州疏导湖水成田（注五四）。及至局势安定，人口渐增，对于耕地的需要增加，苏州又以地接行都临安，环境优裕，南迁定居于此的士大夫和达官贵人为数不少（详第三节），对于土地财富的需求也增大，地价因而上涨。北宋熙宁年间，吕惠卿有田在苏州，“一贯钱典得一亩田”（岳珂《愧郯录》卷十五《祖宗朝田米直条》），而南宋嘉泰四年（一二〇四），平江府学以 1,908 贯 550 文购得长洲县田 136 亩（注五五），平均每亩已值十四贯有余。地价上涨使得围田有利可图，于是势家豪户争相围湖成田，原来潴水的湖泽大量变为耕地，庆元（一一九五～一二〇〇）年间，当时人已感叹：“陂塘淹渎，皆变为田，年岁既深，围田日广，曩日潴水之地，百不一存”（《会要》之《食货六一·水利杂录》庆元二年八月二日袁说友、张抑言）。围田无限制的扩张，妨碍了湖泽调节水量的功能，使得水旱灾经常发生，影响到民生，于是从绍兴末年以后，政府禁止继续围湖为田，并且开掘有碍水利的围田，然而所收效果有限，围田仍然继续发展。至南宋晚期，对外情势不稳，政府又在安置流民和增加赋入的理由下，解除了禁令（注五六）。围田的发展虽然有其弊害，但自北宋以来，在苏州地区已构筑了一个绵密的塘浦排水网，当能发挥若干平衡的作用，而南宋自绍兴末年以后，大事疏浚昆山、常熟两县的塘浦，亦当是针对围田所造成的问题而发。南宋晚期围田在苏州农地中的地位，如常熟县官田之中有 54,016 亩是围田，占全部官田面积的 26.9%；昆山县官围田租米 67,293 石 6 斗，占全部官田租米的 70.4%；平江府学的学田中，也有相当高的比例是围田，例如庆元二年平江府学有围田 3,860 亩，占全部学田面积 23.2%（注五七）。围田所占比例如此之高，无怪乎南宋末年昆山县诸湖瀼已“多成围田，所存不过白荡，仅存其名，而百家瀼、大驷瀼之迹并不可考矣”（《玉峰续志》之《山川篇》）。自宋末至元，苏州围田继续发展，以介于昆山县和秀州华亭县之间的淀山湖为例。淀山湖广袤四十里，自南宋以来，豪势之家不断侵占为田，淳熙十三年（一一八六），提举浙西常平罗点曾予以开掘，但不过数年之后，围田之风又起，以下迄元朝初年，淀山湖围田不断扩大，据元人所言，宋时有寺在水中心，其后在湖岸上，再往后则湖岸又离寺六七里之外，寺已在田中心了，到至顺三年（一三三二），淀山湖围田已有五百余顷之广（注五八）。而元代苏州的田亩统计，竟以围为单位，“二县四州共计八千八百二十九围”(《洪武苏州府志》卷十《税赋志》),可见围田在苏州农地中的地位。

宋、元时代苏州农业的高度发展,不仅在于耕地的大量增加,更在于农民耕作方法的日趋精细。由于人口众多,每户人家平均所能分配到的耕地有限,因此必须采用精耕的方式,投入大量的劳力,才能提高产量,养活一家大小。苏州稻米单位面积生产量特别高,实和耕作方法的精细有关。每户农民所能分配的耕地数量,以常熟县为例。据前文所述,常熟县在南宋淳熙元年有51,038户,而在端平以前有耕地2321,563亩(注五九),最多每户平均只能分到四十五亩有余的耕地,这一个数字,比起若干州县已有余裕,但仍只稍多于一个贫乏下户所能拥有的耕地数字(注六〇)。而且苏州耕地的经营,又有零散的倾向,从若干苏州学田的佃户佃田记载看,许多佃户所佃田亩竟只在一至十亩之间(注六一),因此一户农家所经营的有限耕地,必然散在几个不同的处所,使得劳力和资本的运用都很不经济,农民必须尽量提高土地单位面积的生产量,才能补偿浪费的劳力和资本。再加上苏州农民所负担的租税又特别繁重,尤以南宋以来,杂税繁多,江浙地区因经济繁荣,政府多所征取,范成大即指出:“吴中号多嘉谷,而公私之输顾重”(范成大《石湖居士诗集》卷十六《劳畬耕序》),这使得他们必须有较多的收入,才能应付开支。因此,苏州农民必须和江、浙、闽、蜀等其他地狭人稠地区的农民一样,投入大量劳力于整地、育苗、施肥、插秧、除草、灌溉等工作(注六二),甚或尤有过之。苏州农民又以其丰富的农业经验,培育出众多的稻米品种,宋、元时代昆山县的方志《淳祐玉峰志》和常熟县的方志《琴川志》,便各记载了有三十五种之多,除去重复的品种,两县尚有稻米品种五十四种(注六三）。更何况苏州的土地肥沃，和上述各因素相配合，使得单位面积的生产量特别高。北宋庆历（一〇四一～一〇四八）年间，范仲淹已指出苏州农田的生产量为“中稔之利，每亩得米二石至三石”（《范文正公集》之《政府奏议上·答手诏条陈十事》），二至三石的产量，是宋代稻米的最高产量。这种高产量和苏州农民勤劳的关系，屡为当时人所提及。北宋晚期，秦观便说：“今天下之田，称沃衍者，莫如吴、越、闽、蜀，其一亩所出，视他州辄数倍，……吴、越、闽、蜀，地狭人众，培粪灌溉之功至也”（秦观《淮海集》卷十五《财用下》），这仍是泛指几个地狭人稠的地区而言。至南宋晚期，苏州已具有超出其他地狭人稠地区之上的特殊地位了。如吴泳在隆兴府劝农所说：“吴中农民，专事人力，故谚曰：‘苏、湖熟，天下足’，勤所致也”（吴泳《鹤林集》卷三十九《隆兴府劝农文》）；而高斯得在宁国府劝农，更具体的描述苏州农民耕作精细的情形：“及来浙间，见浙人治田比蜀中尤精，土膏既发，地力有余，深耕熟犁，壤细如面，故其种入土坚致而不疏；苗既盛矣，大暑之时，决去其水，使日曝之，固其根，名曰靠田；根既固矣，复车水入田，名曰还水，其勤如此。还水之后，苗日以盛，虽遇旱暵，可保无忧。其熟也，上田一亩收五六石，故谚曰：‘苏、湖熟，天下足’，虽其田之膏腴，亦由人力之尽也”（高斯得《耻堂存稿》卷五《宁国府劝农文》），所谓“收五六石”，指五六石谷而言，相当于米二石五斗至三石。吴泳和高斯得都指出了“苏、湖熟，天下足”，是由于当地农民善尽人力所致。

耕作的精细不仅使苏州的土地单位面积生产量高，而且一年可有两作。南宋时期，已培育出许多生长期较短的稻米品种。以占城稻为例，占城稻在北宋大中祥符（一〇〇八～一〇一六）

年间自占城引入，初传入时，生长期在一百八十日左右，而到南宋时，已经培育出一百二十日、一百日、八十日甚至六十日等早熟品种（注六四）。由于生长期缩短，再加上农家重视施肥，土地的养分可以迅速恢复，有些品种就可以互相配合，一年种植两次。《洪武苏州府志》所载的稻米品种，列有播种和收成的日期，其中六十日稻是三月种、五月收，红莲稻、穲稏稻、乌须稻、师姑粳稻都是五月种、九月收，乌儿稻则是五月种、十月收（注六五），因此六十日稻和其他几种品种配合起来，可以一年两作。而六十日稻、红莲稻、穲稏稻都是已见于《淳祐玉峰志》的稻米品种，可知苏州地区的稻二期作，自南宋时期已经存在，所以吴泳说："吴中厥壤沃，厥田腴，稻一岁再熟"（《鹤林集》卷三十九《隆兴府劝农文》）。除稻二期作外，苏州又有稻麦轮作。麦作也是南宋时期才普遍在南方推广，由于若干稻米品种的生长期缩短，即使收成在六月以后，来不及栽种第二季稻，也可以施肥使地力迅速恢复，然后利用麦的耐寒特性种麦，到第二年种稻之前有收成，同样是一年两获（注六六）。《琴川志》和《洪武苏州府志》都载有大麦、小麦、赤麦、白麦、�麦、舜麦、荞麦等麦作（注六七）。南宋军队所用马料，向例"预将秋苗折科大麦，每米一硕，令民倍以麦输"（黄淮、杨士奇《历代名臣奏议》卷二五八中书舍人洪遵《论被水人户折科疏》），绍兴三十年（一一六〇），平江府除依例折纳的部分外，再多折纳马料十万石；乾道七年（一一七一），两浙转运司收籴马料，平江府也以十万五千石为额（注六八），可知苏州麦的产量不在少数。南宋范成大《夏日田园杂兴诗》咏苏州农家麦作丰收的情形："二麦俱秋斗百钱，田家唤作小丰年。饼炉饭甑无饥色，接到西风熟稻天"（《石湖居士诗集》卷二十七），更具体的描述出农村中麦作的普遍。

宋、元时期苏州的农业发展达到这样一个程度，所以“膏田多稼，岁储以之流衍”（《吴郡志》卷三十二《郭外寺篇》引王随《云岩寺记》），“吴门之地，最为膏腴，谷粟之出，全浙所赖”（陈造《江湖长翁集》卷三十《劝农文》），“姑苏产甲两浙”（《琴川志》卷十二《叙文》载程公许《常熟重开支川记》），均非虚语。苏州粮食生产的丰盛，从比较宋代各郡秋苗的收入即可见出。苏州秋苗额在北宋元丰三年（一〇八〇）为三十四万九千石，南宋淳熙十一年（一一八四）为三十四万三千石（注六九），这三十四万余石的秋苗，分配于各县，大约是长洲县九万二千三百石，昆山县五万九千八百石，常熟县七万四千一百石，吴江县五万七千二百石，嘉定县三万八千八百石（注七〇），仅吴县没有记载可查，但自三十四万余石中，减去以上各县秋苗数，所余约二万石，当即是吴县的秋苗数。两浙路其他州郡的秋苗数，常州为二十二万石，湖州为五万石，杭州为十二万石，镇江府为十万石，明州为十一万石，绍兴府为二十五万石，温州为五万石，严州不及九千石，婺州为十三万三千石，台州为十四万石（注七一），均和苏州相去甚远。江西为两浙之外另一农产丰盛的地区，南宋时每年上供米额仅次于两浙（注七二），而江西路各州郡的秋苗额，隆兴府为十九万一千石，吉州为十六万石，赣州为八万六千石，袁州为十一万石，瑞州为九万七千石，江州为四万三千石，抚州为十三万七千石，临江军为四万九千石，建昌军为四万九千石，兴国军为二万石，南安军不及九千石（注七三），也都远不及苏州。而且上述若干州郡的秋苗数，甚至还不及苏州的一县多。所以周南说：“天下雄镇校一岁征赋之夥若姑苏者不一二”（《山房集》卷四《长洲主簿厅壁记》），实无夸大之嫌。而元代苏州秋粮竟高达八十八万二千余石（注七四），是宋代的两倍有余，仅长洲一县，就“粮以石计至三十有万”（《侨吴集》卷十一《长洲县达鲁花赤元童君遗爱碑》），相当于宋代苏州全部的秋苗额。元人也说：“吴号沃壤，尤濒沮洳，国赋之储咸在，而海漕资焉”（唐元《筠轩集》卷十三《平江路祈晴祝文》），“吴乃财赋所由出，实国家东南大藩”（《侨吴集》卷八《赠李宪佥序》），若无丰盛的农业生产，怎能支持这样庞大的税粮。

除了米谷之外，苏州其他自然资源的生产也很丰富。以农作物来说，有麻、粟、豆等杂作，又有种类繁多的蔬菜、水果、花卉、药材（注七五）。其中太湖东西洞庭两山所产的柑橘，尤为有名：“绿橘，出洞庭东西山，比常橘特大，未霜，深绿色，脐间一点先黄，味已全，可啖，故名绿橘”，“真柑，出洞庭东西山，柑虽橘类，而其品特高，芳香超胜，为天下第一，浙东、江西及蜀果州皆有柑，香气标格悉出洞庭下，土人亦甚珍贵之”（《吴郡志》卷三十《土物篇》），不仅新鲜柑橘受市场欢迎，先落的果实可以淹藏为药橘，残败的果实则可晒为干橘皮，同为苏州的名产，即陈舜俞《山中咏橘》长诗中所称：“稍收先落子，争晒已残皮”（陈舜俞《都官文集》卷十四）。而栽培柑橘，“凡橘一亩，比田一亩利数倍，而培治之功亦数倍于田”（叶梦得《避暑录话》卷下），同样的需要精耕细作，所费的劳力比种稻还多，只有具备了充分的人力，才能从事这样的生产。常熟县所产的韩梨，也颇贵重：“韩梨，出常熟韩丘，皮褐色，肉如玉，每岁所生不多，价极贵，凡梨削皮切片，不移时色必变，惟韩梨虽经日不变，所以独贵”（《吴郡志》卷三十《土物篇》）。又产密林檎：“实味极甘，如蜜，虽未大熟，亦无酸味，本品中第一，行都尤贵之”（同上）。苏州濒接太湖、大海及扬子江，内部又多湖泽川流，因此渔产也很丰富（注七六），而“海濒之民，以网罟蒲嬴之利而自业者，比于农圃焉”（《吴郡图经续记》卷上《物产篇》）。闻名的渔产，如鲈鱼，“生松江。……秋初鱼出，吴中好事者竞买之，或有游松江就鲙之者”（《吴郡志》卷二十九《土物篇》），又用来制鲈鱼鲊，“风味甚美，所称金齑玉脍，非虚语也”（高德基《平江记事》）；如石首鱼，“惟海中其味绝珍，大略如巨蟹之螯，为江海鱼中之冠，夏初则至，吴人甚珍之。……此时已微热，鱼多肉败气臭，吴人既习惯嗜之，无所简择，故又有忍臭吃石首之饥。二十年来，沿海大家始藏冰，悉以冰养鱼，遂不败”（《吴郡志》卷二十九《土物篇》）；如河鲀，“出扬子江。……初出，价高争市，以馈邻里亲旧”（《琴川志》卷九《叙产》）；如蟹，“吴中蟹味甚佳，而太湖之种差大，壳亦脆软，世称湖蟹第一”（《平江纪事》）。供食用的禽畜，自然也不缺乏（注七七），由于地多水泽，所以鸭尤其多：“绿头鸭，水禽，村人皆养之，养者名家鸭，野生者名野鸭”（《吴郡志》卷二十九《土物篇》），而“有一种名䴔鸭，味尤佳”（《琴川志》卷九《叙产》）；又产田鸡，即水蛙，“为脯馈，远方得者甚珍重之”（《玉峰志》卷下《水族篇》）。盐、茶均有出产，但产量不很多，盐有江湾、黄姚二买纳场，江湾买纳场下又辖江湾、南跄二催煎场，年产七万五千七百一十八石有余（注七八）；茶则仅吴县年产六千二百斤（注七九），产量虽少，但洞庭山所产者，号称“美茶”，“山僧尤善制茗，谓之水月茶，以院为名也，颇为吴人所贵”（《吴郡图经续记》卷下《杂录篇》）。矿产如阳山出白墡，即白垩，“每岁官取万余斤，为钱塘宝兴监铸钱之用，又可圬镘，洁白如粉”（《洪武苏州府志》卷二《山志》引《祥符图经》）；太湖中洞庭西山东麓的鼋头山和昆山县的马鞍山，均产巧石，太湖中所产者，“（宋）徽宗朝充贡，故东南有花石纲。非独可为桥版阶础之类，有天然玲珑者，谓之花石（原注：此说恐未必然），时甚珍之，工人以此资业，且善雕琢，或为飞凤走兽，击之其声清越，有金石之韵，或斲为佛像器用，靡所不有。又一种色白而温润，堪为玩具，号为玉石。又胎斑者光泽可爱，可充砚石，不在端、歙之次，工匠尤秘惜之"（《洪武苏州府志》卷二《山篇》），而"其非巧石但青白玉质，可作碑碣及甃砌阶戺者，则出湖中之鼋山，莹洁可鉴，坚润如金玉，亦为天下之冠"（《吴郡志》卷二十九《土物篇》），马鞍山所产者，"石工探穴，得巧者斲取玲珑，植菖蒲芭蕉，置水中，好事者甚贵之，他处名曰昆山石，亦争来售"（《淳祐玉峰志》卷下《土产篇》），均为苏州的特产。而采石业和雕石业，也都是必须耗费细密劳力的工作。

苏州不仅有丰富的农、渔、矿产，手工业也随着人口的增加而日益发达。以纺织业来说，自北宋以来，苏州的丝织业已经兴起。北宋苏州夏税中，大中祥符（一〇〇八～一〇一六）年间有绢 54,487 匹、紬 2,714 匹、绵 4,477 屯，至元丰（一〇七八～一〇八五）年间又增为帛八万匹、纩二万五千两（注八〇），可是在皇祐（一〇四九～一〇五三）年间以前，"苏、秀两州乡村自前例种水田，不栽桑柘，每年人户输纳夏税物帛，为无所产，多被行贩之人预于起纳日前先往出产杭、湖州乡庄贱价僦揽百姓合纳税物，抬价货卖"，因此政府特许"苏、秀州除第一等、第二等人户各依常年例送纳本色外，所是第三等已下百姓户内税物即告示取便折纳见钱"（程俱《北山小集》卷三十七《乞免秀州和买绢状》）。元丰年间前后，苏州可能由于人口急速增加，一方面对于衣物的需要增大，购自外地不如本地生产来得经济，另一方面农村已有过剩人口，劳力可转而投之于其他产业，丝织业的情况已渐有转变。郭受撰于元祐七年（一〇九二）的《吴县记》，称："两山对峙，桑田翳日"（《吴郡志》卷三十七《县记篇》），所谓两山，指太湖中东西洞庭山而言，可知这时苏州的山地已有桑叶的专业生产；而在此之前，元丰年间，苏州郡城内已建有机织业的会所机圣庙，名轩辕宫（注八一），固然庙很小，却显示了专业机织的兴起，而郭受在吴县记中，也盛赞当地富有"织纴之功"。虽然北宋末年浙西地区的和买绢，仍以"苏、秀州出米至多，逐年和籴既已甲于他郡，杭、湖等州属县，多以蚕桑为业，故和买紬绢比他郡为多"（《北山小集》卷三十七《乞免秀州和买绢状》），其后建炎元年（一一二七）因杭州之民苦于和买，分俵八万匹与平江府，臣僚又以平江府不产蚕桑为理由，屡次请求蠲减，至绍兴三年（一一三三）仅存七千匹之数（注八二），但实际上，南宋以来苏州的丝织业又有了很大的发展，而这一发展，可能和政府赋税的刺激有关。北宋丝织业的生产，以黄河中下游、长江中下游和四川三大地区为主，政府税入中的丝织品，也主要来自这三大地区（注八三）。南宋初年，北方沦陷之后，黄河中下游地区已不可能再经由赋税提供给南宋政府丝织品，因此南方各地在这方面的负担便会加重。宋光宗时，彭龟年上疏论绍兴府和买说："或者虽云江西及浙西平江等处和买，通五等皆敷，今绍兴独敷不及五等，是偏也"（彭龟年《止堂集》卷六《议绍兴和买疏》），按绍兴府和买绢数达146,930匹，向称沉重（注八四），尚敷不及五等户，而平江府竟通五等皆敷，为数当不在少，或许绍兴三年以后，平江府分摊的和买绢数又再回升。第五等户既已敷和买绢，苏州第三等以下人户夏税免纳本色的情形亦不可能再存在。范成大《夏日田园杂兴诗》咏苏州农家为输纳税绢而勤于缫织的情形："百沸缫汤雪涌波，缫车嘈嘈雨鸣簔。桑姑盆手交相贺，绵茧无多丝茧多。小妇连宵上绢机，大耆催税急于飞。今年幸得蚕桑熟，留得黄丝织夏衣”（《石湖居士诗集》卷二十七），应非北宋时期三等以下人户夏税免纳本色所能想像。而南宋苏州两税中，秋苗比北宋少有增减，夏税中的绵却激增，以昆山县为例，“景德、祥符间夏税丁身盐钱三千六百余贯，绢一万五千三百匹、缎七百七十匹、丝一千三百屯，秋苗米一十万有奇；庆元间夏税倍其数，丝则十倍之，秋苗则益以八千石”（《淳祐玉峰志》卷中《税赋篇》），税绵数量的激增，也足以反映苏州本地蚕丝业的发展。南宋末年，黄震于抚州劝农说：“浙间无寸土不耕，田陇上又种桑种菜”（《黄氏日抄》卷七十八《咸淳八年［一二七二］春劝农文》），黄震曾任职吴县尉，又曾任长洲知县，因此所述浙间的情况，当包括苏州在内，若是如此，则南宋末年苏州已完全克服了地形的障碍，改变了北宋时期“例种水田，不栽桑柘”的景观，充分的利用土地，在田埂上种植桑树，以供农家养蚕制丝之用。总之，由于政府赋税的刺激，配合以人口激增之后农家过剩的劳力，到南宋晚期，丝织业当已普遍成为苏州农家的副业。下至元代，夏税以丝缴纳，苏州全郡共纳22,493斤10两（注八五）。元代苏州郡城设有织染局（注八六），为官设的专业织染机构；又有专业机织业的会所吴郡机业公所，在玄妙观（注八七）；吴江县在至元二十七年（一二九〇）有织染匠户六百十余户（注八八），当为专业的织染匠。而马可波罗游历苏州，也描述说产丝甚饶，用以纺制各种织物（注八九）。因此自南宋至元代，苏州的丝织品日益闻名，如“纱有数等，暗花为贵，暗花者，素纱之上，花纹隐然，即之若无，望之则有，他处少传其法，惟平江机工能之”，“巾纱，吴郡漆者最佳，南渡初多尚轻纱，久而变为罗，为袱，嘉定之后，始创为漆巾，又以漆黄练衬之，取其耐裹，无掀动之患也，未几，通国皆然”，“绫，土人善织，……今时织纻丝细花绫，亦龙凤等样练染，光彩耀目”（《洪武苏州府志》卷四十二《土产志》），而元代输出海外的丝织品，竟名“苏、杭色缎”“苏、杭五色缎”（汪大渊《岛夷志略》之《加将门里条》《甘埋里条》），可见苏州的丝织业已与杭州并驾齐驱了。

苏州的织布业和染布业也很发达，如：“彩线、绣线，吴中为最，他郡不及”，“苎布，出吴江、昆山二县，其细者如罗縠，色莹白”，“黄草布，出昆山南沙万村，细者可与纱敌”，“药斑布，出嘉定，其法以皮纸积背如板，以布幅阔狭为度，暂簇花样于其上，每印时以板覆布，用豆面等药如糊刷之，候干方可入篮钢浸染成色，出钢再暴，才干，拂去元药，而斑烂然。《嘉定志》云：‘布碧花白，有若碑刻’”（《洪武苏州府志》卷四十二《土产志》）。其中黄草布自北宋以来就已闻名（注九〇），药斑布则始创于南宋嘉泰（一二〇一～一二〇四）年间归氏（注九一）。总之，自郡城以至各县乡村，都有各类型的纺织业存在，而其产品多享盛名。

除了纺织业之外，苏州还有很多其他工业。如草席、籐枕、蒲鞋、箬帚等日用品工业：“草席，自昔闻名天下”，“籐枕，土人善治籐，细如丝发，染为五色相间，织成花草禽兽或人物故事之类，为帽，为坐椅、凉床，颇为奇巧，而出常熟者，县之梅李者最佳”，“蒲鞋，土人善以蒲为鞋，以草为履，有极细巧者”，“苕帚小具，家不可阙，吴中所有，多以茭苗为之，少用于苕，亦名箬帚”《洪武苏州府志》卷四十二《土产志》）。如笔料、纸等文具工业，苏州笔料有用竹丝者，与其他地方不同：“吴俗近日却有用竹丝者，往往以法揉制，使就挥染，或谓是苕枝而冒称曰竹丝，江西亦有缉竹为轻绨者，疑未必不可为此也”（陈櫄《负暄野录》卷下《论笔料》）；纸原以江南澄心堂纸为佳，蜀笺继之而起，吴笺更后起，而与蜀笺相抗衡，共同超越澄心堂纸之上：“吴人取越竹，以梅天水淋眼，令稍干，反覆硾之，使浮茸尽去，筋骨莹澈，是为春膏，其色如蜡，若以佳墨作字，其光可鉴，故吴笺近出，而遂与蜀产相抗衡。江南旧称澄心堂纸，刘贡父诗所谓百金售一幅，其贵如此，今亦有造者，然为吴、蜀笺所掩”（同上《论纸品》），而至南宋时，则更已“今蜀中作粉笺，正用吴法，名吴笺”（《吴郡志》卷二十九《土物篇》），可知吴笺超越蜀笺之上，其造法为蜀中所模仿了，又庆元间，苏州人颜方叔“创制佳笺，其色有杏红、露桃红、天水碧，……砑成花竹、鳞羽、山林、人物，精妙如画，亦有用金缕五彩描成者，士大夫莫不珍贵也”（《洪武苏州府志》卷四十二《物产志》）。如铸铜、铸银等冶铸工业，宋代江浙间有销毁铜钱以冶铸器具的风习，而苏州为一大中心：“江浙之民，巧伪有素，销毁钱宝，习以成风。其最盛者如建康之句容，浙西之苏、湖，浙东之蠡越，鼓铸器用，供给四方，无有纪极，计一两所费，不过十数钱，器成之日，即市百金，奸民竞利，靡所不铸，一岁之间，计所销毁，无虑数十万缗”（《要录》卷九十六绍兴五年（一一三五）十二月辛酉条）；元代浙西银工有名者四人，苏州即占了一半：“浙西银工之精于手艺，表表有声者，屈指不多数也：朱碧山（嘉兴魏塘）、谢君余（平江）、谢君和（同上）、唐俊卿（松江）”（陶宗仪《辍耕录》卷三十《银工条》）。如玩偶、花灯等玩具工业，玩偶即所谓摩睺罗：“《方舆胜览》云：土人工于泥塑，所造摩睺罗尤为精巧。又《梦华录》云：摩睺罗惟苏州者极巧，为天下第一。今木渎袁家所制，盂异众工”（《洪武苏州府志》卷四十二《土产志》），木渎袁家即袁遇昌，所制摩睺罗，一对高六七寸者，“价直三数十缗，非预为钱以定，则经年不可得”（同上卷四十一《人物志·方伎篇》），可见其受社会的欢迎；苏州花灯制作的精巧，更为全国之冠，南宋时为入贡宫廷的上品：“灯之品极多，每以苏灯为最，圈片大者径三四尺，皆五色琉璃所成，山水人物，花竹翎毛，种种奇妙，俨然著色便面也”（周密《武林旧事》卷二《元夕条》），而苏州本地“上元影灯巧丽，它郡莫及，有万眼罗及琉璃球者，尤妙天下”（《吴郡志》卷二《风俗篇》）。其他如苏州交通以水运为主，因此造船工业也很发达，宋代于苏州郡城及常熟县许浦镇均官设有造船场，建炎三年（一一二九），郡城的造船场“计料四百料八橹战船每只通长八丈，用钱一千一百五十九贯，四橹海鹘船每只丈五尺，用钱三百二十九贯。照依拟定速行打造，差官管押赴江宁交割”（《会要》之《食货五十·船篇》建炎三年四月十二日条），可知所造船只不仅供本地使用，而且供应外地所需，无疑为一重要造船中心。许浦镇的造船场，淳熙十五年（一一八八）由“驻扎御前水军修整南船三只，多桨船八只”（同上淳熙十五年八月二十一日条），当是南宋初年水军驻扎于此之后才兴起，所造船只大约也只是供许浦水军之用。元代漕粮海运，自昆山县刘家港出发，更带动了苏州造船业的蓬勃发展，海运所需的船只，由官府向民间雇用，其法为“漕府版籍录民赀产，造舟载粮，谓之船户；论船户大小载粮多寡，官以石给钞雇募之，谓之水脚钱”（《侨吴集》卷十一《海道都漕运万户府达鲁花赤和尚公政绩碑》），水脚钱颇为丰厚，“船户得此，趁时买物修造海船，如造船一千料，所用工价钱不过一百定，运粮一千石，随得脚钱一百七十定，为有余利，争趋造船，专心运料”（不著撰人《大元海运记》卷上），民间造船业自必随之而兴盛，“商贩海运船户黄千户等于葑门墅里泾置立修造海船场”(《三吴水利录》卷三《周文英书一篇》)，便是一例。造酒业为各地所共有，自不待言，北宋苏州酒榷收入达二十八万余贯（注九二），可见造酒量相当大，南宋时苏州所产齐云清露、双瑞则更是外销行都的名酒（注九三）。宋代在苏州郡城内官设有作院，制造武器，公使库则兼营刻书（注九四），可知也有兵器工业和刻书工业。总之，苏州的手工业可以说是种类繁多，而且其中不少颇负盛名，而手工业所以如此发达，实由于人口剧增之后，农村过剩人口兼业或转业所导致。上述各项手工业中，如造纸业、铸铜业、铸银业和花灯业等，都是需要耗费细密劳力的手工业，尤足以反映苏州人力多余对手工业发展的影响，而这些手工业也多在北宋中叶之后以至南宋时期兴起，正与苏州户口增长的趋势相呼应。

综上所述，在地理上，苏州的水乡泽国，本已提供了优良的稻作农业环境，自唐以至宋、元，由于苏州人口的迅速成长，加以政府对于水利整治工作的重视，富家的投资，农民的勤劳，和这一优良的稻作农业环境相配合，促进了苏州农业的高度发展，使得苏州的稻米生产高居全国首位。除了丰盛的稻米生产之外，苏州又有其他丰富的自然资源，有种类众多的手工业，而这些自然资源和手工业的生产，其中不少在全国之中占有重要的地位。这样丰盛的生产，再配合以苏州内外便捷的水陆交通，构成苏州商业和城市发展的经济背景。

三、社会结构与商业活动

早在唐代元和（八〇六～八二〇）年间，苏州已由其稻米生产而“商为货居”(《琴川志》卷十二《叙文》载刘允文《大唐苏州新开常熟塘碑铭并序》)，宋、元时代苏州稻米以及其他物资的生产比起唐代来又有长足的进步，商业自然也随之而有高度的发展，北宋中叶李觏所谓“吴、楚之地，方数千里，耕有余食，织有余衣，工有余财，商有余货，铸山煮海，财用何穷，水行陆走，馈运而去”(李觏《直讲李先生文集》卷二十八《寄上富枢密书》)，虽泛指南方而言，但苏州实为其中的代表性区域。加以苏州地理位置优越，内外交通便捷，不仅商品输出入方便，而且是行旅必经之途和财税集中、转运的枢纽，使得苏州发展成为宋、元时期一个重要的商业中心。然而丰盛的生产和便捷的交通仅提供给商业发展的物质基础，进一步探讨苏州的社会结构与商业活动，才能了解这些产品在市场上供给与需求的情况、苏州与外地的商业关系、以及苏州在全国商业中的地位。

官吏、军人和学生，是苏州社会的消费者。苏州是浙西大郡，本身为一行政区，不仅郡治及所辖各县有其本身的官衙，而且宋代浙西提点刑狱司和浙西提举常平茶盐司也设于此(注九五)，南宋末年又设浙西两淮发运司、提领官田所；元代至元二十六年(一二八九)以前，是浙西道和江淮行省的治所，其后虽移治杭州，但仍设有海道漕运万户府、江淮财赋提举司和都水庸田使司等机构(注九六)，是浙西甚至江、淮地区的地区性行政中心。单以苏州郡城内外的官署数量而言，据南宋绍定二年(一二二九)石刻平江图碑所载，至少有五十四所之多，绍定二年以后又续有增设(注九七)，元代则据《洪武苏州府志》卷八《官宇志》所载，至少也有四十三所之多。因此，官员、公吏的人数当有不少。苏州郡城和各县，都驻有军队。以郡城来说，南宋时有禁军二千二百五十人，厢军至少有二千一百余人，水军也至少有四千五百人，又有牧马寨，大寨八，小寨十七（注九八）。各县以常熟县为例，有弓兵一百六十五人，许浦、福山、白茆三巡检寨铺兵各一百四十四人，共计五百九十七人（注九九）。苏州又是海防要地，沿海驻有水军，许浦水军最多时有一万二千人，顾径水军有二千五百人，南宋末又于福山、魏江、江湾三地增置水军，各三百人（注一〇〇）。此外还有负责治水的开江指挥，士卒最多时有二千人（见第二节）。因此，苏州的驻军虽然不如建康府、镇江府、鄂州、兴州等军事重镇的众多，却也为数不少。

苏州郡城和各县城，都设有学校，以官学来说，郡城有府学、长洲县学、吴县学，吴江、昆山、常熟、嘉定等县城均各有县学；以书院来说，郡城中有书院五所，除文正、鹤山二书院仅祭祀先贤之外，其他学道、和靖、甫里三书院均从事教学，常熟县城有文学书院，也从事教学。此外，震泽镇有私设的镇学。府学、吴县学、昆山县学、常熟县学均自北宋时已存在，长洲县学原附于府学，至南宋时才独立设学，震泽镇学、学道书院、和靖书院均设于南宋时，甫里书院和文学书院则设于元代（注一〇一），可见时间愈往后，学校愈增多。而早期设立的学校，也不断在扩大，如府学设于北宋景祐（一〇三四～一〇三七）年间，至元祐（一〇八六～一〇九三）年间扩建，"为屋总百有五十楹，而初建者三之一"（《吴郡志》卷四《学校篇》引《朱长文记》），南宋绍兴十五年（一一四五），郡守王唤又"创讲堂，辟斋舍，规模宏敞，视昔有加"（《吴郡志》卷四《学校篇》），学生人数自必日益增加。元代戴良送友人赴任甫里书院山长，称："吴为浙中文献之邦，游儒奇士，冠摩而毂击，居学官者为尤难"（戴良《九灵山房集》卷十三《送丁山长序》），则学生人数必有不少。官吏、军人和学生，他们的衣食住行以及公务、军需、学业各种需要，有不少依赖市场的供应，以驻军来说，绍兴二十八年（一一五八），南宋政府便为盖造寨屋，而先后支钱120,000贯2,530文（注一〇二）。他们的消费，有促进苏州商业发展的作用。

苏州田土肥美，因此多士大夫和达官贵人来此置产定居，他们通常拥有多量的田产，一方面以其自家消费剩余的租米，供应给粮食市场，另一方面也由于他们生活的富裕，成为社会上的大消费者。早在北宋中叶，苏州已是“衣冠侨寓猥众”（《乐全集》卷四十《蔡抗墓志铭》），举其著者而言，参知政事元绛、秘书监富严、枢密直学士蒋堂、侍御史范师道、龙图阁直学士卢秉、光禄大夫朱公绰均居于此（注一〇三）。元祐年间以后，则更是“搢绅以吴为乐土，侨民闾里，几亚京雒”（《吴郡志》卷三十七《县记篇》引《吴县记》），“达官显人，居吴甚众，富盛甲于东南”（陈长方《唯室集》卷三《胡先生墓志铭》），如丞相章惇居郡城南，枢密章楶居郡城北，吴人号称南北章以别之（注一〇四），朱勔为郡城外虎邱人，用事后于城内构筑园第，名渌水园（注一〇五），权相蔡京于平江府也有财物（注一〇六），宠臣高俅之墓在苏州横塘（注一〇七），而崇宁（一一〇二～一一〇六）年间，“姑苏张比部家极富盛，名园甲第，冠于二浙”（洪迈《夷坚支戊》卷六《太岁堂条》）。南宋初年，北方沦陷，士大夫避难南来，苏州以环境优越，成为他们定居之所，所以南宋以后苏州士大夫追溯其先世，多称从宋南渡，定居于吴。如“袁氏本汴人，至提刑公，靖康末扈驾南渡，卒葬赭墩，始为吴人”（袁易《静春堂集》附录三《重修福源庵记》），“曹氏之先，出于宋名将冀国武惠公彬，南渡时由汴徙吴，今居平江常熟州之禄庄里者，号为福山曹氏，最为望族”（《黄文献公集》卷九下《武略将军海道漕运副万户曹公墓志铭》），“金氏，……

其先杞人，世有显者。从宋南渡，家于吴，故今为吴县人”（《吴都文粹续集》卷三十九王直《侍郎金公墓志铭》），“沈之先世，皆以医仕，宋南渡，由汴徙苏之长洲”（同上杨士奇《太医院沈公墓志铭》），“季世良，……其先开封人，建炎四年（一一三〇），举族随驾渡江，家于许浦，子孙自属籍焉”（桑瑜《弘治常熟县志》卷四《叙人物》），“俞先生玉吾者，其先世居汴梁，宋建炎间由汴梁迁于吴，遂为吴之包山人”（金玉相《太湖备考》卷十三《集文篇》载陈刚《读易札记》）。而南宋初年大将韩世忠、张俊在苏州均有园第（注一〇八），秦桧亲党王会也在苏州建造大宅（注一〇九）。当时人指出："平江、常、润、湖、杭、明、越，号为士大夫渊薮，天下贤俊多避地于此”（《要录》卷二十建炎三年（一一二九）二月庚午条），“平江府、湖、秀、常州、江阴军、绍兴府、衢、温州、建康府、广德军，最系豪右大姓去处”（《要录》卷一百绍兴六年（一一三六）四月乙卯条），所指虽遍及江浙各郡，而苏州实居各郡之首。下至元代，仍然是“吴多四方寓公”（《侨吴集》卷十一《前平江路总管道童去思碑》），而元代漕粮海运，以苏州刘家港为起航点，主持海运的朱清、张瑄及其以下诸漕户，聚居于昆山的太仓，又形成苏州地区的新权贵（注一一〇）。

士大夫和达官贵人既多，以他们所享受的经济特权，自然容易造成苏州地区土地集中的现象。北宋中叶，范仲淹已能为其在苏州的家族，于吴、长洲两县置田产千亩，建立义庄（注一一一）；其后吕惠卿也向宋神宗称："臣等有田在苏州”（《愧郯录》卷十五《祖宗朝田米直条》），既称臣等，自然不限于吕惠卿一人，而他们很可能是本身不居住在苏州的遥领地主；而章惇则由于以贱价强买百姓三十一户的田产，为昆山县人民所论诉（注一一二）；及至北宋末年，朱勔更以其显赫的权势，“置田产三十万亩，分属八孙两幼子，建庄房于虎邱，三里一庄，凡十所”（《烬余录》乙编）。南宋初年以后，由于士大夫纷纷南迁，土地兼并之势更盛，所以知平江府章谊在绍兴六年入对，便说苏州“强宗巨室，阡陌相望，而多无税之田”（《要录》卷一〇六绍兴六年十月丙辰条）；而绍兴十二年（一一四二），两浙转运副使李椿年为均税而建议施行土地经界法，其目的之一是经由均税以抑制富家的土地兼并，首先从平江府开始实施（注一一三），可见苏州土地兼并的现象最引人注目。此后这一趋势仍然继续发展，绍兴三十一年（一一六一），张俊子侄献两浙、江东、淮东三路田产租米以助军费，其中苏州的田产有“长洲县尹山庄六千石、东庄二千五百石、吴县横金庄二千五百石、儒教庄五千石”（徐梦莘《三朝北盟会编》卷二三七绍兴三十一年三月二十七日戊辰条），共计一万六千石，以一亩收租一石计，已相当于一万六千亩。大将杨存中曾施舍苏州田产一万三千亩给杭州径山寺（注一一四），韩世忠之子韩彦直曾施舍平江府许墅庄田二十顷给杭州上天竺讲寺，宋末权相贾似道也曾在景定二年（一二六一）施舍吴中田二千亩给上天竺讲寺（注一一五），可见他们在苏州都有不少田产。而南宋中叶以后，苏州围田无限制的发展，也是形势豪强之家扩张土地所有权的结果，例如张俊之侄张子盖便有围田九千余亩，韩蕲王府干人郁明占佃昆山县全吴乡田地二千四百亩，其中一千亩是围田（注一一六）。元代苏州土地集中的现象甚或超过宋代，如海隅曹宣慰以淀山湖为潮沙漂塞大半，“占为湖田九十三围，凡数万亩，相传其仓中米囤凡十二行，每行一百二十枚，又一所少差，亦十二行，行八十四枚，积粟百万”（长谷真逸《农田余话》卷上），而福山曹氏“盛时私租至三十六万石”（李铭皖《同治苏州府志》卷一四六《杂记志》引龚立本《常熟志》），朱清、张瑄二豪也因其权势，“或两争之田，或吏胥之虐者，皆往充户计，则争者可息，虐者可免，……不数年，朱、张皆构祸，籍其户口财产，以数百万计”（孔齐《至正直记》卷三《势不可倚条》），所谓“往充户计”，即民家以其田产，投献于朱、张二豪，充作二豪的佃户，二人被籍没时，户口财产以数百万计，则其田产之多，可想而知，而这些田产，未必尽在苏州，也有在外郡的情形，如“溧阳之民，有以田土妄献于朱、张二豪者”（同上）。因此，余阙所说：“吴人之兼并，武断大家，收谷岁至数百万斛”（余阙《青阳先生文集》卷九《宪使董公均役之记》），实反映出当时的事实。

南宋及元代，朝廷常以苏州肥田赐予权豪贵戚，更加重了这种土地集中的现象。以南宋而言，受赐者多为大将、贵戚和自金投宋的归正官，每次少者近千亩，多者达三千亩。兹列举于表四。

表四：南宋权贵受赐苏州田地

年代	受赐者	地点	面积	资料来源
绍兴四年三月（一一三四）	韩世忠	平江府陈满塘	1,200 亩	《建炎以来系年要录》卷七十四
乾道二年（一一六六）	赵良辅	长洲县苏台乡	1,004 亩	《会要》之《食货六一·赐田杂录》
乾道四年五月（一一六八）	萧琦妻耶律氏	吴县、吴江县	1,000 亩	《会要》之《食货六一·赐田杂录》
乾道五年二月（一一六九）	萧琦妻耶律氏	平江府	2,000 亩	《会要》之《食货六一·赐田杂录》
乾道六年七月（一一七〇）	李显忠	长洲县、吴江县	2,091 亩	《会要》之《食货六一·赐田杂录》

（续表）

乾道七年正月（一一七一）	耶律适	平江府	1,000 亩	《会要》之《食货六一・赐田杂录》
乾道九年三月（一一七三）	王友直	平江府	812 亩	《会要》之《食货六一・赐田杂录》
淳熙二年五月（一一七五）	萧邈	长洲县金鹅乡	938 亩	《会要》之《礼六二・赉赐篇》

这些田产，原均为官田，经赏赐之后，便转为私有田产，其中萧琦妻耶律氏于乾道四年、五年两次受赐，共计有三千亩之多。而元代赐田给公主、诸王、臣僚，受赐数量更远超过南宋，少者不下数千亩，多者更达十五万亩。兹列举于表五（注一一七）。

表五：元代权贵受赐苏州田地

年代	受赐者	地点	面积	资料来源
至元二十五年二月（一二八八）	叶李	平江路、嘉兴路	400 亩	《元史》卷十五《世祖纪》
至元二十五年	王都中	平江路	8,000 亩	《元史》卷一八四《王都中传》
至大二年（一三〇九）	鲁国大长公主祥哥剌吉	平江路	150,000 亩	《元史》卷一一八《特薛禅传》
延祐五年二月（一三一八）	丑驴	平江路	10,000 亩	《元史》卷二十六《仁宗纪》
至治二年七月（一三二二）	拜住	平江路	10,000 亩	《元史》卷二十八《英宗纪》
天历元年九月（一三二八）	燕铁木儿	平江路	50,000 亩	《元史》卷三十二《文宗纪》
天历元年十一月	西安王阿剌忒纳失里	平江路	30,000 亩	《元史》卷三十二《文宗纪》

（续表）

天历二年三月（一三二九）	笃麟帖木儿	平江路	10,000 亩	《元史》卷三十三《文宗纪》
至顺元年九月（一三三〇）	鲁国大长公主祥哥剌吉	平江路	50,000 亩	《元史》卷三十四《文宗纪》
至顺二年三月（一三三一）	燕铁木儿	嘉兴、平江、松江、江阴	不详	《元史》卷三十五《文宗纪》
至元三年三月（一三三七）	郯王徹徹秃	平江路	20,000 亩	《元史》卷三十九《顺帝纪》
至元九年七月（一三四九）	公主不答昔你	平江路	5,000 亩	《元史》卷四十二《顺帝纪》

以上赐田大部分都在万亩以上，而鲁国大长公主祥哥剌吉在至大元年和至顺元年两次受赐，合计竟达二十万亩之多。元代所以能够在苏州有这样多的田地用作赏赐，实由于南宋末年在浙西地区实施公田法，有相当数量的田地已由政府收购为公田的缘故（注一一八）。

士大夫和权贵之外，寺观和学校也是宋、元时代苏州的大地主。苏州自从五代吴越以来，以崇尚佛教，“郡之内外，胜刹相望，故其流风余俗，久而不衰”（《吴郡图经续记》卷中《寺院篇》），而邻近的两浙各郡，也多佛教胜地，尤其是杭州，南宋末年，“浮屠、老氏之宫遍天下，而在钱塘为尤众”（潜说友《咸淳临安志》卷七十五《寺观志》）。而在宋代，“所谓占田最多者，近属勋戚之外，寺观而已”（《会要》之《食货七十·赋税杂录》开禧三年（一二〇七）七月四日臣僚言），因此苏州的田地有不少为本地及外郡的寺观所有，尤其以杭州为南宋的行都，杭州的寺观和统治集团关系密切，屡次蒙受赐田，在苏州所拥有的田产数量可能较苏州本地的寺观还多。兹列举南宋时期敕赐佛寺苏州田产数量于表六（注一一九）。

表六：南宋佛寺受赐苏州田地

年代	受赐者	地点	面积	资料来源
绍兴三年七月（一一三三）	杭州上天竺讲寺	平江府许墅	1,133 亩	《杭州上天竺讲寺志》卷十《版籍篇》
宋孝宗时	杭州径山寺	平江府	10,000 亩	叶绍翁《四朝闻见录》甲集《径山大慧条》
乾道二年二月（一一六六）	杭州双林院	长洲县	1,166 亩	胡敬《淳祐临安志辑逸》卷七
绍熙元年（一一九〇）	苏州齐昇院	不详	1,190 亩	《吴郡志》卷三十四《郭外寺篇》
景定三年（一二六二）	杭州南天竺崇恩演福寺	吴江县	5,000 亩	《金华黄先生文集》卷十二《南天竺崇恩演福寺记》
宝祐六年（一二五八）	杭州护国仁王禅寺	平江府	1,258 亩	《咸淳临安志》卷八十《寺观志》
咸淳五年（一二六九）	杭州崇恩演福禅寺	平江府	1,269 亩	《咸淳临安志》卷八十八《寺观志》

上列各次赐田中，绍熙元年苏州齐昇院受赐田产地点不详，疑当亦在苏州境内。每次赐田少者千余亩，多者一万亩。实际上这些寺院在苏州的田产不止于此，以曾蒙受赐田万亩的杭州径山寺为例，宋理宗时奉旨蠲免平江府境内淳祐十一年（一二五一）和籴米九千余石（注一二〇），按自嘉熙（一二三八～一二四〇）年间以来，浙西地区田产在三百亩以上者，每亩例科和籴米三斗（注一二一），九千余石相当于三万亩以上的田产。寺观田产的来源，除勅赐之外，尚可能来自施舍、购买或租佃。例如长洲县寿宁万岁院，绍熙间信徒舍负郭之田 580 亩，又向官府佃田千亩（注一二二）；又如苏州资圣

寺，于庆元（一一九五～一二〇〇）年间购买膏腴上田 1,854 亩（注一二三），两所寺院均至少有田产千余亩。元代苏州寺观置产之风相沿不改，陈基所谓“吴为沃壤，其人喜事佛，好施予，佛之徒往往饰宫庐，崇塔庙，有余力辄买良田，厚积藏，资懋迁，以为常产不朽计，盖其习俗所尚，非一日矣”（陈基《夷白斋稿》卷十九《送哲上人序》）。学校所拥有的田产数量不及寺观，但也为数不少，例如平江府学在南宋庆元二年（一一九六）便有田产共 16,650 亩，分散于所属各县（注一二四），其他各县学，也都有学田；私学如常熟县的文学书院，创于元朝至顺二年（一三三一），创办人曹善诚提供田产 4,200 亩以赡学（注一二五）。自北宋以来，苏州学校不断增设并扩大，集中于学校的田产数量自必日益增多。

富家、寺院和学校的田产，都租与佃农耕作，由于田产众多，所收租米的数量必然庞大，非他们本身食用所能完全消耗。南宋时期，南康军、婺州、处州及抚州等地，农业生产都不能和苏州相比，而当地的富家都能提供数千石以至数万石的积存米谷来放赈（注一二六），苏州富家积存的米谷自然不下于此数。这大量的租米剩余，便流向市场，成为市场上农产品的供给来源，或投资到其他商业活动上。寺院、学校的租米，即使要供作佛事、学校行政或其他开销，也必须先粜卖，变转为现钱，因此也会流向市场。北宋中叶，范仲淹为其苏州家族义庄所订的规矩，便有这样的规定：“如支上件餱粮、吉凶事外，更有余羡数目，不得粜货，桩充三年以上粮储，或虑陈损，方得粜货，回换新米桩管”（《范文正公文集》附录《建立义庄规矩》）。南宋中期，王炎的观察更能具体的描绘出这种大量租米流向市场的情状：“若夫两浙之地，苏、湖、秀三州，号为产米去处，丰年大抵舟车四出，其豪右之家，占田广，收租多而仓庾富实者，县邑之吏，邻里之民，固能指数其人也”（王炎《双溪类稿》卷二十一《上赵丞相》）。而前述杨存中施舍田产给杭州径山寺，除一万三千亩田地外，尚有“犁牛、舟车、解库，应用百事具足”（《武林梵志》卷十《古德机缘篇》）；常熟县直塘富家张五三将仕，“稔恶黩货，见利辄取。淳熙元年（一一七四），有一客立约粜米五百斛，价已定，又欲斗增二十钱，客不可，遂没其定议之直”，忽遇狂风暴雨，“张氏仓廪帑库，所贮钱米万计，扫荡一无所存，……典质金帛在匮随风宛转于半空，不知所届，常所用斗大小各不同，凡十有三等，悉列门外”（《夷坚志补》卷七《直塘风雹条》），可知富家除销售其租米于市场外，又以租米作资本，经营典质之类的商业活动。而元代的寺观，据前引陈基所言，也是“买良田，厚积藏，资懋迁”，以良田所得的积藏作懋迁的资本。总之，地主消费之后的大量剩余租米，成为供给市场的商品或商业活动的资本，对促进苏州地区商业发展的作用是很明显的。

另一方面，权势富家既多，他们的消费能力远较常人为高，对于物资的需要自然也大。例如南宋淳熙（一一七四～一一八九）年间，发运使史正志在苏州带城桥造宅，共费一百五十万贯之多（注一二七），而约略同时的嘉泰四年（一二〇四），平江府学购买状元坊前一普通民宅，不过用钱二百贯而已（注一二八），花费的悬殊，几为万倍。南宋末年，富室郑虎臣居于郡城舞鹤桥东，“其家巨富，时居第之盛，号郑半州，四时饮馔，各有品目，著《集珍日用》一卷，并《元夕闺灯实录》一卷，皆言其奢侈于餍饫也”（《洪武苏州府志》卷七《园亭志》），因此仅是日常饮食的开支，必然已很惊人。元代苏州富家居室衣食的浪费，吴莱有诗感叹：“大田连阡陌，居第拟侯王。锦衣照车骑，玉食溢酒浆。居然甲东南，遂以侈济侈”（吴莱《渊颖先生文集》卷三《方景贤回闻吴中水涝甚戏效方子清侬言》），可见苏州富家生活的奢侈，已为东南之冠。园林之盛，是苏州富家消费的另一反映。自北宋以来，苏州已多园林，植奇花异木巧石，以供游赏，下至南宋、元代，愈益增多（注一二九）。园中花木的繁多，如朱勔“毁阊门内北仓为养植园，栽种盆花，每一花事必供设数千本”（《烬余录》乙编）；又如“蓝提刑家……有花三千株，号万花堂，尝移得洛中名品数种，如玉盘白、景云红、瑞云红、胜云红、玉间金之类”；“其次林得之知府家，有花千株；胡长文给事、成居仁太尉、吴谦之待制家，种花亦不下林氏；史志道发运家，亦有五百株；如毕推官希文、韦承务俊心之属，多则数百株，少亦不下一二百株，习以成风矣”（《吴中旧事》）。不仅花木繁多，而且园亭构筑巧丽，如北宋末年，章惇筑园于苏舜卿沧浪亭旧址，“穷极华丽”，章惇退居苏州之后，园中“冠盖云集，游宴无虚日”（《烬余录》乙编）；又如朱勔所筑的渌水园，“中有双节堂、御容殿、迷香楼、九曲桥、十八曲、八宝亭”（同上）。元末福山曹氏尝邀倪瓒至其园中观赏荷花，“倪至登楼，惟楼旁佳树与真珠帘掩映耳。倪饭别馆，复登楼，则俯瞰方池可半亩，菡萏鲜研，鸳鸯鸂鶒，萍藻沦漪，倪大惊。盖预蓄盆荷数百，移置空庭，庭深四五尺，以小渠通别池，花满，方决水灌之，复入珍禽野草，若固有之”（《光绪苏州府志》卷一四六《杂记志》引龚立本《常熟志》），更反映富家的不惜花费，竭尽心思以斗奇争胜。而自南宋以来，“比年士大夫好石者多，山中人始以旱石加斧凿，作玲珑意，又剜石面赝作弹窝纹衔，不识者或得善价”（《吴郡志》卷二十九《土物篇》），士大夫好于园林中植巧石，竟引致商人制作赝品出售，则苏州富家在各方面的豪奢消费，对于扩大商品市场所发生的影响，可想而知。

富家大户之外的苏州中下层居民，比起其他地区，仍然算是富庶。这种情形，可以从客户所占的比例看出来。北宋熙宁三年（一〇七〇），郏亶上疏言苏州水利，其中提到“苏州五县之民，自五等已上至一等，不下十五万户”（《吴郡志》卷十九《水利篇》），约略同时的元丰三年（一〇八〇），苏州全郡人口为199,892户（见第二节），则五等以下的客户约四万四千户左右，约占全郡人口的22%。昆山县在北宋大中祥符（一〇〇八～一〇一六）年间，全县人口共16,350户，其中客户3,272户，占全县人口的20%（注一三〇）。北宋苏州全郡和昆山县的客户比例，都在20%左右，而北宋历年全国人口中客户所占的比例约在30%～40%之间，如以郡作单位来比较，则大部分集中于20%～40%之间（注一三一），因此20%的客户数在全国各郡中已算很低。这种情形，说明苏州真正贫困无产的人较少，也就是《吴郡志》中所说的“人无贵贱，往往皆有常产”（《吴郡志》卷二《风俗篇》）。土地虽有集中的现象，反映佃户的众多，但是佃户之中应有不少是兼业佃耕的下户，而非完全无产的客户。即令是完全依赖佃耕的农民，由于苏州的土地单位面积生产量高，在扣除缴纳给地主的租课之后，他们的收入也仍然较其他地区佃户的收入好。

这些中下层的农家，同样一方面是市场商品的供给者，另一方面也是消费者。前面一种情形，反映于北宋以来二税中货币税租数量的增加。北宋大中祥符年间，苏州二税中仅有丁身盐钱16,252贯941文；至元丰三年，增加了免役钱85,000贯；再晚到南宋淳熙十一年（一一八四），又增为折帛钱439,356

贯458文，上供诸色钱共1231,208贯；元代租税中，则有轻赍2,240定27两3分（注一三二）。为了要缴纳各种日益增加的货币税租，宋代农民每于赋税缴纳期限时争售农产品，使得大量农产品供给于市场（注一三三），苏州农民自亦不能例外。而客户虽然不必缴纳二税，可是也有身丁钱的负担，又部分佃户必须以货币缴纳地租，贷借米谷则须折价偿还，而且他们无法完全生产自己所需的生活日用品，必需粜卖米谷之后再向市场购买。苏州邻郡秀州，经济环境和苏州相似，同为农业生产丰盛的地区，当地魏塘农村的佃户，便以米粮向商人购买日用品，商人将米粮集中之后转销至苏、秀、杭等大城及南浔镇，然后再购买日用品回来销售给佃户（注一三四），苏州的农家自然也会有相同的情况。上述佃户购买日用品的情形，说明他们同时也是消费者，经济状况较佳的农家，他们所消费的商品自然比佃户更多，以苏州人口的众多，累积起来的消费量是相当可观的。而且除了稻作农家之外，苏州还有其他各类的生产者，如沿海的渔民、盐户，内地的果农、茶农，以及许多专业的手工业者，他们纯粹为了供应市场而生产，因此他们自身的粮食必须向市场购买，例如太湖中的东西洞庭山，“地方共几百里，多种柑橘桑麻，糊口之物尽仰商贩。绍兴二年冬，忽大寒，湖水遂冰，米船不到，山中小农多饿死”（《鸡肋编》卷中）。由于货币税租日益增加，苏州人口不断增长，以及各类产业日益发达，这一类商品交换也必然愈来愈频繁，数量愈来愈大，助长苏州商业的发展。

上述的讨论已经指出，苏州的社会要比其他地区来得富裕，所以“吴人殷盛，四方所莫及”（虞集《道园学古录》卷九《平江路重建虹桥记》），由于社会富裕，许多中产之家在纳税和购置生活日用品之外也仍然可有剩余。例如元代至治三年（一三二三），邓文贵出资重修郡城虹桥，而邓氏“家无田入化迁之利，郡县甲乙赀筭在中产最下”（同上）。赀产在中产最下的人家已能如此，其他的中产之家可想而知。因此，不仅一些巨富的大地主兼营商业，许多中产农家也以其纳税、消费的剩余作为经营商业的资本。北宋神宗时，苏州昆山县民朱迎、徐宗、唐遂、朱育四人以田产向市易务抵当官钱（注一三五），按市易官钱为政府借贷给商人作经商资本之用，可知朱迎等人实以农家而兼营商业；稍晚的元祐（一〇八六～一〇九三）年间，郭受在吴县记中也指出：“中家壮子，无不贾贩以游者”（《吴郡志》卷三十七《县记篇》引）；南宋范成大咏苏州农家，亦称：“老媪当前再三祝，只要我家长富足。轻舟作商重船归，大牸引犊鸡哺儿”（《石湖居士诗集》卷三十《腊月村田乐府十首·打灰堆词》）。至于一般小民，也由于消费市场的扩大，经商有利可图，可以补助农业收入，甚或赖以维持生活，因而从事各种商贩活动。例如朱勔之父朱冲，为“吴中常卖人”，“方言以微细物博易，于乡市中自唱，曰常卖”（赵彦卫《云麓漫抄》卷七）；如“平江城中草桥屠者张小二，绍兴八年（一一三八）往十五里外黄埭柳家买狗”（《夷坚甲志》卷七《张屠父条》）；如“吴中甲乙两细民同以鬻鳝为业，日赢三百钱”（《夷坚丁志》卷十六《吴民放鳝条》）；如“平江细民张氏，以煮蟹出售”（《夷坚支戊》卷四《张氏煮蟹条》）；如“平江屠者贾循以货獐为业，常豢饲数十头”（《夷坚支庚》卷二《贾屠宰獐条》）。这一类小商人，不胜枚举。而经商获利之后，也有一些商人以其利润购置田产，如“平江城北民周氏，本以货麩面为生业，因置买沮洳陂泽，围裹成良田，遂致富赡”（《夷坚三志》巳卷七《周麸面条》)，因此农家和商人之间，未必有明显的界线可分。但无论如何，商人在外从事商业活动，他们的衣食住行以及业务上必要的用品，也以仰赖市场的供应为多，商人为流通有无而产生，然而他们本身的存在，就有扩大市场消费的作用。

再进一步看，由于苏州社会富裕，使得一般民众的生活奢华，更助长了消费活动。所谓“其民崇栋宇，丰庖厨，嫁娶丧葬，奢厚逾度，蠲财无益之地，蹶产不急之务者为多”(《吴郡图经续记》卷上《风俗篇》)，“俗多奢少俭，竞节物，好游遨”(《吴郡志》卷二《风俗篇》)，“吴民尚奢争胜，所事不切，广置田宅，计较微利”(《平江纪事》)，都说明苏州社会奢华这一事实。苏州民众生活的奢华，还可以从民众喜好游赏以及节日庆典的喧闹看出。苏州多园林，其中有不少开放给民众观赏，如郡城城南的南园，“每春纵士女游览以为常焉”(《吴郡图经续记》卷上《南园篇》)；如朱勔的养植园，“游人给司阍钱二十文，任入游观，妇稚不费分文，故游女独多”(《烬余录》乙编)；如郡城东北的大慈寺，“旁辟池亭，四围栽树，花木一时称盛。游人过章园、梅园者，必一至其地”(同上)；又如吴人胡百能，“其族居姑苏，有名园，当春时纵人游赏，至三月将暮，芍药盛开，天气清和，士女群集”(《夷坚三志》巳卷八《胡园荔枝壳条》)。园林之外，名胜虎丘山、桃花坞也是游人群集之地，虎丘山在郡城外西北五里(注一三六)，桃花坞则在郡城内西北，“入阊门河而东，循能仁寺、章家巷河而北，过石塘桥，出齐门，古皆称桃花河，河西北皆桃坞地，广袤所至，赅大云乡全境”(《烬余录》乙编)，每当“春秋佳日，游船集虎邱、桃坞者，几成海市”(同上)。民众的喜好游赏，反映了他们能以多余的积蓄消费于生活的享受上。节日的热闹，以元宵节为最，“上元影灯巧丽，他郡莫及，有万眼罗及琉璃球者尤妙天下，以糖丸春玺为节食。又按以《荥阳岁时杂记》云：外郡惟苏、杭、温华侈，自非甚贫者必有灯。浙西率以琉璃灯为最，亦有用雪母及缯褚者，品类虽多，而皆为琉璃掩其名焉”（《洪武苏州府志》卷十六《风俗志》），又“赵忠惠守吴日，尝命制春雨堂五大间，左为汴京御楼，右为武林灯市，歌舞杂艺，纤悉曲尽，凡用千工”（《武林旧事》卷二《灯品条》），这些情形明显的反映了苏州生活的奢华，而制造春雨堂花灯使用千工之多，更清楚的显示这种奢华扩大了苏州的消费市场。此外，苏州有一些宗教庆典，也为当地社会带来喧哗的气氛。例如郡城之内的泰伯庙，“每春市人相率牲醴，多图善马、彩舆、美女以献，饰以金银，复以轻绡画侍婢，捧胡琴以从，其貌胜于旧绘者名之为胜儿，盖他献者无以为匹也，”（《吴都文粹续集》卷四十六载《宋元喙呓集，胡琴婢胜儿》）；如郡城内的灵顺行祠，其神迎自婺源，初附祀于光孝观，其后又建上善庵、如意庵为其行祠，“淳祐（一二四一～一二五二）初，四月四日、八日递迎两庙神像过北寺，迨暮以灯烛迎归，自此岁以为常，而台阁百戏集焉，遂以镫市相夸，至用琉璃锁链神像车辇，在昔未有，镫片纽绘，妙绝一时”（《洪武苏州府志》卷十五《祠祀志》）；又如常熟县福山镇的东岳庙，为泰山神的行祠，创于北宋至和（一〇五四～一〇五五）年间（注一三七），“岁率以暮春大会，四方来者于庙之廷，祈者、禳者、诉者、谢者、献技能者、输工力者，若贵若贱，若小若大，咸各有施，投簪珥，荐琛贝，辇货泉，篚布帛，庭实充塞”（《琴川志》卷十三《叙文·重修福山岳庙记》）；再如昆山县马鞍山惠应庙，供奉山神无名氏（注一三八），四月十五日为山神诞辰，“县迎神，设佛老教，以祈岁事，并社为会以送神，自山塘至邑前，幕次相属，红翠如画，它州负贩而来者，肩袂相续”（《淳祐玉峰志》卷上《风俗篇》）。这些喧闹的迎神赛会，耗费大量钱财于祭品、图画、灯烛、装饰、施舍，聚集了众多的信徒、艺人、商贾，甚至连外郡商人也争相负贩而来，对于扩大消费市场所发生的影响，不言可喻。上述情形，无疑也都有促进苏州商业发展的作用。

除了苏州内部的商品流通之外，苏州也和国内各地甚至海外发生商业上的关系。以苏州最丰盛的稻米生产来说，除供应本地需要之外，尚有大量剩余，因此成为国税军粮的重要供应地，用来维持中央政府及沿边要地官吏、军人的生活，而政府的漕运也因此在苏州的对外商业活动中占有重要地位。宋代苏州秋苗额约三十四万余石（见第二节），一般而言，宋代州县秋苗大约有十分之七至十分之九取作上供（注一三九），因此苏州秋苗中大约有二十五至三十万石必须运离本地，在北宋时经由运河北运至汴京，在南宋时则经由运河南运至临安。除去秋苗之外，每年又有和籴，北宋时苏州有南、北二仓，“每岁输税于南，和籴于北，以元丰三年（一〇八〇）计之，所籴无虑三十万斛”（《吴郡图经续记》卷上《仓务篇》）。南宋时期，和籴愈形重要。绍兴三年（一一三三），为供应军需，于浙西平江府、秀州、湖州、常州、江阴军等地博籴，其中平江府籴米十三万八千石、料三万七千五百石，所籴数量高居各郡之首（注一四〇）。绍兴八年（一一三八），初置和籴场于临安府，其后又增设于平江府，每年籴米共六十万石（注一四一）。至绍兴十八年（一一四八），定制两浙及淮东、淮西、湖广三总领所共籴米一百二十二万五千石，其中平江府和籴场即占二十万石（注一四二）。而和籴场所以设在平江府，即由于平江府“出产米斛浩瀚”(《会要》之《食货四十·市籴粮草篇》绍兴十八年闰八月九日条)。开禧年间以后，南宋对外不断发生战争，对于军粮的需要大增，苏州和籴米的数量也随之而急遽增加。开禧三年（一二〇七）于平江府设百万西仓，嘉熙（一二三七～一二四〇）末又设百万东仓，宝祐五年（一二五七）再增设宝祐百万仓（注一四三)，以储存和籴米。景定二年（一二六一)，刘克庄称“吴门一郡而籴百万”(刘克庄《后村先生大全集》卷八十七《进故事·辛酉八月二十日条》)，可见数量的巨大，竟达苏州秋苗的三倍。这巨量的和籴米，除分别运往临安府和淮东总领所，供官俸、军粮之用外（注一四四)，又提供给各地用作灾荒救济，例如真德秀便曾先后请求以平江府百万仓米，拨付广德军及福建建宁府、福州、泉州、兴化军以充赈粜（注一四五)。平江府和籴场的和籴方式为“听客人从便中籴”(《会要》之《食货四十·市籴粮草篇》绍兴十八年［一一四八］闰八月九日条)，百万仓和籴场的初期也“一惟坐仓招来”(《琴川志》卷六《叙赋》)，都是政府和民间之间的商业行为，至晚期才“寖有科抑之令”(同上)，而成为民间的一大负担。巨量秋苗米及和籴米的漕运，导致雇用大量的民船装载，而民船往往附载私货取利（注一四六)，苏州的情形当亦不能例外。因此，不仅政府漕运本身是一项庞大的商业活动，而且还足以带动苏州雇船业和造船业的发达，并促进苏州与外地的民间商业来往。

元代苏州生产的稻米，仍然有相当多的一部分以税粮的方式运销到外地。不仅如此，元代以海运转销租米至北方，而海运的出发点，便在苏州昆山县的刘家港。自北宋以来，已有海船于沿海运输米粮的情形，南宋时期尤其发达（详后)，至元代便有海上漕运的出现。海运始于至元十九年（一二八二)，设运粮万户府于平江，由归顺元朝的海盗朱清、张瑄主持。最初仍然是海运、河运同时并行，到至元二十四年（一二八七），以河运损耗甚多，于是完全改为海运。每年运粮的数量，在至元十九年不过四万六千余石，至元二十七年（一二九〇）已增为一百五十九万五千石，至大四年（一三一一）再增为二百八十七万三千余石，至正元年（一三四一）达于高峰，为三百八十万石（注一四七），及至元末，“张九四据有浙西，而海道又有方国珍，运道遂梗，而国已不国矣”（叶子奇《草木子》卷三《谈薮篇》），按张九四即张士诚。所以说：“天下之本在京师，京师所仰在海运”（《夷白斋稿》卷十二《海道都漕运万户府达鲁花赤脱因公纪绩铭》），而苏州以其丰盛的稻米生产及巨额的秋粮，成为供应漕粮的主要地区，所谓“计其均科傍赋，而吴地郡县实当十之七八，故又总括其事于平江会府”（刘仁本《羽庭集》卷五《送户部尚书彻公通理趣漕回京序》），选择刘家港作海运的出发点，其原因当在于此。元代苏州在郡城、太仓及福山均有天妃宫（注一四八），实为海运而创建。漕粮除来自苏州本地外，“每岁海船支装官粮，干涉浙东、浙西洎上江、湖广、江西、河南四省地面”（失名《海道经》附录《海运以远就近则例之图碑》），各地粮船分别由海路或大江先运至刘家港，刘家港“水深港阔，每岁数百万粮艘宗会于此”（《三吴水利录》卷三《周文英书一篇》），所谓数百万，指数百万石而言，因此，漕粮海运本身已可相当一宗庞大的商业活动。不仅如此，就如宋代漕运一样，元代海运也带动了苏州雇船业和造船业的发展（详第二节），而“富家大舟受粟，多得佣直甚厚，半实以私货，取利尤夥”（《道园学古录》卷六《送祠天妃两使者序》），又促进了苏州和外地的民间商业往来。主持海运的朱清、张瑄，更借此机会通商海外，“巨艘大舶，帆交蕃夷中”（苏天爵编《元文类》卷六十九胡长孺《何长者传》），“交通海外诸番，博易以致巨富”（《姑苏志》卷六十《杂事志》）；刘家港也因为开港运粮的缘故，吸引海外商船前来，“诸蕃国得于此交通市易”（桑悦《弘治太仓州志》卷一《沿革篇》），扩大了苏州的海外贸易。总之，元代漕粮海运对于苏州商业发展的影响是很大的。

除了官方的漕粮运输之外，苏州民间又和外地的民间或政府展开兴盛的米粮贸易。浙东地区和浙西的严（睦）、杭等州，以山地较多，本地所产粮食常感不足，必须从苏州输入食米，尤其是杭州，是两浙地区第一大城市，南宋时又为行都所在，城市人口众多，对于苏州食米的输入仰赖更深。北宋时期，苏轼已指出“衢、睦等州，人众地狭，所产五谷不足于食，岁常漕苏、秀米至桐庐，散入诸郡”（《东坡奏议集》卷九《乞相度开石门河状》），“杭州自来土产米谷不多，全仰苏、湖、常、秀等州般运斛㪷接济，若数州不熟，即杭州虽十分丰稔，亦不免为饥年”（同上卷六《论叶温叟分擘度牒不公状》）。南宋时的情况，如衢、信州当歉收时，“所收十无五六，若苏、湖之米不移，则衢、信上下来年必至乏食”（陈渊《默堂文集》卷十二《十二月上殿札子》），按信州在江东路，但与两浙路接邻；如绍兴府嵊县令季光弼，因嵊县饥荒，“豫令富室致吴中之米七千余斛”（《攻媿集》卷一百《季光弼行状》）；如庆元府平粜仓粜买米谷的来源，“大要欲籴米谷二万斛，米籴于吴，谷籴于鄞”（罗濬《宝庆四明志》卷六《叙赋》）；而严州所需的食米，“百姓日籴，则取给于衢、婺、苏、秀之客舟”（方逢辰《蛟峰集》卷四《严州新定续志序》）。至于南宋行都临安府所消费的大量米粮，虽然来源众多，分别来自苏、湖、常、秀等州，甚至淮南、广南、婺州等地，但是仍然以苏、湖二州的数量为多（注一四九），南宋末年，甚至有人说："不思京师浩穰之地，众大之区，米仰于苏，薪给于严，万一有人扼吾苏与严，则六军万姓何所仰乎"（王义山《稼村类稿》卷二十《乙亥三月上殿论对》）。苏州的米粮不仅在内陆由水陆运输分销到两浙各地，又由海道向外销售，海道销售的地区，除了两浙之外，还南及福建，北至淮南、山东。海道运销食米，自北宋已经存在，吴遵路知通州时，因淮东饥荒，劝诱富豪之家，得钱二十万贯，遣牙吏二十六次，私赁海船，往苏、秀二州收籴米、豆（注一五〇）。南宋时期，这种情形更加普遍，浙东、福建灾荒，经常从海道贩籴浙西米粮（注一五一），据当时臣僚言："伏见浙东诸郡，今岁例有旱伤，如温、台二州，自来每遇不稔，全借转海般运浙西米斛，粗能赡给。访闻浙西平江、秀州管下边海诸县，自来凡有他郡客人般运米斛，例不放令出海前去，是以籴贩者稀少，荒歉之处为害甚大"（《宋史全文续资治通鉴》卷二十五乾道九年［一一七三］十月甲子条），可知所谓浙西，实即苏、秀濒海二州。苏州米粮不仅从海路南销浙东、福建，而且大量由海船北运至金国山东出售，每一海舟装载不下一、二千石，获利数倍，出海的港口，如华亭、海盐、青龙、顾迳、江阴、镇江、通州、泰州等处（注一五二），其中顾迳便在苏州的昆山县，秀州青龙镇也可作苏州稻米的出口港。为防止米粮贩运至敌国，宋理宗嘉熙四年（一二四〇）曾下诏："平江、嘉兴府、安吉州禁贩米出海"，但"其贩至临安府者毋得遏籴"（《宋史全文续资治通鉴》卷三十三嘉熙四年十月条），禁令既有漏洞，执行自必困难，不仅民间贩运米粮至金难以彻底禁绝，据文天祥于宝祐四年（一二五六）所言："曩闻山东荐饥，有司贪市榷之利，空苏、湖根本以资之，廷绅犹谓互易"（文天祥《文山先生全集》卷三

《御试策一道》)，则连政府本身也不免为贪图利润，而将苏州米粮北销至金。总之，米粮贸易是苏州对外一项最重要的商业活动。

除了米粮的运销之外，苏州其他各种商品的输出入也很发达。以商品的输出而言，北宋元丰（一〇七九～一〇八五）年间，朱长文已指出:“若太湖之怪石，包山之珍茗，千里之紫莼，织席最良，给用四方，皆其所产也”(《吴郡图经续记》卷上《物产篇》)。南宋时，临安府所消费的渔产、柑橘、酒、丝织品等，有不少来自苏州（注一五三）；苏州有名的海产石首鱼，自发明用冰冷藏之后，向长江中游开拓市场，“遂贩至江东金陵以西”(《吴郡志》卷二十九《土物志》)；而沿长江上溯至内陆的夔州路大宁监，也能“吴、蜀之货，咸萃于此”（祝穆《方舆胜览》卷五十八《夔州路大宁监篇》)。此外，北宋时苏州所产白墡取供钱塘宝兴监铸钱之用，南宋时苏州所铸铜器供给四方，元代则苏、杭色缎更行销海外，均已见第二节。因此，苏州产品的销售网可以说是十分广阔。至于各地商品的输入苏州，如吴笺的原料为越竹（见第二节），亦即必须从越州输入。造船所用的木料，来自明州，淳熙十五年（一〇八八），许浦水军造船，合用物料便是“关拨官钱往浙东路明州山场计置买办”(《会要》之《食货五十·船篇》淳熙十五年八月二十一日条)。而从海道输入的舶货尤其多，北宋时期，已是“闽、粤之贾，乘风航海，不以为险，故珍货远物，毕集于吴之市”(《吴郡图经续记》卷上《海道篇》)，按广东的广州和福建的泉州，为宋代两大对外贸易港（注一五四)，海外的奇珍异物，运到广州、泉州，再由闽、粤商人从海路转销到苏州来。南宋时期，情况仍然相同。如绍兴六年（一一三六），昆山知县张汉之请于江湾设税场，理由是“本县界东接吴松江，应有海道客旅兴贩物货，沿江湾浦边枕吴松大江，连接海洋大川，商贾舟船多是稍入吴松江，取江湾浦，入秀州青龙镇，其江湾正是商贾经由冲要之地，其间有不到青龙地头收税，便于江湾路出卖，客旅得以偷瞒商税，不无走失课利”（《会要》之《食货十七·商税篇》绍兴六年十月八日条），按青龙镇在宋代也是“海商辐凑之所”（杨潜《绍熙云间志》卷上《镇戍篇》），因此从青龙或江湾输入的商品，自然多半是来自海外。除了青龙、江湾之外，昆山县黄姚、顾迳二税场也是舶货输入之地，尤其是黄姚税场，“系二广、福建、温、台、明、越等郡大商海船辐辏之地，南擅澉浦、华亭、青龙、江湾牙客之利，北兼顾迳、双浜、王家桥、南大场、三槎浦、沙泾、沙头、掘浦、萧迳、新塘、薛港、陶港沿海之税，每月南货商税动以万计”（《会要》之《食货十八·商税篇》嘉定十三年［一二二〇］九月十七日条），二广、福建的大商海船，前来黄姚，显然是转销从海外输入的货物。当然从青龙、江湾、顾迳和黄姚输入苏州的商品，内中也会有浙东、福建和两广当地的产品。元代刘家港成为漕粮海运的出发点，主其事者借此机会交通海外，而蕃舶也前来贸易，输入苏州的海外商品必定更多。至晚在至正二年（一三四二），庆元等处市舶提举司已设置于此（注一五五），显示海外商船的众多，已使政府必须设置机构来管理。元末袁华送市舶官诗：“巨艘万斛樯林林，夏秋之间来自南。象犀翠羽珠贝金，苏合熏陆及水沉”（《弘治太仓州志》卷九《杂志篇》），说明海外奇珍异宝大量运来的情形。所以昆山为“商货之区”（同上卷十之下《文篇》载龚璛《昆山州新学记》），“夷方之物，坌集丛至”（吕诚《来鹤亭集》郑东序）。元代鲍仲安事母至孝，为母“求新鲜于山泽，取珍异于苏、杭”（郑玉《师山集》卷八《鲍仲安墓志铭》），显然苏州聚集了种类繁多的商品，和杭州一样，珍品异物无所不有。可见苏州已成为一大消费市场，和富裕的社会正相呼应。

由于苏州和外地商业往来的频繁，所以在宋、元时代，可以看到各地商人活跃于苏州，也可以看到苏州商人活跃于外地。例如北宋时期，前来东西洞庭山包购柑橘的果商，“趁市商船急”（《都官文集》卷十四《山中咏橘长咏》），他们包购的方式，“不复计树若干，但云有几亩”，又“每一百斤为一笼，或得笼一千五百钱，下价或六七百钱”（同上注）；如南宋范成大所咏的茶商：“蝴蝶双双入菜花，日长无客到田家。鸡飞过篱犬吠窦，知有行商来买茶”（《石湖居士诗集》卷二十七《晚春田园杂兴诗》）；如常熟县东南去城百里的直塘，乾道元年（一一六五），“有盐商从鄂州来”（《夷坚志补》卷七《直塘风雹条》）；又如元代至正（一三四一～一三六八）初年，“二贾自嘉兴来平江，买舟至海口收市舶货”（《辍耕录》卷二十八《义丈夫条》）；而元代刘家港居住的中外商人尤其众多，“蕃汉闽广，杂处混居，而土著者十无二三”（《吴都文粹续集》卷五李祁《昆山州重修儒学记》），都说明了苏州以物产的丰盛和海外贸易的发达，吸引了各地商人前来经商。至于活跃于外地的苏州商人，如北宋元丰间，太湖中长寿乡的夏元富，“为一乡著姓，十六贾于四方，三十八而赀产丰积”（蔡昇《震泽编》卷三《人物篇》）；如南宋初年李流谦所咏：“蜀船南来去未休，吴船西上到沙头”（李流谦《澹斋集》卷八《新滩诗》），沙头为湖北江陵府去城十五里的沙头市，是四方商贾辐辏的处所（注一五六），可见苏州商船溯长江而上，远至湖北经商；再如元末闻名的沈万三，为吴县人，其财富相传“得之于吴贾人陆氏，陆富甲江左”（朱国祯《涌幢小品》卷十七《陈湖道士条》），此一陆氏，当即为“货甲吴下”的陆德原或陆道原（注一五七），沈万三既富之后，“变服为海贾，遍走徽、池、宁、太、常、镇豪富间，转展贸易”（孔迩《云蕉馆纪谈》）。苏州本地和外来商人的活跃，反映苏州已成为一大商业中心，所谓“商贾以吴为都会，五方毕至，狱市杂扰”（《吴郡志》卷三十七《县记篇》引郭受《吴县记》），“平江大府，……豪商富贾，舟车之会”（《鸿庆居士集》卷三十七《蒋灿墓志铭》），自北宋时期已是如此。

苏州既已成为一大商业中心，自然有不少出入于苏州经商的流动人口。不仅如此，苏州为浙西地区性的行政中心，又位于运河的交通线上，因此成为财税集中、转运的枢纽，以及各类行旅必经之地，使得苏州的流动人口更为众多。苏州作为财税集中、转运的枢纽，在南宋时期最为明显。南宋初建，以行在左藏库隘陋，规定诸路州军纲运分别送往行在左藏库、江宁府、平江府收纳，其中“福建、两浙路赴平江府送纳，……二广、湖南北纲运如经由两浙路亦许平江府送纳”（《会要》之《食货四七·水运篇》建炎二年（一一二八）八月十六日条），平江府已成为诸路上供物品的贮存所，至定都临安，局势稳定，左藏库扩建（注一五八），这种情形应有所改变。但绍兴二十九年（一一五九），以“江浙四路所起折帛钱，地理遥远，欲就近桩管，以备军用”，其中“平江府、湖、秀州四十八万三千余缗并起赴平江府”（《建炎以来系年要录》卷一八二绍兴二十九年五月己未条），可见虽已不受纳诸路上供，仍为浙西地区的财税集中地。此外，平江府和籴场和百万仓，所收贮的和籴米也不限于平江府本地，绍兴十八年（一一四八）制定平江府和籴场和籴米额，和籴地区除平江府外，尚包括“常、湖、秀州等处客旅冲要顺便去处”（《会要》之《食货四十·市籴粮草篇》绍兴十八年闰八月九日条），所以淳熙十四年（一一八七）浙西提举常平罗点，会因秀州灾荒而拘留送往平江府和籴场的第十纲和籴米二万一千石（注一五九）。平江府常平、归仁两仓，竟能“贮米之数，当一路之半”（《洪武苏州府志》卷八《官宇篇》）；平江府百万东仓、西仓及宝祐百万仓，合计可容米三百万石，“宝祐四年，籴至一百五十万,五年至二百五十万”（同上），而苏州一地所籴最高亦止百万石，原因都在于收贮了浙西其他各州的和籴米谷。不仅如此，北宋时两浙、福建财税经由运河北运至汴京，苏州是必经之地；南宋时长江中下游各地财税南运至临安，苏州也是必经之地；元代平江路以外江、浙各地的漕粮，必须先集中于刘家港，然后再海运北上，大宗财税的运经苏州，也必然会造成不少押运人员的出入。除此之外，由于苏州位于运河交通线上，又近杭州，出入于苏州的其他各形各色行旅，也十分众多。所以自北宋以来，苏州已称“川涂当闽、越之冲”（《吴郡志》卷三十二《郭外寺篇》引王随《云岩寺记》），南宋时则“由荆襄湖广江淮而下，危桥巨舸，往来相冲”（《洪武苏州府志》卷四十八《集文志》载叶挺《如京桥记》），伴随着交通频繁而来的，是“外暨百粤，中属之江淮，四方宾客行李之往来，毕上谒，戏下愿，见东道主，城门之轨深焉”（《吴郡志》卷六《官宇篇》引范成大《赡仪堂记》），“人物辐凑，使客旁午，飞轂驰轘，曳裾蹑履，交往送来”（《洪武苏州府志》卷四十八《集文志》载潘梦旂《重建夏侯桥记》）。下至元代，仍然是“南海百蛮之入贡者，南方数百郡之求仕者，与夫工技贸易之趋比者，今日杭，明日苏；天使之驰驿而来者，北方中原士大夫之仕于南者，东辽西域幽朔之浮淮越江者，今日苏而明日杭，是故苏为孔道，陆骑水舫，供给良难”（《吴都文粹续集》卷十一方回《姑苏驿记》)。不仅郡城如此，位于运河线上的吴江县城也有同样的状况，南宋时，“东南士大夫假道以奏名场，与夫商贾百族棹船而逐利者，飙帆相摩”(《吴郡志》卷三十七《县记篇》载范成大《新修吴江县主簿厅记》)，元代则“州治当水陆之咽喉，玺节羽书，旁午络绎”(《夷白斋稿》卷十六《送邵知州序》)。因此，苏州流动人口的众多，是可以想见的。元代延祐(一三一四～一三二〇)年间，行计口食盐法，“列郡计口有成籍”，而“苏、杭商旅所集也，他郡口会，苏、杭未尝会也”(陈旅《安雅堂集》卷九《王经历惠政记》)，所以如此，正由于流动人口众多，无法一一统计的缘故。众多各形各色的流动人口，他们的生活需要仰赖市场的供给，他们所载运来的财税或商品，无论储存或运输，也需要雇募夫工、租用仓库或船只，这都有扩大苏州消费市场的作用，使原已繁荣的商业更加繁荣。

由于生产、供给和消费诸因素的辏合，造成了宋、元时代苏州繁荣的商业。这种商业繁荣及其发展，从苏州的商税收入反映出来。北宋熙宁十年(一〇七七)以前，苏州郡城及常熟、昆山、吴江、福山五务共收商税 55,200 贯；熙宁十年所收商税为郡城 51,034 贯 929 文，常熟县 8,303 贯 112 文，吴江县 5,557 贯 303 文，福山镇 1,931 贯 831 文，庆安镇 324 贯 871 文，木渎镇 24 贯 939 文，昆山场 7,448 贯 779 文，梅里场 2,450 贯 614 文，合计为 77,076 贯 378 文(注一六〇)，熙宁十年的数额比起熙宁十年以前增加了两万一千余贯。南宋时期缺乏苏州全郡的商税收入数字，但据《嘉靖吴江县志》所载：“商税钞，宋吴江务岁办钞一万一千贯有奇”(曹一麟《嘉靖吴江县志》卷九《食货志》)，此一数字当为南宋时期吴江县的商税收入，比起北宋熙宁十年吴江县商税收入五千五百余贯，增加了一倍。从商税收入的增加，可见苏州的商业不断在发展之中。比较苏州和其他各郡的商税收入，可以了解苏州商业在全国商业中的地位。除去四川成都府路、梓州路、夔州路、利州路使用铁钱，和其他各路使用铜钱不同，无从比较外，根据熙宁十年的商税收入资料，苏州次于东京、杭州、楚州、扬州、大名府、沧州、潭州、郓州、秦州、密州、齐州、京兆府、襄州、湖州，居全国第十五位，但苏州商税场务只有八处，而领先苏州的各郡，由于所辖县份较多，商税场务多在十处以上，甚至多达二、三十处，仅扬州、楚州商税场务在十处以下，所以未必能反映实际的情况。比较能反映实际情况的，是仅以郡城的商税收入作依据来比较，如此则苏州次于东京、杭州、秦州、楚州、真州，居全国的第六位，可见苏州商业在全国的重要地位（注一六一）。元代苏州的商税收入及其地位，据《元典章》所载，税务提领在万定以上者，有真州、江张、城南、杭州四处，税务提领在五千定以上者，有平江、潭州、太原、晋宁、扬州、武昌、真定、安西八处（注一六二），《元典章》修于大德七年，这是大德七年（一三〇三）以前的状况，按江张当为杭州城外的江涨桥镇，城南则为杭州的城南厢，与杭州在城三务均属杭州，如此则平江的商税收入占全国第三位，次于收入万定以上的杭州、真州，而居于收入五千定以上各郡之首，比起北宋时期苏州商业的地位又有提升。据《洪武苏州府志》所载，元代苏州有在城、木渎、横金、长洲、常熟、许浦、昆山、嘉定、吴江、平望、震泽、同里等十二税务，商税收入共19,514定27两1钱1分3厘（注一六三）。南宋中叶崔敦礼于苏州劝农说：“年来习尚侈靡，末作者胜，雕文刻镂，以相夸耀”（崔敦礼《宫教集》卷十二《平江劝农文》），以及元代陈基所说：“是以楚有桂林之饶，江湖之利，其民侈靡而不务本，赵有邯郸之富，四通之衢，其民矜饰而喜逐末。……勾吴，今之楚、赵也，陆海之产，夥于桂林，懋迁之货，盛于邯郸，其土盖可知矣”（《夷白斋稿》卷二十六《思善堂记》），正可以和上述苏州商税收入反映的商业繁荣相印证。

宋、元时代苏州丰盛的生产，一方面必须供应本地社会的需要，另一方面外地也对其有巨大的需求，商业活动由此而展开。以丰盛的稻米生产为基础，苏州具有一个富裕的社会结构，不仅拥有众多田产的权贵富家、寺观、学校，能以自身消费不尽的稻米供给市场的需求，即令中产农家也能以消费的剩余作经商的资本，再加上货币税租日益盛行，下层农家亦必须销售农产品于市场以换取货币，于是有大量的农产品供应于市场。除此之外，苏州又有各类农业及手工业的专业生产者，他们纯粹为供应市场而生产。社会的富裕，也使得苏州的生活有奢华之风，因此对于商品有大量的需求，再加上相当数量的专业生产者、官吏、军人和学生在生活上的需要，扩大了苏州的消费市场。苏州本地商品的供给和消费，已导致商人的活动，而苏州又和外地有频繁的交易，于是商人在苏州更加活跃，况且苏州是财税集中、转运的枢纽以及各类行旅必经之地，又使得苏州的社会结构具有流动性，既有农、商行业之间的流动存在，又有外来与过往各色人等在地域间的流动，流动人口的众多，使得苏州的消费市场更为扩大。这些情形，使苏州成为全国有数的商业中心，而且自宋至元，地位不断升高。商业如此繁荣，城市也应该有相应的发展。

四、市镇兴起与城市发展

苏州郡城，是苏州一郡的行政中心，同时也是兼具有工商、文化、娱乐等多项功能的城市。由于宋、元时代苏州商业的繁荣，使得苏州郡城的商业性质显得突出。北宋晚期，朱长文记述苏州，已称“若夫舟航往来，北自京国，南达海徼，衣冠之所萃聚，食货之所丛集，乃江外一都会也”（《吴郡图经续记》卷上《物产篇》），指出苏州郡城作为商业城市的特色。此后自南宋以迄元朝，这一特色有增无减。苏州郡城是苏州一郡最大的商业中心，而与各县县城及农村中的市镇、市集，共同构成郡内一个绵密的市场网，郡城便是这一个市场网的枢纽。经由郡城和若干位置特殊的县城、市镇，苏州和外地发生商业的往来。市集和市镇都纯粹是因商业活动而形成的商业中心，县城则如同郡城，以行政中心而兼为商业中心，同时又具有其他的城市功能。苏州郡城的城市发展，不是孤立的，而是与整个市场网的发展同时进行。本节描述在商业发展和其他因素的共同影响下，此一以苏州郡城为中心的市场网发展的情形，并从郡城、县城的城区规划来观察其经济性质的提升。

市场网的最基层，是农村里的市集。宋、元时代南方的稻作农家，虽然绝大部分仍旧以维持自家生计为主要的生产目的，但是由于商业的日益发展，已经不可避免的卷入市场经济中，农家和市场发生接触的基本方式，便是在农村中小型的市集进行产品的交换（注一六四）。苏州由于农业丰富，商业活动频繁，这一类市集也就特别密集。《琴川志》卷二《叙县》记载有宋、元之际常熟县乡村的数量和名称，其中不少村名以市为名，或是可以看出和市集有关。兹列举于表七。

表七：宋元之际常熟县乡村市集

乡名	都名	管里数	乡村数	市集名
感化乡	第一都	4	4	
	第二都	3	6	塘头、河伯市
	第三都	4	12	五林、钱市
	第四都	4	11	马市
	第五都	3	12	支市、钱市、李甜市
	第六都	6	9	下市、陆市、伍市、东于市
	第七都	3	7	
崇素乡	第八都	3	20	张市、袁市、东邵市、河阳坊前、西邵市
	第九都	3	10	
	第十都	3	7	
南沙乡	第十一都	3	7	
	第十二都	2	7	高市
	第十三都	3	5	王十二店
	第十四都	3	8	
	第十五都	5	8	孟市、尹市
	第十六都	3	8	景市
端委乡	第十七都	4	10	
	第十八都	2	5	
	第十九都	3	5	
	第二十都	3	7	
	第二十一都	3	8	店前
	第二十二都	2	7	福山
开元乡	第二十三都	5	8	河市、高市桥、西下市
	第二十四都	5	7	周市、东下市
	第二十五都	2	15	孝塘市
	第二十六都	3	7	
思政乡	第二十七都	4	8	徐凤坊前
	第二十八都	1	4	
	第二十九都	2	5	
	第三十都	2	8	

（续表）

	第三十一都	5	7	
双凤乡	第三十二都	2	5	
	第三十三都	1	4	六河
	第三十四都	3	5	
	第三十五都	4	6	甘草
	第三十六都	3	4	
	第三十七都	5	5	涂菘
	第三十八都	3	8	
	第三十九都	6	6	
	第四十都	2	6	直塘
	第四十一都	1	4	支塘、坊前
	第四十二都	2	13	市宅
	第四十三都	3	10	莫城
积善乡	第四十四都	4	9	
	第四十五都	2	8	陈市、瞿市、茆市、钱市、瞿家店
归政乡	第四十六都	5	10	金市、戈市
	第四十七都	3	7	练塘市
	第四十八都	2	15	蒋店、平市
	第四十九都	3	10	
	第五十都	4	8	惠市、杨尖市南

表七中乡、都、里均为行政单位，而乡村则是自然村落，所以各都之下的里数和乡村数未必相同。其中以市为名的村自然是市集所在，而称为店、坊的村也是以旅店、酒坊为中心而形成的聚落（注一六五），塘头、五林、六河、莫城四村亦为酒坊所在（注一六六）。至于福山、甘草、涂菘、直塘、支塘、练塘市、杨尖市等村则已发展成为市镇（详后），其前身显然也是乡村中的市集。据表中所列乡、都、乡村和市集数，在九乡五十都中，共有乡村三百九十六，市集五十一，平均大约每乡有六市集，每都有一市集，每八乡村有一市集，市集的散

布可以说是相当密集。但是这些市集的分布并不是很均匀，有二十二都没有市集，而第八和第四十五都却各有五市集之多；感化乡七都中五都有市集，共有十二市集之多，而思政乡五都中只一都有市集，而且全乡共只有一市集；崇素乡的五市集集中在第八都，第九、十两都都没有市集。总之，常熟县这一个由市集构成的市场网的网络是疏密不等的。

除常熟县的例子外，又可以在苏州重要的交通路线上看到一些人口密集的聚落，这些聚落都有小规模的商业活动存在，甚至发展到政府在此设关收税。例如陆游乘船溯运河穿越苏州，“过合路，居人繁夥，卖鲊者尤众”（《渭南文集》卷四十三《入蜀记第一》）；过平望镇之后，“止宿八尺，……小舟叩舷卖鱼”（同上），此八尺当即李杼《永福院记》所载平望之北二十里的八赤，“鱼稻之美，商旅舟楫之所趋会，居处聚落，殆且百家”（《道光苏州府志》卷四十三《僧寺志》引）：过吴江县城及平江府城之后，“发枫桥，晓过浒墅，居人极多”（《渭南文集》卷四十三《入蜀记第一》），到元代，浒墅便成为抽取客商过往竹木税之所（注一六七）。而沿海的江湾、黄姚、顾迳等处，虽然可能不是市镇，却已因为位居出海口，过往商旅众多，而吸引南宋政府的注意，在这几处设置税场征收商税（详第三节）。顾迳征收商税是在嘉定十三年（一二二〇）以前，而十余年后的端平二年（一二三五），据当地石刻：“顾迳市龙王庙西居住奉佛弟子张□，谨发诚心施财收买砖灰，命工砌造义井一口”（《江苏金石志》卷十六《顾迳市井阑题字》），可知此时顾迳已称为市了。

较市集高一层的商业中心是市镇。市镇聚集了更多的人口，有更具规模的市区，虽然仍未完全脱离农业生产，但是已具备了部分坊郭的形态（注一六八）。市镇常是政府征收商税和酒税的处所，市和镇的分别在于镇已发展到由政府设官维持治安

（注一六九）。这一类商业市镇，是宋代才开始兴起的。以宋、元时代苏州商业的繁荣，苏州的市镇自然也有明显的发展。先以常熟县为例。北宋大中祥符（一〇〇八～一〇一六）年间以前，常熟县有梅李、石闼、练塘、支塘、甘草、涂菘六市，其中梅李市的渊源可以追溯到吴越时期，有梅、李二将戍守于此，居民依军成市。大中祥符年间以后，涂菘市升为镇；至晚在熙宁十年（一〇七七），已有福山镇存在，而石闼市也已升为庆安镇；元丰年间，梅李市升为镇，而涂菘镇又升为市；南宋绍兴（一一三一～一一六二）年间以前，再增设许浦镇；南宋末年以前，又增加了直塘市和杨尖市。因此到宋、元之际，常熟县共有四镇六市（注一七〇）。从上述的过程看，常熟县的市镇大致上是朝数量愈来愈多而规模愈来愈大的方向发展。市镇分布的情形，福山镇在县北四十里，庆安镇在县西北八十里，许浦镇在县东七十里，梅李镇在县东三十六里，四镇均临扬子江；练塘市在县西南三十六里，支塘市在县东北百里，甘草市在县东北百五里，杨尖市在县西南四十五里，直塘市在县东南九十里（注一七一）。虽然东西南北各方向都有市镇存在，但是分布并不均匀，市镇之间的距离疏密不一，例如福山、庆安、许浦、梅李四镇均临江，而支塘、甘草、涂菘、直塘四市集中在双凤乡周环十余里之内。福山、庆安、梅李三镇在北宋熙宁年间已设有商税场务（见第三节），许浦镇在南宋以后也同样设务征收商税（注一七二）；支塘市设有酒坊，绍兴年间，“自来人烟繁盛，系是三万以上场务”（《会要》之《食货二一·酒曲杂录》绍兴三十一年（一一六一）十月二十九日条）。

常熟以外各县，虽然没有这样详细的记录，但是同样可以看出类似的发展。例如吴县的木渎镇，是入太湖必经之地，北宋熙宁年间已经在此征收商税，可是熙宁十年的商税额只有

24 贯 939 文，远比不上同为市镇的福山镇 1,931 贯 831 文、梅里场（按：即梅李镇）2,450 贯 614 文，比起庆安镇的 324 贯 871 文也落后甚多，更不能和各县城相比（见第三节），但是到元代大德七年（一三〇三）以前，木渎镇已和昆山、嘉定、常熟等县城并列为税入五百定以上的税务提领，而且位列这一部分的第七，超过其他九十三个郡、县及市镇（注一七三），可是在宋、元之间，木渎镇有十分显著的发展。横金是另一个出太湖的口岸（注一七四），最晚在南宋绍兴年间已称为市（注一七五），但是自北宋以来，并非征收商税的处所，到了元代，横金成为苏州境内十二个商税务之一（注一七六），说明这里的商业在宋、元之际也有不小的发展。吴江县在元丰（一〇七八～一〇八五）年间尚未有镇（注一七七），商税务也仅设于县城，可是到北宋末年，已经“外镇有合境不过五里者，无虑数百家”（杨时《龟山集》卷三十五《向子韶墓志铭》），可知已有聚集人口颇多的市镇。南宋时期，吴江镇境内已有震泽镇设置税务（注一七八），此外平望镇设有酒坊，在绍兴年间，和常熟县支塘市同样是“自来人烟繁盛，系是三万以上场务”，从酒的大量消耗，可知平望镇也有相当程度的商业，因此在乾道六年以前，平望镇一度设有商税务，但乾道六年（一一七〇）有臣僚上言：“临安府长安闸、平江府平望、常州望亭、横林、镇江府吕城、丹徒镇五处，去前后税务地里因密，乞行减罢”（《会要》之《食货十八·商税篇》乾道六年五月十八日条），平望镇的商税务因此被减罢。元代则吴江县除县城之外，平望、震泽、同里三镇均设置有税务。上述吴江县商税务的变迁，显示出吴江县市镇量与质的发展。而这些市镇自宋、元以来商业繁荣的情形，也见于地方志的描述：“平望镇，去县治东南四十七里，宋、元间，两岸邸肆间列，以便行旅。明初居民千百家，百货贸易，如小邑然”，“同里镇，……去县治东南十余里，宋、元间，民物丰阜，商贩骈集，百工之事咸具，园池、亭榭、声伎歌舞，冠绝一时。明初居民千百家，室宇丛密，街巷逶迤，市物沸腾，可方州郡”（陈荀纕《乾隆吴江县志》卷四《镇市篇》），两镇均有“千百家”的人口，比起北宋末年的“数百家”又增加了许多，而繁荣的商业和旺盛的市容，说明两镇均已日益脱离乡村而接近坊郭的形态了。长洲县的周庄镇，则是一个由村落发展而为市镇的具体例子：“相传为宋迪功郎周君（原注：佚其名）收获设庄之所，故名。……自金二十相公和随宋高宗南渡，侨居于此，人烟渐密，元季沈万三秀之父祐由湖州南浔镇徙居东垞，始辟为镇”（陶煦《周庄镇志》卷一《界域篇》），可知在宋代只是村落，南宋以后人烟渐密，随着苏州地区商业活动的日益频繁，到元朝末年便成为市镇。类似这样的发展情形，自然不限于周庄镇一地。总之，常熟县以外各县的市镇，也表现出一个数量愈来愈多而规模愈来愈大的发展趋向。

这些日益繁盛而增多的市镇，都是商品的集散点，但是却具有不同的型态。第一类是生产型，这一类市镇大约附近有丰富的稻米或手工业生产，因米粮和手工业品的外销而带动了商业的发展。一些由乡村市集发展而成的市镇，大概都具有这一特质。例如直塘市，第三节所引《夷坚志补》卷七记载的直塘富民张五三将仕，便是囤积米谷，以粜米为业；周庄镇原为周家设庄收租之所，也具有明显的生产性。手工业市镇则如梅李镇，以产藤枕闻名（详第二节）。第二类是转运型，这一类市镇大约都位于重要的交通路线上，因此而成为商品转运的重要据点。如位于运河上的平望镇，在宋、元间“两岸邸肆间列，以便行旅”，便是具有明显的转运型特色。其他如位于太湖入口的木渎镇和横金市，应该也属于这一类型。第三类是消费型，这一类市镇或有军队驻扎，或为宗教名胜，因消费活动而导致商业发展。例如许浦镇，是南宋初年驻屯水军之后才兴盛的，“宋时屯兵于此，军民市易为盛”（《嘉靖常熟县志》卷二《市镇志》），这里的商业发展，显然是军队的消费所带动。又如福山镇的繁荣，应和宗教性的消费有关，每年暮春东岳庙的祈神大会，聚集了大量外来的信徒、艺人、商贾于此（详第三节），他们的消费也必然带动福山镇的商业发展。上述几类形态，并非可以截然划分的，一个市镇可能兼具多种形态的特色。

更高一层的商业中心是县城，县城和市集、市镇不同，大体上已经脱离农业生产，而与郡城同属坊郭，性质也不如市集、市镇的单纯，是以行政中心而兼为商业中心。从苏州所辖县城的变化，也可以看出商业活动对苏州城市发展的影响。苏州除吴、长洲二县附于郡郭之外，在南宋嘉定十年（一二一七）以前，共有昆山、常熟、吴江三县城。昆山县在宋时无城，仅以竹木为栅，县郭东西三里三十步，南北二里二百八十步，元朝至正二十七年（一三六七）方国珍入寇，始筑土城，周回十二里二百七十八步，开有六门（注一七九）。自宋至元，昆山县郭范围少有变化，但是县郭之内的市区则有明显的发展。昆山县郭内市区的发展，是自北宋以来长期的趋势。《淳祐玉峰志》卷上《坊陌桥梁篇》载南宋淳祐年间昆山县郭内市区桥梁七十座，其中见于旧经者二十一座，所谓旧经，当指《祥符图经》而言，可知自北宋大中祥符（一〇〇八～一〇一六）至南宋淳祐（一二四一～一二五二）约二百四十年间增建桥梁四十九座，为原有的二倍有余。见于旧经的二十一座桥梁，分别在县东、县西、县南及县东南的小部分，新增的桥梁则散布在县东南的大部分、县西南、县东北及县西北。这种桥梁分布的发展，当能反映市区的变化，也就是大中祥符年间以前，市区的范围较小，郭内四周荒地甚多，此后市区逐渐向东南、西南、东北、西北四向扩展，于是这几个方向的桥梁也就陆续增建。市区的发展，又表现在坟地区转变为住宅区之上，据元代杨谌所记："宋郑朝散墓，在郡郭韩泾北官路东，今夷为民居"（杨谌《至正昆山郡志》卷一《冢墓篇》），按昆山在元贞二年（一二九六）升为州，所以文中称郡郭，郑朝散即郑升卿，中南宋绍兴五年（一一三五）进士（注一八〇），因此韩泾以北、官路以东的坟地区转变为住宅区，当是南宋中期以后到元朝初期的事。南宋昆山县衙、县丞厅、主簿厅、县仓等官衙、官仓均在郭内偏北，县尉司在县南五十步，客馆、酒楼、醋库均偏在县南（注一八一），县学在县西南二百五十步（注一八二），又有安怀坊，在县东北一里，"以处老病贫乏之民"（《姑苏志》卷二十三《官署志》），寺观、坛庙散布郭内，但以县南为多（注一八三），而"阛阓间又有室屋林壑之胜"（《吴郡志》卷三十八《县记篇》引叶子强《昆山县题名记》）。商业区的分布则自北宋至南宋有很大的变化。据旧经所载："邑旧有坊四，曰光化、平乐、招贤、永昌，有市二，曰都场、永安"（《淳祐玉峰志》卷上《坊陌桥梁篇》），当为大中祥符年间以前的状况，仍存留唐代以来暮闭晨启的坊制和市制（注一八四），旧经所载的桥梁中有篾行桥、钉行桥、菜行桥、鱼行桥，显示同业商人之聚合，这数桥均在县东及东南，此地应即为大中祥符年间以前二市之所在。到南宋淳祐年间，旧有的坊制、市制早已消失，所以《淳祐玉峰志》说四坊二市"今莫详其所"，新立之坊三十二，"所以识道里，视观瞻也"（《淳祐玉峰志》卷上《坊陌桥梁篇》），和北宋中叶以前的坊制已有不同，而自大中祥符年间以后到淳祐年间，商业区也从原有的二市向新市区扩展，而且主要的商场已转移到新市区。淳祐年间，“县以市为名者二，曰市心，曰后市，市心在宝月桥之南，后市在后桥之西”（同上），后桥当为后市桥之误，宝月桥和后市桥均在县之东南而不见于旧经，显然为大中祥符年间以后新发展的市区，虽然分为市心、后市二地，但实际上宝月桥和后市桥相邻近，二桥邻近又有通阛桥，当取通往阛阓之义，可知这一带为当时昆山县郭内的主要商场所在，仍本于旧有的二市而发展，偏于县郭的东南区，县郭内最壮丽的酒楼赏心楼便在市心（注一八五），正配合此地的商业活动。商场的分布，不限于此地，县郭内的巷道中有醋库巷、后市巷、陈卖羊巷、杨编笄巷（注一八六），后市巷为后市所在，其他各巷从巷名可知亦为商场或工场。除此之外，县郭内有寺院九品观堂，“在景德寺西，其地本屠沽所聚”（《淳祐玉峰志》卷下《寺观篇》），而景德寺“在县西南二百五十步”（同上），可知在县的西南区也有了商场存在。昆山县郭内主要商业区的转移和商场的扩散，显示了昆山县城商业性质的发展。

常熟县在北宋大中祥符年间以前有城，周回二百二十步（注一八七），二百二十步尚不及一里，可知城甚狭小；其后城废，南宋建炎（一一二七～一一三〇）年间围县郭以栅，而建有五门（注一八八），栅之宽广不得而详；元代筑土城，辟门十一，至正十六年（一三五六），张士诚据苏州时，重甃以砖，周围九里三十步，又增辟门一（注一八九），元代县郭的范围显然已比北宋大中祥符年间以前宽广很多。事实上，宋、元之际常熟的市区早已超出大中祥符以前县郭范围之外。大中祥符以前的县城周回二百二十步，若以方形计，则纵横各五十五步而已，而元初常熟县郭的十三坊中，“兴福坊，在县东北，以崇教兴福寺故名”，“衍庆坊，在县西北，通慧日寺”，“虞山坊，在县西北，以登虞山故名”（《琴川志》卷一《叙县》），按崇教兴福寺在县治东稍北二百步，慧日寺在县治西稍北九十步（注一九〇），而虞山更在县西北一里外（注一九一），其距离均远超过五十五步。这种情形，清楚的说明了自北宋以来常熟县郭市区的发展。前述的崇教兴福禅寺，“建炎四年（一一三〇）建，寺基本沮洳地”（《琴川志》卷十《叙祠》），可知此地在南宋建炎以前尚是荒地，自崇教兴福禅寺建立之后，才逐渐发展成市区。南宋中叶以后，不仅旧市区，连新市区也有了拥挤的现象，贯穿县郭的小娘子泾，“在县治之前，循县治而西，折而北，又西过慧日寺，又北沿虞山之趾，贯络邑中，古以流泄山水之暴。自兵火后，民居侵塞，由慧日寺以西，仅存一沟，自其东过县，而属于运塘，亦皆为浮棚，不复通舟”（《琴川志》卷五《叙水》），可知自慧日寺以北至虞山的民居，也都感觉土地不够使用，而侵占河道为己有了。这是南宋许多大小城市在人口日增的情况下所共有的现象（注一九二）。元初登虞山乾元宫极目亭，“下瞰万家”（《琴川志》卷四《叙山》），万家之词也许有所夸张，但这时常熟县城有数千户人家则是可能的。宋、元之际常熟县廨、丞厅、簿厅、省库、苗仓库、国用库等官衙、官库均在郭内偏东南，尉厅在县治之北二里，顺民仓、常平义仓等官仓在尉厅东，客馆散在县东、西、东南及西南，酒楼散在县西、东及西北，县学在县南五十步，社坛在县西一里三十步，养济院一在县东北，一在县西南，城北门外则有漏泽园及义阡（注一九三），寺观、祠庙多在县西北及东北（注一九四）。商业区的分布自北宋至南宋也有很大的变化。常熟县在北宋大中祥符年间以前同样保存了唐代以来的坊制和市制，而到宋、元之际早已消失：“前志载常熟凡十二坊，……今皆不存”，“县市，今废”（《琴川志》卷一《叙县》），均为此一变化的说明。新立的坊牌，其性质和昆山县郭内的坊牌相同，已不具有旧坊制的意义，而商场自县市废置之后，已扩散到郭内各地。市区的桥梁中有“鱼行桥，在县”（同上），此地疑即为旧县市之所在；而“市心巷，在县西”，“青果巷，在县东，商贾交易之地”，“沈家桥，在县西，俗呼染子桥”，“文学桥，在县东北百五十步，……俗呼醋库桥”（同上），县西北的慧日寺，“当阛阓中”，以至于“三门两庑，旧为贾区卜肆，喧啾冗杂”（同上卷十三《叙文》载张珽《慧日寺修造记》），则都是新发展而成的商场或工场。总之，除醋库在宋、元之际已不存之外，县东、西、西北于此时均有商业区存在，而酒楼的分布也正在这几处。常熟县城商业性质的增加，同样的从商业区的转移和扩散显示出来。

吴江县在北宋大中祥符年间以前也有城，周围三百五十步，后废，元朝至正十六年张士诚据苏州时才再修筑，周回五里二十七步，有陆门四，水门三（注一九五）。三百五十步尚差十步始及一里，可知自宋至元，吴江县城的市区已有相当程度的扩展。吴江县城位当运河上，为商旅必经之地，所以北宋大中祥符年间，已称“鱼盐蜃蛤，既邀逐末之利”（《吴都文粹续集》卷六陈尧佐《新修大成殿记》），但这时城内人口尚少，据旧经所载，“市无千家之聚”（《弘治吴江志》卷二《市镇篇》引），所谓旧经，当指《祥符图经》而言。然而发展至元末，则已“交当南北要冲，有虹梁亘数里，径交上通驿逵，逵左为运渠，两傍居民数千家”（《吴都文粹续集》卷六陆居仁《兴修儒学记》），有相当众多的人口了。不仅如此，由于商业发展，元末明初吴江县城东门外运河上，形成一个附属市镇江南市，“距县治可一里许，在东门外长桥东，自成聚落，明初几及千家，贸易视县市十之四五”（《乾隆吴江苏县志》卷四《镇市篇》)，此一江南市，距县治不过一里许，实可视为吴江县城的城外市区。市区伸展出城郭之外，具体的表现了城市商业性质的不断增强，突破了政治军事性质所构成的限制，这是宋代以来城市发展的一个重要现象（注一九六）。

不仅苏州原辖的几个县城愈来愈繁荣，市区愈来愈扩大，而且从南宋到元代，苏州有两个新县城建立，一是南宋嘉定十年（一二一七）嘉定创县，一是元代延祐元年（一三一四）昆山徙治太仓。嘉定县地原隶昆山，嘉定十年，知平江府赵彦𢭃、浙西提点刑狱公事王棐以昆山县境土广袤，县治偏在西北，东乡治安难以维持，赋税不易催纳，请求割县东之地，于练祁市别置嘉定县（注一九七）。所以会有此一必要，自然是昆山县人口快速增加，管理事务日益繁杂的结果。练祁市原已为市镇，侍卫马军司于此设有酒坊（注一九八），但不过“百家之聚耳”（《万历嘉定县志》卷三《营建考》)，自设县治之后，成为行政中心，自嘉定十一年（一二一八）至十三年（一二二〇）间，大事建设官宇、学校、仓廪、馆驿，“屋以楹计者县百有奇，若丞若簿四十有五，若尉五十有五，学宫四十，仓廪惟半，祠社有坛宇，宾饯有驿舍，郊设门关，巷植名表，酒馆花圃，以次备具”（《吴都文粹续集》卷九高衍孙《嘉定创县记》)，此后市容日益完备。建为县治之后，消费大量增加，而且成为嘉定一县赋税集中、转运之地，商业也日益发展，商税务始设于嘉定年间（注一九九），至元代大德七年（一三〇三），嘉定已和昆山、常熟两县城并列为税入五百定以上的税务提领，而且名列于常熟之前（注二〇〇）。嘉定自建县之后一直未筑城，至元朝至正十七年（一三五七），张士诚据苏州时才兴筑，周回一千六百九十四丈，建有四门（注二〇一），一千六百九十四丈约当九里一百四十八步，县郭范围已和常熟县城相当，自然非当初百家之聚所可比拟。太仓在昆山县滨海之地，宋代于此置节制司酒库（注二〇二），当为一小市集，元初朱清、张瑄开创海道运粮，以此地为起点，“翦荆榛，立第宅，招徕蕃舶，屯聚粮艘，不数年间，凑集成市，番汉间处，闽广混居”（《昆山郡志》卷一《风俗篇》），此后不断发展，市容日益繁荣，“市民漕户，云集雾滃，烟火数里”（《弘治太仓州志》卷十下《文篇·桑悦文》），“四关居民闾阎相接，粮艘海船，蛮商夷贾，辐凑而云集，当时谓之六国马头”（同上卷一《沿革篇》）。延祐元年，便以太仓民物富庶，而将昆山州治移置太仓（注二〇三）。自此以迄元末，四十年间，太仓继续发展，“商贾之集，生齿之繁，财殖之富，皆有加于在昔”（《吴都文粹续集》卷五李祁《重修儒学记》），市容的繁荣也超越从前，“官第甲于东南，税家漕户，番商胡贾，云集阛阓，粮艘商舶，高墙大桅，集如林木，琳宫梵宇，朱门大宅，不可胜记，四方谓之天下第一马头”（《崇祯太仓州志》载陈伸《太仓事迹序》）；《弘治太仓州志》卷二《桥梁篇》载太仓城内外桥梁五十四座，其中二座建于宋朝，三座建于元朝延祐元年以前，三十座建于延祐元年以后，十一座建于明朝，另八座兴建年代不详，记录虽未必完整详尽，但足以反映昆山徙治太仓之后桥梁建设的众多。太仓在昆山移治于此之前，人口已颇众多，为“万家之邑”，元末至正十二年（一三五二），方国珍入刘家港劫掠，竟至于使太仓“罹于兵火者十万余户”，至正十六年（一三五六），方国珍退兵之后，张士诚的部将“始筑城以御之，招流民以复业，市之方隅亦不下二万余户”（《崇祯太仓州志》载陈伸《太仓事迹序》），可知在延祐元年以后，至正十六年以前，太仓虽已由商业中心而兼为行政中心，却一直没有筑城，而这一个没有城墙的城市，竟然一度聚集有十万余户的人口，这一个城市人口数字，在整个宋、元时代是极为少见的。元末所建的太仓城，周回十四里五十步，开有陆门七、水门三（注二〇四）。太仓城的范围，比起苏州所辖各县城都已宽广，但元代太仓的市区，并不限于此，前引《弘治太仓州志》卷一《沿革篇》所说的四关，“张泾关在州城南三里，半泾关在州城东三里，吴塘关在州城西三里，古塘关在州城北三里”（《弘治太仓州志》卷二《城池志·四关附》），可知市区十分广大，若以方形计，四周当将近四十里。总之，元末的太仓，已发展为足可与苏州郡城并立的一大商业中心。嘉定县城和太仓的发展有共同的特色，就是建为行政中心以前，都已是一商业中心，而建为行政中心之后，又更加速了商业的发展。

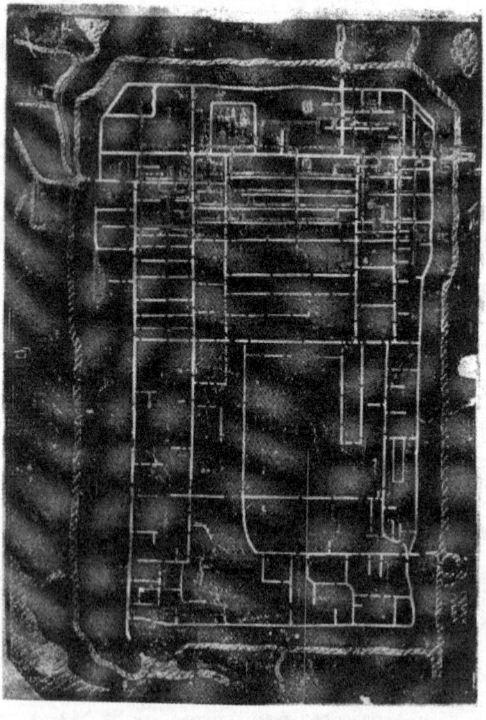

图三　南宋绍定二年石刻平江图碑拓本
（原件藏台北南港“中央研究院”历史语言研究所傅斯年图书馆）

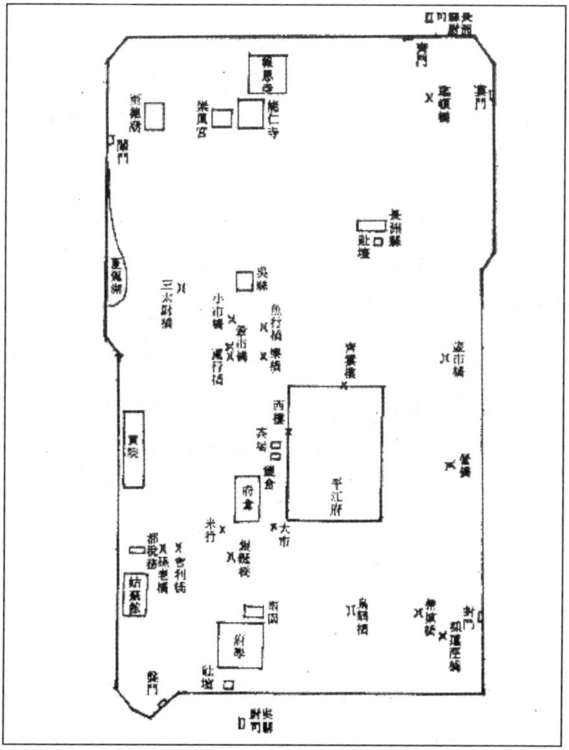

图四　南宋平江府城略图

苏州郡城位居全郡市场网的最高层，坊郭范围远较县城为广，所具的行政性质也较县城更浓厚，然而随着宋、元时代苏州商业的成长，苏州郡城的商业性质愈来愈显著，表现为一富于商业性的大城市。苏州郡城有悠久的历史，相传为春秋时代吴国的故都，城为伍子胥奉吴王阖闾之命而筑，秦、汉以来相承不废。隋平陈后，一度徙城于横山东，黄山之下，唐代武德末复旧。唐僖宗时重筑罗城，自五代吴越至南宋末年，多次修治。元朝平江南之后，所有城池均许拆除，苏州郡城因此被毁，元末至正十二年（一三五二），各地盗起，才重新修筑（注二〇五）。罗城周长各书记载不同，据考证，宋代罗城应以《吴郡志》所载周回四十七里为是（注二〇六），元末重筑，周回仍为四十七里（注二〇七）。史称宋代罗城作亚字形，南北长十二里，东西长九里（注二〇八），据南宋绍定二年（一二二九）石刻平江图碑，实际为一不规则的长方形，北侧较南侧略宽。罗城自古以来有八门，相传均为伍子胥筑城时所开，唐时八门悉启，自唐末战乱以来，废置不常，北宋初年只开城南盘门、蛇门，城西阊门、胥门，城东娄门，城北封门，六门各有水陆二路。其后胥门水陆二路均塞，只余五门，封门陆路也一度阻塞，但范仲淹重新开辟。元代罗城已废，虽设五门，实际荡无关防，至正十二年重筑罗城时，除原有五门之外，又重立胥门（注二〇九）。相应于水乡泽国的特色，罗城之内，水渠纵横交错，"城中众流贯州，吐吸震泽，小浜别派，旁夹路衢，盖不如是无以泄积潦，安居民也，故虽有泽国而城中未尝有垫溺荡析之患"（《吴郡图经续记》卷上《城邑篇》），河渠大者号称"三横四直"（《吴地记》后旧本原文）。城四面有城濠环绕，而运河自西北常州来，至罗城西北阊门外与城濠汇合，南下至城西南盘门外分流往东南吴江县而去，出城北齐门有常熟塘可通常熟县，出城东北娄门有至和塘可通昆山县（注二一〇），东南出封门也有水道可与吴松江相连（详第二节）。

苏州郡城周回有四十七里之广，较一般郡城为大（注二一一），因此在北宋中叶以前，城内人口尚少时，空旷之处甚多。唐代长庆（八二一～八二四）年间白居易知苏州，有诗称："人稠过扬府，坊闹半长安"，又称："半酣凭槛起四顾，七堰八门六十坊。远近高低寺间出，东西南北桥相望。水道脉分棹鳞次，里闾棋布城册方。人烟树色无隙罅，十里一片青茫茫"（《吴郡志》卷六《官宇篇》引），似乎城内已颇繁荣。但实际上晚唐陆龟蒙居城北临顿桥旁，"皮日休赠之诗，以谓不出郛郭，旷若郊野”（《吴郡图经续记》卷中《桥梁篇》），则城北的空旷可知。五代吴越广陵王元璙治苏州，“颇以园池花木为意，刱南园、东圃及诸别第，奇卉异木，名品千万”（同上卷下《园第篇》），这些园圃占地十分广大。以南园而言，在郡城南区，北宋景祐（一三〇四～一三〇七）年间，已割南园之一隅创郡学（注二一二），而苏舜钦于庆历（一〇四一～一〇四八）年间居苏州，“一日过郡学，东顾草树郁然，崇阜广水，不类乎城中。并水得微径于杂花修竹之间，东趋数百步，有弃地，纵广合五六十寻，三向皆水也，杠之南，其地益阔，旁无民居，左右皆林木相亏蔽”（《苏舜钦集》卷十三《沧浪亭记》），北宋中期仍然如此，不难想象南园原来的广阔。吴越时代这类空旷园圃的所在，不限于城南，例如东圃，应在城东，元璙之子文奉经营三十年，“每燕集其间，任客所适，文奉跨白骡，披鹤氅，缓步花径，或泛舟池中”（《吴郡志》卷十四《园亭篇》），由此看来，范围当也不小。城西则如乐圃坊为吴越时之金谷园（注二一三），三太尉桥为元璙第三子营治园第之所（注二一四）。总之，自唐末以至宋初，苏州郡城之内，四围有相当广阔的空地。这一种情形，在北宋中期以后有明显的改变，如临顿桥一带，元丰（一〇七八～一〇八五）年间已是“此桥民居栉比”（《吴郡图经续记》卷中《桥梁篇》），三太尉桥一带则“皆为居人占籍焉”（同上），其他吴越诸园圃的遗迹，也已“多在居人之家”（同上卷下《园第篇》），空旷之地多转为民居之所了。这种变化，说明城内人口已远较从前密集。相应于北宋中叶以后城内人口的日益密集，自唐代以来的坊制也消失了。前引白居易诗中“里闾棋布”的六十坊，当即为晨启暮闭的坊制，这种坊制在北宋大中祥符（一〇〇八～一〇一六）年间尚仍存在，至元丰年间则已不见。朱长文在元丰年间记载:“《图经》,坊市之名各三十,盖传之远矣。……近者坊市之名,多失标榜,民不复称”(同上卷上《坊市篇》),《图经》指《祥符图经》而言,郡治吴、长洲二县各三十坊,所以说“坊市之名各三十”,“传之远矣”指这六十坊沿自唐代,至于“近者坊市之名,多失标榜,民不复称”则显示旧有的坊制已不存在了。自北宋中叶以来新立的坊,为坊牌而已,所以南宋绍定二年(一二二九)郡守李寿朋将城中六十五坊重建,被形容为“壮观视昔有加”(《吴郡志》卷六《坊市篇》)。变化之后的市容,见于朱长文的记载:“自钱俶纳土至于今元丰七年(一〇八四),百有七年矣。当此百年之间,井邑之富,过于唐世,郛郭填溢,楼阁相望,飞杠如虹,节比棋布,近郊隘巷,悉甃以甓”(《吴郡图经续记》卷上《城邑篇》),说明城内建筑的稠密,而巷道也都铺上砖石,以便行旅。不仅巷道铺上砖石,白居易诗中的“红栏三百九十桥”,这时也已改为“叠石甃甓,工奇致密”(同上卷中《桥梁篇》)。在此之前不久,日本僧人成寻于熙宁五年(一〇七二)游历至苏州,留下了这样深刻的印像:“见州门门官舍,如杭州广大也,市卖买不可思议也,石大桥三百六十云云,东西南北有堀川故也”(成寻《参天台五台山记》卷三),成寻所见楼舍的壮观,石桥的众多,都可以和《吴郡图经续记》的记载相印证,除此之外,成寻又指出了城中商业的繁荣。事实上,商业繁荣所带来的富裕,正是道路、桥梁以其他建设变化的财力基础。

北宋苏州郡城内的建设,在金人入侵时几全焚毁,“建炎兵烬所存,惟觉报小寺及子城角天王祠”(《吴郡志》卷六《官宇篇》),但兵事已过,恢复安定之后,建设重新展开。乱后十六、七年,王映知苏州时,“官府寺库公堂客馆始复旧观,而壮丽又过昔所有者”,“姑苏二馆,北园一亭,承平时亦未尝见，高甍巨栋，咄差而办”（《内简尺牍》卷四《与平江守王侍郎》）。此后城市建设不断进行，以桥梁而论，《洪武苏州府志》卷六《桥梁篇》载城门之内桥梁二百八十八座，其中注明见于《祥符图经》者六十三座，见于前志者二百二十二座，其余见于续志。按前志当即范成大《吴郡志》，范氏记事止于绍熙三年（一一九二），可知自北宋大中祥符至南宋绍熙约一百八十年间，郡城之内桥梁增加了二百二十二座，为原有的三倍。这种情形，反映了城内人口增加及商业繁荣，交通流量因而增大。交通流量增大又表现于道路的改善，北宋时城内巷道已铺砌砖石，南宋时这项建设仍继续进行。淳熙六年（一一七九），有市民五十八户分别出钱、砖或米，集资修砌吉利桥至版寮巷口街一道（注二一五）；宝祐元年，也有人出力施财自谷市桥至太平桥砌街（注二一六）。道路的修筑，自然不限于这两个例子，潘梦旂于宝庆二年作《重修夏侯桥记》，说：“桥梁、道路，责在有司，吴人尚义，争出已私，闾里兴修，历历可举”（《吴都文粹续集》卷三十五），夏侯桥在郡城内，潘梦旂所言自然是指城内的情形。另一方面，城内人口增加扩大了对饮水的需要，于是水源不断开辟。举例言之，绍兴元年（一一三一），通济巷内新开义井一口；绍熙年间，大云坊巷新开义井一口；嘉泰元年（一二〇一），开元寺巷新开义井一口；开禧二年（一二〇六），永定寺巷新开井一口；淳祐（一二四一～一二五二）年间，祝家桥新开义井一口，醋库巷也新开井一口；咸淳七年，乘鱼桥新开义井一口（注二一七）。所谓义井，为民间出私财所开。从以上的叙述可知，苏州郡城的建设，不仅官府出力，市民也贡献了不小的力量。城内人口不断增加，经济活动愈来愈频繁，空间愈来愈感狭隘，对于土地的需求也就日感迫切，于是有侵占河岸、河道的情形出现。城内东南隅的采莲泾，原为种莲之所，南宋绍熙年间，除留有若干旷地为蔬圃外，已“两岸皆民居”（《吴郡志》卷十八《川篇》）；至嘉定（一二〇八～一二二四）年间，城内更已“市衢旧有运河，堙塞之后，久皆聚闾而居，开凿为难”（《洪武苏州府志》卷三《川志》）。城内已经拥挤到这样的程度，所以南宋晚期，崔敦礼形容平江府城：“井邑广袤，民物繁夥”（《宫教集》卷五《代平江守臣乞截拨牙契钱修城札子》），潘梦旂也说：“井邑阜繁，于今为最”（《吴都文粹续集》卷三十五潘梦旂《重修夏侯桥记》）。

不仅城内愈来愈繁荣，而且自南宋至元，市区向西北阊门之外发展。阊门之外，正当运河与城濠汇合之口，为对外交通的要地。北宋中叶，此地尚甚荒凉，王安石《吴门》诗：“朝游盘门东，暮出阊门西。四顾茫无人，但见白日低。荒林带昏烟，上有归鸟啼。物皆得所托，而我无安栖”（《吴都文粹续集》卷二），可见阊门之外人烟稀少。此后商业日益繁盛，阊门外既为交通要地，来往商旅自必愈多，而且北宋储存和籴米的北仓，南宋储存和籴米的百万东仓、西仓及宝祐百万仓，均设于阊门内侧（详后），每年大量和籴米由此运入运出，阊门之外成为米粮运输的要地。频繁的交通运输活动，带动了这一个地区的发展（注二一八）。南宋宁宗时，平江府城外已有恶少活动，知府沈作宾募之为壮士而市井无哗（注二一九），显然是城外人烟渐盛的反映。元代罗城拆毁之后，“民杂居于遗堞之上”（《洪武苏州府志》卷四〈城池志〉），民居既然已经达于城墙遗堞之上，则市区继续往城外发展，是很自然的事。据《平江记事》载：“泰伯庙旧在阊门外，钱俶移置门内，避兵燹也。失其创建之由。至大戊申，石牌巷西吴永宁家浚池，得旧碑，古庙事迹具载，汉明帝时太守糜豹所建，池旁庙基高下尚存，皆为民居分占”，至大戊申为至大元年（一三〇八），此时阊门外已立有石牌巷，与城内市区在行政上连为一气了，既已立巷，必然聚有不少的民居。再晚到至顺年间，阊门外的土地更已因“附郭通舟，商旅辐集”，而为“规利者之所必争”，府学有地于此，租与民户，租户“起盖房屋碓坊，开张行铺”（《江苏金石志》卷二十二《府学附地经界碑》），土地用来开设工场、商店，而且为规利者之所必争，可知此地已有繁盛的商业。及至元末张士诚据苏州，“增置月城”（《洪武苏州府志》卷四《城池志》），张士诚所筑月城当即是明代的月城，而明代的月城正在阊门之外，为商贾所集之处（注二二〇）。张士城所以在阊门外筑月城，必定是由于这里已有相当众多的民居商店，需要保障他们的安全。总之，到了元末，苏州郡城西北阊门外的市区已经明显的存在，而且纳入了郡城的行政及防卫系统之中。

自宋至元，苏州郡城的官衙坊巷有《吴郡志》和《洪武苏州府志》两部方志的详细记录，又有南宋绍定二年石刻平江图碑可资比对，再加以近人王謇据图与方志考证而作《宋平江城坊考》，因此可以进一步从城区规划来探讨宋、元之间苏州郡城的发展。苏州郡城以乐桥为中心，可以划分为西南、西北、东南、东北四隅，宋时城内划分为南一、南二、北一、北二四厢（注二二一），当亦以此为界，乐桥以东属长洲县，以西属吴县。苏州郡城为一行政中心，具有政治军事性质，兹先讨论军营和政府机构的分布。宋代军营位于城墙内侧，绕城四周，有威果二十八营等多处，地方治安机构吴县尉司在城南盘门之外，长洲县尉司在城北齐门之外（注二二二），这种位置显然是配合城郭防卫的需要。政府机构的分布以子城为核心，子城在乐桥东南隅，周围十里（注二二三），宋代平江府治即在子城之中，内有平江府所辖各机构，以及供官员游憩的堂、斋、亭、轩等处所（注二二四），子城内并无坊巷，在规划上纯粹作为行政区之用，但在南宋时，已有民居侵入子城之内，与行政机构杂处，如“平江通判西厅在子城西南最高处，宜隆而污，宜豁而拘，宜整齐拘肃而杂处闾阎”（《吴都文粹续集》卷八王遂《通判西厅记》），“平江观察推官厅在子城之南隅，去郡庭才数十步，……有屋数间，介于民居”（同上李卞《观察推官厅记》），可知子城的西南角，已有不少的民居，这自然是城市人口膨胀，使原来规制不能维持的结果。另一方面子城也已容纳不下所有的政府机构，所以巡辖司在子城以北，浙西提举常平司在子城以东，而子城以南的政府机构尤其多，有浙西提点刑狱司及平江府所辖各机构（注二二五）。此外吴县治在郡治西北二里，长洲县治在郡治北三里（注二二六）。大致说来，仍然以子城及其周围形成一明显的行政区。

但是也已有许多政府机构扩散到此一明显的行政区之外，除上述的吴县治和长洲县治外，这些机构大致可以分为财政机构与仓库、社会福利与公共卫生机构、及迎送过往宾客的亭馆等三类，其中有不少机构是南宋以后才陆续增设的，这几类机构的增设和分布的扩散，显示了苏州郡城经济性质的日增。第一类财务机构如都税务、抽解场和监仓厅在乐桥西南隅西河外与城墙之间（注二二七），税务为北宋范仲淹迁移至此，“官私舟楫，往来输税者，不必迂路”（《吴郡图经续记》卷上《仓务篇》），此地是自城外入城内必经之道，为过往商旅带来方便；又有赡军务，在城东南封门外（注二二八）。仓库除子城内有公使库、酒库、军资库外，在子城外西侧有茶场、盐仓及府仓（注二二九），府仓当即北宋时所谓的南仓，另有北仓在阊门侧，南仓贮税粮，北仓贮和籴米（注二三〇）。南宋中叶以后，各类仓库日益增多，淳熙元年（一一七四）创归仁仓、报功仓，并在府仓内；开禧三年（一二〇七），创户部百万仓，在阊门里，后又增为东西二仓；淳祐五年（一二四五），创平籴仓，在乐桥东南隅营桥东；宝祐五年（一二五七），创宝祐百万仓，在阊门里至德庙后；景定五年（一二六四），创本府籴纳仓，在府治西（注二三一）；此外乐桥东南隅带城桥史正志万卷堂故址，绍定（一二二八～一二三三）末年以后被占为百万仓和籴场（注二三二）。粮仓不断兴建，说明运输出入郡城的米粮愈来愈多，由运粮所带动的各项经济活动也必然愈来愈扩大。户部百万仓和宝祐百万仓为容量最大的粮仓，而均位于阊门里，显然是为了米粮运输的方便，至于位于带城桥的百万仓和籴场，应是便利接纳自封门运入的米粮。粮仓之外，绍定二年（一二二九）创激赏西库及激赏南库，一在阊门里景德寺东，一在盘门内，均为赡军之酒库；宝祐五年（一二五七），移子城内公使酒库于平籴仓西，改称造酒库；又有醅酒库，在乐桥西南隅西馆桥东；竹青库，在阊门外（注二三三）。酒库不断的增设，反映郡城酒的消耗量增大，政府可自其中获得更多的收入，而酒的消耗量增大，和城市人口增加及商业活动频繁均有关系。酒库的分布，也多在交通要道上。第二类社会福利和公共卫生机构在北宋时已有居养院，在乐桥东南隅城南侧社坛东，南宋建炎以来废，淳熙三年（一一七六）重建，收养孤苦无依的老人、妇女及幼儿（注二三四）。庆元元年（一一九五），建太平惠民药局，在乐桥东南隅醋库巷，当为公共卫生机构；嘉定（一二〇八～一二二四）年间，创慈济局，在乐桥东南隅夫子巷，作棺以给贫民（注二三五）。居养院和太平惠民药局至绍定年间当已不存，所以绍定四年（一二三一）吴渊知平江府，创广惠坊于乐桥稍北鱼行桥东，以养鳏寡孤独癃老废疾颠连而无告者（注二三六）；同年适有疫病流行，郡医救治之后，又创济民药局于广惠坊之左，以廉价售药给市民（注二三七）。鱼行桥一带为城内的主要商业区，所以吴渊《济民药局记》说：“列肆阛阓，过者欢喜”（《吴都文粹续集》卷八），方便市民的购药。宝祐年间，又创慈幼局于乐桥西南隅同乐园门里（注二三八）。南宋时苏州郡城内社会福利和公共卫生机构的不断设立，当和城内人口日益密集有关，因人口既众，孤苦无依者自亦必多，而市区拥塞以至于河道被侵占；污秽不易排除，疫病也容易流行。第三类迎送宾客的亭馆在北宋大中祥符（一〇〇八～一〇一六）年间以前，已有舣舟、吴门、通波、通海四亭，并在盘门内（注二三九）；此后至元丰（一〇七八～一〇八五）年间，“今漕渠之上，增建者多矣，曰按部、曰淄衣、曰济川、曰皇华、曰使星、曰候春、曰褒德、曰旌隐之类，联比于岸矣。……近岁高丽人来贡，圣朝方务绥远，又于城中辟怀远、安流二亭，及盘、阊之外，各建大馆，为宾饯之所”（《吴郡图经续记》卷上亭馆篇），所谓漕渠，为纵横城内的河道：南宋时除建于北宋的吴门亭和城外两所高丽亭仍然存在外，又有“吴会亭、升羽亭、候春亭、茂苑亭、春波亭，皆孙老桥之东，吉利桥之西，河北岸沿流客馆也”，“皇华亭、平汇亭，在饮马桥之东北岸，亦客馆”，“望云馆，在阊门河南”，而“姑苏馆，在盘门里河西城下，绍兴十四年郡守王唤建，体势宏丽，为浙西客馆之最，中分为二，曰南馆、北馆”（《吴郡志》卷七《官宇篇》），这些亭馆多位于西河两侧，亦即交通要道之上。亭馆的不断增建，说明出入于苏州的各类使者、宾客、官吏甚多，苏州位于交通要冲，又是财税集中，转运的枢纽，这种情形是必然的。

元代苏州郡城中仍驻有淄莱翼等多支军队（注二四〇），子城仍为行政区的核心，平江路总管府及主管城坊的录事司均设于其中，吴、长洲两县县治也迁至子城之内（注二四一）。值得注意的，是元代苏州郡城内设了许多主管财经事务的政府机构，显示苏州郡城经济性质的不断增加。这些财经机构，多散布在子城外市区之中，而非集中设立于一处。除仓库大部分仍沿用宋代的旧处所外，其他如都税使司在乐桥西南隅吉利桥西，海道漕运万户府在乐桥东北隅闻德坊内，所辖昆山崇明所、杭州嘉兴所、常熟江阴所、松江嘉定所、平江香糯所，并在万户府后乔司空巷内，江淮财赋提举司在吉利桥东，朱张财赋提举司在乐桥东南隅阎桥北，稻田提举司、汴梁提举司并在乐桥西南隅升平桥，善农提举司在乐桥东南隅乘鱼桥北，集庆提领所在乐桥东南隅盛家带上，都水庸田使司于至正元年（一三四一）以后在乘鱼桥北，平准库在乐桥南，行用库在乐桥西北隅禅兴寺桥南，省富藏库分司在阊门外，杂造局在乐桥东北隅蒋家桥南，织染局在乐桥东南隅平桥南（注二四二）。总之，自宋迄元，苏州郡城的经济功能不断扩张，使得城内不能再维持一个固定而封闭的行政区，许多为了适应城市发展新形势而建立的政府机构，或者由于业务上的需要，或者由于建地取得的便利，都必需扩散到城内各地，零散分布，而元代苏州郡城内财经机构的大量增设，使得这种现象更加显著。即使从政府机构的分布，也可以看出苏州郡城经济性质的发展。

苏州郡城也是一个文化中心，这主要可以分学校、书院等文教机构和寺观、坛庙等宗教设施两方面来说。文教机构散布在几个地点，而以城南南园一带为主要的文教区。北宋景祐二年（一〇三五），范仲淹设立郡学，“割南园之一隅以创焉”，至熙宁（一〇六八～一〇七七）年间，“又割南园地以广其垣”（《吴郡图经续记》卷上《学校篇》），元祐四年，范仲淹子范纯礼“又请于朝，复得南园隙地以广其垣”（《吴郡志》卷四《学校篇》），可知校地不断的在扩大，而讲堂斋舍自北宋以迄南宋，也不断的在增辟扩充（注二四三）。郡学除讲堂斋舍外，尚有许多维系文教理想的相关设施，北宋时已建有六经阁，藏六经百家子史，南宋时即原址改建为御书阁；校址原有宣圣庙，南宋时扩建为大成殿；南宋时又建五贤堂，奉陆贽、范仲淹、范纯仁、胡瑗、朱长文五贤（注二四四）。南园一带除郡学外，尚有长洲县学，长洲县学自北宋以来附于郡学，至南宋景定三年（一二六二）才独立并迁离此地（注二四五）。又鹤山书院在南宫坊南园巷，也在此一区内，书院建于南宋端平三年（一二三六），祠魏了翁（注二四六）。郡学稍东，乌鹊桥一带，有方家阁，为方通父的私人图书馆，“家有藏书阁五楹，……寒士无书可读者任听入阁借看”（《烬余录》乙篇）。创建于端平二年（一二三五）的和靖书院，原在子城以东常平提举司故址，至元朝延祐二年（一三一五），迁移到乌鹊桥北（注二四七）。这使得南园及其附近成为城内范围最广而拥有文教机构最多的地区，此地南园旧址尚存，风景优美，是读书的好处所。乐桥西南隅西河上贡院一带，是另一文教机构散布的地点，贡院在都税务及宾兴馆以北，自北宋以来，赴举者不断增加，庆历（一〇四一～一〇四八）中只二百人，至南宋初期几二千人（注二四八），南渡以前，初试考生于近郊的虎丘寺，其后人数渐多，移试于郡学，以后人数再增，郡学无法容纳，乾道元年（一一六五）始于此地建贡院，四十年后，赴试者已增至二千几百人，为预防将来院地无法容纳，于是辟而广之（注二四九）。吴县学初在城西北吴县治东南，至南宋绍定（一二二八～一二三三）年间迁移至贡院南（注二五〇），使这里成为一文教机构集中之地。城东北广化寺附近在宋、元之际也新形成为一文教机构集中地，长洲县学在南宋景定三年（一二六二）迁至长洲县治西广化寺藏室，创于南宋咸淳五年（一二六九）的学道书院，原位于乐桥西北隅武状元坊，也在元朝至元二十九年（一二九二）迁至长洲县学之南（注二五一）。除此之外，甫里书院在子城东，创于元朝元统二年（一三三四）；文正书院在乐桥西北隅禅兴寺桥西，祠范仲淹，创于至正六年（一三四六）（注二五二）。从上述的发展，可以知道苏州郡城内的文教活动不断在扩大。而苏州的学校、书院多集中于郡城，吸引乡居士子入城求学，元代陈旅《长洲县学记》所谓："抑闻之士者，民之秀也，秀民虽生穷乡，不能自局于耳目所接之近，故必游通都名城，以充广其所学"（《吴都文粹续集》卷五），因此发挥吸收乡村人口的作用。苏州郡城人文荟萃，多士大夫定居，所以文教活动又不限于学校、书院，士大夫家多有藏书，彼此往来吟诗论学，如北宋末，城中诗人结有吟社："杜芳洲，昆山南翔人，赘城东顾氏，宣和间结岁寒吟社，与吟梅、沧浪鼎足"（《烬余录》乙编）；再如元代陆友，字友仁，"生于阛阓，父业贾，友攻苦于学，为邻里所窃笑，及长，贤士大夫多造访之，善诗，尤长于五言律诗，兼工隶楷，又博鉴古，三代而下，钟鼎铭刻，法书名画，一入友目，真赝立辨，经其品题，价增数倍"（牛若麟《崇祯吴县志》卷四十八《人物志》），这一类文教活动颇多，使得苏州郡城内有浓厚的文化气息。但是商业的发展，已使得文教活动必须在商业区之内来推展，例如陆友仁以贾人之子而攻苦于学，而为邻里所笑，而陆氏藏书之所"居阛阓中，四壁之外，辄与贾区直"，黄溍誉之曰"不以为溷"（《黄文献公集》卷五《陆氏藏书目录序》）；宋末以后的长洲县学和学道书院，也在城内主要商业区的北缘。

苏州郡城内寺观坛庙多而壮丽，所谓"东南寺观之胜，莫盛于吴郡，栋宇森严，绘画藻丽，足以壮观城邑"（《洪武苏州府志》卷四十三《寺观志》）。官府祭祀之所在社坛，宋代平江府社坛在子城西南四里，地近盘门，元代移置盘门之外；附郭二县在宋亦有社坛，吴县社坛初在县南四里，后迁至县治西北侧，长洲县社坛在县治西南侧（注二五三）；子城内西南隅有城隍庙，官府不时在此祈晴雨（注二五四），元代行海运，建有天妃庙，在城北中路桥北，每岁发航前均遣官吏祭祀（注二五五）。民间崇祀的寺庙宫观散处于城内各地，而以城北阊门之内西北隅之地集中最多，自西至东，有至德庙、崇真宫、福昌院、普贤院、圆通院、能仁寺、水陆院、宝幢院、朱司徒庙、法华院、文殊院、普贤院、报恩寺、泗州院、水院堂、普门院等多所，形成一明显的宗教区。此地为名胜桃花邬所在，寺观众多的原因当在于此。香火旺盛的寺庙，如泰伯庙，即至德庙，祀吴泰伯，在阊门内东行半里（注二五六），如光孝观位于乐桥东南隅子城东南侧之外，上善庵位于盘门里，如意庵位于乐桥西南隅和丰坊米行，均祀婺源土神五显灵官（注二五七），泰伯庙的历史可以上溯到汉代，五显灵官的崇拜则在南宋中叶以后才兴起，苏州郡城的寺庙不仅为祀祭祈福之处，亦为民众社交活动之所，“岁首即会于佛寺，谓之岁忏，士女阗咽，殆无行路。亲友有经岁不相面者，多于此时相见，或庆或吊纷然。议姻亲，觇婿妇，亦多决于此时”（《吴郡志》卷二《风俗篇》）。据《姑苏志》卷二十九《寺观志》所载郭内寺观统计，建于唐代以前者十二所，建于唐代者八所，建于五代者二所，建于北宋者十三所，建于南宋者三十九所，建于元代者四十所，建于明代者四所。虽然记载可能有残缺，但是已足以说明自南宋至元朝城内有大量寺观兴建，反映出人口增加和财富累积的事实，也表现了苏州郡城发展的一面。而北宋晚期在乐桥东北隅的祥符寺巷有机圣庙，至元代在乐桥东北隅的元妙观内有吴郡机业公所，均为机织业工人的会所（注二五八），配合以前述元代天妃庙的创建，更从宗教信仰上显示了苏州郡城经济性质的发展。

苏州郡城又是一个工商业中心。北宋大中祥符（一〇〇八～一〇一六）年间以前，苏州郡城的主要商业区在乐桥以北，乐桥西北侧有西市坊，即西市门，东北侧有干将坊，即东市门（注二五九）。从市门的称呼，可知西市、东市应即为唐代以来特定市场区之市制。西市的范围，尚有痕迹可寻，南尽乐桥河上，乐桥以西有市曹桥，当即为管理市场的市曹所在，又西有荐行桥，西至谷市桥河上，北尽谷市桥以北的小市桥；东市的范围，往北可至鱼行桥，南亦当以乐桥为界，东界则已无迹可寻，但其宽广应与西市相当。市曹桥、荐行桥、谷市桥、小市桥、鱼行桥均为见于《祥符图经》的桥梁（注二六〇）。除东西二市外，大中祥符年间以前，也已有市场逸出此二特定市区之外，见于《祥符图经》记载的，如乌盆桥在谷市桥西北，黄牛坊桥在乐桥西北隅西河上，白礓桥在乐桥西南隅，醋坊桥在乐桥东北隅长洲县治以南（注二六一）。大中祥符年间以后，坊制破坏，市制也随之不存，自宋迄元，市场越出东、西二市而向外扩展，但仍以乐桥为中心而形成一商业区。宋、元时代刑人于乐桥（注二六二），当即取弃市之义。此一商业区的范围，仍然可以从地名观察。在原来东市之内及其东、北二侧，有条坊巷、吉油巷、油巷、瓶场巷、醋库、红炉子桥、安毡巷、白蚬桥、尽市桥；在原来西市之内，有铁瓶巷、利市桥、丝行桥、鸭舍桥、鹅阑桥、孙织纱巷，往北有跋鞋桥；越乐桥、市曹桥及荐行桥以南，则有草鞋桥、豆粉巷、纸廊巷、灯心园巷、米行、大市、银锭桥（注二六三）。按条坊巷为打绳业之所，银锭桥则当为金融业之所。此一商业区，在乐桥以东，北可至宋代长洲县治以南之地，南宋中叶孙应时作《长洲县社坛记》，称："若倚郭之县，自为社于阛阓逼仄之门，往往灭裂最甚"（《吴都文粹续集》卷十二），可知长洲县治南端的社坛仍处阛阓之中；南可至子城以北，元人于大德年间所撰《重修齐云楼记》，称："以景言之，近则槐市柳桥，车轮马迹，市声滚滚，终日不息"(《吴都文粹续集》卷八)，按齐云楼在子城北侧，可知子城以北，面临人来车往的嘈杂市区，第三节引述《夷坚甲志》所载屠者张小二所在的草桥，正位于子城东北侧之外；东端则当以尽市桥为限，尽市之意应即指市场尽头。在乐桥以西，北可至宋代吴县治以南之地，趿鞋桥即在吴县治之南；南则至子城以西，越府仓以南，子城西侧有西楼，又名观风楼及望市楼，下有市桥（注二六四），其义至为明显，而子城以西的茶场、盐仓及府仓，亦当为导致此地成商业区的重要因素，府仓以南为绣锦坊，即大市所在，应当是一繁盛的市区，财力雄厚的药材商人江仲谋，"于府内饮马桥南启熟药铺，绍熙五年，又执一肆于常熟梅里镇"(《夷坚支庚》卷四《伏虎司徒庙》)，饮马桥已在绣锦坊以南，再南便是银铤桥；西则已越小市桥、谷市桥及白礁桥所跨之河以西，米行在和丰坊，便位于府仓西南侧，此河之西。综乐桥以东及以西而观，此一商业区十分广大，远过于大中祥符年间以前的东市与西市。除了此一广大的商业区外，又有各类市场散布于城内各地，如乐桥西南隅西河侧有药市、水团巷、翦金桥，乐桥东南隅子城以东有沙糕桥、胭脂桥，乐桥东北隅原长洲县治以东有雪糕桥，原长洲县治以西有巾子巷，原长洲县治以北有故市巷、新罗巷、碎金巷、碎银巷，越临顿桥以北于栈桥有草场（注二六五），这些市场，零散分布，但西河侧的药市、水团巷、翦金桥，和原长洲县治以北的故市巷、新罗巷、碎金巷、碎银巷，似各已形成一小型的商业区。元代于阊门之外，又兴起一新商业区，除前述有碓坊、行铺之外，苏州府学租给民户的土地中有"盖塌坊地"(《江苏金石志》卷二十二《府学附地经界碑》)，可知又有囤积货物的塌坊。城内的商业区，主要作用当在供给市民、商旅的消费，从其广阔，可知消费量之大；阊门外的商业区，则当是一商品转运市场。城内外商业区的扩大与增加，清楚的显示了苏州郡城商业性质的高度成长。

市场之外，郡城内外又分布有工场。工场部分分布于商业区内，部分则在其他地区零散分布。如兵器工业，有子城之内的作院，又有乐桥东北商业区内的马黄桥巷，为制造弓弩之所（注二六六）。如造酒醋工业，有子城之内的公使酒库，子城以南的醋库巷则当为造醋之所（注二六七），另外散布城内外的各酒库，也是造酒的所在。纺织业除乐桥西北商业区内有孙织纱巷，乐桥东北商业区内有安毡巷，原长洲县治以北商业区内有新罗巷之外，乐桥西北隅海红花巷附近有绣线巷（注二六八），元代官营的织染局则在子城以南（注二六九），宋、元时代郡城机织业的会所机圣庙和吴郡机业公所均在城东，可能城东一带已经成为机织工场的主要分布地。造船业则在乐桥东南隅带城桥西南有船舫桥，乌鹊桥以西有船场桥，乐桥西南隅吉利桥南有东船场巷、西船场巷，乐桥西北隅吴县治以北则有艇船桥，均为造船场之所在，乐桥西南隅府学以西有蒲帆巷，则当为制船帆之所（注二七〇），另封门之外在元代也有商人设置修造海船场（详第二节）。乐桥东南隅船场桥以南有东谷场巷、西谷场巷，可能为碾米业之所在（注二七一），阊门外市区有民家开设碓坊，则显然是供碾米之用。此外，在上述商业区内的条坊巷，为打绳业之所；瓶场巷、红炉子桥、铁瓶巷等，皆为家庭用品工场之所；趿鞋桥、草鞋桥，为制鞋业之所。商业区以外的地区，乐桥东南隅有砖巷，为制砖之所，有石匠巷，为雕石业之所；有同坊巷，同坊当即铜坊，为铸铜业之所；乐桥西北隅则有石灰巷，为制石灰之所（注二七二）。

子城以东，元代又官设有杂造局（注二七三）。综上所迹，可知宋、元时代苏州郡城内外有种类颇多的工场，这些工场，零散分布，并没有形成一明显的工业区，但是城东之地，似乎散布了比较多的工场。明代以后城东为机织业集中的地区（注二七四），这时也已有迹可寻。无论如何，手工业工场的广泛散布，显示了苏州郡城商业发展背后的强劲动力，也是郡城经济性质增加的一个具体指标。

苏州郡城还有休闲游乐的功能，这可以分三方面说。一是园林绿野游赏之地，苏州郡城内士大夫家多有园林，寺庙也有园林，除供家人亲友游赏外，部分也对外开放。此外，城南有南园，城北有桃花坞，城外有虎丘山，风景优美，亦皆游赏的好处所（详第三节）。二是酒楼与风月场所，多在商业区内及其外围，与商业活动相配合。酒楼见于记载者，在子城之北有齐云楼，子城之西有西楼，均为唐代所建，至宋、元犹存；清风楼在乐桥南，黄鹤楼、跨街楼在西楼之西，皆建于南宋淳熙十二年（一一八五）以前；花月楼在子城西南侧外饮马桥东北，丽景楼在乐桥东南，皆建于淳熙十二年；中和楼在吉利桥西，建于淳祐八年（一二四八）（注二七五），均为官府所建，从建造年代看，可知是日益增多。风月场所有花街巷、柳巷，在米巷即米行附近（注二七六），又宋代“军妓以勾栏伎轮值之”（《烬余录》乙编），宋、元时代演戏的勾栏不详所在，明代则勾栏巷位置在花街巷、柳巷附近（注二七七），其渊源或许可以上溯到宋、元时期。而虎丘、桃坞之间的河上，又有舟妓，元代“舟人不设甲主，舟妓向不辱身”，所以良家妇女为免于遭受蒙古甲主的侮辱，多避于此，“虎丘、桃坞之间，遂多名妓，皆良家子也”（《烬余录》乙编）。南宋淳祐年间，吴妓徐兰“擅名一时”，湖州乌墩镇沈承务，至为其“留连半年，糜金钱数百万而归”（周密《癸辛杂识》续集下）。三是节日庆典的活动，其中以上元及灵顺神祭日的灯市为最热闹（详第三节），上元时灯张于坊巷、舟船、桥梁、官府，又到处游行（注二七八），可以说是举城狂欢，灵顺神祭日除灯市外，尚有台阁百戏。灯市的热闹，往往吸引乡民入城观赏，范成大《灯市行》所谓：“儿郎种麦荷锄倦，偷闲也向城中看。……侬家亦幸荒田少，始觉城中灯市好”（《石湖居士诗集》卷三十《腊月村田乐府》），使郡城也成为苏州乡民休闲活动的一个中心。休闲游乐功能的发达，是苏州郡城商业性质发展的反映。

苏州郡城虽然居舍稠密，但是仍保存有农地和坟地。农地分布于城内四周，《洪武苏州府志》卷首有明初苏州府城图，在封门内城东南角落内注：“此处皆田亩，属郭外三十都”，可知此地一直到明初，尚为田亩，这里所谓的田亩，有可能是指稻田而言。配合苏州郡城商业性质的提高，城内其他的农地却多是供商品化的园艺业和蔬菜业之用。以园艺业而言，南宋时，“菊所在固有之，吴下尤盛，城东西卖花者所植弥望”（《吴郡志》卷三十《土物志》），可知城东侧及西侧，多以卖花为生的园艺业者，而且栽植的范围颇广，以城中园林之盛，所消费花卉之多是可以想见的。蔬菜业则城内东南隅的采莲泾，南宋时“亦有空旷为蔬圃”（《吴郡志》卷十八《川篇》）；城北的桃花坞，宋时为赏花之地，但也“暮春三月，菜花油油，黄金布地，一望无垠”（《烬余录》乙编），同时为蔬菜生产专业区，至元代则群花盛放之景不复可见，而“大半为菜圃，章园桃李，十存一二，梅园古树，几难踪迹”（同上），成为纯粹的菜园了，可知蔬菜业分布于城东南的采莲泾和城西北的桃花坞。另外阊门以南的城濠上，“民犹于河之傍种菱，甚美，谓之夏驾湖菱云”（《吴郡志》卷十八《川篇》）。蔬菜的生产，显然是为了供应城内众多人口日常消费之用。城内的园艺业和蔬菜业，可以说都是纯粹为了供应城内市场而生产的。大致说来，城内的农地究竟有限。坟地除官府在盘门外、齐门外、及封门、娄门之间各设有漏泽园外（注二七九），城内西北的桃花邬也有墓葬区，北宋程师孟之妻贺氏卒于元丰六年，明年“葬坟在桃花之邬”（陆佃《陶山集》卷十五《长乐郡君贺氏墓志铭》），南宋初年，金人乱后，“检骨十余万，葬于桃邬西北周书桥”（《烬余录》乙编），均为其例。

苏州郡城之内，除四围的农地之外，均有坊巷分布，及至元代，西北阊门外亦有坊巷存在，城市民众便居于坊巷之中。上述行政区、文教区、宗教区、商业区等特殊功能区之外的市地，即当为一般住宅区。实际上，民居已与各特殊功能区错杂，商业区之内固不必论，即使是子城，也已有民居侵入。而许多机构、商店、寺庙也分散在一般住宅区之中。苏州郡城的人口数字，有若干资料可供讨论。南宋初年，金人寇苏州，大事屠杀而去，事后“瘗河中男尸八万五千余、女尸十一万一千余，暴露男尸六万二千余、女尸二万五千余，火化男女骨十五万七千余，赎回营妓二千余人”，此外“妇女二万余人以从寇籍”，而金人又“裹胁以去者十万余人”（《烬余录》乙编），合计达五十七万二千三百人之众，但是其中必定有相当多的人口，是因为临时逃避战乱而迁入城中的，因此这一个数字不能视为正常时期苏州郡城的人口。南宋时，周南老《齐云楼记》称：“今登斯楼而俯眺，则带山萦泽，所谓十万家之夥，朱甍碧瓦，菀乎若参差若鳞次而铺陈之者，亦足以见吴郡之大，与夫中兴百年涵养休息之泽矣”（《吴都文粹续集》卷八），陈兑《平江府谯楼上梁文》亦称：“抛梁东，十万人家烟瓦中”（同上），都形容有十万家之多，但这只是一概略的形容词，未必真有如此之众。但吴渊《济民药局记》称："姑苏城大人众"（同上），则城中人口的众多是很明显的，而南宋时其他较为繁盛的城市，如建康府城、吉州州城，皆已有数万户的人口（注二八〇），苏州郡城人口当亦不下此数。比较具体的数字，见于元末顾瑛作于至正十五年（一三五五）的《君臣同庆乐送脱因万户》："城中居民比屋四十万，长街广巷罗拜"（顾瑛《玉山璞稿》），若以一户五口计，四十万人约当八万家，再加上为数颇多的流动人口，元末苏州郡城人口当确已不下十万家。即使以八万家计，此一数字已超出北宋大中祥符四年（一〇一一）苏州全郡的户口数，可见在这三百四十余年内，苏州郡城已有高度的发展。若以明初洪武四年（一三七一）吴、长洲二县共约十四万六千户作比较，则城市人口至少占地区人口的 54.8%，也就是在一半以上。

元末不仅郡城人口在吴、长洲二县人口中占有如此高的比率，即使以整个苏州为范围来计算，城市人口的比率也还是相当高。元末太仓有十万余户的人口，其他几个县城至少各有数千户的人口，市镇人口多者可至"千百家"，而仅常熟一县就有四镇六市，再加上郡城人口，城市人口总计当在二十二万户以上，明初洪武四年苏州全郡有四十七万三千余户，加上元末太仓受方国珍洗劫而损失的户口，元末苏州全郡至少当有五十五万户的人口，以此推算，元末苏州全郡的城市人口比率大约在 40% 左右。这样高的一个城市人口比率，无怪乎元代马可波罗游历至此，认为这里是一商业城市众多的地区，他描述说，苏州是一颇名贵的大城，居民恃商工而活，人烟稠密，至不知其数，居民为商贾与工于一切技艺之人，也有文士、医师甚众，而此城统辖十六大城，皆为商业繁盛的城市，从苏州出发一日程至吴江，也是一工商繁盛的富庶大城（注二八一）。而事实上，元代苏州境内已存在着许多没有城墙的城市了，不仅许多纯粹为商业中心的市镇如此，甚至连行政中心的郡城、县城也如此，苏州郡城在元初被拆毁了，常熟、昆山两县城自宋代以来围绕以栅而已，吴江县城自宋以来亦城已不存，而嘉定、太仓两个新兴的行政中心，自建立之后就没有筑城。虽然元代拆毁苏州郡城的罗城是基于畏惧民众据城造反的考虑，但是综合上述的事实看，则元代在苏州境内已有一种新的城市形态出现，所谓城市，这时是有市无城了，这是典型的商业城市型态。而元苏州郡城、县城的重新筑城，完全是由于战乱而引起的，甚至连非行政中心的支塘市，张士诚也在此筑了城墙（注二八二），显然并非当时城市发展的自然趋向。而城墙建立以后，仍然限制不了城外市区的扩展，明初吴江县城外的江南市，便是一例。而所有这一切的发展，和高比率的城市人口正相呼应。

总之，配合着宋、元时代苏州农、工、商业的高度发展，苏州境内市场网的发展是很显著的。农村中的市集固然十分密集，而上层的市镇和城市，也都朝数量愈来愈多而规模愈来愈大的方向发展。苏州辖下的商业市镇，自北宋时期兴起后，发展至元代，如木渎镇、平望镇、同里镇等，其商业繁荣已可和县城相比。作为行政中心的郡城和县城，则自北宋以来经历了坊制、市制崩溃、市区扩大、商业区扩散及城外市区形成等过程，而成为富有商业性质的城市；自宋至元苏州郡城城区规划的变化，更清楚的显示出城市经济性质的增长；在元代苏州境内城市普遍的有市无城，则反映了典型的商业城市型态已经存在。而元代新兴起的太仓，更是先以商业城市的姿态出现，而后才成为行政中心，太仓的高度发展，使其在元末和郡城成为并肩而立的两大城市，各有十万户左右的人口，而苏州也因此有高达 40% 的城市人口比率。

五、结语

总结本文所述，自北宋至元，随着人口的急速增加，苏州的经济持续不断的在成长，并没有因朝代更替而中断。在这一个经济发展的过程中，苏州的经济活动是多样的，无论农业、手工业或商业，都有令人注目的表现。苏州以丰盛的生产和便捷的交通条件，而成为产品输出及转运地，经由官府的漕运和民间的贸易，造成了经济的繁荣；作为行政中心所导致的消费，富裕的社会结构所引生的奢华，以及随着商业发达而来的流动性社会结构，也都对苏州的经济繁荣产生助长的作用。经济的繁荣，促进了苏州地区的城市发展，商业市镇兴起，郡城、县城的商业性质日益显著，城市人口也日益增多，至元朝末年，竟有高达 40% 的城市人口比率，以及两处人口在十万户左右的城市。宋、元时代苏州的经济发展，达到这样的一个程度，就当时全国而言，无疑是优异的，因为苏州具有许多优越的条件；但这却非特殊的，南方的许多地区，也都在这段时期经历了类似苏州的发展过程，只是在程度上有所差异。前言中说苏州可以作为探讨宋代以后地区性经济发展的一个范例，原因便在于此。另一方面，苏州境内的市场网不是孤立的，它是全国市场网的一环，因此苏州优异的经济发展，必然会对其他地区发生影响。这一个问题，仍有待进一步的探讨。

（原刊于《台湾大学文史哲学报》
第三十一期，一九八二年十二月。）

注释

注一：参见《吴地记》;《乐史》之《太平寰宇记》卷九十一

《江南东道三·苏州篇》；朱长文《吴郡图经续记》卷上《封域篇》；《吴郡志》卷一《沿革篇》；卢熊《洪武苏州府志》卷一《沿革志》。

注二：王鏊《姑苏志》卷七《疆域志》。

注三：此语见沈括《梦溪笔谈》卷十三《权智篇》；《吴郡图经续记》卷上《城邑篇》；凌万顷《淳祐玉峰志》卷上《水篇》；卢镇《琴川志》卷五《叙水》；郑元祐《侨吴集》卷八《送张同知之官嘉定序》；《洪武苏州府志》卷三《水利志》；同书卷四十八《集文志》载郑霖《重修昆山塘记》；钱穀《吴都文粹续集》卷三十六曹纬《重建跨塘桥记》；张国维《吴中水利全书》卷二十三秦约《昆山修围政绩序》；顾炎武《天下郡国利病书》第五册《苏编》引任仁发《水利集》。

注四：冈崎文夫、池田静夫《江南文化開發史——その地理的基礎研究》页一〇六～一〇九。

注五：《吴地记》；《吴郡图经续记》卷中《山篇》；《吴郡志》卷十五《山篇》；卷十六《虎丘篇》；《姑苏志》卷八、卷九《山志》。

注六：《吴郡图经续记》卷中《水篇》。

注七：《吴郡志》卷十九《水利篇》引郑侨言。

注八：《吴郡志》卷十九《水利篇》引郑亶言；《淳祐玉峰志》卷上《水篇》；《琴川志》卷五《叙水》。

注九：参见成寻《参天台五台山记》；郑刚中《西征道里记》；楼钥《攻媿集》卷一一一《北行日录上》；陆游《渭南文集》卷四十三《入蜀记第一》；范成大《吴船录》卷下；《会要》之《食货四八·水运篇》

绍兴十二年（一一四二）七月八日条。

注一〇：《吴郡志》卷十八《川篇》。

注一一：谈钥《嘉泰吴兴志》卷五《河渎志》。

注一二：《吴郡图经续记》卷中《水篇》。

注一三：《洪武苏州府志》卷十四《兵卫志》。

注一四：《吴中水利全书》卷十《水治篇》。

注一五：《梦溪笔谈》卷十三《权智门》；《吴郡志》卷十九《水利篇》。

注一六：《吴郡图经续记》卷中《桥梁篇》。

注一七：《吴都文粹续集》卷三十六钱公辅《利往桥记》；《吴郡图经续记》卷中《桥梁篇》。

注一八：《吴中水利全书》卷十《水治篇》。

注一九：《吴都文粹续集》卷三十六袁桷《吴江州重建长桥记》。

注二〇：《吴郡图经续记》卷上《户口篇》。

注二一：《太平寰宇记》卷九十一《江南东道·苏州篇》。

注二二：《东坡奏议集》卷七《奏浙西灾伤第一状》。

注二三：《宋史》卷八十七《地理志》。

注二四：《洪武苏州府志》卷十《户口志》。

注二五：王圻《续文献通考》卷十九《户口考》。

注二六：《洪武苏州府志》卷十《户口志》。

注二七：《洪武苏州府志》卷十《户口志》，以下各县洪武四年户数资料来源均同。

注二八：《嘉靖常熟县志》卷二《户口志》。至正疑为至元之误。

注二九：莫旦《弘治吴江志》卷二《版籍志》。

注三〇：《淳祐玉峰志》卷上《户口篇》。

注三一：宋如林《嘉庆苏州府志》卷九《田赋志》。

注三二：韩浚《万历嘉定县志》卷五《田赋考》。

注三三：《琴川志》卷六《叙赋》。

注三四：南宋部分郡县耕地面积见拙作《南宋的农村经济》第二章第一节。

注三五：《洪武苏州府志》卷十四《兵卫志》。

注三六：姚文灏《浙西水利书》卷中《复立都水庸田司条》，《立行都水监条》。

注三七：冈崎文夫、池田静夫《江南文化开发史——その地理的基础研究》页九七～一〇三。

注三八：《吴中水利全书》卷十《水治篇》。

注三九：《吴中水利全书》卷十《水治篇》。

注四〇：《吴郡图经续记》卷下《治水篇》。

注四一：《吴中水利全书》卷十《水治篇》。

注四二：《吴郡志》卷十九《水利篇》。

注四三：《会要》之《食货七·水利篇》绍兴二十四年九月十五日条；绍兴二十八年八月二日条，九月十三日条，十一月九日条；绍兴二十九年正月二十一日条，二月十八日条。

注四四：《会要》之《食货八·水利篇》隆兴元年八月六日条；乾道元年三月六日条；乾道二年六月二十三日条。

注四五：《浙西水利书》卷上范成大《昆山县新开塘浦记》。

注四六：《会要》之《食货八·水利篇》乾道八年六月二日条；《食货六一·水利杂录》淳熙二年七月二十八日条；《洪武苏州府志》卷三《水利志》。

注四七：《吴中水利全书》卷十《水治篇》；《洪武苏州府志》卷三《水利志》。

注四八：《三吴水利录》卷三《周文英书一篇》，又同书

《续录》。

注四九：拙作《南宋的农村经济》第三章第三节。

注五〇：拙作《南宋的农地利用政策》页一三二。

注五一：《吴郡志》卷十九《水利篇》。

注五二：《会要》之《食货六一·水利杂录》政和元年十月二日条；《宋史》卷一七三《食货志·农田篇》。

注五三：《吴郡志》卷十九《水利篇》。

注五四：拙作《南宋的农地利用政策》页一四八。

注五五：《江苏金石志》卷十四《吴学续置田记一》。

注五六：拙作《南宋的农地利用政策》页一五七～一八一。

注五七：拙作《南宋的农地利用政策》页一三八～一三九，一四一～一四二，一四四。

注五八：冈崎文夫、池田静夫《江南文化开发史——その地理的基礎研究》页一八一～一八九；周藤吉之《宋代浙西地方の围田の发展》（收入周藤吉之《宋代史研究》）。

注五九：《琴川志》卷六《叙赋》。

注六〇：拙作《南宋的农村经济》第一章第二节、第二章第二节。

注六一：拙作《南宋的农村经济》第二章第二节。

注六二：周藤吉之《宋代稻作の地域性》（收入周藤吉之《宋代经济史研究》）。

注六三：周藤吉之《南宋に于ける稻の种类と品种の地域性》（收入周藤吉之《宋代经济史研究》）。

注六四：加藤繁著、于景让译注《中国栽培占城稻的沿革》（收入于景让《栽培植物考》）；Ping-ti Ho, "Early-Ripening Rice in Chinese History"（收入于宗先等编《中国经济发展史论文选集》)。

注六五:《洪武苏州府志》卷四十二《土产志》。

注六六:周藤吉之《南宋につける麦作の奖励と二毛作》(收入周藤吉之《宋代经济史研究》);拙作《南宋的农地利用政策》页二三~二九。

注六七:《琴川志》卷九《叙产》;《洪武苏州府志》卷四十二《土产志》。

注六八:《会要》之《食货四十·市籴粮草篇》绍兴三十年九月四日条,乾道七年二月九日条。

注六九:《吴郡图经续记》卷上《户口篇》;《吴郡志》卷一《户口税租篇》。

注七〇:长洲县秋苗数见《山房集》卷四《长洲主簿厅壁记》;昆山县秋苗数见《淳祐玉峰志》卷中《税赋篇》;常熟县秋苗数见《琴川志》卷六《叙赋》;吴江县秋苗数见曹一麟《嘉靖吴江县志》卷九《贡赋志》;嘉定县秋苗数见《万历嘉定县志》卷五《田赋考》。

注七一:Yoshinobu Shiba, "Urbanization and the Development of Markets in the Lower Yangtze Valley"(载 John W.Haeger, ed.,*Crisis and Prosperity in Sung China*)。

注七二:拙作《南宋的农地利用政策》页六六~六七。

注七三:《许国公奏议》卷二《奏以熟铁斛发下诸郡纳苗使用宽恤人户事》。

注七四:《洪武苏州府志》卷十《赋税志》。

注七五:《吴郡图经续记》卷上《物产篇》;《吴郡志》卷三十《土物篇》;《琴川志》卷九《叙产》;《洪武苏州府志》卷四十二《土产志》。

注七六:《吴郡图经续记》卷上《物产篇》;《吴郡志》卷二十九、三十《土物篇》;《淳祐玉峰志》卷下《土产篇》;《琴川志》卷九《叙产》。

注七七:《淳祐玉峰志》卷下《土产篇》;《琴川志》卷九《叙产》。

注七八:《会要》之《食货二三·盐法篇》。

注七九:《会要》之《食货二九·产茶额篇》。

注八〇:《洪武苏州府志》卷十《赋税志》。

注八一: 顾震涛《吴门表隐》卷五。

注八二:《会要》之《食货三八·和市篇》建炎二年九月一日条; 绍兴三年三月三日条。

注八三: 赵雅书《宋代蚕丝业的地理分布》(《史原》第三期)。

注八四: 曾我部静雄《宋代财政史》页三五八～三六一。

注八五:《洪武苏州府志》卷十《赋税志》。

注八六:《洪武苏州府志》卷八《官宇志》。

注八七:《吴门表隐》卷五。

注八八:《弘治吴江志》卷二《版籍志》。

注八九: 沙海昂注、冯承钧译《马可波罗行纪》第一五〇章《苏州城》。

注九〇: 庄绰《鸡肋编》卷上。

注九一:《古今图书集成·方舆汇编·职方典》卷六八一《苏州府部·苏州府物产考》。

注九二:《会要》之《食货十九·酒麹杂录》。

注九三:《武林旧事》卷六《诸色酒名条》。

注九四: 王謇《宋平江城坊考》卷二。

注九五:《吴郡志》卷七《官宇篇》。

注九六:《洪武苏州府志》卷一《沿革志》; 卷八《官宇志》。

注九七：参见王謇《宋平江城坊考》。

注九八：《洪武苏州府志》卷十四《兵卫志》。

注九九：《琴川志》卷七《叙兵》。

注一〇〇：《洪武苏州府志》卷十四《兵卫志》。

注一〇一：《吴郡志》卷二《学校篇》；《洪武苏州府志》卷十二《学校志》；《姑苏志》卷二十四《学校志附书院》。

注一〇二：《会要》之《兵六·营垒篇》绍兴二十八年二月三日条。

注一〇三：《避暑录话》卷下。

注一〇四：《鸿庆居士集》卷三十三《宋故左朝请大夫直龙图阁章公墓志铭》。

注一〇五：徐大焯《烬余录》乙编。

注一〇六：《鸡肋编》卷中。

注一〇七：《吴门表隐》卷一。

注一〇八：《吴郡志》卷十四《园亭篇》。

注一〇九：不著撰人《宋史全文续资治通鉴》卷二十二绍兴二十五年十二月乙未条。

注一一〇：夏定域《元朱清张瑄事迹录》（《国立浙江大学文学院集刊》第三集）。

注一一一：《范文正公集》附录《褒贤祠记》卷二钱公辅《义田记》。

注一一二：《长编》卷四二九元祐四年六月丁未条。

注一一三：拙作《南宋的农村经济》第五章第一节。

注一一四：吴之鲸《武林梵志》卷十《古德机缘篇》；宋奎光《径山志》卷四了明禅师《化阳和王捨田疏》。

注一一五：释广宾《杭州上天竺讲寺志》卷十《版籍篇》。

注一一六：拙作《南宋的农地利用政策》页一五七～一六〇。

注一一七：本表据梁方仲《中国历代户口、田地、田赋统计》乙篇表二十五：(2)元代历朝所赐诸王公田地数、(3)元代历朝所赐功臣百官田地数。

注一一八：周藤吉之《南宋末の公田法》(收入周藤吉之《中国土地制度史研究》)。

注一一九：本表据黄敏枝《宋代佛教社会经济史论集》第二章表一：宋代敕赐寺田表。

注一二〇：《径山志》卷四《制勅》。

注一二一：杜范《清献集》卷十一《论和籴榷盐札子》。

注一二二：《吴郡志》卷三十一《府郭寺篇》。

注一二三：释居简《北磵集》卷三《资圣寺永丰庄记》。

注一二四：《江苏金石志》卷十三《吴学粮田籍记二》。

注一二五：《吴都文粹续集》卷十三黄溍《大学书院记》。

注一二六：拙作《南宋的农村经济》第四章第二节。

注一二七：陆友仁《吴中旧事》。

注一二八：《江苏金石志》卷十四《吴学续置田记一》。

注一二九：《吴郡图经续记》卷下《园第篇》;《吴郡志》卷十四《园亭篇》;《洪武苏州府志》卷七《园第志》。

注一三〇：《淳祐玉峰志》卷上《户口篇》。

注一三一：梁方仲《中国历代户口、田地、田赋统计》甲编表三十三：北宋主客户口数及客户户口数的比重、表三十六：北宋元丰初年各路府州军主客户数及客户所占的百分比。

注一三二：《洪武苏州府志》卷十《赋税志》。

注一三三：拙作《南宋的农村经济》第四章第二节。

注一三四：拙作《南宋的农村经济》第四章第一节。

注一三五：《长编》卷四二〇元祐三年（一〇八八）闰十二月戊辰条。

注一三六：《吴郡志》卷十六《虎丘篇》。

注一三七：《吴郡志》卷十三《祠庙篇》。

注一三八：《淳祐玉峰志》卷下《祠庙篇》。

注一三九：拙作《南宋的农村经济》第三章第三节。

注一四〇：《会要》之《食货四十·市籴粮草篇》绍兴三年四月九日条。

注一四一：《宋史全文续资治通鉴》卷二十绍兴八年四月庚申条。

注一四二：斯波义信《宋代市籴制度の沿革》（载《青山博士古稀纪念宋代史论丛》）。

注一四三：《洪武苏州府志》卷八《官宇志》。

注一四四：斯波义信《宋代市籴制度の沿革》。

注一四五：真德秀《真文忠公文集》卷七《申尚书省乞再发太平、广德济粜米》；卷十五《奏乞拨平江百万仓米赈粜福建四州状》。

注一四六：斯波义信《宋代商业史研究》页一一五～一一六；桥本纮治《南宋における漕运の特殊性について》（载《青山博士古稀纪念宋代史论丛》）。

注一四七：吴缉华《元朝与明初的海运》（收入吴缉华《明代社会经济史论丛》）；包遵彭《中国海军史》上册页二〇五～二二二。

注一四八：李翊《续吴郡志》卷上；钱肃乐《崇祯太仓州志》卷十五《琐缀志》；《吴都文粹续集》补遗卷下《福山东岳庙兴造记》。

注一四九：全汉昇《南宋杭州的消费与外地商品之输入》（收入全汉昇《中国经济史论丛》第一册）。

注一五〇：宋晞《北宋稻米的产地分布》（收入宋晞《宋史研究论丛》）。

注一五一：全汉昇《南宋稻米的生产与运销》（收入全汉昇《中国经济史论丛》第一册）。

注一五二：全汉昇《南宋稻米的生产与运销》。

注一五三：全汉昇《南宋杭州的消费与外地商品之输入》。

注一五四：全汉昇《宋代广州的国内外贸易》（收入全汉昇《中国经济史研究》中册）；桑原隲藏著、冯攸译《中国阿剌伯海上交通史》。

注一五五：《弘治太仓州志》卷四《古迹篇》。

注一五六：《方舆胜览》卷二十七《湖北路江陵府篇》。

注一五七：杨循吉《苏谈》；许元溥《吴乘窃笔》。

注一五八：《咸淳临安志》卷八《行在所录》。

注一五九：《会要》之《食货六八·赈贷篇》淳熙十四年七月十七日条。

注一六〇：《会要》之《食货十六·商税篇》。

注一六一：《会要》之《食货十五·商税杂录》；《食货十六·商税篇》；《食货十七·商税篇》。

注一六二：《大元圣政国朝典章》卷七《吏部之一·官制篇》。

注一六三：《洪武苏州府志》卷十《赋税志》。

注一六四：全汉昇《宋代南方的虚市》（收入全汉昇《中国经济史论丛》第一册）；斯波义信，《宋代商业史研究》页三四〇～三七六；拙作《南宋的农村经济》第四章。

注一六五：加藤繁《唐宋时代的草市及其发展》（收入加

藤繁著、吴杰译《中国经济史考证》)；周藤吉之《宋代の鄉村における店、市、步の發展》(收入周藤吉之《唐代社会经济史研究》)。

注一六六:《琴川志》卷一《叙县》。

注一六七:《洪武苏州府志》卷十《赋税志》。

注一六八: 拙作《南宋的农村经济》第一章第一节、第四章第一节。

注一六九: 加藤繁《唐宋时代的草市及其发展》；梅原郁《宋代地方小都市の一面——镇の變遷を中心として》(《史林》第四十一卷第六号)。

注一七〇:《琴川志》卷一《叙县》;《会要》之《食货十六・商税篇》。

注一七一:《琴川志》卷一《叙县》。

注一七二:《琴川志》卷一《叙县》;《洪武苏州府志》卷十《赋税志》。

注一七三:《大元圣政国朝典章》卷七《吏部之一・官制篇》。

注一七四: 苏舜钦《苏舜钦集》卷十三《苏州洞庭山水月禅院记》。

注一七五:《夷坚支丁》卷三《宝华钟条》。

注一七六:《洪武苏州府志》卷十《赋税志》。

注一七七:《元丰九域志》卷五《两浙路苏州条》。

注一七八:《嘉靖吴江县志》卷十一《典礼志》。

注一七九:《淳祐玉峰志》卷上《县郭篇》、《城社篇》；《洪武苏州府志》卷四《城池志》;《姑苏志》卷十六《城池志》。

注一八〇:《至正昆山郡志》卷三《进士篇》。

注一八一:《淳祐玉峰志》卷中《公宇篇》。

注一八二：《淳祐玉峰志》卷上《学校篇》。

注一八三：《淳祐玉峰志》卷下《寺观篇》、《祠庙篇》。

注一八四：北宋中叶以前城郭的坊制与市制，见加藤繁《宋代都市的发展》（收入加藤繁著、吴杰译《中国经济史考证》）；李剑农《魏晋南北朝隋唐经济史稿》页二三一～二三四。

注一八五：《淳祐玉峰志》卷中《公宇篇》。

注一八六：《淳祐玉峰志》卷上《坊陌桥梁篇》。

注一八七：《洪武苏州府志》卷四《城池志》。

注一八八：《琴川志》卷一《叙县》。

注一八九：《姑苏志》卷十六《城池志》。

注一九〇：《琴川志》卷十《叙祠》。

注一九一：《琴川志》卷四《叙山》。

注一九二：拙作《南宋城市的发展》（《食货月刊》复刊第十卷第十期、第十一期）。

注一九三：《琴川志》卷一《叙县》；卷二《叙县》。

注一九四：《琴川志》卷十《叙祠》。

注一九五：《洪武苏州府志》卷四《城池志》；《姑苏志》卷十六《城池志》。

注一九六：拙作《南宋城市的发展》（载于本书上册页五〇九～五九六）。

注一九七：《吴郡志》卷三十八《县记篇》。

注一九八：《平江记事》。

注一九九：《洪武苏州府志》卷九《官宇志》。

注二〇〇：《大元圣政国朝典章》卷七《吏部之一·官制篇》。

注二〇一：《洪武苏州府志》卷四《城池志》。

注二〇二：《弘治太仓州志》卷一《沿革篇》。

注二〇三:《弘治太仓州志》卷四《古迹篇》。

注二〇四:《弘治太仓州志》卷二《城池篇》;《姑苏志》卷十六《城池志》。

注二〇五:《吴郡图经续记》卷上《城邑篇》;《吴郡志》卷二《城郭篇》;《洪武苏州府志》卷四《城池志》。

注二〇六:伊原弘《唐宋时代の浙西における都市の变迁——宋平江图解读作业》(《中央大学文学部纪要》史学科第二十四号)。

注二〇七:《洪武苏州府志》卷首。

注二〇八:《吴地记》后旧本原文。

注二〇九:《吴郡图经续记》卷上《门名篇》;《吴郡志》卷上《城郭篇》;《洪武苏州府志》卷四《城池志》。

注二一〇:见宋绍定二年石刻平江图碑。

注二一一:一般州郡罗城的周长参见加藤繁《宋代都市的发展》。

注二一二:《吴郡图经续记》卷上《学校篇》。

注二一三:《吴郡志》卷十六《园亭篇》。

注二一四:《吴郡图经续记》卷上《桥梁篇》。

注二一五:《江苏金石志》卷十三《吉利桥版寮巷砌街砖记》。

注二一六:《吴门表隐》卷七。

注二一七:《宋平江城坊考》卷一、卷二、卷三、卷四。

注二一八:拙文原于《台大文史哲学报》第三十一期发表时,曾引据《姑苏志》所载阊门外食肆张手美家事,认为南宋中期以后阊门外已有市区。后检出此事原出陶穀《清异录》,所述为汴京阊阖门外事,《姑苏志》误收。今删除此段文字。

注二一九：《宋史》卷三九〇《沈作宾传》。

注二二〇：《姑苏志》卷十二《乡都志》。

注二二一：《洪武苏州府志》卷十《廪禄志》。

注二二二：《宋平江城坊考》卷一、卷二、卷三、卷四、卷五。

注二二三：《吴郡志》卷三《城郭篇》。

注二二四：《宋平江城坊考》卷二。

注二二五：《宋平江城坊考》卷二。

注二二六：《姑苏志》卷二十三《官署志》。

注二二七：《宋平江城坊考》卷一。

注二二八：《宋平江城坊考》卷五。

注二二九：《宋平江城坊考》卷一、卷二。

注二三〇：《吴郡图经续记》卷上《仓务篇》。

注二三一：《吴郡志》卷六《仓库场务篇》；《洪武苏州府志》卷八《官宇志》。

注二三二：《宋平江城坊考》卷二。

注二三三：《宋平江城坊考》附录《官宇》。

注二三四：《宋平江城坊考》卷二；《洪武苏州府志》卷四十七《集文志》载卢瑢《居养安济院记》。

注二三五：《宋平江城坊考》附录《官宇》。

注二三六：《吴都文粹续集》卷八吴渊《广惠坊记》。

注二三七：《吴都文粹续集》卷八吴渊《济民药局记》。

注二三八：《宋平江城坊考》附录。

注二三九：《宋平江城坊考》卷一。

注二四〇：《洪武苏州府志》卷十四《兵卫志》。

注二四一：《洪武苏州府志》卷八、卷九《官宇志》。

注二四二：《洪武苏州府志》卷八《官宇志》。

注二四三：《姑苏志》卷二十四《学校志》。

注二四四：《吴郡图经续记》卷上《学校篇》;《吴郡志》卷四《学校篇》。

注二四五：《姑苏志》卷二十四《学校志》。

注二四六：《洪武苏州府志》卷十二《学校志》;《宋平江城坊考》卷一。

注二四七：《洪武苏州府志》卷十二《学校志》。

注二四八：《中吴纪闻》卷一《解额条》。

注二四九：《吴郡志》卷四《学校篇》；周南《山房集》卷四《平江重修贡院记》。

注二五〇：《姑苏志》卷二十四《学校志》。

注二五一：《姑苏志》卷二十四《学校志》。

注二五二：《姑苏志》卷二十四《学校志》。

注二五三：《洪武苏州府志》卷十五《祠祀志》;《姑苏志》卷二十七《坛庙志》;《宋平江城坊考》卷一。

注二五四：《宋平江城坊考》卷二。

注二五五：《续吴郡志》卷上；柳贯《柳待制文集》卷十四《勅赐天妃庙新祭器记》。

注二五六：《吴郡志》卷十二《祠庙篇》。

注二五七：《洪武苏州府志》卷十五《祠祀志》;《崇祯吴县志》卷二十一《祠庙志》;《宋平江城坊考》卷二。

注二五八：《吴门表隐》卷五。

注二五九：《宋平江城坊考》卷三、卷四。

注二六〇：《宋平江城坊考》卷一、卷三、卷四;《洪武苏州府志》卷六《桥梁志》。

注二六一：《宋平江城坊考》卷一、卷三、卷四。

注二六二：《吴门表隐》卷一。

注二六三：《宋平江城坊考》卷一、卷二、卷三、卷四、附录《吴中故市考》。

注二六四：《吴郡志》卷六《官宇篇》；《吴都文粹续集》卷八周南老《齐云楼记》。

注二六五：《宋平江城坊考》卷一、卷二、卷四、附录《吴中故市考》。

注二六六：《宋平江城坊考》卷二、卷四。

注二六七：《宋平江城坊考》卷二。

注二六八：《宋平江城坊考》卷三、附录《吴中故市考》。

注二六九：《洪武苏州府志》卷八《官宇志》。

注二七〇：《宋平江城坊考》卷一、卷二、卷三。

注二七一：《宋平江城坊考》卷二。

注二七二：《宋平江城坊考》卷二、卷三。

注二七三：《洪武苏州府志》卷八《官宇志》。

注二七四：加藤繁《苏州今昔》（收入加藤繁《支那学杂草》）。

注二七五：《吴郡图经续记》卷上《州宅篇》；《吴郡志》卷六《仓库场务篇附市楼》；《洪武苏州府志》卷四十三《古迹志》。

注二七六：《宋平江城坊考》卷一。

注二七七：《姑苏志》卷十七《坊巷志》。

注二七八：《石湖居士诗集》卷二十三《上元纪吴中节物俳谐体三十二韵》。

注二七九：《宋平江城坊考》卷五。

注二八〇：拙作《南宋城市的发展》（载于本书上册页五〇九～五九六）。

注二八一：《马可波罗行记》第一五〇章《苏州城》。

注二八二：姚宗仪《常熟私志》卷一《叙县》。

从南北到东西

——宋代真州转运地位的转变

一、前言

真州位于长江与运河的交口，在北宋与南宋均隶属于淮南东路，由于地理环境特殊，以一处重要的转运城市著称。在城市类型上，和宋代的苏州主要以邻近地区的农业生产为基础发展而成重要城市不同，也和北宋都城汴京、南宋都城临安主要因巨量消费而繁盛有异。真州这种城市特色，使其一方面联系起长江流域东西各地域，另一方面在北宋时也联系起南方与北方各地域，发挥了在经济上统合全国各地域为一个整体的作用。

长江、运河交口上的这种城市特色，在唐代已经见于扬州，到宋代为真州所取代。学者曾经指出，扬州经过唐末战争破坏以后，到了宋代，即使政治、社会已经恢复安定，仍然无法重现过往盛时的繁荣，基本的原因就在于真州的崛起，取代了过去唐代扬州的各种经济功能（注一）。而在真州所取代的扬州各种经济功能中，最重要的就是物资转运。不过宋代真州的盛况，未必能及唐代的扬州，而宋代扬州的经济地位亦非完全无足轻重。唐代扬州所以繁荣，重要因素之一是胡商的聚集，国家政策的改变使得宋代的真州缺乏这项因素。

即使如此，由于宋代东南地区在经济上所扮演的角色较唐代更为重要，真州作为一处转运城市的经济地位却也更加不容忽视。

真州在扬州西南，比起扬州更加毗邻长江。这里在唐代原是扬州扬子县的白沙镇，唐代宗时，刘晏（七一六～七八〇）推行食盐专卖，设置十三所巡院负责食盐的收纳、榷卖及禁捕私盐，其中两所在扬州、白沙；这两处巡院后来可能废除，改设专营收纳、榷卖的纳榷场，到唐穆宗时又恢复设置（注二）。五代十国时期，吴改称白沙镇为迎銮镇，南唐又改称扬子县为永贞县（注三）。宋太祖乾德二年（九六四）于迎銮镇置建安军，宋太宗雍熙二年（九八五）以扬州永贞县来属，至道二年（九九六）又以扬州六合县来属，可以说是分割了扬州部分疆域而设立。真宗大中祥符六年（一〇一三）以在建安军铸玉皇、圣祖、太祖、太宗圣像成功，升为真州，特于此地建仪真观，这是后来宋徽宗政和七年（一一一七）赐真州郡名为仪真的由来，永贞县也在大中祥符六年复称扬子县。此后至南宋晚期，真州始终领扬子、六合二县，治所在扬子（注四）。由于运河穿过扬子县自长江通往扬州，一方面可以西连长江中上游各路，另一方面可以往北联系汴京，所以与真州转运地位关系密切的是州治扬子县。

作为一处转运城市，真州所扮演的角色在南北宋之际曾有所转变。北宋时期，主要的功能是联系南北，南方丰盛的物资从各地集中于此，经由连贯南北的运河，转运到北方，供应以首都开封为主的政治中心的需要；联系南方东、西之间的转运功能虽然存在，但为南北之间的转运功能所掩盖。南宋时期，由于北方已是金国领土，运河只有淮河以南的河段在南宋的境内，真州作为转运城市所发挥的功能，便以东、西之间的联系为首要，淮南沿海的盐产，聚集于真州，转运至长江流域内陆各地。而这个从南北到东西转运地位的转变，同时也导致真州在长江沿岸港市中转运地位的转变。本文的目的，便在于以具体史实阐述这一个转变的过程，兼及宋代真州内外情势环境的变化。

二、北宋真州南北转运的优势

（一）茶货的北运

如前所述，唐代的扬州白沙镇曾先后设置与政府管控食盐专卖有关的巡院或纳榷场，可见这里已经是一处经济要地，有商人出入。宋太祖建国之后的第五年，也就是乾德二年（九六四），这时南方尚未完全收入版图，在白沙镇改名的迎銮镇设置建安军，成为与州同级的地方行政区，与南唐的疆土隔长江为邻。就在同年，宋先是在江北设置折博务，禁商旅过江到南唐境内贸易；接着又在京师、建安、汉阳、蕲口设置榷场榷茶，四处榷场又称榷署，又有榷货务之称（注五）。除京师外，其他三处榷场均在江北沿岸，而建安军为其中之一。于沿江置场榷茶是沿袭后周与江南通市的制度（注六），由政府垄断江南茶的输入国内，禁止商人渡江购茶，官员私自派人到江浙贸易者则没收其货品。按照规定，商人必须先到京师入纳金帛，再执官府发给的茶引赴沿江领茶（注七）。因此，建安军在宋初刚一设置，就成为江南茶货转输江北的一处中心，并且可能由江北再运到不产茶的华北，或运至边境与国外交易（注八），此地也因而成为商货积聚和商人出入的处所。由于宋初沿袭后周与江南通市的制度，这种情况可能从后周世宗显德五年（九五八）并吞南唐淮南之地以后就已存在。宋初于此地设置建安军，实有缘由。

建安军成为商人出入与商货聚积的处所，具体见于开宝三年（九七〇）朝廷迁移建安军榷货务于扬州的诏令。原本商人入纳金帛必须到京师，建安军榷货务迁至扬州后，商人可以在扬州入纳，再到建安军领取茶货或其他商品。诏书颁于这年八月：

> 诏建安军榷货务应博易，自今客旅将到金银钱物等折博茶货及诸般物色，并止于扬州纳下，给付客旅博买色件凭由，令就建安军请领。令监榷务职方郎中边珝赴扬州，与本州同共于城内起置榷货务，其同监殿直郑光表即止在建安军监当管勾务货，兼权知军务事。每有客旅折博，据数仰边珝出给凭由，给付客旅，将赴建安军请领。仍仰郑光表见本务公凭验认验认（按：后“验认”两字当衍）色数，便仰逐旋支给，不得邀难停滞商旅。（注九）

按，徙建安军榷货务至扬州之议即出自边珝（九二一～九八三）（注一〇）。从诏令可以看出，榷货务虽然迁至扬州，但务货仍然贮留于建安军，所以商人要到建安军请领。这项新措施减少了商人远赴京师入纳的不便，他们就近在毗邻建安军的扬州入纳，路程和花费都为之减省。这年江南仍未收入宋的版图，所以商人来此折博的茶货仍非宋本国的产品。从诏令也可以看出，商人在此折博的商品不仅是茶货，还有其他“诸般物色”，这些“诸般物色”应也来自江南。而郑光表以同监榷货务事而兼权知军务事，可见博易江南商货是这时建安军最重要的一项行政事务。

随着情势的演变，建安军作为一处茶货转运中心的地位逐渐稳固。乾德二年、三年（九六四～九六五），茶的专卖扩大到宋朝境内的淮南产茶区，在淮西陆续设置十三山场受纳并销售茶货（注一一）。太平兴国二年、三年间（九七七～九七八），由于南唐已先在开宝八年（九七五）归降，吴越和统治漳、泉二州的陈洪进也在太平兴国三年纳土，南方全部收入版图，宋朝实施茶的全面禁榷。全面禁榷之后，陆续设置建安军、汉阳、蕲口、江陵府、复州、襄州、无为军、海州八榷货务，其中建安军、汉阳、蕲口三务原已设置。淳化四年（九九三）曾因官员建议而废除，旋即复置襄州、复州以外的六务（注一二）。包括建安军在内的六榷货务、十三山场，受纳官府从外地或本地收购运来的茶货，再出售给商人运销。马端临《文献通考·征榷考》载鬻茶之法：

> 凡民鬻茶者皆售于官，其以给日用者谓之食茶，出境则给券。商贾之欲贸易者，入钱若金帛京师榷货务，以射六务十三场茶，给券随所射予之，谓之交引。愿就东南入钱若金帛者，计直予茶如京师。凡茶入官以轻估，其出以重估，县官之利甚博，而商贾转致于西北，以致散于夷狄，其利又特厚。（注一三）

所谓“就东南入钱若金帛”，当指至扬州折博务入纳（注一四），应是开宝三年自建安军移设于扬州的榷货务在此之前已迁回原处（注一五），而扬州仍设有接受商人入纳的机构，但改称折博务。至于真州榷货务，在复设之后应亦可接受入中，至少在宋仁宗天圣元年（一〇二三）前后的一段时间是如此（注一六）。《文献通考》所述鬻茶之法，即入中法，在实施期间，内容略有演变。除入纳现钱、金银、绵帛于京师或扬州之外，陆续又让商人入纳粮粟于京师或边郡；偿还给商人者除茶外，又先后曾同时给盐、香药、犀角、象牙等物或现钱，而茶始终为其中之一。除淳化四年（九九三）二月至七月间曾一度短暂废除榷货务外，直至嘉祐四年（一〇五九），停废茶榷，实施自由通商，政府才不透过榷货务或山场控制茶的买卖（注一七）。因此，在嘉祐四年以前的大部分时间里，均由榷货务及山场收纳及出售茶货。

官府在福建、两浙、江东西、湖南北各路产茶州军收购到的茶，以茶纲输运至各榷货务，以供出售（注一八）。建安军（真州）所收受及出售的，是来自建州、潭州、宣州、岳州、兴国军、广德军、南康军、洪州、饶州、歙州、池州、袁州、临江军、吉州、江州、抚州、筠州等处的片茶或散茶。（注一九）至道二年（九九六），江淮发运使杨允恭（九四四～一〇〇〇）“相度到自湖南至建安水陆诸茶盐利害，并进呈沿江地图”（注二〇）。就茶的方面来讲，这件事说明了长江中下游各路是供应建安军茶货的腹地，而建安军则以其位于长江和运河交口的地理位置，连接起这一个南方广大的腹地和华北的市场，而京师汴京尤其是一个大消费中心，销往华北其他地方的茶货也有很多是先运到汴京再输往各地（注二一）。于是有各路的茶纲押运人员、茶船、茶货，以及来自外地的茶商，汇聚到建安军（真州）来，茶商向榷货务购茶之后，再运销到主要是包括汴京在内的华北市场，使得这里成为一处官吏、商人、船舶、船夫和商货出入的交通枢纽。除了商人来此购运茶货之外，政府也在真州设有转般茶仓，应是用来贮放购自福建的建州、准备纲运到汴京的官茶（注二二）。

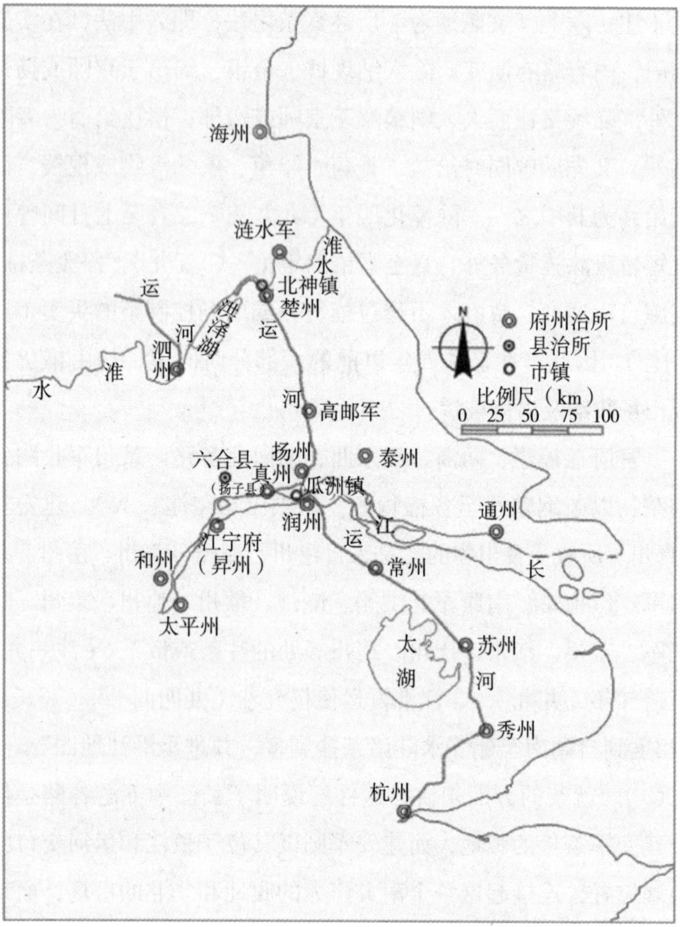

附图一：北宋真州（建安军）地理形势

不仅建安军（真州）榷货务所收受的茶货会从真州经由运河北运，湖北、淮西若干榷货务、山场所收受的茶货，也会取道真州经由运河北运，在大中祥符年间（一〇〇八～一〇一六）以后尤为常见。天圣七年（一〇二九）正月淮南江浙荆湖制置发运司言：

真、楚州、高邮军状，客人执在京等货务公凭，并无为军榷货务文帖，筭买茶货，借路不（按："不"后当缺"纳"字）泗、真、杨（按："杨"当作"扬"，后文所引"杨"州均迳改为"扬"州）等州税钱，入汴上京，亏却逐务课利。勘会客人筭买山场、榷务茶货，元无借条。始因大中祥符中，客人买贩蕲口、洗马、石桥、太湖茶货到芦（按："芦"当作"庐"）州，泥水阻滞车牛，权令转江船般，借路取真、扬、高邮军、楚、泗州经过，只纳旧路庐、寿等州一路税钱，后来客人援例借汴路上京。乞下三司定夺，或于真、扬州、高邮军、楚河、宿州、亳州、永城、南京税务合收税钱，减放钱数，令客人正纳经过场务税钱，更不立借路名目。（注二三）

上述设榷货务的无为军、蕲口及各山场均在淮西，蕲口榷货务、洗马场、石桥场在蕲州，太湖场在舒州，这些州军均在长江沿岸。照淮南江浙荆湖制置发运司的说法，原本商人买贩这处务场的茶货，运至京师，依规定应从淮西走陆路，以车牛运输；可是在大中祥符年间，由于所经庐州路途泥泞难走，而以借路的名义，用舟船运载，顺长江而下，取道运河，经真州、扬州、高邮军、泗州，入汴河至京师，而只纳旧路庐、寿等州税钱。这是在天禧五年（一〇二一）获得朝廷允许的办法（注二四）。后来商人以京师或无为军榷货务的文件请买茶货，也以借路为名，走长江、运河、汴河的水路到京师。这样一来，导致运河沿路的商税务失收商税。制置发运司建议以后不可以再用借路的名义，而按规定缴纳路过税务的税钱，但是略为减放，请求三司考虑是否可行。三司对这项建议作回复，获得朝廷的接受：

欲乞自今客人贩卖蕲口、太湖、洗马、石桥、无为军五处场务茶货，如取西路庐、寿、正阳等州军上京，并令依旧送纳本路税钱；或若水路船般转江下来，取东路真、扬州、高邮军、楚、泗州、宿、亳州、南京经过上京者，依贩卖汉阳榷务等处茶例，并依经过去处，正收钱税，更不立借路名目，依元日限，于在京榷货务送纳。（注二五）

按正阳应为颍州颍上县的正阳镇（注二六）。依照三司的回复，此后商人运贩蕲口、无为军榷货务及太湖、洗马、石桥场的茶货，如经淮西本路入京西路至汴京，仍收本路商税；但若走长江水路转航运河经过真州等城市至汴京，则不可以再用借路名义，必须向所经税务缴纳商税。值得注意的是，三司说这是"依贩卖汉阳榷务等处茶例"，既说"等处"，则不只是汉阳军榷货务一处的茶货，位于湖北的汉阳军、江陵府两处榷货务的茶货，可能在这之前，已有顺长江而下至真州，转入运河北贩的情形。在这样的情况下，因为贩茶而凑集到真州的商人和商船也就更多。嘉祐六年（一〇六一），六榷货务受纳茶额 5,736,786 斤半，真州就占了 2,856,206 斤，几乎要占一半；另十三场受纳茶额 4,796,961 斤，与六榷货务合计为一千零五十三万斤有余，真州受纳茶额也超过了两者合计的四分之一；再加上改道运至真州北行的蕲口、无为军、汉阳军、江陵府三榷货务及太湖、洗马、石桥三场的茶货，汇聚于真州的茶货可以达到七百零九万斤有余，约占各场务受茶额的十分之七（注二七）。除茶货外，茶船又会顺便装载其他商货运销（注二八），就有更多长江流域的产品经由真州转运至华北。

东南茶产区的茶法自嘉祐四年以后改行自由通商，直到宋徽宗崇宁二年（一一〇三）才又改回征榷。不过新的榷法已不由设在淮南、湖北的六榷货务、十三场售茶，而由商人向官府在产茶州县所设的茶场购买，其后又改为商人在官府的管控下直接和茶园户交易（注二九）。然而前述嘉祐四年以前，商人运输淮西、湖北务场的茶货往汴京，不走原本的旧路，而要改走运河，已经说明真州由于连接长江和运河，有水运的方便，是商旅所乐经之处。即使不再设榷货务，也应该有很多来自各地的茶商在此出入。除此之外，官府仍然继续从建州购茶运至京师（注三〇），建州北苑又是最重要的贡茶地（注三一），在输运途中无疑都会路经真州，也因此真州依旧有官茶和押运人员进出。

（二）盐货西运与上供北运的关连

前文述及至道二年（九九六）时，江淮发运使杨允恭“相度到自湖南至建安水陆诸茶盐利害，并进呈沿江地图”，可见建安军不仅是一处茶货的转运中心，也是盐货的转运中心。不过盐货从建安军转运的方向，却与茶货不同，主要是将淮东沿海所产的食盐，自东往西运往长江中游各路。淮东沿海的通州、泰州、楚州都有盐场，所产食盐先集中到真州，再运往长江及其支流可通的淮东西、江东西、湖南北、两浙、京西各路，四川各路则由于产井盐，并不需要海盐的供应。在至道二年之前近二十年的太平兴国二年（九七七），约略和实施全面榷茶同时，朝廷也依三司之请颁布了盐榷的禁令，这时建安军已是长江流域各路盐货的转运中心。三司言：

淮南诸旧禁法，卖盐处斤为钱四十。内庐、舒、蕲、黄、和州、汉阳军，去建安水路稍远，斤为钱五十；襄州等十四处旧颗盐通商，今并禁止，每斤钱五十足陌，令襄州都大于建安军般请，其邓、唐、房、随、均、金等州及光化军转于襄州请；又安州都大于建安军请，其顺阳军转于安州请；复、郢二州各于建安军请；……江南十五州并于建安军请，内昇、润、常、宣、池州、平南、江阴、宁远军去建安军稍近，依江北诸军例斤为钱四十，江、洪、筠、鄂、抚、饶、袁台（按："台"字疑为"去"字之误）建安军稍远，斤为钱五十。（注三二）

按顺阳军疑为信阳军之误（注三三），平南军即太平州（注三四），宁远军应在长江沿岸，地近江阴军，为南唐时期的地名（注三五）。三司所举于建安军搬运盐货诸州，除在长江南北诸路者外，又包括在京西南路的襄、邓、唐、房、均、金等州和光化军，以及在京西北路的信阳军。这几处州军原以通商制销颗盐（注三六），现在改为以官搬官鬻制销淮南盐。襄州可以由长江支流汉水上溯而至，搬运自建安军的淮南盐先运到此地，再转运京西南路各州军；京西北路的信阳军与荆湖北路的安州毗邻，所以从安州搬取运自建安军的淮盐。此后销盐地区应有变化，据《宋史·食货志》所载，通、泰、楚三州所产盐：

各给本州及淮南之庐、和、舒、蕲、黄州、无为军，江南之江宁府、宣、洪、袁、吉、筠、江、池、太平、饶、信、歙、抚州、广德、临江军，两浙之常、润、湖、睦州，荆湖之江陵府、安、复、潭、鼎、岳、鄂、衡、永州、汉阳军。（注三七）

据此，京西路州军已不在内。淮南东路海州、涟水军也有盐场，所产盐供应本州军及京东、淮南、两浙若干州军之需。但是通、泰、楚三州所产盐运至设在真州的转般仓，而海州、涟水军所产盐则运至设在涟水军的转般仓（注三八）。

在崇宁三年（一一〇四）东南盐全面改行钞法之前，淮南盐的运销主要实施官搬官鬻，但也在某种程度之内实施与入中法结合的通商。商人入中于京师或边郡，换取交引赴江、淮请盐货卖（注三九）；除入中于京师或边郡外，也可以入中于扬州折博务（注四〇）。真州在这项办法下仍然是淮南盐的转运中心，嘉祐二年（一〇五七）三司所言“商旅于榷货务入见钱算东南盐，岁课四百万缗，诸路般运不足，而课益亏，请选官置司以主之”（注四一），而设江淮南荆湖制置司勾当运盐公事一员。江淮南荆湖制置司即江淮等路发运兼制置茶盐司，本司在真州（注四二）。崇宁三年以后，东南盐全面推行钞盐法，是食盐榷卖下的通商制，虽然这时商人在榷货务购钞后直接到淮南沿海的盐场或州仓取盐（注四三），但是真州以其位于长江中下游各路出入淮南东路之口的位置，应仍是盐商必经之地。东南盐全面推行钞法后不久，实施贴纳、对带、循环等法，一再抬高购钞价格，盐商必须贴钱更换盐钞，才能领取盐货（注四四），“新钞出则旧钞弃不用，一时豪商大贾索然为流丐，至有赴水火而死者”。当时章綡担任提点淮南刑狱权扬州事，兼领盐事，巡行至真州，“王中立而下四十人遮道泣诉，公按所持钞为钱以千计凡三十万”（注四五），可见真州仍为盐商聚集之地。因此，就如茶的转运所发挥的作用一样，盐的转运也使得真州成为官吏、商人、船舶、运载人员和盐货汇聚、出入之所。

淮南盐虽然也销售于淮东本路及两浙，但最大的销售腹地是长江中游两侧的江东西、淮西、湖南北等路，运销的方向是由东而西，和茶的运销方向由南而北不同。但是对当时人来讲，在官搬官鬻制下，自真州由东而西贩运的海盐，是作为东南各路上供米粮运至真州的回货，而东南各路米粮则在运至真州聚集之后，再经由运河北运至京师。也就是说，由东而西的盐运，只不过从属于由南而北的上供。吕祖谦《历代制度详说》论盐法：

宋朝就海论之，惟是淮盐最资国用。方国初钞盐未行，是时建安军置盐仓，乃今真州，发运在真州。是时李沆为发运使，运米转入其仓，空船回皆载盐，散于江浙湖广，诸路各得盐资船运而民力宽。（注四六）

认为以淮南盐作东南上供粮船的回货始于李沆（九四七～一〇〇四）任发运使时，《文献通考》也引录吕祖谦的说法（注四七）。由于李沆担任发运使一事不见于史籍，所以学者怀疑应是李溥之误（注四八）。但是李溥担任发运使已在宋真宗时代（注四九），而以淮南盐作东南各路上供米粮运至真州之后的回货，却早从宋太宗太平兴国年间就已如此。太平兴国九年（即雍熙元年，九八四）十月盐铁使王明言：

江南诸州，载米至建安军，以回船般盐至逐州出卖。（注五〇）

此事应已行于王明上言之前。此后，宋太宗于至道二年（九九六）的诏书中也如此说。这年八月诏：

京湖般粮赴真州（按：应是建安军，此时尚未更名真州）等处卸纳回脚千料船，或装盐回，并依例破十分人力，空船即破八分，如千料以下船，并依此比附分数。（注五一）

可见到宋真宗即位之前，仍然如此，此事显然并非始于李溥任发运使时。明代申嘉瑞《隆庆仪真县志》载李沆于大中祥符（一〇〇八～一〇一六）末任发运使，施行此事，则更不可靠，因为李沆于景德元年（一〇〇四）已经去世（注五二）。总之，东南各路上供粮船至建安军回运盐货，应在太平兴国二、三年（九七七～九七八）将南方完全收入版图之后不久就已开始实施。

上供物资并不仅止于米粮，还有其他各项物品和钱币，这些物资的上供，是政府一项十分重要的运输任务。由于宋代的生产重心在东南，而政治重心则在以京师开封为中心的华北，边防要地则在河北、河东和陕西的沿边，政治重心和边防要地所消费的大量物资，需要南方来供应。尤其是开封不仅有众多的政府人员，大量军队也集中驻守于此，轮番出戍各地，消费物资甚巨。而连接长江流域和汴京的运河，则是自南而北输送物资的要道（注五三）。建安军在物资上供过程中居于转运枢纽的地理位置，自宋初以来也已见于当时人的言论。端拱二年（九八九）国子博士李觉言：

> 今王者之都，万众所聚，导河渠，达淮海，贯江湖，岁运五百万斛以资国费。……况夫西抵三峡，南极荆湖，包举江吴，旁达浙右，历风涛之险，踰岁月之期，始达建安军，历楚、泗，泝汴流，以达于京师，其没溺耗损亦已多矣。（注五四）

清楚地描述了上供米粮从长江流域各路运抵建安军，再由建安军泝运河运抵京师的艰辛过程。南宋初年官员追溯北宋旧制，也如此说。绍兴二年（一一三二）臣僚言：

> 臣常考国朝旧制，江、淮、两浙、荆湖南北路，每岁租籴运至真、扬、楚、泗州，置转般仓纳，泝流漕运入于中都，于是命发运使领之。（注五五）

真、扬、楚、泗州均在运河沿线，而自长江转入运河首先抵达的就是真州。即使到北宋末年，运河漕运已完全不用转般法，改行直达法，高州防御使李琮仍然说："真州系外江纲运会集要口"（注五六）。由于政府物资转运的重要性，所以特别设置发运使来管领，如前所言，发运使本司即在真州。据《会要》引《墨庄漫录》所述发运使：

> 淳化四年始建官焉，陆路转输于京师者至六百二十万石，通、泰、楚、海四州煮海之盐以供陆路者三百二十余万石。复运陆路之钱以供中都者常不下五六十万贯。淳化四年额上供米六百二十万石，内四百八十五万石赴阙，一百三十五万赴南京畿送纳。（注五七）

《会要》所引文字，摘录自撰于南宋时期的张邦基《墨庄漫录》卷四，而较简明。据原书，淳化四年初设时官称为"都大管勾江南诸州纲船搬运盐粮钱帛茶货"，次年才立制置发运使额，首任即是前文曾述及的杨允恭。从淳化四年（九九三）初设时的官称，可以了解此一职位所主管的转运业务，广含米粮、淮南盐、钱、帛和茶货等物资。

自南而北运送的各种上供物资和自东而西运送的淮南盐货，可以从运量上的比较来了解其地位的轻重。《会要》引《墨庄漫录》文中的"陆路"，指淮南、江东、江西、湖南、湖北、两浙六路，这六路的米粮上供和食盐回运在张邦基的记述中也连结在一起。六百二十万石的上供米额按原书之意并非说是淳化四年额，而是后来“至”此一数额。由于盐三百二十余万石是北宋熙宁六年至元祐元年间（一〇七三～一〇八六）的年产额，也是北宋时期淮盐的最高年产额，宋太宗时仅七十五万石有余，宋真宗、仁宗时也只在一百四十余万石至二百一十余万之间（注五八），六百二十万石的上供米额恐怕也是熙宁、元丰时期的数额（注五九）。北宋的上供米额，从太平兴国六年（九八一）的三百万石，增加到端拱二年的五百万石，到景德四年（一〇〇七）定制为六百万石，以后常在六百万石上下，最高时曾达到七八百万石（注六〇）。除上供米外，包含东南六路、福建、广南东西、四川四路在内的南方各路，也上供数量众多的金、银、钱、帛、香药及其他物资。其中香药主要来自广东，而四川经长江、运河上供至汴京的物资则主要是布帛。钱、帛等物资的上供在北宋时期有逐渐增加的趋势，特别是钱币，自熙宁变法以后明显增加（注六一），可以推知经由运河北运的上供物资也逐渐在增加。据宣和元年（一一一九）户部尚书唐恪稽考诸路上供钱物之数统计，全国总数为15,042,414贯匹两，而南方各路的总数达到12,847,685贯匹两，约占全国总数的85%。上供物资以来自南方为主，早在康定元年（一〇四〇），富弼（一〇〇四～一〇八二）就已如此指出，朝廷“军食、币帛、茶、盐、泉货、金、铜、铅、铁，以至羽毛、胶、漆”，尽出于东南六路、福建和广南东西等九路（注六二）。东南六路的米粮上供额超过淮南盐年产额甚多，再加上其他来自南方各路的各类上供物资，为数更众，自真州西运的淮南盐不仅在运量上难以与之相比，种类也不如其多；何况还有前述东南各路所产约七百万斤的茶货，同样汇聚于真州之后，由商人经运河运往华北。

由于运河并非天然河流，而又是包括上供在内的大量东南物资输运至京师及华北的要道，因此政府对于如何维持这条交通要道的航运畅通，十分注意。长江、运河各河段的河床、水位高低不同，从宋初以来，就上承唐代裴耀卿（六八一～七四三）、刘晏的办法，实施分段运输，即宋代所称的转般法。北宋末年实施直达法之前，在运河沿线的真、扬、楚、泗州设置转般仓，南方各路的上供物资，运抵真州之后，卸货入仓，载盐返航，而上供物资则换船北运（注六三）。转般仓所以设在真、楚、泗这三州，是因为这三州是运河不同河段的起点，真州位在长江与运河淮南段的会口，楚州位在淮南运河与运河淮河段的会口，泗州位在运河淮河段与汴河段的会口；至于扬州设置转般仓，则可能由于两浙路在江南运河沿线各州的上供物资，从润州渡长江，入瓜洲运河运至扬州，要比从润州渡长江运到真州来得方便（注六四）。其中扬州转般仓的设置可能较晚，宋仁宗时人只提真、楚、泗三州的转般仓（注六五）；真、扬、楚、泗州转般仓连在一讲，较早见于宋哲宗元祐七年（一〇九二）苏轼（一〇三七～一一〇一）的上言（注六六）。政府也对从真州到泗州的运河河段，进行各种有助于航行顺畅的水利工程，如沿着运河的淮河段，另开人工运河，以取代水流湍急的淮河；兴建船闸取代堰埭，减少船只航越不同水位河段的迟滞；运用塘泊蓄水，接济运河水量的不足；修筑石堤、斗门，以预防洪水对运河河道的破坏（注六七）。此外，又不时疏浚运河的河道，以避免水浅淤塞（注六八）；甚至开辟新河道，或用以取代淤浅的旧河道，或用以避免原来长江航路的风涛之险（注六九）。其中船闸的兴建，尤其促进了运河航行在穿越不同水位河道时的便利，而且和真州密切相关，但是也开启了转般法向直达法的转变。

淮南运河和长江、淮河接口处，河床、水位高低不同（注七〇），原本解决这个问题的办法，是在真州、楚州间的运河上修筑多处堰埭，逐次提高运河水位。但是船只越过堰埭需要用人力或畜力、辘轳拖曳，又需要卸货以减轻船的重量，费时费力，也增加运输的费用。转般仓的设置，原因一方面在于船只难以同时适应长江、运河、淮河间河床、水位的差异，用吃水深浅不同的船只航行不同的河道（注七一），另一方面也为了避免船只过堰的劳烦。船闸则以闸门的启闭来调节水位，船只可以直接航行经过，克服堰埭对于航运的限制（注七二）。早在雍熙元年（九八四），已在楚州运河、淮河的接口段，兴建以双斗门构成的潮闸，引潮水暂时提高水位，取代原有的西河堰。天圣四年（一〇二六），又在真州和楚州运河口兴建复闸，取代真州江口堰和楚州北神堰。真州复闸留存稍多的史料，可供了解其构造（注七三）。新建的复闸有内外两道闸门，两道闸门之间构成闸室，另有蓄水的水澳用以调节水量，当一端的闸门打开，船只随奔流的潮水驶入，在闸室里等候，然后另一端的闸门打开，船只随着水位逐渐上升而比较平稳水流驶出闸室，进入运河或江流。《梦溪笔谈》述真州复闸兴建之后的影响：

岁省冗卒五百人、杂费百二十五万。运舟旧法，舟载米不过三百石，闸成，始为四百石船。其后所载浸多，官船至七百石，私船受米八百余囊，囊二石。自后北神、召伯、龙舟、茱萸诸埭，相次废革，至今为利。（注七四）

可见不仅节省了数量颇多的人力与经费，船只的装载量也为之大增，官船、私船同蒙其利，此后其他堰埭随之接续废改为水闸。除了真、楚州间运河段上一些堰埭接续废改外（注七五），自元祐四年（一〇八九）以后，江南运河在润州、常州的吕城、京口、犇牛等堰，与润州隔长江相对的扬州瓜洲堰，也都陆续改而置闸（注七六）。这几处堰埭改建水闸，恰与浙西上供物资改运至扬州转般仓送纳，在时间上相呼应。

另一个重要的影响，是开启了纲运从转般法向直达法的转变。崇宁三年（一一〇四）九月，户部尚书曾孝宽建议东南六路漕粮北运实施直达法，述及此法已曾在部分上供物资的运送中实施：

> 东南六路岁漕六百万硕输京师，往年南自真州江岸，北至楚州淮堤，以堰潴水，不通重船，般剥劳费，遂于堰旁置转般仓，受逐州所输，更用运河般载之人，自汴以达京师。虽免推舟过堰之劳，然侵盗之弊由此而起。天圣中，发运使方仲荀奏请，废真、楚州堰为水闸，自是东南金帛茶布之类直至京师，惟六路上供犹循用转般法。（注七七）

所谓“六路上供犹循用转般法”，是指上供米粮；至于金帛茶布等重量较轻的上供物资，据曾孝宽的说法，自从真、楚二州的水闸兴建之后，已由纲运船只自长江经运河直接运至汴京。所以能够如此，自然和复闸的使用增加了航行的方便有关。在长江船只驶入运河航行的同时，汴河船也有自运河驶入长江航行的情形，从东南各路直接运粮到汴京。原本“淮、汴舳舻，不涉江路”（注七八），可是后来这个规矩破坏，嘉祐三年由于发运使许元的上言而下诏禁止；但是这种情势已经无法抑制，宋英宗治平三年（一〇六六）又下诏准许汴河粮船代江东西路运粮，而以七十纲为限。然而这一个限额，到后来也被打破

（注七九）。到了崇宁三年，东南盐全面实施钞盐法，商人在向政府购买盐钞之后，直接到沿海产盐州郡的仓、场取盐，官府自身不再运销盐货，运纳上供物资的船只也就不必承担自真州运盐回航的任务，于是在同一年，东南六路上供物资的运输从转般法改为直达法。直达法由于船只出入船闸过于频繁，导致闸门启闭无节，引起很多批评，也有人建议恢复转般法，但大体上直达法一直施行到北宋灭亡。

无论转般法或直达法，官船或是官府所雇的民船（注八〇），都必须在真州停留。在转般法下，东南各路运送上供物资的官船，到了真州必须停泊卸货入转般仓，再从盐仓搬货入船；淮、汴船则必须在真州停泊，从转般仓搬上供物资入船。在直达法下，发运司负责直达纲运的机构仍然置司于真州（注八一）；而且船只在真州虽然不必装卸货，但是船闸的启闭按照规制有固定的时间，宋徽宗时，曾孝蕴任发运使，据稍晚向子諲的说法，对于闸门“严三日一启之置（按：“置”应为“制”之误）”（注八二），船只也必须停留等待开闸，才能通过。卸货、装货固然增加了真州口岸的繁忙，船只的停留也使得押纲、行船等人员利用空隙上岸活动。除来自东南各路的漕船外，发运司用在运河上的漕船常备有六千艘，每年自春天至秋天十月来回运三四趟（注八三），行船的稍工、水手可以达到每船三四十人（注八四），再加上押纲的政府人员，即使并非所有漕船都从真州出发，因转运上供物资至汴京而出入于真州的人数众多，也可想而知。

（三）其他商货的南、北运与南北行旅的路径

除了茶、盐等专卖商品和各类上供物资，还有其他商品运经真州。自宋初以来，航行于长江、运河的漕船，往

往揽载商货，运往京师销售。朝廷允许兵卒携带少量货物，用来补贴他们的收入，但是如果纲船私带商货达四百斤以上，就有重刑。由于附载的商货可以免纳商税，在嘉祐年间（一〇五六～一〇六三），行船人员已常贿赂押纲官吏，将船开往富饶州郡，买贱卖贵，运往京师。以后虽屡曾严行稽察点检，却都未能持久。北宋晚期，法令规定允许每船可以附载一分私物，政和三年（一一一三）又增为二分。如果每船装米二四〇石，即可外附私物六十石，要占米粮重量的四分之一，比起北宋前期仅能携带少量货物的规定来讲，大为放宽。尽管已经如此宽松，仍有押纲人员自买装载量远高出运粮纲船的船只，增添船数，名为装载官物，实则揽载私货（注八五）。发运司在宣和五年（一一二三）制定诸路粮船违程日限，即起因于“江湖路装粮重船，多是在路买卖，违程住滞”（注八六）。元祐年间，朝廷对纲运人员实施仓法，严加点检，纲船附载的商货均须缴纳商税，苏轼于元祐七年（一〇九二）知扬州的任上，上疏反对，他指出：

> 扬州税务自元祐三年十月，始行点检收税，至六年终，凡三年间，共收粮纲税钱四千七百余贯，折长补短，每岁不过收税钱一千六百贯耳。以淮南一路言之，真、扬、高邮、楚、泗、宿六州军所得，不过万缗。而所在税务专栏，因金部、转运司许令点检，缘此为奸，邀难乞取，十倍于官。遂致纲梢皆穷困骨立；亦无复富商大贾，肯以物货委令搭载。以此专仰攘取官米，无复限量，折卖舡版，动使净尽，事败入狱，以命偿官。（注八七）

苏轼提出反对严加点检的理由，其中之一是所收到的商税数量其实不多。他以扬州商税务在实施点检纲船之后增加的税收，推估淮南路运河沿线的真州、扬州、高邮军、楚州、泗州、宿州六州军一年总共增加的商税，不过是一万贯。《会要》载有熙宁十年（一〇七七）全国各商税务的税额，这六州军在城的商税，总数是288,153贯（注八八）。宋代的商税分过税与住税，运载商品路过税务，所纳主要应是过税。这份商税数额资料中没有划分两类税收，增加的税收约占住税、过税总和的4%，如果仅以六州军的过税总和来比较，所占的比例就更高。在严加检点而富商大贾不肯附搭物货于纲船的情况之下，仍有如此的比例，则在此之前，纲船揽载商货之多，可以想见。从苏轼所讲的"亦无复富商大贾，肯以物货委令搭载"，又可以了解，纲船的揽载不仅止于小本生意，而是有富商大贾参与的活动。除了东南各地的商货经纲船揽载至京师之外，京师的商货也有可能在纲船回航时揽载运至东南各地（注八九）。

不仅纲船会附载商货，随着上供物资一起经运河而抵汴京，民间的商船也运江淮产品经运河前往京师，供应京师巨量的消费。前引《梦溪笔谈》说，自从真州水闸兴建之后，航行运河的船只装载量增加，"官船至七百石，私船受米八百余囊，囊二石"，文中所谓的"私船"，应指商人运米粮前往汴京入中或销售的粮船；元祐四年（一〇八九），梁焘（一〇三四～一〇九七）在建议恢复汴口的上疏中，认为如此则既可"便东南漕运以蠲重载留滞之弊"，又可"通东南八路商贾大舶以供京师之饶"（注九〇）。除米粮、茶叶之外，汴京市场上销售的各种商品，如水产、水果、丝麻织品、书籍、书画、竹木、文房用品、生活用具等，还有一些奢侈品，不少都来自南方（注九一）。来自南方各地的商品，经运河运往汴京，多需要先运到真州。张耒（一〇五四～一一一四）《明道杂志》

述北宋晚期的商人，到荆湖北路西南部的辰州、荆湖南路西部的邵州和南部的郴州、广南东路西北部的连州，购买山中木材，然后从水路运往真州销售：

黄州牌税最重。所谓牌者，皆大木版，每四片为一副，盖一棺之用也。其贩皆自湖南郴、连、辰、邵等州，其山多大木，山中人售版，直甚贱，又多以缯帛、鱼鲊、牛肉等相易，而至真州货之，获厚利；故虽重征，商人不惮也。（注九二）

这是张耒贬谪在长江北岸淮西黄州时的见闻。商人如此不避长途跋涉、承担重税，实因抵达真州之后，出售木材可获厚利；应有其他商人在此收购，再运到包括汴京在内的其他地方出售。《续资治通鉴长编》载元丰三年（一〇八〇）事：

都提举汴河堤岸司乞禁商人以竹木为牌筏，入汴贩易。从之。（注九三）

这些编为牌筏的竹木，由汴河运入汴京出售，显然是自淮南运河北上。所以禁止，是由于在前一年，政府在泗州设有堆垛场，商货从淮南运河运到泗州，就必须卸入堆垛场，再改由导洛通汴司的官船运到汴京，而由商人交船脚钱给政府（注九四）。真州江口设有抽税竹木务，此一机构始于何时不得而知，但在政和三年（一一一三），原本低阶武职也可以担任的正监官，获准由淮南转运司于文臣内奏举知县令或职官资序人一次（注九五），可见此时所受到的重视；而此机构的存在，也说明从各地运到真州的竹、木，数量应该很大，成为政府的重要税源。

外地商人运到真州的竹木，除了可能有其他商人收购之外，政府也在收购。政和二年（一一一二）十月下了这样一道诏令：

> 发运司将应缘东南收买材植物料等合用价钱，并仰依元降指挥划刷官卖盐增添钱内支拨应副，其借拨盐本钱指挥，更不施行。所有真州缘今来买木等已借支过盐本钱，即仰发运司管下诸州军划刷卖盐增添钱物，却行拨还，其盐本钱今后不许官司申请借拨支兑。（注九六）

从这道诏令可以得知，原本真州买木向发运司借支盐本钱为经费，如今改支卖盐增添钱。买木所以在真州，应与真州以其地理位置成为竹木集散市场有关；而这件事情由发运司来管，则显示所收购的木材会由运河运往汴京。宋徽宗、蔡京君臣以崇尚道教之名，在京师大兴土木，特别是从政和三年以后，大肆兴建殿亭园囿宫观（注九七），要用到大量木料。政和二、三年间，真州收购木材及真州江口抽税竹木务正监官用人方式的改变，其缘由即可能在此。

作为一处水运要津，真州不只是各类商品和上供物资的转运中心，除了商人、押纲和行船人员之外，还有许多官员及其他行旅，路经真州再转往其他地方。沈括（一〇三一～一〇九五）撰《开封府推官金部员外郎刘志铭》，述卒于庆历八年（一〇四八）的刘黄中知真州时事：

> 郡居四方之会，宾客之至者相衔于道。向之为州者一切皆尽其欢，迎劳承称，以毁誉为轻重。及公至是，则悉力于州事，往还宴见，宾主才足以交欢成礼而已，人亦莫得以议，而州以治闻。（注九八）

由于地处交通冲要，所以宾客来往不绝，知州为之劳于接待，这些知州的宾客，自然都是路经此地的士大夫。和刘黄中接待宾客只是“足以交欢成礼而已”成为相对比的，是在皇祐年间（一〇四九～一〇五三）担任发运使的许元（注九九），史称他在真州治所，待人势利，“衣冠之求官舟者日数十辈，元视势家贵族，立榷巨舰与之；即小官惸独，伺候岁月，有不能得”（注一〇〇）。态度虽有不同，但同样反映了路经此地的士大夫之多，而“衣冠之求官舟者日数十辈”，正是刘黄中知真州时所面对“宾客之至者相衔于道”的具体说明。许元又和发运司同僚在真州辟设东园，欧阳修作于皇祐三年（一〇五一）的《真州东园记》，述许元所说东园辟设及求欧阳修撰记文的缘由：

> 真，天下之冲也。四方之宾客往来者，吾与之共乐于此，岂独私吾三人者哉，然而池台日益以新，草树日益以茂，四方之士无日而不来，而吾三人者有时而皆去也，岂不眷眷于是哉，不为之记，则后孰知其自吾三人者始也。（注一〇一）

所谓“吾三人”，除许元之外，还包括另一发运使施昌言和发运司判官马遵（注一〇二）。这所东园，用以招待“四方之宾客往来者”，而“四方之士无日而不来”如此频繁，实由于真州是“天下之冲”。又沈括撰于嘉祐八年（一〇六三）的《扬州重修平山堂记》：

> 扬州常节制淮南十一郡之地，自淮南之西，大江之东南，至五岭、蜀汉十一路百州之迁徙贸易之人，往还皆出其下，舟车南北，日夜灌输京师者，居天下十之七。虽选

帅常用重人，而四方宾客之至者，语言面目不相谁何，终日还坐满堂。（注一〇三）

由于“自淮南之西，大江之东南，至五岭、蜀汉十一路百州之迁徙贸易之人”，路经扬州，无非是航行运河往还于京师，所以说“舟车南北，日夜灌输京师者，居天下十之七”。这段话虽然在讲扬州，可是要到扬州，大多必须或先或后经过真州，而“四方宾客之至者”的情形应也相同。以上所引都是概括性的说法，士大夫或各色人等路经真州的具体例子，如宋太宗时，蜀人银匠龚美偕后来成为宋真宗皇后的刘氏取道长江往汴京，便经过真州（注一〇四）；宋仁宗景祐三年（一〇三六），欧阳修自京师贬往湖北的夷陵，则从运河南下，过真州再转入长江西航（注一〇五）；建中靖国元年（一一〇一），苏轼因获赦，自岭南越大庾岭北归，决计至浙西的常州居住，行程是取道赣江北行，折入长江东航，至真州停留十余日，再渡江入江南运河至常州（注一〇六）。这三例中，龚美、刘氏和欧阳修两例的行程均须航经联系南北的运河。北宋的士大夫，如欧阳修、苏轼、黄庭坚、王安石、朱长文、梅尧臣、刘敞、张耒、张舜民、彭汝砺、孔平仲、刘弇、李弥逊等人，都留有路过真州的诗作，描写景物，抒发感怀（注一〇七）。他们的行程，未能一一考证，但是相信多数如同欧阳修，在经过真州之前或之后航经运河。

（四）水路转运城市的特色

在北宋时人咏写真州的诗中，可以读到刘敞《长芦崇福禅院》的“越舫吴舠倚万桡”，刘弇《秋日仪真即事十首》的“曲堤贯鱼衔万艘”，都显示了真州作为一处水路转运中心的特色，这种景象和许元任发运使时所面对的“衣冠之求官舟者日数十辈”正相呼应。只是这些贯列于真州堤岸的“万桡”“万艘”，除了官舟之外，还有民船。

伴同船只凑集的特色共同存在的，是商品、官物的集聚和转运，政府人员、商贾及其他行旅的出入，仓库、邸店的众多，水运业的发达，以及在这样的环境下产生的犯罪活动。这些景象，屡见于当时人的记述。胡宿《真州水闸记》述：

> 南踰五岭，远浮三湘，西自巴峡之津，东洎瓯闽之域。经涂咸出，列壤为雄。据会要而观来，大聚四方之俗；操奇货而游市，号为万商之渊。淳化中，始建外台，并置大使，领山海经画之重，督星火期会之严，九赋敛财，日以商乎功利；万艘衔尾，岁乃实于京师。（注一〇八）

此记作于天圣四年（一〇二六）真州水闸兴建完成之后，已经描写真州凑集了众多来自南方各地的商人，这里是他们求取利润之所；“始建外台，并置大使”指发运使司设置于此，督促一队接一队的纲船运输南方赋入至汴京。沈括在前引《开封府推官金部员外郎刘志铭》中，除了记述刘黄中知真州时如何面对来往的宾客外，也记述他如何处理这里因商业兴盛而导致的犯罪行为：

> 真阻大江，敖仓舟楫之所凑者，于东南为盛。其俗少土著，以操舟通贾卖为业，宿奸巨猾亦往往藏其间，有迫人之危以取货于大江风涛之间，及挟奸以相訾笮，欺妄于市井闾里者。公悉能钩察其情，果于击断，大者至于流徙而无所假借。（注一〇九）

真州由于是长江、运河交口上的转运要地，所以会“敖仓舟楫之所凑者，于东南为盛”，“少土著”显示这里外来商人的众多，居民多“以操舟通贾为业”则说明这里因官物、商货转运而导致的水运业发达，成为当地人的重要生计。商业和水运业的发达，也引来一些不法之徒在江河上或市井间为非作歹，而刘黄中以精明果断的手腕来处理。水上的杀人越货在这里成为犯罪的一大类型，正由于真州是一处水路转运中心。沈括讲到真州为敖仓之所凑，只是概括性的描述，具体的情况见于卒于大观元年（一一〇七）的任宗谊担任监真州转般仓时，“仓室屋七百区”，平时地方上“费大莫敢任葺事”，因雨损坏，他“大撤而新之”，竟需要求“费宜均赋之六路”（注一一〇）。用以调节运河水位的陈公塘，为东汉建安（一九六～二一九）广陵太守陈登所辟，到宋代除承继原本灌溉、救旱的作用外，对运河航运也发挥了重大贡献。为了纪念陈登，熙宁五年（一〇七二），真州知州罗道济、淮南东路提点刑狱公事皮公弼兴建恭爱王庙。孙倖曾作《恭爱王庙记》：

> 宋兴，大中祥符六年，始析唐之白沙镇，附以二县，置真州，为江淮制置发运治所，而塘实在其地。岁用灌注长河，增浅宣淤，渟然流通，漕转弗乏，其利弥广矣。于是官输民贾，物货粟帛，四方使客，千艘万舳，雷动而云集，故于淮之南为州最剧。（注一一一）

孙倖所说真州设州的缘起不完全正确，却清楚描述出陈公塘对调节运河水位的贡献，以及真州作为一处转运中心，官物、商货、船只和来自外地的各色人等聚集于此的喧闹景象。政和五年（一一一五），真州知州詹度建壮观亭，米芾书扁作赋，成为与东园齐名的真州登临名胜（注一一二）。刘焘撰有《壮观亭记》：

> 仪真于古未闻也，水行当荆湖闽越江浙之咽，陆走泗上不三日，又为四达之衢，为郡虽未远，而四方错处，邑屋日增，其势胜冲会，尽移隋唐江都之旧。……下视长江，源远流长，渻漉茫洋，万舳千樯。越宦吴商，飞钱走粮，下峡浮浙，游秦入梁。如电发而云翔，以集于南疆。……康衢列邸，行旅四集，以故繁酿，百倍畴曩。乃得与客共此一亭之乐，非太平时而能有此壮观之实乎哉。（注一一三）

因位处交通要冲而取代了隋唐扬州之盛的真州城，有因来自各处的外地人入居而日增的住屋，有凑聚于江上众多的船只，有经此地转输的钱币、粮食纲运，有包括官员、商人在内过往的行旅，有岸上成列的邸店，以至于地方官员须应接出入此地的宾客，记文概括地陈述了真州多样的景象。其中刘焘所说的“四方错处”，正和前引沈括所说的“其俗少土著”相呼应。而这一切，都是真州作为一处水路转运城市而表现出来的特色。

包括商人在内的各色人等的聚集，也导致了真州酒货的大量消费。王庭珪述向子諲于建炎三年（一一二九）摄真州知州事，当时南宋初建，真州在残破后财用乏绝，他招还逃逸的兵卒，设法筹措供养经费：

> 谓真州平时富商大贾所聚，酒货最为繁夥，意务场瓦砾之下，必有宿藏。令人斸之，人或窃笑，果得酒百余斛，一郡以为神公乃张席为屋，高其直以沽。郡人累月不知酒味，来饮者如市，路旁始有醉人。（注一一四）

他所以会推测遭兵火破坏的酒务、酒场废址瓦砾堆下，仍然有未售的余酒留存，是因为在战争之前，真州是富商大贾聚集之处。政和四年（一一一四）以前，只有真州酒务有清务兵士供踏曲酝造役使，到这一年才推广到其他酒务（注一一五），可能也和真州酒务销售的酒货较多有关。富商大贾们消费的酒货繁夥，则应出自他们彼此之间交际应酬、商谈交易。在商人们喝酒应酬的同时，北宋的真州是否也如唐代的扬州一样，有着倡楼酒馆夜夜笙歌的盛况（注一一六）？虽然看不到具体的描述，却可从刘弇《秋日仪真即事十首》诗中的两首略微窥见痕迹，其中一首为：

野云堕姿浑贴江，过雨胃风闹斜行。
秋声夜半洗寥廓，十万屋瓦浮青鸯。
楼头缥缈下箫鼓，罗孺绮襵暗行觞。
纷纷伧楚不足数，更甚吴侬来去忙。

另一首为：

曲堤贯鱼衔万艘，户有轻薄千金豪。
瓦瓯一引径舍去，客主似独心相高。
利机舞眉手摇穿，鼠子干没穷铢毫。
只今大门尽溪壑，死不厌盈宁此曹。（注一一七）

前一首诗似咏风雨夜半，民居寂静的真州城中，许多倡楼酒馆仍然响着萧鼓，奏乐娱客，来自各地的歌女，穿着华丽的衣裳在行酒；后一首则似咏来自外地一掷千金的富商，在倡楼酒馆中洽谈生意，彼此之间，舞弄机心，锱铢必较，却对接待交往的歌女没有真正的恩情，酒喝过，生意谈好，他们也就离开了。从这两首诗，不仅可以看到外地商人在真州的活动，也可以看到商人活动所带动的饮食、娱乐业，吸引了许多来自吴、楚甚至其他地方的歌女，到真州来谋生。在一个流传到南宋的故事里，“宣和中，真州倡迎新守于维扬，扬守置酒，大合两邦妓乐”（注一一八），似乎真州、扬州的歌妓业都有相当规模。

转运城市的特色，也表现在真州商税的收入上。据《会要》之《食货十六之五·商税杂录》的记载，真州在熙宁十年（一〇七七）以前，在城、横驿、六合、瓜步、宣化五处商税务，共收商税 60,614 贯；熙宁十年则在城 53,536 贯 135 文，六合县 6,498 贯 531 文，宣化镇 1,486 贯 615 文，瓜步镇 1,390 贯 766 文，合计为 62,912 贯 47 文。两个年份的总额相差不多，熙宁十年比过去多出约 2,300 贯。但是在熙宁十年，各个商税务所收数额相差颇大，州城税务比其他税务要高出很多，六合县、宣化镇、瓜步镇三税务合计也不过是 9,375 贯 912 文，还不到州城税务的五分之一。这种情形，可能是由于船只自长江入运河之后，经过真州州城，征收到的过税较多（注一一九），而州城也是过往的商人、士大夫和其他各色人等聚集之地，消费较大，征收到的住税也较多。与全国其他州郡熙宁十年商税收入总额相比较，除四川各路由于所用钱币为铁钱而非铜钱，不计入之外，真州在各州郡中列居第二十七位，并不算高（注一二〇）。但是各州郡税务多寡不一，多在十处以上，甚至可以有二三十处，而真州只有四处，无法反映实际的情形。若以州城税务的收入额来比较，则真州仅次于东京（开封府）、杭州、秦州、楚州，居全国第五位，而高于苏州（注一二一）。值得注意的是，这六处城市除秦州在西北边境之外，其余五处都在运河线上。东京、杭州是运河南北的起点，外地运抵的商品固然也会由此转运到他处，但两地都人口众多，消费较大，尤其以东京为然；苏州则除了作为江南运河上的商品转运站之外，更引人注目的其实是本地农产的丰盛；唯独真、楚两州，商税收入的众多主要应该是作为转运城市所导致。真州户口远低于东京、杭州、苏州和楚州（注一二二），商税收入众多与商品经此转运的关系，尤为明显。

同样值得注意的是，长江沿岸的各个商税务，除真州地居长江、运河交口之外，以江宁府在城税务的税入为最高，为 45,524 贯 573 文，已低于真州约八千贯，其他各税务都在二万七千贯以下（注一二三），和运河沿线几处在城税务相距颇远。而且江宁府的户口远较真州为多，府城户口已高出真州全州户口（注一二四），居民的消费量应该较大，相对之下，反映商品运经的过税在商税收入中所占的比例也就可能较低。或许可以这样说，长江流域各地的商货，顺流而下汇集于真州，然后运往华北，因此运经真州的商货，也就多于运经长江沿线其他各个商税务的商货；而真州所发挥联系南北的功能，要掩盖过其联系东西的功能，也就从这里显现出来。

三、南宋真州东西转运重要性的提升

（一）东西转运功能的延续

随着北宋覆亡，南宋建立，华北成为金国的领土，真州作为一处转运城市，所发挥的功能有了很大的改变。这时真州的转运功能，主要表现在长江流域中下游地区东西之间的联系，联系南北的功能虽然没有完全消失，却已大幅下降。淮南沿海所产的食盐向西往内陆各路运销，在北宋末年以前只不过是作为北向上供物资的回货，到南宋时期已被认为是导致真州成为转运中心的主要商品。

建炎元年（一一二七）五月，宋高宗在南京应天府即位，汴京由于战乱而道路不通，于是在真州设置提领措置真州茶盐司，又称榷货务都茶场，发行茶盐钞引出售，以利商人入纳。依照设司规划，汴京榷货务发行东北盐钞给卖，真州茶盐司则印行东南茶盐钞引给卖，因此有在京钞、真州钞的分别（注一二五）。所以选在真州设置茶盐司，一方面由于真州在宋的控制之下，另一方面也由于据建议设司的发运使梁扬祖所说，真州“系两淮浙江外诸路商贾辐凑去处”（注一二六）。真州所在的淮东，茶产不盛，所以茶商在入纳之后，必须往其他路分领茶；而盐则不同，依据规定，无论在京钞或真州钞，都可以到淮东、两浙沿海盐产地的盐仓请领盐货。不久之后，宋高宗南幸扬州，在扬州也发卖钞引，真州毗邻扬州，于是在建炎二年（一一二八）并真州榷货务都茶场于扬州，而以行在务场为名（注一二七）。宋高宗在金兵追逼之下渡江南幸，榷货务场也随行在所而转移。绍兴二年（一一三二）宋高宗还跸临安，临安务场成为行在务场。此后至绍兴五年（一一三五）间，又另设镇江（北宋的润州）务场与建康（北宋的江宁府）务场出售淮浙盐钞，绍兴八年（一一三八）定都临安府后，行在、建康、镇江三务场的形态应已确立。在这段期间及稍后，真州曾两度复设务场，一度由建康务场分差官吏前往给卖钞引，但都为时短暂。真州务场第一次复设约在绍兴三年（一一三三），随后因建康务场的设立而并入；第二次复设在绍兴五年三月，可能在绍兴七年（一一三七）九月结束；其后又自建康务场分差官吏往真州给卖钞引，至绍兴十年（一一四〇）十二月又并归建康务场（注一二八）。在这期间，宋、金关系仍在紧张之中，真州地处江北边区，商业活动易受战争的威胁。绍兴十年底真州停止给卖钞引，原因是“客到稀少”（注一二九），说明了商人未必愿意来此入纳。这种情况，和梁扬祖在建炎元年所讲真州“系两淮浙江外商贾辐凑去处”，已不相同。

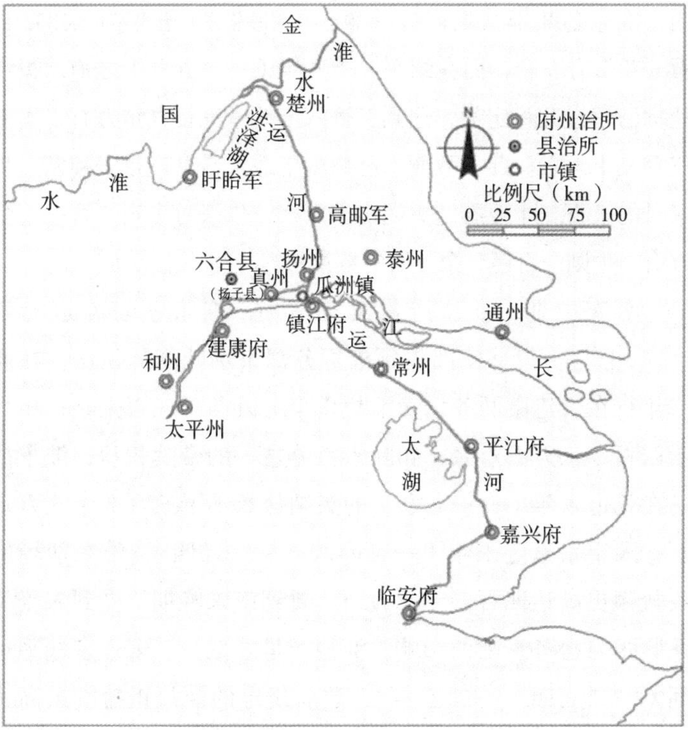

附图二：南宋真州地理形势

但是真州毕竟位居淮南盐产运往长江流域内陆各路的要口，淮南东路沿海州郡各盐场所产食盐，都必须由此运出。即使真州不设务场供商人入纳，在行在、建康两务场购钞的盐商（注一三〇），前往产盐州郡的盐场或盐仓取盐之后，仍须经由此地才能运往其他各路销售。自绍兴初年以来，淮南盐的产量年有增加，泰州所管盐场在绍兴元年（一一三一）煎卖过盐 131,063 石 7 斗，次年增为 257,180 石 4 斗 1 升，绍兴二十五年（一一五五）的盐额已达 1,616,880 石 8 斗 4 升。大量增加的数额，应多是绍兴十二年（一一四二）宋金和议达成之后的成果。尽管北宋时期海州、涟水军两郡盐场到南宋已在金国境内，淮东各州郡盐场产盐总额，在绍兴二十五年为 2,683,711 石 6 斗 2 升 9 合，而在绍兴二十九年（一一五九）之前，买纳盐货已超过此一定额，达到三百八十万～三百九十万石，卖出三百三十万石。此一数额，已略多于北宋最高产量宋神宗、哲宗时的三百二十万石，更超出宋真宗、仁宗时多则二百一十余万石、少则一百四十余万石的数量甚夥（注一三一）。

南宋中期，淮盐产量续有增加，据宋孝宗乾道七年（一一七一）户部侍郎提领榷货务都茶场叶衡的说法，在前一年行在、建康两务场卖淮盐六十七万两千三百余袋，相当于四百零三万石有余，扣除十六分之一的带卖积盐，淮东盐场在乾道六年（一一七〇）的买纳盐数不下三百七十八万余石；宋宁宗嘉定末年（一二〇八～一二二四），淮东盐场的买盐额更高达四百三十二万石。要到南宋晚期，受到宋蒙关系紧张与盐务衰敝的影响，淮盐产量才减少。宋理宗端平年间（一二三四～一二三六），政府规定的淮盐正盐额虽高达三百九十万石，但实际所收的正盐约仅二百二十三万余石，政府以收购约五十五万余石的额外浮盐来弥补，正、浮盐两项合计有二百七十八万余石，仍略多于绍兴二十五年的盐额。大约到淳祐元年（一二四一）以后，政府已无财力收购浮盐（注一三二）。无论如何，自绍兴后期以后，二百余万石至三四百万石的淮盐销往长江流域内陆各路，势必要取道真州，这是一个很大的运输量。

真州居于西运淮盐的枢纽性地理位置，见于真州盐仓的设置。原本盐商在入纳购钞之后，必须到产盐州郡的盐场或盐仓取盐运销。隆兴二年（一一六四），金军渡淮，楚州亦遭攻陷，虽然旋即因宋金和议达成而退兵，但南宋淮盐的生产与运销已受影响，于是有设置真州盐仓支发盐货的建议，并获得朝廷的接受，并委派周淙、向均两人共同措置。向均对于如何起盖盐仓一事，提出了他的意见：

> 臣僚言："淮南岁额一千二百万缗，承、楚支发才十之二，而通、泰最为浩瀚。今承、楚小扰，于通、泰诸场固自无害者。若不从权措置，徒致商贾不行。望下提举司权于真州置仓，将通、泰盐纲就彼出卸。"诏令周淙、向均同共措置起置。明年六月十六日诏专委向均于真州踏逐地段盖造。均言："近计料起盖真州盐仓，共合起盖盐敖二百八十间，并厅事、钱库、司房、物料库、备卸屋等共计三百二十七间。若仍旧存留通、泰州、高邮军旧仓，即不须全行盖造。欲将元料盐敖二百八十间，以四分为率，先次起盖一分七十间，钱库、备卸屋并减半。通、泰、楚州所产盐货，各州场分多寡不等，欲将通、泰、楚州打到袋盐，各以十分为率，数内合行分拨二分，运赴真州盐仓支发。……"（注一三三）

向均提到"存留通、泰州、高邮军旧仓"，其中高邮军原为楚州高邮县，南宋初年一度称承州（注一三四），虽濒海，但无盐场，非产盐地，应是当时楚州所产盐货运至高邮军支发，所以有仓贮存。依照他的建议，淮盐十分之二运至真州支发，原估计须盖盐敖二百八十间贮存，但若保留通州、泰州、高邮军旧仓，则可以先起盖七十间。所以如此，可能是将盐货分批运至真州，未运的部分先贮存于旧仓，等真州盐仓中的盐货支发将尽，再自旧仓运盐货往真州盐仓。泰州在南宋有真州盐仓（注一三五），应即用来贮存运至真州支发的盐货。而所以选择真州来建仓支发淮盐，无疑是由于考虑到此地的特殊位置，方便商人前来请领盐货。

真州盐仓此后长期存在，并继续承担支发盐货的任务。向均的上言在乾道元年（一一六五），次年即就仓盐支发数额制定真州盐仓监官推赏规定（注一三六）。乾道七年（一一七一），建康府榷货务因近来"客人兴贩米斛前往上江，致入纳盐钞迟细，淮东盐司积盐数多"，而由主管建康府榷货务的淮西总领周閟提出建议，"欲差官般载往鄂州出卖，称提盐货，候客人入纳通货日依旧"。具体的办法则是"乞十万袋盐，本路就榷货务请买盐钞，令淮东提举司将应管积盐逐旋打袋，日下般运赴真州盐仓下卸，本所和雇舟船，募官管押，逐旋般运赴鄂州措置出卖"（注一三七）。这一次由官府取代商人购钞运盐，效果不佳，到乾道八年五月就奉命停罢（注一三八），但是显现出真州盐仓所担负转运淮盐的重要角色，亦即淮东盐场所产盐货先运至真州盐仓，再从真州盐仓取盐运往溯长江而上一千五百里以外的荆湖北路鄂州。庆元元年（一一九六），朝廷要求通州停罢使用循环盐钞，将增剩改作正支钞算请盐货，"与日前已投在仓增剩盐钞通理资次支请"，此事起于淮东提举陈损之指出，"本路真、泰、高邮军三仓并系客人算请一等增剩钞前来，用到仓月日，从上支盐，独通州有循环、增剩两等文钞，据客人先买一钞，却更重买一钞以为占压”（注一三九）。可见这时通、泰、真三州及高邮军均有盐仓，接受商人投递盐钞请领盐货。直到嘉定十一年（一二一八），真州知州袁申儒向朝廷请求兴建翼城，保护盐仓依旧是一项重要的考虑（注一四〇）。

可能在设置真州盐仓之后，真州也恢复设置发售钞引的机构，成为商人购钞的处所。《康熙仪真志》载：

> 宋行在榷货务卖钞库、建康榷货务卖钞库，并在义井坊内，以卖通、泰、高邮、真州盐钞。旧志云，总为额六十万，收缗钱一千二百万，拨四之一为真钞，岁额十五万，收缗钱三百万，行在榷货务轮官掌卖；其三州钞额四十五万，收缗钱九百万，建康总领所差官掌卖。（注一四一）

说明行在榷货务与建康榷货务均在真州设有卖钞库，发卖淮东盐钞。从这段记载可以看出，原本在乾道元年向均的计划中，淮东盐货拨十分之二到真州发卖，后来卖钞库发售的盐钞则占淮东盐钞的四分之一，比率有所增加；原本行在、建康两务场均卖通、泰二州及高邮军钞，而后来两务场设在真州的卖钞库则各有所掌，行在榷货务卖钞库卖真州钞，建康榷货务卖钞库卖通、泰州及高邮军钞。两所卖钞库成立的时间，最早应不会早于乾道元年，因为自此才有真州盐钞可言；最晚则不会晚过开禧三年（一二〇七），因为这年以后，建康榷货务一度脱离建康总领所的掌管，直隶朝廷，而设在真州的建康府榷货务卖钞库却由“建康总领所差官掌卖”。至于行在榷货务专卖真州钞，建康榷货务专卖通、泰二州及高邮军钞，则是开禧二年（一二〇六）的规定。袁申儒在嘉定十二年（一二一九）修筑真州翼城，所用经费向朝廷请求“就于计收本州卖钞库内拨借官会五万贯，令本州请买盐钞，支盐运息，以供筑城包砌之用”（注一四二），所说的卖钞库，应即发卖盐钞的榷货务卖钞库。至晚在嘉定五年（一二一二）以前，真州又设有卖钞司，设在真州的行在、建康两卖钞库，当隶属于其下（注一四三）。

南宋末年，真州又设有榷货检阅分司，不仅掌管盐钞发售，可能也接收了原本隶属于提举常平茶盐司的盐场事务。包恢应真州检阅分司赵汝证与真州知州徐有功之请而作的《真州分司记》所述：

> 今东南宝在煮海，利权总在白沙，以其号为淮海一都会要冲也。出于斯，纳于斯，敛于斯，散于斯，其来无尽，其去无穷。前隶仓台，专司制之在外，固已多历年所；后归检阅分司，制之自内，昉于淳祐四载，其为数加夥，其为任增重矣。官守之所治宜有公廨，司存之所掌宜有公库，顾乃十余年间，尚阙如也。……以公库之一新，则为土库厅廊等凡二十余间，中间点阅编排、藏贮官钱，莫不布列有位，周以砖垣，屹如也，外别为屋又四十余间。若南濒大河，则造河亭船埗，以便商贾；西有水港，则接东边旷土，以远煤燎。……公廨、公库既一时具备，前所未有，而赏心乐事又随地创见，各有佳处，以盐事与商贾交易之场，而超然景物之美，又有以自适其适焉。（注一四四）

“仓台”即提举常平茶盐司，职掌包括催煎、买纳等盐场事务。据记文所述，盐场事务自淳祐四年（一二四四）以后，已改隶检阅分司。检阅分司“制之在内”，与“制之在外”的路级机构提举常平茶盐司不同，当为直隶朝廷的榷货务之分支机构。宝祐二年（一二五四）分司主管赵汝证的建设，包括点阅编排、藏贮官钱的公库，商船停泊的码头，记文又说分司是盐事与商贾交易之场，可见是商人在这里入纳购钞。淮东盐场所产盐运到真州来，商人也来真州购钞领盐，再运往外地，就是文中所说的“出于斯，纳于斯，敛于斯”。这时是否仍以淮盐总额的四分之一运到真州发售，或是有更高的比例，虽不可知，但是“利权总在白沙”，说明真州在南宋末年淮盐发售事务上的重要地位。真州分司又见于宝祐四年（一二五六）殿中侍御史朱熠的上言，他指出“盐近者课额顿亏，日甚一日，姑以真州分司言之，见亏二千余万，皆由台阃及诸军帅兴贩规利之由”（注一四五），显然此一机构的收入对国用十分重要。景定五年（一二六四），刑部、大理寺以“朝奉大夫监行在榷货务都茶场分榷真州周福孙于盐钞、茶引正官钱外创增事例钱四十二万七千有奇入己”，而断其罪刑“系监主诈欺，从自盗法赃罪抵死”（注一四六）。“监行在榷货务都茶场分榷真州”或即包恢所记与朱熠所言的真州分司，而此一机构不仅发卖盐钞，也发卖茶引。

商人无论到真州盐仓或淮东其他州郡的盐仓、场领盐，如果要运往长江流域内陆各路销售，都必须从真州转入长江。真州在地理位置上对于淮南盐西运的这种重要性，见于南宋时人的描述。楼钥《真州修城记》：

大漕建台，江湖米运，转输京师，岁以千万计，维扬、楚、泗，俱称繁盛，而以真为首。中兴以来，不复置

> 发运使（注一四七），而山阳、通、泰之盐，溯江而上，商贾辐凑，犹为淮堧大郡。（注一四八）

山阳指楚州。这段文字指出了真州所发挥的转运功能从北宋到南宋的重大转变，也就是在北宋以南北之间的联系为首要，到南宋则转为以东西之间的联系为首要。而在南宋所以会以东西之间的联系为首要，在于淮东沿海所产盐货经由此地溯长江而上，运往内陆各路。淮盐的转运导致商人聚集于此，使得真州继续是淮东的重要城市。类似的说法又见于吴机《宋嘉定仪真新志序》：

> 方国家全盛时，为舟车之冲，发运司治所在焉，繁庶为淮郡最，号小京师。六飞南巡，建炎之初，并淮诸郡怵于兵革而狙于迁徙，田野不辟，室庐草创，寖非前日之旧。比且百年，东淮煮海之利，千艘万樯，转之江湖襄汉区者皆由是西，于是五方之民，列屋而居，操赢资以致饶裕，而承平气象始十一仅见。（注一四九）

吴机更细致地描述了真州在南宋衰而复盛的过程，以及因盐船凑集而引致外地人来此定居经商的景象，而淮盐西运则是促使真州在南宋重振的主要动力。楼钥的记文和吴机的序文都写于嘉定年间（一二〇八～一二二四），所说的是南宋真州虽屡遭兵火而又能恢复安定所发展出来的成果。直到南宋灭亡之前，当元兵攻至真州，在战事中仍然可以俘获盐船三千艘（注一五〇）。盐船的聚集，和吴机所描述的“千艘万樯”正相呼应，也可见真州即使到战火逼近之时仍然是淮盐转运的枢纽。

除了淮盐之外，还有其他物资和行旅因取道长江航行而经过真州。孙觌撰于绍兴二十九年（一一五九）的《燕香堂记》：

仪真为州，并长江，滨吴带楚，实东南舟车走集之路。（注一五一）

虞俦撰于庆元六年（一二〇〇）的《大横河记》：

按仪真之为州，大江经其南，实川广江东西湖南北舟楫之冲也。（注一五二）

都说明真州是南宋境内各路交通取道长江所经的要冲。具体的例子，如南宋时真州仍然是长江中游各地所产木材的集散地，这些木材编成簰筏，自西而东，顺长江而下，运到真州来。叶梦得《奏措画防江八事》：

守御之计，未论其他，但能严断舟楫簰筏，彼自无以为计。今可乘以渡者，非止舟楫，其木筏与芦荻柴束皆可为用。公私舟船，固不可以数计，而商贩木筏，类皆聚于北岸，真州所在山积，芦荻亦是出产去处。……真州木筏芦荻，并限以八月前尽数发入镇江及浙西，其江州向上木簰，八月后并权住不得放下，已过者候到本府尽令拆解。（注一五三）

这是叶梦得任江南东路制置大使时，因兀术于绍兴十一年（一一四一）初率金军攻入淮西而后退兵，所奏的防江之计（注一五四）。从奏文可以看出，商人运贩到真州的大量簰筏，是从江南西路的江州以西浮江而至。到南宋晚期，真州仍是簰筏聚集之所。杜庶在淳祐三年（一二四三）兼摄真州知州，面对蒙古军队的进攻，“大修守备，排檥木殆十万株”（注一五五）。数量众多的檥木，应来自取道长江运至真州的木筏。又如米粮，淮东有时要从湖南北、江西等地输入食米（注一五六）。来自湖南北、江西等地的米粮，运经长江，也必须先到真州，才能转运到淮东各地。

此外，真州也常是航行长江的行旅所经之地。陆游（一一二五～一二一〇）在乾道五年（一一六九）从家乡绍兴府前往夔州上任，由江南运河与长江交口的镇江府转入长江，于七月一日抵达真州后，至四日才出发继续航往建康府。在发船离开真州时，见到“岸下舟相先后发者甚众”（注一五七）。次年周必大从家乡吉州前往临安府奏事，取道赣江北上，至江州湖口县转入长江东航，也经过真州，原本准备次日上路，因遇大雨而多留一天再出发，继续航向镇江府（注一五八）。范成大于淳熙四年（一一七七）因卸任离开成都，回平江府家乡，航行合江、岷江，转入长江东航，过建康府后未入真州州城，而停泊于真州境内江岸的长芦，次日再登船航往镇江府（注一五九）。从陈造所写的诗，可以看到他曾顺淮南运河南航，经扬州邵伯镇、真州瓜步镇，转入长江西航，经建康府、太平州的芜湖县和繁昌县而继续往西航行（注一六〇）。由于真州在南宋是长江流域东西航运的一个转运点，所以地方官曾为江船方便停泊、减少覆溺而开新河（注一六一）。

虽然航行长江的物资或行旅会路经真州，但是真州这时已非连结长江上中游各路和行都临安最重要的转运中心。南宋都于浙西的临安，和长江流域各路可以经由江南运河和长江取得联系，可是驻军和供给粮饷的方式已不同于北宋。除行都临安的三衙诸军外，原本南宋初年的大将屯兵沿着长江南岸和川陕边境的几处要地屯布。自绍兴十一年罢大将兵权后，改大将屯兵为御前诸军，陆续设置十个驻扎御前诸军都统制司，除川陕边境的四处外，其他镇江府、建康府、池州、江州、鄂州、江陵府六处均在长江南岸，驻有重兵，沿江戍守。这种军队屯布的方式，到南宋晚期才因为宋金、宋蒙之间长期战争的影响，而有较大的改变（注一六二）。对于驻军粮饷的供应，在绍兴十一年以后，设置淮东、淮西、湖广和四川四钱粮总领所来负责。除四川总领所外，其他三总领所分别设于镇江府、建康府和鄂州，都在长江南岸，也都是大军驻地。总领所辖有一些财利机构，如镇江府和建康府的榷货务都茶场，就分别隶属于淮东和淮西两总领所；全国各州郡以二税和其他名目所取得的钱物，也有相当部分以上供之名调拨到各总领所以供军用（注一六三）。这样的情况，使得各路每年输送到临安的上供钱物大为减少。即使如此，照司农卿李椿在淳熙三年（一一〇六）之前的策划，每年从长江中游各地及三总领所运到行都的米粮也有两百万石（注一六四）。无论三总领所或行都，都不在江北，而连接长江和临安的水道，则是江南运河，也因此位在长江和江南运河交口上的镇江府，取代了江北的真州，成为南宋时期连结长江上中游各路和行都临安最重要的转运中心。陆游《常州奔牛闸记》：

岷山导江，行数千里，至广陵、丹阳之间，是为南北之冲，皆疏河以通餫饷，北为瓜州闸，入淮汴以至河洛；南为京口闸，历吴中以达浙江。而京口之东，有吕城闸，犹在丹阳境中，又东有奔牛闸，则隶常州武进县。……自天子驻跸临安，牧贡戎贽，四方之赋输，与邮置往来，军旅征戍，商贾贸迁者，途出于此，居天下十七。（注一六五）

又卢宪《嘉定镇江志》丹徒水条述漕河：

京口当南北之要冲，控长江之下流。自六飞驻跸吴会，国赋所贡，军须所供，聘介所往来，与夫蛮商蜀贾，荆湖闽广江淮之舟，凑江津，入漕渠，而径至行在所，甚便利也。（注一六六）

陆游所写的江南运河上的奔牛闸，虽然在常州，但是自长江转入江南运河，在通过奔牛闸以前，必须先通过镇江府的京口闸和吕城闸。因此这篇记文所说“居天下十七”那种运河上航运繁忙的情形，和《嘉定镇江志》的记载互相印证，实际上可以用来说明当时镇江府转运地位的重要。这两段文字又共同说明，在长江流域各地和临安的联系上，除官府的漕运外，民间商货的贩运、各类行旅的往来，也都以镇江府为重要的转运地。镇江府自绍兴七年（一一三七）建转般仓，此后在淳熙五年（一一七八）、开禧（一二〇五～一二〇七）初、嘉定七年（一二一四）多次扩建（注一六七），正是其枢纽性转运地位的具体说明。因此，南宋真州所发挥的东西转运功能，仍然延续自北宋，以淮盐的西运为主，不过在运量上要比北宋时期大了很多。

（二）南北转运功能的剧减

尽管在南宋时期，华北已在金国的统治之下，淮河以北的运河也不再能通航，真州仍然在发挥南北转运的功能，只是比起北宋来，要大为减弱。宋、金虽然分治南北，但是双方仍有互通有无的需要。在和平时期，两国分别在边境上设有榷场，进行交易。榷场中最重要的是隔淮水相对的南宋盱眙军榷场和金国的泗州榷场，正在运河沿线。盱眙军榷场是南宋最早设置也延续最久的一处榷场，此外南宋又曾在淮东楚州的北神镇、杨家寨、淮阴县的磨盘，淮西安丰军的水寨、花靥镇、霍丘县的封家渡、光州光山县的中渡市，湖北信阳军的齐冒镇、枣阳军等处设置过榷场（注一六八）。其中楚州境内的北神镇、杨家寨、磨盘三处榷场，也都在运河沿线。除榷场贸易外，两国间又有兴盛的陆上和海上走私贸易（注一六九）。双方经由榷场或走私交易的商品，种类繁多，其中最主要的是茶和米粮从南宋输入到金国（注一七〇）。南宋江东西、湖南等路以及淮西、湖北两路毗邻长江的州郡所产茶，如果要运到运河沿线的几处榷场交易，所走运路应如北宋的茶货运输一样，是顺江而下再从真州转入运河北上，这样真州就地处运路的要冲。走私贸易也有取道真州的情形，知扬州王之奇在乾道九年（一一七三）指出，传闻金国在泗州榷场"广将北绢低价易银"，导致南宋商人"多于江浙州军贩银，从建康府界东阳过渡至真州，取小路径至盱眙军，过河博易"（注一七一）。既然是走小路，就不会是航行运河，不过这仍然可以显示出真州在运路上的特殊位置。但是除了某些时期南宋只开放盱眙军一处榷场之外，边境上还有其他榷场；至于走私贸易则更是只要是穷僻无人之处，私商就可以私自渡淮，进入金国交易，其中最盛之处在蒋州（即光州）之西的郑庄（注一七二）。不仅如此，浙西一带所产米粮，在高价的吸引下，常由海船装载，走私到北方的金国，和北宋时期官粮取道运河输送到北方的情形大不相同（注一七三）。在这样的情况下，茶货、米粮等商品取道运河经由真州运到华北的数量，恐怕远不能和北宋时期相比。金亡之后，南宋和蒙古双方一直处在战争状态，边界上由朝廷掌控的榷场贸易活动不再存在，但是从两淮到京西、湖北，都有由南宋将帅和蒙方私下进行的互市（注一七四）；也仍然有从海道运销浙西所产食米到华北的情形，甚至曾由官府主导，获朝廷支持（注一七五）。宋、蒙对立期间，在从东南到华北的物资转运路程中，真州依旧不可能占有特殊地位。

南宋每年输送给金国的岁币，也可以看做是南北之间物资的交流。自绍兴十二年（一一四二）两国和议达成后，南宋岁贡给金国银二十五万两、绢二十五万匹；经绍兴三十一年至隆兴二年间（一一六二～一一六四）的交战，乾道元年（一一六五）的和议减岁币为银、绢各二十万；开禧二年（一二〇七）南宋发动的北伐失败之后，嘉定元年（一二〇八）的和议又增岁币为银、绢各三十万；从嘉定四年（一二一一）起，由于南宋派遣往金祝贺正旦、生辰、登位的使节，屡次受金、蒙战事所阻而无法抵达燕京，于是以漕渠干涸为理由，停止输送（注一七六）。停输岁币的表面理由是漕渠干涸，可见岁币从南宋输送到金国，是经由运河运送。周密述南宋岁币：

绍兴（按："绍兴"应作"绍熙"，一一九〇～一一九四）岁币银二十万两、绢二十万匹（注一七七），枢密院差使臣四员管押银纲，户部差使臣十二员管押绢纲，同左帑库子、秤子于先一年腊月下旬至盱眙军岁币库下交卸。续差将官一员部押军兵三百人防护过淮，交割官正使例差淮南漕属、副使、本军倅或邻州倅充。……又贴耗银二千四百余两，每岁例添银二百余两，并淮东漕司管认。（注一七八）

岁币银、绢都是从临安府左藏库运送到宋、金边界的盱眙军，虽然上引史料没有说明行程所经的州郡，但是可以推想应从江南运河北端的镇江府渡长江后，至对岸的瓜洲入淮南运河，而不绕道真州。这条路线在北宋晚期，已经是两浙上供物资输往汴京的运路，从下文也可以看到，宋、金两国的国使来往，也经由此途。至于淮东转运司提供的贴耗银二千四百余两，及每岁例添银二百余两，则可能是从真州运来，因为南宋的淮东转运司设于真州，转运司长官常由真州知州兼任，而财物也储存在真州（注一七九）。不过总数不过二千多两的贴耗银和每岁例添银，和银、绢各二十万的岁币相较，所占比例可以说是微不足道。整体而言，真州可以说是不在岁币北运的运路上。

南宋时期经由运河的南北联系，还有南、北双方国使的来往，尤其以宋、金对立时期为盛。平时两国每年都会互遣贺正旦和贺生辰的使节，往返运河就有八次之多，有时还会另有祝贺登位、吊丧或其他任务的非泛遣使。使节有众多的随员、携带互相赠馈的礼物，官员或随员有时还会携带私货牟利（注一八〇）；金使进入南宋境内，南宋会派遣接伴使、送伴使接送，接送伴使也有众多随员。因此，双方互遣国使，不只是外交活动，也有经济交流的色彩，是人员和物资在地域间的流动。国使在南宋境内所走的路程，以金使入宋为例，赵彦卫

《云麓漫钞》卷六：

> 金国每年贺正旦、生辰，遣使所过州县，日有顿，盱眙、镇江、平江、赤岸有宴。（注一八一）

南宋政府设宴款待金使的地点，在盱眙军、镇江府、平江府和赤岸，可以看做是金使路程所经的几个重要地点。此一赤岸是行都临安府设有班荆馆的赤岸港（注一八二），而非真州境内的赤岸山（注一八三）。绍兴十三年（一一四三）十一月二十四日诏：

> 内侍省差使臣三员，沿路赐御宴，一员于平江府排办，一员于镇江府排办，一员于盱眙军排办。（注一八四）

又绍兴二十年（一一五〇）十二月十八日诏：

> 使人到阙，赤岸等处锡筵，其排办供须不及经过州府，甚非朝廷抚劳远人之意。（注一八五）

赐宴地点可以和《云麓漫钞》所载相对证，而赤岸则为抵达行都之后的赤岸。江南运河北端的镇江府在上列赐宴地点之中，而淮南运河南端的真州未见，显然使节自盱眙军航行运河前往临安府的行程，不经过真州。

这样的行程，从一些南宋出使或接送伴人员所走路程也可以看出来。乾道五年（一一六九），楼钥随其仲舅汪大猷使金国贺正，十一月十六日午后到镇江，十八日渡江至瓜洲，薄暮即抵扬州城（注一八六）；绍熙二年（一一九一），郑兴裔上言称，“逐年奉使金国，及接送伴使副，赐宴中使，回程经过扬州瓜洲镇渡江，所用般剥人夫每次不下二千余人”（注一八七）；杨万里《诚斋集》卷二十七、卷二十八载有一系列的诗，是他在淳熙十六年（一一八九）担任接伴金国贺正旦使途中所写，在往程中，渡江之后，有《过瓜洲镇》诗，北上至盱眙军后折返；在回程中，过扬州之后，有《雪霁晚登金山》诗，游瓜洲镇和镇江府之间江中的金山，然后到丹阳馆（注一八八）；虞俦《尊白堂集》卷三、卷四载有他所写的两首《往瓜州护使客回程》、《登舟往瓜州护使客回程》诗，两次都在离开镇江府的丹阳馆后，渡江从瓜洲入淮南运河（注一八九）。他们都是以瓜洲和镇江府为长江南北运河的转接点，而不经过真州。景定元年（一二六〇），元使郝经至宋，被拘留于真州，是由于这年扬州发生火灾，“人屋燔尽”，郝经抵达后，“宋人以火余无以馆客，乃以仪真即忠勇军营总制真州军马治所馆”（注一九〇），并非真州是北使入宋行程所经。

以上所讲的是南宋与金国之间的来往，除此之外，军需物资从江浙运往淮东，上供、其他官、民物资从淮东运往江浙，也可以看成是南宋境内经由运河的南北联系。自绍兴年间以来，淮东虽非军队部署的重心，却常遣军出戍，直到开禧和议以后仍然如此（注一九一）；乾道和议以后，淮东又陆续创制新军，如楚州武锋军，扬州强勇军等，但仍未改变边防以江防为主的态势；至开禧和议之后，因应时势的变化，部署淮东的军队大量增加，扬州取代了镇江府，成为军事重镇，而真州、盱眙军、楚州、滁州、泰州、高邮军等淮东州郡，也都驻有军队（注一九二）。淮东驻军陆续增加，军需供给的需要也随之而增大，负责这项任务的则是设在镇江府的淮东总领所。淮东总领以其所收受浙西、江东、江西诸路州郡运来的钱、米，及经营各项营利事业所获的收入，作为维持镇江府及淮东驻军经费的来源（注一九三）。这也就是释居简在绍定四年（一二三一）在镇江代人作的《大军仓厅壁记》中，所说的："淮东一道貔貅万灶所仰给"（注一九四）。扬州有大军仓，修建于淳熙年间（一一七四～一一八九），由"淮东总所专委监仓官一员任责收支"（注一九五）；楚州也有大军仓，建于乾道七年（一一七一），淳熙十一年（一一八〇）增建，"每岁淮东总领所截拨纲运赴仓下卸"（注一九六）。嘉定十五年（一二二二），朝廷依从淮东总领岳珂的建议，比照扬州大军仓，"创置监楚州大军仓官一员，专一管干，隶属本所"，取代原来"久例于楚州州官兼"，同时"楚、扬、真、泰、盱眙军通判，高邮军判官，天长、六合知县，并各带淮东总领所受给钱粮职事入衔"（注一九七）。从这些事例，可以看出淮东总领所和淮东军需供应的关系。设在镇江府城的转般仓，原本主要用于储藏自长江流域各路上供到行都临安的米粮，到南宋末年，主要的储藏已改为来自江浙的和籴或公田租米，供淮东总领所取运，供应淮东军需，并且新设淮浙发运司筹运米粮入仓（注一九八），说明淮东驻军对于军饷的需求愈来愈急迫。

另一方面，淮东也有官府上供物资和其他官、民物资要南运到江浙。绍兴年间，两淮已无需负担上供米，上供䌷绢的数量也大减（注一九九）；但是据绍兴三十二年（一一六二）淮南转运提刑司的建议，"淮东州军因贼马蹂践，其州军年额上供钱物斛斗并天申节银绢，乞自今年蠲免为始"（注二〇〇），显然并非完全没有上供物资，只是在数量上和北宋时期相比，应该大为减少。淮南提刑司所说的上供斛斗，究竟是米粮还是其他谷物，无法确定，不过后来淮东的上供米应已恢复（注二〇一），但是数量可能不多。其他官府物资如供军用的马草，马料，常需运往镇江府或建康府（注二〇二）；又如乾道年间，朝廷在两淮实施行使铁钱的政策，乾道七年（一一七一）曾以新铸铁钱兑换盐商在淮东所纳铜钱，用为工本钱发给亭户，再将铜钱运往行都左藏南库缴纳（注二〇三）；至于民间物资，如淮东所产的米、麦及其他产品，在和平时期也有运销往江浙的情形（注二〇四）。

上述物资的运输，兼走瓜洲、真州两条路线。从淮东南运的各类物资，只有马草有具体的记载，乾道二年（一一六六）运到镇江府的马草是从瓜洲渡江（注二〇五）；另外淳熙十五年（一一八八）运到建康府的马料，可能经由真州比较近便。至于从镇江府北运军需物资到淮东各州郡，则似是从真州进入淮南运河，而非从瓜洲。乾道七年（一一七一），淮南漕臣钱冲之在修筑真州境内陈公塘塘岸斗门、石礎各一所之后，在上言中陈述陈公塘的作用：

> 见有古来基址，可以修筑为旱干溉田之备，凡诸场盐纲、粮食纲运、使命往还，舟舰皆仰之以通济，其利甚博。（注二〇六）

这只是概括地讲到陈公塘对于农田灌溉和运河航运的贡献，并未专指真州。其中“使命往还”不经真州已见前述，但“粮食纲运”的路线却不见得和“使命往还”完全相同。刘宰《真州新翼城记》述真州知州兼淮东运判上官涣酉在宝庆元年（一二二五）为改作两翼城向朝廷建言：

> 真北距淮，道平如砥，南俯大江，盖江浙馈运之所必经，通、泰盐利之所必出。民物之盛，为淮南一都会。（注二〇七）

明确地指出了真州是江浙粮运进入淮东的必经之途。以刘宰这一段话，对照见于他写的《送赵居父入淮东漕幕》：

> 仪真在昔发运司，承平旧事犹可稽，岁漕东南六百万硕米，自淮入汴趋京师。周原六辔光陆离，建台想象因遗基，水浮陆走舟车凑，转输十九资残寇。（注二〇八）

这首诗先讲北宋设发运司于真州，负责将东南米粮漕运至京师；然后讲淮东平原在南宋成为战马奔腾的前线，设于真州的淮东转运司（即“建台”的“台”），承继北宋发运司的基础，转输边饷，白白浪费于供应自金国投奔而来，以李全为首，附宋而又复叛的山东忠义军（注二〇九）。诗中所说因转输边粮而导致的“水浮陆走舟车凑”，无疑是指凑集于真州。刘宰曾任真州司法参军，真州在边粮转运上的特殊地理位置，当是他任上所见。

尽管存在有淮东、江浙间南北物资的运输，然而从淮东经由运河南运至浙西的上供物资数量原已不多，至于从江浙运到淮东的军需物资，取道真州由运河北运，在数量上也无法和北宋时期取道真州北运至汴京的上供米粮相比。据淮东总领岳珂在嘉定十五年所说，由淮东总领所支遣的米粮，“镇江月支二万四千五百余石，扬州一万一千六百余石，楚州一万四千五百余石”（注二一〇），扬、楚两州的支遣合计，为二万一千一百余石，已经超过在镇江府支遣的数量，但是以一年十二个月计，也不过是三十一万三千二百余石。南宋末年，面对蒙古入侵，军情紧急，粮饷的需要更大，李曾伯于淳祐四年至六年间（一二四四～一二四六）任淮东制置使兼淮西制置使（注二一一），指出当时淮东的状况，“向来积粮饷以实边储，只维扬自以百万石计，今则所在罄竭矣”（注二一二）。则在此之前，扬州仓中所储积军粮曾数量巨大。这以百万石计的储米，即使全部都运自江浙（注二一三），也仍然远不及北宋东南上供米的数量。南宋真州在这方面所发挥的南北转运功能，相应也大为减弱；而且当南宋末年运至淮东的军需物资大增时，江浙米粮先聚集到镇江府的转般仓再北运，说明这时主要的转运中心已在镇江府，而非真州。

南宋时期的真州在南北物资输送、行旅往还上，所发挥的转运功能已远不如北宋，究竟并非全无作用，因此在这段期间仍然有一些与运河航运有关的工程在这里进行。南宋初年，曾为了防备金兵的关系，下令毁撤真州、扬州的闸、堰和陈公塘，让运河无法航行（注二一四）。金兵退后，运河有航行的需要，应已重建。绍兴和议之后，朝廷又在绍兴十五年（一一四五）依从知真州任满还朝的张昌所言，以运河为两国使节所经，“堤岸不可不治，望令淮、浙沿流令、尉兼带入衔”（注二一五）。用以调节运河水量的陈公塘，大部分在真州扬子县，小部分在扬州江都县，于淳熙九年（一一八二）获淮南转运判官钱冲之修治，“兴修塘岸，建置斗门、石䃮各一所，东西湫口二处”，他并且请求“于扬子县令、尉阶衔内带兼主管陈公塘六字”（注二一六）。但是自开禧年间以后，陈公塘成为防卫真州城的重要设施。开禧二年（一二〇六），金兵将进犯真州，宋军将领决塘，水淹真州东北境，成为巨浸（注二一七）。嘉定六年（一二一二），李道传出知真州，任内重要措施之一是“堤陈公塘，有警则决之以为阻”（注二一八）。嘉定十二年（一二一八），真州知州袁申儒在向朝廷请求支持修筑翼城经费的奏文中，论及以水限敌兵，也指出“若焦家山一路，有陈公塘水可以流浸”（注二一九）。陈公塘原隶转运司，开禧年间以后，改隶安抚司。嘉定十四年（一二二〇），塘堤毁坏，淮东运判吴机奉安抚司之命修治（注二二〇）。此事恐怕并非完全为了农田灌溉和运河航行，也有城防的考虑在内。

另一项整治的重点是运河上的水闸。淳熙十四年（一一八七），权知扬州熊飞建议朝廷下令淮南转运司、淮东提盐司协同扬、真两州知州，疾速修理淮南运河上的瓜洲之上、中、潮闸，及真州的上、下二闸。缘由是瓜洲“上、中二闸久不修治，独潮闸一座，转运、提盐及本州共行修整，然迫近江潮，水势冲激，易致损坏，真州二闸亦损漏”，导致“河水走泄”（注二二一）。即使经过整修，河水仍然走泄，到嘉泰元年（一二〇一），真州知州张頠认为原因出于木闸岁久而腐朽日甚，不是一时的修补所能挽回，“始易二木闸以石，其西通江涛，曰潮闸，东曰腰闸，相望凡百九十余丈”（注二二二）；嘉定八年（一二一五），真州知州龚维藩又“建运河减水石礶于扬子瓦庙之西”，其后圮坏，再经“吴机重修”（注二二三）。南宋时真州、扬州一带的运河相关设施，一方面常因战争的需要而遭破坏，而且陈公塘已成为城防的重要设施，修治时的考虑与运河航行的关联已经降低；另一方面，平时的维护也不很积极，如上述瓜洲运河口的水闸，到淳熙末年只剩下潮闸一座常修整，其他上、中两闸都已久不修治。因此，虽然相关的工程仍在进行，却也反映出运河联系南北功能的下降。整体看来，南宋时期对于淮南运河整治的重视程度，已经比不上联系镇江府和临安府的江南运河（注二二四）。

（三）城市的破坏、重建与扩展

自南宋初年以来，真州州城屡遭战火破坏。建炎年间、绍兴末至隆兴年间、开禧年间的几次宋、金战争，真州、扬州一带都成为战场。造成真州州城最大的一次破坏是建炎年间的战争，而宋军、盗贼所造成的破坏又大过金兵。在金兵南下之前，宋高宗在扬州，军贼张遇已在建炎二年（一一二八）焚真州（注二二五）。建炎三年（一一二九）年初，当金兵攻至扬州，宋将王德“以本部兵焚真州而去”，次日金兵到真州，“不杀人，不虏掠”；战前奉命屯戍真州的靳赛在金人退出之后，“率兵复入真州，颇肆骚扰”，即使知州向子忞来到，仍然“渐猖獗，民不堪之”；年尾金兵再来，向子忞弃城而走，此后“真州为群贼所扰，已不可居”（注二二六）。绍兴三十一年（一一六一）金兵攻打真州，战况激烈。虽然金兵在攻陷真州之后不入城，可是在战争当中，“王师多死城中，百姓老小尽已惊移，惟有看家强壮犹登城以观者”（注二二七）。开禧二年（一二〇六）金兵攻打真州，造成真州及附近地区民众的大恐慌，“士民奔逃渡江者十余万”（注二二八）。据真州知州袁申儒嘉定十一年（一二一八）向朝廷请求兴筑翼城的奏状，开禧年间城内外的混乱状况是，“边声少急，民悉奔逃，手携厢箧，各遭剽掠，老稚相失，离散无归”；“民既逃徙，室庐尽焚，事定归来，重费盖造”；“民人逃徙，尽奔沙上，临江争舟，率皆溺死”；城外转运司所积聚的财物，“悉成废物，铁镪数十万，散于通衢”，而且转运司长官“奔窜坠水”；由于城外居民闻警即逃，因此“敌视无人，常纵摽掠”（注二二九）。

真州由于屡遭战乱破坏，所以州城从绍兴到嘉定年间长期在重建之中，而且是一个反复进行的过程。绍兴十八年（一一四八）前后，洪兴祖任此地知州，距建炎年间的战乱已十余年，情况仍然“疮痍未瘳”（注二三〇）；绍兴、隆兴间宋、金之战后五六年，乾道五年（一一六九）陆游航行长江，路过真州，所见到的已是“市邑官寺，比数年前颇盛”（注二三一）；嘉定元年（一二〇八），亦即开禧宋、金战争后两年，刘弥正出任淮东转运判官，抵达真州，情况又回到“官私屋初立，坊巷街始具，城楼橹皆新成”（注二三二），次年知州潘友文到任，继续致力兴葺官舍（注二三三）。由于“屡经焚掠”，到嘉定后期仍然“市井荒陋，茅檐草屋未尽革也”（注二三四）。

从绍兴到嘉定年间，真州建设的具体情形，可以用州学和贡院的重建为例。真州州学经过南宋初年的战乱，是一础不存，绍兴七年（一一三七），经知州张好古请求，以城南榷货务废屋二十余楹复建；绍兴十八年，知州洪兴祖重修，更新大成殿，并设先圣及群弟子从祀之像；绍兴二十九年（一一五九），经州学教授汪彦中向知州董将建议，迁还北宋末年旧址城东门内（注二三五）。新校舍到隆兴二年（一一六四）又遭兵火及戍兵破坏（注二三六），乾道三年（一一六七）经知州张郯重建；绍熙三年（一一九二），转运判官赵师羃、知州赵公预以规模不如旧舍，加以扩增；绍熙五年（一一九四），知州韩梃再事修整（注二三七）。开禧二年金兵进犯真州州城，学校建筑虽略遭破坏而尚在，可是祭器、典籍荡然无存，嘉定五年（一二一二）教授尤森重建教授厅；次年，知州李道传建堂于讲堂之右，绘周敦颐、程颢、程颐、朱熹四先生像；嘉定十年（一二一七），知州丰有俊新创小学，教授陈京创建仓廒五所储养士粮米；教授杨焯在两年后重购书籍，重制祭器；再过两年，转运判官兼知州吴机拨经费给教授陈临重修学舍（注二三八）。可知真州州学在屡遭破坏的情况中一再重建，补足设备，而规模也在这个过程中逐渐扩大。

真州贡院在建炎年间毁废，一直没有重建，在绍熙年间以前，地方上的解试都在佛寺或学校举办，到绍熙五年才由知州林祖洽建于州城之西；可是到开禧二年又在兵火中焚毁，只好回复在学校举行解试；嘉定六年（一二一三），在知州徐景的指示下，判官朱明孙等倡导士民捐助动工，再于原址兴建（注二三九）。贡院由于有可用以取代的场所，所以重建比较迟缓，可是也经历了一再遭兵火毁坏、一再重建的过程。其他官衙、仓库、名胜等建筑，自绍兴年间以来也陆续重建、扩增或新建，见于记载者尤其以乾道年间以后为多（注二四〇）。

另外一项值得注意的建设，是真州州城和翼城的修筑，这项建设反映了真州市区在城外的扩展。真州州城原本是北宋初年所建的建安军城，周回只有五里三十步。南宋初年的战乱过去之后，并未修治，要经过绍兴、隆兴间的宋、金战争，到乾道四年（一一六八）才由于知真州张郯的建议，依照旧有军城的规模而修筑；开禧宋、金之战以后，从开禧三年（一二〇七）到嘉定五年，又在历任知州林伯成、郭超、潘友文、徐景等人的主持下增修（注二四一）。修城的原因，在于战争带给南宋和议不可仗恃的警惕，要增强防卫能力，巩固民心（注二四二）。但是自南宋中期以来，市区已往城外东南江边扩展，这里才是真州主要的民宅分布、商业活动的地区。到嘉定年间，这种情况更加明显，方信孺在嘉定十年出任淮东转运判官兼提刑兼知真州，上任后巡视州城，得到的印象是“是中惟官寺、营厩、库廪耳，民旅皆居江下”（注二四三）。因此自开禧二年的战事过后，就感到在原有的城池之外再兴筑翼城的需要。特别是到了嘉定四年（一二一一），南宋停止输送岁币至金国，三年之后金国遣使来索取，再过三年，金国以停输岁币为名出兵征伐南宋，两国在边境上的战争又再展开（注二四四）。双方关系既陷于紧张，嘉定年间真州历任地方长官多致力于推动翼城的兴筑。

真州城外市区沿着东南江边发展，这里是新涨起的沙地，也是船舶停泊之所。这一个新市区，最晚在绍熙五年（一一九四）已见于陈珙《宋建安驿记》的描述：

> 然真自积年以来，岸江之沙，涨为平陆，膏沃弥望，庐井日衍而东，鳞次栉比，三倍曩昔。贤将肤使，与夫四方之重客，饯往迎来，率多舣舟于东河。（注二四五）

可知这时城外江岸的新市区，已有密集的居室。既然说“积年以来”，又说居室的密集是“三倍往昔”，则此一市区的发展，已有一段时间。又《永乐大典》引《仪真志》：

> 盐仓，旧在小南门外西洲之上，废于兵火，隆兴二年，郡守曾怀请于朝复之。后江沙涨塞，舟行甚艰，淳熙三年，提举司徙其仓于州东运河之北，今在翼城内东侧。（注二四六）

《永乐大典》所引的《仪真志》，应是嘉定后期知州吴机所修的《嘉定仪真志》，翼城到这时才建成。州城之外江岸沙洲的存在，自隆兴二年（一一六四）以前已然，所以盐仓原本在小南门外的西洲之上，经宋、金战火破坏之后，曾怀重建仍在此处，应该就在江岸旁，方便盐船停靠卸货；隆兴二年以后，江沙继续涨塞扩大，盐船航近靠泊已有困难，于是淮东提举常平茶盐司在淳熙三年（一一七六）将盐仓迁至州东运河之北。可见新市区的发展，应该自乾道年间（一一六五～一一七三）以来愈益明显。

翼城的兴建，从倡议到动工、完成，经历了好几任知州，前后有十余年的时间。兴筑之议，在知州潘友文于嘉定二年（一二〇九）上任后修城时，已经提出，理由即是“郡之市井与漕台皆在城南大江之滨”，但是当时认为“事重费多，未易轻举”（注二四七）。到嘉定六年（一二一三），知州李道传向朝廷请求借拨经费修东西翼城。李道传指出，淮东陆程自滁州取道六合，自盱眙军取道天长，两路会合于真州，两昼夜可以到，到真州之后，四十里可以渡江到镇江，六十里可以渡江到建康，是陆路要冲。所以要筑翼城，是由于：

> 城内居民比城外仅十分之一，自转运司以及富商大贾之家交易繁会之处，皆在城南。（注二四八）

他的请求没有获得回应（注二四九），于是在次年再向朝廷提筑翼城之议：

> 照得州城狭窄，所以前任尝议增筑，包裹东、南两厢阛阓数千家于新城之内。然累政守臣莫敢申其说者，工役不小，用赋殷广，朝廷科降或艰，未免添贴州郡分外责任，徒尔自劳。规模有绪，则后人享成终之名；工役中辍，则一身受罔功之责。所以因循掣肘，经历数年。民间见其久不兴工，因遂盖造屋宇于所标基址之内。（注二五〇）

这次建请，又由于他卸任而未能施行。从他的两次建言，可知城外市区不仅居民远多于城内，有数千家，也是淮东转运司设司及商贾交易之所。以往地方长官虽未动工修筑翼城，却已标出筑城基址，打算施工。因迟未动工，基址内已有民众建了房屋。这种情形，说明城外市区仍在继续发展，住家愈来愈多。从他所说东、南两厢有数千家居民，也可以知道这时城外新市区已设有称为“厢”的行政区来管理。

附图三：南宋真州州城及翼城

资料来源：本图采自“中央研究院”历史语言研究所傅斯年图书馆藏陆师《康熙仪真志》，卷一，原图应源自《嘉定仪真志》。

说　　明：州城东西两侧已建有自北往南延伸至江边的翼城。

虽然李道传未能在任内动工兴筑翼城，但是继任的真州知州接续致力于此。嘉定八年（一二一五），知州丰有俊再向朝廷提出，终于获得支持，在次年兴工，却未能完成，城只筑了九十二丈，就遭异议阻扰。嘉定十年（一二一七）的两任知州洪偲、方信孺接续和朝廷商议，都没有得到结果（注二五一）。嘉定十一年（一二一八），知州袁申儒以“士民状陈便宜十二事”上于朝廷，说明修筑翼城的必要。其中除了讲到城外的居民和设于城外的转运司之外，又讲到“盐仓乃淮东巨藏，亦在城外”，而“塩商大贾昔皆入泊市河，今虑有警，遥舣江汉，市无贸易，翼城得成，更浚潮河，客舟尽铼，商安市廛”；次年，袁申儒再请求借拨经费，他指出除了官府借拨之外，“城外富室大贾，各以其家室之所居，骨肉之所聚，物货之所积，情愿捐助”（注二五二）。可见城外不仅是富商大贾进行交易之处，也是他们居家、堆储货物以及商船靠泊的地方，袁申儒也因此将朝廷拨借筑城经费不足部分的来源，寄望于商贾的捐助。在朝廷支持之下，西翼城完工，筑了一百四十八丈；东翼城筑了一百九十四丈，还有一百五十七丈未筑，袁申儒就卸任离去。嘉定十二年二月，“金人肆掠淮甸，驰骑而来，将趋淮甸纵火，迫翼城，睥睨犹豫不敢前”（注二五三），显示新筑翼城的功效。嘉定十三年（一二二〇），知州吴机接续筑东翼城及马面共一百九十余丈、西翼城及马面共十五丈，才算完工；又以西翼城离江尚远，凿河四百七十丈连接，而在河左垒土，以为屏障（注二五四）。宝庆元年（一二二五），知州上官涣酉又认为东、西两翼城缓急难守，取得朝廷同意，加以改筑，至宝庆三年（一二二七）完工，改筑后西翼城长三百二十丈、东翼城长约五百七十四丈（注二五五）。薛洪为吴机撰《增筑两翼城记》说：“顾自城自（按：此“自”字当为“至”之误）江，旷不相属，而阛阓骈比，实为内城之南”（注二五六）；刘宰为上官涣西改作翼城撰《真州新翼城记》说：“而城下滨江民多去城以逐利，故异时疆埸小警，即鸟兽散”（注二五七），重述了真州城外是民居密集和商人活动的市区，而上官涣西的改筑翼城也取得了商人的帮助（注二五八）。

城外市区的扩展，又可以从真州州城内外坊市和户口的分布看出来。《康熙仪真志》卷七《疆域志·坊巷》引《旧志》：

> 宋城内旧有坊五，州南曰安民，东南曰万金、崇贤，西曰长乐，北曰兴善，为烈妇荣氏建者。后郡守潘友文增新坊五，东曰修文，东南曰奏凯，北曰居敬，曰枕戈，曰柳营。嘉定间兴善、崇贤灾，郡守袁申儒继建，更崇贤曰治源，兴善曰清泰（注二五九）。城外旧有坊九，东曰行春、曰制锦，西曰青鸾、曰景云，南曰清化、曰衣锦、曰通漕，北曰招庆、曰迎恩。后居民增广，江浒芦苇之场，悉为连甍。至潘友文易巷为坊者十，南曰朝宗、曰秀野、曰安济、曰万柳，东南曰澄清，光孝寺左曰定民，澄江桥南曰义井，八字桥南曰仙隐，东翼城东曰怀义，西南曰惠爱。（注二六〇）

述事至嘉定年间为止，所引《旧志》当为吴机任知州时所修的《嘉定仪真志》（注二六一）。在潘友文任知州之前，真州州城之内有五坊，城外有九坊，城外坊数已比城内多出近一倍；在潘友文任知州之后，城内续增五坊，在江边新涨沙地发展出来的市区，原已设巷，续增十坊，增加的坊数正好是城内续增的一倍。而城内续增的五坊中，枕戈、柳营二坊从坊名看，应是军营，而非一般民居的所在。又《康熙仪真志》卷七《疆域志·镇市》引《旧志》：

宋市有三，在朝宗门左曰黄池市，门外天开图画楼左曰南市、曰北市。郡守吴机创屋七十楹，俾民僦居，遂成阛阓。（注二六二）

三市均在朝宗门内外，按朝宗门为袁申儒所筑东翼城门，在运河之南（注二六三），则此三市均在城外新市区，黄池市尚在翼城之内，但已邻近城门，而南市、北市已越出城门，在翼城之外发展。南宋真州有州城及州治所在扬子县嘉定年间的户、丁数，以户数来看，州城内户 1,094，城外户 4,761，县主户 3,221，客户 3,635（注二六四）。包括州城内外和县户数在内的扬子县总户数为 12,711，而州城内外户数为 5,855，城市户数占全县达 46.1%，这是除临安都城之外，目前所见南宋各州郡城市户口的最高比率（注二六五）；而在城市户口中，城外户数是城内户数的四倍有余，虽然没有李道传所说的十倍那样多，但是就比例来说已经可观，而且这是户籍户数，没有将来往的商旅计算在内。

真州城外市区是转运司财物、盐仓和商贾储积货物之所在，原因应在于这里濒临运河，也是船舶停靠的地方，官府、商人运货、卸货都很方便，而这处新市区也因此得以发展。这种情形，说明了真州在南宋仍然具有水路转运城市的特色。南宋真州这项特色的来源，最重要应出自这里是淮南盐货转运到长江流域各地的枢纽。而南宋淮盐的运销承袭北宋末年的制度，是通商的钞法，所以真州州城具有浓厚的商业性质。在嘉定年间真州历任知州向朝廷请求兴筑翼城的奏疏里，常提到聚集在这里的商人，而筑城经费、器用的来源，除了向朝廷申请拨借之外，又设法取得商人的支持。约略在翼城之议出现的同时，黄度在嘉定三年至五年间（一二一〇～一二一二）任江东安抚使、知建康府兼江淮制置使（注二六六），在处理以新会子易旧会子的事务时，也以真州是“商旅所萃”，而给以新会（注二六七）。吴机在知真州任上除接续修筑翼城外，也编成真州的新志，他在序文中说，宋室南迁将近百年，这里由于“东淮煮海之利，千艘万樯，转之江湖襄汉区者皆由是西”，而导致“五方之民，列屋而居，而操赢资以致饶裕”（注二六八），指出这里的商业活动与盐运密切相关。真州州城的商业性质，即使过了嘉定年间以后，也仍然存在。陈起《江湖小集》卷十二收有毛珝《吾竹小藁》，载有三首《仪真》诗：

频年岁稔少干戈，到处人能贩五河，
只道鹾舟偏辐辏，玉杯锦段近年多。

多旨楼边古柳斜，龙渊寺里隔荷花，
清风尽日无人管，半属僧家半妓家。

贩来北枣堪充膳，种得西瓜可析酲，
总是中原旧风物，不堪今日是边城。（注二六九）

第一首诗表达了来自各地的盐商在此辏集，他们也就是前引吴机所说的“五方之民”，运盐获利丰厚；第二首诗中的多旨楼应是酒楼歌馆，何以接续前面一首咏盐商的诗后，在第二首诗中并提酒楼歌馆与佛寺？一个可能的解释是，两者都是商人在真州活动的地方，在酒楼歌馆谈生意、消遣，在佛寺祈求航行江河的平安；从第三首诗则可以看出，经由边界贸易，北方的产品也贩卖到真州来，甚或作物传播至此种植。这三首诗既说明东西和南北两条商货运销路线在真州的汇聚，也说明商业兴盛助长当地娱乐业和宗教活动的作用。《吾竹小藁》编集于宝祐六年（一二五八），这三首诗的写作可能在淳祐九年（一二四九）前后，反映的应是淳祐年间的状况（注二七〇）。

但是真州州城和翼城的兴修，也显示这处城市军事性质的日益增加。南宋时期，城外市区的扩展是许多城市共有的现象，除了很少数的例子外，各处城外的新市区都没有再建城郭来环绕，而真州是少数的特例之一（注二七一）。所以要建翼城，是为了保护新市区居民和财物的安全，这是当时真州因位于淮东边区而必须有的考虑。除了筑城之外，还可以从其他措施看出真州军事性质的日增。从乾道元年（一一六五）以后，真州辖下的六合县已是军队常戍之地，人数多时有五千人（注二七二）；乾道五年至宝庆元年之间（一一六九～一二二五），真州陆续创置了神劲军、忠勇军、游奕军、忠武军等军额，不过各军人数都只在千人上下（注二七三）；庆元四年、五年（一一九八～一一九九），吴洪任真州知州，据他后来也担任同一职务的儿子吴机追记，曾"剏忠节楼船壮武营屋六百间于今营之旧址"（注二七四），这应该是水师；吴机自己在嘉定十三年至十五年之间（一二二〇～一二二二），在真州知州任内，也致力加强军备，"穿地为网，匝濠三隅；结屋为营，分兵五等；亭置阅武，以严教习；库设抵当，以通有无；补尺籍，备器械；画城捍御；部分井然"（注二七五）。在吴机辟地网、深濠之前，嘉定十年（一二一七）知州方信孺曾在陈公塘以西辟北山塘，嘉定十二年（一二一九）知州袁申儒再于北山塘以西辟茅家山塘，使得真州州城的北面，自东至西，都可以借塘水以阻滞敌军（注二七六）。以后南宋的北境边患日亟，真州的军事性质也更趋浓厚。绍定三年（一二三〇），宋军曾在真州附近遭李全部众袭击；端平三年（一二三六）、嘉熙二年（一二三八）、淳祐元年（一二四一）及二年（一二四二）、宝佑六年（一二五八），真州附近都成为宋、蒙两军的战场，州城甚至遭到攻击（注二七七）。真州州城能否坚守，关系到南宋江防。嘉熙二年，当真州情况紧急，吴潜上疏，指出“真之备御素不逮滁，而真之存亡关系江面，则其事体又非滁比”，建议“行下淮东制司，将复滁之兵尽数抽入仪真捍御”；他又请求“仍札督府令吕文德仍旧带所部人马即赴仪真之急，非特固真，实以保江。……以良将之去留，关系一城之休戚，委非细故”（注二七八）。奏文强调真州军事地理位置的重要，这对于此时担任淮东总领兼知镇江府的吴潜来讲（注二七九），感受自然特别深切。

真州深受嘉定年间以后战争的影响，又见于刘克庄所写两首咏真州的诗。一首是《真州北山》：

> 忆昔胡儿入控弦，官军迎战北山前，
> 笳箫有主安新葬，蓑笠无人垦废田；
> 兵散荒营吹戍笛，僧从败屋起茶烟，
> 遥憐钟阜诸峰好，闲锁行宫十九年。（注二八〇）

按“十九年”应作“九十年”（注二八一）。刘克庄于嘉定九年（一二一六）出任真州录事参军，次年即入江淮制置使李珏幕，至建康府任职。嘉定十二年（一二一九），金军入侵淮南，前一年刘克庄曾随幕府至淮东巡察，这年又与同僚至龙湾点视舟师，这时金军的游骑已至真州境内西南陲滨江的宣化镇，隔长江而望，敌帜明灭可数（注二八二）。前文述及，这年二月金军迫近真州翼城而不再进攻，城内虽获保全，但是州城以外的地带应已遭战火破坏。“钟阜诸峰”指建康府的钟山，“行宫”亦在建康府。“闲锁行宫九十年”应自宋高宗于绍兴八年（一一三八）以建都临安而离开建康并设置行宫留守司起算，至嘉定十二年恰逾九十年（注二八三）。刘克庄此诗，应是在辞离江淮制置司的职务之后多年，感忆昔日在建康府任职时真州沦为宋、金战场的往事。另一首是《忆真州梅园》：

当年飞盖此追随，惨澹淮天月上时，
树密径铺毡共饮，花寒常怕笛先吹；
心憐玉树空存梦，尘暗关山阻寄诗，
纵使京东兵暂过，可无一一斫残枝。（注二八四）

“京东兵”指李全部众。绍定三年，李全进攻扬州而部众扰及真州（注二八五），刘克庄这时正奉祠家居于福建兴化军（注二八六），当是得知此讯，回忆起旧日真州生活，有所感怀而作此诗。这两首诗所显现战争萧索的情景，所表露感伤无奈的心情，完全不见于前引毛珝同样作于南宋晚期，描述真州商业活动的《仪真》诗。同在一个战争长期断续进行的时代，毛珝所吟咏的是干戈间歇时物资流通的活力，而刘克庄所喟叹的却是干戈破坏后景物的苍凉。

尽管真州的军事性质日增，仍无损于其扮演淮盐转运枢纽的角色。不过南宋的真州在沿江城市中，已不像北宋时期那样，在物资转运上具有独占鳌头的地位。真州在南宋主要是淮南盐货西运至长江流域各路的转运中心，可是长江流域各路物资运送到行都临安所在的浙西，却是以位于长江和江南运河交口的镇江府为转运地，镇江府附近运河航运繁忙的情形，见于前引南宋时人的描述。更值得注意的一处转运城市，是长江中游荆湖北路的鄂州。鄂州地当长江、汉水和洞庭湖流域交会之处，成为四川、湖南北、京西各地物资集散和转运点，一方面从南北连结了广南、湖南和京西、湖北的交通，另一方面也从东西连结了长江流域从浙西一直到四川的交通。这种特殊的地理位置，结合上南宋立国以后政治、军事形势的转变及长江中上游区域经济的发展，使得鄂州在物资转运上的重要性大幅提升。陆游、范成大航行长江，看到鄂州航运和市容的盛况。陆游在《入蜀记》中记述他在乾道五年（一一六九）路经鄂州所见到的繁盛情形：

> 食时至鄂州，泊税务亭，贾船客舫，不可胜计，衔尾不绝者数里，自京口以西皆不及。……市邑雄富，列肆繁错，城外南市亦数里，虽钱塘、建康不能过，隐然一大都会也。（注二八七）

范成大也在《吴船录》中记述淳熙四年（一一七七）他路经鄂州所得到的深刻印象：

> 晨出大江，午至鄂渚，泊鹦鹉洲前南市堤下。南市在城外，沿江数万家，廛轩甚盛，列肆如栉，酒垆楼栏尤壮丽，外郡未见其比。盖川广荆襄淮浙贸迁之会，货物之至者无不售，且不问多少，一日可尽，其盛壮如此。（注二八八）

鄂州繁盛的市区在城外的南市，方便来往不绝的商船的上货、卸货，所谓“川广荆襄淮浙贸迁之会，货物之至者无不售”，正说明这里是一个商货转运的中心，各地货物在此售出之后自然并非全在当地消费，应该有很大的一部分是由商人再转运到其他地方。南市居民众多，商业繁盛，在陆游的眼里更胜于长江沿岸的其他城市，包括镇江府和建康府两大城市在内，商货转运活动的兴盛大概也要超过这两处城市。商货之外，还有官纲。前述乾道七年（一一七一），官府以购买盐钞的方式，从真州盐仓取盐运往鄂州，应该就是看上盐货运到此地之后，可以出售给各地来此的商人，再转运到其他地方销售；南宋政府在川陕边境向境外部族所买的战马，结成马纲，走陆路至京西，也是顺汉水南下至鄂州，再运到长江中下游各大军驻所和行都临安（注二八九）。至于长江沿岸的另一处大城市建康府，从各地运输至此数量众多的米粮，一方面要供给当地民众和驻军的消费，另一方面也要供应淮西的军需（注二九〇），就后者来说，也具有转运城市的性质，但应该不如镇江府和鄂州那样重要。长江南岸的这三处城市，都是大军驻地和总领所设置之所在，既具有明显的军事性质，同时也发挥着转运的功能；而其中镇江府和鄂州两处，在物资转运上的重要性，恐怕都不逊于真州，甚或犹有过之。

四、结语

北宋时期，建安军（真州）联系南北的转运功能要重于联系东西。北宋建立之初，建安军已设置榷货务负责茶货的榷卖，然后又设置发运司负责官府物资的转输，到大中祥符六年

（一〇一三）改名为真州之后，这两个机构仍然存在。东南地区所产的茶，由各地官府运到主要设在长江北岸的六处榷货务，以及设在淮西的十三处山场，茶商在入中制度之下，向官府入纳后，再到各榷货务或山场取茶运销。而建安军（真州）榷货务，是收受各地运来茶货数量最多的一处。茶商到这里取茶之后，取道运河，北运到汴京销售，或者再转销华北各地。不仅如此，沿江的其他榷货务和山场所收受的茶货，由于长江水运交通的方便，茶商也宁愿沿江而下，到真州后再转航运河，北上往汴京，而不从淮西、湖北走陆路北行。这种情形，在大中祥符年间以后尤其常见。估计六榷货务、十三山场所受纳约一千万斤稍多的茶货，约有四分之一是要运送到真州榷货务；而经由真州北运的茶货，则更可能要高占到各榷货务、山场受纳茶货的十分之七。到嘉祐四年（一〇五九），停废茶榷，实施自由通商，政府才不透过榷货务或山场控制茶的买卖。再往后到崇宁二年（一一〇三）又改回征榷，新的榷法由商人向官府在产茶州县所设的茶场购买，其后又改为商人在官府的管控下直接和茶园户交易。尽管从嘉祐四年以后的茶法已不同于从前，不再设置榷货务受纳茶货，但是真州以其地利之便，应该仍是茶商和茶货出入的要地。

另一方面，从宋初以来，淮南沿海各州盐场所产的盐，在官搬官鬻的榷卖制度之下，大部分先集中到官府设在建安军（真州）的转般仓，再往西运输到长江流域内陆各路；另外也在某种程度之内，实施与入中法结合的通商，商人入中于京师或边郡，也可以入中于扬州折博务，换取交引请盐货卖，他们仍然要到建安军（真州）的转般仓来取盐。崇宁三年（一一〇四）以后，东南盐全面推行钞盐法，是食盐榷卖下的通商制，虽然这时商人在榷货务购钞后，直接到淮南沿海的盐场或州仓取盐，真州应该仍是淮南所产盐货的转运中心。

不过从真州取道长江西运的淮南盐，在北宋时，仅被视各路上供至京师的物资运抵真州之后的回货，亦即当纲船运送上供物资至真州下卸之后，为避免空船返航，装载盐货回运本路。而在数量上，淮南盐最高年产额三百二十万石，也和每年可以高达六七百万石的上供米粮相差甚多，何况除了米粮之外，还有数量众多的绢帛、钱币及其他各种物资，从东南各路取道运河上供至京师。各类上供物资从东南各路运输到京师，从宋初以来，也是以建安军（真州）为转运的枢纽。由于运河输运东南各地产品到汴京及华北的重要性，所以从宋初以来，政府常推动各项和运河航运有关的兴修整治措施。特别是运河与长江的河床深浅、水位高低不同，为了航行的顺畅，官府在建安军（真州）设有转般仓，从东南各路运到这里来的上供物资，要先卸入转般仓，再换船北运，避免船只过堰的烦劳。这种情形，到天圣四年（一〇二六）在真州江口兴建复闸取代堰埭之后有了改变。复闸的创建以及在运河沿线的推广，一方面使得运河的运量大增，另一方面也导致转般法向直达法的转变。首先是米粮以外的其他上供物资从东南各路直接运抵京师，到崇宁三年，连上供米粮的输送也改行直达法。而在直达法全面施行的同时，东南各路食盐的榷卖从以官搬官鬻为主全面改为通商的钞盐制，盐货不再由官船运输，于是淮南盐的西运也不再是上供物资的回货。即使上供的输送改行直达法，纲物不在真州下卸入转般仓，但是为了等候闸门的启闭，纲船和押纲人员仍然必须在真州停留。

从茶、盐、上供物资的运输，已经可以看出北宋时真州作为一处南北转运的枢纽，要比东西转运占优势。除此之外，还有其他商货和行旅路经真州，在这方面，同样以南北之间的联系为重要。来自各方的官物、商货和行旅的辐凑，使得真州发展成一处兴盛的水路转运城市。真州的户籍户口和其他州郡相比并不多，可是州城的商税收入却在全国各城市中名列前茅。

到了南宋，情况有很大的改变。真州在这时期依旧是一处重要的水路转运城市，可是以联系东西和联系南北两种功能相比较，前者的重要性相对大为提升。南宋的真州仍然延续北宋时淮南盐西运的枢纽地位，而这也是当时真州最主要的转运功能。南宋建立之初，曾在真州设置提领措置真州茶盐司，又称榷货务都茶场，发行茶盐钞引出售给商人，因此有真州钞之名。后来真州务场遭到废并，到绍兴八年（一一三八）确立为临安、镇江、建康三务场的形态。但是真州即使不设务场，商人在入纳之后，也必须经由此地才能到淮东沿海州郡的盐场取盐，回程又要经过此地才能将盐货运到长江流域内陆各路销售。淮东沿海的盐产，在南宋初年的战争过后产量大增，尽管北宋时期海州、涟水军两郡的盐场到南宋已在金国境内，绍兴二十九年（一一五九）以后，政府向亭户买盐及卖盐给商人，长期可以达到三四百万石左右，要到端平年间（一二三四～一二三六）以后才又降到三百万石以下；而北宋淮东盐产要到熙宁六年（一〇七三）以后才有年产额三百二十余万石的盛况，在此之前不过在一二百万石之间。由于真州地理位置在淮盐转运上的重要性，政府在乾道元年（一一六五）盖造真州盐仓，将淮东沿海州郡盐场所产盐货拨十分之二到真州盐仓支发给商人，方便商人请领盐货，真州盐仓此后长期存在。可能在真州盐仓设置之后，真州也恢复设置发售钞引的机构，成为商人购钞的处所，行在榷货务和建康榷货务都在这里设置有卖钞库，发卖通、泰、高邮、真州盐钞，要占到淮东盐钞价额的四分之一，后来又设有卖钞司。南宋末年，真州又设有榷货检阅分司，不仅掌管茶盐钞引的发售，可能也接收了原本隶属于提举常平茶盐司的盐场事务。在南宋时人的观察里，淮盐的西运是维系真州在南宋继续成为一处重要转运城市的基本因素。除了淮盐之外，也有其他商货和行旅由于取道长江航行而经由真州，但是真州这时已非连结长江上中游各路和行都临安最重要的转运中心，这一个枢纽是在长江和江南运河交口的镇江府。

虽然华北在南宋时已在金国的统治之下，但是南北之间仍然有经济上互通有无和外交上折冲往返的需要，淮南运河也仍然是联系南北的一条重要通路。不过真州所发挥的联系南北的功能，比起北宋来讲已是大为减弱。以经济上的来往来讲，位在淮南运河北端，隔淮河相对的南宋盱眙军和金国泗州，是两国之间进行商业活动最重要的榷场，不过在宋、金国界沿线，仍有其他榷场存在，而且还有兴盛的陆上和海上走私贸易，这使得南宋境内所产茶货、米粮等商品，取道运河经由真州运到华北的数量，恐怕远不能和北宋时期相比。南宋每年输送给金国的岁币，也可以看做是南北之间物资的交流。岁币的输送虽然取道运河，却不经过真州。淮南运河在扬州境内的瓜洲有另一个进入长江的河口，自北宋晚期以来，浙西上供至汴京的物资已是走瓜洲而不经真州，南宋从临安运送岁币至南宋边界上的盱眙军，再过界到金国的泗州交接，也是如此。宋、金两国每年多次的使节来往，走的也是这一条路线。除了两国之间经济和外交上的来往之外，淮东和江浙之间的物资流通，也可以看成是南宋境内经由运河的南北联系。在这一方面，兼走真州和瓜洲两路，但是输运于淮东、江浙之间物资，在数量上究竟有其限度。无论如何，真州在南宋时多少还发挥着联系南北的功能，也因此仍然有一些与运河航运有关的工程在这里进行，只是政府重视的程度已经不能和北宋时相比，也比不上南宋时联系镇江府和行都临安的江南运河。

作为一处淮南盐货转运中心，真州所在的淮东路其实是南宋的边区，真州州城也因此经历了一个屡遭战火破坏而又屡次重建的过程。即使如此，商业活动仍然使真州州城的市区往城外扩展，在城外东南的江岸一带，由于河沙淤积而形成一个新的市区。这里的居民、房舍的众多远超过城内，是转运司财物、盐仓和商贾储积货物之所在，也是船舶停靠、富商大贾活动的地方。这里的商业活动和盐运密切相关，而来自各地的商人不仅在此进行交易，也在此住居。这一个新市区，至晚在开禧宋金战争之前的绍熙五年（一一九四）已见于描述。在经过屡次战争之后，南宋知道和议不可仗恃，因此真州就有加强筑城防卫的需求，而兴筑翼城以保卫城外市区居民、财物，成为开禧宋金战争之后地方官施政的一个重点。翼城的兴筑说明真州军事性质的增加，以后南宋的北境边患日亟，真州的军事性质也更趋浓厚。尽管真州的军事性质日增，仍然无损于其扮演淮盐转运枢纽的角色。在战争停歇期间，真州的盐运活动依旧充满活力。

不过南宋的真州在长江沿岸的城市中，已不像北宋时期那样，在物资转运上具有独占鳌头的地位。北宋真州州城以南方物资运至北方的转运中心，而兼为淮南盐西运至长江流域内陆各路的转运中心，商税收入在全国各城市中名列前茅，而且高出长江沿岸其他城市甚多，仅江宁府城相差较少。而在南宋，真州只是淮南盐西运的转运中心，长江流域各路物资东运到行都临安府的转运中心已在镇江府，而不在真州。此外，地当长江、汉水和洞庭湖流域交会之处的鄂州，则是四川、湖南北、京西各地物资集散和转运点，一方面从南北连结了广南、湖南和京西、湖北的交通，另一方面也从东西连结了长江流域从浙西一直到四川的交通。这两处城市在物资转运上的重要性，恐怕都不逊于真州，甚或犹有过之。

总结而言，北宋时期真州所发挥的转运功能，南北之间的联系要优于东西之间的联系；到了南宋，则转而以东西之间的联系为首要，联系南北的功能虽然没有完全丧失，却大为减弱。这一个转变，也导致真州在沿江城市中转运地位的转变，在北宋时是首屈一指，到南宋时则未必能胜过镇江府和鄂州。而这双重的转变，虽然也不无经济因素的影响，如沿海航运的发展使得宋、金间的商品流通可以取道海路，但是根本原因实为南北宋间政治局势的剧变。

* 本文为台湾大学文学院“人文多样性与跨文化：理论探讨和实例研究——早期中国社群与地域的多元性”研究计画子计画“宋元时代的真州”之研究成果，执行期间获文学院迈顶计画研究经费补助，又本文附图一、二均为吴挺志先生绘制，特此致谢。

（原刊于《台湾大学历史学报》第五十二期，二〇一三年十二月）

注释

注一：全汉昇，《唐宋时代扬州经济景况的繁荣与衰落》，收入氏著，《中国经济史论丛》，第一册，页一～二八。关于宋代真州的研究，另有韩桂华尚未正式出版的论文《宋代真州的兴起》，发表于《中国史地关系研究学术研讨会——纪念张其昀先生百岁诞辰》。

注二：刘晏设巡院见《新唐书》，卷五十四，《食货志》，页二；唐穆宗时复设两处巡院，见《旧唐书》卷四十八，《食货志》，页二五；又可以参考陈衍德、杨权，《唐代盐政》，页九二、九七；郭正忠主编，《中国盐业史·古代编》，页一九〇、一九三。

注三：见《五代史记注》，卷二十一，《职方考》，扬州条注文，页二一。永贞县在史籍中又作永正县或永镇县，见《五代史记注》及《太平寰宇记》，卷一三〇，《淮南道·建安军》，页一一～一二。原应作永贞，作永正或永镇当是避宋仁宗讳（赵祯）改，见《嘉靖惟扬志》，卷二，《建革志》，页四："改永贞为永正，避仁庙讳。"

注四：《元丰九域志》，卷五，《淮南东路·真州》，页六；《舆地广记》，卷二十，《淮南东路·真州》，页七～八；《舆地纪胜》，卷三十八，《淮南东路·真州》，页二；《方舆胜览》，卷四十五，《真州》，页一。《宋史》，卷八十八，《地理志》，页八，载置建安军在乾德三年（九六五），与他书不同。铸圣像事见《长编》，卷八十，大中祥符六年三月乙卯条、五月辛丑条，页七、十。永贞县在大中祥符六年复称扬子县，见《会要》，《方域六之一四·州县升降废置》，真州条："杨子县（按："杨子"当作"扬子"），旧名永正县，雍熙二年自扬州来隶，大中祥符六年改。"

注五:《长编》,卷五,乾德二年七月乙未条,页十二:“始于江北置折博务,禁商旅过江。”八月辛酉条,页一二:“初令京师、建安、汉阳,蕲口并置场榷茶。”榷场之名见《会要》,《食货三六之一·榷易》,乾德二年八月条。榷署之名见脱脱,《宋史》,卷一八六,《食货志·互市舶法》,页一八;榷货务之名见《皇宋十朝纲要》,卷一,乾德二年八月辛酉条,页九。

注六:沿袭后周之制见脱脱,《宋史》,卷一百八十六,《食货志·互市舶法》,页一八。

注七:佐伯富,《宋初における茶の專賣制度》,收入佐伯富,《中国史研究·第一》,页三七七~四〇八;朱重圣,《北宋茶之生产与经营》,页二六一~二六二、二八二;黄纯艳,《宋代茶法研究》,页一五~一六。

注八:北宋与辽的边界贸易在宋太祖时已存在,到宋太宗时才正式在沿边州郡设置榷务管控,出售至辽的商品包括茶。见陶晋生,《宋辽关系史研究》(增订版),页一五。

注九:《会要》,《食货三六之一·榷易》,开宝三年八月条。

注一〇:《宋史》,卷二七〇,《边珝传》,页一一~一二:“开宝初,监职方郎中,……又掌永安军(“永安军”当是“建安军”之误)榷货,奏徙务扬州。……就命权知州事,仍兼榷货务。”

注一一:原为十四场,其后一场废置而成十三场,见朱重圣,《北宋茶之生产与经营》,页二六四~二六五。

注一二:参考佐伯富,《宋初における茶の专卖制

度》；朱重圣，《北宋茶之生产与经营》，页二六二～二六三、二八三～二八八；黄纯艳，《宋代茶法研究》，页一六～一九。

注一三：马端临，《文献通考》，卷十八，《征榷考·榷茶》，考一七五。

注一四：《宋史》，卷一八三，《食货志·茶》，页二〇，载至道二年（九九六）杨允恭等建议："禁淮南十二州军盐，官鬻之，商人先入金帛京师及扬州折博务者悉偿以茶。"此事又见李焘，《续资治通鉴长编》，卷四十，至道二年十一月甲午条，页一二。

注一五：《宋史》，卷三〇九，《秦羲传》，页一一："淳化（九九〇～九九四）中，又督洛南采铜，雷有终称其有心计。遣监兴国军茶务。会杨允恭改茶盐法，荐羲掌真州榷务。"按杨允恭奏改茶盐法并获接纳，在淳化末、至道初（九九五～九九七），见郭正忠，《宋代盐业经济史》，页七二七。则大约最晚在至道初以后，榷货务已复设于真州。

注一六：《会要》，《食货二三之三一·盐法》，天圣元年六月十四日条载，三司盐铁判官俞献卿言通、泰、楚州盐场利害："真州榷务每年入中耕牛二千头，分给逐州亭户犁盐，各有元定等第价例及添饶钱数，支与客人臈茶。"价例及添饶钱数既称"元定"，则在天圣元年以前已是如此。

注一七：参考佐伯富，《宋初における茶の专卖制度》，及其《宋代林特の茶法改革について》、《宋仁宗朝における茶法について》，后两文均收入佐伯富，

《中国史研究·第二》，分见页一〇五～一三〇、一三一～一六九。朱重圣，《北宋茶之生产与经营》，页二八八～三二六；黄纯艳，《宋代茶法研究》，页一七～九三。

注一八：由官府负责自茶产地输运所购茶至各榷货务，见《会要》，《食货三六之三·榷易》，淳化四年二月条，载刘式建议废除榷货务，让商人直接到茶产地购茶，他认为如此可以“官减转漕之直”；又见《诸臣奏议》，卷一百〇八，页二，载端拱二年（九八九）张洎《上太宗乞罢榷山行放法》：“比来般运，尽出公家，涉历江湖，按漕河洛，方舟巨橹，经途万里，风涛没溺，官吏奸渝（按：“渝”当是“偷”之误），陷失茶纲，比岁常有。”

注一九：见《会要》，《食货二九之七、一〇～一四·茶法》载卖茶额条、卖茶价条。

注二〇：《会要》，《食货三六之四·榷易》，至道二年十一月条。

注二一：全汉昇，《北宋汴梁的输出入贸易》，收入全汉昇，《中国经济史论丛》第一册，页八七～一九九；古林森广，《宋代产业经济史研究》，第一编第四章《北宋茶市場の分析》，页九六～一三九。

注二二：《会要》，《食货三〇之八·茶法杂录上》，天圣九年（一〇三一）四月五日条：“三司请在京榷货务入末盐钱岁以百八十万三千缗，建州市茶岁以五十万斤，真州转般茶仓以二百五十纲为定额。诏建州茶减五万斤，余从之。”

注二三：《会要》，《食货一七之二一～二二·商税》，天圣七年正月条。

注二四:《会要》,《食货一七之一七～一八·商税》，载天禧五年二月诏:“自今客人于蕲口、太湖、石桥、洗马等四处场务算买诸色号茶货，如到泗州，愿取淮河前去，入正阳、颍州、陈州旧路上京者，听从便，令依例纳旧路商税。如愿借汴河路上京者，令只纳旧路税钱，更不令依宿、亳州、南京三处税则例送纳，随船行货物色力胜、头子、包角等钱即依逐处例收纳。”

注二五:《会要》,《食货一七之二一～二二·商税》，天圣七年正月条。

注二六:《元丰九域志》，卷一,《京西北路·颍州》，页二五，载颍上县有正阳、漕口、江陂三镇。又《会要》,《食货一五之八·商税杂录》，载颍州颍上县正阳镇于熙宁十年（一〇七七）收商税额4,094贯385文，较县城、州城所收税额均高，此地显然位处交通要道。

注二七: 六榷货务、十三场茶额，见《梦溪笔谈校证》，卷十二,《官政二》，页四四五～四四六。嘉祐六年的“六”字可能有误,《会要》之《食货二九之七·买茶场》载寿州霍丘县场、庐州舒城县场、蕲州蕲春县洗马场、石桥场、蕲水县王祺场、舒州罗源场、太湖场、光州光山场、南城场、子安场等买茶场在嘉祐四年已罢，同书《食货二九之一五·卖茶场》载寿州霍丘县、庐州舒城县、蕲州蕲水县王祺场、蕲春县洗马场等卖茶场在嘉祐四年已罢。另一个可能是未错，茶法改行自由通商的诏令虽已于嘉祐四年二月颁下，各买茶场、卖茶场亦已确定关闭，但自诏令颁下至实际执行之间可能有一段时间，这段时间内官府最后购自园户的茶货，至嘉祐六年始运缴达各榷货务，成为各榷货务这年的受纳茶额。由于《梦溪笔谈》指出所载数字是“取最中”，即历年的中数，因此以前一种可能较大，若是如此，则“六”字可能是“元”字之误，即这些数字可能是嘉祐元年（一〇五六）的数额。

注二八：池田静夫在《宋代汴河水運の研究》(《文化》五卷五号〔一九三八〕，页四六～九四）中，据前引天禧五年二月诏令中的“随船行货物色力胜、头子、包角等钱即依逐处例收纳”，如此指出。

注二九：朱重圣，《北宋茶之生产与经营》，页三二四～三三一；黄纯艳，《宋代茶法研究》，页一〇三～一一七。

注三〇：《会要》，《食货三〇之二四・茶法杂录》，元丰七年（一〇八四）八月二十九日条：“都提举汴河堤岸司言，乞岁买建州臘茶十七万斤，依官纲例免税至京，抽解十分之一送都茶库，都茶库所卖茶本司乞岁买三万斤，随新陈作价。从之。”

注三一：朱重圣，《北宋茶之生产与经营》，页三〇～三六。

注三二：《会要》，《食货二六・盐法》，太平兴国二年二月十八日条。

注三三：河上光一在以此段史料讨论淮南盐转运中真州的地位时，已如此指出，见河上光一，《宋代盐业史の基础研究》，页二六六～二六九。

注三四：王存，《元丰九域志》，卷六，《江南东路·太平州》，页六："伪唐雄远军，皇朝开宝八年改平南军，太平兴国二年升为州。"

注三五：《五代史记注》，卷六十七下，页二四，《吴越世家》注引《吴越备史·补遗》，述吴越王钱俶出兵助宋攻南唐，于开宝八年四月，"江阴、宁远等军，沿江石桥等寨军兵来降，王悉宥之"。

注三六：解池所产盐又称颗盐，海盐、井盐又称末盐，见《宋史》，卷一八一，《食货志·盐》，页一一。

注三七：《宋史》，卷一八二，《食货志·盐》，页一一。

注三八：《宋史》，卷一八二，《食货志·盐》，页六，载海州、涟水军所产盐，"各给本州军及京东之徐州，淮南之光、泗、濠、寿州，两浙之杭、苏、湖、常、润州、江阴军。"又载两处转般仓，"一于真州，以受通、泰、楚五仓盐；一于涟水军，以受海州、涟水盐。"又《会要》，《食货三六之二八·榷易》，康定元年（一〇四〇）二月二十一日条载三司上言："及淮南、江浙所卖末盐，乞委诸路转运司选官计度，于真州、扬州、涟水军装载，分往诸州出卖"，则扬州似亦曾设有收盐的转般仓。

注三九：戴裔煊，《宋代钞盐制度研究》（台北：华世出版社，一九八二），页二四二～二四四；幸徹，《北宋时代东南盐の官卖法の推移に就いて》，《东方学》三十四辑（一九六七），页二～一五；幸徹，《北宋时代の末盐钞京师现钱发行法の行方について》，《历史学·地理学年报》二辑（一九七八），

页二一～三五。较详细的讨论见郭正忠，《宋代盐业经济史》，第七章《宋代东南六路海盐政策的变迁》，页七一〇～九〇二。

注四〇：《长编》，卷一一三，明道二年（一〇三三）岁末条，页二一～二二，载参知政事王随建议淮南盐通商："愿得权听通商三五年，使商人入钱京师，又置折博务于扬州，使输钱及粟帛，计直予盐。"又《长编》，卷四十，至道二年十一月甲午条，页一二，载杨允恭请禁淮南通商，"又请令商人先入金帛京师及扬州博务者，悉偿以茶"。"博务"应即折博务，禁通商后悉偿以茶，则在此之前应亦可偿以盐。

注四一：《长编》，卷一八六，嘉祐二年十一月癸酉条，页一一。

注四二：《文献通考》，卷六十二，《职官考》，考五六一，发运使条，述此职设置经过，至道元年（九九五）初置江淮南两浙发运使兼知制置茶盐事，就淮南创局；咸平三年（一〇〇〇）兼制置矾税，仍领荆湖路；庆历七年（一〇四七）命发运副使置司真州，更不置正使。又《长编》，卷二百五十七，熙宁七年（一〇七四）十月壬辰条，页十："权淮南发运副使张颉言，乞今后使、副只于真州本司连书发遣，遇春运拥并，即轮一员至扬、楚、泗州以来提举催促，部押末运入京奏事。"则此后虽曾复置正使，但本司仍在真州。发运使治所在真州，但另有一员在泗州治事。见《苏东坡全集·奏议集》，卷十二，页五五一～五五二，《乞岁运额斛以到京定殿最状》:“盖运路千里,而发运使二人,止在真、泗二州。

注四三:《会要》,《食货二五之三二·盐法》,建炎二年(一一二八)九月七日条,户部尚书吕颐浩言:“诸路产盐场自来买纳、支发并为一处,昨于政和年间,因人建议,关防搭带欺弊,将买纳、支发分而为二,遂创州仓,……自买纳运入州仓,然后支与客人。”

注四四:戴裔煊,《宋代钞盐制度研究》,页三二〇~三二一;郭正忠,《宋代盐业经济史》,页八二二~八二四。

注四五:《鸿庆居士集》,收入《文渊阁四库全书》第一一三五册,卷三三,《宋故左朝奉大夫提点杭州洞霄观章公墓志铭》,页八。

注四六:吕祖兼《历代制度详说》,卷五,《盐法·详说》,页五。

注四七:马端临,《文献通考》,卷十六,《征榷考·盐铁》,考一六三。

注四八:戴裔煊,《宋代钞盐制度研究》,页六〇。

注四九:《宋史》,卷二九九,《李溥传》,页一五。

注五〇:《会要》,《食货四二之一·宋漕运二》,太平兴国九年(九八四)十月条。

注五一:《会要》,《食货四二之二·宋漕运二》,至道二年八月诏。

注五二:《隆庆仪真县志》,卷四,《官师考》,页八;《宋史》,卷二八二,《李沆传》,页四。

注五三:全汉昇,《唐宋帝国与运河》,收入全汉昇,《中国经济史研究》，上册，页二六五～三九五。

注五四：《长编》，卷三〇，端拱二年四月条，页一二。

注五五：《会要》，《职官四二之五五·发运使》，绍兴二年三月七日条。

注五六：《会要》，《方域一七之一四·水利》，宣和三年三月二十八日条。

注五七：《会要》，《食货四二·宋漕运二》，引《墨庄漫录》。

注五八：郭正忠，《宋代盐业经济史》，页六三三，"宋代淮盐年产量"表。

注五九：据青山定雄，《唐宋时代の交通と地志地图の研究》，页三五二～三五三所列六路米谷漕运额表，熙宁三年（一〇七〇）与元丰六年（一〇八三）均为六二〇万石。

注六〇：见全汉昇，《唐宋帝国与运河》；青山定雄，《唐宋时代の交通と地志地图の研究》，页三五二～三五三所列六路米谷漕运额表。

注六一：汪圣铎，《两宋财政史》，下册，页五八二～五八三；岛居一康，《宋代财政构造の研究》（东京：汲古书院，二〇一二），第一编第一章《宋代上供の构成》、第二章《上供钱货の诸系统》，页一九～六五。

注六二：全汉昇，《唐宋帝国与运河》。全国总数及南方各路总数，据全文所列"诸路上供钱物表"，并参考马端临，《文献通考》，卷二三，《国用考、历代国用》，考二二三～二二九所载数字订正计算。唐恪所考数字不包括米粮、杂科，应以钱币、绢帛与丝绵为主。

注六三：北宋运河漕运从转般法到直达法的演变，见全汉昇，《唐宋帝国与运河》；青山定雄，《唐宋时代の交通と地志地图の研究》，页三六一～三九五。

注六四：两浙上供物资运至扬州转般仓，见《宋会要》，《职官四二之三六·发运使》，政和二年（一一一二）三月十三日条，载发运司奏："六路合发上供额斛，如般发违一限，从本司会算拨过，江湖路自真州并两浙路自扬州，各自泗州上河一节支费，关本路出备拨还；若已出末限，即出备自真、扬州至京钱米。

注六五：《会要》，《食货六二之五五～五六·诸州仓库》，天圣二年（一〇二四）九月条，载淮南浙荆湖制置使方仲荀等言："真、楚、泗州转般仓监官今后收到出剩，不得批上历（子），理为劳绩。江浙州军多装发热斛，乞依真、楚、泗例支装发。……并淮南、两浙州军和籴场监官内，有籴下粗弱斛斗，不任上供，乞勘逐理纳偿钱。"又同书，《食货四二之一九·宋漕运二》载嘉祐三年（一〇五八）十一月诏："兹令江南东西、荆湖南北路、两浙运司限一年各造船，添梢工及驾船卒，团成本路粮纲，自嘉祐五年为始，止令逐路据年额斛斗，般赴真、楚、泗州转般仓，却运盐归本路。"均可见此时两浙州军上供米粮并非送纳至扬州。

注六六：《长编》，卷四七五，元祐七年七月月末条，页五，载龙图阁学士知扬州苏轼言："今者又令真、扬、楚、泗转般仓斗子行仓法。"

注六七：武汉水利电力学院《中国水利史稿》编写组，

《中国水利史稿》，中册，页二二六～二三〇、二五三～二五六；朱瑞熙，《大运河和唐、宋帝国的统一》，收入中国历史上的分与合学术研讨会筹备委员会编，《中国历史上的分与合学术研讨会论文集》，页一二九～一四九。

注六八：如《会要》，《食货四二之一八·宋漕运二》，庆历七年（一〇四七）九月二十日条，载发运使柳灏以“淮南、两浙路运河久失开淘，顿成堙塞，往来纲运，常苦浅塞”而建议开淘，并请求“今后每二年一次，准此开淘”，获朝廷接受；又如《长编》，卷二五七，熙宁七年（一〇七四）十月壬申条，页四，载淮南等路发运司以“真、扬、楚州运河久不浚”而请求赐钱粮募人兴工，亦获朝廷接受。这类例子在《会要》《长编》《宋史·河渠志》中不乏见，多与发运司的建言有关，亦有由其他官员提出的情形。

注六九：相关史实亦见《宋史·河渠志》。又《隆庆仪真县志》，卷十四，《艺文考·文类》，页四四～四五，载撰于宣和七年（一一二五）的《靖安河记》，述发运使卢宗原于前一年开靖安河事，指出“自金陵抵白沙，其尤者为乐官山、李家漾，至急流、蜀港口，凡十八处，虽平时号称老风波而玩险阻者，至是鲜不袖手以听命于阳侯奇相之徒，则厥载之覆不足怪也。然东南漕计岁失于此者什一二，亦不赀矣”；辟运河新河口并开河自长江抵真州州城之后，“使往来之人，高枕安流八十余里，以易大江百有五十里之险绝，实为万世之利”。

注七〇:《宋史》,卷九六,《河渠志》,页一一,载宣和二年(一一二〇)因淮南连岁旱灾,漕运不通,遣中使按视,建议浚运河与江、淮平,朝廷发下发运司按度,发运使陈亨伯遣属官向子谭视察,向子谭指出:“运河高江、淮数丈,自江至淮凡数百里,人力难浚。”

注七一:《长编》,卷三〇五,元丰三年(一〇八〇)六月己未条,页一五,载诏书:“真、楚、泗州各造钱(按:“钱”应是“浅”之误)底船百艘,团为十纲,入汴行运。”说明行驶运河的船只吃水应较航行长江者为浅。

注七二:本段对堰埭、潮闸与复闸的讨论,多据武汉水利电力学院《中国水利史稿》编写组,《中国水利史稿》中册,页二五三~二五六;谭徐明,《宋代復闸的技术成就——兼及復闸消失原因的探讨》,《汉学研究》第十七卷第一期(一九九九,台北),页三三~四八。

注七三:胡宿,《文恭集》,收入《聚珍版丛书》,卷三五,《真州水闸记》,页一~四。又若干学者称“複闸”为“復闸”,应出于述此事的沈括《梦溪笔谈》卷一二《官政二》在文字上有版本之异的缘故,本文据胡道静的校证称“複闸”,取其有複式船闸之义。

注七四:沈括,《梦溪笔谈》,卷一二,《官政二》,页四三二。

注七五:其中楚州北神堰与真州江口堰同于天圣四年改置闸,见《长编》,卷一〇四,天圣四年十月乙酉条，页二十三；扬州召伯堰置闸在天圣七年（一〇二九），见王应麟，《玉海》，卷二十二，《地理·河渠·天圣疏沟洫》，页三八；扬州龙舟、新兴、茱萸堰的废毁在天禧三年（一〇一九），见《宋史》，卷九十六，《河渠志》，页一。

注七六：吕城堰改置闸在元祐四年，出自知润州林希的建议，见脱脱，《宋史》，卷九十六，《河渠志》，页四；瓜洲、京口、犇牛堰改置闸在绍圣年间（一〇九四～一〇九七），见《宋史》，卷三一二，《曾公亮传附子孝蕴》，页一五～一六，述曾孝蕴事迹："绍圣中，管干发运司籴粜事，建言扬之瓜洲、润之京口、常之犇牛，易堰为闸，以便漕运，通商贾。既成，公私便之。"

注七七：《会要》，《食货四七之三·水运》，崇宁三年九月二十九日条。

注七八：《会要》，《食货四二之一九·宋漕运二》，嘉祐三年（一〇五八）十一月诏。

注七九：青山定雄，《唐宋时代の交通と地志地图の研究》，页三七五～三七六。

注八〇：自宋初以来已有雇民船运送上供物资的情形，至熙宁年间以后更为常见。见青山定雄，《唐宋时代の交通と地志地图の研究》，页三七七～三八二。

注八一：王明清，《挥麈录·后录》，收入《四部丛刊续编》，卷七，页九，述米芾事："崇宁（一一〇二～一一〇六）初为江淮制置发运司勹（按："勹"当即"勾"）当直达纲运，置司真州。"

注八二：胡宏，《五峰集》，收入《文渊阁四库全书》第一一三七册，卷三，《向侍郎行状》，页二二。

注八三：全汉昇，《唐宋帝国与运河》。

注八四：青山定雄，《唐宋时代の交通と地志地图の研究》，页三九四，引据南宋三峡运马纲船资料。

注八五：全汉昇，《北宋汴梁的输出入贸易》；青山定雄，《唐宋时代の交通と地志地图の研究》，页三九五～三九八；畑地正宪，《宋代における揽载について》，收入日野开三郎博士颂寿纪念论集刊行会，《日野开三郎博士颂寿纪念论集：中国社会·制度·文化史の诸问题》，页四一二～四一七。

注八六：《会要》，《食货四三之一一·宋漕运三》，宣和五年七月十八日条。

注八七：苏轼，《苏东坡全集·东坡奏议集》，卷十二，页五四八，《论纲梢欠折利害状》。

注八八：《会要》，《食货一六之四～五·商税杂录》，载熙宁十年六州军在城税额如下：扬州 41,849 贯 403 文，高邮县 28,126 贯 38 文，宿州 15,079 贯 299 文，楚州 67,881 贯 587 文，泗州 21,682 贯 484 文，真州 53,536 贯 135 文。按：高邮军在熙宁五年（一〇七二）废为县，隶扬州，至元祐元年（一〇八六）复为军，见脱脱，《宋史》，卷八八，《地理志·淮南东路》，页九。

注八九：苏轼，《苏东坡全集·东坡奏议集》，卷十二，《乞岁运额斛以到京定殿最状》附贴黄，页五五二，论及停罢商税务点检运河商船之利："而商贾坌集于京师，回路物货，无由复入，空纲揽载，所获商税必倍。"既是未载官府物资的空纲，则所揽载的商货不能免商税，所以苏轼认为所收商税将倍增。苏轼的推测也许过于乐观，但汴京确有一些商品如书籍等输出到南方，见全汉昇，《北宋汴梁的输出入贸易》。

注九〇：《长编》，卷四三六，元祐四年十二月月末条，页二十。

注九一：全汉昇，《北宋汴梁的输出入贸易》。

注九二：张耒撰，查清华、潘超群整理，《明道杂志》，收入《全宋笔记》，页一九。

注九三：《长编》，卷三〇五，元丰三年六月甲辰条，页七。

注九四：池田静夫，《宋代汴河水运の研究》；全汉昇，《北宋汴梁的输出入贸易》；畑地正宪，《宋代における揽载について》。

注九五：《会要》，《食货一七之二九·商税》，政和三年八月十六日条，载淮南路转运使徐闳中奏："乞将真州江口抽税竹木务正监官窠阙，许转运司于文臣内奏举知县令或职官资库（按："库"应是"序"之误）人一次，候成任比较。……从之。"

注九六：《会要》，《食货二五之六·盐法》，政和二年十月二十八日条。

注九七：孙克宽，《宋元道教之发展》，页一〇九～一一六。

注九八：沈括，《沈氏三先生文集·长兴集》，收入《四部丛刊续编》，卷二十五，《开封府推官金部员外郎刘志铭》，页三十。

注九九：许元在庆历三年（一〇四三）范仲淹任参知政事后出任江淮两浙荆湖发运判官，此后历任发运副使、发运使，前后在职十三年。见欧阳修，《欧阳修全集·居士集》，卷三十三，《尚书工部郎中充天章阁待制许公墓志铭》，页二三二～二三三。

注一〇〇：《宋史》，卷二九九，《许元传》，页二十。

注一〇一：欧阳修，《欧阳修全集·居士集》，卷四十，《真州东园记》，页二七九。

注一〇二：《真州东园记》所述三人为龙图阁学士施君正臣、侍御史许君子春、监察御史里行马君仲涂。按许元字子春，另外两人据申嘉瑞，《隆庆仪真县志》，卷二，《名迹考》，页一三，东园条引旧志，为施昌言、马遵。

注一〇三：沈括，《沈氏三先生文集·长兴集》，卷二十一，《扬州重修平山堂记》，页六十七。

注一〇四：王明清，《挥麈录·余话》，卷一，页三三，载刘后事："章献明肃初自蜀中泛江而下，舟过真州之长芦。有闽僧法灯者筑茅庵岸，灯一见，听其歌声，许以必贵，倒囊津置入京。"

注一〇五：欧阳修，《欧阳修全集·于役志》，页一〇〇八，景祐三年七月丙戌条："至于真州"，庚子条："次江口"，辛丑条："次长芦"，癸卯条："晨至江宁府"。

注一〇六：王保珍，《增补苏东坡年谱会证》，收入《国立台湾大学文史丛刊》第二十七种，页二三七～二四四。

注一〇七：申嘉瑞，《隆庆仪真县志》，卷十四，《艺文考·诗类》，页六～九，收录有欧阳修《出仪真泛大江》，苏轼《宿瓜步梦中得小诗》《溪阴亭》，黄庭坚《泊舟白沙江口》，王安石《归来亭》《瓜步望扬州》，朱长文《春眺西上冈寄徐员外》，梅尧臣《东园》《新园》，刘攽《长芦崇福禅院》，张耒《离白沙》，张舜民《题王侍禁壁》《题仪真观》。彭汝砺诗见彭汝砺，《鄱阳集》，收入《文渊阁四库全书》第一一〇一册，卷十二，《寒芦》《泊真州新河亭》《游真州东园惜其将废运使兵部子正近止因寄小诗》，页二四～二五。孔平仲诗见孔文仲等撰，王违编，《清江三孔集》，收入《文渊阁四库全书》第一三四五册，卷二十三，《初三夜作》《再用元韵》《初十夜作》《真州元夕》，页一～二。刘弇诗见刘弇，《龙云集》，收入《文渊阁四库全书》第一一一九册，卷五，《秋日仪真即事十首》，页六～八。李弥逊诗见李弥逊，《筠溪集》，收入《文渊阁四库全书》第一一三〇册，卷十八，《仪真道中》，页三。李弥逊为北宋末、南宋初人，此诗前一首题中有“己亥季秋”四字，“己亥”为北宋宣和元年（一一一九），疑《仪真道中》亦作于北宋末年。

注一〇八：胡宿，《文恭集》，卷三十五，《真州水闸记》，页一～二。

注一〇九：沈括，《沈氏三先生文集·长兴集》，卷二十五，《开封府推官金部员外郎刘志铭》，页二九～三〇。

注一一〇：吕祖谦，《宋文鉴》，收入《国学基本丛书》，卷一四四，刘跂《任宗谊墓志铭》，页一九〇七。

注一一一：《隆庆仪真县志》，卷十四，《艺文考·文类》，《恭爱王庙记》，页五二。

注一一二：《隆庆仪真县志》，卷二，《名迹考》，页一四，壮观亭条。

注一一三:《嘉靖惟扬志》,卷三十三,《诗文志》,页二六～二七,《壮观亭记》。此记亦载《隆庆仪真县志》,卷十四,《艺文考·文类》,页四九～五〇,但大幅节略。

注一一四:王庭珪,《卢溪文集》,收入《文渊阁四库全书》第一一三四册,卷四十七,《故左奉直大夫直秘阁向公行状》,页六。

注一一五:《会要》,《食货二〇之一三·酒曲》政和四年十月二十三日条:"户部奏,修立到诸处酒务兵士专充达(按:"达"当是"踏"之误)曲酝造役使。……先是,淮南路转运司徐宏中言,监酒务唯真州有清务兵士,乞于其余各处亦各专置。得旨从所请,仍令户部立法故也。"

注一一六:唐代扬州的倡馆酒楼,见全汉昇,《唐宋时代扬州经济景况的繁荣与衰落》,收入氏著,《中国经济史论丛》第一册,页一～二八;又见李廷先,《唐代扬州史考》页三九五。

注一一七:刘弇,《龙云集》,卷五,《秋日仪真即事十首》,页六。

注一一八:洪迈,《夷坚志·支乙》,卷六,《真扬慧倡》条,页四。

注一一九:宋代的过税为一州一征制,征收地点多在州城或一州中位居交通要津的县、镇税务,见幸彻,《北宋の过税制度》,《史渊》八十三辑(一九六〇),页八一～一〇五。

注一二〇:各郡商税额除见《会要》之《食货·商税杂录》

所列资料外，又见加藤繁《宋代商税考》，收入加藤繁著，吴杰译，《中国经济史考证》，卷二，页六四六～六六六；及清木场东，《北宋の商业活动》（福冈：中国书店，二〇〇五），页九三三～九七五，“税额表一览”所列之统计。

注一二一：东京及各州在城税额为东京402,379贯137文，杭州82,173贯228文，秦州79,959贯372文，楚州67,881贯587文，真州53,536贯135文，苏州51,034贯929文。东京、秦州见《会要》，《食货一五之一、一八·商税杂录》，其他四州见《会要》，《食货一六之四、五、七·商税杂录》。

注一二二：各郡崇宁元年（一一〇二）的户籍户数为东京开封府261,116，杭州203,574，平江府（苏州）152,821，楚州78,549，真州24,242。见《宋史》，卷八十五，《地理志》，页一；及卷八十八，《地理志》，页一～二。

注一二三：熙宁十年真州、江宁府在城税务以外的长江沿岸商税务，以蕲州蕲口镇税务的税入26,540贯566文为最高，均见《会要》，《食货一六之四～一四·商税杂录》。

注一二四：崇宁元年江宁府全府户数为120,713，见《宋史》，卷八十八，《地理志》，页一四；据周应合，《景定建康志》，收入中国地方志研究会编，《宋元地方志丛书》第二册，卷四十三，《风土志·义冢》，页四四，引《掩骼记》：“建康承平时，民之籍于坊郭，以口计者十七万有奇，流寓、商贩、游手、往来不与。”按此文所谓“承平时”，指北宋末年，若以一户五口计，十七万口相当三万四千户，高出崇宁元年真州全州户数 24,242 几近万户。

注一二五：南宋初建立时在真州设司出售茶盐钞引事，参考郭正忠，《宋代盐业经济史》，页八四四～八四五；黄纯艳，《宋代茶法研究》，页一二二；梁庚尧，《南宋盐榷：食盐产销与政府控制》，页九六～九七。

注一二六：《会要》，《食货三二之一九·茶盐杂录》，建炎元年五月十八日条。

注一二七：《会要》，《食货二五之三一·盐法》，建炎元年六月十六日条：“敕令淮浙盐仓将见在日后纳下盐货，并以十分为率，内拨五分支真州钞，五分支在京钞，其每日所支盐，在京钞虽多，不得过日下合支真州之数。”

注一二八：郭正忠，《宋代盐业经济史》，页八四五～八四七；梁庚尧，《南宋盐榷：食盐产销与政府控制》，页九七～九九。

注一二九：周应合，《景定建康志》，卷十四，《建康表十》，绍兴十年十二月八日条，页一五。

注一三〇：行在务场卖“通、泰、高邮军、楚、秀、温、明、台州钞”，建康务场卖“通、泰州、高邮军、楚州钞”，镇江务场卖“临安、平江（北宋的苏州）、绍兴府（北宋称越州）钞”，见《会要》，《食货二七之九·盐法》，隆兴二年（一一六四）十月七日条。其中行在务场兼卖淮、浙盐钞，建康务场专卖淮东盐钞，镇江务场专卖两浙盐钞。

注一三一：郭正忠，《宋代盐业经济史》，页六三三～六三四；梁庚尧，《南宋盐榷：食盐产销与政府控制》，页三九～四二。

注一三二：梁庚尧，《南宋盐榷：食盐产销与政府控制》，页六七～六八、七〇～七一、八六～八七。

注一三三：《会要》，《食货二七之一七·盐法》，隆兴二年十二月十八日条。

注一三四：据王象之，《舆地纪胜》，卷四十三，《淮南东路·高邮军》，页一～二，高邮军于宋初建为军，熙宁五年（一〇七二）废为县，隶扬州，元祐元年复置为军；南宋建炎四年（一一三〇）升为承州，以兴化县来属；绍兴五年（一一三五）废为高邮县，隶扬州；绍兴三十一年（一一六二）复升为军，复以兴化县来隶。

注一三五：李自滋、刘万春，《崇祯泰州志》，收入《四库全书存目丛书》，史部第二一〇册，卷二，《建置志·公署》，页六，载"真州盐仓（常平使徐正卿建）"。常平使应指南宋的提举常平茶盐公事，徐正卿任提举淮东常平茶盐公事在嘉定十一年至十三年间（一二一八～一二二〇），见李之亮，《宋代路分长官通考》（成都：巴蜀书社，二〇〇三），下册，页二〇六九。

注一三六：《会要》，《食货二七之二一·盐法》，乾道二年四月十五日条："诏通、泰、高邮军盐仓监官依旧推赏外，其真州盐仓任满敷额及无积留，特与减二年磨勘。如考内比额有亏，通一任虽无亏欠，更不推赏。从淮东提举申明也。”

注一三七：《会要》，《食货二七之三七·盐法》，乾道七年十二月十六日条。

注一三八：《会要》，《食货二七之三八·盐法》，乾道八年五月七日条：“诏淮西总领所见运鄂州盐日下住罢。”

注一三九：《会要》，《食货二八之四六·盐法》，庆元元年二月七日条。

注一四〇：陆师，《康熙仪真志》，卷五，《建置志·城池》，页五，载嘉定十一年郡守袁申儒“具州士民状陈便宜十二事以上乞赐措置”，其中第六事为“盐仓乃淮东巨藏，亦在城外，今翼城成，则并包于内。”

注一四一：陆师，《康熙仪真志》，卷六，《建置志·官署》，页一三。

注一四二：陆师，《康熙仪真志》，卷五，《建置志·城池》，页六。

注一四三：梁庚尧，《南宋盐榷：食盐产销与政府控制》，页一二七～一二八。

注一四四：包恢，《敝帚藁略》，收入《文渊阁四库全书》第一一七八册，卷四，《真州分司记》，页一二～一三。

注一四五：《宋史》，卷一八二，《食货志·盐》，页二七。

注一四六：《宋史全文》，收入《文渊阁四库全书》第三三〇～三三一册，卷三十六，景定五年七月甲戌条，页六三～六四。

注一四七：发运司于绍兴元年（一一三一）改置于江南东

路饶州，次年废罢；绍兴八年（一一三八）复置经制发运使，次年又罢；乾道六年（一一七〇）再于江南西路江州置发运使，同年停废。见《会要》,《职官四二·发运使》，页五六～五七。

注一四八：楼钥,《攻媿集》，收入《四部丛刊正编》第五十五册，卷五十四,《真州修城记》，页一一～一二。

注一四九：申嘉瑞,《隆庆仪真县志》，卷十四,《艺文考·文类》,《宋嘉定仪真新志序》，页六四。

注一五〇：王恽,《秋涧先生大全文集》，收入《四部丛刊正编》第七十四册，卷五十,《大元光禄大夫平章政事兀良氏先庙碑铭》，页十："甲子，公次真州，与南兵战珠金沙，歼其千人，获盐舡三千艘。"

注一五一：孙觌,《鸿庆居士集》，卷二十三,《燕香堂记》，页七～八。

注一五二：申嘉瑞,《隆庆仪真县志》，卷十四,《艺文考·文类》，页四六,《大横河记》，页四六。

注一五三：叶梦得,《石林奏议》，收入姜亚沙等主编,《宋人奏议八种》,《中国文献珍本丛书》，卷十一,《奏措画防江八事》，页三二〇～三二一。

注一五四：叶梦得于绍兴八年至十二年（一一三八～一一四二）任知建康府事兼江南东路制置大使兼行宫留守司公事，兀朮于绍兴十一年正月入侵淮西，为宋军击败于柘皋而退兵。见周应合,《景定建康志》，卷十四,《建康表十》，页一五～一六。

注一五五：[宋]刘克庄，《后村先生大全集》，收入《四部丛刊正编》第六十二～六十三册（台北：台湾商务印书馆，一九七九据上海涵芬楼影印旧钞本影印），卷一百六十三，《制置杜大卿墓志铭》，页五。

注一五六：全汉昇，《南宋稻米的生产与运销》，收入全汉昇，《中国经济史论丛》第一册，页二六五～二九四。

注一五七：陆游，《渭南文集》，收入《四部丛刊正编》第五十九册，卷四十四，《入蜀记第二》，页二～三。

注一五八：周必大，《文忠集》，收入《文渊阁四库全书》第一一〇二～一一〇三册，卷一百七十，《乾道庚寅奏事录》，五月丙子、丁丑、戊寅条，页一一。

注一五九：范成大，《吴船录》，收入《知不足斋丛书》，卷下，淳熙四年九月丁巳条，页二五。

注一六〇：陈造，《江湖长翁集》，收入《文渊阁四库全书》第一千一百六十六册，卷三，《邵伯阻风小泊赠送行诸公》《泊瓜步》《泊府口》《芜湖感旧》《过繁昌》《繁昌早发》，页一九～二六。

注一六一：申嘉瑞，《隆庆仪真县志》，卷七，《水利考》，页六："孝宗淳熙十年，知州事左昌时开大横河，以便江舟舣泊。宁宗庆元五年，知州吴洪于董家渡至黄池山对境开新河二十里。"吴洪开河事又见同书，卷十四，《艺文考·文类》，页四五～四六，虞俦《大横河记》："而所号黄天荡者，盖江至此而愈阔，与天相际，无山可依。间遇风作，波涛汹涌，前既不可进，退亦无所止。汩覆溺之祸，县于倾刻尔。……尝以与郡侯吴君洪商焉，则欣然领会，而曰：此某之志也。……居亡何，余叨召命官中都，吴侯以书来言曰：新河复矣，自州之西董家渡至黄池山，相对江口亘二十余里，面阔十丈而深一丈。”

注一六二：林伯羽师，《读史偶得》，卷五，《宋之二·大将屯兵与御前诸军》，页三六七～三七二；又见其《南宋之边防》，《幼狮学志》第九卷第二期，页一～三六；王曾瑜，《宋朝军制初探》（增订本），第五章《南宋前期至中期军制》、第七章第三节《南宋后期的兵力部署》，页二四五～二六二。

注一六三：内河久平，《南宋总领所考——南宋政权と地方武将との势力关系をめぐって—》，《史潮》七八、七九合并号（一九六二），页一～二六；川上恭司，《南宋の总领所について》，《待兼山论丛》十二号（一九七八），页一～二九；岛居一康，《宋代税政史研究》（东京：汲古书院，一九九三），后篇第六章《南宋上供米と两税米》，页四四五～四八一；汪圣铎，《两宋财政史》，页一三一～一三三。

注一六四：朱熹，《朱文公文集》，收入《四部丛刊正编》第五八～五九册，卷九十四，《敷文阁直学士李公墓志铭》，页一一：“公请给南库钱以足岁籴之数，又籴洪、吉、潭、衡军食之余及鄂商舡，并取江西、湖南诸寄积米自三总领所送输以达中都，常使及二百万石，为一岁之备。”李椿随后兼权临安府事，事在淳熙三年，见潜说友，《咸淳临安志》，收入中国地方志研究会编，《宋元地方志丛书》第七册，卷四十八，《秩官志》，页四。

注一六五：陆游，《渭南文集》，卷二十，《常州奔牛闸记》，页一一～一二。

注一六六：卢宪，《嘉定镇江志》，收入中国地方志研究会编，《宋元地方志丛书》第五册，卷六，《地理志·山川·水》，页二六。

注一六七：卢宪，《嘉定镇江志》，卷十二，《宫室志·仓》，丹徒县条，页八～九。事出绍兴七年发运使向子諲的建议，为解决“上江粮运至镇江，冬则候潮闸”的问题而建仓，“以转般为名，诸路纲至，即令卸纳”。

注一六八：加藤繁，《宋代和金国的贸易》，收入加藤繁著、吴杰译，《中国经济史考证》卷二，页六九三～七二五。

注一六九：全汉昇，《宋金间的走私贸易》，收入全汉昇，《中国经济史论丛》第一册，页二一一～二三三。

注一七〇：除加藤繁《宋代和金国的贸易》和全汉昇《宋金间的走私贸易》两文外，又见加藤繁，《宋金贸易中的茶、钱和绢》，收入加藤繁著，吴杰译，《中国经济史考证》卷二，页七二六～七四三。

注一七一：《会要》，《食货三八之四三·互市》，乾道九年三月二日条。

注一七二：加藤繁，《宋代和金国的贸易》；全汉昇，《宋金间的走私贸易》。光州于绍兴二十八年（一一五八）因避金太子光瑛讳，改名蒋州，见《宋史》，卷八十八，《地理志》，页一二，其后应再回复原地名。

注一七三：全汉昇，《宋金间的走私贸易》、《南宋稻米的生产与运销》，收入全汉昇，《中国经济史论丛》第一册，页二一一～二三三、二六五～二九四。

注一七四：梁庚尧，《南宋的军营商业》，收入台湾大学历史学系编，《史学：传承与变迁学术研讨会论文集》，页一九三～二三六。

注一七五：文天祥，《文山先生全集》，收入《四部丛刊正编》第六十四册，卷三，《御试策一道》，页一六："曩闻山东荐饥，有司贪市榷之利，空苏、湖根本以资之，廷绅犹谓互易。"此策作于宝祐四年（一二五六），具体情形不详。

注一七六：宋宁宗嘉定年间停输岁币的过程，见黄宽重，《晚宋朝臣对国是的争议——理宗时代的和战、边防与流民》，收入《台湾大学文史丛刊》第五十种，页一四～一五。

注一七七："绍兴"应作"绍熙"已为学者指出，见朱瑞熙，《宋朝的岁币》，收入氏着，《疁城集》，页二一五～二三三。银二十万两、绢二十万匹亦为乾道元年以后的岁币数量，而非绍兴年间的岁币数量。本文作者于二〇一三年五月十六日于台湾大学历史系讲论会中以此文提出报告，王德毅师于会中认为“绍兴”应为“隆兴”之误，为另一说。

注一七八：周密，《齐东野语》，收入《宋人说部丛书》，卷十二，《淳绍岁币》，页三。

注一七九：陆师，《康熙仪真志》，卷五，《建置志·城池》，页五，载嘉定十一年（一二一八）郡守袁申儒上言：“漕台在城外，财物所聚。”真州知州兼淮东转运司长官，如同卷载嘉定十年（一二一七）秋运判兼守方信孺再议筑城，嘉定十三年（一二二〇）运判兼守吴机重甃两翼城并凿重濠，宝庆元年（一二二五）郡守兼运判上官涣酉改作两翼城。

注一八〇：出使官员及随从携带私货，参考全汉昇，《宋金间的走私贸易》。

注一八一：赵彦卫，《云麓漫钞》，卷六，页七九。

注一八二：李心传，《建炎以来朝野杂记·甲集》，卷三，《北使礼节》，页五：“北使至阙，先遣伴使赐御筵于班荆馆（在赤岸，去府十五里）。”又王象之，《舆地纪胜》，卷一，《行在所》，页二四：“班荆馆（在赤岸港）。”

注一八三：真州境内亦有赤岸，见王象之，《舆地纪胜》，卷三十八，《真州》，页三：“赤岸（其山岸与江岸数里，土色皆赤）。”

注一八四：《会要》，《职官三六之四四·主管往来国信所》，绍兴十三年十一月二十四日条。

注一八五：《会要》，《职官三六之五〇·主管往来国信所》，绍兴二十年十二月十八日条。

注一八六：楼钥，《攻媿集》，卷一一一，《北行日录上》，页七～八。

注一八七：《会要》，《职官五一之三七·国信使》，绍熙二年四月十一日条。

注一八八：于北山著，于蕴生整理，《杨万里年谱》，页三七六。

注一八九：两诗分见虞俦，《尊白堂集》，收入《文渊阁四库全书》第一一五四册，卷三，页三七；卷四，页七。又卷二，页二八，另载有虞俦所作诗，题中有“十二月初六日抵仪真廨舍，次日即出护使客”之语，应是他从真州任官之所，前往伴护金国使节，而非陪伴金国使节路经真州。

注一九〇：郝经，《陵川集》，收入《文渊阁四库全书》第一一九二册，卷二七，《镜芗亭记》，页一。

注一九一：相关资料见《会要》，《兵五·屯戍》及《兵六·屯戍》。

注一九二：王曾瑜，《宋朝军制初探（增订本）》，页二三七～二三九，二五二～二五五。

注一九三：长井千秋，《淮东总领所の财政经营》，《史学杂志》一〇一卷七号（一九九三），页一～三二。

注一九四：释居简，《北磵集》，收入《文渊阁四库全书》第一一八三册，卷四，《大军仓厅壁记》，页五。

注一九五：姚广孝等，《永乐大典》，卷七五一六，《仓·大军仓》，引《惟扬志》，页四。

注一九六：姚广孝等，《永乐大典》，卷七五一六，《仓·大军仓》，引《山阳志》，页四。

注一九七：《会要》，《职官四一之七〇·总领所》，嘉定十五年正月二日条。

注一九八：黄震，《黄氏日抄》，卷七十二，《申提刑司乞浚甘露港》，页二："今京口转般仓，实依大江而立。一水环其前后，前引上河头以南致浙右之米，后出甘露港以北馈两淮之军。……今转般仓所交者有江西米。"又《申提刑司乞免专人并豁耗状》，页四："本仓昨隶发运司，每日交发运司运到和籴人户米壹万石。……自景定二年十一月内朝省革弊，改属本司提领，所收乃江西纲运欠折之米，今岁取运，又是镇江府节制司、淮东总领使所两大司存。"按黄震两状均上于景定四年（一二六三）。事又见俞希鲁，《至顺镇江志》，收入中国地方志研究会编，《宋元地方志丛书》第五册，卷十三，《公廨志·仓》，页二三，载镇江府丹阳县吕城镇的有年仓，"宋咸淳（一二六五～一二七四）中，淮浙发运司置，凡四十廒，受纳苏、常公租，转输镇江转般仓，折运过淮，后隶浙西提刑司。"南宋晚期以平江府知府兼淮浙发运使，见韩桂华，《论宋发运使的兴废与职掌》，收入张其凡、范立舟主编，《宋代历史文化研究（续编）》，页一六九～一八三；黄纯艳，《论宋代发运使的演变》，《厦门大学学报（哲学社会科学版）》二〇〇三年第二期，页七七～八四，此文后又扩充为《唐宋发运使制度考述》，收入氏著，《唐宋政治经济史论稿》，页二〇～六〇，黄文考出浙西两淮发运司于嘉熙三年（一二三九）初置于平江府。

注一九九：《要录》，卷一八三，绍兴二十九年八月甲戌条，页一二，载两浙江湖路岁认发米及实发数，并无两淮。同书，卷一五四，绍兴十五年七月戊午条，页三："淮南平时一路上供内藏紬绢九十万匹有奇，至绍兴末才八千匹尔。"

注二〇〇：《会要》，《食货六三之一九·蠲放》，绍兴三十二年四月七日条。

注二〇一：陆游，《渭南文集》，卷三十七，《朝议大夫张公墓志铭》，页三，述张郯于乾道（一一六五～一一七三）初年知真州，建议修城，"度费缗钱十万，米三千斛，而郡有上供与经制羡数，可得太半，止乞给降三万缗。"

注二〇二：《会要》，《食货四〇之四二·市籴粮草》，乾道二年二月十三日条，载淮南转运判官韩元龙奏："淮东路逐年收买镇江诸军一半本色马草二十五万束，赴镇江府北草场交纳。"同书《食货四〇之四四·市籴粮草》同年七月一日条，载户部侍郎方滋建议收籴马草，供殿前马、步军司之用："乞令淮南转运司兑那本钱，分委官属，就扬州扬子桥、瓜洲共买五十万束，和州及裕溪口共买五十万束。"其中扬州、瓜洲均在淮东。同书，《食货四一之一八·市籴粮草》，淳熙十五年正月九日条："诏淮东转运司于扬、楚州、高邮军见桩管料内共取拨马料一十万石，发赴建康府就近仓厫桩管，准备淮西总领所以新易陈。”

注二〇三:《会要》,《职官四三之一六三·提点坑冶铸钱司》,乾道七年五月十七日条,载提举坑冶铸钱公事江璆札子:“契勘江西路四监铁钱已铸到三万余贯,画旨每二万贯令淮东转运司雇舡装载下通、泰州盐场,充亭户本钱,却兑换客人纳到铜钱,从淮东提盐司计置,起赴左藏南库桩管。”

注二〇四:黄淮、杨士奇编,《历代名臣奏议》,卷二四八,载浙东路安抚使袁说友《乞收籴淮麦疏》,页一二:“然近日雨泽久愆,祷祈未应,明、越两郡,种未入土,浙西运河,不绝如线,自常以北,干旱已甚。……窃闻两淮麦已大熟,淮邦种麦,连亘阡陌,非江浙比也。淮人仰此,流转江浙,博易楮币。”李心传,《建炎以来朝野杂记·甲集》,卷八,《陈子长筑绍熙堰》,页七:“两淮土沃而多旷,土人且耕且种,不待耘耔,而其收十倍。浙民每于秋熟,以小舟载其家之淮上,为淮民获。田主仅收十五,佗皆为浙民得之,以舟载所得而归。”按陈损之字子长,先后任提举淮东常平、淮东转运判官。姚广孝等,《永乐大典》,卷一四四六四,《御·备御》,页一五～一六,载王鲁斋《甲寅藁·丙辰上庙堂书》:“自南渡以来,两淮非不时时被兵,而每年粟、米、麻、麦、丝、绵、漆、果之过江南者,舳舻相尾。”

注二〇五:《会要》,《食货四〇之四二·市籴粮草》,乾道二年二月十三日条,载淮南转运判官韩元龙奏收买淮东马草供镇江军用事："欲于瓜洲镇置场交受，令镇江府诸军用船过江前来就支。"

注二〇六：《宋史》，卷九十七，《河渠志》，页二。

注二〇七：刘宰，《漫塘文集》，收入《宋集珍本丛刊》第七十二册，卷二二，《真州新翼城记》，页一五～一六。

注二〇八：刘宰，《漫塘文集》，卷四，《送赵居父入淮东漕幕》，页十。

注二〇九：南宋于宁宗、理宗之际，供应山东忠义军粮饷之事，见黄宽重，《南宋时代抗金的义军》，页一九三、二一六～二一七。刘宰诗中的"残寇"，疑即指当时活动于淮东的忠义军。

注二一〇：《会要》，《职官四一之六九·总领所》，嘉定十五年正月二日条。

注二一一：李天鸣，《宋元战史》，第三册附表四四"宋元战争期间南宋北部边区阃臣帅臣及总领年表"，又李曾伯自淳祐二年（一二四二）起已任淮东安抚制置使。见该册，页一六七八～一六九二。

注二一二：李曾伯，《可斋杂稿》，收入《文渊阁四库全书》第一一七九册，卷十五，《再乞免兼状》，页二三。

注二一三：淮东虽屡遭战祸，但自南宋初年以来，由于政府推动荒田开垦政策，自绍兴晚期以来，已能在此地和籴，《会要》，《食货四〇·市籴粮草》及《食货四一·市籴粮草》颇有这类资料；庆元元年（一一九五），朝廷并依淮东转运司的建议，"起盖和籴桩管朝廷米斛仓廒二百八十三间”，见《会要》，《食货六二之七〇·诸州仓库》，庆元元年十二月九日条。南宋末年淮东的情形，可能无法和南宋中期相提并论。

注二一四：《宋史》，卷九十七，《河渠志》，页一：“绍兴初，以金兵蹂践淮南，犹未退师，四年诏烧毁扬州湾头口闸、泰州姜堰、通州白莆堰，其余诸堰并令守臣开决焚毁，务要不通敌船。又诏宣抚司毁拆真、扬堰闸及真州陈公塘，无令走入运河，以资敌用。”

注二一五：《要录》，卷一五三，绍兴十五年六月庚寅条，页一四。

注二一六：这项工程主要是重修。详情见申嘉瑞，《隆庆仪真县志》，卷七，《水利考》，页十，载李孟博撰《钱判官冲之修陈公塘记》：“塘周广九十余里，西南所至，全隶扬子，唯东北接扬之江都，仅十之二。……旧有斗门、石础各一，岁久缺败，则迁其础少西二十丈而更新之，东、西两湫以谨蓄泄，与斗门之建，皆仍旧址。”另见《会要》，《食货六一之一二七·水利杂录》，淳熙九年九月二十六日条。

注二一七：申嘉瑞，《隆庆仪真县志》，卷七，《水利考》，页十：“开禧丙寅，北虏将犯仪真，总辖唐璟决塘水被真之东北境，莽为巨浸。金虏登焦家山望之，知不可越，遂退，真民赖免焚荡。”焦家山在真州东北，见同书，卷二，《山川考》，页五。此事应只是延缓了金兵进攻的时间，让居民有较多的时间撤离，最后金兵仍然从别路攻入真州。

注二一八：《宋史》，卷四三六，《李道传传》，页一八。此事又见黄榦，《勉斋先生黄文肃公文集》，收入《北京图书馆古籍珍本丛刊》第九十册，卷三十五，《知果州李兵部墓志铭》，页一五："（嘉定）六年，差知真州。……缓急有警，复决州之东西陈公塘，以水为阻。"

注二一九：陆师，《康熙仪真志》，卷五，《建置志·城池》，页五。

注二二〇：申嘉瑞，《隆庆仪真县志》，卷七，《水利考》，页十，述陈公塘："开禧间兵兴，安抚郭倪拨隶帅司。嘉定十四年，塘堤坏，帅司下真州修治。运判吴机修塘堤东西二百三十三丈，遂因西湫故道，浚渠二十里，俾塘之水可达于城下。"

注二二一：《会要》，《食货八之四一·水闸·闸》，淳熙十四年九月十一日条。

注二二二：申嘉瑞，《隆庆仪真县志》，卷七，《水利考》，页六，述此事在嘉定（一二〇八～一二二四）初，但《康熙仪真志》载此事后附有吏部尚书张伯垓所撰记文，述张頠于庆元六年（一二〇〇）到任，而记文则撰于嘉泰二年（一二〇二），与更木闸为石闸在嘉泰元年时间相符。记文述改木闸为石闸的缘由："闸木为之，阅岁久，日以朽腐。潮涨于外，颓决罔测，水潴于内，走泄弗留。补罅苴漏，从事一切，不暇为远虑。"见陆师，《康熙仪真志》，卷九，《山川志·闸》，页四～五。

注二二三：申嘉瑞，《隆庆仪真县志》，卷七，《水利考》，页六。

注二二四：关于南宋时期对于江南运河的整治，相关资料见《会要》之《方域一六·运河》及《方域一七·水利》《宋史》卷九十七《河渠志》有关临安运河、浙西运河、常州水的记载，《嘉定镇江志》卷六《地理志·山川》有关丹徒水及归水澳的记载，《至顺镇江志》卷七《山水志》有关漕渠水的记载，施锷，《淳祐临安志》，收入《宋元地方志丛书》第八册，卷十，《山川志·河渠》有关城外运河的记载。

注二二五：事在建炎二年正月，见《宋史》，卷二十五，《高宗本纪》，页一。

注二二六：《会编》，卷一二一，建炎三年二月六日条，页七～八；卷一三八，建炎四年五月十一日条，页九。

注二二七：《会编》，卷二三六，绍兴三十一年十月十八日条，页九。

注二二八：不著撰人，《两朝纲目备要》，卷九，开禧二年十一月甲辰条，页二八。

注二二九：陆师，《康熙仪真志》，卷五，《建置志·城池》，页四～五。

注二三〇：《宋史》，卷四三三，《洪兴祖传》，页六。

注二三一：陆游，《渭南文集》，卷四十四，《入蜀记第二》，乾道五年七月二日条，页一。

注二三二：叶适，《水心先生文集》，收入《四部丛刊正编》第五十九册，卷二十，《故吏部侍郎刘公墓志铭》，页九。

注二三三：楼钥，《攻媿集》，卷五十四，《真州修城记》，页一二～一三："嘉定二年八月，诸军粮料院潘君被命出守，……既又兴造葺理自仪门、黄堂，凡官府公宇大小二十八所，合为屋二百二十六楹。"

注二三四：祝穆，《方舆胜览》，卷四十五，《真州》，页一。按《方舆胜览》有吕午作于嘉熙己亥（三年，一二三九）之序，所引《郡志》应是吴机于嘉定后期任知州时所修的《嘉定仪真志》，而非开禧宋金战争前韩梃任知州时所修的《绍熙仪真志》。韩梃知真州在绍熙四年、五年间（一一九三～一一九四），吴机则在嘉定十二年至十五年间（一二一九～一二二二）。见李之亮，《宋两淮大郡守臣易替考》，页二三九、二四三。上述两种《仪真志》，见张国淦，《中国古方志考》，页二三八～二三九；顾宏义，《宋朝方志考》，页八七～八八，顾书又载张端义于宝庆三年（一二二七）任真州录事参军时曾重补《嘉定仪真志》，距吴机修志时间未久。

注二三五：申嘉瑞，《隆庆仪真县志》，卷八，《学校考》，页二。洪兴祖重修事又见同书，卷十四，《艺文考·文类》，页三四，载沈立方《宋真州重建学记》。

注二三六：申嘉瑞，《隆庆仪真县志》，卷十四，《艺文考·文类》，页三四～三五，载韩元吉《张郯重修儒学记》："隆兴二年又残于兵，久之，虏骑渡江，戍兵并集，则又毁焉。故学之舍以刓而壁以摧，宇陧弗支，垣败弗涂，莽苐于庭，庙像无饰。”

注二三七：申嘉瑞，《隆庆仪真县志》，卷八，《学校考》，页二。原文“绍熙三年”作“绍兴三年”，应误。张郯重建事又见同书，卷十四，《艺文考·文类》，页三四～三五，载韩元吉《张郯重修儒学记》，赵师羼、赵公预扩建事又见同卷，页三五，载洪若拙《绍熙三年修学记》。

注二三八：申嘉瑞，《隆庆仪真县志》，卷八，《学校考》，页二～三。杨焯重制祭器事又见同书，卷十四，《艺文考·文类》，页三五～三六，载杨焯《祭器记》。

注二三九：申嘉瑞，《隆庆仪真县志》，卷八，《学校考》，页七。

注二四〇：这类史事见申嘉瑞，《隆庆仪真县志》，卷二《名迹考》、卷三《废迹附》。北宋名胜东园及壮观亭在南宋的破坏与重建，又见陆游，《渭南文集》，卷四四，《入蜀记第二》，乾道五年七月二日条，页一～二，与杨万里，《诚斋集》，收入《四部丛刊正编》第五七～五八册，卷七十三，《真州重建壮观堂记》，页一二～一三。另建安驿、居养院在南宋时的毁坏与重建，见《隆庆仪真县志》，卷十四，《艺文考·文类》，页三二～三三，载陈珙《宋建安驿记》、刘宰，《漫塘文集》，卷二十，《真州居养院记》，页一～二，但两者的毁坏并非由于战火。

注二四一：申嘉瑞，《隆庆仪真县志》，卷三，《建置考》，页一～二。

注二四二：申嘉瑞，《隆庆仪真县志》，卷十四，《艺文考·文类》，页二七，载《修城记》述张郯修真州城："南北既通好，兵解而将归，要害之备衰焉。辛巳之役，至于甲申，客主不分，共城而战。……乃始因其余力，议城广陵，城高邮，又城历阳；而侯复能体上之意，以为金汤无穷之固。"陆游，《渭南文集》，卷三十七，《朝议大夫张公墓志铭》，页三，述张郯建议修真州城："公因言真为扬、楚之冲，当城此郡，以固人心"。

注二四三：刘克庄，《后村先生大全集》，卷一六六，《宝谟寺丞诗境方公墓志铭》，页一一。

注二四四：黄宽重，《晚宋朝臣对国是的争议》，第二章第二节《晚宋对金和战的争议》，页一四～二四。

注二四五：申嘉瑞，《隆庆仪真县志》，卷十四，《艺文考·文类》，《宋建安驿记》，页三二。

注二四六：姚广孝等，《永乐大典》，卷七五一六，《仓·盐仓》，页二〇。

注二四七：楼钥，《攻媿集》，卷五十四，《真州修城记》，页一三。

注二四八：陆师，《康熙仪真志》，卷五，《建置志·城池》，页二。

注二四九：黄榦，《勉斋先生黄文肃公文集》，卷三十五，《知果州李兵部墓志铭》，页一五，述此议的结果是"不报"。

注二五〇：陆师，《康熙仪真志》，卷五，《建置志·城池》，页三。

注二五一：见申嘉瑞，《隆庆仪真县志》，卷三，《建置考》，页一；陆师，《康熙仪真志》，卷五，《建置志·城池》。丰有俊遭阻扰见《康熙仪真志》，卷五，《建置志·城池》，页七～八，载孙德舆记袁申儒筑翼城事的《新筑两翼城记》："丰有俊于东北隅浚河一百九丈四尺，为土城九十一丈八尺，东翼城昉乎此矣，而异议者沮格之。"方信孺事又见刘克庄，《后村先生大全集》，卷一六六，《宝谟寺丞诗境方公墓志铭》，页一一："请筑翼城，图上不报。"

注二五二：申嘉瑞，《隆庆仪真县志》，卷三，《建置考》，页二～三；陆师，《康熙仪真志》，卷五，《建置志·城池》，页五～七。

注二五三：陆师，《康熙仪真志》，卷五，《建置志·城池》，《新筑两翼城记》，页七。

注二五四：申嘉瑞，《隆庆仪真县志》，卷三，《建置考》，页四；卷十四，《艺文考·文类》载薛洪《增筑两翼城记》，页二七～二八，此文亦载陆师，《康熙仪真志》，卷五，《建置志·城池》，页八～十。

注二五五：申嘉瑞，《隆庆仪真县志》，卷三，《建置考》，页四～五；陆师，《康熙仪真志》，卷五，《建置志·城池》，页一一～一二。

注二五六：申嘉瑞，《隆庆仪真县志》，卷一四，《艺文考·文类》，《增筑两翼城记》，页二八。

注二五七：刘宰，《漫塘文集》，卷二十二，《真州新翼城记》，页一六。

注二五八：刘宰，《漫塘文集》，卷二十二，页一六，《真州新翼城记》："备器用材取诸商贩与人之愿售者而不迫之民。"

注二五九：原无"曰清泰"三字，文义不通，据申嘉瑞，《隆庆仪真县志》，卷三，《建置志》，页一三所载增。

注二六〇：陆师，《康熙仪真志》，卷七，《疆域志·坊巷》，页六。

注二六一：申嘉瑞，《隆庆仪真县志》，卷十四，《艺文考·文类》，载有吴机所撰的《宋嘉定仪真新志序》，页六四。

注二六二：陆师，《康熙仪真志》，卷七，《疆域志·镇市》，页九。

注二六三：申嘉瑞，《隆庆仪真县志》，卷三，《建置考》，页二～三。

注二六四：申嘉瑞，《隆庆仪真县志》，卷六，《户口考》，页二。

注二六五：梁庚尧，《南宋城市的发展》，收入本书，上册，页五〇九～五九六。

注二六六：周应合，《景定建康志》，卷十四，《建康表十》，页三四。

注二六七：袁燮，《絜斋集》，收入《聚珍版丛书》第一六一册，卷十三，《龙图阁学士通奉大夫尚书黄公墓志铭》，页二五："仪真商旅所萃，山阳屯兵、安丰互市，事关边徼，敌国所觇，皆以新会给之。"

注二六八：申嘉瑞，《隆庆仪真县志》，卷十四，《艺文考·文类》，《宋嘉定仪真新志序》，页六四。

注二六九：陈起，《江湖小集》，收入《文渊阁四库全书》第一三五七册，卷十二，页一一～一二。

注二七〇：陈起，《江湖小集》卷十二所收《吾竹小藁》，有李龏作于宝祐六年的序文。见页一；集中《己酉客淮》诗有“烽燧春尤急”句，应以淳祐九年的己酉年比较适合，见页一三；集中又有“甲午江行”诗：“百川无敌大江流，不与人间洗旧仇，两国久通三聘使，诸公忽负百年忧。边塞战马全装铁，波阔征船半起楼，一举尽收关洛旧，不知消得几分愁。”见页四～五，似咏南宋端平入洛事，两国应指宋、金，甲午当为端平元年（一二三四）的甲午。“己酉客淮”的己酉应是距端平元年之后仅十五的己酉年，时间较近。淳祐年间南宋、蒙古之间没有较大规模的战事，自淳祐二年（一二四二）以后，战事也没有波及真州，战争主要在四川、京湖进行；淳祐九年的“烽燧春尤急”应指这年春天蒙军入侵淮南，但是在淮西边郡即遭宋军击退，未攻入淮东。见李天鸣，《宋元战史》第一册，第二章《端平元年至淳祐十一年的宋蒙战事》，这也就是毛珝在《仪真》诗中所说的“频年岁稔少干戈”。

注二七一：梁庚尧，《南宋城市的发展》，收入本书，上册，页五〇九～五九六。

注二七二：《会要》之《兵五·屯戍》中颇有这类记载。

注二七三：申嘉瑞，《隆庆仪真县志》，卷十三，《武备考》，页二。

注二七四：申嘉瑞，《隆庆仪真县志》，卷十四，《艺文考·文类》，《吴知郡祠堂记》，页五七。

注二七五：申嘉瑞，《隆庆仪真县志》，卷十四，《艺文考·文类》，《固围记》，页二九。

注二七六：陆师，《康熙仪真志》，卷五，《建置志·城池》，页五～六，载袁申儒于嘉定十二年的上言："若焦家山一路有陈公塘水可以流浸，其北山塘水可以浸过北山一路及茅家山前，所有茅家山后铜山巷、胥浦桥三路则水流有所不及。申儒遂于茅家山两山相对之处，因其有三汊一涧，横截筑塘岸九十五丈，以为水柜，可以接北塘之水，流灌浸断铜山巷、茅家山、胥浦桥三路。"北山塘为方信孺所筑，见脱脱，《宋史》，卷三九五，《方信孺传》，页一六："累迁淮东转运判官兼提刑知真州，即北山匮水筑石堤，袤二十里，人莫知其所为。后金人薄仪真，守将决水匮以退敌，城乃获全。"又见杨洵、陆君弼，《万历扬州府志》，收入《北京图书馆古籍珍本丛刊》第二五册，卷六，《河渠志下》，页五，载仪真县塘："北山塘、茆家山塘：二塘俱北城濠外一里许，左为宋方运判所筑，右为袁知郡所筑。长亘北山下，东西分引水港入濠，潜为水柜以遏截金虏，州城亦保而免焚掠。"

注二七七：绍定三年、端平三年、嘉熙二年、淳祐元年及二年事见李天鸣，《宋元战史》，页一一七、三〇四、三六八～三六九、三九一、三九九；宝祐六年事见吴潜，《履斋遗稿》，收入《文渊阁四库全书》一一七八册，卷三，《忠节庙记》，页四～六："宝祐戊午九月，敌大举入寇淮东，围广陵，蹂通、泰，躏仪真，驱略人畜而北归。"

注二七八：吴潜，《许国公奏议》，收入《十万卷楼丛书》第二十二册，卷二，《奏论仪真存亡关系江面》，页五六。

注二七九：吴潜任淮东总领兼知镇江府在嘉熙二年至四年（一二三八～一二四〇），见俞希鲁，《至顺镇江志》，卷十五，《刺守志·宋太守》，页三。

注二八〇：刘克庄，《后村先生大全集》，卷一，《真州北山》，页一一。

注二八一：《四部丛刊》本、清抄翁校本（《宋集珍本丛刊》本）《后村先生大全集》作"十九"，宋刻本《后村居士集》、《后村先生大全诗集》及《四库全书》本《后村集》作"九十"。见刘克庄撰，王蓉贵、向以鲜校点，《后村先生大全集》，卷一，《真州北山》校（一），页二四；刘克庄著，辛更儒校注，《刘克庄集笺校》，卷一，《真州北山》校①，页五三。

注二八二：程章灿，《刘克庄年谱》，页三八、四二、五〇～五一；又见辛更儒，《后村先生刘克庄年谱》，收入刘克庄著，辛更儒校注，《刘克庄集笺校》附录二，页七七六八～七七六九、七七一二、七七一四。

注二八三：宋高宗于建炎四年（一一二九）六月临幸江

宁府，改名建康府，至闰八月离开，赴浙西；绍兴七年（一一三七）三月宋高宗再至，次年二月因建都临安府而又离开，并自此设置行宫留守司；此后仅曾于绍兴三十一年（一一六一）末至次年初临幸一个月。见周应合，《景定建康志》，卷十四，《建康表十》，页四、一一、一四、二二。修治行宫事在绍兴二年（一一三二），自设置行宫留守司后另设有行宫匙钥司，由内侍掌管，此即“闲锁行宫”之句的由来。见同书，卷一，《大宋中兴建康留都录》，页八、一七。刘克庄著，辛更儒校注，《刘克庄集笺校》，卷一，《真州北山》笺注（二），页五三～五四，虽已释此句，而仍可补充。

注二八四：刘克庄，《后村先生大全集》，卷三，《忆真州梅园》，页三。

注二八五：李天鸣，《宋元战史》第一册，页一一三～一二一。

注二八六：程章灿，《刘克庄年谱》，页一一七。

注二八七：陆游，《渭南文集》，卷四十六，《入蜀记第四》，页一三～一四。

注二八八：范成大，《吴船录》，卷下，淳熙四年八月辛巳条，页一六。

注二八九：林伯羽师，《宋代边郡之马市及马之纲运》，收入《大陆杂志史学丛书》第三辑第三册《宋辽金元史研究论集》，页一八～二五。

注二九〇：周应合，《景定建康志》，卷二三，《城阙志·诸仓》，广济仓条，页一，载赵彦端所撰仓记：

“惟帝之别都，天下劲兵良马在焉。岁之经入无虑数十万斛，漕江而下者舳舻数千里，方其流衍坌集，虽佛庐宾传为之充仞，而阜栈之共有至于露积者。”同卷平粜仓条载岳珂嘉定省札，页五～六：“建康留都民物繁庶，绝在下流，因船脚道路之遥，平时米价最高于它郡。”又：“适缘商总领到任，趱办军储顿段，并发淮上纲运，并蒙朝廷指挥对拨米斛，一年之间，已及四十一万八千余石。”

南宋城市的发展

一、前言

唐宋之际社会经济经历了一次重要的转变，转变的特征之一是商业逐渐兴盛。在此之前，经济以农业为基础，商业所占的地位很低，而在此之后，农业虽然仍是经济的基础，但是商业的地位已有快速上升的趋势。随着商业的发达，商业中心在全国各地纷纷兴起或发展，构成了一个全国性的商业网，这些商业中心大致可以分为两类，一类是行政中心的城郭而兼具有商业的功能，另一类是和行政中心无关的市镇，本文讨论的对象，限于前者，后者暂置而不论。自晚唐至北宋，城郭的形态已经有重大的改变，即是坊制和市制的破坏，使得行政上对住居和商业的限制解除，城郭所发挥的商业功能因而日形重要（注一）。这种城市发展的趋势，延续到南宋，更清楚的显示出城市户口比例增加，城内逐渐拥挤，以及市区向城外扩张等现象。本文首先探讨南北宋间商业的进展，借以说明南宋城市发展的背景，然后再分别讨论当时城市的种种变化。

二、城市发展的背景

南北宋间商业的进展，可以用政府商税收入的变化作为具体的指标。唐代已经在商人必经之地征收商税，但是唐代商税收入不可考，可能为数不多。到宋代凡州县都置有商税务，商税收入自北宋初年以后急速增加，至道（九九五～九九七）年间为四百万贯，到熙宁十年（一〇七七）达八百余万贯（注二）。南宋时期缺乏全国性的商税收入资料，无法和北宋全国商税收入作比较，但是从若干地区性资料可以看出，南宋时期商税收入比起北宋仍在继续增加。兹根据《会要》之《食货十六、十七·商税篇》中的北宋商税资料及地方志中的南宋商税资料，比较南宋若干地区商税收入如表一（注三）。

表一：南北宋州县商税收入比较

地区	北宋		南宋	
	商税额	备考	商税额	备考
临安府	183,813 贯 523 文	熙宁十年额	420,000 贯 151 文	潜说友《咸淳临安志》卷五九《贡赋篇·商税条》
镇江府	39,502 贯 962 文	熙宁十年额	嘉定：206,298 贯 298 文 咸淳：336,000 贯	俞希鲁《至顺镇江志》卷六《赋税篇》
常州	64,953 贯 48 文	熙宁十年额	旧额：135,784 贯 161 文 见收：110,196 贯 490 文	史能之《咸淳毗陵志》卷二四《财赋篇·税钱条》
江阴军	4,272 贯	熙宁十年以前旧额	祖额：41,906 贯 646 文	朱昱《重修毗陵志》卷七《食货志一·财赋篇》引《绍定志》
严州	35,566 贯 100 文	熙宁十年额	祖额：34,066 贯 绍兴九年：35,316 贯 淳熙：38,275 贯 434 文	董弅《严州图经》卷一《税条》

（续表）

绍兴府	66,207 贯 780 文	熙宁十年额	祖额：105,767 贯 792 文 递年：105,314 贯 16 文	施宿《嘉泰会稽志》卷五《课利篇·税条》
庆元府	26,947 贯 304 文	熙宁十年额	76,192 贯 475 文	罗濬《宝庆四明志》卷五《郡志·叙赋上·商税条》
秀州华亭县	10,618 贯 671 文	熙宁十年额	祖额：61,713 贯 744 文 绍兴以来：48,463 贯 774 文	杨潜《绍熙云间志》卷上《场务条》
婺州兰溪县	8,342 贯 631 文	熙宁十年额	绍兴：12,819 贯 610 文	程子鏊《万历兰溪县志》卷三《贡赋篇·课利条》
汀州州城	5,823 贯 784 文	熙宁十年额	绍兴十八年：6,263 贯 838 文	《永乐大典》卷七八九〇《汀州府条》引《临汀志》
潮州	30,262 贯 585 文	熙宁十年额	35,902 贯 219 文	《永乐大典》卷五三四三《潮州府条》引《三阳志》

以上各郡县除汀州在福建，潮州在广东外，其余均在两浙。各郡县南宋时期所收商税，均比北宋为多。如临安府于咸淳（一二六五～一二七四）年间为熙宁十年的两倍以上，但咸淳《临安志》仅列出都税务及浙江、北郭、龙山、江涨四税务税额，缺其他税务资料，因此临安全府实际所收商税应比北宋杭州多出更多。镇江府于嘉定（一二〇八～一二二四）年间为熙宁十年的五倍，至咸淳年间更增至八倍，常州于咸淳年间比熙宁十年将近两倍，而在咸淳年间以前更曾经一度在两倍以上，江阴军于绍定（一二二九～一二三三）年间比熙宁十年以前将近十倍，绍兴府于嘉泰（一二〇一～一二〇四）年间比熙宁十年将近两倍，庆元府于宝庆（一二二五～一二二七）年间比熙宁十年将近三倍，秀州华亭县祖额年代不详，为

熙宁十年的六倍，绍兴（一一三一～一一六二）以来疑为绍熙（一一九〇～一一九四）以来之误，较祖额减少，但也近熙宁十年的五倍，婺州兰溪县于绍兴年间也超出熙宁十年的一半，仅严州、汀州州城、潮州三处增加较少，严州于绍兴九年（一一三九）以前且一度较熙宁十年减少，至淳熙（一一七四～一一八九）年间才又超出，潮州则《永乐大典》所引资料不全，七处商税场务只列出五处税额，否则南宋潮州商税收入不只此数。除此之外，浙西的湖州在南宋时期商税收入也有增加的趋势，谈钥《嘉泰吴兴志》卷八《公廨篇·都税务条》：

> 吴兴初以市物之直一万则税五百，盖二十而取一，岁入以二十（按：十当作千）万，实为钱二万贯，今征商五十而取一，岁入则十倍而赢。岂民物之富，商贾之夥，非曩时比乎。

指出湖州商税税率由北宋时的二十取一降低到南宋时的五十取一，可是商税收入却反而增加十倍有余。按北宋熙宁十年湖州州城商税收入已达39,312贯17文，收入二万贯当在熙宁十年以前。以二万贯的“十倍而赢”计算，则南宋嘉泰年间湖州州城商税收入在二十万贯以上。

除国内商业的商税收入之外，海外贸易的市舶收入也足以显示商业发展的状况。宋代对外贸易的港口，在广东有广州，在福建有泉州，在两浙有杭州、明州、温州、秀州、江阴军，在京东有密州，而以广州、泉州、明州为重要。市舶收入远不如商税收入多，但在政府岁入中亦非全无地位。兹表列北宋至南宋市舶收入如表二（注四），以见市舶收入逐渐增加的趋势。

表二：宋代市舶收入

年代	市舶收入	资料来源
太平兴国（九七六～九八三）	300,000 贯	《宋史》卷二六八《张逊传》
同上	500,000 贯	同上，《会要》之《食货五五·榷货务篇》
皇祐（一〇四九～一〇五三）	530,000 贯	王应麟《玉海》卷一八六《唐市舶使条》
治平（一〇六四～一〇六七）	630,000 贯	同上
熙宁九年（一〇七六）	327,606 贯（仅乳香一项）	梁廷楠《粤海关志》卷三《前代事实》引毕仲衍《中书备对》
元祐、绍圣（一〇八六～一〇九七）	416,000 贯	马端临《文献通考》卷二〇《市籴考》
崇宁、大观（一一〇二～一一〇六）	1,101,000 贯	同上
绍兴末	2,000,000 贯	李心传《建炎以来朝野杂记》甲集卷十五《市舶司本息条》

可知市舶收入自宋初至元祐、绍圣时每年不过在三十万贯至六十余万贯之间，崇宁、大观间增至一百一十万贯有余，而至南宋绍兴末年更增至二百万贯。对外贸易额的增加，反映了国内生产的增加和市场的扩大。

商税和市舶收入的迅速增加，说明商业日益发达的倾向，而这种倾向之所以形成，是几种不同因素交互作用的结果。南方户口的增加、政治中心的南移和交通运输的改进这三项因素，构成了南北宋间商业发展的动力和条件。以下分别加以讨论。

南方户口的增加，是自唐代以来长期的趋势，一方面是由于北方时有动乱，南方较为安定，迫使许多避难的人户南迁，促进南方的开发，而南方逐渐开发之后，对北方人口又产生了更大的吸引力；另一方面也由于北宋以来的长期太平，使得南方户口迅速的增长。南北宋间虽然曾经一度动乱，战火几遍全国，但局势稳定之后，南宋境内户口即继续增加。除淮南东西路、荆湖北路、京西路、利州路因位处宋金边境，广南东西路、夔州路尚未完全开发，人口较为稀疏之外，其他各路都人口稠密，且较北宋时期户口有显著增加，兹表列南北宋间人口稠密各路及若干郡县户口增加情形，如表三～表四。

表三：南宋人口稠密各路南北宋间户数年平均增加率

路别	元丰三年（一〇八〇）户数	嘉定十六年（一二二三）户数	年平均增加千分率	资料来源
江南西路	1,406,917	2,267,983	3.9	《文献通考》卷十一《户口考二》。内梓州路元丰三年户数《文献通考》只载主户数，另据王存《元丰九域志》卷七《梓州路篇》计算。又江州于北宋隶江南东路，南宋改隶江南西路，据《元丰九域志》之《江南东路篇》所载江州户数，自《文献通考》所载元丰三年江南东路户数中减除，而加入江南西路户数中，以便比较。
两浙路	1,830,096	2,220,321	1.5	
福建路	992,087	1,599,214	4.3	
荆湖南路	811,057	1,251,220	3.8	
成都府路	771,502	1,139,790	3.3	
江南东路	978,376	1,046,273	0.5	
潼川府路（梓州路）	478,171	841,129	5.3	

表四：南宋人口稠密地区郡县南北宋间户数年平均增加率

地区	北宋户数		南宋户数		年平均增加千分率	资料来源
临安府	元丰（一〇七八～一〇八五）	202,816	咸淳（一二六五～一二七四）	391,259	5.0	《咸淳临安志》卷五八《风土志·户口条》
平江府	元丰三年（一〇八〇）	199,000	德祐元年（一二七五）	329,603	3.4	卢熊《洪武苏州府志》卷十《户口志》（注五）
镇江府	元丰	54,798	嘉定（一二〇八～一二二四）	108,400	7.5	《至顺镇江志》卷三《户口条》
湖州	元丰	149,612	淳熙九年（一一八二）	204,509	3.5	李堂《乾隆湖州府志》卷三六《户口志》
严州	治平（一〇六四～一〇六七）	70,473	景定（一二六〇～一二六四）	119,267	3.5	方仁荣等《景定严州续志》卷一《户口条》
衢州	元丰	86,797	端平（一二三四～一二三六）	125,992	2.9	《元丰九域志》卷五《衢州条》，杨准《嘉靖衢州府志》卷十三《食货纪》
江阴军	大中祥符（一〇〇八～一〇一六）	29,439	绍定三年（一二三〇）	64,035	5.3	张衮《嘉靖江阴县志》卷五《食货纪·户口篇》

（续表）

婺州	元丰	138,051	绍兴（一一三一～一一六二）	154,329	2.2	《元丰九域志》卷五《婺州条》，王懋德《万历金华府志》卷五《户口条》
台州	大观三年（一一〇九）	243,506	嘉定十五年（一二二二）	266,014	0.8	陈耆卿《嘉定赤城志》卷十五《版籍门·户口条》
温州	元丰	121,916	乾道（一一六五～一一七三）	170,035	4.5	《元丰九域志》卷五《温州条》，汤日昭《万历温州府志》卷五《食货志》
绍兴府	大中祥符四年（一〇一一）	187,180	嘉泰元年（一二〇一）	273,340	2.4	《嘉泰会稽志》卷五《户口条》
庆元府	政和元年（一一一一）	123,692	乾道四年（一一六八）	136,072	1.8	《宝庆四明志》卷五《郡志·叙赋上·户口条》
常州无锡县	绍圣（一〇四九～一〇九七）	23,314	淳祐（一二四一～一二五二）	37,916	4.3	裴大中《光绪无锡金匮县志》卷八《赋役志·户口条》（注六）。
徽州	元丰	105,984	乾道八年（一一七二）	122,014	1.6	罗愿《淳熙新安志》卷一《郡志·户口条》
抚州	大中祥符	92,333	景定	247,320	11.0	罗复晋《雍正抚州府志》卷十《版籍考》

（续表）

瑞州	元丰	79,591	宝庆二年（一二二六）	96,056	1.4	《元丰九域志》卷六《筠州条》，陶履中《崇祯瑞州府志》卷十《户田志》
临江军	元丰	89,497	咸淳五年（一二六九）	100,964	0.7	《元丰九域志》卷五《临江军条》，邓廷辑《乾隆清江县志》卷七《赋役志》
吉州庐陵县	元丰	70,000	嘉泰（一二〇一～一二〇四）	154,500	9.8	平观澜《乾隆庐陵县志》卷十一《赋役志·户口篇》
袁州萍乡县	大中祥符	22,722	嘉定十三年（一二二〇）	35,459	2.6	锡荣《同治萍乡县志》卷三《食货志·户口篇》
袁州万载县	大中祥符	12,754	嘉定十三年	31,223	6.8	龙赓言《民国万载县志》卷四之二《食货志·户口篇》引《嘉定志》
赣州	太平兴国（九七六～九八三）	85,148	宝庆（一二二五～一二二七）	321,356	11.1	黄天锡《嘉靖赣州府志》卷四《食货志·户口篇》
建昌军	元丰	115,208	开庆元年（一二五九）	168,279	2.5	夏良胜《正德建昌府志》卷三《图籍篇》

（续表）

福州	元丰	211,546	淳熙（一一七四～一一八九）	321,284	11.1	《淳熙三山志》卷十《版籍门·户口条》
汀州	元丰	81,456	庆元（一一九五～一二〇〇）	218,750	13.9	《永乐大典》卷七八九〇《汀州府条》引《临汀志》
泉州	元丰	201,406	淳祐	255,758	1.7	《元丰九域志》卷九《泉州条》，阳思谦《万历泉州府志》卷六《版籍志》
漳州	元丰	100,469	淳祐	112,014	0.7	《元丰九域志》卷九《漳州条》，罗青霄《万历漳州府志》卷五《赋役志》
兴化军	元丰	55,237	绍熙（一一九〇～一一九四）	72,363	2.8	陈效《弘治兴化府志》卷十《户口志》
邵武军	崇宁（一一〇二～一一〇六）	87,594	咸淳	212,953	10.0	韩国藩《万历邵武府志》卷十八《赋役志·户口条》

按：有年号而无确定年份者，以该年号的元年为计算基准。

表四所列各郡县，徽州在江东，抚州、瑞州、临江军、吉州庐陵县、袁州萍乡县及万载县在江西，福州、汀州、泉州、漳州、兴化军、邵武军在福建，其余均在两浙。上列二表内各路和各郡县南宋户数均比北宋有明显增加，其中如临安府、镇江府、江阴军、抚州、吉州庐陵县、袁州万载县、赣州、汀州、邵武军等地增加尤其迅速。人口密集地带固然如此，即使是人口稀疏地带，也有若干特殊地区呈现户口增加的现象。例如广南东路在南宋嘉定十六年只有 445,906 户，而辖区内的广州人口，自北宋元丰年间的 143,259 户（见《元丰九域志》卷九《广南东路广州条》）增至南宋淳熙年间的 185,713 户（见《永乐大典》卷一一九〇七《广州府条》引《南海志》），潮州人口则自北宋元丰年间的 74,682 户增至南宋时期的 135,998 户（见《永乐大典》卷五三四三《潮州府条》引《三阳志》，南宋户数年代不详）。

临安府、镇江府、抚州、汀州四郡，由于有较丰富的户口资料，可以更清楚的显示自唐代或宋初至南宋户口增加的长期趋势。《咸淳临安志》卷五十八《风土志·户口条》载临安府历代户数如下：

唐贞观（六二七～六四九）: 35,071 户。

唐开元（七一三～七四一）: 86,258 户。

宋太平兴国: 70,465 户。

宋元丰: 202,816 户。

宋乾道: 261,692 户。

宋淳祐: 381,335 户。

宋咸淳: 391,295 户。

除宋初户口略减之外，临安府户口维持一个持续增加的趋势，从唐贞观至宋元丰四百余年间，户数增加将近六倍，从北宋元丰至南宋咸淳约一百九十年间，又增加将近一倍。《永乐大典》

卷七八九〇《汀州府条》引《临汀志》及《郡县志》载汀州历代户数如下：

唐开元：3,000余户。

唐贞元（七八五～八〇四）：5,330户。

宋元丰：81,456户。

宋隆兴（一一六三～一一六四）：174,517户。

宋庆元（一一九五～一二〇〇）：218,570户。

汀州户口增加的迅速，更超过临安府，自唐开元至宋元丰三百余年间，增加二十余倍，自北宋元丰至南宋庆元一百二十年间，又增加一倍有余。《雍正抚州府志》卷十《版籍考》载抚州历代户数如下：

唐高祖（六一八～六二六）：7,354户。

唐玄宗（七一三～七五五）：30,600户。

宋太宗（九七六～九九七）：61,279户。

宋真宗（九九八～一〇二二）：93,233户。

宋神宗（一〇六八～一〇八五）：160,480户。

宋孝宗（一一六三～一一八九）：215,822户。

宋理宗（一二二五～一二六四）：247,320户。

抚州户口的增加也相当迅速，自唐玄宗至宋真宗约二百六十年间，增加了两倍。自宋真宗至宋理宗再约二百六十年间，又增加了一倍有余。《至顺镇江志》卷三《户口条》载镇江府历代户数如下：

宋太宗：27,556户。

宋真宗：33,000户。

宋仁宗（一〇二三～一〇六三）：54,000户。

宋神宗：54,798户。

宋孝宗：63,940户。

宋理宗：108,400户。

镇江府户口同样有不断上升的趋势，自宋太宗至宋神宗约一百年间，增加了一倍，自宋神宗至宋理宗约一百五十年间，又增加将近一倍。观察上述临安府、汀州、抚州和镇江府户口的长期变化，到了南宋，和早期的户口比起来，可以说已经达到膨胀的程度。

如此持续而迅速的户口增加，使得南宋户口达到自古以至南宋时期中国南方户口的顶点，嘉定十一年（一二一八）南宋总户数为13,669,684（注七），已经超过汉、唐盛时全国的总户数，即使在北宋时期，治平三年（一〇六六）以前全国总户数也不及此数（注八）。户口超过汉、唐、北宋盛时，而疆土只有这些时代的一半，再加上户口集中于前述的部分地区，这些地区的人口稠密可想而知，这种情形对于商业至少有两方面的影响，一方面是由于人口增加，使得物品的生产、消费都增加，商品交换因此日益频繁，促进商业的发达，也就是前引《嘉泰吴兴志》所说的“岂民物之富，商贾之夥，非曩时比乎”。另一方面则由于地狭人稠，若干地区土地利用接近饱和，其中尤以浙、闽、蜀最为严重，每户平均所能拥有的耕地数量逐渐减少，甚或难以维持一家的生活（注九），新增加的人口就无法留在农村务农，必须转而从事工商，为日益发达的工商业提供了大量的人力，如《临汀志》所述福建的情形：“闽中诸郡，……大率地狭人稠，大半他业”（《永乐大典》卷七八九〇《汀州府条》引），就是一例。

由于北方沦入金人之手，宋的首都由开封迁移到南方的杭州，也就是临安府。据估计，约有二万名官员、数以万计的胥吏、近四十万的军队以及这些官吏、军人的家眷，随着政治中心的南迁而流寓到南方来（注一〇）。这种情形，对于南宋的商业发展也有重大的影响。首先就行都临安府本身来说，由于成为政治中心，驻有皇室、中央政府官吏和护卫行都的军队，使得临安府的消费量骤增，需要外地大量物资输入，近如两浙，远至淮南、四川、闽粤，都有大量商品运往临安府销售，自然增进了临安府的商业繁荣（注一一）。不仅临安府如此，邻近的地区，由于生活环境优裕，有不少达官贵人来此定居。李心传《要录》卷二十建炎三年（一一二九）二月庚午条载郑瑴言：

平江、常、润、湖、杭、明、越，号为士大夫渊薮，天下贤俊多避地于此。

按建炎三年尚未定杭州为行都，但已有不少士大夫避难定居于杭州及其附近州郡。又《两浙金石志》卷十八《元左丞潘元明政绩碑》：

至宋渡南，而吴兴去宋行都最近，苕、霅两水分贯郡城，宋诸王公钟鸣鼎食，邸第相望，舟车往来，烟火相接。

说明湖州邻近临安府，因而成为王公贵戚定居之地。黄家遴《康熙饶州府志》卷七《建置志·堂篇·世美堂条》引元人虞伯生《世美堂记》：

故宋南渡，阻江以为国，番之余在江南东西之间，重湖之表，郡完地博，土沃而民安，去临安近而无险，是以贵臣大家多居之，轩盖门戟相接，至于今旧名犹存，过者式之。

说明江东饶州的余干县，也由于地近临安府，有不少的贵臣大家居住。这类达官贵人，是社会上最富有的分子，消费能力远较常人高，对于物资的需要最大，因此，以临安府为中心的江浙地区就形成一个大消费中心，促进当地商业的发展。同时，由于外地有大量物资输入临安府，使得邻近的交通要地成为转运中心，镇江府就是最明显的例子。卢宪《嘉定镇江志》卷六《地理志·山川门·水篇·丹徒县条》：

> 京口当南北之要冲，控长江之下流，自六飞驻跸吴会，国赋所贡，军须所供，聘介所往来，与夫蛮商蜀贾荆湖闽广江淮之舟，凑江津，入漕渠，而径至行在所。

同卷《澳篇·丹徒县归水澳条》：

> 今天子驻跸钱塘，南徐实在所北门，萃江淮荆广蜀汉之漕，辐辏于此，过客来往，日夜如织。

说明镇江府由于有运河连接临安，位当各路通往行都的要冲，因此成为赋税、军粮和商品转运的枢纽。作为一个转运中心，有众多的外地商人在此过往，以及大量商品在此集散，都足以推动镇江府的商业发展，而这一种对于商业的推动作用，实由于镇江府和行都之间特殊的相关位置而产生。

此外，在政治中心南迁之后，军队驻防的方式有了改变，这对临安府以外地区的商业发展也有所影响。军队是物资的大消费者，大军驻地往往可以形成商业中心。北宋时期，数十万禁军集中屯驻于首都开封府，即为促进开封商业繁荣的重要因素之一（注一二）。至南宋时期，御前诸军取代禁军的地位，不再集中屯驻于行都。行都临安府由禁军三衙拱卫，而御前诸军则分屯于沿江的镇江府、建康府、池州、江州、鄂州、江陵府和川陕的金州、兴元府、兴州（后分屯沔州及利州）诸重镇（注一三）。各地驻军多者，如乾道（一一六五～一一七三）年间，建康都统司有五万人，镇江府都统司有四万七千人，鄂州都统司有四万九千人，兴州都统司有六万人（注一四）。而若干重镇除御前诸军驻扎之外，又驻有其他军队，如镇江府，“大军分戍城之内外，又有舟师数万在江下”（王象之《舆地纪胜》卷七《两浙路镇江府篇》）。如建康府，则三衙中的侍卫马军于乾道年间移驻于此，也有三万人之众（注一五）。驻军既多，自然消费增大，因此助长这些军事重镇的商业繁荣。以建康府为例，真德秀《真文忠公文集》卷六《奏乞为江宁县城南厢居民代输和买状》：

马军行司移屯之始，连营列戍，军民憧憧，聚彼贸易，市廛日以繁盛，财力足以倍输。

侍卫马军行司仅是建康驻军的一部分，已能造成如此繁荣的商业状况。又如鄂州，罗愿《罗鄂州小集》卷五《鄂州到任五事札子》：

臣窃惟鄂州当走集之地，兵民错居，商旅辐凑。

也以鄂州驻有军队和商业繁荣相提并论。再如金州，在北宋时，是“人户萧疏，路歧荒辟”（《舆地纪胜》卷一八九《利州路金州篇》引真宗咸平四年［一〇〇一］郡守陈彭年答诏五事），而南宋时的景况，据同上引《图经》：

自渡江以后，舟车辐凑，商贾接踵，遂为秦头楚尾一大都会。

此种变化，自然应和军队驻屯有关。其他的军事重镇，亦当和建康府、鄂州、金州相同，因为军队驻屯而提高了当地商业繁荣的程度。

交通运输的畅通，是商业发展的基本条件。由于宋代商业日益发达，所以有改善交通运输的必要，而交通运输在改善之后，也进一步为商业发展提供了方便。最能发挥商品运输功能的，自然是运输量较大的水运。长江及其支流，为南宋商业提供了一个良好的水运网，沿海地区则有海上运输。以船舶容量来说，北宋末年海船大者可容二千石，到南宋末年，则二千石只能算是中等海船，大者容量可至五千料（也就是载运粮食五千石）；北宋航行运河、长江的内河船只，容量大者为一千料，而至南宋，已有二千石的江船（注一六）。以航行技术来说，北宋末年指南针已用于航海，至南宋以后应用愈广（注一七）；内河航行在南宋出现用机轮推动的船舶，但似乎未曾推广应用（注一八）。除此之外，船闸的发明，更对运河航行提供了莫大的方便，宋代以前，船舶经过运河水位不同的河段时，是以人力或牛力拉挽过埭，至北宋初期，船闸发明应用，以闸门的启闭控制水位的升降，船舶航行运河因此远较从前便利，载重量也为之增加（注一九），在北宋时，船闸用木建造，至南宋中期，以木闸易腐，开始改用石建（注二〇）。沿海的海上运输，自北宋以来越来越盛，北宋稻米运销以内河为主，海道运输虽有而甚少见，而且仅是自浙西至淮南之间的短距离航行；至南宋时期，海道运销稻米已十分频繁，航行距离也延长，有自闽粤运至浙西的，也有自浙西运至北方金国山东的，稻米成为海道运销的重要商品，运输量为之增大（注二一）。对于船舶停靠避风的港澳，南宋地方官常注意修建，如陈居仁在镇江府开辟海鲜界港，楼钥《攻媿集》卷八十九《陈居仁行状》：

埭下巨艘连樯，栉比江浒。公问风涛猝起，汝曹安得无患。合词对曰：沈溺时有之，顾无策以避耳。公访间旧有海鲜界港，岁久湮塞，亟往营度，鸠工浚治，民旅相贺，谓自此可以无恐矣。

如李訦在黄州开内澳，《真文忠公文集》卷四十二《李訦墓志铭》：

擢知黄州，……将赴郡，赵公（汝愚）时再帅闽，谓公曰：黄边江，贾舶至，困于重征，而舟无所泊，多以风涛坏，盍求所以为泊舟之所。公至，首访利病，会岁饥，遂以官钱募饥民开内澳六百丈，民不告病，而商客以济。

又如广州是大贸易港，自北宋景德年间开辟避风港南濠之后，南宋一百五十年间，地方官多次加以疏浚。《永乐大典》卷一一九〇六《广州府条》引《南海志》：

南濠，在越楼下，限以闸门，与潮上下，古西澳也。景德间经略高绅所辟，纳城中诸渠水以达于海，维舟于是者无风涛患，且以避火灾。淳熙二年（一一七五），经略周自强浚之，岁久复堙。嘉定二年（一二〇九），陈经略岘重开，自外江通舟楫以达于市，旁翼以石栏，自越楼至闸门，长一百丈，阔十丈，自闸至海，长七十五丈。绍定三年（一二三〇），经略方（按：方下当缺大字）琮浚之。宝祐元年（一二五三），李经略迪复自擢甲巷开浚至闸口，又加深焉。德祐元年（一二七五），经略徐直谅又浚之。

这类工程，无疑增进了商船的安全。内河航运除天然河道之外，两浙地区又多运河，南宋地方政府不时增辟新运河，或对原有的运河施加疏浚，如绍兴十八年（一一四八），崇宪靖王赵伯圭为秀州华亭县尉，“有盐铁塘，自金山海口属郡城二百里，而近岁久淤，盐运不通，王建议疏凿，卒赖其利”（《攻媿集》卷八十六《皇伯祖太师崇宪靖王行状》）。如乾道三年（一一六七），绍兴府萧山县“募人自西兴（镇）至大江疏成沙河二十里，并开浚（通江）闸里运河三十里，通便纲运，民旅皆利”（《会要》之《食货八·水利篇》乾道三年十一月十五日绍兴府言）。如淳熙二年，薛元鼎提举浙西路，“亲御舟沿江上下，尽得江流曲折壅遏之状，奏开运河五十四里，为公私之便”（宫兆麟《乾隆兴化府莆田县志》卷二十四《人物志·仕迹传·薛元鼎传》）又如嘉定十三年（一二二〇），邢焘守江阴军，“漕河亦病于胶舟，旅于艖舶者群谒台使而河议兴焉。……起自峁镇之檫桥，极于青旸之屠墅，地以里计者倍十”（《道光江阴县志》卷三《山川志·河港篇》载蒋惟晓《嘉定开河记》）。凡此种种，都有利于商旅的往来，扩大商品的流通。

水运固然重要，陆运也不能忽视。南宋陆运的改进，可以分别就桥梁兴建和道路修葺两方面说。先就桥梁的兴建说。商品在区域间运输，如要横渡溪河，桥梁自然比涉水或舟渡安全且方便。为改善交通而新建或重修桥梁的资料，散见于南宋文人文集和各地的地方志中，无法一一列举，但其中若干地区显得特别积极，值得一提，福建泉州晋江县和兴化军莆田县，是两个明显的例子。据黄任《乾隆泉州府志》卷十《桥梁篇》所载，自唐至清所建的桥梁一百零三座中，除去三十九座兴建年代不详外，兴建于宋代者就占了四十九座，而其中又有三十二座建于南宋时期（注二二）；据《乾隆兴化府莆田县志》卷四《建置志》所载，自唐至清所建的桥梁一百七十六座中，除去六十一座兴建年代不详外，兴建于宋代者就占了六十三座，而其中又有五十二座建于南宋。此种记载，或由于各时代纪录详略之不同，未必确能证明南宋时代所建桥梁远比其他时代为多，但已足以反映当时对于改善交通的迫切需要。同为桥梁，石桥比浮桥或木桥载重力大且坚固耐久。以石建桥虽为时甚早，但普遍将木桥改建为石桥似始于北宋。朱长文《吴郡图经续记》卷中《桥梁篇》：

> 吴郡昔多桥梁，自白乐天诗尝云红栏三百九十桥矣，其名已载《图经》。逮今增建者益多，皆叠石甃甓，工奇致密，不复用红栏矣。

可知苏州桥梁于唐末仍为木桥，至北宋末则已皆为石桥。苏州是江浙大郡，而此种大规模的改变发生于唐末、北宋之间，则其他地区或不至于更早。南宋地方志和文集中，也存有不少这类资料。举例来说，《宝庆四明志》卷十四《奉化县志》载奉化县于南宋时修建的六座桥梁中，有两座是将旧有桥梁重建为石桥；《咸淳毗陵志》卷三《地理志》载常州于南宋时修建的十五座桥梁中，有四座是重建为石桥；《嘉泰吴兴志》卷十九《桥梁篇》载湖州于南宋时修建的九座桥梁中，有两座是重建为石桥。更值得注意的，是福建出现了一些巨型的石桥，如兴建于北宋皇祐（一〇四九～一〇五三）至嘉祐（一〇五六～一〇六三）年间的泉州万安渡石桥，长三千六百尺，广一丈五尺，兴建于南宋宝祐（一二五三～一二五八）年间的泉州盘光桥，长四百余丈，宽一丈六尺（注二三），尚有数座位于泉州的石桥，长度虽不及上述两桥，而宽广过之。近代科学史家评论这类桥梁为“惊人的发展”（注二四）。这类工程，自然不限于上举福建和两浙的若干郡县，其他地区同样的在进行（注二五）。再就道路的修葺说，许多地区间的泥土道路，都由地方官或地方人士出资改建为石板路，如林行知及其父均曾任官湖南，“父子相继甓湘潭驿路六百里”（刘克庄《后村先生大全集》卷一五六《林经略墓志铭》）；如陈映出守汀州，“甃清流路四十里”（《永乐大典》卷七八九四《汀州府条》引《临汀志》）；如吉州人邹仲翔，性好施予，“道太和甃十里，道庐陵甃六十里”（文天祥《文山先生全集》卷十一《邹仲翔墓志铭》）；如庆元府慈溪县驿路，于宝祐六年（一二五八）至开庆元年（一二五九）两年之间，由地方政府主持，“跨十五里，计二千三百一十六丈，创用石板筑砌”（梅应发《开庆四明续志》卷二《驿亭桥路篇·慈溪新路条》）；又如自镇江府丹徒县城门至吕城镇，沿漕渠道路一百二十四里，自嘉定六年（一二一三）至十五年（一二二二），经史弥坚、赵善湘两任郡守，才以砖灰石板铺砌完成（注二六）。道路经过如此的改善，在天雨时便可免于泥泞难行之苦，有利于商旅的通行。更有若干险阻的山路，经地方官设法作进一步的开辟而得以畅通。如自漳州长泰县至泉州同安县的道路，“最为要冲，凡部使者巡历，时官送迓，邑人西上赴部，贩夫贩妇莫不更出迭入于此，其路介于山径之间，崄巇硗确，地名石门、石梯，乱石蹲踞，尤其绝险”，淳熙（一一七四～一一八九）年间丘微之出宰长泰县，即致力于修整此路，“首尾三年，方及就绪，砌石路一千余丈，平险为夷者一十六段，凿险于石门，等级于石梯，……至今往来者坦然无阻”（《万历漳州府志》卷二十四《长泰县文翰志》载黄子信《车溪路记》）。又如归州、峡州间的陆路，原来是“极天下之艰险”，经范成大指示后，两州地方官“以盐米募村夫凿石治梯级，其不可施力者则改从他途，除治十六七，商旅遂以通行”（范成大《吴船录》卷上）。而僧宗明以一己之力，不依赖官府，增进浙西至福建间山路交通的便利，“起衢逮剑，凡山溪之险峻皆平治之，买田种山以赡守者，俾祁寒暑雨之际，勦思憩、渴思饮者各有所之”（胡敬《淳祐临安志辑逸》卷五《崇福院条》）。兴建桥梁和修葺道路就如同改善水运，也有利于商旅的来往，扩大商品的流通，尤其是对于使商品运销深入到水运不能抵达的内地，贡献更大。

总之，由于南方户口持续而迅速的增加，扩大了生产和消费，也提供了商业发展所需的人力；由于政治中心的南移，使得南方增加了若干因政治、军事及交通因素而形成的消费中心；由于交通运输的改善，增加了商品的流通量，也扩大了商品的流通范围。这种种因素相结合，推动了南宋时期商业的发展，这一个倾向，观察商税和市舶收入的增加即可得知。由于商业不断在成长，作为商业中心的城市自亦必产生种种变化。

三、城市户口概况

南宋的城市，处于商业日益发展的环境之中，提供了经商的方便，生活的享受和就业的机会，自然吸引了各形各色的人从农村迁入，城市户口因此日益增加，城市户口在地区户口中所占的比例也逐渐上升。南宋城市户口的资料不多，散见于方志、诗文集和笔记中，本节尝试运用这些资料，依据户口多寡，划分为几个等级，以了解南宋城市户口的部分情况。

兹先将搜集所得的南宋城市户口列为表五，计算各郡县城市户口在郡县户口中所占比率列为表六，以资比较，然后再加以引证讨论。

表五：南宋城市户口

地区	年代	户口数	资料来源
临安府都城	乾道（一一六五～一一七三）	104,069 户	《咸淳临安志》卷五十八《风土志·户口条》
	庆元元年（一一九五）	112,000 户	杨万里《诚斋集》卷一二四《余端礼墓志铭》
	咸淳（一二六五～一二七四）	186,630 户	《咸淳临安志》卷五十八《风土志·户口条》
鄂州州城	嘉定（一二〇八～一二二四）以前	100,000 户	姜夔《白石道人诗集》卷上《春日书怀》，戴复古《石屏诗集》卷一《鄂州南楼》
成都府城	淳熙（一一七四～一一八九）以前	100,000 口	陵游《剑南诗稿》卷九《晚登子城》
泉州州城	嘉定以前	500,000 口	《舆地纪胜》卷一三〇《福建路泉州篇》
建康府城	建炎（一一二七～一一三〇）以前	170,000 户	《景定建康志》卷四十三《风土志》引《掩骼记》
吉州州城	开禧（一二〇五～一二〇七）以前	数万家	陆在新《康熙庐陵县志》卷四《宫室志》引杨万里《山月亭记》
潭州州城	嘉定十七年（一二二四）	12,800 户以上	《真文忠公文集》卷十《申尚书省乞拨和籴米及回籴马谷状》
汀州州城及诸县城	南宋初（一二二七～）	5,285 户	《永乐大典》卷七八九〇《汀州府条》引《临汀志》
	宝祐（一二五三～一二五八）以前	72,626 户	
	宝祐	73,140 户	

（续表）

镇江府城	嘉定	15,900 户	《至顺镇汀志》卷三《户口条》
	咸淳（一二六五～一二七四）	8,698 户	
温州州城	乾道	万数千家	王之望《汉滨集》卷七《温州遗火乞赐降黜奏札》
台州州城	嘉定以前	10,000 户	《攻媿集》卷三《寄题台州倅厅云壑图》
潮州州城	绍兴十八年（一一四八）	10,000 户	《永乐大典》卷五三四五《潮州府条》引郑厚《金山亭记》
抚州州城及诸县城	景定（一二六〇～一二六四）	30,588 户	许应嵘《光绪抚州府志》卷十四《建置志》载李绂《清风门考》引《景定志》
真州州城	嘉定	5,855 户	申嘉瑞《隆庆真县志》卷六《户口考》
庆元府城	宝庆（一二二五～一二二七）	5,321 户	《宝庆四明志》卷十三《鄞县志·叙赋篇·户口条》
汉阳军城	嘉定	3,000 户	黄榦《勉斋集》卷三十《申京湖制置司辨汉阳军籴米状》
永州州城	绍定（一二二八～一二三三）以后	3,000 户	高斯得《耻堂存稿》卷六《永州续惠仓记》
徽州州城	乾道八年（一一七二）	1,931 户	《淳熙新安志》卷一《州郡志·户口条》
徽州州城及诸县城	宝庆三年（一二二七）	3,887 户	彭泽《弘治徽州府志》卷二《食货志·户口条》

（续表）

泸州州城	嘉定二年（一二〇九年）	千余家以上	《宋史》卷六十三《五行志·火篇》
漳州漳浦县城	嘉定八年（一二一五）	5,000 户	叶适《水心先生文集》卷十《漳浦县圣祖殿记》
楚州盐城县城	嘉定元年（一二〇八）	4,000 户	《后村先生大全集》卷一四八《方子默墓志铭》
处州龙泉县城	德祐（一二七五）以前	2,000 户	郭忠《成化处州府志》卷十三《龙泉县志·城池篇》
严州淳安县城	开禧三年（一二〇七）	1,335 户	《会要》之《瑞异三·水灾篇》开禧三年六月十五日条
绍兴府嵊县县城	嘉定	1,194 户	高似孙《剡录》卷一《版图篇》
南剑州沙县县城	嘉定九年（一二一六）	一千一百余家以上	《宋史》卷六十三《五行志·火篇》
桂阳军城	嘉熙（一二三七～一二四〇）	数千百口	《永乐大典》卷七五一三《通惠仓条》
昌州州城	嘉定以前	千百家	《舆地纪胜》卷一六一《潼川府路昌州篇》
荆门军城	绍兴（一一三一～一一六二）	主户不满五百家	洪适《盘洲文集》卷四十九《荆门军奏便民五事状》
连、英、循、惠、新、恩州城	绍兴十九年（一一四九）	各六、七百家	《会要》之《食货六四·免行钱篇》绍兴十九年五月二十六日条
靖州州城	嘉熙以前	不满四十家	魏了翁《鹤山先生大全文集》卷三十六《答苏伯起书》

表六：南宋郡县城市户口比率

地区	年代	城市户数	全区户数	百分率	全区户数资料来源
真州扬子县	嘉定	5,855	12,711	46.1	《隆庆仪真县志》卷六《户口考》
镇江府丹徒县	嘉定	15,900	42,900	37.8	《至顺镇江志》卷三《户口条》
	咸淳	8,698	22,779	38.2	
汀州	南宋初	5,285	150,331	3.5	《永乐大典》卷七八九〇《汀州府条》引《临汀志》
	宝祐以前	72,626	222,361	32.7	
	宝祐	73,140	223,433	32.7	
台州临海县	嘉定以前	10,000	73,997	13.4	《嘉定赤城志》卷十五《版藉门一·户口条》载嘉定户数
汉阳军	嘉定	3,000	23,000	13.1	《勉斋集》卷三十《申京湖制置司辨汉阳军籴米状》
庆元府鄞县	宝庆	5,321	41,617	12.8	《宝庆四明志》卷十三《鄞县志二·叙赋篇·户口条》
抚州	嘉定	30,588	247,320	12.4	《雍正抚州府志》卷十《版籍考》
楚州盐城县	嘉定元年	4,000	34,000	11.8	《后村先生大全集》卷一四八《方子默墓志铭》
漳州漳浦县	嘉定八年	5,000	43,383	11.5	《万历漳州府志》卷十九《漳浦县志·赋役志·户口条》载嘉定户数
严州淳安县	开禧三年	1,335	18,726	7.1	《严州图经》卷一《户口条》载淳熙户数
徽州歙县	乾道八年	1,931	27,874	6.9	《淳熙新安志》卷一《州郡志·户口条》，卷三《歙县户口条》
徽州	宝庆三年	3,887	134,942	2.9	《弘治徽州府志》卷二《食货志·户口条》
绍兴府嵊县	嘉定	1,194	33,194	6.6	《剡录》卷一《版图篇》
荆门军	绍兴	（主户）500	（主户）3,000	14.3	《盘洲文集》卷四十九《荆门军奏便民五事状》

以上所列城市，可以按户口多寡划分为几个等级。第一类是五万户以上的大城市。以行都临安府为首，另外有湖北路的鄂州、成都府路的成都府和福建路的泉州等郡城。

临安府是南宋的首都，也是全国最大的城市，城市户口高居全国第一位。《咸淳临安志》卷五十八《风土志·户口条》和吴自牧《梦粱录》卷十八《户口条》都载有临安府历代户口，但都没有划分为坊郭和乡村两部分，因此对临安都城的户口，必须根据其他记载来作推论。自来的推论可以分为两种。一种认为临安都城的户数，包括城内和延伸到城外的市区南北二厢在内，是临安府附郭钱塘、仁和两县的总户数186,330户（钱塘87,715户，仁和98,615户，均咸淳年间户数），再加上由于商旅辐辏而导致的脱漏户数，其总数则如周密《武林旧事》所载：

> 俗谚云："杭州人一日吃三十丈木头。"以三十万家为率，大约每十家日吃擂槌一分，合而计之，则三十丈矣。

约在三十万户左右。另一种说法则认为三十万家只是城内户数，不包括南北二厢在内，若连南北二厢，应如耐得翁《都城纪胜》之《坊院条》所载：

> 今中兴行都已百余年，其户口蕃息，近百万余家，城南西北三处，各数十里，人烟生聚，市井坊陌，数日经行不尽，各可比外路一小州郡，足见行都繁盛。

当在一百万户左右，并以《咸淳临安志》卷五十三《官寺志》引郑湜《城南厢厅壁记》作支持。按《城南厢厅壁记》言：

今治平，中外绥靖，众大之区，编户日繁，南厢四十万，视北厢为倍。

文中的“南厢四十万”，被认为是指四十万户，如此则南北二厢已有六十万户之众（注二七）。两种说法之中，后一种过于夸张，而且对“南厢四十万”的解释也有错误，应以前一种较近情理。附郭钱塘、仁和两县原应包括城市、乡村两部分户口，但由于都城市区向城外扩张，范围辽阔，因此如果不计脱漏户籍的户数，都城户数确应和两县总户数相近，可再引用资料证明。《诚斋集》卷一百二十四《余端礼墓志铭》：

都城居民以户计者十一万二千有奇，（庆元）元年（一一九五），米斗千钱，公请发太仓之粟，下其估以粜，至今年秋成乃已，所活何数。

可知庆元元年都城居民有十一万二千余户，据《咸淳临安志》，乾道（一一六五～一一七三）年间钱塘、仁和两县总户数为104,069（钱塘46,521户，仁和57,548户），自乾道至庆元有二、三十年，户数必略有增加，所以都城户数和两县总户数应大略相近。据此，比较乾道、咸淳（一二六五～一二七四）年间都城户数（注二八），可知都城户数从104,069增至186,630（不包括脱漏户籍的商旅户数），增加几及一倍之多。

鄂州、成都府、泉州三郡郡城户数，约在五万户至十万户之间。鄂州是长江上游的军事重镇，也是数路的交通和商业中心，《吴船录》卷下所谓“川广荆襄淮浙贸迁之会”，平日商舶云集，市区繁盛，城外南市延伸达数里之长（注二九）。鄂州州城户数，据《白石道人诗集》卷上《春日书怀》：

武昌十万家。

又《石屏诗集》卷一《鄂州南楼》：

江渚麟差十万家，淮楚荆湖一都会。

都形容有居民十万户。姜夔和戴复古的诗句，是否有所夸张，尚需其他资料证实。按《吴船录》载鄂州城外南市，“沿江数万家”，城外市区居民已有数万户，则连城内居民计算，自必更多。又《勉斋集》卷三十《申京湖制置司辨汉阳军籴米事》：

今鄂州人口繁夥，为汉阳三十余倍。

汉阳军城于嘉定（一二〇八～一二二四）年间居民约三千户，三十余倍正为十万户。虽然如此，这只是当时人对鄂州州城人口众多的一般印象，就如当时人形容临安都城有三十万家一样，实际上有户籍的居民，未必有如此之多。成都府是四川诸路第一大郡，四川向以经济发展而地狭人稠著名，与两浙相同，而成都府又为“西蜀之会府，舟车所通，富商巨贾，四方麟集，征入之夥，独甲他郡”（《万历温州府志》卷四十四《人物志》载南宋人上官必克传），人口集中于城市的现象自应特别显著。南宋成都府城户数据《剑南诗稿》卷九《晚登子城》：

城中繁雄十万户。

当有居民十万家之众。陆游居四川在乾道、淳熙（一一七四～

一一八九）年间，所咏应为淳熙以前情况。陆游的形容，无其他佐证，但宋末蒙古人攻陷成都，“城中骸骨一百四十万，城外者不计”（袁桷《清容居士集》卷三十四《史母程氏传》），则城中军民之多可知。因此成都府于乾道、淳熙间有十万户人家，亦非不可能，实际有户籍者当然也不及此。泉州是宋代两大贸易港之一，北宋时贸易的繁盛尚不及广州，至南宋则和广州并驾齐驱，来往于中国、南海、阿拉伯的中外商船，聚泊于此，并且有不少外国商人在此居留（注三〇）。泉州州城户数据《舆地纪胜》卷一三〇《福建路泉州篇》引陆宇《修城记》：

城内画坊八十，生齿无虑五十万。

五十万为口数，若以每户五口计，泉州州城居民可达十万户之众。《舆地纪胜》成书于嘉定年间，陆宇所形容当为嘉定以前情况，其中当然有相当多的一部分是未申报户籍的商旅。鄂州、成都府、泉州三郡郡城的在籍人口，即使以十万户的一半计算，也各可有五万户之多。

第二类是五千户至五万户之间的次级城市。包括江东路的建康府城，江西路的吉州州城和抚州州城，两浙路的镇江府城、庆元府城、温州州城和台州州城，淮东路的真州州城，福建路的汀州州城和漳州漳浦县城，湖南路的潭州州城，以及广东路的潮州州城。

建康府和镇江府具有共同的特色。两地都是沿江的军事重镇，驻有大军，镇江府有运河通往行都，是赋税、军粮和商品的转运中心，而建康府也是沿长江而下粮运、商旅必经的要地（注三一）。建康府城户口，见《景定建康志》卷四十三《风土志·义冢篇》引《掩骼记》：

> 建康承平时，民之籍于坊郭，以口计者十七万有奇，流寓、商贩、游手、往来不与焉。

按《掩骼记》所谓“承平时”，是指南宋建炎（一一二七～一一三〇）以前而言。亦即北宋末年，建康府城固定的居民有十七万人，以一户五人计算，约三万四千户。南宋建康府驻有大军，又是沿江通往行都必经的要道，自必较北宋末年繁荣，府城户数也可能比北宋末年增加。南宋镇江府城户数有嘉定、咸淳两项纪录。《至顺镇江志》卷三《户口条》引《嘉定志》：

> 府城厢：户一万四千三百。
> 江口镇：户一千六百。

按江口镇位于府城西门外（注三二），实为府城市区的延伸，户数并入府城计算，则嘉定年间镇江府城共有 15,900 户。同卷引《咸淳志》：

> 在城五隅：户八千六百九十八。

可知咸淳年间镇江府城户数较嘉定年间减少甚多。户数所以减少，据同书卷二《坊巷条》，是由于“差调烦重，岁事不登，逃亡消乏”。府城行政区原有七隅，至咸淳年间并为五隅，原因也在于此。嘉定、咸淳年间均有府治丹徒县户口纪录，可据以推算出丹徒县城市户口所占比率在上述两年代分别为 37.3%

和38.2%，是相当高的比率。

吉州和潭州也具有共同的特色。两郡都户口众多，四周有广阔而农产丰富的腹地，二郡郡城的繁荣，显然与成为农产集散的中心有关。吉州是江西大郡，户口繁衍，盛产稻米，又濒临赣江中游，为湖广交通要冲（注三三）。《宋史》卷八十八《地理志》载北宋崇宁元年（一一〇二）吉州户数已达335,710，于全国诸郡中仅次于湖南路的潭州，南宋吉州全郡户数无考，但郡治所在的庐陵县，于嘉泰（一二〇一～一二〇四）年间已达154,500户，超过许多州郡全郡的户数，庐陵城内繁荣的情形，刘辰翁《习溪桥记》如此形容："自吾小年，见是桥盛时，为社林洲祠，为官药肆，为旗亭，歌钟列妓，长街灯火，饮者争席，定场设贾，呵道而后能过"（《乾隆庐陵县志》卷五《地舆志·桥篇》引）。州城户数，见《康熙庐陵县志》卷四《宫室志》引杨万里《山月亭记》：

阛阓数万家，如在井底。

可知有数万户居民。杨万里卒于开禧年间，所以这是开禧以前的情况。由于没有确实数字，因此无法算出庐陵县城市户口比率，但即使以二万家计算，此一比率也不会低于13%以下。潭州是湖南大郡，湖南一路户口近半数集中于此。《宋史》卷八十八《地理志》载崇宁元年湖南各郡户数总计952,397，而潭州一郡独占439,989户，是全国户口最多的州郡。潭州及湖南都以产米闻名，而且有大量输出（注三四），潭州位居湘江下游，自北宋以来，已是"商旅舟车之会"（郑侠《西塘集》卷四《怀集林府君墓志铭》），本郡稻米输出固然必须先集中于州城，而湘江上游各郡（如湖南第二大郡衡州）的稻米输出，也必然以潭州州城为集散中心。据《真文忠公文集》卷十《申尚书省乞拨和籴米及回籴马谷状》：

> 某去岁以来，举行赈粜，在城贫民，抄札一万二千八百余户。

此状为真德秀于嘉定十七年（一二二四）在潭州所上。所谓在城，指州城而言。可知潭州州城居民至少有一万二千八百余户，若连不必接受赈粜的中产之家和富家计算，潭州州城居民可能不出二万户（注三五）。

汀州的城市户口，是一个很特殊的例子，最足以显示南宋时期城市的急速发展。汀州是福建西南端的一个山郡，自唐代经北宋而至南宋，全郡户数直线上升，已见前节引述，可能即由于人口增加过速，而汀州位处山间，耕地有限，因此自南宋初年以后，新增的人口很难获得耕地，不能不弃农从事工商，逐渐集中于城市，形成城市户口的急速增加。《永乐大典》引《临汀志》载有汀州祖帐、递年见管、见管三项户口，都画分为坊市、乡村两部分，正可用来探讨汀州城市户口的变化，所谓坊市户口，应包括汀州郡城和其他五县县城在内。三项户口都没有注明确实年代，据李绂《乾隆汀州府志》，得知其中见管户数为宝祐（一二五三～一二五八）年间户数，递年见管户数和宝祐户数甚为接近，当是宝祐之前不久的户数（注三六），祖账户数超过北宋元丰（一〇七八～一〇八五）户数甚多，但不及南宋隆兴户数（元丰、隆兴户数均见上节所引），可能是南宋初年的户数。《永乐大典》卷七八九〇《汀州府条》载汀州坊市、乡村三项户数如下：

祖账户

坊市：5,285 户。

乡村：145,046 户。

递年见管户

坊市：72,626 户。

乡村：149,735 户。

见管户

坊市：73,140 户。

乡村：150,293 户。

据上列户数，可以得知汀州的城市户口由南宋初年的五千多户，迅速上升到南宋晚期的七万多户，城市户口比例也可以推算出从南宋初年的不及 4%，一跃而至南宋晚期的超过 32%。再比较城市和乡村户数增加的情形，自南宋初年至晚期，汀州坊市户数增加将近七万，而乡村户数增加只有四、五千，这说明在南宋初年，汀州农村的人口容纳量已经接近饱和，新增的人口不得不转而流入城市。汀州连郡治所在共六县，郡城户口当较其他县城为多，若以郡城占两分，其他五县县城各占一分推计，汀州郡城户数至少可有两万左右，可能还不止于此。

温州、台州、抚州、潮州四郡郡城的户数，都在一万户左右。温州位于浙东沿海，南宋曾于此置市舶务，船舶出入，颇为繁荣，有小杭州之称（注三七）。南宋温州州城户数，据《汉滨集》卷七《温州遗火乞赐降黜奏札》：

本州居民约计万数千家。

当有一万数千户。王之望知温州在乾道（一一六五～一一七三）

年间，因此这是乾道年间的情况。台州也位于浙东，为闽浙间陆路要冲（注三八）。台州州城户数，据《攻媿集》卷三《寄题台州倅厅云壑图》：

> 顷年登临赤城里，江绕城中万家市。

当及万户之众。诗句有否夸大，可再引用其他资料作证明。《宋史》卷六十三《五行志·火篇》：

> （乾道）九年（一一七四）九月，台州火，经夕，至于翌日昼漏半，燔州狱、县治、酒务及居民七千余家。

一次火灾可以焚民居七千余家，则台州州城居民在万户左右当无问题。《攻媿集》作者楼钥卒于嘉定初，因此这是嘉定以前的情况。台州州治所在临海县户数有稍晚的嘉定十五年（一二二二）纪录，可以推算出临海县城市户口比率为13.4%。抚州位于江西，虽然位置较为偏僻，“非通道”，但“有良田”（《舆地纪胜》卷二十九《江南西路抚州篇》引曾巩《拟岘台记》），而且“地大人庶”（同上引周必大《进士题辞》），州城贸易也颇繁荣（注三九）。据《光绪抚州府志》卷十四《建置志·城池篇》载李绂《清风门考》引《景定志》：

主户

坊郭户：17,540。

乡村户：153,490。

客户

坊郭户：13,048。

乡村户：63,243。

可知抚州州城及诸县城共有30,588户，城市户口比率为12.4%。抚州连郡治所在共五县，仍以郡城占两分，其他各县城占一分推计，抚州州城也约有万户左右的居民。潮州在广东是仅次于广州的第二大郡，位当闽粤交通孔道（注四〇）。潮州州城户数，据《永乐大典》卷五三四三《潮州府条》引郑厚作于绍兴十八年（一一四八）的《金山亭记》：

金山，潮郡之镇也。当其文物之美，版籍之饶，甲于二广。即山之阳，为亭者三，曰凝远，曰成趣，曰披云，俯揖金城万家于几席之中。

按潮州州城位于金山之下，故谓之金城。从“金城万家”之句，可知潮州州城有万户居民。“万家”的真实性如何，也可以再引用其他资料来证实。同书卷五三四三《潮州府条》引《三阳志》：

淳祐癸卯（三年，一二四三），郑侯良臣始编排在城白于（按：于当为丁之误），计七千七百单三户，尽为销豁（身丁钱）。

同卷解释白丁是“无产业之民”，城中仅无产业之民就有七千七百余户，则潮州州城居民当有可能达于万户。

真州州城、庆元府城和漳州漳浦县城的居民，都在五千户左右。真州和庆元府都是重要的商业中心。真州位于长江北岸和运河的交口上，由于地理位置优越，在北宋成为江南至汴京漕运的转运中心，发运使长驻于此，取代了唐代以来扬州的地位（注四一）；南宋时江南生产的稻米不再经运河北运，但淮南沿海所产的盐，溯长江而上，运销于内地，仍然以真州为转运站，盐商辐凑于此（注四二）。《隆庆仪真县志》卷六《户口考》载有南宋嘉定（一二〇八～一二二四）年间真州州城户数：

州城内：1,094 户。

州城外：4,761 户。

合计为 5,855 户，与州治所在扬子县全县户数相较，城市户口比率高达 46.1%，就现有资料来看，除无法和临安都城相比外，这是最高的一个比率了。庆元府自北宋以来，即设有市舶务，为对日本、高丽贸易的重要港口（注四三），“风帆海舶，夷商越贾，利原楙化，纷至沓来”（《舆地纪胜》卷十一《两浙东路庆元府篇》引李璜《修学记》），其重要性仅次于泉州、广州。庆元府城户数见《宝庆四明志》卷十三《鄞县志·叙赋篇·户口条》：

坊郭两乡：户五千三百二十一。

此一户数用以和宝庆（一二二五～一二二七）年间鄞县全县户数相比，得知城市户口比率为 12.8%。漳州漳浦县既非郡治，又缺乏类似真州和庆元府的商业重要性，但是漳浦县于嘉定年间全县户数达 43,383，算得上是一个人口众多的大县。按《水心先生文集》卷十《漳浦县圣祖殿记》：

漳浦五千户。

当指漳浦县城居民有五千户而言。叶适此记作于嘉定八年

（一二一五），恰可以之与嘉定年间漳浦县全县户数相比，求出城市户口比率为 11.5%。

第三类是一千户至五千户之间的一般城市。包括两浙路的处州龙泉县城、严州淳安县城、绍兴府嵊县县城、江东路的徽州州城，福建路的南剑州沙县县城，淮东路的楚州盐城县城，湖北路的汉阳军城，湖南路的永州州城以及潼川府路的泸州州城。

先就郡城来说。汉阳军城户口见《勉斋集》卷三十《申京湖制置司辨汉阳军籴米状》：

本军城下并汉口共三千家。

可知有三千户。又言：

本军两县乡村共二万户。

据此，可推算汉阳军城市户口比率为 13.1%。黄榦守汉阳军在嘉定年间，因此这是嘉定年间的状况。永州州城户口据《耻堂存稿》卷四《永州续惠仓记》：

永之为州，市民为户不过三千。

可知也有三千户。高斯得举进士在绍定二年（一二二九），因此这是绍定以后的状况。徽州城市户口有两项纪录，《淳熙新安志》卷一《州郡志·户口条》载有乾道八年（一一七三）郡城户数：

郡城中：1,281 户。

郡城外：650户。

合计为1,931户。以之与郡治所在歙县户口相比较，可以推算出歙县城市户口比率为6.9%。《弘治徽州府志》卷二《食货志·户口条》载宝庆三年（一二二七）坊郭户数：

主户：坊郭3,098。

客户：坊郭789。

合计为3,887户。此一坊郭户数当包括州城和各县县城在内。以之和同年全州户数相比，可以推算出徽州城市户口比率为2.9%。徽州辖六县，此一坊郭户数似嫌少，比率也嫌低，但以郡城占两分，其他县城各一分计算，郡城户数仍可在一千户以上。除上述各郡城之外，据《宋史》卷六十三《五行志·火篇》：

是岁（嘉定二年［一二〇九］），泸州火燔千余家。

足证泸州州城居民在千余户以上。

再就县城来说。楚州盐城县城户数见《后村先生大全集》卷一四八《方子默墓志铭》：

嘉定戊辰（元年，一二〇八），……辟楚州盐城尉，……盐城兵饥，制置使下令赈济，……初置局县市，君曰：县户三万，市四千尔。析局为七。

可知盐城县城有居民四千户，“县户三万”则应指县城以外的全县居民，如此，则盐城县城城市户口比率为11.8%。处州龙泉县城户数见《成化处州府志》卷十三《龙泉县志·城池篇》引旧志：

郭内分为两坊，曰龙泉，曰剑池，居民二千余家，至元戊寅毁于兵。

可知龙泉县城有二千余户居民，既言“至元戊寅（十五年，一二七八）毁于兵”，则当为南宋灭亡以前的情况。严州淳安县城户数见《会要》之《瑞异三·水灾篇》开禧三年（一二〇七）六月十五日条载石宗万申：

县郭共一千三百三十五户。

可知淳安县城居民有1,335户。淳安县全县户数有稍早的淳熙年间纪录，可推知淳安县城市户口比率为7.1%。绍兴府嵊县县城户数据《剡录》卷一《版图篇》：

县郭为户一千一百九十四。

此为嘉定年间数字。以县城1,194户居民和全县户数相比较，得知嵊县城市户口比率为6.6%。除上述各县城之外，《宋史》卷六十三《五行志·火篇》：

（嘉定）九年（一二一六）七月甲戌，南剑州沙县火，燔县门、官舍及千一百余家。

足见沙县县城居民在一千一百余户以上。

此外，尚有若干郡城，居民不满一千户，可以归纳为第四类。如湖南路的桂阳军，“阖郡在城之民，何啻数千百口”（《永乐大典》卷七五一三《通惠仓条》引《桂阳府创通惠仓省札》）；如潼川府路昌州，“郡环山为城，其民才千百家”（《舆地纪胜》卷一六一《潼川府路昌州篇》）；如广东路的连、英、循、惠、新、恩诸州，“城市不过六、七百家”（《会要》之《食货六四·免行钱篇》绍兴十九年［一一四九］五月二十六日前发遣连州王大宝言）；如湖北路的荆门军，“其客户往来不常外，主户才及三千，坊郭不满五百家”（《盘洲文集》卷四十九《荆门军奏便民五事状》）；同路的靖州，位于蛮区，居民更少，“城中不满四十家，气象萧条，盖可想见”（《鹤山先生大全文集》卷三十六《答苏伯起书》）。这一类郡城，居民所以寡少，或由于受宋金战争的影响，如荆门军城，或由于位置特别偏僻，如其他各郡城。

以上城市户口的估计，大多是仅就一般民户而言。除此之外，流动的商旅有不少是脱漏户籍的。例如临安府都城户口，据政府户籍估计，在咸淳年间是十八万六千余户，而周密在《武林旧事》中却认为有三十万家，这中间的差距，很可能就是由于商旅辐辏所造成；又如建康府城，据《景定建康志》引《掩骼记》估计有十七万人，而记中清楚的指出“流寓、商贩、游手、往来不与焉”。其次，军队中的禁军、厢军，是不列入户籍登记的（注四四），而各城市都驻有军队，不仅军事重镇如建康府、镇江府等驻有大军达数万之多，其他郡城也驻有厢军、禁军近千人至数千人（注四五）。因此，部分城市的实际户口，要较上文所估计的为多。

从本节的讨论可以了解，南宋的大城市并不仅限于都城临安府，除都城外，还有若干人口在数万户以至十万户的城市，至于五千户以上至二、三万户的城市，为数更多。而这些城市的分布，虽然有沿海和沿江两条比较明显的地带，但是一般讲来，却是分散于全国各路，并非集中于某一地域。城市户口的比率，也值得注意，大部分的城市户口比率可能在3%～14%，但也有少数城市户口比率高达百分之三十几至四十几，至于临安都城自然更不必论。而临安都城和汀州城市的户口变化，很清楚的显示出城市迅速发展的趋势。除了上文所论及者之外，还有若干城市，虽无户口纪录，却很明显具备有户口繁众的条件，如两浙路的平江府，“当四达之冲，井邑广袤，民物繁夥，为两浙剧郡”（崔敦礼《宫教集》卷五《代平江守臣乞截拨牙契钱修城札子》）；如江西路的隆兴府，“襟带江湖，控引夷越，乃东南一都会，冠盖往来，方轨击毂，连樯衔尾，皆川途所必经，”（张元幹《芦川归来集》卷八《代洪本中上徐漕书》）；如同路的江州，“为江湖会郡，兵民不知其几，又当蜀汉淮浙闽广之冲，往来走集袂相属也”（《永乐大典》卷六六九八《九江府条》引《江州志》）；又如广东路的广州，和泉州同为南宋两大对外贸易港，中外商贾、商舶会聚于此（注四六）。因此，南宋城市的发展不是孤立的现象，而是普遍的情形（补注）。从以下两节的讨论，可以更清楚的了解南宋城市发展的迹象。

四、城内市区的变化

多量户口向城市集中，自然导致南宋城市的种种变化。这些变化，大致可以分别从城内市区的变化和市区向城外扩张两方面来观察。本节先讨论前者。城内市区的变化，主要是由住、行两问题所引起。由于城内人口越来越多，为了解决住的问题，房舍大量兴筑或扩建，使得城内空地减少，甚至河渠、街道被侵占，市区形成拥塞的现象；而另一方面，人口增加及商业发达之后，行的问题也需要解决，于是增辟城门，改善道路，增建桥梁，以促进城市交通的流畅。南宋城市内部因而产生新的面貌。

先就住的问题来说。南宋城市集中了众多的人口，一般平民需要栖身之所，达官贵人和豪商地主则进一步讲求宽敞豪华的庭园，因此城中原有的空地逐渐建筑起住宅。以临安都城来说，北宋时杭州虽然已有“地上天宫”之称，但是城中空地仍多，宋高宗驻跸临安之初，南来的士大夫甚至感觉景象荒凉（注四七）。自临安成为行都之后，皇室、官吏、军队集中于此，大量外地人口也受吸引而迁移到临安来，于是城中景象有了变化，许多空旷的处所都兴建起房屋。如俞家园和橘园亭两地，都由田园改变而成巷陌街市。杨和甫《行都纪事》：

> 俞家园，在今井亭桥之南，向时未为民占，皆荒地，或种稻，或种麦，故以为名，今则如蚁房蜂窝，尽为房廊屋舍，巷陌极难辨认，盖其错杂与棋局相似也。

同上：

> 橘园亭，在今丰乐桥投北，自棚前直穿即是。盖向来未建都之时，此地皆种橘。高宗欲亲征，就此乘舟，创亭其上，前临大河。故至今此街市传为橘园亭。

可知俞家园房舍错杂，橘园亭是街市，而两地仍然称为“园”者，实由于过去曾经是稻麦田和橘园。不仅平地的田园如此，山岭也开辟成为住宅区。施锷《淳祐临安志》卷九《山川篇·万松岭条》：

> 旧《图经》云：在钱塘旧治正南，到县一十里，岭上夹道栽松。白居易《夜归诗》云："万株松树青山上，十里沙堤明月中。"翰林苏公轼《蜡梅诗》亦有"万松岭下黄千叶"之句。今在大内之西，皆为第宅居，层累鬟积，直至颠顶焉。

又洪迈《夷坚乙志》卷十六《刘供奉犬条》：

> 临安万松岭上，多中贵人宅。

可知在北宋晚期苏轼诗中，万松岭仍然是林木繁盛，而至南宋淳祐（一二四一～一二五二）年间，已经满山都是贵人的第宅了。按万松岭在都城之内，邻近皇城大内，所以贵人多居于此。其他的城市，也有类似的情形。《会要》之《食货六三·蠲放篇》绍兴二十六年十一月十九日条：

> 直秘阁两浙路转运判官李邦献言："欲乞将潭州城内空闲地段及已耕成菜园、麦地，并许土著流寓官户百姓之家经官指占，兴造舍屋，其地租、屋税并元业应干税赋和买，并特予蠲免数年。"诏令刘琦措置施行。

可知南宋初年，为解决潭州新增人口的居住问题，将城内空地及菜园、麦地放领给民众兴建住宅。又徐硕《至元嘉禾志》卷二十六《碑碣篇》载陆峻作于庆元三年（一二九七）的《崇福田记》：

浙水为今行畿，崇德去都为最近，数十年来，户口充斥，人物繁夥，凡曩者宜桑麻、长鸡豚、可以践牛羊之地，今皆列屋生聚于其中。

说明到南宋中期，嘉兴府崇德县也由于人口增加，许多原本空旷的土地已满布房舍。此外，如庆元府城，“生齿浩繁，阛阓填溢”（《开庆四明续志》卷一《坊巷条》）；如秀州华亭县城，“生齿繁阜，里闾日辟”（《绍熙云间志》卷上《坊巷条》），都反映出人口繁衍使得城内空地越来越少。

反映城中住家日益增多的另一事实，是城内行政区的增设细分。南宋初立足杭州时，城中仅分为左、右二厢，至绍兴二年（一一三二）增为四厢（注四八），至乾道（一一六五～一一七三）年间再增为八厢（注四九），而在淳熙十六年（一一八九）时则已有九厢了（注五〇）。建康府城内在乾道年间设四厢，至嘉定年间已增为五厢（注五一）。镇江府城内原分为左、右二厢，至嘉定（一二〇八～一二二四）年间也增至五厢（注五二）。福州州城在淳熙年间内设九厢，至南宋末年增至十二厢（注五三）。行政区的增设细分，反映了管理事务的日益繁杂，而管理事务所以日益繁杂，显然是住户增多的结果。

城市内部空地减少，而人口住家继续增加，对住的需求有增无已，导致了地价和房租的上涨。南宋时期，农村中由于耕地有限而人口激增，田地价格上涨是一个普遍的趋势（注五四），城中土地更加稀少而人口更为密集，土地昂贵的情形自然还要超过农村。《咸淳临安志》卷九十七《纪遗篇》载西湖僧顺怡《竹诗》：

城中寸土如寸金。

说明都城土地昂贵的现象。这种现象自然不限于都城，其他城市也都有类似的情形，从各地房租的不断上涨可以看出来。赵彦卫《云麓漫钞》卷四：

绍兴既讲和，务与民休息，禁网疏阔，富家巨室，竟（按：当是竞之误）造房廊，赁金日增。庚午、辛未间，知江阴军赵隽之销镌房金，民间乐之。

这是江阴军的情形。庚午、辛未为绍兴二十年（一一五〇）、二十一年（一一五一）。又《历代名臣奏议》卷三〇七载袁说友应诏上言：

顷岁朝廷两下蠲减房金之令，盖欲取有余以惠不足，细民受赐，诚为弗轻，再减之后，今已八年，而有力之家新创房廊，悉皆高定赁直，以备将来裁减，都城新屋，尤倍他州。

这是包括都城在内各城市普遍的情形，尤其以都城最为严重。城市房租竟然上涨到必须由政府来下令蠲减，可见上涨的程度。这种情形的发生，实由于城市土地昂贵，很多居民无力购买土地和住宅，只有租屋居住，而房主则利用房客切身之急，厚取利润，不断提高房租。地价愈涨，自置住宅愈困难，需要租屋的人愈多，房租就愈提高。也就是房租的上涨，反映了地价的变化。

在这种情形之下，城市居民无论是为了解决本身住屋的问题，或为了建屋出租以图利，对于土地的需要都感到更加迫切，于是向仅有的空间发展，侵占街道和河渠，使得街道、河渠越来越窄，城市之内因此呈现拥挤的景象，甚至河渠因而不再畅通。这是南宋时期众多城市所共有的现象。

临安都城是南宋全国聚集人口最多的城市，这种房屋侵占街道、河渠的情形自然最严重。临安建为行都之后不过三十年间，就出现宠臣王继先兴建第宅，填塞运河，侵占官街两条的事实（注五五）。这还是特殊的事件，而到淳熙年间，居民因扩建房屋而侵占街道和河岸的情形，已经相当普遍，必须由政府下令强制拆除。《会要》之《方域十·道路篇》淳熙三年（一一七六）十二月十一日诏：

> 临安府都亭驿至嘉会门里一带居民，旧来侵占官路，接造浮屋，近缘郊祀大礼拆去，旋复搭盖，如应日前界至，且听依旧，其今次侵展及官路，大段窄狭去处，日下拆截，其余似此侵占去处，令本府相度开具以闻。

同上淳熙七年（一一八〇）六月二十三日临安府言：

> 奉诏，本府居民添盖，接檐突出，并芦席木箬，侵占街道，及起造屋宇，侵占河岸，如有不伏去拆违戾之人，令追捉于地所断遣，枷项号令，候犯人替。本府除已尽行去拆，如有居民并百司公吏不伏去拆违戾之人，收录解府，送狱根究断罪。内有官户，追干人解府断罪，并（按：原缺三字，当是枷项号）令，候犯人替。

可知民居侵占街道、河岸，虽有命令禁止，但旋拆旋盖，竟至于须下诏令，将再犯者论罪，其严重的情形可想而知。北宋开封都城也曾有民居侵占街道的情形，但当时政府的对策不过是征收侵街钱（注五六），显然不及南宋临安都城问题的严重。民居侵占街道的状况继续发展，到南宋末年，都城之内就出现了《梦粱录》卷十《防隅巡警条》所形容“民居屋宇高森，接栋连檐，寸尺无空，巷陌壅塞，街道狭小，不堪其行”的现象。在河渠方面，都城内有茅山河、盐桥运河、市河、清湖河四河，乾道年间，临安府知府周淙已由于“临安驻跸岁久，居民日增，河流湫溢，舟楫病之”（《宋史》卷三九〇《周淙传》），而大事浚治诸河（注五七），可知诸河虽因民居侵占而逐渐狭窄，但仍能维持通航；可是到南宋末年，四河之中已有三河填塞，成为平陆。《咸淳临安志》卷三十五《山川志·河篇》：

> 城中四河，茅山中废已久，而盐桥河、市河日纳潮水，泥沙浑浊，居民规占河道，委草壤其间，久之乃为平陆，官虽以时开浚，未几填塞如故。

同上卷二十二《山川志·山篇》：

> 茅山，旧志云：在钱塘旧治之南八里。其下有茅山小河，今夷为民居。

可见盐桥河、市河所以填塞，和居民侵占河道有关，而废弃已久的茅山河，则已经成为民居之所了。除河流之外，较小的水渠，也有同样的情形，如贵人住宅区的万松岭，在淳熙年间，已经是“两旁古渠多被权势及百司公吏之家起造屋宇侵占”（《会要》之《食货八·渠篇》淳熙七年六月三日知临安府吴渊言）。甚至于城中北关水门内宽广数十里的白洋湖，也被富家利用，“于水次起迭榻坊十数所，每所为屋千余间，小者亦数百间，以寄藏都城店铺及客旅物货”（《都城纪胜》之《坊院条》）。

临安都城如此，其他城市也有类似的情形。以邻近都城的两浙路城市来说。如平江府城，于嘉定年间以前，已是“市衢旧有运河，堙塞之后，人皆聚闾而居，开凿为难”（《洪武苏州府志》卷三《川志·河篇》）；如平江府常熟县城的小娘子泾，“自兵火后，民居侵塞，由慧日寺以西，仅存一沟，自其东过县而属于运塘，亦皆为浮棚，不复通舟”（卢镇《重修琴川志》卷五《叙水》）；如湖州州城的子城城濠，“为民居浮檐所蔽，郡岁时督厢吏浚治云”（《嘉泰吴兴志》卷二《城池志·湖州条》）；如镇江府城，“市河其达于漕河者凡三耳，后在在堙塞，居民室庐狭隘，苟可展拓而免占，遑恤其他。昔之为河，今与地等，瓦砾埃壒，充满其间”（《至顺镇江志》卷七《山水志·河篇·丹徒县条》）；如衢州州城，钱端礼知衢州时，遇州城大火，“以民居侵据通途，不因是时一正之，害未艾也，乃访古沟遗迹，尽复其旧”（《攻媿集》卷九十二《钱端礼行状》）；如庆元府城，“生齿既繁，侵冒滋多，甚至梁水而楹，跨衢而宇，往来间阻，舆马尤病。绍定元年（一二二八）正月，东北厢火，救焚者束手无措，既而掘视古沟，率在居民卧室之内”（《宝庆四明志》卷三《郡志·叙郡·坊巷条》）；如庆元府慈溪县城，“县河浅淤，菰蒲丛生，居民因侵其旁，艺木筑室，日就湮微”（《攻媿集》卷五十九《慈溪县兴修水利记》）；如台州州城，“广惠渠故迹既泯，而元守（绛）凿以通舟之处，亦以居人栉比，阏而小之，今不惟舟不得通，而车马之路亦转侧无所容矣”（《嘉定赤城志》卷二十三《山水门·水篇·州河条》）；如温州州城，“承国家生养之盛，市里充满，至于桥水堤岸而为屋，其故河亦狭矣”（《水心先生文集》卷十《东嘉开河记》）；如温州平阳县城，“其城内水道，民间多架浮屋，岁久壅塞，咸淳间，邑令王应嘉重浚，后复塞”（《万历温州府志》卷二《舆地志下·水利篇·平阳县条》）。

两浙路以外，其他各路的城市也相同。如建康府城的秦淮河，早在乾道年间，就已经是“两岸居民填筑河岸，添造屋宇，日渐侵占其岸白地”（《会要》之《食货八·水利篇》乾道元年［一一六五］正月十四日张孝祥言）；如袁州州城的李渠，“在城内者，民居之所覆压，粪除之所填淤，窒不复通”（王光烈《康熙宜春县志》卷十三《李渠志·宝庆丁亥［三年，一二二七］修复始末》）；如福州州城外河，“居人盖搭（按：搭下原缺一字）屋，驾为高砌，堙为平陆矣”（《后村先生大全集》卷九十《福州浚外河记》）；如汀州州城，“州治前有民居交侵，正街车不得方轨，乃访之耆老，言两畔古有圳，内皆官地，圳堙塞，故民皆私之”（《永乐大典》卷七八九二《汀州府条》引《临汀志》）；如泉州州城，“嘉定（一二〇八～一二二四）间，守真德秀命五厢居民开浚打量官沟共五千二十有九丈，明（按：当作民）沟三千丈，凡沟在官地者官任之，在民屋内者自浚，虽民居寝屋庖溷搜剔不留。……越三祀，又湮塞如故”（《万历泉州府志》卷四《规制志·城池篇》）；如潮州州城，“州治自太平桥抵三阳门，桥之四维旧有四塔，外疏两渠，中为官街，岁月浸久，居民遂侵官地以广其庐，沟藏于堂坳之中，通衢湫隘”（《永乐大典》卷五三四三《潮州府条》引《三阳志》）。

从上举事实可以得知，全国各地的许多郡城、县城，都发生民居侵占河渠、街道的现象，使得河渠、街道越变越窄。各地的地方政府虽然都致力于疏浚河道，拆除房屋，但效果如何，不无疑问。如上举温州平阳县城和泉州州城的沟渠，都很清楚的说明在疏浚之后不久又堙塞如故；又如镇江府城的市河，也是“郡家时饬厢兵开导，文具而已”（《至顺镇江志》卷七《山川志·河篇·丹徒县条》）。而这种现象所以发生，正如前引《宝庆四明志》所说，由于“生齿既繁”，或如叶适《东嘉开河记》所说，由于“生养之盛，市里充满”，是城市土地有限而户口不断增加的结果。

再就行的问题来说。南宋城市居民不断增加，无论是城内或城外间的交通都会越来越频繁，再加上商业繁荣，出入于城市的商旅日益增多，自然就促进城市交通的改善。城门是城内外间往来的通道，若干城市在南宋时城门较以往增多，目的显然是为了便利城内外的交通。例如临安府的罗城，周回七十里，兴建于吴越钱镠的时代，原有龙山、竹车、南土、北土、保德、北关、涵水、西关八门，到南宋乾道（一一六五～一一七三）年间，已增为便门、保安、崇新、东青、艮山、新门、钱湖、清波、丰豫、钱塘、嘉会、余杭十二门，另外有保安、南水、西水、天宗、余杭五水门（注五八），这自然是从北宋以至南宋乾道年间杭州城市长期发展的结果；至淳祐（一二四一～一二五三）年间，城东又增加一个候潮门（注五九），显然是原有的城门又不敷交通的需要了。又如镇江府的罗城，原有新开、青阳、德化、仁和、鹤林、奉天、朝京、来远、利涉、定波十门，其中新开、来远二门久废，仅存八门，自御前诸军屯驻城内之后，为了方便出入，私自开掘了许多便门，居民也多从此进出，城墙失去限隔的作用，至嘉定七年（一二一四），知府史弥坚适应现状，将驻军所开的若干便门修为正式的城门，又新辟数门，连同原有的八门，共有二十六门之多（注六〇）。再如江阴军的外城，建于吴杨行密时，有延庆、钦明、通津、朝宗四门，至南宋时则已有春晖、天庆、朝宗、爱日、建寅五门（注六一）。

城市对外交通获得改善，城内交通也同样的有所改进。以城内街道来说，虽然许多街道都由于民居的侵占而越来越窄，但也有原来荒僻的地区开辟成为新街道。以临安都城为例，《咸淳临安志》卷二十八《山川志·岭篇》：

> 灌肺岭：在大街清河坊北，旧有坡阜，今夷为逵路，而名尚存。
>
> 狗儿岭：在教睦坊内，亦夷为路。

可知灌肺岭和狗儿岭原来都是山坡，而在南宋末年则已变成平坦的大路。又《会要》之《刑法二·禁约篇》嘉定十六年（一二二三）正月十一日臣僚言：

> 六飞驻跸钱塘阅数十年，宫殿所峙，实在凤山之前。……乡来凤山一带路南未辟，车马冠盖，多由嘉会门路，比年八盘岭屡经砌叠，其平如砥，遂为通衢。

说明邻近宫城的八盘岭，也由山岭变为通衢。其他城市料想也有类似的情形。其次，城中的许多道路，都被砌为石街。以砖石铺砌城内街道，在江浙地区自北宋已然，其他地区则未如此（注六二）。虽然如此，南宋时期江浙的城市仍有许多道路遇雨则泥泞难行，或者原来铺砌的石板已经破坏，需要继续铺砌。如临安府城自都亭驿至丽正门的道路，是文武百官上朝所必经，至嘉定年间依然泥泞难行，于是臣僚请求“自候潮门内之南至丽正门，并用石版铺砌可通车马之路”（《会要》之《方域十·道路篇》嘉定十六年一月一日条）；如平江府城，在淳熙六年（一一七九）八月，由市民共同出资，“兴工甃砌自吉利桥至版寮巷口街一道”（《江苏金石志》卷十三《吉利桥版寮巷砌街记》）；如镇江府城，在嘉定六年（一二一三）甃砌朱方门至通吴门道路六百五十丈（注六三）；如绍兴府城，“衢道久不修治，遇雨泥淖，几于没膝，往来病之，守汪纲亟命计置工石，所至缮砌”（张淏《宝庆会稽续志》卷一《街衢条》）；如建康府城，在宝祐五年“砌御街，自天津桥达于南门”，至景定三年（一二六二）又“砌锦绣坊街”（均见《景定建康志》卷十《建康表》）；如建康府句容县城，于淳祐年间甃砌街道，“以丈计者二百四十有二”，而“其未甃者尚多”（杨世沅《句容金石记》卷五张矩《砌街记》）；如徽州州城，绍定（一二二八～一二三三）年间，“郡守刘炳整甃自西门至三庙门，孝义坊至兴学坊州学前”（《弘治徽州府志》卷一《地理志·坊市篇》）；如吉州州城，南宋末糜弇任知州时，“修城郭，砯街衢”（黄震《黄氏日抄》卷九十六《糜弇行状》）；如抚州金溪县城，陆九渊《象山先生全集》卷二十有《赠金溪砌街者》一文。不仅江浙城市如此，其他地区的城市也开始仿效。《吴船录》卷上：

> 午后至眉州，遍城悉是石街，最为雅洁，前守王阳英昭祖所作也。

可知眉州城内街道在范成大离蜀之前刚刚完成铺砌石板。又

《宋代蜀文辑存》卷七十三范谟《砌街记》：

> 天下郡国惟江浙甓其道，虽中原无有也。太少二城坤维大都会，市区栉比，衢隧棋布，而地苦沮洳，夏秋霖潦，人行泥淖中，如履胶漆，既晴则蹏道辙迹，隐然纵横，颇为往来之患。绍兴十三年（一一四三）鄱阳张公镇蜀，始命甓之，仅二千余丈。后三十四年，吴郡范公节制四川，为竟其役，鸠工命徒，分职授任，程督有方，寸尺有度，费出于官而不以及民，日廪以食而人竞作，未几告成，以丈计者三千三百有六十，用甓一百余万，为钱一千万赢，率一街之首尾立两石以识广狭，凡十有四街，然后所至侧布，如江浙间。

按太少二城指成都府城。可知成都府城的街道自绍兴十三年开始铺砌，至范成大镇蜀时才铺砌完毕。眉州和成都府都在四川，四川以外的地区，如福建，如湖南，城市和城市之间的驿路已能铺砌石板，则城内街道铺砌石板自亦应有可能。新街道的开辟和石板街道的铺砌，无疑使许多城市的市容发生变化。

城市市容的另一项变化，是桥梁的增建。这种变化在水乡泽国的两浙城市尤其明显，桥梁的数字随着城市的发展而迅速增加。如临安都城，《乾道临安志》卷二《桥梁篇》载都城桥梁七十三座，当全是城内桥梁，淳祐《临安志》卷七《城府志·桥梁条》载都城内桥梁一百零三座，《咸淳临安志》卷二十一《疆域志·桥道篇》载都城内桥梁一百一十七座。可知淳祐（一二四一～一二五三）年间比乾道（一一六五～一一七三）年间增加三十座，而咸淳（一二六五～一二七四）年间又比淳祐年间增加十四座。如平江府城，《洪武苏州府志》

卷六《桥梁篇》载城门之内桥梁二百八十八座，其中注明见于《祥符图经》者六十三座，见于前志者二百二十二座，另四座见于续志。按前志当即范成大所著《吴郡志》，范氏记事止于绍熙三年（一一九二），可知自北宋大中祥符（一〇〇八～一〇一六）至南宋绍熙之间，平江府城之内桥梁增加了二百二十二座，达原来桥梁的三倍有余。又如庆元府城，《宝庆四明志》卷四《郡志·叙桥梁》载城内四厢桥梁一百二十座，其中注明为旧经所载者四十三座，其他七十七座均为新修。据《宝庆四明志》序，旧经指北宋大观（一一〇七～一一一〇）年间所修的《图经》，则自北宋大观至南宋宝庆（一二二五～一二二七）间，庆元府城内桥梁增加了七十七座，将达原有桥梁的两倍，也就是原书所说的“今增创过倍”。这一种桥梁迅速增加的现象，正如《嘉泰吴兴志》卷十九《桥梁条》所说：

诸桥多以居人蕃盛，甍宇蝉联，随时于支港创造，以便行旅，或里社募缘，或巨室自建。

或如《宝庆四明志》卷四《郡志·叙桥梁》所说：

日月湖之水酾为支流，可濯可湘可载可沿，徒杠舆梁，政所宜举，人繁屋比，则家自为之矣。

是城市人口大量增加之后，要求往来方便的结果。

房舍的大量兴建，行政区的增设，地价和房租的上涨，空地的不断减少以至于连街道、河渠都被房舍侵占，新城门的开设，新街道的开辟和石板街道的铺砌，以及桥梁的大量增加，都反映出南宋城市的日趋繁荣，也说明城内人口的聚集愈加稠密。不仅临安都城如此，成都府、泉州等大城市，建康府、镇江府、庆元府、台州、温州、潮州等次级城市，以及其他许多郡城、县城，也都有同样的变化。这一种变化，以量的扩充表现了城市的发展，仅就此而言，尚未构成城市形态的基本改变，但是已经为进一步的变化作了前奏。

五、城外市区的扩张

南宋城市城内市区的发展，由于受到城郭的限制，是有一定限度的。当居民和建筑物不断增加，使城内难以容纳时，市区就必须向城外扩张，甚至于城外市区比城内更加繁盛。城外市区发展到相当程度，往往就编入城市的行政系统，无论在实质上或形式上，都已成为城市的一部分。少数的城市，由于防卫上的需要，扩建城郭到新市区之外；但大多数城市，则维持现状，不再因城外市区的扩张而扩大城郭。这一事实，反映了城市的发展由量的扩充转为质的变化，城市的范围不能再以城郭来限定了。

城市市区向城外发展，在北宋时已经发生，首都开封是一个典型的例子。开封都城的市区，自五代后周以来即不断的扩大，可以分为两个阶段。第一阶段到后周显德二年（九五五）为止，这年以都城户口蕃盛，工商发达，原有旧城无法容纳，在旧城之外兴建新城，旧城周回二十里一百五十五步，而新城周回四十八里二百三十三步，比旧城扩大了很多，在这一个阶段，显然仍认为城市市区必须有城郭来环卫。第二阶段到北宋大中祥符元年（一〇〇八）为止，这时连新城也不足以容纳新增的人口，市区扩展到新城之外，北宋政府在城外设八厢来管理，可是不再增建城郭来环卫市区（注六四）。按厢自五代后唐以来，即成为城市行政区的名称，北宋初年开封都城内的行政区也以厢来画分（注六五），可知大中祥符元年在城外设八厢，是将城外市区编入了开封都城的行政系统。大中祥符元年以后开封都城城外市区的形态，可以说就是南宋许多城市的共同渊源。除了汴京之外，在北宋末年，也有若干城市因为人口增加而发生同样的情形，如宿州，"罗城狭小，居民多在城外"（苏轼《东坡奏议集》卷十二《乞罢宿州修城状》）；如顺昌府，"城外有民居数千家"（《宋史》卷三六六《刘锜传》）；如楚州，"城外旧有西北两厢官，靖康胡骑蹂践俱废"（《会要》之《兵三·厢巡篇》嘉定十一年［一二一八］正月六日楚州言）。到南宋时期，这种现象已经是相当普遍了。

南宋城市在市区发展出城外之后，也并非完全没有增筑城郭来护卫的。真州、黄州、广州、泉州均是如此。真州是淮东的一个重要商业城市，城市户口比率高达46.1%，而城市5,855户居民中，居于城内者仅1,094户，居于城外者多达4,761户，已见第三节所述。真州濒临大江，城外江边居民不断增加，以至于"江岸之沙，涨为平陆，膏沃弥望，庐井日衍而东，鳞次栉比，三倍曩昔"（《康熙仪真志》卷六《建置志·官署篇》引宋陈珙《建安驿记》），嘉定（一二〇八～一二二四）年间，城外市区已设有东南两厢（注六六），可知已经纳入州城行政系统之内。嘉定二年（一二〇九）以前，真州历次修城均未考虑城外市区的问题，至嘉定二年修城，才有增筑翼城至江滨之议。《攻媿集》卷五十四《真州修城记》：

嘉定二年八月，诸军粮料院潘君被命出守，当兵荒饥馑之余，几不成邦，既属以劳来安集之政，又以城筑委之。……郡之井市与漕台皆在城南大江之滨，议者欲如瓜州之城，创为两翼，自城到江以蔽遮之，事重费多，未易骤举。……今是邦城郭虽就，而方有两翼之议，又前者林、郭二君之所筑，已多隳圮，尚须随处补苴，又别储二万缗豫为后日不时之备。

可知增修翼城的建议虽因事重费多而未能实现，却没有放弃，由政府预储经费以备将来进行。此后逐年增筑，至宝庆二年（一二二六）完成（注六七）。黄州是位于淮西的一个河港，自北宋晚期，长江上游所产木材、淡鱼运往下游销售，已必停泊于此征税（注六八），但当时州城尚甚简陋，几无城郭可言（注六九）。至南宋嘉定年间，黄州已有旧城、新城之分。《会要》之《职官四·勑令所篇》嘉定十七年（一二二五）三月二十八日朝奉郎权发遣淮西提刑兼知黄州左谟言：

今月二十日，旧城外、新城里，地名马家巷，居民遗火，南风紧猛，正望大江，又两街居民虽是土瓦，而屋后小屋尚皆诛茅为之，风势火势愈急，虽有筑城官兵万人，无所措手。……共烧三百六十九家，大小共二千四百九十四口。

可知在旧城之外，已有街巷，并且至少有居民三百六十九家；由筑城官兵救火，可知新城正在兴筑，尚未完成。广州、泉州均为大贸易港。以广州来说，《永乐大典》卷一一九〇六《广州府条》引《南海志》：

州城之南，为一阛阓。

可知广州城南是一繁盛的市区。又《后村先生大全集》卷十二《城南诗》咏广州：

濒江多海物，比屋尽闽人。

按南宋时期，福建商人最为活跃（注七〇），广州城南所聚居者，当是自福建来广州经营贸易的商人。德祐元年（一二七五），元军攻至广州城南，郡人赵若冈率领民兵实施坚壁清野，“焚其室庐，火光亘天，城外民居为之荡尽。”（《永乐大典》卷一一九〇五《广州府条》引《南海志》）足见城南必定有民居甚众。据同书卷一一九〇六《广州府条》引《图经志》：

嘉定四年（一二一一），经略使陈岘于城东南、西南筑两翅临海，以卫城南，居民曰雁翅城。

可知广州城南市区建有城郭护卫。以泉州来说，城南也是商人聚居之地，《后村先生大全集》卷十二《泉州南郭》二首：

闽人务本亦知书，若不耕樵必业儒。惟有桐城南郭外，朝为原宪暮陶朱。

海贾归来富不赀，以身殉货绝堪悲。似闻近日鸡林相，不博黄金不博诗。

按泉州又名刺桐城，桐城即指泉州。可知泉州城南所居者多为海外贸易商人。又当时外国商人来泉州贸易，居留期间不准入城，限制居于城南的蕃坊，广州也有类似的外商居留区（注七一）。泉州城南自然由于中外商人的聚居而形成一市区。据

《万历泉州府志》卷四《规制志上·城池篇》：

> 绍定三年（一二三〇），守游九功始筑瓮门于城南，外筑翼城，东自浯浦，西抵甘棠桥，沿江为蔽。

可知泉州城南也环卫以翼城。以上几个城市的城外市区所以增筑城郭护卫，显然都由于特殊的地理位置。真州、黄州所在的淮南是宋金边界，易受金人侵袭；泉州、广州则是重要的海港，而南宋闽、广沿海的海盗相当猖獗（注七二）。基于安全的顾虑，不得不如此。

至于其他众多安全顾虑较轻的城市，对于城外市区则已不再筑城护卫了。而且若干城市城外市区范围的宽广，也使得筑城成为一件困难的事。最明显的例子就是临安都城。临安在成为行都以前，城中空旷之处尚多，城外更不必论，建为行都之后，城外才迅速发展，建筑物大量增加（注七三）。绍兴十一年（一一四一），城外人烟的繁盛，已达南北三十里之广，各比一县，必须设城南左厢和城北右厢来管理。《乾道临安志》卷二《城南北厢条》注：

> 绍兴十一年五月七日，郡守俞俟奏请："府城之外，南北相距三十里，人烟繁盛，各比一邑，乞于江涨桥、浙江置城南北左右厢，差亲民资序京朝官主管本厢公事，杖六十以下罪听决。"奉圣旨依。

这是临安城外市区纳入都城行政系统的开始。此后城外户口继续增加，至乾道三年（一一六七），又增设东西厢，而以东厢隶于南厢之下，西厢隶于北厢之下。《咸淳临安志》卷十九

《疆域志·厢界篇·城东西厢条》：

乾道三年四月二十日，臣僚奏请，城东西户口繁夥，警逻稀疏（原注：时城西闵将仕家被劫，遂有此奏），乞置巡检使二员，措置盗贼，仍各差军兵。从之。其地分东隶南厢，西隶北厢。

按两巡检使分别称城东厢都巡检使、城西厢都巡检使。城外行政区的进一步细分，反映了城外市区的日趋繁荣，治安工作的日趋繁重。不仅如此，城南北二厢所统辖的地域也越来越广，绍兴十一年初设城外二厢时，市井人烟不过在城外南北相距三十里，而至宝庆二年（一二二六），程珌作《城南厢厅壁续记》，已经是“南北二厢，设于关外，而分任之地皆六七十里。”（《咸淳临安志》卷五十三《官寺志·幕属官厅篇》引）城外市区的发展，还可以从户口的增加和桥梁的增建看出来。以户口的增加来说。《攻媿集》卷九十《薛居宝行状》：

主管临安府城南右厢公事，南厢户口十四万，最为剧繁。

按薛居宝主管临安府城南厢公事约在乾道初年，所谓户口十四万，当指十四万口。又《咸淳临安志》卷五十三《官寺志二》引郑湜作于嘉定十一年（一二一八）的《城南厢厅壁记》：

今治平，中外绥靖，众大之区，编户日繁，南厢四十万，视北厢为倍。

此处四十万也是指四十万口。可知自乾道年间至嘉定年间，城南厢居民从十四万口增至四十万口，几为原数的三倍；而全都城内外户口自乾道年间至咸淳（一二六五～一二七四）年间增加尚不及一倍（见表五），说明城外户口增加的速度要超过城内。再以桥梁的增建来说，据《淳祐临安志》卷七《城府志·桥梁条》和《咸淳临安志》卷二十一《疆域志·桥道篇》，统计城内、城南左厢、城北右厢桥数如表七，以资比较。

表七：淳祐、咸淳年间临安府城内外桥数

地区	淳祐桥数	咸淳桥数	增加数
城内	103	117	14
城南左厢	52	111	59
城北右厢	53	119	66
城内外合计	208	347	139

据上表，可知在淳祐（一二四一～一二五二）年间，城南左厢和城北右厢的桥数都不过是城内的一半稍多，而至咸淳年间已约略相等；自淳祐至咸淳，城内外共增加桥梁一百三十九座，而属于城内者有限，不过十四座，只及总数的十分之一，其余都属于城外两厢。这说明城内市区的发展已将达极限，而城外市区则仍然继续在迅速成长。城外市区的迅速发展，也造成了如同城内一样的现象，河渠为房舍所侵占，如钱湖门外经澄水闸注入西湖诸渠，在南宋末年已都“为民居湮塞”（《梦粱录》卷十一《堰闸渠条》）。《梦粱录》卷十九《榻房条》形容南宋末年都城城外市区的盛况：

杭城之外，城南北西东各数十里，人烟生聚，民物阜蕃，市井坊陌，铺席骈盛，数日经行不尽，各可比外路一州郡，足见杭城繁盛矣。

当绍兴十一年初设城南北两厢时，城外不过被形容为南北三十里之内户口蕃盛各可比一县，而此时已经成为东西南北数十里之内的繁华状况都可以和外路一州郡相比。可见南宋一百五十年之内，都城城外的市区有长足的发展。在这种情形之下，临安府罗城虽然周回有七十里之广，但是对护卫市区来说已经缺乏实际的意义。

其他城市市区在城外的发展，自然不能够和都城相比，但也有若干城市的城外市区范围长达数里，例如鄂州州城和镇江府城。鄂州州城的主要商业区，不在城内，而是在城外的南市，陆游和范成大游历至此，都对南市商业的兴盛留下深刻的印象。《渭南文集》卷四十六《入蜀记第四》：

> 食时至鄂州，泊税务亭，贾船客舫不可胜计，衔尾不绝者数里，自京口以西皆不及。……市邑雄富，列肆繁错，城外南市亦数里，虽钱塘、建康不能过也。

《吴船录》卷下：

> 晨出大江，午至鄂渚，泊鹦鹉洲前南市堤下。南市在城外，沿江数万家，廛闬甚盛，列肆如栉，酒垆楼栏尤壮丽，外郡未见其比。盖川广荆襄淮浙贸迁之会，货物之至者无不售，且不问多少，一日可尽，其盛壮如此。

可知鄂州城外南市长达数里，聚集数万家，是各路货物的集散地，十分繁荣，鄂州城外民居的众多，竟至于使丧家难于寻找埋葬的处所（注七四），可见人口的稠密。镇江府的城外市区，分别向西门、南门之外发展。南门之外沿运河至江口，形成一狭长的市区。《嘉定镇江志》卷六《地理志·山川门·水篇·丹徒县条》：

盖渠自江口行九里，而达于城之南门，民居商肆，夹渠而列，渠岸狭不盈咫。

同上：

自城南闉以抵江口，随地势曲折，为里者九。先是，齐民濒渠而居，侵冒临跨，日月滋甚。载舟之水，劣甫倍寻，舳舻经过，几同奡荡，挽夫颠连，进不能跬。

可知此一狭长市区长达九里，而运河河道为岸上市区的民居、商店所侵占，逐渐狭窄，航运因此发生困难，实反映了聚集于此的商民日益增多。西门还京门外另有一市区江口镇，江口镇虽然自成一镇，但是从力役轮差和治安系统看，实为府城的一部分。同上卷五《常赋志·均役条》：

递年应办国信往来合用般担礼物人夫不逾二千人，系丹徒县官差拨坊郭人户充应，然坊正、县吏不问实用人数多寡，遍于诸坊排门差拨，闾巷骚然。守臣待制史弥坚籍定在城七坊及江口镇户口姓名，图写住止，内从例合充般担人计七千九百三十八户。

同上卷十《兵防志·巡铺条》：

初，厢无巡厢，官无军巡，待制史弥坚谓滨江为郡，军民错处，戢奸弭暴，宜不若是疏，乃于五厢、江口镇创置巡铺二十八所，以二十八宿为记，铺各厢军二名，专充巡徼。

可知江口镇居民在力役上并入府城坊巷人户轮差，治安上也是府城五厢和江口镇隶属同一系统，因此江口镇可视为府城市区的延伸。镇以江口为名，当有水道可通江口。又江口镇设有江口税务（注七五），可知为一商业区。鄂州州城和镇江府城的城外市区，分别沿大江边或运河边发展，这是水运城市的特色，城市的发展深受交通因素的影响。前述的真州州城，也属于同一类型。

还有许多城市，虽然无从得知其城外市区的大小，但是从这些城市在城内外都设厢治理，可知其城外市区已经发展到相当程度，画入城市行政系统之内。这些城市，有庆元府城、温州州城、建康府城、隆兴府城、抚州州城、福州州城、福州怀安县城、漳州州城、潮州州城、韶州州城等，分述于下：

（一）**庆元府城**。庆元府城的行政区分，据《宝庆四明志》卷三《郡志·叙郡·坊巷条》，有东南、东北、西南、西北四厢；据《开庆四明续志》卷七《楼店务地条》及卷八《赈济条》，则共有东南、东北、西南、西北、府西、甬东六厢。按《开庆四明续志》卷四《广惠院条》：

合城内外六厢瘝寡孤独瘖聋跛躃者廪于斯。

则六厢所治包含城内外市区。《宝庆四明志》所载四厢，当是仅就城内而言；而《开庆四明续志》所增府西、甬东二厢，则在城外。又据《开庆四明续志》卷七《楼店务地条》：

行下诸厢抄具，及会绍兴府例给由发下府西、甬东两厢挨究，总计二万四千四百六十四丈六尺一分四厘，比绍兴（一一三一～一一六二）经界实亏五千四百六十五丈四寸八分六厘。然绍兴经界初不具府西、甬东二厢也，今除府西、甬东所得之数，比绍兴经界实亏一万三千二百十七丈一尺二寸九分六厘。形势之家隐瞒，胥吏相为芘匿，百年之间，亏折如许。

绍兴年间施行经界，丈量楼店务地时，府西、甬东二厢不在数内，可知当时城外二厢之地尚未成为市区，城外二厢之地发展成为市区，应是绍兴年间以后的事。甬东厢之名，在《宝庆四明志》中已可见到（注七六），府西厢在《开庆四明续志》中尚是初次出现。城东之外的江东米行河，在宝庆（一二二五～一二二七）年间，已经是“四五十年以来，两岸居民节次跨河造棚，污秽窒塞，如沟渠然”（《宝庆四明志》卷十二《鄞县志·叙水》），可知甬东厢在宝庆之前也已至少发展了四五十年，而且人口已相当密集，才会出现民居侵占河渠的现象。又前引《开庆四明续志》文中言“会绍兴府例给由发下府西、甬东两厢挨究”，疑绍兴府城和庆元府城相同，也有城外市区，但未寻获史料证实。

（二）**温州**。温州城外设厢见《汉滨集》卷七《温州遗火乞赐降黜奏札》：

是夜二更后，城外南厢居民遗火，亦即时救灭。

可知温州州城有城外南厢。

（三）**建康府城**。建康府城外设厢见《景定建康志》卷二十三《城阙志·诸仓篇·平止仓条》所引作于嘉定十七年（一二二四）的《平止仓须知》：

城内五厢，城外二厢，已造鱼鳞图。

可知至晚在嘉定年间，建康府城外已设有二厢。又《真文忠公文集》卷六《奏乞为江宁县城南厢居民代输和买状》：

窃见建康府南门之外，有草市，谓之城南厢。……然马军行司移屯之始，连营列戍，军民憧憧，聚彼贸易，市廛日以繁盛，财力足以倍输。

可知城外二厢之一为城南厢，在府城南门之外，商业颇为繁荣。

（四）隆兴府城。隆兴府是江西路首郡，府城治南昌、新建二县。《元史》卷六十二《地理志，龙兴路（即宋隆兴府）录事司条》：

宋以南昌、新建二县分置九厢，元至元十三年（一二七六）废城内六厢，置录事司。

同上《南昌县条》：

至元二十年（一二八三），割录事司所领城外二厢、东南两关来属。

按元朝的录事司掌城中户民之事，元至元十三年即南宋灭亡之年。可知南宋末隆兴府城内外共设九厢，六厢在城内，则在城外者当有三厢；又城外三厢中二厢隶南昌县，则所余一厢当隶新建县。

（五）**抚州**。南宋抚州州城外设有港东厢。《永乐大典》卷一〇九五〇《抚州府条》引《抚州府志》：

> 在城四隅坊巷街名。东隅。……南隅。……北隅。……西隅。……外东厢、港东厢、外南厢、外北厢。

此为明初建置，按明初地方行政区的画分，是城中设坊或隅，近城设厢（注七七），与宋代城内外行政区均称厢不同，因此上列四厢均在城外。再据前引《抚州府志》：

> 安寿堂。嘉泰（一二〇一～一二〇四）中，庾使张公震建于港东厢，以待过客之疾病者。

则城外港东厢的设置，可以追溯到南宋嘉泰年间以前。

（六）**福州州城**。福州是福建首郡，府治闽、侯官二县。《淳熙三山志》卷十四《版籍类·团结立忠义社条》：

> 闽县六厢（原注：左一厢、左二厢、左三厢、南斗厢、南津厢、北津厢），总三十七社，门外十社（原注：行春门外三社、合沙门外四社、美化门外三社）。
>
> 侯官县三厢（原注：右一厢、右二厢、右三厢），总十四社，……城外西烟火厢三社。

可知淳熙（一一七四～一一八九）年间，福州州城之内共设九厢，其中六厢属闽县，三厢属侯官县，州城之外设有西烟火厢，属侯官县。闽县城外虽未知是否设厢，但从三城门之外设有忠义社十社看来，必定也有不少民众聚居。

（七）**福州怀安县城**。据同上：

怀安县二厢（原注：子城厢、东渎厢，并门左一厢、右二厢）。

正文称怀安县有二厢，但注文中除应有的二厢之外，又多列出门左一厢、右二厢，后两厢当在城门之外。

（八）**漳州州城**。漳州治龙溪县。《万历漳州府志》卷十三《龙溪县志·规制志·厢里条》：

东北隅：统图三，宋左厢。

西隅：统图三，宋右厢。

南隅：统图三，宋城内厢。

东厢：统图一，在府城东门外，宋城东厢。

南厢：统图一，在府城南门外，宋城南厢。

可知宋代漳州州城之内设有三厢，州城之外设有城东、城南二厢。

（九）**潮州州城**。潮州城外设厢，见《永乐大典》卷五三四三《潮州府条》引《三阳图志》：

元平江南，至元二十七年（一二九〇），大籍户，以本州为中路总管府，于城内设录事司，城外四厢隶焉。

元初潮州城外的四厢，应是沿袭南宋末年的建置。同卷引《三阳志》：

郡之社稷坛，实处城南厢三阳门外之西。……淳祐乙巳（五年，一二四五），林侯寿公捐金增加修饰。

可知城外四厢之一为城南厢，位于三阳门外。

（十）**韶州州城**。韶州在人口稀疏的广东，也算是一处人口较为密集的地区，北宋元丰（一〇七八～一〇八五）年间有五万七千余户（见《元丰九域志》卷九《广南东路韶州篇》），次于广州、潮州、惠州。韶州治曲江。《元史》卷六十二《地理志·韶州路曲江县条》：

中。元初（按：《新元史》卷五十《地理志》作至元十五年［一二七八］），分县城西厢地及城外三厢属录事司。

可知韶州州城外在南宋末年设有三厢。

又有若干城市，既无从得知其城外市区范围的大小，也未能得知曾否在城外设厢，但是显然城外有相当繁荣的商业，或是聚居有相当数量的民众。如江阴军，宋代曾在此设市舶务，是一海港。据《重修毗陵志》卷二《地理志·坊市篇·江阴条》：

江下市，在澄江门外，以通黄田港，宋绍熙五年（一一九四）以来，商船倭舶，岁常辐凑，驵侩翕集，故为市，亚于城闉。

可知江阴军城外的江下市，因有水道可通黄田海港，所以成为商贾云集的繁荣市区。又如汀州，汀州城市户口的众多，已见第三节所述，而聚集于州城的户口，大部分都居于城外。《永乐大典》卷七八九〇《汀州府条》引《临汀志》：

郡枕山临溪为城，周袤才五里，市廛居民多在关外，营垒亦有在关外者，故城内坊才三，而城外余二十，阛阓繁阜，不减江浙中州。

同书卷七八九五《汀州府条》引《临汀志》载开庆元年（一二五九）知州胡太初奏疏：

本州依山为城，境地狭隘，民居市肆多在城外，以户口计，城外多于城内十倍，又有保节二十一指挥一军营亦在城外。凡斗殴杀伤、风水、盗贼，悉委长汀一尉。而尉或遇差出体究验视，则弥旬旷日，更无弹压警逻之人。窃闻江西间，有州郡市井在城外者，分兵官一员莅之。本州有训练一员、兵马监押二员，臣愚欲照例添差监押一员，置廨舍于城外，俾与长汀尉同任警逻之责。

可知汀州州城之外是繁荣的商业区，坊数为城内的七倍，而户口则为城内的十倍，由于户口众多，商业繁荣，郡守胡太初才请求在州城之外设置治安人员。再如吉州，州城户数达数万之多，而据定祥《光绪吉安府志》卷六《建置志》引欧阳守道作于景定元年（一二六〇）的《筹安堂记》：

庐陵非江北比，城外居民，三倍城中。

则数万户居民中有四分之三是居住于城外市区，即使州城户口以二万户计算，城外居民也可以有一万五千户之多，城外市区的繁荣，可想而知。

除了上举的许多城市之外，还有一些城市，城外人口未必很多，商业未必繁荣，但是确知其市区已发展到城外。如徽州州城，乾道（一一六五～一一七三）年间在城中有 1,281 户，城外有 650 户（见第三节）。如汉阳军城，“城内之民仅千家”“郭外沿江之民几二千家”（《勉斋集》卷十《与李侍郎梦闻书》），郭外居民虽多出城中一倍，但是“皆浮居草屋，视水之进退以为去往，夏则迁于城之南，冬则迁于城之北”（同上），显然未能形成固定的市区。如饶州州城，“民严翁为桶匠，居城外和众坊”（《夷坚支甲》卷四《严桶匠妻条》），可知城外有坊市。如常州州城有“双桂坊，在武进县东”（《咸淳毗陵志》卷三《地理志 · 坊市篇 · 州条》），而武进县所辖乡村为“旧管三十六乡，后并为十六，双桂坊与焉”（同上《乡都篇 · 武进县条》），可知双桂坊原为乡村，其后发展成为坊市。如泸州州城，坊巷街道分别隶属于右厢、左厢和城外巡检司（《永乐大典》卷二二一七《泸州条》引《江阳谱》）。如福州永福县，“有永泰镇，今县郭下”（《淳熙三山志》卷九《公廨类 · 诸县镇务条》），可能也如同镇江府城外的江口镇，是县城的一部分。如台州仙居县城，在城外尚有坊巷（见嘉定《赤城志》卷首《仙居县治图》）。这些城市的市区，都已经不限于城内。

综上所述，可知南宋城市市区向城外扩张，就如同城市内部的变化一样，不限于临安都城和少数大城市，而是全国各地许多郡城、县城普遍如此。各城市的城外市区，繁荣程度并不一致，临安都城之外东西南北数十里的繁华固然是特例，如鄂州城外的南市或汀州城外市区，繁华的程度过于城中，大约也不多见，大多数城市的主要商业区可能仍在城郭之中。

六、结语

商业的日益繁荣，带动了南宋城市的发展，城市人口的日增，不仅使城内市区愈来愈拥挤，也促成市区往城外扩张。这些现象不仅见之于首都临安，也见之于全国许多郡城、县城。这种普遍的改变已经说明一件事实，即是虽然城郭仍然具有护卫行政中心的作用，但是其作为分隔城市、乡村界线的意义已逐渐淡薄。配合以这一时期乡村中商业市镇的兴起（注七八），这种改变的意义更加明显。这是一种本质上的改变，反映城市的商业性质不断增强，突破了政治军事性质所构成的限制。如果以坊制、市制的破坏是这种城市本质变化的第一阶段，则城郭分隔城乡作用的消逝就是第二阶段，也就是坊制、市制消失的进一步扩大。而南宋时期城市的发展，足以说明第二阶段变化过程已经开始普遍进行。

（原刊于《食货月刊》复刊第十卷第十期、第十一期，一九八一年一月、二月。）

注释

注一：见加藤繁《宋代都市的发展》（收入加藤繁著、吴杰译《中国经济史考证》卷一）。李剑农《魏晋南北朝隋唐经济史稿》页二三一～二三四；《宋元明经济史稿》页一三一～一三五。

注二：见全汉昇《唐宋政府岁入与货币经济的关系》(收入全汉昇《中国经济史研究》上册)。

注三：宋晞《南宋地方志中有关两浙路商税史料之分析研究》(收入宋晞《宋史研究论丛》第二辑)一文对临安府、绍兴府、庆元府、严州四郡南北宋商税收入已列表比较，但表中庆元府南宋时期商税收入有错误，本表参考该表并加以补正。

注四：本表参考白寿彝《宋时伊斯兰教徒底香料贸易》(收入存萃学社编《宋辽金元史论集》)；林天蔚《宋代香药贸易史稿》第三编第五章第一节。

注五：原书又称："宣和（一一一九～一一二五）间户至四十三万焉。"此当据范成大《吴郡志》卷一《户口税租条》："今考孙觌《普明寺记》，载宣和间户至四十三万。"则南宋末户口反较北宋宣和年间为少，但据《宋史》卷八十七《地理志》载北宋崇宁（一一〇二～一一〇六）年间户152,821，自崇宁至宣和仅二十年，二十年间户数能否增加如此之多，颇有疑问，孙觌的记载可能有错误。

注六：原书绍圣作绍兴，但在绍兴户数之后又列有南渡后户数三万四千三百一十，绍兴疑为绍圣之误。

注七：见《宋史》卷八十五《地理志》。

注八：据马端临《文献通考》卷十、十一《户口考》，汉、唐及北宋盛时全国户数如下：

汉元始二年（二）：12,233,062户

唐天宝十三载（七五四）：9,619,254户

宋治平三年（一〇六六）：12,917,221户

宋熙宁八年（一〇七五）：15,684,529户

注九：见拙作《南宋的农村经济》第二章第一节。

注一〇：见 Yoshinobu Shiba, "Urbanization and the Development of Markets in the Lower Yangtze Valley"（载 John W. Waeger, ed., *Crisis and Prosperity in Sung China.*）

注一一：见全汉昇《南宋杭州的消费与外地商品的输入》（收入全汉昇《中国经济史论丛》第一册）。

注一二：见全汉昇《北宋汴梁的输出入贸易》（收入《中国经济史论丛》第一册）。

注一三：见林伯羽师《读史偶得》卷五《大将屯兵及御前诸军条》。

注一四：《建炎以来朝野杂记》甲集卷十八《乾道内外大军数条》："乾道三衙江上四川大军新额总四十一万八千人，殿前司七万三千人，马军司三万人，步军司二万一千人，建康都统司五万人，池州都统司一万二千人，镇江府都统司四万七千人，江州都统司一万人，楚州武锋军一万一千人，平江府许浦水军七千人，鄂州都统司四万九千人，荆南都统司二万人，兴州都统司六万人，兴元都统司一万七千人，金州都统司一万一千人。"

注一五：周应合《景定建康志》卷三十九《武卫志二》："侍卫马军移屯建康府，以五万人骑为额。乾道二年（一一六六）正月二十八日，奉圣旨以二万八千人为额。六年（一一七〇）四月十五日，李舜举奏乞以三万人为额，奉圣旨依。"

注一六：见斯波义信《宋代商业史研究》页五七～五八、六八～六九。

注一七：见李书华《指南车与指南针》第六章。

注一八：见谷霁光《宋元时代造船事业之进展》（收入存萃学社编《宋辽金元史论集》）。

注一九：见李约瑟（Joseph Needham）著，张一麐、沈百先译，《中国之科学与文明》第十册页五一八～五二五。又可参见陆师《康熙仪真志》卷九《山川志·闸篇·通江木闸条》所引之史料。

注二〇：《康熙仪真志》卷九《山川志·闸篇·潮闸、腰闸条》："宋嘉泰元年（一二〇一），郡守张頠以木闸岁久而腐，乃易以石闸二，其西通江涛曰潮闸，东曰腰闸，相望百九十余丈。"陈廷恩《道光江阴县志》卷二十八《识余》："邱寿隽：……宋嘉泰三年（一二〇三）知武进县事，值奔牛闸坏，伐石于黄山修复之，闸旧用木，岁久辄圮，寿隽皆易以石。"又陆游《渭南文集》卷二十《常州奔牛闸记》亦记此事。

注二一：见宋晞《北宋稻米的产地分布》（收入宋晞《宋史研究论丛》）；全汉昇《南宋稻米的生产與运销》（收入《中国经济史论丛》第一册）。

注二二：据程光裕《宋元时代泉州之桥梁研究》（收入宋史座谈会编《宋史研究集》第六辑）之统计。

注二三：见同注二二。

注二四：见《中国之科学与文明》第十册页三〇〇～三〇七。

注二五：方杰人师《宋代僧徒对造桥的贡献》（收入方豪《六十至六十四自选待定稿》）举各地例证甚多。

注二六：《至顺镇江志》卷二《地理志·道路篇·丹徒县条》："朱方门抵通吴门六百五十丈，沿渠至吕城百二十四里，宋嘉定六年（一二一三）郡守史弥坚甃至丹阳界（原注：自通吴门沿渠而入抵朱方门，路以丈计者六百五十，僧徒甃未能三之一，自通吴门沿渠而出抵吕城，以里计者百二十四，朝廷颁僧牒，漕台给楮币，俾丹徒、丹阳二县分治之，犹未毕工，雨雪载途，郡守史弥坚募众甃之，委倅贰胡绾董其役，兴工于嘉定癸酉（六年）之冬，至乙亥（八年，一二一五）秋，城内及丹徒县界讫事，丹阳县界甃至四千二百有余丈）。十五年（一二二二），郡守赵善湘甃至吕城镇（原注：赵尚书善湘知郡，又自通吴门至吕城镇沿渠用砖灰石板铺砌，以便行旅）。”

注二七：加藤繁《论南宋首府临安的户口》、《临安户口补论》（均收入《中国经济史考证》卷二）主张三十万户的说法：桑原隲藏《历史上まり观たゐ南北支那》（收入《桑原隲藏全集》第二卷《东洋文明史论丛》）和池田静夫《南宋の首都临安の户口の再吟味》（《文化》第五卷十二号）主张一百万户的说法。

注二八：《咸淳临安志》尚载有淳祐年间户数，但九县户数总和为300,418，和全府户数381,335相差过远，疑有错误，故不予以比较。

注二九：《渭南文集》卷四十六《入蜀记第四》载鄂州盛况：“贾船客舫，不可胜计，衔尾不绝者数里，自京口以西皆不及。……市邑雄富，列肆繁错，城外南市亦数里，虽钱塘、建康不能过。”

注三〇：参见桑原隲藏著、冯攸译《中国阿拉伯海上交通史》。

注三一:《景定建康志》卷十六《疆域志·桥梁篇》引丘崇《重作镇淮、饮虹桥记》:"二桥横跨秦淮，据府要冲，自江淮吴蜀，游民行商，分屯之旅，假道之宾客，杂沓旁午，肩摩毂击，穷日夜不止。"同篇引《梁倚桥记》:"而车马憧憧无停晷，商人戍夫与诸道贡输之入于饷馈者，舳舻戛摩，桥不得休息。"

注三二:《至顺镇江志》卷二《桥梁篇·丹徒县条》:"洗马桥在还京门外江口镇。"按还京门为府城西门。

注三三:《舆地纪胜》卷三十一《江南西路吉州篇》:"户口繁衍，田赋浩穰，实为江西一路之最。"又:"惟庐陵之川陆，控湖广之舟车，民物夥繁，衣冠骈集。"《文山先生全集》卷五《与知吉州江提举万顷》:"吉号产米。"

注三四:《真文忠公文集》卷十《申尚书省乞拨和籴米及回籴马谷状》:"本州管下名为产米之地。"《水心先生文集》卷一《上宁宗皇帝札子》:"臣采湖南士民之论，以为二十年来，岁虽熟而小歉辄不耐，地之所产米最盛，而中家无储粮。臣尝细察其故矣。江湖连接，无地不通，一舟出门，万里惟意，无有碍隔。民计每岁种食之外，余米尽以贸易，大商则聚小家之所有，小舟亦附大舰而同营，展转贩粜，以规厚利。"

注三五:《真文忠公文集》卷十《申省借拨和籴米状》:"庶在城十万余户不至有阙食狼狈之患。"十字疑有错误，或为夸大之词。

注三六：《乾隆汀州府志》卷九《户役篇》载宋代户数：“宝祐：二十二万三千四百三十二户”

注三七：见石文济《宋代市舶司的设置》（收入宋史座谈会编《宋史研究集》第五辑）。

注三八：《嘉定赤城志》卷三《地里门·桥梁篇·临海县条》引唐仲友《中津桥记》：“城临三津，其中最要，道出黄严，引瓯闽，往来昼夜不绝。”

注三九：徐良傅《嘉靖抚州府志》卷三《地理志·景定州治旧图》后附言：“自昔川抱郡治，自南而东，尤逼城麓，商贾舟楫辐辏，故旧城于东南一隅独开五门以便民，凡米盐薪蒸蓏鲜货贿民生日用之利，虽鳏寡老稚皆可取诸门户之外，近东一门为清风门，俗称为盐步门，盖拟岘之西，旧为卸盐之地。”

注四〇：《永乐大典》卷五三四三《潮州府条》引《三阳志》：“州当闽粤孔道，车盖憧憧，殆无虚日。”

注四一：见全汉昇《唐宋时代扬州经济景况的繁荣与衰落》（收入《中国经济史论丛》第一册）。

注四二：《攻媿集》卷五十四《真州修城记》：“中兴以来，不复置发运使，而山阳、通、泰之盐，溯江而上，商贾辐凑，犹为淮堧大郡。”《隆庆仪真县志》卷十四《艺文考·文类》载吴机《宋嘉定仪真新志序》：“六飞南巡，……比且百年，东淮煮海之利，千艘万樯，转之江湖襄汉区者皆由是西，于是五方之民，列屋而居，而操赢资以致饶裕。”

注四三：见同注三七。

注四四：见加藤繁《宋代的户口》（收入《中国经济史考

证》卷二）。

注四五：兹据地方志资料，大略估计若干郡城禁军、厢军数如下：

地区	人数	资料来源
临安府	112,095	《咸淳临安志》卷十四
湖州	6,054	《嘉泰吴兴志》卷十二
常州	900	《咸淳毗陵志》卷十二
严州	1,469	《严州图经》卷一
绍兴府	6,163	《嘉泰会稽志》卷四
庆元府	2,769	《宝庆四明志》卷七
台州	1,658	《嘉定赤城志》卷十八
温州	3,751	《历代名臣奏议》卷二二二载章谊疏
徽州	1,377	《淳熙新安志》卷一
抚州	2,214	《永乐大典》卷一〇九五〇
福州	5,752	《淳熙三山志》卷十八
汀州	1,656	《永乐大典》卷七八九二
潮州	1,584	《永乐大典》卷五三四三

注四六：见程维新《宋代广州市对外贸易的情形》(《食货半月刊》第一卷第十二期)；全汉昇《宋代广州的国内外贸易》(收入全汉昇:《中国经济史研究》中册)。又北宋熙宁年间广州城外已住有蕃汉数万家，见《长编》卷二三七熙宁五年（一〇七二）八月戊子条。

补注：本文发表后，又陆续收集到若干南宋城市户口资料，补述于此。(一)、福州州城。吕本中《东莱诗集》卷十四《送林之奇少颖秀才往行朝》:“我为福堂游，破屋占城市。城中几万户，所识一林子。”按林之奇为南宋初年福州侯官人，侯官为福州州治所在。（二）、饶州州城。王恩溥《同治上饶县志》卷二十三《艺文志·碑版篇》载王雷《修城记》述宝祐三年（一二五五）、四年（一二五六）间之景况："府治雄壮，市井蕃庶，阛阓填溢，民之店聚族居者无虑数万家。"（三）、扬州州城及县城。盛仪《嘉靖惟扬志》卷八《户口志》载有三项南宋扬州坊郭户数，当包括州城及县城在内。绍熙（一一九〇～一一九四）年间坊郭为4,226户，占扬州全郡35,591户的11.75%；嘉泰（一二〇一～一二〇四）坊郭为3,637户，占扬州全郡36,160户的10.06%；宝祐四年（一二五六）坊郭为7,975户，占扬州全郡35,917户的18.17%。（四）、安庆府城。《会要》之《职官七五·黜降官篇》嘉定十四年（一二二一）十月二日条载安庆府城"烧毁屋舍民居三千余家，生计一时煨尽。"则当时安庆府城户数当在三千家以上。（五）、武冈军城。《永乐大典》卷七五一〇《社仓条》引《都梁志》载《武冈军粫置社仓省札》："凡籴此米者，傍城内外共二千一百单三家。"按此一社仓设于宝庆三年（一二二七）。（六）、静江府城。李曾伯《可斋续稿后》卷五《辞免新除恩命并开陈五条奏》述静江府城："城中止一千七十家，亦折毁二百余家矣。"这是南宋晚期的情况。（七）、泰州州城。王有庆《道光泰州志》卷三十一《艺文志·碑记篇》载李骙《方洲记》："阛阓千家，弗宁厥居。"按此记撰于嘉定十四年（一二二一）。（八）、淮西县邑。仲并《浮山集》卷四《蕲州任满陛对札子》："县邑至为萧条者，仅有四五十家。"这是南宋中期情况。

注四七：见徐益棠《南宋杭州之都市的发展》(《中国文化研究汇刊》第四卷上册)。

注四八：《会要》之《兵三·厢巡篇》绍兴二年正月二十一日条："臣僚言：'钱塘州城内相去稍远，数有盗贼，又缘兵火之后，流寓士民往往茅屋以居，则火政尤当加严，虽有左右厢巡检二人，法制阔略，名存而已。乞下枢密院委马步军措置，略仿京城内外徼巡之法，就钱塘城内分为四厢。'从之。"

注四九：见《乾道临安志》卷二《在城八厢条》。

注五〇：《会要》之《食货六八·赈贷篇》淳熙十六年六月十一日条："诏临安府城内外细民理宜存恤。……于是张枃等言：'在城九厢，城南、城北两厢共抄札到二十六万八千余口。……'"

注五一：张铉《至正金陵新志》卷四《疆域志·坊里条》："乾道所载四厢十二坊。"《景定建康志》卷二十三《城阙志·诸仓篇·平止仓条》引《平止仓须知》："城内五厢。"按《平止仓须知》作于嘉定十七年(一二二四)。

注五二：《至顺镇江志》卷二坊巷条："古无录事司，城内亦隶丹徒县，宋分为左右厢官，以任郡事。"《嘉定镇江志》卷十五《兵防志·巡铺条》："乃于五厢、江口镇创置巡铺二十八所。"

注五三：《淳熙三山志》卷十四《版籍类·团结立忠义社条》："闽县六厢。……侯官县三厢。……"按福州治闽、侯官二县。《元史》卷六十二《地理志·福州路录事司条》："至元十五年(一二七八)

行中书省于在城十二厢分四隅，置录事司。”十二厢当是南宋灭亡以前的建置。

注五四：见同注九。

注五五：《会编》卷二三〇绍兴三十一年（一一六一）八月十一日条载殿中侍御史杜莘老上言：“（王）继先于都城广造第宅，多侵官司地分，如陶家巷寨屋，丰乐桥官地，皆被强占，起盖房廊，收领赁直，又蒲桥之旁，有古运河，继先因广造宅基，遂填塞其上，其宅周回，侵占民居数百家及官街二条。”

注五六：见梅原郁《宋代の开封と都市制度》(《鹰陵史学》第三、四号）；木田知生《宋代の都市研究をめぐゐ诸问题——国都开封を中心として》(《东洋史研究》第三十七卷一号）。

注五七：《咸淳临安志》卷三十五《山川志·河篇》：“乾道四年（一一六八），周安抚淙出公帑钱大浚治城内外河，凡六千二百五十丈，又置巡河铺屋三十所，撩河船三十只。”

注五八：见《乾道临安志》卷二《城社条》。

注五九：见《淳祐临安志》卷五《城社条》。

注六〇：《嘉定镇江志》卷二《城池志·丹徒县条》：“罗城……旧有一十门，东二门：北曰新开，南曰青阳；南三门：东曰德化，正南曰仁和，西曰鹤林；西二门：南曰奉天，北曰朝京；北三门：西曰来远，东曰利涉，次东曰定波。新开、来远久废，今仅存八门，东曰青阳，西曰登云、还京（原注：淳熙戊申，守臣显学张子颜改朝京曰还京），南曰鹤林、仁和、通吴（原注：奉天号通吴），北曰利涉、定波。”又：“……积废弗治，因仍至今，辅以诸军私开土门，出入自便，启闭非时，所谓限中外、戢奸暴、谨讥征者，浸弛亡禁。嘉定甲戌（七年，一二一四），守臣待制史弥坚乃创修罗城诸门，固围周密，邦人赖之。”又：“自御前分屯七军十有七寨，其倚郭者各为门以便出入，而居民参错，亦阑出自如，千径万隧，散无有纪。……会有旨开浚漕渠及归水澳，乃以余力疏甘露港，凿转般护仓壕，引水环于西北，届水之所止而立之门，曰通津；循水而东，作门于北固亭之北，曰甘露，亭之南曰跨鳌，于是向之际江而往来者始有限制。遂周视其余而经理之。凡旧城之圮者墙而塞之，因军民之便，相地势之宜，作新门于所必由之涂。其旁轶捷出不可墙者，西南则废薛家池门，沟断之而门其两端，曰东山，曰虎蹲，稍南则撤鹤林东篱门，垣屋之而更其名曰放鹤；东南则废妙喜寺土门，保伍之而移其门于马巷，因之为名曰马巷门；前军夹刺门及搭材队门幽僻特甚，奸宄所囊橐也，则又沟之以绝其所趋；后军北草门与东土门相比，则塞之以归于一。盖新作之门七，废者五，诸军穿垣而出因之以为门者十有一，前军曰山门，曰东寨门；后军曰马军东土门，曰范山门，曰东寨门，曰南寨门；中军曰南土门，左军曰西水门，曰南寨门；右军曰高山门；游奕军曰西山门。地之旧门见于图经者八，东曰青阳，南曰通吴、曰仁和，西南曰鹤林，西曰登云、曰还京，北曰利涉、曰定波。凡门二十有六。”

注六一：《嘉靖江阴县志》卷一《建置纪·城池篇》：“南唐改县为军，曰军城。《祥符图经》云：周回一十三里，天祐十年筑，建门四，曰：延庆、钦明、通津、朝宗（原注：唐亡于天祐四年［九〇七］，此称十年者，盖唐亡，梁太祖改元开平，吴王杨行密仍天祐之号，故有天祐十年，则此城吴所改筑也）。宋增子城门四：东曰新津，庆元五年（一一九九）知军叶篑修，绍定二年（一二二九）知军颜耆仲重修，南曰观风，西曰望京，北曰澄江，皆知军史嶲之修；外城门五：东曰春晖，西曰天庆，南曰朝宗，北曰爱日，东北曰建寅。”

注六二：周辉《清波杂志》卷二：“旧见说汴都细车前列数人持水罐子旋洒路过车，以免埃壒蓬勃，江南階衢皆甃以砖，与北方不侔。”傅增湘《宋代蜀文辑存》卷七十三范谟《砌街记》：“天下郡国惟江浙甓其道，虽中原无有也。”

注六三：见注二十六引《至顺镇江志》卷二《地理志·道路篇·丹徒县条》。

注六四：开封城发展的经过参考全汉昇《北宋汴梁的输出入贸易》。

注六五：见曾我部静雄《中国及び古代日本における乡村形态の变迁》页四五八～四六二。

注六六：《康熙仪真志》卷五《建置志·城池篇》载嘉定七年（一二一四）李道传申文：“照得州城狭窄，所以前任尝议增筑包裹东南两厢阛阓数千家于新城之内。”

注六七：刘宰《漫塘集》卷二十二《真州新翼城记》：“宝庆元年（一二二五）冬，朝奉郎兼发遣真州兼权淮东运判上官涣酋言于朝，真北距淮，道平如砥，南俯大江，盖江浙馈运之所必经，通泰盐利之所必出，民物之盛，为淮南一都会，因应设险，用戒不虞。而城下滨江，民多去城以逐利，故异时疆埸小警，即鸟兽散。比岁增筑两城，如左右翼，一时幸役之省，曾不谋长。西城倚城南之偏，旷不可守，东城临潮闸之上，险不可恃，有三面之城，无以御一朝之患，涣酋实寒心焉。夫州家、使者俱为一体，而事权一分则不相用，愿及涣酋承乏，共改筑西城，而更增东城之长，使俱属于潮河，庶于事为便。……乃明年四月，城成。”

注六八：张耒《续明道杂志》：“黄州牌税最重。所谓牌者，皆大木版，每四片为一副，盖一棺之用也。其贩皆自湖南郴、连、辰、邵等州，其山多大木，山中人售版直甚贱，又多以缯帛、鱼、羊、牛肉等相易，而至真州货之，获厚利，故虽重征，商人不惮也。”张耒《明道杂志》：“汉阳、武昌滨江多鱼，土人取江鱼，皆剖之，不加盐，暴江岸上，数累千百，虽盛暑为蝇蚋所败，不顾也。候其干，乃以物压作鱐，谓之淡鱼，载往江西卖之，一斤近百钱，饶、信间尤重之，若饮食祭享，无淡鱼则非盛礼，虽臭腐可恶而更以为佳，一船淡鱼其直数百千，税额亦极重，黄州税物每有三淡鱼船则一日课利不忧。”

注六九：《续明道杂志》："而黄之陋特甚，名为州而无城郭，西以江为固，其三隅略有垣壁，间为藩篱，因堆阜揽草蔓而已。"

注七〇：见斯波义信《宋代商业史研究》，页四三〇～四三五。

注七一：见桑原隲藏著、冯攸译《中国阿刺伯海上交通史》页六六～六八。

注七二：《会要》之《兵一三·捕贼篇》隆兴元年（一一六三）十一月十二日臣僚言："窃见二广及泉、福州，多有海贼啸聚，其始皆由居民停藏资给，日月既久，党众渐炽，遂为海道之害。"

注七三：《清波杂志》卷三："辉祖居钱塘后洋街第宅，毁于陈通之乱，今韩蕲王府其地也。尝见故老言，昔岁风物与今不同，四隅皆空回，人迹不到，宝莲山、吴山、万松岭林木茂密，何尝有人居。城中僧寺甚多，楼殿相望。出涌金门，望九里松极巨，更无障碍。自六蜚驻跸，日益繁盛，湖上屋宇相连，不减城中。一色楼台三十里，不知何处觅孤山。近人诗也。"按涌金门即丰豫门，为都城西门，九里松在西湖上，孤山亦位于城西。

注七四：《夷坚支乙》卷九《鄂州遗骸条》："鄂州地狭而人众，故少葬埋之地。近城隙地，积骸重叠，多舆官置其上，负土他处以掩之，贫无力者或稍经时月，濒于暴露，过者悯焉。"

注七五：《嘉定镇江志》卷十二《宫室志·务篇·丹徒县条》："江口税务在还京门外。"

注七六：《宝庆四明志》卷三《郡志三·叙郡下》："造船场

（原注：城外一里甬东厢）。”同上：“雪窖（原注：嘉定十六年“一二二三”守赵师岳置，在甬东厢法云寺后）。”

注七七：见曾我部静雄《中国及び古代日本における乡村形态の变迁》页四九四。

注七八：见加藤繁《唐宋时代的草市及其发展》（收入《中国经济史考证》卷一）；梅原郁《宋代地方小都市の一面——镇の变迁を中心として》（《史林》第四十一卷第六号）。

南宋城市的社会结构

一、前言

宋代以后的城市，商业性质日益显著，城市形态也随之而有所转变。作为行政中心的城郭，亦即都城、郡城和县城，自北宋以迄南宋，经历了坊制、市制的破坏，以及市区逐渐拥挤而往城墙外扩张的过程（注一）。在这个转变过程里，城市以商业为特色的社会结构已为当时人所指出。北宋晚期，孙升曾说："城郭之民，日夜经营不息，流通百货以售百物，以养乡村"（《长编》卷三九四元祐二年［一〇八七］正月辛卯条）；元代中期，王结也说："城郭之民，类多工商"（王结《文忠集》卷六《善俗要义》）。虽然如此，当时的城市却非仅是商业城市，而是以行政中心兼具工商、文化、娱乐等多方面的功能，因此，城市的社会结构也是复杂的。这个复杂的城市社会结构，和农村里以地主、自耕农、佃农与雇农为主的社会结构（注二），自然不尽相同，但两者之间，亦非截然无关。本文探讨南宋城市的社会结构，目的便在于一方面说明南宋城市社会有异于农村社会的特殊性，另一方面说明南宋城市社会与农村社会的关连性。

二、城市居民的行业与身份

南宋城市里，住有各种不同行业与身份的居民，包括皇室亲贵、政府人员、士人、僧道、各类商人、工匠、雇佣人、伎艺人、娼妓、游手闲人、农民等。城市里虽也住有农民，但在整个社会结构中并不占重要地位。

以皇帝为首的皇室亲贵，行都临安是他们主要的居住地区。皇帝、后妃居于皇宫之内，后戚、诸王则散居于诸坊（注三）。临安之外，南宋初年曾在福州设西外宗正司，在泉州设南外宗正司，在绍兴府设宗正司，管理宗子、宗女与宗妇，可见这些城市也住有皇室，其中南外宗正司管三百四十九人，西外宗正司管一百七十六人（注四）。皇室居住的处所，不限于这几个城市。《两浙金石志》卷十八《元左丞潘元明政绩碑》：

> 至宋渡南，而吴兴去宋行都最近，苕、霅两水，分贯郡城，宋诸王公，钟鸣鼎食，邸第相望，舟车往来，烟火相接。

说明湖州郡城有诸王邸第，例如秀王邸第便环列于城西拥旌坊后（注五）。此外，“蜀中宗子甚众”（《建炎以来朝野杂记》甲集卷一《大宗正司两外宗废置条》）；江阴军的财赋，为“官吏、宗子俸仰给”（朱昱《重修毗陵志》卷七《食货志·财赋篇·宋条》）；衢州龙游县则“有宗室子与强民为仇，各聚众至数百，期操兵夜斗于市”（楼钥《攻媿集》卷一〇四《知梅州张君墓志铭》）；饶州也有宗室赵若陋，把持一州公事，无恶不作（注六）。可知许多城市都住有宗室。南宋宗室“无戚疏少长皆仰食县官”（周密《齐东野语》卷八《宗子请给条》），并施加教育，期盼他们成为士人（注七），其中固然有人厕身于士大夫之列，但也有如上述龙游县宗室子与饶州赵若陋之流，沦落为市井恶霸的。至于侍奉皇帝的中贵与因功受封的勋贵，也多住在城市，例如临安“万松岭上多中贵人宅，陈内侍之居最高”（洪迈《夷坚乙志》卷十六《刘供奉犬条》），万松岭在都城中，邻近大内。张循王（俊）、韩蕲王（世忠）、刘鄜王（光世）、杨和王（存中）在临安城内均有府第家庙（注八），而韩世忠与刘光世又分别在平江府与建康府有府第（注九）。

政府人员包括行政官员、胥吏和军队。城市是行政中心，设有官府衙门，因此有行政官员和胥吏。层级较高的行政中心官吏较多，层级较低的行政中心官吏较少。以首都临安来说，有中央政府各机关、临安府和钱塘、仁和二县各官衙、以及浙西安抚司、两浙转运司等官衙（注一〇），官吏之多，可想而知。据估计，临安府的官员数约一万人（注一一），仅尚书六曹的胥吏数已达一千八百人（注一二）。郡治以福州、台州为例，福州有安抚司官、州司官、闽及侯官二县官、提刑司官、归朝官、归正官、归附官、忠顺官、启运宫官，包括文、武职及厘务、不厘务者在内，约有三百多人；福州州治及闽、侯官二县县治的胥吏，则多达八百余人（注一三）。台州官吏较少，但也有州属官及临海县官五十余人，州治及临海县治胥吏四百余人（注一四）。县治官吏人数和州治相差甚远，一般县衙门内大概只有知县、县丞、主簿、县尉等官员，再加上监商税务一员，有时监商税务并且由县官兼任；胥吏以福州属下各县为例，大约在一百人至二百人之间（注一五）。官员上任，多携带家眷，住在任所。临安城内，有专为较高阶层官员，如丞相、参政、知枢密院、侍从、台官、省府属官、卿监郎官等专设的官舍（注一六），郡县官员的住宅则常在官衙之后（注一七）。也有一些官员是在城里租屋居住的，淳熙（一一七四～一一八九）初年，当时的临安知府便曾建言："百官赁屋钱月出无艺，行都为之虚匮，城内外僧尼私庵，籍之足以居官寮"（陈造《江湖长翁集》卷二十四《罪言》）。胥吏有些是乡户应差役在衙门办事，有些则是应募的专业役人，无论何种性质，他们大概多住城里，天明时才赶得及上番，临安府每日四更，"诸山寺观已鸣钟，庵舍行者头陀打铁板儿或木鱼儿沿街报晓，各分地方。……盖报令诸百官听公，上番虞候、上名衙兵及诸司上番人知之，赶趁往诸处服役耳"（《梦粱录》卷十三《天晓诸人出市条》），上番虞候或诸司上番人，都指胥吏。这些住在城里的胥吏，当也携有家眷。行政中心有赖军队防卫，所以都城、郡城驻有军队，行都临安多达十万人以上，军事重镇如建康府、镇江府、鄂州、兴州等地各有数万人，一般州城大约也有数千之众（注一八）。当时人讲江州是"兵民相错，商贾辐凑"（孙应时《烛湖集》卷八《李郎中孟傅书》），鄂州是"兵民错居，商旅辐凑"（罗愿《罗鄂州小集》卷五《鄂州到任五事札子》），建康府则"军民杂处，舟车辐凑"（袁燮《絜斋集》卷十三《黄度行状》），军队也成为若干城市的特色。军队居于营房，但也有些地方营房缺乏，让军人在外租屋居住，例如绍兴府在嘉定十六年（一二二三）汪纲出任知府之前，"军兵皆僦居于外"（张淏《宝庆会稽续志》卷一《军营条》）；嘉定年间汉阳军的禁军同样"无营屋可居，往往散处民间"（黄榦《勉斋集》卷七《与綦总郎书》）。军队经常调动，调动时可以携带家眷（注一九），所以驻扎在城市的军人，许多也是有家眷的。

相应于城市是文化中心，城市居民有士人与僧道。先述士人。城市里大概都有学校、有学生。学校虽然不全设在城市，但城市通常是学校的集中地，城市学校的规模也较大，学生较多。临安都城有太学、宗学、武学、杭州府学、仁和及钱塘二县学、医学等多所（注二〇），“其余乡校、家塾、舍馆、书会，每一里巷须一二所，弦诵之声，往往相闻”（耐得翁《都城纪胜》之《三教外地条》）；平江府城有府学、长洲县学、吴县学、及学道、和靖等书院（注二一）；建康府城也有府学、明道书院、上元及江宁二县学（注二二）。其他一般郡城、县城，大概至少也有郡学、县学。学生人数如太学，“绍兴年间，太学生员额三百人，后增置一千员，今为额一千七百一十有六员”，医学则“领斋生二百五十人”（《梦粱录》卷十五《学校条》）；地方学校如福州州学，在绍兴九年（一一三九），“系籍学生五百余人”（《淳熙三山志》卷八《公廨类·庙学篇》）；如建宁府学，在嘉定三年（一二一〇），“学有生徒三百”（《攻媿集》卷五十四《建宁府紫芝书院记》）；又如包履常于南宋中期教授隆兴府学，“弟子员溢几数百”（真德秀《真文忠公文集》卷四十五《朝请郎通判平江府事包君墓志铭》）。这些都是官学，学生人数均在数百人以上。至于私人讲学，则学生人数多寡不一，如吕祖谦在婺州城内丽泽书院讲学，“四方学者，几于云集”（《攻媿集》卷五十五《东莱吕太史祠堂记》）；潭州人梁钠居于聚星门外，租大街索将军庙前吕氏空宅作书院，“其徒从学者三十人”（《夷坚支乙》卷十《梁主簿书院条》）；抚州崇仁人罗春伯，在县城吴德秀家租屋作学馆，“受业者数辈”（《夷坚支乙》卷二《罗春伯条》）。除学校的学生外，也有一些士人是私自研习的，如前述于崇仁县城开馆的罗春伯，“比秋试，独罗中选”，可知其一面教书，一面研习举业；又如绍兴府城戒珠寺的宇泰阁，“绍兴中为士子研习之地，常十余人”（施宿《嘉泰会稽志》卷七《宫观寺院篇》）。由于城市里的教育机会较佳，所以有些家庭为了方便子弟求学而迁居城中。《絜斋集》卷二十《李雄飞墓志铭》：

> 而乃翁隆于教子，其徙城中，便二子之从师也。雄飞发愤读书，亦欲仰副亲意。

即为一例。士人仕宦之后成为士大夫，士大夫之中，也有不少人选择在城中居住。洪迈《容斋随笔·续笔》卷十六《思颍诗条》：

> 士人发迹陇亩，贵为公卿，谓父祖旧庐为不可居，而自更新其宅者多矣。复以医药弗便，饮膳难得，自村疃而迁于邑，自邑而迁于郡者亦多矣。

指出士大夫为了生活方便，多迁居县城及郡城。士大夫的城居，举例言之，庆元府望族周氏，“名宦相继，居城中西湖十州之西”（《攻媿集》卷一〇七《周伯范墓志铭》）；开庆（一二五九）年间，庆元府城中又有王通判宅、王参政府、林迪功宅、袁登仕宅、鲍知府宅（注二三），这是郡城的例子。以县城而言，平江府常熟县城有丛桂坊，“以冷副端兄弟连登科，故名”；有聚星坊，“以钱、邱、富诸寓公皆居此，故名”；有衮绣坊，“以曾丞相居此，故名”（卢镇《重修琴川志》卷一《叙县·坊篇》）。

次述僧道。城市中有寺观，因此有僧道。寺观不全设于城市，但城市同样通常是寺观的集中地，僧道也有不少在城市活动。以临安为例，临安都城市区甚大，从城内往城外扩张，几乎包括府治钱塘、仁和二县全境，南宋晚期临安府的道教宫观，见于记载的，城内外有三十五所，府治两县之外其余各县共二十三所；僧尼院庵见于记载的，城内外有四百九十二所，府治两县之外其余各县共二百八十二所（注二四）。可见临安府寺观多在城市。其他城市寺观所占比例不及临安都城之高，但也显示出集中的趋势，兹根据地方志资料，对南宋若干郡城所在倚郭县分寺观城乡分布略作统计，如表一。

表一：南宋倚郭县分寺观城乡分布

地区	佛寺		道观		资料来源
	城市	乡村	城市	乡村	
平江府（吴、长洲县）	30	28	3	4	范成大《吴郡志》卷三十一至三十四《宫观篇》《府郭寺篇》、《郭外寺篇》
湖州（乌程、归安县）	24	72	5	2	《嘉泰吴兴志》卷六《宫观篇》、卷十三《寺院篇》
绍兴府（会稽、山阴县）	26	88	4	3	《嘉泰会稽志》卷七《宫观寺院篇》
庆元府（鄞县）	30	90	2	4	罗浚《宝庆四明志》卷十一《郡志·叙祠》、卷十三《鄞县志·叙祠》
台州（临海县）	23	117	2	4	《嘉定赤城志》卷二十七、卷三十《寺观门》
福州（闽、侯官县）	33	359	2	2	《淳熙三山志》卷三十三、卷三十四、卷三十八《寺观类》

从表一可知，这些郡城寺观占倚郭县全境寺观总数之比例虽然高低不一，但都集中了二三十所之众。县城以平江府昆山县为例，“邑有寺观凡三十二，附于郭者十七，散于郊者十五”（凌万顷、边实《淳祐玉峰志》卷下《寺观篇》），县城内的寺观也占了很高的比例。临安涌金门外的灵芝崇福寺，“僧行几二千指”（《咸淳临安志》卷七十九《寺观志·寺院篇》），亦即将

近二百人。一所佛寺僧人数目如此，则数十所甚或数百所的寺观，必然使城市里有相当数量的僧道在活动。

形形色色的商人，无疑已是许多城市居民的骨干。南宋城市商业的兴盛，屡为当时人所提及，例如温州州城是“廛肆派列，阛阓队分”（戴栩《浣川集》卷五《江山胜槩楼记》）；襄阳府城是“商贾连樯，列肆殷盛”（恩联《光绪襄阳府志》卷十八《金石志》载尹焕《习池馆碑》）；饶州州城是“阛阓填溢，民之店聚族居者无虑数万家”（王恩溥《同治上饶县志》卷二十三《艺文志·碑版篇》载王雷《修城记》）；处州州城是“通衢列肆，鳞差栉比”（潘绍诒《光绪处州府志》卷二十六《金石志》载何澹《处州应星楼碑》）；建宁府城是“廛肆鳞集”（刘克庄《后村先生大全集》卷八十九《建宁府新建谯楼记》）。均以店肆密集为这几个城市的特色。城市聚落既以店肆密集为特色，城市的社会结构自然也应以商人为骨干。朱熹在南康军救灾，对各县城居民曾有分类。朱熹《朱文公文集·别集》卷十《审实粜济约束》载南康军各县城的情形：

> 上等有店业，日逐买卖，营运兴盛，及自有税产赡给，不合请给历头人户若干。中等得过之家并公人等合赴县仓籴米人若干。
>
> 下等贫乏小经纪人，及虽有些小店业，买卖不多，并极贫秀才合请历头人户若干。

以上三等人，均各“开具坊巷逐户姓名大小口数”。可见当地坊巷居民，多是有店业或从事经纪之人，其中有些“营运兴盛”，也有些是“买卖不多”或“贫乏”。县城已经如此，郡城与都城的社会里，更应以商人为主体。临安都城在南宋晚期，仅他处所无的小经纪见于记载的，已达一百八十余种，其他“儿戏之事，名件甚多，尤不可悉数”，而“每一事率数十人”（周密《武林旧事》卷六《小经纪条》），这类商人已如此多，则临安都城商人之众，可想而知。

城市商人有各种不同的类型，大别分为五类。第一类是来往各地，从事贸易活动的行商。这类商人，或从事海外贸易，或贩运米、盐、茶及其他生活必需品、奢侈品，将外地商品运入城市，以供城市居民的消费。南宋临安都城所消费的饮食、服用、建筑、奢侈等商品，便全靠这类商人输入（注二五）。《梦粱录》卷十八《恤贫济老条》：

> 杭城富室多是外郡寄寓之人，盖此郡凤凰山谓之客山，其山高木秀皆荫及寄寓者。其寄寓人多为江商海贾，穹桅巨舶，安行于烟涛渺莽之中，四方百货，不趾而集，自此成家立业者众矣。

可知临安都城住有从事国内区间贸易或海外贸易的商人。又申嘉瑞《隆庆仪真县志》卷十四《艺文考·文类》载吴机《嘉定仪真新志序》：

> 六飞南巡。……比且百年，东淮煮海之利，千艘万樯，转之江湖襄汉区者皆由是西，于是五方之民，列屋而居，而操赢资以致饶裕。

这些在真州“列屋而居”的“五方之民”，大概多是转贩淮南盐货的商人。嘉定十二年（一二一九）知真州袁申儒在建请筑城的奏状中，提到“各以其家室之所居，骨肉之所聚，货物之所积，情愿捐助”的“城外富室大贾”（陆师《康熙仪真志》卷五《建置志上·城池篇》），应也就是这些盐商。而在广州、泉州两州的城南市区，也居住了众多的海商（注二六）。

第二类是在城内外市区，开设各类店铺，从事买卖的坐贾。这些店铺经营的买卖，包罗万象，以临安都城来讲，有买卖盐钞的金银盐钞引交易铺，有经营抵押借贷的质库，有酒楼、茶馆、饮食店、衣料店、米铺、肉铺、鲞铺、医药铺，以及出售家庭日用品、文籍、首饰等店铺，又有画铺、卖卦铺，其中尤以各类饮食店为最多（注二七）。《梦粱录》卷十三《铺席条》：

> 自大街及坊巷，大小铺席，连门俱是，即无虚空之屋。每日清晨，两街巷门，浮铺上行，百市买卖，热闹至饭前，市罢而收。盖杭城乃四方辐辏之地，即与外郡不同，所以客贩往来，旁午于道，曾无虚日。至于故楮、羽毛，皆有铺席发客，其他铺可知矣。

说明临安街市上店铺的繁夥，买卖种类的众多。其他城市在商业繁盛上也许无法和临安相比，但同样有各类店铺开设。前文已指出，温州、襄阳府、饶州、处州等郡城，在当时人的描述里，都以店肆密集为城市聚落之特色，南康军属下的县城，并不是规模很大的城市，居民也多以店业为生。又《景定建康志》卷四十一《田赋志·蠲赋杂录》载赵时侃《申豁和买役钱疏》：

> 请言坊郭所科和买之不均，在城江宁、上元两县，有房廊之家，少者日掠钱三二十千，及开解库、店业之人，家计有数十万缗者，营运本钱动是数万，……句容县有房

廊及开解库、店业之家，富者家计不过五七千缗，……其日掠房钱一百五十六文足。

可见建康府城与句容县城规模虽有大小之别，居民资产亦有厚薄之分，但有产之家同样以出租房廊或开质库、店铺为业。房廊出租属于另一类商人，详见后文。

第三类是没有店面，沿街叫卖或摆摊的小贩。这类商贩在城市里也很常见。临安都城中，所谓“盘街”“盘卖”“车子卖”“顶盘”“提瓶”“担架子”“挑担”“抬盘架”“吟叫”“叫卖”等，都属于沿街叫卖的小贩，他们无论日夜，贩卖饮食品、日用品、文具、鲜花，也为人修补物件或卜卦算命，穿梭于大街小巷。推车子或担架子的小贩，到了热闹的街道，停下来做买卖，便成了摊贩，所谓“夜市于大街有车担设浮铺”，见于记载的，又有“崔官人相字摊”（注二八）。临安之外，其他城市如庆元府城，“城市小民，以挑卖生果度日”（《宝庆四明志》卷五《郡志·商税篇》），无疑也有颇多沿街叫卖的小贩。临江军城中，也有“荷担行鬻餽饵者”（文天祥《文山先生全集》卷十七《文天祥纪年录》咸淳元年［一二六五］条）。街头小贩，除了叫卖物品之外，又有收买物品，转售为生的，称为常买或常卖，在临安和其他城市都可以见到（注二九）。临安都城小贩沿路叫卖，“至三更不绝”，甚或“至三更后”（《梦粱录》卷十三《夜市条》），这种情形，“都人固自为常，若远方僻土之人乍见之，则以为稀遇”（《都城纪胜》之《食店条》），可见并非任何城市都有小贩在夜间活动，但也显示，白天的小贩活动即使在僻远的城市亦不罕见。

第四类是房屋或仓库租赁业者。前述建康府城与句容县城的房廊之家，便属于这一类商人，房指房屋，廊即仓库。南宋城市居民很多都没有自用房屋，必须仰赖租赁。前文已述及官员、军人租屋居住，又述及士人租屋作学馆。一些商人，尤其是小生意人，必须租屋才能开店铺营生（注三〇）；甚至连官府衙门，有时也必须租屋才能办公（注三一）。同时由于商业繁盛，出入于城市的货物数量庞大，所以仓库出租业也很发达。临安城中北关水门内有白洋湖，富家在湖中小岛上兴建称为塌房的仓库，出租给都城店铺及客旅储存物货，有十数所，每所有屋多者达千余间，少者也有数百间。其他城市同样有这一行业，只不过规模无法和临安相比（注三二）。经营房廊租赁业的，常被称为豪右兼并之家或富家巨室。例如《会要》之《刑法二·禁约篇》绍兴三年（一一三三）七月二十二日诏：

> 又豪右兼并之家，占据官地，起盖房廊，重赁与人，钱数增多，小人重困。

赵彦卫《云麓漫钞》卷四：

> 绍兴既讲和，务与民休息，禁网疏阔，富家巨室，竟（按：竟当是竞之误）造房廊，赁金日增。

他们之中大概有些是贵势官家，有些则是比较富有的商人，将于第四节详论。此外，城市里又有供外来客旅或商人投宿的邸店，亦即旅馆，有时似乎也让客人长期租住。例如忠顺官王成在饶州指使任内去世，“其妻白氏自故居城隍庙西巷徙于牌楼南，僦钟氏邸舍”（《夷坚支乙》卷三《刘氏僦居条》）；又如湘阴赵主簿妾之母，“寓城下客邸，无僦直，主人逐去之，乃徙东街易二十三店中，……后数月。……母又不偿僦直”（《夷坚支乙》卷十《赵主簿妾条》)。无论供客人短期投宿或长期租住，邸店或旅馆的经营应也可列入房屋或仓库租赁业者之中。

第五类是居间媒介的牙人与揽户。牙人在市场上担任买卖双方的媒介，为买主介绍卖主，为卖主介绍买主，并且在买卖双方之间协议价钱。土地、房屋、各种商品的买卖、人力或客船的雇佣，都有牙人在扮演中介的角色。除了个别牙人的活动之外，又有牙铺的开设，邸店也常兼业牙人，为投宿的商人介绍买主(注三三)。牙人除了扮演居间媒介的角色之外，往往又亲自从事买卖，成为批发商，他们从外来商人手中收购商品，再分销给城市的铺户销售。《梦粱录》卷十六《米铺条》：

> 本州所赖苏、湖、常、秀、淮、广等处客米到来，湖州市、米市桥、黑桥俱是米行，接客出粜。……且言城内外诸铺户，每户专凭行头于米市做价，径发米到各铺出粜，铺家约定日子支打米钱，其米市小牙子，亲到各铺，支打发客。又有新开门外草桥下南街，亦开米市三四十家，接客打发，分俵铺家及诸山乡客贩卖。

这些米行、米市，有小牙子接收客米，分俵铺家，无疑都是由牙人进一步从事批发的经营。仅新开门外草桥下南街便开有米市三四十家之多，可见临安都城从事这一行业的也不少。牙人亲营买卖，同样见于其他城市(注三四)。揽户又称揽子，是税户和官府之间的媒介，他们代税户向官府纳税，从中取利(注三五)，这无疑也是一种商业行为。《景定建康志》卷四十《田赋志》载马光祖判文：

> 揽户城居也，仓斗亦城居也，或自为揽户，或身非揽

户而子婿亲戚为之，事同一家，臂指相应。

可知揽户居于城市，与在官仓中受纳赋税的胥吏多有亲戚关系，甚或这些胥吏亲自从事。由于牙人与揽户同样扮演媒介的角色，所以揽户有时也被归入牙人之列。乐平县的“邑驵叶三郎”，代人输纳官赋，“出纳之间，颇获赢润，盖市井薄徒俗目为揽户者是已”（《夷坚志补》卷七《叶三郎条》）。驵是牙人的别称，叶三郎作揽户，又被称为邑驵，即为一例。

城市里也有不少手工业工匠。官营手工业在南宋城市手工业中占了很重要的地位，通常规模较大，所用工匠也较多。以临安都城而论，负责制作兵器的军器所，人数最多时，“本所万全指挥及东西作坊见役五千七百余人，……而犹以为未足，更于诸州作院差拨兵士入所，又一千余人”（《攻媿集》卷二十六《论军器所冗费》）；负责皇城内宫省垣宇缮修的修内司，在绍兴十九年（一一四九）有“人兵共一千五百人”《会要》之《职官三十·提举修内司篇》绍兴十九年二月七日条）；负责皇帝出巡及各种聚会、仪式的仪鸾司，“所管工匠旧额七百人”，乾道元年（一一六五），“权以三百五十人为额，今阙八十余人”（《会要》之《职官二二·仪鸾司篇》乾道元年三月五日条）；南宋晚期的会子库，“日以工匠二百有四人”，造会子局则“工役经定额，见役者日以一千二百人耳”（《梦粱录》卷九《监当诸局条》）；负责制造宫廷金银器饰、彩帛衣物的文思院，在淳熙十四年（一一八七）上界有“工匠一十三人”，下界有“铸印司工匠三人，造作工匠三十三人”，这年下界“减造作工匠五人”（《会要》之《职官二九·文思院篇》淳熙十四年四月七日条）。这几个机构合计便将近有工匠达万人之多。都城之外，许多州郡有造船场，造船以供漕运或军事之用。江西洪、吉、赣三州的造船场，在绍兴三十年（一一六〇），“每场差监官二员，工役兵卒二百人”（《会要》之《食货四四·漕运篇》绍兴三十年八月二日条）；庆元府造船场则“船场指挥额四百人”，宝庆（一二二五～一二二七）年间，“今一百七十九人”（《宝庆四明志》卷七《郡志·叙兵》）。许多州郡也有作院，制造兵器。福州的都作院在淳熙（一一七四～一一八九）年间有“兵匠一百六十五人”（《淳熙三山志》卷十八《兵防类·都作院指挥条》），常州的作院在宋末“额旧管八十人”（史能之《咸淳毗陵志》卷十二《武备篇》）。南宋成都为以锦彩博易战马的需要，设有锦院，“尽拘织机户就院居止，专一织造，不许在外私织”（《会要》之《职官四三·都大提举茶马司篇》乾道七年［一一七一］五月十二日条），工匠人数想亦不会太少，陆游诗咏成都城：“锦机玉工不知数”（陆游《剑南诗稿》卷九《晚登子城》），说明此一事实。官营工场中的工匠，有些是兵卒，有些则是由和雇或差募而来的民匠。

民营工场大概多是家庭经营，在规模上不能和官营工场相比，但是数量颇多，所以城市里民匠的数目也不会太少。《梦粱录》卷十三《团行条》：

> 其他工役之人，或名为作分者，如碾玉作、钻卷作、篦刀作、腰带作、金银打钑作、裹贴作、铺翠作、裱褙作、装銮作、油作、木作、砖瓦作、泥水作、石作、竹作、漆作、钉铰作、箍桶作、裁缝作、修香浇烛作、打纸作、冥器作等。

记载了二十几种临安都城里的手工业行会。每一行业大概都有不少业者。以金银打钑与铺翠两业来说，嘉定八年（一二一五），

“京城内外，有专以打造金箔及铺翠销金为业者，不下数百家”（《会要》之《刑法二·禁约篇》嘉定八年正月二十八日条）。临安手工业的种类，自然不限于上述这二十几种。例如专业纺织的机户，便不见于《梦粱录》之《团行条》的记载。宋代纺织业虽仍多由农家兼营，但城市里专业的机户已颇兴盛（注三六）。小说《新桥市韩五卖春情》里（注三七），讲到南宋临安府新桥市有个富户吴防御，开了家丝绵铺，又让他的儿子吴山另开一铺，将家中收下的丝绵，发到铺里，卖与在城的机户，吴山有一天告诉父母，要到城里走一趟，“况在城神堂巷，有几家机户赊帐要讨”。仅吴山一家丝绵铺，在神堂巷一处便有几家机户来往，临安都城大概有不少机户。其他城市也常有相当数量的各种手工业者。例如潭州醴陵县，“县出方响，铁工家比屋琅然”（范成大《骖鸾录》），醴陵县城以出铁器闻名，所以城里多铁工家；又如常州州城的市河，南宋初年兵祸之后，“夹河居民，荡为瓦砾，……又继居者多冶铁家子”（《重修毗陵志》卷三十三《词翰志》载邹补之《重开后河记》），常州州城非以产铁器闻名，而沿市河也住了不少冶铁工匠。又如绍兴府、温州、台州、明州、临安府、平江府、镇江府、湖州、秀州、常州、建康府句容县、信州、福州、泉州、建州、虔州、隆兴府丰城县、临江军新淦县等城市，都以铸造铜器闻名，“供给四方，无有纪极”（注三八），这些城市的铜匠当不在少数。一、二行业如此，城市里各种“能为器具，有资民生日用”的“手作匠人”（黄震《黄氏日抄》卷七十八《词诉约束》），总数必然颇多。有些手工业者是自制自销的，如所谓“造卖铜器之家”（《会要》之《刑法二·禁约篇》绍兴十年［一一四〇］五月十三日条）；如福州州城有“市井小民杨文昌，以造扇为业，为人朴直安分，每售扇皆有定价”（《夷坚支癸》卷四《画眉山土地条》)；又如“无锡张木匠造盆器，出贸于街”(《夷坚支癸》卷九《无锡木匠条》)，这类工匠实身兼商人。又有一些则以受雇为生，如张甫在临安“初建园宅，佣工甚众”(周密《癸辛杂识》后集)，这些佣工大概是建筑工匠；黄璃知泉州永春县，“尝有寡妇负租而逃，公宽其期以召之，来则使之佣织于人，以渐偿所负”(《朱文公文集》卷九十三《朝散黄公墓志铭》)，这则是受雇于人的机织工匠。

城市里又有数量不少的雇佣人，受雇在店铺、富家或官府办事服役。《梦粱录》卷十九《顾觅人力条》：

> 凡顾倩人力及干当人，如解库掌事、贴窗、铺席主管、酒肆食店博士、铛头、行菜、过买、外出鬙儿、酒家人师公、大伯等人，又有府第宅舍内诸司都知、太尉直殿御药、御带、内监寺厅分顾觅大夫、书表、司厅子、虞候、押番、门子、直头、轿番小厮儿、厨子、火头、直香灯道人、园丁等人，更有六房院府判提点，五房院承旨太尉，诸内司殿管判司幕士，六部朝奉顾倩私身轿番安童等人，或药铺要当铺郎中、前后作、药生作，下及门面铺席要当铺里主管后作、上门下番当直安童，俱各有行老引领。……如府宅官员、豪富人家欲买宠妾、歌童、舞女、厨娘、针线供过、麤细婢妮、亦有官私牙嫂及引置等人，但指挥便行踏逐下来。或官员士夫等人，欲出路、还乡、上官、赴任、游学，亦有出陆行老，顾倩脚夫脚从，承揽在途服役，无有失节。

可知临安都城的雇佣人种类甚多，担任各种不同的职务。其中在官府服役的雇佣人有些属于胥吏，有些则不是，除了长期受雇于官府服役者外，每逢科举考试，又临时雇募书手誊写考卷，“誊录书手，动是三百余人”（《会要》之《选举六·贡举杂录》嘉定十三年［一二二〇］四月二十七日条），可见人数之众。以临安店铺之众，营业之盛，店铺雇募的管事、仆役当也不在少数，像肉铺已是“案前操刀者五七人”（《梦粱录》卷十六《肉铺条》），规模较大的酒楼自然更不必论。临安是行都所在，官宦富家众多，客旅来往频繁，雇募在家中服役或随行外出的各色仆役、婢女、脚夫，也应有相当数量。其他城市同样有雇佣人存在，只不过没有临安之多。例如“刘十二，鄱阳城民也，居槐花巷东，以佣书自给”（《夷坚支甲》卷四《刘十二条》）；“处州民叶青，世与大家掌邸店，至青以贫舍业”（《夷坚支庚》卷六《处州客店条》）；“衢州人李五七居城中，本巨室子弟，后生计沦落，但为人家管当门户”（《夷坚支乙》卷四《衢州少妇条》）；“平江城中草桥屠者张小二，……改业为卖油家作仆”（《夷坚甲志》卷七《张屠父条》）；“湖州民蔡七，长大有力，受人佣雇，足迹遍闾巷，率至夜分始归”（《夷坚支癸》卷三《蔡七得银器条》），均为其例。

城市常也是娱乐中心，因此又住有伎艺人和娼妓。伎艺人以表演诸般伎艺，娱乐大众为生。以临安都城来说，南宋晚期比较著名的伎艺人，见于《武林旧事》卷六《诸色伎艺人条》记载的，包括说话、讲唱、戏剧、音乐演奏、舞蹈、杂技等在内，便有五十余类、五百余人之多，男女俱有。而表演清乐的清乐社，有“数社，每不下百人”；演傀儡戏则“福建鲍老一社，有三百余人；川鲍老亦有一百余人”；元宵节在街上表演队舞的，“每须有数火，或有千余人者”（不著撰人《西湖老人繁胜录》）。伎艺人之多，可以想见。伎艺人常在瓦子中的勾栏表演，临安都城在南宋晚期瓦子曾多至有二十余处，“北瓦内勾栏十三座最盛”（《武林旧事》卷六《瓦子勾栏条》）。湖州州城、庆元府城都有瓦子（注三九），平江府城、兴元府都有勾栏（注四〇），可知其他城市也有伎艺人演出。临安都城又有“路岐不入勾栏，只在耍闹宽阔之处做场者，谓之打野呵”（《武林旧事》卷六《瓦子勾栏条》），及在酒楼中“吹箫、弹阮、息气、锣板、歌唱、散耍等人，谓之赶趁”（同上《酒楼条》）。其他城市也有这两类伎艺人，如袁州泸萧市郭银匠与一女子同至潭州，旅费已尽，女子“开场于平里坊下，歌声遏云，观者如堵”（不著撰人《异闻总录》卷一），这是在路边表演的例子；又小说《计押番金鳗产祸》里（注四一），记载张彬和庆奴两个到了镇江，也是旅费已尽，于是庆奴盘算，“何不买个锣儿，出去诸处内酒店卖唱，趁百十文，把来使用”，这是在酒楼赶趁的例子。娼妓在城市里也很常见，有官妓和私名妓之分，官妓在官府登记有籍，必须应官司点召，私名妓则不当官吃衣食。其中声价高的称为角妓，能歌善舞，居住于深阔庭院，次等的则在酒楼茶馆卖笑，或在家中接客（注四二）。娼妓往往聚居一区，开封人王从事在南宋初年携妻女调官临安，“止抱剑营邸中，顾左右皆娼家”（《夷坚丁志》卷十一《王从事妻条》），可知抱剑营附近是娼家聚集之所。其他城市如成都，则“富春坊，群娼所聚”（周辉《清波杂志》卷八）。临安又有男娼，以新门之外为巢穴（注四三）。伎艺人与娼妓之间的界线并不明显，有些娼妓以歌舞闻名（注四四），也有些伎艺人兼业娼妓（注四五）。

城市里也有为数不少的游手闲人。临安多达“游手数万”（陈世崇《随隐漫录》卷五）；建康府城的居民，除有籍者外，又有“流寓、商贩、游手、往来”（《景定建康志》卷四十三《风土志・义冢条》引《掩骼记》）。游手闲人有些以受雇佣为生，例如作陪伴富家玩乐消闲的“食客”“闲汉”，作出入宅院干当杂事的“涉儿”，甚或作为妓家探听宾客的“厮波”（注四六）。科举考试时应募誊写考卷的书手，也“多是游手，所得雇直，随手已尽”（《会要》之《选举六·贡举杂录》嘉定六年［一二一三］五月一日条）。有些则做诈骗、偷盗、抢劫等犯法之事，成为城市治安的严重问题。《武林旧事》卷六《游手条》：

> 有所谓美人局、柜坊赌局、水功德局、不一而足。又有卖买物货，以伪易真，至以纸为衣，铜铅为金银，土木为香药，变换如神，谓之白日贼。若阛阓之地，则有翦脱衣囊环佩者，谓之觅贴儿。其他穿窬胠箧，各有称首。以至顽徒如拦街虎、九条龙之徒，尤为市井之害。

说明临安游手的不法。除游手之称外，临安又有“号破落户者，巧于正昼通衢，窃取人所带之物”（《咸淳临安志》卷八十九《纪遗志·纪事篇》）。其他城市也有这类不务正业的人群。魏明已之侄在成都酒肆中，拾获数十枚状如钥匙之物，深夜返家时，“忽有三四少年揖于道旁，为礼甚恭”，力邀其至酒肆中，并且“出向所得如钥之物见还”，表示“愿受教于明师”，魏氏不明其所以然，探听之下，才知道“此物乃探囊胠箧之具，此数辈适得之于魏，疑其高手盗也，欲师之耳”（《癸辛杂识》续集上）。这三四少年无疑是成都的游手。漳州则“多有一般无行止奸雄浮浪客旅”，“假名尤溪师巫”，“入人家乞丐，厉色峻辞，如诛所负，排门逐户，无一放过”，“有人一日一番，有人三四日一番，有日三四人叠至”（陈淳《北溪大全集》卷四十七《上傅寺丞论民间利病》）。这类尤溪师巫，名为乞丐，实同勒索，也是游手行径。景定

（一二六〇～一二六四）年间，有二少年在新淦县设骗人之局，以经商为名，向当地富室“皮氏及诸有力者假二千缗再去”，“忽一去年余不归，并无音信”（不著撰人《湖海新闻夷坚续志》前集卷一《人事门·欺诳类·假母欺骗条》）。这两名少年，也属于游手之流。甚至僻远如桂阳军，地方官也必须告谕禁开柜坊赌博（注四七），可见不法的游手普遍存在于各地的城市中。

城市里还住有农地的地主和农民。地主多以其他身份住在城中，如官吏、士人或商人，但他们同时在农村里拥有土地，出租给佃农耕种，第四节将再详论。城市之内也常有少量农地，多供商品化的园艺业和蔬菜业之用，而非种植谷物。临安东门“绝无民居，弥望皆菜圃”，所以谚云“东门菜”（周必大《文忠集》卷一八二《二老堂杂志卷四·临安四门所出条》）；而西湖则“为人买扑，拘作葑田，种菱耦之类”（《会要》之《方域十七·水利篇》绍兴十七年［一一四七］六月一日条），可知临安都城有种植蔬菜菱耦的菜农，他们的生产主要是供临安城市居民的消费。临安城中贵势富家的园囿颇多，园中种植花木，布置如乡村景色，以供游赏，而花木的来源，则是“钱塘门外东西马塍诸圃，皆植怪松异桧，四时奇花，精巧窠儿，多为龙蟠凤舞飞禽走兽之状，每日市于都城”（《梦粱录》卷十九《园囿条》）。平江府城东西两侧，也颇多以卖花为生的园艺业者，以城中园林之盛，消费花卉之多是可以想见的；城内东南隅的采莲泾、城北的桃花邬，多种蔬菜；阊门以南的城濠上，则居民种菱，可见平江府城也住有花农和菜农（注四八）。彭州自北宋末年以来，“花户始盛，皆以接花为业，大家好事者皆竭其力以养花，而天彭之花遂冠两川”，种花特盛的花农中，有“城中苏氏、城西李氏”，均为彭州州城居民，而“天彭三邑皆有花，惟城西沙桥上下，花尤超绝”，亦即以州城城西为主要产地，花农栽花，目的在供应市场，所以说“花户则多植花以牟利”（陆游《渭南文集》卷四十二《天彭牡丹谱》）。此外如李春之母曾氏，“吉之庐陵人，居西郭，世以农圃自业”（杨万里《诚斋集》卷一二七《李母曾氏墓志铭》）；临川商人王明，“买城西空地为菜园，雇健仆吴六种植培灌，又以其余者俾鬻之”（《夷坚支甲》卷五《灌园吴六条》）；鄂州州城居民杨八，“赁扑城下濠种菱芡”（《夷坚支乙》卷九《鄂州总领司蛇条》），均为城居菜农的例证。

总而言之，南宋城市居民的行业与身份十分复杂，而以政府人员和各类商人为重要。而商人的众多，已成南宋城市的特色。不仅临安都城如此，其他许多城市也是如此。这一种社会结构，和以农民为主的农村社会结构自然有所不同。但是城市里各种行业与身份的人群，在农村并非全不存在，而农民也有兼业工商的情形，农村地主又有不少居于城市，凡此均说明南宋农村、城市社会的相互关连。

三、城市人口的流动性

南宋城市社会结构的另一个特色，是人口的流动性高。在城市里活动的人口，有不少只是匆匆的过客，也有不少只作短期的居留。由于城市的人口流动性高，所以又显得城市里外地人多。

城市人口流动性高这一特性，反映于实际的社会活动上，便是客旅往来的频繁与众多。这种现象，存在于南宋许多城市之中。《梦粱录》卷十二《江海船舰条》：

> 江岸之船甚夥，初非一色，海舶、大舰、网艇、大小船只、公私浙江渔浦等渡船，买卖客船，皆泊于江岸。盖杭城众大之区，客贩最多，兼仕宦往来，皆聚于此耳。

同上《河舟条》：

> 论之杭城辐辏之地，下塘、官塘、中塘三处船只，及航船、鱼舟、钓艇之类，每日往返，曾无虚日。缘此是行都士贵官员往来，商贾买卖骈集，公私船只，泊于城北者夥矣。

这些现象，说明了临安客旅过往的川流不息。不仅都城如此，其他城市如建康府，“自江、淮、吴、蜀，游民行商，分屯之旅，假道之宾客，杂沓旁午，肩摩毂击，穷日夜不止”（《景定建康志》卷十六《疆域志·桥梁篇》）；如镇江府，“自六飞驻跸吴会，国赋所贡，军须所供，聘介所往来，与夫蛮商蜀贾，荆湖闽广江淮之舟，凑江津，入漕渠，而径至行在所”（《嘉定镇江志》卷六《地理志·山川篇·水条》）；如平江府，“由荆襄湖广江淮而下，危桥巨舸，往来相冲”（卢熊《洪武苏州府志》卷四十八《集文志》载叶挺《如京桥记》）；如隆兴府，“冠盖往来，方轨击毂，连樯衔尾，皆川途所必经行”（张元幹《芦川归来集》卷八《代洪仲本上徐漕书》）；如江州，“当蜀汉淮浙闽广之冲，往来走集袂相属也”（《永乐大典》卷六六九八《九江府条》引《江州志》）；如衢州，“舟车指为走集之地，见谓要冲”（袁说友《东塘集》卷十四《谢知衢州表》）；如严州，“据钱塘上游，千车辚辚，百帆隐隐，日过其前”（程珌《洺水集》卷七《富春驿记》）；如潮州，“州当闽广孔道，车盖幢幢，殆无虚日”（《永乐大典》卷五三四三《潮州府条》引《三阳志》）。这些郡城，由于位当交通要冲，所以都有客旅往来频繁的现象。不仅郡城如此，若干县城也有类似的情形，如平江府的吴江县，“士大夫假道以奏名场，与夫商贾百族，棹船而逐利者，飙帆相摩”（《吴郡志》卷三十七《县记篇·吴江县条》引范成大《新修主簿厅记》）；严州的桐庐县有政惠桥，“南渡以来，蜀汉闽广江湖之往来京师而陆行者，毕繇此桥”（《烛湖集》卷九《桐庐县重作政惠桥记》）。上举例证，虽多在江浙，仅潮州在广东，但相信这并非江浙城市所独有的现象。

出入于城市的客旅，形形色色，政府人员是其中之一。各个政府机关的官员，均有一定的任期，任期既满，甚或未满，便须调职而去，因此政府官员虽多居城市，却非某一个城市的长期居民。方大琮《铁庵集》卷三十二《跋建阳赵宰罗源长宁二谱》：

> 士大夫指邑为债，为汤火，有始入县斋，粘每岁之月于壁，了一月则勾去一月，惟恐脱之不速也。

南宋县用困窘（注四九），所以县令难为，居县官者急盼任期早日结束，正反映出地方官员的过客心理。又《嘉定赤城志》卷五《公廨门·州治条》引洪适《通判厅分绣阁记》：

> 宦游弗常，席甫暖而趣代。

也说明政府官员的来去不常，流动性甚高。驻军与政府官员一样，有一定的戍期，戍期既满，便须调动。南宋军队出屯地方，戍期多为一年（注五〇），但也有半年或一季（注五一），长则有达到三年的（注五二）。然而再长也不过三年而已，所以军队甚至其家眷，也非城市的长期居民，而是流动性甚高。

至于城市里流动性更高的政府人员，则是赴任、还乡、出使的官员，以及押运漕粮的人员，他们行程中路过城市，仅是略作停留，便须继续行进。以赴任的官员为例，陆游于乾道六年（一一七〇）闰五月启程赴通判夔州任，至十月抵任所，有《入蜀记》记载其行程（注五三），途中停留临安、秀州、常州、镇江、真州、建康、太平州、池州、江州、黄州、鄂州、江陵府、峡州、归州等城市，每处逗留少则一天，多亦不过十一天。官员离职还乡或奉命出使，长途跋涉，情形大概也相类似，成为城市流动人口的一部分。有些城市是财税集中或转运的枢纽，这些城市又常有漕粮押运人员出入。《嘉定镇江志》卷六《地理志·山川门·澳篇·丹徒县归水澳条》：

> 今天子驻跸钱塘，南徐实在所北门，萃江淮荆广蜀汉之漕，辐辏于此，过客来往，日夜如织。

按镇江府位于运河和长江的交口，城中有转般仓、都仓、户部大军仓（注五四），是漕粮转运的枢纽，“岁不下数千百万贯斛”（舒璘《舒文靖公类稿》卷一《上淮东总领韩郎中书》），所谓“过客来往，日夜如织”，实指漕粮押运人员而言。其他城市如临安府，有省仓上、中、下三界、丰储仓、丰储西仓、端平仓、淳祐仓、平粜仓、咸淳仓（注五五）；如平江府，常平、归仁两仓储米当浙西一路之半，百万东仓、西仓及宝祐百万仓合计曾有籴米二百五十万石的纪录（注五六）。出入于临安府城和平江府城的漕粮押运人员，可能较镇江府更为频繁。即使在漕粮转运上不如上述几个城市重要的饶州，也有转般仓，淳祐五、六年（一二四五～一二四六）间，淮东、淮西两总领所“专官下州，每日州催到些少，两总所分剖装船而去”，又奉命拨借“一万五千石与池州，三万六千石与庐州”（《后村先生大全集》卷七十九《与都大司联衔申省乞为饶州科降米状》），亦必经常有漕粮押运人员出入。押运人员等待漕粮装卸妥当，公务办好之后，便须启程，因此在城市中的停留也是短暂的。

城市里的流动人口，又包括有士人。城市学校的学生中，有本地人，也有外地来游学的士人。设于临安都城的太学自不必论，即使临安府学，也“在学多外处士人”（《会要》之《选举六·贡举杂录》嘉定元年［一二〇八］四月五日条）。地方学校里，外地士人的比例也许不如都城学校之高，但同样有外地人来游学。淳祐十二年（一二五二），建康府学义庄有这样的规定，“如是他处游学士人，见在本学行供，或在本府寓居，虽非土著，如有吉凶，并与一例支给”（《景定建康志》卷二十八《儒学志·立义庄条》），可见建康府学有外地士人游学；包履常于南宋中期教授隆兴府学，“邻壤之士，亦相与负笈从君游”（《真文忠公文集》卷四十五《朝请郎通判平江府事包君墓志铭》），可见隆兴府学也相同；绍熙（一一九〇～一一九四）年间，“汀州陈秀才，……游学抵余干，入县庠”（《夷坚支癸》卷七《陈秀才游学条》），可见连县学里都有来自外地的士人。私人讲学，则第二节已述及，吕祖谦在婺州城内丽泽书院讲学，从学者来自四方。游学的士人，在学最多不过数年，卒业之后，有些固然可能留在当地，但也有很多将会还乡或改赴他处求发展。因此游学的外地士人，在城市中也多属过客性质，是流动人口的一部分。

学校招生或贡举考试时，城市里有更加众多的外地士人作更为短暂的停留。以临安都城而言，每逢太学举行入学补试，便有大量士人从各地前来应考，而且人数愈来愈多，庆元二年（一一九六）是“二万八千余人”，嘉泰二年（一二〇二）是“三万九千余人”（《会要》之《选举五·贡举杂录》嘉泰二年六月十四日条），南宋晚期，据《西湖老人繁胜录》所载，则已是“诸路士人比之寻常十倍，有十万人纳卷”，此书作者推算，“每士到京，须带一仆，十万人试，则有十万人仆，计二十万人”。以南宋晚期临安登记户籍户口与脱漏户籍户口合计三十万户计算（注五七），一时多来了二十万人，对原有户口来讲，也不能不说是增加了相当的比例。太学收容名额最多时不过一千七百余人（见第二节），绝大部分应试的士人均无法录取，而必须还乡。每逢科举省试，从各州府来到临安的士人虽然不如太学补试时之多，但也为数不少。《梦粱录》卷二《诸州府得解士人赴省闱条》：

> 此科举试，三年一次，到省士人不下万余人，骈集都城，铺席买卖如市。俗语云：“赶试官生活”，应一时之需耳。

可知也有万余人之众，使得都城买卖一时兴盛。到京师参加科举考试的士人，录取者多分发到地方上任，落榜者除少数可能留在京师外，大多亦须还乡，在临安不可能作太长久的停留。州郡举行的解试，同样使许多士人出入于郡城，若干州郡应考士人人数之多，甚至不下于都城举行省试之时。兹表列南宋若干州郡解试应考士人人数于表二。

表二：南宋州郡解试应考人数

地区	年代	应考人数	资料来源
福州	乾道元年（一一六五）	几一万七千人	《淳熙三山志》卷七《公廨类》
	淳熙元年（一一七四）	二万人	
建宁府	淳熙十三年（一一八六）以前	不下万余人	《会要》之《选举二十二·考试篇》淳熙十三年七月二十一日条
吉州	绍熙三年（一一九二）	踰万人	《文忠集》卷二十八《吉州新贡院记》
潮州	绍兴二十年（一一五〇）	不逮二千人	《永乐大典》卷五三四三《潮州府条》引《三阳志》
	淳熙元年	三千人	
	嘉泰四年（一二〇四）	四千余人	
	绍定元年（一二二八）	六千六百余人	
	南宋晚年	万人以上	
建康府	南宋中期	数千百人	《景定建康志》卷三二《儒学志》引陈天麟《重修贡院记》
泉州	乾道年间（一一六五～一一七三）	三千余人	阳思谦《万历泉州府志》卷二十四《杂志·古迹类·贡院条》
	嘉泰年间（一二〇一～一二〇四）	加倍	
	嘉定年间（一二〇八～一二二四）	益众	
温州	淳熙七年（一一八〇）	八千人	汤日昭《万历温州府志》卷十八《杂志·灾变篇》
台州	南宋初年	五六千人	《嘉定赤城志》卷四《公廨门·贡院条》
	嘉定年间	八千人	
严州	景定年间（一二六〇～一二六四）	七千人	方仁荣、郑瑶等《景定严州续志》卷三《贡举条》

（续表）

资州	庆元年间（一一九五～一二〇〇）	不下五千人	魏了翁《鹤山先生大全文集》卷三十八《资州新创贡院记》
衢州	南宋初年	四千余人	林应翔《天启衢州府志》卷十二《艺文志》载李处权《新建贡院记》
袁州	开禧三年（一二〇七）	二千五百人	徐琏《正德袁州府志》卷十四《艺文志》载张嗣古《待补庄记》
镇江府	乾道年间	以千计	《嘉定镇江志》附录引《咸淳镇江志》
兴州	嘉泰三年（一二〇三）	三百六十三人	《会要》之《选举五·举士篇》嘉泰三年四月二十八日条
两广州郡	嘉定十五年（一二二二）	多者三四百人，少者不满百人	《会要》之《选举十六·发解篇》嘉定十五年二月十九日条

可见各州郡多者万余、二万人，其次数千人，少者亦有数百或数十人，而且有愈来愈多的趋势。而成都府城更不仅在每逢举行解试时有众多士人出入，每年府学又举行两次入学补试，所以“春秋试率数千人”（《鹤山先生大全文集》卷八十九《吴猎行状》）。这些士人在郡城停留的时间自然也是短暂的，放榜之后，不论录取与否，许多均须还乡。以当时的郡城户口来讲，一时多来了这样多人，无疑也使原有的户口增加了相当的比例。例如吉州州城在开禧元年（一二〇一）以前有数万家居民，而在绍熙三年应举者逾万人；潮州州城于南宋时期曾有居民万家，而应举士人最多时亦达万人以上；温州州城于乾道年间有居民万数千家，而淳熙年间应举士人达八千人；台州州

城于嘉定以前有万家居民，而嘉定年间应举者亦有八千人（注五八）。总而言之，考生这一类城市流动人口，虽然须逢学校入学考试或科举考试时才出现，并不常有，但是每当出现时，流动量是相当大的。

出入于城市最频繁的流动人口，自然是来往于各地从事贸易的行商。沿海的商港，有从事海外贸易或沿海贸易的商人出入，所以广州是“豪贾四方至，各以其土所宜贸民”（李昴英《文溪集》卷一《广州创备安库记》）；泉州是“富商巨贾，鳞集其间”（祝穆《方舆胜览》卷十二《泉州篇》）；庆元府是“风帆海舶，夷商越贾，利原楙化，纷至遝来”（王象之《舆地纪胜》卷十一《两浙东路庆元府篇》引李璜《修学记》）；江阴军则是“舶商辐凑众货赢”（《攻媿集》卷一《送袁和叔尉江阴》）。内地的城市，也有贩运各种民生日用品或奢侈品的商人出入。所以上文所举客旅往来繁多的例证中，临安是“客贩最多”，建康府“穷日夜不止”的行旅中有“游民行商”，镇江府的客旅中有“蛮商蜀贾”，而“商贾百族，棹船而逐利者”也途经吴江县。此外，如泰州，“其地富鱼盐，骈商贾”（韩元吉《南涧甲乙稿》卷十六《泰州水门鼓角楼记》）；如真州，“山阳、通、泰之盐，泝江而上，商贾辐凑”（《攻媿集》卷五十四《真州修城记》）；如鄂州，“贾船客舫，不可胜计，衔尾不绝者数里”（《渭南文集》卷四十六《入蜀记第四》）；如成都府，为“西蜀之会府，舟车所通，富商巨贾，四方鳞集”（《万历温州府志》卷四十四《人物志·仕迹传·上官必克传》）；如金州，“舟车辐凑，商贾接踵”（《舆地纪胜》卷一八九《利州路金州篇》）；如南昌府奉新县，“道路四达，商贾会通”（许应鑅《同治南昌府志》卷七《地理志·名迹篇》）；如太平州芜湖县，“万象之邑，百贾所趋”（张孝祥《于湖居士文集》卷二十六

《芜湖修浮桥记》)。所谓“鳞集”“纷至”“辐凑”“会通”等词,正具体的说明了城市商人的流动性。

出入于城市的行商,或者流动于城市与产地之间,或者流动于城市与城市之间,他们之中有些以舟车运货,也有些仅以步贩。例如运贩淮浙盐的盐商,他们多先以船装运金、银、铜钱、会子,至设有榷货务或卖钞库的城市如临安、镇江、建康府及真州等地入纳,购买盐钞,再凭盐钞至产地郡城中的盐仓或县城中的买纳场取盐,然后舟运至各地销售,城市自然是他们停留销货的重要处所(注五九)。又如米商,也常以舟船贩运,往来于产地与城市之间(注六〇)。小说《蒋淑真刎颈鸳鸯会》里(注六一),讲述一个运贩杂货的张二官,住在临安,“是个行商,多在外,少在内”,与蒋淑真成亲之后,住了一个月,“一日,张二官早起,分付虞候收拾行李,要往德清收帐”;讨账回家,“又住了一个月之上,正值仲冬天气,收买了杂货赶节,赁船装载到彼,发卖之间,不甚称意,把货都赊与人上了,旧帐又讨不上手,俄然逼岁,不得归家过年”,过了元宵才返回临安。可见张二官以舟船贩运杂货,往来于临安与湖州德清县两个城市之间,而在两地都不作长久的停留。此外,如泉州杨客从事海外贸易,绍兴十年(一一四〇)将从海外买回的货物运至临安,“物货置抱剑街主人唐翁家,身居柴垛桥西客馆”(《夷坚丁志》卷六《泉州杨客条》);如绍兴二十八年(一一五八),“华亭客商贩芦席万领往临安,巍然满船”(《夷坚志补》卷十二《华亭道人条》);丽水商人王七六,“每以布帛货于衢、婺间”,绍熙四年(一一九三),“至衢州,诣市驵赵十三家,所赍直三百千,赵尽侵用之,王久留索赏不可得”(《夷坚支丁》卷八《王七六僧伽条》),都是往来于城市之间的商人。他们在城市中的停留,大概都不会很久,所以泉州杨客居于客邸，而丽水商人王七六在衢州若不是索债，也不会久留。至于张客于“鄂、岳之间”，“以步贩纱绢为业”（《夷坚志补》卷五《张客浮沤条》）；广州人潘成，“贩香药如成都，弛担村邸”（《夷坚志补》卷二十《潘成击乌条》）；又如岳州临湘县，位置偏僻，没有米船前来，“所来者不过通城（按：鄂州通城县）步担而已”（王炎《双溪类稿》卷二十《上章岳州书》），则都仅以步贩出入于城市。

商人往来于城市时，往往不仅其本身，又有随行为其运载货物的人员或仆役，自然贸易规模较大、货物较多者，这类随行人员亦多，贸易规模较小、货物较少者，这类随行人员亦较少。茶商出入，常“百十为群”（《会要》之《兵五·屯戍篇》乾道六年［一一七〇］十一月二十一日条），这些人中，自然有许多只是搬运茶货的人员。商人如以舟船运货，无论河船或海船，都必然雇有水手，自十数人至数十人不等。如“鄱阳民黄一受佣于盐商，为操舟往淮南”，船上有“同辈十许人”（《夷坚支癸》卷六《大孤山船条》），这是一艘有水手十余人的盐船；又如泉州人王元懋从事海外贸易，淳熙五年（一一七八）派船出海，在纲首（船长）吴大之下，“凡火长之属一图帐者三十八人”（《夷坚三志巳》卷六《王元懋巨恶条》），这则是一艘有水手三十余人的海船。步贩的行商不用雇船，商业规模也许都比较小，但也携有仆役，如前述出入于鄂、岳间步贩纱绢的张客，有“仆李二者勤谨习事”（《夷坚志补》卷五《张客浮沤条》）。此外，商人外出远行，又多携带妇人同行。《夷坚支乙》卷一《翟八姐》条：

江淮闽楚间，商贾涉历远道，经月日久者，多挟妇人俱行，供炊爨薪水之役，夜则共榻而寝，如妾然，谓之婶子，大抵皆猥娼也。

可见这种情形很普遍。即使并非远行，如青州老人朱先生“以卖药自给”，往来于赣州和南康县间，也“每携一妻、一妾、一犬”（《异闻总录》卷二）。这些搬运人员、水手、仆役与妇人，也都随着行商而成为城市的流动人口。

不仅行商及其随行人员往来于城市之间，乡民有时也会进出于城市，从事买卖，成为城市流动人口的一部分。乡民往往为了生活所需，而有入城行贩，以补贴家用的情形。例如庆元府“乃濒海之地，田业既少，往往以兴贩鲜鱼为生”，为了优润乡民，于嘉定六年（一二一三）规定，“除淹盐鱼虾等及外处所贩柑橘橄榄之属收税外，所有鲜鱼、蚶蛤、虾等及本府所产生果，悉免本府在城收税”（《宝庆四明志》卷五《郡志·叙赋·商税条》）；南康军也曾有类似的措施，由于“近城乡民全藉将些小系税之物入城买卖，办籴口食，若依递年收税，切虑无所从出”，当时朱熹任南康军知军，于是下令“合将客旅、步担兴贩纱帛、药草、丝绵、杂物依旧收税外，其余乡民应有些小土产物货入城转变，并与减饶三分之一”（《朱文公文集·别集》卷九《晓示乡民物货减饶市税》）。其他如南剑州顺昌县石溪村民李甲，“常伐木烧炭，鬻于市”（《夷坚支戊》卷一《石溪李仙条》）；小说《错斩崔宁》里（注六二），讲述崔宁说：“小人姓崔名宁，是乡村人氏，昨日往城中卖了丝，卖得这十五贯钱”，都是乡民入城买卖的例子。有些城市商贩企图垄断市场，排斥入城贩物的乡民，“百十为群，互相党庇，遇有乡民鬻物于市，才不经由其手，则群起而攻之，众手捶打”（《名公书判清明集》卷十四《惩恶门·斗殴类·因争贩鱼而致斗殴条》），这种情形自然为官府所禁止。部分地方官员，驱捕在街市卖物村民作官府所需人夫，朝廷也立法加以严禁（注六三）。此外，若干城市的食米，缺乏大批的供应来源，全赖邻近乡民供应，如常德府，“城内乏积谷之家，日仰乡民辇负以给”（《永乐大典》卷七五一四《平籴仓条》引《武陵图经》）；又如临江军城的食米来源，也是“每日止是乡落细民，步担入市”（《双溪类稿》卷二十一《上赵帅》）。而城市市场所需的大量肉类，更是全赖散居于城市近郊的屠户养畜、宰杀，然后贩运入城供应（注六四）。上述种种情形，说明乡民出入于城市从事买卖，十分普遍，所以城、郊之间的桥梁，以携运薪柴、果蔬入城贩卖的乡民为主要过客之一（注六五），而镇江府城在城门也特别设有车院，供载物入城的乡民停车（注六六）。乡民入城做买卖，可能大多当日便离城返乡，停留时间是很短的。

乡民入城除了做买卖之外，有时也从事其他活动。例如“邛州村民日趋成都府小东郭桥上卖工，凡有钱者皆可雇其充使令担负也”（《湖海新闻夷坚续志》前集卷二《艺术门·幻术篇·幻术为盗条》），这是乡民入城受雇佣的例子，由于城市里的工作机会较多，所以乡村中的过剩劳力可以入城寻找出路。临安府常有“村落百戏之人，拖儿带女，就街坊桥巷，呈百戏使艺，求觅铺席宅舍钱酒之赀”（《梦粱录》卷二十《百戏伎艺条》），这是乡民入城表演伎艺谋生的例子，城市里人口密集，自然较乡村里容易获得观众。范成大曾咏苏州的元宵灯市：“儿郎种麦荷锄倦，偷闲也向城中看。……侬家亦幸荒田少，始觉城中灯市好”（范成大《石湖居士诗集》卷十《腊月村田乐府十首·灯市行》），这是乡民入城观赏花灯的例子，他们受到城市繁华喧闹的吸引。至于乡民入城输纳税租的例子，则更常见，如“楚州淮阴民为保正，遣其子赴县输租”（《夷坚支癸》卷六《淮阴民失子条》）；庆元四年（一一九八）正月，“浮梁人徐五秀才入城输租”(《夷坚三志巳》卷二《徐五秀才条》);嘉定十年(一二一七),臣僚论每遇灾伤,监司掠美名出文榜蠲放租税,“乡民无知,一时听信,至有持钱帛入城,而复携以归者”,然而朝廷实未核准,于是“州县再行举催”(《会要》之《瑞异三·水灾篇》嘉定十年八月十一日条);而广州东莞县七乡中之五乡,赋税甚至并非于县城缴纳,必须输于州城,“每遇输纳,不免相率雇舟,运米入城”(《会要》之《食货七十·赋税杂录》嘉定七年[一二一四]十一月五日条)。这些入城从事各种活动的乡民,也都是城市的流动人口。

城市里的工匠,有些也是有流动性的。以官府工场的工匠来说,临安都城军器所的人匠,许多便是由外地轮差而来。《会要》之《职官十六·军器所篇》绍兴七年(一一三七)十一月二日条:

> 诏诸州军差到军器所造弓弩人匠,一年一替,令本州差人前来交替,如内有不愿交替之人,依旧造作,支破请给。

可知外郡工匠轮差到军器所工作,以一年为期,期满便可还乡,另有人前来接替,不愿交替者则可留所继续工作,支领工资。绍兴十一年(一一四一),军器所“见役工匠四千五百余人,数内二千九百余人系近从诸路州军差到”(《会要》之《职官十六·军器所篇》绍兴十一年四月四日条),外郡工匠占工匠总数将近三分之二;绍兴二十六年(一一五六),军器所“人匠见实役八百六十四人,诸州差到一千五百四人”(同上绍兴二十六年三月二十六日条),外郡工匠占工匠总数也近三分之二。可见外郡轮差的工匠要占军器所工匠总数很高的比例。至于地方官府工场的工匠,也常自乡村差雇。朱熹知南康军时，曾经奉旨“打造步人弓箭手铁甲一年，以三百日为期，两日一副”，“计用皮铁匠一万八千工，钱五千二百余贯”，而“匠人多系远乡农民，追呼搔扰，离家失业”（《朱文公文集》卷二十《与曾左司事目札子》），这些被差到城里打铁甲的乡民，自然在工役期满后，便离城还乡，不会在城中久留。又开庆元年（一二五九）庆元府作院，“以民匠劳逸不均，则下定海、鄞县、奉化，照籍轮差，每四十日一替，起程钱各五贯，回程十贯”（《开庆四明续志》卷六《作院条》），更清楚的说明庆元府属县民匠轮差至府城作院工作，四十日为一期，期满便可交替还乡。此外，工匠也有受雇至外地城市，在民间为人工作的情形，因而成为城市的流动人口。例如“松阳民王六八以箍缚盘甑为业，因至缙云，为周氏葺甑”（《夷坚支丁》卷八《王甑工虱异条》），王六八在松阳开业，却受周氏之雇至缙云工作，在缙云县城是流动人口。又如在小说《碾玉观音》里（注六七），讲到崔宁和秀秀离开临安，投奔到潭州，在潭州市里开了家碾玉铺，一日有两个人来，将他请到湘潭县一个官人宅里工作。崔宁到湘潭县，只是短期受雇工作，工作完成，便会返回潭州州城。类似王六八和崔宁情形的工匠，应该为数不少。而工匠来往于城市间最具体的例子，则见于南宋的雕版印刷业。南宋从事雕版印刷的刊工，常出入于不同的城市，支援各地官府或民间的雕版工作。临安府及其邻近湖州、绍兴府的刊工常到两浙地区的明州、台州、温州、婺州、严州、衢州、镇江府、平江府受雇，而浙工也常远赴江东、江西、福建、淮南、湖北等路的城市工作，江东池州、徽州、饶州，江西抚州、隆兴府、吉州，福建福州、建宁府等地的刊工，同样常应募到本路或外路的其他城市，四川眉州的刊工常来自同路的成都，而广东广州、潮州两地的刊工则多来自两浙、江东、福建，至于广州本地的刊工也赴同路的惠州参与雕版工作（注六八）。

每逢天灾或战争，也常有民众流移至城市，成为城市流动人口的一部分。天灾时民众流移至城市，主要是因为城市里生活机会较佳，而政府的灾荒救济措施，如赈粮、施粥等，也常偏重城市，特别是临安府，由于行都所在，各项赈济也最多（注六九），所以临安府成为最吸引灾民的一处城市。绍兴十九年（一一四九），浙东饥荒，“绍兴饥民多有过临安者”（《会要》〈食货五九·恤灾篇〉绍兴十九年三月二日条）；乾道元年（一一六五），也因“浙西州军水伤”，临安府“尚有饥贫人户，多在本府城内外求乞”（《会要》之《食货六八·恤灾篇》乾道三年十一月二十二日条）。不仅两浙饥民流移临安，江淮灾民也有同样的情形。庆元元年（一一九五），知临安府徐谊言，“今岁淮浙水旱，流离之民渐集市廛”，朝廷因而诏令“临安府于见赈粜米内取拨二千石，以备赈济”（《会要》之《食货六八·赈贷篇》庆元元年正月十五日条）；嘉定元年（一二〇八），在临安的“淮浙州军流民共五百六十户，计二千八十一人，在府城内外客店及分拨寺院安泊”，二年（一二〇九），在临安的“江浙流民八百五十户，计三千六百七十六人”（同上嘉定元年十二月十八日条、二年四月四日条）。饥民聚集临安城外就粥，曾有数万人的纪录（注七〇）。其他城市在天灾时，也同样有灾民流徙而至。例如乾道元年浙西水灾，除临安府拨常平义仓米煮粥给散饥民外，“寻诏绍兴、平江、镇江府、台、秀、常、湖州照应临安府已行事理，取拨常平米疾速养济施行”，其中绍兴府“先就在城置场煮粥，给散养济”，其后“缘城外乡村阔远，切虑饥流人奔趁不及，今措置更于城南大禹寺、城西道士庄添置两场”（《会要》之《食货六八·恤灾篇》乾道三年正月二十二日条、二月十一日条）。可见这次水灾，许多城市都和临安府一样展开赈济，而赈济对象中不乏自乡村流移至城市的饥民。上述城市均在两浙，外路城市如建康府，留守史正志于乾道四年（一一六八）修建贡院，“适他郡潦伤，民流移江山，侯因募之，使食其力”（《景定建康志》卷三十二《儒学志·贡士篇》引陈天麟《重修贡院记》），按江山为建康别名，可见有外郡灾民流移至建康府城；又南宋晚期崔与之守扬州，“浙东饥，流民渡江，与之开门抚纳，所活万余”（《宋史》卷四〇六《崔与之传》），说明曾有大量浙东灾民流徙入扬州州城。对于流移至城市的灾民，政府施加赈济后，除情况特殊者外，多半津发还乡（注七一），他们在城市停留的时间不会很长。灾民之外，当战争发生时，战火波及地带的居民，常有入城避难的情形，例如开庆元年（一二五九），元兵南犯，“江北岸黄州、汉阳军、江南岸鄂州、寿昌军、兴国、江州、隆兴诸州，多有惊移百姓迁城郭之人”（不著撰人《宋史全文续资治通鉴》卷三十六开庆元年十月辛巳条），这些难民，在情况稳定或战争结束之后大概都会离城还乡，所以他们也是城市的流动人口。

除了上述诸大端外，城市里自然尚有源于其他种种因素的流动人口（注七二）。城市既多流动人口，而停留时间又长短不一，使得若干城市具有外地人多的特色。例如临安府的城南厢，是“五方稠杂”（《洺水集》卷十《姚饶州墓志铭》）；第二节也曾述及，临安富室多外郡寄寓之人，所以凤凰山称为客山。临安伎艺社团中，据《西湖老人繁胜录》载，“有福建鲍老一社，有三百余人，川鲍老亦有一百余人”，鲍老是表演傀儡戏的团体，这两社分别由在临安的福建人和四川人组成。临安府神诞中，《西湖老人繁胜录》也记载，“梓潼帝君生辰，蜀中士大夫寄居都城，递年诸社陌上吴山冲天观梓潼帝君观酌献设醮”，按梓潼帝君又称文昌帝君，为科举之神，但同时也是四川乡土之神（注七三），故为寄居都城的四川士大夫所崇拜。其他地区的士人，也有省试落榜之后，暂不返乡，寓居临安，等待下次考试的。小说《西山一窟鬼》里（注七四），讲到绍兴十年（一一四〇）间，有个福州秀才吴洪，离开乡里，到临安求取功名，一举不中，盘缠已尽，又羞归故里，于是在州桥下开个小学堂度日，等待三年后再卷土重来。临安是行都，外地人多的特色自然最强烈，至于其他城市，也有类似的现象。例如绍兴府城的斜桥，"在城东北，其下多客邸，四明舟楫往来所集"（《嘉泰会稽志》卷十一《桥梁篇·府城条》），绍兴、庆元两府相邻，所以绍兴府城有不少四明人出入。如建康府，"承平时，民之籍于坊郭以口计者十七万有奇，流寓、商贩、游手、往来不与"（《景定建康志》卷四十三《风土志》引《掩骼记》），不在户籍之内的流寓、商贩，大概多是外地之人。如真州州城，第二节曾述及，是"五方之民，列屋而居，而操赢资以致富饶"，多外地商人。如鄂州州城，"四方商贾所集，而蜀人为多"（《渭南文集》卷四十七《入蜀记第五》），鄂州地近四川，所以多四川商人。如泉州，是"四方流寓之所栖，百货懋迁之自出"（程俱《北山小集》卷二十四《外制·谢克家知泉州》），泉州是大贸易港，寄居的四方流寓大概多是中外商人。同是大贸易港的广州，城南"比屋尽闽人"（《后村先生大全集》卷十二《城南》），他们多是来自福建的贸易商人。而梓潼帝君祠不仅见于临安，也见于江浙许多城市，部分原因和四川人散居东南有关（注七五）。由于城市里多流动人口与外地人，他们在本地大多没有房产，不缴屋税，属于客户（注七六），所以坊郭客户比例甚高，超过乡村里无自有田产的客户之比例。兹比较徽州、抚州、汀州三郡坊郭客户比例与乡村客户比例如表三：

表三：南宋州郡坊郭乡村客户数及比率

地区		年代	总户数	客户数	百分率	资料来源
徽州	坊郭	宝庆三年（一二二七）	3,887	789	20.35	彭泽《弘治徽州府志》卷二《食货志·户口条》
	乡村		131,055	9,406	7.18	
抚州	坊郭	嘉定（一二〇八～一二二四）	30,588	13,048	42.66	许应嵘《光绪抚州府志》卷十四《建置志》载李绂《清风门考》引《嘉定志》
	乡村		216,733	63,243	29.18	
汀州	坊市	南宋初（一一二七～）	5,285	2,396	45.34	《永乐大典》卷七八九〇《汀州府条》引《临汀志》
	乡村		145,036	45,521	31.39	
	坊市	宝祐前	72,626	39,170	54.93	
	乡村		149,735	56,091	37.46	
	坊市	宝祐（一二五三～一二五八）	73,140	39,381	53.84	
	乡村		150,293	56,436	37.55	

表三所列各郡坊郭客户数占坊郭总户数的比例高低虽有所不同，但均比各郡乡村户数占乡村总户数的比例高出了百分之十几。这一个差别，应当就是城市人口流动性高与外地人多的反映。

南宋城市的流动人口，实际上也是以政府人员和商人为主，而尤以商人的出入为频繁。高度的人口流动性，其实便是城市行业与身份结构的外在表现，这也不仅都城临安如此，其他许多城市都如此。这种景象，和农村在比较上自然有动静之别，却非彼此全无关连。许多乡民也出入城市做买卖、待雇佣、从事其他活动或躲避饥荒兵祸，便是这种关连的说明。

四、城市贫富阶层及其升降

南宋城市里的居民，经济能力有高下之分，因而有贫富之别，从贫富的阶层结构看，贫民在城市里占了相当高的比例。但是贫富阶层的划分，并非绝对的，也不是永久的，富家可能沦降而成贫民，贫民也有可能改善其经济地位，上升而为小康之家，甚或富家。

南宋城市居民按经济能力划分，大体上可以分为富家、中产之家和贫民三个阶层。第二节所引《朱文公文集》别集卷十《审实粜济约束》里，便将南康军各县城的居民分为，“上等有店业，日逐买卖，营运兴盛，及自有税产赡给”“中等得过之家并公人等”及“下等贫乏小经纪人及虽有些小店业，买卖不多，并极贫秀才”三部分。又《北溪大全集》卷四十四《上赵寺丞论秤提会》：

盖南漳僻在一隅，无番舶来往，民无大经商，所谓富家上户者亦无甚区力，中产之家则仅足以自遣，谓之下户者，大率皆贫窘者而已。

这是漳州州城的情形，也分为富家上户、中产之家和下户贫窘者三部分。再如《勉斋集》卷三十一《申省豁常平米》：

本军自去年六月措置赈粜，分人户为甲、乙、丙、丁四等，甲户有税产，乙户有营运，皆不仰赖官司；丙户则给历与籴官米，官米之价减今市价一半；丁户则是鳏寡残疾不能自食之人，则支常平米以济之，每家日一升。诸乡及在城，自九月为始，至今三月终，共支过米一千一百五十六硕九斗五升。

这是黄榦在汉阳军救荒的措施。虽然将汉阳军城居民分为甲、乙、丙、丁四等，但甲户和乙户大概都可以归入富家。而真德秀在江东路救荒，更将民户细分为甲、乙、丙、丁、戊五等，“惟城市则济戊户而粜丙、丁”（《真文忠公文集》卷七《申尚书省乞再拨太平、广德济粜米》），亦即甲户、乙户属富家，丙户、丁户属中产之家，而戊户则为贫民。按照宋代的户等制度，坊郭居民依经济能力的差异，大体上划分为十等户（注七七）。据谢深甫《庆元条法事类》卷四十八《赋役门·科敷篇》：

诸坊郭品官之家免科配，若营运与民争利，在镇、寨、城、市及第壹等，县第三等，州第肆等者，并不免。

这项规定，说明县城第三等以上或州城第四等以上的人家，应是经济状况已算不错的富家，所以坊郭品官之家兼事营运，而财力达到这个程度，便必须负担科配。又《会要》之《食货六四·免行钱篇》绍兴十七年（一一四七）四月三日条：

> 诏诸路州军人户见纳免行钱，不拘等第，并以三分为率蠲免一分。以户部言，先诏乡村第四等、坊郭第七等已下人户并与放免。……

《会要》之《刑法二·禁约篇》绍兴八年（一一三八）五月十六日条：

> 诏应州县乡村第五等、坊郭第七等以下人户及无等贫乏之家，生男女而不能养赡者，每人支钱四贯，于常平或免役宽剩钱内支给。

可知坊郭第七等以下人户，相当于乡村第四、五等贫乏之家（注七八）。至于坊郭第三、四等和第七等之间的人户，应该就是中产之家了。这样的划分只是大略上的，同是坊郭的上等户，在不同城市里，经济能力也许会有明显的差异。例如前述漳州州城的富家上户便“亦无甚区力”，第二节引《景定建康志》卷四十一《田赋志·蠲赋杂录》载赵时侃《申豁和买役钱状》，也说明建康府的府城（江宁、上元两县）和句容县城，同样有房廊和解库、店业之家，但是府城家计有达数十万缗的，句容县城富者不过五七千缗，府城每日收入房钱有达三二十千的，而句容县城则富者不过一百五十六文足。

南宋城市社会结构和农村社会结构虽然不尽相同，却也不尽可分，在贫富阶层结构上表现得最清楚。城市的富家有不少便是农村的富家，亦即地主，他们的田产在农村，而居住在城市。地主离乡而居于城市的情形，自北宋已经存在（注七九），南宋依然如此。这种现象，从南宋的役法和赋税均可看出。按照南宋初年的规定，“其坊郭及别县户有物力在数乡，并令各随县分并归一乡物力最高处，理为等第差遣，仍各许募人充役”（《会要》之《食货六五·役法篇》绍兴十二年［一一四二］十月四日条），而“坊郭户充役于某都，而别都增产者，不许辄改”（《絜斋集》卷十三《黄度行状》）。可见坊郭户中，有人在乡村拥有田产，而且不止一处，因而必须在乡村轮当差役。又乾道五年（一一六九），知隆兴府刘珙上言，“本府奉新县附郭系建康、同安两乡，平时上户多居近郭，故将别乡产税并归所居乡分催科”（《会要》之《食货十，赋税杂录》乾道五年五月二日条），其后虽有“产钱不得过乡”的规定，但“向来未立此法之时，产钱往往过乡割上烟爨去处”，旧习已难更改，所以直到绍熙元年（一一九〇）朱熹在漳州计划推行经界时，仍然是“州县城郭所在之乡，其产无不甚重”（《朱文公文集》卷十九《条奏经界状》）。亦即地主上户多居于州城、县城，他们在乡村中各处田产所应负担的赋税，多并归于附郭之乡催科，造成附郭之乡税重的现象。除了役法与赋税反映出地主城居外，朱熹在南康军救荒，曾劝得上户二百零六名，共认赈粜米73,268石5斗，其中“在城上户二十五名，共认赈粜米一万一千六百三十五硕”（《朱文公文集·别集》卷九《谕上户承受赈粜米数目》），这些在城上户能够出米赈粜，自然是有租米收入的城居地主。而这些城居地主的人数，占所有出米赈粜人数约12%，所认赈粜米数量，占所有上户共认赈粜米数量约16%，比例不能算很低。个别的例子，如“南城人刘生，别业在城南三十里，地名鲤湖，时往其所检视钱谷”（《夷坚丁志》

卷十八《刘狗麽条》);"福唐梁绲居城中，尝往其乡永福县视田"(《夷坚志补》卷二十《梁仆毛公条》);"段氏夫吴思敬寄居本府城内，其所争地乃在本县二十三都，相去四百余里"(《名公书判清明集》卷九《户婚门·坟墓类·盗葬条》)。这几位地主居于城中，皆无可疑。

进一步分析城居地主的身份，大概有以下几类。第一类是权贵。例如南宋初年大将张俊、韩世忠、杨存中等人，第二节述及他们的府宅均在城中，而他们在农村里也都有大量的田宅(注八〇)。又绍兴十二年(一一四二),"赐昭庆军节度使开府仪同三司韦渊浙西田通旧为五十顷，临安府房缗二十千"(李心传《要录》卷一四四绍兴十二年二月己卯条),韦渊当住于临安城中，所以同时赐给他浙西田产和临安府房产。第二类是官户。例如嘉定五年(一二一二)南郊赦文指出乡村赋税"多有豪右官户倚势不输",导致催税保长为了代纳而破产，因而要求州县官司"自行就坊郭管揽门户干人名下催理，不许一例具入保长甲帖内，抑令催纳，使之陪备"(《会要》之《食货六六·役法篇》嘉定五年十一月二十日条),可见官户多居于坊郭，而有田产在乡村。又抚州崇仁县"颖秀一乡共计七都，相去城闉才十五里，无非在城寄产，省簿立户，并有官称，无一编民",而"其间真伪相半"(《名公书判清明集》卷三《赋役门·限田类·限田论官品条》),说明颖秀乡由于近城，所以田产多属城居官户所有，虽然其中有些是伪冒的。再如归正官王永思于嘉泰元年(一二〇一)添差在城盐税,"居罗城内"而"广置田宅"(《会要》之《兵十二·归正篇》嘉泰元年七月十七日条)。第三类是胥吏及罢役吏人。胥吏在城中官府办事，在乡村也常有田产，有些胥吏并且在罢役之后仍然居于城中。例如宝庆府"罢役吏人重为民害",因此知府胡颖下令"应经徒配吏，有老小三人以上，而有田在城十里外者，许指去处居住，……罢役吏人准此”（《名公书判清明集》卷十一《人品门·公吏类·应经徒配及罢役人合尽行逐去条》），说明此一事实。胥吏由于熟悉官府规例，往往借以舞权弄势，因此被列入形势户之内（注八一）。南康军都吏樊铨竟至于冒称进士，赴吉州安福监税任，在乡则“置买膏腴，跨连邻境，庄田园圃，士大夫有所不如”（《名公书判清明集》卷十一《人品门·公吏类·南康军前都吏樊铨冒受朝廷爵命事条》）。第四类是士人。如淳熙（一一七四～一一八九）初年，台州“士子某居城中，而田在黄岩”（《夷坚支戊》卷六《天台士子条》）。又如“朱仲山者，鄱阳人，本宪台小吏，然谢役读书为士，称五十秀才，居于上巷”，绍熙五年（一一九四）八月四日晚，风雨雷电交作，“是时朱乃在庄数日，监刈稻”（《夷坚支乙》卷三《朱五十秀才条》）。再如吉州永丰县人刘桀入郡城从欧阳守道读书，三年间乡村田产“岁收与输官一惟干仆之委”（欧阳守道《巽斋文集》卷七《刘大临序》）。第五类是寺院。例如台州和庆元府郡城之内的寺院，多在乡间拥有田产，多者达数千亩，其次也有数百亩（注八二）；临安都城内外，也不乏拥有数千亩田产的寺院，而城外的上天竺寺、灵隐寺、显慈集庆教寺等寺院，拥有田产更在万亩以上（注八三）。

值得注意的是第六类城居地主，亦即商人。商人以经商为业，以城市为主要的活动与聚散场所，但是他们之中有人在农村拥有田产，因而成为城居地主。王庭珪《卢溪文集》卷三十一《与王元勃舍人》：

> 今日朝廷又有助军之敛，盖缘军兴，岂得已而行也。……至于家业，则明言十等户，今坊郭所谓第（按：

第上疑缺等字）户，正应此一项无可疑者；若营运则无迹可验，然止言坊郭，则财力多者亦可以概见，少者所得无几，徒为扰耳。……家业、营运，独言坊郭，盖谓逐厚利者，恐有不均之患。今有田亩者，即有家业，有家业者，则营运在其中，若使一家而纳三色钱，恐必至于重困，何坊郭之民重不幸也。

南宋初年为助军兴，而向坊郭户增敛家业钱和营运钱，大概相当资产税和营业税，而王庭珪指出，“有田亩者，即有家业，有家业者，则营运在其中”，显示有些城市商人在乡村拥有田产。具体的例子，如德安人黄三，“家市缣帛，有庄在城外之西罗村”（《开庆四明续志》卷八《收刺丽国人送还条》）；小说《新桥市韩五卖春情》里，讲到那个开丝绵铺的吴防御，“家中放债积谷，果然金银满箧，米谷成仓”，显然同时是一个地主，有田产在农村收租。此外，寺院常兼营抵押借贷的长生库（注八四），因此城市中同时拥有长生库和田产的寺院，也不妨视为商人身份的城居地主，例如饶州城内的安国寺，既有长生库，又“有田去城昌（按：昌字疑误或衍）百里，名全保庄”（《夷坚支癸》卷六《彭居士条》）。身为商人的城居地主，有些出身农村，却到城市活动，例如绍兴三年（一一三三）知岳州范寅敷指出，“本州农民，自来兼作商旅”，他建议久不还乡者，“其田权许人请射”，而户部认为，“商人田产身虽在外，家有承管，见今输二税，难许人请射”（《会要》之《食货六九·逃移篇》绍兴三年正月五日条），可见岳州有些农家，家中有人外出行商，家中田产却可能仍有人承管。苏州富农也有“轻舟作商重船归”的情形（注八五），亦即农家中有人出外行商。而广东的英德府，“巨产之家，得米则南下于广，粜买钞盐”（《舆地纪胜》卷九十五《广南东路英德府篇》），则这些兼营米、盐二业的行商也是收租众多的地主。除作行商外，也有一些出身农村的城居地主，将其租米转销给所居城市的米铺。例如吉州州城的铺户，“初非家自有米，米所从来盖富家，实主其价，而铺户听命焉”，而“城郭富家之有米，多寡不一”（《巽斋文集》卷四《与王吉州论郡政书》），可见供应铺户食米的富家，居于城中，他们所提供的食米，应是收自农村的租米。另外一些身为商人的城居地主，则是在经商富裕之后，再于农村购置田产。例如“平江城北民周氏，本以货麸面为生业，因置买沮洳陂泽，围裹成良田”（《夷坚三志已》卷七《周麸面条》）；又如新安人吴十郎，避荒居于舒州宿松县，“初以织草履自给，渐至卖油，才数岁，资业顿起，殆且巨万”，于是“广置田土”（《夷坚支癸》卷三《独脚五通条》）；再如张勰，因从事海外贸易致富，于是“买田婺州郭外”（吕祖谦《东莱集》卷十一《大梁张君墓志铭》）。

置城居地主的身份不论，就商人本身去分析，部分商人也是属于城市的富裕阶层。以房屋或仓库租赁业者来说，第二节已述及，他们常被称为豪右兼并之家或富家巨室。其中有许多是权贵，如深受宋高宗宠信的御医王继先，“于都城广造第宅，多侵官司地分，如陶家巷寨屋、丰乐桥官地，皆被强占，起盖房廊，收领赁直”，“又常勒临安府楼店务吏人，令供城内户绝舍宅，贱价买为房廊”（《会编》卷二三〇绍兴三十一年［一一六一］八月十一日条）；第二节所述临安府白洋湖中的数十塌房，起造者为“慈元殿及富豪内侍诸司等人家”（《梦粱录》卷十九《塌房条》）；宝祐（一二五三～一二五八）年间，马光祖知临安府，曾判“福王府诉民不还房廊钱”（吴莱《三朝野史》）；而杨存中后裔之府第，“有掠屋钱人沈尧者”（《癸辛杂识》续集下），亦即代杨府收屋租者。也有不少房廊租赁业者是官户或形势之家，例如曹彦约曾指出临安府的情形，“外间所闻，皆谓大街房赁，多属官禁，官司每欲减放，动辄掣肘”（曹彦约《昌谷集》卷十二《上宰相论都城火灾札子》）；象山县的市户胡十三太等也曾具状请愿，指出朝廷屡次下诏减放房钱，可是“缘本县乡里屋主皆系寄居官户，即不曾遵照指挥放免”（《许国公奏议》卷四《按象山宰不放民间房钱》）；严州州学门内，“有屋二十余间，僦与民居，日收赁钱，添助养士”，后来“因寓公欲广其居，强将他处赁屋换易”（董弅《严州图经》卷一《学校篇》），这个有屋出赁与人的寓公，当是地位不低的官户。又有一些房廊租赁业者可能是兼事其他经营的富商，真州州城于嘉定七年（一二一四）拟议扩筑州城，必须拆除民房，郡守李道传认为“小民僦居，初无利害，间有自造蓤屋，其直几何，……惟是富豪或作廊房，未免以为不便”，真州州城的富豪，应该就是积聚物货的“城外富室大贾”（《康熙仪真志》卷五《建置志·城池篇》）。富室大贾固然已指名其富，其他经营房廊租赁的权贵和官户，属于富裕阶层也是没有问题的。

房廊租赁业者之外，行商、铺户、牙人、揽户之中，也有部分属于富家。以行商而言，他们常被称为富室、大贾、富商、巨商、大商。第二节述及寄寓于临安凤凰山的外郡“富室”，多是“江商海贾”；前述真州城外的“富室大贾”，可能多是转贩淮南盐货的盐商；嘉定（一二〇八～一二二四）初年，淮南边境不安，“富商有束担理梔而他之者”（《絜斋集》卷十《秘阁修撰黄公行状》），其中大概有不少是茶盐商人；湖南北、江西路的茶货，“皆系巨商兴贩”（《会要》之《食货三一·茶法杂录》绍熙元年［一一九〇］五月十六日条）；镇江大旱，陈居仁出任郡守，“遣僚吏市米江湖间，大商人人知陈使君，争出米求售”（《文忠集》卷六十四《陈居仁神道碑》）。上述江商、海贾、盐商、茶商、米商，皆是行商。富裕的铺户，如《都城纪胜》之《铺席条》所述临安的情形：

> 都城天街，旧自清河坊，南则呼南瓦，北谓之界北，中瓦前谓之五花儿中心，自五间楼北，至官巷南御街，两行多是上户金银钞引交易铺，仅百余家，门列金银及见钱，谓之看垛钱，此钱备入纳算请钞引，并诸作匠炉鞲纷纷无数。自融和坊北至市南坊，谓之珠子市头，如遇买卖，动以万数。间有府第富室质库十数处，皆不以贯万收质。其他如名家綵帛铺堆上细疋段，而锦绮缣素，皆诸处所无者。又如厢王家绒线铺（原注：自东京流寓），今于御街开张，数铺亦不下万计。

这些金银钞引交易铺、珠子铺、质库、綵帛铺、绒线铺，均资本雄厚，应属富家。临安又有好几家酒楼，器皿均用银制（注八六），若无雄厚财力，不可能如此。第二节述及建康府城开质库、店业者，家计有达到数十万缗的，营运本钱动是数万，其富有亦可想而知。福建路的银铺户，被称为“铺户豪民”（廖刚《高峯文集》卷一《投省论和买银札子》）；庆元府昌国县城有酒坊十五所，买扑者被称为“豪右”（《后村先生大全集》卷一五四《郑德言墓志铭》），无疑都是富家。而鄂州“富商武邦宁启大肆，货缣帛，交易豪盛，为一郡之甲”（《夷坚支庚》卷五《武女异疾条》），更清楚的被称为富商。至于牙人、揽户，一般而言，在富有上或许无法和上述行商、铺户相比，但是南宋规定茶牙人必须由第三等户充任（注八七），前文已述及，城郭的第三等户，也算得上是经济能力不错的富家了。而且有些牙人能够从事批发，甚至垄断市场（注八八），自然应有相当的财力。所以牙人之中有“大驵”，对商人能“贷钱千缗”（《夷坚志补》卷六《徐辉仲条》）。揽户代人缴纳赋税，和胥吏勾结，上下其手，也有些因此而致富，例如潭州长沙县便是“奸胥、揽户，囊橐财赋”（《昌谷集》卷二十《朝奉郎晏子中墓志铭》）。

以上讨论富商，在房廊租赁业者一段中，已指出其中颇多权贵、官户。而行商、铺户里，也有权贵、官户之家在经营。前述临安都城的质库，多为府第开设；而从事淮浙盐运销的商人，有不少是有官荫豪富之家（注八九）；又张俊曾以五十万缗付老卒，使其往海外贸易，“获利几十倍”（罗大经《鹤林玉露》卷十四《老卒回易条》）；杨存中也曾拥有“私家扑买酒坊九，及酒本酿具为钱七十二万缗”（《要录》卷一八八绍兴三十一年［一一六一］二月庚申条）。官员利用职权私营商业的情形，在南宋并不罕见（注九〇）。而这些经营商业的权贵、官户之中，也有许多同时是农村的地主，张俊和杨存中是最具体的例子，又如宋高宗的御医王继先，获罪之后，“房廊、田园、山地并应干物件，并令临安府估价出卖”（《会要》之《刑法二·禁约篇》绍兴三十一年八月二十二日条）。总而言之，在城市的富家中，权贵、官户和城居地主、房廊主人、富商之间，虽非完全相等，却有重叠的情形。

富家在城市户口之中的比例虽然不得而详，但应该只占少数。较富家经济情况为差的中产之家，当比富家为多，他们的生活是“得过”，或“仅足以自遣”，当饥荒发生时，他们也还有余力以平价向官府粜米。中产之家里，据前述朱熹所述南康军各县城的情形，有些是公人，亦即官府里的胥吏，可见并非所有胥吏都是形势富家。行商、铺户之中，能称得上是富商的大概只是少数，其中许多都只能算是中产之家。例如严州分水县，“地陋而瘠，山居其九，而田居其一，故其民大抵行贾，铢裒厘积，堇堇自足”（《东莱集》卷十二《分水徐君墓志铭》），可知分水县商人靠累积微薄小利而维持自足的生活。如福州州城市井小民杨文昌，“以造扇为业”，“稍积余钱，则专用养母，自奉甚薄”（《夷坚支癸》卷四《画眉山土地条》），能够稍有余钱，应该也是一个中产自足之家。如许大郎，“世以鬻面为业，然仅能自赡”（《夷坚支戊》卷七《许大郎条》），是以鬻面自足。如饶州市民汪乙，“居仓步门外，贩鱼鳖以供衣食”（《夷坚支甲》卷三《汪乙鼋条》），是以贩鱼鳖自足。如饶州细民萧七，“居双碑下，能批炙猪肉片脯，行贾以取分毫之利，赡育妻子”（《夷坚三志壬》卷六《萧七佛经条》），则是以卖烧猪肉自足。以工商自给的家庭，应该是城市中产之家的主要部分。这些家庭，不少是夫妇共同营生，维持一家生计（注九一）。其中经济能力稍佳的，或许还雇有一个佣仆来协助。例如黄州市民李十六，“开茶肆于观风桥下”，淳熙八年（一一八一）春天，“已扃户，其仆崔三未寝，闻外人扣门”（《夷坚支乙》卷二《茶仆崔三条》），可知李十六的茶店雇了一个叫崔三的仆人；又如舒州民燕五，“在市煎货糍饵”，淳熙十六年（一一八九）四月，“一男子自通为曹一，求备舂粉使令之役，衣饭之外，不请工钱，燕留之为仆”（《夷坚三志巳》卷四《燕仆曹一条》），燕五的糍饵店，也雇了一个叫曹一的仆人。至于中产之家在城市户口中所占的比例，同样是不得而详。

南宋城市的居民，就贫富阶层来讲，以贫民所占的比例最高。以临安府来说，淳熙十三年（一一八六），诏“于封桩库、丰储仓支拨钱米，将城内外贫乏老疾之人，措置计口赈济”，知临安府韩彦质"措置欲以二十万人为率"（《会要》之《食货六八·赈贷篇》淳熙十三年十二月二十二日条），亦即城市贫民可达二十万人之众。次年，韩彦质再奉旨，以"钱一十万贯，米五万石"，"措置赈济实系贫乏老病之人"，而发放方式是"每口支钱四百文，米二斗"（同上淳熙十四年［一一八七］正月二十二日条），以每口发放钱米数量推算，此次赈济贫民多达二十五万人，较去年为多。淳熙十六年（一一八九），又诏"令封桩库支见钱二十三万贯，委守臣（张）匀等将贫乏老疾之人措置赈给"，而张匀报告发放人数，"在城九厢，城南、城北两厢共抄札到二十六万八千余口"（同上淳熙十六年六月十一日条），这一贫民人数比淳熙十四年又有增加。又蔡戡《定斋集》卷六《乞赈济札子》：

臣窃计五万余家，约三十万人，大人、小儿各居其半，大人日给一升，小儿日给半升，日支米二千二百五十石，月支米六万七千五百石，半年为期约用米四十万五千石。

按蔡戡知临安府在绍熙五年（一一九四）。需要长期赈济达半年之久的饥民，当是临安府本地饥民，而非外地流移而至的饥民，采用赈给的方式，说明这些饥民应是贫民，而非中产之家，总数约三十万人，比起淳熙十六年的数字又有增加。综上所述，自淳熙十三年至绍熙五年间，临安都城贫民的人数约在二十万人至三十万人间。可能由于都城户口逐渐增加，所以都城贫民人数也有逐渐增加的趋势。临安都城户籍户口的户数，在绍熙五年的后一年，亦即庆元元年（一一九五），为十一万二千有奇（注九二），以之与绍熙五年蔡戡在临安府赈济饥民五万余家比较，则临安都城贫民约占都城居民50%

左右。

都城以富庶著称，贫民比例尚如此之高，其他城市或许不会低于此一比例。吴潜知庆元府，赈济府城东南、东北、西南、西北、甬东、甬西六厢居民，宝祐四年（一二五六）十月，“济一万七千六百九口”，五年（一二五七）十二月，“济二万三十四口”，六年（一二五八）二月，“济粜一万七千六百五十口”，开庆元年（一二五九）四月，“济二万四百三十九口（《开庆四明续志》卷八《赈济条》），从赈济人数看，庆元府城贫民约在一万七千人至二万人之间。而庆元府城户数在宝庆（一二二五～一二二七）年间为 5,321 户（注九三），从高估以一户六口计，约有三万二千口，以之与宝祐、开庆间的贫民数字相比较，贫民约占府城人口比例在 53.1%～62.5%。黄榦于嘉定（一二〇八～一二二四）年间在汉阳军办理赈粜，曾指出“本军城下并汉口共三千家，除能自食者约千家，尚有二千家皆是贫乏籴食之人”（《勉斋集》卷三十《申京湖制置司辨汉阳军籴米事》），则汉阳军贫民可达城市户口的 66%。陈淳叙述嘉定末年漳州州城的情形说：“漳民无大经商，衣食甚艰，十室而九匮”（《北溪大全集》卷四十七《上傅寺丞论民间利病六条》），更强调漳州州城贫乏之家高达十分之九。而嘉定年间的建康府句容县，也是“坊郭之内，多是贫民下户”（《景定建康志》卷四十一《田赋志·蠲赋杂录》引李大东《蠲和买榜》）。此外，乾道四年（一一六八）汉州州城贫民计六千余人（注九四），嘉定十七年（一二二四）潭州州城贫民达一万二千八百余户（注九五），淳祐三年（一二四三）潮州州城无产业之民计 7,703 户（注九六），虽然无法推算这些数字在各郡郡城户口中所占的比例，但都显示出这几个城市有相当众多的贫民。

城市贫民包含有士人、铺户、牙人、小贩、工匠、雇佣人以及伎艺人等各行各业的人。士人和商人之中，固然有富家，但是贫困的也为数不少。以士人而言。第二节所述朱熹列举南康军各县城的下等人家中，便有“极贫秀才”；建康府学设置义庄，赡助士人，也是因为“建康府士子，贫窭者多”（《景定建康志》卷二十八《儒学志·立义庄条》）。工商业者之中有贫民，见于朱熹列举南康军各县城下等人家中提到的“贫乏小经纪人，及虽有些小店业，买卖不多”，他们从事各种不同的营生。其中贫困的铺户如“福州城西民游氏，家素贫，仅能启小茶肆，食常不足，夫妇相与愁叹”（《夷坚支癸》卷八《游伯虎条》）。牙人之中也有贫困的，例如临江军城，“为牙侩者，例皆贫民，虽有百斛求售，亦无钱本可以收蓄”（《双溪类稿》卷二十一《上赵帅》）。小贩、工匠大概属于小经纪人之列，应以贫乏者为多。例如“饶州市贩细民鲁四公煮猪、羊血为羹，售人以养妻子，日所得不能过二百钱，然安贫守分”（《夷坚支癸》卷八《鲁四公条》），庆元前后江、浙平时米价每升约在二十文上下（注九七），每日收入二百文只能购十升米，维持一家衣食不能没有困难。临安居民多为作坊行贩已成之物，以求什一之利，其中“有贫而愿者，凡货物盘架之类，一切取办于作坊，至晚始以所直偿之，虽无分文之储，亦可糊口”（《武林旧事》卷六《作坊条》），也可见临安小贩多为贫民。知建康府马光祖于咸淳元年（一二六五）条画建康府平粜仓粜粜规定，其中有“其有经纪小民，于当粜日分凑钱不上，或外出他干，未曾收粜者，许于后次一并补粜”（《景定建康志》卷二十二《城阙志·诸仓篇·平粜仓条》），可见建康府城的经纪小民收入有限而且不稳定，有时连一天平价粜米的钱都凑不出。句容县城推排十等户，“虽负贩小夫，下至植蔬、鬻饼之徒，稍能经营者皆在焉”（《景定建康志》卷四十一《田赋志·蠲赋杂录》载李大东《蠲和买榜》），说明小贩位于十等户的下层。庆元府定海县于嘉定（一二〇九～一二二四）年间赈灾，分为三等，有力自给之家为天字号，不粜不济；粗有田产艺业者为地字号，予以赈粜；鳏寡孤独癃老疾病贫乏不能自存者为人字号，予以赈济。而戴栩指出，“且既有数亩之产，则不得不谓之田产，既为工为匠为刀镊为负贩，不得不谓之艺业，若此而不归之地字号，则抄札之官且以失实获矣”，而实际上，人字与地字“其家之有无不甚相远也”（《浣川集》卷四《论抄札人字地字格式札子》），亦即他认为许多工匠、刀镊及负贩之人，经济能力也很差，戴浣所论，虽未必专指城市，但这类营生，无疑应以城市为多。至于雇佣人，大概也以穷困者为多。邛州村民每日到成都府小东郭桥上卖工，受雇为人负担，工钱不过“每人二百”（《湖海新闻夷坚续志》前集卷二《艺术门·幻术类·幻术为盗条》）。崔三受雇在黄州市民李十六的茶肆中作佣仆，食宿当由李十六提供，此外“月得顾直，不过千钱”（《夷坚支乙》卷二《茶仆崔三条》），平均每日收入只有三十余文。以“佣书为活”的王平，“遇科举则纳士友试卷，以图些小，见亲知则干求升斗，以供口食”（《名公书判清明集》卷十三《惩恶门·无赖类·假为弟命继为词欲诬赖其堂弟财物条》），收入也极微薄，须赖亲友救济。伎艺人之中有因表演致富，例如第二节述及在潭州平土坊下开场的女子，“年余所积累万”（《异闻总录》卷一），但是许多在路边开场或在酒楼赶趁的伎艺人，恐怕没有这样幸运，第二节也述及小说《计押番金鳗产祸》里的庆奴，到了镇江，在酒楼中赶趁，有时“每日撰得几贯钱来”，有时却“撰不得来”，收入很不稳定。

贫民之中，又有不事生业，以乞丐度日者。乞丐有些是老弱残疾之人，而家境贫穷，无人供养，绍兴二十六年（一一五六）十一月，试尚书户部侍郎兼详定一司敕令王俣便指出，“临安府每岁收养饥冻贫乏老弱残疾不能自存乞丐之人，凡用钱米近十余万”（《会要》之《食货六八·恤灾篇》绍兴二十六年十一月五日条）；绍兴三十一年（一一六一）九月，知汉州王葆也指出，“在法，每岁于十月初，差官检察内外老疾贫乏不能自存乞丐之人，非慵惰者，籍其姓名，自十一月起支，每人日支米或豆一升，七岁以下减半，每五日一次，并给至次年三月终止”（同上绍兴三十一年九月七日条）。有些是由外地流徙至城市的人，他们在城市里却又找不到工作，例如建康府城，“四方失所流徙之民，往往多聚于此，皆无作业，每遇隆冬凛冽之时，米价稍贵，则号寒啼饥，单露枯瘁，所在成群”（《景定建康志》卷二十三《城阙志·庐院篇·养济院条》）。有些则是军中拣汰之人及其身后家属，例如临安府城内外，“时有军中拣汰废疾之人，并身后家属之贫困者，多将平时所受付身勑札之类，乞丐钱物于市”（《文忠集》卷一四〇《乞收恤拣汰军人家属》）；绍兴二十六年，伏深也指出，由于边患宁息，四川州郡驻泊东军“尽将年老或残疾之人，并行拣放，无所仰食，往往至于行乞”（《会要》之《兵五·屯戍篇》绍兴二十六年七月八日条）。而每逢饥荒或米贵，一些原来有业的贫民，也因为粮食不给而加入行乞的行列，使得乞丐增多，正如嘉定二年（一二〇九）臣僚所说，“都城内外一向米价腾踊，钱币不通闾阎细民，馇粥不给，为日已久，今又值大雪，无从得食，羸露形体，行乞于市”（《会要》之《食货六八·赈贷篇》嘉定二年十二月十四日条）；而一般州县，也是“岁饥丐者接踵”（不著撰人《州县提纲》卷二《安养乞丐条》）。乞丐是各地城市普遍的现象，不仅上述临安、建康等大城市有，许多郡城、县城也都有，所以臣僚有关乞丐的奏札，常说“郡县之间”或“诸路州县”（注九八）。而且乞丐数目似乎不算很少，绍兴府城在绍兴元年（一一三一）赈济乞丐，抄札姓名，发入养济院收养，所定奖励规定是，“拘籍累及一千人已上，至来年三月一日，死不及二分，给度牒一道；及五百人已上，死不及二分，支钱五十贯；二百人以上，死不及二分，支钱二十贯”（《会要》之《食货六八·恤灾篇》绍兴元年十二月十四日条），可见官府预估乞丐之数可达数百人之多，甚至在一千人以上。乞丐不仅人数多，并且有组织，首领号称丐首或团头，管理众丐，官府赈济时，由他们抄札数目，呈报官府（注九九）；遇到雨雪，无处叫化时，他们也必须为丐户张罗衣食（注一〇〇）。

南宋城市居民虽有贫富的差异，但是贫富阶层界线的划分并非严格而不可逾越的，由贫而富或由富而贫的变动并不鲜见。马光祖为建康府平粜仓条划的规矩中，便载有“甲牌户……或贫富升降，请提督官行下各厢，每季从实抄具，结罪保明”（《景定建康志》卷二十三《城阙志·诸仓篇·平粜仓条》）。对于城市居民的贫富升降，先从富家下降为贫民来观察。由富而贫，有时是由于富家子弟奢侈游荡所致。例如信州贵溪县闻人氏，在世时预先为二子区处生理，在县城开设茶肆留给次子邦华，在州城开设药肆交给长子邦荣，去世之后，“数岁之间，华纵游荡，费破坏几尽，而荣独能立身节用，衣食丰余”（《夷坚志补》卷五《闻人邦华条》），闻人氏能够同时在县城和州城开设店肆，可见家境不恶，但是勤俭治生，才能维持丰足，次子邦华耽于游乐，产业便因之荡费几尽。又如绍兴二十三年（一一五三），镇江府有一酒官，喜好宴客，讲究饮食，而且“夸多斗靡，务以华侈胜人”，可是八年之后，有人在临安遇见他，却已是“裹碎补乌布，着破布裘，裘半为泥所污，跣足行”，原来他在镇江任满之后，到都城求官，累岁无成，既无积蓄，而又家累猥众，只有“每日求丐，得百钱，仅能菜粥度日”（《夷坚丁志》卷六《奢侈报条》）。有时则是由于经商不利所致。临安的商人，往往有“买卖不利，坐困不乐”的，甚至“死无周身之具，妻儿罔措，莫能支吾”（《梦粱录》卷十八《恤贫济老条》）。小说《错斩崔宁》里，也讲到临安有个官人刘贵，弃学从商，可是半路出家，经营不善，“又把本钱消折去了，渐渐大房改小房”。特别是行商，虽然富有者多，但是长途跋涉，所冒风险也大。举例而言，建康巨商杨二郎从事海外贸易十余年，累赀千万，淳熙（一一七四～一一八八）年间，“遇盗于鲸波中，一行尽遭害”（《夷坚志补》卷二十一《鬼国母条》），这是遇盗的例子；金陵商客富小二在绍兴年间出海贸易，“觉暴风，且起，唤舟人下矴石、整帆墙以为备，未讫而舟溺”（同上《猩猩八郎条》），这是遇风的例子；泉州富商王元懋派遣吴大率船出海贸易，“一去十载，……获息数十倍”，可是水手之中有“林五、王儿者，遽兴悖心，戕吴大以下二十一人”（《夷坚三志巳》卷六《王元懋巨恶条》），这是水手企图侵占的例子。这种种情形，都可能使富商的资本顿时丧尽，沦为贫民。即使没有遇上这些危险，行商本身也可能“有病于道途者，既无家可归，客店又不肯停著，无医无药，陨于非命”（《景定建康志》卷二十三《城阙志·庐院篇·安乐庐条》），其遗属情况可能随之而有重大改变。商人难免和政府打交道，而政府的措施作为，也常导致商人的利益受损，例如在南宋淮浙盐专卖的制度下，盐法的突然改变，常构成对盐商的沉重打击（注一〇一）；政府向铺户或行商买物，又有时不立即付清价钱，其中有些商人因之而“终年守待，不得分文，穷饿号泣，无所赴愬”（《会要》之《食货三八·和市篇》嘉定二年［一二〇九］正月十四日条）。此外，家庭纠纷或战乱也都可能使富家下降而为贫民。家庭纠纷的例子如临安官家子弟郭信，由于父亲死后，田亩资产全为后母所擅，而致“衣冠褴褛，身寒欲颤”，受雇教人幼子，不过“月得千钱”（《夷坚丁志》卷六《奢侈报条》）；战乱影响的例子则如南宋初年，临安一豪民“遭乱家破，与妻行乞于市，使三子拾杨梅核，椎取其实以卖”（《夷坚乙志》卷十一《涌金门白鼠条》）。上述各项例证，说明南宋城市里的富家未必长久是富家，甚至在突然之间即可能发生很大的变化，沦为赤贫。

其次观察贫民上升而为富户。造成这种变化的原因之一，是由于营生得法，因而能累积财富，由贫穷而致小康，甚至进一步由小康而致富足。例如王良佐“居临安观桥下，初为细民，负担贩油”，家境自然不佳，可是“后家道小康，启肆于门，称王五郎”（《夷坚支癸》卷三《宝叔塔影条》），所以致此，当由积蓄而来。又如湖州城南市民许六，“本以货饼饵蓼糤为生”，当是经营得法，“获利日给，稍有宽余”，进一步善用资金，“出子本钱于里间之急缺者，取息比他处稍多，家业渐进”（《夷坚支景》卷五《许六郎条》）。又如许大郎，“世以鬻面为业，然仅能自赡”，至多不过是一个中产自足之家，“至此老颇留意经理，增磨坊三处，买驴三四十头，市麦于外邑，贪多务得，无时少缓，如是十数年，家道日以昌盛，骎骎致富矣”（《夷坚支戊》卷七《许大郎条》）。又如化州“以典质为业者，十户而闽人居其九，闽人奋空拳过岭者，往往致富”（《舆地纪胜》卷一一六《广南西路化州篇》），这些移居岭南的福建人，是白手起家，积聚而致富。也有士人改业经商，积渐而成富室，徽州士人李生“惰于讲习”，因“不胜父母之责，舍家浪游”，自然不可能携带太多钱财，经宁国府，邂逅蔡五十三姐，“即握手登途，西留汉川县开米铺，历七年，贸运积数千缗，渐成富室”（《夷坚志补》卷五十六《蔡五十三姐条》）。他们积蓄致富，多是长期的，许大郎用了十数年，李生也经历了七年。由贫而富的另一个原因，是由于获得横财。前引《夷坚乙志》卷十一《涌金门白鼠条》述及一豪民因战乱而沦为行乞，后来这个家庭在拾取杨梅核时，在核堆下发现一只白鼠，为追捕白鼠卖给玩禽戏的人，而发现一地穴，“下有大瓮，白金满中”，于是向官府报告，将白金与官府中分，“得银凡五千两，持所得即日鬻之，买屋以居，而用其钱为子本，遂成富家”。又有新安人吴十郎，因避荒迁居舒州宿松县，“初以织草履自给，渐至卖油，才数岁，资业顿起，殆且巨万，人莫不致疑”，而据他的自白，是由于有神托梦，他为之兴复废庙，神再托梦示以有所奉报，“凌晨起，见缗钱充塞，逐日以多，遂建华屋，方徙居之夕，堂中得钱龙两条，满腹皆金，自后广置田土，尽用此物”（《夷坚支癸》卷三《独脚五通条》）。这两件事迹近传奇，但是说明当时贫民之中，的确有人骤成巨富，社会对他们财富的来源深感诧异，于是有这些传奇性的解释。上述两条途径之外，城市里的贫穷商人，也有兼且读书，因仕宦而致脱离贫穷。例如黄瑀，居福州“郡城之东”，“自少即刻苦自励，家贫，鬻曲于市，而挟书随之”，后来登绍兴八年（一一三八）进士第，踏入仕途，虽然“自奉简薄”，“卒之日家亡余财”，但是能够“奉亲极其厚，至于兄弟族姻之间，周贫振乏，亦无所爱其力”（《朱文公文集》卷九十三《朝散黄公墓志铭》），可见家境已较宽裕。又如成都“席冒行范氏自先世贫而未仕，则卖白龙丸，一日得官，止不复卖，城北郭氏卖豉亦然，皆不肯为市井商贾或举货营利之事”（陆游《老学庵笔记》卷九），显然仕宦之后，便不必再仰赖营利来维持生活。

上文的讨论，说明城市居民中，同一行业，有贫有富，行业并非是贫富阶层形成的绝对决定因素。不过官户大概贫困者较少，小贩、雇佣人则贫困者较多。然而官户可能因奢侈而沦为行乞的贫民，小贩也未尝不能积渐而成为富商。就贫富比例而言，贫民占城市居民人口至少在百分之五十几至六十几之间，比起农村贫民普遍占人口百分之九十以上为低（注一〇二），显示南宋城市究竟比农村富裕。但无论城市、农村，贫民同样占人口的多数，这说明两者社会结构的关连性，而城市富家中，权贵、官户、城居地主、富商的重叠，使得这种关连性更加明显。

五、结语

本文探讨南宋城市的社会结构，一方面从静态剖析城市居民复杂的行业与身份，及贫富阶层的组成分子，另一方面从动态说明城市人口进出城市所形成的流动性，及贫富阶层的相互升降，而总结于城市社会结构的特殊性，及城市与农村社会结构的关连性。

总而言之，南宋城市居民成分复杂，但以政府人员和商人为重要，而商人的众多，尤其是南宋许多城市的特色。事实上，不少城居的权贵、官吏、士人、僧道，也都兼营商业，具有商人的身份。南宋的城市人口又具有颇高的流动性，进出城市相当频繁，这些进出于城市的流动人口，形形色色，也以政府人员和商人为主，商人同样在其中占有重要的地位。由于城市的人口流动性高，所以又显得城市里外地人多。就经济能力划分，南宋城市居民可以分为富家、中产之家和贫民三个阶层，同一行业之中，往往有贫有富，行业并非贫富阶层形成的绝对决定因素，同时富家有可能沦降为贫民，贫民也有可能上升为中产之家或富家。富家和中产之家个别阶层在城市总人口中的比例无法获知，但贫民无疑占城市人口的大多数，在若干城市中所占比率达百分之五十几至六十几。

以南宋城市社会结构和农村相比较，城市居民以政府人员和商人为骨干的特色，自然有异于以地主、自耕农、佃农为主的农村社会结构；城市人口的流动性高，也使得城市、农村在比较上有动静之别；城市贫民虽众，但是和农村比较起来，仍然较为富裕。这些都是南宋城市社会结构在和农村比较之后，所显示的特殊性。南宋城市社会固然有其特殊性，却非孤立于农村社会之外，自成个体。城市里各种行业与身份的人群，在农村并非全不存在，而农民也有兼业工商的情形；农村的富家，亦即地主，有不少居于城市，同时是城市富家，其中许多是城居的权贵、官户或富商；城市的流动人口中，也有不少乡民，他们出入于城市，做买卖、待雇佣或从事其他活动；城市贫民比例虽然较农村为低，可是贫民仍然占城市人口的大多数，亦即就经济能力而言，南宋时代无论城市或农村，基本上是一个以贫民为结构主体的社会。这些情形，说明了南宋城市与农村社会结构的关连性。总之，南宋城市的社会结构只是整个南宋社会结构的一部分，尽管它有自己特殊的面相，却不可避免的与当时的农村社会结构相互关连，表现出整个南宋社会结构的基本特色。

（原刊于《大陆杂志》第八十一卷第四期至第六期，
一九九〇年十月至十二月。）

注释

注一：见加藤繁《宋代都市的发展》(收入加藤繁著、吴杰译《中国经济史考证》卷一)；李剑农《魏晋南北朝隋唐经济史稿》页二四三～二四七，《宋元明经济史稿》页一二九～一三六；拙作《南宋城市的发展》(载于本书上册页五〇九～五九六)。

注二：关于南宋农村的社会结构，可参考拙作《南宋的农村经济》第一章第二节。

注三：吴自牧《梦粱录》卷十，有《后戚府条》《诸王宫条》；潜说友《咸淳临安志》卷十《行在所录·邸第条》亦载有诸后宅、诸王府、公主府。

注四：李心传《建炎以来朝野杂记》甲集卷一《大宗正司两外宗废置条》："(建炎)三年(一一二九)冬，又移(西外)于福州，而南外移泉州以避狄。……是时两外宗子女妇合五百余人，岁费缗钱九万(原注：南外三百四十九人，岁费钱六万缗，西外一百七十六人，岁费钱约三万缗)。绍兴府宗正司者，绍兴三年(一一三三)以行在未有居第，权分宗子居之。"

注五：谈钥《嘉泰吴兴志》卷二《坊巷篇·州治条》："拥旌坊，在城西，……今秀邸环列于后。"

注六：《名公书判清明集》卷十一《人品门·宗室类·宗室作过押送外司拘管爪牙并从编配条》述饶州宗室赵若陋，"专置哗局，把持饶州一州公事，与胥吏为党伍，以恶少为爪牙，以至开柜坊，霸娼妓，骗胁欺诈，无所不有。"

注七:《会要》之《职官二十·敦宗院篇》绍兴五年（一一三五）七月十七日条:“添差湖州通判赵子偁言，欲乞将诸州宗室……年未及十五岁附入州小学，十五岁以上入大学，依学生月给钱米，仍许依进士科举法取应，未出官者亦许入学听读，实及一年，方许参选，庶可教养成材，上副陛下敦叙之意，从之。”又临安府设有宗学，西外、南外两宗正司亦有教授，教育宗子，参见宋晞《宋代的宗学》(收入宋晞《宋史研究论丛》第二辑)。

注八：见《咸淳临安志》卷十《行在所录·邸第条》。

注九:《会要》之《方域四·第宅篇》绍兴三年（一一三三）五月二十八日条:“韩世忠言，……近蒙恩拨赐平江府南园营造私第。”绍兴七年（一一三七）三月二十三日条:“诏刘光世已降制除少师万寿观使，合奉朝请，可赐府第一区，令建康府踏逐修盖。”

注一〇：详见《咸淳临安志》卷四至卷十二《行在所录》;卷五十二至五十五《官寺志》。

注一一：见林正秋《南宋都城临安》页一八五；斯波义信《宋代江南经济史の研究》页三二一。

注一二：见梅原郁《宋代官僚制度研究》页五二九。

注一三：详见梁克家《淳熙三山志》卷二十三至卷二十四《秩官类》，卷十三至十四《版籍类》，按耆长、户长、乡书手、壮丁、保正副等乡役人及渡子均不列入本文胥吏统计。

注一四：详见陈耆卿《嘉定赤城志》卷十二《秩官门》，卷十七《吏役门》。

注一五：详见《淳熙三山志》卷二十四《秩官类·县官

篇》，卷十三至十四《版籍类·州县役人篇》。

注一六：见《梦粱录》卷十《诸官舍条》。

注一七：见郭湖生《子城制度》(《东方学报》第五十七册，京都)。

注一八：见拙作《南宋城市的发展》(载于本书上册页五〇九～五九六)。

注一九：《会要》之《兵五·屯戍篇》乾道四年（一一八六）十一月六日条："四川宣抚使虞允文言，荆襄边面阔远，合行递儹军马，互相照应，已措置将郭谌所管近里剑州等处官兵，共二千六百三十八，同老少移那前去金州屯驻，仍于兴元府别行递儹两将军马前同老小前去洋州屯泊。"乾道七年（一一七一）三月四日条："诏令马军司于三月中旬将官兵连老小逐旋津发，前去建康府，与出戍官兵一处居住。"

注二〇：《梦粱录》卷十五《学校条》。

注二一：见拙作《宋元时代的苏州》(载于本书上册页二六九～三八五)。

注二二：周应合《景定建康志》卷二十八至卷三十《儒学志》。

注二三：梅应发《开庆四明续志》卷七《楼店务地条》。

注二四：《咸淳临安志》卷七十五至卷八十五《寺观志》。

注二五：见全汉昇《南宋杭州的消费与外地商品之输入》（收入全汉昇《中国经济史论丛》第一册）。

注二六：见拙作《南宋城市的发展》(载于本书上册页五〇九～五九六)。

注二七：详见《梦粱录》卷十三《铺席条》《夜市条》，及卷十六《茶肆条》《酒肆条》《分茶酒店条》《面食店条》《荤素从食店条》《米铺条》《肉铺条》《鲞铺条》。

注二八：详见《梦粱录》卷十三《夜市条》《诸色杂卖条》，卷十六《茶肆条》。

注二九：《吴郡志》卷五十《杂志》："常卖者，收拾毁弃及破缺畸残器物，沿门贩鬻者。"《夷坚支癸》卷九《鲤鱼玉印条》载临安有常卖小商。

注三〇：《真文忠公文集》卷六《奏乞为江宁县城南厢居民代输和买状》："大抵主家以房地起家业钱，而赁户又以店肆起营运钱。"吴潜《许国公奏议》卷四《奏按象山宰不放民间房钱》："且（胡）三十太等各系经纪小民，赁屋居住开店。"

注三一：《淳熙三山志》卷七《公廨类·府治篇·曹官厅条》："司户先僦民居，后治威武军外西偏。"《宝庆会稽续志》卷三《安抚司签厅条》："参议、机宜、抚干，旧无廨舍，皆僦居于市。"

注三二：见加藤繁《唐宋时代的仓库》（收入加藤繁著、吴杰译《中国经济史考证》卷一）；日野开三郎《宋代の塌坊とその由来》（《东洋史研究》第二十七卷第一号）。

注三三：见斯波义信《宋代商业史研究》页三九二～四一六。

注三四：见宫泽知之《宋代の牙人》（《东洋史研究》第三十九卷第一号）。

注三五：见斯波义信《宋代商业史研究》页四一七～四一九。

注三六：见李剑农《宋元明经济史稿》页四六～四七。

注三七：载冯梦龙编《古今小说》卷三，源出于宋人话本。

注三八：见古林森广《宋朝产业经济史研究》页一八一。

注三九：《嘉泰吴兴志》卷二《坊巷篇·州治条》："乐众坊：在市街和丰楼，西入瓦子巷。"《开庆四明续志》卷七《楼店务地条》载有旧瓦子、新瓦子。

注四〇：平江府城有勾栏见徐大焯《烬余录》乙编："军妓以勾阑伎轮值之。"兴元府城有勾栏见廉布《清尊录》："兴元府有得勾阑遗小儿。"

注四一：载冯梦龙编《警世通言》卷二十，源出于宋人话本。

注四二：见庞德新《从话本及拟话本所见之宋代两京市民生活》页一五三～一五九。

注四三：见徐益棠《南宋杭州之都市的发展》(《中国文化研究汇刊》第四卷)。

注四四：见同注四二、注四三。

注四五：《夷坚三志巳》卷七《边换师条》："路岐散倡边换师，游涉嘉兴，就邸于阛阓中。一日黄昏时，有少年子登门持钱置酒，虽风貌侏儒，然诙谐俊敏，深可人意，数童随行，使令悉衣黑褐，因留寝宿。"又见注四〇引徐大焯《烬余录》乙编。

注四六：详见《梦粱录》卷十九《闲人条》。

注四七：陈傅良《止斋先生文集》卷四十四《桂阳军告谕百姓榜文》："敕诸开柜坊停止赌博财物者，邻州编管。"

注四八：见拙作《宋元时代的苏州》(载于本书上册页二六九～三八五)。

注四九：黄淮、杨士奇《历代名臣奏议》卷二五九载彭龟年《乞蠲积欠以安县令书》："凡今日县令之所以难者，盖以财谷之出入不相补尔，岂特不相补，直有铢两之入而钧石之出甚相绝者。"

注五〇：《会要》之《兵五·屯戍篇》绍兴二十八年（一一五八）正月二十二日条："诏令池州驻扎御前都统制岳超差拨一千人赴江西帅司分布驻扎，仍每岁一替。从本路帅司请也。"类似例子在《屯戍篇》中甚多。

注五一：《会要》之《兵五·屯戍篇》乾道四年（一一六八）九月十五日条："主管侍卫步军司公事王琪言，本司有出戍六合三千人，至今半载有余，……今后乞半年一次交替。从之。"乾道七年（一一七一）正月五日条："荆南驻扎御前诸军统制秦琪言，荆南军马出戍襄阳，元降指挥许令三月一次更休，前后主帅议论不一，却作一月一次更替。"

注五二：《会要》之《兵五·屯戍篇》隆兴二年（一一六四）三月十六日条："宰执进呈殿前司状，游奕军统制王公述、选锋军统制宋受两军随成闵出戍襄汉，至今将及三年。"

注五三：见《渭南文集》卷四十三至四十八。

注五四：见《嘉定镇江志》卷十二《仓篇·丹徒县条》。

注五五：见《梦粱录》卷九《诸仓条》。

注五六：见拙作《宋元时代的苏州》（载于本书上册页二六九～三八五）。

注五七：见加藤繁《论南宋首府临安的户口》《临安户口补论》（均收入加藤繁《中国经济史考证》卷二）。

注五八：各州州城户数均见拙作《南宋城市的发展》（载于本书上册页五〇九～五九六）。

注五九：见拙作《南宋淮浙盐的运销》（《大陆杂志》第七十七卷第一、二、三期）。

注六〇：见斯波义信《宋代商业史研究》页一七二～一七四。

注六一：载《警世通言》卷三十八，源出于宋人话本。

注六二：载《京本通俗小说》卷十五，源出於宋人话本。

注六三：《会要》之《刑法二·禁约篇》绍兴十二年（一一四二）八月七日条："应干记州县雇人辄差科或以官钱应付，及于寺观人户借夫，或以借夫为名收受雇直入己，本罪轻者并以违制论，不以赦降原减。按官属出巡及官员被差干办公事合雇人夫辄过数，及于街市驱逐卖物村民准此。"绍兴二十九年（一一五九）闰十月十五日条："刑部看详，臣僚札子，在法州县违法差雇夫轿车马之类，及驱逐街市卖物村民，并以违制论，不以赦降原减。"

注六四：见古林森广《宋朝产业经济史研究》第一编第五章。

注六五：叶适《水心先生文集》卷十《利涉桥记》："嘉定四年（一二一一），黄岩县浮桥成，……县东南车马担负，而客之途皆达于桥；西北樵采携絜，而民之市皆趋于桥。"方逢辰《蛟峰文集》卷五《严陵浮桥记》："由定州（按：严州又名新定）垒门直涉而南，民由是而出者，耕焉、器焉、牧焉；由是而入者，薪焉、蔬焉、果焉。由是往来戢戢者，货焉、贸焉。市所无，郊运以入；郊所无，市载以出。”

注六六：俞希鲁《至顺镇江志》卷十三《公廨门·院篇·本府条》载宋所置仁和门车院：“城中街衢悉用砖甃，往往为车辙所坏。而仁和、登云、鹤林三门，俱无水路，乡村之民，必以鹿车任重，故于三门各置车院数十楹，俾便民载物至城下，寄居于院而肩入城，出则给之。”

注六七：载《京本通俗小说》卷十，源出于宋人话本。

注六八：见宿白《南宋的雕版印刷》(《文物》一九六二年第一期)。

注六九：《会要》之《食货五八·赈恤篇》绍兴六年（一一三六）二月七日条载右谏议大夫赵霈言：“自来官中赈济，多止在城郭，而不及乡村。”南宋臣僚类似议论甚多。又《武林旧事》卷六《骄民》条：“都民素骄，非惟风俗所致，盖生长辇下，势使之然。……雪降则有雪寒钱，久雨久晴又有赈恤钱米，大家富室则又随时有所资给。”

注七〇：《会要》之《食货六八·恤灾篇》乾道三年（一一六五）二月二十六日条：“监察御史程叔达言，……今饥民聚于城外而就粥者不下数万人。”

注七一：《会要》之《食货五八·赈恤篇》庆元元年（一一九五）正月二日条载知临安府徐谊措置流民：“将上件流移之人，逐一对比，括责姓名，类其乡贯，随地里远近，计程优给钱米，以为路费，乃到乡下担粮食，差人伴送津发，各归本贯。”同书《食货六八·赈恤篇》嘉定二年（一二〇九）四月四日条：“临安府言，江浙流民八百五十户，计三千六百七十六人，津发回归本贯复业。”

注七二：例如《碾玉观音》载崔宁和秀秀私奔，自临安先到了衢州，从衢州又到信州，住了几天，觉得不安全，再远走潭州。又如《计押番金鳗产祸》里载庆奴嫁给了一个高邮军主簿，从临安来到高邮军，不久便和张彬有私，杀了窥见的小官人，两人逃亡，路经镇江府，因为张彬得病，住到客店里。

注七三：参见森田宪司《文昌帝君の成立——地方神から科挙の神へ》（载梅原郁编《中国近世の都市と文化》）。

注七四：载《京本通俗小说》卷十二，源出于宋人话本。

注七五：见同注七三。

注七六：坊郭主客户的划分主要以有否房屋及是否缴屋税为依据，有房产、缴屋税者为主户，无房产，不缴屋税者为客户。见王曾瑜《宋朝的坊郭户》（载《宋辽金史论丛》第一辑）。

注七七：见梅原郁《宋代の户等制をめぐつて》（《东方学报》第四十一册，京都）；宋晞《宋代户等考》（收入宋晞《宋史研究论丛》第二辑）；柳田节子《宋代都市的户等制》（载《国际宋史研讨会论文集》）。

注七八：乡村第四、第五等户为贫乏下户，见拙作《南宋的农村经济》第一章第二节。

注七九：《长编》卷三四五元丰七年（一〇八四）四月辛酉条：“民有物力在乡村而居城郭，谓之遥佃户。”

注八〇：见拙作《宋元时代的苏州》（载于本书上册页二六九～三八五）。

注八一：见柳田节子《宋元乡村制の研究》页三五二～

三五九。

注八二：见黄敏枝《宋代佛教社会经济史论集》页一七四，页一八〇～一八一。

注八三：见黄敏枝《宋代佛教社会经济史论集》第二章。

注八四：见黄敏枝《宋代佛教社会经济史论集》页二二五～二二七。

注八五：见拙作《宋元时代的苏州》（载于本书上册页二六九～三八五）。

注八六：《梦粱录》卷十六《酒肆条》："且杭都如康、沈、施厨等酒楼店，及荐桥丰禾坊王家酒店，及闇门外郑厨分茶酒肆，俱用全桌银器皿沽卖，更有碗头店一二处，亦有银台碗沽卖，于他郡却无之。"又《武林旧事》卷六《酒楼条》，列举熙春楼等十八家，称："以上皆市楼之表表者，每楼各分小閤十余，酒器悉用银，以竞华侈。"

注八七：《会要》之《食货三二·茶盐杂录》绍兴三年（一一三三）八月七日条："榷货务都茶场言，客人般贩茶盐到住卖处，欲用牙人货卖者，合依已立定系籍第三等户充牙人交易。……从之。"

注八八：《会要》之《刑法二·禁约篇》："诏浙西（按：西当是东之误）州县米价翔贵，虽有南船载到濒海诸州，多被米牙人邀阻，用大斗低价量籴，私停高价出粜，仍令温、台、明、越州严行约束。"《景定建康志》卷二十三《城阙志·诸仓篇·平止仓条》引余嵘省札："以是数十万之生齿，常寄命于泛泛之舟楫，而米价低昂之权，又倒持于牙侩之手。"《夷坚支甲》卷四《九里松鳅鱼条》："向有陈翁者，专为货鳅主人，凡自余杭门入者，悉经其手乃敢售。”

注八九：见拙作《南宋淮浙盐的运销》。

注九〇：见全汉昇《南宋官吏之私营商业》（收入全汉昇《中国经济史研究》中册）；宋晞《宋代官府、官吏兼营商业及其影响》（收入宋晞《宋史研究论丛》第三辑）；柳田节子《宋代官僚の商业行为について》（载《中村治兵卫先生古稀纪念东洋史论集》）。

注九一：见庞德新《从话本及拟话本所见之宋代两京市民生活》页一六五～一六六。

注九二：见拙作《南宋城市的发展》（载于本书上册页五〇九～五九六）。

注九三：见同注九二。

注九四：汪应辰《文定集》卷四《御札再问蜀中旱歉》载知汉州刘仪凤赈济灾民：“其造饭所给城中日计六千余人。”

注九五：《真文忠公文集》卷十《申尚书省乞拨和籴米及回籴马谷状》述潭州赈粜的情形：“在城贫民抄札一万二千八百余户。”

注九六：《永乐大典》卷五三四三《潮州府条》引《三阳志》，载淳祐三年知州郑良臣“始编排在城白于（按：于当作丁）计七千七百单三户，尽为销豁（身丁钱）。”按潮州白丁“乃无产业之民”，同上。

注九七：见拙作《南宋的农村经济》第四章表十七：南宋江、浙米价。

注九八:《会要》之《食货六八·恤灾篇》绍兴二十七年(一一五七)九月二十九日条:"提举两浙西路茶盐公事朱倬言,比见郡县之间,自冬徂春,所给乞丐钱米,例皆付之胥吏。"十月二十一日条:"户部言,乞行下诸路州县,委自守令躬亲措置,责委坊正耆保抄札贫乏乞丐姓名。"

注九九:《州县提纲》卷二《常平审给条》:"常平义仓本给鳏寡孤独疾病不能自存之人,每岁仲冬,合勒里正及丐首括数申县,县官当厅点视以给,盖防妄冒。"

注一〇〇:见庞德新《从话本及拟话本所见之宋代两京市民生活》页一〇三。

注一〇一:见拙作《南宋淮浙盐的运销》。

注一〇二:农村贫民占户口比例见拙作《南宋的农村经济》第一章第二节。

南宋城市的公共卫生问题

一、前言

从社会经济方面去观察，城市的发展是宋代历史的重要特征之一。宋代城市的形态和唐代相比，已有很大的改变，着眼于管制居民生活与商业活动的坊制与市制，从中晚唐以来逐渐破坏，走向崩溃，到北宋时已不再存在（注一）。自北宋以至南宋，随着商业日渐兴盛及城市居民不断增加，许多城市的城内市区愈来愈拥挤，促成市区向城外扩张，城郭用来作为分隔城市、乡村界线的意义已逐渐淡薄（注二）。这一个发展趋势，带来了城市的繁华，但是也使得城市逐渐必须面对一些困扰，而公共卫生问题就是其中之一。

城市公共卫生问题的产生，与当时城市人口大量增加有密切关连（注三）。城市人口的增加，包括定居于其中的居民，以及出入于其间的商旅和各类流动人口。他们的居留及频繁的活动，带来愈来愈多的污秽和垃圾，由于处理仍未尽妥善，造成城市卫生环境的恶化，连带使得疾疫容易流行。这不仅影响到人们的健康，夺走了许多人的生命，也往往造成民众心理上的不安。这样的情形，不仅见于南宋最繁盛的城市行都临安，也普遍见于各处的地方城市。无论中央或地方政府，面对问题，都不得不采取措施，以安定民众心理，减少疾疫发生，防止疫情扩大。这些措施的效果尽管有其限度，但是一方面在当时确曾发生过若干作用，另一方面就长期来讲，自宋代以后，官府在城市中所设的公共卫生与社会福利设施日渐多见，甚至成为城市的一项特色，而这些设施的创立与延续，也与政府企求舒缓疾疫流行的影响有所关联。

本文的目的，即在于探讨南宋城市公共卫生问题形成的原因、所呈现的现象，以及政府针对问题所采取的措施，以了解城市繁盛之后，对于环境与社会所造成的部分影响。

二、城市公共卫生问题的形成

（一）污秽、垃圾的产生与处理

城市人口大量增加，是南宋城市发展过程中的一个明显现象。以都城临安来说，由于城外市区伸展辽阔，城市户口大致可以根据府治所在钱塘、仁和二县的户数来估计。据潜说友《咸淳临安志》卷五八《风土志·户口条》的记载，两县在南宋中期的乾道（一一六五～一一七三）年间共有十万四千余户，到南宋末年的咸淳（一二六五～一二七四）年间增为十八万六千余户。这只是户籍上的户数，如果连脱漏户籍的来往商旅也计算在内，南宋末年临安的城市人口，应可多达周密《武林旧事》卷六《小经纪条》所说的三十万家（注四）。据王存《元丰九域志》卷五《两浙路篇》的记载，在北宋元丰（一〇七八～一〇八五）年间，杭州包括辖下九县在内的户籍户数，不过是二十万二千余户而已，而当时杭州州城的市区范围，自然远不如南宋时期辽阔，州城户口的估计大概也只能局限于州城内。从北宋晚期到南宋末年，临安城市户口的快速成长，可以推想而知。临安是南宋的首都，有各种吸引外地人口移入的特殊条件，不过南宋时期城市人口的增加，并不限于临安，也见于地方的城市。福建路的汀州，据《永乐大典》，卷七八九〇《汀州府条》引《临汀志》的记载，南宋初年全州的坊市户数只有五千多户，到南宋末年的宝祐（一二五三～一二五八）年间，已增加到七万三千余户，同样呈现出快速增长的趋势。其他城市缺乏不同时间的数字作比较，但是从当时人的文字描述，可以看出有相同的现象。例如庆元府城，是“生齿浩繁，阛阓填溢”（梅应发《开庆四明续志》卷一《坊巷条》）；嘉兴府华亭县城是，“生齿繁阜，闾里日辟”（杨潜《绍熙云间志》卷上《坊巷条》）；温州州城则是“国家承生养之盛，市里充满”（叶适《水心先生文集》卷十《东嘉开河记》），都显现出州县城市人口的繁衍。

城市里居住了愈来愈多的人口，污秽、垃圾也随之而增加。有些城市住了较多的富家，他们生活较为奢侈，消费量大（注五），产生的垃圾也就更多。污秽、垃圾的产生，不仅来自城市中的住家。城市又是行政中心和商业中心，有各种行政机构、驻军，以及形形色色出入于城市的车船，人口，都城更是皇宫的所在（注六），这都是污秽，垃圾的重要来源。而且由于城市人口增加，商业日益兴盛，市区里各方面的活动愈来愈频繁。都城临安就有数量众多的商家、饮食店和娱乐场所，营业量很大，开业常自清晨到夜深。耐得翁《都城纪胜》之《市井条》：

自大内和宁门外，新路南北，早间珠玉珍异及花果时新、海鲜、野味、奇器，天下所无者，悉集于此，以至朝天门、清河坊、中瓦前、灞头、官巷口、棚心、众安桥，食物店铺，人烟浩穰。其夜市除大内前外，诸处亦然，惟中瓦前最胜，扑卖奇巧器皿百色物件，与日间无异。其余坊巷市井，买卖关扑，酒楼歌馆，直至四鼓后方静，而五鼓朝马将动，其有趁卖早市者，复起开张，无论四时皆然。如遇元宵尤盛，排门和买民居，作观玩幕次，不可胜纪……，此外如执政府墙下空地（旧名南仓前），诸色路岐人在此作场，尤为骈阗。又皇城司马道亦然。候潮门外殿司教场，夏月亦有绝伎作场。其他街市，如此空隙地段，多有作场之人。如大瓦肉市、炭桥药市、橘园亭书房、城东菜市、城北米市，其余如五间楼福客糖果所聚之类，未易缕举。

上文扼要说明临安商业与娱乐活动的频繁，而酒楼、歌馆的几近通宵营业尤其是特色。文中所说的中瓦、大瓦，是临安瓦子中的两处，临安城内外这类瓦子不下二十余处。瓦子中有勾栏，是伎艺人登台表演的场所（注七）。频繁的商业和娱乐活动，也会遗留下来多量的垃圾。其中尤其以饮食业的影响最大。临安都城各类饮食店的众多与营业的兴盛，见于吴自牧《梦粱录》卷十六《茶肆》《酒肆》《分茶酒店》《面食店》《荤素从食店》诸条的描述。兴盛的营业，加上杭州人颇为奢侈，上饭馆时尽情点唤（注八），残羹剩菜必多。随着住家的增加与饮食业的发达，食料供应业也蓬勃发展。以肉类的销售、屠宰来说，《西湖老人繁胜录》中提到，北瓦之内规模较大的饭馆，就需要“每日使猪十口”。一家饭馆的需要如此，临安众多饮食业者所消费的肉类必然甚巨，所以“杭城内外，肉铺不知其几”；而坝北修义坊的肉市，“巷内两街，皆是屠宰之家，每日不下宰数百口”，都是面店、酒店等前来采购，“自三更开行上市，至晓方罢市”；至于其余“街坊肉铺，各自作坊，屠宰货卖矣”（《梦粱录》卷十六《肉铺条》）。这样兴盛的肉类销售与屠宰活动，很难不留下大量的污秽与垃圾。此外，临安都城也有数量颇众的手工业者（注九），他们也会抛弃许多残余的工料。

类似上述临安各方面活动频繁的情形，也见于其他城市，只是有程度上的差异。南宋时期，店肆密集与外地人口的出入，已是许多城市的共同特色（注一〇），饮食业在这些城市同样会因为社会的需要而兴盛起来。乾道七年（一一七〇），建康府城的官营酒库至少就有二十九库之多；淳熙十二年（一一八五），鄂州的军营酒库也有七库（注一一）。这些官库之下，往往还有数量众多的子库、脚店、拍户，自官库取酒贩售（注一二）。为了满足住家和饮食业的需要，食料供应如肉类的销售及屠宰，也普遍存在于各地（注一三）。娱乐业一样散见于各处城市，南宋中期的湖州州城有瓦子巷；南宋晚期的庆元府城有旧瓦子、新瓦子（注一四）。各处城市或许不能如临安一般营业到几近达旦通宵，但是即使在陆游诗中所描绘的浙东地区市镇，夜间的酒店也常是一片喧闹的景象（注一五），推想一些较大的州城、县城，店家夜间开市大概并非罕见。至于手工业者，同样散见于各处城市（注一六）。

城市里众多住家和各类频繁活动，制造出来大量的人畜粪便、残余的食物、工料，以及种种垃圾。此外，还有洗衣及人、马沐浴的污水。不仅是住家洗濯所带来的污水，当时民间也有公共浴室的经营，临安“开浴堂者名香水行”（《梦粱录》卷十三《团行条》），能组成称为行的同业组织，想必不止一家；有些佛寺又设有大规模的浴室，对僧俗开放，甚至可以容纳数百或数千人使用（注一七），都会有大量的污水排出。

城市民众所制造出来的污秽、垃圾，必须有所处理，才不致于妨碍人们的生活。除了污水经由沟渠排除外，粪便、馊水及一些其他的垃圾，民间日常有一些处理的方式。《梦粱录》卷十三《诸色杂货条》：

亦有每日扫街盘垃圾者，每支钱犒之。

同上：

人家有泔浆，自有日掠者来讨去。杭城户口繁夥，街巷小民之家，多无坑厕，只用马桶，每日自有出粪人瀽去，谓之倾头脚，各有主顾，不敢侵夺，或有侵夺，粪主必与之争，甚者经府大讼，胜而后已。

可见在临安，街上垃圾每日有人清扫，家庭的馊水，粪便也每日有人来收取。馊水可以用来喂猪（注一八），粪便则运到乡间用作农家的肥料（注一九）。在一些城市里，粪便是可以卖钱的。例如庆元府的广惠院，“粪土仰甲头五日一次出卖”（《开庆四明续志》卷四《广惠院规式》），各地驻军也有土粪钱的收入（注二〇）。浙东甚至把粪便视为商品，征收商税（注二一）。可见粪便有人收取的情形，并不限于临安一地。有一些人家把剩余的酒菜倾掷于住家前后的水沟，《夷坚丙志》卷八《黄十翁条》记载了这样一则故事：

黄十翁，名大言，浦城人，寓居广德军。绍兴二十七年（一一五七）十一月四日，因病久心悸，为黄衣童呼出门，行大衢路。……前行过一岩洞，臭河不可近。童子云："世人弃残饮食酒酪于沟渠，皆为地神收贮于此，俟其命终，则令食之。"

故事原意在箴诫世人不可浪费饮食，但也说明沟渠常成为残羹剩菜的去处。即使不是存心抛弃，在饭后清洗食器时，也难免会无意中"所弃余粒间有落沟渠者"（何薳《春渚纪闻》卷四《孙家吕媪条》）。民间对于住家水沟中的垃圾，也有处理的方式。在临安有人受雇淘渠，清理渠中的污秽。《夷坚乙志》卷二十《神霄宫商人条》记载了另一则故事：

（戴确）后居临安三桥，为卜肆，有丐者结束为道人，蓝缕憔悴，以淘渠取给，尝为倡女舍后除秽。确心怜之。明日，延之坐，具食，谓曰："君名为道人，须有所奉事，高真象貌，今日日从役污渠中，所得几何？况于入倡家，衣服手足皆不洁清，得无反招罪咎。……"

这种收入不多的淘渠工作，显然是每日有工可作，长期防范沟渠阻塞。上述民间各项维护城市清洁的办法，主要见于都城临安，其他一些城市大概至少有人收粪便或馊水，而成都自五代后蜀时也已每日有乞丐淘渠（注二二）。在都城临安，当垃圾、污秽搜集起来后，装船运往乡村（注二三），这种情形可能不只存在于临安一地。

城市的污秽、垃圾搜集起来运往乡村，既可以维持市区的整洁，又有助于乡村农作物的生长与家畜的饲养。不过城市的环境卫生问题并未因此而完全解决，因为上述的一些清理污秽、垃圾的方式，不见得为所有城市居民所采用，仍然有许多人任意置放，抛掷于城中河渠者尤其多。《会要》之《方域十七·水利篇》绍兴四年（一一三四）二月二十七日条载刑部言：

两浙运副马承家等言，临安府运河开撩，渐见深浚，今来沿河两岸居民等，尚将粪土瓦砾抛掷已开河内，乞严行约束。

王光烈《康熙宜春县志》卷十三《李渠志》载流经袁州州城的李渠在南宋宝庆三年（一二二七）以前的情形：

西城下渠口，盖渠水入城之衿喉，傍城旧有斗，岁久遂为比近居民倾贮粪除之所，水不复通。

朱昱《重修毗陵志》卷三三《词翰志》载邹补之《重开后河记》述流经常州州城的后河自南宋初年以来的情形：

未几，复罹兵祸，夹河民居，荡为瓦砾，悉推纳其中。又继居者多冶铁家子，頑矿余滓，日月增益，故其地转坚悍。

可见无论临安都城或地方城市，居民都有任意倾置粪便、垃圾或是残余的工料于河渠中的现象。这种情形长期存在，污秽、垃圾不仅未能随水流而冲走，而且已因不断堆积而影响到河渠的通畅。在上引绍兴四年两浙转运副使马承家等上言之后，刑部因而下大理寺立法，“辄将粪土瓦砾等抛入新开运河者，杖八十科断”。政府立法禁止，显示此一问题确实已让人难以忽视。

此一问题，由于对市区土地利用的需要增加，城市街道、河湖常遭占用，而显得更加严重。市区土地利用的需要增加，是城市人口不断繁衍所带来的结果。随着居民的增加，大量的房舍兴筑或扩建，空旷的土地日少，市区愈来愈拥挤。原本的空地已陆续建满了房屋，而城市居民对于土地利用的需要仍在增长，于是随之而来的，是街道、河湖遭到占用。这种现象，普遍出现于各地。北宋中晚期，居民侵占街道的情形已不罕见（注二四），居民侵占河渠的情形也已出现（注二五），这些问题到南宋时期更加严重（注二六）。民众侵占河渠之后，往往将屋宇架设于河道之上，就如卢镇《重修琴川志》卷五《叙水·小娘子泾条》述平江府常熟县城的情形："自兵火后，民居侵塞，由慧日寺以西，仅存一沟，自其东过县，而属于运塘，亦皆为浮棚，不复通舟"。这种跨筑于河道上的"浮棚"，在南宋时期出现在许多城市（注二七）。湖泊如临安都城外的西湖，北宋晚期出城西涌金门外尚是一片空旷，南宋建为行都之后，"日益繁盛，湖上屋宇相连，不减城中"（周辉《清波杂志》卷三），湖岸、堤边已布满贵家、宦官的府第、园囿及佛道寺观（注二八）。庆元府城中有日、月二湖，南宋嘉定（一二〇八～一二二四）年间以后，两湖邻近都已多是官宦府宅之所在，尤以月湖为然，而日湖"仅存湖之名"，月湖也"四旁民居日侵削，为地广长减十之六七"（周道遵《甬上水利志》卷一）。

城市河湖所以会遭到占用，不仅由于居住上的需要，同时也由于城市人口增加之后，地价、房租日益昂贵（注二九），扩张土地的利用有利可图。例如在河岸兴筑房屋出租（注三〇），或是辟建花园作为游人宴赏之所（注三一），或只是用来种菜出售（注三二），都可以增加收入。湖泊则不只湖岸，湖中水洲及湖面也同样为了利润而作为建地或园地来使用。临安北关水门里的白洋湖，富家在其中建起许多仓库，出租给商人储存物品，既可防火，又可防盗，“月月取索假赁者巡廊钱会，顾养人力，遇夜巡警，不致疏虞”（《梦粱录》卷十九《塌房条》）。涌金门外的西湖，自北宋晚期以来，湖面已多是葑田，并种植菱芡（注三三），南宋乾道五年（一一六九），周淙在上言中依旧指出，“有力之家又复请佃湖面，转令人户租赁，栽种茭菱，因缘包占，增叠堤岸，日益填塞”（《咸淳临安志》卷三二《山川志·湖篇·西湖条》）。类似临安西湖的情形，也见于北宋晚期以来明州（庆元府）州城内的月湖（注三四）。这些情形所以会发生，不仅是民间可以从其中得利，也和官府贪图租金的收入有关。前引周淙所说的“有力之家又复请佃湖面”，就是向官府请佃。此外如温州子城四面城濠原本“河边并无民居”，绍兴（一一三一～一一六二）年间，“下岸街许民告佃，自是稍架浮屋，岁久居民侵塞”（汤日昭《万历温州府志》卷二《舆地志·水利篇》）；乾道元年（一一六五），知建康府张孝祥指出流经府城的秦淮河，“两岸居民填筑河岸，添造屋宇，日渐侵占其岸白地，利入公库”（《会要》之《食货八·水利篇》乾道元年正月十四日条），都说明了地方官府出租河岸土地的事实。而在漳州州城，则有侵河钱的税目，输纳的民户不下数百家（注三五）。官府为增加财入，将河岸与湖面出租，助长了河渠与湖泊遭受占用的现象。

河渠和湖泊遭到占用，使得污秽、垃圾更加容易随意弃置于河道、湖水中。一些河边、湖边的民房，往往将厨房、厕所架设于河、湖之上，残余的食物、洗濯的污水或排泄出来的粪便，顺手就排落于河、湖。流经袁州州城的李渠，在宝庆三年（一二二七）修治以前，渠道常遭人“填塞作住屋，或据渠作厨厕”，于修治之后，明令“弃粪除、破缶及架厨溜涸湢于渠上者有禁”（《康熙宜春县志》卷十三《李渠志》），说明这种情形确实存在。此一现象应普遍出现在各处城市，而非只见于袁州州城一地。而在河边种菜，或是将湖面开为葑田，或在湖水中种植菱芡，也都需要施加肥料。于是城市即使有出粪人收集粪土，供作肥料之用，也不见得完全是运往乡村，而是有一部分会置于城市的河畔、湖中。河川、沟渠原有疏排污秽的作用，就如席益在《淘渠记》中说到成都府城的小渠，“各随径术，枝分根连，同赴大渠，以流其恶”（扈仲荣《成都文类》卷二五）；或如俞希鲁《至顺镇江志》卷七《山水志·河篇》述及镇江府城的市河，“其初本以疏通湮郁，使之流畅，必也有宣导而无壅滞，庶乎淤淀不至于积，而秽污常有以泄”。但是当城市的河渠、湖泊由于居民的侵用而愈来愈狭窄，堆积得愈来愈多的污秽、垃圾更加不易排除；街旁的水沟也由于民房侵占街道，而覆盖于民房之下，难以清理，污水随之不易流泄。当由于人口增加与活动频繁所带来的大量污秽与垃圾，未能完全运出城市，积累得愈来愈多而难以清理时，就会对城市居民的生活产生不良的影响。

（二）环境的恶化与疾疫的流行

南宋城市居民与政府对市区里的污秽、垃圾，未必能妥善处理，使得许多城市的卫生环境因此逐渐恶化。卫生环境的恶化，也许并非各地尽皆如此。嘉定五年（一二一二），程珌在一篇劝农文中这样说：“每见衢、婺之人，收蓄粪壤，家家山积，市井之间，扫拾无遗”（程珌《洺水集》卷十九《壬申富阳劝农》）、就以在衢州、婺州所见的市井洁净环境，来劝谕他治理下的临安府富阳县居民。衢州、婺州的市井固然在程珌笔下成为洁净环境的范例，可是从他劝谕的对象来看，也可以知道即使是毗邻临安都城的富阳县，已无法如此。至于其他许多城市河渠、街道的脏象，或是湖泊的遭受污染，更是常见于当时人们的描述。

城市河渠、街道的肮脏，导因于污秽、垃圾的任意弃置。自北宋中叶以来，已是一个令人困扰的问题。泉州在北宋治平三年（一〇六六），因逢大雨，城壕的水无法通泄，毁坏民房数千百家，推寻原因，就是由于“民家傍壕沟而居者，多填委粪壤，以致湮阏，而跨沟为屋者尤甚”（《万历泉州府志》卷四《规制志·城池篇》）。记事者从防洪的观点来叙述这一个问题，然而从环境的角度看，城壕里堆满了民家所弃置的粪便、垃圾，其脏乱也可想而知。南宋时期，这一类记载更为常见。上文述及绍兴四年（一一三四）曾有禁令，不准民众将粪土、瓦砾抛弃于临安新开运河之中，但是长期以来，情况显然没有改善。《会要》之《食货八·渠篇》淳熙七年（一一八〇）六月三十日条载知临安府吴渊言：

> 万松岭两旁古渠，多被权势及百司公吏之家起造屋宇侵占；及内西寨前石桥并海眼，缘渠道堙塞，积久淤填；兼都亭驿桥南北河道，缘居民多将粪土、瓦砾抛扬河内，以致填塞，流水不通。今欲分委两通判监督地分厢巡，逐时点检钤束，不许人户仍前将粪土等抛扬河渠内及侵占去处。

吴渊建议委派官员加强检束，不准民户继续侵占河渠盖屋，及任意抛掷粪土，瓦砾于其中。他指出粪土、瓦砾的堆积达到使河渠“堙塞”“流水不通”的程度，可见居民有这类行为已历时颇久，而这些河渠所受的污染，自然也随污物不断堆积而愈来愈严重。更严重的情况，见于流经镇江府丹阳县市区的市河，在南宋宝祐二年（一二五四）县令胡梦高重建富家桥（胡公桥）时（注三六），由于河道"经阛阓之中，处风气之会"，已是"粪壤充塞，胡公土地桥尤甚，至与桥平"，当时胡梦高虽然浚河百余丈，可是"不二十年复湮塞矣"（《至顺镇江志》卷七《山水志·河篇》）。弃置于河道的粪壤已高到和桥齐平的程度，这自然也是长期堆积的结果。地方官府虽然加以疏浚，但是人们的生活习惯并没有改变，所以不到二十年的时间，也就是在南宋灭亡以前，河道又再湮塞。在有的城市里，河水是井水的水源（注三七），上述情形显然会造成饮用水的污染。

不仅是污物严重堆积，许多地方也因此而臭气难闻。乾道三年（一一六七）以前夔州州城的武侯祠，在州城南门，沿城而西三十六步。地方官想要迁建，原因就在于这里"地卑巷隘，混以民居，污渠粪壤，混乎其间，臭朽之所蒸，蜗蟥之所家，非所以妥灵而崇祀也"（王十朋《梅溪王先生文集·后集》卷二六《夔州新迁诸葛武侯祠堂记》）。庆元府城东之外半里的江东米行河，情况也是一样。根据淳祐二年（一二四二）地方士民向知府陈垲的陈情，这里"四五十年来，两岸居民节次跨河造棚，汙秽窒塞，如沟渠然，水无所泄，气息蒸熏，过者掩鼻"（《宝庆四明志》卷十二《鄞县志一·叙水》）。城东之外是甬东厢，是新发展出来的市区（注三八），所以陈情文字所提到的现象是四五十年来积渐造成。陈情文字里又讲到米行河"汙秽窒塞，如沟渠然"，可以推想市区街道旁的沟渠，很多都是如此。所以不但许多城市的河渠臭气难闻，一些市区的街道也常令人掩鼻而过。南宋晚期，久居吉州州城的欧阳守道，写信给当时的吉州知州，讨论郡政，就指出了州城中的这种现象。欧阳守道《巽斋文集》卷四《与王吉州论郡政书》：

沟渠不通，处处秽恶，家家湿润。人之血气触此，则壅气不行，病于是乎生。今通逵广路，犹无洁净之所，而偏街曲巷，使人掩鼻疾趋如此，则安得不病。

对于州城的环境，欧阳守道长期以来有亲身的感受。所以会不论大街小巷皆无洁净之处，而有些地方更气味难闻，原因就在于“沟渠不通”，也就是沟渠里积满污物，水流无法通畅。所谓“家家湿润”，则应指沟中污水宣泄困难，造成了居住环境的潮湿。

不仅河渠、街道如此，湖泊也受到污染。临安城外的西湖，自北宋以来，湖中已有葑田，或是栽种菱芡，到南宋情况并未改善。由于种植作物，所以用粪土为主要成分的肥料往往会施加于湖中。这种情形，在北宋元祐五年（一〇九〇）苏轼有关开浚西湖的奏疏里，仍未见提及（注三九）。南宋初年，临安已成行都，问题开始受到重视。《会要》之《方域十七·水利篇》绍兴十七年（一一四七）六月一日条：

上谓宰执曰：“临安居民皆取汲西湖，闻近年以来，为人买扑，拘占作葑田，种菱藕之类，沃以粪秽，岂得为便，况诸处库务引以造酒，用于祭祀，尤非所宜。可令临安府措置禁之。”

连宋高宗都要向宰相、执政关切此事，可见问题已经严重。问题所以严重，就如宋高宗所言，是由于西湖湖水为临安都城饮用水和造酒用水的水源。早在唐代宗时，李泌任杭州刺史，以杭州原本江海故地，水泉咸恶，居民零落，于是辟建六井，引西湖水经地下井管入井，供市民汲用。此后曾多次修浚，六井一直是杭州城中居民的重要饮用水源。北宋元祐年间，苏轼任杭州知州时，又以引水用竹管容易废坏，建议改用瓦筒，盛以石槽，管壁坚厚周密，不易损毁（注四〇）。南宋时期，有“东门菜、西门水、南门柴、北门米”的谚语，而所以说“西门水”，就是由于“西门则引湖水注城中，以小舟散给坊市”（周必大《文忠集》卷一八二《二老堂杂志》卷四）。杭州酿酒取用西湖的湖水，则是自北宋以来已如此（注四一）。南宋初年，临安居民、驻军均大为增加，加以商业兴盛，酒的消费量随之增大，况且临安成为行都，皇室、政府的各项礼仪中，酒也不可或缺。在这样的情况下，水源质量的问题因此引起注意。尽管经过绍兴十七年宋高宗的特别指示，但是显然未见改善。两年之后，临安知府汤鹏举以西湖秽浊堙塞，奉命修治西湖、六井，在陈报办法时，仍然提及此事（注四二）。又《咸淳临安志》卷三二《山川志·湖篇》载乾道五年（一一六九）浙西安抚周淙奏：

> 窃惟西湖所贵深阔，而引水入城中诸井，尤在涓洁。累降指挥，禁止抛弃粪土，栽植菱茭，及瀚衣洗马，秽污湖水，罪赏固已严备。

多年以来，朝廷不断针对湖水的洁净问题颁布严格的禁令，可见问题一直存在。直到南宋晚期，由于种植作物而造成湖水的污浊，仍然是地方官所必须处理的一件重要事务（注四三）。

除了种植作物、施加粪肥所带来的污染外，西湖湖水还有其他的污染来源。上引乾道五年周淙的奏言中，就提到“瀚衣洗马，秽污湖水”。这种情形，其实从南宋初年以来已经存在。《会要》之《方域十七·水利篇》绍兴二年（一一三二）四月十六日条：

臣僚言："临安府城中，惟藉湖水吃用，自来虽采捕之类，亦严禁止。今访闻诸处军兵多就湖中饮马，或洗濯衣服作践，致令污浊不便。"诏令诸军统制官常切戒约，如违，重行断遣；本部统领官失觉察，亦一例施行。仍仰李振差兵级一百人摆铺巡捕。

按自北宋以来，杭州市民利用西湖湖水濯衣洗马，原限制有特定的处所。熙宁五年（一〇七二），陈襄知杭州，曾将位于丰豫门（涌金门）里，池水引自西湖的涌金池（注四四），疏为上、中、下三池，"使澣衣浴马，不及于上池，而列二闸于门外"（《东坡前集》卷三一《钱塘六井记》）。此一规制，由于南宋初年大量军队移驻于临安，而遭受破坏，军人任意在湖边利用湖水洗濯。绍兴二年臣僚上言之后，朝廷虽然颁有禁令，但是显然效果有限，所以到乾道五年，周淙仍然指出这一现象。军人之外，湖边又有许多官宦、权贵的府第、园囿，其中难免有人将家中的污水，污物排落于湖中。《咸淳临安志》卷三三《山川志·湖篇》载咸淳六年（一二七〇）殿中侍御史鲍度劾奏：

入内内侍省东头供奉官干办御药院陈敏贤，广造屋宅于灵芝寺前水池，庖厨湢室悉处其上，诸库酝造由此池车灌以入，天地祖宗之祀，将不得蠲洁，而亏歆受之福。入内内侍省东头供奉官干办内东门司提点御酒库刘公正，广造屋宅于李相国祠前水池，灌秽洗马，无所不施，一城食用由此池灌注以入，亿兆黎元之生，将共饮汙腻，而起疾疫之灾。

陈敏贤、刘公正两人均为宦官。灵芝寺即灵芝崇福禅寺，在涌金门外：李相国祠即嘉泽庙，祀唐相国邺侯李泌，在涌金门西井城下（注四五）。两处均应为引西湖湖水入城中水井的水口，而陈敏贤将家中厨房、浴室构筑其上，厨余、污水均排落其中；刘公正则同样将污秽灌注池中，又用池水来洗马。两人的行为，由于鲍度的劾奏而为人所知，但是类似的行为，或许并不罕见，也不会是到南宋末年才出现。还有临安民众繁盛的游湖活动，同样会对西湖湖水造成污染。西湖四季均有游人玩赏，湖中大小船只甚多，又贩卖食物、茶酒（注四六），必然会有垃圾弃于湖中。淳祐七年，赵与篙建议在湖中砌结石窗，“澄滤湖水，舟船不得入，滓秽不得侵，使井口常洁”（《咸淳临安志》卷三三《山川志·湖篇》），说明游船所造成的污染问题确实存在。

对于临安西湖的认识较多，西湖湖水污染所影响到的城市居民也比较繁夥。其他城市的湖泊，有些恐怕也难免出现类似的现象。例如庆元府城的日湖，在南宋晚期已经“久堙，仅如汙泽”（《宝庆四明志》卷四《郡志·叙水》），仅存一潭污水，情况显然比临安的西湖要恶劣很多。同在庆元府城的月湖，邻近既有许多官宦府宅，湖中也种植有菱芡，又同样是游赏之所（注四七），这些情形都和临安西湖相似，湖水自然也免不了一样受到各种污秽、垃圾的污染。日、月二湖的湖水，自唐代以来是城中饮用水的水源，到南宋依然如此（注四八）。庆元府城居民虽然远不及临安都城的繁众（注四九），但是饮用水源污染对城市居民生活所造成的影响，应如临安都城一样会存在。

上述欧阳守道指出吉州州城沟渠不通、街巷脏湿是致病之源，殿中侍御史鲍度指出西湖湖水的污染将会引起疾疫之灾，其实是当时一些士人、官宦的共同认识（注五〇）。这种将疾疫流行归因于卫生环境恶化的认识，显然与民间归咎于瘟神或疫鬼的态度不尽相同（注五一）。类似欧阳守道等人的看法，从北宋晚期以来不断为人所提出。苏州布衣林茂在北宋元符三年（一一〇〇）所撰写的《灵祐庙碑阴记》中，已经指出，当元符元年（一〇九八）大旱之后，次年春、夏间，“城中沟浍堙淤，发为疫气”（范成大《吴郡志》卷十二《祠庙篇·灵祐庙条》）。大约稍前，吴师孟作《导水记》，记载成都府城河渠的疏导，也强调“虽有沟渠，壅阏沮洳，则春夏之交，沈郁湫底之气，渐染于居民，淫而为疫疠”（《成都文类》卷二五）（注五二）。到了南宋，这类观察更为常见。席益于《淘渠记》中记载他在绍兴八年（一一三八）出知成都府，春末视事，适逢暴雨成灾，而“春夏之交，大疫，居人多死，众谓汙秽熏蒸之咎”（同上）。淳熙年间，好几处城市都有疏浚河渠的措施，而对于河渠不通的影响都有相似的看法。吴芾在淳熙二年（一一七五）出知隆兴府，疏浚城中湮塞已久的豫章沟，他认为“沟洫不通，气郁不泄，疫疠所由生也”（朱熹《朱文公文集》卷八八《龙图阁直学士吴公神道碑》）；两年后，温州州城开浚环城河渠，叶适作《东嘉开河记》，感叹“大河浅不胜舟，而小者纳汙藏秽，流泉不来，感为疠疫，民之病此，积四五十年矣”（《水心先生文集》卷十）；淳熙十三年（一一八六）明州慈溪县城浚导县河，楼钥作《慈溪县兴修水利记》，也指出县河由于居民侵占而日就湮微，“雨集则溢滥沉垫，已则污秽停滀，气壅不宣，多起疠疫”（楼钥《攻媿集》卷五九）。而嘉定十七年（一二二四）台州州城疏治河渠，姜容作《州治浚河记》，也提到和慈溪县城相同的状况，河道在居民不断的侵占之下，几乎已经消失，“雨俄顷，浊潦没道，甚或破扉啮屋，春夏湿烝，疾疠以滋”（林表民编《赤城集》卷十三）。同样在嘉定年间，真德秀知泉州，准备开浚州城沟渠，也说由于久未疏浚，“淤泥恶水，停蓄弗流，春秋之交，蒸为疠疫，州人病之，非一日矣”（真德秀《真文忠公文集》卷四八《开沟告诸庙文》）。潮州州城居民扩建房舍，侵用街道，掩盖水沟，到淳祐六年（一二四六）已因循不改有一百余年，这年郡守陈圭想要革除积弊，首先榜示民众，谕以四害，其中一害就是“沟道不通，易生疾疠”（《永乐大典》卷五三四三《潮州府条》引《三阳志》）。可见直到南宋晚期，不断有人强调城市疾疫的发生，导因于河渠藏污纳垢。而这些言论出现的地点，至少分布在两浙、江西、四川、福建、广东等路，涵盖地域颇广。不仅是士人与官宦，当时也有医家在医书中对疾疫的成因提出类似的看法（注五三）。

而欧阳守道在前述写给吉州知州的信中，对于地方官是否注重疏浚城市沟渠所带来的后果，更曾加以比较。《巽斋文集》卷四《与王吉州论郡政书》：

> 自乙未、丙申间，三山林侯守郡，最留意于此，疏通浚导之后，民无疫者数年；其后豫章李侯、於潜徐侯守郡，某每岁辄以告，二侯行不如林侯之遍，而病者亦少；自徐侯以后，郡政不复及此，而为患亦可睹已。

按乙未、丙申为端平二年、三年（一二三五～一二三六）。欧阳守道注意到当吉州地方官重视疏浚沟渠时，民众比较不易生病，否则疾疫便经常发生。经由比较，他显然认为卫生环境是否良好，和疾疫是否发生有密切关联，于是肯定地说出：“盖今沟渠不通，致病之一源也”。他再三地向地方官提出疏导城市沟渠的建议，正可以看出他自认对于疾疫形成的缘由有深切的认识。

归结而言，卫生环境的恶化，导致城市里疾疫容易发生。污秽、垃圾的长期堆积，难以清除，助长了病菌与病媒的滋生，只要有病者出现，很容易就引发流行；水旱灾之后，问题尤其严重，因为旱灾则污秽更加难以为水流冲离，水灾则造成污水泛滥：而城市人口的众多、民居的密集，以及人们经常出入酒楼、茶馆、瓦子、勾栏等公共场所，又使得疾病容易传染。饮用水源的污染，也导致民众即使居家不出，也会经由日常的饮食而得病。再加上商业的兴盛，商人经常来往于各地城市之间，又是酒楼、茶馆的常客，更使得疾疫容易从一处城市传往另一处城市（注五四），扩大了流行的范围。若遇战祸或饥荒，逃难的流民或逃荒的饥民群聚于城市，由于他们饥寒乏食，体质较弱，容易得病，情况更加使人担忧（注五五）。疾疫自然也曾在当时的乡村中流行，《夷坚志》中就记载了一些乡村疾疫的故事，但是由于城市的特殊环境，对城市居民所产生的冲击显然更大。

随着宋代城市的发展与商业的兴盛，疾疫的发生也愈见频繁。学者曾搜集《宋史》书中有关疾疫的记载，南宋共有三十次的疾病流行纪录，比北宋的二十次为多（注五六）。尽管数据仅限于《宋史》，所显现的趋势却仍可供参考。如果广搜《宋史》以外的资料，南宋时期疾疫流行的次数还不只如此，发生的地域也较《宋史》所载者为更广。例如前述席益记载绍兴八年（一一三八）成都府城的大疫，绍兴二十一年（一一五一）温州的瘟疫（注五七），绍熙五年（一一九四）绍兴府的疫疠（注五八），庆元五年（一一九九）临安都城的疾疫（注五九），嘉定十四年道州的旱疫（注六〇），次年汀州、邵武军、南剑州的疾疫（注六一），绍定四年（一二三一）平江府城的春疫（注六二），都不见于《宋史》的记载；《宋史·宁宗本纪》所记载的庆元元年（一一九五）疾疫只见于临安，而据这年权两浙转运副使沈诜的上言，则是“浙西如湖、秀、常、润，浙东如庆元、绍兴，自今疾疫颇盛，其他州县亦多有之”（《会要》之《食货五八·赈恤篇》庆元元年六月七日条）。在所有关于南宋疾疫的记载里，以临安为最多，这自然因为临安是都城，出现问题也容易引起注意，但这也可能和临安人口最为密集而饮用水污染也较严重有关。然而再细读数据，经常发生疾疫的地方其实也不仅是临安。前引欧阳守道《与王吉州论郡政书》中说，从徐姓知州以后，地方官不再注重沟渠的疏浚，“而为患亦可睹矣”，应该就是指疾疫的经常流行。袁州州城的李渠，在宝庆三年（一二二七）修复之前，“且春夏之交，疫疠间作，郡之士民每以为病，而乡人之序图志亦于此致不满之意”（《康熙宜春县志》卷十三《李渠志》），显然这里疾疫的发生亦非罕见。而元朝初年，林景熙在《州内河记》中，指出南宋德祐元年（一二七五）之前，温州平阳县（元朝为温州路平阳州）城内的河道由于居民架浮屋于其上，“堙秽益甚，疫疠凶荒之变，无岁无之”（林景熙《霁山集·拾遗》），则疫疠更已成为不断困扰当地居民的问题。

困扰着南宋众多城市居民的疾疫，应包含各种不同的传染病（注六三）。而病情也有轻有重，轻微的如淳熙十四年（一一八七）春天，“江淮浙疠气肆行”，当时溧水县“举邑皆然”，流行地域虽广，传染人数虽多，可是染疾者只是“觉头痛热，不过三日即愈”（《夷坚支丁》卷五《蛇蟆瘟条》）；严重的则如庆元元年夏天，“淮浙疫疠大作”，嘉兴府城内“至浃日毙百余人”（《夷坚志补》卷二五《符端礼条》）。大多数时候，疾疫来势汹汹，传染快速，病死者多，常有全家罹祸的情形，往往引起民众惊惧。民众了解疾疫的传染性质，却又无力抗拒，因此一旦有人染病，邻里、亲人甚或骨肉至亲，都弃绝而去（注六四）；连病故之后，人们也不敢前来吊问（注六五）。临川人陈俞的大姊家“病疫，闭门待尽，不许人来，人亦无肯至者”（《夷坚志补》卷二《陈俞治巫条》），正说明人们当疾疫来临时的恐慌。长久的疾疫经验促使人们寻求防范病源与病媒的方法，例如北宋时人已谈及如何防避蚊、蝇（注六六），南宋市场上已有蚊药出售（注六七），元人则更清楚地指出，“如城市人家稠密，沟渠污水杂入井中者，不可用，须煎滚澄清，候咸秽下坠，取上面清水用之”（贾铭《饮食须知》卷一），不过这些方法普及程度如何，对于防疫发挥了多少功效，不易衡量。此外，民间也原有一些辟疫习俗，可是当大疫来临时，显然都发生不了作用（注六八）。

尽管民间已有人寻求防备病源与病媒的方法，但是更为常见的，仍然是疾疫为民众带来心理上的无助与不安，再加上当时医药资源的短缺，使得病人的家属为求急速痊愈，而求助于在地方医疗事务上仍然颇为活跃的巫觋（注六九）。《巽斋文集》卷四《与王吉州论郡政书》述及吉州疾疫流行时巫者的活动：

> 此邦巫鬼之俗，才遇有病，凡盥漱衣冠、洗涤秽恶，皆切禁之。昼不许启门，夜不许燃灯，务使为幽囚以听命。原其本意，盖欲秽恶薰蒸、醢汙晦昧以甚之耳。复朝夕与之祝白，以奇名怪号怖其听，使自一证一候以往，无不各有司之者。彼气方微，体方怯，而重怖之如此。且禁绝亲戚之往来亲问者，虽医药亦不得自由。务使卜祷于神，合用何医，卜而不许者不得用。切脉观色、寒热有凭者不信，而信于偶然俯仰之杯珓，或一切摒药，使叩神求水而服之，如此则病者安得不日深日重。以故民家一遇此病，死者相继，而所谓祷谢之费至不可胜计，幸而不死，亦索然为穷人矣。

欧阳守道认为疾病并非在人与人之间互相传染，得病的原因是人个别接触到不正之气（注七〇），所以他反对不与病人接触。这种观念自非正确，但是他所指出巫者治病的方式，确实对于挽救病人的生命不仅无所补益，反而加重了病情，也加重了病人心理上的负担，同时使病家承受起重大的经济压力。病人固然应该适度的隔离，以防止疾病传染，但是完全禁绝亲人来往，又由谁来照料病人？而尤其值得注意的，是巫者对于病人，“凡盥漱衣冠、洗涤秽恶，皆切禁之”。疫病的流行原与卫生环境恶化有关，而巫者却不让病人保持自身的清洁，又不让室内空气流通，自然只有加重病情（注七一）。再加上不讲求医药，“死者相继”也就是应有的现象。巫者的活跃，显示出民众面对疾疫时的惶恐，也说明了疾疫的流行，除了牵涉到环境卫生与医药治疗的问题之外，还造成了民众心理上的问题。

无论环境卫生、医药治疗或民众心理的问题，仅依靠民间本身的力量都已不足以解决，政府必须负担起责任。因此政府如何来处理这些问题，减轻疾疫对民众心理的影响，减少疾疫发生的机会，并防止疫情扩大，就值得重视。

三、政府的对应措施

（一）祈神

政府面对疾疫带给社会的影响，所采取的措施是多方面的，而最直接与民众心态配合的是祈神。政府所以采取此一措施，与从心理上来安定民众有关。疫情延续会有一定的时间，官员无论是否相信神祇的力量（注七二），都应了解祈神未必有立即的灵验，但在民间宗教气氛浓厚的情况下，这项措施有其另一方面的作用。民众由于对疾病和死亡的恐惧，而求助于巫觋，而巫觋则一切都要“卜祷于神”。政府深知巫觋这种治疗方式无益于减轻病人的病情，但是却不能不考虑到民众心理上的需求，当民众陷于无可奈何的困境，不免视鬼神的活动为问题的成因，而鬼神的意向则在此时成为安定人心的力量。于是疾疫发生时，地方官常举行祈神的仪式，祈求疫病所带来的祸患早日消解，以缓和民众心中的惊恐。

这样的措施，其实也就如当时水、旱灾发生时的祈晴、祈雨仪式一样，无论地方官自己是否相信神祇的力量，都可借以表达对于民生疾苦的深切关心。欧阳守道在写给吉州王姓知州的信中，提及这位知州在疫疠发生时的措施，并且说出自己的看法。《巽斋文集》卷四《与王吉州论郡政书》：

昨者郡家以冬月疫气流行，为之举行祈禳之典，民间感激，谓使君身处清燕，而念及病者之呻吟，真仁侯也。近正月望，复见建醮之祝词，皆拳拳为民请命之实意，其人为某诵之。愚心耸然，阁下忧民至矣。

又：

气接则病，气不接则不病也。疫疠犹水旱然，等谓之天灾。水旱所被，不能择夫孰当水、孰当旱、孰当不水不旱者也。气之所为，非一家一人，独能祷而去之？盖所关者大，而致之之原，则亦恶戾聚合所成。阁下有千里民社，诸祈禳比之祈晴、祈雨正等尔，所谓有卹民之心者也。民间家惑巫鬼，则不可有也。使巫鬼无害于人，则信者不过为愚，何足深较是非。惟其滋长病势，而害人特甚。故前代仁贤之吏，未敢不教民以勿惑，而且力遏痛惩之者。

这位知州为了消除疫疾而举行祈禳仪式，为民请命，深得民众感激。所谓“民间感激”，正显示民众心理上因受疾疫冲击而产生的惊惶，已渐趋和缓。欧阳守道虽然也为地方官的“忧民至矣”所感动，却认为疾疫有如水旱，不会因为祈祷而消除。地方官在祈禳仪式中扮演的，其实也就是巫觋交通人神的角色，有时甚至有巫觋参与仪式（注七三），所以欧阳守道要将官员的祈禳活动和民间的巫鬼信仰加以分别。祈禳虽然不能消除灾患，但地方官有治民的责任，祈禳是由于“有恤民之心”；而巫者在民间的活动却有害于人，地方官应该阻遏他们的影响。

不仅当时士人如欧阳守道有这样的看法，其实宋代政府已不认为巫觋假借神意的活动真能消弭疾疫的流行；而巫觋在疫病发生时的活跃，政府也认为是民智未开的征象，应加以取缔或制裁。承袭自古代的除夕大傩仪式，具有驱逐疫鬼的意义，但无论在北宋或南宋的宫廷，此一仪式已不再像从前一样由巫师参与，而改由教坊伶工装扮神鬼，娱乐的性质显然已更加浓厚。从北宋以来，许多地方官也都致力于教导民众求医服药，惩治巫者，甚至指导巫者改业习医（注七四）。禁巫不仅是地方官个别的作为，也是中央政府的政策，朝廷早自北宋仁宗以来，就已有诏令禁止巫觋假借神意，断绝病人饮食汤药、亲识往来（注七五）。对于地方上的瘟神庙，也从北宋仁宗的时代以来就有地方官予以拆除，并且获得朝廷支持，南宋也有地方官采取同样的行动。而瘟神庙的存在，显然与巫者的活动有关（注七六）。

但是当时政府与官员这种禁止巫觋假借神意来活动的态度，并不表示他们在疫病流行时会完全拒绝神祇的力量。上述南宋晚期吉州王姓知州的祈禳，只是一个例子。地方官同样的行为，从北宋以来就已存在。苏州布衣林茂所撰的《灵祐庙碑阴记》中记载，当元符二年（一〇九九）春、夏间城中发生疾疫时，“通判军州事祝公适领郡事，乃用故事，早夜分祷于所宜祀者”，在灵祐庙的祝词虽然是求雨，但是也提到“郡承连年之旱，流亡、疾沴相乘而作”（《吴郡志》卷十二《祠庙篇·灵祐庙条》）。南宋时期，真德秀治理地方，不仅因民间为痢疾所苦而祷告于慈济庙，并且立下为消弭民间疾病而一年两祭于此庙的定例（注七七）；当他在春初祭告诸庙时，也说所望于神者，是“雨旸以时，疫疠不作”（《真文忠公文集》卷四八《诸庙》）。一些庙宇在疾疫流行时所发挥的安定人心作用，常获政府肯定。例如明州广灵王庙，据陈云逵撰于绍兴三十年（一一六〇）的记文，“凡有旱干水溢饥馑瘟疫，应祷如响”（阮元《两浙金石志》卷九《宋广灵王庙碑》）。此庙之神自北宋末迄南宋末，不断受政府加封（注七八）。又如临安府汪王庙，也从北宋末年以来，由于有助农事而一再获政府封号，据蒋芾写于隆兴二年（一一六四）的封王诰词，“昔屡著于灵威，驱疠疫而却不祥，令复彰于懿绩”，因此再“特封信显灵英济王”（倪涛《武林石刻记》卷五《汪王庙诰敕碑》）。再如邵武县惠应庙神，原受封为明应威圣广祐福善王，由于“救水旱于翻覆手之顷，调寒暑于出入息之间，民为患则亟济阴兵，天荐瘥而大驱厉鬼，欲子者与以子，不负匹夫匹妇之心，求名而得其名，盖造多艺多才之士”，而在宝祐元年（一二五三）“更封明应威圣英惠福善王”（陈棨仁《闽中金石略》卷十《邵武县惠应庙神增封敕》)。这几所祠庙都列于祀典，长期获政府支持。但也有一些祠庙，是先由地方人士向朝廷申报在弭除疫气及其他方面的灵验，然后才获授封号或庙额（注七九）。这些事实，说明无论政府或官员是否深信神明，都乐于运用神明的力量，来减轻疾疫发生时民心的恐慌。

上述获得政府肯定的神祇，多具有几方面的神力，消弭疫疾只是其中一端，和瘟神专司瘟疫不同。尽管从北宋以来就有地方官拆除瘟神庙，但也有官员接受其存在，甚至在疾疫发生时向瘟神祈请，即使未必心甘情愿。熙宁七年（一〇七四），江宁府经历旱疫之灾，两年后，民众在上元县光相院内建成一所瘟神殿。程洵在元丰六年（一〇八三）作记，他虽非当地的官员，却具有守将作少监的官职，书石的人也新授越州幕职官，碑文中说："夫有疾而祷，人情之常也。而怠于既宁之后，则非所以致其钦"（缪荃孙《江苏金石志》卷九《皇宋江宁府上元县光相院新建瘟神殿记》)。他们的作记与书石，已以官员的身份肯定这所瘟神殿的存在；而记文也显然确认瘟神在疾疫流行期间对安定人心的作用，并且期望民众在平时也常来祈拜。地方官在施政上重视医药的推广，对于巫者借瘟神之名来恫吓民众，借机牟利，并无好感，态度或许不可能完全和为上元县光相院瘟神殿作记、书石的两名官员相同。但是他们为了稳定民心，有时在疾疫流行时也不能不妥协。南宋中期，彭龟年知吉州安福县，当春夏之交，疫疾盛行，许多县民染疾身亡，就曾经向疫疠神致祭。彭龟年《止堂集》卷十五《安福县祭疫疠神文》：

天地予人之药以卫其生，而谓神禁人之服，而致之死，有是理乎？此皆由巫觋之徒，欲假是以神其利己之

> 术。而俗医用药，多不得其当，往往不能起疾，则举而归之神，以逃其杀人之名。而谓神实然，非某所敢知也。俗惑既深，单辞难释。今命医者行视诸坊之病，而官给药以治，率举神辞焉，用是不敢不告。惟神血食此地，亦犹某等禄食此邑，其念斯人之心，必无幽明之间也。

彭龟年对巫觋假借神祇的名义禁止病患服药，及庸医因无法治愈病患而归咎于神意（注八〇），都十分不以为然。“而谓神实然，非某所敢知也”这句话，显示出他对神意的怀疑甚至否定。他派遣医者巡行县城各坊，探视病人，并由官府提供药品，但是仍然要向疫疠神献祭，报告他的作法。他显然并不认为神力超过药力，却仍然不得不压抑下心中对疫疠神的怀疑与否定，而举行祭仪，原因应该在于此一信仰在当地已经深入民心，即使他要抑制巫觋的活动，推广药物的使用，也必须让民众相信这是出自于神意。

（二）河渠、湖泊的浚治与防禁

祈神有助于稳定民心，却未能消除疾疫流行的根源，政府必须有比较积极的措施。由于一些官员认识到河渠不通、湖水污染，造成卫生环境恶化，是疾疫流行的原因之一，所以政府为了防范疾疫的发生，也从事河渠、湖泊的浚治（注八一），并且立下防止污染的禁令。政府浚治河渠、湖泊，还牵涉到防火、防洪、航运、灌溉等问题，而卫生环境的改善并非政府所考虑的唯一问题（注八二）。

政府对于城市河渠，有例行的浚治措施。从北宋以来，已有每年春初由官府雇人开淘城市沟渠的政令（注八三），直到南宋晚期，这项政令应仍存在。南宋末年的临安府城，每遇新春，则“街道巷陌，官府差顾淘渠人沿门通渠，道路污泥，差顾船只搬载乡落空闲处”（《梦粱录》卷十三《诸色杂货条》）。不仅都城如此，地方城市也实施同样的措施。不过这项措施，很多时候恐怕流于形式，无法发挥实际的作用。《成都文类》卷二五载席益《淘渠记》：

益谓僚吏：“岁二月，循行国邑，通达沟渎，毋有障塞，此王者之政，今长民所当务也。且前事可师，独废之何？”对曰：“淘渠之令，岁亦一举行，里胥执府符为醉饱左契尔。如豪举之室屋、权要之官寺，谁敢捂视其通塞者？编户细人虑不及远，每早夜叫呼于门，得所欲则去。间有欲问者，患不知其源委，询诸吏民，各怀私意，莫肯以实告，故因循至此。”

席益此文作于绍兴八年（一一三八），所述为成都府城的情形。他指出由于胥吏不敢过问势家沟渠的通塞，对一般平民又借机勒索，所以每年施行一次的淘渠之令，未能切实执行。而官员则不清楚沟渠的分布，对胥吏也难以督导。以往情形如此，而席益此年大事疏浚沟渠时，曾绘有沟渠的分布图（注八四），但即使有图，如果官吏不肯尽力，恐怕以后依旧收不到效果。除了对较小的沟渠，有每年开淘一次的规定外，有的地方官对于较宽的河渠，也每年动用民力疏浚，例如湖州州城的子城濠，就是“郡岁时督厢吏浚治云”（《嘉泰吴兴志》卷二《城池篇》）。但是这项措施，同样常成为例行公事。叶适曾指出淳熙四年（一一七七）以前，温州州城河政不修，虽然“长吏岁发闾伍之民以浚之”，可是“或漫不能应，反取河滨之积实之渊中”（《水心先生文集》卷十《东嘉开河记》），显然会收到相反的效果。方有开作《重修古渠记》，也说严州淳安县城在淳熙五年（一〇七八）以前，“间岁鸠民具畚钟号呼以渠从事”，而“吏辄裒其佣直以自利”（吴福源《嘉靖淳安县志》卷十五《文翰志》），既有弊端，当然不可能切实执行。并非所有地方官都仅务因循，例如吴懿德在绍定元年（一二二八）知广州新会县，夏天既“和药施之”，又“虽沟浍亦时浚治”（《真文忠公文集》卷四五《通判广州吴君墓志铭》），应是有心为防治疫病而做；又如前文也述及欧阳守道曾指出，吉州州城在端平二、三年（一二三五～一二三六）林姓郡守任内，很重视沟渠的疏浚，后来李、徐两位郡守所做虽然没有那样彻底，也仍然收到减少疾疫的效果。

由于很多地方官平时对城市河渠的通畅不很注重维护，所以当淤塞的问题愈益严重时，就需要大事疏浚。可是这种较大规模的疏浚，也仍须等待有魄力的地方官才会进行，在一些地方要隔很长的时间才有一次。台州州城的河渠，在北宋庆历六年（一〇四六）曾经浚治，到南宋乾道五年（一一六九）再次浚治，嘉定十七年（一二二四）第三次浚治，“历百八十年而能浚河者才三人”（《赤城集》卷十三姜容《州治浚河记》）；流经袁州宜春县城的李渠，为唐代元和四年（八〇九）刺史李将顺所开凿，到南宋宝庆三年（一二二七）知州曹叔远浚治之前，共经历了北宋至道三年（九九七）、天禧三年（一〇一九）、宣和六年（一一二四）、南宋淳熙四年（一一七七）、淳熙十年（一一八三）五次浚治，因而详载曹叔远浚渠经过的《李渠志》说，逾四百年间，“所传浚渠名氏仅五人”（《康熙宜春县志》卷十三）。

所以会如此不容易进行，有两方面原因。一方面是这项举动常遭阻碍。席益在《淘渠记》中追记北宋大观二年

（一一〇八）其父在成都府城准备从事水渠的浚治，可是“部使者议于台，邑子之无识者谤于里。令既下，知不可遏，则又曹耦相与语曰，未论其他，积泥通逵可若何”（《成都文类》卷二五）。邹补之在《重开后河记》中述及南宋淳熙十三年（一一八六）常州知州林祖洽上任后，计划开修州城的后河，“思所以为经纪之具逾一年”，却面临“浮议摇摇，几为沮败者数矣”（《重修毗陵志》卷三三《词翰志》）。宝庆三年，曹叔远要动工修浚袁州州城的李渠，也必须面对“或者难之”（《康熙宜春县志》卷十三《李渠志》）。开修河渠何以会引起这样多的反对议论？可以推想的是，人们侵用河渠是造成河渠淤塞的原因之一，推行此项措施会妨碍到这些人的利益（注八五）；而且地方官如果认真地做这一件事，也会使得胥吏无法借机牟利（注八六）。另一方面则牵涉到地方财政的问题。大规模整治河渠，需要雇募较多人夫，购买较多工料，有比较大的经费开支，对于财政困难的南宋州县是一项负担。有的地方或许可以运用军人（注八七），有的地方或许可以将负担移摊于佛寺（注八八），但是许多州县却无法如此。例如淳熙四年温州州城整治河渠，地方官除“用州之钱米有籍无名者合四十余万”外，还要“益以私钱五十万”（《水心先生文集》卷十《东嘉开河记》），淳祐六年（一二四六），潮州州城拆除侵占街道，掩盖沟渠的房屋，地方官也是“捐公帑，益己俸”（《永乐大典》卷五三四三《潮州府条》引《三阳志》）。在动用到公款之外，还得地方官自己出钱，说明了地方经费有限，不易提供足够的开浚费用。不仅如此，整治河渠往往要拆除构筑于其上的民舍，政府必须给予补偿，或免除这些人家原来缴给政府的租金。例如嘉定（一二〇八～一二二四）年间，真德秀开浚泉州州城沟渠时，“仍弛民房租而惩其不率者”（《万历泉州府志》卷四《规制志上·城池篇》)；淳祐十年福州疏浚州城外河后，对于遭到拆屋的人家，“又扣户补助之，蠲濒河公私僦金一旬”(《后村先生大全集》卷九十《福州浚外河记》)。这对地方政府来讲也是一项负担，特别是在一些州县，以房租或地租作为补助地方财政的一个来源。尽管有许多困难，但是在浚治之后，污秽尽除，水流通畅(注八九)，可以如姜容为台州州城所作的《州治浚河记》一文所说:“易沮洳为亢爽，无雨潦疾疠之忧”(《赤城集》卷十三)；或如《李渠志》述袁州州城在宝庆三年修复李渠后，“一城内外，渠水通流，可以坐息疾疫火烛之忧”(《康熙宜春县志》卷十三)。所以仍不断有地方官克服万难，进行修治。

对于城市的湖泊，政府也有浚治的措施。临安府的西湖，由于位在行都，尤其受到重视。从南宋初年以来，政府设有撩湖军兵，由地方官员兼管，专一负责开撩西湖。《咸淳临安志》卷三二《山川志·湖篇》载绍兴十九年(一一四九)临安知府汤鹏举条具开撩西湖事宜:

> 一、检准绍兴九年(一一三九)，八月指挥，许本府招置厢军兵士二百人、见管止有四十余人，今已措置拨填，凑及元额。盖造寨屋舟船，专一撩湖，不许它役。
>
> 一、契勘绍兴九年八月指挥，差钱塘县尉兼管开湖职事，臣今欲专差武臣一员，知通逐时检察，庶几积日累月开撩，不致依旧堙塞。

撩湖军兵此后似乎也未能达到二百人的定额(注九〇)，但此一编组与职责直到南宋末年仍然存在。咸淳(一二六五~一二七四)年间，由于玉莲堂、丰乐楼两水口为植荷芡者所污染，就曾“差开湖兵绝所莳本根，使勿复萌蘖”（《咸淳临安志》卷三三《山川志·湖篇》）。其他城市的湖泊可能没有这种经常开撩的规制，只是在淤积严重时施加浚治。例如台州州城，当乾道五年（一一六九）开浚河渠的同时，也曾修治与城中河渠相通的城外东湖（注九一）。

无论在城市河渠、湖泊浚治之前或之后，政府对于民众乱抛垃圾、污秽于其中，或种植作物、涤衣洗马而污染湖水，都颁有禁令，已见前文所述。政府也常运用民众敬神的心理，在人们喜欢倾倒垃圾、污秽的处所，建立起神祠，以维护清洁。袁州州城的李渠，当宝庆三年（一二二七）疏浚之后，由于西城下的渠口，是“比近居民倾贮粪除之所”，于是“即其上创屋三间，为仰山祠，使民有所畏，无敢踵前之为”（《康熙宜春县志》卷十三《李渠志》）。咸淳六年（一二七〇），临安府城也曾在西湖通往六井的水口，“为神祠，置守者，使无敢污慢”（《咸淳临安志》卷三三《山川志·湖篇》）。为了防止河渠因垃圾、污秽堆积而淤塞不通，袁州州城的李渠在宝庆三年还组织起民众来维护。组织包括渠长、陂户、甲户等成员，除陂户是维护李渠灌溉功能的农民外，渠长、甲户都与保持李渠流经州城时的洁净有关。官府“选请州士十人为渠长”，如果觉察到有“侵占、淤塞及陂头长堤有冲决等事”，向官府报告；甲户是州城沿渠的居民，共有二百家，“令五家结为一甲，互相纠察，不许侵坏淤塞（如弃粪除、破缶及架厨溜溷湢于渠者有禁）”，每三甲选择一人为甲首，“常切点检，遇有此等及渠岸颓圯之类，即报知渠长”。此外，官府又特别委派平日有信义、干略的州学直学贡士李发，掌管疏减渠水入城水势的分水湖，“专一照管李渠入城下斗口一带水流通塞等事”（《康熙宜春县志》卷十三《李渠志》）。南宋农村中常见维护灌溉水利设施的民间组织（注九二），可是类似维护李渠的民间组织，除与灌溉功能有关外，又兼理城中渠水的洁净、通塞，是否也见于其他城市，却不得而详。

浚治与防禁的措施，就长期来讲，似乎无助于河渠的畅通、湖泊的洁净，问题不断重复发生。城市人口大量增加，使得河渠即使疏浚也难以恢复旧貌。《赤城集》卷十三姜容《州治浚河记》对台州州城河渠不易疏浚有这样的观察：

> 郭内之河，民之同便者也；通舟注江，尤便者也。尤便者既以难复，而并与同便者几废。……昔之通舟注江，城衰而民稀也。庆历复旧，城与民未改也。至乾道，城既缩入，而居民多，故复之难。今愈多，故愈难。

指出台州州城到了南宋，由于一方面城墙内缩，另一方面城市人口愈来愈多，城内河渠尽管经过修治，以往功能已难于恢复。这种情形，自然不止存在于台州一地。各地城市人口持续增加，加上人们胡乱置放污秽、垃圾的生活习惯不改，于是许多河渠常在开浚后没有多久就再阻塞。台州州城的河渠在乾道五年（一一六九）曾经开浚，才到乾道九年（一一七三），又已“大河蔽于瓦砾”（《赤城集》卷十三姜容《州治浚河记》）；镇江府城的市河在庆元四年（一一九八）曾经浚导，然而“越十六年，淤土壅阏”（《至顺镇江志》卷七《山川志·河篇》）；嘉定年间，真德秀开浚泉州州城的沟渠，更是“越三祀，又堙塞如故”（《万历泉州府志》卷四《规制志·城池篇》）。问题既难以解决，加上地方官并非都重视此事，以河渠、湖泊浚治与防禁来预防疾疫发生，所收到的效果也就有一定的限度。

（三）医药、安养与埋瘗

浚治河渠、湖泊的措施，就长期来讲，既然成效不彰，疾疫的发生不易避免，政府必须有其他积极措施，以防止疫情扩大。疫病损害人们的健康、生命，与民间忽视医药有关，所以政府为民众提供医药服务。医药的提供并不限于政府，民间未尝无人了解其重要性，在做这件事。宣和（一一一九～一一二五）年间，秀州大疫，“尤工于医”的陈景东，“日挟数仆，持药物自随，以饮病者，穷闾委巷，靡不至焉。……晨出暮归，竟数月而后已”（孙觌《鸿庆居士集》卷三九《宋故府君陈公景东墓志铭》）；《夷坚志补》卷二五《符端礼条》也叙述庆元元年（一一九五）嘉兴府城大疫时，居民苏轸“择招老医，与诣病者家，逐一诊视，书其姓名，著所患阴阳二证于其下，归取药饵、姜枣、薪炭之属，持以赠之，甚贫不能自存则济之”。但是这项责任，主要仍由政府负起。

政府为民众提供医药服务，治疗的病症自然不限于流行疾疫，而包括各种常见的疾病在内，但是疫病流行影响较大，应是政府医药服务中的重要项目。大约从北宋仁宗时起，政府已对染上疫病的民众施加医药，到南宋时更为常见（注九三）。不仅中央政府所在的都城如此，许多地方官在疫病流行时也致力于医药的推广，裁抑巫觋的活动（注九四）。地方官的这个目标，并不容易达成。北宋晚期，蒋静知饶州安仁县，已曾为了让病人服药而论治巫者之罪（注九五）；可是到南宋中期，叶湜任此地长官，习俗依旧是“春夏疫作，率惟巫是听”，他仍须“为文镌晓，选医往视，随其证以疗，或扶病来告，则亲问而药之”（《真文忠公文集》卷四四《叶安仁墓志铭》）。配合政府推广医药的政策，宋代的医官制度也由中央深入到地方，在北宋政和三年（一一一三）以前，各路已设有驻泊医官，到政和三年，推行更广，从京城到全国各州郡，都有此一编制。这项制度，到南宋依然存在（注九六）。所以当疾疫发生时，无论中央或地方，政府都可以派遣医官探视病人，问症下药。例如乾道元年（一一六五），两浙因水灾过后而“疫气传染，间有死亡”，于是令“行在翰林院差医官八员，遍诣临安府城内外，每日巡门体问看诊，随证用药”，“在外州军亦依此法，州委驻泊医官，县镇选差善医之人，多方救治”（《会要》之《食货五九·恤灾篇》乾道元年四月二十二日条）。驻泊医官常驻于州城，县城、市镇由于没有驻泊医官，所以就另外从民间选差“善医之人”。但有时政府的医官也深入到县城，甚至乡村。庆元元年（一一九五）由于“两浙州县，亦多饥疫”，朝廷批准了两浙转运副使沈诜的建议，“州县合选委明脉医官，各分坊巷乡保医治”（同书《食货五八·赈恤篇》庆元元年六月七日条）。坊巷应指州城、县城，乡保则是乡村。政府在疫病流行时又常派遣“职医”巡视医疗，“职医”应为地方政府所选任或差派的医事人员（注九七）。

推广医药带来了医官制度的发展，同样与防治疫病相关的新制度，还有城市里一些公共卫生与社会福利设施的设立，如惠民和剂药局、安济坊、养济院、漏泽园等（注九八）。这类设施，在北宋中晚期陆续创立（注九九），到南宋继续发展，在各地城市中已颇为常见。这一些公共卫生与社会福利设施的创立与发展，牵涉到许多因素，而城市里疫病的流行应是其中之一；其治疗与服务的对象包含了各种人群，而疫病患者也涵盖在内。

药局经营药物的制造，用比较低廉的价格出售给民众，渊源于北宋熙宁十年（一〇七七）创设于汴京的卖药所，崇宁二年（一一〇三）以后有惠民和剂局之称，南宋绍兴六年（一一三六）始设行在和剂药局于临安（注一〇〇）。每逢盛暑，正是疾疫易生之时，都城患病的民众较多，朝廷派遣医官诊视，和剂局须担负起供应药物的重要任务。绍兴十六年（一一四六）夏天，下诏“翰林院差医官遍诣临安城内外看诊合药”，就“令户部下和剂局应副”，此后“每岁降诏同此”（《会要》之《食货五九·恤灾篇》绍兴十六年六月二十一日条）。当疫疾流行，南宋政府进行医疗工作时，情况也是一样。例如前述乾道元年两浙发生疫病，朝廷派医官在临安府城内外看诊，药物是“令和剂局应副”（同上，乾道元年四月二十三日条）。和剂局不仅提供都城所需要的药物，外地如果有疾疫出现，也运和剂局的药物前往支援。隆兴二年（一一六四），两淮受到宋金战争影响，“流移之民，饥寒暴露，渐有疾疫”，于是“令和剂局疾速品搭修合合用药四万帖，赴淮东西总领所交割”，并派官员“遍诣两淮州县乡村，就差医人同共给散”（同书，《食货五八·赈恤篇》隆兴二年十二月十六日条），所谓“州县乡村”，应包括州城、县城与乡村（注一〇一）。有些地方上药局的创设，往往受地方官救疫经验的影响。例如南宋晚期，王元敬任提点江东刑狱，设立药局于饶州（注一〇二），就是由于经历了“水毁之余，闾里大疫，病无药以疗，死无地以葬”，他哀伤地说：“是非吾职乎”，于是“乃捐司存羡钱百万，创业药局，制急于民用者凡五十品，民有疾得赴局就医，切脉给药以归”（高斯得《耻堂存稿》卷四《江东提刑司新创药局义阡记》）。又如绍定四年（一二三一），吴渊任知平江府，创设济民药局，也是由于“适逢春疫”，他派遣医官分区诊视给药，疫情从二月延续到七月才结束，事后他有感于“仓卒取药于市，既非其真，非惟不真，且不可以继”，因而“乃创济民一局，为屋三十有五楹”（《吴都文粹续集》卷八吴渊《济民药局记》），这所药局显然有相当规模。再如丰有俊知建昌军，捐钱创立两所药局，“萃良药，惟真是求，不计其直”，动机大概多半和他先前任隆兴府通判时的经验有关，当时“属岁大疫”，他“挟医巡问，周遍于委巷穷阎之间，察其致病之源，授以当用之药”（袁燮《絜斋集》卷十《建昌军药局记》）。这些地方官认为药局的设立，使得他们施医散药可以得到比较有力的支持。有些地方官，并且以设立药局作为克制当地巫风的利器（注一〇三）。地方的官营药局在平时可以提供民众一般的医药服务，如果有疾疫发生，也可以使地方官在救疫时不致由于缺乏药物而忙乱。

病人安养机构的设立，一般认为始于北宋元祐四年（一〇八九）苏轼在杭州所设的病坊，又名安乐坊。不过在苏轼之前，熙宁九年（一〇七六）赵抃知越州，已在大疫之后，“为病坊，处疾病之无归者”（曾巩《元丰类稿》卷十九《越州赵公救菑记》）。后来曾巩知洪州，也曾有过类似的措施（注一〇四）。苏轼设立安乐坊，同样是在大疫之后，到崇宁（一一〇二～一一〇六）年间，朝廷取法这一项设施，并且改名为安济坊（注一〇五），加以推广，于是成为一项通行的制度。于此之前，又在元符元年（一〇九八）将京师福田院的制度推广到各地，其后改称为居养院，收养鳏寡孤独不能自存之人，而居养院也具有照料病人的作用（注一〇六）。南宋初年以后，安济坊和居养院两者往往合并，称为养济院（注一〇七）。就如同药局一样，南宋一些地方官设立养济院这类机构，有时也是受到救疫经验的影响。南宋中期，叶湜知饶州安仁县，当春夏疫作时，选派医者诊视病人，在任内“方将创社仓、建义库、置安乐院”，可是“条画苴定，而君病矣”

（《真文忠公文集》卷四四《叶安仁墓志铭》），安乐院的名称，应即是采自苏轼所创的安乐坊，是安养病人的机构。叶湜虽然因病而没有完成安乐院的设置，但是所以会有此一构想，显然源自他在当地救疫的经验。又如黄度初出仕时，任温州瑞安尉，“岁大疫，挟医巡问，人给之药，而严巫觋诳惑之禁”，到嘉定四年（一二一一），在知建康府任内，“增养济两院，以安穷民之无告者”（《絜斋集》卷十三《龙图阁学士通奉大夫尚书黄公行状》），所谓“穷民之无告者”，从向来安养院或养济院收容的对象看，应包括因患病而潦倒的贫民在内。他在建康府的措施，未必和早年的经历无关。再如黄闶知吉州吉水县，当时吉州辖下八县，除吉水之外，其余七县已有居养院，而吉水县的鳏寡老病之人则寄居于佛寺。他因此创设居养院，“为屋十楹，日赡二十人，而使者又岁给常平五十斛以备益额之病而无归者”。程珌为之作记，也追溯这项举动的渊源到黄闶的父亲黄何任地方官时，“岁方饥，疠气纷薄，虽舆夫率惮莫前，公必徒行户至，使缗粟药物，人被乃已”（《洺水集》卷七《吉水县创建居养院》）。有些地方，这一类机构的设立，是和药局的设立互相配合的（注一〇八）。病人安养机构的出现显然与疫疾的防治有关，后来的继续发展虽牵涉到较多因素，但也仍未脱离救疫因素的影响。这类机构在平时已有安养贫病的作用，遇有疾疫发生，病人众多，自然更加需要。

漏泽园是政府所设的公墓，用来收埋无主尸骸，又有义冢、义阡等称呼。此法普遍推行始于崇宁三年（一一〇四），但政府自宋初以来已有收埋遗弃尸骸的措施，而在元丰二年（一〇七八）则已制度粗定（注一〇九）。南宋从绍兴十四年（一一四四）起，对这项制度也致力推广，当时建议的边知白提到，“独死者未有所处，往往散瘗道侧，实为可悯”（《会要》之《食货六〇·恩惠篇》绍兴十四年十二月三日条）。尸骸任意弃置，不仅如边知白所言，牵动了人们的同情心，更实际的问题是尸体腐烂容易引起疾病的传染（注一一〇）。郑兴裔知扬州时，请求建立义塚，说这些经年暴露的骸骨，"干和作沴，于斯为烈"（郑兴裔《郑忠肃奏议遗集》卷上《请立义塚状》），所指正是这一个问题。医家陈言在《三因极一病证方论》卷六《料简诸疫证治篇》里，也提到疾疫流行的原因之一，是"或多尸气，郁发而成者"。如果遇有疫病流行，一时有众多的人口死亡，这一个问题自然更加严重。所以当发生疾疫时，南宋政府通常都会给棺或赐钱助敛（注一一一）。进一步的措施则是派人收葬尸骸，例如淳熙八年（一一〇一）由于"是岁多疾疫"，而诏令"临安府于府城四门外相视隙地，作大塚各一。……凡遗弃骸骨，不问新旧，并行收拾丛葬"；次年，浙东绍兴府等处"民多疾疫"，两浙漕臣吴琚"亦乞依此施行"（《会要》之《食货五八·赈恤篇》淳熙八年四月十八日条）。这显然是因为遗弃的尸骸过多，所以临时设立丛葬的塚墓来掩埋。而绍熙五年（一一九四）李大性提举浙东常平，适逢绍兴府发生疾疫，他除了施药之外，又对"死者遗之以棺"，然后又"有意于埋胔掩之举"，于是"于会稽镇坞、山阴回涌塘傍各置义塚"（《嘉泰会稽志》卷十三《漏泽园篇》），这是比较具有规制的义塚，而其设立同样与处理疾疫所带来的弃尸有关。有些地方官设立义阡，也导源他们救疫的经验。例如前述在饶州经历大疫之后创设药局的江东提刑王元敬，同时"以官田易浮图山地三百余亩，为之茔域"，使"死者得所归"（《耻堂存稿》卷四《江东提刑司新创药局义阡记》）。又如早年在温州瑞安县尉任内曾从事救疫的黄度，当嘉定四年他在建康府增设两所养济院的同时，又"益南北义阡，以葬死者之无归"（《絜斋集》卷十三《龙图阁学士通奉大夫尚书黄公行状》)。而养济院等安养机构大概也和义阡等设施互有关连，死于院中的病者，就送往义阡埋葬（注一一二）。当医药已经无效，政府仍然协助死者能获一处安息之所。这项设施的存在，平时对于疾疫的引发已有预防的作用，若有疾疫发生，则有助于减缓疫情的扩散。

上述医药、安养与埋瘗的措施，对于政府的防治疾疫，都应该曾发生功效。以药物来说，官府对于疾疫时应如何用药，大概有某种程度的认识，例如绍兴二十五年（一一五五）的诏令中，就指出当年时气（疾疫）流行，民间因用药不当而死者甚众，因而根据医书，指示“如小柴胡汤等药，得大便快利”(《咸淳临安志》卷四十《诏令篇·戒饬民间医药条》)。据医书所载，小柴胡汤确为主治传染病伤寒的药品（注一一三）。次年夏天朝廷差医官给散夏药，宋高宗在宣谕中再提民间医药不当的问题，指示用小柴胡汤，并说:“闻服此得效，所活者甚众”(《会要》之《食货五九·赈恤篇》绍兴二十六年六月二十一日条)，显然此药在去年已经收到效果。地方官的救疫活动，如吴渊在《济民药局记》中，就说自己在平江府城发生疾疫时的施药工作，“由二月至七月，得不夭者一千七百四十九人”(《吴都文粹续集》卷八)，应该也是用药得宜。安养机构所收到的效果，则边知白在绍兴十四年（一一四四）的上言中，曾说养济院“岁所存活，不可数计”(《会要》之《食货六〇·恩惠篇》绍兴十四年十二月三日条)，其中自然包含了在疾疫时收容的贫病者在内。效果固然存在，但是这类措施，也有许多问题。当时的医学知识对疾疫原本就缺乏较多的认识（注一一四），而医官制度与医药、安养机构在当时只是官僚系统的一环，具有许多官僚组织易有的弊端，所以官府提供的药物、医疗品质常受诟病（注一一五）。同时地方财政困难，这些机构想要长期维持并不容易（注一一六）。此外，城市地区由于人口密集，也难以不断取得空地，用作义阡，在大城市附近尤其如此（注一一七）。因此，这类措施对于减轻疾疫影响所发生的作用，不宜过于强调。尽管如此，在近代以前，各地城市长期存在的惠民药局、养济院、义塚等设施（注一一八），其基础正是建立于宋代。

四、结语

宋代城市的繁荣，长久以来受到学界的重视，但是由于城市繁荣而造成的一些问题，却也不容忽略。从本文看来，南宋政府和城市居民，显然都必须面对逐渐严重的公共卫生问题。

这一个问题，自北宋中期以后逐渐引起注意，到南宋时期尤其明显，见于多处城市。问题的造成，有相当成分与部分民众缺乏环境卫生观念有关，也牵涉到政府和居民贪图经济利益。城市的繁华带来大量的污秽与垃圾，尽管当时城市里已有一些清除污秽、垃圾的办法，将其运往农村，用于农业，但仍然有不少人任意弃置；城市人口的增加使得空地愈来愈难取得，民众要扩展他们利用的空间，政府则贪图土地、湖泊出租的收入，使得街道、河、湖遭到侵用，水沟、河道也常为房屋所掩盖，污物的排除更不容易，环境的污染因此愈为严重。在有些城市里，污染的河水、湖水甚至是城市居民饮用的水源。城市卫生环境的恶化，加上城市里稠密的居住环境，导致疾疫经常发生，民众生活受到很大的困扰，他们面对疾病和死亡的威胁，深感无助与不安。人们虽在寻求防范病源与病媒的方法，但是这些方法的普及程度与实际效果均不易衡量。当时的医药资源距离满足他们需求的程度仍然颇远，甚至无法取得他们的信任；社会上依旧炽盛的巫风也无益于问题的解决，往往还加速病人的死亡。虽然当时的民众一般仍然认为，疾疫出自于瘟神或疫鬼的散布，可是已有一些士人和官员认识到，河渠阻塞和环境污染应是造成问题的一个重要原因。

问题既已逐渐严重，政府必须采取措施。政府对于城市公共卫生问题所采取的措施，是多方面的。一些官员无论是否相信神祇具有散播或消弭疾疫的力量，并不排斥祈神，这项措施可以配合民间信仰，含有尝试从心理上去安定民众的作用，以缓和他们对于疾病或死亡的恐惧。政府也进行河渠、湖泊的整治，拆除侵占街道、河渠的房屋，并且禁止民众任意弃置污秽、垃圾，企图维持一个比较洁净的环境，以减少疫病的发生。针对民间医药资源的缺乏，政府又提供医药的方便，以达成治疗的目的，有些官员并且以此作为打击巫风的利器。政府还进一步建立各种以养生送死为职责的公共卫生与社会福利设施，如惠民和剂药局、安济坊、养济院、漏泽园等，这些设施无论在平时或疾疫发生时，都可以发挥功效。尽管政府已经采取各项措施，问题仍然继续存在。祈神虽然有心理上的效果，却无益于实际问题的解决。地方政府平时疏于河渠的维护，对于河渠的疏浚，则常遇阻力，也并非所有地方官都重视此事，往往要隔很久的时间才有一次较大规模的举动；人们任意弃置污物的生活习惯没有改变，禁令也未必为民众所遵守；再加上城市人口的持续增加，即使经过疏浚，河渠也难以恢复旧观。有关医药、安养、埋瘗的措施，则由于当时医药知识、政府行政效能等限制，所发挥的作用也有一定的限度。政府措施所发挥的功效所以有一定的限度，除了上文已经讨论过的一些原因外，还应该注意到当时教育的内容主要是文学与经典，政府并没有想到，与公共卫生相关的民众生活习惯，应该可以经由教育来养成。

尽管效果有一定的限度，甚至到宋代以后，民间仍因未能比较有效地对抗疾疫，而依旧将疾疫的流行归因于瘟神、疫鬼的活动（注一一九），但是当时政府的措施亦非没有比较长远的影响。惠民药局、养济院、义塚等公共卫生与社会福利设施在城市中普遍设立，是宋代以迄明清城市的一项特色，宋代（尤其是南宋）则是这项特色奠基的时期。而城市卫生环境恶化之后，疫病容易流行，应是这项特色所以会出现并且延续的部分原因。

附记

本文曾在“洁净的历史”研讨会宣读，此研讨会由“中央研究院”历史语言研究所生命医疗史研究室举办。

（原刊于《“中央研究院”历史语言研究所集刊》
第七十本第一份，一九九九年三月）

注释

注一：关于坊制、市制及其崩溃，见加藤繁，《宋代都市的发展》，收入加藤繁著、吴杰译，《中国经济史考证》。刘淑芬，《中古都城坊制的崩解》，收入刘淑芬，《六朝的城市与社会》。加藤繁认为坊制、市制的崩溃在北宋末年，而刘淑芬则指出在唐末已彻底瓦解。

注二：梁庚尧，《南宋城市的发展》，收入本书，上册，页五〇九～五九六。

注三：此一观念，得自已故陈胜昆医师，一九八一初，拙作《南宋城市的发展》发表于《食货月刊》，陈医师读后，来电话讨论，指出当人口居留达到一定密度时，传染病即容易流行，询问宋代是否可以看到相关资料。笔者从此才注意到此一问题，当时并曾抄录了几条资料寄去，陈医师也回电话说可以作为确证。如今本文写成，已事隔十七年之久，而陈医师亦已意外逝世多年，无从就正。临文之际，忆及往事，不胜感怀。

注四：南宋末年临安都城的人口数，有各种不同的说法，笔者比较偏向三十万家之说。见《南宋城市的发展》。

注五：例如南宋末年，富室郑虎臣住在平江府城舞鹤桥东，据卢熊，《洪武苏州府志》卷七《园亭志》载："四时饮馔，各有品目，著《集珍日用》一卷，并《元夕闰灯实录》一卷，皆言其奢侈于餍饫也。"

注六：梁庚尧，《南宋城市的社会结构》，收入本书。

注七：不著撰人，《西湖老人繁胜录》："南瓦、中瓦、大瓦、北瓦、蒲桥瓦，惟北瓦大，有勾栏一十三座，常是两座勾栏专说史书。……"又："城外有二十座瓦子……。余外尚有独勾栏，（去）瓦市稍远，于茶（肆）中作夜场。"

注八：《梦粱录》卷十六《面食店条》："杭人侈甚，百端呼索取覆。"

注九：《梦粱录》卷十三《团行条》载有由各业工役之人组成的作分二十余种。

注一〇：梁庚尧，《南宋城市的社会结构》，载于本书，上册，页五九七～六七一。

注一一：梁庚尧，《南宋的军营商业》，载台湾大学历史系编，《史学：传承与变迁学术研讨会论文集》。

注一二：《梦粱录》卷十六《茶肆条》："大抵酒肆除官库、子库、脚店之外，其余谓之拍户。"

注一三：古林森广，《宋代产业经济史研究》，第一编第五章；陈伟明，《唐宋饮食文化初探》，第七章。

注一四：分见谈钥，《嘉泰吴兴志》卷二《坊巷篇·州治条》；《开庆四明续志》卷七《楼店务地条》。

注一五：傅宗文，《宋代草市镇研究》，页二三七～二三九。

注一六：梁庚尧，《南宋城市的社会结构》（载于本书上册页五九七～六七一）。

注一七：黄敏枝，《关于宋代佛教的浴室院》，载台湾大学历史系编，《史学：传承与变迁学术研讨会论文集》。

注一八：洪迈，《夷坚丁志》卷五《荆山庄甕条》载刘某："晚如厕，见群豕环瓮饮米泔。"

注一九：周藤吉之，《宋代稻作の地域性》，收入周藤吉之，《宋代经济史研究》。

注二〇：《要录》卷一七一，绍兴二十六年二月甲戌条："（许）兴古看详，州县若造船只，须有三二十年可用，又国家休兵既久，诸州不辍打造军器及发纳物料数不少，又诸军亦以土粪钱不住兼造，似亦不阙。"

注二一：黎靖德编，《朱子语类》卷一一一《朱子八·论民》："福建赋税犹易办，浙中全是白撰，横敛无度，民甚不聊生，丁钱至有三千五百者，人便由此多去计会中使，作宫中名字以免税。向见辛幼安说，粪船亦插德寿宫旗子。某初不信，后提举浙东，亲见如此。”

注二二：黄休复，《茅亭客话》卷三《淘沙子条》：“伪蜀大东市有养病院，凡乞丐贫病者皆得居之。中有携畚锸日循街坊沟渠内淘泥沙，时获碎铜铁及诸物以给口食。”

注二三：《梦粱录》卷十二《河舟条》：“更有载垃圾、粪土之船，成群搬运而去。”

注二四：草野靖，《宋の屋税地税について》，《史学杂志》一九五九年第四期。

注二五：梁克家，《淳熙三山志》卷四《地理类·内外城濠篇》：“自长利桥至安定门，渠旁民多侵为浮舍，熙宁二年（一〇六九），程大卿筑城始撤之，寻其源而复浚焉。”

注二六：梁庚尧，《南宋城市的发展》（载于本书上册页五〇九～五九六）。

注二七：《嘉泰吴兴志》卷二《城池篇·湖州条》载子城濠：“其他为民居浮檐所蔽，郡岁时督厢吏浚治云。”罗浚，《宝庆四明志》卷三《郡志·叙郡·公宇篇》载子城濠：“岁久民居跨濠造浮棚，直抵城址。”《康熙宜春县志》卷十三《李渠志》载南宋流经袁州州城的李渠：“由崇胜院前过西墅桥，历社坛，出官圳巷，居民以板覆渠，屋于其上者三十余家。”王有庆，《道光泰州志》卷三一《艺文志·碑记篇》载南宋李骏《方洲记》述市河：“数十年来，居民枝柱阁架其上，折篙胶舵。”

注二八：参见《梦粱录》卷十九《园囿条》；《武林旧事》

卷五《湖山胜概条》。

注二九：梁庚尧，《南宋城市的发展》（载于本书上册页五〇九～五九六）。

注三〇：《会要》之《方域十七·水利篇》，绍兴三年（一一三三）十一月五日条载朱胜非等言临安开修运河："临流人侵塞河道，悉当迁避，至于畚揭所经，泥沙所积，当预空其处，则居人及富家以僦屋取资者，皆非便，恐议者以为言。"

注三一：周应合，《景定建康志》卷二十《城阙志·门阙篇》载，乾道元年（一一六五）正月十四日知建康府张孝祥言秦淮河入府城分为两派，其一为青溪，"自天津桥出栅寨门，亦入于江，缘栅寨门地近为有力者所得，遂筑断青溪水口，创为花圃，以为游人宴赏之地。"

注三二：范成大，《吴郡志》卷十八《川篇》载城内东南隅的采莲泾："两岸皆民居，亦有空旷地为蔬圃。"阳思谦，《万历泉州府志》卷四《规制志·城池篇》载南宋绍兴十八年（一一四八）以前，"光孝塘半鞠为蔬场。"

注三三：苏轼，《东坡奏议集》卷七《乞开杭州西湖状》："已差官打量湖上葑田，计二十五万余丈。"同卷《申三省起请开湖六条状》："湖上种菱人户，自来脔割葑地如田塍状以为疆界。"

注三四：张津，《乾道四明图经》卷十载，舒亶作于元祐九年（即绍圣元年，一〇九四）的《西湖记》："其亭南既堤以为放生池，濒湖之民，又缘堤以植菱芡之类，至占以为田，淀淤芜没几不可容舟。"按明州西湖即月湖之别称。

注三五：陈淳，《北溪大全集》卷四五《上胡寺丞论重纽侵河钱》："州县二河，居民千百家，……后抵官河虚地，元纳河岭钱，后来官中改名为侵河钱。"

注三六：《至顺镇江志》卷二《地理志·桥梁篇·丹阳县条》："胡公桥，在仁智桥北，北宋（按：当作南宋）宝祐甲寅，县令胡梦高重建，旧名富家桥。"

注三七：《成都文类》卷二五吴师孟《导水记》："博访耆艾，得老僧宝月大师惟简言，往时水自西北隅入城，累甓为渠，废址尚在，若迹其原，可得故道。遂选委成都令李偲行视，果得西门城之铁窗之石渠故基。循渠而上，仅十里至曹波堰，接上游溉余之弃水，至大市桥，承以水樽而导之。水樽，即中原之澄槽也。自西门循大逵而东，注于众小渠。又西南隅，至窑务前闸，南流之水，自南铁窗入城。于是二渠既酾，股引而东，派别为四大沟，脉散于居民夹街之渠，而辐凑于米市桥之渎。其委也，又东汇于东门而入于江。……凡为澄槽二，木闸三，绝街之渠二，木井百有余所，而民自为者随宜增减，不可遽数焉。"

注三八：据《宝庆四明志》卷三《郡志·叙郡》，庆元府城只有东南、东北、西南、西北四厢，而据《开庆四明续志》卷七《楼店务条》，则多出了府西、甬东两厢。《宝庆四明志》卷十二《鄞县志一·叙水》所载淳祐二年士民陈情，时间在宝庆（一二二五～一二二七）年间之后十余年，在开庆元年（一二五九）之前十七年，疑是《宝庆四明志》重刊时添入。

注三九：《东坡奏议集》卷七《乞开西湖状》、《申三省起请开湖六条状》。

注四〇：佐藤武敏，《唐宋时代都市における饮料水の问题》，《中国水利史研究》一九七五年第七期。

注四一：《东坡奏议集》卷七《乞开杭州西湖状》："天下酒官之盛，未有如杭者也。岁课二十余万缗，而水泉之用，仰给于湖。若湖渐浅狭，水不应沟，则当劳人远取山泉，岁不下二十万功，此西湖之不可废者五也。"

注四二：《咸淳临安志》卷三二《山川志·湖篇》载汤鹏举条具事宜："契勘西湖所种茭菱，往往于湖中取泥葑夹和粪秽，包根坠种，及不时浇灌秽污。绍兴十七年六月申明，今后永不许请佃栽种。今来又复重置莲荷，填塞湖港。"

注四三：《咸淳临安志》卷三三《山川志·湖篇》："淳祐七年（一二四七），赵安抚与篡因水涸浚湖，奏请云：自涌金门北至钱塘门一带荷荡，正系六井水口，旧为府第占据租佃牟利，填塞秽浊。今已支钱回买，先就此处用工，欲更于荷荡界至之外，用石砌结，疏作石窗，立为界限，澄滤湖水，舟船不得入，滓秽不得侵，使井口常洁，咸享甘泉，实为都民久远之利。"又载咸淳年间（一二六五～一二七五），"又以玉莲堂、丰乐楼两水口皆为植荷芡者樊其旁，污秽尤盛，盖由前是（按：是疑为者之误）官利租入，仍踵旧弊，乃悉除去其籍，差开湖兵绝所莳本根，使勿复萌蘖。"

注四四：此池为五代时期吴越王钱元瓘所开凿。参见佐藤武敏，《唐宋时代都市における饮料水の问题》。

注四五：分见《咸淳临安志》卷七九《寺观志·寺院篇》；卷七二《祠祀志·仕贤篇》。

注四六：西湖游赏活动的兴盛，参见《都城纪胜》之《舟条》；《梦粱录》卷十二《湖船条》；《武林旧事》卷三《西湖游幸（都人游赏）条》。

注四七：《宝庆四明志》卷四《郡志·叙水》："四时之景不同，而士女游赏，特盛于春夏，飞盖成阴，画船漾影，殆无虚日。"

注四八：魏岘，《四明它山水利备览》卷上《它山水源条》："二水至新堰而合流，经北渡、栎社、新桥入南城甬水门，潴为二湖，曰日曰月，畅为支渠，脉络城中，以饮以灌。……自唐逮今四百十有六年，民食之所资，官赋之所出，家饮清泉，舟通物货，公私所赖，为利无穷。"按此书序于南宋淳祐二年（一二四二）。

注四九：宝庆（一二二五～一二二七）年间，庆元府城户籍户数为五千三百二十一户。见《宝庆四明志》卷十三《鄞县志·叙赋篇》。

注五〇：王德毅师在讨论宋代疫疠时，已曾根据欧阳守道的文字指出当时疫疠与环境卫生的关系，见王德毅，《宋代灾荒的救济政策》，页一八～一九。

注五一：南宋民间对疾疫成因的认识，见沈宗宪，《宋代民间的幽冥世界观》，页三四～三八；陈元朋，《〈夷坚志〉中所见之南宋瘟神信仰》，《史原》一九九三年第十九期，页三九～八四。两人均论及当时流行的“五瘟”之说。康豹（Paul R. Katz）对宋代的瘟神、疫鬼也有讨论，除五瘟之外，又述及十二值年瘟王。见 Paul R. Katz, *Demon Hordes and Burning Boats: The Cult of Marshal Wen in Late Imperial Chekiang*（Albany: State University of New York Press, 1995）, pp. 49 ～ 58.

注五二：文中述及“今户部尚书蔡公”，当为蔡京。按蔡京任户部尚书在绍圣（一〇九四～一〇九七）年间，见王称，《东都事略》卷一〇一《蔡京传》，吴师孟此文大约作于此时。

注五三：陈言在著于淳熙元年（一一七四）的《三因极一病证方论》卷六《料简诸疫证治篇》中，曾指出：“况疫之所兴，或沟渠不泄，畜其秽恶，熏蒸而成者。”参见宫下三郎，《宋元の医疗》，载薮内清编，《宋元时代の科学技术史》。

注五四：关于宋元城市商业繁荣对疾疫频生的影响，宫下三郎，《宋元の医疗》一文已指出。

注五五：《会要》之《食货五九·赈恤篇》隆兴二年（一一六四）十二月十六日条：“诏两淮经虏人蹂践，流移之民，饥寒暴露，渐有疾疫。……”同书《食货六〇·恩惠篇》乾道元年（一一六五）二月二十六日条载监察御史程叔远言：“臣闻凡人平居无事，饥饱一失其节，且犹疾病随至，况于大饥之民，相比而集于城郭，春深候暖，其不生疾疫者几希。……今饥民聚于城外而就食者不下数万人，颇渐有病者、毙者。”

注五六：陈元朋《〈夷坚志〉中所见之南宋瘟神信仰》。

注五七：《三因极一病证方论》卷六《料简诸疫证治篇》："辛未年，永嘉瘟疫，被害者不可胜数。"据陈言著书年代，此辛未年应为绍兴二十一年。

注五八：施宿，《嘉泰会稽志》卷十三《漏泽园篇》："绍熙五年，少监李大性来为提举浙东常平。……连岁不登，继以疠疫，而民不免于死亡。"

注五九：不著撰人，《两朝纲目备要》卷五，庆元五年五月条："都城疫，丁酉，以久雨，多疾疫，令临安府赈恤之。"

注六〇：《真文忠公文集》卷九《申尚书省乞拨米赈恤道州饥民》："道殣相望，疫疠复作，……盖尤甚于嘉定十四年之旱疫。"

注六一：《真文忠公文集》卷三五《敕封慧应大师后记》："先是，嘉定十五年，汀、邵、剑三州，疫死者各以万计。"

注六二：钱谷编，《吴都文粹续集》卷八载吴渊作于绍定四年八月的《济民药局记》："余领郡，适有春疫。"

注六三：伤寒、痢疾等因卫生不佳、食物不洁而引起的传染病，均已见于宋代；感冒的病名，也见于南宋医书；瘴气亦即疟疾，也盛行于南方。见宫下三郎，《宋元の医疗》。又苏轼《物类相感志》《疾病篇》已载有霍乱，其症状为"吐泻不止"。当时民间则多指疾疫为伤寒，见陈元朋，《〈夷坚志〉中所见之南宋瘟神信仰》。陈元朋在文中论及宋代医家辨析伤寒与瘟疫不同，但伤寒确为传染病的一种。有学者认为南宋盛行于夏季的传染病主要是伤寒，因大量流民而引起的冬季传染病则为斑疹伤寒。见曹树基，《地理环境与宋元时代的传染病》，《历史地理》一九九五年第十二期，页一八三～一九二。

注六四：陈元朋，《〈夷坚志〉中所见之南宋瘟神信仰》。

注六五：不著撰人，《湖海新闻夷坚续志·前集》卷二《祛病疫惑条》："安成进士彭绍甫中伤寒而亡，人皆以疫，哭吊者疏。"

注六六：《物类相感志》提及了许多逼避蚊、蝇的方法，如《总论篇》中说："草索可以怯青蝇。"又说："麻叶可逼蚊子。"其他说法尚多。

注六七：《夷坚乙志》卷七《杜三不孝条》："洪州崇真坊北有大井，民杜三汲水卖之，夏月则货蚊药以自给。"

注六八：当时民间的辟疫习俗，如元旦五更焚辟瘟丹，端午节以五彩丝系肩，分见陈元靓，《岁时广记》卷五《辟瘟丹条》，卷二一《五彩丝条》。又澧州有于端午以大舟浮江送瘟之俗，见庄绰，《鸡肋编》卷上。康豹对于此一习俗在宋代以后的流衍，有较为详细的讨论。见 Paul R. Katz，*Demon Hordes and Burning Boats: The Cult of Marshal Wen in Late Imperial Chekiang*, pp. 66 ～ 69, 153 ～ 159.

注六九：刘佳玲，《宋代巫觋信仰研究》，页一三一～一三四；陈元朋，《两宋的"尚医士人"与"儒医"——兼论其在金元的流变》，页八一～八八。

注七〇：《巽斋文集》卷四《与王吉州论郡政书》："盖不正之气，遭者即病，固无择于其人。"

注七一：巫者此种对待病人的方式，又见于《夷坚志补》卷二《陈俞治巫条》。陈俞自京师下第回临川，

"值其家病疫，闭门待尽，不许人来，人亦无肯至者"。他"推户径前，见门内所奉神像香火甚肃，乃巫者所设"。他认为，"凡疫疠所起，本以蒸郁熏染而得之，安可复加闭塞，不通内外。"

注七二：有些地方官只是将祈禳看成一种必要的仪式，未必深信真能使神明有所感应。洪迈，《容斋随笔·四笔》卷三《水旱祈祷条》载："海内雨旸之数，郡异而县不同，为守为令，能以民事介心，必自知以时祷祈，不待上命也。而省部循案故例，但视天府为节，下之诸道转运司，使巡内州县，各诣名山灵祠，精洁致祷，然固难以一概论。乾道九年（一一七三），赣、吉连雨暴涨，予守赣，方多备土囊，壅诸城门以杜水入，凡二日乃退。而台符令祷雨，予格之不下，但据实报之。已而闻吉州于小厅设祈晴道场，大厅祈雨。问其故。郡守曰：'请霁者，本郡以淫潦为灾；而请雨者，朝旨也。'其不知变化如此，殆为威侮神天，幽冥之下，将何所据凭哉。"朝廷不顾各地的差异，而通令祷雨，已视此种仪式为形式，而这位吉州知州可以因为上级命令的关系，在祈晴的同时祈雨，可见对他来说，祈禳只是行政上一种必须完成的手续。值得注意的是，洪迈虽然说这位吉州地方官的作法是"威侮神天"，而认为地方官"能以民事介心，必自知以时祷祈，不待上命也"，但他在这一段记载的最后，却引述苏东坡诗："若使人人祷辄遂，造物应须日千变"，显然在他的心中，祈神只是用来表达诚心，并非有祷必应。

注七三：刘佳玲，《宋代巫觋信仰研究》，页五五、六六～六八。

注七四：刘佳玲，《宋代巫觋信仰研究》，页一四二～一四三，一五五～一六二。

注七五：史继刚，《宋代的惩“巫”扬“医”》，《西南师范大学学报》一九九三年第三期，页六五～六八。杨倩描，《宋代禁巫述论》，《中国史研究》一九九三年第一期，页七六～八三。

注七六：陈元朋，《〈夷坚志〉中所见之南宋瘟神信仰》。

注七七：《真文忠公文集》卷四八《为民患痢告慈济庙》：“今闾巷之间，以痢下为苦者众，守能悯之，而不能救之，既有愧于民矣。神能救之，而守不以告，其罪当何如哉？”又《慈济庙》：“疫疠易生，春夏之交，多以病告。断以今始，著为定例，一岁两祠于神。”

注七八：见《两浙金石志》卷九《宋广灵王庙碑》后附释文。

注七九：这类资料并不罕见，如《两浙金石志》卷十二《宋屠墟灵昭庙尚书省牒残碑》；陆心源，《吴兴金石录》卷九《孚惠庙敕牒碑》，卷十二《嘉应庙敕牒碑》；杜春生，《越中金石记》卷五《文应庙记》。朝廷授予祠庙封号或庙额的政治意义可能更大于宗教意义，是政府对地方社会控制的一种方式，也是政府与地方人士间的利益交换。参考 Valerie Hansen, *Changing Gods in Medieval China, 1127 ～ 1276*（Princeton: Princeton University Press, 1990）, p.84, 104.

注八〇：刘佳玲在其硕士论文中，已根据这篇文字，指出庸医用药不当对增强巫觋权威的影响。见《宋代巫觋信仰研究》，页一五八～一五九。

注八一：《会要》之《方域十七·水利篇》绍兴八年（一一三八）十一月十一日条载，知临安府张澄建议疏浚府城河流："以工程计之，半年之外，河流无壅，岂惟百物通行，公私皆便，兼春夏之交，民无疾厉之忧。"显示出官员期望河渠经浚治而通畅之后，可以消除疾疫。

注八二：关于宋代城市河渠浚治的讨论，已有斯波义信，《江西袁州の水利开发》，收入斯波义信，《宋代江南经济史の研究》；小野泰，《宋代浙东の都市水利——台州城の修筑と治水对策》，《中国水利史研究》一九九〇年第二十期，页二五～四六。两文均未强调卫生环境的问题。

注八三：宫下三郎，《宋元の医疗》。

注八四：《成都文类》卷二五载席益《淘渠记》："益曰：'今岁绘为图以从事矣，图可据乎？'皆曰：'图如不可据，则时两既降，必有受弊之处。今积阴每霁，衢路如汎扫，是图之功也。'"

注八五：《会要》之《方域十七·水利篇》绍兴三年（一一三三）十一月五日条载，宰臣朱胜非等建议开修临安府运河，曾担忧"居人及富家以僦屋取资者，皆非便，恐议者以为言。"即为一例。

注八六：例如曹叔远在宝庆三年修复袁州李渠时，对于役夫的佣金就是"遇晚亲自给散，吏不得预毫发"。见《康熙宜春县志》卷十三《李渠志》。

注八七：例如临安府在绍兴八年疏浚城内外运河，是由两浙转运司“刷那厢军壮城兵士，逐州军定共差一千人，选兵官将校部辖，严责近限，发赴本所开浚。”见《会要》之《方域十七·水利篇》绍兴八年十一月十一日条载知临安府张澄言。

注八八：例如福州州城在淳祐八年（一二四八）浚内河、淳祐十年（一二五〇）浚外河，是“先是，寺产满百钱者浚三尺，产二百以下皆敷。公下令产满百者浚二尺而已，浚内河者半之，负郭三邑产三百以下、余十县产六百以下者皆免敷。遂划界限、度丈尺，总以十大寺，而余寺分隶焉。近寺募工，远寺助费，率以产满百者助二工。按籍给由，下之十县。以僧督僧，吏拱手不得与。寺尤远而输未至者，先兑库钱。”见刘克庄，《后村先生大全集》卷九十《福州浚外河记》。文中所谓“公”，指淳祐十年的知州赵希瀞；所谓“钱”或“产”则指产钱。

注八九：疏浚河渠所挖出的污泥，常为乡村的农民所运走，用作肥料。见《成都文类》卷二五席益《淘渠记》述其父于北宋大观二年（一一〇八）浚成都府城水渠：“既汙泥出渠，农圃争取以粪田，道无著留。”又《水心先生文集》卷十《东嘉开河记》述淳熙四年温州州城浚河：“取泥出甓，两岸成丘，村农闻之，争喜负去，一日几尽。”

注九〇：《咸淳临安志》卷三二《山川志·湖篇》载，乾道五年（一一六九）周淙奏：“旧招军兵二百人，专一撩湖，委钱塘县尉主管，后来废阙，见存止三十五名。”

注九一：《赤城集》卷十三，王廉清《修东湖记》：“岁月既久，畔援施易，土石倾圮，启塞无时。自皇祐（一〇四九～一〇五三）、熙宁（一〇六八～一〇七七）以迄于今，屡作屡废，至是极矣。……，乃覈旧迹，披故道。昔之沮砾郁积者，今疏凿之；昔之侵渔蔽亏者，今疆理之。浚城中之水沟，创城闉之斗门。”

注九二：周藤吉之，《宋代の陂塘管理机构と水利规约——乡村制と关连において》，收入周藤吉之，《唐宋社会经济史研究》。

注九三：王德毅师探讨宋代的平时救济，已讨论过此一问题，见王德毅，《宋代灾荒的救济政策》，页一二四～一二七。

注九四：刘佳玲，《宋代巫觋信仰研究》，页一五五～一六二。

注九五：《宋史》卷三五六《蒋静传》：“调安仁令。俗好巫，疫疠流行，病者宁死不服药。静悉论巫罪，聚其所事淫像，得三百躯，毁而投诸江。”

注九六：陈元朋，《两宋的“尚医士人”与“儒医”——兼论其在金元的流变》，页九〇～九二。

注九七：《会要》之《食货六〇·恩惠篇》乾道元年二月十一日条载知绍兴府赵令垠言：“或恐内有病患之人，官给药饵，专差职医调治。”同书《食货五八·赈恤篇》淳熙十四年（一一八七）二月八日条载浙西提举罗点言：“本路州县疫气大作，居民转染，多是全家病患。臣遂就局修制汤剂给散，选官监督。各州职医巡门置历，抄札病患人数，逐一医治。”关于南宋时期职医的意义，参见陈君恺，《宋代医政之研究》，页三五、五八。

注九八：关于这些设施，学界已有不少研究。较早有徐益棠《宋代平时的社会救济行政》，《中国文化研究汇刊》一九四五年第五卷，页三三～四七。其后有金中枢，《宋代几种社会福利制度——居养院、安济坊、漏泽园》，《新亚书院学术年刊》一九六八年第十期，页一二七～一六九。王德毅师在《宋代灾荒的救济政策》第三章第二节《平时救济》中，也曾论及。此外，方杰人师曾专论漏泽园，见方豪，《宋代佛教与遗骸之收瘗》，收入方豪，《方豪六十至六十四自选待定稿》。漏泽园的讨论又见张邦炜、张忞，《两宋时期的义塚制度》，收入漆侠、胡昭曦主编，《宋史研究论文集：一九九四年年会编刊》（保定：河北大学出版社，1996）。陈元朋曾专论药局，见陈元朋，《两宋的“尚医士人”与“儒医”——兼论其在金元的流变》，页九二～九八。

注九九：唐代已设有悲田、养病坊，用以矜孤恤贫、救老养病，不仅设于京师，也见于州府，虽由政府设立，但大部分时间交由寺院主持。见黄敏枝，《唐代寺院经济的研究》，页一三二～一三四。不过唐代无论中央或地方的悲田、养病坊，其制度与经营均缺乏较为详细的记载。宋朝初年仅京师设有福田院，收养老幼废疾，地方并无类似机构，所以宋代地方安济坊、养济院等机构的创设可以说是重新的发展；同时宋代这些机构由政府主持，在性质上也和唐代的悲田、养病坊有差别。至于药局和漏泽园，则不见于唐代。

注一〇〇：陈元朋，《两宋的“尚医士人”与“儒医”——兼论其在金元的流变》，页九二～九三。

注一〇一：淮南虽然人口分布比其他各路稀疏，但是也有一些人口稍多的城市，如真州州城、楚州盐城县城、安庆府城都有三千至五千余户的人口，见梁庚尧，《南宋城市的发展》（载于本书上册页五〇九～五九六）。流民聚集于城市，配合上城市的特殊环境，极易触发传染病的流行，此点前已提及。

注一〇二：江东提刑司在饶州，见王象之，《舆地纪胜》卷二三《饶州篇》。

注一〇三：《后村先生大全集》卷一六七《龙学行隐傅公行状》载傅伯成知漳州时，“始创惠民局以革机鬼之俗。”又汪瑀，《嘉靖安溪县志》卷七《文章类》载陈宓《惠民药局记》述其于此地任知县时，由于“俗信巫尚鬼，市绝无药，有则低价以质州之滞腐不售者”，于是在嘉定三年（一二一〇），“为和剂局于中门之内。”

注一〇四：《元丰类稿》续附《曾巩行状》：“在洪，岁大疫，自州至县镇亭传皆储药以授病者，民若军士不能自养者以官舍舍之，资其食饮衣衾之具，以库钱佐其费，倩医候视，记其全失多寡以为殿最。”

注一〇五：《长编》卷四三五，元祐四年十一月甲午条：

“轼又作饘粥、药饵，遣吏挟医，分方治病，活者甚众。轼曰：‘杭水陆之会，因疫病死，比他处常多。’轼乃裒集羡缗，得二千，复发私橐，得金五十两，以作病坊，稍蓄钱粮以待之，名曰‘安乐’，崇宁初改赐名曰‘安济’云。”

注一〇六：《长编》卷五〇三，元符元年十月壬午条载详定一司敕令所言：“鳏寡孤独贫乏不得自存者，知州、通判、县令、佐验实，官为居养之，疾病者仍给医药。”

注一〇七：《会要》之《食货六〇·恩惠篇》绍兴元年（一一三一）十二月十四日条载通判绍兴府朱璞言：“今乞委都监抄札五厩界应管无依倚流移病患之人，发入养济院，仍差本府医官二名看治。”说明养济院具有安养孤苦无依病人的作用。又卢瑢撰有《重建居养安济院记》，明显将居养、安济二者连在一起讲，见《吴都文粹续集》卷八。

注一〇八：例如陈宓在泉州安溪县，感于“秋冬之交，疾作相望，伥伥无所栖”，于是创安养院收容，“取废寺之粟岁若干石以粥之，为惠民局于邑东以药之，病瘉则裹粮以送之。”见《嘉靖安溪县志》卷七《文章类》载陈宓《安养院记》。又绍定四年吴渊在平江府城创济民药局的同时，也创设了收容贫病的广惠坊。平江府城广惠坊的设立见《吴都文粹续集》卷八吴渊《广惠坊记》。

注一〇九：方豪，《宋代佛教与遗骸之收瘗》；张邦炜、张忞，《两宋时期的义塚制度》。

注一一〇：关于此点，王德毅师在讨论宋代的助葬制度时已经提及，见王德毅，《宋代灾荒的救济政策》，页九五。

注一一一：《会要》之《食货五八·赈恤篇》庆元二年（一一九六）三月二十九日条载御笔："访闻都城疾疫流行，细民死者日众，朕甚悯焉。……其有病死无力殡瘗，于内藏库拨钱一千万贯，别差官抄札，畀以棺榇。"《两朝纲目备要》卷十三，嘉定四年（一二一一）三月条："都城疫，己未，命临安府赈给病民，赐棺钱。"

注一一二：《洺水集》卷七《吉水县创建居养院记》："自是生有以养，疾有以药，没有以藏矣。"《嘉靖安溪县志》卷十一《文章类》载陈宓《安养院记》："不幸有故，则棺敛以葬之。"所谓"没有以藏""棺敛以葬"，应即葬于同为官府所设的义阡。

注一一三：曹树基，《地理环境与宋元时代的传染病》。

注一一四：陈元朋，《〈夷坚志〉中所见之南宋瘟神信仰》。

注一一五：金中枢，《宋代的几种社会福利制度——居养院、安济坊、漏泽园》。陈元朋，《两宋的"尚医士人"与'儒医'——兼论其在金元的流变》，页九七。

注一一六：《会要》之《食货五八·赈恤篇》载新知婺州钱佃言："臣前知隆兴府，于城外置养济院一所，收养贫病无依之人。先是，漕臣芮辉以俸钱千缗，合药以济病者；赵汝愚以俸钱千四百缗，买田以给病者食；臣又益以千缗，增置长定一庄，仍创造屋一区，差人看守，轮遣医工诊视，日给口食药饵，委官提督。首尾九年，始得就绪。恐后来官吏或不究心，便致废坏。乞诏本路漕臣常切提督，所有钱物不许移用。”隆兴府这所养济院，全靠前后三位官员捐助私款，才得以成立，钱佃并且担心以后的官吏会将经营养济院的基金挪用到其他方面，使得他们的苦心遭到破坏。隆兴府是大府，尚且如此，可见地方财政难有创建、经营这一类机构的余裕。

注一一七：俞文豹，《吹剑四录》：“今京城内外，物故者以百计，若非火化，何所葬埋。”《景定建康志》卷四三《风土志·义塚篇》载，真德秀于嘉定年间所创的南北义阡管理办法：“义阡葬地如已遍满，即申本司支钱，取掘焚化。”又《夷坚支乙》卷九《鄂州遗骸条》：“鄂州地狭而人众，故少葬埋之所。近城隙地，积骸重叠，多舆棺置其上，负土他处以掩之，贫无力者或稍经时月，濒于暴露，过者悯恻焉。”均说明葬地不足的事实。

注一一八：翻阅宋、元、明、清时代的地方志，常可以见到这类设施。

注一一九：Paul R. Katz, *Demon Hordes and Burning Boats: The Cult of Marshal Wen in Late Imperial Chekiang*, Chapter 2。

宋代社会经济史论集

增订本

下册

梁庚尧 著

创于1897
商务印书馆
The Commercial Press

下册目录

（叁　地区发展与城镇社会）

肆　官户、士人的家境与活动

伍 附 录

叁

地区发展与城镇社会

南宋的市镇

一、前言

宋代社会经济特征之一，是城市的发展。由于自中晚唐以来，商业日益发达，使得城市型态在宋代发生重大的转变，这一转变，有两个显著的现象：一是作为行政中心的城郭，包括都城、郡城和县城，商业性质不断增强，突破了原来政治、军事性质所构成的限制，原有的坊制、市制破坏，而且城墙再也不能阻止市区的向外扩张（注一）；一是乡村里兴起了许多商业市镇，这些市镇，原非行政中心，也没有城墙拱卫。数量众多的城郭和市镇，散布各地，构成一个全国性的商业网，反映商业发展已从城郭深入乡村。

宋代新兴的市镇，或起源于乡村中定期聚集交易的虚集，或起源于邻近城郭与交通要道的草市，或起源于人口密集的聚落，随着商业的发展而有了固定的市区和长期的营业，甚至政府在此征税，这一类称为市的市区，其繁荣的情况已超过虚市或草市甚多，当政府进一步在此设置监镇官监管时，这一个市区便称为镇（注二）。镇在宋代以前，原指军将屯戍之所，名称源自北魏，唐末、五代兵权分裂，因此置镇繁多，北宋统一之后，收天下兵权，省罢诸镇，镇虽然仍作为地理名称而存在，但所指已异（注三）。乡村中散布的商业市镇，在北宋中期已经具有明显的地位，《会要》之《商税篇》所载熙宁十年（一〇七七）商税资料中，市镇和郡城、县城并列；王存《元丰九域志》录载元丰年间全国郡县，在各县之下，都列有该县的镇名和镇数。到了南宋，市镇的地位更为显著，不仅郡县地方志之内载有市镇的资料，而且有镇志的编修，记载澉浦镇风土事物的常棠《海盐澉水志》，便是留存至今的南宋镇志；此外，乌青镇在南宋时也曾由沈平修过镇志（注四）。本文运用方志，配合其他史料，探讨南宋时期商业市镇的发展。

二、南宋市镇的兴盛

南宋的市镇，大部分散布在乡村之中，成为坊郭之外独立的商业中心。但也有少部分市镇，毗邻坊郭，由坊郭市区的向外扩张，与市镇相连，使得市镇成为坊郭市区的一部分，例如临安府沿钱塘、仁和二县，共有四镇十市，多数在城外数里至十余里之内（注五），而临安府在绍兴十一年（一一四一），已因府城之外南北三十里人烟繁盛，设立城南左厢和城北右厢来管理，两厢治所便是分别设于杭州市和江涨桥镇（注六），可见这些市镇已被包含入临安府城的城外市区之内；又如镇江府城西门还京门外有一江口镇，虽然自成一镇，但是从力役轮差和治安系统看，实为镇江府城市区的延伸（注七）；再如汀州州城秋成门外五里的杉岭市，也已设有兴仁坊，成为州城市区的一部分（注八）。这一类市镇，不在本文讨论的范围之内。

散布在乡村中的市镇，繁荣情况不一，就一般而言，其规模与繁盛自然无法与坊郭相比，但是某些地区市镇数目众多，在数量上超过坊郭。兹据地方志的资料，统计南宋若干地区的市镇数，与县治数相比较，如表一表示，以明了市镇的地位。

表一：南宋郡县县治数与市镇数

地区	县治数	市数	镇数	资料来源
临安府余杭县	1	1	1	《咸淳临安志》卷十九《疆域篇·市条》、卷二十《疆域篇·诸镇条》
临安府盐官县	1	1	1	同上
平江府常熟县	1	6	4	卢镇重修《琴川志》卷一《叙县·镇条、市条》
嘉兴府	4	10	6	徐硕《至元嘉禾志》卷三《镇市条》
湖州	6	0	6	《嘉泰吴兴志》卷十《管镇篇》
镇江府	3	1	4	卢宪《嘉定镇江志》卷四《田赋志·职田篇》、卷八《僧寺志·寺篇》、卷十二《官室志·务篇》
常州	4	8	7	史能之《咸淳毗陵志》卷三《地理志·坊市条》、卷十《秩官志·县官条》
江阴军	1	0	2	朱昱《重修毗陵志》卷六《官寺志·场务篇·宋条》
庆元府	6	21	5	罗濬《宝庆四明志》卷十三《鄞县志》、卷十五《奉化县志》、卷十七《慈溪县志》、卷十九《定海县志》、卷二十《昌国县志》
台州	5	16	3	陈耆卿《嘉定赤城志》卷二《地理志·坊市条》
绍兴府	8	7	6	施宿《嘉泰会稽志》卷四《市条》、卷十二《八县条》
建康府	5	25	14	周应合《景定建康志》卷十六《疆域志·镇市条》
徽州歙县	1	2	1	罗愿《淳熙新安志》卷三《镇寨条》
福州	12	0	12	梁克家《淳熙三山志》卷九《公廨类·商税篇·诸县镇务条》
汀州长汀县	1	1	0	《永乐大典》卷七八九〇《汀州府条》引《临汀志》

（续表）

真州扬子县	1	3	2	申嘉瑞《隆庆仪真县志》卷三《建置考·宋条》
扬州江都县	1	0	3	盛仪《嘉靖惟扬志》卷七《公署志附宅里》
泸州	3	10	6	《永乐大典》卷二二一七《泸州府条》引《江阳谱》（注九）

按：一、郡市、县市、城内之市，已纳入坊郭市区之市镇及已废之市镇均不计入。

二、部分方志的镇、市记载可能不完备。

上表各郡县，分布市镇自数处至三十余处，多者如平江府常熟县，一县中即有六市四镇，如建康府，一府中有二十五市十四镇；少者如福州，一州中有十二镇，如湖州，一州中有六镇，如汀州长汀县，一县中只有一市。而各郡县的市镇数，除福州、湖州二郡及汀州长汀县的市镇数与县治数相等外，其他均较其县治数多出甚多，亦即这些郡县中的市镇要较城郭的数目为多。实际上，福州郡治闽、侯官二县，湖州郡治乌程、归安二县，均为二县治共一郡城，所以福州、湖州二郡的市镇同样多于城郭的数目；至于汀州长汀县，则原有二市，数量超过城郭，但其中的杉岭市因郡城的发展而被吸收成坊郭市区的一部分，长汀县市镇数目的减少，应视为城市发展的结果。众多的市镇，使得商品流通的网络更为稠密，商业中心不仅是点的分布，而且有面的深入。

市镇户口有多有少，一般说来，自然不及坊郭人口的众多，但是也有居民多至千余家或数千家的市镇，人口密集不下于中小型的郡城、县城。普通的市镇，大约都聚居有百余家至数百家，例如建宁府崇安县黄亭镇，绍兴十四年（一一四四）五月遭逢大水，“百余家尽走”（洪迈《夷坚丁志》卷五《吴辉妻妾条》）；陆游自浙东乘船入蜀，航行长江，过池州之后，

“过雁翅夹，有税场，居民二百许家”（陆游《渭南文集》卷四十五《入蜀记第三》），按此雁翅夹当即池州雁汊镇的口岸，是商税收入甚丰的镇务；据嘉定九年（一二一六）淮西安抚转运司的奏请，无为军卢江县金牛镇“有居民二百余家”（《会要》之《职官四八·巡检篇》）；鄂州武昌县也有一个金牛镇，南宋初年以荒凉减罢监官，其后薛季宣又请求复设，原因是“今来本镇人烟近四百户，市井比之本县大段翕集”（薛季宣《浪语集》卷二十六《上诸司论金牛置尉劄子》）；鄂州蒲圻县和岳州临湘县共同统辖一个新店市，“民户夹溪而居，南岸数百家则属蒲圻，北岸百余家则属岳州临湘县”（《会要》之《职官四八·县尉篇》淳熙十一年［一一八四］五月十六日条）。如果聚居的民众不满百家，即使商旅来往频繁，收税众多，也不能成镇（注一〇），既存的镇如果居民凋落到百家以下，则将面临废罢的命运（注一一），只有在交战地区因人口过少而废县为镇，才有数十家的镇户（注一二）。

人口达千户以上的市镇，可以称得上是大镇。如蜀州邻近蕃部的新渠镇，“人户近千余家”（《会要》之《方域十二·市镇杂录》乾道九年［一一七三］十月十一日条）；潭州衡山县和湘阴县共管的桥口镇，“市户二千余家，地狭不足以居，则于夹江地名暴家歧者，又为一聚落，亦数百家”（《会要》之《职官四八·监当篇》庆元四年［一一九八］三月十八日条）；江陵府江陵县的沙市镇，亦称沙头市（注一三），陆游《荆州歌》曾咏及：“沙头巷陌三千家”（陆游《剑南诗稿》卷十九）；福州福清县的海口镇，大约也有三千余家（注一四）；嘉兴府海盐县的澉浦镇，“户口约五千余”（《海盐澉水志》卷一《地理门·户口条》）；庆元府定海县的鲒埼镇，“居民环镇者数千家”（《许国公奏议》卷三《奏禁私置团场以培植本根消弭盗贼》）；

朱熹也曾经提及一连江镇，因寇乱而焚烧千余家（注一五），则此镇人烟的繁盛，可能有数千家之众。南宋的坊郭固然有数万户甚至十万户以上的大城市，但是在五千户以上的，城市人口已可算是众多，一般的郡城、县城，大约只在一千户至五千户之间，甚至有不过数百户的郡城（注一六）。千余户以至于数千户的大镇，人口密集自然超过小型的坊郭，而与中型的坊郭相当，即令是数百户的市镇，也不比小型的坊郭逊色。所以南宋史籍中，对于市镇常以"居民繁盛""人烟繁盛""人烟甚盛""居民日繁"等词来形容（注一七）。

南宋市镇的兴盛，又可以从商税的收入来观察。市镇常是商旅必经之地，又聚居有相当数量的户口，他们需要不少的商品，因此市镇多设有商税务。商税收入的多寡，虽然因为税收来源的不同而具有不同的意义，有的收入众多是因为本地商业繁荣，有的则只是因为对过往商旅的征课，但是仍然多少可以反映商业发展的部分情形。南宋市镇商税务所征收的商税，一般说来，比不上坊郭所收的多，但是也有若干市镇，所收商税要超过某些郡城、县城，甚至和大城市的商税收入相当。兹表列南宋若干郡城、县城与市镇的商税收入如表二，以相比较。

表二：南宋郡县市镇商税收入

地区	年商税收入	资料来源
常州州城	43,579 贯 490 文	《咸淳毗陵志》卷二十四《财赋志》
无锡县城	9,920 贯	同上
宜兴县城	9,000 贯	同上
青城镇	4,759 贯	同上
万岁镇	6,840 贯	同上
张渚镇	1,440 贯	同上

（续表）

湖洑镇	10,800 贯	同上
横林镇	20,600 贯	同上
望亭镇	3,240 贯	同上
江阴军城	32,470 贯 43 文	《重修毗陵志》卷七《食货志·财赋篇》
岕村镇	6,072 贯 4 文	同上
利城镇	3,662 贯 599 文	同上
庆元府城	35,662 贯 391 文	《宝庆四明志》卷五《郡志·叙赋》
小溪镇	1,300 贯	《宝庆四明志》卷十三《鄞县志·叙赋》
奉化县城	1,800 贯	《宝庆四明志》卷十五《奉化县志·叙赋》
慈溪县城	2,700 贯	《宝庆四明志》卷十七《慈溪县志·叙赋》
定海县城	27,600 贯	《宝庆四明志》卷十九《定海县志·叙赋》
澥浦镇	1,530 贯	同上
绍兴府城	62,256 贯 959 文	《嘉泰会稽志》卷五《课利条》
嵊县县城	3,551 贯 677 文	同上
诸暨县城	4,818 贯 378 文	同上
萧山县城	5,795 贯 718 文	同上
余姚县城	3,476 贯 95 文	同上
上虞县城	2,808 贯 26 文	同上
新昌县城	950 贯 44 文	同上
钱清镇	1,945 贯 538 文	同上
三界镇	3,486 贯 742 文	同上
蛟井镇	1,783 贯 126 文	同上
枫桥镇	1,955 贯 67 文	同上
渔浦镇	2,673 贯 501 文	同上
潮州州城	21,586 贯 699 文	《永乐大典》卷五三四三《潮州府条》引《三阳志》
潮阳县城	4,797 贯 271 文	同上

（续表）

揭阳县城	4,038 贯 784 文	同上
圃湾镇	4,628 贯 687 文	同上
池州 雁汊镇	260,000 贯	《渭南文集》卷四十六《入蜀记第四》
蕲州 蕲口镇	150,000 贯	同上

表二所列各市镇，商税收入大部分在千余贯至六千余贯之间，常州湖洑、横林两镇在万贯以上，池州雁汊镇和蕲州蕲口镇则更在十五万贯以上。以市镇商税收入和郡城、县城比较，大部分市镇的收入均不及郡城、县城。但常州湖洑、横林两镇的商税收入要超过同州的无锡、宜兴两县城，尤其是横林镇的商税收入，竟超过两县城的总和；绍兴府钱清、三界、蛟井、枫桥、渔浦五镇的商税收入，均超过同府的新昌县城，其中三界镇又超过同府的上虞、余姚两县城；潮州圃湾镇的商税收入，超过同州的揭阳县城。至于池州雁汊镇的商税收入达二十六万贯，蕲州蕲口镇的商税收入达十五万贯，则更是惊人，不仅表中各郡城的商税收入远不及之，即令是临安府城，据《咸淳临安志》卷五十九《贡赋篇·商税条》所载，都税务的收入也只有十五万五千余贯，加上城外市区的浙江、北郭、龙山、江涨诸税务收入，才达到四十二万贯；镇江府城在嘉定（一二〇八～一二二四）年间，据俞希鲁《至顺镇江志》卷六《赋税篇》所载，都税务收入只有七万四千余贯，加上城外市区江口镇税务收入，才达到二十万六千余贯。乾道六年（一一七〇）一度将雁汊税务并归池口镇，但不久之后知池州张抡请求恢复原状，他指出“比较雁汊所收税钱，亏近二十万缗”（《会要》之《食货十八·商税篇》乾道六年八月三日条），足证陆游所记并非虚构。雁源镇和蕲口镇所收商税如此众多，

当是由于收大江过税之故（注一八），所有航运于长江的商品经过此二镇时均须征税，并非两镇的市区繁盛与商业发达超过临安府城与镇江府城。

市镇商税收入的情况，还可以再举其他例子。《嘉泰吴兴志》卷八《公廨篇》载湖州乌程县乌墩镇税务每月合发税钱一千七百零七贯，若无闰月，则乌墩镇商税收入一年可达二万零四百八十四贯，而嘉泰（一二〇一～一二〇四）年间湖州州城的商税收入，据估计可在二十万贯以上（注一九），可知乌墩镇的商税收入已经为数颇丰，但是仍无法和郡城相比。又《会要》之《食货十九·商税篇》嘉定十七年（一二二四）三月十四日臣僚言：

> 湖州武康县坐落山僻，税务祖额全年计七千三百六十五贯有畸，今增作二万三千七十七贯有奇，至嘉定十三年（一二二〇）内，课利不登，县申转运司每月量减二百贯，然行之未几，复为郡守仍旧增发，今虽邑宰白州，复依减发之数，而犹趁办不敷。又乌青镇地连三郡，河港支分，物货易于透漏，税务祖额每日止四十三贯，自辛巳年间，江淮流民避地，税物经过偶有增羡，当时守遂增至一百二十贯二百，自后商旅不行，课额日减，至淳熙十三年（一一八六），父老省部陈词，减作八十五贯五百有畸，今为定额，积欠动数千贯，未有一任能及额者。……考之湖州管下县镇，如德清县日额止四十余千，新市镇止十八千，独武康、乌青税额仍旧，日下煎熬。

按乌青镇是乌墩镇和嘉兴府崇德县青墩镇的合称，二镇虽然分属湖州、嘉兴府二郡，但实为同一聚落（注二〇）。

又辛巳年为绍兴三十一年（一一六一）。以一年十二月、三百五十四日计，推算诸县镇全年商税收入，武康县祖额为7,365贯，嘉定十三年减为4,965贯；乌青镇祖额为15,222贯，绍兴三十一年增至42,550贯800文，淳熙十三年以后又减为30,260贯，即使经常积欠数千贯，仍然有二万余贯；嘉定十七年德清县为14,160贯，新市镇为6,372贯。可知乌青镇的商税收入要超出武康县和德清县甚多，即使不计青墩镇，仅以与武康县、德清县同隶湖州的乌墩镇来比较，前述《嘉泰吴兴志》所载的乌墩镇商税收入仍然远超过武康、德清二县；新市镇的商税收入虽然无法和德清县相比，却超过嘉定十三年以后的武康县。同属湖州的长兴县四安镇税务和归安县施渚镇税务分别在庆元四年（一一九八）、六年（一二〇〇）被废，在此之前，四安镇每年的商税收入曾经高达10,800贯，后来减少，也有5,040贯，施渚镇每年的商税收入也曾经达到5,285贯（注二一），都可与湖州属县的商税收入相比。

除了湖州所辖市镇的例子外，其他地区如信州汭口镇，“镇居往来之冲，课额甚伙”（吕祖谦《东莱集》卷十三《张监镇墓志铭》）；如嘉兴府华亭县青龙镇，当赵庚夫权监镇时，“势家或为大商地，匿税巨万”（刘克庄《后村先生大全集》卷一四八《赵仲白墓志铭》），两镇的商税收入也必然甚丰。又如饶州浮梁县的景德镇，据刘坤一《光绪江西通志》卷九十三《经政略·陶政篇》载元蒋祈《陶记》：

> 宪之头子，泉之率分，统制之供给，经总之移用，州之月桩、支使、醋息，镇之吏俸、孤遗、作匠，总计月钱凡三千余缗，而春秋军旅、圣节、郊祀、赏赉、试闱、结

葺犹不与，此通融计之，月需百十五缗。

此文所述为南宋时事。景德镇每月须交给上级税钱达三千余贯，这些税钱当来自商税。每月以3,500贯计，若非闰年，则景德镇一年须有42,000贯的商税收入才能达成任务，数目之多，可与乌青镇相比。

南宋的市镇聚居了相当数量的人口，又有颇为繁荣的商业，市容繁盛是必然的。若干市镇的繁盛，甚至超过中小型的郡城、县城。例如楚州淮阴县的洪泽镇，“人烟繁盛，倍于淮阴，故洪泽人常欺侮淮阴人”（徐梦莘《三朝北盟会编》卷一二八建炎三年［一一二九］四月二十日条）；如青龙镇，“无异大县”（程俱《北山集》卷三十六《四月二十二日车驾经由秀州赐对札子》）；如澉浦镇，“人物繁阜，不啻汉一大县”（《海盐澉水志》卷七《碑记门·德政碑》）；如乌墩镇与新市镇，“虽曰镇务，然其井邑之盛，赋入之多，县道所不及也”（《浪语集》卷十八《湖州与镇江守黄侍郎书》）；如鲒埼镇，“生齿颇多，烟火相望，而并海数百里之人，凡有负贩者皆趋焉，图志谓之小江下”（《许国公奏议》卷三《奏禁私置团场以培植本根消弭盗贼》），所谓小江下，当是比拟于江阴军城外商贾云集的江下市（注二二）；如太平州当涂县的黄池镇，“商贾辐凑，市井繁盛，俗谚有云：‘太平州不如芜湖，芜湖不如黄池也。’”（《文忠集》卷一七一《乾道壬辰［一一七二］南归录》），按芜湖县亦属太平州；如潭州醴陵县的储洲市，“交易甚伙，敌壮县”（范成大《骖鸾录》）；如范成大自嘉州前往峨眉县途中经过的苏稽镇、符文镇，“两镇市井繁逻，类壮县”（《吴船录》卷上）。上述市镇的繁盛与郡城、县城没有分别，甚或犹有过之，它们之间的差异，只在市镇没有城墙环绕而已。

南宋市镇的兴盛，又可以从个别市镇本身的发展来观察。《会要》之《食货十六、十七·商税篇》载有北宋熙宁十年（一〇七七）南方市镇的商税资料，取之与前述南宋市镇的商税收入作比较，如表三，以明了南北宋间市镇的发展。

表三：南北宋市镇商税收入比较

地区	北宋商税收入	南宋商税收入
乌墩镇	2,104 贯 475 文	20,484 贯
新市镇	1,771 贯 521 文	6,470 贯
四安镇	1,973 贯 763 文	10,800 贯
施渚镇	2,770 贯 901 文	5,285 贯
青城镇	197 贯 412 文	4,759 贯
万岁镇	161 贯 337 文	6,840 贯
张渚镇	2,215 贯	1,440 贯
湖洑镇	2,813 贯 891 文	10,800 贯
横林镇		20,600 贯
望亭镇		3,240 贯
崇村镇	1,528 贯 540 文	6,072 贯 4 文
利城镇	2,421 贯 155 文	3,662 贯 599 文
小溪镇		1,300 贯
澥浦镇		1,530 贯
钱清镇		1,945 贯 538 文
三界镇		3,486 贯 742 文
蛟井镇		1,783 贯 126 文
枫桥镇		1,955 贯 67 文
渔浦镇	3,240 贯 191 文	2,673 贯 501 文
景德镇	3,337 贯 957 文	42,000 贯
圃湾镇	2,740 贯 357 文	4,628 贯 687 文
雁源镇		260,000 贯
蕲口镇	26,540 贯	150,000 贯

据表三，可知横林、望亭、小溪、澥浦、钱清、三界、蛟井、枫桥、雁汊等九镇，在北宋熙宁十年尚未设场务征收商税，这些市镇发展成为商业中心，可能都在此时之后；乌墩、新市、四安、施渚、青城、万岁、湖洑、崇村、利城、景德、圃湾、蕲口等十三镇，南宋时期所征收商税均比北宋时期多，部分市镇甚至高出数倍以至数十倍；只有张渚镇和渔浦镇，南宋时期的商税收入要比北宋少。此外，如信州汭口镇，前文述及在南宋时期"课额甚夥"，而在北宋熙宁十年商税收入不过是六百八十三贯六百九十五文而已，可见南北宋间汭口镇的商税收入也颇有增加。

南北宋间市镇商税收入的增加，是否意味着商业的发展，应该稍作讨论。商税的收入与政府所定税额有关，反映政府对于税源的控制，南宋时期市镇商税收入增加，固然有可能是因为政府为增加税入而提高税额，但是税额提高必须适应商业发展的程度；南宋时期市镇商税收入增加，也可能与纸币发行过多，导致通货膨胀有关，但是南宋赋税征课，按规定必须会子、铜钱各半搭配缴纳，同时会子面值较大，小额商税的缴纳必然使用铜钱，而收税机关在实际收纳时又常仅收铜钱，不肯收会子（注二三），因此纸币贬值即使有所影响，也只是部分的。其实货币发行量增加，只要不是贬值过剧，正是商业发展的反映，而货币收缩反倒象征了百业趋向萧条。南宋时期纸币的大幅度贬值，要到嘉熙（一二三七～一二四〇）年间以后，而上列市镇除属于常州各市镇（青城、万岁、张渚、湖洑、横林、望亭）外，其他市镇南宋商税收入所属年代多在嘉熙年间以前，例如乌墩镇南宋商税收入为嘉泰（一二〇一～一二〇四）年间的数字，这时物价十分平稳，而此一数字仍然比北宋熙宁十年乌墩镇商税收入高出近十倍，如果再考虑到南宋湖州商税税率比北宋降低2.5倍（注二四），可能是各地普遍的状况，则上述市镇南北宋间商税收入的增加，足以说明其商业在这段期间有相当的发展，是很明显的。即使常州属下各市镇，张渚镇在南宋商税收入比北宋减少，施渚镇增加不及一倍，暂置而不论，其他横林、望亭两镇在北宋尚未征收商税，万岁、青城两镇南宋商税收入均比北宋高出数十倍，湖洑镇的南宋商税收入则将近北宋的四倍，在将会子贬值、铜钱与会子搭配缴税及商税税率降低等因素加以衡量之后，相信应仍可反映其商业的发展。

南北宋间市镇的发展，又可以苏州（平江府）管下的市镇为例。苏州常熟县在北宋元丰（一〇七八～一〇八五）年间，已有梅李、庆安、福山三镇和练塘、支塘、甘草、涂菘四市，南宋绍兴（一一三一～一一六二）年间以前再增设许浦镇，南宋末年以前又增加了直塘市和杨尖市。福山、庆安、梅李三镇在北宋熙宁（一〇六八～一〇七七）年间已经设有商税场务，许浦镇在南宋以后也同样设务征收商税，支塘市则设有酒坊，绍兴年间由于人烟繁盛而榷入众多。吴县的木渎镇，在熙宁十年（一〇七七）商税额只有24贯939文，可说微不足道，但是到元代大德七年（一〇三三）以前，木渎镇已和昆山、嘉定、常熟等县城的税务提领并列在五百定以上（注二五），而且位列这一部分的第七，超过其他九十三个郡县及市镇，木渎镇的显著发展，应该在南宋时期。吴江县在元丰年间尚未设镇，在南宋时期则已有震泽镇设置税务，平望镇设有酒坊，在绍兴年间和常熟县支塘市同样因人烟繁盛而榷入众多，平望镇又一度设有税务，到乾道六年（一一七〇）因税务设置过密而被省罢，宋、元之际吴江县再兴起一个繁盛的同里镇，民物丰阜，商贩骈集（注二六）。

再有一些市镇，在南宋时期发展或兴起，成为大镇。例如澉浦镇，在北宋就已存在，但南宋初年的镇境却远不能和南宋末年相比。《海盐澉水志》卷一《地理门·镇境条》：

东西一十五里，南北五里（原注：《武原志》云：‘周回五里半。’绍兴［一一三一～一一六二］间人民稀少，今烟火繁阜，生齿日众，故不止此）。

《海盐澉水志》作于南宋绍定三年（一二三〇），可知从绍兴到绍定一百年间，澉浦镇从一个人烟稀少的小镇发展成为一个生齿繁众的大镇，镇境大为扩张。如临江军清江县的清江镇，又称樟树镇（注二七），也是在北宋就已存在，但是在乾道三年（一一六七）和乾道八年（一一七二），周必大两次航行赣江，都在樟镇之外七八里或十余里投宿，他在游记里对于樟镇也没有特别的描写（注二八），可能此时清江镇仍非大镇，到了南宋末年，景况已经不同。吴澄《吴文正集》卷八十二《故吉水县尉杨君墓志铭》：

吉水县尉杨君家清江县之清江镇，镇绾西江东广之会，货物聚，户口蕃。……昔者范蠡既成功名于越，思移谋国之术而施之于家，谓陶之地宜贸迁，遂徙家箸鬻，竟以饶财雄一世。清江镇，亦江右之陶也。

以清江镇比拟于春秋战国之际的陶邑，可见其商业的繁荣。而据《元典章》卷七《吏部之一·官制篇》所载，清江镇列居于元初二十一处三千定以上税务提领之中，与建康、泉州等大城市并列。清江镇的高度发展，显然在南宋的后半期。如桥口镇，据前引《会要》所述，在庆元四年（一一八九）已有居民二千余家，地狭不足以居，因此衍生出一个名为暴家岐的聚落，有数百户人家，而在五十余年后的宝祐二年（一二五四），暴家岐又已发展成为“商贾辐凑，舳舻相衔者无虚日”（《永乐大典》卷五七六九《长沙府条》引《古罗志》载邵庶《暴家岐税务新砌江岸记》）。

南宋时期才兴起的大镇，如鲒埼镇，嘉定七年（一二一四），以该地“商舶往来，聚而成市，十余年来，日益繁盛”（《宝庆四明志》卷十四《奉化县志·叙县》），因而设镇，可知鲒埼镇的兴起，大约是嘉定七年以前十余年间的事，而到了宝祐（一二五三～一二五八）末年吴潜治理庆元府时，据前引《许国公奏议》所载，环镇而居的民众已有数千家。如湖州乌程县的南浔镇，本名浔溪，又名南林，原来只是一村庄，因耕桑之富而兴起，端平元年（一二三四）时已经商旅萃集，但尚未设官征收商税，淳祐（一二四一～一二五二）末年才设镇（注二九），设镇之后，迅即成为繁荣的大镇。《咸丰南浔镇志》卷二十六《碑刻志·嘉应庙勅牒碑》：

> 宝祐甲寅（一二五四），狄浦盐寇啸聚，村落多被其害，且垂涎南浔，以为市井繁阜，商贾辐凑之所，意在剽劫。

同书卷一《疆域志》引张鸿翥《南浔文献志》：

> 按南浔镇向有宋元人所绘地图，……其南一带，则俨然阛阓骈集，货物充盈。

可见南浔建镇之后的繁盛。据《元典章》卷七《吏部之一·官制篇》所载，元初五百定以上的税务提领中，南浔镇位列第十，仅略后于吴县木渎镇，也是一商税收入颇丰的处所。如嘉兴府华亭县的上海镇，是在南宋末年才设镇的，当时“蕃商辐辏，乃以镇名，市舶提举司及榷货场在焉”（唐锦《弘治上海志》卷一《疆域志·沿革篇》），南宋咸淳三年（一二六七），上海已设有市舶分司（注三〇），此后到元初至元二十九年（一二九二），上海便以民物繁庶而设县（注三一）。上海为镇时的繁盛，见于元大德七年（一三〇三）唐时措所撰的“上海建县治记”。《弘治上海志》卷五《建设志·公署篇》载此文：

> 上海县襟海带江，舟车辏集，故昔有市舶，有榷场，有酒库，有军隘、官署、儒塾，佛仙宫馆、甿廛贾肆，鳞次而栉比，实华亭东北一巨镇也。

文中所称的昔时，实指宋末咸淳以来二十余年的史事。在这短短的二十余年中，上海由一新兴起的市镇急速扩大而为一县，发展可谓惊人，而其先以一商业中心的姿态出现，再转变为行政中心，更反映了新的城市发展形态。

市镇的发展，起于北宋，至南宋而兴盛。在许多地区，市镇数目之多，超过坊郭，使得商品流通的网络更为稠密，商业中心的分布，伸展入广大的乡村；市镇的人口、商税收入都为数不少，市容也颇为可观，若干市镇在这些方面甚至要超过中小型的坊郭，再加上市镇数量的众多，其经济意义实不容忽视。不仅如此，市镇本身也在成长，旧的市镇继续扩大，新的市镇不断出现，这种趋势到南宋末年仍未停止。

三、南宋市镇的类型

市镇是商业中心，亦即商品集散的处所，史籍上常以“商旅所聚”“商贾辐凑”等词来形容。南宋日益繁盛而增多的市镇，虽然同是商品的集散点，但是却具有不同的型态。南宋的市镇，大致可分为生产型、转运型和消费型三种类型。生产型的市镇大约附近有丰富的农、林、渔、盐、矿业或手工业的生产，由于产品的外销而带动了商业的发展；转运型的市镇大约都位于重要的交通路线上，如沿海、沿江、沿运河或其他水陆要冲，因此而成为商品转运的重要据点；消费型的市镇则或有军队驻扎，或是宗教及风景名胜，或为服务邻近的乡民，因消费活动而导致商业的发展。

（一）生产型市镇

长江中下游平原，是丰盛的稻米产区，也是南宋的经济命脉所在，自北宋至南宋，随着人口的增加、耕地的扩张与精耕稻作技术的进步，稻米的产量不断提高（注三二）。个别稻作农家的生产，虽然基本上以维持自家生计为目的，但是透过租佃制度、赋税制度以及其他因素的作用，稻米成为大宗销售的商品，供应各地城镇消费人口的需要（注三三）。稻米由农产品转变而成商品，自必先经过集中的过程，然后再转销到外地，若干市镇位处稻米产区，显然具有集中当地农产品的功能。方回《古今考续考》卷十八《附论班固计井田百亩岁出岁入条》：

> 予往在秀之魏塘王文政家，望吴侬之野，茅屋炊烟，无穷无极，皆佃户也。……予见佃户携米，或一斗，或

五七三四升，至其肆易香烛、纸马、油盐、酱醯、浆粉、麸面、椒姜、药饵之属不一，皆以米准之。整日得米数十石，每一百石舟运至杭、至秀、至南浔、至姑苏，粜钱复买物归售。

按魏塘为镇，见于《至元嘉禾志》卷三《镇市条》，方回所述为南宋末年的情形，魏塘镇四围尽是农家，当地所产稻米透过佃户购买日用品而集中于店肆，再转销到外地，是一个典型的生产型市镇。这种数量有限的米粮集中方式，自非惟一的方式。魏塘镇所属的秀州（嘉兴府），与邻近的苏、湖二州，是南宋产米最丰盛的地区，当地的豪右之家，“占田广，收租多”，“丰年大抵舟车四出”（王炎《双溪类稿》卷二十一《上赵丞相》），这种米粮贸易的规模更大。粜售租米的地主，常设置粮仓于市镇。《夷坚志补》卷七《直塘风雹条》记载平江府常熟县直塘市的富民张五三将仕，囤积米谷，以粜米为业：

淳熙元年（一一七四），有一客立约籴米五百斛，价已定，又欲斗增二十钱，客不可，遂没其定议之值，客抑郁不得伸，但举手加额告天而已。时五月十三日，天清无云，午后大风忽从西北起，阴霾蔽空，雨雹倾注，风声吼怒，甚于雷霆，张氏仓廪帑库所贮钱米万计，扫荡无一存。

张氏“仓廪帑库所贮钱米万计”，囤粮显然甚多，可能是当地的地主，储积了佃户所纳的租米，而向其收购米粮的客商，一次便籴五百斛，数量不少，应是批发至外地。这一则记载，说明直塘市附近所产的稻米，集中于地主的仓库，再转销给来自外地的客商，也是一个典型的生产型市镇。又如绍兴三十一年（一一六一），张子颜等输米助军，提供米谷的各处粮仓中，有"湖州乌程县乌镇庄一万二千石""吴县横金庄二千五百石"（《三朝北盟会编》卷二三七绍兴三十一年十月二十九日条），乌镇即乌墩镇，横金为横金市（注三四），仅张氏一族在两市镇粮仓中所储米谷已在数千石甚至万石以上，则两地粮产之丰可想而知，乌墩镇和横金市也应该具有生产型市镇的性质。苏、湖、秀三州境内的许多市镇，大概有不少属于这一类型。

苏、湖、秀三州以外的其他地区，也有这一类型的市镇。例如江东建康府、宣州（宁国府）、太平州一带，圩田遍布，稻米生产也颇丰盛（注三五）。杨万里《诚斋集》卷三十二所载的《圩丁词十解》，是关于圩田的重要史料，这十首诗，为杨万里过溧水县孔镇所作，此一孔镇，当即是《景定建康志》卷十六《疆域志·镇市条》所载的孔家堽镇。孔家堽镇既位于圩田区中，想必是当地米产集中的处所。又如宣州宣城县的水阳镇，更有政府所设的粮仓，收受圩户输纳的租米。王象之《舆地纪胜》卷十九《江南东路·宁国府篇》：

> 水阳镇：在宣城县七十里，南唐始曰水阳渡，受给圩田租米，后因为镇。

又楼钥《攻媿集》卷二《送元声弟赴水阳监镇》：

> 督耕两丈圩，受输十万斛。

据《吏部条法》之《差注门三》，水阳监镇带主管圩岸衔，所以楼钥有"督耕两丈圩"之句。可知水阳镇从一个米粮输纳的中心，发展成为市镇，到南宋仍然邻近有丰盛的稻米生产，也仍然是米粮输纳的处所。再如太平州当涂县的黄池镇，有“福定圩周四十余里，延福等五十四圩周一百五十余里，包围诸圩在内”（《宋史》卷一七三《食货志·农田篇》），圩田的面积十分广大，黄池镇也必然是一个当地米产集中的市镇。黄榦《勉斋集》卷十二《复吴胜之湖北运判书》：

本军（按：汉阳军）市井有三样斛，有文思院斛，此官省斛也；有黄池斛，客人所常用也；有打买斛，军学所置，客旅交易必请此斛，官收斛钱以养士也。

所谓黄池斛，当是最初使用于黄池镇，而后为各地商人所接受。黄池镇所用的斛斗竟能通行于各地，足证黄池镇是一个重要的米粮市场，而此一米粮市场输出的稻米，大约有相当多的一部分为黄池镇邻近的圩田所产。江东路之外，其他地区如常德府查市，当地“富户余翁，家岁收谷十万石”（《夷坚甲志》卷七《查市道人条》），也是一个生产型的市镇；又如汀州长汀县的何田市，有何田大陂，“三水合流出何田市心，疏为数十甽，分溉民田，皆成膏沃，不减白渠之利”（《永乐大典》卷七八九一《汀州府条》引《临汀志》），汀州多山少田，惟独何田市有灌溉之利，何田市所以发展成为市镇，显然与邻近地区所产稻米的输出有关。

以农业生产为背景的市镇，不仅仅是米产，又有生产茶、蔗、林木等经济作物的。这些作物的生产，不以自家消费为目的，纯粹是为了供应市场。茶业市镇如彭州濛阳县堋口镇、永康军青城县味江镇和资州盘石县石同镇。《会要》之《食货三一·茶法杂录》绍兴十五年（一一四五）九月二十三日条：

诏汉州什邡县、彭州濛阳县堋口镇合同茶场，场岁收息钱以绍兴十二年（一一四二）所入之数为额。从都大提举茶马司请也。

又朱熹《朱文公文集》卷九十三《运判宋公墓志铭》：

监永康军青城县味江镇税，兼合同场。

又《文忠集》卷九十五《掖垣类稿二》：

承节郎监资州盘石县石同镇酒税兼合同场李有卿为承例令铺户等认税钱，并因人带酒入镇告买酒，将布等折钱等事，将降一官。

堋口镇、味江镇与石同镇，均设有合同场，为稽察茶商的机构（注三六），可知三镇邻近均有茶园产茶，而三镇为茶商出入之所。蔗糖业市镇如遂宁府长江县的凤台镇与邻近的白水镇。王灼《糖霜谱》第三：

伞山在小溪县涪江东二十里，孤秀可喜，山前后为蔗田者十之四，糖霜户十之三。……处山下曰礼佛坝，五里曰干滩坝，十里曰石溪坝，江西与山对望曰凤台镇，大率近三百余家，每家多者数十瓮，少者一二瓮；山左曰张村，曰巷口，山后曰濡池，曰吴村，江西与山对望曰法宝院，曰马鞍山，亦近百家，然霜成皆中下品（原注：张村属蓬溪县，凤台镇属长江县）；并山一带曰白水镇，曰土桥，虽多蔗田，不能成霜，岁压糖水，卖山前诸家。

凤台镇与白水镇是伞山一带蔗糖产区的两个市镇，当具有集中邻近蔗糖产品向外输出的功能。林业市镇则如温州永嘉县的白沙镇。汤日昭《万历温州府志》卷一《舆地志·隅厢乡都篇附市镇街巷》：

> 白沙镇：宋政和四年（一一一四），以白沙村系林木经由要处，差官监镇。

可知白沙村在北宋晚年，由于邻近有木材生产，为木材商人必经之所，而发展成镇，此镇至南宋犹存（注三七），其功能当亦未废。

沿海盛产鱼、盐，则有渔业与盐业市镇。渔业市镇如福州福清县海口镇、庆元府奉化县鲒埼镇与嘉兴府海盐县澉浦镇。海口镇在北宋时已是“海隩四畔皆鱼业小民”（《淳熙三山志》卷十九《兵防类·巡检条》），南宋时福清县与海口镇的民众“垦山种果菜、渔海造鲑鲐之属以自给”（《后村先生大全集》卷八十八《福清县创大参陈公生祠》），渔业依然是海口镇民的主要谋生方式；鲒埼镇民也多从事渔业，“无田可耕，居廛者则懋迁有无，株守店肆，习海者则冲冒波涛，绳营网罟”（《许国公奏议》卷三《奏禁私置团场以培植本根消弭盗贼》），所产吹沙鱼尤为珍品（注三八）；澉浦镇民谋生的方式之一，是“网罗海中诸物以养生”（《海盐澉水志》卷一《地理门·风俗条》），据《澉水志》卷六《物产门·海味条》所载，澉浦镇所产海味有鲻、鲳等三十五种之多。盐业市镇如台州临海县杜渎镇、黄岩县于浦市、庆元府昌国县岱山镇、绍兴府山阴县钱清镇、萧山县西兴镇、临安府仁和县汤村镇、嘉兴府海盐县澉浦镇、泰州海陵县西溪镇、海安镇，均有盐场，兹列于表四。

表四：南宋盐业市镇

地区	盐场	资料来源
杜渎镇	杜渎盐场	《嘉定赤城志》卷二《地理志·坊市条》、卷七《公廨门·场务条》
于浦市	于浦盐场	同上
岱山镇	岱山盐场	《宝庆四明志》卷二十《昌国县志·叙县·仓库场务等条、镇市条》
钱清镇	钱清盐场	《嘉泰会稽志》卷十二《八县条》
西兴镇	西兴盐场	《嘉泰会稽志》卷十二《八县条》,《会要》之《食货二十七·盐法篇》乾道八年（一一七二）十一月一日条
汤村镇	汤镇盐场 仁和盐场	《咸淳临安志》卷二十《疆域志·镇条》、卷五十五《官寺志·仓库场务等条》
广陈镇	泸沥盐场	黄震《黄氏日抄》卷七十一《提举司差散本钱乞省罢华亭分司状》
澉浦镇	鲍郎盐场	《海盐澉水志》卷四《坊场门》
西溪镇	西溪盐场	《会要》之《方域十二·市镇杂录》绍兴三年（一一三三）十二月十日条
海安镇	海安盐场	同上

这些设有盐场的市镇，所产食盐均转销内地，因而有盐商出入，助长市镇的发展。林表民辑《赤城集》卷七载陈淳祖《新建盐仓记》述及于浦盐场的情形：

囊钞法行时，巨商骤至，常先挟券置驿，运盐之艘，才达水步，纷售而去，不暇积也。

说明于浦市盐商与盐船辐凑的盛况。南宋时期，食盐是仅次于食米的大宗商品，除四川外，其余地区均有赖海盐的供应，沿海盐业市镇自必因大量食盐的转销而繁荣。

内陆的矿场，则有矿业市镇。宋代坑冶所在，多设监管理，但是也有一些坑冶位于市镇，例如无为军昆山镇，“出产白矾”（《会要》之《食货三四·坑冶篇》隆兴元年［一一六三］三月二十四日条），商人“入纳金银见钱，算请钞引般贩，指州县货卖”（同上绍兴八年［一一三八］六月四日条），所收钱物自绍兴二十四年（一一五四）至二十八年（一一五八），平均每年达四万一千五百八十五贯之多（注三九），可知有不少商人前来搬贩矾货。又有一些坑冶，虽然设监管理，但实际上监务位于市镇，例如蕲州蕲春监便位于蕲口镇。《会要》之《职官四三·坑冶铸钱篇》载乾道九年（一一七三）权发遣蕲州提领铸钱韩唤言：

> 奉旨令分舒州同安监岁铸铁钱一十万贯文，申乞差知监官一员，准指挥，就差蕲春知县兼管，唤契勘所置监系在蕲口镇，自州城往来，即须三日，蕲春知县难以兼监，今来催督人匠工程，收支铁炭，万计浩瀚，岂可阙官，伏望详酌，许令选差一员奏辟监视，庶几专一。

按蕲春监所铸为铁钱，行于淮南。蕲口镇设监之后，“催督人匠工程，收支铁炭，万计浩瀚”，自必导致市容的繁盛；自淳熙七年（一一八〇）至绍熙二年（一一九一）上半年，同安、蕲春两监“通铸过钱四百余万贯”（叶适《水心文集》卷二《淮西论铁钱五事状》），大量的铁钱搬运到外地，也必然促进商业的发达。还有一些坑冶，因开采而发展成为市镇。《会要》之《职官四八·巡检篇》载嘉定六年（一二一三）五月二十二日江西转运司奏：

> 筠州中，上高县银场土豪请买，招集恶少，采银山中，又于近山清溪创立市井，贸通有无，大小嗜利无厌，

轻命好斗，乞选移两县巡检，置于清溪市防拓。

可知筠州上高县的清溪市，便是因为银矿的开采而发展成市的，需要置巡检来镇压，显然市容已颇为繁荣。

因手工业生产而繁荣的南宋市镇，也为数不少。陶瓷业是宋代重要的手工业之一，由于人口增加，对于陶瓷器的消费量大，又有广大的海外市场（注四〇），刺激了陶瓷业的发展。南宋的陶瓷工业虽然仍有农家兼业的情形（注四一），但基本上已经成为一项专业生产的手工业，因而有专业陶瓷生产的市镇。例如以输出海外闻名的龙泉窑，据蓝浦《景德镇陶录》卷六所载，便是位于处州龙泉县琉田市；又如颇负盛名的吉州窑，据王佐《新增格古要论》卷七所载，位于吉州庐陵县永和镇。平观澜《乾隆庐陵县志》卷四十一《艺文志》载宋单暐《清都观记》：

（永和）镇距城十有余里，濒江带山，聚为井落，俗以凿山火土，埏埴为器，贸易于四方，瓦砾尘埃，所在而是。

也说明宋代永和镇生产陶瓷，贸易于四方。至于最负盛名的陶瓷业市镇，自然是饶州浮梁县的景德镇。景德镇置镇于北宋景德（一〇〇四～一〇〇七）年间，烧造宫府所需的瓷器（注四二），至南宋而陶瓷业大盛。南宋时期景德镇繁盛的情形，可于《光绪江西通志》卷九十三《经政略·陶政篇》所载元蒋祈《陶记》推知：

景德镇陶昔三百余座。……一日二夜，窑火既歇，商争取售，而上者择焉，谓之拣窑；交易之际，牙侩主之，同异差互，官则有考，谓之店簿；运器入河，肩夫执券，次第件具，以凭商算，谓之非子。

按《夷坚志》所载宋代徐州萧县有白器窑三十余座，用陶匠数百（注四三），景德镇于南宋时有窑三百座，则所用陶匠可达数千，此外又有陶商、牙侩、肩夫仰赖陶业生活，无疑是一人口众多的大镇。景德镇所产陶器，品质既佳，种类又多，行销遍及江、浙、闽、广、川、湘、荆、淮，亦即南宋全国各地（注四四），商业自必繁荣。景德镇邻近有一湖田市，也是“烧造陶器处”（《夷坚志补》卷十七《湖田陈曾二条》），显然是由于景德镇陶瓷业向外扩展而造成的。

除了陶瓷业市镇之外，南宋还有以其他手工业为特色的市镇。例如上节所述范成大路过的符文镇，他曾经观察，“符文出布，村妇聚观于道，皆行而绩麻，无索手者”（《吴船录》卷上）；宋元时代苏州以产藤制品闻名，“而出常熟者，县之梅李者最佳”（卢熊《洪武苏州府志》卷四十二《土产志》），梅李即梅李镇；《至元嘉禾志》卷三《镇市条》载元初嘉兴路嘉兴县有永乐市，实际上南宋时期此处商业已颇繁荣，“淳熙（一一七四～一一八九）后，机杼之利，日生万金，四方商贾云集，至元（一二七九～ 一二九四）、大德（一二九七～一三〇七）间，有永乐市之名”（严辰《光绪桐乡县志》卷一《疆域志·市镇篇》），可知永乐市是因为丝织业而发展起来的；饶州乐平县杭桥市有“染工程氏”（《夷坚丙志》卷十一《牛媪梦条》），同县螺坑市有“织纱卢匠”（《夷坚三志辛》卷五《程山人女条》），可知二市分别有染布业与丝织业；又如绍兴府所产的竹纸，颇负盛名（注四五），而《嘉泰会稽志》卷四《库务场局等条》载有枫桥纸局、三界纸局，则枫桥、三界两镇均以造纸业闻名；再如建宁府建阳县有麻沙镇，建镇于绍兴七年（一一三七）（注四六），而宋代书籍以麻沙本最为普遍，所谓麻沙本，当即雕印于麻沙镇。

（二）转运型市镇

宋代海外贸易发达，沿海有很多贸易港，这些港口部分在大城，如广州、泉州、明州等处（注四七），另外部分却在市镇。对外贸易使这些市镇成为中外商品的转运站，也带动了这些市镇的繁荣。嘉兴府华亭县的青龙镇，是自北宋以来就繁盛的一个海港。杨潜《绍熙云间志》卷下载陈林《隆平寺经藏记》：

> 青龙镇瞰松江上，据沪渎之口，岛夷闽粤交广之途所自出，风樯浪舶，朝夕上下，富商巨贾豪宗右姓之所会。

按陈林撰此记于北宋元丰五年（一〇八二），可知此时青龙镇已停泊了许多来自海外与闽粤的商船，也聚集了许多从事贸易活动的富商。南宋时期，青龙镇盛况依旧。《会要》之《食货十七·商税篇》载绍兴六年（一一三六）十月八日昆山知县张汉之言：

> 本县界东接吴松江，应有海道客旅兴贩物货，沿江湾浦边枕吴松大江，连接海洋大川，商贾舟船多是稍入吴松江，取江湾浦，入秀州青龙镇。

可知青龙镇仍然是海上商船停泊之处。早在北宋政和三年（一一一三），华亭县已设有市舶务，绍兴元年（一一三一），青龙镇（当时改称通惠镇）亦增设市舶务（注四八）。所以

《绍熙云间志》卷上《镇戍条》说："青龙镇，……海商辐辏之所"。到宋、元之际，青龙镇已"无复海商之往来"(《至元嘉禾志》卷三《镇市条》)，但邻近却又新兴起一个蕃商辐辏的海港上海镇（注四九）。嘉兴府海盐县的澉浦镇，则是南宋时期才兴盛的一个海港。南宋时的澉浦港，主要是作为首都临安府的外港而存在。由于杭州湾潮水汹涌，商船不易驶入停泊，于是邻近的澉浦港乘时兴起，为临安府发挥了部分吸收海外商品的作用（注五〇）。《海盐澉水志》卷一《地理门·风俗条》：

招接海南诸货，贩运浙西诸邦。

可见将海外商品转销浙西各地是澉浦镇的重要经济活动。同书卷四《坊场门》：

市泊（按：当作舶）船在镇东海岸，淳祐六年（一二四六）创市舶官，十年置场。

澉浦镇设有市舶官，足证海舶载运而来的商品颇为不少。直到元初，此地仍然是"蕃舶皆辐凑焉"(《至元嘉禾志》卷五《浦溆条》)。澉浦镇既有盐场，又兼为海港，自然吸引内地商人前来转运商品。《海盐澉水志》卷四《桥梁门》：

金家桥在镇西北六里，客旅巨舟重贩者多于此泊，入镇贸易，复归解缆。

金家桥位于内陆进入澉浦镇的水道上，以巨舟重贩泊于此的客商，想必多是内地商人，前来搬运澉浦镇的商品。

除了上述几个独立的市镇港口之外，在大港泉州的外海又有一个附属市镇港口石井镇。何乔远《闽书》卷三十三《建置志·泉州府晋江县篇》：

> 安平镇，镇最繁夥，其俗多贸夷为生。……是镇也，宋为安海市，东曰旧市，西曰新市，客舟自海到者，州遣吏榷税于此，号石井津。建炎四年（一一三〇），州请于朝，创石井镇，以迪功郎任。绍兴二十六年（一一五六），海寇奄至，镇官方某始自镇西偏循东北筑土城叠石为门备之。

按安海市在晋江县东南六十里（注五一），由于海舶停靠于此，接受官府征榷，而逐渐发展，至南宋初年建为石井镇，必定已繁荣到相当程度。石井镇为防御海寇侵袭而筑有土城，在普遍无城的宋代新兴市镇中，可以说是特例（注五二）。

长江及其支流，贯穿南宋大部分地区，是南宋交通运输的动脉，沿着这一个广大的水运网，也兴起了一些水运市镇，发挥商品转运的功能。以长江本流来说，顺流而下，在江陵府城附近，有沙市镇（沙头市），“大商辐辏，居民栉比”（《文忠集》卷六十五《淮西帅高君神道碑》），“四方之商贾辐辏，舟车骈集”（祝穆《方舆胜览》卷二十七《湖北路江陵府篇》）；蕲州蕲口镇和池州雁汊镇，据第二节所述，所收商税高达十余万贯以上，也都是商品的转运点，其中的蕲口镇，据陆游所述，“居民繁错，蜀舟泊岸下甚众”（《渭南文集》卷四十六《入蜀记第四》），显示商船自四川航行至此；太平州的黄池镇，也是长江沿岸的一个重要转运市镇，“此地为诸路往来之冲，官不征税，客旅便于贸易，四方物货尽萃于此”（《舆地纪胜》卷十八《江南东路太平州篇》)，“地据冲要，实舟车走集之会”(真德秀《真文忠公文集》卷七《申御史台并户部照会罢黄池镇行铺状》)；太平州芜湖县的采石镇，则政府于此“建仓屋百间，可桩积米伍十万硕”(《会要》之《食货六二·诸州仓库篇》淳熙二年［一一七五］二月十四日条)，是军粮储存的处所。其中沙市、黄池两镇，在南宋末年尤其以客商聚集闻名，耐得翁《都城纪胜》之《坊院条》，叙述临安府城中白洋湖上商人所建的塌坊，称：“虽荆南沙市、太平州黄池，皆客商所聚，亦无此等坊院”，以沙市、黄池两镇的商业来和临安府城相比，虽有所不及，但已可见此两市镇商业的繁盛。

长江支流的转运市镇，在湘江流域，有潭州醴陵县的储洲市，“为舟车更易之冲，客旅之所盘泊”(《骖鸾录》)；有同属潭州的桥口镇，其新市区暴家岐，“总括三湘，并吞沅、鼎”(《永乐大典》卷五七六九《长沙府条》引《古罗志》载黄遂《暴家岐务新砌江岸记》)。在赣江流域，有吉州庐陵县的富田市，“吉赣闽粤之商，日夜走集”(《乾隆庐陵县志》卷五《地舆记·桥篇》载周必大《邹公桥记》)；有临江军的清江镇(樟镇)，“繇南粤道赣而下，繇蜀江转重湖而上，左衡右庐，舟车百货之会”(刘辰翁《须溪集》卷十五《显光华楼记》)。太湖虽非长江支流，却是可与长江相通的水域，在太湖沿岸，有苏州吴县的木渎镇和横金市(注五三)；又《咸淳毗陵志》卷三《地理志·坊市条》所载常州无锡县的洛社市，是“商旅舟楫走集之地”(孙觌《内简尺牍》卷五《与常守陈检讨》)，也是太湖沿岸的一个转运市镇。

连贯南北的大运河，在北宋时是国家的经济动脉，到了南宋，长江以北的部分已不能再发挥已往的运输作用，但是在长江以南，从镇江府经浙西平原到临安府的部分，仍然是商品运输的孔道，而且因为临安府建为行都而显得更加重要。从临安府穿越钱塘江，又有运河与浙东的绍兴府相接，使浙东的商品不必经海路冒钱塘江口江潮之险，而可经由运河运抵临安（注五四）。在这条运河线上，也分布着一些转运市镇。自镇江府而下，首先有镇江府丹阳县吕城镇和常州武进县奔牛镇。《渭南文集》卷二十《常州奔牛闸记》：

岷山导江，行数千里，至广陵、丹阳间，是为南北之冲，皆疏河以通餫饷，北为瓜州闸，入淮、汴以至河洛；南为京口闸，历吴中以达浙江，而京口之东，有吕城闸，犹在丹阳境中，又东，有奔牛闸，则隶常州武进县。……自天子驻跸临安，牧贡戎贽，四方之赋输，与邮置往来，军旅征戍，商贾贸迁者，途出于此，居天下十之七，其所系岂不愈重哉。

京口闸当在镇江府城，吕城、奔牛二闸则分别在吕城、奔牛二镇（注五五）。吕城镇与奔牛镇既当运河置闸之所，船舶经过，自然必须先停泊以等待启闭闸门，调节水位，以前引文中所述南宋时期运河船舶来往之频繁，必然有助于二镇之繁荣。在平江府吴江县，有平望镇位于运河上，陆游航行运河，便曾“过平望”（《渭南文集》卷四十三《入蜀记第一》）。陈莫纕《乾隆吴江县志》卷四《镇市篇》述及宋元间平望镇的盛况：

平望镇，在三十四都，去县治东南四十七里，宋、元间，两岸邸肆间列，以便行旅。

可知平望镇跨运河两岸，均有供商旅储货与投宿的邸肆排列，这正是转运型市镇的特色。位于钱塘江南岸的绍兴府萧山县西兴镇，也是运河上的一个转运市镇。自西兴镇有运河可通绍兴府城（注五六），而临安府的浙江渡则隔钱塘江与西兴镇相望（注五七）。北宋时期，已是“自温、台、明、越往来者，皆由西兴径渡，不涉浮山之崄”（苏轼《东坡奏议集》卷九《乞相度开石门河状》）；南宋时期，这一段运河更是兴旺。《渭南文集》卷二十《法云寺观音殿记》述及运河兴旺的情形：

> 出会稽城西门，循漕渠行八里，有佛刹曰法云禅寺，寺居钱塘、会稽之冲，凡东之士大夫仕于朝，与调官者、试于礼部者，莫不由寺而西，饯往迎来，常相属也。富商大贾，捩柂挂席，夹以大橹，明珠大贝翠羽瑟瑟之宝，重载而往者，无虚日也。

可见自西兴镇至绍兴府城的运河，为士大夫与富商大贾来往杭、越必经之途，商品的运输，是“重载而往，无虚日也”，西兴镇既位于这一段运河与临安府的衔接点，来往的客旅皆须于此渡江或登岸，其繁盛是必然的。

还有许多市镇，位于其他水陆交通要冲之上。例如乌青镇，“地当吴越之交，水陆之会”（《乌青文献》卷一《疆域篇》）；如南浔镇，“系平江、嘉兴诸州商旅所聚水陆冲要之地”（陆心源《吴兴金石录》卷十《接待忏院公据碑》）；如四安镇，“最系水陆冲要”（《会要》之《兵三・弓兵篇》建炎三年［一一二九］十月二十一日条）；如衢州开化县的孔步镇，“路通徽、严”（《会要》之《食货十八・商税篇》嘉定六年［一二一三］十二月十一日条）；如绍兴府诸暨县枫桥镇，为“浙东一路冲要之地”（《会要》之《职官四八・县尉篇》嘉泰四年［一二〇四］正月二十三日条）；如麻沙镇，“接连邵武，最为冲要”（《会要》之《方域十二·市镇杂录》绍兴七年［一一三七］二月二十日条）；如无为军襄安镇，“系商贾街（按：当系冲之误）要，舟车辐凑之地”（《会要》之《食货二一·酒曲杂录》绍兴三十年［一一六〇］九月十七日条）；如鄂州武昌县的金牛镇，“居数路之冲，商旅往来，最为径便”（《浪语集》卷二十六《上诸司论金牛置尉札子》）。“冲要”“水陆冲要”等词，是这些市镇最习见的形容词。一些小虚市，能够发展成规模较大的市镇，常与其位居于商旅往来的要道之上有关，例如惠州泊头镇、严州青溪县云程市、饶州余干县古步市与太平州繁昌县荻港市都是如此（注五八）。此外，在宋金边界上的楚州北神镇、信阳军齐冒镇、寿春府花靥镇、襄阳府邓城镇与光州中渡市等地，南宋政府设有榷场，为宋、金间进行榷场贸易与走私贸易之地（注五九），也是典型的转运型市镇。

（三）消费型市镇

市镇驻有军队，必然会消费大量的物资，吸引商人前来贩卖，促进市镇的繁荣。南宋时期的平江府常熟县许浦镇，位于长江出海口上，有“御前许浦水军寨，……额管兵一万二千人”（《洪武苏州府志》卷十四《兵卫志·水军寨篇》），而邓韨《嘉靖常熟县志》卷二《市镇志》便称许浦镇，“宋时屯兵于此，军民市易为盛”，可见许浦镇的繁荣，与军队驻扎有关。长江沿岸，建康府靖安镇与太平州采石镇也驻有水军，淳熙十三年（一一八六）三月“移采石水军二千五百人屯靖安镇”（《景定建康志》卷十四《建康表十》），说明此一事实；溯流而上，则池州池口镇“皆诸军分屯列营”（《夷坚三志辛》卷十《池口镇牛条》）。这几个市镇的情况也必然和许浦镇相同，因军队消费而导致商业的发达。

拥有宗教或风景名称的市镇，因信徒前来瞻仰与游客前来观赏而兴盛。例如平江府常熟县的福山镇，有东岳庙，为泰山神的行祠，创于北宋至和（一〇五四～一〇五五）年间，自此之后，盛极一时。范成大《吴郡志》卷十三《祠庙篇》载魏邦哲《重修岳庙记》：

江、淮、闽、粤水浮陆行者，各自其所有以效岁时来享之诚，上祝天子万寿，且以祈丰年，而后保其家。凡有求必祷焉，率以类至，号曰会社，箫鼓之音，相属于道，不知几千万人，不及之乎泰山则之福山焉。

《琴川志》卷十三《叙文》载李薰《重修福山岳庙记》：

岁率以暮春，大会四方来者于庙之廷，祈者、禳者、诉者、谢者、献技能者、输工力者，若贵若贱，若小若大，咸各有施，投簪珥，荐琛贝，辇货泉，篚布帛，庭实充塞。

上引二文，所述为北宋末至南宋初的情况，说明宗教活动为福山镇所带来的繁华，特别是每当宗教节日，涌入大量信徒，又有各种技艺表演，商人乘时而来牟利，市况亦因消费活动而繁荣。又如潭州衡山县，为南岳衡山所在，是风景名胜，又有南岳岳祠，宋代皇帝本命殿亦在此地（注六〇），南岳山下的岳市，便可能是由于宗教活动与游赏活动而形成。范成大在《骖鸾录》中述及他所见的岳市：

岳市者，环皆市区，江、浙、川、广种货之所聚，生人所须无不有，既憧憧往来，则污秽喧杂盗贼亡命多隐其间，或期会结约于此，官置巡检司焉。

所谓“憧憧往来”者，应包括信徒、游客与商人，由于前来南岳的信徒与游客众多，所以商人也贩运各地的货物至此销售，因而形成了繁盛的市区，而且达到须要设官维持治安的程度。

市镇除了因驻军或为宗教、风景名胜而引致的消费活动之外，一般市镇大概都有供给邻近村民日常消费品的功能。生产与转运性质不突出的市镇，这一类消费活动便成为其基本功能。《至顺镇江志》卷十《道观篇》载刘宰《凝禧观记》，述及镇江府丹阳县的丁桥市：

今夫十家之聚，必有米盐之布，曰市矣，则有市道焉，相时之宜以懋迁其有无，揣人情之缓急而上下其物之估，以规圭黍勺合之利，此固世道之常。丁桥虽非井邑，而水可舟，陆可车，亦农工商贾一都会。

文中所谓“十家之聚”，只是极其小而言，而“米盐之市”，则正代表了市镇对邻近村民消费活动的服务功能。类似丁桥市这一类的消费型市镇，为数当也不少。

生产、转运、消费三种类型的市镇，并非可以截然划分。有些市镇某种性质特别明显，有些市镇却兼具两种以上的性质。例如澉浦镇，便是以渔盐业市镇而兼为海港市镇；黄池镇邻近既富于米产，又是长江中游一大商品转运中心；采石镇则既驻有水军，是消费型市镇，同时由于军粮的储存，又使其兼为转运型市镇；蕲口镇则既是矿业市镇，同时也是河港市镇。其他市镇，自然也有一些具备相同的特色。在早期镇由兵镇转变为市镇的过程中，大约有不少市镇是类似平江府常熟县的梅李镇，由于五代时有军队驻扎，居民依军而成市（注六一）。但是到南宋时期，军事性质的消费型市镇已寥寥无几，大多数重要的市镇，均是生产型市镇与转运型市镇。尤其值得注意的是，生产型市镇不仅众多，而且农、林、渔、盐、矿业与手工业各种生产兼备，这正是南宋时期市镇发展背后强劲的经济动力。

四、南宋市镇的社会

南宋的市镇，在行政系统上具有城乡双重的性质。一方面市镇隶属于乡之下，市固如此，镇亦相同，例如澉浦镇隶属于嘉兴府海盐县的德政乡，南浔镇则隶属于安吉州（湖州）乌程县的震泽下乡（注六二）；另一方面，宋的乡是没有设官的，而市镇却由于和坊郭同为商业中心，聚居有相当数量的人口，有繁盛的市容，常使政府必须另派专官监管，负责征收商税或酒税，并兼掌烟火公事，以维持治安（注六三）。这种城乡双重的性质，正是南宋市镇社会结构的反映。南宋的市镇里，既有村落，有农民以及从事其他产业的乡民；又有市街，有工商业者与往来不定的商旅；同时也由于消费的方便，吸引了达官贵人和士大夫前来居住，他们为享受乡野生活情趣而在市镇中建立园林。因此，南宋市镇的社会结构，具有从乡村社会过渡到城市社会的色彩。

市镇是乡村的商业中心，却没有因为成为商业区而完全脱离农业生产。不仅那些以农业为背景的生产型市镇是如此，即令其他类型的市镇也有同样的情形。例如澉浦镇是渔盐业市镇兼海港，可是在市镇之内仍然有村落，有田亩，须缴纳田赋。

《海盐澉水志》卷一《地理门·税赋条》：

田肥税重，惟石帆、秦山二村在镇东海边，多致陷没。

同书卷三《水门》：

六里堰在镇西六里，高下相去数仞，为惠商、澉浦、石帆三村灌田堤防之所。

可知澉浦镇不但有农田，而且“田肥税重”。又如周必大居于吉州庐陵县永和镇，永和镇是陶瓷业市镇，周必大却在镇中拥有田产。《文忠集》卷一八八与《张真父舍人震书》：

所居距城二十里，号永和镇，东阡西陌，不废往还，有田数亩。

周必大以高官还乡，“有田数亩”也许只是自谦之词，“东阡西陌，不废往还”则真正反映了当地田亩的盛况。澉浦镇在南宋末年是繁盛的大镇，永和镇的陶瓷生产也颇负盛名，其他较小的市镇，农业在其经济活动中自然占有更大的比重。因此，市镇居住有相当数量的农民，也有坐收田租的地主。例如婺州金华县孝顺镇，“农民陈二者，其妻怀妊将产”（《夷坚支乙》卷八《陈二妻条》）；隆兴府进贤县简坊市，“皆诸简所居，田仆赵三每日入山采薪”（《夷坚支景》卷十《简坊大蕈条》）；周淳中居于温州瑞安县三港镇之西，“买废山，躬执锄镰，烧地种木”（《水心先生文集》卷十三《周淳中墓志铭》）；如汉州什邡县的马脚镇，“引江溉田，曰牛栏堰，旁溉雒县，镇县民争利，……盛夏辄聚至千百，往往相杀伤”（魏了翁《鹤山先生大全文集》卷七十五《宣教郎致仕宋君墓志铭》）。这些都是市镇中亲身耕作的农业劳动者。至于前述在永和镇拥有田产的周必大，第三节所述直塘市富民张五三将仕和查市富户余翁，又如王德全，“寓居平江横金市，市之西南曰鲁都湾，有田数百亩”（《夷坚支丁》卷三《宝华钟条》），则都是居住于市镇中的地主。农民和地主，是市镇中和农业有关的人群，但是他们也可能兼营商业或其他产业，像地主常以其所收田租作资本，从事商业活动，而兼为商人，直塘市富民张五三将仕便是一个例子。

农民与地主之外，各类型的市镇拥有与本身特殊经济活动有关的人群。渔业市镇有渔民，盐业市镇有灶户，矿业市镇有矿工，各种手工业市镇有各种工匠，军事市镇则有驻军。转运型的市镇，也有与本身经济活动有关的工人存在，例如海港澉浦镇，有造船场（注六四），自然有造船工人；又如位居运河闸上的奔牛镇和吕城镇，则“脚船、脚夫平生靠运米以谋食者，……数踰百家”（黄震《黄氏日抄》卷七十二《回申再据总所欲监钱状》）。在景德镇这种大型的专业性生产市镇里，工匠已有相当细密的分工，各种技术的工人同时工作。《光绪江西通志》卷九十三《经政略·陶政篇》载元蒋祈《陶记》：

> 陶工、匣工、土工之有其局，利坯、车坯、釉坯之有其法，印花、画花、雕花之有其技，秩然规制，各不相紊。

可知在制作过程中，各种工序，皆有专司，互不相紊。也有一些手工业市镇，可能很少专业的工人，例如产布的符文镇，据第三节所引《吴船录》卷上所述，制布不过是由村妇从事的农家兼业而已。

各类型的市镇，都是商业中心，因此商人活动是所有市镇共同的特色。市镇商人中，有从外地前来买卖的行商，也有在当地转销外来货物的坐贾。这些商人，经营的生意有大有小。《夷坚三志辛》卷十《湖口庙土地条》：

> 鄱阳黄冈民黄廿七作小商贾，绍熙元年（一一九〇），到景德镇贩陶器。

这是从外地前来景德镇收购陶器的小商人。又《文忠集》卷一七一《乾道壬辰（一一七二）南归录》：

> 泊新林，小商十数，皆以船为家，登岸三里，至市，有居民、酒坊及韦察院祠。

泊于新林市外的十数商船，大约是来往各地的行商，他们也只是小商人。《吴文正集》卷七十一《元赠承事郎德清尹朱君墓表》：

> 承事郎瑞州路在城税课提领朱景渊语其寮乐务副鲁常曰："吾父讳文进，字野夫，湖州长兴和平镇人也。……值宋季世，豫计宋币必将无用，罄竭所有，市易诸物。未几宋亡，旧币果废，吾父所贮物货，价长数倍，遂为兴家之资。先是，太平州黄池镇贾人以货寄售，直数千缗。既而贾死于兵，妻已改嫁，吾父悉输其直，俾畜遗孤。"

按，宋代由于商业发达，赊卖的风气盛行，客商贩运货物至城市，交给铺户贩卖，约期再来收取货钱（注六五）。黄池镇贾人远道而至和平镇，将货物交给当地商人朱文进寄售，便是这种赊卖的行为，而其寄售的货物一次即值数千贯之多，可见这两个市镇商人，生意均颇不小；而朱文进于宋元之际囤积居奇，也非有雄厚的资本不可。又《会要》之《食货十九·商税篇》载嘉定十七年（一二二四）三月十四日臣僚言：

> 乌青镇税始于界内琏市置，铺户运货停（按：停下当缺塌字）。转运司约束，不许于五里外拦税，客旅乘此多行私港，而本镇铺户运货停塌于数里之外，朝夕旋取以归，此场务所由败坏。

乌青镇的铺户，在镇外数里之地设有停塌，收储外地客商运来的货物，可见经营的规模也颇不小。由于一些市镇商业繁荣，常见富有的大商人，所以在有关市镇的文献中，常可见到"大商""豪民""兼并之家""富商巨贾豪宗右姓""巨商"等词句（注六六）。

在买卖者之间居中媒介的牙人或驵侩，也是市镇商业活动人口的一部分，例如景德镇所产的陶瓷器，"交易之际，牙侩主之"（《光绪江西通志》卷九十三《经政略·陶政篇》载元蒋祈《陶记》）；黄池镇监镇史弥迥，违法"根刷牙铺，籍定姓名，置历科敷"（《真文忠公文集》卷七《申御史台并户部照会罢黄池镇行铺状》）；又如隆兴府樵舍镇富人周生，于绍兴四年（一一三四）六月向王七公购买一女子，"呼牙侩，立契约，即留女而受券去"（《夷坚志补》卷二十二《王千一姐条》）。在史籍中，可以见到"大侩"或"豪驵"在市镇活动的记载，他们的势力，甚至可以影响官府（注六七），说明市镇商业的繁盛。

为了满足市镇居民的日常生活需要，还有其他各类的工商业者。官府开设或民间买扑的酒坊，最为常见（注六八），而且生意兴隆，像和州东关镇与无为军西关市，便“各有买扑酒坊，近缘市井翕习，酤卖浩瀚”（《会要》之《食货二一·酒曲杂录》绍兴三十年［一一六〇］九月十七日条）。其他供应市镇居民日常生活需要的工商业者，如《真文忠公文集》卷七《申御史台并户部照会罢黄池镇行铺状》所载：

以至将门堂酒，敷于面店沽卖。

如《夷坚三志壬》卷十《汪三宰牛条》所载：

鄱阳石头镇汪三常以宰牛为务，多与其侣陈二者共本。庆元元年（一一九五）十一月，买得水牯甚大，牵归杀之，将如常日煮肉与肚脏就门上掇出售，而挂头蹄于房内。

如《夷坚支癸》卷五《石头镇民条》所载：

庆元元年冬，石头镇胡大夫家修设水陆斋会，市民龚三者持蒸芋来鬻。

如《夷坚丁志》卷十《符助教条》所载：

宣城符里镇人符助教善治痈疽，而操心甚亡状，一意贪贿，病者疮不毒，亦先以药发之，前后隐恶不胜言。

如《洪武苏州府志》卷一四五《杂记志》所载：

淳熙五年（一一七八），平江人江仲谋开药肆于梅里镇，择七月十二日开张。

如不著撰人《异闻总录》所载：

袁州泸萧市之东有银匠姓郭，年三十余，只身独处。

酒坊、面店、肉贩、芋贩、医生、药店、银匠，只是其中的几个例子，自然有更多其他的营生，由于市镇人口的众多而使得他们的开业成为可能。

形形色色的工商业人口，聚居于市镇，他们均须籴米而食。这种情形反映到粮食市场上，便是对于食米消费的大量需求。像沙市镇这一类大镇，米价可以和鄂州州城相等，而高出荆门、襄阳、郢州等郡城一倍。《会要》之《食货四〇·市籴粮草篇》乾道二年（一一六六）七月二十五日条载监行在省仓下界兼户部和籴场郑人杰言：

年来丰熟，米价低平，荆门、襄阳、郢州之米，每硕不过一千，所出亦多；荆门（按：门当为南之误）沙市、鄂州管下舟车辐辏，米价亦不过二千。

米价的高昂，说明沙市镇对于食米的需求量甚大，市场食米的供给却必须仰赖外地输入，米商可以乘机抬高价格。鄂州是南宋时期有数的大商业城市，商业人口众多（注六九），米价高出一般城市之上是必然的，而沙市镇的米价竟然与鄂州相等，显示出沙市镇社会的特色。南浔镇在设镇以前，以耕桑之富闻名（注七〇），粮食生产自必丰盛；但是到了南宋末年，魏塘地区所产稻米，“每一百石，舟运至杭、至秀、至南浔、至姑苏，粜钱复买物归售”（《古今考续考》卷十八《附论班固计井田百亩岁出岁入条》），可知南浔镇邻近所产的食米，已经不足以供给镇内市场消费之需，而与临安府、嘉兴府、平江府等大城市相同，必须仰赖外地食米的输入。南浔镇从耕桑之富而变成输入食米，正反映其社会特色的转变。沙市镇和南浔镇两个例子，说明工商业人口已在部分市镇的社会结构中占有相当的优势。

由于商人的活动，使得市镇和坊郭一样，有了繁荣的市街，甚至有了以坊、巷、衖为名的辖区，具备了部分坊郭的形态。一些较小的市镇，如周必大路经饶州石门市，已见到“市井甚盛”（《文忠集》卷一七一《乾道壬辰（一一七二）南归录》）；汀州何田市有何田寨，则是“以市井阛阓创寨”（《永乐大典》卷七八九〇《汀州府条》引《临汀志》）。繁盛的大镇，如乌青镇是“市逵纵横”（《乌青文献》卷一《疆域篇》）；沙市镇民居的稠密，至于“每患延烧”，而必须“按火巷，通水道”（《文忠集》卷六十五《淮西帅高君神道碑》）；青龙镇有坊三十六（注七一），当淳祐（一二四一～一二五二）年间，监镇林鉴曾“市中坊巷桥梁衢路悉行起废平治”（《同治上海县志》卷十四《名宦篇》）。更具体的是南宋末年澉浦镇和上海镇的例子。《海盐澉水志》卷四《坊巷门》：

> 阜民坊在镇前街西，张宋衖在镇市北，张搭衖在镇市南，义井巷在镇市南，塘门衖在镇市南，广福坊在镇前街东，马官人衖在镇市南，海盐衖在镇市北。

可知澉浦镇的境内，已有了以坊、巷、衖为名的辖区。作为一个海港，澉浦镇的部分市街是沿着海堤而发展的。如“张搭，在镇市塘上，古捍海增岸，后民旅聚居其上为市”（《海盐澉水志》卷二《山门》），可见澉浦镇市街形成与商业活动的关系。《弘治上海志》卷五《建设志·堂宇篇》载宋市舶司董楷《受福亭记》：

> 乃痛节浮费，市木于海舟，陶埴于江渎，自舶司右趋北建拱辰坊，尽拱辰坊创益庆桥，桥南凿井筑亭，名曰受福，亭前旷土，悉甃以砖，为一市阛阓之所；其东旧有桥，已圮，巨涛侵啮且迫，建桥对峙，曰回澜桥；又北为上海酒库，建福会坊；迤西为文昌宫，建文昌坊，文昌本涂泥，概施新甃；尽文昌坊又北，建致民坊；尽致民坊，市民议徙神祠，为改建桥，曰福谦。

记文所述，为董楷对于上海镇市区的建设。从“尽拱辰坊”“尽致民坊”等语，可知诸坊不仅是牌坊，也是市内的分区，而市内的商业中心区，则在受福亭前。南宋许多城郭的市街，都已铺砌砖石（注七二），上海镇的市街也显示了相同的趋势。街市坊巷的存在，同样说明市镇的社会结构已与乡村有异。

尤其值得注意的，是在一些转运型市镇里，土著所占人口比例之低落，与外来人口所占比例之高，以澉浦镇为例，据《海盐澉水志》卷一《地理门·户口条》载：

> 主户少而客户多，往来不定，口尤难记。

宋代的主户，亦称税户，为有常产之人，客户则为无产而侨寓者，南宋坊郭户口中客户所占比例，常较乡村为高。例如嘉定（一二〇八～一二二四）年间抚州坊郭客户占42.66%，乡村仅占 29.18%；宝庆三年（一二二七）徽州坊郭客户占 20.35%，乡村仅占 7.18%；宝祐（一二五三～一二五八）年间汀州坊市客户占 53.84%，乡村仅占 37.55%（注七三）。当时人对澉浦镇“主户少而客户多”的印象，实与坊郭的户口结构形态相近，而澉浦镇所以有这种现象，则与商贾的往来不定有关。其他的市镇，也有类似的情形。如沙市镇，《渭南文集》卷四十七《入蜀记第五》：

> 沙市堤上居者，大抵皆蜀人，不然则与蜀人为婚姻者也。

又《剑南诗稿》卷十九《荆州歌》：

> 沙头巷陌三千家，烟雨冥冥开橘花。峡人住多楚人少，土铛争饷茱萸茶。

沙市镇地属荆湖北路，而其居民反以蜀人为多，可见同样因其为商业大镇而多外来人口，这些外来人口，难免有在沙市镇长期经商，定居下来，而与当地人通婚的。又如清江镇，《吴文正集》卷八十二《故吉水县尉杨君墓志铭》：

> 清江镇，亦江右之陶也。五方俊民闻陶朱公之风而兴者前后辐凑至，往往能有所立，故镇人每由客寓而老子长孙其间，土著盖无几。

可见清江镇的居民，也是土著不多，大部分是由外地前来的商人，他们同样多由侨寓变为定居。这几个市镇的户口结构，都清楚地表现出商业人口所占的优势。

市镇由于多商贾出入与外来人口，人口流动性高，导致人与人之间的关系疏远而不稳定，容易因为利益而发生冲突，斗讼繁多，便成为南宋市镇常有的现象。例如第三节便曾述及筠州上高县清溪市，于当地采银的土豪与恶少，“大小嗜利无厌，轻命好斗”。又如楚州盐城县冈门堰市与江陵府石首县藕陂市，也有同样的情形。《会要》之《职官四八·县尉篇》载嘉定七年（一二一四）十一月二十四日权知楚州赵伸夫奏：

> 本州盐城县有冈门堰市，居民日繁，商旅所聚，恶少纵横，斗讼滋多。

刘宰《漫塘集》卷三十二《故宁国通判朝奉赵大夫墓志铭》：

> 知江陵之石首县，县之藕陂市，商贾所聚，斗讼繁多。

两市都是由于商贾所聚而导致斗讼繁多。再如庆元府奉化县的鲒埼镇，在嘉定七年设镇之前十余年以来，已因商舶往来，发展成市，而争斗的问题也日益严重。《宝庆四明志》卷十四《奉化县志·叙县·官僚条》述及此事：

> 富者开团出船，藏纳亡赖，强招客贩；贫者夺攘斗殴，雄霸一方，动致杀伤。

鲒埼镇所以要设立，便是为了改善这个问题。市镇的人口流动性高，人与人之间陌生，也使得盗贼亡命容易隐匿于其中，对治安有不利的影响。曾经述及潭州衡山县的岳市，“既憧憧往来，则污秽喧杂盗贼亡命多隐其间，或期会结约于此”。又如同县的桥口镇，市民达二千余家，而“群不逞阳为市人，阴为鼠窃”（《会要》之《职官四八·监当篇》庆元四年［一一九八］三月十八日条）。绍兴府诸暨县枫桥镇也有“奸民无忌惮”的现象，地方官深感“无事力可以弹压”（《会要》之《职官四八·县尉篇》嘉泰四年［一二〇四］正月二十三日条），所谓“奸民”，应包括上述轻命好斗与盗贼亡命两类人物。

不仅宗教市镇有庙宇存在，其他各类型市镇也多建有庙宇，为当地民众的信仰中心。部分市镇的庙宇，往往与市镇的商业发展有关。例如青龙镇在北宋后期，已是“事佛甚盛”，而其所以如此，则由于“方其行者蹈风涛万里之余”，怵生死一时之命，居者岁时祈禳，吉凶荐卫，非佛无以自恃也”（《绍熙云间志》卷下载陈林《隆平寺经藏记》）；上海镇在咸淳七年（一二七一）建有天后宫（注七四），天后宫祀奉妈祖，为航海的保护神，显然也与上海镇发展成为海港有关。更明显的例子是澉浦镇的庙宇。《海盐澉水志》卷五《寺庙门》载南宋末年澉浦镇有庙宇十三座，其中建于南宋时期有八座，澉浦镇的发展是南宋建立以后的事，而当地寺庙的兴建，大部分也在这一个时期。南宋时期建立的八所庙宇中，至少有三所与海运有关。《海盐澉水志》卷五《寺庙门》：

医灵祠在镇之东，青山西南侧，王家畹之西，开熙三年（按：熙当为禧之误，一二〇七），里人孟毅梦神呼曰：“吾闽中吴真君，当食此方，福祐斯民。”晨见海中有一神主浮海至岸，遂居于侧，毅因舍基创殿尊奉。后闽商绘像传塑，诸祈疗病者，甚验，四方咸集，遂成丛林。

显应侯庙，元在长墙山后石帆村，因海沸此村半陷于潮，迁出山头。建炎二年（一一二八），僧若中开山，俗呼为黄道大王；宝庆三年（一二二七），都运诸大卿请到庙额。……庙中有神曰杨太尉，尤为灵异，凡客舟渡海，祈祷感应如响。

广福庙在镇东市广福坊侧，旧传建炎（一一二七～一一三〇）间潮入东浦，人于水际得木主，题曰广福明王，时人因祠为当界土地，沈氏捨基为庙，至今每岁以得木主日为生庆诞。

三所庙宇之中，医灵庙所奉神主吴真君为自福建浮海而来，又得福建商人绘像传塑，福建有泉州大港，医灵祠的建立，反映了澉浦镇与泉州之间的海上商业往来；广福庙的建立，可能也具有相同的意义，广福明王的木主，同样是浮海而来，按宋代泉州有祈风的习俗，以求海舶航行的平安，而所祈之神，曾加广福的封号（注七五），这也反映了泉州与澉浦镇的海上关系；至于显应侯庙，更清楚的是商舶出海之前祈祷之所。因此，澉浦镇的庙宇，充分的表现出当地海商丛集的社会特色。

宋代的坊郭，由于消费方便，环境优裕，多有达官贵人与士大夫定居（注七六），另一方面，坊郭常设有郡学、县学，为培养士大夫的中心，南宋部分市镇也有同样的情形。如宁国府宣城县的水阳镇，“宗室寓居者四十余人”（《夷坚支乙》卷八《水阳二赵条》）。如庆元府鄞县小溪镇，宋南渡后，南来士大夫多定居于此。袁桷《清容居士集》卷十九《鄞县小溪巡检司记》：

宋绍兴（一一三一～一一六二）中，北客多乐居之。魏文节公结圃墅与大梁张武子为诗友，其他如安仪同、孙、王尚书相继卜筑。

所谓北客，指避难南来的士大夫，魏文节公当即魏杞。乌青镇的情况也相同。《乾隆乌青镇志》卷二《形势志》：

> 青镇与湖郡之乌镇夹溪相对，民物蕃阜，第宅园池盛于他镇，宋南渡后士大夫多卜居其地。

宋南渡后居于乌青镇的达官贵人与士大夫，在《乌青文献》与《乾隆乌青镇志》中有颇详细的记载（注七七）。宋代士大夫居于坊郭，喜构筑园林，于尘嚣之中享受田野之乐（注七八），而前引文中魏杞于小溪镇“结圃墅”与乌青镇的“第宅园池盛于他镇”，显示居于市镇的士大夫也有同样的风气。沈平在乌青镇所筑的东皋园，是史籍中记录较详细的一所市镇园林（注七九）。除了士大夫定居之外，南宋一些市镇也设有夫子庙以供祀奉，或设有镇学，为士大夫养成的处所。市镇原由商业而兴，但是当发展成形之后，便会有夫子庙与学校的设立。像澉浦镇与眉州丹棱县的栅头镇都设有夫子庙（注八〇），青龙镇、震泽镇与上海镇则均建有镇学（注八一）。在宋代郡城的郡学与县城的县学中，夫子庙实为学校的一部分，市镇夫子庙与学校的设立，显示市镇有进一步往文化中心发展的趋势，也是市镇发展接近坊郭形态的一面。

南宋市镇的监官，称为监镇，未设监镇者则往往由县尉或巡检兼管。市镇监官除兼收商税、酒税者外，权力有限，“止领烟火公事，其余婚田词诉，并不得受理，辄擅置牢狱者重置典宪”（《会要》之《方域十二·市镇杂录》绍兴十四年［一一四四］七月十四日条），并不具备地方政府的形态。但是也有一些市镇的监官，逐渐取得了若干县官的权力。《会要》之《方域十二·市镇杂录》绍兴十四年七月十七日条：

知湖州秦隶言："本州管下镇官除乌墩、梅溪镇系在文武京官以上，及许断杖罪以下公事外，其四安镇人烟繁盛，不在梅溪、乌墩之下，却只差小使臣或选人监管，杖罪并解本县。臣今相度，欲依乌墩、梅溪镇例，差京朝官，许断杖一百以下罪。"从之。

可知类似乌墩、梅溪、四安等较繁盛的市镇，监镇官已取得部分权力，可以裁断杖罪，而不必将所有罪犯解交给县官。又《真文忠公文集》卷七《申御史台并户部照会罢黄池镇行铺状》：

在法未闻镇市许置厢房者也，而乃擅行创立四厢，以为囚系百姓之地，纵令吏辈，拷掠收乞，冤愤之声，溢盈道路，此其违法者五也。

可知黄池镇监镇官甚至设置厢房，囚系百姓，加以拷打，虽然是违法的行为，却也显示在一些大镇里，监镇官司法权力的扩张。实际上，南宋初年已经有一些市镇有这种违法的行为，不仅设置牢狱，而且"事无巨细，违吏追呼，文符交下"，当时人批评说"是一邑而有二令也"（《会要》之《方域十二》绍兴十四年七月十四日条）。从这一方面看，部分市镇也有行政中心发展的趋势。

市镇的民众，除了治安方面由市镇监官管理外，其他方面均受州县政府治理。在州县政府与市镇民众的关系中，也可以发现部分市镇渐具有坊郭形态的特色。自北宋以来，坊郭商人例有行役，行为同业商人的组织，负有提供官府所需物资的责任（注八二）。黄池镇的商人，也被官府组织成行。《真文忠公文集》卷七《申御史台并户部照会罢黄池镇行铺状》：

照对黄池一镇，商贾所聚，市井贸易，稍稍繁盛，州县官凡有需索，皆取办于一镇之内，诸般百物，皆有行名，人户之挂名籍，终其身以至子孙，无由得脱，若使依价支钱，尚不免为胥吏减克，况名为和买，其实白科。

可知黄池镇商人与坊郭商人相同，受政府控制，必须担当行役，提供给州县政府所需的物资。南宋役法，由于役钱被移作经、总制钱上供，名虽雇役，实同差役（注八三），坊郭居民原无差役，至于居住坊郭而有物力在乡村者，则须归并于物力最高一处乡村，排定等第轮差，但可募人代为充役（注八四）。南宋部分市镇的役法，也采用坊郭的方式。《乾隆乌青镇志》卷十二《著述志》载莫光朝撰于嘉定二年（一二〇九）的《青镇徙役之碑》：

由熙宁（一〇六八～一〇七七）至今百三十余年矣，免役之钱弗除，而差募之法并用，独女户、单丁与夫郡县坊郭，著在令甲，悉得免充，民实便之。……乌青镇分湖、秀之间，水陆辐辏，生齿日繁，富家大姓，甲于浙右。先是，四安、新市用坊郭法，就傍乡物力多所立户充应，民获奠枕。唯青镇地狭役烦，无势力以继诉于上，且为令者类汩簿书，供期会，视民疾病若秦越然，请辄中格。近岁以来，巨室圮困，穷弱转徙，民力愈以罢弊，市区愈以索寞，保伍正长间当更替，乡胥弄鬻，甲乙互推，有累岁无执役者，虽期功之近亲，百年之姻娅，一旦相视若仇，讦讼纠纷，风俗之不美甚矣，有识之士为之浩叹。于是前湖南提举常平茶盐事张公颇，偕乡之宦达、里之俊造与勇于为义若进士沈扬休、免解进士张承德、沈绘、莫沂、张玉、沈沔、张由、张田者，相率而告于崇德令尹赵公与浚，已而上之常平使者林公拱辰、嘉兴郡太守林公良，莫不以为经久可行，顾朝请而夕报可，一以四安、新市为准。自是富者不凭藉多资以重困夫贫，贫者各得安生乐业而无望于富戚。

市镇隶属于乡之下，所以在役法方面，市镇居民本应与乡村居民一同轮差职役。但是在嘉定二年以前，湖州四安、新市两镇已采用坊郭的方式，只有在傍乡有物力者才必须就该乡轮充差役，其他市镇居民皆可免差。青墩镇居民也一直力求获得同等待遇，到嘉定二年，终于获得郡县长官与提举常平公事的支持，在役法上采用坊郭的方式，而不与乡户一同轮差。可见这些市镇虽位处乡村之中，可是由于经济状况的特殊，赋役制度已不能不与乡村有别。

南宋的许多市镇，虽然都具有从乡村社会过渡到城市社会的色彩，但是由于商业发展的程度不同，在社会结构上也难免有所差异。有一些市镇，已很明显的表现出朝向城市社会发展的姿态，在人口结构、聚落形态、赋役制度方面，都渐具坊郭的形态，并且也有了从商业中心进一步往文化中心与行政中心发展的迹象。商业的发展，带动了市镇社会的变迁，也使得市镇的社会逐渐具有较复杂的性质。

五、结语

宋代商业市镇的兴起，是中国历史上的新成分。自北宋以来已存在的市镇，至南宋而达于兴盛，使得中国历史上城市的类型复杂起来，表现新的面貌。由于不少市镇在南宋时期逐渐具有坊郭形态的各种特色，于是所谓城市，不再限于城墙围绕的行政中心。在行政中心都城、郡城、县城之外广大的乡村里，分布着许多没有城墙围绕的商业市镇，具有与坊郭相同的商业功能，具有近似坊郭的社会结构，甚至于商业比坊郭更发达，市容比坊郭更繁盛。尽管即使一些繁荣的大镇，仍然拥有相当数量的农业人口，但是就其商旅的众多与市街的密集来看，这些市镇在行政上隶属于乡之下，实际上是名实不符，更何况一些大镇甚至连役法都采用了坊郭的方式，而与乡村有别。

这种现象显示了一种意义，即是城墙作为分隔城市、乡村界线的作用已经逐渐淡薄。在乡村里，商业都会与农业村庄是连续的。这项特色不仅表现于市镇，坊郭本身也有同样的发展，城外市区的形成与兴盛，也使得坊郭市区不再受制于城墙，而能越出城外与乡村连成一体。事实上，南宋市镇与坊郭的发展，应该同时讨论，它们具有共同的背景，由人口增加而导致的产业发达，是推动两者发展最基本的一个动力，南宋时期生产型市镇的众多，说明这一个事实。从空间上看，市镇的兴起与坊郭城外市区的形成，是晚唐以来城市发展过程的不同阶段。在这一个过程中，第一阶段是坊制、市制的破坏，第二阶段是城外市区的发展，第三阶段则是商业市镇的兴起。第三阶段的发展，虽然在南宋时期已经兴盛，但是一直到明清时代才达于最高潮（注八五）。

（原刊于《汉学研究》第三卷第二期，
一九八五年十二月。）

注释

注一：见加藤繁《宋代城市的发展》（收入加藤繁著、吴杰译《中国经济史考证》卷一）；李剑农《魏晋南北朝隋唐经济史稿》页二三一～二三四，《宋元明经济史稿》页一三一～一三五；拙作《南宋城市的发展》（载于本书上册页五〇九～五九六）。

注二：见加藤繁《唐宋时代的草市及其发展》（收入《中国经济史考证》卷一）；全汉昇《宋代南方的虚市》（收入全汉昇《中国经济史论丛》第一册）；梅原郁《宋代地方小都市の一面——镇の变迁を中心として》（《史林》第四十一卷第六号）。

注三：谈钥《嘉泰吴兴志》卷十《管镇篇·州治条》："窃考镇戍置将，起于后魏，唐高祖尝为金门镇将是也。后齐以来，列为四品，制敕每五百人为上镇，三百人为中，不及三百人为下，置将副掌捍御，又置仓曹、兵曹掌仓库、戎器之类。自藩镇势彊，镇参军将之权渐重，宪宗时李锜反，至令管下五郡镇将先杀五郡太守；辛秘等先能杀镇将，然后能发兵；而苏州刺史反为镇将所执，即此可见。自是之后，以至五代，为弊益甚，兵权分裂，聚敛无艺，故兵主于镇将，而财赋器甲则主于参军，镇将又率用亲随，烦苛刻剥，无所不至，民不聊生，县官虽掌民事，束手委听而已，人至以长官为戏，置镇繁多，而每县又有镇者以此（原注：如安吉县有安吉镇，德清县有德清镇，他郡亦然，如吴江县有吴江镇之类）。本朝平定诸国，收藩镇权，县之有兵者知县带都监或监押（原注：升朝官带都监，京官以下带监押），财赋则参丞贰，诸镇省罢略尽，所以存者特曰监镇，主烟火，兼征商，至于离县稍远者则有巡检寨，为万世良法。”按，这种转变自然是渐进的，北宋前期，边境上仍然有一些以镇为名的军事据点，《长编》卷四十九咸平四年（一〇〇一）十月丁未条：“录故灵州怀远镇驻泊借职李赞子重贵为殿直、重宝为借职、拾得为殿侍。先是，赞为李继迁所围，本镇戍兵数不满百，拒战累日，食尽力竭，积藁自焚而死。”即为一例。

注四：董世宁《乾隆乌青镇志》之《董世宁序》：“《乌青镇志》，宋处士沈平实始撰。”按同书卷四《廨宇篇·酒务条》载有嘉熙三年（一二三九）沈平撰乌青镇酒正题名记，可知沈平为南宋晚期人。

注五：潜说友《咸淳临安志》卷十九《疆域篇·市条》：“钱塘县：浙江市，去县十一里；北郭市，去县二里；江涨桥镇市，去县八里；湖州市，去县五里；西溪市，去县二十五里；赤山市，去县十里；龙山市，去县十五里；安溪市，去县五十五里；半道红市，去县四里。仁和县：江涨桥镇市，在余杭门外，去县七里；范浦镇市，在艮山门外，去县四里；汤村镇市，在安仁东乡，去县四十一里；北土门市，在东青门外，去县三里；南土门市，在崇新门外，去县四里；临平镇市，去县五十七里。”其中江涨桥镇市两见，当是一镇分隶钱塘、仁和两县，宋代市镇颇有这种情形。

注六：周淙《乾道临安志》卷二《城南北厢条》注：“绍兴十一年（一一四一）五月七日，郡守俞俟奏请：‘府城之外，南北相距三十里，人烟繁盛，各比一县，乞于江涨桥、浙江置城南北左右厢，差亲民资序京朝官主管本厢公事，杖六十以下罪听决。’奉圣旨依。”

注七：见拙作《南宋城市的发展》（载于本书上册页五〇九～五九六）。

注八：《永乐大典》卷七八九〇《汀州府条》引《临汀志》：“市廛居民多在关外，营垒亦有在关外者，故城内方（按：当同坊）才三，而城外余二十。……城外……兴仁坊（原注：在秋成门外五里杉岭市）。”

注九：原书所载之市镇数远超出表中所列数字，但其中许多可能只是市集。按原书述当地的保甲组织：“五甲为一队，队有队长，在市镇则为团长。”今采较严格的计算方式，凡市镇之前未列有团长数者均不计入，或虽列有团长数但其下仅有村名而无市镇名者亦不计入，如仅列有一团长而其下有数市镇者则以一市镇算。

注一〇：《会要》之《方域十二·市镇杂录》载绍兴五年（一一三五）五月二十日徽州言：“歙县西地名岩寺，县东地名新馆，两处商旅聚会，近岁本州差官往逐处拘收税钱，内岩寺去年收到六千三百余贯，新馆二千一百余贯，欲乞将岩寺、新馆以地升改为镇，拘收酒税课利。下本路监司看详，岩寺可升为镇，新馆虽客旅过往，缘本处不满百家，不可为镇。从之。”

注一一：吴潜《许国公奏议》卷二《奏乞废罢隆兴府进贤县土坊镇以免抑纳酒税害民之扰》：“窃见本府进贤县管下有聚落一区，地名土坊，居民不满数十，商旅稀少，强名曰镇。……欲望圣慈轸念民瘼，亟赐允俞，将本镇酒税务特行废罢，下吏部永不作缺。”

注一二：李心传《建炎以来系年要录》卷七十绍兴三十年（一一三三）十一月庚申条："罢楚州吴城县为镇，县自兵火后，居民才八十余家，故废之。"《会要》《方域五·州县升降废置篇·唐州条》："绍兴五年（一一三五）九月十九日，襄阳府安抚都总管司言：'唐州桐栢县在州之东，与倚郭泌阳县连接，即今不及百户，一年二税赡养本县官吏不足，乞废为镇，差监镇一员兼酒税烟火公事，隶泌阳县。'从之。"

注一三：范成大《吴船录》卷下："宿沙头，一名沙市。"

注一四：《淳熙三山志》卷六《地理类·海道篇》："（黄茅）墩南江上三千余家，属兴化，人烟如海口镇。"

注一五：黎靖德编《朱子语类》卷一三八《杂类》："或传连江镇寇作，烧千余家，时张子直通判云此处人烟极盛。"

注一六：见拙作《南宋城市的发展》（载于本书上册页五〇九～五九六）。

注一七：《会要》之《方域十二·市镇杂录》绍兴七年（一一三七）二月二十日条："福建路转运司言，建州建阳县地名麻沙，见今居民繁盛，接连邵武，最为冲要，乞改为麻沙镇。"同上绍兴十四年（一一四四）七月十七日条："知湖州秦棣言，本州管下镇官除乌墩、梅溪镇系在文武京官以上，及许断杖罪以下公事外，其四安镇人烟繁盛，不在梅溪、乌墩之下，……"周必大《文忠集》卷一六九《泛舟游山录》："人烟甚盛，号新义镇。"《会要》之《职官四八·县尉篇》，嘉定七年（一二一四）十一月二十四日条："权知楚州赵仲夫奏，本州盐城县有冈门堰市，居民日繁，商旅所聚。”

注一八：《会要》之《食货十八·商税篇》乾道六年（一一七〇）六月三日条载知池州张抡言：“绍圣五年（一〇九八）画降指挥，将池口税务移在雁汊，专收大江过税。”

注一九：《嘉泰吴兴志》卷八《公廨篇·都税务条》：“吴兴初以市物之直一万则税五百，盖二十而取一，岁入以二十（按：十当作千）万，实为钱二万贯，今征商五十而取一，岁入则十倍而赢。”

注二〇：张园真《乌青文献》卷九载张侃《重修土地庙记》：“湖、秀之间有镇焉，画河为界，西曰乌镇，东曰青镇，名虽分二，实同一聚落也。”同卷载万珪《青墩镇土地索度明王碑记》：“秀之青墩与湖之乌墩，二市相抵为一会镇。”

注二一：见斯波义信《宋代の湖州における镇市の发展》（载《榎博士还历纪念东洋史论丛》）。

注二二：《重修毗陵志》卷二《地理志·坊市篇·江阴条》：“江下市，在澄江门外，以通黄田港，宋绍熙五年（一一九四）以来，商船倭舶，岁常辐凑，驵侩翕集，故为市，亚于城闉。”

注二三：见草野靖《南宋财政における会子の品搭收支》（《东洋史研究》第四十一卷二号）。

注二四：见注十九引《嘉泰吴兴志》卷八《公廨篇·都税务条》。

注二五：一定为五十贯，见全汉昇《元代的纸币》（收入《中国经济史论丛》第一册）。

注二六：见拙作《宋元时代的苏州》（载于本书上册页二六九～三八五）。

注二七：秦镛《崇祯清江县志》卷一《市镇篇》："清江县，……俗又呼樟树镇。"

注二八：《文忠集》卷一六九《泛舟游山录》："晚未至樟镇七八里宿。"同书卷一七一《乾道壬辰（一一七二）南归录》："距樟镇十余里宿。"

注二九：汪曰桢《咸丰南浔镇志》卷一《疆域志》："南浔镇，本名浔溪，又名南林，宋理宗淳祐（一二四一～一二五二）末立为南浔镇，迄今不改。"同书卷二十五《碑刻志》载李心传《安吉州乌程县南林报国寺记》："南林，一聚落耳，而耕桑之富，甲于浙右，土润而物丰，民信而俗阜，行商坐贾之所萃，而官未尝讥征焉。"按此记作于端平元年（一二三四）。

注三〇：《弘治上海志》卷五《建设志·堂宇篇》："清节堂，在县治中，宋咸淳三年（一二六七），董楷提举松江市舶，清节茂著，捐俸创公宇，人服其廉，故以为名。"同篇载董楷《受福亭记》："咸淳五年（一二六九），楷忝命舶司既逾二载。"同书卷七《官守志·惠政篇》："董楷，字克正，天台人，以通经入仕，咸淳中，提举松江府市舶分司上海镇，爱民养士，号称循吏。"可知董楷在咸淳三年至五年间提举上海市舶分司。又同书卷五《建设志·堂宇篇》载董楷《古修堂记》："梓橦祠遍寰宇，士人唐君时措、时拱买韩氏室为祠宫于兹土，前分司缪君相之作两庑、作门庐，作灵星门。”可知在董楷之前，已有缪相之任此职，则上海市舶分司的设立，应在咸淳三年以前。又据应宝时《同治上海县志》卷十二《职官表》，宋末曾任上海市舶分司者有董楷、陈珩、缪相之、赵维良、费寀等人。均在咸淳（一二六五～一二七四）年间，上海市舶分司的设立，大概不会早于咸淳以前。又该书误以董楷为首任上海市舶分司。

注三一：《弘治上海志》卷一《疆域志·沿革篇》：“至元二十九年（一二九二），以民物繁庶，始割华亭东北五乡，立县于镇，隶松江府。”

注三二：见全汉昇《南宋稻米的生产与运销》（收入《中国经济史论丛》第一册）；宋晞《北宋稻米的产地分布》（收入宋晞《宋史研究论丛》；拙作《宋元时代的苏州》，载于本书上册页二六九～三八五）。

注三三：见拙作《南宋的农村经济》第四章第二节。

注三四：横金为市，见《夷坚支丁》卷三《宝华钟条》：“王德生少卿（珏）绍兴十四年（一一四四）待行在粮料院阙，寓居平江横金市。”

注三五：见拙作《南宋的农地利用政策》页一三三～一三九。

注三六：李心传《建炎以来朝野杂记》甲集卷十四《蜀茶条》：“（建炎）二年十一月，应祥（按：赵开）至官，遂大更茶法，官买官卖并罢，仿蔡京都茶场法，印给茶引，使商人即园户市茶，置合同场以稽其出入，重私商之禁。”

注三七：《夷坚乙志》卷三十八《牛鬼条》：“秉义郎高世

令，居台州黄岩，绍兴四年（一一三四），摄征税于温州白沙镇。”

注三八：《宝庆四明志》卷四《郡志·叙产》：“吹沙鱼，……今奉化鲒埼镇多有此，颇以为珍品。”

注三九：《会要》之《食货三十四·坑冶篇》绍兴二十九年（一一五九）闰六月十日条载户部言：“淮西提举茶盐司申，无为军昆山矾场每年所收钱物，自来未有立定岁额比较，官吏偷惰，无所惩劝，今取到绍兴二十四年（一一五四）至二十八（一一五八）五年内所收钱物，均作五分，内一分计四万一千五百八十五贯，为酌中之数，今欲权为定额，依酒税务条法增亏赏罚。”

注四〇：朱彧《萍洲可谈》卷二：“舶船深阔各数十丈，……货多陶器，大小相套，无少隙地。”又可参阅三上次男著、宋念慈译《陶瓷路》。

注四一：陆九渊《象山先生全集》卷十《与张元鼎》：“金溪陶户，大抵皆农民于农隙之时为之，事体与番阳镇中甚相悬绝。”

注四二：黄家遴《康熙饶州府志》卷十一《赋役志·陶政篇》：“宋景德（一〇〇四～一〇〇七）中，置镇以奉御董造。”

注四三：《夷坚三志巳》卷四《萧县陶匠条》：“邹氏，世为兖人，至于师孟，徙居徐州萧县北之白土镇，为白器窑总首，凡三十余窑，陶匠数百。”

注四四：《江西通志》卷九十三《经政略·陶政篇》载元蒋祈《陶记》：“埏埴之器，洁白不疵，故鬻于他所，皆有饶玉之称，其视真定红瓷、龙泉青秘，相竞奇矣。……若夫浙之东西，器尚黄黑，出于湖田之窑者也。碗之类鱼水高足，碟之发晕海眼雪花，此川、广、荆、湘之所利，盘之马蹏槟榔，盂之莲花要角，碗碟之绣花银绣蒲唇弄弦之类，此江、浙、福建之所利，必地有择焉者。……两淮所宜，大率江、广、闽、浙澄泽之馀，土人货之者谓之黄掉，黄掉云者，以其色泽不美，而在可弃之域也。”

注四五：《嘉泰会稽志》卷十七《纸条》：“剡之藤纸得名最旧，其次苔笺，然今独竹纸名天下，它方效之，莫能彷佛，遂掩藤纸矣。”

注四六：见注十七引《会要》之《方域十二·市镇杂录》绍兴七年二月二十日条。

注四七：见全汉昇《宋代广州的国内外贸易》（收入全汉昇《中国经济史研究》中册）；桑原隲藏著、冯攸译《中国阿剌伯海上交通史》；石文济《宋代市舶司的设置》（收入宋史座谈会编《宋史研究集》第五辑）。

注四八：见石文济《宋代市舶司的设置》。

注四九：详第二节。

注五〇：见池田静夫《宋元时代の澉浦港》（《东亚经济研究》第二十一卷第四号）。

注五一：阳思谦《万历泉州府志》卷二十四《杂志·古迹篇》：“石井镇，在晋江县东南六十里修仁里安海市。……客舟自海至，州遣吏榷税于此。”

注五二：市镇筑城的例子尚有扬州江都县瓜州镇。《嘉靖惟扬志》卷七《公署志附宅里》述及宋代瓜州镇：“镇旧无城，绍兴（一一三一～一一六二）末，翰林学士史浩议欲城之，……至隆兴（一一六三～

一一六四）初，始奉诏建筑南城，临大江，东西北长四里一十步，门拖板桥二座，遇虏警则四郊农民徙居其中，隐若一障也。”可知瓜州镇是因为防备金人攻击的需要而筑城，情况与石井镇相似。其他市镇未见有筑城的记载。

注五三：见拙作《宋元时代的苏州》（载于本书上册页二六九～三八五）。

注五四：见池田静夫《支那水利地理史研究》页一七七～一八五。

注五五：吕城为镇，见《嘉定镇江志》卷十二《宫室志·务篇·丹阳县条》：“吕城酒务在镇内。”奔牛为镇，见《咸淳毗陵志》卷十《秩官志·县官篇·武进条》：“监奔牛镇兼烟火公事一员。”

注五六：张淏《宝庆会稽续志》卷四《山阴萧山运河条》：“运河自萧山县西兴六十里至钱清堰，渡堰迤逦至府城，凡一百五里。”

注五七：吴自牧《梦粱录》卷十一《堰闸渡条》：“浙江渡，在浙江亭江岸，对西兴。”

注五八：见斯波義信《宋代商业史研究》页三五九～三六〇。

注五九：见加藤繁《宋代和金国的贸易》（收入《中国经济史考证》卷二）；全汉昇《宋金间的走私贸易》（收入《中国经济史论丛》第一册）。

注六〇：《永乐大典》卷八六四八《衡山府条》引《衡州府志》载《宋皇帝本命集福殿碑》：“大观二年（一一〇八）三月十一日，荆湖南路部使者席贡奏曰：潭州衡山县南岳山岳祠之东北，有衡岳、真君二观，而皇帝本命殿在真君之东。”

注六一：《琴川志》卷一《叙县·镇条》：“梅李镇，……《庆元志》云：吴越钱氏时，遣二将梅世忠、李开山戍此以防江北南唐之兵，居民依军成市，因取二将之姓以名其地，故云梅李市；元丰间（一〇七八～一〇八五）始为镇。”

注六二：《海盐澉水志》卷一《地理门·税赋条》：“隶县之德政乡。”《咸丰南浔镇志》卷一《疆域志附沿革表》：“南宋浙西路昭庆军安吉州乌程县震泽下乡南浔镇。”

注六三：见梅原郁《宋代地方小都市の一面——镇の变迁を中心として》。又，监官虽然多设于镇，但市也并非没有同样的情形，《会要》之《职官四八，县尉篇》淳熙十一年（一一八四）十一月二十日条：“兴元府南郑县添置县尉一员，……于县南九十里地名米仓堤置司，以南郑县尉系衔，兼主管米仓市。”

注六四：《海盐澉水志》卷二《山门》：“长墙山，在镇东三里，……山之下有造船场。”

注六五：见加藤繁《宋代的商业习惯“赊”》（收入《中国经济史考证》卷二）。

注六六：《文忠集》卷六十五《淮西帅高君神道碑》：“距府十里有沙市镇，大商辐辏，居民栉比。”宫兆麟《乾隆兴化府莆田县志》卷二十四《人物志·邱微之传》：“授番禺尉，尝有监扶胥镇者，以榷税苛取，为豪民诉于漕台。”《会要》之《食货二一·酒曲杂录》载绍兴三十年（一一六〇）九月十七日淮南转运判官张祈言：“无为军襄安镇酒坊及兼收税，系商贾冲要、舟车辐凑之地，兼并之家，产亨厚利，每有争讼，贿赂公行，交结官吏，搅扰善良。"《绍熙云间志》卷下载陈林《隆平寺经藏记》："青龙镇瞰松江上，……富商巨贾豪宗右姓之所会。"《光绪江西通志》卷九十三《经政略·陶政篇》载元蒋祈《陶记》："又闻镇之巨商，今不如意者十八九。"

注六七：《夷坚乙志》卷十四《全师秽迹条》："乐平人许吉先，家于九墩市，后买大侩程氏宅以居。"《光绪江西通志》卷九十三《经政略·陶政篇》载元蒋祈《陶记》："官之懵者，吏掣其肘，一有强明自任，则吏结豪驵之民，诡辞上官，必使惩之，更而后已。"

注六八：见斯波義信《宋代の湖州における镇市の发展》。

注六九：《吴船录》卷下："晨出大江，午至鄂渚，泊鹦鹉洲前南市堤下，南市在城外，沿江数万家，廛闬甚盛，列肆如栉，酒垆楼栏尤壮丽，外郡未见其比。盖川广荆襄淮浙贸迁之会，货物之至者无不售，且不问多少，一日可尽，其盛壮如此。"《渭南文集》卷四十六《入蜀记第四》："食时至鄂州，泊税务亭，贾船客舫，不可胜计，衔尾不绝者数里，自京口以西皆不及。……市邑雄富，列肆繁错，城外南市亦数里，虽钱塘、建康不能过，隐然一大都会也。"

注七〇：见注二四引《南浔镇志》卷二十五《碑刻志》载李心传《安吉州乌程县南林报国寺记》。

注七一：顾清《正德松江府志》卷九《镇市志》："青龙镇，……宋以海船辐凑，岛夷为市，又设监镇理财，镇故有治，有学，有狱，有库，有仓，有务，有茶场、酒坊、水陆巡司，镇市有坊三十六，桥三十，桥之有亭宇者三，有二浮图，南北相望。”

注七二：见拙作《南宋城市的发展》(载于本书上册页五〇九～五九六)。

注七三：见拙作《南宋的农村经济》第一章第二节。

注七四：《同治上海县志》卷十《祠祀志》：“天后宫，在小东门外，古称顺济庙，创自宋咸淳七年(一二七一)。”

注七五：见方杰人师《宋泉州等地之祈风》(收入《方豪六十自定稿》下册)。

注七六：见全汉昇《北宋汴梁的输出入贸易》、《南宋杭州的消费与外地商品的输入》(均收入《中国经济史论丛》第一册)；伊原弘《宋代浙西における都市と士大夫——宋平江图坊名考》(载《中嶋敏先生古稀纪念论集》)；拙作《宋元时代的苏州》。

注七七：《乌清文献》卷五《寓贤篇》：“张浚。陈与羲。何蘧。王彦。张抡。张宰。张庶。张亘。”《乾隆乌青镇志》卷七《园第志》：“安定郡王赵伯驿府。秦申王桧园。太师何恭敏铸宅。安抚王彦宅。尚书顾岩宅。节度丁胜宅。诗人丁南宅。沈知丞宅。沈左藏宅。六杉园，……省元屠瓒置。尚书莫泽宅。黄百万雠宅。东皋园，……高士沈平所居。”其中黄百万雠可能非士大夫。

注七八：见拙作《宋元时代的苏州》(载于本书上册页二六九～三八五)。

注七九：《乌青文献》卷二《园亭篇》：“东皋园，……沈平所居，叠石为山，多栽松、竹、花卉；池傍出巨石，名钓鱼矶；复有一石洞，高丈余，梅树百本围绕，曰梅关；构室三间，曰赛蓬莱；径之南有曰迷仙境者，树木阴翳，有山林风致。每遇元宵，则张灯于荷花池侧，设水戏于池中，纵人游观，以成夜市。时宰郑太师、吴履斋、赵观相、贾秋壑尝慕来游，争相羡之。"

注八〇：《海盐澉水志》卷五《学校门》："镇学，昔时未有，嘉定十一年（一二一八），镇官徐之纪绘夫子像，就禅悦教院行释菜礼，自后岁节冬至于此序拜乡饮。"涂长发《嘉庆眉州属志》卷十五《文志》载南宋人冯时行所撰《栅头镇夫子庙记》："今独国郊若州县乃仅有之，未尝有以己意私自荐祭者，惟丹棱之东馆、栅头二镇，士类滋多，……而春秋二祀，距州县迂远，不获奔走祠下，舆洗降登，自致其诚敬，执本反始之义不备，乃合乡人之力，作夫子庙于镇之南郊。"

注八一：《正德松江府志》卷十三《学校志》："青龙镇学，在镇东北，宋监镇赵彦敔建，里人任、陈二大姓尝葺饰之。"《洪武苏州府志》卷十二《学校志》："震泽镇学，在本镇，宋宝祐（一二五三～一二五八）初，邑士沈义夫以著作王苹、教授陈长方、中书舍人杨邦弼居游之地作祠堂立学，以私淑后进。"《弘治上海志》卷五《建设志·学校篇》："儒学，……初，上海镇学也，始于宋。邑人唐时措、时拱市韩氏屋，立文昌宫，咸淳（一二六五～一二七四）中，请于监镇董楷作古修堂，为诸生肄习之所，因称镇学。"

注八二：《续资治通鉴长编》卷二四四熙宁六年（一〇七三）四月庚辰条："初，京师供百物有行，虽与外州军等，而官司上下须索，无虑十倍以上，凡诸行陪纳猥多，而赍操运送之费复不在是，下逮稗贩贫民，亦多以故失职。"《梦粱录》卷十三《团行条》："市肆谓之团行者，盖因官府回买而立此名，不以物之大小，皆置为团行。"

注八三：《朱文公文集》卷二十一《论差役利害状》："盖朝廷曾有指挥，罢支耆、户长雇钱以充经、总制钱窠名起发，遂致州县无钱可雇耆、户长，而此等重役，遂一切归于保正、保长无禄之人。"

注八四：《会要》之《食货六六·役法篇》淳熙六年（一一七九）十月十三日条："臣僚言，窃见绍兴十二年（一一四二）指挥，称乡村户数乡皆有物力，合并归烟爨庭外，其坊郭及别县户有物力在数乡，并各令随县分，并归一乡村物力最高处理为等第选差，计募人充役。至乾道八年（一一七二），臣僚一时申请，坊郭之人去乡村远，既不系本处相比保伍，烟火盗贼，何缘机察，亦难以责办催科，朝廷遂变此令，使兼并之家得以避役，而中下之户有被其害者。乞将上项差役事，止用绍兴十二年指挥，则豪富之家可以少戢，而贫弱之户可以自伸。诏敕令所开具旧法，已而开具来上。诏依绍兴十二年十月四日指挥，节次续降指挥并不施行。"

注八五：见刘石吉《明清时代江南市镇的数量分析》(《思与言》第十六卷第二期)，《明清时代江南地区的专业市镇》(《食货月刊》复刊第八卷第六～八期)。

宋代伎艺人的社会地位

宋代经济繁荣，娱乐业随之而兴盛。当时称娱乐表演为伎艺，而从事娱乐表演者为伎艺人。许多伎艺人活跃在宋代的城市、乡村里，表演说话、清唱、戏剧、音乐、舞蹈、杂艺等诸般伎艺，他们或者在宫廷、官府、邸第演出，或者在瓦子勾栏、酒楼茶馆、路边、广场、庙会、风景名胜做场。他们的表演内容丰富，演出场所广遍，而且深受社会大众欢迎。然而一般讲来，大多数伎艺人的社会地位是低微的。

伎艺人并没有一定的出身。他们有些是家庭世业，所谓“善乐色伎艺者，皆其世习”（注一）；元兵入杭州时，流离无所归的金姓伶人，也是“世为伶官”（注二）。有些是受地方政府强行勒令习业，北宋末年秦凤路州县便曾“将人户籍充乐人、百战（按：战当是戏之误）人，勒令阅习百戏、社火，寻常筵会接送追呼”，不过朝廷获知后，下诏禁止（注三）。有些是境遇所使然，廉布《清尊录》记载了这样一个故事，崇宁（一一〇二～一一〇六）年间，贵家子王生在汴京邂逅一女，王生之父得知，大怒，促其子还乡，其后此女由一媪伴同南下访生所在，“至广陵，资尽不能进，遂隶乐籍，易姓名为妓”；源出于宋人话本的小说《计押番金鳗产祸》里（注四），也讲到张彬和庆奴两人畏罪逃亡，路过镇江，张彬得病，“细软衣物解尽”，庆奴于是说，“我会有一身本事，唱得好曲，到这里不怕羞，何不买个锣儿，出去诸处酒店内卖唱，趁百十文，把来使用”。此外有不少可能因为家境欠佳而投身于此一行业，南宋时曾丰这样说：“居今之人，自农转而为士、为道、为释、为伎艺者，所在有之，而惟闽为多，闽地褊，不足以衣食之也，于是散而之四方。故所在学有闽之士，所在浮屠、老子宫有闽之道释，所在阛阓有闽之伎艺”（注五），所谓伎艺，自然包括伎艺人在内。在临安，确实有表演傀儡戏的福建鲍老社，人数多达三百余人（注六）。福建之外，当时的江浙、四川，也是地狭人稠的地区，这种情形或许也相类似。即使是官宦人家的子女，也有人因为家庭突生变故，而致以此为生。邢知县夫妇于金人南侵时遇害，其女春娘“为贼所掳，卖在全州倡家”，及至长成，“倡妪教之乐色事艺，无不精绝，每公庭侍宴，能将旧词更改，皆对景著模处”（注七）；陈造于高邮军宴客时，所见倡黄真真，“流落高邮，倡两兄优，同养佬”，而他们兄妹所以致此，则由于其父“曾为金州大将，俄知横州，以事得谴去，去而卒，妻子失身，乃尔”（注八）。

投身于伎艺之业后，收入自然有好有坏。前述小说《计押番金鳗产祸》里的庆奴，在镇江酒店里卖唱，有时“每日撰得几贯钱来”，但也“有时撰不得来”，收入很不稳定；宜黄人詹度，“业伶伦”，“贫甚”，至城中谋生，竟至于“行丐而前”，抵城中后，他的吹笛伎艺获人赏识，“自是以技得名，渐亦温饱”（注九）。更有些伎艺人是可以致富的，有一位善歌宫词的女子，在潭州平坊里开场，“歌声遏云，观者如堵，日数百券，豪门争延致之，日掷与金钗等，年余所积累万”（注一〇）；张孝祥在抚州宴客，有散乐一妓善于作合生诗，张孝祥“为之嗟赏，竟日赏以万钱”（注一一）。而在当时人的印象里，倡优也多违反禁令，穿戴销金铺翠之饰（注一二）。除了可以致富之外，伎艺人又可以成名，孟元老《东京梦华录》、吴自牧《梦粱录》和周密《武林旧事》这几本书里，各记载了北宋汴京和南宋临安一些著名的伎艺人。北宋末年汴京著名的露台弟子丁都赛，甚至当她尚在舞台上活跃之时，距离汴京二百里外偃师县的墓葬雕砖上，已因她的名声而雕上了她的人像（注一三）。

不论出身如何，也不论收入好坏、名气大小，就伎艺人整体而言，他们的社会地位是低下的，甚至可以说是处于社会的边缘。南宋末年，黄震到抚州任知州，向地方民众宣示他听讼的顺序，由士而农而工而商，最后才轮到杂人，“如伎术、师巫、游手、末作、牙侩、舡稍、妓乐、岐路、干人、僮仆等，皆是杂人”（注一四），妓乐、路岐等伎艺人，属于四民之外的杂人之列，社会地位是低微的；楼钥论及嘉兴府华亭县南四乡科酒之害，“自里正、市井、道释、医卜，下至倡优，无有免者”（注一五），也意味着倡优社会地位的卑下。不仅低微卑下，并且还遭受贱视，所谓“俳优之贱”（注一六）、“路岐贱态”（注一七）、“倡优下贱，人道之所不齿”（注一八）、“下贱优”（注一九）等语句，屡屡出之于当时人之口。而从事这一行业的人也深知，“为良人与为倡孰优”，只是“然无可奈何”（注二〇），他们自觉倡优和良民是有别的。

在士大夫的心目中，伎艺人只不过是一个服侍贵势之家的行业而已，谈不上有什么社会地位。事实上，贵势邸第之中，也确实蓄雇有伎艺人来服侍他们。当时贵势家中，多有女乐歌妓，少则数人，多者数十人（注二一）；宗王府中不只有歌妓，“一时伶官乐师皆梨园国工也，吹弹舞拍各有总之者，号为部头”，“只笙一部已是二十余人”（注二二）。河南禹县白沙镇宋墓壁画中，也绘出了富家歌妓表演的情景（注二三）。这些歌童舞女，大多透过市场上的官私牙嫂雇买（注二四），行情大概还很不错。《清尊录》中又记载了这样的一个故事，“兴元民有得勾阑小儿，育以为子，数岁，美姿眉，民夫妇计曰，使女也，教之歌舞，独不售千万钱耶？妇曰，固可诈为也”，两人依计而行，“比年十二三，嫣然美女子也，携至成都，教之新声”，最后为一邛县人官通判来成都者所得，“与直至七十万钱，乃成券”。价钱既高，细民有女之家竞趋之若骛。所以“京都中下之户，不重生男，生女则爱护如捧璧擎珠，甫成则随其姿质，教以艺业，用备士大夫家采拾娱侍，名目不一，有所谓身边人、本事人、供过人，针线人、堂前人、杂剧人、折洗人、琴童、棋童、厨娘等级，截乎不紊”（注二五），其中杂剧人、琴童都可以归入伎艺人之列。这些歌童舞女，士大夫家雇买来不过是供作“娱侍”而已，身份自然卑微。歌童舞女之外，又有一类以伎艺侍奉贵家的食客，其中有些“百业皆通者，如纽元子、学像生叫声、教虫蚁、动音乐、杂手艺、唱词白话、打令商谜、弄水使拳，及善能取覆供过、传言送语”，他们的身份和那些歌童舞女不一样，然而也不过是被目为闲人，甚至将他们和为娼妓探听宾客的“厮波”并列，受到轻视（注二六）。贵势之家不仅使唤歌童舞女，对于民间伎艺人也是欲取欲求。宋代民间歌妓中有部分系名官籍，必须随时听候点唤，侍候官府公私筵宴（注二七），而且必须唯势是从。秦桧亲家王氏有一个子弟王子溶知吴县，“尤放肆，郡守宴客，初就席，子溶遣县吏呼伎乐伶人，即驰往，无敢留者”（注二八）。歌妓之外，其他伎艺人也难免碰到这种情形。伎艺人在外表演，最怕便是被官宦人家呼唤去侍候酒宴，一旦碰上，便得暂停演出，心中带着“去又不得，不去又不得”的痛苦挣扎，赶忙赴召（注二九）。

现实既是如此，伎艺人在当时社会上谈不上有什么社会地位，良家子女是不从事这一行业的。所以前述小说《计押番金鳗产祸》中，庆奴打算到酒店卖唱，张彬便对她说："你是好人家女儿，如何做得这勾当？"不仅不从事这一行业，甚至学习伎艺也视为大忌。流传于宋代题为李商隐撰的《义山杂纂》一书中，列举"无见识"的事项，其中之一便是"纵儿子学乐艺"。至于官宦之家的子弟，身份尊贵，自然更不应该有这类行为。所以施昌言为发运使时，"召范仲淹后堂，出婢子为优，杂男子慢戏，无所不言，仲淹怪问之，则皆昌言子也，仲淹大不怿而去"（注三〇），范仲淹的不悦导因于施昌言让儿子为优戏。戏文"宦门子弟错立身"里（注三一），讲到金朝官宦子弟完颜延寿马，因为贪恋路岐女伶王金榜，而被逐出家门，后来找到王金榜，加入她的戏班。戏班生涯使他悲感"在家牙坠子，出路路岐人"，"路岐岐路两悠悠，不到天涯未肯休。这的是子弟下场头，挑行李怎禁生受"，"撞府共冲州，遍走江湖之游。身为女婿，只得忍耻含羞"。在家里有如象牙坠子一样宝贵，作了路岐之后便落得忍耻含羞的下场。他的悲痛，除了来自肩挑行李，登山渡水，给他肉体上的折磨外，更重要的应该来自社会地位陡降对他心理上的冲击，所以他又为"我亲朋知道，真个笑破人口"而"提起泪交流，那更担儿说重心忧"。这个故事虽然以金朝为背景，但其中的社会意义应该也适用于同一时期的南宋。

伎艺人有男有女，而妇女要占相当高的比例。南宋伎艺人中，以说经、讲小说、讲史、影戏出名的，都有女流。角觝前场的女飐，也是由妇女上场（注三二）。至于以讲唱、歌舞为业的伎艺人，自然更是以妇女为多。妇女公开表演，可能多为家庭生计使然，而非显示当时妇女社会地位的提升。相反的，这正是伎艺人遭受轻视的根源之一。事实上，不少女伎艺人，在出卖伎艺之外，兼且出卖色相。像苏州便“军妓以勾阑妓轮值之，岁各入值一月”（注三三），北宋末年汴京瓦子中以小唱闻名的李师师，也是有名的角妓，宋徽宗和词人周邦彦均曾游其家（注三四）。南宋末年，李昴英曾判下南安军所申的一件书状，其中讲到一个孙姓妇人，“元是路妓散乐，因公吏资官钱游其家，事发系籍，则其人先已为不籍之妓矣”（注三五）。洪迈《夷坚志》中记载了一些伎艺人兼业娼妓的故事，例如蕲春人傅九，“好狎游，常为倡家营办生业，遂与散乐林小姐绸缪，约窃负而逃”（注三六）；又如“路岐散倡边换师，游涉嘉兴，就邸于阛阓中，一日黄昏时，有少年子登门，持钱置酒，……因留寝宿”（注三七）。又有一则故事，讲到鄱阳一富家子，于湖边庙中守宿，以防渔货遭窃，“俄有推户者，状如倡女，服饰华丽而遍体沾湿，……曰，我乃路妓散乐子弟也，知市上李希圣宅亲礼请客，要去打窠地，家众既往，我独避雨，赶趁不上，愿容我寄宿”，并企图引诱富家子，结果“不觉裙里一尾出，子引手拈杖击之，成一狐而走”（注三八），女伎艺人被视为狐狸精，可见她们给人的印象不是很好的。正由于形象欠佳，她们常易遭受恶少骚扰，洪迈又记载了他出守绍兴府时，有一歌宫调女子洪惠英，借曲抒怀，哀述“到府一月而遭恶子困扰者至四五”的不幸遭遇（注三九）。

城市中的瓦子勾栏，是表演伎艺之所，从道德观念看，也给人恶劣的印象。北宋汴京的瓦子，被认为是“士庶放荡不羁之所，亦为子弟流连破坏之门”；南宋临安的瓦子，则被认为“今贵家子弟郎君，因此荡游，破坏尤甚于汴都”（注四〇）。胡颖在一篇判状中，认定一个监税官的所为悖谬，脏污狼藉，是其妻有以致之，这一妇人“久居中瓦，耳濡目染，岂复有廉洁之行。……执状趋庭，譊譊长舌，无非路岐杂剧人口中言语”

（注四一）。瓦子勾栏给人的印象所以如此恶劣，女色的引诱自然是原因之一。不仅在瓦子勾栏，即使在其他处所，有时倡优歌妓也被用来作为以色行骗的工具（注四二），或者当作赌博时的赌资（注四三）。此外，伎艺人中确实也有不肖之徒从事诈骗、偷盗的勾当。北宋晚期文人张耒在《续明道杂志》中记载了他听见的一件事，京师有一富家子，家财为无赖所觊觎，这一富家子“甚好看弄影戏，每弄至斩关某，辄为之泣下，嘱弄者缓之”，于是无赖勾结弄影戏者，“一日，弄者曰，云长猛将，今斩之，其鬼或能祟，既斩而祭之。此子闻甚喜，弄者乃求酒肉之费。此子出银器数十，至日斩罢，大陈饮食如祭者，群无赖享之，乃白此子，请遂散此器。此子不敢逆，于是共分焉”，张耒说他原本不相信有这样的事，可是“近见事有类是事”（注四四）。不仅愚昧的富家子受骗，甚至身为高级官员的士大夫，也曾受伎艺人的诈骗。《夷坚志》里讲到一个故事，北宋末年京师郑太师家，请道士章醮，当晚“忽仙乐玲玲，从空而来，乘彩云下至祠所。伶官执笙箫合乐于前，女童七八人履虚而行，歌舞自若，而神官仙泉逍遥于后。顷之，乘烟蔽覆，对面不相见，一大声如净鞭鸣，随即寂然，道人不复见，供器皆用金银，并无一存”，据说“此夕为奸诈者，尽散乐也”，以他们在戏场上的技巧从事有组织的行骗（注四五）。伎艺人偷盗的行为也曾发生，南宋临安城内“有人家土库中被盗，绝无踪迹”，负责维持治安的总辖向逻卒推测，“恐是市上弄猢狲者”，经过调查后，果然是他“命猢狲自天窗而下取物”（注四六）。有这类事情发生，难怪伎艺人会受贱视。

伎艺人表演，常以滑稽来博取观众的欢笑，而滑稽又常以嘲讽的方式表现。他们的嘲讽，有时是恶意作弄别人。南宋中期周南曾经叙述这样一件事实，“市南有不逞者三人，女伴二人，莫知其为弟兄妻姒也，以谑丐钱，曰是杂剧者，又曰伶之类也。每会聚之冲，阛阓之市，官府听讼之旁，画为场，资旁观者笑之，自一钱以上皆取焉”，他们表演的方式，是模仿讥笑怪异的行为，“语言之乖异者，巾帻之诡异者，步趋之伛偻者，兀者，跛者”，特别是一位年已六七十岁，以卖药为生的刘先生，“肩高于顶，颐隐于脐，貌特异而独不出声，每过市无不为之绝倒”，成为这几个伶人最爱仿效取谑的对象，也吸引最多的观众。这样有三、五年，“刘出，恶少必随之，或夺其药，或批其耳，而刘之药不可售。一日，天微雨，伶人者饮于市，遇刘卖药过其前，伶乘醉而诟侮之，以资市人之笑乐，路遏不能行”（注四七）。这几个伶人，恶形恶状，被责备为不逞者、恶少，并不为过。有时伎艺人的嘲讽无伤大雅，可是受嘲者却不见得能容忍，南宋晚期吉州永新市欢度元宵节，“有小辈伍三素习滑稽，装一秀才教学生数人语，言某是山野鄙俚”，对伍三的表演，士人不仅“见者恶之”。并且还编造故事，说他隔了两三晚，梦见孔夫子，受到责备，“汝何等人，敢以儒人为戏，吾定祸汝”，没有多久，果然“全家遭疫，至于绝嗣”（注四八）。在士人心目中，伍三只是“小辈”，怎可如此不敬。伎艺人的嘲讽有时也以比较高层次的政事为题目，并且在御前或政府官员之前演出，因而产生谏戒的作用。士大夫承认他们“因戏语而箴讽时政”的贡献，却仍然坚持：“俳优侏儒，固技之最下且贱者”（注四九）。北宋汴京伶人丁先现自命“不徒为诙谑，往往因以达下情”，从宋神宗到宋徽宗的时代，常以俳优议正时事，平日“非为优戏，则容貌俨如士大夫”。士大夫对他虽有“台官不如伶官”的赞赏，然而当他晚年，“在朝门与士大夫语曰，先现衰老，无补朝廷也”，那些士大夫“闻者哂之”而已，不把他的话认真当一回事（注五〇）。伎艺人嘲讽时事不仅未必赢得真正的尊重，有时还有触怒受嘲者的危险，因此而遭禁、被逐、受杖、受黥、甚至处死的事件，不时发生（注五一）。嘲讽时事固然可能获罪，伎艺人即使是讲史，也有可能被认为是“言伪而辩，鼓惑众听”，“执左道以乱政”，因而受到处罚（注五二）。

上述的讨论，说明了伎艺人处于社会边缘的地位，与士大夫的社会地位可以说是有云泥之隔。但是伎艺人中也有富于才学的，北宋元佑（一〇八六～一〇九三）年间教坊伶人丁石，便是举人出身，和当时的宰相刘挚同乡，同年发贡，刘挚名列第一，而丁石第四，“亦才子也，后失途在教坊中”（注五三）。说话人也多才学兼备，罗烨在《醉翁谈录》之《小说开辟篇》里，对说话一艺如此描述，“夫小说者，虽为末学，尤务多闻，非庸常浅识之流，有博览该通之理”，一个优秀的说话人，必须“开天辟地通经史，博古明今历传奇”，“藏蕴满怀风与月，吐谈万卷曲和诗”，具备这些条件，讲起来才能源源不绝，引人入胜。从南宋临安说话人乔万卷、许贡士、张解元、刘进士、戴书生等艺名（注五四），不难窥见他们对自己才学的自负，也说明了他们可能出身于失意的文人。南宋晚年有一位说话人王六大夫，“讲诸史皆通”，而且“讲得字真不俗，记问渊博甚广”；另一位说话人王防御，则被誉为“天下鸿儒有不如”，“贯穿千古五车书”（注五五）。至于撰写话本或戏文的才人，更必须富有才情，有较深的文学修养，他们同样可能多出于于失意的文人，南宋末年太学生黄可道，便曾编写戏文，风行于临安（注五六）。这一些伎艺人，虽有才学，却只能在市井之中，和歌妓之类同流。伶人、说话人尚有一些留下他们的艺名，才人则大多已姓名湮没。士大夫未必不欣赏他们的作品，但恐怕不会认为能登大雅之堂，才人在刊布作品时不愿署上自己的姓名，原因当亦在此。才华虽高，作品虽好，也不过是“末学”，那么伎艺人尽管学富五车，当他们面对士大夫时，心理上又岂能没有压抑之感，自惭低人一等。丁石与刘挚相见，自叹“今贵贱相去如此，本无面见相公”，正是这种心理的说明。王防御既老，“筑委顺堂以居，士大夫乐与之往还”，死后并且有士大夫为他作挽词（注五七），即使如此，王防御仍然没有留下他的本名，而“委顺”二字，也难免蕴藏有卑微的涵义。总之，尽管有些伎艺人不能说是位处社会边缘，但他们的地位最好也不过在士大夫阶层的边缘。

综上所述，伎艺人出身不同，经济情况亦异，但整体讲来，他们的社会地位在士、农、工、商四民之下。他们服侍他人，受人轻视，而其中若干伎艺人的行为，也确实引人非议，使得他们的社会形象恶劣。伎艺人以嘲讽见长的表演，有时虽然博得谏戒的美名，士大夫却不因此对他们特别看重，对于他们的嘲讽，也不见得都能忍受，他们也常因此而遭受压制。伎艺人中也有出身士人，富于才学的，但他们面对士大夫，仍难免有卑微之感。不过尽管大部分伎艺人位处社会边缘之上，他们的子孙并非没有改善社会地位的机会，前文所述以吹笛之技而得温饱的伶伦詹庆，后来“驯致富，教子读书，且假儒衣冠”（注五八），踏上了进入士人阶层的阶梯。

（原刊于邓广铭、漆侠主编《国际宋史研讨会论文集》，保定，河北大学出版社，一九九二年八月。）

注释

注一：罗烨《醉翁谈录》丁集卷一《花衢记录·序平康巷陌诸曲》。

注二：仇远《稗史》之《优戏条》。

注三：《宋会要辑稿》之《刑法二·禁约篇》宣和六年（一一二四）正月十三日条。

注四：载冯梦龙编《警世通言》卷二十。

注五：曾丰《缘督集》卷十七《送缪帐干解任谐铨改秩序》。

注六：不著撰人《西湖老人繁胜录》。

注七：王明清《摭青杂说》。

注八：陈造《江湖长翁集》卷二十二《记黄倡》。

注九：洪迈《夷坚三志壬》卷四《陶氏疫鬼条》。

注一〇：不著撰人《异闻总录》卷一。

注一一：《夷坚支乙》卷六《合生诗词条》。

注一二：按宋制优伶服色与胥吏、庶人、商贾相同，见《宋史》卷一五三《舆服志·士庶人服篇》："端拱二年（九八九），诏县镇场务诸色公人并庶人、商贾、伎术，不系官伶人，只许服皂白衣、铁角带，不得服紫。"但自北宋晚年以后，臣僚屡言倡优服色奢侈。如同上载政和七年（一一一七）权发遣提举淮南东路学事丁瓘言："衣服之制，尤不可缓，今闾阎之卑，娼优之贱，男子服带犀玉，妇人涂饰金珠，尚多僭侈，未合古制"。又《宋会要辑稿》之《刑法二·禁约篇》嘉泰三年（一二〇三）五月十八日条载臣僚言："今之正风俗，莫先销金铺翠之饰，窃见近日以来，街坊贯人公然贸鬻，倡优下妾恣为服饰"。又黄淮、杨士奇《历代名臣奏议》卷一九二载袁说友于绍熙（一一九〇～一一九四）年间上疏："自累岁以来，其侈日盛，行都豪贵之家，故习于此，而下至齐民，稍稍有力者，无不竞以销金为饰，盖不止于倡优被服之僭也。”可见“倡优被服之僭”在当时已被认为是常态。

注一三：见廖奔《宋元戏曲文物与民俗》页一三七～一三九。

注一四：黄震《黄氏日抄》卷七十八《词讼约束》。

注一五：徐硕《至元嘉禾志》卷二十一《碑碣篇》载楼钥《南四乡记》。

注一六：《宋会要辑稿》之《刑法二·禁约篇》政和八年（一一一八）三月一日条载臣僚言。

注一七：《夷坚三志巳》卷三《宗立本小儿条》。

注一八：杨简《慈湖遗书》附录《宝谟阁学士正奉大夫慈湖先生行状》载杨简言。

注一九：方岳《秋崖集》卷三十四《后义倡传》。

注二〇：见同注八。

注二一：见谢桃坊《宋代歌妓考略》（《中华文史论丛》一九八三年第四辑）。

注二二：周密《齐东野语》卷十七《笙炭条》。

注二三：见廖奔《宋元戏曲文物与民俗》页一五二～一五三。

注二四：《梦粱录》卷十九《雇觅人力条》：“如府宅官员、豪富人家，欲买宠妾、歌童、舞女、厨娘、针线供过、粗细婢妮，亦有官私牙嫂及引置等人，但指挥便行踏逐下来。”

注二五：洪巽《旸谷漫录》。

注二六：《梦粱录》卷十九《闲人条》。

注二七：庞德新《从话本与拟话本所见之宋代两京市民生活》页一五三～一五四。

注二八：陆游《老学庵笔记》卷五。

注二九：见冯沅君《古剧四考》（收入冯沅君《古剧说汇》）。

注三〇：《宋史》卷二九九《施昌言传》。

注三一：据钱南扬校注《永乐大典戏文三种校注》本。

注三二：见《武林旧事》卷六《诸色伎艺人条》。又《梦粱录》卷二十《角觝条》："先以女飐数对打套子，令人观睹，然后以膂力者争交"。可知女飐为角觝之前场。

注三三：徐大焯《烬余录》乙编。

注三四：见邓之诚注《东京梦华录注》卷五《京瓦伎艺条》有关李师师之注解。

注三五：李昴英《文溪集》卷十一《发妓孙惜回南安军判》。

注三六：《夷坚三志巳》卷四《傅九林小姐条》。

注三七：《夷坚三志巳》卷七《边换师条》。

注三八：《夷坚支庚》卷七《双港富民子条》。

注三九：见同注一一。

注四〇：《梦粱录》卷十九《瓦舍条》。

注四一：《名公书判清明集》卷二《官吏门·澄汰类·赃污狼藉责令寻医条》。

注四二：见《武林旧事》卷六《游手条》："有所谓美人局，以倡优为姬妾，诱引少年为事"。

注四三：《东京梦华录注》卷七《池苑内纵人关扑游戏条》："以至车马、地宅、歌姬、舞女皆约以价而扑之"。

注四四：见邓之诚注《东京梦华录注》卷五《京瓦伎艺条》有关影戏的注解。

注四五:《夷坚志补》卷二十《神霄宫醮条》。

注四六:庞元英《谈薮》。

注四七:周南《山房集》卷四《刘先生传》。

注四八:不著撰人《湖海新闻夷坚续志》前集卷二《警戒门·神谴类·装儒为戏条》。

注四九:《夷坚支乙》卷四《优伶箴戏条》。

注五〇:见邓之诚注《东京梦华录注》卷二《东角楼街巷条》有关丁先现的注解。

注五一:王国维《宋元戏曲考》第二章收录此类事实甚多。

注五二:《名公书判清明集》卷十四《惩恶门·诳惑类·说史路岐人仵常挂榜县门条》。

注五三:范公称《过庭录》。

注五四:见《武林旧事》卷六《诸色伎艺人条》。

注五五:胡士莹《话本小说概论》页五九~六〇。

注五六:刘一清《钱塘遗事》卷六《戏文诲淫》条载宋末事:"至戊辰、己巳间,王焕戏文盛行都下,始自太学有黄可道者为之"。

注五七:胡士莹《话本小说概论》页六〇。

注五八:见同注九。

肆

官户、士人的家境与活动

南宋的贡院

一、前言

贡院是南宋都城与各处郡城中常见的一座建筑物，有时也称做试院，用途是作为科举考试的专用试场。贡院作为一座专供试场之用的建筑物，其主要结构可以都城的礼部贡院为例，“置大中门，大门里置弥封、誊录所及诸司官，中门内两廊各千余间廊屋，为士子试处，厅之两厢，列进士题名石刻，堂上列省试赐知贡举御笥及殿试赐详定官御笥，并闻喜宴赐进士御诗石刻”（吴自牧《梦粱录》卷十五《贡院条》）。各处郡城中的贡院，其结构应该也大体类似。例如严州贡院，据载便是“规模一遵礼部贡院之制”（董弅《严州图经》卷一《科举条》）。一般讲来，除了供考生应试的试场外，又有弥封、誊录、阅卷等工作场所，供参预试务工作官吏使用的餐厅、厨房、浴室和直宿的房舍，以及进士题名碑等（注一）。至于贡院建筑的主体，自然是分间并列的试场。各处城市中的贡院，不仅是许多士人为了踏入仕途而必须出入的场所，也可以说是城市里科举文化的具体象征之一。

贡院的设置并不开始于南宋。礼部贡院的设置起于唐玄宗开元二十四年（七三六）以后，宋代沿袭其旧，不过在北宋晚期以前，一直是取具临时，到崇宁（一一〇二～一一〇六）

年间，才有固定的处所（注二）。地方城市贡院的设置，最晚起自北宋后期。宋哲宗时，已有福州试院建于元祐五年（一〇九〇）（注三），泰州贡院建于绍圣四年（一〇九七）（注四）。至于地方贡院的普遍设立，则是在宋徽宗时期。“政和二年（一一一二），又从董正封建请，令诸州遍立贡院”（《成都文类》卷四十李焘《贡院记》）。这一次诏令诸州遍立贡院，可能和崇宁元年（一一〇二）以来州学实施三舍法，取士改由学校升贡有关（注五），所以“舍法既罢，则贡院亦随废矣”（《鹤山先生大全文集》卷四十四《普州贡院记》）。按舍法罢废在宣和三年（一一二一），北宋贡院的普遍设立只有短短十年的时间。不过即使在舍法罢废之后，也并非所有贡院都随之颓毁，例如上述建于元祐五年的福州贡院便沿用到南宋，也有一些贡院是在南、北宋间的战乱中焚毁的（注六）。虽然如此，南宋初年确实是大多数的州郡都没有贡院作解试的专用试场，礼部的贡院也由于都城开封的沦陷，而有待于在南方的行都重建。

本文探究南宋的贡院，以贡院的兴建扩充为主题，首先说明兴修贡院的背景与动机，然后讨论贡院的兴建与扩大，最后将在结语中指出南宋贡院兴修的时代意义。

二、南宋时期兴修贡院的背景与动机

除了礼部贡院在绍兴十二年（一一四二）以前已在南宋行都建立之外，自从北宋宣和年间舍法废罢后，到南宋时期各地贡院先后建立之前，各处州郡科举考试时的考场大多取具于临时，没有固定的场所。例如湖州是“诏下兴贤，莫有定所”（谈钥《嘉泰吴兴志》卷十一《学校篇·州治条》）；绍兴府是“追复科举，更寓诸暨大雄寺、城东延庆寺，最后寓光相寺，亡虑十数”（《嘉泰会稽志》卷一《贡院条》）；吉州是“试无定所，学官、佛寺，取具一时”（周必大《文忠集》卷二十八《吉州新贡院记》）；兴化军是“间三岁诏下，试于郡庠，已而褊隘，则移于部使者行部之舍，历数举，试员益众，则又移于南山之广化寺”（陈效《弘治兴化府志》卷二十七《礼纪·艺文志》载陈俊卿《宋兴化军贡院记》）；潮州则“每遇宾兴，旋棘浮图居，为旬月计，历七八诏，迄无定所”（《永乐大典》卷五三四三《潮州府条》引《三阳志》）。这些例子，均说明了考场不断的更动处所。临时考场设置的处所，如上引各例所显示，以学校、佛寺和官舍最为常见，特别是学校和佛寺。所以《鹤山先生大全文集》卷四十四《普州贡院记》说：

蜀自中兴以来，生聚教训，既百有余年，儒风丕振，应书之士，岁滋月益，而诸郡校士，非学宫则佛舍也。其特为之宫者，远则六十年，近止三五岁耳。普于东川号多士，而亦寓于学宫。

同书卷四十八《眉州创贡院记》也说：

国朝设科取士，损益隋唐之旧，凡二百有七十季矣，列郡校试，寓于浮屠之馆者十有七八。

都指出了学校和佛寺用作科举考试临时试场的普遍情形。个别的事例，除前已述及者外，又如平江府起先试于近郭虎丘山的佛寺，其后曾试于郡学（注七）；真州试场曾“权寓于佛寺，后每试于学宫”，再后“复试于佛寺”（《隆庆仪真县志》卷八《学校考》）；衡州“旧无试院，岁大比，即南门学舍为试所”（《永乐大典》卷八六四七《衡州府条》引《衡州府图经志》）；资州“寓试于报恩寺，弗便则合郡县庠而棘焉”（《鹤山先生大全文集》卷三十八《资州新创贡院记》）；彭州“每科举，辄寓佛祠”（陆游《渭南文集》卷十八《彭州贡院记》）；而泉州则以学校为试场（注八）。至于以官舍为试场的情形虽然较少，但是除了上引兴化军之例外，也还有一些例子。例如明州曾“寓试于谯楼之上，或于开元寺”（罗濬《宝庆四明志》卷二《郡志·叙郡·贡举篇》）；梅州则“或即郡庠，或寓驿亭”（《文忠集》卷五十八《梅州贡院记》）。谯楼和驿亭，都属于官舍。

这种临时借用学校、佛寺或官舍为考场的情形，不仅为出借的场所带来了很大的困扰，地方上也深感不便。例如镇江府“大比试于郡学及先圣庙两庑，撤棘再补葺，士以为病”（卢宪《嘉定镇江志》附录引《咸淳镇江志》）；台州“每大比则辟寺宇为之，科需烦扰，士民皆不便”（蔡戡《定斋集》卷十五《中大夫致仕朱公墓志铭》）；徽州“遇岁大比，则毁学之斋舍以纳之”（罗愿《淳熙新安志》卷一《州郡篇·贡院条》）；黄州“寓贡闱于庠校，三载必一毁撤，既非所以作士气，而学宫浸以颓靡，州人病之”（楼钥《攻媿集》卷五十四《黄州贡院记》）；夔州路十五郡中，六郡合试于夔州，试场寓于佛寺，“而夔一城惟一寺，一岁而天申、会庆两节，郡臣子舍是寺无以东向而祝尧也，岂又可以为贡院而三年一残破之乎”（周复俊《全蜀艺文志》卷三十六关耆孙《大贡院记》）；四川类省试设试场于成都，“惟佛寺是因，其徒数遭逐徙，咸惮墙屋穿漏”，而改设为试场时，“迅期趋办，表缀供张，务蔽目前，稍缺藩户，流弊滋出”（《成都文类》卷四十六李焘《贡院记》）；而汀州借佛寺为考场，也“迫期补葺，公私烦拨”（《永乐大典》卷七八九二《汀州府条》引《临汀志》）。这些例子，说明学校、佛寺当每隔三年一次改设为试场时，往往会为建筑物带来破坏，而且改设、复原，限期赶办，也为地方带来烦扰。此外，有些地方也许是为了有较为广阔的空间，而选用城外或山腰的佛寺作临时考场，在交通上也不方便（注九）。所以尽管李焘反对在学校之外另设贡院，认为“舍法既罢，士不于学”，学校自可作为考场，“焉取之而必为贡院，以待三年四五十日之用”（《成都文类》卷四十六李焘《贡院记》），南宋许多地方人士和官员却都已深感学校不宜为了用作科举考试的临时考场而一再毁撤。岂仅学校不宜，佛寺和官舍也同样不见得合适。

问题更大的是，学校、佛寺或官舍作为临时考场，空间有限，而考生人数却日益增多，使得这些临时考场难以容纳。由于教育逐渐普及，文风愈见兴盛，南北宋间参加科举考试竞争的士人不断增加，是各地普遍出现的一个现象。例如苏州在北宋庆历（一〇四一～一〇四八）年间，“就举者止二百人”（龚明之《中吴纪闻》卷一《解额条》），北宋末年仍然“试者少”，此后日渐增加，到乾道四年（一一六八）建贡院时，已经“试者至二千人”（《山房集》卷四《平江重修贡院记》）；明州在北宋末年“士亦不过数百”，入南宋以后，“试者日众”（《宝庆四明志》卷二《郡志·叙郡·贡举篇》）；台州于南渡之初，“士未盛”，其后增至“终场三千人”（《嘉定赤城志》卷四《公廨门·贡院条》）；徽州于北宋末年“试艺者少”，而“绍兴（一一三一～一一六二）浸盛”（程珌《洺水集》卷七《徽州贡院记》），所辖休宁县原本“应乡书士不半百”，自绍兴七年（一一三七）建县学以后，“常过八百人”（洪适《盘洲文集》卷三十三《休宁县校官碑》);眉州原本已是“士大夫郡”,庆元(一一九五～一二〇〇)年间分四川漕司贡额于诸郡,于是“士之投牒益盛于前”(《鹤山先生大全文集》卷四十八《眉州创贡院记》);资州同样自分四川漕司贡额于诸郡以后,“就试者因以倍于昔,盖不下五千人”(同书卷三十八《资州新创贡院记》);长宁军于嘉定三年(一二一〇)建贡院以前的数十年间,“人才彬彬间出,接武科级,就试者因以倍于曩日”(同书卷四十《长宁军贡院记》)。上述州郡皆位于两浙、江东或四川,是南宋文风昌盛的地区,在各郡贡院设立之前,考生人数多已增至数千人,而休宁县一县便超过八百人,比起当初的不及半百增加了十几倍。不仅文风昌盛的文化核心地区如此,即使是偏远如海南岛上的昌化军,据李光于绍兴二十二年(一一五二)时称,这时“每诏下,群试于有司者至三百余人”,而这个人数“比往年几十倍”(李光《庄简集》卷十六《昌化军学记》《儋耳庙碑》)。考生人数虽然只有数百,比起过去却同样有明显的增加。

科举考试应考人数的增加已经成为一个普遍的趋势,而临时考场的空间有限,难以容纳继续不断增加的考生。就学校而言,南宋郡学一般所收学生不过数百人,多者也不过千人(注一〇),以原本容纳数百人至千人研读的空间,如何改设为供数千名考生考试的试场?学校如此,佛寺、官舍又何尝不然。于是逐渐许多临时考场都有窄迫之感,工作于其间的试务官员也深觉因陋就简的不便。例如平江府设试场于郡学,空间有限,“则郡学缠苇为屋以居之”(《山房集》卷四《平江府重修贡院记》);婺州“异时试者寓于僧庐,褊陋局隘,弗称是邦之大”(韩元吉《南涧甲乙稿》卷十五《婺州贡院记》);江东漕试试场“每寓于浮屠者之宫,庳隘弗肃”(周应合《景定建康志》卷三十二《儒学志·贡士篇》)；徽州贡院于乾道四年（一一六八）建好之后，不仅“自是学舍无毁彻之患”，而且“士得去此隘，尽思于为文”(《淳熙新安志》卷一《州郡志·贡院条》)，可见原本学校作为临时考场的狭隘。高邮军“寓试郡学”，以致“不惟湫底局庳，士气弗振，职校士者亦病之”(陈造《江湖长翁集》卷二十一《高邮建贡院记》)；汀州“试于开元寺，人士浸盛，局蹐靡容”(《永乐大典》卷七八九二《汀州府条》引《临汀志》)；眉州“寓试于开元佛舍，因陋就隘”(《鹤山先生大全文集》卷四十八《眉州创贡院记》)；长宁军“寓试于郡之龙华僧舍，……僧舍湫陋，既不足以容，校士其间者亦病于弗葺”(同书卷四十《长宁军贡院记》)。

这种考场狭隘的情况，导致了许多问题的发生。《鹤山先生大全文集》卷三十八《资州新创贡院记》述未建贡院前，士人应考的情形：

> 仅入出于一门，既未免有壅阏蹦藉之虞，幸而得入，笈而冀，少纾焉则伥伥然靡所止戾。编苇架竹，犹未足以容也，有徙就于楼居者焉，则危栈腐梁，上下填物，凛乎压覆是惧。投卷之庑，衣冠曳履；校艺之馆，藩拔级夷；封录之所，嚣隘近市；导水之沟，污秽杂袭。士生一世，居广居而立正位，其所存何如也。

说明了考生入场时的拥挤，有蹂践之患；为扩大考场的空间，编架浮屋，利用危楼，又有倾覆之虞；而缴卷、阅卷、誊录处所的环境，也都恶劣。这些情形，自然不会只见于资州一地。李焘引述当时人的看法：“士之选于乡者日益增多，乡校不足以容焉，得不舍其旧而图其新哉？”（《成都文类》卷四十六李寿《贡院记》）；魏了翁也认为，“承平日久，人物众多，贡士之宫于是浸备”（《鹤山先生大全文集》卷四十八《眉州创贡院记》），都说明考生增加导致贡院的建立，而考生增加所以会导致贡院建立，正是由上述种种问题所促成的。

然而贡院的建立并非就是问题的彻底解决。原因在于考生人数仍在继续增加，而当初建筑贡院所设想的考场空间却有一定的限度。各地情形，如镇江府贡院建于淳熙四年（一一七七），在此之前的乾道年间，“应举者以千计”，而到咸淳（一二六五～一二七四）年间，“文风日盛，应诏之数倍之”（《嘉定镇江志》附录引《咸淳镇江志》）；绍兴府根据宝庆元年（一二二五）的记载，“乾道九年（一一七三），守钱端礼始创贡院，其时举人比今仅及其半”（张淏《宝庆会稽续志》卷一《贡院条》）；台州在乾道七年（一一七一）建贡院前，考生已至三千人，建贡院后，“自是应书者虽渐盛，犹不过五六千人，近岁至八千人”（《嘉定赤城志》卷四《公廨门·贡院条》）；徽州于乾道四年（一一六八）建贡院之后：六十年间，增“士五倍”（《洺水集》卷七《徽州贡院记》）；吉州于绍兴十四年（一一四四）建贡院后，“士益多”，至绍熙三年（一一九二）迁建贡院时，已“赴举者逾万人”（《文忠集》卷二十八《吉州新贡院记》）；成都府旧有贡院，“每三岁取士诏下，合成都九邑之士来应有司之试者数逾五千，日增而未止”（《成都文类》卷四十六《贡院记》）；建宁府贡院建于绍兴年间，淳熙十三年（一一八六），考生“不下万余人”（《会要》之《选举二十二·考试篇》淳熙十三年七月二十一日条），比起从前增加了一倍（注一一）；泉州在乾道五年（一一六九）建立贡院时，“时试士才三千余人”，到嘉泰（一二〇一～一二〇四）年间，“应诏之数加倍”，又二十年，“试者益众”，再三年，“士以增”，（《万历泉州府志》卷二十四《杂志·古迹类》）。资料更详细的是福州和潮州的情形。福州于北宋元祐五年（一〇九〇）建贡院时，考生只有三千人，到南宋绍兴九年（一一三九）赴试至七千余人，乾道元年（一一六五）又增加至一万七千余人，淳熙元年（一一七四）再增至两万人（注一二）；潮州于绍兴二十年（一一五〇）建贡院时，“时试于有司者不逮二千人”，至淳熙元年（一一七四），“试士仅三千人”，至嘉泰四年（一二〇四），“中场四千余人”，至绍定元年（一二二八）“已六千六百余人”，再晚则“终场至万人以上”（《永乐大典》卷五三四三《潮州府条》引《三阳志》）。这许多例子说明，若干地方即使在建立贡院之后，于数十年的时间内，考生人数仍然以数倍的速率而增长。有些地方已经达到万人以上，而福州在南宋中期更已达两万人之多，考生增加呈现膨胀的现象。

贡院建筑时既没有为日后大量的考生预留空间，当考生增加到某一个程度时，贡院自然也像从前的临时考场一样，有窄迫之感。例如台州贡院到了嘉定（一二〇八～一二二四）晚期，已是“试所隘弗能容，群趋以入，尤病乎巷之陋也”（林表民《赤城集》卷六楼观《增造贡院记》）；通州贡院到嘉定年间，地方官也“病其湫隘”（林云程《万历通州志》卷五《杂志·古迹篇》）；福州贡院早在南宋初年已是“侧肩争门，坐不容膝”（《淳熙三山志》卷七《公廨类·试院篇》）；而潮州贡院更是在初建完成使用时，便“已觉其隘”（《永乐大典》卷五三四三《潮州府条》引《三阳志》）。贡院既已狭隘，于是以往临时考场那种拥塞蹂践的现象又再发生。面对这种现象，有的地方已没有扩展的空间，例如吉州贡院于绍熙三年（一一九二）以前，“其至者益多，无可展之地，或畏蹂践，望而去之”（《文忠集》卷二十八《吉州新贡院记》)。有的地方则搭盖浮屋以容纳考生，例如湖州贡院在庆元六年（一二〇〇）以前，“乡邦士子日盛，旧屋窄狭，每遇科举，旋搭席屋，且布有风雨沾湿之患，又入院拥并，有蹂践之虑”(《嘉泰吴兴志》卷十一《学校篇·州治条》)；常州贡院在咸淳（一二六五～一二七四）年间以前，“岁大比则增葺浮屋十余楹，分列试席”(《咸淳毗陵志》卷十一《贡举条》)；建康府贡院在绍熙二年（一一九一）以前，“至者千人，项背骈累，至纬葭为庐，架以苍筤，风雨骤至，伛偻蔽遮，仅全文卷”（杨万里《诚斋集》卷七十五《建康府新建贡院记》)；徽州贡院到了宝庆二年（一二二六）以前，也已“躏践屡惊，屋不足芘，盖以芦苇，上下交病者三十年于此矣”，(《洺水集》卷七《徽州贡院记》)。至于更常见的，则是采用贡院建立以前的途径，借用学校、佛寺及官舍作考场，以弥补贡院空间的不足。例如明州贡院在嘉定六年（一二一三）以前，漳州贡院在淳祐（一二四一～一二五二）年间以前，均曾借用学校以扩大空间（注一三）；台州贡院在嘉定十四年（一二二一）以前，成都府贡院在淳熙四年（一一七七）以前，均曾借用佛寺以扩大空间（注一四）；袁州贡院自绍兴（一一三一～一一六二）年间后，由于空间不足，先借用官舍，然后又借用佛寺（注一五）；福州贡院也由于空间不足而借用官舍（注一六）。借用学校、佛寺和官舍，同样不能避免蹂践之患，而且改设和复原，依然是一大困扰，像福州贡院借用官舍来扩大空间，便“每科举年分，动是数月，上下劳扰，至入场之际，韦布纷然，竞欲争先，深有奔突蹂践之患”(《历代名臣奏议》卷一六九载赵汝愚帅福建时上言)。士人于浮屋中考试有风雨之患，扩展考场空间至学校、佛寺、官舍，则以往临时考场的问题又再发生，而且考生人数继续增加，拥挤蹂践的现象不仅不会止绝，只有愈加扩大。对于上述种种问题，所能够有的解决方法，便是将贡院扩建或迁建。所以平江府增建贡院，原因就在于考生增加，地方官“惧不足以容也”（《山房集》卷四《平江重修贡院记》）。陈淳建议迁建漳州贡院，也指出“其中迫窄不足以容众，则又不容于不移”（陈淳《北溪大全集》卷四十三《拟上赵寺丞改学移贡院》）。

除了上述临时考场之不便和考生人数的增加两项因素之外，还有其他因素导致贡院的兴修。第一，在心理上，为国家选拔人才被视为一件庄严的大事，必须让参予竞争的士人感到自尊，也必须让考试能够庄重的进行。对主事的官员来说，“吾待进士试不薄，俾士亦不自薄进士，而后得士”（《全蜀艺文志》卷三十六关耆孙《大贡院记》），而拥挤简陋的考场，无法让士人有自尊的行为。《正德袁州府志》卷十四《艺文志》载钱文子《贡院记》：

> 今士应举，裹饭负笈，骈肩而入，据按执笔以待试问，亦既非古矣。而反无所容，至攘肩相先，偏侧斗竞，姑亦文墨幸于一得。是岂惟士之不能自尊，盖上之人亦有过焉。

指出了士人在考场中的争先恐后，缺乏自尊，而政府对他们这种行为也有责任。前引魏了翁所作《资州新创贡院记》，在描述了临时考场环境的恶劣之后说，“士生一世，居广居而立正位，其所存何如也”，无非也是认为在这类考场中，考生无法维持自尊。至于政府的责任，自然是为他们提供宽敞的考场。不仅要让考生有自尊，考场也必须讲求庄重。临时考场设于佛寺，就儒学观点来看是名义不正的；李道传为江东漕试贡院作记，便说，“若夫合圆冠方履之士以校其艺，曾无定处，而反托于异教之庐，事益苟，名益不正”（《景定建康志》卷三十二《儒学志·贡士篇》）。若是设于学校，则考生的拥挤喧闹对供奉于学校中的圣贤来说，又构成不敬，正如魏了翁所指出，“况孔堂肃穆，而群趋错立，喧渎已甚”（《鹤山先生大全文集》卷四十四《普州贡院记》）。因此佛寺、学校都不适宜为临时考场，必须建立有足够空间的贡院，让考生能够有自尊而从容的应试。

第二，贡院建筑不可能长期维持完好，有必要加以修护，甚或重建。建筑物使用时间既久，可能受到自然或人为力量的侵损，若是平时疏于维护，问题可能更加严重。例如建康府贡院建于乾道四年（一一六八），到绍熙二年（一一九一）重建之前，已是“藩拔级夷，栋折榱倾，廪廪将压”（《诚斋集》卷七十五《建康府新建贡院记》），此后到嘉定十六年（一二二三）再修，“自后率三岁一葺，因陋就简，牵补目前，试已则借占躏践，靡所不有，殆弗止撤藩篱、毁薪木而已”，到咸淳三年（一二六七）以前，是“屋既倾欹，地又卑湿，懔乎有覆压之虞”（《景定建康志》卷三十二《儒学志·贡士篇》）。可知平常的维护十分疏陋；而且在没有考试的漫长时间，常为外人为借占，不加爱惜，破坏很大。又如明州贡院于绍定元年（一二二八）“誊录屋圮”（《宝庆四明志》卷二《郡志·叙郡·贡举篇》），汀州贡院于宝祐（一二五三～一二五八）年间“大门及试官厅位圮陋”（《永乐大典》卷七八九二《汀州府条》引《临汀志》），当也都缘于时间因素。除了时间因素外，贡院有时也会因为意外而毁坏，例如温州贡院和邵武军试院都曾遭遇火灾（注一七）；真州贡院曾经“火于兵”（《隆庆仪真县志》卷八《学校考》），亦即毁于战祸。贡院的修建可能很多都和这类情况有关。

三、南宋时期贡院的兴建与扩大

推动贡院兴修的力量，分别来自政府与地方的士人阶层。除礼部贡院外，其他贡院多建于地方，地方长官自然是最主要的推动力量，尤其以郡守为然。所以《文忠集》卷二十八《吉州新贡院记》说：

> 若夫视举子之多寡，为广居以待其来，使群试者泮奂优游，无挡挘挨挤之患，此则二千石之责也。

二千石指郡守而言。见于文集与地方志的贡院记，所记各地贡院的兴修，多视郡守的态度而定。若是郡守无意于此，则无论兴建、扩建或迁移，常无法动工（注一八）。建设的主导力量虽然在郡守，但动议却常来自地方上的人士。例如李椿出知婺州，“以多病之余，顾其政之不暇”，对于贡院的兴建，“惧无以为矣”，可是“既而乡老士子咸以为请”（《南涧甲乙稿》卷十五《婺州贡院记》）；普州试场原本寓于学校，直到嘉定年间才兴建贡院，不过早在嘉泰（一二〇一～一二〇四）年间，“郡人尝议卜筑”（《鹤山先生大全文集》卷四十四《普州贡院记》）；长宁军知军虞方简于嘉定三年（一二一〇）兴建贡院，是由于“莅事之逾月，士以为请”（同书卷四十《长宁军贡院记》）；泉州贡院自郡守真德秀拓建后，不过三年，“士以增拓右庑为请”（《万历泉州府志》卷二十四《杂志·古迹类》）；淳熙三年（一一七六）兴化军姚姓知军的决定兴建贡院，是起自“三邑之士相与来告”（《弘治兴化府志》卷二十七《礼纪·艺文志》载陈俊卿《宋兴化军贡院记》）；袁州贡院自从庆元二年（一一九六）以后，原在郡城东门外，此后考生日益增加，“厌地狭，好事者或时时窃指议面势”，到嘉定十五年（一二二二），“士乃奋日，盍繇外而升中。相地于城东隅，……以其地请于郡、于部使者”（《正德袁州府志》卷十四《艺文志》载不著撰人《贡院记》），亦即士人先寻找好迁建的地址，再请求官府将贡院从城外移置于城内。

上述事例中动议兴修贡院的乡老、士子、郡人，是些什么人？其他资料有更加确切的说明。淳熙三年（一一七六）彭州知州王敦诗、通判邓枢“取废驿故地为贡院”，是“采进士穆滂、陈仲山、杨伦、苏松等议”（《渭南文集》卷十八《彭州贡院记》）；嘉定十五年（一二二二）知台州齐硕扩建贡院之后，“乡之国子免解进士南昌司津赵师窥、州学录林恪、经谕杨鉴、贡补杨垓复议瓮术覆渠，以平坎窞，以防泥淖”（《赤城集》卷六楼观《增造贡院记》）；乾道四年（一一六八）建康留守史正志兴建贡院，出自“诸生以是为请”（《景定建康志》卷三十二《儒学志·贡士篇》），而到绍熙二年（一一九一）建康府知府余端礼将贡院改建，也是由于“庠序诸生秦晋等若干人充庭，果以为请”（《诚斋集》卷七十五《建康府新贡院记》）；福州贡院于乾道元年（一一六五）扩建，则由于“郡学诸生、乡士林丙相率以请”（《淳熙三山志》卷七《公廨类·试院篇》）；眉州贡院的兴建，是“焕章阁待制李公堇始订其议”（《鹤山先生大全文集》卷四十八《眉州创贡院记》），而李堇是眉州人；又嘉定二年（一二〇九）资州贡院的兴建，出自乡居的知崇庆府杨某之议，以其祖父所捐学田千亩，就其中选取贡院的兴建用地（注一九）；而漳州乡居学者陈淳，也曾写信给知州，建议另觅适当地点，“为后进日增之计，创新贡院”（《北溪大全集》卷四十三《拟上赵寺丞改学移贡院》）。这些例子，说明其中包括有被尊称为进士的一般士人，曾就读太学获得免解资格的士人、曾获中待补资格的士人、州学的学职人员、学校的学生、出身本地的中央和地方官员、以及乡居的学者，而其中尤其以学生提出要求的情况为最多。他们对兴修贡院的动议，反映了地方上士人阶层对自身公益的关心，也显示了士人阶层对地方施政的影响。

用地的取得是兴修贡院的一个重要过程。在用地地点的选择方面，除了足够宽敞，交通便利和取得容易等一般条件外，位置的高爽也常被强调。例如绍兴十七年（一一四七）衢州张姓知州“相州之西北隅，得亢爽之地，始建贡院”（林应翔《天启衢州府志》卷十二《艺文志》载李处权《新建贡院记》），咸淳四年（一二六八）通州知州冯弼重建贡院，是“相攸高爽地”（《万历通州志》卷五《杂志·古迹类》）；而绍兴府、婺州、长宁军、建康府和江东漕司贡院所选择的建筑用地，则都以“爽垲”来形容（注二〇）。另外用地的风水有时也很受重视。真德秀选择江东漕司贡院用地时，便曾经“相其阴阳”（《景定建康志》卷三十二《儒学志·贡士篇》）。陈淳向漳州知州建议迁建贡院，所持理由之一，也是贡院所在地点自从建南桥于漳水之后，犯了阴阳家之忌，以致酿成事变（注二一）。程珌曾经写信给徽州知州赵希齐，反对迁移贡院，他的说法是，“且潮阳可鉴也。岁在甲戌，潮之士尝首南宫矣。已而以选场狭陋，迁之，其后凡再举，寂无奏名，今又复故焉”（《洺水集》卷七《徽州贡院记》）。程珌虽然没有明白的提到阴阳家言，但他显然意指潮州贡院原来风水好，所以当地士人省试奏捷，迁址后风水差，因而无人登科，而徽州贡院于乾道四年（一一六八）建成后，次年省试，徽州士人“冠南宫，占鼎魁，联翩上第者两倍他时”（同上），自然也得风水之益，所以他反对迁移。程珌所说的潮州贡院“今又复故矣”，事在嘉定十二年（一二一九）。潮州这一次将贡院迁回原址，确曾考虑到风水的问题（注二二）。真德秀、陈淳皆为名儒，而考虑贡院用地时均不能不牵涉到风水因素，可见风水之说在当时已深入人心。

无论是贡院用地的取得，或是建筑工程的进行，都有地方人士参预其事。贡院用地的寻求与获取，原是地方长官的责任，但有时地方人士也提供他们的力量，前文曾述及袁州士人“相地于城东隅”，作新贡院用地，再向地方官员提出；也述及彭州地方官采纳士人的建议，“取废驿故地为贡院”；又述及资州的乡居官宦建议，就其祖父所捐学田选取贡院建筑用地；而徽州于宝庆二年（一二二六）扩建贡院，用地多得“乡校献议，谓前地可拓”（《洺水集》卷七《徽州贡院记》）。这些例子，都可以说明地方士人对贡院用地取得的贡献，而且他们在其中扮演了十分重要的角色。即使地方长官亲自寻找到合意的土地，有时也会征询地方士人的意见。例如长宁军知军虞方简为贡院觅得建筑用地之后，“合僚吏与学之左右生观焉，不谋同辞”（《鹤山先生大全文集》卷四十《长宁军贡院记》），郡学学生是他咨询的对象之一。至于工程的进行，常由地方长官属下的官员主持（注二三），但有时在地方官员主持之外，也有地方人士参预协助。例如宝庆元年（一二二五）袁州迁建贡院，“命兵官赵善态以莅役，推幕赵汝球以总事，为能审官也；因贡士何一之、李发、学谕施德固以往来左右，为能咨士也”（《正德袁州府志》卷十四《艺文志》载不著撰人《贡院记》）；如嘉定十二年（一二一九）潮州迁建贡院回原址，“而力以任其事者，别驾浚仪赵侯也；若夫考视工程，则寓客之贤，曰王君恪；勾稽出纳，则郡庠之隽，曰方遇、施仪凤等，实分任焉”（《真文忠公文集》卷二十四《潮州贡院记》；普州兴建贡院，则“士受役”（《鹤山先生大全文集》卷四十四《普州贡院记》）。这些参预工程的地方士人，有贡士、郡学的学职人员和寓客。此外，淳熙二年（一一七五）兴化军兴建贡院，“择浮屠氏之才者分掌其役”（《弘治兴化府志》卷二十七《礼纪·艺文志》载陈俊卿《宋兴化军贡院记》），工程交由僧人主持，与上述诸例有所不同。这可能与宋代福建佛教兴盛，各项公共工程常委托佛寺办理的习惯有关（注二四）。

兴修贡院的经费来源也是一个重要问题。经费不仅是用在工程所需的建筑材料和雇募工匠上，有时为了取得建筑用地，也必须花钱购买（注二五），所以花费不在少数。兹表列南宋若干贡院兴修费用于表一。

表一：南宋贡院兴修费用

工程名称	年代	费用	资料来源
建康府重建贡院	绍熙二年（一一九一）	钱一万一千贯，米六百石，木二万一千章，竹一万四千个，甓瓦六十万三千枚	《诚斋集》卷七十五《建康府新建贡院记》
建康府重建贡院	咸淳三年（一二六七）	钱十八界十三万三千八百十五贯有奇，米一千五百五十石	《景定建康志》卷三十二《儒学志·贡士篇》
江东转运司建贡院	嘉定九年（一二一六）	钱一万四千贯	同上
吉州重建贡院	绍熙元年（一一九〇）	钱一万贯，米一千五百石	《文忠集》卷二十八《吉州新贡院记》
袁州重建贡院	庆元二年（一一九六）	钱三千七百贯	《正德袁州府志》卷十四《艺文志》载钱文子《贡院记》
袁州重建贡院	宝庆元年（一二二五）	钱二千二百贯	同上载不著撰人《贡院记》
黄州建贡院	嘉定二年（一二〇九）	钱五千贯，米二百石	《攻媿集》卷五十四《黄州贡院记》
彭州建贡院	淳熙二年（一二七六）	钱一万五千六百贯有奇	《渭南文集》卷十八《彭州贡院记》

（续表）

资州建贡院	嘉定二年	钱一万四千四百贯	《鹤山先生大全文集》卷三十八《资州新创贡院记》
长宁军建贡院	嘉定三年（一二一〇）	钱二万零七十贯有奇（注二六）	同书卷四十《长宁军贡院记》
眉州建贡院	嘉定年间	钱四万五千贯	同书卷四十八《眉州创贡院记》
潮州重建贡院	嘉定十二年（一二一九）	钱一万三千贯有奇	《真文忠公文集》卷二十四《潮州贡院记》
梅州建贡院	庆元六年（一二〇〇）	砖十万，盖九倍之，钱数千贯，米累百石	《文忠集》卷五十八《梅州贡院记》

可知大多数工程的费用，在数千贯至数万贯之间。至于咸淳三年建康府重建贡院所费多达十八界会子十三万三千余贯，当与南宋末年纸币贬值有关。由于花费颇大，有些州郡对贡院的兴修便易长期拖延，难以进行（注二七）。有心兴修贡院的官员，则必须力行撙节，才能储备经费。例如袁州知州江自任于庆元二年重建贡院，是“约已节用，以奉兹役”（《正德袁州府志》卷十四《艺文志》载钱文子《贡院记》）；黄州知州高得全于嘉定二年兴建黄州贡院，经费“悉出于撙节之余”（《攻媿集》卷五十四《黄州贡院记》）；梅州知州刘焕于庆元六年兴建梅州贡院，也得力于“节用储财”（《文忠集》卷五十八《梅州贡院记》）。有些地方更必须积两三任长官的筹措，才有足够的经费来兴修贡院。例如婺州于韩元吉任知州时，取得了贡院的建筑用地，张津继任，“尝鸠其费”，李椿再继任，“俭以率其下，凡事宴游而饰厨传者，一切不务”（《南涧甲乙稿》卷十五《婺州贡院记》），经三任郡守，贡院才动工兴建；江东漕试贡院的兴建早在孟猷任转运使时已取得了土地，胡槻继任，才“稍储钱以俟费”，真德秀再继任，“斥燕馈，削浮冗，独以余

力克兴是役”（《景定建康志》卷三十二《儒学志·贡士篇》），也经三任转运使才动工；袁州贡院于嘉定十六年（一二二三）开始动工重建，不久郡守调任，虽然“郡有位者亟于成，重门堂庑，内外粗备”，可是“财弗给费，力弗周用，仅草创而已”，到赵篯夫继任知州，继续修建，以往地方官所遗留的工程，“至是而始备”（《正德袁州府志》卷十四《艺文志》载不著撰人《贡院记》），则经历两任郡守兴建完成。

上述情形，说明有时仅依赖州郡经费仍然无法充分达成兴修贡院的需要，而必须从其他方面来取得财源。这些财源，包括下属机构的支持，上级机构的补助，以及官宦、士人的乐捐。下属机构的支援如淳熙四年（一一七七）婺州兴建贡院，经费“取于帑廪之余，合以属县之力”（《南涧甲乙稿》卷十五《婺州贡院记》），属下各县也提供经费；又如嘉定二年（一二〇九）资州兴建贡院，经费来源之一是“盘石令王君子克率外三邑缗钱以助”（《鹤山先生大全文集》卷三十八《资州新创贡院记》）。按盘石县为资州附郭县，亦即资州属下各县共同支援经费。这类情形比较少见，较常见的是上级机构给予补助。拨助经费的上级机构，有内廷财库、转运司、提点刑狱司和宣抚司等。例如普州兴建贡院，其费用分别取自“既辍少府用度之赢，又告诸本道转运、刑狱使者，及卿大夫士以补其乏”（《鹤山先生大全文集》卷四十四《普州贡院记》）；眉州兴建贡院，其费用分别来自“少府既以余法用具糇粮、称畚筑，焕章阁待制李公埴始订其议，至是又捐赀为里人倡，凡得钱二千万，转运判官黄公伯固、厉公模前后所发如之，不足则刑狱使者郭公正孙又发五百万卒成之”（同书卷四十八《眉州创贡院记》），都获得少府、转运司、提刑司三方面的资助；少府即指内廷财库而言。而吉州于绍熙三年（一一九二）重建贡院，除本郡经费外，“转运林君湜亦助其费”（《文忠集》卷二十八《吉州新贡院记》），也得到转运司的资助，又乾道六年（一一七〇），夔州知州王伯庠兴建贡院，“退而顾公帑，视民力，则弊不可仰”，于是“公私之须，皆一归于节”（《全蜀艺文志》卷三十六关耆孙《大贡院记》）。按四川安抚制置司于这年三月废罢，归并于四川宣抚司（注二八），因此所谓节，当指四川宣抚使而言。内廷财库与转运司固然是财政机构，有财物可资运用，提点刑狱司也主管一部分的地方财计（注二九），四川宣抚司则有财权，所辖钱帛甚夥（注三〇），所以后二者也能够补助州郡修建贡院的费用。

上述普州和眉州的例子里，又见到有本籍的官宦、士人捐助经费。官宦、士人以个人身份捐助修建贡院经费的情形，颇为常见。例如嘉定十五年（一二二二）台州增辟贡院，“郡邑之僚采、桑梓之达、士友之同志，从风乐施”（《赤城集》卷六楼观《增造贡院记》）；嘉定六年（一二一三）真州重建贡院，“知州徐景令、判官朱明孙等倡士民捐赀鸠工”《（隆庆仪真县志》卷八《学校考》）；淳熙三年（一一七六）彭州兴建贡院，“凡郡之士，奔走后先，肩袂相属，甓坚材良，山积云委”（《渭南文集》卷十八《彭州贡院记》）；宋孝宗初年，罗宗约任四川制置司参议官，至兴州劳军，宣抚使赠以金钱，“宗约不欲受，而难于辞，还至汊州，州方治贡院，以五十万助之”（汪应辰《文定集》卷二十二《沙县罗宗约墓志铭》）。这些乐捐者，有本地政府的僚属，有本籍的官宦、士人，也有路过的官员。有时乡里官宦、士人所捐助的经费，竟成为修建贡院的重要财源。例如前述眉州兴建贡院的经费四万五千贯中，李垕与乡人所捐者便占二万贯。又《真文忠公文集》卷二十四《潮州贡院记》述嘉定十二年（一二一九）潮州重建贡院的经费来源：

> 会其费用之目，为钱千三万有奇，郡之所捐者百万，别驾半之，自余则士者合以相焉。

可知在一万三千贯中，出自地方人士的竟占一万一千五百贯之多。又《鹤山先生大全文集》卷三十八《资州新创贡院记》述嘉定二年（一二〇九）资州兴建贡院：

> 诸费为钱一千四百四十万有奇，郡守眉山吕君涧赞其成，郡教授潼川王君晞鸿以杨侯赴镇代其劳，盘石令王君子克率外三邑缗钱以助，制置司机宜郡人赵君希濬以前三岁举人尝输金于州也，至是白其长，出所输以给用度，州之士各襁属不绝。

杨侯即建议就其祖父所捐学田选取贡院用地的延庆府知府杨某，是这次兴建贡院的推动者，可能也提供了主要的财源，所以他离乡赴任后，要请郡学教授王晞鸿代其劳；其他经费除各县的支持外，多来自地方士人的捐助，郡守不过是“赞其成”而已。总之，就如同在推动修建、取得用地和工程进行等过程中一样，乡里官宦和士人在贡院修建的经费筹措上，也扮演了重要的角色。

南宋各处贡院的兴建，就资料所见，集中在南宋初期与中期；至于包括修护、扩建与迁建在内的重修工程，则自南宋初期至晚期均有。兹表列南宋各地贡院的兴建与重修年代于表二。

表二：南宋贡院兴建与重修年代

贡院名称	兴建年代	重修年代	资料来源
福州试院	北宋元祐五年（一〇九〇）	乾道元年（一一六五）	《淳熙三山志》卷七《公廨类·试院篇》
泰州贡院	北宋绍圣四年（一〇九七）	绍定六年（一二三三）	《嘉靖惟扬志》卷七《公署志》
袁州贡院	北宋	一、庆元二年（注三一）（一一九六） 二、宝庆元年（一二二五）	《正德袁州府志》卷十四《艺文志》载钱文子《贡院记》、不著撰人《贡院记》
礼部贡院	绍兴十二年（一一四二）以前（注三二）	淳熙六年（一一七九）	《会要》之《职官十三·礼部贡院篇》绍兴十二年二月四日条、淳熙六年四月二十四日条
吉州贡院	绍兴十四年（一一四四）	绍熙三年（一一九二）	《文忠集》卷二十八《吉州贡院记》
衢州贡院	绍兴十七年（一一四七）		《天启衢州府志》卷十二《艺文志》载李处权《贡院记》
潮州贡院	绍兴二十年（一一五〇）	一、绍兴二十三年（一一五三） 二、乾道六年（一一七〇） 三、绍熙间（一一九〇～一一九四） 四、嘉定十二年（一二一九） 五、绍定元年（一二二八）以后 六、嘉熙四年（一二四〇） 七、宝祐二年（一二五四）（注三三） 八、景定五年（一二六四）	《永乐大典》卷五三四三《潮州府条》引《三阳志》，《真文忠公文集》卷二十四《潮州贡院记》

（续表）

临江军贡院	绍兴二十一年（一一五一）	嘉泰三年（一二〇三）	管大勋《隆庆临江府志》卷十三《杂志》
建昌军贡院	绍兴二十一年（注三四）		夏良胜《正德建昌府志》卷六《公署志》附《废署篇》
建宁府贡院	绍兴间		《嘉靖建宁府志》卷二十《古迹志》
常州贡院	绍兴间		《咸淳毗陵志》卷十一《贡举篇》
衡州贡院	隆兴元年（一一六三）		《永乐大典》卷八六四七《衡州府条》引《衡州府图经志》
汉州贡院	隆兴、乾道间（注三五）		《文定集》卷二十二《沙县罗宗约墓志铭》
湖州贡院	乾道三年（一一六七）	庆元六年（一二〇〇）	《嘉泰吴兴志》卷十一《学校篇》
平江府贡院	乾道四年（一一六八）	嘉定元年（一二〇八）	范成大《吴郡志》卷四《学校篇》、《山房集》卷四《平江府重修贡院记》
建康府贡院	乾道四年	一、绍熙二年（一一九一） 二、嘉定十六年（一二二三） 三、咸淳三年（一二六七）	《景定建康志》卷十四《建康表》、卷三十二《儒学志·贡士篇》
徽州贡院	乾道四年	宝庆二年（一二二六）	《淳熙新安志》卷一《州郡志·贡院条》、《洺水集》卷七《徽州贡院记》

（续表）

礼部别试所	乾道五年（一一六九）以前（注三六）	淳祐十二年（一二五二）	《会要》之《职官十三·礼部贡院篇》、乾道五年正月十七日条、《咸淳临安志》卷十二《行在所录·贡院篇》
明州贡院	乾道五年	一、嘉定六年（一二一三）二、绍定元年（一二二八）	《宝庆四明志》卷二《郡志·贡举条》
泉州贡院	乾道五年	一、嘉泰元年（一二〇二） 二、嘉定十二年（一二一九） 三、嘉定十四年（一二二一）（注三七）	《万历泉州府志》卷二十四《杂志·古迹类》、怀阴布《乾隆泉州府志》卷十二《公署志》
夔州贡院	乾道六年（一一七〇）		《全蜀艺文志》卷三十六关耆孙《大贡院记》
台州贡院	乾道七年（一一七一）	嘉定十四年	《嘉定赤城志》卷四《贡院篇》
绍兴府贡院	乾道九年（一一七三）	嘉定十五年（一二二二）	《嘉定会稽志》卷一《贡院篇》、《宝庆会稽续志》卷一《贡院篇》
福建类试院（注三八）	乾道间		《嘉靖建宁府志》卷二十《古迹志》
漳州贡院	乾道间		罗青霄《万历漳州府志》卷十二《杂志·古迹篇》
饶州贡院	淳熙初		《夷坚支庚》卷六《鄱阳县社坛条》

（续表）

兴化军贡院	淳熙二年（一一七五）		《弘治兴化府志》卷二十七《礼纪·艺文志》载陈俊卿《宋兴化军贡院记》
彭州贡院	淳熙三年（一一七六）		《渭南文集》卷十八《彭州贡院记》
镇江府贡院	淳熙四年（一一七七）	庆元初（注三九）	《嘉定镇江府志》附录引《咸淳镇江志》
婺州贡院	淳熙四年		《南涧甲乙稿》卷十五《婺州贡院记》
四川类省试贡院	淳熙五年（一一七八）		《成都文类》卷四十六李焘《贡院记》
临安府贡院	淳熙十二年（一一八五）		《咸淳临安志》卷五十六《文事志·贡院条》
严州贡院	淳熙十二年	一、淳祐九年（一二四九） 二、宝祐三年（一二五五）	《严州图经》卷一《科举条》、方仁荣《景定严州续志》卷三《贡举条》
通州贡院	淳熙中	一、嘉定中 二、咸淳四年（一二六八）	《万历通州志》卷五《杂志·古迹篇》
汀州贡院	绍熙二年（一一九一）（注四〇）	宝祐间（一二五三～一二五七）	《永乐大典》卷七八九二《汀州府条》引《临汀志》
真州贡院	绍熙五年（一一九四）	嘉定六年（一二一三）	《隆庆仪真县志》卷八《学校考》
高邮军贡院	庆元初		《江湖长翁集》卷二十一《高邮军贡院记》

（续表）

梅州贡院	庆元六年（一二〇〇）		《文忠集》卷五十八《梅州贡院记》
扬州贡院	嘉泰元年（一二〇一）（注四一）		《江湖长翁集》卷二十二《维扬贡院寿祠记》
江阴军贡院	嘉泰四年（一二〇四）		赵锦《嘉靖江阴县志》卷十二《名宦志·戴溪传》
黄州贡院	嘉定二年（一二〇九）		《攻媿集》卷五十四《黄州贡院记》
容州贡院	嘉定二年	端平元年（一二三四）	《永乐大典》卷二三四一《梧州府条》引《容州志》
资州贡院	嘉定二年		《鹤山先生大全文集》卷三十八《资州新创贡院记》
长宁军贡院	嘉定三年（一二一〇）		同书卷四十《长宁军贡院记》
江东漕试贡院	嘉定九年（一二一六）		《景定建康志》卷二十二《儒学志·贡士篇》
普州贡院	嘉定年间		《鹤山先生大全文集》卷四十四《普州贡院记》
眉州贡院	嘉定年间（注四二）		同书卷四十八《眉州创贡院记》
池州贡院		端平二年（一二三五）	王崇《嘉靖池州府志》卷六《官秩篇·名宦传·王伯大传》
广州贡院		淳佑十年（一二五〇）（注四三）	李昴英《文溪集》卷十五《美广帅赵平齐拓贡院》

据表中所载，兴建于南宋时期，而可断定兴建年代的贡院，共有四十四处。若分期而论，以宋高宗时期为第一阶段，宋孝宗、宋光宗时期为第二阶段，宋宁宗时期为第三阶段，则兴建于第一阶段者有八处，第二阶段者有二十五处，第三阶段者有十一处，亦即半数以上均兴建于宋孝宗、宋光宗时期。整个趋势显示，南宋兴建贡院的工作自宋高宗绍兴中叶开始，至宋孝宗、光宗时代普遍展开，至宋宁宗嘉定年间大概已告一段落，此后便不见有相关的记载（补注）。

至于贡院的重修工作，表中半数以上的贡院均有这方面的记录，次数多少不一，在时间上则散见自宋高宗后期至南宋末年的宋度宗咸淳年间。其中以潮州贡院重修的记录最引人注意，建成后不过三年，已行重修，此后每隔十余年或二十余年，便重修一次。

各处贡院的重修，许多都是为了扩大空间，以容纳日益增多的考生。兹表列南宋若干贡院空间扩大的情形于表三（本表资料来源参见表二所列，不另列出）。

表三：南宋贡院空间扩大

贡院名称	建筑年代	间数	建筑年代	间数
湖州贡院	乾道三年	一百十六楹	庆元六年	添屋二十五间
镇江府贡院	淳熙四年	八十六楹	庆元初	一百十五楹
绍兴府贡院	乾道九年	一百楹	嘉定十五年	增屋三十间
明州贡院	乾道五年	一百四十楹	嘉定六年	增屋数十间
台州贡院	乾道七年	三百四十楹	嘉定十四年	增屋七十三楹，又益以福安院余屋
建康府贡院	乾道四年	一百楹	绍熙二年 咸淳三年	二百一十二楹 二百九十四间
徽州贡院	乾道四年	八十楹	宝庆二年	增屋一百二十七间

（续表）

吉州贡院	绍兴十四年	二百余楹	绍熙三年	五百十八间
袁州贡院	庆元二年	二百三十二楹	宝庆元年	七百楹
福州试院	元祐五年	一百二十区	乾道元年	增屋一百二十七楹
泉州贡院	乾道五年	一百二十六区	嘉泰元年 嘉定十二年 嘉定十四年	增屋四十五楹 又增屋一百三十五间再增屋三十四间

上表各例，均说明重修贡院时扩大空间的事实。其中如袁州，宝庆三年的间数甚至是庆元二年的三倍；其他也多有增加间数一倍以上的。而建康府与泉州贡院均扩建多次。更值得注意的例子是潮州贡院，于绍兴二十年建成后，不过数年，便"再辟复廊于东，其长与故东廊等"；乾道六年又"撤考官位为群试所，外辟巨室为考校地"；绍熙年间以后再"增架中溜横屋者三"，"以中庭逼窄而撤其一"，"又辟西偏地，增创西后廊"；此后因"人物日盛，地窄无以容"，而在嘉定十二年"迁于北郭之外"；新址位置偏僻，绍定元年以后再迁回原址；嘉熙四年又"通郡学直舍后，加横廊者三"，宝祐二年再"辟西畔二庑，遂与东庑等"；景定五年更因郡学"斋庐堂庑多为之践蹂非便"，因而"揭三门，迁至平准、迁善二坊，复就外各架东西四庑以联接之"（《永乐大典》卷五三四三《潮州府条》引《三阳志》），可知不断的在增辟。这自然是由于潮州解试考生从南宋初年的不及二千人，增加到南宋晚年的万人以上所导致。贡院兴建或重修完成之后，郡守常邀集郡中官宦、士人举行宾兴礼或乡饮酒礼，士人中也包括有郡学学职人员、贡士等人（注四四），显示贡院的修建具有拔举贤能的文化意义，也说明乡里官宦与士人，对于贡院的修建，从动议、取得土地、施工、筹款到落成，全程参与。

四、结语

总结本文所述，自从北宋宣和年间舍法废罢之后，到南宋时期各地贡院陆续建立之前，许多州郡科举考试的试场都是临时借用学校、佛寺或官舍，这种情形为出借的场所带来很大的困扰，也使地方上深感不便。不仅如此，这些临时考场的空间有限，而自北宋以迄南宋，各地参予科举考试竞争的考生人数普遍激增，临时考场愈来愈难以容纳持续不断增加的考生，考场窄迫之感日益严重，同时由考场窄迫又引致了考试过程中的其他问题，因而导致了专用考场，亦即贡院的建立。然而贡院建立之后，考生人数依旧增加不断，甚至日益膨胀，而贡院建筑时所预留的空间却有一定的限度，所以建成不久之后，贡院也像从前的临时考场一样，出现窄迫的景象，甚至必须搭盖浮屋或借用学校、佛寺和官舍以扩大空间。以往临时考场的问题又再重现，要解决问题，只有扩建或迁移贡院。除了临时考场的不便和考生人数激增两项因素外，维持考生自尊和考场庄重的心理，及贡院长期使用后易受侵损或遭遇意外的破坏，也都是导致贡院修建的因素。

推动贡院兴修的力量，分别来自政府与民间，地方长官的郡守是主要的推动力量，但是兴修的动议也常出自本籍的官宦与士人。用地的取得是兴修贡院的一个重要过程，在用地地点的选择方面，除了足够宽敞、交通便利和易于取得等一般条件外，位置的高爽也常被强调，风水问题有时也很受重视。对于贡院用地的取得，或建筑工程的进行，除了地方官员参与之外，有时乡里官宦、士人也贡献了他们的力量。经费来源也是一个重要问题，兴修贡院的花费甚大，而州郡财政困难，有时仅依赖州郡经费并不足够。所以修建贡院的财源，除了州郡经费之外，还有赖下属机构如所属各县的支持，上级机构如内廷财库、转运司、提点刑狱司和宣抚司的补助，而本籍官宦、士人的捐助也很重要，有时甚至是经费的主要来源。

南宋贡院的兴建，起自宋高宗绍兴中叶，至宋孝宗、光宗时期普遍展开，至宋宁宗嘉定年间大概已告一段落。至于贡院的重修，则自南宋初期至晚期，始终不断。各处贡院的重修，许多都是为了扩大空间，以容纳日益增多的考生。无论是贡院兴建或重修完成之后，郡守常邀集郡中官宦、士人举行宾兴礼或乡饮酒礼。贡院兴修的整个过程，可以说都有乡里官宦与士人参预其中，表现出这一社会阶层对本身公益的关心，也显示了他们对地方施政的影响。

南宋各地兴建贡院，蔚成风潮。贡院建成之后，尽管有些曾经迁移位置，但大都能够在南宋时期始终存在，并且多次翻修扩建，这和北宋晚期地方贡院的成毁随舍法的兴废而转移有所不同，直到元代，各地的贡院才废坏（注四五）。总之，贡院在南宋时期，确立为城市中一处常见的建筑物。而贡院在当时城市中的普遍而且长期的存在，配合上贡士庄、义约等资助考生的制度也在南宋中期成立并且推广（注四六），说明了科举文化发展到这时已经趋向于成熟。

（原刊于《中国史学》第一卷，东京，一九九一年十月。）

注释

注一：史能之《咸淳毗陵志》卷十一《贡举条》述常州贡院："厅后监试主之，考试位有六，又轩屋三楹，为会文之地，封弥、誊录、封读皆有所。"施宿《嘉泰会稽志》卷一《贡院条》述绍兴府贡院："考阅有厅，宴止有房，誊书、糊名两舍对峙。”徐琏《正德袁州府志》卷十四《艺文志》载不著撰人《贡院记》述宋袁州贡院：“封弥、誊录、吏直、庖湢，各就厥次。”魏了翁《鹤山先生大全文集》卷四十四《普州贡院记》：“封弥、誊录之司，庖湢、吏士之舍，靡彻不备。”夏玉麟《嘉靖建宁府志》卷二十《古迹志》述宋建宁府贡院：“内备考官直舍、誊录、弥封院及厅庑等。”吕静《万历兴化府志》卷三《建置志·古迹篇》述宋兴化军贡院：“中有观光堂、选举堂、考试官位、监试主文位、誊录所、弥封所，进士题名碑列于观光堂上。”

注二：扈仲荣等编《成都文类》卷四十六载李焘《贡院记》：“然切尝考礼部贡院之名，实自唐始。或谓始于文皇，非也。开元以前，贡举皆属吏部，命考功员外郎主之，二十四年，明皇谓考功望轻，乃稽贡举于礼部，命侍郎专掌其政令，别给以印，礼部贡院得名，盖始于明皇也。国朝贡举，率循唐旧，间命他官知贡举，而贡院固属礼部。元丰（一〇七八～一〇八五）尝废贡院，印亦随毁，寻复给印，而贡院则犹取具临时。元丰末年，开宝寺实寓贡院，火，试官有焚死者，而试卷悉为灰烬，此非有司苟简之过欤。崇宁弥文，创建外学，以待四方贡士，则礼部贡院自是特起，不复寓他所矣。”又《鹤山先生大全文集》卷四十四《普州贡院记》：“礼部之有贡院，自唐开元始。国朝科举，虽袭唐旧，而贡院之或废或置，或毁或复，至崇宁而后有定所。”

注三：见梁克家《淳熙三山志》卷七《公廨类·试院篇》。

注四：见盛仪《嘉靖惟扬志》卷七《公署志·院监篇·泰州贡院条》。

注五：关于崇宁以后地方学校三舍法的内容和兴废，见赵铁寒《宋代的学校教育》（收入宋史座谈会编《宋史研究集》第四辑）；又见寺田刚《宋代教育史概说》前篇第六章、第七章。又《成都文类》卷四十六李焘《贡院记》："当（董）正封时，犹或有以藉口，盖舍法方盛，课督日繁，游于学者，不敢一日去而之他，则其选于乡者，或可别即他所，舍法既罢，士不于学，焉取之而必为贡院。"

注六：申嘉瑞《隆庆仪真县志》卷八《学校考》："故真州有贡院，靖康（一一二六）、建炎（一一二七～一一三〇）中，虏数入寇，院遂毁废。"《永乐大典》卷五三四三《潮州府条》引《三阳志》："试进士以来，辟贡院于城北之五里，建炎间，火为（按：'为'疑当作'于'）草寇。"

注七：周南《山房集》卷四《平江府重修贡院记》："南渡以前试者少，每诏下则试于浮图近郭之虎丘，其后渐多则试于郡学。"

注八：阳思谦《万历泉州府志》卷二十四《杂志·古迹类·贡院条》："宋乾道（一一六五～一一七三）以前，试士于頖宫。"

注九：《渭南文集》卷十八《彭州贡院记》："每科举，辄寓佛祠，祠乃在城外，士不以为便。"《弘治兴化府志》卷二十七《礼纪·艺文志》载陈俊卿《宋兴化军贡院记》："历数举，试员益众，则又移于南山之广化寺，距城五里许，士者病之。"陈耆卿《嘉定赤城志》卷四《公廨类·贡院条》："后徙兜率院，院据山腹，陟（按：陟下原缺一字）不胜病。"

注一〇：见拙作《南宋官户与士人的城居》（载于本书下册页八六五～九〇九）。

注一一：黎靖德编《朱子语类》卷一〇九《朱子九·论取士》载朱熹对学生说："旧时此中赴试时只是四五千人，今多一倍。"疑即指建宁府的情况而言。

注一二：元祐五年、乾道元年及淳熙元年考生人数见《淳熙三山志》卷七《公廨类·试院篇》，乾道元年考生人数又见王之望《汉滨集》卷十六《福唐解试告谕举子文》；绍兴九年考生人数见《淳熙三山志》卷八《公廨类·庙学篇》。

注一三：《宝庆四明志》卷二《郡志·叙郡·贡举篇》："其后又不足以容，有司每借府学之冷斋以居。"袁业泗《崇祯漳州府志》卷三十《古迹志·院庄篇·贡院条》引《淳祐志》："院与州学相连，遇大比则辟学舍以容试士。"

注一四：《嘉定赤城志》卷四《公廨门·贡院条》："近岁至八千人，始于报恩寺截行者寮附益之。"《成都文类》卷四十六李焘《贡院记》述成都府贡院："旧贡院既狭小不足以容，则更就佛寺，取具临时。"

注一五：《正德袁州府志》卷十四《艺文志》载钱文子《贡院记》："旧贡院在郡之东，绍兴中士亦多，始合迎恩驿以试，其后又益多，则东通报恩寺，创庐舍以处之，今又滋益多矣。"

注一六：黄淮、杨士奇《历代名臣奏议》卷一六九载赵汝愚帅福建上疏言福州试院："今缘士子众多，屡行改辟，犹自狭隘，以至通并转运行司，展移曹职官廨舍。"

注一七：汤日昭《万历温州府志》卷十八《杂志·灾变篇》："淳熙七年（一一八〇）秋，贡院火，是年试者八千人，焚死者百余。"洪迈《夷坚支乙》卷二《邵武试院条》："淳熙十三年（一一八六）秋八月，邵武解试，十五夜，誊录院遗火，举子文卷亦多被焚爇。"

注一八：《景定建康志》卷三十二《儒学志·贡士篇》载陈天麟《重修贡院记》："郡凡几守，率置不问，或告之，则曰，此非吾之所急也。"《洺水集》卷七《徽州贡院记》："更十数守，咸睥睨莫就。"

注一九：《鹤山先生大全文集》卷三十八《资州新创贡院记》："今崇庆守杨侯某，故绍兴戎监某之孙也，方怀绂里居，慨然曰，我祖父捐田千亩于学，以资公养。所以望于乡之士者，不为薄矣，今登进贤能之所而苟马弗称，盍即其地思所以拓之者。"

注二〇：分别见《嘉泰会稽志》卷一《贡院条》，《南涧甲乙稿》卷十五《婺州贡院记》，《鹤山先生大全文集》卷四十《长宁军贡院记》，《景定建康志》卷三十二《儒学志·贡士篇》载马光祖重修建康府贡院事、及真德秀兴建江东漕司贡院事。

注二一：《北溪大全集》卷四十三《拟上赵寺丞改学移贡院》："若夫贡院，奉天子明诏宾兴之地，在此邦关系尤为重，而视学校为尤急，尤不可不择形胜之最者处之。前年之厄，说者皆以为南桥之激。

南桥之造，特出于乡大夫林寺丞听一庸僧之臆见，不佥谋诸善阴阳者。漳水本安静，而聚石以激之，冲突怒号，一如建、剑湍险之声，将何以自宁。南桥之造，盍造于出云馆，以漳水自此而下，为翻弓之势，不纯腰带之绕，正阴阳家所忌，桥造于此，则下流有钤束不足忌，而上流有关鑠，风气藏聚，盘礴自足，以为雄胜。然此事已失，重大难整，更不必深论。惟是贡院正居其冲，有前年之变，则恐难于不移。”

注二二：真德秀《真文忠公文集》卷二十四《潮州贡院记》：“问其所以复之意，曰，以形势言之，则背负五龙，前峙金鳌，大江之水，回环而萦带，双旌雁塔，骈罗而鼎列者，昔人卜地之胜也。旁联民庐，后迫隍水，山川清明之气，远而弗瞩，市廛讙嚣之声，迩而狎闻者，近岁草创之陋也。况夫以人物则昔盛而今歇，以规模则前敞而后隘，此其复之之指也。”所谓“背负五龙，前峙金鳌”，为阴阳家风水之言；而“以人物则昔盛而今歇”，可与程珌所言相印证。

注二三：例如婺州于淳熙四年（一一七七）兴建贡院，“通判州事赵君彦丞奋然愿督其役”（《南涧甲乙稿》卷十五《婺州贡院记》）；江东转运司于嘉定九年（一二一六）建漕试贡院，“董其役者主管文字赵与埛”（《景定建康志》卷三十二《儒学志·贡士篇》）；袁州于庆元二年（一一九六）重建贡院，工程“属之军事推官建安虞庠、宜春尉三衢徐俦”（《正德袁州府志》卷十四《艺文志》载钱文子

《贡院记》)。

注二四:参见方杰人师《宋代僧徒对造桥的贡献》(收入方豪《方豪六十至六十四自选待定稿》);黄敏枝《宋代佛教社会经济史论集》第四章第二节。

注二五:《淳熙新安志》卷一《州郡志·贡院条》:“增买民地六百二十余丈。”《文忠集》卷二十八《吉州新贡院记》:“得五代水军废营于城中,地广百亩间,民畦而为圃者若干户,乃厚予直而取之。”同书卷五十八《梅州贡院记》:“隔街有溪,限以编户,厚偿其直,彻而达之。”《鹤山先生大全文集》卷四十《长宁军贡院记》:“遂益市旁近地。”

注二六:原文作“钱用诸费二十七万一百有奇”,即相当二百七十贯有余,似乎太少,二十七万之十疑为千之误。

注二七:《弘治兴化府志》卷二十七《礼纪·艺文志》载陈俊卿《宋兴化军贡院记》:“或谓役大费广,历岁淹时,未易猝办。”《崇祯漳州府志》卷三十《古迹志·院庄篇·贡院条》引《淳祐志》:“前守屡欲移于他所,以役巨费繁,辄止。”

注二八:《会要》之《职官四十·制置使篇》乾道六年三月十四日条:“中书门下省言,勘会四川已有宣抚司,系执政官出使。诏四川安抚制置司并属官并罢,并归四川宣抚司。公使等及见管钱物委宣抚司拘收,具数申尚书省,其余应干事务照应昨胡世将除宣抚并罢制置司已行事理施行。”

注二九:见汪圣铎《宋代地方财政研究》(《文史》第二十七辑)。

注三〇：详见李心传《建炎以来朝野杂记》乙集卷十六《绍兴至淳熙四川宣抚司钱帛数条》。

注三一：钱文子《贡院记》称贡院建于江自任到任郡守之第二年，按《正德袁州府志》卷六《职官志》，江自任于庆元元年（一二九五）到任，所以订为庆元二年。

注三二：潜说友《淳熙临安志》卷十二《行在所录·贡院篇》："其贡院建置岁月未有所考。"按《会要》之《职官十三·礼部贡院篇》淳熙六年四月二十六日条："赵雄等奏曰，秦桧盖造如贡院、太学、秘书省等大抵皆宏壮。"则礼部贡院当建于绍兴八年（一一三八）秦桧拜相之后。又南宋礼部贡院见于同上绍兴十二年二月四日条："诏贡院合避亲人内系孤经人，止令就贡院与同经人一处收试。"则在绍兴十二年以前，贡院已建成。

注三三：原文作"淳祐甲寅"，按淳祐无甲寅，当是宝祐甲寅之误。

注三四：原文为"绍兴间，郡守钱秉之于内建和易馆，易按部门牌为贡院"，据《正德建昌府志》卷十二《秩官志》，钱秉之于绍兴二十一年到任。

注三五：原文不著年代，据所述事实断定为宋孝宗初年之事。

注三六：按礼部别试所"专以待贡士之避亲嫌者，厥后由监漕选者皆试于此。"初建时间未见明载，但别试所之名在史料上最早见于《会要》之《职官十三·礼部贡院篇》乾道五年正月十七日条："礼部贡院言，进士避亲，依条牒送别试院收试，如别试所牒还避亲孤经之人，许令止避所避之官，就贡院收试。……从之。”则别试所当兴建于乾道五年之前。

注三七：据原书，倪思于嘉泰年间扩建贡院，二十年后，真德秀又扩建，再三年，宋钧又扩建。按《乾隆泉州府志》卷二十六《职官志·文职篇》，倪思任知州于嘉泰元年至三年（一二〇四）间，真德秀任知州于嘉定十年（一二一七）至十二年间，宋钧任知州于嘉定十二年至十五年（一二二二）间，据此订三扩建年代。

注三八：原文为“旧志云，宋景祐四年（一〇三七），从贾昌朝之请，命诸路类试举人。乾道中，运使沈枢始就南门之左创类试院，以为试所。”此处之类试，即南宋各路转运司主持之漕试。参见金中枢《北宋科举制度研究续（上）——进士诸科之解省试法（上）》（收入宋史座谈会编《宋史研究集》第十三辑）。

注三九：原文为“其后文惠陈居仁增广之”，据《嘉定镇江志》卷十五《刺守志》，陈居仁知镇江府自绍熙五年（一一九四）十月至庆元二年（一一九六）五月。

注四〇：原文作“绍兴二年，郡守赵公充夫卜创于兴贤门内。”据《永乐大典》卷七八九三引《临汀志》，赵充夫知汀州自绍熙元年至三年（一一九〇～一一九二），“兴”当是“熙”之误。

注四一：原文载建贡院者为知扬州安抚待制赵公，据吴廷燮《南宋制抚年表》卷上，嘉泰元年有赵师睪以龙图阁待制帅维扬，当即此人。

注四二：普州贡院、眉州贡院兴建年代均出自推断。

注四三：据《文溪集》卷十三，有《送广帅赵平齐汝暨解印趋朝》诗，知拓贡院之赵平齐名汝暨，按吴廷燮《南宋制抚年表》卷下，赵汝暨于淳祐十年至十一年（一二五一）、景定二年至四年（一二六一～一二六三）两度帅广东。而李昴英卒于宝祐五年（一二五七），因此拓贡院事当在赵汝暨首度帅广任内。

补注：本文发表后，又陆续收集到若干南宋贡院兴修资料，补述于此。（一）静江府贡院，乾道五年（一一六九）兴建，见林富等《嘉靖广西通志》卷三十九《古迹志》。（二）宁国府贡院，乾道五年修建，见《攻媿集》卷九十二《观文殿学士钱公行状》。（三）新州贡院，淳熙六年（一一七九）兴建，嘉定后废，见阮元《道光广东通志》卷二二二《古迹略》。（四）沅州贡院，孝宗时兴建，见叶适《水心先生文集》卷二十六《宋故中散大夫提举武夷山冲祐观张公行状》。（五）南雄州贡院，绍熙元年（一一九〇）兴建（按：原文作绍兴元年，兴疑为熙之误），端平元年（一二三四）重修，淳祐十二年（一二五二）再修，见《永乐大典》卷六六五《南雄府条》引《南雄府图经志》。（六）池州贡院，兴建于绍熙年间，见《渭南文集》卷三十八《监丞周公墓志铭》。重修年代已见表二。（七）雷州贡院，兴建于庆元四年（一一九八），改建于嘉熙（一二三七～一二四〇）年间，见欧阳保《万历雷州府志》卷二十一《古迹类》）。（八）宜州贡院，兴建于嘉定九年，见《嘉靖广西通志》卷三十九《古迹志》。（九）潭州贡院，修建于绍定二年（一二二九）以后，见《后村先生大全集》卷一四五《龙学余尚书神道碑》。

注四四：《天启衢州府志》卷十二《艺文志》载李处权《新建贡院记》："会行乡饮礼，于是肃州之宾老、士大夫以落之。"《正德袁州府志》卷十四《艺文志》载不著撰人《贡院记》："郡建贡院成，守密阁赵候篯夫既宾兴，属余记之。"《江湖长翁集》卷二十三《高邮军贡院落成诗序》："高邮贡院既成，太守陈公与客落之。五月七日，合见大夫与寓公二十二人；粤二日，郡邑学职、贡士二十八人，行乡饮酒礼。"

注四五：彭泽《弘治徽州府志》卷二《地理志·古迹篇·贡院条》："元废。"《嘉靖建宁府志》卷二十《古迹志》述福建类试院："元改创廉访分司衙。"又述贡院："元时合试于浙江行省，贡院改为刘屏山书院。"《正德建昌府志》卷六《公署志》附《废署篇》："元为文景局，后毁于壬辰兵火。"苏濬《万历广西通志》卷四十一《杂记·古迹篇》："废宜州贡院，在府城，南宋置，元废。"

注四六：参见杨联陞《科举时代的赴考旅费问题》（《清华学报》新第二卷第二期）；拙作《南宋城居官户与士人的经济来源》（载于本书下册页九一〇～九九二）。

南宋官户与士人的城居

一、前言

南宋城市的商业性质日益显著，商人在城市社会结构中已经占有重要地位，但是当时的城市并非仅是商业中心，而是以行政中心兼具有工商、文化、娱乐等功能，对应于行政与文化两项功能，官户与士人在城市中的地位也不可忽视。事实上，即使是工商和娱乐活动，官户和士人也在其中扮演了引人注目的角色。本文所说的官户，指文武品官之家；至于士人，则包括已经通过解试的得解举人、官私学校的学生和其他以读书求学自业的读书人，他们大体上以仕进为努力目标。传统耕读传家的讲法（注一），使人认为他们来自农村，就南宋时期看，尽管他们之中有许多来自农村，然而也有不少出身于城市，即使是出身于农村的官员、士人，当他们求学仕宦的期间，往往也在城里居住。城居官户与士人在整个城市人口中所占的比例自然不会很高，他们的存在却是一个普遍的事实。

二、官员游宦与士人游学

城市是行政中心，设有官府衙门，因而住有行政官员。层级较高的行政中心官员较多，层级较低的行政中心官员较少。以首都临安来说，有中央政府各机构，有临安府和钱塘、仁和二县各官衙，有浙西安抚司、两浙转运司等官衙（注二），官员之多，可想而知，据估计，临安的官员数约有一万人（注三）。郡治以福州、台州为例，福州有安抚司官、州司官、闽及侯官二县官、提刑司官、归朝官、归正官、归附官、忠顺官、启运宫官，包括文武职及厘务、不厘务者在内，约有三百多人（注四）；台州官员较少，但也有州县官及临海县官五十余人（注五）。县治官员和郡治相差甚远，漳州漳浦县有知县、县丞、主簿、县尉、监商税务、巡检共九人，另外县学学职有七人；长泰县则只有知县、县丞、主簿、县尉共五人，县学学职也是七人（注六）。又周必大《文忠集》卷六十一《张阐神道碑》载张阐于南宋初年上言：

其三论官冗曰，兵火后，县不满千户，设官乃十余人，州不满万户，而官至百余人。

所论虽是设官冗滥的情形，但是大体上可由此推知郡、县城中现任官员的数目。官员上任，有些携带家眷，住在任所。临安城内，有专为较高阶层官员，如丞相、参政、知枢密院、侍从、台官、省府属官、卿监郎官等专设的官舍（注七），郡县官员的住宅则常在官衙之后（注八）。也有一些官员是在城里租屋居住的，淳熙（一一七四～一一八九）初年，当时的临安知府便曾建言："百官赁屋钱月出无艺，行都为之虚匮，城内外僧尼私庵，籍之足以居官寮"（陈造《江湖长翁集》卷二十四《罪言》）。淳熙十年（一一八三），张焘自西外宗正司教授内调为敕令所删定官，"挈家到都城，未得官舍，僦冷水巷骆将仕屋暂处"（洪迈《夷坚支乙》卷八《骆将仕家条》)，即为一例。官学学职中有许多是当地士人，但是教授和其他政府官员却都调动不常，他们到某一城市任官，大概至少都会有两三年的时间，成为这一城市的居民。其中也有官员就仕宦的城市而定居，例如南宋初年，赵子英“为台州黄岩县丞，家于县之西桥，故今号西桥赵氏”(袁桷《清容居士集》卷三十二《赵与票行状》)，按西桥在黄岩县治西一里(注九)；又如孔端木亦于南宋初年，“注黟令，因卜焉”，至其孙孔悊，“所居乃学之旧址”(程敏政《新安文献志》卷九十三载李以申《孔右司端木传》)，当亦在黟县城。

相应于城市是文化中心，城市里有学校，有学生。学校虽然不全设于城市，但城市通常是学校的集中地，城市学校的规模也较大，学生较多。临安都城有太学、宗学、武学、杭州府学、仁和及钱塘二县学、医学等多所(注一〇)，“其余乡校、家塾、舍馆，书会，每一里巷须一二所，弦诵之声，往往相闻”(耐得翁《都城纪胜》之《三教外地条》)。州县如平江府城有府学、长洲县学、吴县学及学道、和靖等书院(注一一)，建康府城有府学、明道书院、上元及江宁二县学(注一二)，建宁府城有建宁府学、建安县学、瓯宁县学及建安书院(注一三)，泉州州城有泉州州学、晋江县学及泉山书院(注一四)，建阳县城有建阳县学、考亭书院及环峰书院(注一五)。其他一般郡城、县城，除偏僻地区外，大概至少也有郡学、县学。学生人数如太学，“绍兴(一一三一～一一六二)年间，太学生员额三百人，后续增一千员，今为额一千七百一十有六员”，医学“领斋生二百五十人”(《梦粱录》卷十五《学校条》)，宗学于嘉定七年(一二二四)“生员以一百人为额”《宋会要辑稿》之《崇儒一・宗学篇》嘉定七年八月二十六日条)。地方官学学生人数见下表。

学校	时间	学生人数	资料来源
平江府学	淳祐十一年（一二五一）	增养弟子员几六百	《江苏金石志》卷十八《总所拨归本学围田公据》
嘉兴府小学	咸淳二年（一二六六）	补生徒额三十	徐硕《至元嘉和志》卷十六《碑碣篇·府学重建小学置田记》
江阴军学	绍兴五年（一一三五）	愿补学官弟子其员二百有四十	赵锦《嘉靖江阴府志》卷七《学校记》载胡理《绍兴奉诏新建军学记》
严州州学	宝祐二年（一二五三）	诸生会者百余人	郑瑶《景定严州续志》卷三《乡饮篇》
衢州龙游县学	绍兴十九年（一一四九）	可食数十士	范浚《范香溪文集》卷十七《衢州龙游县学田记》
温州乐清县学	绍兴十七年（一一四七）	日可食百人	林季仲《竹轩杂著》卷六《温州乐清县学记》
建昌军学	南宋中期	增廪生徒至五六十人	真德秀《真文忠公文集》卷四十五《包履常墓志铭》
隆兴府学	南宋中期	弟子员溢几数百	同上
南康军学	淳熙六年（一一七九）	养士不过三十人	朱熹《朱文公文集》卷九十九《知南康军榜文》
福州州学	绍兴九年（一一三九）	系籍学生五百余人	《淳熙三山志》卷八《公廨类·庙学篇》
建宁府学	嘉定三年（一二一〇）	学有生徒三百	楼钥《攻媿集》卷五十四《建宁府紫芝书院记》
漳州小学	绍定五年（一二三二）	教养生徒四十人	《万历漳州府志》卷二《漳州府规制志·学校篇》
郴州宜章县学	淳熙八年（一一八一）	廪于学者五十人，自食而学于其间者又数十人	陆九渊《象山先生全集》卷十九《宜章县学记》
成都府学	绍熙四年（一一九三）	养士至千人	《攻媿集》卷九十一《杨王休行状》

可知州县学的学生多者可达千人，少者不过数十人，而以百余人至数百人为多。至于私人授徒，学生人数也多寡不一。

名学者如吕祖谦讲学于婺州城内丽泽书院，“聚学者近三百人”（吕祖谦《东莱集·别集》卷九《与刘衡州》）；陈傅良讲学于温州城南，“群居累数百”（陈傅良《止斋先生文集》卷四十七《林安之圹志》），学生都有数百人。乡先生如蔡清宇在建康府城教学，“门人以百数”（张孝祥《于湖居士文集》卷二十九《汪文举墓志铭》）；黄云于平江府城教学，“后生慕从常百余人”（叶适《水心先生文集》卷二十六《黄云行状》）；刘宰伯父刘嗣庆于镇江府金坛县城教学，“鼓箧从游者以百数”（刘宰《漫塘集》卷三十二《先祖十九府君墓志》），王十朋于温州乐清县邑东梅溪书院授徒，绍兴二十二年（一一五二），“游从近百人”（王十朋《梅溪王先生文集》前集卷五《哭孟丙诗序》），他们的学生都在百人上下。而潭州人梁钠居于聚星门外，租大街索将军庙前吕氏空宅作书院，不过“其徒从者三十人”（《夷坚支乙》卷十《梁主簿书院条》）；抚州崇仁人罗春伯，在县城吴德秀家租屋作学馆，则更只“受业者数辈”（《夷坚支乙》卷二《罗春伯条》）。除学校的学生外，也有一些士人是私自研习的，如前述于崇仁县城开馆的罗春伯，“比秋试，独罗中选”，可知其一面教书，一面准备应试；又如齐三杰为士人时，“习业于灵芝门东桂林野圃，淳熙十六年（一一八九），当科举之岁，数朋辈相约结课于中”（《夷坚三志壬》卷十《汉卿丹桂条》），这是士人私自研习。而城内外的佛寺，也常是教学或士人自行研习的处所（注一六）。

城市学校的学生或自行研习的士人，有些固然是城里人，但是也有许多是近乡或外地人。设于临安都城的太学自不必论，甚至设有义冢埋葬不幸而死的外来士人（注一七），即使临安府学，也“在学多外处士人”（《宋会要辑稿》之《选举六·贡举杂录》嘉定元年［一二〇八］四月五日条）。地方学校里，外地士人的比例也许不如都城学校之高，但同样有外地人来游学。淳祐十二年（一二五二），建康府学义庄有这样的规定，“如是他处游学士人，见在本学行供，或在本府寓居，虽非土著，如有吉凶，并与一例支给”（《景定建康志》卷二十八《儒学志·立义庄条》），可见建康府学有外地士人游学；包履常于南宋中期教授隆兴府学，“邻壤之士，亦相与负笈从君游”（《真文忠公文集》卷四十五《包履常墓志铭》），可见隆兴府学也相同。县学如赣州兴国县学，“在治之北门，县六乡，其五乡之人来游来歌，被服儒雅”（文天祥《文山先生全集》卷九《赣州兴国县安湖书院记》），说明了近乡居民的入城求学；而绍熙（一一九〇～一一九四）年间，“汀州陈秀才，……游学抵余干，入县庠”（《夷坚支癸》卷七《陈秀才游学条》），则连县学也有外地士人远来入学了。私人讲学如吕祖谦讲学于婺州城内丽泽书院，“四方学者几于云集”（《攻媿集》卷五十五《东莱吕太史祠堂记》）；朱熹讲学于建阳县城的考亭书院（注一八），绍熙五年（一一九四），由于“四方来学者众”，而“建精舍于所居之东以处之”（《嘉靖建宁府志》卷十七《学校志》）。近乡或外地士人来到城中求学，也必然会住上一段时间。南宋太学的肄业年限可以长达七年，甚至更长（注一九）；而地方学校如前述汀州陈秀才，至余干县学游学，也“踰三四年不言归”（《夷坚支癸》卷七《陈秀才游学条》）。南宋太学学生均住宿校内斋舍（注二〇），而地方官学也有舍庐（注二一），可供外地学生居住。私人讲学如前述朱熹在考亭书院，也为四方来学者建立精舍，但这或许不是普遍的情形，一般从私人问学的外地学生，大概是要租屋居住的（注二二）。无论如何，这些近乡或外地前来城里求学的学生，也和原住城中的学生一样，成为城市居民。也有士人就游学的城市而定居的，例如郑起潜之父郑时发，“闽县人，游学吴中，寓居天心桥，生起潜”（王鏊《姑苏志》卷五十一《人物志·名臣篇》），郑起潜其后官至兵部尚书，所居仍然在平江府城东北隅天心桥（注二三），可见郑时发已在平江府城定居。

三、定居于城市的官户与士人

除了官员因仕宦与士人因求学而入居城市外，也有不少官户与士人原本定居于城市。这种现象，可以从及第进士的坊郭户贯看出来。现存《南宋绍兴十八年（一一四八）同年小录》和《宝祐四年（一二五六）登科录》，在及第人姓名下载有户贯，可据以统计户贯在城郭者的人数。《绍兴十八年同年小录》共载三百三十一人，其中隶属于玉牒所的赵氏宗室十六人因无法判断城居或乡居，除去不计，属北方户贯者二十四人亦无法判断他们在南方城居或乡居，也除去不计，再除去户贯中未注明坊乡者一人，尚有二百九十人。二百九十人中，户贯属坊、厢、团、坊郭乡、郭下里、州市里、左厢里等，可推知居住于城市的，共有三十一人，所占比率将近 11%。《宝祐四年登科录》共载六百零一人，然而户贯资料不全，许多人没有登载户贯，也有许多人登载了户贯而只有州县数据，缺少坊乡数据。仅以坊、乡资料齐全者一百七十三人加以统计，户贯属坊、厢、在城、坊郭等，可以推知居住于城市的，共有十九人，所占比率也是将近 11%。实际上，户贯属坊郭的人数、比率，均可能较上述略高，因为有时户贯虽以乡里为名，却位于坊郭，例如楼钥所撰《汪大猷行状》，载汪大猷本贯为庆元府鄞县武康乡沿江里（注二四），但汪家是府城人，因为庆元府城含武康、东安两乡（注二五）。在已知两登科录内及第人属于城市的户贯中，包括有浙西的镇江府城、常州州城，浙东的绍兴府城、温州州城，江东的建康府城、溧阳县城，江西的吉州州城、永新县城、吉水县城、泰和县城、安福县城、抚州州城、建昌军城、南丰县城、临江军新淦县城，湖南的潭州澧陵县城，湖北的鄂州州城、澧州州城，淮东的扬州高邮县城、泗州盱眙县城、成都府路的成都府城、蜀州州城、绵州州城，潼川府路的潼川府城、通泉县城、铜山县城，福建的福州永福县城、建宁府城、建阳县城、漳州州城、南剑州城，广东的广州州城、潮州州城。可知郡城、县城均有，而且几乎遍及全国各路。坊郭户贯人数在总人数中的比例，所显示的是定居城市的士人在总人数中所可能占有的一个最低比例，自然不免有一些士人定居城市而户贯仍在乡村的。据刘宰所述，"绍熙元年（一一九〇），苏州进士居郡城者八人"（《漫塘集》卷二十九《故湖州通判朱朝奉墓志铭》），而范成大《吴郡志》卷二十八《进士题名篇》所载该榜平江府及第进士总数不过十二人，亦即这年平江府一地及第进士中，城居者占总数的比例达到百分之七十五之高。这也许是一个比例特高的例子，不可以视作一般情形，但是也可以说明，户贯比例只能视为最低比例，实际的情形是有可能比这一个比例高出不少的。

南宋城市里有官户与士人定居，也可以从郡县坊郭的坊巷名称反映出来。宋代郡县坊郭的坊巷名称，常因该处所居士人登科而命名。例如位于平江府城东南隅醋库巷的状元坊，为"黄魁所居"；西南隅乐桥南纸廊巷的武状元坊，为"林魁所居"；西北隅雍熙寺东的武状元坊，为"周魁所居"（《吴郡志》卷六《坊市篇》）。按黄魁为黄由，林魁为林群，周魁为周虎。

而东南隅南星桥的状元坊，则因阮登炳所居而立（注二六）。又如位于庆元府城东南厢的重桂坊，“为孙君枝与子起予同第立”；西南厢汪运使桥西的符桂坊，“为汪立中立”；西北厢鉴桥下的状元坊，“为袁甫立”；同在西北厢，府学前另有状元坊，“为姚颖立”（罗濬《宝庆四明志》卷三《郡志·叙郡·坊巷篇》）。按重桂坊所在为孙氏父子所居之里（注二七），而汪立中为汪大猷之子，袁甫为袁燮之子，汪、袁均为庆元府城宦族，姚颖亦出身于庆元府城士族（详第四、五节）。而通州州城以进士为坊者有丛桂，在州治东，立坊是“为宋崔敦诗、崔敦礼”（林云程《万历通州志》卷三《经制志·都鄙篇》），崔氏兄弟所居在州城东南崔家桥（注二八）。又《至元嘉禾志》卷二《坊巷篇·录事司条》载聚桂坊：

> 名义：旧名神童，盖市心有唐尧臣、包时习与弟时中、时飞俱中童科，后徐闻诗又以童科第进士故也。尧臣后人梦符、震龙、天麟又相继擢第，景定庚申（元年，一二六〇）请于郡，改是名。

又谈钥《嘉泰吴兴志》卷二《坊巷篇·州治条》载丛桂坊：

> 太师忠惠观文赵公府第在焉。忠惠积庆流芳，钟于令子，今江阴太守孟奎先诸兄擢丙辰第，咸淳乙丑（元年，一二六五），少监孟圻、运干孟至、机帅孟垕一榜同登。先是，太师国公希怿、监簿公与悊、都承公与勤、忠惠公与憲世科济美，奕叶相传，方来未艾，礼宜柱表，用改今名。

又《永乐大典》卷二二一七《泸州条》引《江阳谱》载桂林坊：

> 乡士王世民居之，兄弟三人俱荐，而世民登绍兴十一年（一一四一）第，里人荣之，故以此名其坊。

可知嘉兴府城聚桂坊、湖州州城丛桂坊和泸州州城桂林坊也都因登科士人居于该处而命名。至于县城，则如临安府盐官县城状元坊有“张公九成宅”，亚魁坊有“凌公景夏宅”（《咸淳临安志》卷十九《疆域志·坊巷篇》）；常州无锡县城东大市桥有状元坊，“以蒋侍郎所居得名”（史能之《咸淳毗陵志》卷三《地理志·坊市篇》），蒋侍郎为蒋重珍；嘉兴府崇德县城有五桂坊，“以莫氏五子登第建”（《至元嘉禾志》卷二《坊巷篇·崇德县条》），莫氏五子为莫琮五子元忠、若晦、似之、若拙、若冲，坊之所在即其家所居（注二九）；平江府常熟县城有丛桂坊，“以冷副端兄弟连登科，故名”（卢镇《重修琴川志》卷一《叙县·坊篇》），按冷氏兄弟登科均在南宋，而其居宅即在此坊（注三〇）。仅上文所述，已有数处状元坊。城市不仅为城居的特出士人而立坊名，也为鼓励一般士人致力登科而命坊名。《淳熙三山志》卷四《地理类·罗夫城坊巷篇》载福州州城坊名：

> 兴文坊：地名塔巷，旧曰修文，其中举人数不利，陈知县肃改修为兴，其年登科。……秀实坊：旧曰升秀，士人累举不第者，后有登科，故名。

修文坊在士人累试不利之后改名兴文坊，秀实坊在士人登科之前原名升秀坊，无疑都寓有期盼他们兴起高升的用意。而这也说明了城市里定居士人的普遍存在。

士人及第之后，便成官户，因此城市为士人登科而命坊名，也足以说明城市里定居官户的普遍存在。此外，宋代郡县坊郭的坊巷名称，又常为定居该处的名宦而命名。例如平江府城西北隅的麋都兵巷，因麋弇所居而得名，高师巷则因高定子所居而得名；东北隅的仁美坊，因上官涣酉所居而得名。麋弇、高定子、上官涣酉均为南宋名宦（注三一）。如台州州城的美德坊，“开禧三年（一二〇七），李守兼以钱丞相居此，故名”；而綦内翰巷则因“绍兴（一一三一～一一六二）中，綦内翰崇礼居之，故名”（《嘉定赤城志》卷二《地里门·坊市篇·州条》）。温州州城通道桥巷的仁美坊，“宋待制陈谦居此，故名”（张孚敬《嘉靖温州府志》卷二《坊门篇》），陈谦为南宋名宦（注三二）。临江军城的遗直坊，“以彭龟年居此，故名”；尊贤坊则“以向子諲居此，故名”（管大勋《隆庆临江府志》卷四《建置志·坊巷篇》）。泉州州城的三朝元老坊，“为宋丞相留正立”，衮绣坊则“为梁文靖公立”（《万历泉州府志》卷五《规制志·坊亭篇》）。按梁文靖公即梁克家，留正、梁克家居宅均在泉州州城（注三三）。兴化军城的师儒坊，“为林光朝立”，元老旧弼坊则为“太师魏国公陈俊卿立”（宫兆麟《乾隆兴化府莆田县志》卷三《建置志·坊表篇》）。按林光朝晚年讲学于兴化军城南，因而定居；陈俊卿的府第也在兴化军城（注三四）。又《至元嘉禾志》卷二《坊巷篇·录事司条》：

> 青娲坊：名义，宋胡安抚居焉，安抚名与可，子孙皆把麾，故取东郭先生传青娲之义。
>
> 听履坊：名义，西河上宋有王尚书希吕宅，故取听履上星辰之句。
>
> 凤池坊：名义，宋有娄参政机府，故标中书凤池之荣观。
>
> 轻裘坊：名义，宋窦安抚居焉，窦常帅襄阳，故立是名，

取羊祜轻裘缓带之义。

皇华坊：名义，宋浙西提举任清叟居于此，故立是名，盖取皇华使臣之义。

绣衣坊：名义，宋延安抚居焉，延持使节，故立此名，以表绣衣之荣。

按胡与可、王希吕、娄机、任清叟均为南宋时人，南宋有延玺曾任安抚淮西兼知庐州（注三五），疑即此处之延安抚，而窦安抚曾帅襄阳备边，当亦南宋时人。至于县城，则如平江府常熟县城有聚星坊，“以钱、邱、富诸寓公居此，故名”；有衮绣坊，“以曾丞相居此，故名”（《重修琴川志》卷一《叙县·坊篇》）。钱、邱、富诸家均于南宋时寓常熟，曾丞相即曾怀，亦南宋时人（注三六）。如南康军建昌县城有公辅坊，命名原因“为谢方叔寓居于此”（陈霖《正德南康府志》卷三《坊乡篇》）。这许多例证，均说明城市不仅是官员任官时停留的处所，也是官户定居之地，无论郡城或县城，都有曾任朝廷或地方各级官职官户的府第。

南宋城市有官户与士人定居，又可以从他们对城市建设的关切与出力看出。以城墙的修筑为例，黄榦知安庆府，为了军事安全的理由而兴筑外城，若干居民有不同的意见，上状表达，先有“府市西厢士民祖尧述等状”，后有“西门厢士民计君庸等状”（《勉斋集》卷三十四《晓示城西居民筑城利便》），但到工程进行时，也有“寓公士友之忠实可托，如太学生陈榕者，十有余人，各愿自分料数，提督监视，朝至暮归，如治私事”（《勉斋集》卷三十一《三辞依旧知安庆府申省》）。嘉定十一年（一二二八），知真州袁申儒上奏朝廷，请筑翼城，则是“具州士民状陈便宜十二事以上”，次年开始动工，在工程中干办钱粮事务的，有“郡人御前酒正王叔宽、前摄历阳尉汪文中、前摄淮东节制司属官吴永锡”（陆师《康熙仪真志》卷五《建置志·城池篇》），这些当是城居官户。绍定二年（一二二九）九月，大水冲毁台州州城，居民丧生超过二万（注三七），次年州城人仕宦于朝廷者，以陈耆卿为首，上书丞相讨论筑城事宜。《赤城集》卷一载陈耆卿《上丞相论台州筑城事宜》：

某等生长台城，窃见去秋水溢之变，亘古未有……今士大夫之家，稍富厚之家，徙寓坟庵庄舍者，所在相望，次而舍己地段，寄人篱落，或僦或假，略不敢以为安，而虽稍自爱之细民，亦栖托城外，以希旦暮之活。……今族姻故旧类多流亡，来者诵言其状，且谓某等以乡人而玷朝士，不能一言，实重有媿焉。

可知陈耆卿等人虽然身在朝廷，但家族亲友均居于台州州城，洪水的破坏使得士大夫之家迁出州城之外避难，陈耆卿等人的上言，无疑代表了这些士大夫之家对于重筑城墙的共同关切。曾用虎知兴化军，于绍定三年（一二三〇）春至四年（一二三一）冬修筑军城，《后村先生大全集》卷八十八《兴化军新城记》载其事：

郡人陈公宓始倡版筑之议，士民和之，台郡是之。……初，役之兴，陈公最尽力，且率大夫、国人各相斤斸，其后赵君汝駉、判官赵君汝沃与有劳焉。

按陈宓所居在兴化军城（注三八），而所谓大夫、国人当即指官户与士人，可知兴化军城的修筑，起自城居官户、士人的倡议，在修筑过程中又获得他们的协助。

城墙修筑之外，其他城市建设也获得官户与士人的关切与协助。淳熙六年（一一七九），平江府城居民合力兴工甃砌自吉利桥至版寮巷口街道，出钱捐砖的人中有“耿都监钱贰拾贯”“周将仕匠钱”“刘将仕匠钱”“朱大丞钱贰拾贯”“陈十二官人砖壹仟片”“祝解元钱伍贯”“饶州余承务砖壹仟片”“张郎中钱贰贯”（《江苏金石志》卷十三《吉利桥版寮巷砌街砖记》），他们无疑都是居于施工路段附近的官户和士人。宋孝宗末年，奉化县城复修县学，首先是“邑士汪君伋素好为乡里义事，闻之，谓其弟份曰，是吾曹责也。不待劝率，不谋于众，以身先之，首创大成殿，增广旧址”，然后是“里中善士董安嗣、徐如松等三十有二人，争趋竞劝，相与再建驾说之堂，挟以直庐，傍列诸斋，庖湢廥廪，器用毕备，凡为屋四十楹”（《攻媿集》卷五十四《奉化县学记》）。绍熙四年（一一九三），澧州辟建子城城门，是“访诸故老，或曰酒垆之后，旧为城门，兵毁以来，闭塞至今，倘辟而新之，郡之气且伸，吾民其庶几乎，士民援以为请”（《攻媿集》卷五十四《澧阳楼记》）。宋宁宗末年，黄岩县重建县厅，“凡度工授材，董以邑士周之纯、阮时中，所以杜吏奸也”（《赤城集》卷三载王居安《黄岩重建厅事记》）。宝庆三年（一二二七），袁州知州曹叔远疏浚贯穿州城的李渠，完工之后，为了维护渠道畅通，防止堤岸冲决，因而成立维护组织，而在组织中负责督导的，“选请州士十员为渠长，专修任其事”（王光烈《康熙宜春县志》卷十三《李渠志·宝庆丁亥修复始末》）。景定二年（一二六一），福清县重建谯楼，“诸寄公巨室合助楮六万五千一百”（《后村先生大全集》卷九十二《福清县重建谯楼记》)。上述的邑士、里中善士、士民、州士、寄公，当皆是定居于郡城或县城的官户与士人，城市的建设与他们的生活息息相关，所以他们会关心，而他们就地出钱出力，参预工作，也是力之所及。

四、城居官户与士人的居住形态

官户、士人的城居不仅普遍存在于许多城市，而且在一个城市中，他们常散居于城中各处。尽管若干城市中的官户、士人特别引人注目，他们的住家被形容为“相望”“相接”“比屋”(注三九)，但实际上，这只不过描述其多。也许在城市的某一个区域有时会聚居了较多的官户与士人，但是他们在南宋时未曾仅集中居住于城市某一个特定区域。以临安都城来说，达官贵人的住宅、官舍，便散布在不同的处所(注四〇)；朱彭《南宋古迹考》卷下《寓居考》记载了南宋时寓居临安的八十二人，他们的居所也分别在不同的巷、桥、厢、门、山岭、寺院，也有的邻近曲院、宫禁或西湖。以镇江府城来说，南宋时官户、士人同样散居于多处不同的地点。住于子城内外的，如制置章琰宅在子城内夹道巷，赵提刑宅也在夹道巷，运使钱真孙宅在狮子门西，而狮子门即子城西门钦贤门；居住在商业区附近的，如都统王起宗宅在大市北怀德桥南，周知府宅在大市南丛桂坊，丛桂坊南皇祐桥之北文昌巷则有制置丘岳宅，宪使李节宅在大市西，安抚叶再遇宅在大围桥南瓶场巷，当地应是制瓶之所，知府汤克昭宅在税务街，而税务街也是商贾所聚；居住在府城城门附近的，如濮安抚宅在青阳门，是府城东门，安抚王雄宅在还京门里，是府城西北门；居住在府治西南侧的，如留守宗泽宅在制锦坊西，总领倪垕宅在石础桥北，枢密孙附凤宅也在石础桥北，石础桥在府治西南，而制锦坊又在石础桥之南；其他地点尚有太常龚基宅在小围桥西北，即霍运使篪故居，知军王通宅在塘墖山对巷，察使汤孝信宅在柏家桥，提刑王夬亨宅在斜桥南，都统孙虎臣宅在范公桥东（注四一）。再以平江府城为例，武状元林群宅在西南隅纸廊巷，学士边知白宅在西南隅大市附近金狮巷，麋巽居于西北隅跋鞋桥附近的糜都兵巷，状元黄由及其父乡先生黄云居于东南隅醋库巷，尚书郑起潜居于东北隅鱼行桥附近的天心桥，乔行简居于东北隅长洲县治以南醋坊桥附近的乔司空巷，均在商业区的各角落；魏了翁初居于西南隅杉渎桥大街，继迁于南园巷，胡元质居于南园附近书锦坊，乡解进士钱仲鼎居于西南隅蒲帆巷，均在府城名胜南园及府学附近；参知政事高定子居于西北隅高师巷，近城西北侧赏花胜地及蔬菜产区桃花邬，史正志、丁氏昆季、方万里、郑景平居于东南隅带城桥，附近采莲泾亦为蔬菜产地；其他地点尚有武状元周虎居于西北隅周武状元巷，位置在吴县治北雍熙寺东；状元阮登炳居于东南隅南星桥西，位置在城南侧社坛西；郑虎臣居于城东北隅鹤舞桥，郑定居于鹤市坊，位置均在长洲县治西北；上官涣酉居于仁美坊显子巷，则位于长洲县治东（注四二）。平江府城的情形也和临安都城、镇江府城一样，官户和士人散居于城中各处。而信州由于地近行都，“士大夫乐居焉，环城中外买宅且百数”（邓广铭辑校《辛稼轩诗文抄存》附编《杂录一》洪迈《稼轩记》），他们也很明显是散居在信州州城内外各处。

官户和士人在城市呈现散居的状态，而居住环境也各有不同。上述镇江府城和平江府城中，许多官户和士人居住于商业区附近。而吉州州城的诗书大族王氏，南宋初“尝筑第城西南湖桥之近，面永丰门，栋甍比属，巷陌纵横”，也是“市区贾场，延亘周遭，百货交集”（刘铣《桂隐文集》卷一《山月亭记》）。郡城如此，县城亦然。前述因蒋重珍所居而得名的无锡县状元坊，便是在大市桥；常熟县城中，钱、邱、富诸寓公所居的聚星坊，则在“市心北”（邓韨《嘉靖常熟县志》卷二《坊巷志》）；刘宰居于镇江府金坛县城，而其与友人诗说：“今居市北子市南”（《漫塘集》卷四《畏雨不出简张端衮昆仲、符伯寿诸兄》）。官户、士人有人选择居住闹区附近，也有人选择居住在城中荒僻之所。例如《嘉泰会稽志》卷十一《桥梁篇·府城条》：

广宁桥，在长桥东，漕河至此颇广，民居鲜少，独士人数家在焉。绍兴（一一三一～一一六二）中，有乡先生韩有功（原注：复禹）为士子领袖，暑夜多与诸生纳凉桥上。

这是绍兴府城的情形。又《水心先生文集》卷十三《墓林处士墓志铭》：

墓林处士者，永嘉何傅字商霖者也。……所居墓林巷，城中最深僻处也。

同书卷二十一《刘靖君墓志铭》：

买宅城南，四无垣堑，萧艾数尺。

何傅和刘靖君所居，均在温州州城深僻荒凉之处。又有一些官户、士人，选择城内外景物幽美的地方居住。例如谢谔居住于临江军新喻县城，“晚徙邑东，竹木参天，岩桂尤多，命曰桂山”（《文忠集》卷六十八《谢谔神道碑》）；李庚于台州“买屋近郊，古木交阴，庭草错列”（《攻媿集》卷五十二《诊痴符序》）；钱端礼还乡，于台州“卜居城之东北隅，有林泉之胜”（《攻媿集》卷九十二《钱端礼行状》）；赵葵居于潭州州城锡山，“旧第擅锡山之胜，至是又堂于山之绝颠：……虽处阛阓而无市声之至，不出户庭而有卧游之乐”（《后村先生大全集》卷九十一《群山圃堂记》）；徐载叔中年卜居绍兴府城中，号桥南书院，“地僻而境胜，屋庳而人杰，清流美竹，秀木芳草，可乐而玩者，不一而足”（陆游《渭南文集》卷二十一《桥南书院记》）；黄榦返回福州乡里，“近得小寺屋在城中最幽静处，眼界甚佳，见葺治居之”（《勉斋集》卷五《与李敬子司直书》）；辛弃疾建于信州州城侧的稼轩，“郡治之北可里许，……前枕澄湖如宝带”（《辛稼轩诗文抄存》附编《杂录一》洪迈《稼轩记》）。上述的几个人，都是个别的例子。而《夷坚甲志》卷十八《超化寺鬼条》：

衢州超化寺，在郡城北隅，左右菱芡池数百亩，地势幽阒，士大夫多寓居寺后。

可知衢州州城北隅超化寺左右，由于有菱芡池之美，而又幽静，吸引了不少士大夫居于附近。更明显的例子是庆元府城。庆元府城西南隅有月湖，又称西湖，有十洲三岛之胜，为州人游赏之地（注四三），因而附近多名宦望族府宅。据《宋嘉定间丈尺图》所载月湖建筑物，有楼三学士宅、楼安抚宅、汪尚书宅、徐运使宅、赵敷文赁屋、杨侍郎宅、冯统制宅、丰尚书宅、史越王府、史丞相府（注四四）。此外又有望族周氏，“世为鄞人，居城中西湖十洲之西”（《攻媿集》卷一〇九《周伯范墓志铭》）；名宦王次翁、王伯庠父子，“居于四明西湖之阳”（《攻媿集》卷九十《王伯庠行状》）。而高闶兄弟所居在南水门里河桂芳桥，往西便是楼家所居昼锦坊（注四五），大约也近月湖。月湖邻近虽然聚居了较多的宦族，但是庆元府城的其他地区同样也有官户和士人居住（注四六），并未集中在月湖一带。

居住于城市的官宦人家，即使住家不在幽雅之所，也喜欢在城郊另觅土地，构筑园馆别业，或在城内住家空地，构筑园林。以城郊的园馆别业来说，洪适在饶州城郊的盘洲、曹彦约在南康军城郊的湖庄、范成大在平江府城郊的石湖，均是佳例。洪适《盘洲文集》附录周必大撰神道碑：

> 自越归，得负郭地百亩，因列岫双溪之胜，位置台榭，引水流觞，种花艺竹，命曰盘洲，一椽一卉，题咏殆遍。

洪适的盘洲，不过出饶州北郭“左行一里许”（《盘洲文集》卷三十二《盘洲记》），实际上可说尚属饶州州城范围之侧。又曹彦约《昌谷集》卷七《湖庄创立本末与后溪刘左史书》：

> 某江左晚进，世为南康外邑都昌县村落人，丁巳待班乡井，始盖数椽于城下昌谷巷，壬戌待次江西机幕，得数十亩茅茨地于东门之外，神林浦之东，宫亭庙之北，去城才三里，声音相闻。

可知曹彦约原家村落，仕宦后迁居城市，其后又购地于城郊，经过多年盖筑堂阁、栽植花木之后，“总而名之，谓之湖庄”。又《文忠集》卷六十一《范成大神道碑》：

石湖在平江盘门西南十里，……公高下为亭观，植花竹莲芰，湖山胜绝。……先以石湖稍远，不能日涉，即城居之南，别营一圃，……题曰范村。

说明范成大住家在平江府城内，而城外十里的石湖是他的别业，由于位置稍远，他在城居之所又营建名为范村的园圃。这种拥有园馆别业于城郊的情形，在官宦人家中常可见到。例如张栻居于潭州城中，而买园于城东梅坞（注四七）；曾颖茂于建昌军城南门外有南塘园，而在城东三里龟湖上又有总清园（注四八）；而韩世忠、刘光世、杨存中等，居住于临安城中，在城郊西湖之侧也都有别业（注四九）。

至于就城居之所构筑园林，则更为常见。上述范成大所营的范村，即为一例，“梅曰凌寒，海棠曰花仙，荼蘼洞中曰方壶，众芳杂植曰露台，其后庵庐曰山长”（《姑苏志》卷三十一《第宅志》）；又如胡元质于平江府城昼锦坊所筑的招隐堂，“堂后有荷、有竹，建二堂曰云锦、碧琳，其东有榭曰秀野，濒水对峙，三石甚奇，乃镇蜀时所移物也”（同上）；黄度曾买地于绍兴府城东郭，“凿池筑堂，榜曰遂初，环以名花修竹。深衣幅巾，挟策吟啸，陶然自适”（《絜斋集》卷十三《黄度行状》）；倪思居于湖州州城，“卜室城东之月河，归自当涂，始辟小圃，以逍遥名亭”（《鹤山先生大全文集》卷八十五《倪思墓志铭》）；叶畀卜居兴化军城，“户外引泉为沼，叠石为山，荷柳萧森，……亭台花木，皆合位置”（《后村先生大全集》卷一六三《叶寺丞墓志铭》）；方信孺居于兴化军城南，“中堂作复阁，扁以诗境，凿田为寿湖，中累海石为山，植荷柳松菊，间着茅亭木栈”（同书卷一六六《方信孺行状》）；真德秀居于建宁府浦城县城东隅越山下，“旧有花园”（《嘉靖建宁府志》卷二十《古迹志》)；而刘韫宅第在建宁府崇安县城南九曲巷，也有园林，朱熹尝题咏以纪其胜(注五〇)。如果城中住家周围已有景色之胜，往往也会再加以人工的兴筑栽培，以相配合。韩元吉《南涧甲乙稿》卷十五《东皋记》载陶茂安于兴国军城湖畔所营的东皋：

> 所居之胜，在兴国，与郡治共一湖水。……抗湖而东，得地数十亩，以为东皋焉。东皋中为一堂，曰舒啸。南望而行，花木蔽芾，以极于湖之涯，作亭曰驻屐。西则又为莲荡，小阁挹湖光而面之。余可以为亭为榭者尚众，而力有未及也。力之及者，名葩异卉，间以奇石，而松竹之植，稍稍茂盛矣。

陶茂安所居与兴国郡治"共一湖水"，可知在军城。其地原已有湖景之胜，而陶茂安又再栽植花木奇石，兴筑堂阁亭榭。所以官宦人家众多的城市，常多园林，临安都城和平江府城，皆以此闻名(注五一)；湖州州城也因"升平日士大夫多居之"，而"好事者多园池之盛"(周密《癸辛杂识》前集)；而刘克庄为建阳令三年，"邑中士大夫家水竹园池皆尝游历"(《后村先生大全集》卷一〇二《题丘攀桂月林图》)。总之，由于官宦人家身居城市而求有田园野趣，而形成了城市的园林景观。

五、城市的宦族与士族

城居的官户与士人，有些是在城市中已经居住了好几个世代，建立起家族基础，也有些不过是初迁城市，仅以个别的家庭生活于城中。以城市的宦族与士族来说，他们大概具有几个特色。第一，他们在城中居住已有数世之久，如此才能形成家族，同时由于住在城市已有好几个世代，所以他们之中有些已经支派繁衍，族口众多。例如庆元府城楼氏，楼钥的高祖楼郁为北宋仁宗时人，自奉化迁鄞，“卜居于郡城之南”（《絜斋集》卷十一《楼钥行状》），至楼钥已有五世。庆元府城袁氏有两支，袁爕一支其曾祖父为袁毂，“试开封府第一，登嘉祐四年（一〇五九）进士第”，袁韶一支其曾祖父为袁毂，也“试开封府，以中书守当官”（《清容居士集》卷三十《海盐州儒学教授袁府君墓表》），可知两支均源自北宋，分别已有四、五世之久，而袁韶之于袁爕，“于宗谱为族子”（同上），则两支同出于一源，世系尚可上溯。至于墓表作者袁桷，为袁毂七世孙，墓表表主袁裒，为袁爕曾孙，元初均仍居城中，则袁氏家族世代之众，可推而知。庆元府城另一大族史氏，史浩的祖父史诏“以八行科征于朝，不应”（袁桷《延祐四明志》卷五《人物考·先贤篇》），为北宋末年事，至史浩之子史弥远已是第四代，至史弥远之侄史嵩之则已第五代。汪氏也是庆元府城大族，汪思温的祖父汪元吉，“为（鄞）县从事，为范文正公所知”（《延祐四明志》卷四《人物考·先贤篇》），当已居城中，至汪思温之子汪大猷，已是第四代。费著《氏族谱》记载了好几家成都府城宦族，也都世代久远。如城北刘氏，唐末刘孟温“以儒传授成都中”，至南宋初刘翊、刘竦、刘端，“至是八世，今又一传矣”；城南刘氏至北宋末刘惟正、刘惟盛、刘惟道之前，已“刘氏谱载三世名字卒月日耳”，而三家子孙又于南宋初年仕宦；城北郭氏则以郭稹为祖，“嘉祐（一〇五六～一〇六三）求遗书”，其曾孙郭友直“上千余卷，皆秘阁所阙者”，另一曾孙郭友闻精于经学，“乡人曰北郭先生”，此后族人有外徙者，“独北郭子孙不迁”，自北郭先生之后，至以孙字排行者，已是第八代；城南郭氏自北宋郭溥“登大观（一一〇七～一一一〇）第”，至南宋郭德柄已是第四代，也是“成都百年故家”；施氏也是成都府城宦族，施光祚“始居成都碧鸡坊”，“又三世，庭臣、修德同登宣和（一一一九～一一二五）第”，至南宋施坤之、施棐、施渊则又两代，其“家远矣”（周复俊《全蜀艺文志》卷五十四《谱类》）。此外，如兴化军城林氏，“自寿溪徙居郡城之前街五世矣”（《后村先生大全集》卷一六二《林德遇墓志铭》）；如镇江府城丰氏，自丰有孚以学究出身仕宦，其孙丰渐、丰渊均于南宋初年进士及第，至南宋中期，“今城中诸丰其裔也”（刘宰《京口耆旧传》卷一《丰有孚传》），也都在城市住了几代。

上述庆元府城袁氏至少已分为两支，镇江府城丰氏也称为诸丰，都说明了这些家族在城市中已有支派繁衍。更明显的例子是福州州城黄氏和兴化军城方氏。福州州城黄氏是黄榦的家族。《勉斋集》卷三十八《族叔处士墓志铭》：

> 黄氏居福州城东三百年，厘而为三，派而为六，后有他徙者。自同庆而下，子孙存者无虑四十人。

同庆为僧寺名，黄氏三世祖坟皆葬其侧（注五二）。可知黄氏定居福州州城已经世代久远，分为三支六派，而且族口繁多。兴化军城方氏为方大琮的家族。方大琮《铁庵集》卷三十二《述莆方三派聚族》：

> 莆之方其派三，吾长史一派自长官始居于刺桐巷，曰方巷，今曰朱紫坊，次房秘监在焉，析为留桥，为后隆，为下坊，为濑溪，为南门外，长房员外有过潮者，既归而

居后塘；第三房著作居朱紫坊，亦有居留桥者；四房司直旧居义门阙下，曰方仓；五房礼部居后塘，其三子侍郎、光禄寺丞皆在焉。盖北自河，沿谏议居，东至后隆，其间曰后塘、曰乌石、曰后埭，前方绵亘不断，大抵乌石山前居其大半。六房正字居后塘之观后，其散而他去者所未论。此长官六子而唐长史琡之后也。此外如白杜一派，其谱以为唐末名阀之后，或传以为长官遗腹子，闻前此长官有与后塘序昭穆者，更宜考。如方山一派，析而为大松之凤冲，为山屏，为叱石，为伯俊，今城居之东，宅学前，则自凤冲出，城外之上坊，则自伯俊出，龙井则自叱石出，其他尚多，皆唐泉州长史叔达之后也。三派之后，皆以纮为远祖，虽世系昭穆莫可推，要皆同出一源。

莆田方氏分为长史、白杜、方山三派，而派下又再分房。以长史一派而言，自长官始居于刺桐巷，其事早在唐末（注五三），则世代之久远可知。刺桐巷即方巷，其名至清初尚存，在兴化府城内；后塘、留桥、后埭、乌石均见于清初兴化府城街、巷名，而义门亦仍然保存于清初兴化府城中（注五四）；至于乌石山，则宋代“在城北一里”（祝穆《方舆胜览》卷十三《兴化军篇》）。可知长官之后六房子孙，分别居住于宋代兴化军城内外。方山一派亦已分为数房，凤冲一房在“城居之东，宅学前”，伯俊一房在“城外之上坊”，当亦分居于兴化军城内外。而长官第三子光禄寺丞一房，至北宋末年有福平长者，自长者死后迄方大琮之时，“及今九十四年，合六代子孙余二百人”（《铁庵集》卷三十二《记后塘福平长者八祖遗事》），足见族口的众多。

第二，他们大致重视子弟教育，其中有些延师家族之中，教育子弟，也有些亲自督课家族子弟，使子弟知书识礼，在迈向仕宦之途的过程中，能够比较顺利。例如庆元府城姚氏，状元姚颖的曾祖父姚阜，“创必庆堂于城南，延师以教宗族子弟”（《攻媿集》卷一〇七《姚颖墓志铭》）。如庆元府城城南，“杨氏最盛”，袁燮“久处其家塾，子弟多秀士”，又曾聘“三山郑屯田为塾师”（袁甫《蒙斋集》卷十八《县尉杨君太孺人何氏墓志铭》）。如庆元府城边氏，边友诚教其子边汝实甚严，“未尝令出入闾巷，延师家塾，俾专其习”（《絜斋集》卷十六《边汝实行状》）；而边友诚之弟也“教子甚笃，择乡之贤德。俾师事焉，不专为进取计”，“晚又辟书室以教诸孙，将使诗礼之传，相承而不绝”（《絜斋集》卷二十《边用和墓志铭》）。如庆元府昌国县城应氏，参知政事应傃于淳祐（一二四一～一二五二）年间还乡，葺其读书之所，称翁洲书院，“延师其间，率其子弟及族之人与夫乡之俊秀皆造焉”（冯福京《大德昌国州图志》卷二《叙州·翁州书院条》）。如绍兴府新昌县城，其姓“石、吕、黄为大”，而陈傅良“尝馆黄度文叔家，得与石、吕二氏游，其子弟多从予学”（《止斋先生文集》卷四十九《吕琰墓志铭》）。这些都是延师以教家族子弟的例子。而袁燮教授庆元府城南时，其族子袁韶从之学，其子袁甫亦从之学（注五五）。袁燮的族兄袁涛，“叔父常德郡丞以儒学教授里中，君亲炙焉，质疑请益，闻见日广”（《絜斋集》卷二十《从兄学錄墓志铭》）。这都是藉教授他人之便，同时教育自己家族子弟。也有专意课督自家子弟的，如兴化军城方氏的方祐，即前述福平长者，卒于绍兴七年（一一三七），“子孙满前，督教不倦，子四人，吴左公有声学校，将贡不仕，能以长兄助其父课督子弟于学”（《铁庵集》卷三十二《记后塘福平长者八祖遗事》）。福州州城黄氏诸家，亦皆能亲课子侄。如《勉斋集》卷四《与晦庵朱先生书》：

榦门户衰替，大惧先世儒业之不振，收教子侄辈，使粗知孝弟忠信，每自谓留心于此，亦居家职分所当然者。间有亲旧之子，为之授句读，解释训诂者，则受其束脩，以赡老幼。又年长好读先生书者，则与之切磋，以更相劝勉，举业听其自为，读书次第用心。……但岁月如流，城居人事纷扰，无复静坐观书之乐，此为可虑耳。

可知黄榦此时居于福州城中，收子侄辈及亲旧之子教学，而其所以如此，是“惧先世儒业之不振”，亦即维持家族士人的传统。对于年长者，虽然与之切磋朱熹之学，但“举业听其自为”，进取仕宦究竟是士人读书的重要目的。而黄榦族叔黄凯，也能“教其子南金、宗尹、宗傅，皆雅饬为良子弟”（《勉斋集》卷三十八《族叔处士墓志铭》）；另一族人黄振龙，则“聚伊、洛书，课其子以讲习”（《勉斋集》卷三十七《贡士黄君仲玉行状》）。此外，如居于兴化军城北郭的林崖，虽然“顿挫场屋”，却“不甚戚戚，以读书教子为乐”（《后村先生大全集》卷一五七《林君墓志铭》）。

而更重要的是第三，这些家族虽然未必人人入仕，但通常有许多人参加科举考试、进入太学或以各种途径入仕，甚至代有显宦。这是城市宦族与士族之所以为宦族与士族的基本特色。如庆元府城的史、楼、汪、袁诸族，均是有名的仕宦世家，尤以史家为盛（注五六）。庆元府城的其他家族，如城南杨氏的子弟，“服习诗书，颉颃场屋”（《蒙斋集》卷十八《县尉杨君太孺人何氏墓志铭》）；状元姚颖的曾伯祖希“以儒学决策起家”，曾祖阜为容州司户，祖父孚及其兄弟大任、持相继擢第（注五七）；姜浩与其弟姜涛于南宋初年定居庆元府城，历三代而为名族，子孙辈纷纷上礼部、入太学、进士及第（注五八）。温州州城何氏有百里坊族和城南族之分，翰林学士何溥为百里坊族，“试礼部奏名第一,百里坊之何于是始大”；国子司业何伯谨为城南族，自北宋末至南宋初，先后三代，由其父亲与伯叔起，中历其兄弟，下至其侄辈，或为太学生，或进士及第，“盖以儒生赋禄三世”（《止斋先生文集》卷五十一《何伯谨行状》）。福州州城黄氏，“挟策为儒者累累不绝”（《勉斋集》卷三十八《族叔处士墓志铭》），黄榦之父黄瑀中绍兴八年（一一三八）进士第，官至监察御史，去世时，诸子之中，“杲亦以选官至宣教郎、江南西路提点刑狱检法官，……东，从政郎、南剑州沙县丞，查、榦皆业进士”（《朱文公文集》卷九十三《黄瑀墓志铭》）；同族黄振龙为乡贡进士，去世时，诸子“曰朴，太学生，曰格，业进士”（《真文忠公文集》卷四十五《黄仲玉墓志铭》），黄朴后来中了状元（注五九）；又有同族子弟“南金以弱冠预乡贡，宗尹亦继入太学”（《勉斋集》卷三十八《族叔处士墓志铭》）。兴化军城北郭林氏，林崖“群从六七人，策于天子之庭、荐于乡、于漕者相继也”（《后村先生大全集》卷一五七《林君墓志铭》）。吉州安福县丛桂坊刘氏，自刘安世从祖刘溥“以文章魁恩科”，其后“群兄弟策进士者六人，荐名者三十三人”（杨万里《诚斋集》卷一八八《刘安世行状》）。成都府城刘、郭、杨诸族，也都是自北宋以迄南宋，官宦不断（注六〇），杨王休任成都府路转运使时，少城大族郭氏卷入冤案，为其所雪，郭氏“拥笏致谢三十余人”（《攻媿集》卷九十一《杨王休行状》）。

兴化军城方氏，是更值得注意的一个例子。宋谚称：“乌石山前，官职联联”（《方舆胜览》卷十三《兴化军篇》），而方氏为“官职联联”的家族之一。而方大琮也指出，莆田的其他衣冠大族和编户之族相同，惟独方氏家族很少有人从事农、工、商业，若非宦达，也能保持士人之家的身份（注六一）。《铁庵集》卷三十二《方氏仕谱志》：

> 吾大父和剂公，以一经名堂，实藏书万卷，谓姓名漫漶，弗纪将轶，立仕版于堂楣，以进士标其首，特奏次之，世赏又次之，封赠又次之。高伯祖岳阳使君扩为之纪，深以磨淬望后来。盖绍兴二十八年戊寅（一一五八）也。版成之二年而大父策名其间，版载登仕籍者百二十一人。距今五十年来，彬彬辈出，版溢久矣。来者无以容，欲更而大之。

和剂公名万，其所立仕版，记载所有长官子孙获授官衔者，至绍兴末已达一百二十一人，其后又再彬彬辈出。同书同卷《记后塘福平长者八祖遗事》载长者后人预乡荐和及第的情况：

> 端溪丞公讳衡，第三子，首预乡书。南安丞，第十孙，与长者同脉，则孙十一人皆当见之，绍兴甲子（十四年，一一四四）乡荐二，又十五年，己卯（二十九年，一一五九）荐亦二，遂登庚辰（三十年，一一六〇）进士，文子之祥，始兆于此。曾孙三十人，淳熙丁酉（四年，一一七七）、庚子（七年，一一八〇）、癸卯（十年，一一八三）七年三诏，荐者七，登第二，特奏一，渐趋于盛矣。玄孙五十三人，甫十预荐，大琮才品最下，偶脱场屋，居昆仲先，而真才硕能所望以振吾宗者犹未易量也。来孙八十余人，预荐者仅一二见，七世孙又将诜诜矣。

据方氏所述，可知长者后人众多，而能预乡荐者有限，能进士及第者更少，但每一代均有人预乡荐或进士及第，维持家风于不坠。方氏以官宦著称，而情形如此，可知即使宦族，族人未能仕宦者亦仍众多，即使获授官衔，许多也是由恩荫，亦即世赏或封赠而来，未必经由科举。

六、官户与士人的徙居城市

然而也有很多城居官户，在城市中并没有家族基础，他们是入仕或致仕之后才徙居城市，在城市里安家立户的。例如第四节所述平江府城所居官户，魏了翁、高定子兄弟是邛州浦江人，史正志是扬州人，丁氏昆季是常州人，方万里是严州人，郑景平是鄱阳人，乔行简是婺州东阳人，上官涣酋是邵武军人，郑定称寓公，亦非本地人（注六二），他们均应是初徙平江府城居住。又《赤城集》卷一载陈公辅《临海风俗记》：

> 比年以来，……寄居官至有宰相者，余不可以数计，过往日日有之，故城中百物腾踊，价皆十倍于前。

指出了台州州城住了许多徙自外地的官户，官位有高至宰相的。其他个别的例子，如王次翁原为济南府人，南渡之初执政，致仕后“居于四明西湖之阳”（《攻媿集》卷九十《王伯庠行状》），亦即庆元府城西南隅；婺州人潘好谦，有科名，官至右朝散郎，“始自松阳改筑临江，临江，婺之郊也，晚岁徙郊而城其居焉”（《东莱集》卷十《潘好谦墓志铭》）；温州人包履常，曾先后任州学教授与县令，祖上自合肥迁至温州雁池，再迁至乐清县的柳市，“其居城之西洋，则自君始也”（《真文忠公文集》卷四十五《包履常墓志铭》)；南康军都昌县人黄灏曾任朝散大夫、广西转运判官，“晚居城下”(《昌谷集》卷十八《黄子通墓志铭》)；沈连原家隆兴府分宁县，致仕之后，“有宅在豫章（隆兴府）城中，因徙焉”(《鹤山先生大全文集》卷八十《沈连墓志铭》)；黄畴若原居隆兴府丰城县的沈江，也在致仕之后，“治第豫章城中”(《后村先生大全集》卷一四二《黄畴若墓志铭》)；董德元为吉州永丰人，官至参知政事，后奉祠禄，“徙居城中”(《文忠集》卷七十五《董亿墓志铭》)；进士方濯世家兴化军游洋之寿峰，“学成行尊，始卜城北新居”(《后村先生大全集》卷一百六十《方濯墓志铭》)；叶棠世居兴化军仙游县之濑溪，官至将作监，“始卜居城北之后塘”(《后村先生大全集》卷一六三《叶寺丞墓志铭》)。对于官户在入仕或致仕之后徙居城市这一现象，洪迈在《容斋随笔》卷十六《思颍诗条》中，曾从城市的生活条件解释其原因：

> 士大夫发迹陇亩，贵为公卿，谓父祖旧庐为不可居，而更新其宅者多矣，复以医药弗便，饮膳难得，自村疃而迁于邑，自邑而迁于郡者亦多矣。

亦即由于城市的生活条件远较乡村为佳，医药、饮膳均较方便易得，促使乡村出身的官户，在贵显之后迁居城市。而陈公辅在台州州城中原“有敝庐”，由于城市物价昂贵，“度不可居，于是遁迹村落”，然而却叹“乡下寂寞，百物无有，不免布衣蔬饭，杜门待尽而已”(《赤城集》卷一载陈公辅《临海风俗记》)。陈公辅对于乡村百物无有的感叹，正足以印证上述洪迈的解释。

除了生活条件的因素导致官户迁居城市之外，城市里的文化生活无疑也是个重要因素，所以陈公辅自城市徙居村落之后，也感叹“乡下寂寞”。乡村里读书人家相隔距离可能较远，彼此经常往来，做文化上的交流并非易事。而在城市有限的范围之内，却常居住有较多社会身份、知识程度、甚至年龄都相当的士大夫，他们彼此来往，作文赋诗，满足他们对文化生活的心理需求。他们甚至为这种来往，订出了聚会的名称。北宋时苏州州城曾有九老会，后改称为耆英会，洛阳也有耆英会（注六三），而南宋的庆元府城，也先后有五老会、八老会的聚会。《攻媿集》卷七十五《跋蒋亢宗所藏钱松窗诗帖》：

> 幼时见故大参政钱公为贰车，公壮年，风流酝藉，喜与士大夫游，与外祖尤厚，吾乡旧有五老会，宗正少卿王公珩，朝议蒋公璿，郎中顾公文，衡州薛公朋龟，太府少卿汪公思温，外祖也。皆太学旧人，宦游略相上下，归老于乡，俱年七十余，最为盛事。礼部侍郎高公闶，起居舍人吴公秉信，皆自以后辈不敢预。王、薛二公下世，参政王次翁致仕寓居，嘉慕义风，始议为八老会。朝议徐公彦，老布衣陈公先，而后至顾、蒋、汪公参政，洎高、吴二公继之，然已不及前日之纯全矣。大参政诗中所谓八仙人者，此也。蒋公园中素有集春堂，海棠尤多，即大参所赋也。

五老会诸人，均为太学旧人，宦游略相上下，而且年龄也都在七十岁左右，其后的八老会，虽然不如五老会的纯全，但与会诸人大概也有相近的背景。聚集具有共同背景的这样多人，在彼此的园林中赏花赋诗，只有在城市中才有可能，在乡村里是很难办到的。所以杨王休为庆元府象山县人，而致仕后定居于府城。《攻媿集》卷九十一《杨王休行状》：

逮其赋归，已先卜城居，栋宇闳敞，犹望老朋友以相依。

能有曾经共历宦途的老朋友相交游，正是他定居府城的重要原因。不仅高官如此，一般士大夫亦然。如平江府人张廷杰，父、叔皆曾任县尉，本人“起家迪功郎，靖州军事推官”，叔父死后，“卜居城中之花桥，……藏书数千卷，士大夫喜从之游”，而张廷杰也“好客不倦也”（《文忠集》卷三十三《张廷杰墓志铭》），可知张氏由于移居城市，而又藏书众多，因而许多士大夫乐于与其结交，张氏本人也深得其中乐趣。而在城市里，士大夫间也有比较多的机会成为邻居，因而彼此来往，论文吟诗。如张栻教学潭州岳麓及城南书院，而居于城中，与“居湘城盖几二十年”的浦城人承议郎吴诠“寓居邻墙，隔一二日，辄步相过，议论酬唱甚乐”（《南轩先生文集》卷四十一《承议郎吴伯承墓志铭》）；周必大本籍吉州庐陵县永和镇，而亦居于吉州州城，结识曾为太学生的官宦子弟段冲，段冲与居住城中的致仕高官胡铨相交游，“有师友婚姻之契，……每觞咏必连旬”，而周必大也因“卜居城东，与君为邻”，而知其事，并且自叹“君长予二十五岁，而精神非予所及”（《文忠集》卷三十五《段元恺墓志铭》）。而城市也是官员赴任、还乡、出使、游历所经停留休息之地，住在城市里，有比较多的机会和这些来往的官员交往，增加生活里的乐趣（注六四）。城市里的交游生活，满足了士大夫们的心理要求，解除生活上的寂寞，具有吸引官户迁居城市的力量。

官户之外，士人也有迁居城市的情形。城市里的交游生活，无疑也是导致若干士人迁往城市定居的原因之一。吕祖谦在《与学者及诸弟》一信中指示：“城中如叔度、叔昌兄弟，德奉、子先、仲益、季益诸人，皆可往还也”（《东莱别集》卷十），显示士人在城中可结交较多的同道。而徐载叔中年卜居绍兴府城中，号桥南书院，“客之来者日众，行者交迹，乘者结辙，诃殿者笼坊陌，虽公侯达官之门不能过也”（《渭南文集》卷二十《桥南书院记》），这一种访客盈门的情形，自然不是乡间所能有。至于对求学的士人来讲，城市的教育、文化环境深具吸引的力量。州学、县学均在城市，私人教授大概以城市为多，而城市也可能有较好的师资，有利于准备科举考试（注六五），城里结交其他读书人的机会也较多，而释奠、乡饮酒、舍菜等与士人有关的儒学礼仪，都在城市举行（注六六），典礼之后常有讲书。因此，有些家长为了子弟前途，而迁居城市。如《絜斋集》卷二十《李雄飞墓志铭》载原籍庆元府奉化县人李鹗求学经过：

> 乾道（一一六五～一一七三）中，吾友杨子嘉授徒里中，雄飞师事之，余时时往访子嘉，因识雄飞，见其气貌之深厚，学业之精专，而知其不自菲薄也。既又从太学录沈公、今将作监杨公学，虽余之浅陋，亦受业焉。……曾祖晟、祖崇、父鼎，母王氏，三世俱不显，而乃翁隆于教子，其徙城中，便二子之从师也。雄飞发愤读书，亦欲仰副亲意。

可知李鹗祖上三世俱无科名，其父所以迁居城中，是为了方便二子的从师，而李鹗在庆元府城中，除了师事杨子嘉外，也先后从沈焕、杨简、袁燮等名学者求学。李鹗虽未能取科名，但其后“退而诲其徒，乃有得隽场屋，至于擢第者”。又《攻媿集》卷一〇一《鲍明叔墓志铭》载楼钥与奉化人鲍俊德的交往：

始余数岁时，侍二兄从李先生若讷学，明叔亦与其兄德光受业于门，既冠矣，余兄弟皆以兄事之。明叔二十六而入太学，犹时时相过，友谊日笃。……曾大父遂良、大父智俱不仕，父璿以君故该庆典封迪功郎，母江氏封孺人。大父力穑起家，迪功爱二子之敏，入城就师友，能相勉励。

可知鲍俊德祖上出自农家，也是三世不仕，而其父所以迁居城市，同样是为了二子的从师交友。而鲍氏兄弟在庆元府城，果然与宦族子弟楼氏兄弟因同事一师而结为终身好友，鲍俊德也获得了入读太学的成就。

而刘宰祖父刘微迁居的经过，更是一佳例。《漫塘集》卷三十二《先祖十九府君墓志铭》：

先祖讳微，……少精记诵，有声场屋，甫中年即不屑事科举，常产仅自给。……从弟有同居而酗酒者，先祖一无所较，密与祖妣谋迁居金坛以避之。刘氏自沧徙润，世为丹阳大族，居处高明，环而居者皆所隶。既迁金坛，屋敝且隘，闾里情未浃，欲坏甓支床亦不可得。或咎其失，先祖笑曰：是非乃所知。居数年，二子益长，朋游滋广，伯父连上名春官，学成行尊，士大夫起敬，鼓箧从游者以百数，今邑报恩寺即书院遗址。先祖时时杖履游处其间，学徒望之，肃然得不言之教。后先祖殁十有二年，先君亦预岁贡。

刘氏原族居于镇江府丹阳县，“环而居者皆所隶”，聚族而居，疑是乡间的同姓聚落村（注六七）；其后刘微率家人迁居金坛，长子后来授徒教学的遗址在报恩寺，寺“在县治东三百步”（《至顺镇江志》卷九《僧寺志·寺篇·金坛县条》），而刘微能够“时杖履游处其间”，可知所居在县城。刘微率家人离开家族聚居的丹阳乡下，来到陌生的金坛县城，为人咎病，他却答以“是非乃可知”，从后来其二子广交游、预乡贡的事实看，他的用意是在为子孙提供一个较好的教育和交游环境。长子从事教学之时，刘微“时杖履游处其间”，正足以见其心愿逐步达成的愉快。而刘微的心愿不仅寄托于二子，更在于诸孙。所以刘宰在《先祖十九府君墓志铭》中又说：“先祖既成其子，尤力于教孙”，据铭中所载，孙辈中有刘桂嵒、刘宰二人进士及第，出而仕宦，曾孙辈中三人已预乡荐，其余十六人皆业进士。刘微迁居金坛县城的目的，当在孙辈进士及第之后达成，他生前虽然“有声场屋”而始终失败的遗憾，亦得以弥补。

七、结语

综本文所述，南宋全国各地城市，均普遍有官户与士人居住。他们有的是因任官而城居，也有的是因游学而城居。从进士及第者的本贯，城市的坊巷名称，以及官户与士人对城市建设的关心与尽力，又可以看出除了官员游宦与士人游学之外，城市里也有官户与士人安家立户。官户与士人在城市里并未集中居住在同一个特定的地区，而是分散居于各处，他们的居住环境也各有不同，有的邻近市区，有的在城中荒僻之所，也有的选择城内外景物幽美之处。而许多城居的官宦人家，即使住家不在幽雅之所，也喜欢在城郊另觅土地，构筑园馆别业，或在城内住家空地，构筑园林，如果城中住家周围已有景色之胜，则更再加以人工的兴筑栽培，以相配合。居住在城市的官户与士人，有些在城中已经有好几个世代，甚至数百年，形成家族。这些宦族与士族，有的已经分派分房，族口众多。他们大致重视子弟教育，虽然未必人人入仕，但通常有许多人参加科举考试、进入太学或以各种途径入仕，甚或代有显宦。也有一些城居的官户与士人，不过是初迁城市，仅以个别的家庭生活于城中，尚未建立家族基础。他们所以迁居城市，一方面是因为城市能够对生活所需提供比较多的方便，另一方面也由于城市有比较好的文化和教育环境，而这样的环境或者可以使他们享受到交游的乐趣，或者有助于他们的子弟求学入仕。许多官户与士人虽然居住在城市里，但是他们和农村仍维持有经济关系，关于这点，将另文讨论。

（原刊于《新史学》第一卷第二期，一九九〇年六月。）

注释

注一：宋人也有此种说法。夏玉麟《嘉靖建宁府志》卷十七《学校志》载胡寅《重建州学记》："读且耕者十家而五六。"

注二：详见潜说友《咸淳临安志》卷四至卷十二《行在所录》，卷五十二至卷五十五《官寺志》。

注三：见林正秋《南宋都城临安》页一八五；斯波义信《宋代江南经济史の研究》页三二一。

注四：详见梁克家《淳熙三山志》卷二十三至卷二十四《秩官类》。

注五：详见陈耆卿《嘉定赤城志》卷十二《秩官门》。

注六：见罗青霄《万历漳州府志》卷十九《漳浦县秩官志·职员篇》，卷二十三《长泰县秩官志·职员篇》。

注七：见吴自牧《梦梁录》卷十《诸官舍条》。

注八：见郭湖生《子城制度》(《东方学报》第五十七册，京都)。

注九：《嘉定赤城志》卷三《地理门·桥梁篇·黄岩县条》："孝友桥，在县西一里，……今但呼西桥。"

注一〇：《梦粱录》卷十五《学校条》。

注一一：见拙作《宋元时代的苏州》(载于本书上册页二六九～三八五)。

注一二：周应合《景定建康志》卷二十八～卷三十《儒学志》。

注一三：《嘉靖建宁府志》卷十七《学校志》。

注一四：阳思谦《万历泉州府志》卷五《规制志·学校篇》。

注一五：见同注一三。

注一六：魏了翁《鹤山先生大全文集》卷八十九《吴猎行状》："(乾道)七年，即(潭州)城北僧舍受徒。"黄榦《勉斋集》卷二十八《与西外知宗诉同庆坟地事目》："榦世居福州东门外，所居之旁百余步，有同庆僧寺。……先君察院尝即寺之廊屋为书院。"这些是教学的例子。施宿《嘉泰会稽志》卷七《宫观寺院篇》载府城的戒珠寺宇泰阁："绍兴中，为士子肄业之地，常十余人，策名巍科者相踵。"《夷坚丁志》卷十四《存心斋条》："赵善琏与其弟居衢州，肄业城内一小寺，牓小室曰亦乐斋，是岁获解，而绌于春官。"《夷坚志补》卷二十二《钱炎书生条》："钱炎者，广州书生也。居城南荐福寺，好学苦志，每夜分始就寝。"这些都是士人自行研习的例子。

注一七：《两浙金石志》卷十一《宋重修义冢碑》："开禧二

年（一二〇六），今兵部侍郎戴公溪为司成，有李迪功寿朋者，老矣不仕，养于学，谒司成，具道太学有义冢，久弗葺，司成乐闻之，讯其颠末。云昔淳熙（一一七四～一一八九）间，故待制张公宗元，以所得分地七亩余，弃之学，以葬远方士子之不幸而死者，名广惠山。”

注一八：《嘉靖建宁府志》卷十七《学校志》：“考亭书院，在建阳县三桂里。”冯继科《嘉靖建阳县志》卷五《学校志》作三贵里，又同书卷三《封域志·乡市篇》：“建宁乡：县坊，宋元时属三贵里，洪武十四年（一三八一），以此里五分之一为县坊，今本县城内地方是也。”则考亭书院当近县城。

注一九：见王建秋《宋代太学与太学生》页一四八。

注二〇：见王建秋《宋代太学与太学生》页一一三～一一四。

注二一：《朱文公文集》卷七十九《漳州龙岩县学记》：“殿堂门庑，师生之舍，无一不具。”《象山先生全集》卷十九《贵溪重修县学记》：“祠屋士庐，门庑庖湢，缮治加壮。”袁燮《絜斋集》卷十《韶州重修学记》：“于是自讲堂及两庑，至于师生之所舍，重门垣墉，仓廪庖湢，关于养士者咸具。”《鹤山先生大全文集》卷四十六《常熟县重修学记》：“东西为斋庐四以馆士。”姚鸣鸾《嘉靖淳安县志》卷十三《文翰志》载洪璞作于嘉定九年（一二一六）的《修学记》：“斋宿精其舍。”

注二二：刘克庄《后村先生大全集》卷一六〇《南窗陈居士墓志铭》：“惟徐公（谊）独存，君僦舍城西，踵门卒业。”

注二三：见王謇《宋平江城坊考》卷四。

注二四：见《攻媿集》卷八十八。

注二五：张津《乾道四明图经》卷二《鄞县篇·乡条》：“武康乡，在州城下。”又：“东安乡，在州城下。”

注二六：《宋平江城坊考》卷三。

注二七：王元恭《至正四明续志》卷二《人物志·孙枝条》：“嘉定七年（一二一四），登进士第，与其子起予同榜，……郡守程覃扁其里曰重桂。”

注二八：《万历通州志》卷五《杂志·第宅篇》：“宋崔进士敦礼、侍讲敦诗宅在州东南崔家桥。”

注二九：《至元嘉禾志》卷十三《人物篇·莫琮绛》：“有子五人，元忠、若晦、似之、若拙、若冲，俱登儒科，……邑宰朱軧即所居立五桂坊。”

注三〇：《姑苏志》卷三十一《第宅志》：“冷副端宅在常熟县西北丛桂坊。”冷氏兄弟为冷世光、冷世修，同登绍兴十八年（一一四八）进士第，见《重修琴川志》卷八《叙人·人物篇》。

注三一：见《宋平江城坊考》卷二、卷四。

注三二：见《嘉靖温州府志》卷三《人物篇》。

注三三：《万历泉州府志》卷二十四《杂志·古迹类》：“梁克家宅在晋江县东。”又：“留正故宅在府西隅文锦铺。”

注三四：《乾隆兴化府莆田县志》卷三《建置志·墓域篇》：“侍郎谥文节林光朝墓，在南门外洗塘。……郡人侍郎郑岳记：艾轩林先生，宋南渡大儒。……晚岁讲学城南，因家焉。”同书卷一《舆地志·里图篇·东厢东门外街条》："自镇海门外直抵熙宁桥界，有仰止里，朱文公熹尝馆寺丞陈宓家，陈扁曰仰止堂，后因以名里”又《勉斋集》卷二十《陈师复仰止堂记》："仰止堂者，丞相正献陈公旧第之东偏，晦庵文公朱先生馆焉。”正献陈公即俊卿，陈宓为其子。宋时仰止堂当在城外。

注三五：王希吕、娄机见《至元嘉禾志》卷十三《人物篇》。胡与可见王德毅师《宋人传记资料索引》第二册，页一六一〇；任青叟见同书第一册，页六六二；延玺见同书第二册，页一二二九。

注三六：见《重修琴川志》卷八《叙人·人物篇》。

注三七：林表民《赤城集》卷十八载叶棠《台州寿台楼记》："绍定二年秋九月，丁卯，大水坏台州城，杀人民逾二万。”

注三八：见同注三四有关仰止堂的记载。

注三九：《两浙金石志》卷十八《元左丞潘元明政绩碑》追述南宋湖州州城："宋诸王、公钟鸣鼎食，邸第相望。”黄家遴《康熙饶州府志》卷七《建置志》引元人虞伯生《世美堂记》追述南宋饶州余干县城，“贵臣大家多居之，轩盖门戟相接。”《文忠集》卷九十《王葆墓志铭》载常州宜兴县，“邑大，比屋皆士族，固已难治。”袁桷《清容居士集》卷五十《书世纶堂雅集诗卷》追述南宋的庆元府城，“吾乡盛时，比屋皆故家大官。”《赤城集》卷十五载尤袤《雪巢记》引林景思所述台州州城："自吾来居天台时，王公贵人比里而相望。”

注四〇：见斯波义信《宋代江南经济史の研究》页

三四三～三四四。

注四一：见俞希鲁《至顺镇江志》卷十二《古迹志·居宅篇·本府条》，卷二《地理志·城池篇、坊巷篇、桥梁篇》。

注四二：参见《宋平江城坊考》各卷及附录，又参考拙作《宋元时代的苏州》（载于本书上册页二六九～三八五）。

注四三：《攻媿集》卷五十八《庆元府通判南厅壁记》："城中一湖，最为绝境，公宇据其阳，尽得十洲三岛之要。"《乾道四明图经》卷十载舒亶《西湖记》："遂为州人胜赏之池，方春夏时，士女相属，鼓歌无虚日。"

注四四：周道遵《甬上水利志》卷一《月湖条》。

注四五：《甬上水利志》卷一《在城河渠条》。

注四六：例如城东南隅的日湖，"已久湮塞，仅如污泽"（《宝庆四明志》卷四《郡志·叙水》），而日湖附近有赵侍郎水阁，陈少师屋基、楼铬院屋基（《甬上水利志》卷一《日湖条》引《宋嘉定间丈尺图》）。东南隅尚有袁尚书宅、赵府、史府、冯计院宅（《宝庆四明志》卷四《郡志·叙水》）。城东北厢鄞县治前有郑清之宅（《甬上水利志》卷一《在城河渠条》），城西北厢则有高侍郎宅（《宝庆四明志》卷四《郡志·叙水》）。又庆元府城因定居士人登科而命名的坊巷中，重桂坊在东南厢，鉴桥下状元坊、府学前状元坊均在西北厢（《宝庆四明志》卷二《郡志·叙郡》）。

注四七：张栻《南轩先生文集》卷三，有诗题中称"旧闻长沙城东梅坞甚盛，近岁亦买园其间”。

注四八：夏良胜《正德建昌府志》卷十一《古迹志》：“总清园，在城东三里龟湖上，宋宝庆（一二二五～一二二七）中，侍郎矩斋曾公颖茂所建。……南塘园，在城南门外，亦侍郎曾公游息之所。”

注四九：见斯波义信《宋代江南经济史の研究》页三四三～三四四。

注五〇：《嘉靖建宁府志》卷二十《古迹志》：“刘韫宅，在县南九曲巷，……仕宋，历倅三州，典二郡，归隐于此。所居宅有家山堂、拙致堂、昉斋、山人方丈、龟峰楼、月波台、积芳园、药圃、春谷、香界、晚蔬、秋香径、曲池轩、前村、秀野，朱熹为十五咏以纪其胜。”

注五一：临安都城园林见《梦粱录》卷十九《园囿条》；平江府城园林见拙作《宋元时代的苏州》（载于本书上册页二六九～三八五）。

注五二：《勉斋集》卷二十八《与西外知宗诉同庆坟地并事目》：“由是三世祖坟皆葬同庆寺僧堂之侧。”

注五三：《铁庵集》卷三十二《记后塘福平长者八祖遗事》：“长官金紫公唐季入莆，居刺桐巷，今朱紫坊之方巷是也。”

注五四：见《乾隆兴化府莆田县志》卷一《舆地志·里图篇》。

注五五：《延祐四明志》卷五《人物考·先贤篇》：“袁韶，……幼从正献公燮学于城南。”又：“袁甫，……父正献公教授城南，年尚幼，谕诸生以立志为先，甫首领其旨。”

注五六：《延祐四明志》卷四、卷五《人物考·先贤篇》，卷六《人物考·衣冠盛事篇、进士篇》。

注五七：《絜斋集》卷十五《姚颖行状》："先是君之曾伯祖希，始以儒学决策起家。"《攻媿集》卷一〇七《姚颖墓志铭》："曾大父阜，迪功郎，容州司户，……姚氏后又有曰大任、曰持、曰孚者，相踵擢第，孚即君之大父也。"

注五八：《攻媿集》卷一〇七《姜浩墓志铭》："宫教涛出继伯父，既定居吾乡，买地城北，分东隅与之，筑室比邻。"又："（绍兴）二十九年（一一五九），其长子模中浙漕，至于三四，讫不第，又二十年，曰桐、曰柄、曰煁、曰焕、曰光等，相继累上礼部，入太学，而炳与光同以绍熙四年（一一九三）赐第，燧又继之，皆公之子若孙也。"

注五九：《真文忠公文集》卷四十五《仙都大夫李君墓志铭》："（黄）仲玉虽老于布衣，有子曰朴，遂由胶庠，冠天下士。"

注六〇：见《全蜀艺文志》卷五十四《谱类》载费著《氏族谱》。

注六一：《铁庵集》卷三十二《述莆方三派聚族》："莆衣冠大姓不一，然多与编户之姓同，而有非所能杂者。独吾方姓不甚见于农工商之版，其达且温者各以家世为念，而其寒者犹克保其为士人之家，以待其兴。"

注六二：史正志、丁氏昆季、郑景平、乔行简籍贯分见《宋平江城坊考》卷三、卷四，郑定为寓公见同书附录《坊市篇》。魏了翁、高定子、方万里、上官涣酉籍贯分见《宋人传记资料索引》第五册，页四二四一；第三册，页一七五六；第一册，页八四、页三一。

注六三：参见伊原弘《宋代浙西における都市と士大夫——宋平江图坊名考》（《中嶋敏先生古稀纪念论集》上卷），木田知生《北宋时代の洛阳と士人达——开封との对立のなかで》（《东洋史研究》第三十八卷第一号）。

注六四：陆游《入蜀记》（《渭南文集》卷四十三～卷四十八），范成大《骖鸾录》，楼钥《北行日录》（《攻媿集》卷一一一～卷一一二），周必大《归庐陵日记》（《文忠集》卷一六五）、《泛舟游山录》（《文忠集》卷一六七～一六九）、《乾道壬辰南归录》（《文忠集》卷一七一），均有此类资料。

注六五：如前述曾教学庆元府城南杨氏家塾的三山郑屯田，即郑锷，曾肄业太学，据楼钥称："寻寓四明，开门受徒，来者云委。躬孝友之行，该贯群经，旁通子史百家。……钥年及弱冠，侍亲游宦而归，始得登门，时亦粗成赋篇，及见先生机杼，望洋向若而叹，一意摹仿。"（《攻媿集》卷五十三《郑屯田赋集序》）又如曾中状元的姚颖，也师事郑锷，《絜斋集》卷十五《姚颖行状》："师事屯田郑公锷，苦心刻意，种积累年，词采绚发，且有典则矣。"又如平江府城人黄云亦曾入太学，返乡教授，"吴中大书会稀少，至君学蚤成，后生慕从常百余人，勤苦劝诱，一变口耳之习，其荐第有名，多君门下，他师不敢望也。考官戏曰，吾为黄先生取士尔。”(《水心先生大集》卷二十六《黄云行状》)。

注六六:《夷坚三志辛》卷八《社坛犬条》:“乾道三年(一一六七)八月，饶学释奠，诸生家在城内者，多以当日夜四更往观礼。”乡饮酒及舍菜礼见伊原弘《宋代の浙西における都市士大夫》(《集刊东洋学》第四十五号)。

注六七:这类同姓聚落村在南宋乡间很常见，见拙作《南宋的农村经济》第五章第三节。

南宋城居官户与士人的经济来源

一、前言

南宋城市的居民成分复杂，而官户与士人是其中重要人群之一，笔者曾有论述（注一），本文拟进一步从这一人群的经济来源，探讨他们的经济境况。他们读书、应举、从宦，有一般民众所没有的消费，是不是必然有宽裕的经济来源在支持？他们在得解、入太学及取得官户资格后，分别享有多寡不等的权势与特权，经济来源是不是也因此而必然随之丰厚？事实说明，情况是不可以一概而论的。一方面城居官户与士人之中，许多人确实生活比较宽裕，属于城市社会的富裕阶层；另一方面，不仅士人之中收入微薄者不乏其人，即令是官户，也颇有生活清寒的。就整体而言，南宋城居官户与士人的经济来源得自多方面，以下分别就田业基础、商业经营、俸禄与束脩及其他来源等方面，加以讨论。

二、田业基础

南宋时期居住在城市的官户与士人，其中有不少仍然维持着和农村的经济关系，他们的家庭在农村里拥有田产，收取田租，田租成为支持他们日常生活消费的重要来源之一。

南宋官户在一定限度的田产内，享有免除差役、科敷的特权（注二），而身丁钱亦依法可以豁免（注三），税役负担既轻，财富累积自易，因此他们之中有许多拥有多量田产（注四），而且常在入仕之后田产骤增（注五）。即使是居住在城市里的官户，情形也不例外，他们不少同时也是农村里的地主。《宋会要辑稿》（以下简称《会要》）《食货六六·役法篇》嘉定五年（一二一二）十一月二十日南郊赦文：

> 诸县所差保长催科，率是四等、五等下户，往往乡村多有豪右官户，倚势不轮，每遇科校，鞭笞责挞，至有缘此鬻产陪纳破家，深可怜悯，今仰州县自今官户税物，官司自行就坊郭管揽门户干人名下催理，不许一例具入保甲长帖内，抑令催纳，使之陪备。如违，许保长经监司越诉。

官户田产在乡村，而居住于坊郭，所以官司催科税粮，才能够“就坊郭管揽门户干人名下催理”。又《名公书判清明集》卷三《赋役门·限田类·须凭簿开析产钱分晓条》附《使州判下王钜状》：

> 况本都省簿并是城中寄居产业，无非立为官户。

又同书同卷《限田论官品条》：

> 照对本县颖秀一乡，共计七都，相去城闉才十五里，无非在城寄产，省簿立户，并有官称，无一编民。……往岁到官之初，尝取版籍逐一考核，其间真伪相半。

又同条附《提举再判下乞照限田免役状》：

照对本县惠安、颖秀两乡，原系临川，续行拨隶，去城才一二十里，所有田业，无非城中寄产，各冒官称。

以上数状均为范应铃所判，所述为抚州崇仁县事，显示县内若干乡都的田产大多登记在城居官户的名下，固然这些官户“真伪相半”，其中不乏伪冒，但也应有部分确为官户。总之，官户居于城市而在乡村拥有田产的情形，应该相当普遍。

就个别的事例看，部分城居官户在农村中的田产，数量甚多，有些达到数千亩或上万亩，更有高达数十万亩的。南宋初年大将张俊、韩世忠、刘光世、杨存中在临安城内均有府第家庙，而韩世忠与刘光世又分别在平江府城和建康府城有府第（注六）。张俊岁收租米达到六十万斛，以每亩收租一石计，至少相当六十万亩的土地，而这巨量的田产，分布于两浙、江东、淮东三路（注七）；杨存中曾施舍平江府田产一万三千亩给杭州径山寺，韩世忠之子韩彦直也曾施舍平江府许墅庄田二十顷给杭州上天竺讲寺（注八），仅是施舍的田产便各有数万亩，他们所拥有的田亩自然更不必论。又《会要》之《职官六二·借补官篇》绍熙五年（一一九四）闰十月二十一日条：

诏宣义郎张宗况、宗愈特转一官，与属官差遣。以两浙州县米价腾贵，小民艰籴，诏许帅守监司劝谕豪右出米赈粜，保奏推赏，出米最多，利济及民者，优加旌擢。至是，临安府言，在城张、杨、刘府岁入甚丰，以理劝谕，宗况、宗愈首出米一十万石，乞先次推赏，激劝余人，故有是命。

张宗况、张宗愈疑是张俊的孙辈，有宣义郎的官称，居住在临安都城，他们可以献米达到十万石，田产面积仍然甚广。而杨、刘二府也可能到了杨存中、刘光世的第三代甚或更晚的辈份，他们同张府一样是“岁入甚丰”，亦即有丰裕的租米收入，田产之多，是可推而知的。又《会要》之《道释二·十方寺篇》绍熙元年（一一九〇）五月四日条：

直秘阁张镃言，乞以临安府艮山门里所居屋，舍为十方禅寺，仍舍镇江府本家庄田六千三百余亩，供赡僧徒。

张镃是张俊的曾孙，官居直秘阁，在临安府有住屋，而在镇江府又有六千三百亩以上的田产。又李心传《建炎以来系年要录》卷一四四绍兴十二年（一一四二）二月己卯条载外戚韦渊受赐：

赐昭庆军节度使开府仪同三司韦渊浙西田通旧为五十顷，临安府房缗日二十千。

韦渊也有官称，大概住在临安都城，所以同时赐给他浙西田产和临安府房产，而田产前后所赐达五十顷。上述这些家在都城的权贵高官，均拥有众多的田产，而且是位于外郡或外路。居住在地方城市的官户，田产数量或许不能和他们相比，但也有人田产众多。《名公书判清明集》卷三《赋役门·限田类·乞用限田免役条》：

又黄侍郎诸位并居城内，占籍临川，两县税钱尤难稽考。

此状也是范应铃所判，所述亦为抚州事。所谓税钱，指田亩面积折算而成的夏税税钱，至于两县，则当指临川、崇仁二县。也就是黄侍郎家子弟都住在抚州州城之内，而有不少的田产在邻近乡村，所以说“尤难稽考”。又《会要》之《兵十六·归正篇》嘉定元年（一二〇一）七月十七日条载知阆州刘甲言：

谨按承直郎添差在城盐税王永思，初因伪地小胥归正，四官八任，在州监当，见居罗城内，累叨厚俸，坐拥富赀，广置田宅。

王永思居住于阆州州城，不过是添差在城盐税的小官，和前述诸人在权位上不能相比，却也能广置田宅，田亩面积当亦不小。

并非所有城居官户都拥有如此多的田产，许多城居官户在农村的田产多不过数百亩，少则百亩或数十亩，更有人完全没有田产。卢镇《重修琴川志》卷八《叙人·人物篇》载邱砺事迹：

家海州之朐山，建炎初，仕于吴，因寓居常熟。……官至朝请大夫，累赠光禄大夫。砺天禀纯实，自律甚严，更迭中外三十年，田仅数百亩。

按常熟县城治所西北有聚星坊，“以钱、邱、富诸寓公皆居此，故名”（同书卷一《叙县·坊篇》），则邱砺当居于常熟县城内，他的官位不低，以自律甚严的个性，仅购置了田产数百亩。刘宰家居镇江府金坛县城（注九）。仕宦至浙东仓司干官而止，官位不高，但及第之后二十年间，也铢积寸累，购买了田产三百亩，他在父亲逝世后，将这些田产全数让给了兄弟（注一〇）。又刘宰《漫塘集》卷十《通潭帅余侍郎嵘》：

> 某始弃官时，无屋可居，有田不满三十亩，故亡友周南仲正字哀其贫，而忧其未能安贫，今幸有百亩之田，五亩之桑，数椽之屋，饱食煖衣。

可知刘宰辞官还乡时，有田不满三十亩，其后添置，也仅止百亩。而冯湛家在庆元府城西南隅的西湖，仕宦至鄂州、江陵府驻扎御前诸军副都统制，在武将中官位并不算低，家中是"阖门千指，而田止二顷"（《絜斋集》卷十五《冯湛行状》）。又洪迈的父亲洪皓，谪居英州，原本"无禄粟，以食日籴于市"，听郡人说城东七十里的东乡"有良田"，于是"空装买百亩"（洪迈《夷坚支乙》卷六《英州野桥条》）。再如黄瑀、黄榦父子，出身福州州城（注一一），黄瑀仕宦至监察御史，官位不低，却资产微薄，黄榦曾说："御史公既殁，家无余财，田亩之入不足支数月"（黄榦《勉斋集》卷三十八《仲兄知县墓志铭》），田产面积自然有限，其后黄榦仕宦至郡守，官位亦不低，却也是"家无数十亩之田"（同书卷二十三《通两浙赵漕启》）。上述诸人田产虽然欠丰，但或多或少总有田产，而潘良贵仕宦至中书舍人，竟"郭外无尺寸之田，经界法行，独以丘墓之寄，输帛数丈而已"（朱熹《朱文公文集》卷七十六《金华潘公文集序》）；沈作喆、周辉均曾仕宦，而沈作喆既老而"无田可耕，无园可锄，无屋可居"（沈作喆《寓简》卷八），周辉也自称"三十年皆无尺土归耕，老而衣食不足"（周辉《清波杂志》卷十一）。可见并非所有的城居官户都同时是农村里的地主。

城居士人有些原本定居城市，也有些从农村来到城市学校从师问学。当时人讲，"士十七八无常产"（欧阳守道《巽斋文集》卷十二《送刘季清赴补序》），城居士人之中，可能很多都不是以田租收入作为他们的经济来源。不过也有部分士人，或是出身于地主子弟，或是本身便是地主，以农村田产作为他们在城市活动的经济基础。士人必须得解或入太学之后，才能够取得一些税役的特权，主要是免除本人的身丁钱。差役方面，照绍兴三年（一一三三）的规定可以免除，但在绍兴七年（一一三七）改为必须充役，到绍兴十九年（一一四九）才确定为可以募人充役（注一二）。这种特权和官户所享受的税役特权相比，自然相差甚多。而且坊郭居民在乡村有田产者，自绍兴十二年（一一四二）以后的某些期间，原本就可以募人充役（注一三），对定居于城市的得解举人和太学生来讲，募人充役甚至算不上是特权。在这样的情况下，政府法令对他们扩张经济利益所能提供的助力也就比较小。而且得解举人和太学生中许多仍然得专心致力于读书应试，又没有俸入。因此即使他们拥有田产作为经济基础，大概也多得自父祖的余荫，和他们本身的税役特权关系较小。至于尚未得解和未入太学的人，没有税役的特权，田产基础得自父祖余荫的可能性自然更大。

城居士人出身于农家的例子，并不罕见。如鲍俊德兄弟的祖父“力穑起家”，他们的父亲“爱二子之敏，入城就师友，能相励勉”，兄弟二人在明州州城中从师问学，结交了州城宦族子弟楼钥兄弟，其后鲍俊德“二十六而入太学”，仍然和楼钥“时时相过，友谊甚笃”（楼钥《攻媿集》卷一〇一《鲍明叔墓志铭》），鲍俊德的祖父应是农村里的地主，他们兄弟能到明州州城从师交友，后来鲍俊德又能到都城入太学，也应该是由于有田租的收入支持。如葛才美“有声学校”，而他的祖上“世以力田殖其家”（陆九渊《象山先生全集》卷二十八《葛致政墓志铭》），葛才美同样出身于农村地主之家，他在城市学校求学，经济来源也是得自家中的田租收入。这一类出身于地主家庭的城居士人，家中对于田产的经营，在人力的分配运用上，各有不同。例如姜浩、姜涛兄弟，南宋初年寓居于明州，“买地城北，……筑室比邻”，哥哥姜浩“田里细务，详练通晓”，“独任家事，勉其弟力学”，又“专意教子，不以家务婴其心”（《攻媿集》卷一〇八《赠金紫光禄大夫姜公墓志铭》），姜浩一身力挑农务，而让弟弟姜涛和自己的儿子专心向学。王十朋“家之西北原有田二顷”，他的弟弟王昌龄原本也“少蒙义方之教，将以禄代耕”，一试不利之后，还家养亲，又以“二兄日从事乎黄卷，不知稼穑之艰难，惧田园将芜，百指不能以自活也”，于是“日课农事于其间”（王十朋《梅溪先生文集》前集卷十七《代笠亭记》），王十朋肄业太学（注一四），是城居士人，而家中农务，则由弟弟承担。婺州永康县吕家“有田近数千亩”，有子三人，长子吕约“居外以事生产”，次子吕浩“读书于外”，少子吕源则“历事未多，读书未广”而“自力家事以代父之劳”（陈亮《陈亮集》卷三十八《吕夫人夏氏墓志铭》），也是由弟弟吕源经理田产，而让二哥吕浩能出外读书。吉州永丰县人刘棨入郡城，从欧阳守道求学，居于欧阳守道家左侧，“为邻三年，……以其邑推排田产赋税归”。这三年中，刘棨家的田产，“岁收与输官一惟干仆之委”（《巽斋文集》卷七《刘大临序》），刘棨将家中田租征收和田赋缴纳，完全交给干仆处理。饶州人朱仲仙，“本宪台小吏，后谢役读书为士，称五十秀才，居于上巷”，一个晚上风雨雷电交加，住屋屋瓦为之破碎，当时他正“在庄数日，监刈稻”（《夷坚支乙》卷三《朱五十秀才条》），朱仲仙所居上巷当亦在城中，而他离家到农村监督刈稻，是亲身处理农务。

家中在农村拥有田产的城居士人，他们的田产数量也多寡不一。多的如前述婺州永康县的吕家，达数千亩。又如散居在兴化军城内外的方氏家族（注一五），南北宋间有方祐，人称福平长者，据方大琮《铁庵集》卷三十二《记后塘福平长者八祖遗事》：

子孙满前，督教不倦，子四人，吴左公有声学校，将贡不仕，而能以长兄助其父课子弟于学。……端溪亟公讳衡，第三子，首领乡书，南安丞第十孙，与长者同脉，则孙十一人皆当见之。绍兴甲子（十四年，一一四四）乡荐二，又十五年，己卯（二十九年，一一五九）荐亦二，遂登庚辰（三十年，一一六〇）进士第。

首登绍兴三十年进士第的，是方大琮的祖父，亦即福平长者之孙，和剂公方万。方万未第时，“以一经名堂，实藏书万卷”（《铁庵集》卷三十二《方氏仕谱序》），至清初兴化府城内尚有一经堂，即宋代方万藏书之所（注一六）。可知福平长者祖孙三代均为士人。方大琮在《记后塘福平长者八祖遗事》一文中，又载福平长者父子对田产的经营：

而福平公居次，往往不及千钱之产，谓之薄亦宜，未几日增月益至四十千，四子复倍之。又闻闾巷长上道其所以得长者之名，恭约而好礼，啬己而厚人，高价买产，贱价易廪，值岁荒则倾囷无吝色。

按兴化军莆田县田亩每亩约计产钱在十二文至十八文之间（注一七），福平长者当初有不及千钱之产，不过是数十亩，其后增至四十千，已有二三千亩，四子复倍之的时候，更多达四千至六千亩了。方氏父子很明显同时是善于经营的地主，丰盛的田租收入使方祐有能力济助邻里，博得长者之名，无疑也使方万有能力藏书万卷，并且支持方家子孙读书应举。吕、方两家都有田产数千亩，在士人中应该算是相当富裕的。婺州义乌县人喻师的儿子喻民献、孙子喻偘，都“入太学为诸生”，成为城居士人，而喻师“中年与其侄分田，不过百三十亩，卒亦几至于千亩”（《陈亮集》卷三十六《喻夏卿墓志铭》），将近千亩的田产，也已经可以算是富家。前述王十朋家有田二顷，而要供养百指，经济境况自然不能和上述几家相比。丘密的父亲丘经去世后，“诸子皆幼”，母亲臧氏“悉罢废所治生事，独郭外田数十亩，曰耕此，教若曹尔”（叶适《水心先生文集》卷十一《太硕人臧氏墓志铭》），数十亩的田产，收入有限，要支持诸子读书，生活就更艰困。陈耆卿生长于台州州城（注一八），“家世儒，薄生理，母归，田无三十亩”（陈耆卿《筼窗集》卷八《祭先妣文》），他业儒的父亲，拥有的田产也不多。淳熙初年台州遭逢豪雨，“士子某居城中，而田在黄岩，水未起之前，掉小舟往取谷，所载四十箩，每箩容谷一斛”（《夷坚支戊》卷六《天台士子条》），四十斛谷折合二十石米，二十石米的田租只相当二十亩田的收入，这位城居士人的田产应很有限。

南宋时期，官户、士人盛行设置各种类型的义田或义庄，以其田租收入，或者赡济族人，或者资助乡里士人，或者支持义学。义田、义庄的田产虽然在农村，但是其中有些创设人实际住在城市。这种情形，也说明了这些城居官户、士人将其经济基础建立在农村的田产上。以最常见的家族义庄来说，王元恭《至正四明续志》卷八《昼锦楼氏义庄篇》载况逵记：

> 四明楼氏在胜国为衣冠望族，绍兴间，知扬州兼淮东

安抚朝议大夫璹即鄞县置腴田五百亩，立名义庄，以先成太师楚公之志，自同曾祖以下至缌麻而贫，于无服而行业有闻者，人廪给有差。

按楼氏为明州州城宦族，自北宋仁宗时楼郁定居于城南，至南宋楼钥有五世（注一九），而楼璹为楼钥的伯父。楼璹提供五百亩田作家族义庄，以田租收入作为赡济城居族人的经济来源。又《后村先生大全集》卷九十二《赵氏义学庄记》载赵葵创设义庄、义学：

庄与学皆在衡山县崇岳乡紫盖里，地名神前，赵氏祖居于是，至忠肃公而族益蕃。忠肃公既贵，欲仿范文正公置义田以厚其公而未果，及丞相卫公世载勋劳，致位二府，慨然曰，……吾家与族皆居于潭，皆食于庄，非五千亩不可，庄有籍，五世以下入籍。

按忠肃公为赵方，赵葵为其子，曾任丞相。赵氏义庄的田产，更多达五千亩。赵氏的情形和前述楼氏稍有不同，楼氏家族定居于明州州城内，而赵氏家族则居于潭州衡山县乡间，但赵葵本人居住于潭州州城（注二〇），赵葵居于城市而能照顾乡间的族人，也全赖田租收入作经济来源。又《重修琴川志》卷八《叙人·人物篇》载钱佃事迹：

弱冠入太学，登绍兴十五年（一一四五）进士第，……损橐装买田赡合族，名曰义庄。

前文述及常熟县城治所西北的聚星坊，“钱、邱、富诸寓公皆居此”，钱佃当也居住在县城，而同样以田租收入作为赡济族人的经济来源。再以资助乡里士人的义庄来说。周必大《文忠集》卷六十七《汪大猷神道碑》：

公割田二十亩，创立义庄，欣慕者众，积至三顷，郡守林大中助以绝产二顷，择乡官主之，遇士族清贫者，家有吉凶，各为限制，随事白郡，郡下庄第给，遂为无穷之利。

按汪氏亦为明州州城著名宦族（注二一），汪大猷首捐二十亩田，倡设资助乡里士族的义庄，所捐田产虽不多，但已可见他的义举，有田产作经济基础，随之而响应捐助田产的，大约也多是居住在明州州城的官宦或士人。又有士人在城市设置义学，而捐助农村里的田产来支持经费。阳思谦《万历泉州府志》卷十八《人物志》载王沂之事迹：

以曾祖秉尝立义斋，延师儒诲学者，厥后寝废遗命子起震成之，辟斋于家之南，捐田三百亩，为师束脩，且馈亲而贫、疏而贤者。真德秀守泉，善之，为定规条，表其闾曰王氏义塾云。

同书卷五《规制志·坊亭篇》载府城坊：

王氏义塾坊：在奏赋坊南，宋王沂之设义学于此。

王沂之、王起震父子所设义塾在其家之南，义塾既在泉州州城内，则王氏父子当亦是城居士人。王氏父子又捐助田产三百亩，作义塾延聘师儒之经费，并济助亲而贫、疏而贤者，可见他们在城市里从事义举的经济来源，也取自农村的田租收入。

城居官户与士人除在农村拥有田产之外，又有人运用权势，以请佃官田的方式，扩张他们在农村的经济基础。官田承佃者中，很多是官户、士人，这一事实屡为当时人所言及。例如朱熹曾指出福建举子仓所赖以收租的田产，“今佃户多是豪猾士人、仕宦子弟，力能把持公私，往往拖延不纳”（《朱文公文集》卷二十八《答赵帅论举子仓事》）；又指出浙东的诸司没官田产，“多是本县公吏与有荫人诡名请佃，或与出名人分受花利，上下蒙庇，不曾纳租”（《朱文公文集》卷九十九《约束侵占田业榜》），所谓有荫人，即官户子弟，按照宋代法律，品官之家不准租佃官田（注二二），所以他们必须诡名请佃，亦即由别人具名向官府请佃。方岳也说到，“今所谓没官田者，于朝廷曾几何之入，而悉为强有力者佃之，某官某邸某刹某府，率非能自耕者也，而占佃多至千百顷者，何也，有利焉耳”（方岳《秋崖集》卷十八《轮对第二札子》）。从这些言论可以了解，官户、士人请佃官田，并非自耕，而是转佃与人，亦即坐收田租，而他们应该缴纳给官府的田租，却又拖延不纳，在其间获取到双重的利益。

这类官户、士人中，自然也有城居官户、士人在内。《建炎以来系年要录》卷九十九绍兴六年（一一三六）三月癸酉条：

> 起居舍人董弅言，谨案直徽猷阁程芾素不为士大夫所齿，尝除湖南漕，乃于广西监司权知贺州，又于新任部内，诡请官田千余亩，使久佃之人，一旦失业，望正典刑，以威贪吏。诏芾罢宫祠。

程芾以地方监司、长官的身份，治所自必在城中，而他竟敢在所治理的地区内，诡名请佃官田至千余亩，可以说是明目张胆。又《江苏金石志》卷十三《吴学粮田籍记二》载全吴乡第五保盛家荡塘贰号田产：

此项照砧基簿，元叁阡贰佰壹拾肆亩，除使府淳熙伍年（一一七八）内拨去茭荡内有积水田捌佰余亩，未及围裹外，实有田贰阡肆佰亩，系韩蕲王府干人郁明占佃。

韩蕲王府借家中干人郁明的名义，请佃平江府学在全吴乡的田产更多达二千四百亩。又《夷坚支甲》卷五《妙智寺田条》：

建昌新城县妙智寺有田皆上腴，会寺僧尽死，寓客吕郎中方来郡城卜筑，垂涎其产，嘱诸邑宰张君欲承佃。

妙智寺僧人尽死，寺田自必拘收入官，成为官田，所以刚迁来建昌军城居住的吕郎中会垂涎其产，设法承佃。上述三例都是个别的事例。陈淳曾述及漳州一地较普遍的现象。陈淳《北溪大全集》卷四十六《上傅寺丞论学粮》：

村民佃租，为数不多，其欠亦少，惟在城抱佃之人，自五缗、十缗至三、四十缗者，或以假儒，或以势族，或正官户，或宗室伪名，多方计嘱司吏，如今年秋收已毕，却迁延不输，至明年新租之起，尚纳未尽，新租既起催，则旧欠不复督，更拖一、二年，便望赦恩蠲放矣。

所谓假儒，当指一些冒称曾取乡解或曾入官学的士人，他们假借这种身份，而获得权势，横行乡里（注二三）。据陈淳所论，漳州州学的学田，便是多由居住在城内的这类士人、官户、宗室承佃。他们承佃的面积，陈淳指出，自五缗、十缗至三、四十缗，而漳州田亩每亩产钱平均为十文（注二四），即相当五百亩、一千亩至三四千亩。而他们对于应纳的租课，也是拖延不输，期盼蠲放。在以上几个事例中，城居官户、士人所承佃的官田，虽然没有多到方岳所强调的千百顷，却也都有数百亩或数千亩。他们经由转佃收租和逃避官租所获得的经济利益，是他们财富累积的一个来源。不过，也不能认为所有的官户、士人都有这种行为，许多官宦、士人砥砺节操，抱持君子固穷的态度，或是对于治理产业根本不感兴趣（注二五），很难想象他们会做这种事情。

总之，官户居于城市而在乡村拥有田产的情形，相当普遍，却也并非人人如此，至于士人则没有常产者颇多，但城居士人在乡村拥有田产的情形，亦不罕见。他们所拥有的田产面积，有多达千、万亩甚或数十万亩，也有不过一二百亩或只数十亩，不能等同而论。此外，城居官户、士人赡济族人，资助乡里士人或支持义学等义举，也依靠他们在农村中所置的义田、义庄作为经济来源，说明了他们的经济基础在农村。又有若干城居官户、士人，以请佃官田的方式，扩张他们在农村的经济基础。

三、商业经营

南宋的城居官户与士人，除了许多有田租收入作经济来源之外，城市的商业环境，又有利于他们经营工商，因此商业利润也是支持他们日常生活消费的另一个重要经济来源。

宋代现任官员运用职权经营商业，已有多位学者论及（注二六）。这些事例所以引人注意，多半由于他们滥用职权，图谋私利，因而引起舆论的批评或朝廷的惩罚。但实际上，只要不是现任官员滥用职权，南宋初年以后的法令，对于一般官户或士人家庭兼营商业，并不禁止。谢深甫《庆元条法事类》卷四十八《赋役门·科敷篇》：

> 诸坊郭品官之家免科配，若营运与民争利，在镇、寨、城、市及第壹等，县第三等，州第四等者，并不免。

这项规定，显示城居官户兼事营运，亦即经营商业，并不罕见，而法令对这种行为不加禁止，只是财力较高的官户将因此不能享受免除科配的特权。经营盐、酒等专卖商品的商人资格，在南、北宋之际又曾经对品官之家和得解举人放宽。盐商的资格，北宋崇宁元年（一一〇二）曾经规定“见任官及停闲命官、有荫子弟、得解举人与本州县公人之家并不得作铺户，与客人用钞请盐”，宣和三年（一一二一）又再补充前令，“前项逐色人若自用钞请盐贩卖，或接买停塌盐钞转卖，尤当禁止”（《会要》之《食货二五·盐法篇》宣和三年九月十一日条），至宣和五年（一一二三）法令放宽，“今来命官与得解举人之家，并有荫子弟，各系久（按：久下当缺来字）曾兴贩钞盐，与依旧兴贩及开铺卖盐，欲听从便，于盐法有犯，即用进纳人例，不用荫赎”（同上宣和五年十二月十四日条）。南宋初年，原本从严规定，命官、得解举人、有荫子弟、本州县公人之家均不得作铺户或用钞请盐，至绍兴四年（一一三四），提举榷货务都茶场郭川上奏，指出盐商入纳，“从来多是有官荫豪富之家，立客名前去算请”，然而“闻刑寺曾取会榷货品官、有荫等不许兴贩指挥，致生疑惑，日近除贴纳外，绝无算请数”，因此请求详酌，朝廷于是决定“引用宣和五年盐法，有犯依进纳人例不用荫赎等指挥”（同书《食货二六·盐法篇》绍兴四年七月四日条），亦即放宽规定，允许命官、得解举人之家，以及有荫子弟本人，从事兴贩钞盐或开设盐铺。买扑酒坊的资格，也经历了类似的放宽过程。绍兴元年（一一三一），新临安府节度推官史棋孙论买扑坊场，“旧例多是百姓出名产、豪户出财本相合，自宣和年（按：年上疑缺五字）朝旨并止与出名产之家，而豪户有官者不许相合买扑，缘出产人率无财本，自此败阙者多”，因而请求“依宣和五年以前旧例行之”，朝廷依户部所请，“将两浙未卖坊场，虽系进纳补官之家，本身见无官荫，权许依条陈买，系界满无欠，依法接续，其本身见有官荫，辄敢作隐，并依法科罪”（《会要》之《食货二一·酒曲杂录》绍兴元年五月十三日条）；绍兴二十七年（一一五七），法令再度放宽，“除见欠官钱物、见充吏人、贴司、巡检司、士兵、军员之家外，其余不以有无拘碍，并许实封投状，供通抵当，依条承买”（同上绍兴二十七年九月十七日条），亦即不仅现无官荫的进纳补官之家可以买扑，连官荫子弟也取得了同样的资格。乾道二年（一一六六），又再重申绍兴二十七年之令（注二七）。盐商与买扑酒坊资格在法令上的放宽，也显示了这两项行业中，颇多官户、士人参与，并且成为提供资本的主要来源，政府站在岁收的立场上，无法对他们的参与再加以限制。

不仅法令并不禁止官户、士人兼营商业，宋代对于商人参加科举考试的限制也已放宽，法令上虽然明白规定，禁止工商杂类本人参加科举考试，但是又特准其中奇才异行者应举，而且商贾子弟也不在禁令之列（注二八）。所以周必大说：“国家举场一开，屠贩商胥，皆可提笔以入”（《文忠集》卷二十《送黄秀才序》)。这种情形,无疑也有促进士、商之间交流的作用。南宋时期商人子弟读书应举,已很常见。真德秀《真文忠公文集》卷四十二《汤武康墓志铭》载汤于事迹:

> 遂教授南剑、嘉兴二郡学。……及为校官日,……虽吏胥、市人子,有可教者,亦收置黉舍中。

所谓市人子,当包括商人子弟在内。又杨简《慈湖遗书》附录《杨简行状》:

> 先生之至富阳也,阅两月,无一士来见。怪问之,左右对曰,是邑多商人肥家,不利为士,故相观望,莫之习也。先生恻然,即日诣白宰。……宰唯唯,遂破食补生徒,文理稍稍即收之。先生日诣学相讲习,又约宰,凡称进士,优以示劝。秀民自是欣奋,恨读书晚。

富阳原本多商人肥家,不利为士,经杨简努力之后,才出而读书的秀民,自然也多是商人子弟。个别的例子,如王洋为商人诸葛仲文作墓志铭,述其晚年“更求字学,习诵诗训,以洗易其业”,又述其孙良材“以其文过予,学有师法”(王洋《东牟集》卷十四《处士诸葛君墓志铭》);周必大游庐山,访星子县令京镗,“京,豫章盐铺子也,二十登科”(《文忠集》卷一六九《泛舟游山录》),京镗其后官至宰相(注二九);如林鼐的父亲林兴祥,“业行贾”,而林鼐“以进士起”(《水心先生文集》卷十五《林伯和墓志铭》);临海令彭仲刚在续谕俗文中提到,“浙西有一牙侩之子登科”(陈耆卿《嘉定赤城志》卷三十七《风土门》);缙云人潘君“少贫,尝贸易城中”，得城中一娼给予财力支持，“藉以为商，所至大获，积财逾数十百万，因娉倡以归，生子擢进士第，至郡守”（《夷坚甲志》卷十一《潘君龙异条》）；临江军新喻县屠者张氏，受僧人之劝，不再业屠，“改市他货”，“已而得男，读书擢高科，致位华显”（《夷坚支癸》卷六《新喻张屠条》）；福州城西居民游氏，“家素贫，仅能启小茶肆”，“只一子伯虎，能读书作文，且习弓矢骑射，词场荐不利，遂应武举，庆元三年（一一九七），中绝伦第三人”（《夷坚支癸》卷八《游伯虎条》）；福州有一士人，“少年登科”，而其父“以货茶筅为生”（《夷坚三志壬》卷四《湖北棱睁鬼条》）。上述这些出自商人家庭的士人，他们不仅读书为士，而且有的还得解、及第，甚至致位华显。他们读书应举时的经济来源，无疑应来自家中经商的收入。

这类出身于商人家庭的士人，原本就免不了家中有兄弟继承父业。例如鄂州富商武邦宁，“启大肆，货缣帛，交易豪盛，为一郡之甲，其次子康民读书为士人，使长子干蛊”（《夷坚支庚》卷五《武女异疾条》），亦即武康民读书为士，他的长兄仍协助父亲经商；又如潭州湘潭县人黎明，是胡安国的门人（注三〇），胡安国的侄子胡寅在写给他的一封信中说：“世业有可嗣者，有当改者，吾友被服儒行，而使昆弟习为驵侩，不仁孰甚焉”（胡寅《斐然集》卷十七《致黎生书》），所谓世业当改，应指黎明出身于商人家庭，他自己虽已改业为儒，他的兄弟却仍习家中旧业。在商业家世没有中断的影响下，生活环境的熏习和家族关系的牵连难免使这类士人中，有些兼营商业。《巽斋文集》卷五《回包宏斋书》：

古之士由农出，农之气习淳良，后之士杂出于工商异类矣，又降而下有出于吏胥游末矣，名则士也，气习则士而工，士而商，士而异类，士而吏胥，士而游末也。

欧阳守道所说的“后之士杂出于工商异类”，正指出了南宋时期社会的一个特色，而“名则士也，气习则士而工，士而商，士而异类”，一方面可以解释为这些士人有如工商异类一样孳孳为利，另一方面也不妨引申为他们兼事各种有利可图的工商活动。

商人子弟读书应举只是历史现象的一面，现象的另一面是在商业日渐兴盛的社会里，一些学书不成或科场失利的士人，为了生活，转而业商。例如温州郡人王浪仙，“本书生，读书不成”，而去学卖卜，学成之后，“西游钱塘”（《夷坚丁志》卷一《王浪仙条》）；如福州闽清士人林子元，“屡应乡试，未登名”，仍在继续努力，而他的哥哥林自诚，“虽尝业儒，久已捐弃笔砚，为商贾之事矣”（《夷坚丁志》卷四《林子元条》）。也有士人家庭的子弟，由于家庭发生变故，于是改以经商维持生活，例如“会稽士人范之纲，居于城中，壮岁下世，有两子，能谨畏治生，日以给足”（《夷坚支丁》卷二《范之纲妻条》），所谓治生，指商业经营而言（注三一）。然而这一类士人转而业商，只是为本身的际遇或环境所迫，其中许多人可能都不甘心放弃读书为士的理想。因而他们有人在商场上经过一番奋斗，经济基础建立之后，又重操士人旧业。《漫塘集》卷三十《王进士墓志铭》：

进士姓王名士朋，字致远，金坛人。父显道，以医闻，士朋少为士，为医，为贾，既自力以成其家，而终于为士。

王士朋出自行医的家庭，而读书为士，然后为了家计，又继承父业，并从事商贾，等到“自力以成其家”之后，再回头读书为士，这时他的经济来源，无疑得自为医、为贾那段期间建立起来的基础。又有人虽然以商业经营来维持生活，却仍然持续他的士人活动。同书卷十七《谢殷生惠诗》回谢一位家有彩帛铺的殷生所赠诗：

> 市廛之隐，缅想古人。衣冠而来，喜见吾子。刿出新制，宷慰鄙怀。某人豹隐雾斑，玺藏春绪。两端之叩，怅莫登孔氏之门。万丈之光，尚有味韩公之句。敢因厚意，遂效寸诚。业在贩缯，功虽高于汉将。学如断织，言当念及轲亲。拙语不知剪裁，高情幸略边幅。

可知这位经营彩帛铺的商人，以诗文和地方上的乡宦刘宰相交往，商业收入自然也是他这种活动的经济来源。

士人或其子弟转而业商，而不肯放弃读书为士的理想，更常见的是把希望寄托在他们晚辈的身上。明州州城边氏，是一个很好的例子。《絜斋集》卷二十《边友诚墓碣》载袁燮妻子的叔父边友诚及其子边恢事迹：

> 三世俱不显，及公习儒学，游场屋，则又屡不得志，屏居深念求所以自表见，虽生理未裕，经画勤勤，而雅志为善，不用世人诡谲牟利之术，财日裕，德亦日充。……家事无巨细躬其劳，纵恢使学，恢游成均，亲四方师友，众皆称之。公曰：吾门户有望矣。凡财计事，无复缀意，一日翻然取曩所以治生者，尽更其辙，弃末从本。……绍熙初，恢擢甲科，得镇江军节度推官。

同上《边用和墓志铭》（注三二）载边友诚幼弟事迹：

长游乡校，嗜学如饥渴，闭户不出，遨嬉殆绝，辈类多方撼之，弗能动也，口诵手抄，以精勤闻。在举场二十年，既不得志，而生理阙然，谋所以致丰裕者，不为世俗龙断之术，始若难就，苦心刻意，恶衣菲食，期必裕乃已，久之果裕，又久而益裕。……而教子甚笃，择乡之贤德者，俾师事焉，不专为进取计。……晚又阐书室以教诸孙，将使诗礼之传，相承而不绝，志念深矣。

边友诚与其幼弟，均曾读书应举，在多年无成之后，均改而经商，所谓“不用世人诡谲牟利之术”或“不为世俗龙断之术”，当指他们经商而能诚信。他们虽然改而经商，却仍然对士人的目标有无限的向往，所以边友诚让儿子边恢专心读书，边恢进入太学之后，边友诚自认门户有望，于是放弃商业经营，这正反映了他当初的改行是一件不得已的事情，其后边恢果然达成他的愿望，进士及第。边友诚的幼弟对于子孙的教育也十分重视，为儿子选择良师，又辟书室教育孙儿，虽然“不专为进取计”，但是“将使诗礼之传，相承而不绝”，显然期望更深。隆兴府丰成县城前坊徐氏，是另外一个佳例。徐经孙《矩山存稿》卷五《徐六十宣义仲盈墓志铭》载徐元方事迹：

父讳瑜，力学有声，淳熙丁酉（四年，一一七七），初立待补太学试法，首与其选，晚号爽轩居士。仲盈，其仲子也，少颇不羁，已而悔曰，吾幼不嗜学，今时过，嗟何及，独不可抚壮弃秽，勉吾力以大吾祖父之业乎？悉索奁中装，曰，是足以救吾贫。于是徙有之无，疾为而用舒，不数年，息千金。则又曰，吾闻择人而任时，陶朱之绪余也。乃瞷族姻之可任，与仆隶之有材干者，悉畀以资，或坐而贾，或行而商，多寡各称其力，岁时子钱辐辏，充栋满籝，或有空所携而不敢归者，曰是何足问，仍以畀之，卒以不负。晚治室屋，延师儒，诲子以学。曰，凡吾所为，不得已而举也，汝祖有遗书故册在，汝其勉之。

徐元方之父原为士人，而且曾中待补，他本人则因幼不嗜学而改行经商，成为一个成功的商人，但到晚年，却延聘师儒，教子读书，明白的示知，他的经商是不得已而然，要儿子重温祖父的"遗书故册"。边、徐两家子孙的读书应举，自然也得力于他们父祖的经商利润作支持。

类似边、徐两家的例子，并不罕见。例如张绪的父亲"居邑屋，以气概唯诺闻，宾礼善士，使子姓从之游"，于是张绪"益习业"，然而遇上方腊之乱，又逢家庭变故，"生业益落"，张绪因之改业，"得计然心算以治产，累岁遂至饶衍"，虽然经商致富，他却不愿子孙"倚市门，坐贾区"，而让儿子张龟年往从范浚学，而且据范浚说，"以书先之问可不可，辞连累数牍，又以予所厚书来言，既又以书道谢悬悬"（范浚《范香溪文集》卷二十二《张府君墓志铭》）。张勰的父祖均曾任官，他由于幼孤而寄食亲戚，因感愤而出门行商，"数航海，历交趾、勃泥诸国，其货日凑"，这时他却认为"吾向也不难自屈，惧填沟壑，损先人宗祀耳，今可止矣"，于是"买田婺州郭外，教其子以向学"（吕祖谦《东莱集》卷七《大梁张君墓志铭》）。严州分水人徐时乂，"幼尝爱书，中遭家难"，因而辍业从分水当地的风俗，以行贾维持生活，可是"趣其子从师友讲习甚笃"，他的儿子徐文虎曾至婺州州城追随吕祖谦求学，"相与居者数年"（同书卷八《分水徐君墓志铭》）。罗尚义的父亲罗绂，"以卜子夏诗学，为崇宁、大观学舍师表"，罗尚义和两个哥哥从父亲“入郡庠，父子兄弟声光有烨，既而父子三人俱荐名书”，而次兄擢第，唯独罗尚义“老矣，无遇”，于是“弃捐举子笔砚，还山治生，如计然、白圭之为者”，虽然经商致富，却“独于教子不遗余力，岁以家入之半聘召名士为子弟师”，等到两个儿子罗才、罗孚“皆以文有隽声，既荐名”，他才安慰地说，“士有挟当为时施，我山林人也，勿履我辙”（《诚斋集》卷一二六《罗元忠墓志铭》）。资中人李处和，“自少传其家学，为诸生，年三十余未达，且甚贫也”，得到亲戚朋友的资助，他“贾于荆襄巴夔之间，不十年而其利百倍”，富裕之后，感慨说：“是故吾之权道，岂其初心哉，吾年幸未甚大，三子长，宜有以为训”，于是“毁其舟车，定其居于涪之乐温，葺斋馆，益市六经百家、历代史传，阖门不出，日以读书教子为事”（傅增湘辑《宋代蜀文辑存》卷四十六载冯时行《稽古堂记》）。这些事例，说明士、商的交流已日渐普遍，一个家庭可以在两三代之间，由士人改业为商人，而又再还业为士人。当士人改业为商人之后，促使他期盼子孙还业为士人的压力，不仅来自他自己早年的心愿，以及延续父祖旧业的希望，可能也来自兄弟在科场上成就的驱策，从上述的例子里，可以看到，林自诚弃儒从商，他的弟弟仍不断的应乡试，其后终于“以词赋居首选”（《夷坚支丁》卷四《林子元条》）；罗尚义的两个哥哥也都获乡荐，次兄并且擢第，而他自己却因老而无遇而改行经商。兄弟社会地位的提升，对那些改而业商的士人不可能不形成心理的压力。在各种因素的影响下，他们也就不惜以经商的利润所得，全力来支持子孙读书应举。

政府的法令既不禁止官户、士人兼营商业，社会的现实上，士、商之间的交流又是如此普遍，城居官户、士人兼营商业以获取利润的现象，自然不足为异。城居官户、士人获取商业利润的途径是多方面的。他们之中既然有不少人在农村拥有田产，将自家食用不尽的租米转销于城市的食米市场自然是他们的营业之一，而且出售租米所得有时也成为他们经营其他商业的资本。周密《癸辛杂识》别集下载高似孙的父亲高文虎自述：

自丙寅年欲免令庵庄粜谷租六百石。是岁积两年租米未粜，见管五六十石（按：十疑为千之误）。庵僧梵头执法云，知府与恭人商量，欲以此谷变钱，添置解库一所，继而知府来面说，且要谷子钱作库本。

知府即高似孙，可知高家田租每年出粜，又计划以出粜租米所得作设置解库的资本。有些出售租米于市场的城居官户、士人，并且控制了食米的售价，吉州州城的米铺，“初非家自有米，米所从来盖富家，实主其价，而铺户听命焉”，而“城郭富家之有米，多寡不一”（《巽斋文集》卷四《与王吉州论郡政书》），这些供应米铺食米的城郭富家，无疑应包括部分城居官户与士人在内。从事行商之业，也是途径之一。前文已曾述及，南宋初年，由于考虑到向来入纳请钞的盐商多是有官荫豪富之家，而放宽禁令，允许命官、得解举人之家，以及有荫子弟本人，从事兴贩钞盐，以求入纳的增加，南宋晚期的一名钞商蔡廷玉，“家传宦裔”而“寓居江上，懋迁鹾铭”（李瀚章《光绪湖南通志》卷二八三《艺文志·金石门·岳州府篇·宋崇胜寺钟铭记》），即为一例；他们不止在法令之内从事茶盐的运销，又进行私盐的贩运，方岳曾在南宋晚期这样指责，“而世之士大夫，方且有为吏商，而轴轳相衔以坏朝廷之钞法者”（《秋崖集》卷十八《代范丞相》）。经营海外贸易也有其人。宋孝宗时，陈良佑曾经论及当时的权贵，“托肺腑之亲，为市井之行，以公侯之贵，牟商贾之利”，而其中之甚者，“发舶舟，招蕃贾，贸易宝货，糜费金钱”（《宋史》卷三八三《陈良佑传》）。这些从事行商之业的官户、士人，应该是住在城市之内，才能熟悉市场行情，方便进货、出货。又有一些士人，以他们对官府、人事的熟悉，代人缴纳租税，充当揽户，揽户在南宋被视同驵侩，所从事的也是一种商业行为（注三三）。《名公书判清明集》卷三《赋役门·受纳类·革受纳弊幸条》：

何况宗室、上舍、学职、子孙等，兜揽官物，豪霸仓使，官司虚受多量之名，民间实受多取之害。

所谓上舍、学职，指学校的学生与工作人员，均为士人。同书卷十一《人品门·士人类·士人充揽户条》：

观操舜卿所供，亦粗有文采，但既是士人，便不应充揽户，既充揽户，则与县吏等耳。

可知充当揽户的操舜卿，也是士人。揽户多居于城市（注三四），这些上舍、学职，还有操舜卿，应亦是城居士人。

居住在城市里的官户与士人，开设各类店铺，也很常见。例如南宋晚期，在临安睦亲坊北大街开设陈宅书籍铺的陈起，文人喜与其往来，或称其为卖书陈秀才，其子陈续芸继承其业，书铺亦改称陈解元书籍铺（注三五），父子当均为士人。又方逢辰《蛟峰文集》卷六《题家状籍》：

举人书铺翁生持一籍来曰，我将以此访丑科之省元、状元。且谒予序。

文中所述之书铺，与卖书的书籍铺不同，而是一种民间经营的公证机构，其营业之一，是为参加礼部考试的举子办理应考手续，收取酬劳（注三六），所以经营书铺的翁生有应考举子的名籍，翁生本人既称举人，应为士人，而其书铺当在临安。临安城中，又开有潘节干熟药铺、张官人诸史子文籍铺、傅官人刷牙铺、杨将领药铺、徐官人幞头铺、楼太丞药铺、蒋检阅茶汤铺、李官人双行解毒丸、张省干金马杓小儿药铺等以官称为名的店铺，“又有府第富豪之家质库，城内外不下数十处，收解以千万计”（吴自牧《梦粱录》卷十三《铺席条》）。临安以外的城市，同样有官户或士人开设的店铺，例如朱熹所奏劾的知台州唐仲友，家中在婺州州城便开有书坊、彩帛铺、鱼鲞铺，唐仲友所开的彩帛铺是产销合一的，销售的是铺中机织的彩帛（注三七），所以他不只兼营商业，同时也兼营手工业。又《名公书判清明集》卷十三《惩恶门·诬赖类·假为弟命继为词欲诬赖其堂弟财物条》附《王方再经提刑司钉锢下县》：

> 王平穷而无所归，乃托乡里人为之恳问堂弟王省元子才，欲为管掌典库。

按省元为南宋时期对士人的尊称（注三八），在县城开典库的王子才，亦为士人。又《象山先生全集》卷二十八《宋故陆公墓铭》载陆九渊次兄陆九叙事迹：

> 家素贫，无田业，自先世为药肆以养生。兄弟六人，公居次，伯叔氏皆从事场屋，公独总药肆事，一家之衣食百用，尽出于此。子弟仆役分役其间者甚众，公未尝屑屑于稽检伺察，而人莫有欺之者。商旅往来，咸得其欢心，

不任权谲计数，而人各献其便利，以相裨益，故能以此足其家，而无匮乏。

陆家为士人之家，而生计则由陆九叙所典掌的药肆支持。陆家无田亩，而药肆规模颇大，且又商旅往来，当在抚州金溪县城。

法令既不禁止官户、士人买扑酒坊，因此经营酒坊者亦不罕见。《建炎以来系年要录》卷一八八绍兴三十一年（一一六二）二月庚申条：

后二日，同安郡王杨存中复以私家扑买酒坊九，及酒本酿具为钱七十二万缗，上之。

杨存中所扑买的九处酒坊疑在临安都城，平均每处酒坊的酒本酿具为八万缗，可见规模均甚大。其他城市也有官户、士人经营酒坊。《夷坚支戊》卷二《阮秀才酒钱条》：

莆田士人王育卿尝预乡荐。……乃言但昔常开酒肆，有负我钱十五千而游贩他乡不归者，因诬为其兄所欠，诉于县，逮治之，遂如数相偿。

兴化军这位尝预乡荐的士人王育卿，也曾开设酒店。同书卷五《刘元八郎条》：

明州人夏主簿与富民林氏共买扑官酒坊，它店从而沽拍。

明州官户夏主簿买扑官酒坊，是和富家林氏合资。又罗濬《宝庆四明志》卷五《叙赋·酒篇》载嘉定五年（一二一二）时，位于明州州城的慈福酒库：

> 系进士陈钚承抱，日纳息钱三贯五百省。

进士也是对士人的一种尊称（注三九），陈钚承包的慈福库，每日纳息钱三贯五百文，一年纳息钱一千两百七十余贯文，规模自然不能和杨存中扑买的酒坊相比，可是也不会太小。又梅应发《开庆四明续志》卷四《兴复省并酒库篇》述位于庆元府城内的东门库：

> （宝祐）六年（一二五八）五月，郑迪功增岁额为一十三万，开庆元年（一二五九）正月，郑迪功又乞量减日息，遂成年通减五千贯，实管年额一十二万五千贯。

有迪功郎官位的郑姓官户，承包了东门库，岁纳息钱达十二、十三万贯，是前述陈钚承包慈福库岁额的百倍。但这可能和宋末的物价上涨有关，自嘉定年间至开庆年间，米价上涨了二十倍以上（注四〇），以谷米为酿造材料的酒，价格自然也随之而上涨，酒息的收入也就不能和从前相提并论，并不显示东门库的规模要大过慈福库。即使并非官户、士人买扑的酒坊，也有士人租来经营，居住在明州州城的史浩，“未第时，僦富民钱氏坊以养越国夫人钱氏”（袁桷《清容居士集》卷四十八《书史忠定王贷钱券后》），即为一例。一些规模较大的酒坊、酒库，常是产销合一，同时经营酿酒、卖酒，所以杨存中献酒坊时也献酿具。这类酒坊、酒库，经营的官户、士人一方面是卖酒商人，另一方面也是酿酒工业的经营者。

经营房廊租赁，亦即是房屋和仓库的租赁，收取租金，也是城市里一些官户的商业收入之一。房廊租赁业的经营者，常被称为“豪右兼并之家”或“富家巨室”（注四一），他们之中有些是权贵或官户。以临安都城来说，曹彦约《昌谷集》卷十二《上丞相论都城火灾札子》：

外间所闻，皆谓大街房赁，多属官禁，官司每欲减放，动辄掣肘。

这是房屋的租赁。《梦粱录》卷十九《塌房条》：

且城郭内北关水门里，有水路周回数里，自梅家桥至白洋湖，方家桥直到法物库市舶前，有慈元殿及富豪内侍诸司等人家于水次起造塌房数十所，为屋数千间，专以假赁与市郭间铺席宅舍、及客旅寄藏物并动具等物，四面皆水，不惟可避风烛，亦可免偷盗，极为利便。

这则是仓库的租赁。所谓“官禁”、“慈元殿及富豪内侍诸司等人家”，说明这些房屋、仓库的主人，是权贵、官户，而他们出租的房屋、仓库，数量既多，规模亦大。个别的例子，如徐梦莘《三朝北盟会编》卷二三〇绍兴三十一年（一一六一）八月十一日载殿中侍御史杜莘老对王继先的奏劾：

于都城广造第宅，多侵官司地分，如陶家巷寨屋、丰乐桥官地，皆被强占，起盖房廊，收领赁直。……又常勒临安府楼店务吏人，令供城内户绝舍宅，贱价买为房廊。

按王继先是宋高宗所宠信的御医，出租房廊显然是他扩张个人经济利益的一个重要手段。又徐元杰《楳埜集》卷十一《准斋先生吴公行状》载都城人吴如愚事迹：

武翼在时，有先畴三百余亩，僦金之入日十千，逮先生易箦时，所存仅二十七亩而僦金十损其一。

按吴如愚的父亲官至武翼大夫，他本人则以荫补入仕。他们父子一方面拥有田产，是城居地主，另一方面在城市里也有房产出租，有房租收入。当吴如愚逝世之前，所余田产比起他父亲在世时已经不多，但仍然维持了原有房租的绝大部分收入，可见房租收入已经成为吴如愚的主要经济来源。其他城市也和都城相同，有官户出租房廊，收取租金。陈公亮《淳熙严州图经》卷一《学校篇》载严州州学的学产：

门内有屋二十余间，僦与民居，日收赁钱，添助养士，续因寓公欲广其居，强将他处赁屋换易，本学告于州。

这个寓公，应是颇有权势的官户，所谓“赁屋”，指寓公原以这些房屋租赁与人。又《慈湖遗书》附录《杨简行状》载杨简知温州事迹：

府第障官河，立僦屋，扼舟人喉衿，巷居者苦溉濯，而官失虞火之备，累政气咽咽不得吐，有言者，先生命厢官立毁之。

这一府第也颇有权势，“僦屋”之义与“赁屋”相同。这两则都是个别官户的事例。又吴潜《许国公奏议》卷四《奏象山宰不放民间房钱》引述市户胡三十太等状：

> 且三十太等各系经纪小民，赁屋居住开店，每遇太使府及上司并奉圣旨节次行下减放赁钱，无不感戴。虽本县备榜晓示，缘本县乡里屋主皆系寄居官户者，即不曾遵照指挥放免。

说明了象山县城一个普遍的现象，亦即县城屋主皆是寄居官户，将房屋租给市民居住或开店。

官户、士人有时也经由不同的方式，和商人结合，经营商业。刘宰《京口耆旧传》卷二《吴交如传》载曾出知邵州的吴交如事迹：

> 初，交如之自邵州归也，倒囊得三千缗，与门人丹阳朱商霖议所以营生。朱言其里人孙生善治财，可任，交如即尽以缗钱委之，孙以张肆。

吴交如以其积蓄，委托给孙生用作资本开店，目的在于营生，亦即希望能有利润的收入。又《会要》之《食货十八·商税篇》嘉定五年（一二一二）八月一日条载监察御史石宗万言：

> 州郡商税，经费之所繇出，惟赖富商大贾趁办课利。今沿江场务，所至萧条，较之往年，所收十不及四五，推原其繇，皆士大夫之贪黩者为之。巨艘西下，舳舻相衔，稇载客货，安然如山，问之则无非士大夫之舟也。或自地所揽载至夔门易舟，某月某日有某人出蜀，商旅探伺，争为奔趋，为士大夫者从而要索重价，一舟所获几数千缗。经繇场务，曲为覆护免税，怀刺纳谒，恳嘱干挠。往时

不过蜀人之赴举者为之，既而蜀士之游宦江湖，召赴中都者，或未免循习。其后东南士大夫之仕于蜀者，归途亦多效之，而把麾持节者抑又甚焉。

说明官宦、士人有不少以其旅途之便，为四川商人运货，并助其逃漏商税，从而获取商人所给予的报酬。赴举的蜀士自然有居住在城市的，至于那些游宦的士大夫，则更大多以城市为他们官宦之所。又韩元吉《南涧甲乙稿》卷二十一《魏叔介墓志铭》：

主管临安府城南左厢公事，……然挟权势以隐征者，则正色究理不顾。有炭贾以万斤入市，曰此某官所市也，君倍罚之。

又《后村先生大全集》卷一六七《龙学行隐傅公行状》：

除浙东提点刑狱，公事愈多，富贵贿交权要，公犯法。前帅尝发一盐商之奸，遽除边郡，公既摄帅，不为动，遂竟其狱。

这两则事例中的炭商、盐商，和庇护他们的贵势官员之间的关系究竟如何，虽然不很清楚，但其间却不无可能存在着某种商业上的合作互利关系，贵势官员经由这种关系可以获得利润，所以愿意提供商人庇护。

商业经营作为城居官户、士人的经济来源之一，从上述的若干例证看，有些城居官户、士人家庭的经商收入，是十分丰盛的，但是就如田业基础的参差不齐一样，并非每个家庭都是如此。有些出自商人家庭的士人，他们家中的经济境况并不很好。《夷坚支癸》所载能读书作文而词场荐不利的游伯虎，他的父亲不过是“仅能启小茶肆”的贫民；吕祖谦的学生徐文虎，来自严州分水县，他的父亲徐时乂因遭家难，辍读书之业而从当地的风俗行贾，然而这里的商人大多不过“铢裒厘积，堇堇自足”（《东莱集》卷十二《分水徐君墓志铭》）；陈孔硕的父亲陈衡，“虚怀待物，不疑人欺，遭诈取无愠，责逋于人，愧若己负，以故不能治生而安于贫”，是一个失败的商人，可是他“阖门以教子为事”，“已而诸子举进士有名”，而陈孔硕“登科从官”（《朱文公文集》卷九十四《宣教郎致仕陈公墓志铭》）。有些城居官户、士人的兼营商业，是由于家境贫穷，藉经商的收入以补家计的不足。史浩未及第时租酒坊经营，应由于他当时“清贫特甚”（《夷坚甲志》卷六《史丞相梦赐器条》）。居住在福州州城的黄瑀，“家贫，鬻曲于市，而挟书随之”（《朱文公文集》卷九十三《朝散黄公墓志铭》）；居住于台州州城的赵伯直，依靠祠禄维持生活，“既不事生产，禄又不足以代耕，因以别畦艺蔬，日鬻以助用”（《攻媿集》卷一〇三《赵明道墓志铭》），这大概都不过是小本经营，收入有限。而当时士、商之间交流虽盛，但是有些士大夫的态度仍然有所保留，朱熹认为士人家境贫穷，令子弟经商，若只是经营衣食亦无妨，却不可存有利心；陆游则更强调不仕则农，不可以迫于衣食而为市井小人之事（注四二）。这样的态度无疑存在于许多人的心里，所以有些贫穷的士人虽然以经商来贴补生计，但一旦及第，便立即放弃这一种营生的方式。成都府城“席冒行范氏自先世贫而未仕，则卖白龙丸，一日得官，止不复卖，城北郭氏卖豉亦然，皆不肯为市井商贾或举货营利之事”（陆游《老学庵笔记》卷九）；金坛人赵善泽则“未第时，贫不自聊，鬻妻装具，出贷市人，计息以自给”，可是“榜贴甫及门，即尽斸之，忍贫以待禄"(《京口耆旧传》卷九《赵善泽传》)。更有些士人或官户的家庭，即使家境欠佳，也不愿意兼营商业。例如陈俊卿的父亲逝世后，他的母亲"督诸子学，虽所居近市，不以贫故令趋利"(黄公度《知稼翁集》卷下《颍川太夫人卓氏行状》)；而赵宾历仕四十年，死后家中"囊无余赀"，而他生前"居官廉谨，不殖货利"(《勉斋集》卷三十七《太恭人李氏行状》)。可见城居官户、士人也并非家家皆兼营商业。

综上所述，南宋法令对于官户、士人经营商业并不禁止，对于商人参加科举考试的规定也已放宽，士、商之间的交流已十分频繁，城居官户、士人兼事各类型工商经营者不在少数，商业利润成为他们的经济来源之一。他们兼营商业，有人收入丰厚，也有人仅是自足，或用以补贴贫困的家计，和城居官户、士人的田业基础一样不能等同而语，同时也并非家家都有这方面的收入。

四、俸禄与束脩

官员仕宦，可以有俸禄的收入。士人教学，有充任地方官学学职和教学于民间家馆、学馆之别，充任地方官学学职，也收取政府所支的俸禄，教学于民间家馆、学馆，则收受束脩。

俸禄是官宦应有的一个经济来源。宋代官俸名目甚多，而以料钱、职钱与添支增给三项为重要。料钱大体相当于本俸，按照寄禄官位的等级而有高下之分；料钱之外，都城职官有职钱，地方职官和都城侍从、馆职有添支增给，大体相当于职务津贴，按照职位的不同亦有多少之别(注四三)。据绍兴初年的规定，以本俸而言，高者如开府仪同三司料钱每月一百贯，低者如迪功郎只有十二贯；以职务津贴而言，宰相、枢密使所支仍称料钱，高达三百贯，执政以下职官所支才称为职钱，低者如律学正自十四贯至十六贯；添支增给据北宋晚期的规定，高者如广州知州可达七百贯，低者如巡检、监务等可以低到只有五贯。地方官员除料钱、职钱外，另有职田田租的收入，用以养廉，职田面积据北宋时期的规定，多者如大藩府为二十顷，少者如县主簿、县尉为两顷（注四四）。各项名目高下相差都很悬殊，而都城官员的收入一般来说又显然不如地方官员。无论如何，官俸的收入对许多官员来说，是他们养家糊口的一个基本经济来源，所以有些人强调自己为贫而仕宦，为禄养而仕宦（注四五）。一些官员，即使清廉自守，也仍然能以官俸的收入筑屋置产或周济旁人。《攻媿集》卷一百《朝请大夫致仕王君墓志铭》载王正功仕宦日久的家境：

> 后既稍裕，亲故有求，随力以应，隆冬细民乏食，赈与无倦色。

《后村先生大全集》卷一四八《臞庵敖先生墓志铭》载敖陶孙事迹：

> 晚稍有俸钱，即故山筑宅一区，买田百亩。

同书卷一六八《西山真文忠公行状》载真德秀事迹：

> 事嫠姊，廪孤甥，里中老病乏绝，待公举爨者常数十人，律己清苦，虽贵无余赀。自长沙归，始有粤山新居，又越数年，厅廊乃具。建学易斋、共极堂，供卑朴，无华饰，负郭薄产，皆出玉堂俸赐。

林希逸《竹溪鬳斋十一藁续集》卷二十四《工部侍郎宝章阁待制林公行状》载林彬之事迹：

晚聚所得禄赐，仅葺数椽。

都说明这个事实。现任官员俸禄之外，宋代又有祠禄之制，利用道教宫观，设退闲食禄之缺。祠禄之制始于宋真宗时代，至北宋晚期而兴盛，南宋相沿不改（注四六）。祠禄的收入自然不能和现任官的俸禄相比。以曾任宰相者为例，据绍兴初年的规定，在京祠官添支俸钱二百四十贯，可达宰相料钱的十分之八，至于在外祠官则只添支俸钱五十贯，仅有宰相料钱的六分之一；较低层的官员所支自然更少，例如曾任知州者的外祠祠禄，依绍兴五年（一一三五）闰二月的规定是十贯，到十月又减为五贯（注四七）。祠禄尽管有限，对许多退闲官员来说仍然是一个重要的经济来源。朱熹在写给刘子澄的信中便祝贺他“归来无事，又得祠禄添助俸余，无复衣食之累，杜门读书有足乐者”（《朱文公文集》卷三十五《与刘子澄》）；朱熹自己也曾屡次请祠，以供生活之需（注四八）；楼钥家中百口之众，虽然“奉祠家居，日虞不给”，但也能在妻子撙节之下而有余米，乃至“罢祠之后，赖以相续”（《絜斋集》卷十一《资政殿大学士赠少师楼公行状》）；而刘克庄的岳父林瑑甚至能够积累祠禄的收入而设置义庄（注四九）。

官俸和祠禄尽管使官宦能够有一份经常的收入，但是若干官宦由于各种因素，家庭开支较大（注五〇），仅依赖官俸或祠禄的收入，家境并不宽裕。以祠禄来说，朱熹便因为长期依赖祠禄为生而屡屡叹穷（注五一）；前述楼钥在奉祠期间也全靠极力撙节才有余米。即使是官俸，前文也述及真德秀虽然

“律已清苦”，却“虽贵无余赀”；显贵的官宦已经如此，中下层的官宦俸禄较低，家计自然也更加艰难，仅靠官俸并不足以解决生活上的问题。《攻媿集》卷一百《朝请大夫致仕王君墓志铭》述王正功仕宦早期事迹：

> 清贫自处，质贷以给，奉己至薄，得禄不足以偿逋负。

同书卷一〇四《知梅州张君墓志铭》载张祖顺事迹：

> 居官廉约，为令时鬻产以继禄。

《漫塘集》卷三十二《故监行在北酒库张宣教墓志铭》载金坛人张汝开事迹：

> 尉俸尤薄……，惟以句容去家近，薪水外皆可仰之家为便。既至，凡日用所须，道路辇致不绝。

《勉斋集》卷三十八《吴节推墓志铭》载曾任福州古田县尉、潭州攸县丞的吴居仁事迹：

> 居官常俸不足自给。君洗手奉法，一毫不妄取，古田之人称其清廉世所绝无，以俗语目之为生罗汉，邑人思之至今。丞满，不能归，邑长以富民之讼产者嘱君，且曰行计可办矣。君笑曰，此言何为至我哉。遂徒步以归。

王正功依赖借债维持生活，所得俸禄尚不足还债；张祖顺居官廉约，任县令时竟必须出售产业以补俸禄的不足；张汝开任句容县尉，由于俸薄，也必须从金坛家中辇送日用所需的物资；而吴居仁同样因为清廉自守，而致居官常俸不足自给，甚至任满没有旅费还乡。这些事实，说明了对一位清廉的官员来说，俸禄所能提供的经济来源是有限的。黄榦甚至这样说："世间以仕为乐者，以其富贵也。然求富贵者，非盗则佞，仆诚不能，其贫且贱如故"（《勉斋集》卷十四《答林公度》）黄榦之言，出于激愤，但也显示官俸的收入未必能使人富裕，仕宦之后生活依旧贫困者仍有人在。

官俸的收入对于一些官宦家庭的开支来讲，既然有限，何以又有人因为仕宦而骤富？置贪污受贿而不论，官员的俸入除法令所规定之外，还有许多俗例的收入，这些俗例的收入一般称为例，又称例卷，十分丰厚，而如何处理，则因官宦个人的态度而不同。《勉斋集》卷三十八《知果州李兵部墓志铭》载李道传知真州事迹：

> 仪真俸素厚，捐其不当得者。

说明俸入虽厚，其中却有不当得的部分，这部分便是法令之外的俗例收入。《诚斋集》卷一一九《奉议郎临川知县刘君行状》载刘德礼事迹：

> 君持身有严，奉法唯谨，受俸必问令甲，非令甲而曰例者辞之。

又《絜斋集》卷二十一《夫人边氏圹志》中，袁燮自述其妻边氏给他的助力：

> 吾为浙东帅属，俸入或循旧例，可以取，可以无取，

间与之谋，必以勿取告。

同书卷十六《叔父承议郎通判常德府行状》载袁燮叔父袁章事迹：

居官廉静，以法不以例，及可以取，可以无取者，未尝辄受。

可见俸入之中有些是载之于法令的，也有些是因循旧例的。而因循旧例的部分，是处于可以取、也可以不取之间。宋茂叔任广南西路盐事司主管官，“故时月俸，缗钱几四百，君按法令，才受九十千而已”（《真文忠公文集》卷四十二《宋文林郎墓志铭》），可见俗例所得的收入，要较法令所应得的俸入，高出很多。一些以廉洁自厉的官员，对于俗例的收入，自然抱持拒斥的态度，上述的李道传、刘德礼、袁燮、袁章、宋茂叔均是如此。又如史浚，“俸给之外，凡有例者皆不取”，所以便要“用度一切取赡于家”（《攻媿集》卷一〇五《朝请大夫史君墓志铭》）；杨王休任利州路提点刑狱，巡察属郡而归，帅臣吴挺“犹以例卷至司，公力辞”（同书卷九十一《杨王休行状》）；高庆远提举淮东常平茶盐，“盐司故例厚，公削去法不应得者”（《文心先生文集》卷十六《朝请大夫司农少卿高公墓志铭》）；方阜监泰州海安镇，“举例券九千缗归之有司”（《后村先生大全集》卷一四八《方子默墓志铭》）；陈梦龙任县官，“却例卷，谢私觌”（《竹溪鬳斋十一藁续集》卷二十二《宋知县通直陈公墓志铭》）。他们都坚持只接受法令之内的俸入。

然而收受俗例之收大概已成风气，所以有些官员，虽然拒斥例卷，却不想表现得与众不同，于是将这部分收入积蓄起来，用作公益基金、地方建设经费或代民众纳税。例如周自强知广州兼广南东路经略安抚使，置田三十顷，以其租入济助仕宦于岭南而身故的贫宦家属，其资金便是来自周自强“凡己俸之外，旧餫有不可受，且不欲骤异于众者，积而储之，得钱八千缗”（《南涧甲乙稿》卷二十二《龙图阁待制知建宁府周公墓志铭》）；刘克庄先后任广东提举常平、转运使，也“捐例卷置田二百亩赒南官之不幸者”（《后村先生大全集》卷一九五《刘克庄墓志铭》）。这是以例卷作公益基金的例子。如刘克庄的弟弟刘克刚知惠州，“以谒学例卷助学释菜，始有祭器，作丰田书院，列四斋，前为夫子殿，后为先贤祠，以丁钞例卷买田养士”（同书卷一五六《惠州弟墓志铭》）；林行知任湖北营田司干办公事，“积例卷，市百牛以助营田”（同书卷一五六《林经略墓志铭》）；方澄孙仕邵武军学教授，“会学廪赢钱及校官例卷，置贡士庄以待西上者”（同书卷一六二《方秘书蒙仲墓志铭》）；赵汝禀任潮州推官，郡守陈圭建驿馆，“工役未毕而召，君以受输例卷相版筑，皆落成”（同书卷一六五《赵通判墓志铭》）；傅伯成知漳州，“由郡南门至漳浦，为桥三十五，治道千二百丈，……工费一出于所却例卷”（同书卷一六七《龙学行隐傅公行状》）。这是以例卷作地方建设经费的例子。王旦知博罗县，“积醋钱例卷七百缗代纳五等丁”（《铁庵集》卷四《举知博罗县王旦状》）；潘周伯知浔州，“捐例卷，损浮费，代其民输夏税一年”（《竹溪鬳斋十一藁续集》卷二十一《潘左藏墓志铭》）。这是以例卷代民众纳税的例子。这些官员虽然不愿意接受例卷，却不公然拒斥，而是积蓄下来，移作公用，所以如此，是由于他们不便与众不同。这种态度，说明了官员中的多数人，认为这是理所当然的收入。

这种俗例收入的来源是多方面的。上文已述及有谒学例卷，有校官例卷，当与地方学校的活动有关；又有丁钞例卷，有醋钱例卷，当与赋税的征收工作有关。宋佖任徽州婺源县尉，“凡印钞例给者，一毫不取”（《文忠集》卷七十五《从政郎宋君墓志铭》），印钞例卷当亦与赋税征收有关；又汪大定通判扬州，“税契一司有所谓导行费者，吏引例以谄公”，而汪大定“正色却之”（《攻媿集》卷一〇三《知江州汪公墓志铭》），导行费的内容不得而详，但同样牵涉到赋税征收的工作。陈宓为安溪县令，“有各色钱，不系上供，例归县官，吏以例进”，陈宓不禁感叹，“此一例字，坏了许多贤士大夫”（汪瑀《嘉靖安溪县志》卷八《杂志·遗事篇》），更清楚的说明，不系上供的各色税钱，都是例卷的来源。冯明仲任龙州江油县尉，“异时官取鱼、鹿动千计，守贰以次皆有馈”，而冯明仲说，“废例请自我始”（魏了翁《鹤山先生大全文集》卷七十九《江油县尉冯君墓志铭》），则应与地方政府的和买事务有关。丘迪嘉提举广东市舶，“舶司例卷取诸番商者，公痛革去”（《后村先生大全集》卷一五四《大理卿丘公墓志铭》），当是番商为了避免市舶司的留难而惯例送给市舶司的金钱（注五二）；而福建市舶司“岁以土物遗诸公贵人，下洎三省六曹吏皆餍满”（《真文忠公文集》卷四十三《提举吏部赵公墓志铭》），当亦同样取自于商人的奉献。此外，李友直任湖州通判，“间行郡事”，“吏引例卷，以摄丞当增俸”，而李友直“叱去之，一金不取也”（《攻媿集》卷一〇四《朝奉大夫李公墓志铭》）；史浚任定海制置司准备差遣，“制幕例得僦直”，而史浚以居于家乡，“有先人之故庐在”而“悉辞之”（同书卷一〇五《朝请大夫史君墓志铭》）；陈俊卿知建康府，兼江南东路安抚使、行宫留守，“建康诸部使者及诸大将，故事有月饷”，陈俊卿“不欲异众，别储之以周士之贫者，将去尚万余缗，悉归之官”（《诚斋集》卷一二三《丞相太保魏国正献陈公墓志铭》），都是由于职务而得的额外固定收入。又有一些地方官到任、离职时，地方胥吏会聚资迎接、送行（注五三）；而盐场官员上任、离职时，所隶亭户也有聚资迎新、送旧之例（注五四）。

除了上述的各种来源之外，俗例收入又有一个重要来源，即地方监司、长官与边境将帅，将公使库钱物用之于馈送。地方官署原有特别办公费，称为公用钱，用于招待来往官吏、贡使、犒军及其他特别用途，公使库是地方筹募和运用公用钱的机构，运用中央正赐的经费作资本，经营商业，或出售专卖的酒、醋等物品，并刊刻书籍，以营利的收入增加公使库的经费，由于利润很大，岁余、月余都用来馈送官员，形成惯例，导致公用钱的变质（注五五）。前文所述杨王休以利州路提点刑狱的身份，巡察属郡而归，帅臣吴挺"犹以例卷至司"，这笔例卷当即出自公使库钱物。罗宗约任四川制置司参议官，至兴州劳军，"宣抚使以礼致遗，为钱三百万"，罗宗约"不欲受，而难于辞，还至汉州，州方治贡院，以五十万助之，余悉输制置司公帑"（汪应辰《文定集》卷二十二《沙县罗宗约墓志铭》）；赵君纶曾奉命至郢州遣散沿边忠义，忠义将董逵军中"致馈可百万钱，曰例也"，而赵君纶"谢绝之"（《鹤山先生大全文集》卷七十三《直焕章阁淮西安抚赵君纶墓志铭》），这两笔馈赠也当出自公使库。除了用公使库财物馈赠过往使臣之外，对于本郡官员有馈送（注五六），州郡之间相互有馈送（注五七），邻路之间亦相互馈送，特别是到罢之际，郡守所得常数百贯，帅臣、监司所得更动辄万贯（注五八），平时监司、邻郡互送，郡守所得也可以月至三百余贯（注五九）。甚至退闲官员，同样有时会收到公使库财物的馈赠（注六〇）。对于不讲辞受之道的许多官员来说，从这种种不同方面所得的俗例收入，无疑是他们仕宦所以致富的一个重要财源。

官员之外，士人任职于地方学校，也有俸入。地方学校的教授是政府官员，至于教授以下的各种学职，则多延请地方上的学行优良的士人担任。例如袁燮的堂兄袁涛，“郡博士知其贤，延请为学录，以倡率诸人”（《絜斋集》卷二十《从兄学录墓志铭》）；徐季节则由“郡延充学正，以礼法率诸生”（林表民编《赤城集》卷十六石整《徐季节先生墓志铭》）；陆九龄曾经游历至临江军，“郡守邓君予延先生于学，临江士人皆乐亲之”，半年之后才返回抚州，“越数年，郡博士苗君昌言复延先生于学，从游者益众”（《象山先生全集》卷二十七《全州教授陆先生行状》）；陆九渊的岳父吴渐，由于“学行信于乡里”，所以郡学教官“造庐敦请，至于再三”，吴渐“不得已而就之”（同上《吴公行状》）；而朱熹知漳州，也曾延请郡中士人多人充任州县学职，其后成名的学者陈淳亦在其中（注六一）。王炎《双溪类稿》卷二十《上苏郎中》载南宋中期潭州州学学职俸入：

> 且以职事论之，直学掌一学之出入，经谕分一、六之讲说，而月得两缗，斋长、谕主一斋之事务，而月得一缗。

一、两贯的月入，实在有限。建康府城明道书院，虽然以书院为名，实为官学，《景定建康志》卷二十九《儒学志·置书院篇》载有书院学职的月俸：

> 山长一百贯，钱粮官二十贯，堂长一百贯、米二石，堂录六十贯、米一石五斗，讲书五十贯、米一石五斗，堂宾二十六贯、米一石二斗，直学二十四贯、米一石二斗，讲宾一十七贯、米一石二斗，司计一十五贯、米一石二斗，

掌书一十五贯、米一石二斗，掌祠一十四贯、米一石二斗，斋长一十贯、米一石，正供生员每名五贯，医谕米七斗。

这是淳祐（一二四一～一二五二）年间的数字，当时物价高涨，货币贬值，米价已是南宋中期物价平稳时的二十倍（注六二），以购买力而言，山长、堂长一百贯的月俸不过相当于南宋中期的五贯，堂录六十贯的月俸不过相当于南宋中期的三贯，讲书以下的月俸更只相当于南宋中期的一两贯，学职俸入之低不异于南宋中期。这也就无怪乎袁涛会“清贫至骨”（《絜斋集》卷二十《从兄学录墓志铭》），徐季节是“所入仅疗饥寒”，而且“僦居六十年”（《赤城集》卷十六《徐季节先生墓志铭》），吴渐也“家甚贫”（《象山先生全集》卷二十七《吴公行状》），而陈淳则“故家贫，疏食敝衣，略无愠色”（罗青霄《万历漳州府志》卷十六《龙溪县人物志·乡贤篇·宋乡贤传》）。

地方学校有时因各种不同的原因，对没有任职于学校的士人也致送学俸或馈赠。例如王炎便指出潭州州学，“有学宾者二、三人，在外而请俸者也；有养老者十人，无职事而得俸者也”，他们的月俸比直学、经谕还多，“月取俸钱三缗”（《双溪类稿》卷二十《上苏郎中》）；黄榦知汉阳军，也曾下令不准足迹不到学校的士人虚请军学的俸钱（注六三）；刘克庄的叔父刘弥邵“少食于学，晚岁弃去，郡博士俞来致学俸，却不取”（《后村先生大全集》卷一五一《习静叔父墓志铭》）；欧阳守道则再三辞却鹭州书院给他的月送，虽然是“安坐于家，月得钱万，家本至贫，宁不利赖”（《巽斋文集》卷三《辞鹭州书院月送书》）；而张雄飞也推却每月一次到紫阳书院谒祠，堂长致送的馈赠（注六四）。刘弥邵、欧阳守道、张雄飞本于立身之道而推辞，其他许多士人未必都如此，学俸或馈赠数额或许不多，但是对这些士人来讲，也是一个额外的经济来源。

地方学校学职所能容纳的士人有限，许多士人得教学民间，这些自开学馆或任教家馆的士人，则收受束脩。这类以教授为业的士人，当时多称为乡先生（注六五）。而教授为业，则是当时人心目中士人在仕宦之外的另一种谋生之道。袁采《袁氏世范》卷二《处己篇·子弟当习儒业条》：

> 为仰事俯育之计，莫如为儒，其才质之美，能习进士业者，上可以取科第，致富贵，次可以开门教授，以受束脩之奉；其不能习进士业者，上可以事笔札，代笺简之役，次可以习点读，为童蒙之师。

《勉斋集》卷八《与胡伯量书》中，黄榦恳请友人胡伯量教诲他的孙儿，也这样说：

> 不唯使之识义理，不为小人之归，亦望之使之多闻博识，进可以应举，退可以为书会，以不失其衣食之计。

所谓书会，亦即学馆。袁采、黄榦所言，都说明了上述的态度。许多以教授为业的士人，家境都很贫困（注六六），正如黄榦所说，他们从事这一行业，只是为了“不失其衣食之计”，或者进一步如陆游在《放翁家训》中强调不可不使子孙读书，“贫则教授童稚”，除了“以给衣食”外，“但书种不绝足矣”。他们也多不准备以教学作为终身行业，而把目标放在科举考试上，希望一朝及第，教授生徒只是他们在考试成功之前维持生活的一种方式。例如抚州崇仁人罗点，乾道四年（一一六八）

已曾获乡荐，淳熙元年（一一七四），“僦馆于邑人吴德秀家，受业者数辈”，这年乡试，“独罗中选”，而“次年廷策，为第二人”（《夷坚支乙》卷二《罗春伯条》），两次乡荐已隔九年；还有耗时于科场更久的，常州无锡县城人蒋重珍（注六七），“年十七，为人授小学，有襦鹑结，忍敝以待束脩之入”，“年四十余，始获齿名于进士”，而在嘉定十六年（一二二三）“举进士第一”（《鹤山先生大全文集》卷七十三《顾夫人墓志铭》）；福州人郑锷曾入太学，其后寓居明州州城，“开门授徒，来者云委”，“年至四十五，绍兴三十年（一一六〇）始登科”（《攻媿集》卷五十三《郑屯田赋集序》）；居于明州州城的袁章（注六八），也曾入太学，“退而授徒于乡，以所学淑后进，……从游者日盛，里中推为硕师，年几五十，未脱韦布，磨砺不倦”，终于“登乾道五年（一一六九）进士第”（《絜斋集》卷十六《叔父承议郎通判常德府行状》）。另有些以教授为业的士人，在长期应考失败之后，年高而以特奏名补官。袁章的族兄弟袁方，“乡人为子弟择贤师者，争馆致之”，可是“战艺又辄左次”，“年寖高，倦游场屋，庆元五年（一一九九）以特科补雍州文学，踰年，调迪功郎、镇江府丹阳县主簿”（同上《叔父迪功郎监潭州南岳庙行状》）；居住于平江府城的黄云，曾入太学，返乡教学，“后生慕从常百余人”，淳熙八年（一一八一），他的儿子黄由中了状元，他也以特奏名补官，“调永州祁阳县主簿”（《水心先生文集》卷二十六《通直郎致仕总干黄公行状》）。对于这些长期准备考试，或到四五十岁才及第，甚至仍继续应考的士人来说，教学所获的束脩收入无疑是使他们能致力于科场的经济来源。而一些士人一面授徒，一面应举，在累试不第之后，往往便继续以授徒为业（注六九）。而官宦在退职之后，也有重操教学旧业的（注七〇）。

束脩收入的多寡，自然因人而异。刘微的姻家汤氏“为子择师，得名士上饶王君，须钱三千缗起家”（《漫塘集》卷三十二《先祖十九府君墓志》），不是一个小数目；金坛县城张氏“延太学名士与其子游，倾家赀不计”（同书卷二十四《题张端衮肯斋靴轩》），所费也必定可观。而杨万里的父亲杨芾，于南宋初年教学，“岁入束脩之赀以钱计者才二万”（胡铨《胡澹庵先生文集》卷二十五《杨君文卿墓志铭》），平均每月所得钱不过一千六百有余，可以说是十分微薄；临江人王省元，“未第时，家苦贫，入城就馆”，不过“月得束脩二千”（《夷坚丙志》卷十六《王省元条》），月入两贯，也不见得多；临安官家子弟郭信，在父亲死后，田亩资产全为后母所操纵，于是靠教人幼子为生，更只“月得千钱”（《夷坚丁志》卷六《奢侈报条》），月得千钱，不过和茶肆佣仆的收入相当（注七一）。所以士人依赖束脩维持生活，各人的经济境况也有所不同。例如黄裳获总领赵公说的赏识，“俾诸子从之游，赖其束脩葬父祖及诸父两世九丧”（《攻媿集》卷九十九《端明殿学士致仕赠资政殿学士黄公墓志铭》），能够连葬九丧，非有较宽裕的财力不可，而黄裳全取资于束脩。贫士陈国瑞没有自己的房舍，租沈宗鲁、沈密的屋宇三间作学馆，六、七年后，便将三间房屋陆续典下（注七二），由租而典，可见陈国瑞的经济情况已有改善。明州州城贫士高元之获郑锷赏识，“俾训其子”，郑锷是“鄞士师表”，人们对高元之“以此加敬”，“始寖得束脩以奉亲，且力于学”（《攻媿集》卷一〇三《高端叔墓志铭》），经济情况亦应有所改善。可是也有不少士人，束脩之入对他们贫困的生活帮助有限。例如吴必裕“长年斅学，仅支菽水之奉，囊无余赀，瓶无储粟”（李吕《澹轩集》卷五《送吴必裕序》）；巩瀍“以贫教授，不自业”（《水心先生文集》卷十四《杨夫人墓表》），所谓不自业，当指收入不容易维持生活；叶适的父亲叶光祖“聚数童子以自给”，却“多不继”，家里租屋居住，“随僦随迁，凡迁二十一所。所至或出门无行路，或栋宇不完”（同书卷二十五《母杜氏墓志铭》）；黄榦自述，“身老累重，书会所入之薄，不足以自活”（《勉斋集》卷八《与胡伯量书》）；牟忻“贫不能自振，为后学师，资束脩以给，履艰居约，有人所难能者”（《鹤山先生大全文集》卷七十八《宣义郎致仕牟君墓志铭》）。他们生活的艰困，说明了束脩收入的微薄。以教授为业的士人，即使是束脩收入稍多，经济境况稍好，若是只靠束脩为生，没有其他收入，可能也多不过自给，很难丰衣裕食。

城居官户、士人仕宦教学的收入，也因每个人的情况不同而多寡有异。以官俸来说，官职原本就有高低之分，而俸入又有法令所规定和俗例所可取之别，立身谨严而只收受法令所规定俸禄的官员，收入往往有限，俗例之入才是许多官员致富的来源。地方学职的待遇偏低，教学民间所得的束脩虽然多寡不一，但以微薄者为常见，因此以教授为业的士人，生活艰困者颇不乏人。

五、其他来源

（一）其他工作收入

官宦、士人代人作文、写字，可获润笔；士人从事行医、伎艺、诉讼等业，各有其收入；而妇女纺织对官户、士人家庭的家计，也有所贡献。

官宦、士人代人撰作文字，可有润笔的收入。洪迈《容斋续笔》卷六《文字润笔条》：

> 作文受谢，自晋、宋以来有之，至唐始盛。……本朝此风犹存。

说明代人作文而收受润笔之风，由来已久，宋代依然。以州学教授来说，自北宋以来，他们已多为人撰写书启简牍、宴会乐语，南宋州郡依旧相承以表奏书启委之教授，而饷以钱酒（注七三）。其他能文的官宦、士人，也常为人撰写各类文字，例如王炎自述，“处则鬻文以补伏腊之不给”（《双溪类稿》卷二十五《南窗杂著序》）；又如王至卿“浮沉里中，……鬻文以为生”（同书同卷《樗叟诗集序》）；甚至如方回鬻文于市人，“各有定价，有市井小人求诗序者，酬以五金”（《癸辛杂识》别集上）。当时人文集中，也常可见到作者为人撰写的碑、记、墓志铭、表、书、奏劄等。润笔收入的多少，自然因人因事而异。周密曾讥讽“家之巽志行为演福寺作观音殿碑，所得几何，乃大骂贾相以示高”（《癸辛杂识》续集下），这是个别的碑文，润笔有限。而欧阳守道“卖文非有九千缣、千斛米之谢”（《后村先生大全集》卷一三四《答欧阳秘书书》），以代笔为经济来源之一，收入也并不丰。但是写得多了，似乎也可以有相当的收入，高文虎晚年花用受制于儿子高似孙，因而抱怨，“家计尽是笔耕有之”，而高似孙“未曾置及此也”（《癸辛杂识》别集下）；李璜“笔力雄迈，人所罕及”，南宋初年寓居明州，“郡县庠校记文多出其手”，晚年“以其笔耕之余，买田一顷，施于阿育王山”（《攻媿集》卷五十二《檗庵居士文集》）。有些士人甚至不是业余性的为人代笔，而是受官员的延聘作宾客，负文墨之任。王迈《臞轩集》卷十一《莆阳方梅叔墓志铭》载方应龙事迹：

> 君少受知于叔祖少卿公铨，仕衡阳日，君以弟子为宾客，自书札外未尝毫发预他事。少卿去衡，君以衡人士多执经授业于其门者，不忍舍其师去，相率裒金，买宅一区以家之。……一时台府如俞公征、赵公善践、孙公得舆、李公东皆持节与梅叔交，争馆粲之。……为诸公要人客，所为文操笔立就。

又牟巘《陵阳集》卷二十四《黄提干行状》述隆州井研人黄济叔原本任教家塾，其后东寓平江府：

> 诸贤闻先生行谊，皆愿交，退庵吴公、朔斋刘公、双溪李公前后交聘，先生独从朔斋、双溪，而于朔斋尤久，朔斋以文墨称一时，往往质诸先生而后出，先人守当涂，先生倦游，强以往，凡书翰悉以烦先生。

方应龙和黄济叔均以文墨游于官宦之间，代作书翰，这就应该有固定的收入，而不仅是以篇计酬的润笔了。赵汝永“从官四方”，由于“家之生理未裕”，而“外无宾客可当文墨之委”（《漫塘集》卷三十一《故赵训武墓志铭》），说明一些家境比较宽裕的官宦，可能常有代事文墨的宾客。

代人作文之外，代人写字也有润笔。席大光请吴传朋为书母葬碑铭皆数千言，“文房玩好之物尽归之，预储六千缗而润毫”（张端义《贵耳集》）；张孝祥为镇江府城多景楼书扁，“公库送银二百两为润笔”（《癸辛杂识》续集下）；韩彦古请周必大书其父韩世忠神道碑文，也“送到金器二百两充润笔”（《文忠集》卷二十三《辞免润笔札子》），这几笔润笔都丰厚异常。也有不得志的士人，沦落为职业性的书手的，例如吉州人戴之邵，“少涉猎书记，无所成名，贫不能自养，佣书于里中富家”，其后“放浪江湖，学作大字，为市井写扁额”（《夷坚支甲》卷八《戴之邵梦条》）。佣书的收入可能很有限，建安翁生“佣书于刘氏”，便自言：“某以佣书为生而养母，且日不给”（《湖海新闻夷坚续志》前集二《拾遗门·诚心有感条》）。为市井写扁额的收入多寡不得而知，但可能也不多。

行医也是一些士人家庭的一个经济来源。南宋初年，已有人这么说，“夫为医者，在读医书耳。读而不能为医者有矣，未有不读而能为医者也。不读医书，又非世业，杀人尤毒于挺刃”（周复俊《全蜀艺文志》卷三十一史崧《黄帝素问灵枢集注序》）。行医必须读医书，自然要先读书为士，才有这种能力。因而有些官宦、士人，兼习医书，例如王作肃，“为士而习医”，以朱肱所著《南阳活人书》为本，“又博取前辈诸书凡数十家，手自编纂，蝇头细字，参入各条之下，名曰《增释南阳活人书》”（《攻媿集》卷五十三《增释南阳活人书序》）；医方《金匮歌》的作者王良叔，是“以儒者而涉猎医书”（文天祥《文山先生全集》卷九《金匮歌序》）；葛从豫“仕宋季而未显”，“业儒，而于九流百家靡所不通，尤工于医”（黄溍《金华黄先生文集》卷三十八《成全郎江浙官医提举葛公墓志铭》）。精研医书未必行医，但由精研医书而进一步行医，是很自然的事。《漫塘集》卷二十九《故张氏孺人墓志铭》：

张氏家京口渌水桥，当四方舟车之会。……以儒起家，而辅以医，故生理裕。

据俞希鲁《至顺镇江志》卷二《地理志·桥梁篇》，渌水桥在元代录事司，跨漕渠，亦即在南宋郡城内。镇江府城张家原本士人，而所以家计宽裕，则由于兼有行医的收入。而一些医者，也常兼通儒书，例如江嚞"以医名家十五世，嚞益通儒书，务以其术活人"（《新安文献志》卷一百下洪焱祖《江先生嚞传》）；名医张扩之弟张辉，"就学于兄，尽究其术，继以医名家，……素读儒、释二书"（同上罗愿《张承务扩传》），行医之入无疑是使他们兼通儒书的一个经济来源。有些医者更进一步参加科举考试的竞争，并且及第，例如名医许叔微，著有《普济本事方》，"少时坎壈，欲一第不可得"（《漫塘集》卷十九《本事方序》），而终于荣登绍兴三年（一一三三）进士第（注七四）。至于医家子孙转而读书为士、应考仕宦的，就更常见。前文已曾述及金坛士人王士朋，出身于行医的家庭，而读书为士，然后为了家计而行医、经商，家计充裕之后再回头操士人之业；又如王大受于宋光宗时任官，其父王克明，"豪士也，隐于医"（《水心先生文集》卷二十九《题拙斋诗藁》）；曾彦圭行医济人，其次子曾涣"荐名礼部"，"绍熙庚戌（元年，一一九〇）；涣遂擢第"（《文忠集》卷七十四《曾迪功郎彦圭墓志铭》）；王思正为翰林医痊，他的儿子王卿月"先以武举进，……又登儒科"（《攻媿集》卷一〇二《太府卿王公墓志铭》）；艾钦文于南宋初年逃难南方，"业医以养"，而他的儿子艾谦"再举于乡"（《漫塘集》卷三十《故澹轩先生艾公及其妻李氏行状》）；张辉以医名家，而他的次子张师益于绍兴二十三年（一一五三）"预乡荐"（《新安文献志》卷一百下罗愿《张承务扩传》）；江嚞则"子世良，浙西帅干，孙灊，字天泽，登第，授兰溪主簿"（同上洪焱祖《江先生嚞传》）。他们的读书应举，自然得力于自己或父祖行医的收入作支持，葛自得行医，而“二子孩孺，迎师数百余里”，便“费尽出于医”（《水心先生文集》卷二十五《宋葛君墓志铭》）。行医的收入情形，当亦因人而异，但其中有些人似乎收入颇丰，例如前述镇江府城张家，由于兼有行医收入而家计宽裕；又如艾谦的父亲行医，而他的兄弟“以乃翁日入之裕，用颇不节”（《漫塘集》卷三十《故澹轩先生艾公及其妻李氏墓志铭》），都说明这一个事实。

士人也有以伎艺之业为其经济来源的。宋代商业逐渐兴盛，城市随之而日趋繁荣，众多人口聚集于城市，提供了娱乐业发展最好的机会。宋代的娱乐表演，称为伎艺，伎艺种类繁多，其中也有必须具备一些学识才能从事的，这就提供给那些科场失意的士人一个新的工作机会。例如说话，是南宋伎艺中兴盛的一支，当时盛行讲传奇小说、战争与历史故事、及佛经中的故事。罗烨《醉翁谈录》甲集卷一《小说开辟篇》：

> 夫小说者，虽为末学，尤务多闻，非庸常浅识之流，有博览该通之理。幼习太平广记，长攻历代史书。烟粉传奇，素蕴胸次之间；风月须知，只在唇吻之上。夷坚志无有不览，琇莹集所载皆通。动哨、中哨，莫非东山笑林，引倬、底倬，还须绿窗新话。论才词有欧、苏、黄、陈佳句，说古诗是李、杜、韩、柳篇章。

说明了一个说话人所应具备的条件。所以在《梦粱录》卷二十《小说讲经史条》和周密《武林旧事》卷六《诸色伎艺人条》所载讲史的伎艺人中，有戴书生、周进士、徐宣教、乔万卷、许贡士、张解元、周八官人、陈进士、陈三官人、林宣教、武书生、刘进士、巩八官人、穆书生、戴书生、王贡士、陆进士等人名，说明他们可能出身于官户或士人。登场表演之外，为说话编话本，为戏剧编剧本，更须具备学识，因此也有士人投身于其中。宋元时代城市中常有编写话本、剧本的团体，称做书会，而书会中从事话本、剧本编写的，则称为才人或书会先生（注七五）。书会一词，在南宋原指学馆，前文述及黄干期望他的孙子"退可以为书会"，又说自己"书会所入之薄"，都是这个意思，意指学馆的书会，在南宋文献中常可见到（注七六）。由意指学馆的书会，转而为编写话本、剧本的书会，其间的痕迹虽不清楚，但显然这两者都是士人所参予的活动。而史实也说明了的确有剧本出自南宋士人之手。刘一清《钱塘遗事》卷六《戏文诲淫条》：

> 至戊辰、己巳间，王焕戏文盛行于都下，始自太学有黄可道者为之。

戊辰、己巳当为宋度宗咸淳四年（一二六八）、五年（一二六九），当时有太学生黄可道编写戏文，风行于临安。不止士人从事伎艺，伎艺人的子弟也有读书为士的，宜黄人詹庆，"初业伶伦"，至城中谋生，"以技得名，渐亦温饱，……驯致富，教子读书，且假儒衣冠"（《夷坚三志壬》卷四《陶氏疫鬼条》），即为一例。而詹庆从事伎艺的收入，无疑是其子读书的经济来源。从詹庆的例子看，从事伎艺之业如果成名，也会有很好的收入。

士人又有从事诉讼之业的。讼师也是宋代社会日趋复杂之后兴盛的一项行业，他们教唆、包揽诉讼，政府虽然下令严禁，却无法止绝他们的活动。诉讼需要有法律方面的知识，士人无疑也比较能够具备这项条件，因此教唆、包揽诉讼也成为一些士人的营生方式。《北溪大全集》卷四十七《上傅寺丞论民间利病六条》载漳州的情形：

> 盖缘一种人，长于词理，熟公门事体浅深，识案分人物高下，专教人词讼，为料理公事，利于解贯头钱为活家计。凡有词讼者，必倚之为盟主，谓之主人头。此其人或是贡士，或是国学生，或进士困于场尾者，或势家子弟宗族，或宗室之不羁者，或断罢公吏，或破落门户等人。

其中贡士、国学生都是士人，他们的收入多少虽不清楚，但可以"活家计"。《名公书判清明集》中关于讼师的书判二十四篇，有具体姓名及清楚身份的共二十一人，其中士人或假儒衣冠、假手文解便有七人（注七七），可见士人在新兴的讼师行业中扮演了重要的角色。

还必须一提，官户及士人家庭中的妇女，从事纺织，对家计也有所贡献。一些家境比较贫寒的城居官户与士人，他们的妻子或母亲往往亲身从事纺织，以纺织所得补贴家用，或用作教育费用。《水心先生文集》卷十四《高夫人墓志铭》载叶适岳母翁氏事迹：

> 外舅尉郢上，夫人远不能至，独与两女闭门课纺绩自给。

按外舅即叶适的岳父高子莫，居于温州州城，"无宅无田"（同书卷十五《高永州墓志铭》），虽已入仕，官不过县尉，俸入有限，因此其妻女留居温州州城，尚须亲自纺绩才能自给。又《东莱集》卷十一《金华戚如圭母周氏墓志铭》载婺州州城士人戚如圭的父亲戚扬死后，家境贫穷，母亲周氏一力操持家计：

夫人攻苦食淡，身处其劳，而佚诸其子于学，米盐薪刍之问不至其耳。……蚕事起，自课甚苦，诸子晨省，夫人已仆仆筥箔间，夜分诵习，怠且寝，壁后络织犹未绝也。丝入有经，口众不足于衣，则又缕絮缉绝以佐其阙。

戚扬去世时，留有田“才数十亩”，而“四子一女皆幼”，诸子又正求学，因而周氏必须早起晚睡，勤奋纺织，才能使衣食无缺。又陈傅良《止斋先生文集》卷四十七《宜人林氏墓志铭》载杨兴宗的继母林氏事迹：

宜人嫁橐费且尽，而刘氏姑死，吾父至无以买棺殓，哀乱计不知所出，宜人泣谓曰，不有吾头上一金钗乎，鬻之而棺具。兴宗之为太学诸生也，使遗之金若干两，曰，吾所纺绩，得此，以资汝。

杨兴宗的姑母去世，他的父亲没有财力办丧事，可见家境不佳。而杨兴宗到都城就读太学，成为城居士人，继母林氏给他的经济支持，来自纺织所得。此外如任文荐、任道宗父子均仕宦，而相继去世，任道宗之妻林氏“年二十有八，生计萧然，子女七人，俱在龆龀”，林氏一力持家，“晨兴诸子就学，暮归，使环几而坐，孤灯夜绩，课以诵读，率漏下三十刻乃寐，风雨寒暑不渝”（《勉斋集》卷三十七《太安人林氏行状》）；兴化军城士人陈龟朋去世后，其妻黄氏“夜课儿书，常烧松明，葺麻苎以待之，琅琅成诵乃止”（《后村先生大全集》卷一四六《陈处士黄夫人墓志铭》）；任逢的父亲“教授成都、广汉间”，任逢自己“发未垂龆”便“游学他郡”，“凡十年在外”，都居住在城市，母亲史氏“凡蚕绩、丝枲、米盐细密之事，躬服其劳”(《鹤山先生大全文集》卷七十《史夫人墓铭》);陈耆卿世居台州州城,他的父亲“性耽书,口不道家有无”,而他的母亲姚氏“左手婴孩,右手绩织,下至米盐靡密之事,亦牵顿忘食”,所以家中“至今仅给,则实惟母力”(《篔窗集》卷八《祭先妣文》)。林氏、黄氏、史氏、姚氏四位妇人的纺丝绩麻,想必也是支持家中男子读书游学的经济来源,而且是他们家中的一项重要营生。这些例子,又说明若干官户、士人家庭的家计有赖家庭手工业支持。

润笔对许多官宦、士人来说,可能只是一个辅助的经济来源,但也有人借此谋生,并因而置产的。而士人从事行医、伎艺、诉讼等行业,收入多寡虽然不得而知,但都已成为他们维持生活的一种方式,其中行医有人收入颇为不薄。至于妇女纺织对一些城居官户与士人家计的贡献,则说明了这些家庭并未置身于富裕阶层,妇女仍须亲手劳作,才能解决家庭的生活问题。

(二)政府与社会的资助

除了田租、商业利润以及各类工作的收入外,官户、士人有时又可以获得政府、社会所提供的资助,这些资助并非他们的主要经济来源,但却能够解决他们求学、应举或生活上的经济困难。

以士人求学而言,进入官学读书,无论是中央的太学、宗学、武学、医学,或是地方的郡学、县学和官办的书院,许多人享有政府所给的学廪,这种待遇在北宋时期已是如此,到南宋依然。为了供应学生的学廪,中央或地方的官学,大多置有田产收取田租,或置有房产收取房租(注七八)。位于都城的太学,南宋晚期太学生为额“一千七百一十有六员”,“朝家所给学廪，动以万计，日供饮膳，为礼甚丰”（《梦粱录》卷十五《学校条》），贾似道为笼络太学生而加给餐钱，为众所习知的史实（注七九）。其他都城的官学，如宗学、武学，“俱有学廪、膳供”；杭州府学，“供膳亦厚，学廪不下数千”；钱塘、仁和二县学，“生员日供饮膳，……悉如州学”；又有医学，“学廪饮膳，丰厚不苟”（《梦粱录》卷十五《学校条》）。其他地方的州县学情况也相同。例如温州乐清县学，于绍兴十七年（一一四七），“日可食百人”（林季仲《竹轩杂著》卷六《温州乐清县学记》）；衢州龙游县学于绍兴十九年（一一四九），“可食数十士”（《范香溪文集》卷十七《衢州龙游县学田记》）；包履常于南宋中期教授建昌军学，“增廪生徒至五六十人”（《真文忠公文集》卷四十五《朝请郎通判平江府事包君墓志铭》）。由于官学学生享有学廪，所以官学收录学生称为养士（注八〇）。但是也并非所有入读官学的学生都能享有学廪，学廪有一定员额，员额之外的学生便只能自食。梁克家《淳熙三山志》卷八《公廨类·庙学篇》载绍兴九年（一一三九）福州州学状况：

> 今系籍学生五百余人，本（按：本下当缺学字）养士止二百人。

又《象山先生全集》卷十九《宜章县学记》载淳熙八年（一一八一）郴州宜章县学状况：

> 士之廪于学者五十人，自食而学于其间者又数十人。

又《朱文公文集》卷九十二《知南康军石君墓志铭》载石子重

知南剑州尤溪县事：

> 选邑子愿学者充弟子员，……员外诸生数十，或异邦之人，皆裹粮来就学。

均说明这个事实。学廪的数量，以绍兴九年的福州州学为例，是“每人食钱止一十九文”（《淳熙三山志》卷八《公廨类·庙学篇》），这应该是每日的数字。按绍兴二十七年（一一五七）福建每升米价二十余文（注八一），绍兴九年的米价可能更高，十九文尚不能购一升米，无法解决学生个人一日的食用问题。但也有可能食米另由学校供给，十九文食钱只是菜钱。例如淳祐（一二四一～一二五二）年间建康府城的明道书院，对师生的日供中，“职事生员米二升五合，造食钱三百文”，此外宿斋的职事生员尚“每夜支油钱二百文”，寒月送炭则职事生员“日各二升，……宿斋者全支，不宿斋者半支”（《景定建康志》卷二十九《儒学志·置书院篇》），每日二升五合的食米，对一个读书人的食量来说，已经是绰绰有余（注八二），再加上食钱、油钱和木炭的补贴，学生个人的生活问题可以获得部分解决。因此，每一学生所获学廪的支给固然有限，却也不失为补助他们开支所需，使他们能专心向学的一个重要经济来源。官学之外，民间也有奖进寒士的义学，例如第二节便述及王沂之、王起震父子在泉州州城所设的义塾，但是王氏父子仅捐助束脩之费，入学士人的生活费用可能仍然必须自己负担。即使如此，这些士人的经济负担也因为束脩之费获得别人的资助而减轻。

士人赴都城应礼部试或太学补试的旅费，有时也可以获得资助。关于这个问题，学者已曾讨论，指出中国历史上这类资助，自北宋时范氏义庄已有补助族人赴试的条文，南宋时依然如此；南宋时期地方政府又设立以田产为基础的贡士庄，以田租收入作为资助的经费，同时民间又有合会方式的互助办法（注八三）。家族义庄对于族人赴试的补助，南宋时期见于记载的，除了范氏义庄外，尚有南宋晚期的莆田方氏义庄，对族中子弟“秋荐入学者资送之”（《竹溪鬳斋十一藁续集》卷十二《莆田方氏义庄规矩序》），许多南宋时期的家族义庄以范氏义庄规矩为取法对象，不过这些义庄是否也对族中子弟赴试给予补助，却不得而知。至于南宋时期地方政府对贡士的资助以及民间的互助，则有较多的数据可以说明。

南宋地方政府以田租收入作补助士人赴考的旅费，是比较常见的一种方式，关于贡士庄的资料，散见于文集、方志之中，为数不少。值得注意的是，贡士庄的设置不仅出自政府，民间也提供了力量。例如成都房君于嘉定五年（一二一二），“出其钱若干贯，得田若干亩于其乡，名之曰尚贤庄，……岁收约若干石，积三年之收，以待士之贡于天子”（度正《性善堂稿》卷十《尚贤堂记》）；漳州人颜耆仲，于端平（一二三五～一二三七）初“以私帑余万楮”购置田产，“尽以为平湖桂庄，……以馈乡士之试于礼部者”（《万历漳州府志》卷十二《漳州府杂志·古迹篇》）；衡州衡阳县的贡士庄倡议于宝佑六年（一二五八），“裒乡曲金买到长乐乡田二十五亩有奇，及人自献田三十七亩有奇”（《永乐大典》卷八六四七《衡州府条》引《衡州府图经志》）；而邵武军军学教授方澄孙设置贡士庄时，也得到寓贵杜杲二子“以三千楮来助”（《后村先生大全集》卷九十《邵武军军学贡士庄记》）。可见资助贡士旅费的来源，分别来自地方政府和社会。除了以田租收入筹措经费之外，也有些地方政府以出租房屋或出贷缗钱的方式，收取房租或利息，以供资助贡士旅费之用（注八四）。这一类贡士经费，在许多地方是由官学掌管的。例如汀州通判黄大全于嘉定六年（一二一三）拨钱买田置兴贤庄，“系本学催纳”（《永乐大典》卷七八九二《汀州府条》引《临汀志》）；设于嘉定九年（一二一六）的信州贡士庄，是以没官田“隶于学”（赵蕃《章泉稿》卷五《重修广信郡学记》）；漳州知州傅壅于嘉定四年（一二一一）拨田租以作贡士旅费，称为“州学桂庄”（《万历漳州府志》卷十二《漳州府杂志·古迹篇》）；袁申儒知常德府，以官田设贡士过省庄，“尽举而寄之学官”（陈洪谟《嘉靖常德府志》卷十八《艺文志》载袁申儒《贡士过省庄记》）；镇江府以没官田产设贡士庄，曾将金坛县没官田“归之县儒”，又曾将丹徒县没官田“拨送府学”（《至顺镇江志》卷十一《学产篇·贡士庄条》）；吉州庐陵县“学有贡士庄”，为“嘉熙（一二三七～一二四〇）间宰永嘉项公模所创”（《巽斋文集》卷十七《登云庄记》）；建康府学则“学校创置房缗，专充赆送”（《景定建康志》卷三十二《儒学志·贡士篇》）；而前述方澄孙于邵武军，更是以军学教授的身份设置贡士庄。这种情形，显示资助贡士旅费虽然没有城、乡士人之别，但是就读于城市官学的士人却有可能成为优先补助的对象。例如庐陵县学的登云庄于资助时，“尝有籍于吾学则优之”（《巽斋文集》卷十七《登云庄记》）；而方澄孙所设的邵武军贡士庄则更“庄姑为学而设”（《后村先生大全集》卷九十《邵武军军学贡士庄记》）。

对于士人赴考旅费的补助方式，因地而异。大别可以分为两类，一类是将当年所有的经费平均分配给所有赴考的士人，另一类则是每人有固定的数额。前者如成都房君所设的尚贤庄，“贡一人则并给之，一人以上则均给之”（《性善堂稿》卷十《尚贤堂记》）；汀州知州傅康于嘉定十四年（一二二一）所设的万桂庄，则是“三分之二送新举一十二人，三分之一送旧举人，随人数均分”（《永乐大典》卷七八九二《汀州府条》引《临汀志》）；而吉州庐陵县的贡士庄也是“视其人分赆之”（《巽斋文集》卷十六《庐陵贡士庄记》）。后者如镇江府设于庆元三年（一一九七）的贡士庄，“新贡百千，恩免半之，过省百五十千，宗子、武举三（按：三字下疑缺十字）千”（《至顺镇江志》卷十一《学校志·学产篇·贡士庄条》）；设于开禧三年（一二〇七）的袁州待补庄是“凡赴补人给三十券，不许并支，起程十千”，由于“或虑人意难凭”而有分期支付之制，“发轫五千，……到三衢十千，行都试罢十千”，既然每人有固定的数额，所以“人多券不足，以券尽止，人寡券有余，储之以俟次补”（徐琏《正德袁州府志》卷十四《艺文志》载张嗣古《待补庄记》）。至于有关资助士人赴考旅费最详尽的资料，见于《景定建康志》。南宋晚期建康府对于贡士既有本府津送，又有府学赆送。《景定建康志》卷三十二《儒学志·贡士篇·本府劝驾条》：

本府正请士人每员送十七界会子三十贯文，折绿襴过省见钱一十贯文，七十八陌。酒四瓶，兔毫笔一十支，试卷札纸四十幅，点心折十七界会子一十贯、酒一瓶，特送十七界会子一千贯文。

江东漕司正请官员、士人除漕司津送外，本府每员送十七界会子三十贯，折绿襴过省现钱一十贯，七十八陌。酒四瓶，兔毫笔一十支，试卷札纸四十幅，点心折十七界会子一十贯、酒一瓶。

……

本府免解士人每员送十七界会子二十贯文（原注：府学前廊增十贯），酒二瓶，点心折十七界会子一十贯、酒一瓶，特送十七界会子五百贯文。

可知除补助固定数额的钱外，尚给予酒、纸、笔。而淮郡附试、免解的士人，也由建康府津送，除特送只有十七界会子二百五十贯文外，其余都和建康府士人相同。府学在建康府津送后一日致赠贡士赆金，仅限于本府士人。同上《府学赆送规约》：

赆送乡举发解各五十千，免解者半；监漕、国子发解各二十千、免解者半，武举发解各二十千、免解者半，宗子应举发解、宗学发解各二十千，锁应十五千，取应减半；过省各二百千，自太学过省及舍法免省者半；武举过省各一百千，自武学过省及舍法免省者半；宗子应举过省、宗学过省、舍法免省各四十千，锁应三十千，取应减半；补入太学各一百千，入武学者半，入宗学者又半。

可知各种不同的贡士有各种不同的数额。本府津送和府学赆送两项合计，每名本府贡士都可以获得数百贯甚至上千贯的补助。这个数字比庆元二年（一一九六）范氏义庄规矩对家族子弟赴考的补助（注八五），及前述庆元三年镇江府贡士庄对贡士的补助，均高出数倍至十倍，但物价上涨早已超过此一幅度。各个地方政府所能筹措到的贡士经费多寡不一，有些地方可能甚至没有，而各地贡士人数有多少，距行都路程有远近，许多贡士即使获得资助，也只能解决他们旅费问题的一部分。例如绍定四年（一二三一）以前，靖州已有贡士田，但“仅供新士半途之费，而免举者又不及新士十之一”（《鹤山先生大全文集》卷五十《靖州兴贤庄记》)。无论如何，这项资助究竟减轻了部分贡士的经济负担。

上述资助贡士旅费的措施，广行于江浙、两湖、福建、四川、岭南，而士人之间以合会方式筹措旅费的互助办法，则散见于湖南、江东西、福建、岭南等地。《永乐大典》卷八六四七《衡州府条》引《衡州府图经志》:

> 贡士有义约，自艮斋先生谢谔始行之江西。衡距行都二千里而遥，士子之预计偕尤艰于聚粮。绍熙(一一九〇～ 一一九四)年中，邦人廖谦乃取清江之成约行之，进士徐经实其事。自是累举不废，愿与约者益众，士之贫者尤利焉，茶陵、安仁、耒阳、常宁各县有之。

按谢谔为临江军新喻县人，卒于绍熙五年(一一九四)(注八六)，而清江县则为临江军的附郭。可知合会式的义约，在绍熙年间以前首由谢谔创行于临江军，随即为湖南衡州士人所仿行，衡州属下各县都有这种组织。福建大约也随之而有人仿效，真德秀在第一次赴行都应考时，尚不知有这一筹措旅费的途径，“比再举，乡人乃有所谓过省会者(原注：人入钱千百八十，故云)，偶与名其间，获钱凡数万，益以亲友之赆，始舍徒而车”(《真文忠公文集》卷二十七《万桂社规约序》)，真德秀在这次进士及第，时间是庆元五年(一一九九)，可见这时他的家乡建宁府已有了称为过省会的义约组织。而以万桂社规约示真德秀的林彬之，是泉州人，真德秀以之与福建其他地方的义约比较：“然吾乡与约者，几千人，林君为此二十年矣，同盟仅三百有奇，濂溪杨公所以叹其不如莆之盛也”(同上)，可见泉州和兴化军也有这类组织。江东的饶州，最晚在嘉定三年（一二一〇），也已“当大比，相与裒金，视同盟荐送之多寡，均以给费”（洪咨夔《平斋文集》卷二十九《楚泮荣登义约序》）。这类义约组织，经由士人共同聚资，而达成彼此经济上相互支援，解决了赴考旅费的问题。由于入约者可以有数百人至千人之众，这可能是城市及其邻近地区士人的活动，因为只有在城市，才可能聚集了这样多的士人，而又有密切的联系。虽然这是士人彼此之间的经济互助，但义约有时也得到社会的资助。《真文忠公文集》卷二十七《万桂社规约序》中，真德秀自述其对建宁府过省会的回报：

故自转输江左，以迄于今，每举辄助钱二十万，示不忘本也。

《文山先生全集》卷九《新淦曾叔仁义约籍序》述临江军新淦县的义约：

亲党曾君叔仁出其所谓青云约、魁星约者，其为约，视他郡特有寓公助送之例。

同书卷十一《先君子革斋先生行实》述文天祥的父亲文仪对吉州庐陵县义约的支持：

岁大比，凡与大夫、待博士选者，皆有约首，谊绵数科，间不能与，自捐赀籍其名，暨充赋，就奉为助。约所不及，以意告，倾己有为行资，至贷以应。

均说明这个事实。演变到南宋晚期，除了以地域为范围所组成的义约外，又有应考同一科目的士人所组成的义约，以及同宗士人所组成的义约（注八七）。无论是士人之间的义约，或是地方政府和社会对贡士的资助，其所以会存在，都是为了解决贫穷士人无力负担赴考旅费的问题（注八八）。

贫困的官户、士人在婚丧之事上遇到困难，有时也可以得到政府或社会的资助。南宋若干地方，这一类的资助已有了制度性的措施。史浩知绍兴府时，首创济助当地贫穷仕族的义庄。《嘉泰会稽志》卷十三《义田篇》：

> 故丞相魏国史公镇越之明年，实乾道戊子（四年，一一六八），始捐己帑，置良田，岁取其赢，给助乡里贤士大夫之后贫无以丧葬嫁遣者，附于学，而以义名之。

这一类型的义庄和家族义庄不同，以地方官宦的贫困后人为济助对象，而济助项目只限于丧葬嫁遣。绍兴府的义庄由史浩个人捐资设置，但交给府学掌管。史浩的同乡汪大猷、沈焕，于绍熙元年（一一九〇）在明州起而仿行，他们倡议捐产输财设置义庄，明州乡里义庄田产出自众人捐输，地方政府也予以资助，已见第二节所述，而济助对象与项目同样是“仕族亲丧不能举者给三十缗，孤女之不能嫁者给五十缗，其亲属若乡里以闻于郡，郡核实，俾主者行之，非二者勿与”（《宝庆四明志》卷十一《乡人义田条》）。这所义庄后来交给了郡学管理，并且兼济及郡学士子（注八九）。建康府知府吴渊在淳祐十一年（一二五一）所设的建康府学义庄，即是仿效明州州学义庄而设，除资助官宦的贫穷后人、在学及供任学职的士人外，对贫士的赴京应考、入学，贫宦的赴任，也予以补助。《景定建康志》卷二十八《儒学志·本朝兴崇府学篇·立义庄条》：

建康府士子，贫窭者多，或遇吉凶，多阙支用，尤可悯念。今用钱五十万贯，回买到制司后湖田七千二百七十八亩三角二十八步，岁收四千三百余石市斗，米麦相半，发下本学，置簿桩管。如委的簪缨之后，及见在学行供职事生员，或有吉凶，请具状经学保明申上，给米八石、麦七石，米每石折钱三十六贯，麦每石折钱二十五贯。

所谓簪缨之后，指官宦后人。又：

欲将到殿、入学、赴任人，委系贫窭者，照吉事例，并与周给。

可知建康府学义庄也是为贫穷士人、官户而设，资助的项目同样是吉凶之事，即使是贫士的赴京应考、入学，贫宦的赴任，也依吉事周给。资助的对象原本“专及土著，不及游学之人”，后来扩大为“如是他处游学士人，见在本学行供，或在本府寓居，虽非土著，如有吉凶，并与一例支给”（同上）。有的地方这类组织不称做义庄，而称做义廪，叶师中于嘉定（一二〇八～一二二四）年间任临江军教授，“尝积廪饩余数十百缗，买田为义廪，凡仕进及贤裔贫者助之”（管大勋《隆庆临江府志》卷十一《名宦列传》）。除了资助乡里官宦、士人的义庄、义廪之外，游宦远地的官员，如果不幸身故，他的遗属也常可以获得制度性的资助。第四节中便曾述及周自强、刘克庄任官岭南，均曾积例卷置田产，以租入周济身故于岭南的官宦遗属。上述各项制度性的资助之外，贫士、贫宦生活的各方面接受个别性的资助，也不乏见（注九〇）。

官学的学廪减轻了入学学生的经济负担，但并非每个学生都能享受这一待遇。政府、社会对于士人赴考旅费的资助，对于贫士、贫宦生活的周济，则都说明了士人、官宦之中贫困者并不罕见。

六、结语

南宋城居官户、士人的经济来源是多方面的。他们之中许多人虽然住在城市，却没有断绝与农村的经济关系，而在农村拥有田产，或是租佃官田，转佃与人，因而有田租的收入。他们之中也有许多人利用城市的商业环境，经营工商，因而有商业利润的收入。作为官宦与士人，他们的特点是具有一般民众所没有的学识，以学识踏入仕途或任教地方学校，他们有俸禄的收入；以学识教学民间，他们有束脩的收入；以学识代人作文写字，他们有润笔的收入；以学识从事行医、伎艺、诉讼等行业，也各有其收入。城居官户、士人的经济来源不仅来自官宦、士人本身的活动，家中妇女从事纺织，也是一些官户、士人家计的来源之一。此外，许多官户、士人又接受政府或社会的资助，这包括官学学生的学廪，贡士庄及其他基金对应考旅费的补助；士人自己以合会方式筹集应考旅费的义约，有时也有社会的资助在内；而贫士、贫宦的婚丧之事，也有义庄等组织予以周济。

城居官户、士人的经济来源既多，而对不同的官户、士人来讲，他们所得的经济来源也厚薄有异。其中自然有些人收入丰厚而成为城市里的富裕阶层，他们或在农村里拥有众多的田产，或是租佃广大的官田而不纳官租，田租收入成为他们累积财富的重要来源；他们或是从事各种合法、非法的商业活动，规模既大，利润亦高；他们仕宦而获取俸禄，不论是法令之内所应得的部分或是俗例所可取的部分，来者不拒，而俗例所可取的部分，往往要较法令规定的部分高出甚多。还有一些以儒而兼业医的家庭，家境也颇为宽裕。这些富裕的官户与士人，与以贫民居多的一般民众相比，给人深刻的印象，因而一般看法便将官户与士人归之于富裕阶层。

这种看法并非完全错误，却只是事实的一面。经由南宋城居官户、士人的经济来源，可以看到事实的另一面是，他们之中也有些人的家境称不上宽裕，甚至可以说是贫困。他们在农村里虽有田产，但数量有限，不过相当于农村里一个中下户；甚至有人完全没有田产，这种情形在士人之中尤其常见。他们虽然经营商业，却只是在贫困的压力下，为补贴家用而从事小本的经营，甚至有人只要一旦及第，便立即放弃这种营生方式；更有人即使家境欠佳，也不愿意兼营商业。以官员的俸禄来讲，低层官员的官俸和外祠的祠禄原本就不高，如果坚守立身之道，拒斥俗例的收入，仕宦所得实在有限，因此官俸收入未必使人富裕，即使是显宦也有人贵无余赀，何况中下层的官宦，生活贫困者颇有人在。地方学校学职的俸禄也偏低，教学民间所得的束脩又不见得很好，因而以教授为业的士人，不仅贫困者多，有些并且到了生活难以为继或人所不堪的程度。而妇女纺织对一些城居官户与士人家计的贡献，也说明了这些家庭生计的艰难，必须妇女亲手劳作，才能维持生活所需，或供给教育费用。至于政府或社会的资助这一个经济来源，则显示了有不少的官户、士人，家境不佳，他们本身的经济能力，未能解决自己的经济问题。

总而言之，经由对南宋城居官户、士人经济来源的分析，可以了解城居官户、士人的经济境况，实际上是贫富不齐，而且其间可以有很大的差异。将他们整体的归之于富裕阶层，也许对于不同人群经济境况的比较有方便之处，却无助于掌握官户、士人这一人群内部的具体情况。

（原刊于《中国近世社会文化史论文集》，台北，“中央研究院”历史语言研究所，一九九二年六月）

注释

注一：见拙作《南宋城市的社会结构》（载于本书上册页五九七～六七一），《南宋官户与士人的城居》（载于本书下册页八六五～九〇九）。

注二：见周藤吉之《宋代官僚制と大土地所有》（《社会构成史体系》第八回配本）；拙作《南宋的农村经济》第二章第二节：朱家源、王曾瑜《宋朝的官户》（《宋史研究论文集》，《中华文史论丛》增刊）；梅原郁《宋代の形势と官户》（载《东方学报》第六十册，京都）。

注三：见王德毅师《宋代身丁钱之研究》（收入王德毅师《宋史研究论集》）。

注四：见周藤吉之《宋代官僚制と大土地所有》；拙作《南宋的农村经济》第一章第二节。

注五：袁燮《絜斋集》卷六十《叔父承议郎通判常德府行状》引王正己语：“吾观今人宦游而归，鲜不买田。”刘克庄《后村先生大全集》卷一四九《林龙溪墓志铭》：“今夫骤贵者必暴富，本乏寸椽，俄美轮奂，旧无块土，倏旦阡陌者，皆是也。”

注六：见拙作《南宋城市的社会结构》（载于本书上册页

五九七～六七一）。

注七：见拙作《南宋的农村经济》第二章第二节。

注八：见拙作《宋元时代的苏州》（载于本书上册页二六九～三八五）。

注九：见拙作《南宋官户与士人的城居》（载于本书下册页八六五～九〇九）。

注一〇：见刘子健《刘宰和赈饥》（收入刘子健《两宋史研究汇编》）。

注一一：见同注九。

注一二：见高桥芳郎《宋代の士人身份について》（《史林》第六十九卷第三号）；李弘祺《宋代的举人》（载《国际宋史研讨会论文集》）。

注一三：《会要》之《食货六六·役法篇》淳熙六年（一一七九）十月十三日条："臣僚言，窃见绍兴十二年（一一四二）指挥，称乡村户数乡皆有物力，合并归烟爨处外，其坊郭及别县户有物力在数乡，并各令随县分，并归一乡村物力最高处理为等第选差，计募人充役。至乾道八年（一一七二），臣僚一时申请，坊郭之人去乡村远，既不系本处相比保伍，烟火盗贼，何缘机察，亦难以责办催科，朝廷遂变此令，使兼并之家得以避役，而中下之户有被其害者。乞将上项差役事，止用绍兴十二年指挥，则豪富之家可以少戢，而贫弱之户可以自伸。诏敕令所开具旧法，已而开具来上。诏依绍兴十二年十月四日指挥，节次续降指挥并不施行。"

注一四：《梅溪先生文集·后集》卷二十九《周承奉墓志

铭》："予游太学，与周君懋为同舍生。"

注一五：见同注九。

注一六：见宫兆麟《乾隆兴化府莆田县志》卷一《舆地志·里图篇》。

注一七：见王曾瑜《宋朝的产钱》(《中华文史论丛》一九八四年第三期)。

注一八：见同注九。

注一九：见同注九。

注二〇：见同注九。

注二一：见同注九。

注二二：《会要》之《食货六一·官田杂录》乾道三年(一一六七)九月七日条："臣僚言，在法品官之家不得请佃官田，盖防权势请托也。"

注二三：见同注一二。

注二四：见同注一七。

注二五：见拙作《南宋的贫士与贫官》(载于本书下册页九九三～一〇七三)。

注二六：见全汉昇《宋代官吏之私营商业》(收入全汉昇《中国经济史研究》中册)；宋晞《宋代官府、官吏兼营商业及其影响》(收入宋晞《宋史研究论丛》第三辑)；柳田节子《宋代官僚の商业行为について》(载《中村治兵卫先生古稀纪念东洋史论集》)。

注二七：《会要》之《食货二一·酒曲杂录》乾道二年(一一六六)七月十九日条："诏应诸路人户买扑酒坊，不问已未败阙，尽许特依绍兴二十七年之制，除见欠官钱并在役军吏之外，并许以见管已产抵当承买。先是，官僚言，天下坊场败阙者甚多，暗失财赋，不可胜纪，尝究其弊，盖买朴坊场抵当，用本动以万计，非豪右之家不能办，而豪右往往多有官荫及得解进士，依条不许买扑。引用绍兴二十七年九月指挥，故有是命。”

注二八：见朱瑞熙《宋代商人的社会地位及其历史作用》（《历史研究》一九八六年第二期）。

注二九：见《诚斋集》卷一二三《宋故太保大观文左丞相魏国公赠太师谥文忠京公墓志铭》。

注三〇：关于黎明的考证，见渡边纮良《宋代潭州湘潭县の黎氏をめぐつて——外邑新兴阶层の听讼》（《东洋学报》第六十五卷第一、二号）。

注三一：见余英时《中国近世宗教伦理与商人精神》页九七～一〇四，对治生论的讨论。事实上据本文所论，南宋时期士而治生的情形已颇常见。

注三二：据原案，此文标题有误，所志实为边用和之子，边友诚之幼弟。

注三三：见同注六。

注三四：周应合《景定建康志》卷四十《田赋志》载马光祖判文："揽户，城居也。"

注三五：见叶德辉《书林清话》卷二《南宋临安陈氏刻书之一条》。

注三六：见戴建国《宋代的公证机构——书铺》（《中国史研究》一九八八年第四期）。

注三七：详见《朱文公文集》卷十八《按唐仲友第三状》。

注三八：黄震《黄氏日抄》卷七十八《词诉约束》："吏人不得单呼士人姓名，须称某人省元。"

注三九：《慈湖遗言》附录《杨简行状》："遂破食补生徒，文理稍稍即收之。先生日诣学相讲习，又约宰，凡称进士，优以示劝。"

注四〇：见拙作《南宋的农村经济》第四章第三节表十七南宋江、浙米价。

注四一：《会要》之《刑法二·禁约篇》绍兴三年（一一三三）七月二十二日条："又豪右兼并之家，占据官地，起盖房廊，重赁与人。"赵彦卫《云麓漫钞》卷四："绍兴既讲和，务与民休息，禁网疎阔，富豪巨室，竞（按：当是竞之误）造房廊，赁金日增。"

注四二：见余英时《中国近世宗教伦理与商人精神》页八八、页一一六。

注四三：见衣川强著、郑樑生译《宋代文官俸给制度》前篇《以文官为中心论宋代的俸给》。

注四四：见《宋史》卷一七二《职官志·俸禄制篇》。

注四五：见同注二五。

注四六：见梁天锡《宋代祠禄制度考实》之《沿革篇》第一章。

注四七：见梁天锡《宋代祠禄制度考实》之《任禄篇》第四章。

注四八：见陈荣捷《朱子固穷》（收入陈荣捷《朱学论集》）。

注四九：《后村先生大全集》卷一六六《直秘阁林公行状》："晚食祠禄，岁别取百千别贮之，更五任，得千缗，置义庄百斛，以赡贫宗。"

注五〇：见衣川强著、郑樑生译《宋代俸给制度》后篇《官吏与俸给》；拙作《南宋的贫士与贫宦》（载于本书下册页九九三～一〇七三）。

注五一：见同注四八。

注五二：《文忠集》卷七十二《广南提举市舶江公文叔墓志铭》："通判泉州兼南外宗正丞，……大商王元懋因抽解例输白金，君峻却之。"可知舶商有抽解时献金钱给官员之例。

注五三：《文忠集》卷三十二《文林郎刘君令猷墓志铭》载刘令猷事迹："主赣州兴国簿，吏以例斋银若干来迓，君曰，例可承耶，却之。或曰，如他人何？君悟曰，簿廨寓僧坊三十年，盍折卖为土木费乎？役遂以成，后人赖之。"《攻媿集》卷一〇〇《朝请大夫致仕王君墓志铭》载王正功事迹："沣阳终更，吏白有资送钱三百万，悉拒之。"《南涧甲乙稿》卷二十《中奉大夫直敷文阁黄公墓志铭》载黄任荣事迹："公始为太和主簿，移颍上尉，泰和乡胥裒白金以赆，公笑而斥之。"

注五四：见拙作《南宋的淮浙盐场》（载《第二国际汉学会议论文集》（历史与考古组））。

注五五：见林天蔚《宋史试析》第二章第二节。

注五六：《朱文公文集》卷九十八《朝奉大夫直秘阁主管建宁府武夷山冲祐观傅公行状》载傅自得事迹："通判漳州，……临漳公帑岁时例外致馈守贰甚厚，公独不以一钱入门，悉储于外以给宾客之费，比去，计所不取，盖余千缗。"

注五七：《真文忠公文集》卷四十三《刘阁学墓志铭》载刘光祖事迹："遂以直秘阁漕潼川路，……公至部，首戒属州，削互馈。"

注五八：见同注五五。

注五九：李幼杰《莆阳比事》卷五："许巽，字少阳，擢乾道第，在官清俭，同僚目为耐贫翁。后以秘书郎守滁，时监司邻郡互送月至三百余缗，巽悉付公帑，积至一万四千余缗，胥使畏服。"

注六〇：不著撰人《东南纪闻》载未上任的广东提点刑狱吴某拜访退闲于临安的韩淲："于是席地而饮，极欢而去。次日，吴专状遣吏送酒钱若干，仲止（按：韩淲字仲止）出问曰，你官人交割了也。吏错愕曰，本官方拜见，自此却去上任。仲止正色云，便是近来官员，不曾到任，先打动公使库物色，韩某一生不会受此钱。使吏领赍去，其清节若此。"

注六一：《朱文公文集》别集卷九《漳州延郡士入学牒》："今观新汀州知录黄从事器资浑厚，操履端方，杜门读书，不交权利，乡闾有识，莫不推高，若以礼请屈居州学正录之任，兼同主管县学教导，必能使诸生观感而化，有所兴起。前州学施学正允寿、石学正洪庆，皆以耆艾之年，进学不倦，强毅方正，众所畏惮；林贡士易简、李进士唐汝，或索究精微，或持循雅饬，察其志行，久益可观；贡士陈淳、太学生杨士训，齿虽尚少，学已知方；永嘉学生徐寓，务学求师，志尚坚确。凡此数士，当职所知，若悉招延，异其礼际，则凡学之子弟，藏脩游息，无适而不得良师畏友之益，庶几理义畏明，德业成就，仰副圣朝教养作成之意。"

注六二：见同注四〇。

注六三：《勉斋集》卷三十五《行下军学为申请增钱俸帖》："职事员数，朝廷自有著令，今增置至数倍，亦有足迹不到学校，而遥请月俸者，官司又何忍以生民膏血，充此无用之费哉。"同上《行下军学罢职事二员帖》："今职事之额颇众，而学校之弦诵寂然，此于理已有未安，况又舍而之他，但月费俸钱而已，于理安乎？……假令为职事者皆援此例，皆舍学校而虚请俸钱，又岂设学养士本意哉。刘、王皆此邦士类之秀者，教官尤宜护惜，毋使之受此非理之俸，是乃爱之以德也。"

注六四：程敏政《新安文献志》卷一〇〇下罗愿《张承务扩传》："扩从曾孙雄飞，……嘉熙丁酉（元年，一二三七）亚乡贡，即绝笔时文，不应举，专教授乡社子弟，从游常四五十人，郡新创紫阳书院成，堂长请月一谒祠，致馈。答曰，谒祠，尊师也；干禄，非也。却之。"

注六五：张孝祥《于湖居士文集》卷二十九《汪文举墓志铭》："余年十八，居建康，从乡先生蔡君清宇为学。"施宿《嘉泰会稽志》卷十一《桥梁篇·府城条》："广宁桥，……绍兴（一一三一～一一六二）中，有乡先生韩有功（原注：复禹）为士子领袖，暑夜多与诸生纳凉桥上。"《京口耆旧传》卷九《刘蒙庆传》载刘蒙庆与其兄刘嗣庆："皆以文行为乡先生。"《絜斋集》卷二十《舒君仲与墓志铭》："亲炙乡先生沈、杨二公。"《诚斋集》卷一一九《奉议郎临川知县刘君行状》："父遇为乡先生，授徒数十百人。"

注六六：见同注二五。

注六七：见同注九。

注六八：袁章为袁燮的叔父，而袁燮家族居住在明州州城，见同注九。

注六九：《絜斋集》卷二十《李雄飞墓志铭》载李鹗事迹："雄飞工词赋，作策言当世得失甚辨，决科无难，而试每不利，退而诲其徒，乃有得隽场屋，至于擢第者。"《诚斋集》卷一三一《太恭人董氏墓志铭》载刘蕴事迹："先进多怜而教之，或与之训蒙童而受业焉，自是斅学于外，惟岁时归觐其亲，家事一不暇问，盖二十余年，遂以贤能荐于乡，上书天子，又免乡荐，学成行尊，为乡国善士，后辈多师尊之。"刘蕴虽曾荐于乡，又曾免乡荐，却始终未及第。《漫塘集》卷三十二《先祖十九府君墓志铭》述及其伯父刘嗣庆事迹："伯父连名上春官，士大夫起敬，鼓箧从游者以百数。"刘嗣庆虽获乡荐亦未及第。《新安文献志》卷八十七吕午《吴益谦自牧墓志铭》："尝取乡荐，三上春官，辄不利，益谦不以为意。……执经来学百余人，有预乡书，登兰省者。"

注七〇：《朱文公文集》卷八十九《直秘阁赠朝议大夫范公神道碑》："公遂以中旨罢。公领祠如故，……遂邵武僦舍以居，门巷萧然，士大夫益高仰之，远近学者多从质问经子疑义，公亦孜孜迎接，朝夕不倦。"不著撰人《湖海新闻夷坚续志》前集卷一《人伦门·忠臣类·举家自焚条》："尹谷，字耕叟，号务实，长沙人，早年以词赋教授诸生，岁登其门七八十人，后登第仕荆湖阃，改官宰邑，归仍授徒。”

注七一：《夷坚支乙》卷二《茶仆崔三条》：“黄州市民李十六开茶肆于观风桥下，淳熙八年（一一八一）春夜，已扃户，其仆崔三未寝，闻外人扣门，问为谁，曰，我也。崔三意为主公，急启送，乃一少年女子。……一夕，女曰，汝月得顾直，不过千钱。”

注七二：《名公书判清明集》卷六《户婚门·争屋业类·谋诈屋业条》：“岂不知陈国瑞以假馆养贫，初无室庐可以聚居托处，遂于嘉定十三年（一二二〇）租赁沈宗鲁、沈宻书院屋宇三间而居。越六、七载之后，沈宗鲁于宝庆二年（一二二六）春，将上件屋一间半，就典与陈国瑞，……续沈宻于宝庆三年（一二二七）冬，复将一间半并典与陈国瑞。”

注七三：见赵铁寒《宋代的州学》（收入宋史座谈会编《宋史研究集》第二辑）。

注七四：见陆心源《宋史翼》卷三十八《许叔微传》。

注七五：见冯沅君《古剧四考》、《古剧四考跋》（均收入冯沅君《古剧说汇》）；胡士莹《话本小说概论》第二章第四节。

注七六：《水心先生文集》卷二十六《通直郎致仕总干黄公行状》载黄云事迹：“吴中大书会稀少，至君学蚤成，后生慕从常百余人，勤苦诱掖，一变口耳之习，其荐第有名，多君门下，他师不敢望也。”《诚斋集》卷一三三《谥文节公告议》：“忽有族侄杨士元者，端午节自吉州郡城书会所归省其亲。”

《漫塘集》卷三十二《故监江陵府粮料院诸葛承直墓志铭》："时我先君僦屋为书会，隘不可容，故来学之士寝食多散寓他处。"《勉斋集》卷十八《与叶云叟书》："云叟以只身任仰事俯蓄之责，诚不为易，依本分教人子弟以活其家，此最为上策，但亦须自治，读书为文，令有教人之具，又须专心致志，以思所以教人之方，则书会亦庶几可以长久也。"

注七七：见陈智超《宋代的书铺与讼师》（载《刘子健博士颂寿纪念宋史研究论集》）。

注七八：见赵铁寒《宋代的州学》；王建秋《宋代太学与太学生》第五章第一节。

注七九：见赵铁寒《宋代的州学》（收入宋史研究会编《宋史研究集》第一辑）；王建秋《宋代太学与太学生》页二〇六。

注八〇：《朱文公文集》卷九十九《知南康军榜文》："而学校养士不过三十人。"《攻媿集》卷九十一《文华阁待制杨公行状》载成都府学："府庠养士至千人。"《后村先生大全集》卷一四二《虚斋资政赵公神道碑》："改秩知永丰县，……广学田三百亩。始至，养士才二十员，比去，至八十员。"

注八一：《会要》之《食货七十·赋税杂录》绍兴二十八年（一一五八）正月二十九日条载陈诚之奏福建每斗米价："去年丰熟，糙米只是三百以下钱。"

注八二：宋人每日食米的消费量，约在一升至二升之间，即使士兵，也不过日食二升，读书人自然更少。参见衣川强著、郑樑生译《宋代文官俸给制度》

后篇《官吏与俸给》。

注八三：见杨联陞《科举时代的赴考旅费问题》(《清华学报》新第二卷第二期)。

注八四：出租房屋如《景定建康志》卷三十二《儒学志·贡士篇》载《府学赆送规约记》："郡教姑孰陶公炽诱掖后进，以明道书堂拨入岁租，易金市屋，日僦月储，为贡士资。"出贷钱缗如谢启昆《粤西金石略》卷十二唐麟《太守刘公创置融州贡士库记》："以缗钱为贡士库，……可乎？……募市民之能经干者主之，月收其息而积之。"又李昴英《文溪集》卷一《增城新创贡士库记》："亟三百千之损，而吏掌以学职，听民持所有，抵而出之，复入则收其赢什二，积三岁为羡钱若干，新贡士人五十千。"

注八五：范仲淹《范文正公集》附录《建立义庄规矩》载庆元二年续定规矩："如有子弟得解赴省，义庄支官会一百千，……其免举人及补入太学者，支官会五十千。"

注八六：见《文忠集》卷六十八《朝议大夫工部尚书赠通议大夫谢谔神道碑》。

注八七：姚勉《雪坡集》卷三十八载有《新昌义约序》、《高安义约序》、《古洪三州义约序》，这是以地域为范围组成的义约；有《词赋义约序》、《乙卯词赋义约序》，这是应考同一科目的士人所组成的义约；又有《陈氏同宗义约序》、《邹氏同宗义约序》，这是同宗士人所组成的义约。

注八八：见同注二五。

注八九：《景定建康志》卷二十八《儒学志·本朝兴崇府学篇·立义庄条》："义庄创于淳祐辛亥（十一年，一二五一），退庵吴公守建康时也。是年四月，府有牒报学，其略曰，当使昨见四明府学有义庄一所，每年收到租课，凡簪缨之后，及见在学行供职事生员，遇有吉凶，于内支给补助，心甚慕之。"

注九〇：《渭南文集》卷三十九《求志居士彭君墓志铭》载彭维孝事迹："士当试礼部，而以道远食贫未能远驾者，君不待其求，亟而馈之，盖非一人。"《攻媿集》卷一〇一《洪子枕墓志铭》载洪蘩事迹："隆兴寓客胡峡州括挂冠家贫，不能堪，县不加礼，至以逋租没入其田，君请计岁入以偿责，还半俸以活其家；南丰宰卢君孝孙与君定交，尝以公事忤贰车，既赖君解纷，其死也，又周之；叶君大辩免官，待命邑下，君念其清贫，馈饷无虚日，且为求直于有司。"《梅溪王先生文集》前集卷二十《张府君行状》载张瑞弼既富裕，"里人有登第者，喜如己得，闵其贫，每资给之，虽万金不吝也。"

南宋的贫士与贫宦

一、前言

一般认为，宋代的科举考试制度虽然提供了贫寒子弟上升的阶梯，但是由于准备科举考试需要长期的工夫，而想用长期的工夫于准备考试，又必须先具备足够的经济基础，因此在科举考试的竞争中，参预者仍然以富家子弟为主，而且也以富家子弟比较占优势。而入仕之后，官宦可以享受各种优待，有机会合法的或非法的增进家庭的经济利益，因此即使他们出身贫寒，在仕宦之后也会变得富裕。换言之，士人与官宦在社会中属于富裕阶层。这样的看法，提供的只是一个概括的印象，如果要去具体的掌握个别士人及官宦的家境，可以发现其中实际是贫富不齐，而且差别甚大，上述概括的印象只说出了一部分的事实。

近来由于研究南宋城市的社会结构，而注意到官户与士人的城居，由研讨南宋官户与士人的城居，而进一步尝试去探索他们的经济境况，在这一个过程里，了解到南宋的官宦、士人中，固然有许多收入丰盛，属于社会的富裕阶层，但是家境贫乏、生活清寒者也不乏其人。谨以南宋的贫士与贫宦为题，不局限于城市，而旁及乡间，排比资料，草成本文。全文共分两大部分，首先叙述贫士与贫宦存在的事实，其次说明贫士与贫宦所以贫困的原因，而在结论中将就这一现象的时代背景加以讨论。

二、贫困生活中的士人与官宦

（一）贫士

宋代社会存在着“读书人人有分”的观念（注一），科举考试在资格上又没有资产的限制，尽管富家子弟在读书应举方面具有较优的经济条件，然而读书应举既是促成自我实现的方法，又是提高社会地位的途径，自然也有清寒子弟受到吸引，而读书为士。贫士的存在，屡为当时人所提及。朱熹在南康军救灾，对属下各县城居民，依经济能力分为三等，朱熹《朱文公文集》别集卷十《审实粜济约束》载其中的下等人户：

> 下等贫乏小经纪人，及虽有些小店业，买卖不多，并极贫秀才，合请历头人户若干。

宋代读书为士者称为秀才（注二），可见当地城市贫民中，有士人在内，并且以极贫来形容。又真德秀《真文忠公文集》卷四十《浦城谕保甲文》述及计划在浦城县诸隅行保甲：

> 以诸隅区处未定，故未能行，近者官司又再催促，而各隅之人返生疑惑者，恐其别有差使故也。……一家一名，特其大纲耳，贫士之无仆者，单丁之老弱者，不强之使出也。

按，隅是南宋城市行政区划的称呼之一（注三），可见浦城县城内，住了没有仆人可供使唤的贫士。又周应合《景定建康志》卷二十八《儒学志·立义庄条》：

> 建康府士子，贫窭者多，或遇吉凶，多阙支用，尤可悯念。

按，这一义庄附属于建康府学，主要资助在学及供任学职的士人，他们均居住在府城之内，所谓“贫窭者多”当指府城士人而言。又李心传《建炎以来朝野杂记》甲集卷十《类省试条》载国子祭酒杨椿上言朝廷，反对废除四川类省试：

> 蜀士多贫，而使之经三峡，冒重湖，狼狈万里，可乎。欲去此弊，一监试得人足矣。

杨椿泛言蜀士，则不论城市、乡间，四川的贫穷士人均在所指之内。上述事实，说明了南宋时期贫士的普遍存在，有时甚至被强调为众多。

有些贫穷士人尚可以一心一意读书应举，另外一些贫穷士人则必须兼事营生，以足家计。教授生徒，是贫士经常从事的一项工作。例如张九成在尚未考中状元之前，“家贫，水菽不给，寓盐官东乡，作村教书”（张九成《横浦集》卷十六《寄医僧序》）。王师愈原已家贫，父亲去世，办理丧事之后，“家益穷空，斅学以养母”（《朱文公文集》卷八十九《中奉大夫直焕章阁王公神道碑》）。陈亮早年“贫不能自食”，有乡人想将儿子托付给他教导，“而使食焉”，当时陈亮推辞，可是“其后计穷，竟出此”（陈亮《陈亮集》卷三十七《徐妇赵氏墓志铭》)。刘蕴祖上“世服田亩”，到他才“始入小学”，而“箪瓢不能自给，先进多怜而教之，或与之训童蒙而受业焉”(杨万里《诚斋集》卷一三一《太恭人董氏墓志铭》)。丁游自幼失怙，长兄掌理家务，又因嗜酒而“生理坐废”，丁游“一无所问，惟力学授徒，以养其母”(刘宰《漫塘集》卷二十九《丁澹斋墓志铭》)。又如牟忻，“贫不能自振，为后学师，资束脩以给”(魏了翁《鹤山先生大全文集》卷七十八《宣义郎致仕牟君墓志铭》)。也有些贫士的家庭，两代都以授徒为生。例如刘遇“为乡先生，授徒数十百人”，去世之后，其子刘德礼由于“母老家贫，复以授徒为生”(《诚斋集》卷一一九《奉议郎临川知县刘君行状》)。蒋重珍是嘉定十六年(一二二三)榜的状元，可是他家世贫困，“诸父七人，或夭或贫，先君不能自振，假馆于人”，蒋重珍幼孤，赖母亲辛苦抚育，“年十七，为人授小学，有襦鹑结，忍敝以待束脩之入”(《鹤山先生大全文集》卷七十三《顾夫人墓志铭》)。而刘宰一家伯叔父子两代三人，都曾因家境困穷而以教书为业。刘宰的伯父刘嗣庆与父亲刘蒙庆，“皆以文行为乡先生”(刘宰《京口耆旧传》卷九《刘蒙庆传》)，亦即授徒教学。刘嗣庆的儿子刘桂嵒，也就是刘宰的堂兄，自言“童稚时困于贫”(《漫塘集》卷三十三《钱贤良行述》)，可见家境不佳；刘蒙庆为贫所驱，曾开馆于镇江府金坛县的河下，又曾应聘至建康府任教家馆；至于刘宰本人，亦曾“为贫假馆”(注四)。

贫士以授徒为生，有些是自己开馆，招收学生；也有些自己不开学馆，而是受聘到别人家中任教。例如前述刘遇“授徒数十百人”，当是自己开馆；武状元周虎的父亲，南宋初年自北方逃难南来，定居平江府城，“生计落然”，“聚十数学子，资其贽谢以供耳”(周南《山房集》卷五《永国夫人何氏行状》)，也当是自己开馆。这些自己开馆的教书先生，由于家境贫穷，常没有自己的房舍来容纳学生。《宋会要辑稿》之《崇儒二·郡县学篇》绍兴二十六年（一一五六）八月九日条载建康府上元县丞汪贲言：

今州县学校，……或贫士托为聚徒之所。

贫士借用州学、县学的校舍来授徒，说明了他们没有自己的房舍可以容纳学生。又《名公书判清明集》卷六《户婚门·争屋业类·谋诈屋业条》：

岂不知陈国瑞以假馆养贫，初无室庐可以聚居托处，遂于嘉定十三年（一二二〇）租赁沈宗鲁、沈宻书院屋宇三间而居。

陈国瑞是贫士，以授徒为生，也是没有自己的房舍，租借他人屋宇作书院。又《漫塘集》卷三十二《故监江陵府粮料院诸葛承直墓志铭》载刘宰的父亲刘蒙庆于镇江府金坛县的河下授徒：

时我先君僦屋为书会，隘不可容。

可知刘蒙庆也是靠租屋来容纳学生，而且房屋甚窄。受聘于别人家中任教的贫士，如曾做到参知政事的董德元，早年"累举不第，用特恩得州助教，贫甚，乃从富人家书馆"(《夷坚支景》卷五《董参政条》)；曾做到京湖制置大使的赵方，"少业儒，馆于岳富人胡氏，……贫困不遇"(不著撰人《湖海新闻夷坚续志》前集卷二《艺术门·相类·赵方异相条》)。这些任教家馆的士人，也由于家境贫困，有人连妻小一起就养于东家。《名公书判清明集》卷十二《惩恶门·奸秽类·因奸射射条》：

临桂黄渐，窃衣缝掖，以小斅为生，侨寓永福，依于陶氏之家，携妻就食，贫不获已，此已可念。

黄渐由于贫困，投靠永福县陶家教蒙童，妻子也一同前往就食。又吕祖谦《东莱集》卷十三《鄱阳王安母程氏墓志铭》：

安之家聚口众，度伏腊堇堇耳，吾母佐吾父，缩衣节食，聘士教子。塾师姜君庆贫甚，独与二女居，吾母亲为拊养，已而皆资遣之。

姜君庆受聘到王安家任塾师，而其贫困的程度，竟至于两个女儿都由东家抚养，并且资助出嫁。自己开馆而没有收容学生的房舍，任教家馆而妻小也由东家供养，都说明了这些士人是在贫穷的情况下从事教书之业。

贫士授徒的收入，各人情况不同，自然多寡不一。例如上述陈国瑞租沈宗鲁、沈密的屋宇作学馆，六、七年后，便将三间房屋陆续典下（注五），由租而典，可见陈国瑞的经济情况已有改善。而巩瀍却“以贫教授，不自业”（叶适《水心先生文集》卷十四《杨夫人墓表》），所谓“不自业”，当指收入不容易维持生活；叶适的父亲叶光祖“聚数童子以自给”，也“多不继”（同书卷二十五《母杜氏墓志铭》）。受聘于家馆任教，大概除住宿膳食由东家供应外，收入也不多。临江人王省元在未及第时，“家苦贫，入城就馆”，不过“月得束脩二千”，为家中购物，尚须“令学生白父母豫贷焉”（《夷坚丙志》卷十六

《王省元条》）；而临安官家子弟郭信，父亲死后，田亩资产全为后母所操纵，于是靠教人幼子为生，更只“月得千钱”，因而“衣冠蓝缕，身寒欲颤”（《夷坚丁志》卷六《奢侈报条》），月得千钱，不过和茶肆佣仆的收入相当（注六），贫困情况自然很难有所改善。

教书之外，士人在贫穷时，也有以经商或受雇来维持生活的。经商的例子如《朱文公文集》卷九十三《朝散黄公墓志铭》载福州州城人黄瑀事迹：

> 公资刚介，自少即刻苦自励，家贫，鬻曲于市，而挟书随之。

可知黄瑀家境贫穷，因而必须一边鬻曲，一边读书。又陆游《老学庵笔记》卷九：

> 成都士大夫家法严，席冒行范氏自先世贫而未仕，则卖白龙丸，一日得官，止不复卖，城北郭氏卖豉亦然，皆不肯为市井商贾或举货营利之事。

也可见成都府城范氏、郭氏，在未仕宦之前，家境均贫，当亦是分别一面卖药、卖豉，一面读书。而陆九渊兄弟一家，也因家贫而经营药肆为生。陆九渊《象山先生全集》卷二十八《宋故陆公墓志铭》载其二兄陆九叙事迹：

> 家素贫，无田业，自先世为药肆以养生，兄弟六人，公居次，伯叔氏皆从事场屋，公独总药肆事，一家之衣食百用，尽出于此。……及伯季有四方游，虽至窘急，裹囊无不立具。

陆家为士族，家境不佳，而陆九渊兄弟能读书应举，游学四方，全赖陆九叙以药肆收入支持。宋人虽然以读书为高，却不尽反对士人为生活而兼营商业。朱熹便曾本于陆九渊家的事例，而回答门人关于为贫经商的问题，他认为只要不存利心，止经营衣食亦无妨（注七）。而朱熹本人，也曾在门人和儿子的协助下，刊印自著书籍出售，自称是“为贫谋食，不免至此”。张栻对朱熹刊售著作的行为，虽然觉得可能引人误解，而心有未安，但也认为“为贫乏故，宁别作小生事不妨”（注八）。理学大家的态度如此，一般贫士大概也不致于完全排斥此一补贴生计之道。更有一些贫士，由于学业、举业上找不到出路，而沦为雇佣人。如《夷坚支甲》卷八《戴之邵梦条》：

戴之邵，字才美，吉州人，少涉猎书记，无所成名，贫不能自养，佣书于里中富家。

所谓佣书，即受雇佣作书手，代人缮写。又《名公书判清明集》卷十三《惩恶门·诬赖类·假为弟命继为词欲诬赖其堂弟财物条》述王子才的堂兄王平事迹：

祖业荡尽，贫不聊生，无屋可居，佣书为活，遇科举则纳士友试卷，以图些小，见亲知则干求升斗，以供口食，自有生前笔迹、往来柬帖可凭。王子才以手足之故，念其无依，收置门首，看守赀库。

王平原初受雇佣为书手，誊录科举考试的试卷，其后又受堂弟王子才之雇，看守赀库。王平之兄王方，据称是“宦族之后，儒其衣冠”（同上），则王平当亦出身士人，但沦落至此，已不能再守读书旧业了。

贫士生活的情形，史籍中也屡有记载。他们有的住家窄陋破损，甚至没有自己的房屋。如刘克庄《后村先生大全集》卷十八《题林琦友于轩》咏林琦读书之所：

> 城中甲第连霄汉，吾子书窗占地悭。

友于轩当极窄小，和城中连接霄汉的甲第，成为强烈的对比。又陈效《弘治兴化府志》卷三十五《礼记·人物类·儒林篇》：

> 陈均，字平甫，俊卿从孙也，不溺贵习，力学好古，足不出书室，口不及世事。……辑成编年举要、备要二书。……所居容膝，妻啼儿号，处之泰然。

陈俊卿曾任宰相，陈均为其侄孙，虽然是宰相的族裔，但他的居室竟窄小到仅止容膝，而他仍能于其中专志于史学著作。又姚勉《雪坡集》卷五十《丰城邹君墓志铭》述邹一龙想要将女儿许配给姚勉时，遭受到旁人的讥刺，这些人说：

> 姚虽儒，贫也，屋数间，且破瓦不覆椽，日与天日相觌，风旁雨上，何以处君女？

说明姚勉住家破陋到无法遮庇风雨。又林表民编《赤城集》卷十五载尤袤《雪巢记》：

> 吴兴林君景思寓居天台城西之萧寺，破屋数椽，不庇风雨，榜其燕坐之室曰雪巢，日哦诗于其间。

林景思是一位安于贫穷的士人（注九），没有自己的住屋，寄居于不庇风雨的敝坏佛寺中。又《水心先生文集》卷二十五《母杜氏墓志铭》载叶适父母所遭困厄：

始叶氏自处州龙泉徙于瑞安，贫匮三世矣，当此时，夫人归叶氏也。夫人既归，而岁大水，飘没数百里，室庐什器偕尽。自是连困厄无常居，随僦辄迁，凡迁二十一所。所至或出门无行路，或栋宇不完，夫人居之，未尝变色，曰此吾所以从其夫也。

按叶适的曾祖父叶公济曾为太学生，其后因经济困难而迁至处州龙泉，再迁至温州，至叶适的父亲叶光祖定居为温州永嘉人（注一〇），自叶公济至叶光祖，已三世贫匮。叶光祖夫妇婚后，遭逢大水灾，从此没有自己固定的住屋，为租屋而迁居达二十一次之多，而且所居之所又偏僻破陋。叶适的岳家高氏，贫困也和叶家相似。同书卷十五《高永州墓志铭》述叶适岳父高子莫事迹：

高氏来永嘉，无宅无田。公幼孤，贫甚，天性耐穷约，知事轻重，转侧闾巷间，自求师友以立门户，故虽贵姓而知名与儒书生等。

按高氏源出于宣仁高后之裔，所以说“虽贵姓”，南渡之后沦为贫穷（注一一），高子莫自幼在无宅无田的家境中成长。又《赤城集》卷十六载石墪《徐季节先生墓志铭》：

家甚贫，授徒为生。……僦居六十年，泰然不以为忧。

则徐季节更是长期租屋居住以终其生。这些士人在住的方面，可以说是既不舒适，且不稳定。

粗衣敝食，甚或三餐不继，也是一些贫士生活的一面。黄正己的父亲黄邈曾为太学生，“家故贫”，不过“粗给衣食”，黄正己“环视无几何”（《水心先生文集》卷十五《承事郎致仕黄君墓志铭》）；丁希亮“常服补褐而食疏薄，夜诵逮晨，手抄满屋”（同书卷十四《丁少詹墓志铭》）；学者陈淳“故家贫，疏食敝衣，略无愠色”（罗青霄《万历漳州府志》卷十六《龙溪县人物志·乡贤篇·宋乡贤传》）；张君镇与其妻韦氏事奉父母，“力贫以养”，而夫妇二人则“啜菽饮水”（《漫塘集》卷三十一《故韦氏孺人墓志铭》）；阳枋事奉寡母，“植蔬果以奉甘旨，陋巷箪瓢，人不堪其忧，而啜菽饮水，尽孝奉养，甚得欢心”（阳枋《字溪集》卷十二附录《纪年录》）。他们的衣食虽然疏敝，却仍能粗给，有些士人生活的艰困尤有过之。李默《嘉靖宁国府志》卷八中《人文纪》载周紫芝事迹：

> 居陵阳山南，父觉尝曰，是子肩耸而好吟，其终穷乎。两以乡贡赴礼部下第，家贫，并日而炊，里人嗤之，不顾，嗜学益苦，年六十一，始以廷对第三同学究出身。

周紫芝家境贫穷，而仍然经年累月的致力于科举考试，以至于“并日而炊”，可见已到三餐不继的程度。又《水心先生全集》卷十三《墓林处士墓志铭》载居住于温州州城墓林巷的何傅事迹：

> 其言以有财为累而以贫贱为得，以即死为可足而无憾。其忧诸子曰，恐不能如我而无过。其釜爨常空而意气

悠然，未尝以微感人，人亦忘其为贫也。

何傅安于贫穷，“釜甕常空”，也是三餐不继。同书卷十四《姚君俞墓志铭》载叶适于二十多岁时，结识居住在婺州义乌县城西门外的姚君俞：

时君俞应科场，学习词赋锐甚，然其风措孤骞，自洁不同物，若山人处士。年饥不粒食，蒸菘菜茄子啖之，无盐醯。邑人始但忧其贫不堪，既而以其久不屈，稍听向。

姚君俞正准备科举考试，遭逢饥荒，当是物价上涨的影响，竟至于无米可吃，又缺盐酰，于是蒸菘菜、茄子充饥。又《后村先生大全集》卷一五一《习静叔父墓志铭》：

先生讳弥邵，字寿翁，著作公之季子，早孤，苦贫，有手泽书数厨，先生与诸兄卧起其间，饥以充馈，倦以为枕，后皆知名。

按著作公为刘夙，其长子、次子分别为刘弥正、刘弥恭（注一二），刘氏兄弟在父亲去世之后，生活贫困，竟至于以读父亲遗留下来的书籍充饥，可见有缺粮之忧。又姚勉在《雪坡集》卷五十《丰城邹君墓志铭》中，自述未及第时的生活：

始某未第时，家四壁立，读书声与腹雷声并作。

姚勉后来中了状元，但早年不但住屋破陋，而且是忍饿读书。又《漫塘集》卷十九《送吴兄入京序》述刘宰的朋友吴子隆死后的遗属家境：

> 惟仲子罃颇知书，而不免于饥寒，其女兄既嫁而贫，复挈家来依之，或竟日啼饥，相视无策。

吴罃知书，是士人，却衣食不给，而其姊出嫁之后，又因家贫而全家来投靠他，情况自然更坏。上述的几个例子，说明若干士人甚至想维持最基本的温饱，也有困难。

贫士之贫，又表现在他们生活的其他方面。有些士人没有膏油点灯，例如后来考中状元的汪应辰，“家贫，无膏油，每拾薪苏以继晷”(《宋史》卷三八七《汪应辰传》)；如前曾述及的刘弥正及其诸弟，“贫不能具膏火，旁妪夜绩者，光射公牖，辄携书就之，后皆中第”(《水心先生文集》卷二十《故吏部侍郎刘公墓志铭》)。有些士人好读书而没有能力买书，如陈长方十四岁而孤，但是刻意问学，“家贫不能置书，假借手抄，几数千卷”(陈长方《唯室集》卷五附录胡百能《陈唯室先生行状》)；如郑樵二十余岁时，“家贫，无文籍，闻人家有书，直造其门求读，不问其容否，读已则还”(林希逸《竹溪鬳斋十一稿续集》卷二十九《学记》)；如高元之，“独处赭山萧寺，顾无书，得易一编，昼夜诵不辍，遂晓大旨，邻士异焉，稍稍借以书”(《攻媿集》卷一〇三《高端叔墓志铭》)；如真德秀，“幼颖悟绝人，家贫，无从得书，往往假之他人”(周密《齐东野语》卷一)；如郑寀，“家贫，借里中书，手抄口诵，遂贯通百家”(《后村先生大全集》卷一六九《枢密郑公行状》)。也有士人虽著书而无力刻书，如吴大礼的祖父，“著书满家，贫不能尽刻”(《攻媿集》卷五十二《环溪文集序》)。有些士人无法为人所接纳，如杨万里自述少年时，“贫且拙，拙故多不合，贫故寡与，以与之者寡而不合者之多，故无友”（《诚斋集》卷七十二《水月亭记》）；前述的高元之则更“饥寒寥落，辛苦万状，人或厌且怒，至排摈不容，濒死者屡矣，而志愈厉”（《攻媿集》卷一〇三《高端叔墓志铭》）。不仅在个人读书交往的过程上有许多必须克服的障碍，贫士在家庭的养生送死方面也承受着沉重的压力。有些士人在父母或妻子亡故之后，无力治丧，例如杨光的父亲在临安任官，于任上去世，家属无力还乡，几年后，母亲曹氏也去世，“皆寄攒野寺”，而杨光则“苦志学问”（《夷坚支癸》卷二《杨教授母条》）；如孙贯往从陈亮求学时，陈亮已“七年弗克葬其母矣”，再过两年才办好丧事，和众人谈起，独孙贯“惨然于众人之中，若不能自容者”，原来孙贯由于家贫，“其母丧犹在殡也”（《陈亮集》卷三十七《孙夫人周氏墓志铭》）；如林平原，“好学有文，贫不能葬其父”（《水心先生文集》卷十二《与林平原升卿谋葬父序》）；如姜处恭，祖父官至朝散郎、签书南康军判官，父亲亦官从政郎，而他“九岁而孤，家尤贫，大母、父母皆散死他州不能葬，而朝散旅于都昌佛寺，四十余年矣”（同书卷十四《姜安礼墓志铭》）；如许深夫“年未丱而丧母”，由于“家方穷空”，他的父亲办理亡妻丧事，“既殡而无以葬”（张栻《南轩集》卷十三《思终堂记》）；如孙从之在父亲去世后，由于“贫且贱”，所以“葬故缓”（《鹤山先生大全集》卷八十《孙武义墓志铭》）；而方逢辰家的塾师童元孙，父亲卒后，同样是“家贫，未克葬”（方逢辰《蛟峰文集》卷七《童会卿墓铭》）。有些士人更必须为了家庭生活而借债，甚至舍弃亲生子女，如胡元质旅居临安时，“闻邻有贫士夜哭，问之，乃为人责偿，鬻其女”（范成大《吴郡志》卷二十七《人物篇·胡元质传》）；而刘宰的父亲刘蒙庆，“且质且贷，箱箧无遗”（《漫塘集》卷二十六《皇考云茅先生大葬祭文》)，在建康府任教家馆时，接信得知幼子出世，悲喜交集，担忧原有四子，“犹不免饥寒，又益一焉，其何以为计”(同书同卷《外弟大祥祭文》)，于是将其出继陈氏(注一三)。总之，贫士的生活由于缺乏足够的经济能力而不乏坎坷。

上述这些贫士，有人是高官或贵戚之后，如陈均的从祖父陈俊卿是宰相，高子莫则源出于宣仁高后之裔，他们不因祖先的贵盛而不贫乏。而贫士本人或其子孙，也有人通过科举，甚或高中状元。如因贫甚而任教富人家馆的董德元，原本累举不第，年事已高，绝意于功名，为人强挽再参加考试，结果“预荐选，次年南省奏名，廷试居第一，以有官之故，诏升王宣子居上而董次之”(《夷坚支景》卷五《董参政条》)。如临江人王省元，任教家馆时，为家中买物尚须预借束脩，原也无意于进取，同样为朋友强挽参加考试，结果“遂荐送，明年省闱中第一人”(《夷坚丙志》卷十六《王省元条》)。如刘蒙庆不过是一个贫穷的乡先生，他的儿子刘宰却登进士第；叶适祖上三代贫匮，父亲叶光祖以教蒙童为生，而叶适也登进士第。而王师愈、赵方、黄瑀、陆九渊、杨万里、刘弥正兄弟、周紫芝等人，都在贫困中奋力读书，中了进士。张九成、陈亮、蒋重珍从事教学均起因于家贫，姚勉当初读书声和腹雷声并作，汪应辰曾经靠捡拾柴薪来代替油灯，可是他们日后都中了状元；周虎的父亲同样是贫穷的乡先生，而周虎也能高中武状元。而上述诸人，在宦途中有人仕宦有声，也有人致位通显。又有贫士成为著名的文人学者，如杨万里是南宋最出名的诗人之一，郑樵、陈均都以历史学者著称，叶适讲论经世之学，陈亮曾和朱熹辩论王霸义利，陈淳、阳枋传朱熹之学，而陆九渊更是理学之中陆学一派的宗师。而这些贫穷出身的士人中，又有人在仕宦和学术两方面都有表现，如杨万里、叶适。贫穷虽然使他们的生活中充满了坎坷，却无法阻碍他们获得较高的地位与成就。

（二）贫宦

不仅士人之中贫困者不乏其人，即令是仕宦之家，也颇有家境清寒的。陆游甚至说："某自念少贫贱，仕而加甚"（陆游《渭南文集》卷十七《复斋记》）。南宋社会上盛行的义田或义庄，并非全以家族互助为目的，其中也有一种类型，用以济助乡里的贫穷仕族。这一型态的义庄或义田，首先见于绍兴府。施宿《嘉泰会稽志》卷十三《义田篇》：

> 故丞相魏国史公镇府之明年，实乾道戊子（四年，一一六八），始捐己帑，置良田，岁取其赢，助乡里贤士大夫之后贫无以丧葬嫁遣者，附于学，而以义名之。

丞相魏国史公即史浩，当其知绍兴府时所捐置的义田，目的在于对贫困的士大夫遗族，在丧葬嫁遣方面给予济助。这项措施，说明了若干官宦生前家境并不宽裕，才使他们的后人落入赖人救济的困境。史浩在绍兴府创设义田之后，他的同乡汪大猷、沈焕起而仿行，绍熙元年（一一九〇），二人协同史浩，在明州倡议捐产输财，设置义庄，其办法为"凡仕族有亲丧之不能举，孤女之不能嫁者，投牒于郡，参稽得实，以次而授"（袁桷《延祐四明志》卷十四《学校考·本路乡曲义田庄条》载楼钥《义庄记》），同样以贫困仕族为济助对象。而吴渊在淳祐十一年（一二五一）所设的建康府学义庄，虽然以资助在学及供任学职的士人为主，但对"乡邦簪缨之胄韦布者流"，亦即官宦遗族生活贫困者，也“嫁娶婚葬皆有给”（《景定建康志》卷二十八《儒学志·立义庄条》载《义庄记》）。各地先后以义庄之力，协助贫困仕族纾解经济压力，说明贫宦并不罕见。

低层官宦由于俸禄较为微薄，若是家中缺乏较为丰裕的田租或商业收入作经济基础，生活贫困也许在所难免。楼钥送侄子楼沇赴任郧乡知县，便勉以“俸薄用宜啬”（《攻媿集》卷三《送从子沇宰郧乡》），收入既然不多，日用自须节俭。在《后村先生大全集》卷一四八《亡室墓志铭》中，刘克庄自述其亡妻生前对他生活上的支持：

> 为余妻十九年，余宦不遂，江湖岭海行路万里，君不以远近必俱。……余贫居之日多，君节缩营薪水，未尝叹不足。即有禄米，君奉养服用，一不改旧。

按刘克庄在妻子逝世前，仕宦尚未到较高官级（注一四），早年职位自然更低，全赖其妻节俭度日，贫困之中才没有不足之忧。同书卷一六九《秘阁东岩赵公行状》载赵彦侯早年事迹：

> 改秩知安溪县，继陈公宓之后，洁廉岂弟，与陈齐名，县小俸薄，公苦淡过甚，竭力营太夫人旨甘，自食粗粝而已。

赵彦侯以县令的俸入，必须自食粗粝，才能以甘旨事奉母亲。又《鹤山先生大全集》卷七十一《史尧辅墓志铭》：

> 充甫（按：史尧辅字充甫）平生澹于货利，奉赐听其家人自为，率缘手尽已，惟破裘败絮，精诵苦吟，穷晨夜

不能休，以是终其身焉。丧归，仅有杂藁及诸经讲义五十卷自随，无余货也。

史尧辅仕宦官级也不高（注一五），俸禄交给家人后，随手即尽，以致贫困终生。微薄的收入不仅使他们过着俭朴的生活，有些低层官宦即使俭省度日，家计仍然遭遇困难。《漫塘集》卷三十五《故令人汤氏行状》载赵令侃及其妻汤氏事迹：

初，侍郎尉武进，位卑俸薄，而值岁饥，荒政行，日走田里，不遑内顾，令人鬻簪珥以自给，不敢以贫忧其夫。

赵令侃任武进县尉时，位卑俸薄，汤氏竟必须出售自己的首饰来维持家计。又《后村先生大全集》卷一六三《王孺人墓志铭》载王孺人之子林观事迹：

乞主管南外宗邸，……官冷俸薄，至质鬻以供甘旨。

林观虽有俸入，竟尚须质鬻而后始能以甘旨事奉母亲。又孙觌《鸿庆居士集》卷三十九《宋故教授卢公墓志铭》载卢择善事迹：

择善以绍兴二年（一一三二）赐进士出身，授迪功郎，宣州宁国县主簿，丁母夫人强氏忧，忧除，调黄州录事参军，……家素贫，不殖赀产，屋庐庇风雨，藜羹藿饭，一饱之外，淡然自足。在黄州丧其配，贫窭不能归。……僦一弊舟，冒长江之险，载其柩以旋。次九江，舟败，几不免。践艰乘危，间关寸进，积数月乃得归。

卢择善平日居室、饮食均甚简陋，仍能淡然自足，但是当妻子去世，运灵柩返乡时，经济便发生问题，使得归程遭受很大的波折。而胡宪一任州学教授之后奉祠，“其里居贫甚，馆粥或旬月不继”（林之奇《拙斋文集》卷十八《秘书省正字胡宣教行状》），经济情况更恶劣。上述事实，说明这些官宦的生活并不宽裕。

从一些低层官宦去官或逝世之后的家境，也可以了解他们生活的清寒。汪应辰《文定集》卷二十一《左奉议郎汪公墓志铭》载汪乔年先后任池州、建康府、饶州教授：

> 其归自饶，益贫甚，荒郊敝庐，藜藿塞径，或饘粥不继，而独以书册自娱。

《真文忠公文集》卷四十《仙都大夫李君墓志铭》载李肖望于知辰州安丰县任上，与郡守发生意见上的争执，于是辞官还乡：

> 遂丐崇道祠官以归，浮寄僧蓝，朝饘暮粥，澹如也。

欧阳守道《巽斋文集》卷九《送赵仕可序》述登科已十四年而官至宜春狱掾的赵仕可：

> 仕可虽宗室子，发迹书生，一寒无援，家又无升合之田，居官得俸，入才支出，官满日归，依然故贫。

李肖望丐祠之后，寄居佛寺，尚能有简陋的饮食，而汪乔年去官之后，竟贫困到“饘粥不继”，他们的生活所以如此，赵仕可“官满日归，依然故贫”的事例可以说明，那是由于“居官得奉，入才支出”。由于居官所得俸禄无法有积蓄，所以一些低层官宦身后没有余财办丧事。如尚振藻任蕲都大监辖蕲口镇仓库兼兵马烟火公事，死后“身无余资，郡僚贷钱买棺以敛”（周必大《文忠集》卷七十三《承直郎尚甥振藻墓志铭》）；赵彦僖任东安知县，由于“家素清贫”，死后“至贷钱买棺而归”（同书卷七十四《承直郎知东安县赵君彦僖墓志铭》）；阳枋的父亲阳景春官至司理参军，“既殁而家四壁立，无以为葬”，阳枋“赞议贸所居室庐以奉丧事”（《字溪集》卷十二附录《有宋朝散大夫字溪先生阳公行状》）。他们的后事，都或靠借贷，或靠出售住屋，才能办好。还有更加凄惨的事情，《文忠集》卷六十四《文华阁直学士赠金紫光禄大夫陈公居仁神道碑》述陈居仁知建宁府时事迹：

先是，观察推官柳某死，贫不能归，乳妪挟二子行丐于市，公闻之，给以粟帛，命士人教养之。

柳某任官而家贫，死后遗属竟至于沦而行乞。身后的情况如此，生前家计的艰困也可想而知。

从赵蕃的诗作，颇可以窥见一个贫乏的低层官宦，在生活中所遭受的各种困厄。赵蕃以恩泽入仕，经历了县主簿、州司理参军、监赡军酒库等职位，便奉祠家居，直到逝世之前数年，才因名闻朝廷而再迁升官级（注一六），大体上说，是一个低层官宦。他的诗集中，有不少诗描述自己生活的情形。赵蕃《淳熙稿》卷十一《徙寓智门》：

来归迨一载，借屋已三迁。易觉林间寺，难求郭外田。

同书卷十七《寄怀》：

破屋支撑风雨余，世间种种不关渠。

可知赵蕃曾经一度没有自己的住屋，寄寓于佛寺，而且一年之中三迁其址，又曾经一度居住在勉强遮蔽风雨的破屋中。住既如此，衣也久佳。同书卷一《十四日》：

穷冬无苦寒，宽我欠裘褐。裘褐苟不备，道有犹絺葛。

他庆幸这年冬天并不很冷，因为他没有御寒的裘褐，只有单薄的絺葛。而最令赵蕃感到困扰的，大概是食的问题了。同书卷三《留别成父弟以贫贱亲戚离为韵》：

今年岁大熟，谷价率以贱。富家积囷仓，贫自无饱饭。悲哉五斗图，去矣千里远。四民士为先，今乃媿工贩。

岁丰谷贱，米粮满仓，他却穷到吃不饱，为了图谋微薄的俸禄，只好远赴外地，身为四民之首的士大夫，然而他的家境竟不及工商。他曾经“食粥已数月”（同书卷一《谢王使君》），也有时“瓶储朝乏粟”（同书卷十一《徙寓智门》），断炊是他常有的经验。同书卷十七《寄怀》：

读书万卷不充饥，枵腹吟哦大似痴。不是邻僧能送米，囊空何以续晨炊。

又：

忍饥要惯无他术，过午未炊犹读书。

又：

倚樯吟啸元无忤，谁信今朝无早炊。

读书吟诗成了他忍饥挨饿之术。为了买米，他要向人借贷。同书卷二《即事》：

问薪薪已无，问米米已空。假贷愧邻里，奔走愁仆童。乞食陶征君，乞米平原公。昔人有如此，吾今未为穷。

心中为了借贷而深感难过，他却仍以未到乞食的地步来安慰自己。他也曾以衣物来换食米。同书卷四《和陶渊明乞食诗序》：

自八月来，日以抱衣易米为事，衣且竭矣，米卒亡术可继。

衣物将尽，粮食问题已无法解决。问题的严重，到了米店既不肯赊，亲友又拒绝往来的地步。同书卷二《十四日》：

童奴忽告言，薪尽米复竭。市籴不可赊，囊钱顾安得。

同书卷四《和陶渊明乞食诗》：

我生堕贫中，欲避将安之。去年未是贫，假贷犹有辞。亲朋戒今年，相与谢往来。朝昏曷以度，半菽藜羹杯。

情况如此，对儿子他只能“一笑谢儿曹，尔饥由我拙”（同书卷二《十四日》）；对于自己，则深自感叹“而陶虽贫，犹有可乞食之家，仆今欲乞食，将安之耶”（同书卷四《和陶渊明乞食诗序》）。饥寒之中，赵蕃又经常生病。“终年厄贫病”（同书卷二《成父送梅一株》）、“饥寒兼抱疾”（同书卷十一《病中即事》）、“胡然贫病祗如昔”（同书卷十四《呈晦庵》），这一类句子，屡屡见于他的诗中。衣食问题已无法解决，他更没有余力来治病。同书卷十七《寄怀》：

秋风常恐到无期，一雨便兴摇落悲。疾病相攻今转甚，囊空何以致高医。

无钱治病，病况只有愈来愈严重，也就无怪乎赵蕃思秋风秋雨而兴悲。一位贫宦的生活，跃然于这些诗文之上，即使赵蕃已经仕宦，他的困乏仍和贫士相似。

不仅低层官宦有上述情形，即使是中高层官宦，也有人生活并不宽裕。朱熹任官，外而至知州、提举常平，内而至侍讲，然而却“饥寒危迫之虑，未尝一日弛其心”（注一七）。陆九渊在临安任国子正、敕令所删定官，可是奉祠归乡时，“囊橐萧然，同僚共赆之”（《象山先生全集》卷三十六《年谱》淳熙十一年条引杨简《孺人吴氏墓志》）；回家乡讲学象山，也曾一度“瓶无储粟，囊无留钱”（同书卷十四《与侄孙浚》）。而徐侨“为侍从，家贫，朝服亦浣濯纫补”（俞德邻《佩韦斋辑闻》卷三）。又《漫塘集》卷三十四《吴夫人墓志铭》载梁季珌及其妻吴氏事迹：

太令人之丧，侍郎虽已为二千石，家故贫，奠馈无所受，微夫人倾装囊以助，几无以葬。

按梁季珌官至守尚书吏部侍郎，所谓“已为二千石”，指其当时任知州，由于家贫，又不收受奠仪，若非妻子以妆奁相助，几乎没有能力埋葬亡母。又《朱文公文集》卷七十六《金华潘公文集序》：

然公平生廉介自将，自少至老，出入三朝，而前后在官，不过八百六十余日，所居仅庇风雨，郭外无尺寸之田，经界法行，独以丘墓之寄，输帛数尺而已。其清苦贫约，盖有人所不堪者，而处之超然。

按金华潘公为潘良贵，仕宦至中书舍人，官级不低，却居室简陋，又无田产，生活的清苦达到一般人所无法忍受的程度。又袁燮《絜斋集》卷十一《资政殿大学士赠少师楼公行状》载楼钥及其父亲楼璩事迹（注一八）：

家素清贫，重以建炎之祸，先庐故物，一簪不留，兖公（按：楼璩赠兖国公）依外舅少师汪公以居，辛苦植立，不坠先绪。宦游既久，生理尚窄，朴素如寒士，诸子无复豪习。公从师里校，至无盖以障雨，敝衣粝食，仅免寒饥，以此益自磨厉。

按楼璩曾任军器监丞、知州，官至朝议大夫（注一九），官级也不低，然而“生理尚窄，朴素如寒士”，他所能提供给楼钥兄弟求学时的生活，不过是“敝衣粝食，仅免寒饥”。同状述楼钥通显之后的家庭经济状况：

后虽通显，自奉甚薄，食饭不过适口，服用仅足而止。奉祠家居，日虞不给，夫人撙节用度，纤微必计，始有余米，罢祠之后，赖以相续，及再得祠，而米适尽矣。

楼钥仕宦通显，可是奉祠时仍有家计不足之忧，必须节俭度日，才有余米，可见他并没有因通显而累积财富。又黄震《戊辰修史传》之《丞相杜范传》载杜范家境：

有田二顷，粗给饘粥，虽贵为宰辅，未尝增尺寸，室庐仅庇风雨，见者莫知为公相之居。

有田二顷，相当于中产之家的田产（注二〇），但杜范以公卿丞相的身份，自然有许多常人所无的开支，因此也只能“粗给饘粥”，住屋也很简陋。上述事例说明了宦达并不必然使人富裕，一些中高层官宦，甚至其中有宰相，仍须过着俭省的生活，而且有人达到清苦的程度。

一些中高层官宦生活的清寒，同样可以从他们去官或逝世之后的家境反映出来。常同官至御史中丞，因得罪秦桧而请祠，“贫无立锥地”（《文定集》卷二十《御史中丞常公墓志铭》）；陆时雍官至郡守，“去郡而归，橐无余金，居无尺椽，寓居环堵之下，湫隘嚣尘，若不堪忍，而公安之，泊如也”（曾协《云庄集》卷五《左朝请大夫前知建昌军陆公行状》）；赵彦侯官至湖南提点刑狱，“入仕四十年，家无留赀，岁晚归来，犹籴而食”（《后村先生大全集》卷一六九《秘阁东岩赵公行状》）；赵君纶从知江陵府、安抚湖北罢归，“无一亩之宅，僦居长沙，寻归萧山，为屋五楹，仅庇风雨”（《鹤山先生大全集》卷七十三《直焕章阁淮西安抚赵君纶墓志铭》）。这些官宦在去官之后，都或乏积蓄，或无住屋、田产。既然中高层官宦也会缺乏积蓄，他们身后的情况自然也有人颇为凄凉。《絜斋集》卷十六《叔父承议郎通判常德府行状》载袁章事迹：

> 卒之日，室中萧然，无以棺敛，质贷而后办，自擢第至殁，余三十年，而生理若是。

又《后村先生大全集》卷一五七《林贵州墓志铭》载林公奕于知贵州任上去世：

> 君仕远禄薄，既卒官下，几不能返丧，郡人怜之。……二孤质鬻奉柩，舟行二（按：二下当缺千字）余里至惠，又陆行二千余里始达先庐。

袁章的后事靠质贷才能办理，林公奕的灵柩也靠质鬻才能还乡。又《漫塘集》卷二十九《故广西经略司干官范承事墓志铭》载范克信善行之一：

> 旧馆池帅刘公震家，刘死而贫，丧寄浅土，微君无以葬。

刘震曾任池帅，当即池州驻扎御前诸军都统制，在武将中官阶不低，但是死后家贫，若非范克信之助，竟无法下葬。范克信还曾为好几个人的后事尽力，他们或是低层官宦，或是士人（注二一），而刘震以全国不过十个御前诸军都统制的官职，身后也和他们相同。

出身于福州州城的黄瑀，和他的两个儿子黄东、黄榦，是贫宦之中引人注目的例子。前文已述及黄瑀年少时，因为家贫而一面鬻曲，一面读书，其后进士及第，初任饶州司户参军，罢任之时，仍然“贫甚，与一力徒步以归”（《朱文公文集》卷九十三《朝散黄公墓志铭》），往后官职日升，至监察御史，经济情况亦应有所改善，因此可以“于奉亲极其厚，至于兄弟族姻之间，周贫振乏，亦无所爱其力”（同上）。然而朱熹所撰墓志铭又称：

为御史时，尝病甚。临安守赵公子潚亦以廉节著，被旨视公家事，见其箧椟萧然，衣无兼副，俯仰叹息者久之。卒之日，家亡余财。

则其收入均已用于周济亲人，自身仍过极其清苦的生活，也没有余财留给后人。其子黄榦也说：“御史公既殁，家无余财，田亩之入不足支数月”（黄榦《勉斋集》卷三十八《仲兄知县墓志铭》）。而黄榦与其兄黄东，仕宦之后的经济状况也没有改善。《勉斋集》卷三十八《仲兄知县墓表》叙述黄东身故时的情形：

庆元六年（一二〇〇）五月十有一日，通直郎知抚州乐安县事黄君东，字仁卿，至抚州之一日，以疾卒于郡学之官舍，教授刘君瑱发其箧视之，金无余藏，问之左右，则君未至州而粮已终矣。

墓表又述黄东为官廉介之行，然后称：

以是官既不达，而家益贫，然君处之如未尝仕，衣食蔬粝，妻孥以下有不能堪者。

可见黄东入仕之后，家境仍然贫穷，衣食的粗陋到妻儿不堪忍受的程度，而他在赴乐安知县任时，不幸未到任所即已病逝，不仅行箧之中没有余财，甚至连粮食也在这以前食尽，显然旅费不足。黄东生前，朱熹已曾对他的经济状况有所感叹："示谕食贫之状，深为叹息。……然从官两世，清贫如此，益见家法之有传"(《朱文公文集》卷四十六《答黄仁卿》)，所谓从官两世，指黄东与其父黄瑀两代仕宦。至于黄榦，更屡屡自言其贫。《勉斋集》卷六《复杨知县通老》：

> 榦猥贱苟遣无足道者，杂居庸保以贩鬻为业，责任甚轻，真为贫所宜处。

此书当作于黄榦仕宦初年，主管酒务或酒库时（注二二），所以说"以贩鬻为业"。同书卷五《与李敬子司直书》：

> 榦自南昌行至上饶，忽动家山之兴，慨然南辕，意欲且留家间，遣人求一差遣。及抵家，米价大贵，家间典质已竭，只得且解囊中，以济其乏，而急走中都，求见次以济之。

此书疑作于临川令卸任之后，自临川北行至南昌，东折经上饶，准备至行都，临时起意返乡。同书卷五《与李敬子司直书》：

> 为贫试郡，落在尘埃棰楚中。

黄榦作此书时，当已任郡守，所以说"为贫试郡"。又林翔为黄榦所撰之《行实》(载黄榦《勉斋先生黄文肃公集》附集)载：

先生归自安庆，而贫不减昔时，祠禄之入，分以赡族属，自奉之具，有寒酸所不能堪者。

则其知府任上退归之后，依旧贫穷。总之，黄榦自入仕至任职郡守，以至退归，始终贫困，而家中曾一度因米价上涨而典质已尽。黄东官职不过知县，官级尚在低层，而黄瑀曾任监察御史，黄榦也官至郡守，官职已不算低，但不论官级高低，都家境清贫，这也就无怪朱熹要为之感叹。

三、导致贫穷的因素

（一）生活态度

贫士与贫宦之所以贫困，自然各人有各人不尽相同的原因，本文尝试归纳出一些比较共通的因素。就生活态度而言，有些士人和官宦的贫困，固然是由于任意的挥霍（注二三），不过也有些士人和官宦的贫困，是由于他们的节操风骨。当时贫士求助于人的情形并不罕见（注二四），砥砺节操的贫士或贫宦却坚持君子固穷的态度，不肯在金钱上或官职上对人有所求乞。朱熹《伊洛渊源录》卷十三《胡文定公篇·行状略》载胡安国事迹：

家世至贫，转徙流寓，遂至空乏。然贫之一字，于亲故间非惟口所不道，故亦手所不书。尝戒子弟曰，对人言贫者，其意将何求，汝曹志之，凡财利假贷，剂约必明，期日必信，无少差忒。

胡安国家境空乏，却不愿对人言贫。从他对子弟的训诫，可以了解，他认为对人言贫，即含有求乞之意，所以不愿意如此。又《絜斋集》卷二十《从兄学录墓志铭》述袁燮堂兄袁涛事迹：

每见世之儒其衣冠者，弗能忍穷，经营书问，干叩官府，其俗至陋，恬不知愧，为之太息，故虽清贫至骨，终不肯低首下气。

袁涛虽然贫困之至，却瞧不起那些求乞的士人，自己也不肯如此做，经济情况自然难有改善。又《漫塘集》卷十九《送吴兄入京序》：

吾乡吴子隆兄，宦游五十年，进不求荣，退不谋利，每见人诉滞淹而求荐引，述窘匮而丐周给，即瞑目不视，曰：是不异乞人，可以吾儒而作乞人态乎。

吴子隆除了瞧不起求乞金钱的人外，也瞧不起求乞官职的人，自己当然也不会这样做，所以他死后“囊无一钱，瓶无粒粟，无立壁可家”（同上）。又同书卷二十九《故湖州通判朱朝奉墓志铭》载朱晞颜事迹：

君之尉上元也，同志以世道之薄，约不求举，惟君为能践其言。

朱晞颜和朋友们不求人荐举的约言，只有他和刘宰能实践，可见其事之不易（注二五）。他的生活，“生理素薄，历州县，俸入无赢，求一廛以宁其亲，盖三十年在怀而卒未遂”（同书卷十一《回周马帅虎》），应该和他这种坚持有关。而黄㼆得其上司湖北转运使向伯奋的叹赏：“人皆求荐，君独未一言，何也”（《朱文公文集》卷九十三《朝散黄公墓志铭》）；黄东也“居官办职，不为表曝以求人知，所至未尝以姓名通诸司，刚介自持”（《勉斋集》卷十三《仲兄知县墓表》），同样是秉持着不求乞官职的态度，也同样和他们的贫困生活有关。

有些贫宦不仅不在自己的官职上有所求乞，而且不肯屈身迎合权贵、上司，即使因此而丧失官职也不改变态度。例如潘良贵在北宋末、南宋初便曾屡次忠于自己的意见，批评朝政，忤犯贵臣，也因此屡被斥逐（注二六）。又《宋史》卷三七六《潘良贵传》：

> 晚居家贫甚，秦桧讽令求郡，良贵曰，从臣除授合辞免，今求之于宰相，辞之于君父，良贵不敢为也。

潘良贵虽然贫穷，却仍风骨崚嶒，不肯接受秦桧对他所施官职的利诱。又郑刚中《北山文集》卷二十《答吴鸣道》：

> 某家故贫，……年来虽得绅笏，而五穷相随，不使谄事权贵，动取憎嫌，阖门百指，米盐不具。

郑刚中自述家境原本贫穷，入仕之初，由于不肯谄事权贵，经济依然没有改善，甚至到米盐不具的程度。此后郑刚中以其才器，获得赏识，官职日升，至资政殿学士、四川宣抚副使，却又因开罪权贵而结束其仕宦事业，并恢复原初的贫穷状况。《北山文集》卷二十一《自讼》：

我昔贫时冬少袴，四壁亦无惟有柱。自从脚蹈官职场，暖及奴胥妻子饫。线因针入敢忘针，入室古云当见妬。云衢跌足泥淖寒，涕泣牛衣复如故。

按郑刚中此诗作于封州，当时正因罪贬斥，安置于此。由方面大员而突遭贬逐流放，经济情况自然有很大的改变，所以说“云衢跌足泥淖寒，涕泣牛衣复如故”。郑刚中从封州写信给儿子，只能嘱咐“目下粗茶淡饭，莫问饥饱，且兢兢度日”（《北山文集》卷三十《封州寄良嗣书》）。而他所以会遭逢这样大的变故，原因就在于他早年虽由秦桧提拔，后来却不肯逢迎秦桧，多次违抗其意旨（注二七）。又《勉斋集》卷三十八《朱夫人墓表》述陈元平事迹：

元平，慷慨奇男子也，生平视世事不如意辄上书阙下，论得失，斥公卿贤不肖，立部使者、郡太守庭下，辨事可否，刺口斥言不少忌。以是官不遂，家本丰厚，坐是反困约。

陈元平家境原本丰厚，然而由于他对政治的得失、人物的贤否，喜欢直言无忌的批评，使得他宦途蹇滞，而家境也因而变得困约。此外，王正己任洪州丰城县主簿，由于治狱不肯故入人于罪，“忤帅意，竟称疾而去，……归而攻苦食淡，左图右书，饘粥几不继，泊如也”（《攻媿集》卷九十九《朝议大夫秘阁修撰致仕王公墓志铭》）；监兴国军城酒税张汉卿不肯受郡守之辱，监复州酒税元汝楫不肯迎合郡守之意舞弊，都辞官而去，以“一介小官，能不为势利所屈，忍贫绝禄，不辱其身”（《历代名臣奏议》卷一四九载赵汝愚奏）；又如黄瑀曾多次拒绝上司和权贵不合理的要求（注二八），而黄东则“虽州县长吏不敢溷以私事，所当争则胁以斥逐不顾也”（《勉斋集》卷三十八《仲兄知县墓表》），这种态度无疑是导致他们父子两人生活穷困的因素之一。

有些贫士、贫宦的节操风骨，又表现在不贪图非分的金钱利益上，尽管这些利益会对他们的经济状况带来很大的改善。《夷坚支戊》卷二《胡仲徽两荐条》载胡仲徽应乡试：

> 寓馆于城隍庙巷人家楼上，有富家翁送其子应举，欲胡为助，许以钱三百千，胡谢之曰，吾固甚贫，然学业有限，所谓自照一身犹未光者，何暇推余波及他人乎。

前文述及一位家馆先生的束脩，可以低到月得千钱，三百贯是其三百倍，而胡仲徽虽然很穷，却不愿意为了这笔巨款而帮富家子弟作弊。又《絜斋集》卷十四《通判沈公行状》载沈焕事迹：

> 辞受取舍，虽小必谨。尝游中都，浙西帅雅闻君名，而知其贫，欲馈之丰，因所厚者言之。君曰，受则伤义，拒则违俗，以既归告之其可。即日出郊。官会稽时，故人典方面者，赠以白金，君反之，曰向也闲居，赐何敢辞，今禄矣，义无兼受。资用屡竭，廉约自守，意气轩豁，未尝有悴色，口不言贫。

沈焕虽然清贫，但深讲辞受之道，不肯接受别人所赠的厚礼。又《水心先生文集》卷十八《校书郎王公夷仲墓志铭》：

> 居贫，尤厉操，赎质而得金，价十倍，家人有喜色，

夷仲趣使还之，曰：五月披羊裘而负薪，岂拾遗金也。摄倅十月，食本俸而已，倅时摄州，兼取之，有司劾其罪，倅窘，持券五百祝夷仲曰，请书纸为验，夷仲反券与书。

王夷仲的家计一度到典质度日的程度，可见境况不佳，但是对于价值达典质品十倍的金子，他却毫不动心；私人生活上的态度如此，对于公款的收受，也谨守分际，任官时对于非分的俸禄不拿，并且力拒上司的利诱。

类似沈焕、王夷仲居官时的廉洁，是一些贫宦所共有的态度。他们都能严守分际，有人不仅不接受分外的金钱，甚至连已成惯例或法令之内的收入，如果觉得心有未安，也拒绝不要。《朱文公文集》卷九十三《朝散黄公墓志铭》载黄瑀事迹：

公又痛以廉俭自约饬，凡例所当得公廨钱，悉输之官。到罢挈家，法当计佣受直，亦不取。至于燕游馈送之费，又皆一切屏绝。

可知黄瑀以廉俭自饬，连惯例、法内所应有的收入，他认为不应得的，也全不收。又《勉斋集》卷二十九《仲兄知县墓表》载黄东事迹：

廉介之行，人所难及，常俸之外，凡以利得者，皆却不受。……既终任，供帐之属一毫不以私其家。故相番阳赵公知君之贫，其帅闽也，属君校书而月馈之，谢不可，则受什之一二。

黄东的操守也和他的父亲相同，所以朱熹会赞叹他们两人的行迹，“足使贪浊者知所愧矣”。《朱文公文集》卷二十九《故仙都隐吏知县洪朝散墓志铭》载洪叔毅事迹：

家素贫，不以贫自累，去官无赢资，或诮其拙。君笑曰，人之贪冒无耻，惟不能饿死尔，伯夷、叔齐何人哉。其自信如此。

别人讥诮洪叔毅“拙”，以致“去官无赢资”，当指其任官不知自肥，但他虽然一向贫穷，对自己做官时不做贪冒无耻的事，却自信完全正确。又《后村先生大全集》卷一五四《大理卿丘公墓志铭》载丘迪嘉事迹：

提举广东市舶兼常平，舶司例卷取诸番商者，公痛革去。……时有贾胡铜臭埒国，遍交贵仕，公独拒其谒，苞节亦不敢及门。温陵大都会，朱门华屋，钿车宝马相望，公未为广漕前，仅有弊庐，在委巷，出则徒步，一童负衣笈，见者不知其尝为郎官使者也。盖他人仕宦，巧者速化，贪者悖入，公自一尉至九卿，铢积寸累，无券外之获，自初筮至监牧方面，冰清蘖苦，无俸外之偿。

丘迪嘉任官也是廉洁自持，在提举广东市舶任内，一方面罢除市舶司惯例取自蕃商的财物，另一方面则不与蕃商往来，杜绝他们贿赂的机会。而他在出任广东转运判官之前，在泉州的住家，不过是曲折巷子内的破陋房屋，出门则徒步，和城中的“朱门华屋，钿车宝马”成为强烈的对比。

这一类因清廉而致贫乏的官宦，在史籍中颇不乏见。例如袁章，临财“非其义，一介不取”，“居官廉静，以法不以例，及可以取，可以无取者，未尝辄受”，别人劝他“岁入微，宜稍广基址”，他回答说：“昔人谓仕宦贫，好消息也，吾敢丰殖以自取戾”（《絜斋集》卷十六《叔父承议郎通判常德府行状》）。如吴居仁，“老得官，且家贫，又多累”，因此“居官常俸不足自给”，他却“洗手奉法，一毫不妄取”（《勉斋集》卷三十八《吴节推墓志铭》）。如吴懿德，“历官三十稔，求田问舍，不少槩诸心，忍死一贫，虽啼号弗之恤”，在将死前二日，写下了他的信念：“平生薄宦，甘受冻饥，一介弗取，一毫不欺”（《真文忠公文集》卷四十五《通判广州吴君墓志铭》）。如吴汉英、陈氏夫妇，曾经“鬻衣度日”，而吴汉英入仕之初，夫妇却能相勉，“不市官中物”，陈氏“率家人补坏纽裂，尺寸不外求”（《漫塘集》卷三十一《故宜人陈氏墓志铭》）。如张端衡，仕宦之时，“人有讽以在官之日，当为后日计者，君笑不答”，任句容县尉，“以廉著”，监庆元府穿山盐场，也“一以廉自律”，去任则已“贫且老”（同书卷三十二《故监行在北酒库张宣教墓志铭》）。如林德遇，“入仕晚，家贫，得禄薄”，而能“持身甚玉雪之洁，不自膏润”（《后村先生大全集》卷一六二《林德遇墓志铭》）。如陈焯，“终身守贫以死”，任知县，“却例卷，谢私觌”（《竹溪鬳斋十一稿续集》卷二十三《宋知县通直陈公墓志铭》）。又如刘元刚，“平生居官所至清谨，家无余赀，萧然环堵”，做官做到郡守，却“死之日几无以为敛，附于身者称家之有无”（文天祥《文山先生全集》卷十一《知韶州刘容斋墓志铭》）。对于上述许多砥砺节操的贫士、贫宦来讲，他们的贫穷，是立身原则的实践。

不治产业的态度，也是一些贫士、贫宦或其子孙所以贫穷的导因。这些士人、官宦或者专志于读书，或者尽心于职守，对于经营田产或商业不感兴趣，甚至不屑于此，因此家庭没有较为丰厚的经济基础。前文曾提过史尧辅“澹于货利”，卢择善“不殖赀产”，都属于这种情形。而黄榦也说，由于他的父亲黄瑀“不事生产”，所以“诸孙凡十三房皆无以自活”（《勉斋集》卷十《与李侍郎梦闻书》），黄榦自己同样“素不治生业”（同书卷九《与郑成叔书》）。又如李弥逊“守道固穷”，曾赋诗：“不作田舍谋，不为子孙计。旁人大笑之，不会个中意”（《絜斋集》卷十六《李太淑人郑氏行状》）。如谭篆以文章知名，且进士及第，可是“未尝问家人产业”，因而死后其妻杨氏必须“自处俭薄，而不以贫忧其姑，躬履艰难，而不以事累其子”（《渭南文集》卷三十三《青阳夫人墓志铭》）。如阳景春“居官日有劝以俸金买良田为诸子计”，他却认为“教子当以诗书，田宅非所以爱之也”（《字溪集》卷十二附录《有宋朝散大夫字溪先生阳公行状》）。陈孚由“家素贫”而“所得俸随手辄尽”，也认为“广田宅乃所以愚子孙”（度正《性善堂稿》卷十三《涪州教授陈孚由墓志铭》）。又《象山先生全集》卷二十七《吴公行状》载吴渐事迹：

> 父万右，迪功郎致仕，兄弟三人，公居次，少随伯氏从学于江公汇。……年十有五，丧母高氏，服除，致仕公使之治生，公雅好文学，重违致仕公意，服勤数岁，一日从容言其志，致仕公大悦之，更使从学。

行状又述其屡试不第之后：

> 日率诸子读书以自娱乐，其声洋洋。……家甚贫，自奉甚薄，唯祭祀宾客则致其丰鲜。

吴渐既不肯听从父命治生，而专心读书，屡试不第之后又以督促诸子读书为务，家境甚贫可能和他的不事营生有关。又程敏政《新安文献志》卷七十程振《许著作文蔚墓志铭》述曾任职于国子监、太学的许文蔚事迹：

贫贱，人之所恶也，自壮至老，布衣蔬食，一室萧然，疏帏败席，有野人之所不堪者。五十年官学之积，委诸橐中，居乏寸椽，耕无尺地，而经理曾不及焉。

许文蔚不以其任职官学的收入来经营房屋、田产，因而过着野人之所不堪的贫穷生活。即使原来资产丰厚，专心读书而不事生产的态度也可能使人陷于贫困。《渭南文集》卷二十一《桥南书院记》述徐载叔事迹：

家赀本不薄，载叔常粪壤视之，权衡仰俯，算筹横纵，一切不能知，惟日夜从事于尘编蠹简中，至食不足，不问也。

又《漫塘集》卷三十六《丁博雅诔》述丁明事迹：

先生少嗜书，不屑家务者二十年，家以是贫，……以先生累世之畜，而家不余于斗升，弊裘纫裂，老屋支倾。

都是这种情形的例子。富家子弟的情况如此，贫士也只有暂时放弃读书应举，家境才可能有较大的改善（注二九），若是持着不治产业的态度，专心致志于学业，自然不易摆脱贫困的生活。

然而一些士人、官宦的家庭，虽然家境不佳，却仍然策励子弟专心向学，延续士人的身份，不让他们改业，贫穷无法改变这些家庭对子弟的期望。王十朋《梅溪先生文集》前集卷九《和符读书城南示孟甲、孟乙》：

我家素孤寒，金玉苦无储。旧业止青箱，辛勤二星余。遗尔以清白，尔曹宜念且。性情乃良田，学问为耘舍助。勿患远难致，跬步驰蹇驴。勿忧年不逢，六经有新畲。

孟甲、孟乙是王十朋的两个儿子，此诗疑作于王十朋中状元以前，家境尚未宽裕，但仍以家传儒业勉励二子专心求学修身。又《淳熙稿》卷五《示儿》：

我昔读书夜达晨，膏烛且尽继以薪。年来渐知得力处，箪瓢陋巷忘其贫。尔曹有身须自立，幸逃薪水供朝夕。不于文学自勤苦，长大始悔终何益。

赵蕃穷到衣食不继，却仍然告诉儿子，他的安贫得力于读书，要儿子勤苦向学，以免长大后悔。而林彬之的祖父林采，“贫而苦学”，留给子孙的遗训也是“吾家赀薄，汝曹当以笔耕”（《后村先生大全集》卷一四五《圃山林侍郎神道碑》）。陆游则在家训中说：“子孙才分有限，无如之何，然不可不使读书，贫则教训童稚，以给衣食，但书种不绝足矣。……但切不可迫于衣食，为市井小人事耳”（陆游《放翁家训》）。这些士人、官宦对子孙的期望并不很高，但都希望他们能继续读书为士，而陆游更清楚的表示不愿子孙因贫穷而转业为商。

不仅父亲对儿子的态度如此，母亲对儿子的期盼更为深切。例如南宋初年，赵公颙、公硕的母亲郭氏携带儿女六人避难到南方，“虽衣食未给，而朝夕厉其子以读书，日尔父之后，不可不立也”（韩元吉《南涧甲乙稿》卷二十二《太令人郭氏墓志铭》）。如贫士巩瀍死后，其妻杨氏守寡，“二子稍长，尽卖房中物买小宅，为娶妇立家室”，又遣二子从吕祖谦求学，训诫他们说，“尔学不成，无庸归也”（《水心先生文集》卷十四《杨夫人墓表》）；丘密的母亲臧氏守寡，对丘密兄弟训课甚力，“察士之材否，使其子择而后从，夜必令执书”，告诉他们说，“我寡而尔贫，使但为中人，弗能振也”（同书卷十三《故太硕人臧氏墓志铭》）。知高州赵宾卒于任上，其妻李氏护丧返乡，“囊无余赀”，“惟以勤俭训子为急，每训诸孤曰，汝辈年渐长，宜各勉学，使吾及见汝辈成立，他日见汝父于地下，则无憾矣”（《勉斋集》卷三十七《太恭人李氏行状》）；太常少卿任文荐及其子瑞金知县任道宗相继去世，任道宗之妻林氏守寡，督促诸子读书，“旦旦而诲之，汝家多难，生理素薄，汝辈宜勉自植立，勿忝乃祖，则吾虽劳无憾”（同书同卷《太安人林氏行状》）。真州通判丘升死后，儿子丘应甲年幼，寡母陈氏“力贫课其学”，其后丘应甲擢兵科，陈氏高兴的说：“吾无愧吾夫矣”（《竹溪鬳斋十一稿续集》卷二十一《陈夫人墓志铭》）；胡次焱“少孤家贫”，他的母亲也“策励以学”（《新安文献志》卷八十七洪焱祖《胡主簿次焱传》）。这些母亲对儿子的期望，实际上也就是她们的亡夫对儿子的期望，所以赵宾的寡妻会对儿子说，必须见到他们有所成立，将来见他们的父亲于地下，才没有遗憾；而丘升的寡妻会在儿子登科之后，说无愧于其夫。在贫困的生活中，改业的引诱难免存在，但一些母亲却能为儿子力拒，叶适的母亲杜氏和陈俊卿的母亲卓氏，是具体的例子。《水心先生文集》卷二十五《母杜氏墓志铭》述叶适母亲杜氏的身处贫困：

穷居如是二十余年，皆人耳目所未尝见闻者，至如国风所称之妇人，不足道也，亲戚共劝夫人曰，是不可忍矣，何不改业由他道，衣食幸易致。夫人曰，然，不可以羞吾舅姑之世也。夫人尝戒适等曰，吾无师以教汝也，汝善为之，无累我也。又曰，废兴成败，天也，若义不能立，徒以积困之故受怜于人，此人为之缪耳，汝勉之，善不可失也。故虽其穷如此，而犹得保为士人之家者，由夫人见之之明而所守者笃也。

杜氏虽然长期过着十分贫困的生活，却没有为了衣食的易致，而接受亲戚们改业的建议，并且还教导叶适兄弟，要他们自立于义，不因积困而受人怜悯。而叶适也认为，他的家庭虽然极其贫乏，而仍能保持为士人之家，是出自于母教。又黄公度《知稼翁集》卷下《颍川太夫人卓氏行状》述陈俊卿母亲卓氏守寡后的事迹：

夫人闭门嫠居二十四年，督诸子学，虽所居近市，不以贫故令趋利。

卓氏督促陈俊卿兄弟求学，虽然住家接近市区，却不因家境贫困而允许儿子们改业习商。在这种坚决维持士人身份的态度影响下，家庭的收入不会增加，家计不可能改善。

士人在读书明理之后，又往往会对家族亲友甚至社会怀有经济上的责任感。以家族而言，自范仲淹于北宋仁宗时创设义庄周济族人之后，至南宋时期，家族互助的观念已经存在于许多士人、官宦的心中（注三〇）。即使不建立义庄，他们也强调族人之间必须相厚相恤。《勉斋集》卷二十一《代仲兄会表兄弟序》：

北山黄东招其内弟郑肃子恭而告之曰，……古之缌麻，非今所谓缌麻者也，其岁月必相往来，吉凶必相庆吊，出入必相饯劳，祸患必相赒恤，亦其理宜也。

《后村先生大全集》卷一六八《西山真文忠公行状》：

自豫章归，未有居室，先筑精舍，以奉先茔。作睦亭，自记之曰：凡人所为，薄于宗族者，以其不知所出之本也。诚知其所出之本一，则虽由衰焉而功，由功焉而缌，由缌焉而至于无服之亲，譬之巨木有围，枝叶虽疏，而根干则一，岂容以异观哉。

都表达了这种宗族相亲、互为一体的态度。在这种态度影响之下，士人若能进而仕宦，被认为不过是祖宗积累之气，恰好借以表现出来。所以黄荦家藏黄庭坚与族弟靖民判官帖，对帖中之言："吾侪所以衣冠而仕者，岂己力哉，皆高曾以来积累之所致，冲和之气，偶在此一支尔，其实相去不远"，是"常诵斯语而敬行之"，又"摘冲和二字，……以名其堂"（《絜斋集》卷十四《秘阁修撰黄公行状》）。族人之间原已有互相赒恤的责任，仕宦的身份既然不是一己之力，而是代表了整个家族，官宦就更应该以他的身份来照顾整个家族。《文定集》卷十四《与宰执》：

一乡之内，版籍所载，未尝有以官为户者，至某始得一官。其区区之心，非特以仰事俯育而已，兄弟宗族，若内若外，所欲以相收相恤者非一，皆其义所当为者。……大抵二十五年间，所望以相收相恤者，其贫者日以困，壮者日以老，老者往往物故，仅有存者。每念至此，若针刺之在肺腑，重以逋责之未解，而有过时之负，婚嫁之未办，而有不及时之忧，此皆寝食所不遑安者。

汪应辰在这一封信里，清楚的说出了他自认入仕之后，对于家族的经济责任是“义所当为”，而对仕宦多年，未能善尽这一责任则寝食不安。读书人不仅体认到对家族的责任感，对于族人以外的亲友，甚至社会上的陌生人，他们也由近及远，推而广之，觉得有责任使人人各遂其生。仁是孔子的中心思想，也是宋代理学家所讨论的一个重要问题。北宋张载首先在《西铭》一文中，将仁从抽象的观念推论到具体的社会上，构建起一个“吾民同胞，物吾与也”的理想社会，《西铭》一文自北宋至南宋，极得理学家的看重，文中所描绘的社会，已经成为理学家所共有的理想，而且具体的实践于社仓的创设与推广上（注三一）。士人经由教育或交往的过程，许多人无疑都已吸收到人人各遂其生的信念，他们即使不参预社仓的事务，心中也关怀社会上一些不幸的人，愿意尽一己之力提供济助。无论对家族亲友也好，或是对社会众人也好，这种经济上的责任感意味着自愿承受比较重的经济负担，家计自然也容易因此而困难。

（二）经济压力

贫士和贫宦之所以贫困，也来自他们生活上的经济压力，亦即是收入有限而支出繁多。收入所以有限，和他们的经济基础薄弱有关。不论是否由于对治产抱着消极的态度，贫士和贫宦之中，有些是没有田产的。前文曾述及，临安官家子弟郭信，父亲死后，田亩资产全为后母所操纵；叶适的岳家高氏，初来永嘉时，是无宅无田；潘良贵官至中书舍人，却郭外无尺寸之田；许文蔚任职官学五十年，也耕无尺地。此外，如沈作喆既老，而“无田可耕，无园可锄，无屋可处”（沈作喆《寓简》卷八）；周辉也自称，“三十年皆无尺土归耕，老而衣食不足”（周辉《清波杂志》卷十一）；郑刚中四十二岁时自吟，“负郭苦无田，安居未成宅”（《北山文集》卷二《览镜》）；赵蕃老而嗟叹，“躬耕贫无田”（《淳熙稿》卷三《本斋》）；李弥逊“不作田舍谋”，而他的儿子李松仕宦，“不调者十年，无田以自给，无禄以代耕”（《絜斋集》卷十六《李太淑人郑氏行状》）；金坛贫士陈维为地方向政府建言赋税不均之弊，自言：“我乃无田，言之无嫌”（《诚斋集》卷一二七《陈先生墓志铭》）；刘夙遗留给刘弥正、弥恭、弥邵兄弟，是“无十金之产，一邱之田”（《后村先生大全集》卷一五一《习静叔父墓志铭》）。他们不论是否入仕，或官职高低，都没有自己的田产。而欧阳守道甚至强调，“士十七八无常产”（《巽斋文集》卷十二《送刘季清赴补序》）。

有些贫士、贫宦虽然拥有田产，数量也不多，只不过数十亩或一顷。前文述及黄瑀逝世之后，家中“田亩之人不足支数月”，面积自然有限，其后他的儿子黄榦也是“家无数十亩之田”（《勉斋集》卷二十三《通两浙赵漕启》）；又如朱熹的舅父程鼎，“山田百亩，环堵萧然，无以卒岁”（《朱文公文集》卷九十《韩溪翁程君墓表》），山田贫瘠，百亩山田自然不能和平原百亩之田相提并论；如赵善临之妻王氏，在二子汝淡、汝譡斥逐之后，“去之余杭山中，居无庐，食无田，芟锄荒榛，经始耕稼”（《水心先生文集》卷二十四《先人王氏墓志铭》），大约也只是开垦面积不多的山田；如袁方以教书为生，“薄田不足于食”（《絜斋集》卷十六《叔父迪功郎监潭州南岳庙行状》），可以想见田亩数量不多；如丘密的父亲丘经去世后，“诸子皆幼”，丘密的母亲“悉罢废所治生事，独郭外田数十亩，日耕此，教若曹尔”（《水心先生文集》卷十三《太硕人臧氏墓志铭》）；如陈说仕宦至知宁国府，“家素清贫，有田数十亩，兄弟共之”（叶和侃《乾隆仙游县志》卷三十三《人物志·名臣篇》）；如孙应时“初有田三十亩”，娶妻张氏，也只“得奁资十亩”，后来却“丧其土田”（孙应时《烛湖集》附篇卷下载沈焕《承奉郎孙君行状》）；如袁燮的门人且任其家塾师的路子龄，“始侨寓，无尺寸生产业，既婚姚氏，始有田三十亩，以赡兄弟子侄，又经营于外，以佐其乏”（《絜斋集》卷二十《路子龄墓志铭》）；如高元之成为明州名师之后，才有“田不满半顷”（《攻媿集》卷一〇三《高端叔墓志铭》）；如王卿月官至太府卿，“身后才有田六十余亩”（《攻媿集》卷一〇二《太府卿王公墓志铭》）；如温州平阳县士人林璞，“田不盈一顷，多莱少熟”（《水心先生文集》卷二十一《夫人陈氏墓志铭》）；如陈梓“以学问起家，仕更麾节”，但“宅不过一区，田不盈百亩”（《竹溪鬳斋十一稿续集》卷二十二《宋知县通直陈公墓志铭》）；而赵性夫官至尚书，“虽贵，身后宅一区，田百亩而已”（《后村先生大全集》卷一四二《宝学赵尚书神道碑》）。他们也不论是否入仕，或官职高低，田产不过数十亩，多也不超过一顷。又《漫塘集》卷十《通潭帅余侍郎嵘》：

> 某始弃官时，无屋可居，有田不满三十亩，故亡友周南仲正字哀其贫，而忧其未能安贫，今幸有百亩之田，五亩之桑，数椽之屋，饱食暖衣。

刘宰自述其初卸官职时，有田不满三十亩，所以友人忧其贫，其后增至百亩，则已能饱食暖衣。但是否拥有百亩之田就不贫呢？那也要视各人不同的情况而定。如《诚斋集》卷一三二《赣县主簿李仲承墓志铭》述李檗家世：

> 至其父通直郎次鱼，荐诣太常，得官为长沙酒正，历桃源、金溪丞以卒，有田仅百亩无赢，仲承少时起于贫。

又《漫塘集》卷十六《代侄应龙谢乡举》也述刘宰侄子刘应龙的家境：

> 七秩之母已当喜惧之年，百亩之田无非朘削之日，又内外不啻百指，而饥寒切于一身。

李檗的父亲既在他少年时去世，则家中自然缺乏经济支柱，而刘应龙则家口众多，他们都需要有较多的收入来维持生活。可见百亩之田对某些士人来讲，并不足以让他们的家庭过饱暖的生活。贫士、贫宦的田产原已不多，如果分产分家，子女们各别的田产自然更少（注三二）。

田产的寡少，说明了贫士、贫宦经济基础的薄弱。数十亩的田地，不过相当于农村一个贫乏下户所能拥有的田亩面积（注三三）。而据当时人的估计，浙西嘉兴府魏塘农村的佃户，“岁计惟食用”，五口之家种田三十亩，可以勉强维持一家的生活（注三四）。士人、官宦拥有田产，不可能亲自耕种，必定出租给佃户，收成和佃户对分，所得不过和佃户相当，但地主必须负担佃户所不必负担的二税，士人、官宦之家所要扶养的家口也常不止五口，更何况他们有许多一般农民所没有的花费，使得他们要以有限的田亩来维持温饱，比起农民更加困难。若是全无田产，自然问题愈为严重。对于贫士来讲，由于他们没有官俸的收入，面临的情况也可能会比较艰困，所以许多人都说是为贫而仕，为禄养而仕。如《攻媿集》卷九《送叔韶弟赴官钱清》：

蕞尔钱清镇，兹行正为贫。

同书卷五十三《送赵廉州序》：

自以家贫急养，分合浦之符以归。

《勉斋集》卷八《与胡伯量书》：

敬子既是应举得官，又家贫未能不仕，从之亦无害也。

《渭南文集》卷十三《答邢司户书》：

吾曹有衣食祭祀婚嫁之累，则出而求禄，恐未为非，既不免求禄，则从事于科举，恐亦未可为憾。

《象山先生全集》卷二十七《全州教授陆先生行状》述陆九龄之言：

吾求仕，为禄养。

《淳熙稿》卷一《寄徐斯远并成父弟》：

微官本为贫，中道成倦游。

都说明这一个事实。入仕之后，因官位的不同而俸入有厚薄之分，基层的选人，至改京官之前的一个阶段，固然有待阙而没有俸入的时候，即使改京官之后，晋升至中高层官位，也会有丁忧、贬逐或自愿辞官之时，而没有俸入。前文述及潘良贵，便是“自少至老，出入三朝，而前后在官，不过八百六十余日”；朱熹也是五十年间，历事四朝，仕于州县只有七年六个多月，在朝则仅只四十六日，其间有二十年靠祠禄为生，而祠禄甚为微薄（注三五）；又如石子重“更调南剑州尤溪县，待次家食三年，虽贫不戚也”（《朱文公文集》卷九十二《知南康军石君墓志铭》）；而桑庄初任台州天台县主簿，任满之后，“寓近县山中，间虽出仕，岁满辄归，居山之日，多于在官，衣食尝不足”（《渭南文集》卷三十三《陆孺人墓志铭》）。《延祐四明志》卷十四《学校考·本路乡曲义田庄条》载史浩序：

贤大夫从官者，居官之日少，退闲之日多。

说明这并非个别官宦所特有的情形，而是许多官宦所常有的现象。仅依赖俸入，要维持一家人的生活已不见得很容易（注三六），更何况俸入有时而断，因此官宦之中有人生不可无田的说法（注三七）。由于士人、官宦之家有一般农民所没有的开支，要有多少田产才能没有衣食之忧，不易估计。丘砺官至朝请大夫，“田仅数百亩”，而“自律甚严”，也有时会“不给则举质以贷”（卢镇《重修琴川志》卷八《叙人·人物篇》），这就无怪乎杜范以丞相公卿之贵，有田二顷，而仅能粗给饘粥，室庐不过庇风雨。至于百亩、数十亩的田产，或者全无产业，自然更易使士人、官宦陷于贫困。

官宦、士人所特有的开支中，读书求学的费用是很重要的一项。若不读书求学，即不成其为士人，也无法应举仕宦，即使入仕之后，许多官宦仍然保持有读书的嗜好。而购买书籍、延聘老师的花费，有时甚至可以使一个家境原本不恶的家庭为之贫穷。陈耆卿《篔窗集》卷七《文林郎乐清县丞吴君行状》载吴贯林的父亲吴开事迹：

父开，有文行，刻意教子，捐赀为师友费，家用是贫。

可知吴开为了子弟教育费用的开支，而导致家用贫困。又《漫塘集》卷二十四《题张瑞衮肯斋靴轩》：

故湖山堂张先生喜读书，储书之富甲于吾里，延太学名士与其子游，倾家赀不计，家以是贫。

可知张家喜欢藏书，又重视子弟教育，开支太大，而使家境贫乏。又《文山先生全集》卷十一《先君子革斋先生事实》述文天祥的父亲文仪督促诸子读书：

自此名师端友，招聘仍年，至时先畴给费，久之室罄，力弗逮。

可知文仪原以田租收入作为延聘老师的经费，时间久了之后，便力有不逮。然而有些家庭即使贫穷，为了读书求学，仍然不惜花费。例如洪霖的父亲，“故清贫，仅仅无乏，于教子特不自计度”（陈傅良《止斋先生文集》卷五十《洪君墓志铭》）；如徐子寅的父亲徐立之，南渡后徙居明州，“家无儋石储，而笃意教子”（《攻媿集》卷九十一《直秘阁广东提刑徐公行状》）；

如江君范、江遂良兄弟，“家贫窭甚”，仍然共学，“择四方之有师法者，使从之游”(《漫塘集》卷三十二《江进士墓志铭》)；如袁涛，虽然“四壁萧然，无儋石储”，却“藏书满室，其乐有余”(《絜斋集》卷二十《从兄学录墓志铭》)；如陈孪由，“惟喜收书，书满家”，而“囊无一钱”(《性善堂稿》卷十三《涪州教授陈孪由墓志铭》)。前文也叙述了一些家庭，尽管家境贫困，父母仍然策励子弟向学。在这种情况下，一些士人、官宦的家庭，有时甚至为了购书、延师而解质借贷。《北山文集》卷二《自笑》：

> 他人将钱买田园，尚患生财不神速。我今贷钱买僻书，方且贪多怀不足。较量缓急堪倒置，安得瓶中有储粟。自笑自笑笑我愚，笑罢顽然取书读。

郑刚中自抒胸怀，由于喜好读书，虽然已无储粮，依然借钱购买僻书，而无满足之感。又《朱文公文集》卷九十四《宣教郎致仕陈公墓志铭》述陈孔硕的父亲陈衡，由于缺乏机心，不能治生，而安于贫：

> 中岁益贫，乃阖门以教子为事，奉养靳靳，而资其子使从师友讲学，至解衣无吝色。

陈衡为了儿子的教育，甚至解质衣物以作费用。又《攻媿集》卷一〇三《高端叔墓志铭》载高元之事迹：

> 性嗜书，家藏数千卷，手自点勘，宝之如珠玉，遇所未见，解衣辍餐，不计其直。

高元之为了买书，不仅解质衣物，还宁愿挨饿。又《文山先生全集》卷十一《先君子革斋先生事实》述文仪的热衷买书：

> 虽贫，浩然自怡，有未见书，辄质衣以市。得书，注意钻砯，又以授天祥，俾转教诸弟。

文仪买书研读，并传授诸子，也常须解质衣物才有费用。因此，读书求学费用无疑是士人、官宦家庭的一项沉重负担，尤其是对于一些久困科场的士人来说，长期财力的消耗而没有收到努力的成果，使他们原已不佳的家境更为艰困（注三八）。

读书求学费用之外，交游之费也是一些士人、官宦的一项重要支出。对于交游广阔或特别好客的人，这项支出也会构成一项沉重的负担。吴猎及第之前，与父亲吴唐年同住潭州州城，吴唐年“交游道广”，吴猎便得“力贫养志”（《鹤山先生大全集》卷八十九《敷文阁直学士赠通议大夫吴公行状》）；杜德克俸赐用于“聚书求友”，所以“田亩不长尺寸”（同书卷八十二《永康军通判杜君墓志铭》）；曾兴宗“过从者馆谷无虚日”，因而“田园虽丰，而囊无余赀”（《勉斋集》卷三十七《肇庆府节度推官曾君行状》）。有些士人、官宦虽然经济情况并不是很好，仍然好客。例如桑庄交游多知名士，自家衣食不足，而“每客至，辄信宿留”，其妻陆氏“执刀匕，白首无倦色”（《渭南文集》卷十三《陆孺人墓志铭》）；陈元平官途蹇滞，家境由丰厚而困约，但“宾客过元平之家，辄笑语移日，其杯勺殽核，皆若素备以待”（《勉斋集》卷三十八《朱夫人墓表》）；刘澄家计仅“粗了伏腊，不为求赢”，可是“有钱辄不惜鸡黍，送客无虚日”（《文山先生全集》卷十一《刘定伯墓志铭》）；方信孺官宦贵显，“素不喜治生，视金帛如粪土”，原本就“尤好士，所至从者如云”，其后“闭户累年，家无担石”，却仍“食客常满门”，终于导致“苍头庐儿多散而之他，仅存侍妾数人后亦辞去”(《后村先生大全集》卷一六六《宝谟寺丞诗境方公行状》)。其中有一些好客的士人、官宦家庭，由于经济能力有限，便因此而必须借贷，甚至鬻卖产业。《攻媿集》卷一〇九《朝散郎致仕宋君墓志铭》载宋晋之事迹：

> 家素贫，孙安人初以田四顷自随，伏腊粗给，仕几四纪，无一丘之益。客至，必留尽欢，或假贷以续食。

宋晋之原本家贫，但其妻孙氏带来了四顷妆奁田，产业也不算很少，然而由于待客热诚，使得家中饮食竟必须仰赖借贷来维持。又《漫塘集》卷三十四《故公安范大夫及夫人张氏行述》载范如山及其妻张氏事迹：

> 公岁晚居贫，而好客，客至，辄饬家人趣治具，无则典衣继之，须尽乃白，夫人敬以承命，未尝以匮告。

范如山家境虽穷，但为了招待客人，不惜典质。又《水心先生文集》卷二十六《通直郎致仕总干黄公行状》述平江府城乡先生黄云事迹：

> 君坦荡不为限级，遇人无新旧，樽酒尽欢，财物到手，与亲友共费，贸丁田供粥糜而已。

黄云喜欢结交朋友，又待人豪爽，以致于财物随手而尽，必须鬻卖田产以维持家中粗陋的饮食。不仅好客构成了士人或官宦家庭的一项经济负担，有些人喜欢旅行外地，访友问学，这也是一笔不小的开支。《淳熙稿》卷四《论诗寄硕父》：

诗人例多穷，我穷亦何因。频年走道路，一饥累其身。

赵蕃自咏由于“频年走道路”而贫穷，他之所以“频年走道路”，就在于“天下学者，凡有一介之善，片文只字之长，皆裹粮负笈，就正函丈”（《漫塘集》卷三十二《章泉赵先生墓表》）。

有些贫士全赖母亲或妻子主持家务，经营家计，才能心无旁骛的读书求学，从师交友。《止斋先生文集》卷四十七《宜人林氏墓志铭》述贫士杨兴宗的继母林氏事迹：

兴宗之为太学诸生也，使遗之金若干两，曰吾所纺绩，得此，以资汝。

杨兴宗赴太学读书的费用，得到继母林氏以纺绩所得作支持。又《水心先生文集》卷十四《高夫人墓志铭》：

始高氏既归余，余号尤贫，高氏之能匀厚培薄，均足内外，使余尚自立于闾巷者，皆用夫人教。

按高夫人即叶适妻子高氏的母亲，叶适的岳父高子莫也家境贫穷，即使入仕之后，仍然有赖高夫人“自文绣工巧，下至炊爨烦辱，皆身亲之，豫算有无，乃具衣食”（同上），高氏经营叶家家计，“皆用夫人教”，当亦同样做了这些工作。又《东莱集》卷十一《金华戚如圭母周氏墓志铭》述戚如圭之父戚扬死后，家境贫穷：

夫人攻苦食淡，身处其劳，而佚诸子于学，米盐薪刍之问不至其耳。……蚕事起，自课甚苦，诸子晨省，夫人已仆仆筥箔间，夜分诵习，怠且寝，壁后络织犹未绝也。丝入有经，口众不足于衣，则又缕絜缉絁以佐其阙。

戚如圭兄弟所以能够不问家事，专心向学，全赖母亲辛苦纺织，补足家用。又《烛湖集》卷十一《编修石公行状》述石斗文幼孤家贫：

处僻陋，无师友，太夫人独奇其子，躬纺绩，资遣游学。

石斗文游学的费用，出自母亲纺织。又《后村先生大全集》卷一〇六《方教授墓志铭》述方濯及其妻事迹，方濯之妻即刘克庄的大姊：

君自少至耄，矻矻坐书案，未尝问家有无，伯姊躬升臼、课耕织，五十年间，积参分铢，以供服腊、毕婚嫁，而君矻矻书案如故，所以能无俯仰而遂闲适者，贤嬺之力也。

方濯自少至老，对家计不闻不问，一意读书，也全赖其妻主持耕织。同书卷一六八《西山真文忠公行状》述真德秀父亲死后：

吴夫人力贫，躬织纫持家，公得壹意于学。

吴夫人即真德秀之母，以纺织持家，使真德秀全心求学。上述几位妇女，支持家计，纺织都是他们重要的方法。而林璞“昼夜诵书攻文，高吟啸，绝不知家事”，其妻陈氏一力承担家务，“能饰无为有，久而若自然”（《水心先生文集》卷二十一《夫人陈氏墓志铭》）；林龄之妻吴氏，在舅姑去世之后，尽管家境贫困，却“治家益勤，礼宾客不废其旧”，使林龄和二子宪卿、守卿“益得以读书肄业，从贤士君子游，家事琐碎，一不以属心”（《勉斋集》卷三十八《吴夫人墓志铭》）。这两位妇人治家的方法虽然不得而知，但也很清楚的是挑起了家计重担，让丈夫、儿子专心读书，从师交友。

更有些妇人，为了儿辈的求学、从师，而典售自己的衣饰、妆奁。例如《渭南文集》卷三十三《青阳夫人墓志铭》述谭篆死后，其妻督促儿子季壬求学：

> 斥卖簪襦，遣季壬就学，夜课以书，必漏下三十刻乃止。

可知谭季壬的母亲为了儿子就学而出售自己的衣饰。又《诚斋集》卷一二六《夫人欧阳氏墓志铭》述王邦义之妻欧阳氏教育诸子：

> 夫人训诸子以学问，……至鬻簪珥、质衣服以资其子，使从四方名士游。

可知欧阳氏为了使诸子能从交游中增长学问，而出售首饰，典质衣服。同书同卷《李母曾氏墓志铭》述李春求学得母亲曾氏的支持：

> 母见其子春幼而颖异，令从师问学，方居贫寒，不可忍，闻其无钱市书，以衣易之。

可知李春全靠母亲典售衣物，才有钱买书来读。又《漫塘集》卷三十四《故公安范大夫及夫人张氏行述》载范如山之妻张氏诲育二子：

> 二子长，俾从师授，每鬻装具以给束脩，与其子言，必举似当世长者，使知敬慕。

可知张氏出售自己的妆奁，作为二子从师的束脩。此外如楼钥的母亲汪氏，也是“笃于教子，至质贷以供束脩”（《攻媿集》卷八十五《亡妣安康郡太夫人行状》）；周虎的母亲何氏，则“鬻钗钏，趣虎亲师友”（《山房集》卷五《永国夫人何氏行状》）。就当时而言，家庭经济原应由男子来承担，而家中男子为了读书交友，竟使得妇女必须以工作所得来力撑家计，甚至典售自己的衣饰、妆奁，说明了读书交友的支出，对这些家庭来说，构成了沉重的经济压力。

士人由家乡前往行都应省试或太学补试的旅费，以及官宦赴任、还乡的旅费，也是相当可观的。应举旅费对士人所构成的压力，当时人屡曾言及。《后村先生大全集》卷八十九《鄂州贡士田记》：

> 近世宾兴，郡太守具卮酒饮饯之外，舟车扉屦皆士自任，贫而远者难是行如登天，有不能行者。

《鹤山先生大全文集》卷五十《靖州兴贤庄记》：

> 幸而升诸春官，则去畿愈远者，聚粮愈艰，货田庐、贷子钱，不足则失口失色于人，自以求济其欲，又不足则

尽而不前，往而遄返。

陈洪谟《嘉靖常德府志》卷十八《艺文志》载袁申儒《贡士过省庄记》：

观光上国，迫于征行，居乏储峙，行乏裹粮，父母妻子饥寒于家，隶仆车马阙绝于路，内心怵惕之不暇，将欲专一精神，和平志气，使定见不杂，果于择义，定力不移，不惟一郡难之，他郡皆难之。

洪咨夔《平斋文集》卷二十九《楚畔荣登义约序》：

荐名春官，至有贫不能行者，亦有屡上而索其家者，远方皆病之。

综而言之，赴举旅费是士人的一大负担，家境愈穷、行程愈远者愈感艰难，有人因此而出售家产、借贷金钱，甚至求乞于人，也有人因屡次赴举而家境穷空，更有人因无力负担而放弃赴举，即使勉强成行，心中惦挂着家里饥寒的父母妻子，担忧着路上缺乏仆役车马，也无法专心考试。南宋官宦如何执中、杨万里、真德秀，都有过这种痛苦的经验（注三九）。士人应太学补试的情况也相同。徐琏《正德袁州府志》卷十四《艺文志》载张嗣古《待补庄记》：

近年中待补赴国学者甚啬，抑何甘心于窄且难而又绝意于宽且易，诹之有二说，曰其行无资也，曰其往无朋也。

指出袁州士人由于缺乏旅费，虽中待补却放弃赴行都太学应试。南宋士人合会式的义约，最初由谢谔倡行于临江军清江县（注四〇），共同筹措分担赴考的旅费，其后亦行于各地，各地地方政府也常设有贡士庄或待补庄，以田租或房租收入补助赴考的士人（注四一），反映了这一个问题的普遍性。至于官宦赴任、还乡的旅费问题，前文已述及史择善任官黄州，护送妻丧还乡的困难；也述及黄东赴任抚州乐安知县，尚未抵达任所而病逝时，旅费已经用尽。又《渭南文集》卷十三《上虞丞相书》：

> 某行年四十有八，家世山阴，以贫悴逐禄于夔，其行也，故时交友醵缗钱以遣之。峡中俸薄，某食指以百数，距受代不数月，行李萧然，固不能归。

陆游自述家境贫穷，从绍兴府家乡前往夔州路赴任时，旅费全赖朋友凑钱资助，而任期将满，又因缺乏旅费，而担心不能还乡。又《象山先生文集》卷二十《送宜黄何尉序》述宜黄县尉何坦因与县令冲突而罢官：

> 何廉而贫，无以振其行李，县之士民哀其穷而为之裹囊以饯之。

何坦罢官还乡的旅费，也全赖宜黄县士民共同资助。官宦赴任还乡的旅费，仰人资助，在南宋时并不罕见，尤以任官边远地区为然，有些地方甚至成为一种制度（注四二），也有人由于无力还乡，去职后便于宦游处居留的（注四三）。这些情况，说明对一些官宦来讲，赴任、还乡的旅费也足以构成重大的经济压力。

有些士人或官宦，由于家口众多，开支自然也较大。前文述及，刘宰的父亲刘蒙庆，原有四子，至第五子出世，便担心无力养育，而将其出继他人；而郑刚中、刘宰的侄子刘应龙及陆游，家中更都有百指，亦即十口之众；又如赵蕃，有五子四女（注四四），连他自己和妻子，全家共十一人。扶养这样多的家人，无疑给他们带来了重大的经济压力，和他们的贫穷有关。而士人和官宦所要供养的家口，又不仅是其家人，他们之中有些即使家境不佳，仍然雇有婢仆，做家中粗重的工作，尤其以官宦之家为然。例如前文曾述及赵蕃已经穷到米粮不继，可是出去借贷仍要"奔走愁仆童"；又如丘迪嘉住在泉州城中的委巷弊庐，出门徒步，也有"一童负衣笈"；至于方信孺，直到家无担石之后，才"苍头庐儿多散而之他"，由于他曾经贵显，所以不仅有婢仆，又有侍妾，接着"仅存侍妾数人后亦辞去"。而杜范以丞相公卿之贵，自然也不会没有婢仆，所以他虽然所食不过粗给饘粥，住则仅庇风雨，史书上仍说他"虽御僮奴，皆有恩意，未尝见其疾言遽色"（《戊辰修史传》之《丞相杜范传》）；还有戚杨只是士人，死后其妻周氏以数十亩田地，攻苦食淡，教养年幼的四子一女，而她"资慈祥，虽呼指婢仆，如恐伤之"（《东莱集》卷十《金华戚如圭母周氏墓志铭》），家中粗重工作也有婢仆来帮忙。这些婢仆僮奴应是长期雇用，必须给付他们工资，所以陆游诗中说："奴闵囊空辞雇直，婢愁爨冷拾炊薪"（陆游《剑南诗稿》卷七十二《秋来苦贫戏作》），工资也许不高，但也是一笔开支；除付工资外，又必须供应他们衣食住宿，这无异是增添了家口，对于家境原本不佳的官宦、士人来讲，所承受的经济压力更为加重。

士人、官宦也常热心照顾亲友族人，给予经济上的协助，甚至有些亲戚有赖他们抚育，这方面的开支也是很大的。一些十口甚或数十口的家庭，有时并不只是自己的父母妻兄共同生活，而是有亲戚前来投靠，或是聚族同爨。例如吴甆为“百指之家”的食粮而烦心，实由于“女弟既嫁而贫，复挈家来依之”（《漫塘集》卷十九《送吴兄入京序》）；黄榦有儿女十人（注四五），却说“身有二百指之累”（《勉斋集》卷二十三《通两浙赵漕启》），亦即要扶养二十人，原因当在其兄弟五人，已亡故三人，仅存的三兄，又年已七十，穷困已极（注四六），且“诸侄皆不能自立”（《勉斋集》卷十四《答林公度》），在生活上要依靠他；叶适的门生王植自述得其妻庄氏之助，“吾之友二弟也，虽贫，而四十口之聚无所间”（《水心先生文集》卷十六《庄夫人墓志铭》），则应是三家聚居，而在经济上仰赖王植，也就无怪王植会自言贫乏；蔡堪“聚族五百指”，便不免“月俸均薄少”（蔡堪《定斋集》卷十六《新居》）；姚勉自述“念族序皆出同祖，不忍异爨，藜羹蔬粥，相与同之，食指凡四百，皆仰给于某”（《雪坡集》卷二十八《与蔡中岳书》），当也和他的贫穷有关；而真德秀“事嫠姊，廪孤甥，里中老病乏绝，待公举爨者常数十人”，所以他尽管“律己清苦”，而“虽贵无余资”（《后村先生大全集》卷一六八《西山真文忠公行状》）。其他如刘德礼、赵师龙、汤于等贫宦，家中也都承受着抚养数十口的经济压力（注四七）。至于一些达百口之众的士人或官宦之家，自然也是同族共居，若无较丰厚的经济基础，则承受较重的经济压力，也是不可避免的（注四八）。此外，也有一些官宦、士人，个别的抚育亲人子女，如温州乡先生戴俊仲“性孝友”，“弟一飞夫妇早没，力贫治丧，抚爱其子女如己出”（《攻媿集》卷一〇七《戴俊仲墓志铭》）；史尧辅自己身穿破裘败絮，而“从父兄之子女孤贫无依，所至挈与俱从”，堂侄女将嫁而史尧辅在病中，“犹命其家人经理聘事，曰毋使我愧吾兄也”（《鹤山先生大全文集》卷七十一《宣教郎致仕史君尧辅墓志铭》）；楼璩家境不佳，可是“有再从弟妹幼孤无依，取而育之”，其妻汪氏“为毕其婚嫁”（《攻媿集》卷八十五《亡妣安康郡太夫人行状》）；毛惠直“授徒以业其家”，弟弟早死，“字其孤终身”，而“嫠妹孤甥，茕然无归”，他“皆聚而衣食之”（《诚斋集》卷一二七《郁林州教授毛嵩老墓志铭》）。他们都收养亲戚于家中，加以抚育，而这些亲戚的关系，则近自妹妹、侄儿女、外甥，远至堂侄女与从堂弟妹。这种行为，无疑会增加他们的家庭开支，使他们原已不佳的家境更为窘困。

即使家中没有扶养亲戚，一些官宦、士人也常竭尽己力，周济亲友。前文已曾述及黄瑀仕宦之后，对于兄弟姻族的周赈，不遗余力；又如陆时雍，“虽家居淡泊，卒以利物济人为先，……凡内外姻族，赒其不足，而字其无所归者，不为戚疏之间”（《云庄集》卷五《左朝请大夫前知建昌军陆公行状》）；如胡昌龄，“家故贫，铢积寸累，不惮苦节，独于宾祭致厚，族姻不能自存者周急无少靳”（《文忠集》卷七十一《宣义郎致仕赐金紫鱼袋胡公昌龄墓志铭》）；如曹盅，“自少攻苦食淡，忍贫自克，奉身至薄，至用于义则不吝，尤笃于友爱，伯氏多女，为嫁其二，余又厚助之”（《攻媿集》卷一〇六《朝请大夫曹君墓志铭》）；如陈居仁的父亲陈膏，对“老于贫”的弟弟，虽“自窘于用，而周恤其家甚至”（同书卷八十九《华文阁直学士奉政大夫致仕赠金紫光禄大夫陈公行状》）；如蒋如晦的妻子潘氏寡居，“日用几不支矣，而轸恤孤寡，扶助亲党，无异于往时”（《絜斋集》卷二十一《蒋安人潘氏墓志铭》）；如徐季节“家甚贫，授徒为生，所入仅疗饥寒”，可是“余悉济人之急，其于族媚尤厚，嫁兄之女及友婿之女，凡六人”(《赤城集》卷十六石塈《徐季节先生墓志铭》)；如陈元平虽然家境困约，仍“朋友患难，虽甚乏，辄罄囊以赒之”(《勉斋集》卷三十八《朱夫人墓表》)；如林瑑，“自奉至薄，笥无新衣，庖无盛馔，特喜施予族戚”(《后村先生大全集》卷六十六《直秘阁林公行状》)。他们都生活俭朴，甚至困窘，却仍然援助亲友。一些官宦，他们所得的俸禄，常必须和亲人共享（注四九），所以士人为贫而仕，仕宦之后仍然难免贫穷。士人、官宦的这种周济亲友的行为，有时竟使自己的生活由自足而陷于困乏，甚或因之而出售资产。《水心先生文集》卷十八《高令人墓志铭》述叶适与其妻高氏共度艰困：

> 官视禄上下，月储以奉舅，次伯叔群从，无余，所食者，太湖葱，城东菘芥尔。

叶适所得俸禄用于周恤亲人之后，已无剩余，因此只能以野菜为餐。《勉斋集》卷三十七《贡士林君丕显行状》：

> 平生未尝计资产丰约，……轻财急义，朋友之贫者力赒之，衣服囊箧恣所取。……君家伏腊本粗足，卒以是取困乏。

林丕显由于热心济助朋友，使得家境由粗足而陷于困乏。同书卷三十八《仲兄知县墓表》：

> 俸入之余，铢寸积累，嫁女弟、从女弟及弟之女，凡三人，至遣弟之女，则囊箧丝缕无余矣。

可知黄东的俸入并非全无积蓄，只是为了妹妹、堂妹及侄女的出嫁而用尽了。又《漫塘集》卷二十九《故湖北安抚司参议汤朝奉墓志铭》载汤宋彦事迹：

> 自初历官及倅明、婺二州，俸入皆裕，而公常贫。兄邦彦尝为右司谏，有声当世，既没而女未行，公为称贷以遣，随鬻常产酬之。

汤宋彦为了亡兄的女儿出嫁，更至于借贷，并且出售田产。这些情形，说明了周济亲友所带来的经济压力。而刘蒙庆于除夕绝粮，“转贷得斗粟，忽所亲来贷米”，刘蒙庆说，“我犹有借处，彼谁与借之”，于是“分遗一半”（白珽《湛渊静语》卷一），宅心如此，无怪乎常处贫困之中。

又有一些官宦、士人之家，虽然家境不佳，对于亲友之外的陌生人，也不计己力，给予济助，或为之奔走。例如曹立之，“视人有急难，周之必尽其力，虽贫病不计”（《朱文公文集》卷九十《曹立之墓表》）；赵善待“俸入有限”，而“喜周人之急”（《絜斋集》卷十七《朝请大夫赠宣奉大夫赵公墓志铭》）；所入仅疗饥寒的徐季节，“天寒遇人于道，辄解衣遗之，不问姓名”（《赤城集》卷十六《徐季节先生墓志铭》）；刘克庄的妻子林氏，在困乏中，“其俭至于惜一钱，然于孤遗则抽簪脱珥，无所吝其仁”（《后村先生大全集》卷一四八《亡室墓志铭》）；方信孺晚年穷空，但是岁饥仍然“煮糜施棺以惠流殍”，结果身故之后，其妻叶氏“鬻冠珥乃克敛”（同书卷一六六《宝谟寺丞诗境方公行状》）；文济的乡里，有为士人应考旅费而成立的义约，他不仅代“间不能与”者，“自捐赀籍其姓名暨充赋，就奉为助”，而且“约所不及”，只要

“以意告”，便“倾己有为行资，至贷以应”（《文山先生全集》卷十一《先君子革斋先生行实》）。个别的济助之外，一些社会福利制度或社会救济活动，有时也由家境并不是很好的官宦、士人，奉献时间、心力，奔走推动。例如社仓制度在乾道五年（一一六九）首创于建宁府崇安县开耀乡的五夫里，当时乡居于此的朱熹便是主要的推动力量（注五〇），而朱熹的经济情况一直欠佳；沈焕家贫，而他推动明州义田的设立，是“不惮劳苦，告谕谆谆”（《絜斋集》卷十四《通判沈公行状》）；又如刘宰，虽然自称有百亩之田，可以饱食暖衣，实际上并不见得丰余，但他在镇江府金坛县的乡里，也出力推动社仓的设立，又奔走经办了三次赈饥，规模最大的一次粥局，所济在万人以上（注五一）；再如袁州萍乡县西的社仓，黄榦为之作记，述推动人中的钟唐杰、胡叔器，“则贫不能自立者也，而亦拳拳于此”（《勉斋集》卷十九《袁州萍乡县西社仓絜矩堂记》）。时间、心力既用于此，哪有余力去经营生产。《南轩先生文集》卷四十一《张氏墓表》述吉州州学教授曾发的父亲：

曾君之父乐施，家以施而匮。

又《性善堂稿》卷十四《郭安人墓志铭》述静渊老人赵公恃事迹：

静渊平生乐施与，家亦以之匮。

家境即使原本不坏，也难免因为乐施而匮乏，更何况一些致力于济助别人的官宦、士人，家境并不宽裕。

四、结论

总结本文所述，南宋时期贫士普遍存在，他们有些一心一意读书应举，有些则兼事营生以补助家计，其中以教授生徒者为数最多，也有人经商或受雇。贫士生活穷困，有人住家窄陋，甚至没有自己的房屋；也有人粗衣敝食，甚或三餐不继；他们生活的其他方面，又常因贫穷而不乏坎坷。贫士之中有人是高官或贵戚的后裔，不因祖先的贵盛而不贫乏；而贫士本人或其子孙也有人通过科举，甚或高中状元，有人成为名宦或著名的文人、学者，不因家境贫穷而无法获得较高的社会地位。不仅士人之中贫困者不乏其人，即使是仕宦之家，清寒者亦不罕见。低层官宦固然由于俸禄较薄而难免有这种情形，纵令是中高层官宦，也有人生活并不充裕，粗衣敝食，住屋简陋，身后凄凉，不异于贫士。仕宦固然提高了他们的社会地位，却不一定使他们在经济上晋身于富裕阶层。

贫士和贫宦所以贫穷，就生活态度而言，有人固然是由于任意挥霍，也有人是由于他们的节操风骨，不肯在金钱上或官职上有所求乞，也不肯迎合权贵、上司，更不贪图非分的金钱利益。不治产业而专志于读书、职守的态度，也是导致贫士、贫宦或其子孙所以贫穷的因素。一些贫困的士人、官宦家庭，不计家境，仍然策励子弟专心向学，延续士人的身份，不让他们改业，这种态度自然使家庭收入不会增加，而子弟读书明理之后，又自觉到对家族亲友甚至社会的经济责任感，这种态度将使他们日后自愿承受较重的经济负担。就经济压力而言，贫士、贫宦的经济基础多不丰厚，田产甚少，或者全无，官俸收入虽然厚薄不一，但有时中断。收入既不可恃，而官宦、士人又有一般农民所没有的开支，读书求学费用是一项重要负担，交游之费也是重要支出，有些士人、官宦为了读书、交友，竟使得家计必须由母亲或妻子力撑，可见经济压力之重。士人由家乡前往行都应试的旅费，以及官宦的赴任、还乡旅费，也是一笔可观的支出，足以构成沉重的经济压力。又有一些士人或官宦，由于家口众多，雇有婢仆，热心于周济族人亲友，甚至为陌生人的经济困难而出力，为社会福利制度或社会救济活动而奔走，而拖累了他们的家计。

总而言之，官宦、士人的经济境况，贫富各有不同，而且其间有很大的差异，不可以一概而论。黄震所说："为士者多贫，虽至仕宦，尚苦困乏"（黄震《黄氏日抄》卷七十八《又晓谕假手代笔榜》），从本文可以得到印证。而贫士、贫宦的存在，既相当普遍，同时连仕宦通显之后，也难免生计困乏，显然这并非一种个别、特殊的现象。贫士、贫宦的存在，何以在南宋时期如此引人注目，以下尝试从时代背景来讨论。

前文已曾提及，宋代社会存着"读书人人有分"的观念，科举考试在制度上又没有资产的限制，此外，宋代印刷术的应用已经普及，书籍远比从前易得，而公私学校普遍设立，教育机会大为增加，种种因素互相凑合，使得士人的数量自北宋至南宋激增。这个趋势，表现在解试应考士人的激增上。苏州在北宋庆历（一〇四一～一〇四八）时应试者只有二百人，至乾道四年（一一六八）建贡院时，已经增至二千人（注五二）；福州在北宋元祐五年（一〇九〇）应试者有三千人，至南宋乾道元年近一万七千人，再晚到淳熙元年（一一七四）更达二万人（注五三），潮州在绍兴二十年（一一五〇）赴考者不及二千人，至绍定元年（一二二八）增加到六千六百余人，更晚则又激增至万人以上（注五四）；资州在庆元（一一九五～一二〇〇）年间，"就试者因以倍于往昔，盖不下五千人”(《鹤山先生大全集》卷三十八《资州新建贡院记》)。这几个例子，说明了考生以数倍的速率而增加，其他州郡情形也相类似。士人数量的激增，使得其中有更多人可能出身于家境较差的家庭。在士人数量激增的同时，解额和及第人数并没有随之而作相同比例的增加。苏州在北宋大中祥符（一〇〇八～一〇一六）年间解额为四人，到南宋绍兴二十六年（一一五六）只不过增为十三人（注五五）；福州在北宋治平四年（一〇六七）为三十一人，到南宋绍兴二十六年只不过增为六十二人（注五六）；潮州在南宋初年解额为二十人，到端平（一二三四～一二三六）年间不过增为二十二人（注五七）；四川在庆元年间，将漕司贡额分至诸郡，资州解额因此由二十一人增为三十二人，(注五八）但在比例上仍赶不上倍增的考生。至于及第人数，南宋通常在二百余人至五百余人之间，也和北宋中期以后相仿。(注五九）这种情形，说明了科举考试的竞争愈来愈激烈，但在激烈的竞争中，仍然充满了无穷的机会与希望，本文所述一些贫士能够进士及第，甚至高中状元，即是证明，所以仍然有许多士人不计家境，全力以赴，而激烈的竞争无疑会加重他们的经济负担，或使他们耗费更长的时间于准备考试上，而无暇为家计着想。

贫士入仕之后，成为官宦，开始有了俸禄的收入。对一位信守所学的官宦来说，俸禄所能提供的经济来源有限，而身为官宦却开支大增，官俸的收入未必使人富裕，仕宦之后生活依旧贫困者仍有人在。所谓信守所学，一方面是为官讲求立身的原则，清廉自守，刚正不屈；另一方面则是担负起对家族亲友甚至陌生人的经济责任。具有这一类型信念的官员，自然不是南宋才有，但是宋代儒学的复兴和理学的兴盛，应该有加强这一类型信念的作用。第一，儒家思想中的道德因素，为理学家所特别强调，修身、齐家是治国、平天下的根本；公私义利之分与天理人欲之辨，不仅仅是个人正心、诚意所须讲求，也是国家治乱之所维系；第二，儒学的复兴促成了宋代新家族制度的形成，家族为一体的观念由之而提出，族人相亲相恤的行为也由之而实践，由于理学家对家族制度的讨论，使得这些观念、行为更受到重视；第三，如本文所述，儒学中仁的观念，也成为理学的一个重要主题，理学家不仅从抽象的观念去讨论仁，也将之推论到具体的社会上，构建起一个“民胞物与”的理想社会，这一个社会理想已为许多理学家所共同肯定，也是他们努力实践的方向。理学自北宋中期兴起，至南宋中期而全盛，经由教学、著作与交往，理学家的影响不断扩大，上述的三个方向指导了一些官宦的思想与行为，他们对立身原则与经济责任的重视，远过于一己的安适与家庭的富裕，甚至视贫穷为信念践履的指针。周密将南宋亡国之祸归之于理学，指出“至淳祐（一二四一～一二五二）间，每见所谓达官朝士者，必愦愦冬烘，敝衣菲食，高巾破履，人望之为道学君子也。清班要路，莫不如此，然密而察之，则殊有大不然者”（周密《癸辛杂识》续集下），理学在宋理宗时已受朝廷尊崇，淳祐元年政府正式以道统为国家的理念（注六〇），自然有追求富贵的人去攀附，出现周密所描述的那种表里不一的人物，在所难免。但这也反映出来，对于那些真正身体力行的理学家来讲，君子固穷和安贫乐道的态度确实使他们过着“敝衣菲食”的生活。上述儒学复兴与理学兴盛所导致的三个方向，并不仅只于增强了官宦讲求立身原则及重视经济责任的信念，许多士人同样深受其影响，而努力去实践。同时在儒学复兴与理学兴盛的潮流里，这一类表现具有行为典范的意义，因此获得了比较多的记述。

宋代政府与民间一些有关士人、官宦的福利制度，对于贫士的专志学业与贫宦的坚持信念，也有鼓励的作用。就士人来讲，政府所办的官学，无论是中央的太学，或是地方的州、县学，还有官办的书院，在学的学生常可享有学廪。学廪有一定的员额，并非所有的学生都能享有，每一学生所能获得的学廪也有限，未必能解决他们生活上的所有问题。但是这项补助的存在，至少使部分学生个人的生活问题可以获得部分的解决。除了官学的学廪之外，民间也有义学，热心公益的人士捐助束脩之费，延聘师儒来诲育士子（注六一）。这些情形，减轻了士人求学的经济负担，使得出身贫困的士人也勇于求学。对于义学的了解较少，至于官学的学廪制度，则自北宋已然，至南宋依旧，而且补助的员额有明显增加的趋势。例如福州州学，熙宁（一〇六八～一〇七七）以前，“岁养士才十数人”，元丰（一〇七八～一〇八四）初年“始增至数十”，绍兴十年（一一四〇）以前“养士止二百人额”，这年“增养士为二百四十人”，乾道元年（一一六五）又“定三百人为额”（《淳熙三山志》卷八《公廨类·庙学条》），可见南宋中朝比起北宋中期要增加了十几倍。其他地区没有南、北宋互相比较的资料，但是就南宋本身来说，地方学校的学廪同样陆续有所增加，例如潮州州学，“养士旧额百有二十人”，绍熙元年（一一九〇），“增五十人”，亦即共一百七十人，南宋晚期又“增至一百八十人”，同时“岁当大比，外增二十人”（《永乐大典》卷五三四三《潮州府条》引《三阳图志》）。很多南宋地方长官或学官，都致力于开辟财源，增加地方学校的养士员额（注六二）。这一个趋势，无疑使得更多的贫士可以减少对生活的顾虑，而致力于求学。本文所曾述及的义约与贡士庄，都兴盛于南宋中期以后，补助贫士赴考的旅费，使他们可以专心于考试，及第的机会大增。各地义约与贡士庄的财源不尽相同，不仅仅来自士人之间的互助与政府的支援，有些地方的富家也对义约或贡士庄提供经济支援，而所补助的贡士人数与旅费多寡各地也不一致（注六三）。这一类补助一方面减轻了贫士应考的旅费负担，另一方面也可能使得更多的贫士跃跃欲试。就官宦来讲，本文已曾述及以济助乡里贫穷仕族为目的的义田或义庄。这类义庄以贫宦身后丧葬、遗孤婚嫁为补助对象，具有鼓励官宦廉介自守的用意。史浩在明州义田序中清楚的说："义田之设，专以劝廉耻。……使各知有义田在身后，不至晚年忧家计之萧条，男女之失所，遂至折节，汩丧修洁"（《延祐四明志》卷十四《学校考·本路乡曲义田庄条》）。这项制度的出现要到南宋中期，当也成为支持南宋贫宦坚守信念的一个力量。

贫士、贫宦的普遍，以及士人、官宦为了周恤众多贫困亲友所承受的经济压力，又是南宋经济水准的一个反映。宋代经济有相当程度的成长，为众所周知的事实，但这只是相对于宋代以前的情况来讲。实际上，宋代的经济成长仍然有其限度。宋代商业虽然日益繁盛，基本上仍然以农业为经济基础，所以本文曾述及当时官宦有人生不可无田的说法。就人口与土地的关系来看，南宋大多数人口集中在少部分农业环境比较良好的地区，而在这一类人口稠密地区之内，户口比起北宋有显著的增加，在南宋户口增加的趋势下，排水为田和垦山为田虽然减轻了人口压力，但无论排水为田或垦山为田，所能增加的耕地都有一定的限度，所以到南宋中期，闽、浙地区耕地增加已经达到极限。在这种情形下，耕地增加率显然无法超过人口增加率，因此南宋每户平均所能拥有的耕地数量，比起北宋来就有减少的趋势，而且很多郡县每户平均田亩数，都只相当于一个贫乏下户所能拥有的耕地数量，要维持生活并不容易。由于这是一个平均的数字，所以耕地不足不仅是某一社会阶层的问题，而且是耕地总数不足以供养户口总数的问题。同时由于耕地增加率无法超过户口增加率，人口对粮食、土地的需求量增加快，而粮食、土地的供给量增加慢，产生供不应求的现象，米价、田价就自然上涨，置物价高昂的南宋初年与晚年而不论，即使是物价平稳的南宋中期，田价、米价也要比北宋时期上涨了许多（注六四）。这些现象，无疑是许多士人、官宦家计困难的一个重要背景，也说明了为什么会有那样多的贫困亲友在生活上要依赖他们的济助。在南宋农村或城市的社会结构中，贫民都占人口的多数（注六五）。贫士、贫宦在南宋士人、官宦中，未必居于多数，但是在这一个当时社会地位较高的群体中，竟有这样许多人家境贫寒，使得我们对于以贫民为结构主体的南宋社会，了解又更加深。

（原刊于《台湾大学历史学系学报》
第十六期，一九九一年八月。）

注释

注一：施彦执《北窗炙輠录》卷上："张思叔，伊川高弟也。本一酒家保，喜为诗，虽拾俗语为之，往往有理致。谢显道见其诗而异之，遂召其人与相见，至则眉宇果不凡。显道即谓之曰：何不读书去。思叔曰：某下贱人，何敢读书。显道曰：读书人人有分，观子眉宇，当是吾道中人。"所述张思叔事未必是事实，但足以反映当时读书人人有分的观念。

注二：洪迈《夷坚支乙》卷三《朱五十秀才条》："朱仲仙者，鄱阳人，本宪台小吏，然谢役读书为士，称五十秀才，居于上巷。”

注三：见曾我部静雄著、李明译《南宋的隅和隅官》（收入《大陆杂志史学丛书》第二辑第二册《唐宋附五代史研究论集》）。

注四：参见刘子健《刘宰和赈饥》（收入刘子健《两宋史研究汇编》）。

注五：《名公书判清明集》卷六《户婚门·争屋业类·谋诈屋业条》：“越六、七载之后，沈宗鲁于宝庆二年（一二二六）春，将上件屋一间半就典与陈国瑞，……续沈宻于宝庆三年（一二二七）冬，复将一间半并典与陈国瑞。”

注六：《夷坚支乙》卷二《茶仆崔三条》：“黄州市民李十六开茶肆于观风桥下，淳熙八年（一一八一）春夜，已扃户，其仆崔三未寝，闻外人扣门，问为谁，曰，我也。崔意为主公，急启关，乃一少年女子。……一夕，女曰，汝月得顾直，不过千钱。”

注七：见余英时《中国近世宗教伦理与商人精神》页八八。

注八：见陈荣捷《朱子固穷》（收入陈荣捷《朱学论集》）。

注九：楼钥《攻媿集》卷五十二《雪巢诗集序》：“淳熙五年（一一七八），余自删定郎赘倅丹丘，始识雪巢林君景思，行谊高洁，肮脏不与世合，环堵萧瑟，忍穷如铁石。”

注一〇：《水心先生文集》卷十五《致仕朝请叶公圹志》载其父家世：“公姓叶氏，讳光祖，祖公济，游太学无成，赀衰，去处州龙泉，居于温，至公定为永嘉人。”

注一一：《水心先生文集》卷十四《高夫人墓志铭》：“自

余为高氏婿，颇得闻外舍事，始在京师居南宅者，宣仁后家也，王侯贵盛冠天下。逃乱转客，留居永嘉，外舅幼鞠其祖，袍笏外无分焉。夫人已归，则废寺颓然。外舅尉郢上，夫人远不能至，穷与两女闭门纺绩自给。由外舅言宣仁后，则曰曾老姑，而自渡江未有特录高氏者，其仕与寒士等，惟门户调度特甚，以贫故几不立。”

注一二：见《水心先生文集》卷十六《著作、正字二刘公墓志铭》。

注一三：《漫塘集》卷二十六《外弟诸子归宗告家庙文》：“吾先考以家之贫，早以季弟庚出继陈氏后。”

注一四：据孙克宽《刘后村的家世与交游》（收入孙克宽《元代汉文化的活动》附录），刘克庄四十二岁时，其妻去世，四十一岁时，自建阳知县调潮州通判，在此之前官阶自然更低。

注一五：据魏了翁所撰墓志铭，史尧辅曾任永康军青城县主簿、昌州大足县尉、合州推官等职。

注一六：见《漫塘集》卷三十二《章泉赵先生墓表》。

注一七：参见陈荣捷《朱子固穷》。

注一八：据《絜斋集》所载行状原案，楼钥的父亲原名阙，无考，查《攻媿集》卷八十五《亡妣安康郡太夫人行状》，楼钥的父亲为楼璩。

注一九：见《攻媿集》卷八十五《亡妣安康郡太夫人行状》。

注二〇：《漫塘集》卷三十五《孔元忠行述》：“会属邑有争新涨沙田者，公谓，……且其为亩千八百有奇，何啻中民十家之产。”则南宋中产之家所有田亩约在二百亩以下。二顷为二百亩。

注二一：《漫塘集》卷二十九《故广西经略司干官范承事墓志铭》："乡人胡君缉性刚烈异甚，独与君为忘年交，胡从其故人守饶，身死无后，其丧之归也，送不以礼，胡梦于守之所亲曰，守以吾旅魂无归，故薄我耶，吾友范允诚（按：范克信字允诚），义士也，行至矣，既而君果赢粮迎其丧。平江文正范公之族，有死于润之逆旅者，其子无以敛，巷泣以诉，君闻之，为庀丧具，且致归资。……其佐戎幕也，与故四川茶马司干官王瓖为僚，瓖死，寄家于润，丧不能举，君为买地而葬，且封树之。其在广西，乡人任君令邕之宣化，死不能归，会君至邕，为买舟，并其孥载至静江，授馆致饩。"

注二二：以下黄榦仕官经历均见《宋史》卷四三〇《黄榦传》。

注二三：例如第二节所引《名公书判清明集》卷十三《惩恶门·诬赖类·假为弟命继为词欲诬赖其堂弟财物条》中的王平，是"祖业荡尽，贫不聊生。"又如《夷坚丁志》卷六《奢侈报条》中所述的酒官，喜好宴客，讲究饮食，而且"夸多斗靡，务以华侈胜人"，可是任满之后，到都城求官，累岁无成，既无积蓄，而又家口众多，于是衣则"裹碎补乌巾，着破布裘，裘半为泥所污，跣足行"，食则"每日求丐，得菜钱，仅能菜粥度日。"

注二四：《漫塘集》卷二十八《故庆元府教授陶公墓志铭》："士以贫告踵相接，一无吝色。"

注二五：参见刘子健《刘宰和赈饥》。

注二六：见《朱文公文集》卷七十六《金华潘公文集序》。

注二七：郑刚中晚年宣抚四川，违抗秦桧旨意诸事，详见《北山文集》卷末何耕《宋资政殿学士郑公墓志铭》。又《宋史》卷三七〇《郑刚中传》称其“由秦桧荐于朝”，按《北山文集》卷末有志书载《郑忠愍公傅》，述郑刚中于温州判官任内，“以赈饥得法，秦桧荐为敕令所删定官”，何耕所撰墓志铭亦详载其赈饥事迹，可见秦桧之荐郑刚中，是由于赏识他的行政才华，而非郑刚中本人的逢迎求进。《宋史》之《郑刚中传》又载：“桧主和议，刚中不敢言”，而志书所载《郑忠愍公传》则称，“时桧主和议，刚中为陈金不可信，弗听。迁殿中侍御史，抗疏条奏和议利害甚详。及胡铨上书得罪，祸几不测，刚中率同列论救，铨得编置。”何耕所撰墓志铭亦详载有关事迹，述其虽认为金不可信，却亦主张“然彼开我以好言，示我以善意，亦何辞而峻绝之乎，正当虚心，守以中正至当之道而已”；至于抗疏条奏和议利害，则以“尊主威，察敌情为本”而且“语皆惊人”。据此二文，则郑刚中并非“不敢言”，与《宋史》之《郑刚中传》的记载大不相同。当是郑刚中体认国力不振的时势，不反对和议，但主张应详察利害，且不同意对主战派人士施加政治打击，与秦桧主场并非完全一致。

注二八：见《朱文公文集》卷九十三《朝散黄公墓志铭》。

注二九：《东莱集》卷十《松阳叶君墓志铭》载叶洵仁事迹：“君少嗜学，游场屋辄不耦，既孤，家业益落，太夫人忧劳甚，君不忍私其力于铅椠，乃罢举，治耕稼以宽亲意，居亡何，赀用饶衍。”《水心先生文集》卷十四《姜安礼墓志铭》载姜处恭事迹：“君虽不以科举自达，至于挺渡江凋落之后，奋寒士单薄之习，积无至有，以立室家。”同书卷十五《朝散大夫致仕黄公墓志铭》载黄仁静事迹：“少为士，家未充，米盐旦夕急，公求所以逸其亲者，百方督课，以身先之。未久，有田二十顷，公以为如是不已，则以财自没矣，于是诸子出师入友，交劝以学。”又《漫塘集》卷三十一《徐处士墓志铭》：“少志于学，亲没之后，念禄养不及，始一意生理，艰苦人所惮，俭薄人所不堪，皆安之。……既生理稍裕，乃轻财好施。”

注三〇：参见拙作《南宋的农村经济》第五章第三节。

注三一：参见拙作《南宋的社仓》（载于本书下册页一〇七四～一一一三）。

注三二：《水心先生文集》卷二十二《太孺人唐氏墓志铭》述贫宦王夷仲死后，“家益衰，兄弟析耕，不数斛。”又曹彦约《昌谷集》卷十九《萧景仁墓志》：“祭酒公（按：萧景仁之父萧之敏，曾任国子祭酒）且老，有田数十亩，每以分给姊弟，景仁治农事、走田里甚苦，与两家兄弟均甚贫乏，不能自给。”又同书同卷《萧景苏墓志铭》述萧景仁之弟萧景苏的经济状况：“始居南康时，负郭田未有尺寸，得林地数十亩，以供薪爨。”

注三三：见拙作《南宋的农村经济》第一章第二节。绍兴府第五等户最多仅有第一等田十四亩余或第六等田四十二亩余，而一般第四、五等户均被称为贫乏下户。

注三四：见拙作《南宋的农村经济》第二章第一节。

注三五：见陈荣捷《朱子固穷》。

注三六：见衣川强著、郑梁生译《宋代文官俸给制度》。

注三七：《清波杂志》卷十一："辉倾侍巨公，语及常产，公云，人生不可无田，有则仕宦出处自如，可以行志，不仕则仰事俯育，麤了伏腊，不致丧失气节，有田方为福，盖福字从田从衣。"

注三八：《朱文公文集》卷九十《韩溪翁程君墓表》："以故久不利场屋，家故贫，至君益困。"《漫塘集》卷二十八《故知吉州王公墓志铭》："弟万宝场屋困踬，养生送死，悉仰于公。"

注三九：《夷坚甲志》卷十一《何丞相条》："缙云何丞相（执中）在布衣时，贫甚，预乡贡，将入京师，无以为资，往谒大姓假贷，阍人不为通，捧刺危坐。"《巽斋文集》卷十三《吉州吉水县贡士庄记》："异时由进士而为臣者，杨文节公为第一，而公固寒士也，终身由夷之操已见为举子时。故老所传，犹可见其与贡而无以行之状，安步晚食，幸而能达，及既入仕而之官也犹然。"《真文忠公文集》卷二十七《万桂社规约序》："忆余初贡于乡，家甚贫，辛苦经营，财得钱万，囊衣笈书，疾走不敢停，至中都则已惫矣。"

注四〇：《永乐大典》卷八六四七《衡州府条》引《衡州府图经志》："贡士有义约，自艮斋先生谢谔始行之江西。……绍熙年中，邦人廖谦乃取清江成约行之。"

注四一：参见杨联陞《科举时代的赴考旅费问题》（载

《清华学报》新第二卷第二期）；拙作《南宋城居官户与士人的经济来源》（载于本书下册页九一〇～九九二）。

注四二：《文定集》卷二十二《沙县罗宗约墓志铭》载罗宗约任四川制置使参议官："士之游宦蜀土，贫不能归者，宗约出捐俸钱周之，赖之以济者甚。"《朱文公文集》卷九十二《岳州使君郭公墓碣铭》载郭份事迹："有旧同僚之官地远，不能行，公为装遣之。"《文忠集》卷六十一《范成大神道碑》载范成大知静江府兼广西经略安抚使："凡仕族落南，使自言，给归资，至今以为法。"

注四三：《絜斋集》卷十四《秘阁修撰黄公行状》载黄荦事迹："知湖州归安县，……既解印，贫尼其归，僦居郡治之侧。……公曰，吾滞于此，囊无余赀耳。"《后村先生大全集》卷一五四《胡藤川墓志铭》载胡余潜事迹："八（按：疑作凡）历六任，十四五考，贫不能归，仕越，偶市屋小（按：疑为小屋之误），因居焉。"

注四四：见《漫塘集》卷三十二《章泉赵先生墓表》。

注四五：《勉斋集》卷八《与胡伯量书》："儿女十人，一儿一女已婚嫁，次女亦已许人。"

注四六：《勉斋集》卷十《与李侍郎梦闻书》："兄弟五人，今所存者第三家兄，年已七十，其穷到骨。"

注四七：《诚斋集》卷一一九《奉议郎临川知县刘君行状》载刘德礼事迹："家人数百指，蔬食终日，皆无愠色。"《攻媿集》卷一〇二《知婺州赵公墓志铭》载赵师龙事迹："家素窭，忍贫如铁石。……姚江一区之宅，仅庇风雨，亲者若不堪，而公以数十口处之泰然。”《真文忠公文集》卷四十二《汤武康墓志铭》：“家故清贫，阖门数百指，悉仰食于君，蔬食菜羹，同堂一饱。”

注四八：《朱文公文集》卷九十二《笃行赵君彦远墓志铭》载赵善应事迹：“宦薄食贫，诸弟未制衣不敢制，已制矣未服不敢服，虽一瓜果必相待共尝之，诸妹远嫁者极力致之，相与娱侍亲侧，内外诸孙合贵贱且百口，菜羹蔬食，恩意均洽，人无间言。”《絜斋集》卷十一《资政殿大学士赠少师楼公行状》载楼钥家事迹：“仲兄大理寺丞锡，出守严陵，迎二亲就养，数月而兖公（按：楼钥之父楼璩赠兖国公）薨，护丧以归，十月三旬而寺丞卒，适岁大祲，阖门百口，外而襄奉，内而伏腊，多方经营，仅无阙事。”同书卷十五《武功大夫合门宣赞舍人鄂州江陵府驻扎御前诸军副都统制冯公行状》载冯湛家事迹：“阖门千指，而田止二顷，殆无以赡。”《象山先生全集》卷二十八《陆修职墓表》载陆九皋及其兄弟一家事迹：“吾家素无田，蔬圃不盈十亩，而食指以千数，仰药瘵以生。伯兄治药瘵，公授徒家塾，以束脩之馈，补其不足。”

注四九：《朱文公文集》卷九十二《笃行赵君彦远墓碣铭》载赵善应事迹：“从姊妹之远而贫者，亦以令分俸给之。”《诚斋集》卷一二五《朝奉大夫起居郎吴公行状》载吴燠事迹：“家故贫，性清苦，每分俸以赒其族兄弟之子，教其幼而孤者，嫁其女之贫者。”《后村先生大全集》卷一四二《宝学赵尚书神道碑》载赵性夫事迹：“公友爱，俸入与弟妹共之。”同书卷一五四《郑德言墓志铭》载郑偘事迹：“德言少苦贫，万里容游，寄食于人，及稍有俸禄，则又疏（按：疏下当缺财字）重义，嫁孤女，恤穷姻。”同书卷一六九《枢密郑公行状》载郑寀事迹：“历官禄米，与弟妹剖食之。”《鹤山先生大全文集》卷七十一《荣州司户何君普墓志铭》：“岁俸赐亦以遗亲友之贫者。”

注五〇：见拙作《南宋的社仓》（载于本书下册页一〇七四～一一一三）。

注五一：见刘子健《刘宰和赈饥》。

注五二：见拙作《宋元时代的苏州》（载于本书上册页二六九～三八五）。

注五三：见梁克家《淳熙三山志》卷七《公廨类·试院条》。

注五四：见《永乐大典》卷五三四三《潮州府条》引《三阳志》。

注五五：见龚明之《中吴纪闻》卷一《解额条》。

注五六：见同注五三。

注五七：见同注五四。

注五八：见《鹤山先生大全文集》卷三十八《资州新创贡院记》。

注五九：见刘伯骥《宋代政教史》中篇第二章第二节。

注六〇：见刘子健《宋代所谓道统的成立》（收入刘子健《两宋史研究汇编》）。

注六一：见拙作《南宋城居官户与士人的经济来源》（载于本书下册页九一〇～九九二）。

注六二：范浚《范香溪文集》卷十七《衢州龙游县学田记》述吴彦周知龙丘县，“乃行视黉宇，问著录几人，吏白廪米不继，士至洁腹诵经，或不暖席，又负笈挈挈而它。……即日取官废田，请于州，以为邑之学田，岁制其收可食数十士。”林季仲《竹轩杂著》卷六《温州乐清县学记》述县令赵君：“揖诸生，首与之谋曰，养士而无以为养，奈何。有喻其意者，相率买田五顷，计其入日可食百人。”《真文忠公文集》卷四十五《朝请郎通判平江府事包君墓志铭》述包履常任建昌军学教授：“增廪生徒至五六十人。”《后村先生大全集》卷一四二《虚斋资政赵公神道碑》述赵以夫知永丰县：“广学田三百亩，始至，养士才二十员，比去，至八十员。”

注六三：见同注六一。

注六四：见拙作《南宋的农村经济》第二章第一、二节。

注六五：南宋农村贫民，亦即客户与下户合计，约占农村户口总数的百分之九十以上，见拙作《南宋的农村经济》第一章第二节；南宋若干城市贫民约占该城市户口总数的百分之五十几至百分之六十几，甚或更高，见拙作《南宋城市的社会结构》（载于本书上册页五九七～六七一）。

南宋的社仓

一、前言

中国历史上储粮备荒的仓储制度，以常平仓、义仓及社仓为骨干，自汉代首创常平仓，继之在隋代出现义仓，至南宋朱熹创设社仓而三仓趋于完备，沿用至清代仍不衰。南宋时期三仓并存，同有预防及救济灾荒的作用，三者之中，常平仓和义仓均设于城邑，所发挥的功用往往只及城市之民，而社仓设于乡村，泽惠遍及众多的农家，功效所及范围远较常平仓和义仓为广，对于农村中贫富之间经济上的冲突发生平衡的作用，有益于农村社会的稳定。因此，社仓的创设使仓储制度能够发挥更广泛的功用，具有更深远的意义。关于社仓对南宋农村社会贫富协调所发挥的功用，作者已曾撰文论述（注一），本文主要就制度讨论南宋社仓的起源与发展。

二、背景与渊源

社仓是朱熹所创的一种社会互助制度，由地方政府或乡里富家提供粮谷，设置贷本，以低利借贷给农民作农业资本或生活费用。这种制度之所以产生，以及产生之后能够推广，是社会现实和儒家理想交互作用的结果。农村中贫富不均及两者之间冲突的问题，自古以来即已存在，而南宋时期，由于人口迅速增加，农家平均所能拥有的耕地数量减少，加以商业日渐繁盛，农家生产被动的卷入市场经济中，遭受粮价季节性波动的影响，使得问题更易趋向敏锐。占南宋农村户口绝大部分的自耕农及佃农，终年竭力耕作，却往往入不敷出，必须依赖借贷来维持生活或从事生产。然而若干富家借贷利率甚高，农民利息负担沉重，债务常无法偿清，陷入长期负债甚或典卖田产的困境。若是遭逢水旱天灾，更有部分富家为博取厚利，闭廪哄抬粮价，农家既无力籴米，富户又因为米贵而不肯借贷，于是农民弱者贩鬻妻儿甚或流离饿死，而强悍者则聚众起而劫粮，造成农村社会的不安（注二）。朱熹本人，曾经亲自在农村中目睹此一现象。朱熹《朱文公文集》卷七十七《建宁府崇安县五夫社仓记》：

> 乾道戊子春夏之交，建人大饥，予居崇安之开耀乡，知县事诸葛侯廷瑞以书来属予及其乡之耆艾左朝奉郎刘侯如愚，曰："民饥矣，盍为劝豪民发藏粟，下其直以振之。"刘侯与予奉书从事，里人方幸以不饥。俄而盗发浦城，距境不二十里，人情大震，藏粟亦且竭。刘侯与予忧之，不知所出，则以书请于县于府。时敷文阁待制信安徐公嚞知府事，即日命有司以船粟六百斛，泝溪以来，刘侯与予率乡人行四十里受之黄亭步下，归籍民口大小仰食者若干人，以率受粟，民得遂无饥乱以死，无不悦喜，欢呼声动旁邑。于是浦城之盗，无复随和，而束手就禽矣。

按乾道戊子即乾道四年（一一六八），此事即社仓创设的前奏。

而浦城盗起的原因，据朱熹弟子黄榦追述社仓创设的由来，是由于建宁府之地，每逢灾荒，“大家必闭仓以俟高价，小民亦群起杀人以取其禾，……苟或负固难擒，必且啸聚为变”（黄榦《勉斋集》卷十八《建宁社仓利病》）。可知朱熹创设社仓的动机，实导因于亲身体验到农村粮食问题所造成的社会不安，而设法予以事先消弭。

现实问题只是背景的一面，背景的另一面则是理学家的社会理想。朱熹以理学宗师的身份，创设社仓，而得士大夫的风从响应，实不仅植基于对现实问题的考虑，而是有一种社会理想在背后作推动的力量。理学家的社会理想，导源自仁。仁是孔子的中心思想，也是宋代理学家讨论的一个重要问题。北宋理学开创者周敦颐谓圣人之道为仁义中正，而释仁为生，以仁育万物是天之道，也是圣人之道。张载继之将仁从抽象的观念推论到具体的社会上，而有《西铭》一文，《西铭》从人类生自天地而与天地为一体出发，畅论人与社会的关系：“民吾同胞，物吾与也”；“尊高年所以长其长，慈孤弱所以幼其幼”；“凡天下之疲癃残疾茕独鳏寡，皆吾兄弟之颠连而无告者也”。程颢、程颐兄弟极看重《西铭》，专门用以开示门下学者，朱熹也极推崇《西铭》，可知《西铭》所描绘的人人各遂其所生的社会蓝图，已成为理学家共有的理想。而程颢以手足痿痺喻不仁，和张载之意相近；程颐以谷种喻仁，则近于周敦颐之说。朱熹从心论仁：“仁者天地生物之心，而人物之所得以为心”；“天地之大德曰生，人受天地之气以生，故此心必仁，仁则生矣”。将前贤之论，连结而为一（注三）。从上述理学家对仁的阐释来观察当时的农村社会，自然应该对众多困苦的农家施以扶助，使这些同于一气而却遭逢不幸的人们也能畅遂所生。社仓的创设，就是理学家对仁的实践。这种社会理想对南宋士大夫设立社仓的推动力量，可以从见之于文集的社仓记看出来。《勉斋集》卷十九《袁州萍乡县西社仓絜矩堂记》：

> 榦闻之师曰：絜，度也；矩，所以为方也。富者田连阡陌而余梁肉，贫者无置锥而厌糟糠，非方也。社仓之设，辍此之有余，济彼之不足，絜矩之方也。君子之道，必度而使方者，乾父坤母，而人物处乎其中，均禀天地之气以为体，均受天地之理以为生，民特吾兄弟，物特吾党与，则其林然而生者，未尝不方也。

此记作者黄榦为朱熹弟子，而记中所述设置社仓的意义，即综引张载、朱熹之言。傅增湘辑《宋代蜀文辑存》卷七十六度正《巴川社仓记》：

> 人与物并生于天地之间，同于一理，均于一气。故君子以为人者，同胞之兄弟；而物者，相与之侪辈。视之如兄弟，则必亲之，而有相友之义焉；视之如侪辈，则必爱之，而无暴殄之失焉。如此则知所以为仁，知所以为仁，则知所以仁民而爱物矣。仁之为道，用之一乡不为不足，用之一国不为有余，所施益博，所济益众，顾用之何如耳。在上而行之，则为仁政，在下而行之，则为仁里。里仁之所以为美者，非以其有无相赒，患难相救，疾病相扶故耶。

度正所述，也是综引张载、朱熹之言，而且更清楚的从仁立论。又姚勉《雪坡集》卷三十六《武宁田氏希贤庄记》：

> 天地之大德曰生，人为天地之心，必能流畅天地之生

意，然后俯仰无愧。先儒谓仁者天地生物之心，而人得之以为心。仁也者，盖天地之生意，凡天地间，何物非我，一物不遂其生，吾心歉矣。士君子之生斯世，达则仁天下之民，未达则仁其乡里，能仁其乡里，苟达即可以推仁天下之民。此晦庵先生取成周县都委积之制而为社仓，西山真先生又广晦庵未尽之意而为义廪也。

按武宁田氏兄弟子侄于乡里效法朱熹设希贤社仓，效法真德秀设希贤义廪，姚勉为之作记，纯粹引述朱熹对仁的阐释以说明社仓、义廪创设的缘由。真德秀所创的义廪，实为社仓的另一种形式（详第四节）。而其本人在劝立义廪文中所言："凡天下之疲癃残疾茕独鳏寡，皆吾兄弟之颠连而无告者也"（真德秀《真文忠公文集》卷四十），即出自张载的《西铭》；又言："我之与彼，本同一气"（同上）。则源于朱熹的理论。这些例证，充分说明南宋士大夫纷纷于乡里设置社仓，是理学家社会理想的实践，也就是仁从儒家思想落实到社会现实上。朱熹作建宁府建阳县长滩社仓记，称："蒙惠者虽知其然，而未必知其所以然也"（《朱文公文集》卷七十九），朱熹未明言所以然之意，然而后儒所撰的社仓记，已为此言作了最好的注脚。

社仓虽然创自朱熹，但是并非一全新的制度，其渊源远可追溯至隋代的义仓，近则取法于北宋王安石新法中的青苗法，朱熹针对现实问题而将旧有制度加以变化，使得源出于旧有制度的社仓具有新的意义。隋代的义仓，又称为社仓，南宋社仓的名称，实渊源于此。按隋代地方有社制，仿效先秦，以二十五家为一社，为共同祭祀的单位（注四）。隋代义仓初设置时，是当社立仓，劝课百姓及军人，在收成之时随所得多寡捐献粟麦，储于仓中，遇歉收或饥馑时用以赈给。可知义仓最初设于乡里，粮谷出自富家自愿捐献而非强制随赋税缴纳，其形态和后世朱熹所创社仓相近。但不久之后，义仓形态发生很大的改变，不当社置仓而移设于州县，粮谷不出自劝课而强制随赋税缴纳。形态改变后的义仓，才是后世义仓的起源（注五）。此后义仓之制经唐代沿用至宋代，虽然仍设于州县，但士大夫往往能认识其本义，而请于乡村置仓；作为地方基层组织的社制在宋代虽已不存，但因社自古以来又有乡之义（注六），宋人用语也以村社连称（注七），因而社仓之名相沿不改。以北宋而论，北宋义仓屡设屡废，宋太祖乾德元年（九六三）初置，至乾德四年（九六六）即罢；仁宗庆历元年（一〇四一）复置，五年（一〇四五）又罢；神宗熙宁十一年（一〇七七）复置，至元丰八年（一〇八五）再罢；哲宗绍圣元年（一〇九四）复置，沿用至南宋（注八）。在义仓废置期间，臣僚请求复置，常用社仓的名称，建议置于乡村。如仁宗时，石介著《斥游惰》一编，建议取法隋的社仓、唐的义仓，“每村立一社仓”（《宋会要辑稿》，以下简称《会要》，《食货六二·义仓篇》庆历元年九月条）；如仁宗皇祐五年（一〇五三），贾黯请立“民社义仓”（《长编》卷一七六皇祐五年十二月岁末条）；如熙宁二年（一〇六九），苏涓上言义仓之法，“村有社，社有仓”（杨仲良《资治通鉴长编纪事本末》卷七十三《神宗皇帝篇·义仓条》）；钱觊也在同年上疏谈论同一问题，请求仿效隋代社仓之制，“于天下州县逐乡村各令依旧置社仓”（赵汝愚编《诸臣奏议》卷一〇七《财赋门·常平义仓篇》钱觊上神宗乞天下置社仓）。然而终北宋之世，义仓未尝自州县移于乡村。义仓既置于州县，于是相沿至南宋初年，弊病丛生。主要原因，在于“憔悴之民，多在乡村，于城郭颇少，……一有饥馑，人民难以委弃庐舍，远赴州郡请求”（董煟

《救荒活民书》卷二《义仓条》)，因此而有改革之议提出。如刘一止《苕溪集》卷十四《转对奏状》：

今也置仓入粟，正在州郡，岁饥散给，而山泽僻远之民，往往不沾其利，其力能赴州就食者，盖亦鲜少，而况所得不足偿劳，流离颠沛，有不可胜言者，此岂社仓之本意哉。……臣愚以谓，以食之粟当于本县乡村多置仓窖，自始入粟，以及散给，悉在其间，大县七八处，小县三四处，远近分布，俾适厥中，若未有仓窖，则寄寺观或大姓之家，县令总其凡，以时检校，遇饥馑时，丞簿尉分行乡村，计口给历，次第支散，旬一周之，庶几僻处之民，均受其赐，不复弃家流转道路。

李心传《要录》卷一二八系刘一止的奏状于宋高宗绍兴九年(一一三九)，在朱熹创设社仓之前，奏状中建议将义仓之粟改储于乡村以恢复社仓本意。他的建议虽然没有得到朝廷的接纳，但是已反映出来社会的要求。朝廷既未能顺应此一要求而作改革，不久之后，朱熹便以士人的身份创设了社仓，而此一新制度，很清楚的是其来有自，并非凭空创造。

南宋的社仓虽然可以溯源于隋代的义仓，但是其经营方式却和义仓不同，义仓粮谷用于荒年赈给饥民，社仓则是常年贷放收息，这种经营方式取法自北宋王安石的青苗法。青苗法是一种以抑制农村高利贷为目标的农贷措施。早在王安石于庆历七年(一〇四七)知鄞县时，已曾“贷谷与民，立息以偿，俾新陈相易”(《宋史》卷三二七《王安石传》)。稍后有陕西转运使李参，为充实军粮，“令民自相隐度麦粟之赢，先贷以钱，俟谷熟还之官，号青苗钱”(同上卷三三〇《李参传》)。及至宋神宗时王安石执政，结合过去二者成功的经验，在熙宁二年（一〇六九）颁行青苗法于全国，由于贷本出自常平广惠仓，所以青苗法又名常平新法。按常平仓创始于汉朝，历代沿用，宋代自宋太宗淳化三年（九九二）首设于京师，以后陆续推广至全国各地，由政府拨钱作籴本，于谷贱时增价收籴，于谷贵时减价出粜，有稳定粮价的作用，在青苗法实施之前，常平钱谷也已偶有用于贷放的情形（注九）；广惠仓则用于赈济州县城郭之中老幼贫疾不能自存之人，以其常与常平仓相混，所以合称常平广惠仓（注一〇）。王安石以常平广惠仓钱谷敛散不得其宜，于是移用青苗法的贷本，贷予农民。《会要》之《食货四·青苗篇》熙宁二年九月四日制置三司条例司言：

> 今欲以常平广惠仓见在斛斗，遇贵量减市价粜，遇贱量增市价籴，其可以计会转运司用苗税及钱斛就便转易者，亦许兑换。仍以见钱依陕西青苗钱例，取民情愿预给，令随税纳斛斗，内有愿给本色，或纳时价贵愿纳钱，皆许从便，如遇灾伤，亦许于次料收熟日纳钱。非惟足以待凶荒之患，又民既受贷，则于田作之时不患厥食，因可选官劝诱，令兴水土之利，则四方田事自加修益。人之困乏，常在新陈不接之际，兼并之家乘其急以邀倍息，而贷者常苦于不得。常平广惠之物，收藏积滞，必待年歉物贵然后出粜，而所及者大抵城市游手之人而已。今通一路之有无，贵发贱敛，以广蓄积，平物价，使农人有以赴时趋事，而兼并不得乘其急，凡此皆以为民而公家无所利其入，亦先王散惠兴利以为耕敛补助，裒多补寡而抑民豪夺之意也。

可知青苗法立法的原意，是由政府运用常平广惠钱谷，于每年新陈不接时贷予农民，农民在收成后再归还，使农民免于富家高利贷的剥削。据原初立法，农民于偿还时，仅“出息二分”（同上载苏辙与王安石讨论青苗法），远较兼并之家邀以倍息为轻。至宋哲宗继位，旧党执政，青苗法与其他新法同时废罢，绍圣二年（一〇九五）因臣僚之请复行，宋徽宗宣和六年（一一二四）再废，南宋不复行青苗法，但仍偶而以常平钱谷贷予农民（注一一）。青苗法虽为农民而设，但常平仓、广惠仓均设于州县，而非乡村，其根本缺陷与义仓相同，“常平赈粜，其弊在于不能遍及乡村”（《救荒活民书》卷二《常平条》），青苗法对农民的泽惠自然也受同样的限制，因此青苗法难免有坊郭户亦可借贷的规定，而授反对者以攻击的口实（注一二）。舍此点不论，朱熹所创设的社仓无疑取法于青苗法，社仓也是一种以抑制农村高利贷为目标的农贷措施，初设置时同样收息二分。由于王安石以推行新法而获聚敛的恶名，所以赏识社仓者斤斤于辨别社仓与青苗之异（注一三），但是朱熹本人不仅不否认二者之间的关系，而且极力为青苗法辩护。《南轩先生文集》卷二十载张栻《答朱元晦秘书》：

> 闻兄在乡里，因岁之歉，请于官，得米而储之，春散秋偿，所取之息不过以备耗失而已，一乡之人赖焉，此固未害也，然或者妄有散青苗之讥。兄闻之，作而曰：“王介甫所行，独有散青苗一事是耳。”奋然欲作社仓记，以述此意。

又《朱文公文集》卷七十九《婺州金华县社仓记》：

> 凡世俗之所以病乎此者，不过以王氏之青苗为说耳。

以予观于前贤之论，而以今日之事验之，则青苗者，其立法之本意，固未为不善也。但其给之也以金而不以谷，其处之也以县而不以乡，其职之也以官吏而不以乡人士君子，其行之也以聚敛亟疾之意而不以惨怛忠利之心，是以王氏能以行之于一邑而不能以行于天下。子程子尝极论之，而卒不免于悔其已甚而有激也。

可见朱熹虽不否认青苗法在执行上有所偏差，但认为其立法本意甚善，奋然起而为之辩护。所谓“以今日之事验之”，即指社仓而言。朱熹承认社仓与青苗法之间的关系，可以于此确定。而朱熹采用青苗法借贷收息的方式，去其偏于城邑之弊病，于乡里中创设社仓，使扶助农民的功用得以确实发挥，王安石制定青苗法的精神，也至此才得以真正实现。

三、创设与推广

对于农村中的粮食问题，宋代原有的仓储制度虽然未能完善解决，但是农村中向来有一些宅心仁厚的富家，能在米贵时减价出粜，借贷常蠲除本利，遇灾荒则发廪赈济，使农家在艰困时得到接济（注一四）。然而这种救济究竟是临时性的，及至朱熹创设社仓之后，才使农村中救济贫穷的措施由临时性进而成为制度性，不仅如此，社仓更具有协助农民储蓄以改善其本身生活的积极作用，而非只是消极的接受别人救济而已。

社仓之制，一般认为创自朱熹，实际在朱熹创设社仓稍前，魏掞之已有类似作法，在建宁府建阳县长滩铺设仓，以谷贷民，但是遇歉收始发廪，不收息。魏掞之尝师事胡宪，与朱熹为同门。《朱文公文集》卷七十九《建宁府建阳县长滩社仓记》载此事：

建阳之南，里曰招贤者三，地接顺昌、瓯宁之境，其陿多阻，而俗尤劲悍，往岁兵乱之余，莨莠不尽去，小遇饥馑，辄复相挺，群起肆暴，率不数岁一发，虽寻即夷灭无噍类，然愿民良族，晷刻之间，已不胜其惊扰矣。绍兴某年，岁适大侵，奸民处处群聚，饮博啸呼，若将以踵前事者，里中大怖。里之名士魏君元履，为言于常平使者袁侯复一，得米若干斛以贷，于是物情大安，奸计自折。及秋将敛，元履又为请，得筑仓长滩厩置之旁以便输者，且为日后凶荒之备，毋数烦有司，自是岁小不登即以告而发之，如是数年，三里之人始得饱食安居，以免于震扰夷灭之祸，而公私远近无不阴受其赐。

按元履，魏掞之字。设仓事在绍兴二十年（一一五〇）（注一五）。可知魏掞之设置社仓的动机，也和朱熹相同，是由农村粮食问题所造成的社会不安所引起，而农民既得社仓所贷粮谷，社会也恢复稳定。此后朱熹于乾道五年在建宁府崇安县设社仓，“其规模大略仿元履，独岁贷收息为小异”，二人既为同门好友，于是时相讨论，“元履常病予不当祖荆舒聚敛之余谋，而予亦每忧元履之粟久储速腐，惠既狭而将不久也。讲论余日，杯酒从容，时以相訾謷而不能以相诎”（同上）。所以《宋史》称：“诸乡社仓自掞之始”（《宋史》卷四七五《魏掞之传》）。但魏掞之卒于乾道九年（一一七三），其所创设的社仓形态在生前既未能推广，卒后继之管理者又不得其人，以至于丧失原有的功效（注一六），而其声名也远不及朱熹广；因此后世的社仓，实多本于朱熹。

乾道五年（一一六九），朱熹创设社仓于建宁府崇安县开耀乡五夫里。创设的缘起，导因于乾道四年建宁府发生灾荒，而浦城县又起盗乱，崇安县开耀乡人情为之震动，朱熹正乡居于此，于是与乡人左朝奉郎刘如愚共同请求府中拨常平米六百石，赈济乡民，乡里因此而恢复安宁（详第二节）。这年冬天，乡民归还谷米，官府准予留置乡中，以备凶荒之需。自次年起，每年夏天即贷放，收息二分，谷米原本分储于民家，至乾道七年（一一七一），才依古社仓法，建仓储存。《朱文公文集》卷七十七《建宁府崇安县五夫社仓记》：

> 及秋，徐公奉祠以去，而直敷文阁东阳王公淮继之。是冬有年，民愿以粟偿官，贮里中民家，将辇载以归有司，而王公曰："岁有凶穰，不可前料，后或艰食，得无复有前日之劳，其留里中而上其籍于府。"刘侯与予既奉教，及明年夏，又请于府曰，山谷细民，无盖藏之积，新陈未接，虽乐岁不免出倍称之息，贷食豪右，而官粟积于无用之地，后将红腐不复可食，愿自今以来，岁一敛散，既以纾民之急，又得易新以藏，俾愿贷者出息什二，又可以抑侥幸，广储蓄，即不欲者勿强，岁或不幸小饥，则弛半息，大侵则尽蠲之，于以惠活鳏寡，塞祸乱源，甚大惠也，请著为例。王公报皆施行如章。既而王公又去，直龙图阁仪真沈公度继之，刘侯与予又请曰，粟分贮民家，于守视出纳不便，请放古法为社仓以储之，不过出捐一岁之息，宜可办。沈公从之，且命以钱六万助其役。于是得籍坂黄氏废地而鸠工度材焉，经始于七年五月，而成于八月。

可知社仓的贷本，即出于乾道四年（一一六八）官府拨下的常平米，而朱熹不依官府原意，用之于歉收时赈济，改为常年贷放收息，其用意即在抑制农村中的高利贷，使农民在平时也能够改善生活。南宋农村中的利率，苛刻者固然取倍称之息，即令一般认为合理的利率，也在三分至五分之间（注一七），因此二分之息已经很低。社仓虽然建造于乾道七年，但是自乾道五年以后，已有贷放之实。此后历年贷放，至淳熙八年（一一八一），经营十分成功，所收息米，除用于建仓之外，并将原来拨自府中的六百石米归还，十余年间，已累积息米三千一百石，因此朱熹便将贷放的方式加以改变。《朱文公文集》卷十三《辛丑延和奏札四》：

> 至今十有四年，其支息米，造成仓廒三间收贮，已将元米六百石纳还本府，其见管三千一百石，并是累年人户纳到息米，已申本府照会，将来依前敛散，更不收息，每石只收耗米三升。

可知由于息米已经累积达到相当数量，此后贷放便不再收二分之息，每一石米只收耗米三升，耗米约原米的三十三分之一，对农民来说，负担很轻。朱熹所以作这样的改变，据其自述，是受到当年与魏掞之相互讨论的影响，“不忘吾友之遗教也”（《朱文公文集》卷七十九《建宁府建阳县长滩社仓记》）。这一个转变，显示社仓的贷本虽然最初由政府资助，但是当息米累积到相当数量之后，就以息米作贷本，而将原来的贷本归还政府。这些息米，原为借贷的农民所纳，可以视为农民自己的储蓄，也就是透过社仓来协助农民储蓄，以解决农民本身的困难。自社仓创设之后，“一乡四五十里之间，虽遇凶年，人不阙食”（《朱文公文集》卷十三《辛丑延和奏札四》），而“米价不至腾踊，富家无所牟利，故无闭籴之家，小民不至乏食，故无劫禾之患，二十余年，里闾安帖，无复他变，盖所以阴消而潜弭之者，皆社仓之力也”（《勉斋集》卷十八《建宁社仓利病》）。显然确实收到稳定农村社会的功效。

社仓由崇安一地而推广至南宋全国，也得力于朱熹本人的推动。崇安社仓创设之后，十余年间，各地的仓储制度仍然没有改善。常平仓、义仓依旧设于城邑，其惠泽甚难遍及于乡里农家。乾道末年赵汝愚便曾指出：“州县之间，每遇水旱，合行赈济赈粜去处，往往施惠止及城郭，不及乡村”（黄淮、杨士奇《历代名臣奏议》卷二四七赵汝愚乞置社仓济乡民疏）。淳熙年间李椿也曾上言：“一遇岁歉，则劳宸虑，数下诏旨，劝论赈粜，存拊之意备至，而州县之间，不过于州县城郭，出粜官米，略能薄济市井之人，而农田之家不预”（同上《李椿奏常平义仓疏》）。赵汝愚、李椿因此而请将义仓之米移置于乡村，却都没有得到采纳。当时士大夫即令知有社仓，也以类似青苗法讥之（注一八）；朱熹好友张栻，虽然认为社仓和青苗法义利有别，却向朱熹提出告诫：“行社仓于一乡，为目前之便，而遂以介甫之事为有可取，无乃与介甫执鄞县所为，而遽欲施之天下相类乎”（《南轩先生文集》卷二十《答朱元晦秘书》）。言外之意，社仓可行于一地，而不可以普遍推行。仅吕祖谦在淳熙二年（一一七五）自婺州来崇安探访朱熹，参观社仓发敛之政，颇为赞赏，有意仿行，但表示：“然子之谷取之有司，而诸公之贤不易遭也。吾将归而属诸乡人士友，相与纠合而经营之，使闾里有赈蓄之储，而公家无龠合之费”（《朱文公文集》卷七十九《婺州金华县社仓记》）。然而吕祖谦返乡之后，即登朝为官，随后因病还家，以至逝世，未能有机会实行其意愿。

因此至淳熙八年为止，社仓之设，未出建宁府境外。淳熙八年，适逢浙东发生大饥荒，宰相王淮即当年的建宁知府，推荐朱熹为提举浙东常平茶盐公事，负责救灾（注一九），朱熹入京上奏，详述崇安社仓行之有效的经验，请求推广于各地，作为防备灾荒的久远之计。《朱文公文集》卷十三《辛丑延和奏札四》：

> 窃谓其法可以推广，行之他处，而法令无文，人情难强，妄意欲乞圣慈，特依义役体例，行下诸路州军，晓谕人户，有愿依此置立社仓者，州县量支常平米斛，责与本乡出等人户主执敛散，每石收息二斗，仍差本乡土居或寄居官员、士人有行义者，与本县官同共出纳，收到息米十倍本米之数，即送原米还官，却将息米敛散，每石只收耗米三升。其有富家情愿出米作本者，亦从其便，息米及数，亦当拨还。如有乡土风俗不同者，更许随宜立约，申官遵守，实为久远之利。其不愿置立去处，官司不得抑勒，则亦不至搔扰。此在今日言之，虽无所济于目前之急，然实公私储蓄豫备久远之计，及今歉岁施行，人必愿从者众。

所谓“依义役体例”，指义役最初也是起于乡里士人的自动结合，其后才由地方官呈请朝廷颁行于全国。据朱熹所奏，可知虽以崇安社仓的经验为本，但也考虑到各地乡土风俗的不同，而许随宜立约，同时并非强制全国施行，而是听由各地自愿组织，政府固然提供谷米支持，却也希望富家出米作本。所以有这些弹性的规定，很可能是朱熹受到张栻和吕祖谦的影响，兼采他们的意见。朱熹的上奏，在朝廷上引起争论，“议者以为每石收息二斗，乃青苗法，纷然攻诋”（施宿《嘉泰会稽志》卷十二《社仓条》)，但朝廷终于接受户部的意见，按照朱熹的建议，诏行社仓于各郡，只是诏令中强调“任从民便”，“州县并不须干预抑勒”(《朱文公文集》卷九十九《社仓事目附敕命》)。于是社仓的设置不再限于建宁一地，开始向全国推行。

朝廷诏书颁下之后，各地虽然有人响应，但是并不热烈，社仓的普遍推广，似已在朱熹身后。各地对于朝廷推行社仓的反应，不仅“诸路既不能皆如诏”(《嘉泰会稽志》卷十三《社仓条》)，即使当时属于灾区的绍兴府，也是“府外之六县亦止报府，言一面措置，竟不以已立社仓为言，惟会稽、山阴二县至今为小民之利”(同上)。江西常平司有意推动，但“移文郡县，揭示衢要，累月无应之者”(陆九渊《象山先生全集》卷八《与陈教授》)。朱熹卒于宋宁宗庆五年，而当庆元二年作《建昌军南城县吴氏社仓记》时，仍不免感叹“至今几二十年，而江浙近郡田野之民犹有不与知者，其能慕而从者仅可以一二数也”(《朱文公文集》卷八十)。初期的推行虽不顺利，然而日久社仓的功效终于为人所知，如崇安县社仓后来由于主持非人而停止贷放，于是乡里中又再出现富家哄抬粮价而农民聚众劫粮的现象，社仓正常运营时期社会安宁的景象不复可见；潭州十二县中，仅长沙一县于庆元年间设置社仓二十八所，其他各县都没有社仓，嘉定八年(一二一五)潭州发生灾荒，各县农民生计窘迫，唯独长沙县农民因为得到社仓贷谷而粗有所恃；而其他置仓之地，虽遇凶年，也都能人无菜色，里无嚣声(注二〇)。再加以朱熹门人和理学同道于各地致力推行，在客观的事实证明和主观的积极推动相互配合下，社仓的设置日渐普遍。兹表列有关南宋各地社仓资料如下，以见社仓推广的概况。

地区	年代	倡办人	所数	贷本额	来源	资料来源
建宁府建阳县	绍兴二十年（一一五〇）	魏掞之	1	1,600石	官	《救荒活民书拾遗》
建宁府崇安县	乾道五年（一一六九）	朱熹	1	600石	官	《朱文公文集》卷七十七《建宁府崇安县五夫社仓记》
绍兴府会稽县	淳熙九年（一一八二）	诸葛千能	1	不详	官	《朱文公文集》卷九十九《劝立社仓榜》
同上	同上	张宗文等	2	不详	家	同上
衢州龙游县	同上	袁起予	1	不详	家	同上
袁州萍乡县	淳熙（一一七四～一一八九）	知县孙逢吉	2	206石	官	《永乐大典》卷七五一〇《社仓条》引《宜春志》
婺州金华县	淳熙十二年（一一八五）	潘景宪	1	500石	家	《朱文公文集》卷七十九《婺州金华县社仓记》
建宁府建阳县	淳熙十三年（一一八六）	周明仲	1	不详	官	《朱文公文集》卷七十九《建宁府建阳县大阐社仓记》
抚州金溪县	淳熙十五年（一一八八）	陆九韶	1	不详	家	《象山先生全集》卷三十六《年谱》淳熙十一年条
袁州萍乡县	淳熙十六年（一一八九）	宜世显等	9	1,586石	众	《永乐大典》卷七五一〇《社仓条》引《宜春志》

（续表）

邵武军光泽县	绍熙四年（一一九三）	知县张䜣	1	1,200 石	官	《朱文公文集》卷八十《邵武军光泽县社仓记》
建昌军南城县	绍熙五年（一一九四）	吴伸兄弟	1	4,000 石	家	《朱文公文集》卷八十《建昌军南城县吴氏社仓记》
常州宜兴县	同上	知县高商老	11	2,500 石	官	《朱文公文集》卷八十《常州宜兴县社仓记》
饶州余干县	同上	转运司	1	733 石 2 斗	官	《永乐大典》卷七五一〇《社仓条》引《番阳志》
建宁府建安县	同上	上司	5	不详	官	《永乐大典》卷七五一〇《社仓条》引《建安志》
潭州长沙县	庆元初（一一九五）	知县饶干	28	不详	官	《真文忠公文集》卷十《奏置十二县社仓状》
绍兴府会稽县	庆元二年（一一九六）	提举常平李大性	12	3,275 石	官	《嘉泰会稽志》卷十二《社仓条》
建宁府松溪县	同上	不详	1	不详	不详	《永乐大典》卷七五一〇《社仓条》引《松溪县志》
建宁府崇安县	庆元二年以前	不详	3	不详	不详	《永乐大典》卷七五一〇《社仓条》引《建阳、崇安县志》
建宁府建安县	庆元三年（一一九七）	知县俞南仲	2	不详	官	《永乐大典》卷七五一〇《社仓条》引《建安志》

（续表）

饶州余干县	庆元五年（一一九九）	乡民	1	700石	众	《永乐大典》卷七五一〇《社仓条》引《番阳志》
常德府武陵县	开禧末（一二〇七）	郡守胡榥	不详	每乡拨米百石	官	《永乐大典》卷七五一〇《社仓条》引《武陵图经》
合州巴川县	不详	赵飞凤兄弟	1	不详	家	《宋代蜀文辑存》卷七十六度正《巴川社仓记》
同上	同上	景元一等	1	300石	众	同上
同上	同上	陈孜等	1	不详	众	同上
隆兴府南昌新建县	同上	郡丞丰有俊	11	钱10,000贯，米2,000石	官	袁燮《絜斋集》卷十《洪都府社仓记》
临江军清江县	同上	张洽	1	200石	官	《宋史》卷四三〇《张洽传》
江西	同上	运干李燔	不详	不详	官	《宋史》卷四三〇《李燔传》
简州	同上	许奕	1	不详	家	魏了翁《鹤山先生大全文集》卷六十九《许奕神道碑》
婺州东阳县	同上	李大有	不详	不详	官	《鹤山先生大全文集》卷七十五《李大有墓志铭》
黄州黄冈县	嘉定（一二〇七～一二二四）	知县刘洙	不详	数千石	官	刘克庄《后村先生大全集》卷一六五《刘洙墓志铭》
南康军建昌县	同上	胡泳兄弟	1	600石	家	刘宰《漫塘集》卷二十二《南康胡氏社仓记》

（续表）

温州平阳县	嘉定元年（一二〇七）	汪知县	1	不详	官	杨简《慈湖遗书》卷二《永嘉平阳阴均隄记》
蕲州广济县	嘉定七年（一二一四）	知县麋溧	不详	不详	官、众	卢熊《洪武苏州府志》卷三十五《人物志》
江东	嘉定八年（一二一五）	提举常平李道传	不详	不详	官	《宋史》卷四三六《李道传传》
南康军	同上	郡守赵师夏	不详	12,000石	官	《永乐大典》卷七五一〇《社仓条》引《南康志》
潭州	嘉定十七年（一二二四）	郡守真德秀	100	95,000石	官	《真文忠公文集》卷十《奏置十二县社仓状》
武冈军	宝庆三年（一二二七）	吕知军	1	2,000石	官、众	《永乐大典》卷七五一〇《社仓条》引《都梁志》
横州	绍定元年（一二二八）	郡守张垓	1	1,000石	官	王象之《舆地纪胜》卷一一三《广南西路·横州篇》
镇江府金坛县	绍定（一二二八～一二三三）	刘宰	1	2,300石	众	《漫塘集》卷十《回知遂宁李侍郎》
抚州宜黄县	同上	曹尧咨	1	不详	家	《永乐大典》卷七五一四《通济仓条》引真德秀文
兴化军莆田县	同上	知县曾用虎	不详	不详	官	《后村先生大全集》卷八十八《陈曾二君生祠》

（续表）

泸州	同上	郡守魏了翁	不详	不详	官	《宋史》卷四三七《魏了翁传》
瑞州	不详	郡守陈韨	17	不详	官	《永乐大典》卷七五一〇《社仓条》引《瑞阳志》
浙西	不详	提举常平陈公	不详	不详	官	林希逸《竹溪鬳斋十一藁续集》卷十三《跋浙西提举司社仓规》
建宁府浦城县	端平二年（一二二五）	不详	2	不详	不详	《永乐大典》卷七五一〇《社仓条》引《浦城县志》
广德军	嘉熙四年（一二四〇）	康知军	不详	每乡谷本 500 石	官	黄震《黄氏日抄》卷七十四《更革社仓公移》
台州黄岩县	淳祐九年（一二四九）	知县王华甫	1	7,000 石	官、众	陈钟英《光绪黄岩县志》卷六《版籍志·仓储篇》引车若水《黄岩县社仓记》
庆元府昌国县	淳祐十二年（一二五二）	知县费诩	1	田 67 亩	官、众	冯福京《大德昌国州图志》卷二《叙州》
岳州平江县	不详	万镇	1	100 石	众	钟崇文《隆庆岳州府志》卷十八《杂传·文翰传》载万镇《社仓规约序》
太平州	同上	郡守廉弁	不详	2,000 石	官	《黄氏日抄》卷九十六《廉弁行状》
同上	同上	乡民	不详	200,000 石	众	同上
隆兴府武宁县	宝祐三年（一二五五）	田伦等	2	钱 60,000 贯，谷 600 石	家	《雪坡集》卷三十六《武宁田氏希贤庄记》

（续表）

台州黄岩县	开庆元年（一二五九）	赵处温兄弟	1	不详	家	《光绪黄岩县志》卷六《版籍志·徭役篇》引赵亥《义庄田跋》
台州	景定（一二六〇～一二六四）	郡守赵景纬	66	不详	官	《宋史》卷四二五《赵景纬传》
南安军	景定四年（一二六三）	郡守饶应龙	1	2,000 贯	官	《永乐大典》卷七五一〇《社仓条》引《南安郡志》
抚州新丰县	咸淳（一二六五～一二七四）	饶伋	1	不详	家	《黄氏日抄》卷九十一《跋新丰饶省元伋义贷仓》
抚州金溪县	咸淳七年（一二七一）	李沂	1	不详	家	《黄氏日抄》卷八十七《抚州金溪县李氏社仓记》
抚州临川县	同上	李氏	1	不详	家	同上
临江军新喻县	不详	刘梦麟	1	10,000 石	家	刘辰翁《须溪集》卷三《社仓记》
吉州	不详	叶重开	1	不详	众	文天祥《文山先生全集》卷十《叶校勘社仓记》
建宁府崇安县	不详	安抚司	9	不详	官	魏大名《嘉庆崇安县志》卷三《公署篇·仓条》
同上	不详	提举常平司	8	不详	官	同上
建宁府瓯宁县	不详	不详	12	不详	不详	《永乐大典》卷七五一〇《社仓条》引《瓯宁志》

表中所列社仓，广布于福建、两浙、江西、江东、湖南、湖北、四川、广南、淮南各地，可说是几乎遍布南宋各区。而各社仓的倡办人，如诸葛千能、张洽、李燔、赵师夏为朱熹门人，真德秀、赵景纬为朱熹再传弟子，万镇为三传弟子，魏了翁、李道传、李大有则为私淑朱熹之学者；其他如陆九韶为陆九渊的家兄，和朱熹是时相论学的好友，丰有俊为陆九渊门人，刘宰为张栻再传弟子，潘景宪为吕祖谦门人，也都是理学同道（注二一）。可知社仓的推广，朱熹门人和理学同道出力甚多。朱熹生前，亦即庆元五年以前，一次设立社仓的所数，以庆元初长沙知县饶干所设的二十八所为最多；贷本出于官者以庆元二年提举浙东常平李大性于会稽县所提供的三千二百七十五石为最多，出于民者则以宋光宗绍熙五年吴伸兄弟所提供的四千石为最多。而庆元五年以后，真德秀以知潭州的身份，于宋宁宗嘉定十七年在潭州一次设立社仓多达百所，所提供的贷本高达九万五千石；赵景纬以知台州的身份，于宋理宗景定年间在台州一次设置社仓也多达六十六所；知太平州麋弇于南宋晚期劝诱民间设立社仓，民众所提供的贷本更高达二十万石。早年江西常平司推行社仓，累月无人响应，而李道传于嘉定八年提举江东常平茶盐公事，“摄宣州守，行朱熹社仓法，上饶、新安、南康诸郡翕然应命”（《宋史》卷四三六〈李道传传〉），情况已是大不相同。这种情形，说明社仓的推广逐渐得到地方政府和民间的支持，有更多人乐于投入更多的贷本，设置更多的社仓。《漫塘集》卷二十二载刘宰《南康胡氏社仓记》：

今社仓落落布天下，皆本于文公。

《后村先生大全集》卷八十八载刘克庄《兴化军创平粜仓》：

艮斋之仓先废，而文公之仓，不独建人守之，往往达于天下郡邑。

按魏掞之，人称艮斋先生。刘宰和刘克庄二人之文，分别撰于宋理宗宝庆绍定年间，可知朱熹上疏朝廷请求推广社仓之后约四五十年，社仓已遍行于南宋全国，成为仓储制度中不可缺少的一环了。

四、发展与演变

朱熹以崇安社仓的经验而推广社仓于全国，于是以后社仓的设立，常以崇安社仓为蓝本，以米谷作贷本，由乡居士人主持管理，采取岁贷收息的方式，透过社仓协助农民储蓄。但是也有许多社仓，由于配合社会的需要、适应特殊的环境或解决现实的难题，不完全本于崇安社仓的规模，而发展出各种不同的经营形态，在组织上也有所改变，使得南宋的社仓具有多样性，能从各种不同的方向来发挥功效，正符合朱熹奏疏中“更许随宜立约”之意。发展和演变的方向，可以分从四方面来说明。

第一，以田产作社仓的贷本，借田租的收入取代利息。自北宋以来，许多公益事业都用田产来维持，如学校的学田、家族的义庄、义役的义役田等，由于田产每年定时有田租的收入，使得这些公益事业能够有固定的经费来源，比较容易持久。其中的家族义庄，和社仓的作用相似，同样用以救济贫穷，只不过限于族内而已（注二二）。在社会既有的这些成例影响下，社仓发展出以田产作贷本的经营方式，是很自然的事。社仓开始推广之后不久，即有采用这种方式的情形。孙逢吉在袁州萍乡县所设的社仓，经营一段时间之后，便计划逐步购置田产作贷本而免除纳息。《永乐大典》卷七五一〇《社仓条》引《宜春志》：

县西仓又以在仓积米出粜得钱二千缗足，买民田一百余亩，俟买及五千把，即尽蠲息米，如有欠折，即以田分米补凑，庶几悠久不致隳废。

按禾二十把约当一亩，五千把约当二百五十亩（注二三）。嘉定元年（一二〇八）温州平阳县筑海堤捍阻潮水后，利用堤旁涂地作贷本，设立社仓。《慈湖遗书》卷二《永嘉平阳阴均堤记》：

又经理其旁之涂地，以为社仓，仿晦翁待制，奏请赈贷平阳十乡细民，不计息，遇饥岁并蠲其本。

所以能够“不计息，遇饥岁并蠲其本”，即由于有涂地租入的缘故。以谷米和田产相比较，“粟之藏易弊，而田之入无穷”（《竹溪鬳斋十一稿续集》卷十三《跋浙西提举司社仓规》），因此用田产作社仓贷本的经营方式逐渐得到采纳，如许奕欲行古社仓法，“捐钱五百万，命契买善田试之一乡”（《鹤山先生大全文集》卷六十九《许奕神道碑》）；平江府的田产类别中，“曰社仓田，官买民田，岁储以备凶荒”（《洪武苏州府志》卷十《税赋志》）。而由社仓纳息所引起的严重问题，也使得一些社仓不得不改变经营方式，停止征收息米，以田产来维持贷放。自崇安社仓以来，为了防止农民不偿本息而逃亡，以致失陷贷本，大概都有结保借贷，共同负责的规定（注二四）。然而“小民借贷，贷时则易，还时则难，贷时虽以为恩，索时或以为怨”（《黄氏日抄》卷八十七《抚州金溪县社仓记》），赖债逃亡，仍然在所不免，因而将本息转移给同保之人负担。不仅同保之人不堪负荷，甚至有时连管理人也由于赔偿亏欠而破家，改革之议因此而起。《永乐大典》卷七五一〇《社仓条》引《瑞阳志》载知瑞州陈㮚所设社仓演变的情形：

> 乡官里师主之，司户提督，其法秋敛春贷，每户贷谷五斗。……岁久弊生，或散而不可收，或积而不敢散，亏折损坏者，皆责偿于里师，非破家不已也，太守方逢辰欲救其弊，委官发谷买田以为经久之计，名曰社庄，贮谷备荒。

所以“积而不敢散”，其原因正在畏惧“散而不可收”，为了解决“散而不可收”的问题，方逢辰才购置田产作为贷本。康知军所设的广德军社仓，在南宋末年也发生了农民逃亡而拖累同保人的问题（注二五），宋度宗时黄震进行改革，同样的建议“将各乡元得康知军谷本五百担陆续出粜，随乡置田，常年积租，荒年赈济，则自不必取息求多矣”（《黄氏日抄》卷七十四《更革社仓公移》）。这一种经营方式，既使社仓的功效比较容易持久，同时也免除了农民的利息负担，自然更有助于农民改善生活。

第二，平粜式社仓的发展。朱熹创设的社仓，采用贷放的方式，以低利贷米给农民，从抑制富家高利贷入手，而同时解消富家的操纵粮价，前述若干社仓以田产租入取代利息，虽与崇安社仓的经营方式已有差异，但仍未脱离贷放式的形态。平粜式社仓则取法于常平仓的经营方式，和崇安社仓的形态截然不同。首先提议设立平粜式社仓的，是陆九渊。陆九渊以其家兄陆九韶在乡里经营社仓的经验，指出贷放式社仓经营所受的限制，从而提出改进的意见。《象山先生全集》卷八《与陈教授》：

> 敝里社仓，目今固为农之利，而愚见素有所未安，盖年常丰，田常熟，则其利可久，苟非常熟之田，一遇歉岁，则有散而无敛，来岁缺种粮时，乃无以赈之。莫若兼置平籴一仓，丰时籴之，使无价贱伤农之患，缺时粜之，以摧富民闭廪腾价之计。析所籴为二，每存其一，以备歉岁，代社仓之匮，实为长积。

陆九渊认为，贷放式社仓必须在丰年常熟的环境中才能维持长久，否则如遇歉岁，不免有散无敛，因而妨碍正常的贷放，为了避免这种情形发生，应该兼置平籴一仓，在丰收时籴米入仓，而将所籴米谷分成两部分，一部分在常年缺粮季节粜予农民，另一部分则留待歉岁之用，也就是以平粜的方式，直接打击富家的操纵粮价。陆九渊所以会主张将原来行之于城市的常平仓经营方式移用于农村，实由于南宋时期农家生活已和市场经济发生密切的关系（注二六）。而富家的高利贷和哄抬粮价，两者相互关连，米价既平，利率自必降低，因此平粜式社仓和贷放式社仓经营方式虽然有所不同，而所收效果实相一致。此后各地社仓，不乏采用平粜的经营方式，如张沂所设的邵武军光泽县社仓，“夏则损价而粜以平市估，冬则增价而籴以备来岁”（《朱文公文集》卷八十《邵武军光泽县社仓记》）；如合州巴川县景元一等人所立的社仓，“登熟则以价籴之，……期月谷价暴贵，细民不易，则收二分之息而粜之，以济贫弱，以平市价”

(《宋代蜀文辑存》卷一百度正《巴川社仓记》)。类似的例子尚有不少，但这些社仓，都是仅采取平粜式，而非如陆九渊所建议，以平粜式和贷放式相配合。嘉定十七年(一二七四)，真德秀在潭州救荒，设立社仓，则是兼采贷放和平粜两种方式，而各有不同的济助对象。《真文忠公文集》卷四十《劝立义廪文》：

在诸县则广置社仓，储谷数万石，岁岁出贷，其为虑悉矣，又念社仓贷谷止及末等有田之人，而细民无田者不得预也。复请于常平司，以今岁义米附纳社仓，为赈粜之备。然义米有限，而贫民至多，岂能均及，于是又以居乡之日所为义廪规约，以劝有力之家。……义廪云者，非捐所有以与之，特出所有以粜之而已。

可知真德秀在潭州乡村所设的社仓，对于末等有田的农民贷放，对于无田的细民则赈粜，而劝导富家所设的义廪，实际就是平粜式的社仓。真德秀这种作法，以后也有人仿效，如隆兴府武宁县田伦兄弟子侄一家，“敛谷六百石为贷本，号希贤社仓者，希晦庵也；率楮六万缗为籴本，号希贤义廪者，希西山也”(《雪坡集》卷三十六《武宁田氏希贤庄记》)，便同时设置社仓和义廪。至南宋晚期，社仓的经营已明显的发展出两大类型：“或粜而不贷，或贷而不粜”(《漫塘集》卷二十二《南康胡氏社仓记》)。而贷放式社仓无法收回谷本的问题，也导致许多社仓向平粜式的方向转变。《鲁斋集》卷七《社仓利病书》：

后之继者，虑既贷而民不尽偿，则社仓之惠穷，而追呼之害起，故朱先生之法一转而为魏公之法，但储于乡以备岁之不登，乃其岁之小歉也，又不以贷而以粜，则魏公之法又转而为广惠之法矣。……昔人既有广惠之法，谷贵则捐价以出之，谷贱则高价以入之，一出一入，低昂适平，其法至简，其事易行，无社仓前者之弊，法亦良矣。自朱先生之法三转而下，同于广惠者，此所谓不泥古而善继前人之志者矣。

所谓“魏公之法”，指早年魏掞之的社仓经营方式；而所谓“广惠之法”，则指常平广惠仓的经营方式。据此，平粜式社仓似反有后来居上的趋势。

第三，社仓和举子仓、义役两种社会互助组织相结合。南宋农民常有因为家境困穷，无力负担丁税，而致生子不举，福建“建、剑、汀、邵四州为尤甚”（郑兴裔《郑忠肃奏议遗集》卷上《请禁民不举子状》）。南宋政府为了防止这种惨绝人伦的行为发生，自乾道年间以来，在福建路对生子的贫乏之家，都给予常平钱一千、米一斛的补助；至淳熙年间，福建安抚使赵汝愚又建议设举子仓以充一路养子之费（注二七）。而社仓也在同时推广，两者同有以粮谷济助农家生活的作用，于是相互结合。绍熙（一一九〇～一一九四）年间，张䜣于邵武军光泽县设置社仓，便已如此，除以米一千二百斛充社仓贷本外，又“买民田若干亩，籍僧田、民田当没入者若干亩，岁收米合三百斛，并入于仓，以助民之举子者”（《朱文公文集》卷八十《邵武军光泽县社仓记》），而两者之间的关系，据协助张䜣创设社仓的李吕所言，是“储米以备赈贷之用，敛息以资举子之给”（李吕《澹轩集》卷五《代县宰社仓砧基簿序》），也就是举子仓依存于社仓，以社仓所收的息米，供作补助民户举子之费，使有散无敛的举子仓能够长期维持。《会要》之《食货六二·义仓篇》嘉定七年（一二一四）三月九日臣僚言：

> 福建地狭人稠，岁一不登，民便艰食，贫家得子，多弃不举，法令有不能禁。曩时宿儒倡议，初由乡里创立社仓，借粜本诸司，为米巨万，夏贷而冬敛之，虽中产亦得接济，其利甚博。以社仓之息米二分与不济僧寺之租米，岁入举子仓，以济贫乏生子之人，使有所仰给，遂不忍弃，此良法也。行于建、剑上四军州。

按上四军州指建宁府、南剑州、汀州、邵武军四郡，即生子不举风气最盛的地区。可知社仓和举子仓的结合，不限于邵武军光泽县一地，而是普遍行于福建上四州，至嘉定年间仍然如此。而两者也因为相互结合而有连称为“举子社仓”的情形（《永乐大典》卷七五一三《举子仓条》引《延平志》）。义役同样是南宋农村中一种协调贫富的组织，起源于绍兴十九年（一一四九）婺州东阳县长仙乡的民众组织，乾道四年（一一六八）范成大推行于处州，次年上疏请求推广于全国。其法由乡民依贫富出资买田，以田租补助执役户，减轻中下户的差役负担（注二八）。南宋晚期，由于社仓用田产作贷本的情形逐渐普遍，于是出现义役和社仓以田产为基础而结合的现象。宋理宗宝庆（一二二五～一二二七）、绍定（一二二八～一二三三）年间，镇江府金坛县二十三都乡民聚集田产为义庄，作义役的经费，便有如此的计划。《漫塘集》卷二十三《二十三都义庄记》：

> 岁取其赢以买公田，公田有赢则欲尽归田之出于私家者，更有余则将用近世朱文公之制，别之为社仓，春散秋敛，以惠其都之人。其敛之也，稍加息焉，庶变通不穷而用不得无艺，一举而成大利二。始也上户自为计，终也小

民均其利；始也赖义役之赢而社仓以基，终也资社仓之息而义役以固。

可知是以义役田产的收入提供作社仓的贷本，而社仓贷本虽然来自田租，却仍然收息，以社仓的息米来使义役的结合更加巩固，两者互相支援。台州黄岩县赵处温、赵亥兄弟在宋理宗时代也有类似的作法。《光绪黄岩县志》卷六《版籍志·徭役篇》引赵亥《义庄田跋》：

以旧日入役之租，岁积月累，买田置庄，与众共之，至二十余年而义庄成，又十年而社仓成，社仓之储，亦取于义庄之羡，役户之众无与焉。

同样是将社仓建立在义役田产多余的收入上。社仓和其他社会互助组织相结合，使得同一经济来源能够透过各种不同的方式，在稳定农村社会方面发挥更广泛的作用。

第四，政府在社仓组织中所任角色增强。社仓以一种民间组织的姿态出现于南宋，弥补官方仓储制度的缺陷，然而自朱熹创设崇安社仓以来，便没有完全摆脱和政府的关系，例如运用保甲组织编排保簿、转达贷放交纳时间、察觉伪冒，而保甲组织则由县尉控制（注二九），又如贷敛和财务都请县府派官员监察（注三〇），而贷本也出自常平米。虽然如此，发动和主持之权仍然操在乡里士人的手中。而朱熹在推广社仓的奏疏中，请求政府以常平米支援社仓的贷本，同时申明“其不愿置立去处，官司不得抑勒”，朝廷诏书中也强调“任从民便”（详第三节）。可见南宋政府最初的意愿，是由民间自行组织，政府仅在贷本来源上给予支持。可是自从诏书颁布之后，许多地方社仓的设立，并非由乡里士人主动请求政府提供贷本，而是由地方政府积极的负起责任，或支借米谷，或节缩经费，致力于社仓贷本的建立，然后再敦请乡里士人出来主持管理，而地方官有行政权，又有筹集经费的能力，往往能以一人之力而创设许多社仓，为乡里士人的能力所不及（注三一）。因此地方政府虽然不参预社仓的主持管理，可是对设置社仓所提供的力量却已远较当初的构想为大。此后由于民间经营社仓发生种种弊端，于是导致地方政府进一步插手社仓的管理。民间经营社仓的弊端，往往出于主持人徇私，贷予个人的亲戚、干仆或佃户，形势大家也因缘诡名借贷，乡民反而不蒙其利，徇私的结果，又造成贷而不输，亏损仓本（注三二）。因此真德秀在潭州以官米设置社仓，便针对这一弊端加以改革。《真文忠公文集》卷十《申尚书省乞拨和籴米及回籴马谷状》：

> 诸处社仓败坏之由，盖缘其始，多是劝谕士民出本，因令管干，往往视为己物，官司亦一切付之，不加考察，且无更替之期，安得不滋弊幸。某今来所置诸县社仓百余所，一切从官司出本，选择佐官，分任出纳，乡士之主执者不得独专其权，兼令二年一替。

可知此后潭州地方政府对于社仓的出纳不仅限于监督的地位，而是分派官员和乡里士人共同管理，并且以政府命令规定士人主管社仓有一定的任期，社仓因而具有部分官营的性质。地方政府干预社仓的管理，虽然可以避免贷放循私之弊，却难免会有抑配的情形发生（注三三），宋理宗淳祐三年（一二四三）八月朝廷下诏“申严郡国社仓科配之禁”（王圻《续文献通考》卷三十一《市籴考》），可知地方政府干预社仓管理的现象已很普遍。南宋末年，王柏论社仓利害，也指出当时社仓“领以县官，主以案吏”(《鲁斋集》卷七《社仓利害书》)，与当初朝廷推广社仓的原意大相径庭。虽然如此，地方政府所能干预的，只限于贷本出自政府的社仓，至于由民众自集资本的社仓，仍然维持民间组织的性质；而许多社仓虽然由于贷本来源的关系，在主持管理上受到地方政府的干预，但是并未完全排除地方人士于外，仍然具有部分民间组织的性质，前述真德秀在潭州所设的社仓，便是一例。并且地方政府干预社仓的管理，也发生种种弊端，显示出社仓有保存民间组织性质的必要，黄震改革广德军社仓，便因此而建议“广德军社仓创于官，故其弊不一，请照本法，一切归于民”(《黄氏日抄》卷八十七《抚州金溪县李氏社仓记》)，政府干预的程度，自必受到限制。

五、结语

南宋社仓在发展演变的过程中，吸收其他制度的长处，和其他组织相结合，而没有完全丧失本身民间组织的性质，即使政府对社仓的控制加强，却始终没有因此而取代民间组织。南宋社仓所以能继续发展，保持其扶助农民的功用，这应该是一个重要的因素。否则如果完全成为政府组织，则不免会由于行政上的方便和财政上的融通，而使仓储移置于郡邑，不复用之于农民。而社仓的民间组织性质之所以能够维持不坠，就其本身组成而论，实系于负责主持管理的乡居士人。这些士人，以家乡为根基，出则仕宦，退则居乡，由于生活在乡里之中，复加以受儒学的熏陶，自必关心其间的一切，于是以他们的学识能力，在家乡主持各项事业，造福乡里。具体的代表，如在镇江府金坛县设立社仓的刘宰，刘宰于举进士之后，入仕十余年，以不乐仕进，归隐乡里，买田百亩以自给，在家乡中联结乡人，设社仓，倡义役，修桥补路，普及医药常识，遇灾荒则设粥局赈济灾民（注三四）。由于民间有这一类士人存在，所以社仓才不必完全依赖政府的管理。儒家思想便是在这种社会结构中，转化成为社仓此一制度，而发挥其稳定社会的力量。

（原刊于《史学评论》第四期，一九八二年七月。）

注释

注一：参见拙作《南宋的农村经济》第五章第二节。

注二：这些现象拙作《南宋的农村经济》第二三四章均有论述。

注三：以上参阅黄宗羲等《宋元学案》卷十一《濂溪学案上》，卷十三《明道学案上》，卷十七《横渠学案上》；钱穆《宋明理学概述》页六二～六三；钱穆《朱子新学案》六、《朱子论仁上》，一九、《朱子论仁下》，三八、《朱子对濂溪横渠明道伊川四人之称述》。

注四：参见曾我部静雄《中国及び古代日本における乡村形态の变迁》页八一。

注五：参见冯柳堂《中国历代民食政策史》页六五～六七。

注六：参见顾炎武《日知录》卷二十二《社条》。

注七：《长编》卷二四五熙宁六年五月辛酉条：“（河北路）察访使曾孝宽亦言：‘民诉植木占耕地、隔州借车牛载桑榆甚扰，又科桑椹，令村社监督浇灌，民甚苦之。’”

注八：参见《中国历代民食政策史》页九五；王德毅师《宋代灾荒的救济政策》页三八～四一。

注九：参见今堀诚二《宋代常平仓研究》(《史学杂志》第五十六编第十号、第十一号)。

注一〇：参见曾我部静雄《宋代の三仓及びその其他》(收入曾我部静雄《宋代政经史の研究》)；又见《宋代灾荒的救济政策》页六〇～六一。

注一一：参见辜瑞兰《青苗法之变动》(收入《大陆杂志史学丛书》第三辑第三册)。

注一二：参见东一夫《王安石新法の研究》第二编第三章《青苗法、市易法と社会政策》。

注一三：张栻《南轩先生文集》卷二十《答朱元晦秘书》："夫介甫窃周官泉府之说，强贷而规取其利，逆天下之公理，而必欲其说之行，用奉行之小人，而必欲其事之济，前辈辨之亦甚悉，在高明固所考悉，不待某一二条陈，而其与晦翁今日社仓之意，义利相异者，固亦晓然。"《雪坡集》卷三十六《武宁田氏希贤庄记》："晦翁之规社仓也，或疑其似荆舒青苗法，然用心实不类。荆舒之青苗，主于富国，私也；晦翁之社仓，主于仁民，公也。"王柏《鲁斋集》卷七《社仓利害书》："若夫二分之法，与青苗异者，盖荆舒讬济人之名，罔其利以供上之用，朱先生因济人之实，储其利以复为民水旱之防，心之所发，惠之所及，何啻霄壤，以青苗议社仓，其不审亦甚矣。"

注一四：同注一。

注一五：《建炎以来系年要录》卷一六一绍兴二十年九月

丙申条："自建炎初，剧盗范汝为窃发于建之瓯宁县，朝廷命大军讨平之，然其民悍而习为暴，小遇饥岁，即群起剽掠，去岁因旱，凶民杜八子者乘时啸众，遂破建阳，是夏民张大一、李大二复于回源洞中作乱，安抚使仍岁调兵击之。布衣魏掞之谓民之易动，盖因艰食，及秋，乃请于本路提举常平公事袁侯复一，得米千六百斛以贷民，至冬而取，遂置仓于长滩铺。"

注一六：魏掞之卒年见《朱文公文集》卷九十一《国录魏公墓志铭》。又同书卷七十九《建宁府建阳县长滩社仓记》："其后元履既没，官吏之职其事者不能勤劳恭恪，如元履之为，于是粟腐于仓而民饥于室。或将发之，则上下请赇，为费已不赀矣。官吏来往，又不以时，而出内之际，阴欺显夺，无弊不有。大抵人之所得，粃糠居半，而偿以精凿，计其候伺亡失诸费，往往有过倍者，是以贷者病焉，而良民凛凛于凶岁，犹前日也。"

注一七：参见拙作《南宋的农村经济》第三章第二节。

注一八：《南轩先生文集》卷二十《答朱元晦秘书》："闻兄在乡里，因岁之歉，请于官，得米而储之，春散秋偿，所取之息不过以备耗失而已，一乡之人赖焉，此固未害也，然或者妄有散青苗之讥。"

注一九：参见王懋竑《朱子年谱》卷二下淳熙八年八月条。

注二〇：见同注一。

注二一：见《宋元学案》卷四十八《晦庵学案》表，卷五十七《梭山复斋学案》，卷六十三《勉斋学案》表，卷六十九《沧州诸儒学案》表，卷七十一

《岳麓诸儒学案》表，卷七十三《丽泽诸儒学案》表，卷七十七《槐堂诸儒学案》表。

注二二：见拙作《南宋的农村经济》第五章第三节。

注二三：札隆阿《道光宜黄县志》卷三十一之五《艺文志》载明谭纶与《江西巡抚止高安县分派书》："荆国作相时，欲行均田之政，时有令宜黄者，以山田难丈，以禾把准畮，每田一亩，准禾二十把。"

注二四：《朱文公文集》卷九十九《社仓事目》："每十人结为一保，递相保委，如保内逃亡之人，同保均备取保。"俞森《荒政丛书》卷十上《社仓考》上载《金华社仓规约》："甲内逃亡，甲头同甲内均填，甲头倍之。"

注二五：《黄氏日抄》卷七十四《更革社仓事宜申省状》："如贷首抱催足，则有旌孝一都沈子亨等称，逃户五十三户积欠谷五千八百四十斤，尽抑令代纳之诉；葛下三都潘四五等称，祖父充贷首，子孙不得脱免，甚至孤寡亦不得免焉之诉，此弊之不可不革者也。如同甲抱逃亡，则有永岳十八都倪四五等称，逃亡并要甲内填还，乡民枉被逼勒之诉；桐汭一都曾千七等称，逃户贷谷，谷不出仓，只就仓展息，息上又生息，展转抑陪之诉，此弊之不可不革者也。"

注二六：参见拙作《南宋的农村经济》第三章。

注二七：《历代名臣奏议》卷一一七载赵汝愚申请举子仓事："臣等照得淳熙三年（一一七六）六月二十四日，准行在尚书户部符，准都省批下吏部尚书韩元吉劄子，自乾道五年（一一六九）以福建路有不举子之风，贫乏之家生子皆赐以常平钱一千、米一斛，又因守臣之请，除其所纳身丁钱。臣比为郡闽中，询之父老，小民利于官给钱米，不敢溺子，全活甚众。然犹恐积日累月，州县怠于验实，又谓常平所破钱米多吝于支与，为不可继者。今常平钱物虽有定额，独所谓户绝田产，州县不常有，而止于出卖。福建八州，内四州溺子为甚，民贫土薄，所绝田产至为微细，间有寺观绝业，取八州所得，积而用之，亦可助上件支遣也。欲望圣慈更赐睿旨，应福建民户寺观绝产，自今并不许出卖，专一拘检，令常平司置籍，岁收其租，通融以充一路养子之费，其不足处，月支常平钱米。”

注二八：见拙作《南宋的农村经济》第五章第一节。

注二九：《朱文公文集》卷九十九《社仓事目》：“一、逐年十二月，分委诸部社首保正副，将旧保簿重行编排。”“一、申府差官讫，一面出榜，排定日分，分都支散，晓示人户，各依日限，具状结保，正身赴仓请米，仍仰社首、保正副、队长、大保长，并各赴仓，识认面目，照对保簿，如无伪冒重叠，即与签押保明。”“一、申府差官讫，即一面出榜，排定日分，分都交纳，仰社首、队长告报保头，保头告报人户，递相纠率，造一色干硬糙米，具状赴仓交纳。”“一、社仓支贷交收米斛，合系社首、保正副告报队长、保长，队长、保长告报人户。如阙队长，许人户就社仓陈说，告报社首，依公差补，如阙社首，即申尉司定差。”按保正副、队长、保长都是南宋保甲组织中的职称，社首当即是南宋保甲组织中的隅总或总首。尉司即指县尉。

注三〇：《朱文公文集》卷九十九《社仓事目》："一、逐年五月下旬，新陈未接之际，预于四月上旬申府乞依例给贷，仍乞选差本县清强官一员、人吏一名、斗子一名前来，与乡官同共支贷。""一、人户所贷官米，至冬纳还，先于十月上旬，定日申府，乞依例差官，将带吏斗前来，公共受纳。""一、簿书锁钥，乡官公共分掌，其大项收支，须监官签押。"

注三一：见同注一。

注三二：《勉斋集》卷十八《建宁社仓利病》："乡里大家，诡立名字，贷而不输，有至数十百石者。"《会要》之《食货六二·义仓篇》嘉定七年三月九日臣僚言："所贷者非其亲戚，即其佃火，与附近形势豪民之家，冬则不尽输。"《永乐大典》卷七五一〇《社仓条》引《南康志》载南康军社仓："为仓官者私其干仆而不及乡民，或因循侵耗以虚数交承，亏损元额。"

注三三：《黄氏日抄》卷七十四《更革社仓事宜申省状》："康知军以小垒荒岁，一时之力，而欲广为千里无穷之惠，故志在日久增多，必使尽数均贷，且令计息未足，县官不许批书，于是奉行者不待其愿贷，类追迫而使之贷矣。"《鲁斋集》卷七《社仓利害书》："昔之法也，先给以米，贷以米，敛亦以米，今也不然，敛以钱，科以籴，若能薄增厥值，亦何患民之不乐输哉。价既不平，谷不时至，势不至于敷扰以抑勒，人情之所不堪，小民未受其利，中产先被其害。”

注三四：参见刘子健《刘宰与赈饥》（收入刘子健《两宋史研究汇编》）。

豪横与长者
——南宋官户与士人居乡的两种形象

一、前言

本文所说的官户，指文武品官之家；至于士人，则包括曾经通过解试的得解举人，曾经入官私学校肄业的学生，以及其他曾经以读书自业的读书人。所谓居乡，是指居于乡里，而未必是乡村。虽然官员常外出仕宦，士人亦有许多外出求学，但是他们的家庭可能仍在乡里，而他们本人也有退而居乡的时候。以官员来说，他们入仕之后，不免会遇上待阙、丁忧、贬斥，甚或会自愿辞官或年老致仕，特别是员多阙少的问题到南宋愈益严重，待阙的员数愈益增加，年限也更为延长（注一）。史浩所说："贤士大夫从官者，居官之日少，退闲之日多"（袁桷《延祐四明志》卷十四《学校考・本路乡曲义田庄条》），应是当时许多官宦所常有的境遇。这些退而乡居的官员，如果返居本籍，称为土居官，如果寄居外地，则称为寄居官。以士人来说，宋代由于科举考试受到社会重视，配合上印刷术推广、教育机会扩大以及读书观念深入人心等因素，使得士人的数量自北宋至南宋激剧增加，其速率甚至可以用膨胀来形容（注二）。士人数量激增，可是入仕的机会相对有限，绝大多数的士人都无法顺利的踏入仕途，他们之中自然有些人仍然奋战不懈，不过可能有更多人放弃努力，退而以各种方式担负起家庭经济的责任，成为乡里的一分子。

官宦、士人居于乡里，由于他们拥有一般民众所没有的学识，其中一部分人更拥有一般民众所没有的权势与特权，因而可以视为有别于一般民众的一个群体。这个群体与乡里民众的关系究竟如何？无疑是一个值得探讨的问题。以往关于宋代官户与士人的研究，多半强调他们所拥有的特权及其限度，如果仅仅从这样的角度去观察，官户与士人很容易被视为在乡里中欺压善良的人物，这种了解并非完全错误，不过只是事实的一面。实际上，官户、士人与乡里民众的关系，是不可以一概而论的。本文拟从南宋官户、士人居乡时所表现的豪横与长者两种不同的形象，来探讨他们与乡里民众的关系。

二、豪横之武断乡曲

黄榦从抚州临川知县调任临江军新淦知县之后不久，曾在一封写给友人李燔的信里，比较治理新淦与临川互有难易，“临川困于台府之应酬，此邑却无此扰，然寓公、士人难制，又却不如临川也”；在另一封信里，又表达自己“以一身当众怒，凡寓公之家，无不见怨者，盖平日豪横成风，不容不痛治也。然为新淦百姓吐得一口气，便罢黜亦无憾矣”（黄榦《勉斋集》卷五《与李敬子司直书》）。黄榦对新淦县政府所感的困扰与自我表达，正足以说明豪横是一些官户与士人居乡时所表现的作风。

所谓豪横，包括扰官与扰民两方面，而两者又常相关连。淳熙十四年（一一八七）主管佑神观李椷因言者论诉而罢祠禄，他的行为是豪横的一个最好例证。《宋会要辑稿》（以下简称《会要》）《职官七二·黜降官篇》淳熙十四年五月二十七日条载言者论李棫：

其寄居乌青，武断豪横，有镇户讼棫家索钱斗殴，镇官卢洵方行体问，棫则遣仆促承行人暨临安府南厢牒镇追人，棫与男叫集仆干行打承行胥吏，闷晕几死。

李棫寄居乌青镇，强索镇民钱财，为人所诉，镇官处理，李棫藉其势力强行干预，并且聚众殴打胥吏，正是扰民兼且扰官的写照。李棫的行为并非个别的案例，袁采在他那本讲述居家之道的《袁氏世范》里对于士大夫这类行为曾有所指责，可见其普遍性。《袁氏世范》卷二《居官居家本一理条》：

士大夫居家能思居官之时，则不至干请把持而挠时政。

所谓“挠时政”，是扰官；而“干请把持”则是为了满足本身的利益，难免不会扰民。同上《小人作恶必天诛条》：

居乡曲间，或有贵显之家以州县观望而凌人者，又有高资之家以贿赂公行而凌人者。方其得势之时，州县不能谁何，鬼神犹或避之，况贫穷之人，岂可与之较。屋宅坟墓之所邻，山林田园之所接，必横加残害，使归于己；衣食所资，器用之微，凡可其意者，必夺而有之。

更清楚的说明由于地方官对于这些贵显之家无可奈何，所以他们敢于扰民。换句话说，乡居官户、士人敢于扰官，是他们能够达成扰民目的的基础。

地方官面对这样的干扰，各有不同的反应。刚毅者如黄榦，采取的对策是对“寓公之家以势扰民者，只得按法治之”，对“士人之无赖者，痛惩之”（《勉斋集》卷五《与李敬子司直书》）。但是豪横的官户、士人对于这类地方官，在无法达成目的之余，却可能刻意的去搜求其过失来加以反击，使之遭受调查甚或革除职务（注三）。黄榦在前引信中所以说自己抱定“虽罢黜亦无憾矣”的决心，原因就在于此；而他也提醒自己“每事愈加缜密，使之无隙可攻”（《勉斋集》卷五《与李敬子司直书》）。部分乡居官户、士人作风如此强悍，所以官员若是奉命出知士族众多的大邑，便易有难治之感（注四）。至于个性较为软弱的地方官，则不免和那些习于“干请把持”的官户、士人交结，甚至藉其势力来治理地方，于是不得不徇其请托，因而造成这些官户、士人得以武断乡曲的后果。黄榦在新淦知县任内，对属下的王姓县丞，就有这样的戒虑。他曾因身体不适，让县丞代理县务，这期间当地乡居官宦谢知府“便投词论扰百姓”，后来他因押运纲粮而必须离县，竟请求借调新喻县丞来代理县务，而不让王姓县丞来代理，因为他认为“王丞与寓公太熟，质弱，多徇人情，恐大家得肆憾于百姓耳”（《勉斋集》卷五《与李敬子司直书》）。又《会要》之《刑法五·省狱篇》绍熙元年（一一九〇）十一月二七日条载臣僚言。

> 比年以来，士大夫寓居多以外邑为便，县官甫下车，则先诏（按：诏当为访之误）问权要声援，往往循习谄媚，互相交结。其为权要声援者，因县官之见知，遂假此以恐吓齐民。或以私忿未决，债息未偿，辄将小民拘送县狱，县官方承奉之不暇，乃俾老胥猾吏，锻炼追考。有一

> 人抵罪，或至一户荡产，甚者根连逮捕，以决权门之狱。虽其事可以立谈判者，亦必拘囚月余，如此则小民被虐者若何而申诉？

指出了地方官由于有赖权要声援，使得这些寓居权要得以运用官府之力，欺压良民。

上引绍熙元年臣僚的上言，显示另外一项重要现象，即是豪横的士大夫交结县官以武断乡曲的情形，多发生在外邑，而非州郡治所。所以如此，学者已曾指出原因在中央政府对外邑的控制较弱（注五）。一般讲来，宋代地方政府官员多集中在郡城，可以多达数十人甚或数百人，然而基层的县衙，则只不过有知县、县丞、主簿、县尉等数员而已（注六）。外县官员既少，而县务繁杂，不得不求取地方力量合作，因此给予豪横可乘之机。不仅如此，知县官阶已低，县丞等员更是卑微，面对官阶可能较之高出甚多的乡居官宦，也很难不采取妥协的态度。至于郡治所在之县，则官员既多，官阶又高，而且有些郡城还驻有高层的监察机构，乡居官户、士人便比较不敢放肆。黄榦在调任新淦知县之前，原任临川知县，是抚州的治所，又驻有江西提举常平茶盐司（注七），所以他调到非临江军治所在的新淦之后，比较两地的情形，便觉得新淦的寓公、士人较临川为难制。这种现象，正可以与上述臣僚的上言相印证。这并非说郡治所在之县就没有豪横的官户、士人存在，只是外县的情形可能比较严重。无论住在外县或郡治，官户或士人犯罪都可以获得比较宽大的处理，甚至见于《名公书判清明集》（以下简称《清明集》）的一个“乡下豪横”，只不过所写的诗粗通，地方官便接受他自称士人，给予他较为宽大的处分（注八），这无疑是助长若干官户、士人肆无忌惮的原因之一。

以乡居官户和士人相比较，官户自然比士人更有能力仗势欺人，尤其是以贵宦之家为然。这类人家有权有势，即使官宦本人不在家乡，或是洁身自好，其子弟、亲人以及家中干人、仆役也难免会倚仗权势，为害乡里。袁采在《袁氏世范》里，对于贵宦子孙居乡时的胡作非为，有所描述。《袁氏世范》卷一《子弟宜常关防条》：

> 贵宦之子孙不止此也。其居乡也，强索人之酒食，强贷人之钱财，强借人之物而不还，强买人之物而不偿。亲近群小，则使之假势以陵人；侵害善良，则多致饰词以妄讼。乡人有曲理犯法事，认为己事，名曰担当；乡人有争讼，则伪作父祖之简，干恳州县，求以曲为直。差夫借船，放税免罪。以其所得，为酒色之娱，殆非一端也。

袁采认为这种现象所以会出现，在于“乡曲贵宦，人之进见，有时称道盛德之不暇，岂敢言其子孙之非；况又有以子孙为贤，而以人之言为诬”，以致于对子孙在外边假借权势为非作歹的情形，矇然不知。其实官宦既有权势，亲人仆役之不肖者自然想设法假借，即使官宦爱惜名誉，善加谆诲，也未必发生作用。《清明集》卷一《官吏门·儆饬类·惩戒子侄生事扰人条》记载了一个官宦对子侄及其仆人的痛心：

> 当职居乡，惟恐一毫得罪邻里，数十年间，未尝有一词到官，颇获善人之誉。不谓近年已来，后生子侄中有一、二不肖者，不遵父兄之教，不恤交游非类，渐习嚣讼，动事挟持，遂有畴昔乡党之相亲相爱者，一旦变为相仇相怨，当职每痛心焉。诲之非不谆谆，听者终于藐藐，

教之不从，继之以怨，其可已乎？黄百七乃当职从侄之仆，辄敢从臾，乃至妄兴词诉，扰害乡人，累烦县道，鞭车警牛，岂容但已。

这位官宦对于自己的子侄及其仆人之扰害邻里，已有管束不住之叹。至于一些原本就有意藉权势获利的乡居官宦，甚至蓄用停罢胥吏为干人，利用其对官府衙门的熟识，来谋取不当的利益，因而导致扰官与扰民的后果（注九）。而地方官若非刚毅过人，对于贵宦家中的仆役，也同样有所忌惮。陈景周在嘉定十六年（一二二三）出任溧阳尉，“相府有庄在县，其厮役之大者曰都催，负势为暴”，陈景周刚一上任即予以侦讯，别人告诉他：“是相府都催，不可讯也”（刘宰《漫塘集》卷三十一《故溧阳县尉陈修职墓志铭》），可见在他上任之前，当地的县官一向不敢对相府都催的暴行有所干预。

豪横的官户、士人居于乡里，他们扰官与扰民的行为是多方面的，其中包括官户抗缴赋税、逃避职役及占佃官田等事在内。这些行为，一方面影响到政府的赋入，另一方面也加重了一般民众的赋役负担，以及他们承佃官田的机会。官户也侵占湖泽，围裹成田，障断水利，使得一般民众的田地常受水旱之灾。政府对这类情形采取各种对策，例如在税租簿上标明这些人家为形势户，加强对他们的征税管理；又如逐步减少官户的限田免役特权，加强对他们析户避役的防范；还有禁止官户请佃官田，以及开掘有碍水利的围田（注一〇）。不过这些措施都不见得有效，一些官户仍然使用种种办法达成他们的目的。至于官户、士人在乡里中其他较为常见的豪横行为，则是对于民众产业与财物的巧取豪夺。

产业与财物所以成为巧取豪夺的对象，自然是因为利之所在，而产业的争执尤其经常是乡居官户、士人与一般民众关系恶化的缘由。若干官员遭受朝廷的惩罚，原因就在于乡居时侵夺民户的田产。《会要》之《职官七十·黜降篇》绍兴十四年（一一四四）正月十五条：

集英殿修撰提举江州太平观黄龟年落职，令本贯福州居住，以臣僚言，龟年居明州昌国县，交结郡邑，夺绮霞寺山以为葬地，故有是命。

同上绍兴二十六年（一一五六）六月十二日条：

添差浙东参议官方云翼放罢。闰十月四日，特追三官，勒停，送袁州编管。臣僚言其寄居秀州，胁恃守臣，夺取他人膏腴之产，及任通州倅，置买田亩至于三十余顷。故有是命。

同上绍兴三十二年（一一六二）二月二十三日条：

中侍大夫荣州刺史刘光辅令枢密院别与差遣，以臣僚言其寄居平江，侵夺民产，干扰州县故也。

说明乡居官户侵夺民产的问题已引起朝廷的注意。若干乡居官户侵夺民产的面积，多者可以达到百亩、数千亩甚至上万亩，牵涉民户可以达到数十家甚至更多（注一一）。而绍兴后期，王历寓居抚州，“恃秦桧之势，凌夺百姓田产”，其贪得无厌，被形容为“甚于寇盗”，以致“江西人苦之”（《要录》卷一六四绍兴二十三年［一一五六］三月癸丑条）。这类行为，也见于一些豪横的士人。例如刘克庄就曾经审理过潜彝父子的案子，他们父子两人“假儒衣冠，平时宛转求乞贤士大夫诗文”，刘克庄也称之为士人，可是他们和士大夫交往，不过是“文其豪强武断之迹”，而“前后骗人田产，巧取强夺，不可胜计”（刘克庄《后村先生大全集》卷一九二《饶州州院申潜彝招桂节夫、周氏、阿刘诉占产事》）。

豪横的乡居官户、士人侵占民家产业所使用的手段，正如刘克庄所说，是“巧取强夺”。黄榦所处理的一个曾县尉不法豪横的案子，清楚的显示出巧取豪夺的手法。这个曾县尉原本是人家干仆，后来纳粟得官，又以孤遗侄女嫁与当地县令之子，并且蓄养干仆，“为之爪牙，日夜渔猎人家物产”。他“武断乡曲，本自可畏，加以结亲县官，谁敢正视”，借着这样的威势，“两乡几都之人，凡有膏腴之田地，富厚之财货，或因致死公事，或因盗贼行劫，必多牵引，使陷其中，然后控取财物，为之救解，或出榜贴占，或假立契书，乡民俯首听命，莫敢与争。文引追逮，全类官府，关锁禁系，无异犴狱。兼并孤遗田产，吞并寺观财物，两三年间，增置税钱一二百贯，而流离转徙不知其几家”（《勉斋集》卷二十七《申转运司为曾县尉不法豪横事》）。所谓“必多牵引，使陷其中”，是设立圈套以巧取，至于“文引追逮，全类官府，关锁禁系，无异犴狱”，则是依恃威势而强夺。在一些相关的例子里，完全仗势占人产业的情形固然也有（注一二），但更常见的是运用手法巧取，或是巧取、强夺两者交互运用以达成目的。

由于土地产权以持有土地买卖契约为依据，所以无论是运用手法巧取，或是巧取、强夺两者交互运用，通常都从土地契约入手。前述黄榦申言曾县尉不法豪横行迹中的“假立契书”，便是指的这种手段。意图侵占人家产业的官户、士人，以各种不同的办法来使用这一手段，虚构契约的内容或伪造契约，是其中之一。《清明集》记载了一个杨迪功与杨秀实互争田业的案子，杨迪功应是一个有迪功郎官衔的官户。这项产业原本由杨迪功的父亲断卖给黄琮，黄琮将其分给儿子桂子，其后桂子将其典给吴舜举，黄桂子的哥哥又将其赎回，然后从弟弟那里立契断买下来。若干年后，黄桂子却将同一田产卖给杨迪功，而契书中竟称有杨氏祖坟。由于是重复交易，所以引起诉讼，而田产中究竟有无坟墓便成为两分契约真伪的重要关键。官府引问黄桂子，供称是“受杨迪功计嘱，一时利于得财，姑从其请，故以杨氏祖坟添入，令书契字”，官府实地查验，虽有墓碑，却颇有疑问。杨迪功为增强证据，又执出早先的卖田契书，其上载有墓地。官府“子细点检，契内无官印，契后合接处虽有官印，稍涉疑似”，于是“唤上书铺辨验”，书铺“同称其伪”（《清明集》卷九《户婚门·取赎类·伪作坟墓取赎条》）。事实应是杨迪功为了要强买已经断卖并且几经转手的祖产，而伪造契书。前述刘克庄对士人潜彝父子侵占田产的审理，也是一个伪造契约并虚构内容的案件（注一三）。

更常见的办法，是对土地所有者家中的不肖子孙施加威逼利诱，使其假造签押，甚或出名顶替，违法代父祖或土地共有人签署买卖契约，作为成交的证据。黄榦任地方官时，曾审理过好几宗这类的案件。案件之一，是有一名叫阿江的妇人，为长子陈安国所欺瞒，将阿江、陈安国与次子陈安节所共有的产业出典与邹涛，邹涛有司户的官称，当是官户。然后邹涛又与陈安国勾结，使其“假作阿江及陈安节名著押交易”，因而引起诉讼，黄榦判定“此是违法分明”（《勉斋集》卷二十九《申临江军为邹司户违法典买田产业》）。陈安国盗卖家中产业，并不只这一项，阿江又曾诉其将三人共有的田产卖给曾金紫、曾司法、陈德远三户，其中曾金紫、曾司法应都是官户。三件买卖契书上皆有阿江及陈安节签名，可是“弟安节则不肯承认，以为其母及安节不曾着押，皆陈安国假写”，当时阿江已因“其子不肖，又为形势之家拖延，不肯出官，愤闷得疾身死矣”，无可验证，官府比对陈安节笔迹，确定“其为陈安国假写无可疑者”（同书卷三十三《陈安节论陈安国盗卖田地事》）。上述几家官户勾结陈安国盗卖产业，使用的都是同一手法，而陈安国“为形势之家拖延，不肯出官”，可见其背后承受着来自买田者的巨大压力。另外两个案子，是儿子假造父亲签押，签署买卖契约。一个是官户郭六朝散家的干人强买陈元亨的产业，勒令其子陈世隆瞒着父亲，“假作父亲押”（同上《陈会卿诉郭六朝散赎田》）；另一个是“身为士人”的陈希点，强买帅文先位于勾木陂的田产，乘帅文先不在家，“与帅文先之子帅文胜通同，不取其父知委，假作其父着押”（同上《陈希点、帅文先争田》）。再有一个案子，情况与上述几个案子不太相同，是孙辈于土地买卖契约上具名。这个案子，是谢知府宅假作曾吏部宅的名字，强买宋有、宋辅兄弟共有的祖先坟地。这块坟地，宋有兄弟曾经立约不得典卖，而签署买卖契约的是宋辅“年未及丁”的孙子宋朝英，宋有也作知见人署押。据宋有向官府指出，他之所以署押，是因为“宋朝英被谢知府宅关锁抑逼，一家恐畏，只得着押”（同上《宋有论谢知府宅侵占坟地》）。这显然是谢知府宅利用宋朝英的无知骗取到地契，又因宋朝英尚未成年，而且长辈尚在，于是以威势逼迫宋有署押知见。

遭受利用的不只是家中晚辈，有时愚昧的长辈也会受欺逼，而擅自将其晚辈所拥有的产业出售。例如张凯夫控告谢知府宅吞并田产，缘起于其寡母陈氏将亡夫所遗留的产业卖给谢宅，黄榦判决此一案件，认为谢知府宅“先欲遣逐其子，而后夺其产”，而“夫所立之子，妻不应遣逐，夫所有之产，寡妇不应出卖，二者皆是违法”（同上《张凯夫诉谢知府宅贪并田产》）。经过当是张凯夫非陈氏亲生之子，而为其亡夫所立之嗣，继嗣对于遗产拥有产权，谢宅为了侵占这一产业，首先嘱使陈氏遣逐张凯夫，然后由陈氏作主将田产卖给谢宅。又如郝神保控告曾运干占据田产，缘起于郝神保的父亲郝茂成有风颠之疾，所以其祖父不将田产传给儿子，而传给诸孙，但郝茂成却“以祖所分与孙之产业，与曾运干交易”，而事后又向官府陈词，“以为被曾运干家干人宋六一诱引抑勒，不曾得钱”（同上《郝神保论曾运干赎田》），可见曾家利用郝茂成的神志不清，向其威逼利诱，使其出售儿子所有的产业。得产而不给钱，说明曾家意图强占。

除了产业之外，财物有时也是巧取豪夺的对象。有一个地方官处理一个“乡下一豪横”胡大发的案子，胡大发“称是士人，习诗赋”，他的罪行是“抬轿呵殿，轮门恐吓，骗取财物”（《清明集》卷十一《人品门·士人类·引试条》）。乡居官户为起盖房屋而企图白取建筑材料的情形，也不罕见。观文殿学士钱端礼奉祠时，为人检举“居台州，挟持威势，骚扰一郡，营治私第，凡竹木皆白取于民”（《会要》之《职官七二·黜降官篇》淳熙二年［一一七五］四月二十二日条），是一个例子。黄榦也处理过类似的案件。有窑户十七人，“经县陈词论谢知府宅非理吊缚抑勒白要砖瓦事”，经过调查，原来是谢宅和窑户订约，要买大砖大瓦，但是事后只支钱米共直八贯，却要窑户供纳价值十七千的砖瓦一万三千片，窑户不肯卖，谢宅竟至于“经官陈词，差弓手邹全、保正温彦追出”。黄榦为之感叹，“寄居之与民户初无统属，交关市易，当取其情愿，岂有挟官司之号令，逼勒而使之贱卖之理”（《勉斋集》卷三十三《窑户杨三十四等论谢知府宅强买砖瓦》）。

豪横的官户、士人骚扰乡里民众，又表现在诬告上。这类行为也常和产业或财物有关。一些官户、士人企图侵占他人产业，未必能够成功，于是藉诬告来达成目的或泄愤。黄榦在临川知县任上，处理危教授和熊祥互控一案，是一个典型的例子。危教授“居于村落，人畏如虎”，由于企图侵占熊祥的产业，未能尽如其愿，而诬告熊祥停藏盗贼，并逼迫陈九作伪证。陈九为危教授之子危四官人殴打，事后身死，熊祥因此教唆陈九之子控告其杀人，危教授再向抚州州府告熊祥教唆诬告。黄榦经手此案已有时日，对真相有所了解，认为“熊祥教人告危教授之子杀人，实缘危教授使人诬告熊祥停藏而起；危教授使人诬告熊祥停藏，实缘危教授欲吞并熊祥地产而起”，指出了问题根源所在。而熊祥在与危教授互控之后，为官府追扰，竟至于“其身奔窜，其亲属系累，其家业破荡”（《勉斋集》卷二十七《申抚州辨危教授诉熊祥》）。黄榦深悯其悲惨境况，为之向州府申陈，使其得以脱免。但危教授仍不甘心，“又复诉于使府，必欲重困其家，使之流离转徙，尽据其产业而后已”（同上《申安抚司辨危教授诉熊祥事》）。黄榦还审理过两个因产业之争而引起诬告的案子，其一是曾适诬控张潜掘其祖坟。黄榦在判决书中称曾适为“曾安抚宅二承务”，曾适当为曾安抚之次子，有承务郎的官衔。事情起于曾家的长子侵盗官纲，家产为官府抄估出卖，张潜购得其产。曾适却诬称其为祖先坟地，“脱漏丞厅，伪印关书，妄诉不已”。官府下令将土地还曾适，他仍不肯罢休，又诬告张潜掘坟，“不惟逞其私憾，又欲肆其邀求”，使得“张潜被害，已破荡”（同书卷三十二《曾适、张潜争地》）。另外一个则是前述士人陈希点与帅文先争田产的案子，陈希点在词状中，两度控告帅文先违法不行使官会，企图以此加重帅文先在田产争执中的罪名（注一四）。除了这几个因产业而引起的诬告案子外，黄榦又审理过一个士人“辄行教唆，意欲搔扰乡民，因而乞取钱物”的诬告案件。徐莘哥控告刘少六强占山地，黄榦调查的结果，并无其事，原来是徐莘哥“自称士人”“平日扰害乡民”的叔叔徐铠，“教令陈词”（《勉斋集》卷三十三《徐铠教令徐莘哥妄论刘少六》）。自然也不是所有的诬告案件都和产业或财物有这样明显的关系，像黄榦所审理的一个曾知府诬告黄国材停藏盗贼的案子，就是起于“曾知府在乡平时倚恃豪横，多有不法事件，每为黄国材所持，以致积怨”（同书卷三十二《曾知府论黄国材停盗》），但其中也未必不涉及利益分沾的因素。

除了诬告之外，豪横的官户、士人又有干涉民众诉讼的情形，而这类行为也多与产业、财物有关。刘克庄任知县时，曾审理过一个俞行父、傅三七争山的讼案，审理过程中，有一个自称是俞家表亲的祖主簿来见，“以行父兄弟为直，以傅三七为曲”，刘克庄本已准备判决俞家败诉，为防误判，派遣县尉到争执之处查验，此时“祖主簿欲以私干县尉，县尉不敢纳谒”，祖主簿因此“不胜其忿，将紧切邻人藏匿，公然用祖主簿条印封闭邻人门户，不容官司追唤”。县尉调查的结果，是俞家理曲，祖主簿和俞家兄弟竟“辄用不洁，将傅三七新坟浇泼作践”。祖主簿辈行不高，名位不贵，却“有使豪恃气、武断乡曲之意”，刘克庄也只得自愧是“人微望轻，不能主张百姓，使村民被寄居屈压”（《清明集》卷五《户婚门·争业类，争山妄指界至条》）。另一个案子，是王叔安意图侵占徐云二义男徐辛所买山地，诬告其斫木盗谷，县令竟因“有王枢密府一状，便判牒寨究实，将紧要人解来赴此”，徐云二在吏卒追扰之下，

“自刎而死”(《后村先生大全集》卷一九二《饶州州院申徐云二自刎身死事》)。王枢密府官位远高于祖主簿，对诉讼的干涉也就有更大的影响。再一个案子，则与产业或财物无关。僧行满关留吕千乙之妻，为吕千乙所诉，而反控吕千乙偷盗财物，案件尚在审理，却有一男子，“自称是徐通判宣教，欲代僧行满出头”，县令谕其自重，方才退下，但不旋踵间，“又用赵秘阁衔名封状，假作亲书小帖，乞免追僧”，县令又查出吏人“辄受徐宣教亲手付度官会三十贯，纵令藏匿行满”，尽管他怀疑徐宅有人假借徐宣教名目，但此事显然是乡居官户因干涉诉讼而致“挠官府而害乡民”(《清明集》卷十二《惩恶门·奸秽类·僧官留百姓妻反执其夫为盗条》)。

一些官户在乡里中的豪横行为，不仅只于对民众产业或财物的巧取豪夺，甚至更侵犯到民众的人身。这种行为的表现是多方面的，有时是将人殴打成伤，甚或致死，前述危四官人殴打陈九，就是一个例子。为了使其向官府诬服为熊祥所停藏的盗贼，陈九竟被棰楚至“十指皆被夹损，两踝皆被椎损”，所以黄榦认为“已死之人虽无致命伤痕，亦因危教授之子所殴而死”(《勉斋集》卷二十七《申安抚司辨危教授诉熊祥事》)。有时是为达成自己的目的而限制别人的行动自由，例如前述曾县尉武断乡曲，对于乡民是“关锁禁系，无异犴狱”；又如前述谢知府宅强买宋有、宋辅祖先坟地一案，宋有的侄孙宋朝英“被谢知府宅关锁抑逼”。谢宅倚仗势力，目中大概已无官府，在乡里中为所欲为，又曾派人追唤乡民彭念七、彭三一，赴谢宅根究，这两人是谢宅甲头彭念九的兄弟，但与谢宅并无关涉，彭氏兄弟因惧怕而不敢前去，并诉之于官(注一五)。谢宅并非官府，竟敢私自追唤乡民，彭氏兄弟不敢前去，正因自知一旦落入其手，将难以脱身。有时则是侮辱或强占妇女，例如原住谢家房屋的徐十，便曾控告谢九官人及其仆胡先强奸阿张（注一六）。真德秀则曾处理过一个官户强占妇女的案子。有平江府寄居官赵忠训，亦即庐州将领赵磻夫，其家婢女阿郭已出嫁与李五为妻，赵磻夫“仍不时取归，至则苛留，去则复取”，阿郭的舅姑与丈夫不允许其再前往，赵磻夫竟伙同儿子趙司户、亲戚沈元龙“带领童仆十七八人，直至李五之家，肆行威力，殴其舅姑，坏其门户，碎其什物，强取阿郭以归”（真德秀《真文忠公文集》卷十二《申尚书省乞将饶州司户赵时伸罢任状》），赵磻夫可说是集强占妇女与殴打民众的罪行于一身。除了上述的几种情形之外，南宋末年，绍兴府嵊县又有官户夺仆之事。根据当时嵊县知县陈著的描述，当地的宅第要人不以雇募的方法取得仆人，而于街上强夺，“纵容仆辈奴群，横行街市乡井，力强即搏，手便即挐，或取诸贩夫，或取诸游子，或取诸行轿之仆，至有轿主中途而徒步，或取诸荷担人力，至有担物与人而俱无”（陈著《本堂集》卷五三《嵊县禁夺仆榜》）。陈著在此连续榜禁两年，诸宅第才较为收敛。这种无法无天的现象，可能是南宋末年政府统治能力趋向衰落的象征。

豪横官户在乡里中之可畏，不仅在于其对民众产业、财物的巧取豪夺及侵犯人身，更在于其有时借助于官府的武力作为达成目的的手段。早在绍兴二十二年（一一五二），张巇便已在朝廷上指出，“寄居士大夫与大姓豪家骚扰村民，小不如意，即送都保锁缚捶楚”（《要录》卷一六三绍兴二十二年八月己卯条）。所谓都保，尚是官府监督下的民间治安组织。而前述危四官人的殴打陈九，并非其一己之力，而是“与尉司数人肆其惨毒”（《勉斋集》卷二十七《申安抚司辨危教授诉熊祥事》），至于尉司数人则已是县尉管辖下的官府武力。前述谢知府宅企图贱买窑户砖瓦，为窑户所拒，谢宅便诬控于官府，使官府差弓手、保正追索窑户，也是要借尉司和保甲的力量来逼使窑户同意交易。而南宋晚期赵汝梓、汝櫄兄弟在常州包占民间有契沙田一万四千亩，派人交业管干，“带领兵众，以张其势；持执兵仗，以示其威”（《历代名臣奏议》卷一八五载吴昌裔《论赵汝梓兄弟疏》），则更明目张胆的以武力来恐吓民众，使之不敢反抗。比起这事还要更加耸人听闻的，是宋末浙西官宦之家向佃户追索欠租，竟借尉司兵力下乡追捕佃户，甚至由尉司将佃户囚禁至死。黄震在开庆元年（一二五九）初出仕，任平江府吴县尉，由于处理严七七一案而获知这种不合理的现象。严七七是李奉使家的佃户，欠李家田租，但已将典在李家的田产七亩作卖契折还田租，然而李家的庄干仍不满意，诉于官府。严七七于“今年五月初追解在县，七月间移于尉司”，至黄震处理此案时的十一月，几个月之间，“不见天日，元初同监三名内詹百三、凌七五两名皆已冻饿身死”，黄震询于司中老卒，回答称“从来监租在尉司者，即无生还”（黄震《黄氏日抄》卷七十《申县乞放寄收人状》）。过后不久，黄震又接获命令，“押下陆五二监还章运使宅私租”（同上《申县解回续收人状》），可见严七七的案子并非唯一的案例。此后黄震即不断向上司说明以尉司催索私租的严重性，认为这是强干借尉司之手，饿杀佃户，“以立威乡落”（同上《再申提刑司乞将理索归本县状》）。就整个趋势看来，愈到南宋末年，官府武力愈成为官户谋求私利的工具，这应该同样的反映了当时政府统治能力的趋向衰落。

官府武力为官户用来作为谋求私利的工具，说明一些官户何以能够横行乡里。即使不借助于官府的威势，豪横的官、户士人也能运用本身的势力或钱财，使官府在讼案中作有利于己的处理，而使乡民受害。黄榦在向安抚司说明危教授控告熊祥一案的真相时，便曾指出，“危教授专事唇吻，日与城中破落把持士人数辈控胁本州官吏，今者帅阃取索文案，吏辈未必不掇移改换，以惑有司之听”（《勉斋集》卷二十七《申安抚司辨危教授诉熊祥事》）。黄榦不过一个县令，危教授的影响力却可以上达州府，他对上司是否能公正的处理此案岂能不担心。他在判决曾适与张潜争地一案时，也曾指出，“今曾适者，骑从甚都，言辞甚辩，进退甚详。雅出入台府，扬扬自得，动以权势胁持上下，官吏相顾，莫敢予决”，曾适对官府既有如此的影响力，因此他担心，“若不为之明辩，数月之后，被论之人，不待刑宪而衔冤入地矣”（同书卷三十二《曾适、张潜争地》）。不仅官户如此，他断决一个士人强奸人妻的案子，也“有自称进士，招呼十余人，列状告罪”（同书卷三十三《为人告罪》），企图对他施加压力。除运用势力影响官府外，行贿也是一些豪横的官户、士人常用的方法。前述陈安国受人怂恿，欺瞒其母亲与弟弟，将共有之土地出售给邹司户一案，官府判决将产业的一半归还给陈安节管业，而陈安国将此一部分的地价还给邹司户，邹司户却“买嘱法司，辄引尊长卑幼通同之条”，要求“先监陈安国钱毕日，方给还陈安节产业”，其目的当在拖延不还土地，所以黄榦指出“陈安国既不肯还钱，则陈安节永无得产之理”（同书卷二十九《申临江军为邹司户违法典买田产事》）。黄榦又处理过一个卢将领宅与白莲寺僧如琏争田的案子，他认为原来官府的判决过于偏袒卢将领宅，而推测原因在于“吏辈受财曲断”（同书卷三十二《白莲寺僧如琏论陂田》）。他在处理过许多乡居官户、士人对民众产业巧取豪夺的案子后，归纳出这些豪横人家敢于违法的原因。同书卷三十三《陈安节论陈安国盗卖田地事》：

形势之家专以贪图人户田业致富，所以敢于违法者，恃其富强，可以欺凌小民，敢经官论诉，便使经官得理，亦必健讼饰词，以其多赀，买诱官吏，曲行改断。小民贫困，多被屈抑，便使偶得理直，而追逮费用已不胜其困矣。

亦即他们所倚仗者在于富与强，其强可以影响官府，其富可以行贿官吏；小民贫弱，不仅常易蒙受冤屈，而且难以承受诉讼费用的拖累。

豪横的乡居官户、士人有势力、钱财，既已使其在诉讼中居于有利的地位，即使官府秉公处理，判决对其不利，他们也会以拖延的办法来抗拒。前述刘克庄所处理士人潜彝父子的案子，潜氏父子在企图侵占桂节夫的产业之前，已曾“挟取周氏、阿刘孤儿、寡妇之业”，虽然官司已经判决，他们却“尚执契书不肯还人”，再遭送官审讯，仍然“仅还两契，犹有退不尽者”（《后村先生大全集》卷一九二《饶州州院申潜彝招桂节夫、周氏、阿刘诉占产事》）。在黄榦任内以欺压良民著名的谢知府宅，也曾使用过相同的手法，前述他嘱使寡妇陈氏先遣逐其亡夫所立嗣子张凯夫，然后吞并陈氏亡夫所遗留的产业，官府已判其违法，他却“倚恃豪横，不肯赍出干照，使词诉无由结绝”（《勉斋集》卷三十三《张凯夫诉谢知府贪并田产》）。甚至有的官户、士人，或许知道地方官个性刚毅，而案情对自己不利，在审讯过程中，就已经拒绝出庭应讯。例如黄榦所处理的陈希点诬告帅文先不使用官会一案，官府要陈希点出面对质，他却“倚恃形势，经隔累月，不伏出官”（同上《陈希点、帅文先争田》）。陈希点的作为并非个别的案例，这种情形似乎颇为常见。黄榦又处理过一个“自称士人”的龚仪抗拒出庭的案子，有人控告他起屋侵占坟地，官府追逮他半年，而他仍

"不伏出官"，官府差官至地头查验，他"亦端坐不出"，使得控告者无法获得官府审理，只得"甘心移改坟墓，不与之争"；从此之后，"讼其夺牛，讼其占山，讼其不收税，凡七八件，皆是累月不出"。这种蛮横态度，黄榦指出，"本县豪户大率皆然"，龚仪不过是"其尤甚者"（同上《龚仪久追不出》）。这种情况，使得诉讼无从结案，受害的民众只有忍气吞声。

总之，由于南宋政府对于地方的统治能力有所不足，使得一些乡居官户与士人能够倚仗其势力与钱财，作出许多扰官与扰民的举动，成为地方官心目中武断乡曲的豪横。这种形象，在地方官处理讼案的判词中最为明显。但是也应了解，这种类型的人物只是乡居官户与士人中的一部分，许多官户与士人经济状况并不很好（注一七），他们未必能"恃其富强"；而洁身自好的官户，也不乏其人（注一八）；甚至有些官户、士人受到民众的欺压，而使其产业或财物受损（注一九）。同时武断乡曲的豪横也不仅限于官户与士人，民众中也有不少这类人物，作风甚至更为恶劣，但是他们往往会以买官、假冒官称、借远祖曾任低层官员而称官人或假手取得文解等手法，来掩护自己的行为（注二〇），这说明官户与士人的身份对于豪横的行为，具有增强的作用。

三、长者之施财济人

身份与财富固然有人凭借之以作恶，但是也有人凭借之以行善。另外一些乡居官户与士人，由于他们在乡里中的善行获得了乡民的敬爱，而有长者之称。以潘好古为例，他的父亲曾经一度仕宦，他自己也曾经入太学、事科举，虽未及第，平日却喜著书，既是官户子弟，也是士人。绍兴十四年（一一四四），其乡居之所婺州发生大水，他携带家人避水至住家旁边的一所僧寺，水势不断上涨，情势十分危急，这时“有棹舟者至，呼公亟济”，僮仆扶他上舟，他回顾一同避水者尚有数十人，“乃谕舟人，姑置己，先载余人”，舟人回答说：“吾德公长者，故犯险脱公耳，余子何为者”（吕祖谦《东莱集》卷十《朝散潘公墓志铭》）。在舟人的心目中，潘好古是一位有德的长者，所以他愿意冒生命的危险来救他。

什么样的作为才能使一些官户、士人成为乡里民众心目中的长者？以潘好古来说，在这次大水之前，他给乡民最深刻的印象，应该是在绍兴六年（一一三六）的大饥荒中，他不惜损失，运用自己的储粮与钱财，救济乡民（注二一）。由于他以仁存心，而拯救当地许多民众于饥饿的困境，所以能博得人们的崇敬。其他具体的例子大概也多说明类似的事实，例如胡铨在《胡澹菴先生文集》卷二十四《安人陈氏墓志铭》中述及在行舍法时曾“从事舍选”的胡宗古事迹：

> 自乱离凡八徙居，所至有恩意，乡间敬服其德，至于恤孤保嫠，终始不替。某顷闻犹子昌龄云，府君仁恕，田夫输租米，多湿，收者难之，府君曰，米虽湿，犹可食。人推为长者。

又同书卷二十五《易长者墓志铭》载“教子以义方”而有三子“皆业儒”的易玮事迹：

> 尤乐施，或年饥，则捐谷以赈翳桑之饿，虽指囷指廪弗吝也。人有疾，道以药石，又平物估以堤豪夺之源。人

所难能者，公力行不倦。众翕然曰，于我有德，称长者而不名。乡人有斗者，踵门求直，闻君言羞缩辍讼。

又傅增湘辑《宋代蜀文辑存》卷九十七姜如晦《王伯祥墓志铭》述曾习诗书的王庄事迹：

时寓惠施于取予之间，有陶朱、郭解侠义之风，而恂恂嘿嘿不出户庭，一乡皆目为长者。

又魏了翁在《鹤山先生大全文集》卷七十二《魏府君纯甫墓志铭》中述其诸父乡贡府君孝畴事迹：

时诸父惟乡贡在，以诚长者，为乡里所称，饥寒丧疾，凡不获者皆求焉。

又洪咨夔《平斋文集》卷三十一《罗迪功墓志铭》述其家中“诗书之声锵如也”的罗介圭事迹：

绍熙甲寅（五年，一一九四）水，谷价腾跃，道殣相枕。前是，里中贷子钱者计缗万，君叹，若救死不赡，何忍更责若偿，裒券焚之。他岁饥疫，率推食馈药，以振羸乏，惟恐不我闻。乡邻信其长者，有讼不之有司而之君取平相踵也。

从以上几个例子可以看出，所谓长者，往往存仁恕之心，能够以其财力，拯人于困乏，援人于急难，特别是以饥荒乏食之时为然，因而得到乡民的信赖与尊敬，甚至听其裁决争讼。换句话说，善于施财以济人，应该就是长者的特色（注二二）。不过南宋乡居官户与士人施财济人的方向，是很广泛的，并不限于上引史料中所说的一些方面。长者这类人物的存在，对于乡民来说，自然是一种福祉。

南宋乡居官户、士人施财以济人的行为，在史料中随处可见，虽然他们未必留下长者之名。尽管本文以此为主要论题之一，对于有关事例已无法一一枚举。何以当时这类行为如此常见？这应该也和政府治理地方的能力有其限度有关。无论在南宋的农村或城市，贫民均占人口的多数，据估计，南宋农村贫民约占其户口总数的90%以上，若干城市的贫民则占该城市户口的百分五十几至六十几，甚或更高（注二三）。众多的贫民，他们平时的生活已成问题，若有饥荒发生，问题更加严重。政府虽然有各种济贫制度，但是能力有限。以用于赈粜与赈济的常平仓、义仓来说，这两种仓储都设在郡城或县城，施惠常只及于城市之民，对于城市以外广大农村的贫穷救济有鞭长莫及之感（注二四）。不仅如此，由于地方财政困难，两仓的储粮又常被挪用，尤以借支军粮为多（注二五），仓储因此严重不足，所能发挥的效果有限。当时地方财政所以困难，在于地方赋入大部分取充上供，州郡所留有限，县邑则更为困窘（注二六）。县邑官员既少，又乏经费，对于平时与灾荒时的贫民救济问题固然难以处理。有关民众福祉的各种地方建设也不易进行。由于政府功能的有所不足，使得长者这类人物在乡里中有相当广大的活动空间。

南宋乡居官户、士人济人于乏绝的活动是多方面的，即使在没有灾荒的平时，他们已常对贫民赈粮、施药、施棺或宽免逋欠。例如曾经肄业州学且成绩优异的张端弼，“每岁之春，发廪以赈穷民，质贷逾年，不取其息，有负责者多折券不复问”

（王十朋《梅溪先生文集·前集》卷二十《张府君行状》）；如性喜儒学的周谕，“喜周急，视饥渴如己。每盛夏，分命皂隶，当往来之冲，烹泉以救喝；穷冬，集境内饥民，施以金谷”（同上《周府君行状》）；如“少通春秋”却“屡试不偶”的郭荣之，“襦寒饭饥，槥死药疾，春赈岁贷，率有常度”（吴泳《鹤林集》卷三十五《郭县尉墓志铭》）。这些士人除了宽免欠债、施水、施药、施棺之外，又每年在固定时间赈济贫民。一些乡居官户在平时也有赒济民众的行为，例如先后任监税、监仓而后奉祠的赵伯球，“天性俭约而乐周急，凡官族流落暨民流徙，及里闾疫疠，人莫敢视，君每倾身济之”（《文忠集》卷七十四《安德郎主管崇道观赵伯球墓志铭》）；如“处选调三十年”而“无进意”的黄杭，“赈贫乏，助婚嫁，力所可及，靡不殚尽”（曹彦约《昌谷集》卷十八《黄子通墓志铭》）。他们也分别周济流民，济助病患，赈济贫乏，助人婚嫁。这种经常性的济人行为难免会成为家庭的经济负担，事实上也确实有士人家庭由于好施而致匮乏（注二七）。所以有的家庭从事这类活动时，会对一年之中的家庭开支事先有所规划。例如曾就读州学的张绪，他是“岁计食粟，斥羡积平粜之”（范浚《范香溪文集》卷二十二《张府君墓志铭》）；王炎午的父亲王希淮，“少年试举子不利”而有所著述，居家与兄长“竭力行善”，他们是“每岁约所入，半给公私，半以行义”（王炎午《吾汶藁》卷九《先父槐坡居士、先母刘氏孺人事状》）。但是也有人不计一切而从事的，例如先世为四明仕族，自己博学多闻但后来却绝意进取的林泽，创办了一所惠生道院，延医为人治病，并且施药，不惜花费，为了支应这些费用，竟至出售产业（注二八）。

饥荒发生时，乐善好施的乡居官户、士人自然更要提供钱谷，并竭智尽力，从事赈灾。他们有人自己亲手发放米谷，例如曾业进士的许大宁，就是“手权衡，背汗滂，若无秋毫厌射意，粜未遍，家人云食，终不食”（程敏政《新安文献志》卷九十一许月卿《友仁先生许公圹记》），充分表现他对饥民的关心。也有人从经验累积中形成一定的赈济规式，例如曹彦约“弱冠谢场屋”的祖父双桂居士，在饥荒时，起初“五日一启廪，趋之者如堵墙”，于是他“设规制，审次序，率众子弟与仆，穷日力给之，坐待迟久，又资以食”。他的赈济规式并且影响到官府，淳熙七年（一一八〇），朱熹在南康军救灾，就“访其规制次序，为州县赈济法”（《昌谷集》卷十八《从兄云梦县尉墓志铭》）。又有人以个人能力之有限，除以己力赒济外，并寻求官府粮谷的支持。例如“蚤孤力学”而“游场屋辄不偶”的钱继先，当绍熙三年（一一九二）东川发生饥荒时，“首发私廪，不足则以控于转运、常平，棣郡国仓，分隅以给，择谨厚有仁术者主之”，而地方官也使其“往来程督”（《鹤山先生大全文集》卷七十《龙水钱君安国墓志铭》）；又如“四十弃场屋”的刘愈，当绍兴二十年（一一五〇）的温州饥荒，“博谋赈赡之，其家山樵采不禁，恣民伐薪，鬻之以自给，择地不毛道崄巇者，买庸锄治”，又请州学教授介绍往见知州，请贷以米粮，知州“虑民逋负，难其请”，他“即乞以家砧基簿为质，得米三百斛，归与并乡大家计近居之下户给之”，到秋收时，他“独不收请贷，代出私廪还官”（薛季宣《浪语集》卷三十四《刘进之行状》）。而有的地方官在灾荒时，也请这些好善之士出来规划或主持救灾事宜（注二九）。更有乡居官户以其治理地方的经验，提出方案，领导乡人从事救灾，并与地方官协调，使得米商运米前来，解决了粮食问题（注三〇）。

这些乡居官户、士人用以救济乡里灾荒的钱谷数量，自然随能力与心愿而多寡不一。如曾应科举的童棐，是“凶年计当食之粟而储之，余率以贷”（陈耆卿《篔窗集》卷八《童府君墓志铭》）。也有人的态度被形容为“不靳”“无靳色”（注三一），更多的例子则被形容为“悉发所储”“倒廪”“倾所有”“倾囷”“倾仓庾”（注三二）。具体的数字如中兴名将杨沂中之妻，“会大饥，流逋曳道”，她“发粟数千斛分济之”，又“即田园所在，收养百余家”（孙觌《鸿庆居士集》卷四十一《杨国夫人赵氏墓表》）；如吴芾在《癸巳岁，邑中大歉，三七侄捐金散谷，以济艰食，因成三十韵以纪之》诗中记其“自幼读书常下帷”的侄子，当乾道九年（一一七三）台州饥荒时，“既捐青蚨三十万，犹恨籴贵难疗饥。庾中仅存二千石，一旦倾倒尽散之”（吴芾《湖山集》卷四）。而朱熹于南宋中期在南康军、婺州救灾，曾得到好几户士人赈济食米，少者二千石，多者五千石；黄震于南宋末年在抚州救灾，也曾得到好几户官户、士人赈粜米谷，多者达米三万石以上，少者也有谷近九千石、米三千余石（注三三）。

由于乡里中有这些官户、士人的赈济活动，许多民众得以在饥荒中保存他们的生命。史料中不仅可以见到像“全活甚众”、“全活者不可胜计”这类的形容，也可以见到一些具体的数字。如因“贾于有司辄不雠”而归隐的刘庭老，曾在灾荒时煮粥喂食为细民弃于野的婴儿数百人，直至秋成而归还其父母（注三四）。又如兴国军教授程瀣的妻子谭幼玉，“岁有祲，必劝其夫下价发廪以济饥”，而“仰籴者日千百”（姚勉《雪坡集》卷五十《谭氏孺人墓志铭》）。他们两人赈济活动的规模，仍然不算甚大，一些比较富有的家庭，常能在灾荒中照顾邻里一二千家，或者数千人至上万人。例如淮南士人邹如闵在旱灾时，“置籍而粜，止收元价”，别处饥民扰攘，而其“所居岗门一二千家，嬉嬉如平时，独无贵籴饥窘之忧”（陈造《江湖长翁集》卷二十八《常平札子》）；如自己不求仕进而二子均及第的陶士达，当嘉定二年、三年（一二〇九～一二一〇）江淮饥荒时，“抄并舍二千家，发廪下其贾之五，计口赈之”（周南《山房集》卷五《陶宣义墓铭》）（注三五）；如真德秀在建宁府浦城县巡行劝粜，各处米价昂贵，甚至无米上市，“行行至平州，景象顿殊异。白粲玉不如，一升才十四”，于是“问谁长者家，作此利益事”，父老回答说是一位名为陈子文的儒生，“忆昨艰食时，巨室争谋利。米斗三百余，独收七十二。三都数千口，受彼更生惠”（《真文忠公文集》卷一《浦城劝粜》）；如曾入县学的刘冀，当绍兴六年（一一三六）旱灾时，“先倾廪，下其值不增，远近赖以活者万计”（王庭珪《卢溪文集》卷四十六《故保义郎刘君墓志铭》）。甚至有人能够惠及数百里之内的灾民数万人的，例如曾以乡贡入太学的李发，当乾道四年（一一六八）饥荒时，“官为振廪劝分，而就食君家者，日至三四万人”；次年，流民尚未还乡，而官府已罢荒政，“民愈困敝，数百里间，扶老携幼，挈釜束薪而以君为归者，其众又倍于前”（朱熹《朱文公文集》卷九十四《承务郎李公墓志铭》）。一些乐善好施之家对于这样的赈饥活动长年力行不倦，像上述的李发便曾行之三十余年，前后经历四次大旱，获赈济者达二百零七万一千三百多人次（注三六）。受惠者既多，施惠的长者因而成为乡人信赖的对象。

上述乡居官户、士人在平时与饥荒的施赈，其意义不仅在他们本身对饥民伸出援手，更重要的是他们的这种行为对其他富家的影响，使得那些原本有意趁机哄抬米价的富家有所抑制，也使得一些原本没有行动的富家加入赈济的行列，受惠的人数于是更多。《诚斋集》卷七十四《刘氏旌表门闾记》载为江西、湖南士子师表的贡士刘承弼善行：

尝属年饥，道殣相望，公私赤立。承弼曰，劝分实难，请从我始。率子弟倒廪振之，不受一钱。富者子于是翕然化之，无复遏籴。

又方大琮《铁庵集》卷二十一《项乡守书》述官户余荐鹗在乡里的平籴：

水南有新惠安余令荐鹗者，收甲其乡，岁岁平籴，而宗族邻里之价不敢甚高，今春诸处微警，而此境帖然者，余力也。

说明他们两人的行为使得乡里的其他富家不敢哄抬米价。而曾入州学的万世延，“岁凶廪饥，每为富室倡”（《梅溪先生文集·前集》卷二十《东平万府君行状》）；曾荐送礼部而考试不利的吴自然，因“杭、越民病贵籴”而“空所积平其直先率之”（《本堂集》卷九十一《吴谊甫墓志铭》），显然都有率先为富家倡导的用意。至于“学力超迈”而“志未竟”的朱某，主持邑中荒政，“至减价发所有谷，富室取则，价为平”（《江湖长翁集》卷三十五《致政朱公墓志铭》）；“晚倦游场屋”的吴谦仲，于嘉定三年（一二一〇）饥荒时，“首发私廪，为粥以食饿者，巨家相率致助，全活不可计”（《平斋文集》卷三十一《吴致政墓志铭》），则更说明他们的倡导行动已收到其他富家响应的效果，有较多的人来为援助饥民尽力。

上述吴谦仲于嘉定三年饥荒时，首先发廪济民，然后“巨家相率致助”，他们是合作进行赈济或是各自分别进行，史料中并没有清楚说明。不过在南宋若干地区，确实已有共同合作的例子，而其中不乏乡居官户与士人的参与。乡居官户刘宰在镇江府金坛县曾先后于嘉定二年（一二〇九）、十七年（一二二四）、绍定元年（一二二八）三次与人合办大规模的粥局。其中第一次前后施赈半年，受济者最多时每日达四千人；第二次前后施赈五十六日，受济者最多时每日达一万五千人；第三次则先后施赈三个月，受济人数不详。此事学者已曾详述，并指出刘宰因此而获乡里感念（注三七）。这三次粥局，除了刘宰，还有其他的官户、士人参与。嘉定二年的粥局，据刘宰自述，是起于“邑士张君汝永、侯君琦语某及新桐川汤使君”，于是才“相与谋纠合同志”（《漫塘集》卷二十《嘉定乙巳金坛粥局记》），后来又得到镇江府知府、府学教授以及江淮制置使等捐米支持。嘉定十七年的粥局，最初是刘宰以其累积十年不及五百石的家谷赈济，到无法支持时获得友人赵若珪的接济，赵若珪并且发书请“乡之好事者”捐助钱谷。赵若珪以父荫任官，又曾进士及第，官终于知安吉县事，当时大概丁忧在家（注三八），是乡居官户。捐助钱谷者的姓名与身份，据《江苏金石志》卷十五《金坛县嘉定甲申粥局记》后所列，有官职兼官称者十二人，有官称而无官职者六人，十八人中除金坛县知县外，其他大约都是乡居官户；称孤哀子者一人，夹于有官称者之中，可能是官家子弟；有乡贡进士、国学进士、国学待补生、府学学谕等士人头衔者三十人；宗室玉牒二人，亦可视为士人；其他十五人为邑人，二人为僧道（注三九）。可见参与赈济的人士以乡居官户、士人为主。绍定元年的粥局，最初也是由刘宰独力支持，后来又得“邑之大夫、士朝奉郎新知建康府溧水县事王遂、国子监进士赵崇屼、乡贡进士王虎文等，复合众力以助，又郡大守冯侯特捐百斛以助”（《漫塘集》卷二十七《戊子粥局谢岳祠祝文》）。总之，这三次合众力而成的粥局，无论倡议、组织或出资，官户与士人都在其中扮演了重要的角色。

刘宰与其同乡官户、士人的合作进行赈济规模虽大，却只是临时的。在其他一些地区，已经有了例行性的共同赈济，而且有官户或士人参与。《文忠集》卷七十二《谭宣义墓志铭》：

> 庐陵郡统县八，永新为大，西界湖湘，壤沃地偏，民生自足。间遇水旱疾疫，凡邑之大家，分任赈恤之事，某家发廪，某家给薪刍，某家药病者，某家瘗死者。以是流殍稀鲜。县官推勘分赏，必首及之，君子喜其近古。惟谭氏儒术起家，好善乐施，至宣义君复合前四美，终身行之，故人以为难。

可知吉州永新县的富家，每遇灾荒、疾疫，合作进行赈恤，各家分摊不同的责任，已经成为长期性的例行工作，而参与者中有以儒术起家的谭氏。文中所说的谭宣义，名孚光，祖父累举入官，伯父曾登进士第，自己则勤于学而切切于教子，其二子皆曾贡于朝，长子更曾任官，宣义当是因其子而获赠之官称。他不仅分摊发廪、给薪刍、药病者、瘗死者四事之一，而且终身兼而行之，所以说是“合前四美”。永新合作进行赈恤的富家，至少有谭氏这一家是官户或士人，其他参与者中，也未必没有这类家庭。又文天祥《文山先生全集》卷五《与知吉州江提举万顷》：

> 某所居里，凡千余家，常年家中散米一日，不收钱，诸大家以次接续赈粜，可及三十日，隔一日粜，可当两月，此方尽可无饥，他时不待劝率，自是举行。

按文天祥为吉州庐陵县人，其乡里中的三十户富家，不待饥荒，平时已经常年合作接续赈粜，解决乡民的粮食问题。而这三十户富家中，至少有文天祥一户是官户，其他家庭也未必没有官户或士人。又杜范《清献集》卷十七《跋义约规式》：

> 余每叹王政不行，风俗不古，无告者多，而民生重可哀也。嘉熙元年（一二三七）春，归自中都，得乡之义约，隐几读之，其悯穷恤死，庶几古者同井相扶持之意。坚此意推而广之，必有闻风而来取法者，则斯约之倡，其仁遍吾邦矣。余虽贫，亦愿助焉。

按杜范为台州黄岩县人，其乡里人士为“悯穷恤死”而订有义约。义约一词，在南宋较常用于同乡士人为筹措赴考旅费而结合的合会组织（注四〇），但从杜范跋中“无告者多，而民生重可哀也”及“庶几古者同井相扶持之意”等语，此一义约应以长期性悯恤乡里贫困民众为目的。既能为此事而订有规约，参与者恐多为士人，而杜范则更为官户。上述几个例子，说明官户与士人在乡里中合作从事赈济已不罕见，受益的民众自必因此而更多。

南宋官户与士人所参与的济助民众措施，更加具有制度性的，则是社仓。关于南宋社仓的创设、演变、作用与功效，笔者已曾论述（注四一）。在朱熹之前已有类似作法的魏掞之，是建宁府的乡居士人；而首创社仓的朱熹、刘如愚，则是建宁府的乡居官户。此后社仓日益推广，有官府所设与民间所设的分别，而民间所设的社仓，许多明显的是由官户、士人出资设立。例如朱熹于淳熙九年（一一八二）在浙东劝立社仓，有“致政张承务（名宗文）、新台州司户王迪功（名若水）、衢州龙游县袁承节（名起予）等，又乞各出本家米谷，置仓给贷”

(《朱文公文集》卷九十九《劝立社仓榜》)，他们均是士人或官户。建昌军南城县贡士包扬的学徒吴伸、吴伦兄弟，则于绍熙五年（一一九四）响应设仓，“发其私谷四千斛者，以应诏旨，而大为屋以储之”（同书卷八十《建昌军南城县吴氏社仓记》）。吕祖谦的门人潘景宪也响应设仓，“且念其家先大夫时，已务赈恤，乐施予，岁捐金帛不胜计矣，而独不及闻于此也，于是慨然白其大人，出家谷五百斛者，为之于金华县婺女乡安期里之四十有一都”（同书卷七十九《婺州金华县社仓记》）。潘景宪的祖父、父亲均曾仕宦，自己进士及第，做过州学教授，后来专意学问，是官户之家（注四二）。朱熹弟子胡泳及其兄弟，或为士人，或为官户，也曾合力经营社仓于南康军建昌县小蟹里（注四三）。抚州宜黄县的曹尧咨，“平生力学工文”，其子进士及第，“自其先世，欲仿建昌吴氏为社仓，未果，君嗣父志，即其家立庾六，计所有之田，岁收亩六升以入之，遇年饥则发以粜之”（《真文忠公文集》卷三十六《跋曹唐弼通济仓记》）。又隆兴府武宁县田伦、田佐兄弟、侄子田可简及家族子弟，“采二先生之意，立法以济乡里。敛谷六百石为贷本，号希贤社仓者，希晦庵也；率楮六万缗为籴本，号希贤义廪者，希西山也”（《雪坡集》卷三十六《武宁田氏希贤庄记》），既能以希贤为仓、廪之名，可见田氏兄弟等人应为士人。直至南宋末年，仍有士人从事社仓的设立（注四四）。

上述的各所社仓，均出自一家或是一族之力，这只是现象之一，乡居官户与士人的设立社仓，也有结合众户之力而成的情形。例如淳熙十六年（一一八九）袁州萍乡县民间成立九所社仓，根据钟咏所撰《袁州萍乡县西社仓记》一文，“仓之敛散，皆主于邑之士，而官不与焉”，总其事者为邑士钟咏、彭公修，“厚其储、力其事者，柳君廷杰、宗显、宜君师贤、九德、元凯，宰三山周公世昌、簿庐陵董公冲元，分俸以示表倡”（《永乐大典》卷七五一〇引《宜春志》），厚其储而力其事的柳家、宜家诸人，应该都是士人；而分俸以示表倡的周世昌、董冲元，则为当地官户。合州巴川县士人景元一等设立社仓，是合二十家之力而成（注四五）。刘宰也曾在金坛与王遂共创社仓，王遂后来又“悉所余买圩田二百亩以为经久之利”（刘宰《京口耆旧传》卷七《王遂传》），王遂进士出身，仕宦贵显，与刘宰同是官户。文天祥也在一篇社仓记中，提到一位士人叶重开，“曾无一命之阶，而能倡率同志，嘉惠闾封”（《文山先生全集》卷十《叶校勘社仓记》），显然是合众人之力而成立社仓。以这些例子与前述官户、士人合力从事临时或例行的赈济活动相印证，说明南宋时期乡居官户、士人共同出钱出力为乡里民众来解决生活上的困难，已很常见，并且有组织性的行动出现。

除了平时或灾荒的赈济活动，以及社仓的创设与经营外，乐善好施的乡居官户与士人又捐资从事有关民众福祉的地方建设，常见的是兴修水利和改善交通。以兴修水利而言，前述为舟子称为长者的潘好古，就曾“发钱数十万”，兴修婺州西湖旁两所废塘，而他自己“未尝有寸田居其间”（《东莱集》卷十《朝散潘公墓志铭》）；于谷贵之岁倒廪损价以粜的士人刘大同，里中“有大东塘，溉田数十百顷，岁久不治，将遂圮废”，他“捐金鸠民筑之”，而他的田地“须此水甚寡”（《诚斋集》卷一三〇《刘君季从墓志铭》）；程珌的母舅黄公，奉祠之后，还居徽州故乡，里中有名为清陂的废堨，他认为“是亦可以利人也”，于是“捐资率众筑之”（《洺水集》卷十一《母舅故朝议大夫太府寺丞黄公行状》）；士人缪公昭的寡妻王氏，所居舍东有溉田二十顷的乐陂，“岸喜颓，业田者病之”，她“岁任修筑，有田之家坐享全利，不与其劳费”（《江湖长翁集》卷三十五《太孺人王氏墓志铭》），都是例子。水利的兴筑，比起施赈来，更能积极的增加农民的收入，改善农民的生活。以改善交通来说，如“屡试屡却”的吴仁，平日除“赈孤恤遗，蠲租折券”之外，还“砥道筑桥”（《洺水集》卷十《吴静翁墓志铭》）；如曾经进士及第并一度出仕的黄虎，平日“恤乡邻如家人”，并且“泥涂断港，必甃必梁”（《鹤林集》卷三十五《黄虎墓志铭》）。有的地方交通比较险阻，需要长期的努力来改善，士人周谕与官户程晞尹的家庭，都因此而好几代为方便行旅而尽力（注四六）。行善之家为改善交通，也常不惜花费，例如士人周晞奭、晞尹兄弟捐建重熙桥，所费达三千五百余缗（注四七）；咸和居士高志崇及其子高天赐为改善自句容至镇江的交通，花费更达一万三千缗（注四八）。交通的改善，自然也使得乡里民众在出入上或营生上获得便利。无论是兴修水利或改善交通，都有士人与他人合力从事的情形。例如“于书无所不读”的王木，据其子所述，曾因乡里“滨海水易去来，田多旱潦，置闸以谨储泄，立庄以资缮修”，淳熙年间以甫冠之年，“即与一二儒先主之”（《漫塘集》卷三十一《桂山君墓表》），与其共同主事者亦是士人；又如前述绍兴二十年（一一五〇）温州饥荒时博谋赈赡乡民的刘愈，乡里的溪流有石障阻，称为石断，“君与同闬陈常顾民聚石，更石断水道”（《浪语集》卷三十四《刘进之行状》）；再如前述于凶岁倡导赈饥的万世延，为重建其祖父东平先生曾倾家资而建的桥梁，“既捐已资以半其费，又经营其余于乡党间以佐之”（《梅溪先生文集·前集》卷二十《万府君行状》）。合众人之力来进行，使得工程比较容易完成。

一些乡居官户与士人由于从事各种造福乡民的工作，因而获得乡民的信赖与尊敬，甚至连是非争讼也请他们裁断。例如曾入太学的刘府君，“好施惠，出天性”，民众“至有争阋，不到官府，惟府君曲直，则俯首听命”（《盘洲文集》卷七十六《刘府君行状》）；宗室赵不沴食祠禄，居于平江府常熟县开元乡，“数以俸余施贫乏，岁或不登，取贷子钱者，券悉焚之”，于是“里人有争斗者，或诣公求直挟雠，公出一言解之，一乡之人无不畏爱焉”（《江苏金石志》卷十三《有宋宗室平江府都监墓志铭》）；前述于灾荒时亲手发放米谷以至“背汗滂”的士人许大宁，据其子所述，“衣冠佩玉，不动声容，而悍者神伏，狡者心化，有不善萌焉，畏先君知不敢为者甚多。讼不之有司而之先君之庐，得片言皆失其所以争而去”（《新安文献志》卷九十一许月卿《友仁先生许公圹记》）；“自中年场屋不偶，即弃弗事”的陈大用，“尤乐周急，岁饥，捐粟以赈”，对族人也“患难疾病，萃力相扶持”，因而“姻戚乡党或有争，不诣官府，咸之君取决焉。君曰某是某非，皆悦服，愿释争以去，武断健讼见君皆黯有愧色”（《雪坡集》卷四十九《陈允中墓志铭》）。上述几个例子，大多强调民众有争讼不前往官府，而求他们所信赖的长者裁决。由于乡民对这些好施的长者感其惠而怀其德，使得他们成为乡里中化解纠纷的中心，并且取代了地方官府的司法功能。

有能力施惠于乡民的官户与士人，自然多是富裕之家。例如前述每年春赈的张端弼，“先业广大”，虽然南宋初年因兵火而中落，但是经过他的经营，“生事大振，富甲乡邑”（《梅溪先生文集·前集》卷二十《张府君行状》）；凶年时倾仓赈贷的陆寀，既不仕宦，“因治产业，甫数年，家大赡足”（《渭南文集》卷三十二《右朝散大夫陆公墓志铭》）；设本价庄赈粜且临终时能“以古道训敕子姓”的陈容，是“名田甲于县”（林表民

《赤城集》卷十二杜范《陈氏本价庄记》)；曾为举子，于灾荒减价粜米，“赖全活者不可胜计”的姚公然，是“家饶财，累资至巨万”(《雪坡集》卷四十九《运属姚公伯武墓志铭》)；咸和居士高崇，也是在“生计稍裕”之后，“常推己之有余，以济人之不及”(《漫塘集》卷三十二《高与之墓志铭》)。这些富家，其中不少应是以经营田产致富，仓廪才会有多余的米谷用来赈济，不过也有部分兼营商业，所以墓志铭的作者形容他们善于运用计然之术（注四九）。

但并非所有乐善好施的官户、士人都是这样富有，其中也有一些不过是仅仅自足或稍稍有余，凭着节衣缩食或铢寸累积而有一点储蓄，为好善之心所驱使，也量力赈施。例如王正功早年任官时的经济情况并不很好，“清贫自处，质贷以给，奉己至薄，得禄不足以偿逋负，如是者三十年”，可是他“持损有余补不足之说，有义事亦勉为之”，到后来经济情况改善，更是“亲故有求，随力以应；隆冬细民乏食，赈与无倦色”（楼钥《攻媿集》卷一百《朝请大夫致仕王君墓志铭》)；曾任吏部郎中的单炜，“尚义好施，异时迫于弗赡，曾不能快意”，自其媳妇叶氏入门之后，“佐馂之余，毫粟撙出，内不妄用一钱，思以慰吏部之美意”，于是“割衣食以赒贫不足者，治药剂以施疾病之用乏者，捐资遣以相助婚姻之失时者。吏部一言，夫人承志”（袁说友《东塘集》卷二十《故太淑人叶氏行状》)。曾在金坛三次推动赈灾的刘宰，经济状况也不是很好，他初卸官职时，有田不满三十亩，其后虽有所增加，亦不过是百亩（注五〇）。他在倡始嘉定十七年（一二二四）的赈灾时，所用米谷是另外取自其亡父坟旁之田二顷的租入，田虽有二顷，但“岁大稔，可得谷百斛”(《漫塘集》卷二十七《甲申粥局谢岳祠祝文》)，显然并非腴田，而且“输官给守之余不半在”（同书卷二十二《甲申粥局记》），可是他却能以累积十年的余谷，独力支撑一个多月，然后获得其他人的响应；绍定元年（一二二八）的粥局，最先也是由他一力撑持，后来才得到众人的协助。嘉定十七年的粥局，《江苏金石志》卷十五《金坛县嘉定甲申粥局记》后列有捐助人的姓名及其捐助钱、米的数量，其中多数捐助米谷仅在数石至十余石之间，多者也不过三、四十石，即使不是大富之家，也有能力作这样的捐助。合众人之力来解决乡里民众困难的情形既不罕见，使得一些经济能力有限却有心行善的官户或士人也能表达他们的心意。

一些官户、士人何以如此乐于行善，甚至在灾荒时愿意提供大量米谷赈济或赈粜？其中有些人是想要获得政府的旌赏，宋代政府为了劝谕富家赈粜或赈济，悬有赏赐官爵的赏格，也确实收到若干效果（注五一）。但是并非所有好施之家都是为了获得政府的旌赏，例如前述“尤乐周急”的陈大用，对于官府要“以其丁未、壬子之粜，簿上之朝，乞旌其子以官”，态度是“不愿也”（《雪坡集》卷四十九《陈允中墓志铭》）；前述率先平粜的吴自然，对于“省府之录用，儒流之状举”，则是“挥手谢去，曰吾行吾志而已，岂借此为捷径耶”（《本堂集》卷九十一《吴谊甫墓志铭》）。既然不是为了获得旌赏，那又是为了什么？吴自然所说的“行吾志而已”，说明部分原因。对若干造福乡民的官户、士人来讲，他们的行为并非以现实的利益为目的，只不过是为了实现自己的心愿或理想。吴芾在《癸巳岁，邑中大歉，三七侄捐金散谷，以济艰食，因成三十韵以纪之》诗中咏其侄：“闻人急难如在己，见义踊跃无不为”及“此心但欲济邻里，身外浮名非所希”（《湖山集》卷四），可以表达这种心愿的具体内容，也就是对邻里在灾荒中的急难，有人饥己饥之心，所以见义勇为。宋代理学盛行，这样的一种心愿又被推而广之，赋以“仁”的内容。张载首先将仁从抽象的观念推论到具体的社会，而有《西铭》一文，《西铭》文中所描绘人人各遂其所生的社会蓝图，成为此后理学家共有的理想，从此一理想来观察当时的社会，自然应该对众多困苦的民众施以扶助，使这些同于一气而却遭逢不幸的人们也能畅遂所生，这种社会理想成为一些南宋士大夫设立社仓的推动力量（注五二）。不仅社仓的设立如此，受过理学熏陶的士人，在灾荒施赈时也会抱着同样的理想。例如前述饥荒时亲手发放米谷而致“背汗滂”的许大宁，据其子所述，“用力于求仁深矣”；遇有遏籴者，亦即哄抬米价之人，“为之诵《西铭》”；饥荒赈济，“不问远近，一之以《西铭》”（《新安文献志》卷九十一许月卿《友仁先生许公圹记》）。许大宁的从事赈饥，动机很清楚的是建立在理学家的社会理想之上。前述于凶年储当食之粮而余粮全用以赈贷的童棐，曾说：“吾非独饱者也”（《篔窗集》卷八《童府君墓志铭》），则更简洁的说出了这样的心愿与理想。

不过一些官户、士人为乡民福祉而尽力，尽管不是为了获得官府的旌赏，也未必就完全没有现实考虑的动机。南宋社仓的创设，动机之一是为了减缓农村粮食问题所引起的社会不安（注五三）。前述为舟子称为长者的潘好古，饥荒时听任民众取其个人所有的塘水灌溉，并且“斥塘下田以广潴蓄”，有人认为田地膏腴可惜，他表示“乡邻安则吾安矣”（《东莱集》卷十《朝散潘公墓志铭》），同样的表达了冀望社会安宁的态度，因为社会的安宁不仅关系着乡民的福祉，也关系着自身的安危。除了为社会安宁着想外，还可以看到有从事赈施的士人表示他“非为目前计也”（《漫塘集》卷三十一《徐处士墓志铭》），也就是他所着眼的利益是在于长远的将来，而非为目前的近利。长远的利益是什么，他没有说明，不得而知，或许可以从别人的看法来推想。方大琮在南宋晚期追述其先祖福平长者方祐于南北宋间的事迹，指出方祐所以得长者之名，是由于他“恭约而好礼，啬己而厚人，高价买产，贱价易廪，值岁荒则倾囷无吝色”，福平长者于绍兴七年（一一三七）去世，“及今九十四年，合六代子孙余二百人，将千亿而未艾”，方大琮进一步认为，“然则世之以智巧渔猎贫弱以为富者，岂能有成，纵暂成岂能如是久远哉”（《铁庵集》卷三十二《记后塘福平长者八祖遗事》）。方大琮之意，应是认为由于福平长者的种德，使得子孙能够繁衍茂盛。更有人强调，祖先以赈施种德，有助于子孙的功名顺遂。真德秀在《浦城劝粜》诗中说：“不仁而多财，聚易散亦易。惟有种德家，福禄可长世。不闻眉山苏，盛美光传记。卖田救年荒，生子为国器”，并夹注：“即三苏父子也。近世三山黄长者家，喜赈施，子朴为己丑大魁”（《真文忠公文集》卷一）。真德秀的用意虽在劝谕，但是一些官户、士人之家未必没有这样的想法。北宋末年吉州安福人刘泳，见其子“生而庄重夷粹”而奇之，说自己家一向治生勤俭，不事兼并，而且“忍事乐施，种德久矣”，因而认为“天其以是子儒吾门而骎骎以兴乎”（刘才邵《檆溪居士集》卷十二《刘端甫墓志铭》），便是这种想法的反映。尤其是本文所述从事赈施的士人之家，许多都是从科举的竞争中退下，而经营产业，他们对自己未能达成的目标，想必寄托在子孙的身上，毕竟由考试得来的功名，是凭自己的学力取得，而且要比官府旌赏的官衔光荣得多。前述于嘉定二年、三年江淮饥荒时低价粜米的陶士达，墓志铭里这样写着：“君不求仕，教子而已。一钟之粟，分人之灾，非如畦种，可计日待也。而大章、大甄并入太学，大章擢丙辰第，大甄未几上舍策名”（《山房集》卷五《陶宣义墓铭》），岂不正喻示陶士达施赈种德与其子大章、大甄获取功名的关系？

南宋政府对于地方的统治能力有所不足，也使得乡居官户与士人施财以济人的行为颇为常见，困乏的民众由于蒙受其泽惠，而对这些人产生信赖与尊敬，而目之为长者。这种形象，以在墓志铭中最为常见，墓志铭难免有溢美之词，但亦不致于完全没有根据。同样的，这类行为也只是见之于一部分官户与士人，许多官户与士人谋利之心远胜过对乡里民众的关怀，灾荒时闭廪索价者就不乏拥有这样的身份（注五四）。自然乐善好施者也不限于官户与士人，没有读过很多书的人同样也会有这样的心愿与行为（注五五），不过官户、士人以其所受的教育，对于造福乡民应该会有更强的动机。

四、结语

本文为探讨南宋时期官户、士人与民众的关系，而描绘出当时官户、士人居乡的两种形象。第一种形象是武断乡曲的豪横，经常见之于地方官处理讼案的判词；第二种形象则是施财济人的长者，较常见于墓志铭。豪横倚仗财势，逃避税役，占佃官田，障断水利，既扰官而又扰民，而他们欺压乡民的劣行，以对于产业与财物的巧取豪夺最为常见；长者则以个人或集体的财力，拯人于困乏，援人于急难，因而获得乡民的信赖与尊敬，甚至听其裁决争讼。理财态度的不同，是两种类型人物的基本分野。

这样的类型划分，只是就其大略而言，事实上，未尝没有一些官户或士人，在不同的场合表现出不同的面貌。见于《清明集》中的一个官户区迪功，抗缴义米达三年之久，并且“诉于上台”，在地方官的眼里，这无疑应是一个扰官的豪横，但是地方官也“访闻其家颇好施舍”（《清明集》卷三《赋役门·受纳类·义米不容蠲除合令照例送纳条》）。一些以获得官爵赏赐为目的而在灾荒中捐米赈济的富家，也难保他们之中没有人以利存心，想要借此取得官户的身份来谋图非分的经济利益。不过豪横类型的官户，有的表面上看来也有关怀民众的行为，实际上却只是虚应故事，甚或是名实不符。朱熹于南宋中期在浙东救灾，便曾劾奏婺州一个有修职郎官称的朱县尉，此人“田亩物力，雄于一郡，结托权贵，凌茂州县，豪横纵恣，靡所不为”，平日典买乡民田产，而不肯批割赋税，官府要他粜米施粥，赈济灾民，他却将粜济之所设在离指定地点二十余里之外，并且粜米则“减克升斗，虚批历头”，散粥则“日以一二升米，多用水浆煮成粥，饮来就食者，反为所误，狼狈而归”（《朱文公文集》卷十六《奏上户朱熙绩不服赈粜状》）。而黄震于南宋末年在抚州救灾，也曾经处置一个“威制一州”的寄居官户饶县尉，此人“积米累万”，“遍抚州诸邑乡落积租，皆有社仓”，虽有设立社仓的美名，但是其用心却与当初朱熹创设社仓的原意完全相反，“丰年乐岁，多取贷息，及今荒年，算计目今米贵，将来得息而或价倾，或恐失利，遂一粒不贷，惟深其扃镝，以待客贩”（《黄氏日抄》卷七十五《乞照应本州已监勒饶县尉贷社仓申省状》）。另一方面，真心诚意为乡里民众谋求福祉的官户与士人也确实存在，豪横与长者两种类型的人物应该不至于完全混淆不清。

以官户与士人相比较，在豪横型的人物中，官户比士人更为霸道；而在长者型的人物中，士人的表现不逊于官户，甚或犹有过之。所以如此，自然是由于官户以其身份与地位，比起士人更有能力仗势欺人，尤其以贵宦之家为然。他们对子弟与仆役的行为，又未必能善加管束，即使他们本人无心为恶，也难免为家人假借声势，为害乡里。而一些士人，在无意进取之后，专心经营产业而致富，使得他们有足够的经济能力，只要有心，便能行善；无论是否那样富有，他们也由于长期居于乡里，易于形成与乡民休戚与共之心，对邻里的急难因而较为关心。若干造福乡民的官户，其实也已无意仕途，长期居乡，情况与绝意仕进的士人相同。

无论豪横型或长者型的人物，他们的存在，都与当时政府对地方统治能力不足有关。豪横的士大夫与县官勾结以武断乡曲的情形，以外邑为常见，虽然在郡治所在之县也并非没有。原因就在于外县官员既少，而县务繁杂，不得不求取地方力量合作，使得一些豪横的士大夫有可乘之机；而且县官的官位卑微，面对可能比他官位高出甚多的乡居官宦，若非个性刚直，也很难不妥协。到南宋晚期政府的统治能力趋于衰退，地方上的豪横官户也更加放肆。政府对地方统治能力的有限，不仅表现在县官员额的稀少，也表现在地方财政的困难，尤其以县邑为甚。于是无论在平时或灾荒，对于人数众多的贫民所面对的生活困难，常无法解决；对于有益于民众的地方建设，也难以进行。这种情况，使得乐善好施的官户、士人在乡里有广大的活动空间，以补政府功能的不足。南宋末年的一部官箴，认为县官为政“以抑强扶弱为能”并非中道，主张对于乡居巨室，如果他们“陵轹善良，欺慢寡弱，或武断于乡曲，或罗织于平民”，或是“声势凌人，惨酷御下，或吞并他人财产，或强占他人妇女”，尽可依法而行，可是另一方面，“巨室者，一乡之望也，齐民之所依倚者也，其间有道义重士、文献故家，往来尽可以问政请益；植财润屋，积粟盈囷，缓急凶荒，亦欲其捐有济无”（胡太初《昼帘绪论》之《势利篇第十四》），这种态度反映了地方官在施政上与照顾民众生活上有赖于乡居士大夫的支持，也反映出地方政府功能的限度。

总而言之，豪横与长者两种类型人物由于政府功能的不足而同时存在，使得官户、士人与乡里民众的关系，一张一弛，豪横武断乡曲所引起的双方关系恶化，由于长者的施财济人而得以改善与缓解。

（原刊于《新史学》第四卷第四期，一九九三年十二月。）

注释

注一：参见竺沙雅章《宋代官僚の寄居について》(《东洋史研究》第四十一卷第一号)。

注二：参见拙作《南宋的贫士与贫官》《南宋的贡院》(载于本书下册页九九三～一〇七三、页八二五～八六四)。

注三：李心传《建炎以来系年要录》(以下简称《要录》)卷一五五绍兴十六年（一一四六）二月壬戌条："右司员外郎李朝正面对，论土居士大夫干扰州县，为令者不能曲法顺从，或遭捃拾，望自今按发诉讼，非实系贪墨残酷之人，宜加阔略。"又《勉斋集》卷三十三《徐莘首赌及邑民列状论徐莘》："本县实缘败坏之久，奸豪得志，细民被害。历考其尤者，则寄居中盖有其人，而士人则徐莘是也。徐莘侥幸一举，本不足道，乃恃强狠大，为一县之害，两经县道榜示，尚不悛改。去年又与寄居扶同论诉县道，权县已被行遣，合干人亦被断配，自此愈见恣肆。"

注四：周必大《文忠集》卷九十《左朝请大夫王公葆墓志铭》："得常之宜兴，邑大，比屋皆士族，固已难治。"

注五：见渡边纮良《宋代潭州湘潭县の黎氏をぬぐつて——外邑における新兴阶层的听讼》(《东洋学报》第六十五卷第一、二号)。

注六：见拙作《南宋城市的社会结构》(载于本书上册页五九七～六七一)。

注七：见王象之《舆地纪胜》二十九《江南西路·抚州篇》。

注八：见朱家源、王曾瑜《宋朝的官户》(载《宋史研究论文集》,《中华文史论丛》增刊)，高桥芳郎《宋代の士人身份について》(《史林》第六十九卷第三号)，李弘祺《宋代的举人》(载《国际宋史研讨会论文集》)，朱瑞熙《宋朝官员子弟初探》(《上海师范大学学报(哲学社会科学版)》一九九三年第一期)。

注九：《会要》之《刑法二·禁约篇》淳熙四年(一一七七)四月二十八日条："先是，前知常州晋陵县叶元凯言，州县形势官户及豪右之家，多蓄停罢公吏，以为干人，恃其奸恶，持吏短长，官物抵顽不输，词诉则变白为黑，小民被害，乞立条制行下禁止。"

注一〇：柳田节子《宋代形势户の构成》(收入柳田节子《宋元乡村制の研究》)、《宋代の官田と形势户》(《学习院大学文学部研究年报》第二十六辑)，梅原郁《宋代の形势と官户》(《东方学报》第六十册，京都)，朱家源、王曾瑜《宋朝的官户》，拙作《南宋的农地利用政策》第三章第三节。

注一一：杨万里《诚斋集》卷一一九《中散大夫广西转运判官赠直秘阁彭公行状》载彭汉老事："知常德府武陵县，……有马从事冒占民田百亩，公皆复之。"《漫塘集》卷二十四《书乡人公札后》："某官起场屋者几年，搏扶摇者万里，……胡为幸此二千亩之田，而乃冒失数十家之怨。”黄淮、杨士奇《历代名臣奏议》卷一八五载吴昌裔《论赵汝梓兄弟疏》：“称寺丞者，即汝梓也；称大监者，即汝櫄也。父子以骄侈而相诏，兄弟以兼并而相师，强夺民田，不知其几。常州一事，尤骇听闻，止因游士一时无根之误，遂占平民百年有契之业，为数浩大，至万四千。”

注一二：《勉斋集》卷三十三《王显论谢知府占庙地》：“西岳云腾庙元是王显家舍地造庙，以为邑民祈求之所，已而家贫，遂托神以自活。神依显之地以居，显依神之灵以食。谢知府既架屋其侧，遂占庙之路以为圃，又种竹于庙之四围场以芘荫其花圃宅场。民畏谢知府形势，所谓邀福乞灵者，皆不敢过其门，而神之血食者遂失其所依矣。王显本依神以活其家，谢知府又从而逐之，使其族人专庙祝之利，而王显又失其所依矣。”

注一三：《后村先生大全集》卷一九二《饶州州院申潜彝招桂节夫、周氏、阿刘诉占产事》：“置买产业，皆须凭上手干照，潜彝所买桂仔贵荒田契内，明言文约被兄藏伉，后来仔贵备钱赎回，则是以赎回干照为据矣。及以赎回之契考之，则地名青石桥也，荒地也；卖与潜彝者，地名铁炉塘也，田也，亩步、坐落、东西南北四至并无一同。盖青石桥地契系别项废干照，铁炉塘田契乃凿空架虚不可行用之物。……（潜彝）今乃撰造淳祐三年（一二四三）买仔贵田契，以梗节夫，使之不得葬兄，此何理哉？”案亩步之亩字原缺，据《清明集》卷四《户婚门·争业类·干照不明合行拘毁条》补。

注一四：《勉斋集》卷三十三《陈希点、帅文先争田》：“朝廷措置秤提官会，行下州县，最为严切，不容人户。今陈希点为状首两状，论帅文先不使官会，及官司追对，乃倚恃形势，经隔累月，不伏出官，及其到官，所供又全不及不使官会一节，乃欲推是顽赖人力刘显陈词，显是并缘朝廷法令之严，以此把持乡民。……其意以为非此无以重帅文先之罪也。”

注一五：《勉斋集》卷三十三《彭念七谢知府宅追扰》：“近据彭念七状，称有次弟彭念九充谢知府宅甲头，与彭彦、彭念七及小弟彭三一各无干涉，忽睹谢知府宅干人郭胜同胡甲头赍引前来，称是谢知府宅文字，追唤彭念七、彭三一赴本宅根究，委实惧怕，不敢前去。”

注一六：《勉斋集》卷三十三《徐十论诉谢知府宅九官人及人力胡先强奸》：“胡先供去年曾与阿张通奸，又称今年系是和奸。据阿张供通去年不曾有通奸来历，今年系是强奸。两名所供异同，权官即不曾勘对着实，便欲将胡先、阿张同断。若是强奸，则阿张不应同断，胡先亦不应只从杖罪决遣。又阿张所供曾被谢九官人强奸，如此则是主仆通同强奸阿张，情理难恕。”

注一七：见拙作《南宋的贫士与贫官》（载于本书下册页九九三～一〇七三）。

注一八：例如《清明集》卷五《户婚门·争业类·争山妄

指界至条》载刘克庄言："建阳乃名教礼义之邦，诸老先生远矣，不可见矣。游郎中家居县后，无一事到县，无一事嘱时官；朱侍郎贵为从橐，每书常切切然恐干仆骗扰村民。"

注一九：例如《清明集》卷六《户婚门·争田业类·伪批诬赖条》："吴五三，即吴富也，其父吴亚休以田五亩三角一十步，典与陈税院之父，涉岁深远。吴五三同兄弟就佃，递年还租无欠。近三、四年间，兄弟皆丧，吴五三独存，遂萌意占种，不偿租课，却称故父已赎回讫，有批约可证。陈税院屡状陈诉，吴五三词屈理短，凭鲍十九等求和，自认批约假伪，甘从改佃，有状入案，即移与缪百六种。秋事告成，吴五三复强割禾稻，反论陈税院不合就南山律院勒从和退佃，又不合经尉司论诉强割，追人骚扰，欲以此为陈税院强占田之罪。"又同卷同门《争屋业类·不肯还赁退屋条》："黄清道顽民中之至顽者，十王之号，信不虚得。陈成之贫儒士人，岂足以敌十王之势力。奈何有祖屋八、九间，为黄清道强赁，既不还赁钱，又打伤童仆。"又《后村先生大全集》卷九十五《乐轩集序》载陈藻事："至浮游江湖，崎岖岭海，积襁得百年（按：年当为千之误），归买数亩，辄为人夺去，士之穷无过于此矣。"此事详情可参见陈藻《乐轩集》卷二《讼田行》及卷五《送方孺春赴仙游簿序》。

注二〇：这类事实，《清明集》中记载甚多，又可参见陈智超《南宋二十户豪横的分析》（载邓广铭、徐规等主编《宋史研究论文集：一九八四年年会编刊》)。

注二一：《东莱集》卷十《朝散潘公墓志铭》："绍兴丙辰，岁大祲，籴米斗千钱，公既发廪不足，则橐厚资致他郡粟，下其直十之三以贷之。秋稔，民劝趣偿惟恐后，公闵民偿之不易也，视初贷复绌其一。"

注二二：陈文蔚《克斋集》卷十二《监江陵府粮料傅君墓志铭》载傅杰的先世："铅山傅氏派自金陵，辟五季乱，来信州，族浸大。二百年间，联仕版者相望，为邑甲姓。有讳績者，家丰而喜施，得长者称。"又《勉斋集》卷三十七《贡士黄君仲玉墓志铭》载黄振龙之先世："至五世祖亨，有厚德，自奉薄，喜施予，乡闾感之，号为长者。曾祖讳，祖钧，父行知。自亨以来皆能继其家声，故今称长者不绝。"均指出长者之能施。

注二三：见拙作《南宋的农村经济》第一章第二节及《南宋城市的社会结构》。

注二四：董煟《救荒活民书》卷二《常平条》："常平赈粜，其弊在于不能遍及乡村。"又《义仓条》："今输于州县，非也。憔悴之民，多在乡村，于城市颇少。……一有饥馑，人民难以委弃庐舍，远赴州郡请求。"

注二五：周去非《岭外代答》卷四《法制门·常平条》："常平米斛，见存无几，所在皆是也。唯静江常平米止支诸司人吏俸米，自余诸郡，不以军粮不足借支不还，则以久赈不发腐损耗失。军粮不足而借支，所至皆然，非独广右也。"宋代常平义仓常相连称，两仓钱谷有时互相移用，义仓的情况应亦与常平仓相同。

注二六：以江西诸郡为例，彭龟年《止堂集》卷十九《代临江军乞减上供留补支用书》：“只如隆兴、建昌、抚州、江州止是取及七分以上，吉州亦止八分以上，惟筠与临江取及九分以上。”可知地方赋入取充上供可达七分至九分。又《历代名臣奏议》卷二五九载彭龟年《乞蠲积欠以安县令疏》：“凡今日县令之所以难为者，盖以财谷之出入不相补尔，岂特不相补，直有铢两之入而钧石之出甚相绝者。”说明县用之困窘。

注二七：见同注一七。

注二八：《本堂集》卷五十《梅逸林隐君祠堂记》：“以周急为乐，创惠生道院，延良医，受病告者，药随需，不少靳，至粥产营蓄以给。”

注二九：《新安文献志》卷八十七吕午《康范汪处士墓志铭》载曾应科举的汪暐事迹：“急难相求者援之，颠连无告者恤之。……给事袁公甫守徽日，雅闻君名，持江东常平节，一路大祲，君独能为乡邑区划劝分，贫富得所。”方回《桐江集》卷八《两请浙漕贡士舒君墓志铭》载舒扔事迹：“专为乡里赒恤善事。……蒙斋袁公甫持庾节，尝檄君任荒政。”

注三〇：叶适《水心先生文集》卷十六《著作、正字二刘公墓志铭》载刘夙事迹：“著作之还自温，疾有间，莆亦大旱，手为救荒十余事，率乡人行之。招潮、惠米商，白守免力胜，四集城下，郡以不饥。”按刘夙还莆田之前任温州知州。

注三一：袁燮《絜斋集》卷十九《胡府君墓志铭》载其兄

游宦而自己亦曾补官的胡玘事迹："所储谷粟，务在济人，不多取赢，岁歉尤不靳。"郑瑶、方仁荣《景定严州续志》卷五《建德县救灾记》载乡居官户赵家事迹："余昨守尹之乡，闻其先君静斋德椽偕崇，……里或饥，赈无靳色。"按赵静斋曾任福建安抚使，见《后村先生大全集》卷一一一《建德县赈粜本末》。

注三二：程珌《洺水集》卷十《陈府君并夫人何氏墓志铭》载其父有官不仕而自己"试辄左"的陈巩事迹："乙亥岁大歉，于是悉发所储，减直出粜。"《诚斋集》卷一三〇《刘君季从墓志铭》载曾"从进士举，数无遇于有司"的刘大同事迹："倒廪于谷贵之岁，辄痛损其估以济人。"《漫塘集》卷三十一《徐处士墓志铭》载少志于学的徐处士事迹："岁俭谷贵，富者遏籴，君辄倾所有，平价以粜，其无资者贷之，甚者与之。"洪适《盘洲文集》卷七十六《徐府君墓志铭》载曾习儒书而其子仕宦的徐府君事迹："岁乙卯，大饥，米石至万钱，皆闭籴，君倾囷不小靳。"陆游《渭南文集》卷三十二《右朝散大夫陆公墓志铭》载曾官至提举常平的陆宲事迹："凶年赈贷，至倾仓庾，无少计惜。"

注三三：见拙作《南宋的农村经济》第四章第二节。

注三四：《诚斋集》卷一三二《刘隐君墓志铭》："岁大侵，细民弃婴儿于野数百，君为粥以食之，至西成，以归其父母。"

注三五：陶宣义名士达见《漫塘集》卷二十八《故庆元府教授陶公墓志铭》，因其子而获赠宣义郎的官称。

注三六：《诚斋集》卷七十六《广汉李氏义概堂记》："绍兴丙辰（六年，一一三六）之旱，倾家以食饿者。……乾道二年（一一六六）则又旱，又行之如初。三年（一一六七）又旱，又行之如初。……五年（一一六九）则又旱，又行之如初。盖畊之枵而餔、瘠而腴、殣而苏者，至是枚举其人至二百七万一千三百有奇，斛计其粟一万四百六十有奇。"

注三七：见刘子健《刘宰和赈饥》（载刘子健《两宋史研究汇编》）。

注三八：详见《漫塘集》卷三十一《故知安吉县赵奉议墓志铭》。

注三九：本文对各种身份的人数估计与刘子健《刘宰和赈饥》一文略有不同。

注四〇：见拙作《南宋城居官户与士人的经济来源》（载于本书下册页九一〇～九九二）。

注四一：见拙作《南宋的社仓》（载于本书下册页一〇七四～一一一三），又见《南宋的农村经济》第五章第二节。

注四二：见《朱文公文集》卷九十三《承事郎致仕潘公墓志铭》。

注四三：《漫塘集》卷二十二《南康胡氏社仓记》："故人胡伯量适自南康之建昌来，伯量盖学于朱氏者，亟问之。伯量喜而言曰，吾尝行之吾邑之小蟹里，既效矣。……伯量名泳，兄弟笃学，其兄浚甫弱冠举于乡，未几卒。弟湍今为东流令，泓为南安令。伯量蚤岁高蹈，不屑事科举。余四人者，皆为名进士。”

注四四：刘辰翁《须溪集》卷三《社仓记》：“巽翁先生无位而一食三叹，无食而急人朝饥，他日怀编书示予，独欣然如有饱色，曰：此喻邑西溪刘氏社仓约也。……喻西无富家，刘固士族，仅足尔。”又《黄氏日抄》卷九十一《跋新丰饶省元义贷仓记》：“朱文公社仓之法善矣，然天下无久而不弊之法，变而通之，则存乎其人。……临川新丰之饶氏，独变通其法，名曰义贷。”按省元为当时对士人之通称。

注四五：周复俊《全蜀艺文志》卷三十四度正《巴川社仓记》：“近年以来，吾乡之士慕而为之者三，……景元一等行之巴川，……行之巴川者合二十家，为钱二千缗，岁得谷六百石。”

注四六：《梅溪先生文集·前集》卷二十《周府君行状》述喜儒学的周谕：“剡之南有巨溪，实为要津，行者病涉，公首创浮梁以济，其子继之，至今蒙其利。”《新安文献志》卷八十七方回《宋江西转运干办公事程公晞尹墓志铭》述“名场龃龉”的程晞尹，“由家出汉口两岸，夹涧险厄迫窄，寒病涉，潦望洋。椎凿煅烧，破折崔嵬，去阻就夷，颓穹益卑。杠梁成，舆马通，靡溺靡跌，凡四世不辍工。”

注四七：《宋代蜀文辑存》卷一百陈季习《重熙桥记》：“共费三千五百余缗，皆附近龙图镇进士周晞奭、晞尹弟兄义捐，不谋于众，以成其事，可嘉也矣。”

注四八：《漫塘集》卷三十二《高与之墓志铭》：“由句曲道京口，山石荦确而行艰，右北抵丁角镇，涧谷幽深而涉者病。居士欲夷其险而甃之石，跨其深而为之梁，最其费万有三千缗，闻者缩颈。……曾未几时，而二大府之间，岩壑高下，皆成坦途，行道之人，无不举首加额。”

注四九：《范香溪文集》卷二十二《张府君墓志铭》载“平居赒救邻曲”的士人张绪事迹：“继丁大故，生业益落，府君得计然心算以治产，累岁遂至饶衍。”《昌谷集》卷十八《从兄云梦县尉墓志铭》述曹彦约曾业举子的从兄事迹：“亲课耕桑，有倍称之入，用计然余术，亦足以雄长一时，然好施与，尚义气，不储累月食。”

注五〇：《漫塘集》卷十《通潭帅余侍郎嵘》：“某始弃官时，无屋可居，有田不满三十亩，故亡友周南仲正字哀其贫，而忧其不能安贫。今幸有百亩之田，五亩之桑，数椽之屋，饱食暖衣。”

注五一：见王德毅师《宋代灾荒的救济政策》页一四七～一四九。

注五二：见拙作《南宋的社仓》（载于本书下册页一〇七四～一一一三）。

注五三：见同注五二。

注五四：咸淳七年（一二七一）抚州饥荒，闭廪索价者颇多有官人之称，见拙作《南宋的农村经济》第四章第三节。

注五五：例如“少则自力干蛊，不得竟学”的孙洋，“父时贷其缗钱未偿者数千计，君一折券不问；寒民死无以敛者与之棺，不可胜纪，亦初无德色。”（孙应时《烛湖集》卷十二《孙承事墓志铭》）。

伍

附录

刘爚《云庄集》的版本及其真伪

一、前言

最近由于搜集南宋的劝农文而翻阅南宋人的文集，发现《四部丛刊》本真德秀《真文忠公文集》中的《长沙劝耕》诗及《福州劝农文》也见于《四库全书》本刘爚《云庄集》中；再进而比对二书，竟发现《云庄集》的内容几乎完全和《真文忠公文集》雷同；而“中央图书馆”藏有明弘治（一四八八～一五〇五）间刘崊刊嘉靖（一五二二～一五六六）间修补本《云庄刘文简公文集》一种，内容和《四库全书》本颇有不同，但所载诸文也有一部分同样的见于《四库全书》本及《真文忠公文集》中。于是比对三书，旁搜资料，草成本文，以探讨《云庄集》的版本及其真伪。

二、刘爚生平略述

刘爚，字晦伯，建阳人，生于绍兴十四年（一一四四），卒于嘉定九年（一二一六），享年七十三岁，谥文简。乾道八年（一一七二），刘爚举进士，自乾道八年至嘉定三年（一二一〇），除了一段时间丁父忧之外，都在地方任官，历经绍兴府山阴簿、赣州会昌县尉、饶州录事参军、汀州莲城令、知福州闽县事、赣州坑冶司主管文字、知德庆府、提举广东常平茶盐事、两浙西路提点刑狱公事；自嘉定四年（一二一一）至逝世之前，都在中央任官，历经国子司业、兼国史院编修官实录院检讨官、接伴金国贺正使、兼国子祭酒、兼太子左谕德、同修国史实录院同修撰、兼兵部尚书、同知贡举、试刑部侍郎、权工部尚书、兼太子右庶子仍兼左谕德。刘爚自少从朱熹问学，出入其门切磨讲贯数十年，学行粹然一出于正，庆元伪学之禁时，从朱熹讲道读书于武夷山，筑云庄山房，为终老隐居之计；其后任国子司业，上言宰相史弥远，请以朱熹所著四书备劝讲，又乞罢伪学之禁。所著有奏议、史稿、经筵故事、东宫诗解、礼记解、讲堂故事、云庄外稿。（以上据沈僩编《云庄先生刘文简公年谱》、陈孔硕撰《刘文简公行状》、真德秀撰《刘文简公神道碑》、《宋史》卷四〇一《刘爚传》）

三、诸家著录《云庄集》的版本

著录《云庄集》的书目、提要，有钱谦益《绛云楼书目》、黄虞稷《千顷堂书目》、《四库全书总目提要》、阮元《文选楼藏书记》、陆心源《皕宋楼藏书志》、丁丙《善本书室藏书志》、缪荃孙《艺风楼藏书记》、莫友芝《郘亭知见传本书目》、傅增湘《双鉴楼善本书目》、《“国立中央图书馆”善本书目》、《四库全书》本《云庄集》书前提要等十一种（以上书目除《“国立中央图书馆”善本书目》为该馆出版，《四库全书总目提要》为台湾商务印书馆排印本外，其他各书目均为台北广文书局影印本）。其中除钱谦益《绛云楼书目》仅录书名，对讨论《云庄集》的版本问题缺乏参考价值外，就其余各家著录观察，自明代以来，《云庄集》的版本大致可以分为十二卷本和二十卷本两个系统，兹分录于下：

（一）著录十二卷本《云庄集》者：

《千顷堂书目》卷二十九：

刘爚《云庄集》十二卷附集十卷。（建阳人，乾道中进士，累官工部尚书兼左谕德，谥文简）。

《四库全书总目提要》卷一六〇：

《云庄集》十二卷：宋刘爚撰。……爚与弟炳，均游朱子之门，故尝上疏乞开伪学之禁，为《宋史》本传所采。然其《上史弥远书》论用人听言之道，及《宋史》载其《奏便民五事》《论贡举五弊》诸疏，尤为有用之言，今书载集中，而五事五弊疏，集无其文，则所阙佚不少矣。是集为祁承㸁澹生堂钞本，前有嘉定间李埴序，又附真德秀碑文，乃明天顺（一四五七～一四六四）间其十世孙梗所编，又别一本为其十世孙櫶所重刻，较梗所编少文数首，亦不载德秀碑文。……

《皕宋楼藏书志》卷八十七：

《云庄刘文简公文集》十二卷，明正德（一五〇六～一五二一）刊本，璜川吴氏旧藏，宋刘爚撰，门人果斋李正叔方子编次。

《善本书室藏书志》卷三十：

《云庄刘文简公文集》十二卷《外集》十卷《年谱》一卷，明正统（一四三六～一四四九）刊本，徐兴公藏书，门人果斋李公晦方子编次，曾孙省轩刘应李希泌点校，十世孙道斋刘稳宗安重刊。

文简公名爚，……文集十二卷，乃门人李公晦编次，嘉定癸未（十六年，一二二三）焕章阁待制李埴为序，曾孙刘应李校正，明正统九年（一四四四）十世孙刘稳重刊，自为后序。四库著录者为天顺间十世孙梗所编，亦十二卷，较此本多文数篇，卷端有云庄先生真像，并蔡沈、刘童像赞。外集为稳之父孔渊所编，首卷为父简世系行状之类；卷二为挽诗、祭文、祠记、云庄精舍记、云庄书院记；卷三为文安公炳象赞、小传、挽诗，静斋先生垕象赞、小传、祭文，忠简公钦象赞、小传……；卷四为省轩先生应刘象赞、小传，草堂先生勉之象赞、小传、墓表，恒轩先生懋象赞、小传、行状、神道碑……；卷五为文简墓图、祠堂图、祭文、神道碑；卷六为朱子与文简兄弟书；卷七为云庄十景图诗；卷八为文简庆元党禁力扶道统遗事；卷九原未成书；卷十为明时公牍移文。首列年谱一卷，乃门人永嘉沈僩述，前有邱谷序一篇。其编纂最为无法，人则先后倒置，事则丛杂失当。有徐渤之印，徐氏惟起、汪士钟藏诸印。

《云庄刘文简公文集》十二卷，影写正统本。

右影写明正统本，其卷首乃一刻叶，中为云庄刘先生像，系绘全体，与前刊不同，左为武夷蔡沈赞……，右为屏山刘童赞……。背有木记云：先祖文简公同弟炳，幼从朱子之门，在宋为名臣，平生著述甚富，门人果斋李方子将草稿诗序编次成集，曾孙省轩刘槃应李隐于武夷洪源山中，编集翰墨诸书，及将文集点校锓枣，立化龙书院以为讲道之所，收藏书版，后因元季厄于兵燹无存，续后子孙钞誊，残缺多讹，幸先君潭所藏古本，叔辉恐磨没，命予刊行，遂出己财，敬绣诸梓，以广其传，十世孙刘稳拜，手敬识于义宁精舍云。存此一纸，亦足征此集之源流也。

《郘亭知见传本书目》：

《云庄集》十二卷，宋刘爚撰，四库依祁承礤（按：礤当是㸁之误）澹生堂抄本，明天顺中十世孙桓（按：桓当是梗之误）刊本。

《双鉴楼善本书目》卷四：

《刘文简公云庄集》十二卷附录一卷，传录明正统本。

《“中央图书馆”善本书目》页九五七：

《云庄刘文简公文集》十二卷附《年谱》一卷附录六卷，宋刘爚撰，明弘治间刘煓刊嘉靖间修补本。

按：此本《云庄集》前有嘉定十六年李埴序，正统九年十世孙稳序；每卷首页右下角题门人果斋李公晦编次，曾孙省轩刘应李希泌点校，十世孙道斋刘稳宗安重刊；每册首卷首页下角有吴兴刘氏嘉业堂藏书印，当是刘承干的藏书。《年谱》前有丘锡叙，和《善本书室藏书志》所言丘谷序不合，又有道学统宗授受之图，朱子传授支派；云庄先生真像，像后附蔡沈、刘童赞；《年谱》题莆田郑京校正，门人永嘉沈僩庄仲述。附录实际上是八卷，而非六卷，前有《云庄刘文简公文集后序》，无撰人姓名，序中称“迩者十一世孙煓谨将公之文属予序其后”；卷五、卷七首页右下角题十二世孙素轩刘均希和编次；卷六首页右下角题九世孙刘延生子年类编、十一世孙刘煓文祥绣梓，而不见刘孔渊之名，和《善本书室藏书志》所言不同；卷一至卷七内容和《善本书室藏书志》著录外集卷一至卷七相同，卷八则和《善本书室藏书志》著录外集卷十相同；卷八所载明代公移最晚的在嘉靖年间。

（二）著录二十卷本《云庄集》者：

《四库全书》本《云庄集》书前提要：

> 臣等谨案:《云庄集》二十卷，宋刘爚撰。（按：以下和前引《四库全书总目提要》卷一六〇《云庄集》提要大致相同，从略。）

按：此本《云庄集》前有嘉定十五年（一二二二）李埴序，卷二十附录真德秀撰《刘文简公神道碑》。集后有吴高及聂逊的后序，吴序称“云庄刘公没今三百五十余年，平昔所为诗文甚多，兵燹散失，九世孙辉始裒集之，藏于箧笥，人未能遍观也，十世孙梗由帅府从事都知台印赞幕归善，处事循理，政得民心，乃慨念祖德，捐俸绣梓。”聂序称“天顺庚辰，予因南归，礼邑史刘公梗于官舍之南，见其心之所存贤行，口之所吐儒言，不与常类，始知厥祖系自于公，十世孙矣。既而又出公之神像、年谱、文章、诗词、悉以示予，复言昔罹兵燹，煨扬之际，惟此幸存宿于崇泰里公之九世孙刘辉家匮最久，剥落腐烂，殆莫胜捧，及梗仕进，因公造彼，详询求得归来，重缮校正，捐俸绣梓，用为不朽久传之计。”按吴序所言“云庄刘公没今三百五十余年”疑有误，刘爚卒于宋嘉定九年，自嘉定九年起三百五十余年之后则已晚至明隆庆（一五六七～一五七二）、万历（一五七三～一六一九）年间；聂序所言天顺庚辰则为天顺四年（一四六〇）。

《文选楼藏书记》卷六：

> 《云庄文集》二十卷，宋尚书刘爚著，建阳人抄本。

《艺风藏书记》卷六：

> 《云庄刘文简公文集》二十卷，旧钞，十世孙归善县典史刘梗天顺庚辰刊本，聂逊后序，孔荭谷藏书。

《双鉴楼善本书目》卷四：

> 《刘文简公云庄集》二十卷，传录淡生堂钞本，此伪书也，以《真西山集》改名。

综合上述资料，可以对《云庄集》的版本源流作如下的分析。《云庄集》最初由刘爚门人李公晦编辑，曾孙刘应李刊印，时间当在宋、元之际。元末书版毁于兵火，刘氏子孙传抄又多有阙误，而刘爚十世孙刘稳之父刘潭藏有古本，刘稳之叔刘辉恐其散失，命刘稳刊印，这即是明正统刊本，为此后一切十二卷本的祖本。同时刘辉又以自己收藏刘爚的诗文交付刘爚十世孙刘梗刊印，这即是天顺四年刊本，为此后一切二十卷本的祖本。十二卷本在明代又曾数次刊行，即正德刊本、弘治刊本及嘉靖间修补弘治刊本，此本并附有《年谱》及附录（或称外集），而附录卷数各刊本略有不同，当是刘氏子孙陆续编辑而成。二十卷本在明代未见有再刊行的记载，仅依赖祁承㸁澹生堂抄本传世。至清代纂修《四库全书》时，同时搜集到刘稳刻十二卷本及澹生堂抄刘梗编二十卷本，而以后者著录，《四库全书总目提要》及《四库全书》本《云庄集》书前提要对此都有清楚说明，但二者所载卷数相抵牾，当是《总目提要》误用刘稳重刻本的卷数，应以书前提要所载二十卷为正确，而非另有一种十二卷的澹生堂抄本，此后丁丙《善本书室藏书志》及莫友芝《郘亭知见传本书目》都沿袭《四库全书总目提要》的错误，以四库著录本为十二卷。十二卷本和二十卷本现今都传于世，十二卷本即原为刘氏嘉业堂所藏而现藏于“中央图书馆”的明弘治间刘煓刊嘉靖间修补本，二十卷本即《四库全书》本。

四、《云庄集》的真伪问题

上节所引傅增湘《双鉴楼善本书目》已指出二十卷本的《云庄集》是以《真西山集》改名的伪书，傅氏所见甚确，但是没有注意到此本《云庄集》中有不出自《真文忠公文集》之文；而《双鉴楼善本书目》另外收录有十二卷本的《云庄集》，傅氏也没有注意到此本《云庄集》中有出自《真文忠公文集》的伪文，因此《云庄集》的真伪问题仍有再作检讨的必要。

先就二十卷本而论。此本除卷四《重迁建阳县学记》外，其余全出自《真文忠公文集》卷一、二、十六、十九、二十、二十一、二十二、二十三、二十四、二十五、二十六、二十七、二十八、二十九、三十七、三十八、四十、四十一、四十二、四十三、四十八、四十九、五十、五十一，这是一本伪书，当无疑问；至于《重迁建阳县学记》，则确为刘爚所作，《刘文简公年谱》嘉定八年（一二一五）八月条载“以庆元奸臣诬朱文公、蔡西山事白宰相复建阳县学”，其下录有此文。

次就十二卷本而论。此本较为复杂，有一部分可以证实其确为刘爚作品，有一部分出自《真文忠公文集》，另一部分则既非出自《真文忠公文集》，也没有证据证明其为刘爚作品。对于第一部分应信其为真，对于第二部分应信其为伪，对于第三部分则可暂信其为真。兹分别表列于下。

表一：应信其为真者

卷数	题目	备考
卷一	辛未四月奏请乞开伪学禁上殿奏札	又见《年谱》嘉定四年（一二一一）四月
	请乞经理两淮行内政府兵之法	又见《年谱》嘉定四年十二月
	乞绝金虏岁币札子	又见《年谱》嘉定七年（一二一四）七月
	请乞将中外书疏付之给舍讲究施行札子	又见《年谱》嘉定八年四月
	请颁白鹿洞规示太学	又见《年谱》嘉定四年八月
	请究集武勇民兵	又见《年谱》开禧二年（一二〇六）
	请核实常平义仓	又见《年谱》嘉定元年（一二〇八）五月
	请经筵讲读特加访问	又见《年谱》嘉定五年（一二一二）十一月
	请乞收拾人才	又见《年谱》嘉定三年（一二一〇）正月
	请乞修明军政事	又见《年谱》嘉定三年正月
	冬雷请乞访求民政得失	又见《年谱》嘉定六年（一二一三）十月
	请城沿边州郡	又见《年谱》嘉定七年五月
	请乞罢瑞庆圣节锡宴谢绝虏使	又见《年谱》嘉定八年八月
	请奏便民五事	又见《年谱》开禧元年（一二〇五）八月
	丁卯十月任满上殿奏便民五事札子	又见《年谱》开禧三年（一二〇七）十月
	戊辰十一月上殿奏便民五事札子	又见《年谱》开禧元年十一月
	己巳八月召入上殿奏札	又见《年谱》嘉定二年（一二〇九）八月
	奏乞节内外冗费以收楮币	又见《年谱》嘉定二年九月
	请乞刊朱熹四书于太学	又见《年谱》嘉定四年八月
	壬申十一月论经筵讲读乞加访问颁示文体	又见《年谱》嘉定五年十一月

（续表）

卷一	请乞定州郡例册	又见《年谱》嘉定五年十一月
	奏乞重浙西根本	又见《年谱》嘉定四年八月
	癸酉八月上疏论君子小人和同之异	又见《年谱》嘉定六年九月
	乞择州县狱官	又见《年谱》嘉定六年九月
	乞择沿边将帅	又见《年谱》嘉定六年十月
	奏乞措置江淮民兵	又见《年谱》嘉定六年十二月
	奏乞罢遣贺正使札子	又见《年谱》嘉定七年五月
	奏乞建制置司于历阳以援两淮	奏中有“臣爚窃闻”句
	又乞建制置司于历阳以援两淮	又见《年谱》嘉定八年二月
	申请监司乞行经界	又见《年谱》淳熙十四年（一一八七）
卷二	易解十条	附录卷一《刘文简公传》载刘爚著有《易说》
	编次礼记解题辞	又见《年谱》嘉定八年十一月
	东宫讲读九条	又见《神道碑》
卷六	上史丞相书	又见《神道碑》
	上丞相书	书中有“兹蒙误恩潭倅而归”语，按刘爚曾受命为潭州通判，未上，丁父忧而归，见《宋史》卷四〇一《刘爚传》
	上太守书	又见《年谱》淳熙十四年
	与应提举书	又见《年谱》淳熙十三年（一一八六）
卷七	律书序、历书序	又见《年谱》嘉定六年七月
	跋蔡季通与子手帖	按此帖作于嘉泰四年（一二〇四）。刘爚和蔡元定季通为好友，同受学于朱熹之门（见《年谱》乾道八年引《家传》），此帖当确为刘爚所作。
卷八	熊氏义庄记	记中有“嘉泰四年正月刘某记”句
	重建建阳县学记	又见《年谱》嘉定八年八月，二十卷本卷四也载有此文，但作《重迁建阳县学记》
卷十一	西山先生蔡公墓铭	又见《年谱》庆元四年（一一九八）八月

表二：应信其为伪者

卷数	题目	备考
卷一	贺表三篇	又见《真文忠公文集》卷十六,二十卷本卷八
卷三	春贴子词十四首，端午贴子词十六首致语、口号、勾合曲	又见《真文忠公文集》卷二十三,二十卷本卷十六
	送王子文宰昭武 题全氏三桂堂 题李立父高游楼 赠盱江张平仲 题黄氏贫乐斋 庚午春社之明日口号 闲吟 送永嘉陈有辉 鱼计亭赋	又见《真文忠公文集》卷一,二十卷本卷一
卷四	答诏四十二条	又见《真文忠公文集》卷十九～二十二,二十卷本卷九
卷五	制八条	又见《真文忠公文集》卷十九,二十卷本卷十一
	批答十条	又见《真文忠公文集》卷二十二,二十卷本卷十一
	生日诏三条	又见《真文忠公文集》卷二十二,二十卷本卷十二
	奖谕诏三条	又见《真文忠公文集》卷二十三,二十卷本卷十二
	敕书五条	又见《真文忠公文集》卷二十三,二十卷本卷十三
卷六	上皇子书，又	又见《真文忠公文集》卷三十七,二十卷本卷六，但此本起首有“具位刘某”四字，疑为后人所加。
卷七	论语发微序 送全永叔序 论语详说后序 孟子要略后序 赠相士郭道人序 孝经集义序 送李茂先之官南恩序	又见《真文忠公文集》卷二十九,二十卷本卷五

（续表）

卷七	清源文集序 赠琴士萧长夫序 赠上饶叶宗山序 送朱择善序	又见《真文忠公文集》卷二十七,二十卷本卷五
卷八	铅山县修儒学记 政和县修学记	又见《真文忠公文集》卷二十五,二十卷本卷四
卷九	大礼册文六篇	又见《真文忠公文集》卷二十三,二十卷本卷十四
	青词祝文九篇	又见《真文忠公文集》卷二十三,二十卷本卷十五
	祝文三十篇	又见《真文忠公文集》卷四十八～五十,二十卷本卷二
卷十	祭文十二篇	又见《真文忠公文集》卷五十一,二十卷本卷三
卷十一	建昌太守詹侯墓表 蕲州使君李侯墓表	又见《真文忠公文集》卷四十二,二十卷本卷十八
	随适居士存斋汤公墓铭 通直郎拙逸范公墓铭	又见《真文忠公文集》卷四十三,二十卷本卷十九
卷十二	德庆科举论士 劝学文 谕贼文（缺后半） 谕保甲文（全缺） 谕孝文（缺前半） 谕州县官僚文 闽县谕俗文 闽县劝农文	德庆科举谕士文为《真文忠公文集》《泉州科举谕士》文改名,《闽县劝农文》为《真文忠公文集》《福州劝农文》改名，上列各文皆见《真文忠公文集》卷四十,二十卷本卷七。

表三：暂信其为真者

卷数	题目	备考
卷三	庆余思永 寿王枢密 寿黄教授 贺同庚友人新娶 贺周丞相寿 上陈县尹 贺刘漕寿	上列各诗文皆不见于《真文忠公文集》，如无其他特殊证据证明其为伪，应可暂信为刘爚所作。
卷六	与陈元甫书 回李元遂论讲学书 干丞相荐启 干丞相荐举启 干丞相迁除启 贽见丞相启	

五、结论

（一）、刘爚《云庄集》的版本大致可以分为十二卷本和二十卷本两个系统，十二卷本现存有明弘治间刊嘉靖间修补本《云庄刘文简公文集》，二十卷本现存有四库全书本《云庄集》。

（二）、这两种《云庄集》内容都真伪杂糅，二十卷本除一篇之外，其他全伪；十二卷本则真伪参半，而伪文亦较真文为多。十二卷本中的伪文都见于二十卷本，而所有的伪文全出自真德秀《真文忠公文集》。

（三）、至于这些伪文是南宋李公晦编辑时就已经存在？或是明代重刊时才存在？是无意中掺入？或是有意作伪？由于资料不足，已经无法解答。

（原刊于《书目季刊》第八卷第二期，一九七四年九月。）

披荆斩棘

——新耕地的开发

一、前言

从地理来观察中国历史上的农业发展，农业疆域的扩展无疑是一个重要课题。中国境内广大的农业区，并非自古以来即已存在，而是历史长期演变的结果。随着人口的增加和扩散，人们不断的开辟新耕地来生产粮食，以维持生活，于是农业疆域也跟着不断的扩展；从最早黄河中、上游的黄土台地，到黄河下游的黄土平原，然后往南方发展，从华南各地的平原而渐次及于沼泽、山区，最后及于近世新开拓的边疆地带。在这一个扩展的过程中，农作物的种类越来越繁多，耕作的方法越来越精细，中华民族生活的范围越来越广大，不仅如此，中国人的生活传统在这个扩展过程中逐步形成，中国文化也伴随着这个扩展过程而扩展。

二、北方农业的兴衰

中国历史上农业疆域的扩展，大体而言，有自北而南的趋势。自远古以至汉末，农业主要在北方发展，南方农业的起源虽不比北方迟，土地的开发却比北方晚，农业远比北方落后，因此农业地理的重心偏在北方。汉末以后，由于长期战乱的破坏，北方农业受到严重的打击，开始衰落，久久不能复原，农业地理的重心于是逐渐往南方转移。

远古华北农业的起源，可以追溯到新石器时代。黄河上、中游黄土高原的中南和东南部，包括今日陕西省渭河流域、山西省汾河流域和河南省西部，是新石器时代考古遗址分布的核心区；华北最早的农业，也就是起源于这一地区。华北农业虽然起源于黄河流域，却和黄河本身很少直接的关连，而是发生于黄河的支流流域小河旁边的黄土台地上，这些台地通常高出河面十余尺至数百尺。换言之，华北最早的农业和黄河的泛滥或河水的灌溉无关，而是旱地陆种农业。因此，华北最早的栽培作物是小米，包括古代典籍所载的粟、黍和稷，是耐旱性很强的作物，最适合在华北干旱的黄土台地上繁殖（注一）。这种以小米为主要农作物的旱地陆种农业，自新石器时代的仰韶文化期已是如此，再经龙山文化期、商代、西周到春秋，农业区已从黄河上、中游扩展到黄河下游，也就是河南省东部及其以东的黄土平原地带，农业的形态基本上一直没有很大的改变（注二）。

旱地陆种农业固然是春秋以前农业的主流，但是殷商以后麦作、稻作和豆作的出现，说明华北农业逐步从高旱的台地推展到低湿的地带。粟、黍和稷都是华北的原生植物，麦则传自域外。麦作所需要的水分，较小米为多，不适宜在黄土高原种植，而是栽培于近海、雨量较多的华北平原。殷代卜辞中已有“麥”字，但是一直到春秋时代，麦作仍不普遍，大概只是贵族的食品。稻是在高温多湿的条件下才能生长的农作物，新石器时代华南江、淮一带已有稻作，可见中国应该是最早栽培稻米的地区之一。华北的稻作传自南方，仅在少数温度较高而低湿的沼泽地带推广。殷商时代华北是否已经种稻，尚难十分肯定；西周以后，稻米已经用作酿酒的原料，并非一般人民所能享用的食物。大豆的生长也需要相当多的水分，甚至超过麦作。中国是大豆的原产地，应无疑问，但是豆作的出现，却晚至西周以后。春秋以前，大豆在农作物中所占的地位也并不重要（注三）。麦、稻和豆的进一步推广种植，是战国灌溉事业发达以后的事，尤其是大豆，在战国时代已经成为一般人民的主要粮食（注四）。

春秋末年以前，由于农业技术的限制，农耕地是很有限的。在周代封建制度之下，各级封君的领地以封疆为限，农耕地仅限于封疆之内，封疆之外，也就是各个领地之间，尚有十分广大的荒地存在。春秋战国之际，农业生产技术有了飞跃的发展，使得原来荒芜的土地可以大量开辟成为农田。古代耕地的农具以耒耜最为常见，耒耜以手操作，用来挖掘土地，多用木制或石制。以木、石制造农具而以手操作，自新石器时代就已经如此，其后虽然经历商代、西周灿烂的青铜文化，考古发掘却极少发现青铜农具。一直到春秋末年，农具才有明显的进步。这可以分两方面来说：首先是铁制农具的使用。冶铁业自西周以来一直不断的发展，春秋以后进步尤其快速，春秋、战国之际，木、石制造的农具已逐步淘汰，铁制农具开始大量的使用。其次，新型的农具——犁，以及和犁配合的牛耕技术，也出现在春秋末年（注五）。铁制农具远较木、石制造的农具锋利，犁的构造也比耒耜更易于翻转和压碎泥土，牛耕则显然较人力耕作有效率得多，在有利的工作条件下，农人渐有能力开垦更多的土地。

灌溉技术的进步是春秋战国之际农业技术的另一项重大进

展。春秋以前，尚不重视灌溉；春秋中叶，郑国才首度出现灌溉设施（注六）。战国初期，魏国邺令西门豹曾经凿沟渠引河水灌田，所凿沟渠有十二条之多，至战国中期，邺令史起又重加修复，可见灌溉设施的兴修已有经成为地方官的政务之一。战国末年，秦国更从事大规模的水利建设，蜀郡太守李冰在成都平原修建都江堰，溉田万顷；而水工郑国在关中平原所筑的郑国渠，溉田更达四万顷之广。这些灌溉设施，除供给农作物水分外，尚有冲洗盐分以改良土壤的作用，便利荒地的大规模开垦（注七）。大规模的灌溉设施之外，还有小型的水井和水塘，而且也有了以桔槔抽井水的简易机械装置（注八）。

除农业技术的进步有助于新耕地的开发，政治因素也促使战国时期大规模的开垦荒地。各国为了富国强兵，争雄于天下，对于农业都十分重视，广地殖谷成为当政者一项重要责任。例如李克在魏国推行“尽地力之教”，妥善计划土地资源的利用；商鞅在秦国推行变法，以“农战”为最高目标，鼓励男丁多的家庭分家，从事农耕而能增高生产量的农民，给予免役的优待；齐国的政策，则反映于《管子》一书中，所谓“民事农则田垦，田垦则粟多，粟多则国富，国富者兵强，兵强者战胜，战胜者地广”，便是鼓励垦荒的最好说明（注九）。各国君主为了激励人民奋勇作战，常以土地作为奖赏，战士可以凭借军功取得土地，这对荒地开垦也有促进的作用（注一〇）。总之，由于各种因素的配合，到战国末期，许多草莱之地都已经开辟成为良田了。

自战国末年以至秦汉，华北荒地已经大量的转变成为农田，可以从这段时期精耕农业的发展反映出来。在有大量荒地存在的时候，开垦荒地是提高农产量的最佳途径，荒地逐渐消失之后，要继续提高产量，便只有仰赖精耕细作，以增加单位面积的生产量。战国末年的农业知识，总结于《吕氏春秋》的“任地”“辨土”两篇，根据这两篇的记述，可知当时的农业已经懂得如何改良土壤，使用肥料，深耕密种，实施条播，有适当距离的密植，重视中耕除草及除去冗苗，从事整地及畦种，也有了轮耕的观念。这些知识，说明当时已有了相当水平的精耕技术（注一一）。春秋初期以前，诸侯国的都城，“人虽众，无过三千家”，到战国后期，齐国都城“临淄之中七万户”（注一二），这样高度的人口成长，粮食供应如何维持，可以从农业的发展得到解释。

秦汉以来，人口继续增加（注一三），而耕地有限，尤以汉代首都所在的关中地区，已有地狭人稠而粮食不足的现象，因此在汉武帝以后，有更进一步的精耕农作技术出现，这就是赵过的代田法和氾胜之的区种法。代田法是将一亩田挖掘成三甽，从甽中掘起的土壤堆置于甽旁，成为高起的垄，甽和甽间由垄隔开，甽和垄的位置每年更换一次，播种于甽中，苗逐渐长大后，除草时将垄土拨下，覆于甽中苗根之上，到盛夏时甽和垄的高低已经相等，成为平地。这一种方法，能使苗根深植，又可以防风耐旱，生产量也就特别高（注一四）。区种法是以代田法为基础而发展出来的更精密的耕作方式，不仅可行之于平地良田，山坡丘陵之上也可以应用。又可以分为两种类型，一种是将一亩地画分为十五条长形的町，町和町间有十四条人行道，在町内依代田法的方法横分为许多条沟，沟的宽狭依作物而不同，作物种于沟中；另一种则是将一亩地画分为五百至三千个方形小区，以小区为单位，种植作物。这两种方式，都采用密集栽培，配合施肥、灌溉，提高单位面积的生产量（注一五）。从区种法应用于山坡丘陵之上，可知关中地区的土地利用已几近饱和了。

这样沉重的人口压力，自然有待于更多的新耕地开发才能缓和。可行的途径之一，是将部分人口迁往地广人稀的南方。此外，就北方而言，也仍有尚未善加利用的荒地。政府所拥有的公田是其中之一，这些土地原供皇室游乐狩猎之用，数量颇不小，自汉武帝以后，逐步开放给贫民耕种（注一六）。更重要的是西北边地的屯田。早在汉文帝时代，晁错已提出屯田实边的构想，到汉武帝时，几次出征匈奴，从匈奴手中取得河套和河西的土地，进而扬威西域，于是开始大规模的移民屯田。西北边地的屯田是有组织的行动，农民从政府那里领到一定数量的田地，由政府供给牛、犁等生产工具，而在开垦有成之后向政府缴纳田租，对于从事开垦的农民，政府设有田官管理。迁徙前往边地从事开垦的农民，来源不一，有来自召募的，有饥乏的灾民，也有罪犯和奸猾吏民，数量十分庞大，往往一次移徙十万人甚或数十万人。这是民屯。此外又有军屯存在，由驻防当地的军队屯田。自汉武帝元朔二年（公元前一二七）开始屯田河套，至元狩、元鼎间（公元前一二二～前一一一），河套、河西一带已经构成一个广大的屯田网，有田官塞卒六十万人戍田其地（注一七）。这不仅增强了边防的力量，也使边郡的荒地大量开垦，并且减轻了内地的人口压力。

北方农业的兴盛，在汉代达于顶点。撇开技术的因素不谈，仅就农业劳动力的数量来观察，汉代北方农业生产力已显然远超出南方之上。汉平帝元始二年（西元二），全国人口共计 59,594,978，其中华北人口占了 45,510,551（注一八），约占总数的 76%。北方成为当时农业地理的重心，是极其明显的。政治中心所在的关中地区缺粮，也仅仰漕于同属华北的关东地区（注一九），南方的农业生产并没有提供中央政府任何的经济支持，这种情形，和唐宋以后大不相同。

汉末以后，北方长期成为战场，经济严重破坏，农业从此一蹶不振。东汉末年，首先有黄巾之乱，盗贼蜂起，然后又有军阀之间的混战，到三国鼎立的局势形成，三国之间仍然常有战争，由于兵连祸结，北方人民或死于战乱、饥荒、疾病，或结合成为流民南逃，北方人口因而锐减。曹魏灭亡之前两年，也就是曹魏元帝景元四年（二六三），全国人口不过4,432,881（注二〇），不及汉平帝时代华北人口的十分之一。上溯曹魏初年，人口自必更少。这个数字虽然可能由于豪民荫庇及其他因素而偏低，但人口锐减的趋势是可以确定的。人口既然锐减，土地自然无人耕作，由良田变而为荒土。曹魏时代，将汉代行之于边郡的屯田转行于内地，便反映了这种农业衰败的情况。由于有大量的无主荒地，曹魏才能将土地收为国有，强制将军民分别组成军屯和民屯，在政府管理下，以政府佃户的身份从事耕作（注二一）。曹魏的屯田，实际上就是一种荒田开垦政策，和汉代的边郡屯田相比，其经济上的意义远大于军事上的意义。这一项政策，在复兴农业方面的确收到若干效果，但直到西晋统一时期，仍有相当数量的荒地存在。西晋时代所行的占田之法，和曹魏的屯田同样是一种荒田开垦政策，其不同在于占田以土地私有来鼓励农民发挥开垦的能力。按规定，男子一人占田限额是七十亩，女子是三十亩，不论耕种面积多寡，男子只有五十亩田地必须缴纳租税，女子则只有二十亩。多余的土地全归私有，显然具有奖励开垦的作用（注二二）。

西晋安定的时间很短，自从八王之乱爆发，继之以五胡乱华，北方经历了较东汉末年时间更久、局面更乱的战乱，经济所受到的破坏也更加严重，幸免于难的人口再次聚结南迁，北方农业劳动力锐减，农业生产停顿，“千里绝烟”“白骨横野”“荆棘成林”，都是这时北方田地荒芜的写照。胡人相继南下中原，北方的经济景观发生很大的改变，广大的空地成为牛、羊、马、骆驼的牧场，畜牧业取代农业成为北方的基本产业，生产事业趋于胡化，进而影响及于生活，奶酪成为北方的主食（注二三）。北魏统一北方之后，局面渐形安定，而北魏政府也致力于劝课农耕（注二四），衰颓的北方农业才渐有起色。到北魏孝文帝太和九年（四八五）颁行均田法之后，北方农业有了更大的转机。均田法的基本精神和曹魏的屯田、西晋的占田是一致的，同是一种荒田开垦政策。政府将所有土地收为国有，以丁为单位授田给农民，男子受露田四十亩、桑田二十亩，妇人仅受露田二十亩，奴婢和良民相同。露田是栽种谷物的田地，身没之后必须还给政府；桑田则种植桑、枣、榆，可以由子孙继承，但买卖不得逾越定额。麻布之土，男子则给麻田四十亩，妇人五亩，身没之后也必须还给政府。在授予露田时都按应授面积加倍授予，“三易之田”再加一倍（注二五）。这种制度也是只有在政府拥有大量无主荒田的情况之下才能够施行；奴婢同样可以受田，说明政府的目的是在使劳动力充分运用于开垦上，而不在于土地分配的平均。加倍授予露田的规定，反映了由于人口锐减，北方的农作技术和汉代比起来已经趋于粗放，因为以两块土地轮流休耕，才有加倍授予的必要；所谓“三易之田”，则是更粗放的耕作，三块土地轮流休耕，三年才轮耕一次。晋武帝太康元年（二八〇）全国统一，南北人口合计是16,163,863，中间经过晋末、五胡十六国的动乱，至北魏孝明帝正光元年（五二〇），也就是均田法颁布之后三十五年，北魏人口反增至西晋南北人口合计的“倍而余”（注二六）。北魏人口数因户口调查严密而较为确实，西晋人口数则因豪民荫庇而有偏低的可能，即使如此，上述现象仍然显示长期动乱之后北方人口的显著成长，可见北魏农业政策的成功。

自北魏以后，经北齐、北周、隋代，至唐代安史之乱以前，仍然继续施行均田法，仅在内容上略有变动（注二七）。在这段期间，北方农业有明显的复兴趋势。这种趋势，自然是和政治安定、人口增加等因素相配合而产生。从户籍人口看，唐玄宗天宝十三年（七五四），全国人口增加至52,880,488，已接近汉平帝时代的水准，北方人口虽然不比北魏孝明帝时代增多，却仍维持有31,458,687口，占全国人口总数约60%。但这时户口逃漏的情况已颇严重，逃漏户口数当不下于户籍户口数的一半（注二八），因此北方实际人口数可能超过四千五百万。由于人口增加，均田法在唐玄宗时代已有授田无法按规定数额授足的现象，而且常是零星的几块田地，分散在不同的地方（注二九）。可见政府可控制的土地日少，分配已经发生困难，从反面来看，也就是土地垦辟日广了。唐代北方麦作逐渐普遍，和粟作配合而有二年三作的出现（注三〇），反映农作技术又由粗放返回精细。尽管如此，唐代北方农业在全国农业中所占的比重已经无法回复到汉代的情况，从唐代开始，北方中央政府所需的粮食，必须由南方来供应，而隋代所开凿的大运河，也从唐代开始充分发挥其联系南北经济的作用（注三一）。

安史之乱以后，北方又是一个长期战乱的局面，藩镇的割据和混战，五代的纷扰，在在对北方农业造成严重的打击。秦所开的郑国渠和汉代所开的白渠，到安史之乱以前的唐高宗永徽年间（六五〇～六五五），在关中尚可灌溉田地一万顷左右，而乱后的唐代宗大历年间（七六六～七七九），灌溉的面积只剩下六千二百余顷，到北宋太宗至道二年（九九六），二渠灌溉农田的面积竟连二千顷都不到，和汉代二渠溉田四万余顷相比，水利的衰颓可以想见（注三二）。北宋是一个安定的局面，北方农业却没有大幅度的进步。以首都开封府附近的州郡来说，自唐末五代受战争破坏之后，经后周、宋初的鼓励垦荒，至宋太宗至道二年，开国已有三十年了，仍然是“幅员数千里，地之垦者十才二三”。再经六十年，到宋仁宗嘉祐年间（一〇五六～一〇六三），京西路唐、邓二州依旧“尚多旷土，入草莽者十八九”（注三三）。首都附近如此，偏远州郡可知。不仅如此，陕西边境，因宋夏战争而民生凋敝；河北边境，为防止辽骑南下而将农田开辟成一连串的塘泊；再加上黄河自五代以来，多次大规模决口泛滥，河南、山东、河北一带农田均蒙其害（注三四），北方农业自难有所进展。南方在北宋时已成农业精华地区所在，北方政治中心所需要的粮食，大多由南方供应，唐代运河转运食米每年最多为四百万石，北宋时最多则达到八百万石了（注三五）。南北农业地理重心的转移从汉末开始，到这时彻底完成，此后北方农业再也无法赶上南方。

三、南方农业的发展

南方农业的起源，也可以追溯到新石器时代，其发展却远较北方迟缓。一直到汉代，南方虽然逐步开发，可是仍然地广人稀，农业落后。经过魏晋南北朝时期北方人口的大量南迁，唐代以后，南方农业才有飞跃的进展，并且超越北方，成为农业地理的重心。唐宋以后，人口持续成长，并且继续往南方集中，南方土地获充分的利用，精耕农业在南方高度发展。

由于气温和雨量的适宜，自古以来稻米一直是南方主要的农作物。从新石器时代到殷商之前，东南沿海和长江中下游的考古遗址，多处发现有稻谷存在，可知在史前时期，南方已有稻作农业，而且起源甚早（注三六）。然而可能由于南方气候温暖而又多沼泽、森林，以渔猎、采集维持生活十分容易，阻碍了农业的进步。当殷商、西周北方农业逐步发展时，南方的农业状况却几乎无迹可寻。直到春秋战国时代，楚、吴、越均立国于南方，这时见于记载的南方农业已显然比北方落后。当地使用铁制农具和牛耕等新农业技术在时间上都比北方迟，而渔猎在三国都是一项重要的生产活动。但是三国也和北方各国一样，在富国强兵的要求下，从事农垦，自然也因此开辟了不少新耕地（注三七）。经过秦代和汉初对南方的经营，除了四川地区成绩颇有可观，成为一个重要的粮食产区之外，南方的农业并没有显著的进步。汉武帝时代，北方农业已在人口压力之下趋向精耕，南方楚、越之地，却仍然是地广人稀，采集和渔捞在经济生活中占有重要的地位，农业则是火耕水耨式的稻作（注三八）。所谓火耕水耨，是先放火烧除地面上的杂草，然后灌水浸毙余剩的草根，到次年直接播稻种于田间。这是在低湿地区一种粗放的耕作方式，直到隋代，这种耕作方式仍然没有改变。

尽管如此，由于北方人口的南迁，南方逐步的开发了。秦汉时代，政府多次将人口强制迁往南方，灾荒饥馑也造成了人口自北往南的移动。西汉平帝元始二年，南方人口共12,160,850；东汉顺帝永和五年（一四〇），则为17,481,617（注三九），可见已有显著的增加。这自然有助于南方新耕地的开垦。除四川已是农业先进区外，开发最显著的地区，是偏近华北的淮水流域。西汉末年，淮水中上游已建有不少灌溉用的陂池，到东汉中期，不仅灌溉设施的兴建已由淮水中上游伸展到淮水下游，而且规模日渐扩大，垦辟的土地日益增多（注四〇）。继淮水流域之后发展的地区是江南。东汉中期以后，江南地区已有大规模的灌溉设施，但是该区的积极开发仍是在汉末以后。汉末中原大乱，北方人口不少流徙到南方来，孙吴便依赖这股流民的力量立国于江南，为了民食军粮，自必注重农业的发展，孙吴仿效曹魏，采用屯田制度，对于农地的垦辟有不小的贡献（注四一）。西晋末年以后北方的混乱，造成另一次持续更久的人口南移。南朝宋武帝大明八年（四六四），全国人口却只有4,685,501（注四二），显然是由于豪民荫庇以及其他因素导致户籍记载严重的漏失，与事实不符。南来的人口主要集中在江南，宋武帝时代，全国约近30%的户口集中在此一县数不及全国10%的地区（注四三）。东晋南朝先后以此一地区为核心，统治淮河以南广大的南方。由于人口的集中，东晋、南朝的农业发展便以江南地区为重心。历朝政府都积极推动劝农政策，从事水利建设，到南朝末年陈宣帝的时代，这里已经是"良畴美柘，畦畎相望"（注四四）。

唐代继承了东晋、南朝所奠定的基础而继续发展，南方的经济地位已经足以和北方相抗衡。汉平帝时代，南方人口占全国人口总数不及四分之一；而唐代安史之乱以前，也就是唐玄宗天宝十三年，南方户籍人口为20,439,193，约占全国人口总数的40%（注四五），若加入逃漏的户口数，南方的实际人口数应超过三千万，是汉平帝时代南方人口数的两倍半。安史之乱以后，北方残破，而南方未受战乱影响，南方人口所占的比例自然继续升高。以农业的地位来说，据估计，自上古至隋朝见于记载的八十八件水利工程中，华北占七十二件，华南仅占十六件；而唐代见于记载的二百一十二件水利工程中，华北占一百零一件，华南占了一百一十一件（注四六），清楚的显示南方农业地位的提升。在这种经济条件下，南方的农作技术在唐代终于有了较大的改变，火耕水耨的粗放稻作技术遭放弃，精耕稻作技术开始发展。隋代以前的火耕水耨农业，是直接播种于田间，而不移植秧苗，北魏时代北方稻作首先采用了移植秧苗的方法，到唐代，南方的稻作也有了插秧的记载（注四七），而插秧是精耕稻作的一个重要步骤。《唐六典》记载了当时生产各种农作物每顷所需的人力，种稻所用的人力是九四八日，种粟则只需二八三日（注四八），说明这时种稻已经需要投入大量的劳力，远超过北方粟作所需的劳动量了。精耕稻作的开始发展，反映出南方耕地的开辟已经达到某种程度。虽然如此，福建、湖南、广东等地区在唐代人口仍然十分稀少。

自唐至宋，人口继续往南方集中，唐末五代的战乱和北宋末年的金人入侵，都促使不少的人口避难南迁，而南方逐渐开发之后，对北方人口又产生了更大的吸引力，再加以自北宋以来长期安定所造成的人口持续成长，使得宋代南方户口不仅超出北方，而且可以和汉、唐盛世全国总户口相颉颃。由于宋代户籍中的口数实际上只是丁数，人民为逃避身丁钱，又有漏口的情形，因此不能以口数来和历代人口相比较。至于户数，虽然宋代富家也有为逃避差役和科敷而分立诡户的现象，但富家究竟只占当时人口中的极少数，而且也有人户以隐户的方式来逃避税役，足以和诡户相平衡，因此户数的记载应该比较接近事实（注四九）。以户数为依据，保守的以一户五人估计，观察宋代的人口，在北宋仁宗嘉祐八年（一〇六三），全国人口已达到六千二百三十万有余，超过汉代最高的数字；北宋神宗元丰六年（一〇八三）

再增至八千六百零五万有余，超过唐代最高的数字；北宋徽宗崇宁二年（一一〇三）全国人口达于顶点，有一亿零二百六十五万有余，这是中国历史上人口第一次超过一亿（注五〇）。南方人口在北宋元丰三年（一〇八〇）达到五千六百零四万有余，占全国总人口的69%，远超出北方之上（注五一）。南宋宁宗嘉定十一年（一二一八），南宋全国总人口有六千八百三十四万有余，比北宋元丰三年又增加了将近一千八百万人，这一个数字，虽然比唐玄宗天宝十三年全国实际人口数尚少约一千万，却超出汉平帝元始二年全国人口数近九百万。以汉、唐盛时一半的疆土，而有相当于汉、唐盛时全国的人民，人口的稠密可想而知。南宋时，两浙、江东、江西、福建、四川以及湖南北部，都是人口稠密地区，位于宋金边境的两淮和湖北，在北宋时也人口颇众，这时却因为受宋金战争的影响而变为人口稀疏了（注五二）。

自南宋以后，历元、明至清，这种南方人口的优势一直维持着，全国总人口也呈现继续上升的趋势。蒙古入主中原时，屠戮颇众，因此元代人口在元文宗至顺元年（一三三〇）只有58,201,657，和宋代盛时一亿的人口相差甚远，但是元朝人口的减少，主要是在北方，这年南方的人口仍有50,073,968，占全国总人口的比率达到86%，这是中国历史上南方人口的最高比率（注五三）。明朝初建，在明太祖洪武二十六年（一三九三），全国人口也只有60,545,812，此后人口回升，由于明太祖以后的户口调查只是虚应故事，不可信赖，因此根据人口年平均增长率推计，至明神宗万历二十八年（一六〇〇）时，全国人口已经超过一亿五千万以上，甚至有可能达到二亿（注五四），远超出宋朝最高人口数。此后下至清高宗乾隆五十五年（一七九〇），全国人口已达到三亿零一百四十八万有余。明清时期的人口成长是全国性的，并不限于南方，但是直到清代，南方的人口数字仍然在北方之上，清高宗乾隆二十六年（一七六一），南方人口是116,341,515，占全国总人口约59%，这一个数字，已经超过宋徽宗崇宁二年全国人口总数。广东在南宋尚是一个地旷人稀的地区，这时也已有地狭人稠的感觉了（注五五）。

相应于高度的人口成长，宋代以后南方农业也有明显的发展。为了供应众多人口所需的粮食，南宋时期精耕稻作技术已有更大的进步。由于累积了过去长久的农业经验，这时的精耕稻作技术达于纯熟。农家从秋收之后，便开始整地，将田土翻转，到正月之后，再耕几次，使田土细碎，然后才下种；整地的工具，除了犁之外，又有耙、耖和碌碡。在下种之前，稻种先经过三、四日时间的浸种，再浇以温水，称为催芽，使稻种能够早发芽。秧苗培植约四、五十天，便要移植，也就是插秧，这是农家最忙碌的时候，全家男女壮少都必须下田，有时连全家劳力都感不足，必须雇募佣工。对于施肥十分重视，农家房舍旁边，常置有粪屋，屋中凿有深池，铺以砖块，于其中堆积灰土、糠秕、藁秆、落叶等废物，焚烧之后，加入粪汁，制成经济而含丰富有机物的堆肥，在耕田时就要在田中施加肥料，播种时将粪壤拌和种子，生长期间经常施肥，收成后又再施肥使土地恢复地力。除草也是一项重要的工作，通常在三次以上。在大暑时，又放干田水，让稻根曝晒于强烈的阳光之下，使稻根坚固，称为靠田，然后再车水入田，称为还水，还水之后，即使遇到干旱，也不必担忧。对于灌溉也十分重视，大小规模的灌溉设施，如陂、塘、堰、渠、堨等散布各地，立有详细的管理规则，一方面是为了维护灌溉设施的完好，另一方面也为了灌溉用水的公平分配；灌溉器具则龙骨车已经普遍的使用，以水力运转的筒车也开始出现。这些工作，要投入大量而辛苦的农家劳力，单位面积的生产量也因此大大提高，南宋时稻作每亩最高的收获量是三石，其次也有二石（注五六）。而东晋时代的稻米产量，一般不过是每亩三斗而已（注五七）。并且火耕水耨式的稻作，土地必须隔年休耕，南宋时代的精耕稻作，土地可以年年利用，农业生产力的大幅提高，于此可见。

南宋时期，不仅耕地可以年年利用，并且发展出来一年两作：包括稻二期作和稻麦轮作，在同一块土地上，一年可以栽培两次作物。促成稻二期作和稻麦轮作出现的共同因素，是早熟稻品种的育成。南宋时期，已经培育出许多生长期较短的稻米品种，由于生长期短，一年两作才有可能。以占城稻为例。占城稻是北宋真宗时从越南引入的品种，大中祥符五年（一〇一二）遣使福建取占城稻五万石，分给江、淮、两浙播种。占城稻初传入时，在二、三月间播种，到八月成熟，生长期约在一百八十日左右，而到南宋时，已经培育出一百二十日、一百日、八十日、甚至六十日等早熟的品种。占城稻容易栽培，而且得米多，价钱便宜，是南宋中产以下人家的粮食，所以栽培很广。由于生长期缩短，再加上农家重视施肥，土地的养分可以迅速恢复，在温度适宜的地区，有些品种一年可以种植两次。例如苏州的稻米品种，六十日稻是三月种、五月熟，红莲稻、穲稏稻、师姑粳稻都是五月种、九月熟，早晚稻配合，一年可以有两作（注五八）。

麦作在南宋以前，已经推广到南方，但是直到北宋末年，种植仍不普遍。南宋初年，由于北方人口大量流寓到南方来，喜好面食的人大增，农民种麦能获厚利，再加上政府为了预防饥荒，鼓励佃户种麦，准予麦作收成不必向地主缴纳租课，南方种麦才普遍起来。南方的温度、雨量，原以种稻为适宜，南宋麦作，主要是利用稻作收获之后到次年播种之前的时间，运用麦的耐寒特性，在原来种稻的土地上种植，也就是稻麦轮作。由于若干稻米品种的生长期缩短，即使受生长期和温度的限制，一年不能栽两季稻，也可以在稻作收获之后，施肥使地力迅速恢复，短期间之后就可以种麦，到次年种稻之前收成，同样是一年两获（注五九）。

这样精细的土地利用，说明平原耕地的开辟已几达极限了，可是人口继续增加，对于粮食的需求有增无已，耕地便只有继续向沼泽和丘陵地区发展。开发新耕地的第一个方式，是排水为田，主要行之于宋代的两浙和江东，这一类耕地，在浙东多称圩田，在江西多称围田，在浙东多称湖田，三种名称有时也交互使用，都是疏排溪、湖、沼泽的水，筑堤围裹，然后在堤内新生的土地耕作。江浙一带多沼泽、溪、湖，自五代、宋初时起，已有人在低湿之处构筑这一类耕地。例如南唐时期，芜湖县已有秦家圩；吴越有撩清指挥的官职，负责整治圩岸；浙东著名的越州鉴湖湖田和明州广德湖田，都在宋初出现。但这一类耕地，在宋初经济上的地位并不重要。北宋中期的庆历改革和熙宁变法，由于重视农政，开始注意到这一类耕地的利用，尤其是江东的圩田，兴筑了不少。至于江浙地区大规模的排水成田，要到北宋末年。宋徽宗时，无论民间、政府，都大量的构筑这一类耕地，例如南宋初年闻名的永丰圩，管田九百五十顷，就是在政和五年（一一一五）围湖成圩；次年，苏州兴修了围田二千余顷；浙东早年为防止湖田扩大会导致湖泊失去灌溉的作用，对于围湖成田颁有禁令，到政和年间也解禁了。

南宋初年，由于宋金战争的影响，国用浩大，为了财政上的需要，对于这一类型的耕地更加重视，一面开发新的围田，一面修补原有的圩岸。此后人口增加，对于土地的需求迫切，田价上涨，权势富有之家也因为有利可图，大量的侵占湖泊、溪流，围裹成田，使得圩田、围田和湖田在南宋农地中占有相当的地位。圩田、围田和湖田的重要性，可以从这类农地在南宋江浙地区农地面积中所占的比例看出来。例如建康府五县中四县有圩田，总面积是 714,806 亩，占全府农地面积的 16.4%；其中溧水县有圩田 291,109 亩，占全县农地面积的 98.3%；宁国府的圩田集中于宣城县，面积有 758,024 亩，占全县农地面积的 54.5%，占全府农地面积的 25.6%；太平州则是“圩田十之八九”；平江府（苏州）常熟县官围田有 54,016 亩，占全县官田面积的 26.9%；嘉兴府华亭县的田亩以围为单位来登记，可知几乎全是围田；绍兴府会稽、山阴两县湖田有二十余万亩，占两县农地面积的 20.3%；庆元府鄞县湖田有七万余亩，占全县农地面积的 25.9%。江浙一带是南宋最重要的稻米产区，当时有“苏、湖熟，天下足”或“苏、常熟，天下足”的谚语，而圩田、围田、湖田在江浙农地面积中占有如此高的比例，清楚的说明了这一类型农地的重要性。南宋中期以后，圩田、围田、湖田无限制的扩张，“陂塘淹渎皆变而为田，年岁既深，围田日广，往日潴水之地，百一不存”，由于许多原来具有调节水量功能的湖泊、溪渠都被侵占为田，湖水、溪水失去蓄积和宣泄的处所，于是水旱灾时常发生。南宋政府因此严令禁止任意围溪、湖成田，但是没有收到效果，这一类型耕地仍然继续发展，到南宋晚期，财政困难，为了增加赋入，只好解除禁令（注六〇）。

与水争地的农田，除了最主要的圩田、围田、湖田之外，据元代王桢《农书》所载，尚有柜田、架田、涂田、沙田数种。柜田是小型的围田。架田又名葑田，作木架浮于水面，以泥土、水草依附于架上，作成田丘，在上面种植作物。涂田是在海滨涂泥之地，筑堤阻挡潮水，种水草排除泥土的盐分，然后在堤内种植作物。沙田则是利用江边出没的沙涨之地种植作物（注六一）。这几种农地的面积都很有限，不能和圩田、围田、湖田相比，但是反映出对于耕地需求的迫切。

明代以后，同一形态的新耕地开发也在湖南、湖北的洞庭湖流域进行。自明初以来，农民在流域内各处湖泊的湖边修筑长堤，排出湖水，在堤内开垦。这一类耕地，称为院、垸或围，又称为湖田。由于湖田没有税额，所以明代中叶以后，聚集于此的农民愈多，垦辟也愈广。类似南宋时期江浙区圩田、围田和湖田扩展所引起的水利问题，在明代两湖地区也形成一个很大的困扰，水灾经常发生，反映湖边的新耕地正在无限制的扩张之中（注六二）。这趋势并没有因为水利问题而中止，清代筑堤垦田的活动仍然继续进行，而且发展更迅速。以湖南省湘阴县为例，自明神宗万历年间至思宗崇祯年间前后七十二年（一五七三～一六四四），共筑田四围，面积 21,187 亩；自清圣祖康熙二十八年（一六八九）至高宗乾隆十一年（一七四六）前后五十八年，共筑田六十五围，面积多达 145,888 亩。洞庭湖沿岸的其他县份，也有相同的发展，因此在清朝盛世时，堤垸已经成为这里地理景观的一大特色，“大者周围百余里，小者二三里，方圆不一，星罗棋布”（注六三）。由于新耕地的开发，洞庭湖流域成为重要的粮产地，“湖广熟，天下足”的谚语在明清之际出现，取代了以往的“苏、常熟，天下足”。

开发新耕地的另一个方式，是垦山为田。自唐代以来，南方各地由于人口增加，已使用刀耕火耨的方式开发山区。

所谓刀耕火耨，也是一种很粗放的耕作方法，在山林中以刀芟除草木，乘天将雨时，放火焚烧所斫草木成为灰烬，然后播种于暖灰中，雨后作物蕃生，但三年之后，地力已尽，必须转移到其他山地，重新垦辟。这种耕作方式，既不犁田除草，又不施加灌溉，所种多为耐旱的农作物。宋代部分落后的山区，仍然使用刀耕火种的方式，称为畬田，其他南方山区则由于人口继续增加以及灌溉技术的进步，采用了平地的耕作方式，将山地开垦成畦，种植水稻了。稻作能够从平原引进山地，也和占城稻的传入有密切的关系，占城稻是一种耐旱的品种，适宜在得水较难的高地种植。山区的水稻栽培，在北宋末年已经相当发达，福建的泉州，便有"水无涓滴不为用，山到崔嵬尽力耕"的景象；四川农人于山间积蓄雨水植稻，俗谓雷鸣田。南宋时期，山区稻作更加普遍，境内各处丘陵山地，大概都有这一类型耕地存在，而以福建地区最为发达。范成大于《骖鸾录》中描述他在南宋孝宗乾道九年（一一七三）游历江西袁州仰山所见的景观："岭阪山皆禾田，层层而上至顶，名梯田。"这是梯田名称的首次出现。以后下至元、明，稻作继续在南方山区推广，地势较低的丘陵地带因此逐步开发（注六四）。

更进一步的山地开发，是明代中叶以来美洲粮食作物传入之后的事。这些粮食作物，包括番薯、玉蜀黍、马铃薯，耐旱而多产，适合在贫瘠的土地种植，使得地势更高、更为干旱的山坡地，也有了开发的价值。番薯和玉蜀黍在明代中叶传到中国来，传入的路线有西南、东南两路，西南一路经印度、缅甸传至云南，东南一路经海路传至福建。最初传入时，只在云贵和闽粤山区种植，清朝盛世以后才向内地推广。清朝盛世高度的人口成长，使得粮食发生问题，东南丘陵和长江流域平原地区的众多贫民，生活困难，纷纷迁往长江和汉水流域的山地，大量种植番薯和玉蜀黍，作为糊口的粮食，这两种作物因此发挥了补充稻米不足的作用。马铃薯传入中国，似乎较晚，迟至清初，才出现于福建北部。马铃薯的生命力比番薯和玉蜀黍更强，能在更加高旱的坡地生长。清朝中叶以后，马铃薯也随着人口的激增而广植于长江和汉水流域的山区，成为贫民的主食。明清时期山坡地的大量开发，使得南方山区的原始森林遭到砍伐摧毁，水土保持发生问题，清代中叶以后，长江流域常有河川淤塞及洪水泛滥的现象，便是这一山坡地无限制开发过程的反映（注六五）。

除了上述粮食作物之外，若干经济作物也有助于山坡和沙地的开发。茶是南方温湿山区的一项特产，饮茶风气起源于汉，最初茶叶多采自野生，唐代以后饮茶风气大盛，茶才由野生进而为大规模的人工栽培（注六六）。宋代茶的产区，遍及南方淮南、两浙、江南、荆湖、福建、广南及四川各地，产茶场即名为山场，每年总产量可达四千万斤至五千万斤，可见栽培之盛（注六七）。水果是宋代山区出产的另一类作物，如荔枝盛产于闽粤山地，柑橘在许多地方都有栽培，而太湖中洞庭东西二山所产尤为有名，粮食生产不足的山乡，水果成为另一重要的收入来源（注六八）。明清时期的山区开发，用作染料的蓝靛也是重要作物之一，蓝靛原产于福建丘陵，清初以后，大批福建人迁移到浙江、江西山地去开垦，多以种蓝靛为业（注六九）。再就沙地的开发来说，棉花的传入显然有重要的意义。棉花传入中国，分南北两路，北路经西域，直到元代，才通过河西走廊，传到陕西北部；南路经云南，元初以前，已经由两广、福建传入江南。元明时期，棉花在中国普遍推广种植，特别在长江下游滨海一带，成为重要的棉花产区。主要原因，便在于棉花对于土壤的适应性很强，滨海沙涨之地，不适种稻，却可栽培棉花，增进土地的利用（注七〇）。另一项有助于沙地开发的作物，是明代中叶传自美洲的花生。花生最初从海外传到广东，再由广东传到福建和浙江，清初之后，长江下游的河边沙地也成为重要的花生产区（注七一）。

因此，清朝中叶以后，南方耕地的开辟已达巅峰。不仅南方如此，北方经济虽然比不上南方，可是黄河中下游的河北、山东、河南及山西等地区，经过明、清长期的安定，在政府奖励开垦和人口持续增长的情形下，土地也已大量开发（注七二）。然而人口增加的趋势在乾隆年间以后并没有中断，至清文宗咸丰元年（一八五一），全国人口已经达到四亿三千一百八十九万有余（注七三）。经济精华地区的耕地既然已难以继续发展，于是粮食的供应发生问题，乾隆年间以后米价的长期上涨，便是这种情况的反映（注七四）。过剩的人口，在无法获得耕地的压力下，必须向外寻找出路，因而有近代边疆的垦拓。

四、近代边疆的垦拓

近代边疆的垦拓，包括西南的四川、云南、贵州和广西，西北的内蒙古和新疆，山海关外的东北，以及东南海上的台湾。明清以来，内地耕地既已垦辟无遗，过剩的人口往外谋求生活的出路，除了移民南洋之外，便是四向迁移往这些地广人稀的地区，逐步的开发了边疆的土地，近代农业疆域扩展的方向，也就从由北而南转而向四方发展。

四川、广西自秦汉以来即为中国的疆土。四川原是南方开发最早的地区，战国末年已有都江堰的水利建设，宋代南方成为中国农业地理的重心，而南方的农业精华地带则分别在江浙和四川（注七五），北宋中期，四川已经是“旷土尽辟”（注七六）。明末流寇张献忠入川大肆屠杀，使得四川人口锐减，在清初反而成为农业上的边疆地带。因此在清初以后，四川成为容纳内地过剩人口的重要地区，政府也积极鼓励人民移往开垦，湖广、江西、广东等省的人口大量移入，使得四川人口激增，耕地也大量开发。清世祖顺治十八年（一六六一），四川耕地面积只有一百一十八万余亩，至清高宗乾隆三十一年（一七七六），已增至四千六百万亩有奇。此后移殖四川的人潮仍未中止，乾隆二十六年（一七六一），四川人口仅二百七十八万有余，至清宣宗道光三十年（一八五〇），已增至四千四百一十六万余人，成为全国人口最多的省区。两百年之间，四川可说是国内移民最大的容纳地（注七七）。广西则是南方开发较晚的一个地区，直到清初人口仍然稀少，可以容纳外来的人口。移入广西的人口，以邻近区的湖南、广东、福建几省人民为多，他们开山垦地，“虽蚕丛峻岭，老林邃谷，无土不垦，无门不辟”，使得山多田少的广西，达到地无遗利的地步（注七八）。

云南、贵州也早在汉代就收入中国的版图，可是魏晋南北朝的动乱，使得这地区脱离了中国的控制。唐宋时期，云南先后建有南诏、大理国，贵州则散布着许多半独立的小部族。直到元代，才又将云南、贵州收入版图。元、明两代，都派有军队在云贵屯田，明初沐英父子镇滇，垦田尤广（注七九）。但是军队屯田大概只能在平坦的沃壤，至于云贵高原广大山区的开发，要到明朝中叶玉蜀黍传入以后。明清两代，云贵因为矿产的开发而移入不少的人口，清朝中叶，又有内地各省众多的无业贫民迁移到这里来，高产耐旱的玉蜀黍成为云贵地区居民的主要粮食，甚至云南南端的山林，也被大量砍伐，转变成玉蜀黍田（注八〇）。

早在汉代，中国势力已经伸入内蒙古和新疆，此后多次在中国和北方边疆民族之间易手，到清代，这里完全成为中国的疆土。察哈尔、绥远、宁夏、青海近边的土地，在清世宗和清高宗的时代，也就是雍正（一七二三～一七三五）、乾隆（一七三六～一七九五）年间，已多次募民前往垦种，或发遣人犯前往开垦，至清末为防止俄国势力南下，更设蒙旗垦务大臣，大修渠道，广集垦户。察哈尔南部在雍正年间垦辟已有成绩。宁夏西套一带自明代以来水利兴盛，在雍正年间以后又陆续新建灌溉水渠多所。绥远后套一带自乾隆以后，由于内地人稠地狭，开始有人越界开垦蒙地。蒙地的地主是蒙旗，而地主和垦辟者之间的租佃关系，由地商包办，地商包租蒙地，每年向蒙旗纳租金，除留一部分土地自种之外，再分别租与佃户耕种，灌溉水渠的开辟，则由地商负责。自乾隆至清德宗光绪年间（一八七五～一九〇八），不少能干的地商对于后套农垦水利有重大贡献。尤其是道光三十年黄河北溢之后，在后套新形成一条塔布河，所过之地，尽成膏腴，于是垦殖者接踵而至，王同春等地商以私人资本修成灌溉水渠大干渠九道、小干渠二十余道，支渠四达，田畴被野，往日荒野几同于内地，使后套成为漠南重要农业区，容纳了许多由直隶、山东、河南三省移往的贫民（注八一）。新疆屯垦始自康熙五十四年（一七一五），此后直至清末，陆续推广，屯垦区主要在天山北路，天山南路则原已有众多回民从事农业。屯垦初期，以军队、犯人为主要劳力，亦即兵屯和犯屯；至乾隆以后，内地民户和当地回人的重要性渐增，亦即户屯和回屯。此外尚有旗屯，但八旗子弟懒散成习，所以旗屯远不及前四种类型重要。新疆气候干燥，灌溉对于开垦尤不可缺，除仰赖河水、沟渠、涌泉外，坎井为一大特色（注八二）。

东北是满人的发祥地，当地原来早已有农业。满人源出于女真，北宋时期，东北的女真人过着田猎和农耕并重的生活（注八三）。满人在清太祖时代以前，生活也仍然是渔猎、畜牧和农耕混杂。而东北南部辽东一带，则在明代已有汉人出关耕垦。清太祖攻取明辽东之地后，一方面因俘获众多从事农耕的汉人，另一方面为充实继续作战的军粮，满人的经济形态开始转变，放弃渔猎、畜牧，农业逐渐居于主要的地位。到清太宗时代，庄、屯等农业生产组织，已经成为满人的社会基层组织，军事上的全兵皆农制，也由此产生。然而满人本来不多，因此自清太祖至清太宗时代，都以俘获的汉人为主要的农业劳动力（注八四）。及至清朝建都北京，不仅八旗满人移入内地，驻防各省，原在辽东为满人耕种的汉民也随之入关，于是原本良田遍野的辽东地带，顿形荒芜，"沃野千里，有土无人"（注八五）。

东北既因满人入关而空虚，于是自清初以来，有鼓励开垦的措施。自顺治元年（一六四四）起，多次晓谕民众出关耕垦，至顺治十年（一六五三），更颁布辽东招民开垦条例，凡能招民前往辽东开垦者，授以官职，移垦的旅费、食粮及牛具，全由政府供给。然而战祸之余，河北、山东一带尚多闲田旷土，因此顺治年间辽东招垦成效不著。至康熙初年，出关垦殖的汉人渐增，清廷却为了保护满人在东北的利益，对于东北垦拓的态度转向消极，康熙六年（一六六七）废止辽东开垦条例。但是康熙年间出关垦殖者仍源源不绝，其来源大致有两类。一是因犯罪而被清廷遣放关外的流人，顺治（一六四四～一六六一）、康熙（一六六二～一七二二）年间，流放关外者不下数万，均拨给各官庄充庄丁耕种，最初流放仅在沈阳一带，以后越放越北，远至吉林、黑龙江。一是自动迁徙前往东北的流民，康熙年间黄河下游平原多次发生灾荒，山东饥民尤其众多，往往出关谋食，至康熙五十一年（一七一二），至少已有十余万人（注八六）。

康熙年间东北虽已恢复开垦，但主要在南部奉天一带，北部的吉林、黑龙江，则实施封禁政策，除流人谪戍之外，一般人民不许进入。南部的奉天和北部的吉林、黑龙江间，有柳条边墙隔绝，柳条边墙起自山海关，东北行至开原，析为两支，一支东南下而止于鸭绿江口，一支东北上而至吉林城，原为防蒙古、朝鲜人而设，其后则为防止汉人私自出入。封禁的目的，原非为禁止垦殖，而是为保护采参的山场、捕珠的河流及围场、牧群。然而这一类地区既极广大，实无异于完全的封锁（注八七）。除柳条边墙外，无论满人、汉人出入山海关也都必须缴验文票，其目的在查验有无挟带人参、貂皮，并未禁止人民出关开垦（注八八）。因此在康熙年间，清廷对于奉天一带土地的垦拓，仅是不加以鼓励而已，汉人拓殖实际丝毫不受影响。至于柳条边墙以北，虽禁止人民私自出入，但是仍设有旗屯，由八旗官兵屯田（注八九）。

康熙年间以后，黄河下游平原人口增加迅速，耕地逐渐不足，人民生活困难，于是迁移前往东北开垦的人民愈来愈多。奉天由于山东、河北人民大量移入，垦拓日广，除禁地之外，空旷土地已日见减少，原来划归八旗所有的旗地，也由于旗人不惯耕稼，而逐渐转移与汉人垦种（注九〇）。在移垦人口继续增加的情形之下，偷越柳条边墙而潜入吉林、黑龙江垦拓，在所难免。乾隆初年以后，柳条边墙逐渐破坏，形同虚设，流民出边耕垦者更多。政府屡颁禁令，甚至将奉天无业游民遣返，不许内地流民再往奉天，实际上却禁不胜禁，出关人民仍源源不绝，柳条边墙以北私垦土地者也日众。不仅如此，乾隆以后，关内八旗生齿日繁，加以闲散成习，于是生计日窘，为解决旗人生活问题，将京旗移屯东北，从事开垦，柳条边墙以外因此成为京旗屯垦区。然而旗人疏懒之习不改，不能亲身耕作，往往雇觅汉人代耕，其本人则逃回关内，田地也逐渐转移入汉人之手。清仁宗嘉庆年间（一七九六～一八二〇），鉴于以往京旗移垦方式的失败，于是改变方式，先召募汉人垦拓，十年以后，荒地成为熟地，才拨给京旗移往。在这种情形下，汉人可以合法进入柳条边墙以北从事开垦，私垦土地自然更难禁止。因此到嘉庆十六年（一八一一），在吉林私垦土地的内地流民，已经是“人数众多，难以驱逐”，而黑龙江也渐有流民潜入（注九一）。

道光（一八二一～一八五〇）以后，进入吉林、黑龙江开垦的汉人更多，东北已有不能不开放之势，加以俄国势力东来，东北岌岌可危，移民实边成为一大要务，于是自咸丰十一年（一八六一）起，封禁之地陆续开放，招民垦荒的政策也积极推行。自此之后，东北人口数急剧增加，乾隆二十六年，东北只有六十六万余人，至咸丰十一年增至三百一十五万余人，至光绪三十三年（一九〇七），已将近有一千五百万人。东北的耕地面广，自然也相应于人口的增加而急剧增长，但至清末为止，土地的垦拓最北仍仅至黑龙江的南部（注九二）。移垦东北的汉人，主要为山东、河北、山西等省的人民，而以山东人为最多。他们抵达目的地后，建造窝棚作家屋，然后开始在近旁土地烧荒，分年轮种高粱、大豆、粟麦。甲午战争以后，东北已有大豆及豆饼输出国外，可见农业已经发展到相当的程度（注九三）。东北地广土沃，能容纳众多人口，这个地区耕地的开发，在民国时期仍然继续进行。

台湾也是近代容纳内地过剩人口的地区。在汉人大量渡海来台之前，岛上土著以渔猎、农业为生，可是农业技术十分落后，仅用简单的锄和锹，也不知施肥，种植的作物是粟、黍及番薯等干旱作物（注九四）。简陋的农业技术，使得土著所能开垦的土地十分有限，台湾的耕地开发，可以说要到汉人移殖之后才积极进行。早在宋元之际，已有汉人移居澎湖，明代中叶以后，东南沿海走私贸易兴盛，前来台湾本岛活动的汉人也渐多，但在明末荷兰人占领台湾之前，岛上的农业没有明显的改进。荷兰人以台湾作为贸易的基地，为了输出农产品以博取商业上的利益，在台湾采取奖励农业的政策。然而农业劳动力十分缺乏，土著的农业技术又过于落后，为解决劳力的问题，荷兰人招纳中国内地人民渡海来台，在荷领时代，岛上的汉人因此增加到十万之众。荷兰人将所有的土地收为王田，而将这些汉人组织起来，作强制的集体开垦。从这时起，台湾的农业才开始使用耕牛和犁，也才开始兴修水利，稻、蔗两项作物从这时起成为岛上最主要的农产品。开垦的区域，大概以台南为核心，向北延伸到云林北港，向南延伸到高雄冈山（注九五）。汉人较具规模的垦殖台湾，应该从这时算起。

明郑时代，台湾有更进一步的垦拓。郑成功驱逐荷兰人，以台湾作为反清复明的根据地，如何充实军粮，是一个重要问题，因此郑成功入台之后，便颁布奖励开垦的命令。从事开垦的人力，自然包括原先已移民岛上的汉人，以及明郑的军队和他们的眷属，此外，清廷在郑成功据台之后。为了断绝郑氏的海上接济，颁布迁界之令，将沿海人民内徙，这一项措施引起了很大的混乱，许多不愿内徙的人民，便渡海来台，增加了垦拓台湾的人力，明郑盛时，在台的汉人大概已有二十万左右。明郑的垦拓台湾，从多方面进行，荷领时代的王田，收为官有，称为官田，耕种的农民成为政府的佃户；郑氏宗党、文武官员以及民间富豪，自己招佃开垦，称为私田，又称文武官田；军队就所驻之地，自耕自给，称为营盘田。这时的主要农作物，仍然是稻、蔗两项，由于明郑的农业政策以充实军粮为主，和荷兰人重视商业利益不同，对稻作较蔗作更为重视，因此水利建设较荷领时代为多，但这些水利建设的规模都很小，耕作方式也很粗放，一年只栽培一季稻。垦拓的范围，仍然承荷领时代之旧，以台南及其南北为重心，但是向南至屏东以南，向北至台中以北，也都有零散的垦拓据点存在。就整个台湾而言，到明郑时代为止，所开拓的耕地仍然是微不足道的，虽然如此，日后台湾开发的基础已经奠定下来了（注九六）。

清廷在康熙二十二年（一六八三）从郑氏手中取得台湾，从此台湾和大陆在政治上连为一体。清朝统治台湾初期，岛上汉人不少被迫或自动返回大陆，使得台湾人口一时顿减，田园荒芜，然而不久之后，闽粤移民又大批涌入，使得台湾人口激增。清朝取得台湾之后，虽然取消了迁界之令，但是对台湾采取封禁政策，内地人民来台，有各种严格的限制，因此闽粤移民大批涌入，并不是满清政府鼓励的结果。推动闽粤人民不顾禁令而冒险来台的主要力量，应是这两个地区沉重的人口压力，而台湾土旷人稀，农业条件优良，更对他们产生莫大的吸引力量，因此他们千方百计，偷渡来台，开创自己未来的生活，使封禁政策为之废弛失效。到嘉庆十六年（一八一一），全台人口已经达到1,944,737，和明郑时期相比，百年之间增长十倍。清穆宗同治十三年（一八七四），以日人窥伺台湾，才解除封禁之令，鼓励内地人民来台开垦，但这时人口增加的速度已经减缓下来了，至台湾割与日本的前夕，也就是光绪二十年（一八九四），全台人口是2,545,731（注九七）。在人口急剧增加的情况下，台湾的垦拓更积极进行。

清廷对于内地人民渡海来台虽然有各种限制，但是为了赋税的收入，却允许在台的流民开垦土地。清代台湾的开垦，主要是在一种垦首制度之下进行。内地一些士绅、富农或富商以合法的身份来到台湾，用他们的资本来主持开垦事业。他们以垦户的资格向政府请领荒地，政府发给他们垦照，列明开垦地名、界址，并规定必须在一定时间内开垦成功，向政府纳税。垦户取得垦照之后，便招徕佃户，将土地分给他们开垦。那些偷渡来台的无业贫民，身无长物，于是投入垦户之下承佃土地。佃户必须向垦户缴纳租课，而垦户则提供他们开垦所需的农具、种子，并代政府负责维持治安，防卫土著的袭击，形成一个开垦组织，垦户是这一个开垦组织之首，所以又称为垦首（注九八）。一个垦户，并不一定由一个人主持，往往由数人合资组成，而以垦号为名，也有由几个小垦号合组为一个大垦号的情形（注九九）。汉人有组织的开拓荒地，难免会和岛上土著发生冲突。清朝垦例虽然规定开垦不准侵犯番地，但是就土著的观念而言，除荷领及明郑时期汉人已开发的台南及其附近地区之外，岛上绝大部分的土地均属他们所有。他们的土地制度是族有制而非私有制，因此汉人不易以汉人社会中合理的买卖或租佃方式从土著手中取得土地开垦。在这种情况下，便发生了各种巧取豪夺的现象，造成土著的许多悲剧，而他们广大的猎场也在汉人垦区不断扩张的过程中向深山缩小（注一〇〇）。

清代台湾垦拓的方向，以台南为核心，分别向南北两方发展，最后才及于东部。从康熙中叶到雍正初年，经大约四十年的发展，台南一带已显现出地狭人稠的景象。台南北端的嘉义、云林，南端的高雄、屏东，在雍正年间耕地面积的增长最为迅速；乾隆初年以后，发展趋向缓慢，显示该地已接近饱和的程度。往北彰化、台中、苗栗一带，康熙末年已有人来此开垦，至乾隆初年，耕地面积才有急剧的成长。再往北的新竹、桃园、台北，康熙三十六年（一六九七）郁永河来此游历，所见尚是一片荒芜，康熙末年也开始有人来此开垦，至乾隆末年已经开辟殆遍。大致上，经康、雍、乾三朝，西部的平原、台地已完全开发，此后向内陆山地及东部海岸发展，东北角的宜兰、内陆的南投，均开拓于嘉庆年间以后，花莲、台东和南端恒春一带的山地则更晚，同治十三年以后，政府才积极的从事招垦（注一〇一）。

在这个垦拓过程中，农业形态也显示出明显的变化，从粗放耕作向精耕农业发展。清代的台湾，仍然以稻、蔗两项作物为主要的农产品。康熙末年以前，以蔗园为主的旱田增加速度远较稻作的水田为快，蔗作随着移民的垦拓，不断由南部向中部延伸。而蔗作的土地隔年休耕，是相当粗放的农业。不仅蔗作如此，这一段时期的稻作经营也是相当粗放的。由于缺乏足够的水利设施，使得旱季稻米无法生长，加以移民尚少，人力缺乏，所以既不施肥，又不除草，任其自生，每年仍然只有一获。这种情形，在雍正年间以后有了改变，蔗糖的生产额一直到清末没有明显的增加，水稻耕作则随着移民的北向开垦而愈加普及。大规模水利设施的建设，是一个明显的指标。从康熙末年起，才有较多的水利建设，规模最大的彰化县八堡圳，便是在康熙末至乾隆初修建的。大约在乾隆年间，重要的水利设施大部分都已由垦户投资完成，这是稻作推广的一个有利条件。其次，由于人口的急剧增加，粗放耕作的稻米生产量已经不能满足对粮食的需求，乾隆年间米价明显的上涨，显示了粮食不足的事实。因此，必须投入更多的劳力，才能增加单位面积的生产量，施肥、除草等精耕稻作程序开始受到重视，经营方式和内地不再有差别，稻二期作也渐形普遍（注一〇二）。这个精耕农业的发展过程，反映出平原耕地已经高度的开发。嘉庆年间以后，武夷茶种引入台湾，彰化以北的中北部丘陵台地逐渐发展成为重要的茶产地，使茶叶成为稻、蔗之外的另一项重要农产品，更说明了耕地的开发已经平地伸展入山区（注一〇三）。自康熙以迄嘉庆，不过百余年的历史发展，台湾的耕地已获充分的利用。

自宋代以来，中国人口开始高度成长，至清代成长尤其迅速，巨量人口所需的粮食如何维持，显然是一个迫切的问题，然而这段期间中国的农业发展把这一个问题在某种程度上解决了，农民虽然未必丰衣足食，在承平时却也不致饥寒饿死，这不能不说是经济发展上的一项重大成就。造成这一项成就的因素，就技术而言，精耕技术的发展在宋代已经达于纯熟，以后并没有太多的进展，明清以来，农业的成长显然仰赖耕地面积的不断增加，而明清以来耕地的扩张，除一方面承宋代之旧，继续向沼泽和山地开拓外，边疆地区的垦拓也提供了重大的贡献（注一〇四）。

五、结语

农业生活是中国文化的基本要素之一，如果以文化的眼光综览中国历史，农业疆域的扩展显然具有重要的意义。当农民离开故里，迁移到一个新的天地，必须在赤手空拳的情况下，不畏劳苦，披荆斩棘，和大自然相搏斗，才能开辟出一片能够生长作物的田地；及至人口逐渐稠密，耕地开发将尽，又必须在小块的田地上，辛苦投入大量劳力，才能提高生产量，以维持一家的生计。“凡为农人，岂可不勤，勤且多旷，惰复何望”（注一〇五）。中国人刻苦勤劳的生活传统，便是在这一个新耕地不断开发的过程中逐步形成。

再进一步看，任何新开拓的疆土，也只有在农业生根之后，中国文化才可能在其上茁壮成长。历史上中国文化扩展的趋势，和农业疆域扩展的趋势相同，也是由北而南然后扩散向四方。秦汉天下一统，农业地理重心在北方，文化学术也以北方为盛，南方仅四川可以和北方相比，而四川是当时南方唯一的农业先进区；南方很早就是中国的疆土，却一直到宋代成为农业地理的重心之后，才人才辈出，文化发展超越北方；边疆地区的台湾也在清朝中叶耕地已经大量开发之后，文教才有高度的成长，士绅成为社会的中坚，和大陆以文化为基础紧密结合。因此，农业疆域的扩展实际也是中国文化的扩展。

（原刊于刘石吉主编《中国文化新论·经济篇》，台北，联经出版事业公司，一九八二年十月。）

注释

注一：何炳棣《黄土与中国农业的起源》（香港，中文大学，一九六六）页一〇七～一三三。

注二：张秉权《殷代的农业与气象》（《“中央研究院”历史语言研究所集刊》第四十五本第三分，1970年）；钱穆《中国古代北方农作物考》，收入于宗先等编《中国经济发展史论文选集》（台北，联经，一九八〇年）下册，页八〇一～八二三。

注三：何炳棣《黄土与中国农业的起源》页一四〇～一七二；许倬云师《两周农作技术》（《“中央研究院”历史语言研究所集刊》第四十二本第四分，一九七一年）；黄耀能《中国古代农业水利史研究》（台北，六国，一九七八年）页四三～五一。

注四：黄耀能《中国古代农业水利史研究》页四五～四六。

注五：萧璠《先秦史》（台北，长桥，一九七九年）页一二〇。

注六：何炳棣《黄土与中国农业的起源》页一一九～一二〇。

注七：黄耀能《中国古代农业水利史研究》页五七～一一二；许倬云师《两周农作技术》。

注八：许倬云师《两周农作技术》。

注九：唐庆增《中国经济思想史》（台北，三人行，一九七五年）页二〇九～二一八、二五一～二五五、二六七～二七一；钱公博《中国经济发展史》（台北，文景，一九七六年）页六五～六八。

注一〇：萧璠《先秦史》页一二五。

注一一：许倬云师《两周农作技术》。

注一二：齐思和《战国制度考》，收入许倬云师主编《中国上古史论文选辑》（台北，国风，一九六六年）第二册。

注一三：李剑农《先秦两汉经济史稿》页二三六～二三七。

注一四：班固《汉书》（王先谦《汉书补注》本）卷二十四《食货志》。

注一五：贾思勰《齐民要术》（《国学基本丛书》本）卷一

《种谷第三》引《氾胜之书》。

注一六：Cho-yun Hsu，*Han Agriculture: The Formation of Early Chinese Economy，206 B.C.-A.D. 220*（Seattle，University of Washington Press，1980），pp.29—34.

注一七：管东贵《汉代的屯田组织与功能》（《"中央研究院"历史语言研究所集刊》第四十八本四分，一九七七年）。

注一八：马持盈《中国经济史》第二册（台北，商务，一九八一年）页二五六；萧璠《春秋至两汉时期中国向南方的发展》（台北，台湾大学文史丛刊，一九七三年）页一八一。

注一九：劳榦《两汉户籍与地理之关系》（《"中央研究院"历史语言研究所集刊》第五本第二分，一九三五年）。

注二〇：蔡学海《三国的人口问题》（《东海大学历史学报》第二期，一九七八年）。

注二一：何兹全《三国时期农村经济的破坏与复兴》（《食货》第一卷第五期，一九三五年）；韩复智《三国时代的经济思想与政策》，收入韩复智《汉史论集》（台北，文史哲，一九八〇年）。

注二二：赵冈、陈锺毅《中国历史上的土地所有制》（《食货月刊》复刊第九卷第十一期，一九八〇年）。

注二三：李剑农《魏晋南北朝隋唐经济史稿》（台北，华世，一九八一年）页一～一九、三九～四五。

注二四：蔡学海《北魏农业之研究》（《东海学报》第十六卷，一九七五年）；黄耀能《北朝农业水利事业经营的历史地位》（《幼狮学志》第十六卷第三期，一九八一年）。

注二五：魏收《魏书》（武英殿本）卷一一〇《食货志》。

注二六：蔡学海《北魏农业之研究》。

注二七：万国鼎《北朝隋唐之均田制度》（《金陵学报》第一卷第二期，民国二十年）；陶希圣、武仙卿《南北朝经济史》（台北，食货，一九七九年）页一八～二九；陶希圣、鞠清远《唐代经济史》（台北，商务，一九六八年）页一六～二一；李剑农《魏晋南北朝隋唐经济史稿》页一六〇～一六五、一七三～一七七。

注二八：杨远《唐代的人口》（《香港中文大学中国文化研究所学报》第十卷下册，一九七九年）。

注二九：赵冈、陈钟毅《中国历史上的土地所有制》。

注三〇：西嶋定生《中国经济史研究》（东京，东京大学，一九七〇）页二四四～二五二。

注三一：全汉昇《唐宋帝国与运河》，收入全汉昇《中国经济史研究》（香港，新亚研究所，一九七六年）上册。

注三二：全汉昇《唐宋帝国与运河》。

注三三：脱脱《宋史》（武英殿本）卷一七三《食货志》。

注三四：张家驹《两宋经济重心的转移》（武汉，湖北人民，一九五七）页一〇三～一〇八。

注三五：全汉昇《唐宋帝国与运河》。

注三六：何炳棣《黄土与中国农业的起源》页一四二～一四五。

注三七：萧璠《春秋至两汉时期中国向南方的发展》页六九～七一、九二～九四。

注三八：同上，页一五六～一六〇。

注三九：同上，页一四八～一五二、一八一。

注四〇：黄耀能《中国古代农业水利史研究》页二〇三～二一七。

注四一：同上，页三一一～三一五。

注四二：徐益棠《中国南北之人口升降》（《中国文化研究汇刊》第七卷，一九四七年）。

注四三：黄淑梅《六朝太湖流域的发展》（台北，台湾师范大学历史研究所专刊，一九七九年）页四〇～四五。

注四四：黄淑梅《六朝太湖流域的发展》页一一二～一二一；黄耀能《两晋南朝农业水利事业经营的历史地位》（《中山学术文化集刊》第二十六集，一九八〇年）。

注四五：杨远《唐代的人口》。

注四六：锺快鸣《唐代东南地区经济开发的研究》（台中，东海大学历史研究所硕士论文，一九七七年）页五七～七三,八八～九七。

注四七：西嶋定生《中国经济史研究》页二一〇、二三一。

注四八：天野元之助口述、赵雅书译录《中华农业史概论》，收入沈宗瀚、赵雅书编《中华农业史》（台北，商务，一九七九年）。

注四九：梁庚尧《南宋的农村经济》（台北，联经，一九八五年）第一章第三节。

注五〇：陈一萍《北宋的户口》（《食货月刊》复刊第六卷第七期，一九七六年）。

注五一：梁方仲《中国历代户口、田地、田赋统计》页一五〇～一五一，甲表三十七载《元丰九域志》

数字。

注五二：梁庚尧《南宋的农村经济》第二章第一节。

注五三：徐益棠《中国南北之户口升降》。

注五四：Ping-ti Ho, *Studies on the Population of China, 1368—1953*（Cambridge, Harvard University, 1959）, p.20, pp.263—264；赵冈《中国历史上人口压力的问题》（《经济论文》第九卷第1期，一九八一年）。

注五五：全汉昇、王业键《清代的人口变动》，收入全汉昇《中国经济史论丛》（香港，新亚研究所，一九七二）第二册。

注五六：周藤吉之《南宋稲作の地域性》，收入周藤吉之《宋代经济史研究》（东京，东京大学，一九六二）；天野元之助《中国农业史研究》（东京，御茶の水书房，一九六二）页二一一～二五六；赵雅书《耕织图与耕织诗》（一）～（四）（《食货月刊》复刊第三卷第七期、九期、十一期，第四卷第五期，一九七三～一九七四年）；陈良佐《我国水稻栽培的几项技术之发展及其重要性》（《食货月刊》复刊第七卷第十一期，一九七八年）。

注五七：李剑农《魏晋南北朝隋唐经济史稿》页一三三。

注五八：加藤繁著、于景让译注《中国栽培占城稻的沿革》，收入于景让《栽培植物考》（台北，台湾大学农学院丛书，一九五八年）；Ping-ti Ho, "Early-Ripening Rice in Chinese History"，收入于宗先等编《中国经济发展史论文选集》下册；周藤吉之《南宋における稲の种类と品种の地域性》，收入周藤吉之《宋代经济史研究》。

注五九：周藤吉之《南宋における麦作の奖励と二毛作》收入周藤吉之《宋代经济史研究》；梁庚尧《南宋的农地利用政策》（台北，台湾大学文史丛刊，一九七七年）页二三～二九。

注六〇：梁庚尧《南宋的农地利用政策》页一三一～一九〇。

注六一：李剑农《宋元明经济史稿》（北京，三联，一九五七）页一三～一四。

注六二：顾炎武《天下郡国利病书》（《四部丛刊续编》本）第二十五册《湖广编》。

注六三：全汉昇《清朝中期苏州的米粮贸易》，收入全汉昇《中国经济史论丛》第二册。

注六四：李剑农《宋元明经济史稿》页一九～二七；Ping-ti Ho，"Early Ripening Rice in Chinese History"；梁庚尧《南宋的农村经济》第二章第一节。

注六五：Ping-ti Ho，"The Introduction of American Food Plants into China," *American Anthropologist*, Vo1.57，No.2，1955. Ping-ti Ho，*Studies on the Population of China*，*1368—1953*，pp.143—153，186—189.

注六六：李剑农《魏晋南北朝隋唐经济史稿》页一九七～二〇二。

注六七：朱重圣《宋代茶之产区及其种类与数量》（《中国历史学会史学集刊》第十二期，一九八〇年）。

注六八：斯波义信《宋代商业史研究》（东京，风间书房，一九六八）页二〇三～二一五。

注六九：刘翠溶《明清时代南方地区的专业生产》，收入《大陆杂志史学丛书》第五辑（台北，大陆杂志社，一九八一年）第三册。

注七〇：赵冈、陈钟毅《中国棉业史》（台北，联经，一九七七年）页四～三四、四〇；刘翠溶《明清时代南方地区的专业生产》。

注七一：Ping-ti Ho，*Studies on the Population of China*，*1368—1953*，pp.184—185。

注七二：罗尔纲《太平天国革命前的人口压迫问题》，收入包遵彭等编《中国近代史论丛》第二辑第二册（台北，正中，一九七七年）；全汉昇、王业键《清代的人口变动》；王业键《清代经济刍论》（《食货月刊》复刊第二卷第十一期，一九七三年）。

注七三：全汉昇、王业键《清代的人口变动》。

注七四：全汉昇《乾隆十三年的米贵问题》，收入全汉昇《中国经济史论丛》第二册。

注七五：宋晞《北宋稻米的产地分布》，收入宋晞《宋史研究论集》（台北，"国防研究院"，一九六二年）；全汉昇《南宋稻米的生产与运销》，收入全汉昇《中国经济史论丛》第一册。

注七六：《长编》（台北，世界，一九六四年）卷一六八皇祐二年六月条。

注七七：罗尔纲《太平天国革命前的人口压迫问题》；Ping-ti Ho，*Studies on the Population of China*，*1368—1953*，pp. 139—143；全汉昇、王业键《清代的人口变动》。

注七八：罗尔纲《太平天国革命前的人口压迫问题》。

注七九：陈安仁《中国农业经济史》（台北，华世，一九七九年）页一四六、一六〇。

注八〇：Ping-ti Ho, *Studies on the Population of China, 1368—1953*, p.147.

注八一：顾颉刚《王同春开发河套记》(《禹贡》第二卷第十二期，一九三五年)；蒙思明《河套农垦水利开发的沿革》(《禹贡》第六卷第五期，一九三六年)；王喆《后套渠道之开浚沿革》(《禹贡》第七卷第八九合期，一九三七年)；罗尔纲《太平天国革命前的人口压迫问题》；天野元之助《清代の农业とその构造》(一)(《アジア研究》一九五六年十月号)；申丙《黄河通考》(台北，中华丛书，一九六〇年)页一九一～二四六。

注八二：林恩显《清代新疆垦务研究》(《中华文化复兴月刊》第五卷第八期～十期，一九七二年)。

注八三：林伯羽师《女真初起时期之寨居生活》，收入《大陆杂志史学丛书》第一辑（台北，大陆杂志社，一九六六年）第五册。

注八四：陈文石《汉人入关前的农业生活——太祖时代》《清太宗时代的农业生活》，均收入《大陆杂志史学丛书》第二辑（台北，大陆杂志社，一九七〇年）第四册。

注八五：刘选民《清代东三省移民与开垦》(《史学年报》第二卷第五期，一九三八年)。

注八六：刘选民《清代东三省移民与开垦》；谢国桢《清初流人开发东北史》(台北，开明，一九六九年)；郭廷以《东北的开拓》，收入《边疆文化论集》（台北，中华文化事业出版委员会，一九五四年)；管东贵《清初辽东招垦授官条例的效果及其被废原因的探讨》(《“中央研究院”历史语言研究所集刊》第四十四本第二分，一九七二年)。

注八七：刘选民《清代东三省移民与开垦》；萧一山《清代东北之屯垦与移民》(《学术季刊》第六卷第三期，一九五八年)；郭廷以《东北的开拓》。

注八八：刘家驹《清朝初期的八旗圈地》(台北，台湾大学文史丛刊，一九六四年)页一八六。

注八九：萧一山《清代东北之屯垦与移民》。

注九〇：刘选民《清代东三省移民与开垦》；萧一山《清代东北之屯垦与移民》。

注九一：刘选民《清代东三省移民与开垦》；刘家驹《清朝初期的八旗圈地》页一九七～二〇〇。

注九二：刘选民《清代东三省移民与开垦》；萧一山《清代东北之屯垦与移民》；全汉昇、王业键《清代的人口变动》。

注九三：罗尔纲《太平天国革命前的人口压迫问题》；天野元之助《清代の农业とその构造》(一)。

注九四：周宪文《台湾经济史》(台北，开明，一九八〇年)页五一～六五。

注九五：周宪文《台湾经济史》页一二五～一三四。

注九六：曹永和《郑氏时代之台湾垦殖》，收入曹永和《台湾早期历史研究》(台北，联经，一九七九年)；周宪文《台湾经济史》页一五七～一七四。

注九七：盛清沂等《台湾史》(台北，众文，一九七九年)页二九〇～二九九；黄富三《清代台湾的耕地取得问题及其对土著的影响》(上)(《食货月刊》复刊第十卷第十二期，一九八一年)。

注九八：周宪文《台湾经济史》页二二一、二二七；陈其南《清代台湾汉人社会的开垦组织与土地制度之形成》(《食货月刊》复刊第九卷第十期，一九八〇年)；张胜彦《清代台湾汉人土地所有型态之研究》，收入张胜彦《台湾史研究》(台北，华世，一九八一年)。

注九九：尹章義《台北平原拓垦史研究》(《台北文献》五三、五四合期，一九八一年)。

注一〇〇：黄富三《清代台湾之移民的耕地取得及其对土著的影响》(上)、(下)(《食货月刊》复刊第十卷第十二期、第十一卷第二期，一九八一年)。

注一〇一：盛清沂等《台湾史》页三二九～三四八；周宪文《台湾经济史》页二一三～二二〇；陈秋坤《台湾土地的开发》，收入黄富三、曹永和编《台湾史论丛》第一辑(台北，众文，一九八〇年)。

注一〇二：周宪文《台湾经济史》页二三一～二四三；陈其南《清代台湾汉人社会的开垦组织与土地制度之形成》；陈秋坤《台湾土地的开发》；陈秋坤《清代台湾地区的开发》(《食货月刊》复刊第八卷第五期，一九七八年)。

注一〇三：周宪文《台湾经济史》页二八一～二八五；林满红《茶、糖、樟脑业与晚清台湾》(台北，台湾银行，一九七八年)页二八。

注一〇四：王业键《清代经济刍论》。

注一〇五：真德秀《真文忠公文集》(《四部丛刊初编》本)卷四十《福州劝农文》。

中国历史上民间的济贫活动

一、前言

在中国历史上的社会里，由于生产条件的限制，贫民在人群中一向占有颇高的比例（注一）。如果遇上各种自然或人为的灾难，有更多人会沦为贫穷。即使在生产力大幅提高，经济环境已经大为改善的现代，仍然不免有收入较低的人群。为了纾解这些人们生活上的困难，使他们的不幸不致于扩大，酿成严重的社会问题，因而有各种济贫的措施。

由于社会问题的扩大可能会影响到政权的稳定，所以政府是推动这些措施的重要力量之一。例如最晚在汉代，政府就已建立了普遍的仓储制度，在必要时对民众实施赈济或赈贷（注二）。唐、宋以来，人口增加，城市繁荣，社会愈形复杂，政府对社会上的贫穷问题比以前更加注意，所推动的济贫措施也更为增多。除了历史已久的仓储制度进一步扩大外，又有居养院收容鳏寡孤独残疾之人，安济坊提供贫民廉价药物，慈幼局收养弃婴，漏泽园收葬遭遗弃的尸骨（注三）。至于以工代赈的措施，早在汉代就已出现这样的构想，到宋代则已经常实施（注四）。而这些措施，又多延续到明、清仍旧推行（注五）。

但是在中国历史上，政府并非推动济贫措施的唯一力量。民间对于贫民的救济，也付出了相当的心力。许多民间人士，或是本乎情感，或是基于现实，或是源自理想，分别以各种方式来济助经济上遭逢不幸的人群。政府由于财源、人力有限，对于贫民无法充分照顾。民间人士的行动，部分地弥补了政府措施的不足，有时甚至比政府的措施发挥更大的效果。民间的济贫活动，不仅存在着个别的、一时的措施，也存在着群体的、长期的行为，甚至形成一些持久的制度。要了解中国历史上对于纾解贫穷问题的努力，不能忽略民间所扮演的角色。

本文的目的，即在于纵观中国历史，对民间的济贫活动作概括性的讨论。不过应该注意的，是民间的活动和政府的措施有时并非截然可分。民间的济贫活动有不少和政府互相配合，或是获得政府的支持；而一些原本源自于民间的济贫制度，也靠着政府的力量而得以推广，甚至在政府督导之下进行。因此，讨论中国历史上民间的济贫活动，也必须考虑到政府的因素。

二、古代家族、乡里间的赒恤

春秋中叶以前，邑里是社会基层的组织。民众分别聚居于不同的邑里，而构成不同的族群。邑里中的居民，除了宗族血亲之外，还有姻亲和朋友。他们在生活上休戚与共，在当时采用木、石农具的低落生产环境下，以群体的方式，进行耕作，并且共同负担对政府的赋役。他们虽然集体从事生产，但是各家仍然保有私财。当经济上有需要的时候，则彼此互相济助。古书追述井田时代，认为同井各家彼此“患难相救，有无相贷”，便是这种生活的反映，这正是邑里之内休戚与共精神的发挥（注六）。

从春秋中晚期到战国，政治社会发生剧烈变迁，古代邑里组织遭受破坏，生产工具也有了很大的改进，同耕共赋的族群生活逐渐消逝。但是即使经过商鞅变法，刻意制造小农家庭，实际上一直到汉代，聚族里居的情况仍然存在，宗族、乡党间依旧保持密切的联系，东汉尤其普遍（注七）。而家族、乡里间相互赒济的传统，也没有断绝。不过自从战国时期以来，土地私有制度确立，工商业兴起，少数人因之而致富，社会上贫富的差距逐渐拉大（注八）。这种情况，已与从前邑里之内的经济环境有所不同。由于富裕阶层的出现，富家在家族、乡里的赒恤上也就必须扮演较重要的角色。从战国中期以来，已有“家富则疏族聚，家贫则兄弟离”的现象（注九），这种现象虽然反映出社会上重利轻情的一面，却也说明人们可以沾及富裕族人的泽惠。

富裕人家对于族人、乡邻的济助，在汉代社会中并不罕见，见于记载中最多的是官宦之家。例如西汉中叶的朱邑，官至列卿，而“居处俭节，禄赐以共九族乡党，家无余财”（注一〇）。西汉末年的班伯，任定襄太守年余后，赴皇上之征，路过故郡，上父祖坟，“因召宗族，各以亲疏加恩施，散数百金”（注一一）。东汉初年的宣秉，仕宦所得俸禄“辄以收养亲族”，孤弱者则“分与田地”，而自已“无担石之储”（注一二）。约略同时的郭伋，仕宦既久，以老病辞官，其后皇上复征为太中大夫，“赐宅一区及帷帐钱谷以充其家”，而郭伋“辄散与宗亲九族，无所遗余”（注一三）。韦彪也在东汉初仕宦多年，他生活清俭，却“好施禄赐，分与宗族”，以至于“家无余财”（注一四）。马援的两个儿子马防、马光在东汉前期贵盛，家财巨亿，拥有京师膏腴美田，而能“岁时赈给乡闾，故人莫不周洽”（注一五）。见于东汉末年碑铭的官吏家庭，也常有周济族人的行为，而且施及疏族、姻娅（注一六）。

上述史实有几点值得注意。第一，这些官宦之家大多是以他们的禄赐，作为赒济的经济来源；其中有些又有丰盛的田产，成为他们赈施的经济基础。第二，他们赒济的范围颇为广泛，除了亲戚之外，还及于疏族、乡党。第三，他们的赒济有一时性的，例如班伯，由于返乡上坟而对族人加以恩施；也有经常性的，例如马防、马光，他们岁时赈施乡闾。一些官宦因为济助族人、乡邻，竟使自己家无余财，如果不是经常赈施，大概也不至于如此。因此，经常性的赒济在当时应不罕见。第四，他们赒济族人、乡邻均是个别的行为，而非群体的合作。

其实在当时社会里，并非只有官宦才有施财济人的行为，而赒济的经济来源也不限于禄赐。例如王丹在西汉末年曾经出仕州郡，王莽时却连征不至，隐居养志，他“家累千金”而“好施周急”，又“每岁农时，辄载酒肴于田间，候勤者而劳之”（注一七）。王丹当时隐居，已无官宦的身份。他由于家境富裕而有能力周急乡里，但是他的财富，未必和他从前所得的禄赐无关。而马援的情况，和王丹又有不同。马援于王莽时为郡督邮，因罪亡命北地，遇赦之后，留在当地从事畜牧，后来又转游陇、汉间，以田牧致富。他叹息说：“凡殖货财产，贵其能施赈也，否则守钱虏耳”，于是将财富“尽散以班昆弟故旧”（注一八）。他在当时不仅不具官宦的身份，他的财富来源也和禄赐明显无关，而是由经营畜牧、农业等产业而得来。另外一个更特殊的例子，是同属王莽时代的原涉。原涉本来担任县令，由于为叔父报仇而沦为游侠，他“费用皆仰富人长者，然身衣服车马才具，妻子内困，专以振施贫穷、赴人之急为务”（注一九）。可见他本身并不富裕，而是取资于他人的财富来赈济贫穷。

尽管王丹、马援、原涉在施赈时都不具有官宦身份，但是他们均是仕宦出身，而且三人后来都又再出仕。所以不妨认为，汉代在家族、乡里间施财济人的，主要是官宦或具有官宦背景的人。一方面早期邑里中的互助传统延续到汉代依旧存在，另一方面，这一个传统由于儒家典籍的传述，也已成为一种社会理想。从汉武帝的时代以后，官宦一般都受过儒术的熏陶，免不了会受到这种理想的影响。从当时官宦对族人、乡党的赒恤看，已有经常性的活动，但是以个别的行为为主，更未见有制度性的措施出现。家族、乡里间这种个别性的赒恤，在汉代以后仍然经常可见。

三、佛教慈善活动的兴起

魏晋南北朝时期佛教兴盛，不仅给予饱尝战乱的众生以心灵上的寄托，而佛教教义又鼓励僧侣、信徒秉慈悲之心行善布施，以积功德，成为推动民间济贫活动的重要力量。佛教经典中原本有福田的说法，认为行善济人，将受福报，犹如农夫种田，有秋收之利。福田有七种，包括建佛寺僧房、植果种树及供应浴池、施药疗病、造渡船、架桥梁、凿井供饮水、作厕施便利。福田的观念随着佛教经典的汉译而在中国流行，北朝时期又有中国僧人自撰佛经，对此一思想作进一步的发挥。这部佛经强调诸项功德中，以布施贫穷孤老为最重要，并且认为布施贫穷孤老的悲田，要胜于施舍佛法僧宝的敬田（注二〇）。佛经中的福田思想，带动了佛教慈善活动的兴起，而救济贫穷是其中一个重要项目。一直到隋唐时期，佛教在济贫活动中仍然扮演值得重视的角色。

从魏晋以来，佛教寺院由于接受王公贵人或民众的各种施舍，以及享有政府所给予的免税、免役的特权，而累积了大量的财富；寺院本身又从事田产或工商业的经营，经济基础因而更为扩大（注二一）。一些僧侣和寺院，常以他们所拥有的财富，个别从事慈善活动。例如后赵时期的单道开，原居于邺城的法綝祠，后来徙居临漳的昭德寺，石虎对他资给甚厚，而他皆以之施惠于人。南朝刘宋时代的释道猛，于京师佛寺讲解佛经，有诏每月赐钱三万，他一有所获，便用来赈施贫乏。由于经济来源不虞缺乏，有些僧侣常同时进行多项慈善活动。北齐时代的天竺僧人那连提黎耶舍，就将他所获得的供禄，分别用来供应僧侣饭食，赈济贫乏、狱囚，兴凿义井，又建立病坊收容疠疾男女（注二二）。这些个别的赈施活动，显然都是经常性的。

以僧侣和寺院个别的慈善活动为基础，寺院又进一步发展出固定的慈善基金，长期从事济贫活动。最著名的例子，是盛唐时期三阶教的无尽藏。隋文帝时，僧人信行于长安建真寂寺，倡三阶教。唐武德（六一八～六二六）初，真寂寺改名为化度寺，有僧人信义于寺内创无尽藏。所谓无尽藏，是将施舍于寺院的财物，以贷放收息的方式，辗转求利，由于子母辗转无尽，所以称为无尽藏。三阶教着重布施，以无尽藏来从事布施，一以施三宝，即是敬田，一以施贫穷，即是悲田。贞观（六二七～六四九）年间以后，化度寺无尽藏所获施舍钱帛金玉，积聚不可胜计，分为三分，供作三种不同用途。一分供养天下伽蓝增修之备，一分以施天下饥馁悲田之苦，一分以充供养无碍。除化度寺之外，长安福先寺也是三阶教的名寺，寺中的无尽藏也很出名。一直到开元（七一三～七四一）前期，无尽藏与三阶教先后遭政府严禁，这项活动才衰落（注二三）。

总计从武德到开元，三阶教以无尽藏为济贫基金，先后约有一百年之久。

三阶教无尽藏的济贫活动，不仅已经是经常性，而且也走向制度性。但是以贷放收息的方式来增殖基金，在当时的社会里却不免令人怀疑其有牟利的企图，在实际的经营管理上也容易发生挪用的弊病。开元元年（七一三）政府下令将三阶教无尽藏散施给京城诸寺观，所持理由便是“名为护法，称济贫弱，多肆奸欺，事非真正”（注二四）。自从三阶教遭禁之后，佛教寺院已经难得见到这种发自本身的制度性济贫活动。

僧侣和寺院除本身从事济贫活动外，又支持信徒进行群体性的社会救济活动。具体的例子，是北朝后期河北范阳一个称为“义”的组织。北魏末年以来的长期战乱，使得许多河北地区的居民死于兵灾，战争也带来饥荒和疾疫，导致当地许多居民沦为饥民，甚至流徙他乡。大约在东魏初年，这里一群佛教信徒共同进行收埋暴露于原野的尸骨，作坟合葬，称为乡葬。接着他们又在乡葬处提供“义食”，接待路过的返乡流民。进一步他们在供应义食之所建立义堂，这一个团体也从此成为一个长期性的社会救济组织。这时组织的成员不过十几人，他们都是当地的平民。十几年后，也就是东魏武定二年（五四四），名僧昙遵受范阳大族卢氏的邀请，前来弘法，对这个组织提供经济上和活动上的支持。除昙遵的僧俗弟子加入活动外，又由于昙遵的影响力，吸引许多地方大族、政府官员成为这个组织的成员。他们一方面继续提供义食，一方面又增添了医疗服务。北齐天保八年（五五七）和河清三年（五六四），这个组织还从事两次大规模的赈饥活动。直到武平元年（五七〇），此一组织仍然存在，成员已经不下三百人（注二五）。

这一项史实值得注意的地方，是一群没有官宦背景的人，以群体合作的方式，有组织而长期地从事社会救济工作，维持了超过四十年以上的时间。昙遵的支持是这一个组织扩大的关键，吸引了大族和官员加入，但是基本上这仍然是一个由平民佛教徒组成的团体。这个团体运用众人所捐赠的金钱、物品以及田园，作为经济基础，长期维持救济经费不缺（注二六）。无论就组织成员的身份背景来讲，或是就群体合作的进行方式来讲，也许都是前所未见的。不过从另一个角度看，这个组织在当时可能是一个特殊的案例，无论在北朝后期，或是在隋唐时期，似乎都没有看到类似的民间济贫活动（注二七）。其次值得注意的地方，是“义”这一个名称。此一观念，流行于北朝后期的佛教徒间，源出北朝时期中国僧人自撰的佛教经典。所谓“义”，是指“一切众生无始以来皆是我之兄弟姊妹妻子眷属”。这种视众生如亲人、眷属的态度，也许是佛教原本就有的，但是以“义”此一词汇来形容，却有中国本土的渊源（注二八）。以这样的一种态度来从事社会救济，正和以后宋代士人对社会关怀的扩大相呼应。

僧侣和寺院又接受政府的委托，从事社会救济工作。北魏中叶，由于沙门统昙曜的建议，由民众捐粟入僧曹，设置僧祇粟，用于歉收时赈济饥民。这项设施，随即遍及州郡，实施超过五十年以上。僧祇粟在地方上由僧人管理，但是却属政府的僧曹所有，僧人不过是代政府从事赈济工作（注二九）。唐代僧尼管理悲田、养病坊也有类似性质。悲田、养病坊设置于武后时期，目的在于矜孤恤贫、救老养病。从悲田的名称看，和佛教思想应有关联，但却是政府机构。大约在唐玄宗开元年间，这类机构已分设于寺院，由僧尼管理。到会昌五年（八四五），由于唐武宗灭佛，僧尼被迫还俗，悲田、养病坊无人主持，于是归由地方政府负责。但是不久之后，又兼差僧人管理（注三〇）。

僧祇粟和悲田、养病坊在当时佛教的济贫活动中，和三阶教的无尽藏一样，比较具有制度性，而对后世社会救济制度的影响又要更大。僧祇粟可以说是义仓的前身，悲田、养病坊则是可以说是居养院的前身。但是尽管佛教僧尼在其中担任管理的工作，这些究竟是政府的制度，而非以寺院本身为主体的制度。无论群体性或制度性的民间济贫活动，固然在南北朝、隋唐时期已现端倪，却要到宋代才有更重要的发展。而佛教在宋代的社会救济活动中，虽然继续贡献心力（注三一），但是光芒已经为士人在这方面的表现所掩盖。

四、士人对社会关怀的扩大

宋代印刷术应用日广，知识传布比以前普遍，士人阶层不断扩大（注三二）。这一个阶层，进而仕宦，退而居乡，在当时的社会中居于领导的地位。而自晚唐以来儒学复兴的趋势，到北宋中叶以后已经演为时代的潮流。士人从儒学中汲取泉源，针对时世现实，提出他们种种主张。他们不仅关心政治，也关心社会。由于士人对社会的关心，使得民间的济贫活动有进一步的发展。

宋代士人关怀社会对济贫活动所产生的影响，首先表现在家族内。家族间的贫富相恤不仅常见，而且在北宋中叶创立了影响久远的义庄制度。此一制度为范仲淹于庆历（一〇四一～一〇四八）、皇祐（一〇四九～一〇五三）年间所创。而他之所以用禄赐之余购置田产，创立义庄以赡养宗族，是因为他自觉宗族无论亲疏，都源出于同一祖先，富贵者对贫困的族人有经济上的责任。由于义庄有固定的田产作长久的经济来源，因此在家族的赒济上能发挥比较长远的作用。自从范仲淹创立义庄之后，此一措施逐渐为人所仿效。北宋的家族义庄见于记载者尚少，不过数族而已；至南宋日渐普遍，见于记载至少已有四十族之多。这些义庄的创立人有许多仍然是官宦，以俸禄之余购置田产，但是其中也有一些虽然曾读书求仕，却未曾仕宦，他们购置田产的资金显然另有来源。更重要的一个变化是赡给对象的缩小。按照范仲淹手订的义庄规矩，居住于苏州的族人，每人在食米、衣料和丧葬嫁娶上都可以获得一定数量的补助。可是后来有些义庄已将赡给对象限于贫困族人，而非像范氏义庄一样逐房计口均给（注三三）。从宋代以来，义庄制度已经成为中国家族制度的一个重要环节，直到晚清，仍然常见（注三四）。

范仲淹并没有为义庄的创设追溯儒学的渊源，但是受范仲淹影响而走向儒学的理学家张载，却已在他所倡的新宗法中，强调经济上对族人的均给（注三五）。将儒学与社会之间的关系推拓得更广的，是张载的《西铭》。这篇文字将儒家所讲的仁，从抽象的观念推论到具体的社会上，由人类生自天地而与天地为一体出发，畅论人与社会的关系："民吾同胞，物吾与也"，"尊高年所以长其长，慈孤弱所以幼其幼"，"凡天下之疲癃残疾茕独鳏寡，皆吾兄弟之颠连而无告者也"。这篇文字深受二程与朱熹所推崇，文中所描绘的人人各遂其所生的社会蓝图，已成为理学家所共有的理想（注三六）。在这样的理想下，贫富之间的赒恤自然不能只限于家族之内，而应该向外推广到其他没有血统关系的贫苦同胞。这种想法，成为宋代一些士人从事济贫活动的一个重要动力（注三七）。

虽然在理论上讲，对天下所有人都应该付出关怀，但是民间的济贫活动在见诸实施时，由于能力的限制，究竟不能不以乡里为范围。宋代一些地方上的士人，常以本身的财力，在平常或饥荒时，对贫民赈粮、施药、施棺，因而获得乡民的信赖与尊敬，感念他们仁恕之心，而称之为长者。一些比较富有的家庭，常能在灾荒中照顾邻里一二千家。他们的行动，有时更促使一些原本迟疑的富家加入赈济的行列，受惠的人于是更多（注三八）。士人个别的济贫活动固然常见，也有一些活动是以群体合作的方式进行。南宋时期，刘宰在镇江府金坛县所推动的赈饥活动，便是例子。刘宰是一位辞官居乡的士人，热心于地方公益活动，先后于嘉定二年（一二〇九）、十七年（一二二四）、绍定元年（一二二八），三次与人合办大规模的粥局。其中第一次前后施赈半年，受惠者最多时每日达四千人；第二次前后施赈五十六日，受济者最多时每日达一万五千人；第三次则先后施赈三个月，受济人数不详。嘉定十七年的粥局留下了捐助者的姓名与身份，在六十名左右的参预者中，大多数是有官称、官职或以求学、应举为业的士人，其他一部分为邑人，僧道有二人。不仅这一次，三次合众力而成的粥局，无论倡议、组织或出资，士人都在其中扮演了重要的角色（注三九）。

刘宰和同乡士人合作进行的赈济规模虽大，却只是临时性的。在其他一些地区，则已有了例行性的共同赈济，而其中有士人参预。吉州永新县的一些富家，每遇灾荒、疾疫，分工合作进行赈恤，“某家发廪，某家给薪刍，某家药病者，某家瘗死者”，因此少有饿殍。谭孚光是参预这项活动的一人，他的祖父曾累举入官，伯父曾登进士第，自己勤于学而切切于教子，两个儿子均贡于朝，长子更曾任官。文天祥也曾记载他在吉州庐陵县的乡里，住了一千多家，文家“常年家中散米一日，不收钱”，其他富家“以次接续赈粜，可及三十日，隔一日粜，可当两月”，当地也因此少有饥荒。南宋晚期官宦杜范在嘉熙元年（一二三七）春天，从京师回到家乡台州黄岩县，看到乡中人士所订的义约，“其悯穷恤死，庶几古者同井相扶持之意”，杜范因此加入。这一义约，应以长期性悯恤乡里贫困民众为目的（注四〇）。以合作的方式长期负起济贫的责任，所发挥的作用自然要比临时性的活动来得更大。

宋代士人所参与的乡里济贫措施，更具制度性的，则是社仓。社仓之制，一般认为创自朱熹，实际在朱熹创立社仓稍前，他的同门好友魏掞之已先于绍兴二十年（一一五〇）有类似作法。当时魏掞之在建宁府建阳县长滩铺设仓，以谷米赈贷农民，但是遇歉收才发廪，不收息。朱熹所创设的社仓，大略仿效魏氏的规模，仅在贷放收息的方式上小异，二人且曾讨论彼此的优劣。乾道四年（一一六八），朱熹居于建宁府崇安县开耀乡，因遇灾荒，由府中拨给常平米六百石，赈贷乡民，到冬天乡民缴还所借米谷，朱熹便以这六百石米为贷本，创立社仓。每年在春、夏农民粮食缺乏时贷放米谷，到秋收后加二分之息收回。这项措施，纾解了农民在青黄不接时的经济困难。当时和他合作的，都是开耀乡当地的乡居官员、士人。到淳熙八年（一一八一），社仓经营十分成功，所收息米，除用于建仓之外，并将原来拨自府中的六百石米归还。十余年间，已累积息米三千一百石，因此朱熹将贷放的方式加以改变，不再收二分之息，每一石米只收耗米三升。由于行之有效，他在这一年上疏请求朝廷推广于全国。此后经由朱熹门人和理学同道多年在各地致力推行，社仓的设置日益普遍（注四一）。

日益普遍之后的社仓，有官府所设和民间所设的分别，而民间所设的社仓，大多是由地方的士人出资设立。这些社仓有些出自一家或一族之力，例如建昌军南城县贡士包扬的学徒吴伸、吴伦兄弟，发家谷四千斛，响应设仓；隆兴府武宁县田伦、田佐兄弟、侄子田可简及家族子弟，取法朱熹之意，聚谷米六百石作贷本，称为希贤社仓。也有些不限于一家一族的力量，而由地方人士共同合作。例如淳熙十六年（一一八九），袁州萍乡县成立九所社仓，便是由县中士人钟咏、彭公修等多人分别主持事务、提供贷本；合州巴川县士人景元一等设立社仓，则是合二十家之力而成（注四二）。即使是官府出资设立的社仓，也常延请地方士人参与管理，仍然具有部分民间组织的性质（注四三）。总之，社仓不仅具有制度性，也提供了机会，让地方人士以合作的方式，长期为乡民解决生活困难。从南宋以后，具有民间性质的社仓已成中国仓储制度的骨干之一，延续到晚清仍受重视（注四四）。

民间群体性的济贫活动，要到宋代才比较常见；民间制度性的济贫措施，也要到宋代才完全确立。而当时参与济贫活动的士人，固然有官宦，但是也有许多人未曾仕进。宋代士人积极从事济贫活动，除了为求实践人人各遂其所生的社会理想外，也并非没有现实考虑的动机。他们有人是为了获得政府的旌赏，有人是顾虑身家的安宁，也有人期望借由赈施种德，以求泽及子孙（注四五）。不过义庄和社仓两项制度的建立，显然都有士人的理想作为动力。而这两项制度，自从在宋代建立以后，均一直延续到近代，对中国社会有深远的影响。元代以后，士人仍然在民间济贫活动中扮演重要的角色，并且在明清时期推动建立新的民间济贫组织，包括同善会、普济堂、育婴堂（注四六）。但是明清时期民间济贫活动的新特色，却是商人的参与。

五、商人对济贫活动的支持

从宋代以后，商业有比较大的进展，商人在社会中所扮演的角色日益重要，商人参与民间的济贫活动，也早在宋代就已开始。南宋中期明州的一位边姓商人，原本读书，由于科场失利，改而从商。致富之后，对于宗族中的贫乏者，“月必馈之，贷久不偿，置而不问”。不仅对族人如此，对地方公益也很关心，“修頖宫、建义庄、济饥民之类，又皆乐不靳”（注四七）。南宋晚期的临安，是一个商贾会聚的地方，“数中有好善积德者，多是恤孤念苦，敬老怜贫”，对于买卖不利的同行，每每以钱周济，或是协助料理身后之事（注四八）。不过宋代商人在这方面的活动并未特别引人注目，到明清时期，随着商业的进一步发展，商人已成为民间济贫活动的重要支持力量。

上述南宋边姓商人的出身，反映出士、商交流的历史趋势。士人阶层扩大，入仕的管道相对缩小，大多数士人无法达成仕进的心愿，为了家庭的生活，必须设法另谋生计，在商业日益繁荣的环境里，从商是选择之一。经商如果有成，也可以有足够的经济力量，支持子弟回头来读书。这种士、商交流的现象，在宋代已经常见（注四九），到明、清时期更加明显，士、商两个阶层间的界线日渐模糊。在这种情况下，商人经由各种方式，吸收了士人原有的道德理想，是很自然的事。清代沈垚甚至这样说：“然而睦姻任恤之风，往往难见于士大夫，而转见于商贾”，是否难见于士大夫姑且不论，转见于商贾则确是事实（注五〇）。除了来自儒家道德的社会责任观外，福报观念也是推动明清民间慈善活动的重要思想动力（注五一），这种观念无疑具有宗教的根源，和佛教的福田思想有关，也和宋代以来的道教伦理思想有关（注五二）。明清的商人行会一般均供奉神明，甚或设于庙宇内，和民间宗教关系密切（注五三）。而明清以来的民间宗教，已经是佛、道、儒三教的结合。儒家的责任观念和佛、道两教的福报思想，自然也有可能经由商人的信仰，而对他们的行为发生影响。

明清时代商人在恤贫上的表现，有些方面是继承了宋代士人所建立的传统。譬如热心于捐置族产，赡济贫困族人，便是其中之一。明代徽州商人、清代广州商人，都有在经商致富之后捐置义田或蒸尝田的例子（注五四）。义田固然有赡族的功用，蒸尝田的租入除供作祭祀经费外，有时也用来济助贫困的族人。在清代的苏州府，也可以看到商人对于义庄的支持。当地见于记载的一百六十七所义庄中，除去五十五所创建人身份不详外，明确记载为商人所建的有五所，为贡生、监生所建的有二十五所，为捐封官所建的有二十九所。由于清代富商常捐钱买贡生、监生或官员的头衔，所以实际为商人所建的义庄要远超出五所之上（注五五）。晚清广东香山县商人徐润在晚年自叙对家族的贡献，"修谱、建祠，虽值艰窘，次第举办，不惜也，独义庄一事，有志未逮，不无缺憾"（注五六）。可以想象，为赡济族人而建立义庄，是一些商人富裕之后的一项心愿。

在乡里的济贫活动方面，明清商人也承袭宋代士人已有的表现。不过他们并不限于关心自己的家乡，对于于经商所在之处，也付出同样的热诚。不少徽州黟县商人，在黟县家乡，及景德镇、吴城镇、汉口镇、汉阳、宜兴、浙江等地，从事捐款、平粜、施粥、施药、施棺、助葬等义举（注五七）。商人也从事大规模的赈饥活动，清初徽州商人程休如在扬州主持粥厂，赈济饥民达到七十多万名（注五八）。规模这样大的赈济，自然应该还有其他人参与。清朝中叶，台湾鹿港郊商林文浚的领导赈饥，更明显是出自商人们的合作。嘉庆二十一年（一八一六）春夏之交，米价骤涨，饥民劫粮，林文濬率领殷富郊商，实施平粜，设厂施粥，沿海居民全活者以万计。晚清台湾郊商合力赈灾的事实，更是屡见不鲜。清代台湾商人的合作济贫，也见于助葬。当时台湾各地的义冢，有不少得力于郊商的捐助，其中最有名的，是鹿港的敬义园。敬义园创于乾隆四十二年（一七七七），林文濬的父亲林振嵩和鹿港的泉、厦郊商都曾捐资购地，并且以赢余款项，购置店屋、土地，用来出租，从泉、厦郊中选择老成之人为董事办理，逐年以所收租入，作为敬拾字纸、收敛遗骸、施舍棺木、修造义冢桥路之用。林文浚和他的第五子林廷璋，又先后在嘉庆二十年（一八一五）和道光十三年（一八三三），倡率郊商，捐资扩充。鹿港郊商经营敬义园，显然是有组织的，而且是长期性的（注五九）。

地方上的仓储制度，也获得商人的支持。清朝制度，乡村设社仓，城镇设义仓，两者都具有民间组织的成分，只是在设置地点上有所分别。雍正四年（一七二六），两淮盐商曾捐谷本三十万两，在扬州设置盐义仓，由商人管理，以后并且推广到近灶各地和山东票盐行销区（注六〇）。盐义仓的设置出自官府的推动，但是在谷本和管理方面，都具有民间的性质。政府试图运用商人的财富，来解决平时的粮食问题，并非只有盐义仓一个例子。乾隆十年（一七四五），就有官员提出建议，劝谕汉口的盐、当、米、木、花布、药材六行及各省会馆，随资力大小，各建义仓，选择客商为义长经理，储米以备平粜，如果行之有效，进一步推广于各市镇（注六一）。政府对于商人在济贫活动上这样倚重，是宋代还不曾见到的事。至于设在乡村的社仓，也有商人奉献力量。徐润于光绪七年（一八八一）从上海返回故乡北岭乡，和乡中亲族父老商议兴善举十余事，其中之一就是创建社仓。各项善举的费用，原本议定由徐润和乡中众姓分别认捐五成，但到后来几乎全由徐润一人负担（注六二）。这件史实显示商人对于家乡公益活动的贡献，而乡村社仓建立于商人财富的基础上，大概也不会只有北岭乡是如此。

明清时代制度性的民间济贫活动，并不只于沿袭自宋代的义庄和社仓。从晚明到盛清，同善会、育婴堂、普济堂等济贫组织先后在各地出现，延续到清末民初，仍然在社会中扮演重要的角色。这些组织原本是由民间组成的，即使到清朝盛世，政府的力量介入其中，这一类慈善机构仍然只是披上官督的外衣，而没有丧失民办的特色（注六三）。最早推动这些制度性慈善活动的，是晚明的士人，但是商人随即加入。育婴堂的兴起，是商人贡献力量的一个明显例子。最早的一个育婴社，出现在明末扬州。扬州是盐商聚集的地方，其中有不少出身士人，喜好行善，以善人闻名，闵象南是其中之一。他在清初和友人再次发起收容弃婴的育婴社馆，共同出资维持。此后这所育婴堂的经费，也一直仰赖商人的捐献。除了府治所在的这所育婴堂外，扬州辖下高邮、仪征的育婴堂，也同样得力于商人的经济支持。普济堂起源于明末士人所创的施药局，到清代发展成施医、施药兼收容贫民的机构。同善会在晚明原本是士人藉通俗演讲劝人行善的组织，到清代活动重点已转移到济贫活动本身，性质和普济堂相近。而普济堂的经费，也多得自商人的捐献（注六四）。商人之外，士绅在清代也一直是这些组织的维持力量之一，但是这时士、商之间的身份已日渐混淆（注六五）。直到清末，舟山的育婴公产和同善会等善举公产，台湾各地的育婴室，仍然多出自绅商的捐助（注六六）。

不能忽略的，是清代的工商业组织会馆、公所，也发展出自己的恤贫制度。会馆、公所这方面的发展，一方面是本于同乡、同业的相互关怀，另一方面也是受到明末以来普济堂等慈善事业的影响。会馆、公所恤贫的对象，是同业中年迈或身故的贫困伙友。通常由组织成员缴纳的公积金中，按月酌给膳金，有病时为之延医治疗，身后则为之备置寿衣、棺木，暂葬义冢（注六七）。但是商人组织的恤贫，也不全限于同业的伙友。清代台湾的贸易商人组织称为郊，台南北郊、南郊、糖郊三郊合组三益堂，主事称为值签，值签所掌事务，有事上、接下之分。而所谓接下，则包括“赈恤、修筑、捐金、义举、以及各郊行调处诸商事”，亦即参与社会上的公益事务（注六八）。前述鹿港郊商林振嵩祖孙三代致力于赈饥、助葬，便都是结合其他郊商的力量共同完成。由于郊的组织有这样一个功能，所以当日本据台时期，鹿港各郊先后衰落之后，泉郊继续以其残存财产，举办地方施贫恤孤等公益事业，并演变为办理社会救济事业的财团法人“鹿港金长顺善邻会”，一直延续到台湾光复以后（注六九）。

明清时代的商人，一方面延续了宋代士人所建立的一些济贫制度，另一方面也推动了一些新制度的发展。他们所以能够在济贫活动中扮演重要的角色，经商所获得的财富自然是一个因素。值得注意的，是宋代士人所创建的义庄、社仓，济助的对象比较偏向于乡间，而明清商人所推动的育婴室、普济堂等新机构，却主要设置于城镇。这自然和商人的活动地点有关，但这并不表示他们完全不关心乡间的贫穷救济。从宋代到明清所建立起的各项济贫制度，至民国初年仍然存在（注七〇），然而随着时代的变迁和战乱的频仍，已渐趋衰微。此后商人虽然没有停止对济贫活动的支持，但是宗教慈善事业的复兴，在当代却更引人注目。

六、当代宗教慈善事业的再兴

从宋代以来，佛教慈善活动在声势上虽已消退，但从未中断。在明末育婴堂兴起以前，寺庵甚至是收容弃婴孤儿的主要处所（注七一）。不过当代宗教慈善事业的再兴，却发轫于晚清的天主教与基督教会。当时来自欧美的传教士，常在中国兴办医院、孤儿院、救济院等机构（注七二）。这些努力，在民国初年获得进一步的发展。而教会所以积极从事慈善工作，一方面是基于宗教本身对于社会的关怀，另一方面也由于这些工作有助于传教（注七三）。除了兴办慈善机构之外，教会也积极投入中国的灾荒救济工作。光绪二年（一八七六）起，华北发生了连续几年的大旱灾，赈款除了来自本国人民的捐献外，也得力于外国人士的捐募，其中包括了天主教与基督教会，而传教士李提摩太在筹募赈款方面，尤其扮演了重要的角色（注七四）。民国九年，华北又发生大旱，一些救灾团体组成华洋义赈会，运用主要来自国外的赈款，进行赈济。而外国传教士与基督教青年会人员，对推动华洋义赈会工作，提供了重要贡献（注七五）。

天主教和基督教在华的活动，对于本地原有的宗教不能不产生刺激。佛教在清末民初正处于低潮期，一方面本身日趋腐化，另一方面也面对社会上来自各方的反教风潮。在这处境恶劣的时刻，一些僧侣出而谋求佛教的复兴，其中表现最出色的，是出身于南京毗卢寺的太虚法师。太虚办刊物、推动佛教教育，以积极的行动来振兴佛教，同时也提出他对佛教发展方向的主张（注七六）。而太虚所提示的佛教主要发展方向，可以说就是人间佛教。这种想法，无疑是受到基督教社会事业的影响而产生的。太虚认为，佛教必须立足俗世，深入民间，改良社会。僧侣既应参加生产，也要从事病院、慈幼院、养老院、残废院、赈济会等社会服务工作（注七七）。这一个主张，显然要将佛教导引往经由慈善事业来壮大的方向。对于佛教来讲，这并不新颖，只是重返南北朝以来佛教所曾走过的路途。但是太虚的心愿，在他的生前并没有达成，一直要到台湾光复以后，才有机会实践。

台湾光复初期民间规模较大的慈善活动，主要仍由基督教会运用国外的经费来进行。基督教儿童福利基金会和台湾基督教国际救济会，是比较重要的两个机构。基督教儿童福利会原名中国儿童福利会，一九三八年创立于美国，在中国的广东、福建两省设立了许多育幼院，收容在战乱中无家可归的孤儿。二次大战结束后，这个机构服务的对象扩大到其他各国，同时改了新的名称。从一九五〇年起，基督教儿童福利会在台湾展开育幼收容工作，以后又扩大扶助贫困家庭的儿童（注七八）。台湾基督教国际救济会成立于一九五五年，为美国基督教国际救济会和美国信义宗救济会所共同支持，主要工作是将美国基督教募捐来的粮食、衣物，分给台湾有需要的民众，并且办理紧急灾害的救济。从第三年起，又根据美国四八〇法案第三章，运用美国剩余物质，展开大规模的贫民救济，并且资助慈善机构。到一九六一年，改名为台湾基督教福利会（注七九）。随着台湾经济的逐渐改善，这两个基督教福利团体的活动不再仰赖国外的支持，而依靠台湾本地的捐助（注八〇）。除了基督教之外，天主教也一直默默做着社会服务的工作，佛教证严法师所以决定投入济贫事业，就是在一次谈话中受到天主教修女的影响（注八一）。

当台湾基督教会社会福利经费转由本地募集的同时，台湾的民间寺庙和佛教僧尼也积极参与社会福利活动。这一个发展，不仅显示台湾的经济能力已能承担自身的社会福利需求，也显示了本地社会责任意识的振起，慈善工作不必靠外人来推动。近年来民间寺庙由于信徒施舍，多有丰足的收入，这些收入除用于修建庙宇外，有相当的一部分用作社会慈善救助。有些县份的社会福利事业所以有好成绩，便是靠寺庙的捐款。除了捐款，寺庙本身也会做一些济助贫困、慈幼养老的工作（注八二）。至于佛教僧尼的投入社会事业，最引人注目的是女尼证严在花莲所创的慈济功德会、僧人星云在高雄所创的佛光山事业、圣严在台北所创的法鼓山事业。他们的事业各有不同的重心，慈济功德会以社会救济为主；佛光山的事业涵盖较广，除了慈善工作之外，教育文化工作也是重心；法鼓山则以教育文化工作为主，但是也没有放弃慈善工作。他们三人都以个人的魅力，吸引了众多的追随者，形成有组织的团体，在社会上享有盛誉（注八三）。值得注意的，是他们在师承上和太虚之间的关系。圣严的师父东初是太虚同窗智光的弟子，证严的师父印顺是太虚的弟子，星云则曾在焦山佛学院研读，而焦山正是智光、东初曾经驻锡之地（注八四）。他们的行动受到太虚人间佛教理想的影响，应该是很明显的。

由于证严所创的慈济功德会以救济事业为主，所以应稍加讨论。慈济功德会于一九六六年成立于花莲，最初称为佛教克难慈济功德会，只是证严的三十位主妇信众，每天从菜钱中存下五角，作为基金，从事济贫救世的工作。四年后，随着工作的日渐扩大，成立了佛教慈济慈善事业基金会，由信仰与志业的结合，而走向制度化。功德会工作的推动采“委员制”，凡秉持佛陀慈悲之心，有志于“济贫教富”工作者，都可以加入义务性的委员行列。他们的工作主要包括劝募善款，调查低收入户，及慰问急难灾户、病患。会务很快就从花莲扩展到整个台湾。捐款的会员和参预工作的委员，也日益增多，已不再限于家庭主妇，而是涵盖了社会各阶层，甚至各种不同的信仰。不过妇女仍然在其中扮演重要的角色，部分男性成员所以积极参与活动，是由于受到妻子感化的关系。有时甚至由于主妇的启导，而使得一个家庭的上下几代都加入。善款收入在功德会初创的第一年不及三万元，二十年后一年的收入已经上亿。巨额的收入，用于慈善、医疗、教育、文化四大志业，但慈善仍然是所有工作的核心，而慈善工作又一直维持以贫穷和急难救济为主。最近几年功德会的组织又扩大到海外，而救济活动也伸展到大陆、亚洲和美洲的一些国家（注八五）。近三十年的发展，慈济功德会在台湾各个以慈善服务为宗旨的团体中，已独树一帜，获得社会最大的重视。

总之，慈济功德会虽然是佛教所推动的慈善事业，但是已经结合了工商界和知识界的力量，他们的支持不仅是金钱方面，也包括策划和宣传方面。而功德会的历史，也显示台湾在经历借助外国力量来解决贫困问题之后，民间不仅有能力自助，而且还能助人。这样的发展，自然以台湾民间工商业的发展为契机。由于民间工商业的发展，使得台湾多数家庭的经济环境逐渐改善，于是一方面社会上需要接受济助的贫户日渐减少（注八六），另一方面一般家庭也能有节余用作慈善捐助，因而在集腋成裘后，有余力于从事本地贫穷救济之外，进一步去援助其他地区。工商业的发展，也使得社会处于高度竞争的状态，人际关系逐渐疏淡；而生命的无常，又使人感于终日忙碌所求得的名利享受，只是过眼云烟。在这样的环境下，以道德为号召的宗教活动打动了台湾许多人心（注八七）。慈济功德会的活动正好触动人们需要彼此关怀的本心，于是在社会各阶层都吸引许多人投入参与。

七、尾语

中国历史上民间的济贫活动，自古至今，从未中断，而在不同的时期，有不同的特色。官宦士人、各种宗教、工商人士以及一般民众，都曾在济贫活动中贡献过他们的力量。不过在汉末以前，虽已有经常性的活动，究竟仍以个别的行为为主。群体性与制度性的济贫活动，在南北朝、隋唐时期已现端倪，到宋代以后，获得更重要的发展。近代以前中国社会上重要的济贫制度，义庄、社仓成立于宋代，同善会、育婴堂、普济堂及商人组织内的赒恤制度，则成立于明清。这些制度成立之后，一直延续到民国初年，仍然存在，但是也渐趋衰微。当代台湾则已追随世界潮流，宗教界与工商界所组成的各个慈善基金会，制度性地支持了民间济贫活动。由于台湾的贫民逐渐减少，这些基金会服务的对象也扩大到社会上各种弱势人群。

但是民间的济贫活动，仍然是在政府的治理下进行，因此不能不讨论政府与民间济贫活动间的关系。两者间的关系，大致可以这样说，民间济贫活动的兴起，在某种程度上，和政府在这方面的能力不足，或是政府的救济机构出现弊端有关；而民间济贫活动的扩大和延续，也要仰赖政府的协助、支持；如果民间济贫组织发生弊端，则会引起政府的介入或干预。南宋的社仓，是一个可以用来说明这些关系的例子。宋代原已有官设的常平仓和义仓从事粮食赈济，可是这两种仓储均置于城邑，而且常被挪作其他用途，对于偏远农村中的农民无法照顾，所以朱熹才要在乡里中创立社仓，发挥扶助农民的功用。然而社仓最初只设于建宁府的乡间，所以能够推广成为一种普遍的制度，有赖于后来朱熹上疏朝廷，请求颁发诏旨周知各地，以及一些地方官响应推行。民间经营社仓既久，弊端渐生，最主要的问题是主持人徇私，贷予私人，农民反而不蒙其利，徇私的结果，又造成贷而不偿，亏损仓本。针对这种弊端，真德秀在潭州便用官米来设置社仓，同时分派官员和地方士人共同管理，并且建立士人管理职务的任期制度（注八八）。

民间济贫活动和政府间的这些关系，自然不只表现于南宋的社仓，在其他时期和其他活动中也常可见到。其中最重要的关键，在于政府是否愿意让民间济贫活动存在。政府愿意，民间才比较有活动的空间。否则就要像盛唐时期三阶教的无尽藏一样，遭到扼杀。不过三阶教的无尽藏也许是特例，历代政府尽管有介入民间济贫活动的时候，大多仍会维持这些组织的民间性质。南宋以后的社仓，清代的育婴堂、普济堂都是例子。而更多的时候，政府会对民间济贫活动加以鼓励。例如北齐时代河北范阳的赈济组织“义”，便有二百多名成员获得政府给予免役的奖赏（注八九）。范氏义庄也被历代政府视为有补世教的榜样，予以蠲免差徭或其他优恤（注九〇）。至于历代政府在灾荒时，以赏赐官爵或其他方式的旌奖，鼓励富民捐粮赈饥，则更为常见（注九一）。所以如此，主要的原因应该是政府了解本身能力的限制。即使在现代，政府拥有比从前更多的资源，也受要求对社会福利负担更大的责任，在台湾仍然可以看到政府有关人员经常强调，要鼓励民间参与社会福利事业，并且对寺庙和各个宗教团体在这方面的贡献，不断给予表彰（注九二）。

总而言之，在中国历史上，政府大多能够支持或鼓励民间从事济贫活动，虽然有介入或干预的时候，却很少扼杀。从另一个角度看，民间从事这方面活动的人士，也必须个别或群体具备相当的经济基础，才有能力进行。政府给予民众活动空间，民间也有意愿和能力去照顾经济境遇较差的人群，在中国历史上原有悠久的传统。这一个传统在当代台湾仍然存在，也应该会延续到将来。让民间发挥充沛的活力，对社会或对政府都有好处。

（宣读于“传统社会与当代中国”学术研讨会，北戴河，联合报系文化基金会、中国社会科学院历史研究所合办，一九九五年八月。）

注释

注一：即使到抗战前，据比较保守的估计，中国贫穷人口尚占全国人口的一半以上。见柯象峰《中国贫穷问题》（南京，正中，一九三五年）页七三～七四。

注二：见方清河《汉代的灾荒》（《史原》第七期，一九七五年）。罗彤华《汉代的流民问题》（台北，学生，一九八九年）页一九九～二〇九。

注三：见金中枢《宋代几种社会福利制度——居养院、安济坊、漏泽园》（《新亚书院学术年刊》第十期，一九六八年）。又王德毅师《宋代灾荒的救济政策》（台北，中国学术著作奖助委员会，一九七〇年），对这类措施均有讨论。

注四：见罗彤华《汉代的流民问题》页二〇八～二〇九。王德毅师《宋代灾荒的救济政策》页一四〇～一四四。

注五：有关仓储制度见刘翠溶《清代仓储制度稳定功能之检讨》，《经济论文》第八卷第一期（一九八〇年）；吕士朋《明代预备仓之研究》，载《“中央研究院”第二届国际汉学会议论文集·明清与近代史组》上册（台北，“中央研究院”，一九八九年）页一二三～一三五。有关养济院见盛清沂《清代本省之一般贫困暨行旅救济事业》(《台湾文献》第二十一卷第四期，一九七〇年)；蒋武雄《明代之养济院》(《中国历史学会史学集刊》第十九期，一九八七)页二三七～二五二。有关以工代赈见杨联陞著、陈国栋译《侈靡论——传统中国一种不寻常的思想》，收入杨联陞《国史探微》(台北，联经，一九八三年)页一六九～一八八。

注六：见杜正胜《编户齐民——传统政治社会结构之形成》(台北，联经，一九九〇年)页一三四、一九六～二〇六。

注七：见邢义田《汉代的父老、僤与聚族里居》，收入邢义田《秦汉史论稿》(台北，东大，一九八七年)页二一三～二四六。

注八：西汉文帝时，晁错曾经上疏，述及商人兼并农民之情状；武帝时，董仲舒也曾上疏，述及井田之制破坏后，“富者田连阡陌，贫者无立锥之地”的现象。他们两人的言论，为人所熟知。

注九：见同注七。

注一〇：班固《汉书》(王先谦《汉书补注》本)卷八十九《朱邑传》。

注一一：《汉书》卷一百上《叙传上》。

注一二：范晔《后汉书》(王先谦《后汉书集解》本)卷二十七《宣秉传》。

注一三：《后汉书》卷三十一《郭伋传》。

注一四：《后汉书》卷二十六《韦彪传》。

注一五：《后汉书》卷二十四《马防传》。

注一六：见刘增贵《从碑刻史料看汉末士族》，收入傅乐成教授纪念论文集编辑委员会《傅乐成教授纪念论文集：中国史新论》（台北，傅乐治，一九八五年）页三二一～三七〇。

注一七：《后汉书》卷二十七《王丹传》。

注一八：《后汉书》卷二十四《马援传》。

注一九：《汉书》卷九十二《原涉传》。

注二〇：吴永猛《中国佛教经济发展之研究》（台北，文津，一九七五年）页七～九。刘淑芬《北齐标异乡义慈惠石柱——中古佛教社会救济的个案研究》（《新史学》第五卷第四期，一九九四年）。

注二一：黄敏枝《唐代寺院经济的研究》（台北，台湾大学文史丛刊，一九七一年），对魏晋到唐代佛教寺院的经济基础有详尽讨论。

注二二：见全汉昇《中古佛教寺院的慈善事业》（《食货半月刊》第一卷第四期，一九三五年）。黄敏枝《唐代寺院经济的研究》页三八～三九。

注二三：见黄敏枝《唐代寺院经济的研究》页七六～八〇。吴永猛《中国佛教经济发展之研究》页二四～二七。

注二四：见黄敏枝《唐代寺院经济的研究》页八〇。

注二五：见刘淑芬《北齐标异乡义慈惠石柱——中古佛教社会救济的个案研究》。

注二六：见同注二五。

注二七：北朝、隋唐时期又有称为义邑的佛教信徒团体，成员也可多达数百人，但是以宗教活动为主。见镰田茂雄著、郑彭年译《简明中国佛教史》（台北，谷风，一九八七年）页一四三、二〇八。

注二八：见同注二十五。

注二九：见黄敏枝《唐代寺院经济的研究》页三七～三八。

注三〇：见黄敏枝《唐代寺院经济的研究》页一三〇～一三三。

注三一：见方杰人师《宋代佛教与遗骸之收瘗》，收入方杰人师《方豪六十至六十四自选待定稿》（台北，方豪，一九七四年）页一五九～一八九。黄敏枝《宋代佛教寺院与地方公益事业》，收入黄敏枝《宋代佛教社会经济史论集》（台北，学生，一九八九年）页四一三～四四二。

注三二：有关士人阶层的扩大，可以从参加州郡解试的人数不断增加的趋势观察出来。参见拙作《南宋的贡院》（载于本书下册页八二五～八六四）。

注三三：见清水盛光著、宋念慈译《中国族产制度考》（台北，中华文化事业出版委员会，一九五六年）页三六～四四。拙作《南宋的农村经济》（台北，联经，一九八五年）第五章第三节。

注三四：见清水盛光著、宋念慈译《中国族产制度考》页一二五。刘铮云《义庄与城镇——清代苏州府义庄之设立及分布》（《"中央研究院"历史语言研究所集刊》第五十八本第三分，一九八七年）。

注三五：见盛清沂《试论宋元族谱学与新宗法的创立》，载《第二届亚洲族谱学术研讨会会议记录》（台北，联合报文化基金会国学文献馆，一九八五年）页九七～一五九。

注三六：见拙作《南宋的社仓》（载于本书下册页一〇七三～一一一三）。

注三七：例如南宋时曾业进士的许大宁，据其子所述，

“用力于求仁深矣”，遇有哄抬米价者，“为之诵《西铭》”，饥荒赈济，“不问远近，一之以《西铭》”。见程敏政《新安文献志》(《文渊阁四库全书》本）卷九十一载许月卿《友仁先生许公圹记》。又南宋士人所撰的社仓记，常引用《西铭》中民胞物与的理论。见同注三六。

注三八：见拙作《豪横与长者：南宋官户与士人居乡的两种形象》(载于本书下册页一一一四～一一六六)。

注三九：见刘子健《刘宰和赈饥》，收入刘子健《两宋史研究汇编》(台北，联经，一九八七年）页三〇七～三五九。

注四〇：见同注三八。

注四一：见同注三六。

注四二：见同注三八。

注四三：见同注三六。

注四四：见刘翠溶《清代仓储制度稳定功能之检讨》。

注四五：见同注三八。

注四六：见梁其姿《十七、十八世纪长江下游的育婴堂》，收入中国海洋发展史论文集编辑委员会《中国海洋发展史论文集》(台北，“中央研究院”三民主义研究所，一九八四年）页九七～一三〇。梁其姿《明末清初民间慈善活动的兴起》(《食货月刊》第十五卷第七、八期，一九八六年)。

注四七：袁燮《絜斋集》(《聚珍版丛书》本）卷二十《边用和墓志铭》。据原案，此文标题有误，所志实为边用和之幼子。又文中所说的“建义庄”，并非指边氏的家族义庄，而是明州地方人士为济助贫穷官宦后人而成立的义庄。

注四八：吴自牧《梦粱录》(《知不足斋丛书》本）卷十八《恤贫济老条》。

注四九：见拙作《南宋城居官户与士人的经济来源》，收入本书，下册，页九一〇～九九二。

注五〇：见余英时《中国近世宗教伦理与商人精神》(台北，联经，一九八六年）页九七～一〇〇、页一〇七～一一七、页一二九～一三六。

注五一：见张秀蓉《清代慈善事业之意理研究》(《中山学术文化集刊》第二十六集，一九八〇年)。

注五二：从宋代以来流行的道教善书《太上感应篇》，表现了道教善恶报应的伦理思想。见郑志明《太上感应篇的伦理思想》，收入郑志明《中国善书与宗教》(台北，学生，一九八八年)。

注五三：见刘广京《近世制度与商人》。此文为余英时《中国近世宗教伦理与商人精神》一书后序。

注五四：徽州商人的例子见傅衣凌《明代徽州商人》，收入傅衣凌《明清时代商人及商业资本》(台北，谷风，一九八六年)。广州商人的例子见谭棣华《论珠江三角洲的族田》，收入谭棣华《广东历史问题论文集》(台北，稻禾，一九九三年)。

注五五：见刘铮云《义庄与城镇——清代苏州府义庄之设立与分布》。

注五六：徐润《徐愚斋自叙年谱》(台北，食货，一九七七年）页二〇五。

注五七：许多这类人物的事迹，见于谢永泰《同治黟县三志》卷六下《人物志·孝友篇》。“中央研究院”

历史语言研究所于一九九三年四月主办以《中国家族与社会》为主题之国史研习会，陈国栋讲《由明清商人传记论其家族、社会之关系》，提供了这份资料。

注五八：见梁其姿《明末清初民间慈善活动的兴起》。

注五九：见卓克华《清代台湾的商战集团》（台北，台原，一九九〇年）页一八〇～一八一、一八六。

注六〇：见冯柳堂《中国历代民食政策》（台北，古亭，一九七〇年）页二一一～二一三。

注六一：贺长龄《皇朝经世文编》（台北，国风，一九六三年）卷四十载晏斯盛《请设商社疏》。

注六二：徐润《徐愚斋自叙年谱》页五十八～六十。

注六三：梁其姿《清代慈善机构与官僚层的关系》（《"中央研究院"民族学研究所集刊》第六十六期，一九八九年）。

注六四：见同注四六。

注六五：见同注六三。

注六六：见李国祁《中国现代化的区域研究：闽浙台地区，一八六〇～一九一六》（台北，"中央研究院"近代史研究所，一九八二年）页五八七。卓克华《清代台湾的商战集团》页一七九。

注六七：见邱澎生《十八、十九世纪苏州城的新兴工商业团体》（台北，台湾大学文史丛刊，一九九〇年）页九十、一一三～一一五、一三二～一三四。

注六八：见方杰人师《台南之"郊"》，收入方杰人师《方豪六十至六十四自选待定稿》。

注六九：见方杰人师《鹿港之"郊"》，收入方杰人师《方豪六十至六十四自选待定稿》。

注七〇：范氏义庄据抗战时期日人天野元之助在苏州的调查，尚仍存在，见近藤秀树《范氏义庄の变迁》（《东洋史研究》第二十一卷第四号，一九六三）。社仓、义仓在民国初年尚有存者，见郎擎霄《中国民食史》（台北，商务，一九七〇年）页二〇二。育婴堂、普济堂、各种善堂及会馆等机构的救济活动，在当时也不乏见，见柯象峰《社会救济》（上海，正中，一九四七年）页九四～九六、一〇三；小佐正子《民国期上海の都市社会の慈善事业》（《史学杂志》第一〇三编第十号，一九九四）。

注七一：见梁其姿《十七、十八世纪长江下游的育婴堂》。

注七二：此类事实，"中央研究院"近代史研究所出版之中国现代化区域研究各书，多有列举。台湾的情况和大陆相同，咸丰九年（一八五九）已设有天主教孤儿院一所；同治（一八六二～一八七四）年间，英国长老会教士马雅各在台南传教，加拿大长老会教士马偕在淡水传教，均从事义诊，其后扩充为医院。见盛清沂《清代本省之一般贫困暨行旅救济事业》。

注七三：见查时杰《民国基督教会史（一）》（《台湾大学历史学系学报》第八期，一九八一年）。小佐正子《民国期上海の都市社会と慈善事业》。

注七四：见何汉威《光绪初年（一八七六～一八七九）华北的大旱灾》（香港，中文大学）页一四六。

注七五：见川井悟《华洋义赈会と中国农村》（京都，同朋舍，一九八三）页二九。

注七六：见中村元等著、余万居译《中国佛教发展史》（台北，天华，一九八四年）上册，页五二八～五二九。

注七七：见杜正胜《太虚人间佛教论——近代中国佛教复兴运动的一环》（《幼狮月刊》第三十七卷第一期，一九七三年）。

注七八：见郭东曜《基督教儿童福利基金会的社会工作员正在做什么？》（《张老师月刊》第四卷第四期，一九七九年）。

注七九：见《社会福利机构简介：台湾基督教福利会简介》（《社会建设》第十一号，一九七一年）。

注八〇：见同注七八、七九。

注八一：见洪素贞《福田开拓者，心莲播种者——证严上人简史》，载王端正总策划《慈济年鉴（一九九二）》（台北，慈济文化，一九九三年）。修女对证严说："天主教的博爱是为全人类，我们在社会上建教堂、盖医院、办养老院，你们佛教有吗？"

注八二：见宋光宇《台湾民间信仰的发展趋势》（《汉学研究》第三卷第一期，一九八五年）。

注八三：见王顺民《宗教福利服务之初步考察：以"佛光山""法鼓山"与"慈济"为例》（《思与言》第三十二卷第三期，一九九四年）。

注八四：星云之出身及东初、印顺之师承，见中村元等著、余万居译《中国佛教发展史》中册，页六二二～六二三、页一〇六三～一〇六四。

注八五：有关事实，据魏永竹《花莲"慈济功德会"述略》（《台湾文献》第四十卷第二期，一九八九年）。杨歆《“慈济功德会”缘起》，载王端正总策划《慈济年鉴（一九九二）》页三～十六。卢蕙馨《佛教慈济功德会“非寺庙中心”的现代佛教特色》，载《寺庙与民间文化研讨会论文集》下册（台北，“行政院”文化建设委员会，一九九五年）。

注八六：台湾在一九五一年合于政府救济标准的贫民超过七十六万人，一九六七年减至六十八万余人，一九七三年大幅降低至二十二万余人，目前低收入户则为十二万余人。如果考虑到这段期间台湾的人口成长，贫民在总人口中所占比率降低的趋势更为明显。贫民及低收入户人数据张炳楠《台湾社会福利简史》(《台湾文献》第十八卷第四期，一九六七年)；李锺元《台湾地区的贫穷问题》(《社会建设》第二十二号，一九七五年)；及《“中央”日报》一九九五年六月二十五日之报道。

注八七：见同注八二。

注八八：见同注三六。

注八九：见同注二五。

注九〇：见清水盛光著、宋念慈译《中国族产制度考》页七四～七七。

注九一：历代此类事实的简略叙述，见邓云特《中国救荒史》（台北，商务，一九七〇年）页三〇〇～三〇一。

注九二：这类文字，翻阅政府有关单位出版的《社区发展》《社会福利》等刊物常可看到。

中国社会史教学有关宋代的讲题

笔者自一九八四年起，在台湾大学历史系担任中国社会史课程。最初两年与杜正胜先生合开，由杜先生讲授上学期，笔者讲授下学期，其后有几年的时间由笔者一人讲授全学年，最近两年又与杜先生合开。笔者设计此一课程时所考虑的因素，除了与杜先生商量，求其前后衔接外，还有以下几点：第一，自社会阶层与社会结构观察，所见的重要历史问题；第二，每一个时代的问题，求其尽可能承前启后，可以看出历史的延续与变迁；第三，个人比较熟悉的题材，讲起来较能得心应手；第四，有稍多的研究成果可以供教学准备及学生研习的参考，而且在图书馆中较易找到，或在书店中较易购得。基于以上的前提，笔者设计了一个全学年二十八个讲题的讲授大纲，由于受到个人研究范围的影响，讲授的内容难免有偏重宋代的倾向，二十八个讲题中，有十三个或多或少牵涉到宋代。

这十三个讲题包括：一、“佛教社会力量的发展与限制”，二、“南北社会中心的转移”，三、“科举社会的成立与逆转”，四、“茶盐专卖制度的演变与私贩的猖獗”，五、“宋元的土地分配与租佃制度”，六、“宋元的农业经营与农民生活”，七、“宋元乡里组织的演变”，八、“宋元城市社会的兴盛”，九、“宋元的工商组织与工商资本”，十、“新家族制的形成与发展”，十一、“社会福利与互助”，十二、“身份制的复兴”，

十三、“秘密宗教团体的活动”。这些讲题并非全部每年都讲，而是视时间的多寡作选择性的讲授，若是遇上放假的时间较多，其中有几讲如“茶盐专卖制度的演变与私贩的猖獗”“宋元的农业经营与农民生活”就会不讲。

上列讲题，大多以某一历史趋势或某一历史现象为主题，而不以时代为间隔，但是其中也有几个标明以宋元时代为限。这几个标明以宋元时代为限的讲题，实际也并非全与其他时代不生关系，如果将它们放在全学年的讲授大纲中看，仍然可以看出历史上前承后启的脉络。如“宋元的土地分配与租佃制度”“宋元的农业经营与农民生活”两讲，往上可以与“均田制的演变与破坏”一讲发生关连，往下可以与“明清租佃制度的演变”一讲发生关连，将这几讲放在一起看，显现出土地由国家分配到私人持有、租佃制度扩大、耕地经营零细化、租课由分租到额租、以及佃权长期化与多层化等趋势，前两者到宋代而定型，后三者则开始于宋代而全盛于明清，宋代在这些变化中均具有重要的地位。又如“宋元城市社会的兴盛”“宋元的工商组织与工商资本”两讲，往上可以与“古代城市的性质”一讲发生关连，往下可以与“明清的工商活动与商人地位”一讲发生关连，将这几讲放在一起看，也显现出城市政治性质减少而商业性质增加、工商业者在社会中所扮演的角色提升、工商组织规模扩大等趋势，以及政府对行会组织施加控制、工商资本累积有所限制等特色，而宋代在上述趋势的演变中都居于关键性的地位，上述特色也从宋代开始就清楚的表现。只有“宋元乡里组织的演变”一讲，前无所承，后无所启，有待补足。当初要讲这一讲，主要是由于自己对宋代史事所知稍多，了解到役法与保甲法对宋代乡里组织所造成的影响，也稍知元代的社制在功能上虽然与宋代的乡里组织未尽相同，但是两者的弊端却有相似之处。可是对于宋代以前与元代以后的乡里组织所知有限，无法分别组成一讲来谈，因而出现前后无所关连的缺点。

其余各讲，大体上都已在该讲内，就其主题讨论到宋代与其前或其后的时代关连。从各讲内容看，这项关连可以分为几种不同的类型。第一种类型是，所讲课题在宋代以前属于重要趋势，到宋代相关现象虽仍存在，但已趋于衰退，“佛教社会力量的发展与限制”可以归入这一类型。在这一讲里，从汉代佛教传入讲起，而重心则在于，自南北朝到唐代佛教社会力量的巨大发展，以及政府对佛教的控制构成其发展的限制。最后讨论到宋代，指出宋代佛教寺院虽然在许多地区仍然拥有众多的田产，经营比从前种类更多的工商业，也继续从事各种社会福利活动，但实际上，宋代佛教的社会力量比起前代来已经衰退。衰退的迹象表现在以下几方面：首先，政府对寺院、僧人的干预和管理都比唐代更为加强；其次，寺院的免税、免役特权逐步遭到削减，甚至要负担一般民众所没有的征课；还有，寺院的权益遭到高官家庭的干预，也遭到富家的侵犯；最后，为寺院耕种田地的众多农民，已是具有独立身份的佃户，而不隶属于寺院。

第二种类型是，历史趋势开始于前代，到宋代更为显著，成为定型，构成此后社会的一项特色，“南北社会中心的转移”“科举社会的成立与逆转”“茶盐专卖制度的演变与私贩的猖獗”三讲可以归入这一类型。在“南北社会中心的转移”这一讲里，讨论的时间范围自隋至元，而重点则放在唐、宋两代，指出古代的社会中心在北方，经过长期的演变，到唐代安史之乱以后，无论就户口升降或产业消长两方面看，南方的重要性都逐渐凌驾于北方之上。不过唐代中叶以后，尽管南方在人口和产业两方面都已显示出超越北方的趋势，可是在人才方面仍然是北方全盛的局面。直到宋代以后，南方人才的优势才确立，而社会中心也就完全转移到南方来。“科举社会的成立与逆转”这一讲，前与“门第势力的形成与衰落”一讲相关连，而后可与“明清士绅的社会地位”一讲相衔接。内容上，从唐代科举制度兴盛后，世族与寒人政治势力的交替讲起，指出门第势力的衰退在唐代仍相当缓慢。而宋代不仅特别注重科举考试，同时印制术也已推广，教育机会又比唐代扩大很多，知识传布比较普遍，平民子弟才更有能力参预考试竞争，科举考试因此成为塑造宋代社会性质的一项重要因素。科举社会的特色，是社会上下阶层的流动性较以往增加，这一方面意味平民子弟仕进的机会大增，另一方面也由于牵制皇帝的世族力量消失，君权在无形中大为提高。至于所谓的逆转，是指的元代政府的高位由少数蒙古贵族所垄断，同时一般儒士入仕甚难，宋初以来的发展因而中断，但是宋代所塑造的社会型态已经根基稳固，到蒙古势力退出中原，历史的发展又回到科举社会的旧路。“茶盐专卖制度的演变与私贩的猖獗”这一讲自唐代讲起，不过制度讨论的重点却放在北宋时期茶、盐引法的成立，及明代由盐官专卖引法转为盐商专卖引法。这一讲与社会史较为密切的部分，是关于私贩猖獗的讨论，指出由于专卖的实施而使得私贩有利可图，自晚唐以来，禁不胜禁，私贩者甚至结为集团，成为社会动乱的根源之一。

第三种类型是，某些社会组织与措施在历史上由来已久，却从宋代开始有了新的特色，“新家族制的形成与发展”“社会福利与互助”两讲可以归入这类型。“新家族制的形成与发展”一讲，讨论的是门第社会破坏而科举社会成立之后，新的平民化家族型态，时间范围自宋至清。这种家族制度，一方面承袭以往家族制度的传统，另一方面也具有一些新的成分。在内容上，分别从族谱、义庄、祭田、族长与家长、家产、婚姻与妇女地位几方面去讨论，其中平民化的族谱、济助族人的义庄以及为祭祀祖先而设立的祠堂，均起于宋代，尤其关乎新家族制的特色。不过自宋至清这一段漫长的时间里，家族结合的标准也非全无改变。北宋时期由于新兴的士人家族多不详其远祖，所以论家族的结合常以五世为断，家族的规模较小；此后时间既久，族谱编修发达，族人的联系愈来愈广，元、明以来，往往溯其远祖，不再限于五世。至于有关族长与家长、家产、婚姻与妇女地位几方面的讨论，则可以看出宋代以来族长、家长的在家族中的权威及其限度，家中成年男女对于家产所享有的权益，社会结构改变所导致的婚姻态度变化，以及妇女地位逐步低落的趋势，妇女地位的走向低落，一般认为宋代是关键性的时代。“社会福利与互助”一讲分成两大部分，一是仓储，一是养老、慈幼、疗病、助葬等措施。前者从汉代一直讲到明清，后者则主要从宋代开始讨论。宋代以前，社会福利措施除了官府的仓储制度之外，主要是佛教寺院所从事的社会救济活动。而宋代的特色，则一方面在于政府除了重视仓储之外，又积极的从中央到地方推动各项养老、慈幼、疗病、助葬等社会福利措施；另一方面在于寺院以外的民间社会福利活动开始有较大的发展，最具体的例子是朱熹所倡设的社仓，获得了各地士人的响应，广为设置。这两项特色，在宋代以后仍然继续延续并扩大，以前者而言，起自宋代的养济院、漏泽园等设施，到明清时期仍然到处可见；以后者而言，民间所从事的社会活动到明清时期更广更多，除了士人之外，也有商人参加。

第四种类型是，宋代与其前后时代的特色，有比较明显的差异，“身份制的复兴”可以归入这一类型。这一讲前与“身份制的盛行”一讲相呼应，“身份制的盛行”所谈的是自古以至唐代的奴婢，以及汉末至唐代的部曲，这两类身份固定不变的人群，盛见于魏晋南北朝，至唐代已渐见减少；而“身份制的复兴”所讨论的则主要是自金、元至清的奴婢制度，和元、明两代的职业世袭制，由于宋代一般讲来，社会已经没有身份固定不变的人群，所以将金、元时期这种现象的重现，称之为复兴。为了说明身份制的复兴是边疆民族进入中原之后的新发展，所以这讲在讨论金、元奴隶制度之前，先讨论宋代的情况，指出宋代社会中几乎已经没有终身不具自由身份的奴隶，民间大户人家中的奴婢、僮仆、女使，虽然常被视为贱民，其实只是预先支付雇值的长期雇佣人，他们与主人签定契约，服役有一定的年限，与金、元时期的奴婢有所不同。

最后一种类型则是，宋代只是历史长期发展中的一个阶段，本身并没有特别引人瞩目之处，但是其中的一些发展却对后来有很大的影响，“秘密宗教团体的活动”可以归入这一类型。这一讲涵盖的时间甚长，从南北朝以来盛行的弥勒教说起，谈到唐宋时期流传的摩尼教，再谈到元、明、清三代盛行的白莲教，最后谈到明清时期流传的罗教。其中牵涉到宋代的，是弥勒教、摩尼教与白莲教。弥勒教与摩尼教在宋代仍流传不绝，摩尼教活动尤其多见，但两者都与动乱发生关连，遭到政府的压制，潜入地下活动，吸引基层民众，到元末与白莲教互相结合，成为反元的重要力量。在元朝以后大为盛行的白莲教，则是起源于南宋初年念佛忏悔的宗教团体白莲菜，参加者也多是乡里小民，由于这个团体发展太快，引起政府的疑惧，将其与摩尼教一样称之为吃菜事魔，而加以取缔，这个团体的活动自然也就潜入地下。至于到了元代以后会有那样大的发展，成为数百年间安抚贫困民心或是掀起社会动乱的一股重要力量，自然是南宋初年白莲菜初兴时所不能料及。

上述讲题，讲授时一方面作史实的归纳、分析与比较，另一方面也印发史料给学生阅读，较短的史料摘录编成讲义，较长的史料则直接自原书影印。两者互相配合，从各个不同的方向说明宋代社会与其前后时代的关连，帮助学生自多方面了解中国社会长期变迁中宋代的地位。不过若想在中国社会史课中对宋代社会有比较充分的了解，讲授的内容显然有不足之处。第一，仍然有未能将宋代的问题放在整个中国社会史脉络里讨论的地方，例如前述“宋元乡里组织的演变”一讲。第二，有关宋代的许多问题，仍然没有谈到。例如在宗教团体方面，讨论了佛教，也提到了弥勒教、摩尼教与白莲菜，但是影响宋代社会生活颇大的其他民间信仰，还有道教，都完全没有谈到。又如有关婚姻的讨论，只限于士人家庭对于联姻对象态度的转变，而对于当时社会通行的婚姻习俗，则未提及。与此相关的，是妇女只放在家族中谈，讲的太少，而家庭中的人伦关系更完全没有说明。其他如食、衣、住、行、育、乐等社会生活，四时节庆、养生送死等社会礼俗，还有军人的社会地位及其生活，民间武装自卫组织的社会意义，都付之阙如。第三，对于宋代在中国社会史中的地位，只能从各个讲题中作不同角度的观察，而缺乏一个整体的讨论。

这些缺陷的存在，有多方面的原因。参考文献的缺乏，是原因之一。例如一般民间信仰与道教，如果单就宋代社会本身而论，其重要性也许要超过弥勒教、摩尼教与白莲菜。但是后者由于牵涉到白莲教起源的问题，久受学界的注意，有比较多的研究文献可以参考；而宋代道教的研究成果却多是探讨其与宫廷的关系，要想找一篇从社会生活的角度去讨论宋代道教的论著，极为不易，如果不凭研究成果，而直接从《夷坚志》等宋人记载去搜罗讲授资料，那不仅耗时费力，而且很难说得清楚明白。其次，笔者本人学力与组织能力的不足，也是原因之一。不仅前述宋元乡里组织的讲授有此问题，其他一些值得重视的宋代社会现象，如何放在整个中国社会史的脉络中来讨论，让学生明了这些现象在长期历史中的持续与变迁，常自感力有未逮。再次，上课时间的限制，也是一个原因。如果想要在课堂上对某些课题作比较深入的讲授，就不可能面面俱到，笔者目前的课程设计是以每周三小时的课讲一个讲题，能讲的课题有限，即使如此，有些问题已经自嫌讲得简单，例如前述的妇女问题，就是一例，因而不愿再牵扯到更多的课题。还有，讲授时必须权衡各个时代的轻重，也是一个原因。笔者的讲授大纲中，二十八讲内牵涉到宋代的已有十三讲，而十三讲中又有五讲以宋代为主体，已难免有过分强调宋代之嫌，若是将宋代社会讲得更加周详，岂非轻重不分？考虑到这一点，也就不敢将讲授内容过分扩充。最后，所以无法对宋代在中国社会史中的地位作整体的讨论，原因在于笔者的教学方式并非划分断代来讲授，而是大部分讲题均以专题的方式来讲授，各讲的排列虽然多少有时代先后的分别，但是每一个专题的内容常牵涉上下不同的时代，也就比较难有机会对一个时代的历史地位作整体的讨论。

尽管有这些原因，前述的缺陷究竟还是存在，有待自己设法去克服，也期望得到师长、前辈们的指点，以及学友们的切磋，使这门课中有关宋代部分的讲授能够有所改进，让学生获得更多的益处，也使自己能够教学相长。

（原刊于《宋史教学研讨会论文集》，

台北，台湾大学历史学系，一九九三年四月。）

从《读书杂志》到《食货》半月刊

——中国社会经济史研究的兴起

一、前言

中国社会经济史作为中国史学的一门专史，兴起于抗战前十年间，而其兴起则与现实的政治论争有关。一九二七年，中国国民党在北伐途中实施清党，终止与中国共产党的合作，逐出中共党人，中共面对这样一种险峻的形势，内部有发展路线的争论。就共产党所依据的马克思主义来讲，革命的性质和历史发展的阶段是密切相关的，于是由发展路线的争论进而争论中国社会性质的问题，又再进而争论中国社会史发展的分期问题。参加这一场所谓“中国社会史论战”的，除了中共内部不同的派系之外，也有一部分国民党人。

中国社会史论战的高潮，在一九三一年《读书杂志》创刊之后出现（注一）。这份刊物由王礼锡主编，在第一期就刊有“中国社会史的论战”专栏，然后到一九三三年为止，又先后出过四辑“中国社会史论战”专号，每一专辑都有几十万字，专号以外各期也刊有一些论战文字。第一辑在出版之后仅十日就已销尽两版，接着又印第三版，至少印到第五版（注二）。可见当时社会对此一问题的关注，“中国社会史”作为一个历史研究的范畴，也自此为知识界所认知。由于在马克思的历史阶段论中，社会形态的划分是以生产力和生产关系为基础，所以当时对于中国社会史的讨论，实以经济为主要内容。《读书杂志》创刊时曾设置神州读书会中国社会史研究组，研究范围的第一项就是“中国经济史的发展”（注三）；王礼锡在《中国社会史论战序幕》的第一句话说：“关于中国经济性质问题，现在已经逼着任何阶级的学者求答复。（注四）”胡秋原在读了《中国社会史论战》专号第一辑后，在给编者的信中，也说自己最近准备写一篇《中国社会经济史轮廓》（注五）。实际上，在这两年多前，陶希圣在《封建制度抑资本主义》一文中，已经使用了“中国社会经济发达过程”的词句（注六）。

这一场论战虽然以“史”为题，但是却以改变当前的现实为目标，政治的性质远大于学术的性质。同时参加论战的人都运用马克思的理论来探讨中国历史，而他们对于这一项理论的认识，以及这一项理论应该如何与中国历史结合的看法，却互不相同，甚至针锋相对，这显然是引起争论的重要缘由之一。其中一部分参战者，经过反省之后，发现马克思的历史阶段论并非放之于四海而皆准的真理，要把握中国社会历史的特性，必须从中国本身的史事与史料下手，脚踏实地去研讨问题。陶希圣主编的《食货》半月刊在一九三四年十二月一日创刊，代表了这一个转向（注七）。这份刊物的封面有“中国社会史专攻刊物”的副题，不过陶希圣在创刊号的“编辑的话”及封底内页的“食货学会会约”中，都使用了“中国经济社会史”的名称，《食货》刊名所要说明的就是“社会的基础和历史的动力是经济”（注八）。这份刊物出到第六卷第一期，在抗战爆发后停刊。陶希圣多年后回忆，《食货》半月刊的销路始终不大，而且有 60% 在日本，而其影响则比销路大些（注九）。所谓影响，亦即他在另一篇回忆中所说的“转变此一部门之学风，亦是无可否认之事实”（注一〇）。

《读书杂志》和《食货》半月刊两份刊物的先后出刊，是抗战前中国社会经济史研究兴起的重要契机，此一契机对中国社会经济史研究来讲：既是发展，也是转变。所谓发展，是指经过这两份刊物的讨论。中国社会经济史逐渐成为史学界所接受的一门专史；转变则是指这门专史在《读书杂志》中成为焦点，原本出自于政治现实的争论，而《食货》半月刊则将其转而导引往学术的方向。这项改变，学者已曾指出（注一一），但是在过程与脉络上，仍然可以作较为细致的讨论，本文希望能在这方面增进学界对此一问题的了解。

二、社会史论战中的理论演绎

中国社会史论战的主要争议，是中国当前究竟是封建社会或资本主义社会，以及中国历史上的社会阶段依据马克思的理论应该怎样划分。这是一个源于马克思历史阶段论的问题，而参战者也几乎都认为，讨论此一问题必须以唯物史观与唯物辩证法为依归。正如王礼锡在《中国社会史论战序幕》中所说：“这不能不使一般有思考工具——唯物史观——的人，沉入更深刻的思考，从行动动向的怀疑，而考察社会的动向；从社会的动向，而考察社会的本质；从社会的本质，而就流动中考察社会的史的生成。坚认其行动的绝无错误者，亦从这步骤与方法去作他们的辩护。”“在中国社会史的论战里，都是唯物内部的斗争，……各方都是以唯物辩证法为武器。（注一二）”于是参战者多以马克思的理论来解释中国的史实，引用马克思的著作及阐释马克思理论的论著来作为立论的依据。不仅引用，而且是长篇大幅地引用，孙倬章在《中国经济的分析》文中曾引用长达五页（注一三）。李季在《对于中国社会史论战的贡献与批评》文中，特别以“马克思对于经济发展分期的指示和亚细亚生产方法的内容”为题，立了长达七页的一节。用了“指示”一词，足见作者认为马克思的理论对于问题的讨论有无比的重要性，也因此在这一节的末尾，作者表示在对马克思的意见“既认识清楚”之后，才“进而讨论中国经济发展的各时期”（注一四）。有些作者还开出了历史唯物论的古典著作或唯物史观、各国革命史的书单，建议有志参加论战之士应该先去阅读（注一五）。而在“中国社会史论战”专号第四辑的第一篇文章，主题竟不是中国的历史，而是《马克思的社会形式论》，这正显示马克思的社会形式论对于这场论战所具有的指导地位。就如李季在前引文中说，要解决争议，除必须具有充分的社会科学常识外，第一个条件就是要“深切了解马克思主义”（注一六）。

《马克思的社会形式论》所以会出现在“中国社会史论战”专号第四辑中，应该是由于经过一段时间的论战，却发现各人对于中国历史上社会阶段划分的不同，原因之一竟是对马克思理论认识的差异，于是不能不对马克思的社会形式论作比较完整的讨论，而不只是片言只语的引述。所以作者季雷在文末说：“要正确的了解马克思关于社会形式而特别是关于东方社会的学说，然后才能把握住杂乱无章、五花八门的中国社会。（注一七）”怎样才是“正确的”了解马克思的理论，确是论战中最基本也最令人困扰的一个问题。王礼锡在《论战第二辑序幕》中，一开始便引述一位读者的信，这位读者表达他在读第一辑之后的烦闷：“论战中各人都以自己是唯物的，他人全都是唯心的；自己是辩证的、他人全都是机械的”；到了文末，王礼锡说：“如果谁把握了正确的唯物辩证法，谁就能解答中国社会形式的史的发展如何？中国现在是怎样的一个社会，并且还可以解答‘中国的改革路向如何？我们应当怎样走？’”而在“这一辑中，方法论依然成了主要的争辩，依然各自以为把握‘唯物辩证法’的武器”（注一八）。可见要“正确的”了解马克思的理论，实在是一件困难的事。即使自一九一九年《新青年》出版“马克思号”专刊，李大钊等人撰文介绍唯物史观以来，马克思主义在中国传播已有十几年（注一九），马克思及其诠释者的一些著作已翻译或改写为中文（注二〇），而参加这场论战的人又有许多是留苏、留日、留德归国的学生，可以看到更多的马克思主义文献（注二一），然而他们对于如何“正确的”认识与运用马克思理论仍然有着很大的歧见。其实他们所以有歧见，根源之一正是由于他们是从苏联、日本或德国回国的留学生，特别是人数较多的苏联和日本，因为相关问题的争论有相当的成分就源自这两个国家，而苏联斯大林派与托洛茨基派的对立尤其是关键（注二二）。

“中国社会史论战”专号刊载的一些著述，不仅如上引一位读者和编者王礼锡所言，争辩如何才是“正确”地了解马克思主义，而且有时这种争辩竟成为著述的重点甚或主题。例如孙倬章在《中国经济的分析》文中，先是几次批评别人“不自觉地陷于反马克思列宁主义而立于小资产阶级的民粹派的地位”“修正了马克思主义”“只算是机械的唯物论，不是辩证法的马克思列宁主义者”，然后又以题为“机械唯物论的经济学批判”的一长节，指责“中国现在的马克思主义经济学者，无论封建经济派，无论资本主义派，都不免陷于机械的唯物论”（注二三）。由于胡秋原在与编者的通信中，批评孙倬章自己正犯了机械论的毛病，孙倬章撰文辩驳，题目是《秋原君也懂马克思主义？》；胡秋原以《略覆孙倬章并略论中国社会之性质》回答，称对方是“冒牌的马克思主义者”，而重点则在于辨明唯物辩证法与唯物史观的关系，以及应该如何应用于欧洲与中国的历史（注二四）。李季在《对于中国社会史论战的贡献与批评》文中，先是指出陶希圣和朱其华两人在争论时，都征引马克思的学说做理论的根据，而所得的结论却完全相反；然后又以九页的篇幅，批评陈邦国不懂马克思的历史阶段论；再以长达八十页的篇幅，批评郭沫若对于马克思的经济发展公式及其所依据的摩尔根学说“了解极不充分”，甚至“完全错误”（注二五）。为反驳李季的批评，陈邦国发表《“关于社会发展分期”并评李季》，这篇文章分两次才刊完，主题就在于如何了解马克思的社会发展分期学说才确当，以及这项学说要如何应用到中国历史上才切合实际（注二六）。有些文章在作这一类争辩时，派性十分明显。例如张横《评陶希圣的历史方法论》一文，认为“陶希圣的唯物论在本质上不是真正的唯物论”，而这“正反映他所代表的派别底社会背景”（注二七）；朱其华的《动力派的中国社会观的批判》，刘苏华的《唯物辩证法与严灵峰》，余沈的《经验主义的，观念主义的和马克思主义的中国经济论》，则都是站在干部派的主场，批评托洛茨基派修正、曲解、不懂马克思主义，而严灵峰是这三篇文章的共同箭靶（注二八）。

这样的争辩，其实只是争辩应该如何将马克思的历史阶段论套用在中国历史上，中国历史本身并不是争辩的主体。正如王宜昌所说：“在一九二七年以来，人们都利用着历史的唯物论研究所得的结论作为根本的指导原理，而将中国史实嵌进去。（注二九）”中国史实不过是“嵌进”历史唯物论公式的材料而已。由于主体是历史唯物论，所以如何“正确的了解马克思关于社会形式而特别是关于东方社会的学说”，才会成为这场论战中的一个基本问题。对参战者来讲，只有这个问题获得解决，才能确定中国历史上那一时期可以镶嵌入马克思所讲的那一个社会阶段。而季雷所谓东方社会亦即亚细亚社会的争议，正是历史唯物论才是论战主体的最好例证。马克思站在欧洲人的立场看历史，提出亚细亚生产方式及建筑在这种生产方式上的社会形态，作为历史演进的一个阶段，含义并不明确。然而中国社会史论战的参战者，以中国人的身份，竟也为中国历史上是否有“亚细亚社会”，以及这一个社会应该相当于中国历史的那一时期，而作激烈的争辩（注三〇）。

由于争论主体是历史唯物论，所以在论战中对于史实的征引与讨论明显不足，尤其以自秦汉至晚清之间的二千年为甚。对于这一段长时间，大多数争论者视之为一个没有明显变化的历史阶段，其社会形态有各种不同的意见，或称之为亚细亚的社会，或称之为封建制度，或称之为商业资本主义社会，或称之为前资本主义社会，或称之为专制主义。性质虽然不同，其缺乏变化则一，但是为什么会有这样长的一个不变的社会？面对这一个问题，王礼锡称之为“谜的时代”（注三一）。这几种说法中，前两种都明显出自马克思的历史阶段论，后三种则是发现从封建社会到资本主义社会的历史阶段演变，无法和中国历史密切吻合，而提出过渡阶段的观点。商业资本主义与前资本主义的名称固然很清楚，所谓专制主义，则是指商业资本与封建经济的结合支持了专制政权，这些实际都是为了能让马克思的历史阶段论适用于中国历史而作的修正，三种说法也都可以从马克思及其诠释者的著作中找到依据（注三二）。一方面由于认为这样长的一段历史缺乏变化，另一方面也由于对这段历史的史料与史实认识有限，所以论战的各方都甚少涉及。

在《读书杂志》所刊载的社会史论战作品中，讨论得最多的是近代和古代。近代的问题焦点是当时的社会究竟是封建势力或资本主义势力占优势，但不论持那一种看法，都可以把近代以前的社会视为封建社会。例如以封建势力在当时仍然占着强大优势的朱新繁（即朱其华）说：“我们还可以从事实上理论上证明在春秋战国以后，一直到帝国主义入侵中国（十九世纪四十年代开始）以前，中国依然是一个封建国家，封建制度并没有破坏。”而主张当时资本主义在中国已有相当程度发展的孙倬章，也同样说：“中国数千年都处于黑暗的封建势力之下，封建势力异常浓厚，……在帝国主义未入侵以前，资本主义未发展以前，中国的经济，当然是建筑（按：当是封建之误）经济，即自给的自然经济，和家庭手工业的经济占优势。（注三三）”两人对于近代以前的历史，都轻轻以“封建”一词带过。

有关古代的讨论则以郭沫若的著作为争议的中心，有几篇甚至形之于题目。例如周绍溱的《对于“诗书时代的社会变革及其思想的反映”的质疑》一文，质疑杜衎（郭沫若）对于奴隶制与封建制的历史阶段划分，而引据方岳（陶希圣）的说法，认为由于商业资本的发展，封建制度在战国以后已经破坏（注三四）。王伯平的《中国古代社会研究之发轫》以指出郭沫若《中国古代社会之研究》一书内容的错误为主题，而以瓦解其历史分期系统为宗旨；王伯平又撰有《易经时代中国社会的结构》，则旨在批判郭沫若的《周易的时代背景与精神》，认为《易经》时代不是由原始共产社会向奴隶社会推移的过渡时代，而是由氏族社会向封建社会推移的过渡时代（注三五）。李麦麦的《评郭沫若底“中国古代社会研究”》指证郭沫若对中国历史发展阶段及其变革过程认识的错误，认为秦朝建立并不代表封建社会的确立，而是适应商人的要求开始了专制王权（注三六）。另一些论及古代的作者，如陈邦国、王宜昌、李季、杜畏之、熊得山、梁园东、王礼锡、胡秋原等，则以讨论郭沫若的观点为其文中的重点或重点之一（注三七）。这些作者，尽管对郭沫若的历史分期方式有所批评，但是他们大多和郭沫若视春秋以后至近百年前为封建制的观点相似，不认为秦汉至晚清间的历史有明显的变化。例如陈邦国、王伯平都接受俄人拉狄克的说法，认为封建社会在东周时已因商业资本的发展而崩溃，但是秦以后的商业资本未能转为工业资本，而是走向土地投资和高利贷，造成了历史的长期循环；周绍溱引据陶希圣的说法，也认为春秋战国以后，封建制度已因商业资本的发展而破坏，由于有士大夫的身份阶级造成官僚政府，使得封建势力既没有完全消灭，也没有完全造成资产阶级的政府；杜畏之认为古代封建社会分解之后，继之以一个被历史拉长的过渡阶段，其中有封建关系、奴隶劳动，也有资本主义关系；梁园东认为秦汉以后至近百年间，既非商业资本主义社会，亦非封建社会，而是经济构造为“农村商业社会”的半封建社会；此外，李季、熊得山以前资本主义称呼这段长时期的历史，王礼锡、胡秋原、李麦麦则以专制主义或专制君主制称之。唯独王宜昌，不认为这一段历史没有明显的变化。

还有一些作品企图通贯中国历史全程，可是对秦汉至晚清间的一段大多着墨甚少。例如陈邦国所作的《中国历史发展的道路》，集中于封建社会和资本主义两部分来谈，封建社会发展的道路一部分讨论到汉高祖之后，跳到元代作简略的叙述便结束，资本主义发展的道路一部分，也只有寥寥数语述及近代以前中国商业资本对海外市场的探求，从秦以后到资本主义社会出现以前，就他看来既是“循环”，自然不必多谈（注三八）；李季在《对于中国社会史论战的贡献与批评》一文中，对于中国历史作了经济时期的划分，对他来讲，从秦到鸦片战争前也是没有变化的“前资本主义的生产方法时代”，接着在此文及两篇续篇中批评陈邦国、郭沫若、陶希圣等划分中国经济时期的方法，但在讨论秦汉至清代的部分中，所引的竟主要是秦以前的史料（注三九）；王礼锡支持自秦至清为专制主义社会的说法，可是以春秋战国和秦汉的史事论证了专制主义政权是地主资本与商业资本的结合后，即不见下文（注四〇）；梁园东讨论中国社会的各历史阶段，全文二十四页，秦汉以后的部分只有四页，而且只谈及秦汉，这应该也是由于认为此后社会的经济构造没有变化的关系（注四一）；胡秋原的《中国社会＝文化发展草书》原本计划写到鸦片战争以后，但是在《读书杂志》上只发表了上篇，写到春秋战国，王莽以前的部分见于《专制主义论》，六朝以前的部分发表于其他刊物，可是北朝以后的部分没有继续发表，他在《专制主义论》文中认为，中国专制主义的历史发展过程，是由暴动战争和蛮族入侵两种否定力量所造成的后退与反复（注四二）。对于秦汉至晚清间的史事讨论稍多的。只有熊得山的《中国农民问题之史的叙述》及其续篇、戴行轺的《中国官僚政治的没落》和王宜昌的《中国奴隶社会史——附论》《中国封建社会史》（注四三）。不过熊得山认为中国历史上纵有王朝兴亡，“而社会之停滞不前仍如故”，所述从秦汉到明末的历史，只是重复的农民暴动；戴行轺发挥陶希圣士大夫官僚阶级的观点，称秦至鸦片战争以前为封建社会与资本主义社会的过渡社会时代，官僚的命运与此时代相终始，亘此时代，他们都同具奴性与奴行，其罪恶导致一治一乱的循环不已。而两人对于这段期间的史事，又都有明显的误解或曲解（注四四）。也唯独王宜昌，对于中国历史的分期有比较特殊的看法。

在这段期间对于中国历史的分期有比较特殊看法的，除了王宜昌，还有陶希圣，他们都不认为秦汉至晚清间的历史缺乏明显的变化。王宜昌将周代至秦汉视为奴隶制度时期，五胡十六国到清末视为封建制度时期；陶希圣原本也强调商业资本的历史作用，又曾将这样长的一段称为前资本主义社会，但是在《读书杂志》所发动的论战期间，他的看法有所改变，认为西周是氏族社会末期，战国到后汉是奴隶经济占主要地位的社会，三国到唐末五代是一个发达的庄园经济时期，宋以后则确为先资本主义时期（注四五）。由于将历史的变化的时间划在五胡十六国时代，所以王宜昌深感人们“对于中世研究的不足”，以致于“从秦汉直到清末”这句话成为“千篇一律的图式”，他认为必须“从中国社会史研究本身发现中国社会史法则，来证明和发展历史的唯物论理论”（注四六）。他虽然仍肯定历史唯物论，却已认为必须以历史研究为本，这些话隐含了对于其他争论者以理论为本的批评。更清楚的批评则来自陶希圣，他想要逐朝逐代细看，如此则“从前把春秋以降乃至清代划入一个时期的办法便站不住了”。他自述看法所以有改变，是因为近来“材料较多一些”。也就是说见解应该依据材料来建立，而非公式，“用公式来收捺材料，这一方法最怕材料多。材料一多则公式主义便会崩溃”（注四七）。所谓公式，正是明指马克思的历史阶段论。

三、陶希圣的走向史料建设

陶希圣是社会史论战中的焦点人物，他对中国社会史的看法，则是论战中争议的一个中心。不过他对于社会史论战中理论演绎的偏失，在论战前期已有警悟。一九二八年底，他将一些参与论争的文字辑成《中国社会之史的分析》，准备出版，为这本书撰写绪论，谈到中国社会史研究的困难，对于春秋战国之际社会递嬗过程的问题，感叹“既没有可靠及充分的史料，又没有科学的采掘的考证”；而尤其困难的则是如何去认定春秋以前社会的性质，因为“更没有确证去考查”（注四八）。尽管收在这本书中的文章是论多于证，但是他显然已在强调对于历史过程的认识必须建基于史料之上。由于强调史料在社会史研究中的重要性，陶希圣对于如何运用论战中人们所热衷的理论，就有了特殊的见解。一九二九年秋天，他将另外一些参与论争的文字辑成《中国社会与中国革命》，在题为“如何观察中国社会”的绪论中，论及研究中国社会的几点弊病，第一点就是“因袭欧洲学者解剖欧洲社会所得的结论，而漫加演绎”。他认为“中国社会的各个要素，虽大抵与欧洲社会史上曾发现的各个要素，不甚悬殊，但自要素的结构来说，却自有特殊之点”。因此他反对抄袭欧洲社会的法则，但也不赞成完全拒绝欧洲社会所产生的社会学方法之应用（注四九）。反对任意演绎理论的立场，使得他知道要去重视具体的历史现象，去分辨史实的巨细差异，而不能随意以空洞的名词去涵盖历史。《读书杂志》创刊号登载了他和朱其华在一九三一年一月讨论中国封建制度何时崩溃的通信，他在回复朱其华的信中就以这样的看法作总结。这些言论都写于他尚在上海工作，而中国社会史论战仍未趋向高潮之前。当《中国社会史论战》第一辑出刊时，“编者的话”报道已经到北京大学任教的陶希圣，打算以后少写文章，多搜材料，因为他认为“丰富的材料才是犀利的战具，现在谁都感到缺乏材料的毛病”，编者加了一句按语：“北京图书馆是真够满足他这个要求了”。然而这并非陶希圣在一九三一年秋天到北平后突然的转变，而是早有迹象可寻。

陶希圣注意到史料的重要性，其实和当时中国历史学界的趋向正相呼应。中国社会史论战出自政治争辩，兴起于历史学界以外，而当时历史学界无论在理论、方法的讨论上，或在实际研究工作上，都已表现出对于史料作为史学基础的重视，而且这种重视无论在新传入的西洋史学或中国传统史学都可以取得根据。德国栾克（Leopold von Ranke）一派的史学，这时已经由法国朗格诺瓦（Charles V. Langlois）、瑟诺博司（Charles Seignobos）及德国班汉穆（Ernest Berheim）所著史学方法导论书籍的介绍，而传到中国来。一九二一年，梁启超在南开大学讲中国历史研究法，次年聚结讲稿出版成书，史料的性质、分类及搜集鉴别可以说是此书的一大重点，而且是在讨论过史料之后，再谈史迹的论次。而此书的内容，与朗格诺瓦、瑟诺博司二人合著《史学原论》一书的关系至为密切，受班汉穆所著《史学方法论》一书的影响也隐约可见（注五〇）。留学法国并曾亲聆瑟诺博司讲课的李思纯，于一九二三年返国任教于东南大学时，已将朗、瑟二氏著作译妥（注五一），并于一九二六年由商务印书馆出版。在这段时期对译介西方史学论著最有贡献的何炳松，在一九二七年写成《历史研究法》，在一九二八年写成《通史新义》，前书本于班氏及朗、瑟二氏的著作，后书则采自瑟诺博司另外一部名著《应用于社会科学上的历史研究法》。于此前后，班氏著作也由陈韬译出（注五二）。一九二〇、一九三〇年代各大学历史系，已多有史学方法或历史研究法一类课程，而常用班氏及朗、瑟二氏著作为教材，学生也有许多读过他们的著作（注五三）。新传入的西方史学方法建立起史料与历史研究的关系，即使提倡以社会科学研究历史的论著，也没有回避这种关系。早在一九二一年，何炳松翻译美国鲁宾孙（James H. Robinson）所著《新史学》，这本书提倡历史的观念应随社会与社会科学而同时变更，并认为马克思的理论尽管有滥用之处，却可以解释许多过去的现象；然而也肯定慎选材料与据实记载是十九世纪史学的重要贡献，虽然强调这只是史学的初步（注五四）。何炳松所著的《通史新义》，导言是“历史研究法与社会科学”，然后“社会史料研究法”和“社会史研究法”并列上、下两编，而构成本书两个基本部分。此书将马克思的理论视为社会史系统之一，而批评其只重单一因素的错误；又认为社会史研究易有错误通概的危险，因此较其他历史研究更必须了解史料的状况，而将研究限制于知识的可能范围中（注五五）。

在西方史学理论、方法传入的同时，中国传统史学也成为强调史料在历史研究上重要性的依据，特别是在时间上距离当时还不远的清代史学。胡适的《中国哲学史大纲》出版于一九一九年，第一篇“导言”旨在提出可靠的史料对于写作哲学史的重要性，指出要达到研究哲学史明变、求因、评判的目的，必须要先做审定史料与整理史料的述学工夫。审定史料须由内证与旁证着手，对于证据作这样的划分应来自西方史学；整理史料的方法是校勘、训诂与旁通，校勘与训诂固然是中国传统学术的名称，而他在这里也举出了一些清代朴学名家，称誉他们的成就。所以在所附的参考书举要里，既有朗格诺瓦、瑟诺博司合著的专书、《大英百科全书》中有关西洋校勘学的条文，也有王念孙、王引之父子和俞樾讨论校勘学、训诂学的著作（注五六）。在写于一九一九至一九二一年间的《清代学者的治学方法》一文中，他更明确地指出，“中国旧有的学术，只有清代的‘朴学’确有‘科学’的精神”，并且分别从音韵、训诂、校勘几方面举例，总括清代学者的治学方法只是大胆的假设、小心的求证两点（注五七）。胡适所以会从音韵、训诂、校勘等方面来论证科学方法的精神，实本于他在美国求学时所受史学训练而得的领悟（注五八）；而对他来讲，这些方面都是国学基本整理工夫的一部分，而国学的发展方向是要扩大到整个中国文化史的研究的（注五九）。胡适不仅从清代的考据学者去寻找史料在历史研究上重要性的依据，即使是在以申论一家著述发挥史意自期的章学诚身上，他也同样找到了依据。他的《章实斋先生年谱》在一九二二年由商务印书馆出版，到一九二九年又在姚名达订补之后收入《万有文库》。在年谱六十一岁条中，述及章氏所修《史籍考》，引用其未刊《史考释例》中有关史部占群籍三之一而三部多与史相通的议论，再证以其《报孙渊如书》所说的“盈天地间，凡涉著作之林，皆是史学”，而解释《文史通义》第一篇《易教》首句“六经皆史也”的本意是“一切著作，都是史料”，指出章氏以六经皆先王政典，皆可视为史料（注六〇）。此一解释，既消解了经书在群籍中的特殊地位，也肯定了史料在史学中的重要价值。

当时援引清代学术来申论史料为历史研究的重要依据的，不限于胡适一人。梁启超于一九二〇年为蒋方震的《欧洲文艺复兴史》作序，写成《清代学术概论》，先于《改造杂志》上发表，以考证学为清代学术的正统，治学的根本方法则在“实事求是”“无征不信”，而认为此种方法是“科学的”（注六一）。出版于一九二二年的《中国历史研究法》，第五章题为“史料之搜集与鉴别”，文中一再强调求真，结尾指出“求真”两字正是前清乾嘉诸老所提倡的“实事求是”主义（注六二）。一九二六、二七年间，梁启超在清华大学国学研究院又讲历史研究法，由学生笔录整理，在一九三〇年出版。书中申论史家四长，史德一项发挥章学诚《文史通义·史德》一篇心术端正之旨，而认为莫重于忠实，对于材料的夸大、附会与武断，就梁氏看来都是忠实的忌讳。史学一项重在有专精的范围来搜罗材料，下苦功的方法首要在勤于抄录，他举了清代学者顾炎武、钱大昕、陈澧来作例证；另一项方法是逐类搜求，他举了孙诒让来作例证（注六三）。何炳松在一九二七年出版《历史研究法》一书，此书在理论上完全本于前述班汉穆及朗格诺瓦、瑟诺博司二氏的著作，但是却不断引用一些清代考据学者以及章学诚的言论来互相印证，在序言中更申论章学诚主张的撰述与记注分家就是著作与史料的分家，而认为章氏所说的比次之功，实急于独断之学，指出"若有史料，虽无著作无伤也，而著作断不能不以史料为根据"（注六四）。关于章氏撰述与记注分家的主张，何炳松在采自瑟诺博司《应用于社会科学上的历史研究法》而撰写的《通史新义》自序中，及胡适著、姚名达订补《章实斋先生年谱》的序言中，又一再提出。这两篇序文都撰于一九二八年，前文意在将章氏主张与瑟氏分编论社会史料研究法与社会史研究法相提并论；后文则认为章氏此说的重大贡献，在于能将中国二千年来材料与著作畛域不分的习惯和流弊廓清，而认为两者有相需之益，进而批评当时的史学界"要等到西洋史学原理介绍进来以后，才满口高谈史料，真有点不好意思呢"（注六五）。在何炳松两篇序言写成的同年，傅斯年也发表了《历史语言研究所工作之旨趣》（注六六）。他认为历史学不是著史，"近代的历史学只是史料学，利用自然科学供给我们的一切工具，整理一切可逢着的史料"，直接运用史料来研究汇集事实的题目，已成为历史学的主要内容。历史学要追求进步，便必须直接研究材料、扩张所研究的材料以及扩充研究时所应用的工具；运用材料处理问题时，因解决之问题而得以更生新问题，因问题之解决而要求多项的材料。傅斯年所说的“近代的历史学”，自然是指他所认识到的近代欧洲以历史语言考证学为基础的历史学，但是他也要把这种研究态度追溯到清初的顾炎武、阎若璩。他对于著作的看法已与梁启超、胡适、何炳松等人不同（注六七），但其重视史料作为史学的基础则并无差别。

在实际的史学研究工作上，一方面承继清代的学风，一方面受到西方史学的影响，史料同样深受重视。王国维的研究方向在民国建立后已转向史学，到他在一九二七年自沉之前，“取地下之遗物与纸上之遗文互相释正”，“取异族之故书与吾国之故籍互相补正”，而在中国古史与边疆史地研究取得开创性的成果（注六八）。获陈寅恪誉为“先生之精思博识，吾国学者，自钱晓征以来，未之有也”的陈垣，其宗教史、元史研究及辅助史料考证的校勘学、年代学、避讳学等论著，自一九一七年以来也陆续刊行（注六九）。陈寅恪自己在国外深受德国历史语言考证学的影响，一九二五年回国后，入清华大学任教，同时以他在国外所习得的多种语文知识，从事边疆民族史与佛教史的考证（注七〇）。顾颉刚的层累地造成的古史观首次发表于一九二三年，引发了史学界辨伪史的风潮与争辩，集结有关争论文字的《古史辨》第一册在一九二六年出版，到一九三五年已出版到第五册。当时的辨伪史，基本上是由辨伪书进一步发展而来，亦即经由对史料的考辨而建立新的古史观。顾颉刚自述所以从事辨伪的工作，是“因为想做史学，所以极要搜集史料，审定史料。为搜集史料，所以要做‘目录学’；为审定史料，所以要‘辨伪’”（注七一）。他后来又论及《古史辨》第三册、第五册内容所以是古书的研究：“古书的研究其实就是古史的研究，因为古书是古史的史料，研究史料就是建筑历史的基础。(注七二)”在《古史辨》第一册出版的同年，傅斯年自德国返国，随即出任广州中山大学文科主任，并依据德国历史语言考证学的观念，取法北京大学研究所国学门的规模，于次年在中山大学创设语言历史研究所，创办《中山大学语言历史研究所周刊》。紧接着在一九二八年，他又筹设中央研究院历史语言研究所，创办《中央研究院历史语言研究所集刊》，并且在这份刊物的第一本第一份上，执笔写倡导“历史学只是史料学”的《历史语言研究所工作之旨趣》。两所机构和两份刊物，可以说是同根而生(注七三)。除王国维已先去世外，陈垣、陈寅恪、顾颉刚都先后与这两所机构、两份刊物发生关联(注七四)。

陶希圣对于当时史学界的趋向，应不陌生。他对史学深感兴趣，可以追溯到中国社会史论战时期以前。少年时代即在家中读《史记》《前汉书》《资治通鉴》《读通鉴论》《宋论》之类，又喜作史论。在北京大学法科法律门求学时，曾在沈尹默指导下读过一些文史旧籍，其中就有《史通》及清代学者《日知录》《十驾斋养新录》《文史通义》等著作。毕业后，由于教授亲属法与继承法而研究礼学，一九二三年的暑假，因研读礼学而寻求商周两代社会组织之差异及其演变之轨迹，这是他由法学而转入中国社会史学之枢纽。在商务印书馆工作期间，薪俸一半用于购书，又经常向该馆的东方图书馆借书来读，所探究的几个方向之一，是中国的思想流派及其演变，由于再加功力，穷源溯流，而在史学上有了进步。他曾述及宗法是周制，而殷则以弟继兄(注七五)，这正是王国维在《殷周制度论》中的讲法，可见他应读过王国维的论著。他也应该看过胡适的《中国哲学史大纲》和梁启超的史学著作，在晚年的一次访谈里，曾提到胡适这本书运用了史学方法，是很重大的发展，在史学上是一变，胡适本来跟着梁启超，而在这本书出来后，梁启超倒过来跟胡适。他又曾回忆在这段期间，北京大学同学对中国古代历史提供两大贡献，其一是地质学与考古学家将人类历史向前伸至数万年甚至数百万年，另一是考据学家将古代典籍及其记载向后拉至数十年至数百年。而顾颉刚《古史辨》第一册在北京马神庙出版，风行一时，“历史学界‘后，后，后’之呼声，更震耳欲聋”。而这时他正着手于礼丧服的研究，“寻绎古代以婚姻与家族为根本的社会组织，由此推求神话与传说中之史料，重建古代史”（注七六）。他在《中国社会之史的分析》“绪论”中说：“西汉以前的史乘和典籍尤其是靠不住，大抵经过汉儒的变造和僭造”（注七七），这正是顾颉刚对于古史的观点，可见他深切了解当时古史争辩症结与史料的关联。他在商务印书馆当编辑时，曾在一位学长家中，和刚从欧洲回国路过上海的傅斯年晤谈，到北京大学任教后，又和当时主持北京大学史学系的傅斯年成为同事（注七八），亦应习闻其对史学与史料关系的看法。

尽管陶希圣说胡适、傅斯年等是考据学派，和他的社会史观素不同派（注七九），但是他显然已接受了当时史学界重视史料作为史学基础的观点，用以支持他的社会史观。不过他在上海期间，由于经济能力与环境的限制，只能使用最低劣的中华书局本二十四史来搜辑社会史料，在每本书上涂抹甚至剪裁，以供参考之用，而不易看到更多的史料；到北平任教后，经济能力与用书条件都有很大的改善，于是史料阅读范围大为拓广（注八〇）。前述他由于对材料看得较多而对历史阶段划分的看法有所改变，就是到北平任教之后的事。同时也由于北平的学术环境与他的教学影响，使他得以创办导正中国社会经济史研究学风的《食货》半月刊。

四、《食货》半月刊的创刊

陶希圣在一九三一年秋天到北京大学政治系任教，又轮流在师范大学史学系、北平大学政治系、中国大学、燕京大学社会系、清华大学政治系讲课，以中国社会组织或结构为骨干，旁及政治制度与政治思想（注八一）。当时的学生由于受社会史论战的影响，对于中国社会史的问题很感兴趣，他分析深刻，引人入胜，因而与胡适、傅斯年、钱穆同为北京大学最受欢迎的教授之一，并且影响到一些学生走上研究中国社会经济史的道路（注八二）。他善用环境多读史料，对于中国社会史有了新看法；而在指引学生广搜史料来研究中国社会史方面，也很快有了成果。

一九三三、三四年间，由陶希圣校正的刘道元《两宋田赋制度》《中国中古时期的田赋制度》、鞠清远《唐宋官私工业》及全汉昇《中国行会制度史》等书，已列为上海新生命书局的《中国社会史丛书》出版（注八三）。陶希圣在各书书前的“中国社会史丛书刊行缘起”中说:“史学不能创造历史。反之，历史的研究产生史学。这个道理太显明了，显明到一般人多瞧不见。他们要凭他们的史学创造历史。他们的史学是从欧洲历史的研究产生的。他们拿欧洲历史研究所产生的史学当作欧洲史的本身，这已经不大妥当了。他们更进一步，把那史学当做中国史。他们以为这就是中国史，不必他求。”这一些话，很清楚是针对社会史论战中将马克思的历史阶段论套用于中国历史之上而发的。而发刊《中国社会史丛书》，收罗通论、专论与史料集，其誓愿则是:“宁可用十倍的劳力在中国史料里去找出一点一滴的木材，不愿用半分的工夫去翻译欧洲史学家的半句子来，在沙上建立堂皇的楼阁”；“多做中国社会史的工夫，少立关于中国社会史的空论”；“多找具体的现象，少谈抽象的名词”。这几个誓愿，把史料与史实提升为社会史研究的首要前提，以之与傅斯年的《历史语言研究所工作之旨趣》相比较，宗旨虽不一致，却有可以接近之处。而这几本书，也确实都能本于史料与史实，具体地讲述历史的演变，不发空论，而且所处理的时期都在社会史论战时所忽略的秦汉至晚清之间，只有全汉昇的《中国行会制度史》稍微涉及先秦与近代。但是这些书的作者亦非完全撇开理论不顾，刘道元在《中国中古时期的田赋制度》序文中指出他所讨论的这段时期，“在社会史上看是结束了奴隶社会，在奴隶社会的废墟上建筑起中世纪的封建社会”，而这阶段的特色是“庄园自足生产”。这个看法，正来自陶希圣新近对于中国历史阶段的划分。序文又提到：“在研究上，得到陶希圣先生的教正，及吾友何兹全、沈巨尘的帮助，尤其借用了兹全所搜集的许多材料。”可见陶希圣和他所指引的学生，已经形成一个相互切磋的研究群体。有了学术研究的环境，有了学问上的追随者，也有了研究成果，使得一份用以实践学术理想的刊物在稿源上能够获得初步的支持，有可能出刊。《中国社会史丛书》的出版，可以说是《食货》半月刊创刊的前奏。

其实在《食货》半月刊创刊以前，以比较扎实的工夫从事中国社会经济史研究的人，非仅陶希圣所引导的学生而已。各地的学校，甚至社会上，都已有一些人在做同样的工作，而且其中不乏把目光注视到秦汉至晚清之间者。王志瑞的《宋元经济史》应该出版于一九三三年以前（注八四），这本书在史料上虽然仅使用了正史与《文献通考》，却在简明扼要中颇能踏实。万国鼎自一九二八年至三三年间，已有多篇讨论汉代至明代的农业史与土地制度史的论文，在《图书馆学季刊》与《金陵学报》发表，尤其以《金陵学报》为多（注八五）。广州中山大学文科研究所的陈啸江专攻汉代三国经济史，从《食货》半月刊第一卷第三期起有论文发表，而在此之前，他已在《广州中山大学文史研究所月刊》第二卷及《现代史学》第一、二卷各期发表过多篇论文，时间在一九三三、三四年间（注八六）。刊于《食货》半月刊第一卷第三期的《三国时代的人口移动》，是他所著《补三国志食货初稿》的第五节，而前四节已先刊登于《现代史学》第二卷第一、二期合刊。当他的研究成果结为《西汉经济史研究》和《三国经济史研究》两书，在一九三六年出版时，陶希圣评之为“材料的搜集、分析及方法的绵密，都是值得称赞的”（注八七）。《食货》半月刊第一卷第十一期刊登了武汉大学龚化龙的《明代采矿事业的发达与流毒》上篇，他是在李剑农指导下研究中国经济史的，陶希圣认为“李先生指导下的学人，自有一种风气。他们详细的搜求资料，慎重的发言，他们没有多少自己的话”，如果“能再加以经济理论的陶冶，历史哲学的引导，必能为了这门学问大张旗鼓的”，所展现的也是笃实的治学精神（注八八）。马非百的《秦汉经济史资料》从《食货》半月刊第二卷第八期开始连载，他在河南省政府服务，在写给陶希圣的信中说，这部《秦汉经济史资料》和另一部已由商务印书馆出版的《桑弘羊年谱》都在一九三一、三二年写成（注八九）。当时也已经有一些史学期刊，比较多地刊载中国社会经济史的论著。例如广州中山大学史学研究会出版的《现代史学》，第一卷第三、四期合刊就是中国经济史研究专号，共收了有十一篇中国社会经济史的论文与译文，涉及时间上自古代，下至现代，而半数以上在秦汉以后至晚清以前（注九〇）；在《食货》半月刊创刊次月出刊的《现代史学》第二卷第三期，也有一栏是“经济·社会史”，共收有七篇论文（注九一）。中央研究院社会科学研究所（原北平社会调查所）的《中国近代经济史研究集刊》，创刊于一九三二年十一月，就以经济史为刊名，第一卷第一、二期与第二卷第一期都刊有清代经济史的论文（注九二）。这些都是《食货》半月刊创刊前后的事，反映了以比较严谨的态度来研究中国社会经济史的风气已在多处存在。由于秉持这种态度的人已不限于陶希圣和他的学生，所以《食货》半月刊创刊后能够有更多的稿源；而《食货》半月刊创刊的意义，则在于以文会友，把许多原本散处各地的研究者聚集起来，让他们的努力获得学术界的注意。

《食货》半月刊创刊于一九三四年十二月，这份刊物与上述《中国社会史丛书》一样，由上海新生命书局发行。而在这年的九月、十月，由南京中国经济研究会主编兼发行的《中国经济》月刊第二卷第九、十两期已刊出了上、下两辑的“中国经济史专号”，第九期有何兹全讨论中古时代中国佛教寺院的一篇作品，而陶希圣则在第十期加以评论，给予很好的评价（注九三）。这两期专号的编成应与陶希圣有密切关系，所以在专号中有“一分见解，一分材料；一分材料，一分见解”的话（注九四）。《中国经济》究竟不是专刊社会经济史论著的杂志，无法以较长的时间来推动陶希圣的理想，不过两三个月后，就有标榜“中国社会史专攻刊物”的《食货》半月刊创刊。陶希圣创办这份刊物的宗旨，见于他在创刊号上所写的《编辑的话》。他批评社会史论战中的风气，“把方法当结论，不独不是正确的结论，并且不是正确的方法”，这只是拿外国社会史来取代中国社会史，与中国社会史全不相干；“正确的方法是能够把握中国历史上社会现象内部关系的方法”，而“中国历史上的现象并没有明显的摆在陈列室，还须大家去搜求”。所以这份刊物出版的用意，在于“集合正在研究中国经济社会史尤其正在搜集这种史料的人，把他们的心得、见解、方法，以及随手所得的问题、材料，披露出来，大家可以互相指点，切实讨论，并且进一步可以分工进行”。不过他也认为，“有些史料，非预先有正确的理论和方法，不能认识，不能评定，不能活用；也有些理论和方法，非先得到充分的史料，不能证实，不能精致，甚至于不能产生”。所以并非“心里一点什么也没有”而“就史料论史料”，“总得有了疑问，有了假设”，“才会去找证据”，“才会找着别人没有说出的证据”。以这些话和他稍早的“中国社会史丛书刊行缘起”相比较，他虽仍强调要从史料和具体现象去建设中国社会史，但是也提出了理论、方法和史料之间相互作用的关系，在方向上略微有所调整。陶希圣一直认为可以从历史中寻出法则（注九五），“中国社会史丛书刊行缘起”只是为矫正弊端而作较为强烈的表达，《食货》半月刊创刊号的《编辑的话》则更能显示他的想法。这项宗旨，成为此后《食货》半月刊编辑的方针。

陶希圣曾提到《食货》半月刊“第一个热烈的发起人是顾颉刚先生。‘食货’这个名称便是他提出的”（注九六），显然顾颉刚和这份刊物的创刊，关系十分密切。目前所见有关陶、顾两人交往的记载，主要在一九三五年以后（注九七），顾颉刚是如何参与这份刊物的发起，已不得其详。不过顾颉刚赴北平任教于燕京大学后，自一九三一年九月起亦于北京大学历史系兼课（注九八），两人同负声名，早年又曾同一时期先后就读北京大学，在史学界中不难有所交往。而且两人之间，应有比一般交往更深一层的关系，这层关系建立在双方对于史料与史学关系认识的接近上。

前已述及，陶希圣在早期社会史论战的态度上，已有取资于顾颉刚的古史考辨之处。不仅古史考辨，顾颉刚所推动的民俗研究主要也是一项史料工作，要以民俗资料的搜集作为研究的基础，进一步去了解较圣贤文化复杂许多的平民文化。所以他说："我们能搜集文化的材料，才能批评文化的价值；能批评文化的价值，才能创造新文化的方式。"又说："凡是一种学问的建立总需要有丰富的材料。有了丰富的材料方才可以引起人家的研究兴味，也方才可以使得人家研究时有所凭借。（注九九）"他这些话都讲在一九二八年，而与后来陶希圣认为必须先搜集中国社会经济史资料才能建设起中国社会经济史的看法，有互通之处。在《读书杂志》时期的社会史论战中，顾颉刚虽然未曾参战，也未曾对中国社会的发展形态提过任何看法，却因为他对中国古史的观点而饱受攻击。陶希圣本来就是一个受抨击的中心人物，而遭到批评的要点之一，则是他采用了顾颉刚的意见（注一〇〇）。对于所受到的攻击，顾颉刚只是消极地回应。他说："我何尝不想研究人类学、社会学、唯物史观等等"，可是他"决不能把这一科学问内的事项一手包办"，而只能束身于打倒伪史这小范围里做深入的工作，如果不能大家分工，打好根底，而想一步登天，只有逼得作八股文章，"大家会说那一套，但大家对于那一套都不能有真实的了解"（注一〇一）；又说："等到我们把古书和古史的真伪弄清楚，这一层根柢又打好了，将来从事唯物史观的人要搜取材料时就更方便了，不会得错用了。（注一〇二）"他的意思其实是，即使谈史观，也不能不考虑史料的真伪（注一〇三）。而陶希圣则猛烈地反击，并极力为顾颉刚的古史观点辩护。他发表《汉儒的僵尸出祟》，说："要知道翻印马氏全集也替代不了中国史，只能代替汉儒脑力所造的中国史。"又说："在材料的考究上，阶级憎恨没有用处。你恨顾颉刚、钱玄同，你便受了吕不韦和董仲舒一干人的骗。顾颉刚否定了汉儒的古史观，可是，顾颉刚的否定，并不是《尚书》和《史记》，尤其不是《尚书》。（注一〇四）”顾颉刚说过自己理想中的成就，是在战国秦汉时期“人们的思想和学术中寻出他们的上古观念及其所造作的历史来”（注一〇五）。陶希圣熟悉他的贡献，可以说是以其立场来为其辩护。《汉儒的僵尸出祟》的发表已在一九三三年，这时顾、陶两人都在北京任教，这件事情或许有可能拉近他们的距离。更进一步讲，顾颉刚从史料的考辨来否定汉儒的古史观，有促使史学脱离经学而独立的用意，所以他会主张推倒古史中帝系、王制、道统、经学四种偶像；并指出这四种偶像都建立在不自然的一元论上，四种一元论又以道统来统一，而经书就是道统的记载，坚实的一元论使得历史为其所搅乱（注一〇六）。他从事并推动民俗研究，则是想从民俗学的材料去印证古史，看出古史中的真相，而不为学者所编定的古史所迷误（注一〇七），也显然是用来支持史学挣脱经学的笼罩而走向独立。在中国社会史论战中，参战者纷纷将中国的历史事实嵌入马克思的历史阶段论，已有使唯物史观演化成一种新经学的趋势（注一〇八）；而陶希圣提倡摆脱社会史论战中的风气，以史料与史实为基础来建设中国社会经济史，正是追求史学脱离新经学而独立，与顾颉刚的努力互相呼应。顾颉刚所以会成为《食货》半月刊“第一个热烈的发起人”，原因未必与此无关。

除了对于史料与史学关系态度的接近之外，更直接的原因应是陶希圣受到《禹贡》半月刊创刊的影响，他可能因此而产生创办一份新刊物的念头，并为此事而与顾颉刚商量。《禹贡》半月刊创刊于《食货》半月刊创刊之前半年，顾颉刚创办这份刊物推动历史地理的研究，主要是以他在燕京、北京两大学及谭其骧在辅仁大学讲授中国地理沿革史的成果为基础，发表学生的课艺，但也欢迎外面的投稿（注一〇九）。这时陶希圣到北平教书已近三年，《中国社会史丛书》的陆续出刊说明他的教学影响已经呈现，《禹贡》创刊可能激发他以同样的方式来扩大影响。顾颉刚和谭其骧合写的《禹贡》发刊词，指出办这份刊物的目的之一，是要把“史学逐渐建筑在巩固的基础之上”，搜集材料，实际勘查，恢复清代学者“刻苦耐劳而谨严的精神”；他们质问，如果“一般学历史的人，往往不知禹贡九州、汉十三部为何物，唐十道、宋十五路又是什么”，那不仅是“现代中国人的极端耻辱”，而且“还配讲什么文化史、宗教史，又配讲什么经济史、社会史；更配讲什么唯心史观、唯物史观？”而具体的工作计划，除了沿革地理本身外，还要把地理书籍、正史地志、州郡记载中的文化史料、经济史料、移民史料等，“辑录出来，作各种专题的研究”。这种基于材料而作严谨研究的宗旨和工作，和后来陶希圣办《食货》半月刊的用心又何其近似。《禹贡》创刊还含有民族意识的因素，所以《发刊词》中以对沿革地理的不了解为民族的耻辱；而《食货》半月刊创刊的宗旨，在于反对以外国社会史来代替中国社会史，而要求以自力去搜求中国历史上的社会现象，又岂无民族意识为动力？有这些共同的基础和背景，也就难怪顾颉刚会热烈地支持《食货》半月刊的创办。《食货》以半月刊的方式发行，可能是受《禹贡》的影响；而《食货》半月刊创刊的同时有食货学会的发起，应该也是取法自《禹贡》之有禹贡学会，尽管两者形式不尽相同（注一一〇）。因为《食货》半月刊创刊应是受到《禹贡》的影响，所以后来两份刊物关系密切。例如《食货》半月刊倡读地方志，既是出自顾颉刚的提议，其实也是《禹贡》半月刊已经在做的工作（注一一一）；两份刊物又互相交换稿件，《食货》收到地理方面的稿件转给《禹贡》，

《禹贡》收到经济社会史的稿件转给《食货》，而经济地理的稿件则两份刊物都要“据为己有”（注一一二）；陶希圣还曾建议联合《食货》《禹贡》两团体，合办一份《史学月刊》，进行已有眉目，因时局变化而未成（注一一三）。总之，在当时北平的学术网络中，观念、办法都有很多交换的机会，志趣相近者不难因交往而互相影响，《食货》半月刊也就在这样的一种学术环境中诞生。

五、新学风的推展

《食货》半月刊在北平的学术环境中创刊，使得原以上海为中心，主要由具有明显政治立场的文化人参与，而且充斥着谩骂的中国社会史论战，转向主要由大学师生参与，以比较严谨的态度从事的中国社会经济史研究（注一一四），这门学科的讨论在作风上于是有所转变。《食货》半月刊所展现出来的中国社会经济史研究新学风，特色之一是以史料为基础建设中国社会经济史，而亦不废理论、方法的探讨。《食货》半月刊提倡读地方志、二十四史，讨论整理明、清两代中央政府的档案，搜集其中的经济史料（注一一五）。社会经济史料不仅来自书本和档案，也来自对生活环境的观察，所以陶希圣自己写了一篇《鲁游追记》，刊于一九三五年六月的《食货》半月刊第二卷第一期，其中谈及他所见的经济社会状况；随后又期望读者利用暑假回乡时，作本乡的经济史调查（注一一六）；这项呼吁得到王兴瑞的响应，他搜集家乡的资料，写成《广东一个农村现阶段的经济社会》，发表于半年后出刊的第三卷第二期。史料的整理与汇集，是《食货》半月刊的重要内容之一，如马非百的《秦汉经济史资料》，前后分七期刊载（注一一七）；如北京大学中国经济史研究室将所搜集到的唐代户籍、丁籍资料，编为“唐户籍簿丛刊”专号刊出（注一一八）；又如鞠清远将几种清代商业书中同有的一篇文字对勘，写成《校正江湖必读》发表（注一一九）。这份刊物也借经济学者之口，指陈当前研究中国经济史仍以搜集资料为首要（注一二〇）；又介绍用卡片搜集史料的方法，并以班汉穆及朗格诺瓦、瑟诺博司二氏的著作为历史研究方法的指引（注一二一）。至于许多针对历史问题而写成的论文，大抵也都能基于史料而作探讨，以致于陶希圣不得不针对外界的观感辨证说：“因为本刊稍重材料，有不少人以为我们是实证主义者，其实我们正苦于理论方法之不充实，断不敢也不愿拒绝方法论的写或译的。（注一二二）”和内容重视史料相呼应，《食货》半月刊也刊登了不少史料的广告，例如在第一卷第九期的封底，商务印书馆刊登了选印《委宛别藏》四十种的广告，说这是“影印四库全书珍本后，又一流通秘籍大贡献”。另一项特色则是强调秦汉至晚清间的历史研究，不忽略先秦，却有意避开当代。大多数《食货》半月刊上的历史论文，涉及时间在秦汉至晚清间（注一二三），少数涉及先秦或是通论，至于牵涉当代的作品，只有几篇实地观察的报道，而几乎不论及时事。对于不论及时事，陶希圣曾发表声明说：“本刊虽也载民国以来的经济史”，但“实际发表的都是百年以来的史实。无论怎样推敲，总与现实的政治没有多大关系”。所以如此，应是刻意避开政治的纷争，维持刊物的学术风格，因此声明又说：“本刊是没有理由与别的政治宣传品一样看待的。（注一二四）”

而重视史料与强调秦汉至晚清之间历史研究两者之间，又互相关联。《食货》半月刊倡读地方志、二十四史，地方志为宋代以后史籍的一种类型，是探讨自宋至清社会经济的重要资源；二十四史则是西汉以来的作品，主要记述秦汉至明代的史事。陶希圣在这份刊物上发表了很多篇读史随笔，他说："用意在把所得正史中材料收在一起，便于查用。（注一二五）"他所读的除了唐、宋以来的正史之外，还有《齐民要术》《元典章》、元人文集、《东华录》等书，也都是这一段时间的史料。所以重视这一段时间的史料与研究，与陶希圣对历史分期的看法有密切关系。他在提议搜读地方志时，指出当时人们撇开广州、泉州等大城市而谈宋、元、明的社会，撇开内蒙的盐场、牧场而谈契丹，撇开有名寺庙的历史而谈封建时期，"也难怪一封建制度便从古到今，一资本主义便从今到古了"，他认为"我们固然要把理论应用到材料上去"，然而这样的谈法，"可惜材料是架空的"（注一二六）；他又曾就中国社会经济通史的问题，提出几件必须注意的事，提醒人们"要谨防现在流行的病症"，就是"谈罢了'先秦'时代，接下来便是鸦片战争，把中间的两千年给截下来了"，而"最好把工夫花到唐宋以后的史书里去"（注一二七）。他这些话，无非是针对社会史论战中大多数人对中国历史分期的主张而发，这些主张套用唯物史观，而以秦汉至晚清间为一个没有明显变化的历史阶段。他以一九三二年发表于《读书杂志》"中国社会史论战"专号上的新见为基础，于一九三五年以后发展成中国历史的五阶段论，第二段和第三段的分期点在东汉，第三段和第四段的分期点在中唐（注一二八）。他又曾以古代社会、中古社会、近世社会称呼中间三段（注一二九），这样的称呼是否意味他曾受日本学者内藤虎次郎的启发（注一三〇），抑或因为是在北平日本留学生会的一次演讲中所提出，而借用日人的讲法，则不得而知。分期点的改变如他自己所说是因为多读了一些材料而来，而在对历史分期看法有了改变之后，也导引他认为必须把研究的力量集中在秦汉至晚清之间。《食货》半月刊所刊登的论文，尽管作者各有己见（注一三一），甚至就某些课题相互争论，但是有不少是在发挥陶希圣对于历史分期的看法，特别是与他有师生关系的一些作者。例如何兹全的《魏晋时期庄园经济的雏形》讨论到当时自由民到农奴的转变、交换经济破坏后的自给自足的庄坞；全汉昇在《宋代都市的夜生活》文中，认为宋代以前都市的夜晚有如欧洲中古城市一样凄寂荒凉，而宋代以后都市夜生活则繁忙热闹，有惊人的发展；武仙卿在《魏晋时期社会经济的转变》文中，指出由于战乱，交换经济重返自然经济，在秦汉奴隶社会的废墟上重建起封建制度；刘道元《商鞅变法与两汉田赋制度》一文，认为“社会进化的分期，自商鞅变法，历秦及两汉可成为一期。由田赋制度来看，这个阶段是很完整的”；何兹全《中古大族寺院领户研究》一文，起首就清楚指出“从三国到中唐是本题所指的中古时期。从生产关系方面看，这一时期，确实自成一个阶段，与三国前及中唐后者不同”（注一三二）。类似这种以汉末三国及唐宋作为分期点的论文，在这份刊物中仍所在多有，也不限于陶希圣的学生才抱持这样的看法。

除了重视史料与强调秦汉至晚清间的历史研究之外，《食货》半月刊再一项特色是视野的扩大。视野的扩大首先表现在“中国经济社会史论文索引”的编制与刊载，用以了解当时国内各地有关这门学科研究的现况；其次是翻译国外有关中国社会经济史研究的论著，尤其以日本学者的研究为主（注一三三）。值得注意的是所译日本学者的作品，许多也是以史料与史实为基础来探究具体的历史现象，绝大多数集中于讨论秦汉至晚清间的历史，而连载两期的加藤繁《中国社会史概述》，则基于具体的事实提供唯物史观之外的另一种中国社会史分期方式（注一三四），和《食货》半月刊的宗旨正相呼应。而更重要的是第三方面的表现，对于理论与方法的讨论及欧洲经济史的译介。正如前述陶希圣所作的辩护，这份刊物在重视史料的同时，并没有摒弃理论与方法的讨论；而且也没有走到“不愿用半分的工夫去翻译欧洲史学家的半句子来”的极端，像“中国社会史丛书刊行缘起”中所讲的那样。在陶希圣于一九三五年所拟《食货本年六项工作草约》中，有“搜罗参考资料”一项，指出“要想对中国经济社会史精深研究，必须就外国的经济史得到精确的知识”，因为“在比较参佐之下，中国经济社会的现象的意义、特征，及各种现象的相互关系，历史发达的必然法则，才看得出来”，并提出要介绍、翻译或摘译探讨欧洲、日本、殖民地、半原始种族相关问题的论著，供大家参考（注一三五）。几个月之后，他又公布《经济史名著选译计划》，以是否对研究中国经济社会史具有“必需的比较或暗示”，作为选译的标准（注一三六）。而从一卷五期起，已有“方法与技术”栏；从一卷八期起有“方法论”栏，并开始刊登西方著述的译文；从二卷二期起有“理论与方法”栏，此后栏称时有变化，但是有关理论、方法的作品与译文，以及欧洲社会经济史的译作，一直存在，而且并不罕见，第五卷第十一期甚至是“经济史理论与方法”专号。不过《食货》半月刊登载这些方面的作品，已将视野扩大，不限于马克思一家之言，而及于其他各种观点。

陶希圣虽然反对将唯物史观作为公式套用，但他对唯物史观仍有好评，他在讨论冀筱泉的一本英文新书时，曾说：“物观的方法，使著者得到很多可喜的论点。（注一三七）”所以《食货》半月刊不会拒绝从唯物史观的角度来讨论理论与方法，或持此一观点来撰写历史论文。王瑛的《研究中国经济史的大纲与方法》一文，就以李季在社会史论战时的主张“深切了解马克思主义”，作为研究前理论准备的第一项条件（注一三八）。欧洲著名马克思主义者如卢森堡（Rosa Luxemburg）、考茨基（Karl Johann Kautsky）讨论经济史的作品，也都曾译为中文在这份刊物上发表，又曾介绍恩格斯（Frederick Engles）在经济史方面的业绩（注一三九）。但是马克思主义以外的其他观点的译介，也同样见于这份刊物。例如社会学者吴景超在一封给陶希圣的信中，据欧美研究都市的理论，提出搜集资料的纲要（注一四〇）；第一篇刊载的译文是桑巴德（Werner Sombart）的作品，完全不提马克思，也不提唯物史观，而译者连士升则在译文前说，他将陆续译出外国经济史家的研究法，“这些文章是包罗各家各派的方法，殊途同归”（注一四一）；在鞠清远所译格拉斯（N. S. B. Gras）一篇讨论欧美经济史发展成为一门学科的论文中，则对亚当·斯密和马克思同样给予正面的评价；连士升所译克拉判（John Harold Clapham）一篇相同题材的论文，也同样给予两人重要的评价，而且两篇作品都述及了众多非马克思主义流派的经济史家（注一四二）。尽管陶希圣本人认为亚当·斯密所主张的自由资本主义无助于当时中国，只有社会主义才是唯一的道路，《食货》半月刊仍然以《原富》结合了历史与理论，是经济学的基础，也是经济史学的先锋，而为纪念《原富》出版一百六十周年举行征文，先后刊登了三篇作品（注一四三）。而多篇有关西洋经济史的作品，又呼应了《食货》半月刊重视具体史实的宗旨。连士升在《重商制度》译本的序文中，批评当时在社会上闹得很厉害的社会主义只是宣传文字，一般青年没有足够的哲学、历史、经济学、语文和其他学问的素养，不能深刻了解《资本论》；他为了改善国内对重商主义认识的贫乏，翻译德国历史学派经济学者施穆勒（G. Schmoller）的《重商制度》一书，又因为此书是史论性质，因此参阅欧洲学者的论著，“将史实家丰富的英国重商制度略加叙述”，写成序文，供此书读者作为补充读物（注一四四）。连士升又翻译了美国经济史家格拉斯的《工业发达史》，此一作品详于史实，在《食货》半月刊上分九篇，先后于八期刊载；其中第七、八两篇刊于“经济史理论与方法”专号，和李秉衡所译《“亚细亚的生产样式”底意义》《封建主义下都市的发生与发展》两文并列，而这两文都译自苏联学者雷哈特发挥唯物史观的《前资本主义社会经济史论》（注一四五）。此外，这份刊物还刊登过一篇欧洲社会经济史料的译文，这是一份皇庄法令，译者并以其与中国历史上的法令相比较（注一四六）。

上述新学风的特色，特别是重视史料与强调秦汉至晚清间历史研究两点，不仅见之于《食货》半月刊，也见之于与这份刊物关系密切的北京大学中国经济史研究室的成果，及天津《益世报》之《食货周刊》。陶希圣在北京大学任教期间曾创立了两个研究室，一是中国经济史研究室，从唐代史料搜集与整理入手；一是中国政治史研究室，专辑清代社会政治史料（注一四七）。中国经济史研究室的成立，得益自《食货》半月刊。《食货》半月刊起初由上海新生命书局发行，陶希圣以其兼课钟点费每月捐助一百元（注一四八）。创刊后在大学内颇受欢迎，例如梁园东在写给陶希圣的信中说，在大夏大学成为最风行的读物，得到同学们的爱好（注一四九）。于是印刷量在半年内倍增，从创刊时只印两千份，到一卷五、六期时每期印到四千份；而创刊两三个月后，印刷、广告、发行经费都归出版人负担，陶希圣因此得以将自己的计划付诸实施，在北京大学创立了一个小研究室（注一五〇）。这个小研究室，应该是指搜集、整理唐代史料的中国经济史研究室。其实在中国经济史研究室创立前，陶希圣已在指导鞠清远搜集唐代经济史料，并自一九三四年冬末至三五年三月间，写成了《唐代经济史》（注一五一）。中国经济史研究室创立后，这项工作更扩大进行，大致可以分为前后两个阶段，前一阶段自一九三五年九月至三六年六月，由北京大学法学院长周炳琳、经济系主任赵乃抟共同指导，共同工作者有鞠清远、武仙卿、贾钟尧、李树新，工作为搜集唐代经济史料；后一阶段自一九三六年七月至三七年六月，共同工作者除前一阶段的鞠清远、武仙卿外，尚有连士升、沈巨尘，工作为一面进行宋代史料的搜集，一面就唐代经济及其他史料，加以分析、综合，写成论文或书册多种（注一五二）。搜集到的唐代史料，共编成唐代社会经济的发展、唐代的农业与土地问题、唐代的交通、唐代的手工业、唐代的都市生活、唐代的商业、唐代的财政、唐代寺院经济等八册《中国经济史料丛编·唐代篇》，交给北京大学出版部印刷，其中唐代寺院经济、唐代之交通和唐代土地问题三册已装订成书，均因对日抗战爆发而散失（注一五三）。也有一些唐代史料没有辑入这八册史料集中，而刊于《食货》半月刊上，例如贾钟尧的《唐会昌政教冲突史料》，内容不全在《唐代寺院经济》中（注一五四）；又如从中日文书籍杂志中辑录到的敦煌户籍、丁籍，也没有辑入上述各册，而是编为“唐户籍簿丛辑”，在《食货》半月刊上作为专刊发表（注一五五）。此外，陶希圣为《唐代寺院经济》所写的序文，武仙卿为《唐代土地问题》所写的序文，也都刊于《食货》半月刊上（注一五六）。除了编辑史料之外，中国经济史研究室也已用所搜集到的史料写成几种专书，包括陶希圣、武仙卿合著的《南北朝经济史》、鞠清远的《唐代财政史》和《刘晏评传附年谱》（注一五七）。

在后一个阶段，中国经济史研究室又曾受德国学者威特福格尔（Karl. A. Wittfogel）的委托，以一个月一百元的代价，代为搜集辽、金经济社会史料，威特福格尔在七七事变后携带这一批卡片到美国，撰成《辽代社会史》出版（注一五八）。

天津《益世报》之《食货周刊》创刊于一九三六年十二月六日，以一页的篇幅，每周约刊一万二三千字（注一五九），和中国经济史研究室的成果一样，扩大了《食货》新学风的影响力。其实早在中国经济史研究室创立的同时，陶希圣已有扩大影响的构想，他想成立一个食货学会的指导部，引导各地会员相互讨论，又想筹备一份经济史季刊，刊登三四万字以上的系统论文；这份经济史季刊想与《中国经济》《食货》做联号，并且找到了出版家承印（注一六〇）。但是时局随即有所变化，这份经济史季刊的出版计划也就和前述的《史学月刊》一样，暂时搁置。到一九三六年七月，时局已更紧张，发行《食货》半月刊的新生命书局周转不甚灵活，停送稿费（注一六一）。一个月后，甚至考虑从第五卷起改为季刊，另议出版办法（注一六二）。不过困境随即摆脱，先是计划由食货学会自己出版，拟在北平发行；然后又改由上海杂志公司发行，而有关赠阅、交换事宜均由设在北京大学中国经济史研究室的编辑部管理。就在这同时，陶希圣不仅继续筹划《食货季刊》，而且在天津两大报之一的《益世报》开辟了《食货周刊》（注一六三）。每星期日出刊的《食货周刊》，编辑部应该也在北京大学中国经济史研究室，所以南方的《食货》半月刊读者可以写信向此研究室索阅（注一六四）。于是以陶希圣所带领的工作人员为核心，中国经济史研究室、《食货》半月刊和《食货周刊》三者有了密切的关联。从《食货周刊》第一期至第八期的要目看，发刊词为陶希圣所撰写，作者主要是陶希圣、鞠清远、武仙卿、曾謇等《食货》半月刊的常见作者，前三人又在中国经济史研究室工作；而各文所讨论的是秦汉至晚清的史事，和《食货》半月刊的偏重相符合（注一六五）。前述《食货》半月刊所载中国经济史研究室编《唐代寺院经济》、《唐代土地问题》两书的序文，其实原已先在《食货周刊》第一期、第二期登载，由于许多关心者没有看到，而重刊于《食货》半月刊。此后仍有在《食货周刊》发表过的作品，转载于《食货》半月刊各期，如武仙卿《南北朝色役考》、周乾溁译《宋金贸易论》、鞠清远《校正江湖必读》、曾謇《三国时代的社会》，而这几位作者、译者多与陶希圣关系密切（注一六六）。经由作品的转载，更拉紧了《食货》半月刊和《食货周刊》的关联。至于筹划中的《食货季刊》，则始终未能实现。

当《食货周刊》开始出刊时，陶希圣已感觉到几年来的努力没有白费。他在撰于一九三六年十二月的《南北朝经济史》序中说，四年以前，研究中国社会经济史的人总把秦汉至满清划成一个段落，他自己也是如此，而经过四年来的研读，已看出东汉以后、中唐以前，各方面都自成一个段落；此书的出版显然是这项成果的展现，于是在欣慰之余，他又说，中国经济史本是未开的生地，而“这两三年来，这个生地已经有了一星星的生机了”。

六、尾语

然而推展新学风的路途并不那么平顺，社会史论战的梦魇仍在继续纠缠，未能完全摆脱。《食货》半月刊创刊没有多久，已收到有论战式文章，陶希圣感到犹豫，准备收到这类文字多时，再专以一期刊登（注一六七）。他倡导尊重史料与史实，其实也未尝不是期望借此解决论战中的争议，所以他对于自己看法所受到的批评，仍从社会形态演变的角度而有所驳辩（注一六八）。创刊之初所收到的论战式文章似乎一直没有刊出。不过却为了对中国社会形式发达过程作初步估定而征文，准备以一期或两期的特辑登载。这是一个社会史论战的主要课题，可是征文启事中却提出不同于过去定于一家之言式的思考，包括社会发达是否有一定的阶段、世界各地社会发达阶段是否同样、中国社会发达是否各地又有不同的过程等问题（注一六九）。征文得到的稿件分两期刊出，文章大多嗅不出过去论战的味道，也大多不以马克思所主张的历史阶段论作立论依据，其中张家驹的《中国社会中心的转移》，从地理重心的转移来谈中国历史社会经济的转变，不仅摆脱唯物史观的思考方式，而且是一篇史料扎实的论文（注一七〇）。

真正的论战是由李立中的《商业资本主义社会辩》所引起，这篇文章认为在封建社会和资本主义社会之间有商业资本主义社会的过渡，而马克思的论述中原有此暗示，他用了社会史论战时常用的一个名词“机械论”，来称呼反对有此一历史阶段的人，而撰文的主要目的即在“对于这些机械论，作无情的扫除”（注一七一）。发表后引起了反驳，而李立中也答辩，在第三卷、第四卷有零星的争辩，除以涉及李立中的观点为主外，也牵扯到其他有关中国历史上社会性质的观点（注一七二）。到了一九三七年上半年的第五卷，这一类作品增多，除了第一期、第四期、第八期和第十二期外，几乎每期都有一、两篇。其中第三期是“中国社会形式发展史专号之三”，其中有强调理论的论争作品，但是也有像加藤繁《中国社会史概述》这种偏重于史实的论文。第五期立了“中国社会形式史论争”栏，第十一期的栏名更明白标出“论战”。争辩的课题除商业资本主义社会的观点外，还涉及奴隶社会、中国历史长期停滞与循环等问题，而争论的对象也有时牵涉到其他刊物上的作品（注一七三）。这类作品所以会在《食货》半月刊上刊出，其实和陶希圣本人的观点未必完全无关。例如李立中所提出商业资本主义历史阶段的主张，过去曾被人称为陶希圣主义，虽然已是陶希圣的旧见，但他仍说因这篇文章而“得到的安慰是很大的”（注一七四）；又如傅安华的《关于奴隶社会理论的几个问题》，则是明白支持陶希圣秦汉是奴隶社会的见解（注一七五）。不过第五卷的这种特色或许应视为平流中的一段波澜，第六卷第一期所刊载的又全是立基于史料的扎实论述，这已是最后一期了，如果继续出刊，是否仍会再摆向论战的一端，则仍难逆料。

更大的阻力来自时局的变化，无论《读书杂志》所发动的中国社会史论战，或是《食货》半月刊的出刊，都是在日益紧张的时局中进行的。陶希圣到北京没有多少天，就发生九一八事变，不到几个月，又爆发一·二八淞沪战役，此后日本对华北步步进逼，短短几年里，接连有长城战事、成立冀东特区、推动华北自治等事件，北平处在一种风雨飘摇的局势中（注一七六）。一九三五年十一月间，日本策动华北自治的行动公开，使得他和其他史学界朋友计划中的《史学月刊》和经济史季刊为之搁置。接着在十二月有一二·九和一二·一六学生游行事件，并一度罢课，反对冀察自治，学生被捕，他出面交涉释放（注一七七），《食货》半月刊第三卷第四期是在北平各大学学生罢课时编的，特别表达了“莫大的同情与感慨”（注一七八）。紧张的局势成为人们心中一股重大的压力，一九三五年、三六年间，他已有长期工作不大可能的感触，认为“北平的形势未必容许我们长期工作下去”，因此“打算随时赶着把一点点工作成绩整理发表出来”，同时一再强调“只要有一天的时间可以容许我们工作”，就“总要以长期工作的精神去作的”（注一七九）。他又将黄砚璠的《北宋亡后北方的义军》增补材料后登载于《食货》半月刊，“当作民族运动中的一点安慰”（注一八〇），题目似已暗喻华北沦陷的可能。一九三六年三月出版的第三卷第八期，更以一篇短论《民族运动的实在性》载于刊首，指出当时中国的“反帝国主义运动应当收敛并集中于对抗军事宰割这一点”，此文涉及政治现实，在《食货》半月刊上可说极为罕见。到了七月，新生命书局受时局影响而周转不灵，《食货》半月刊因此停送稿费。出刊的困境虽以改由上海出版公司发行的办法而很快克服，而且还另外在天津《益世报》上开辟了《食货周刊》，但六、七个月后，第六卷第一期出刊才没几天，七七事变发生，北平落入日军控制，陶希圣和其他学界人士纷纷设法离开北平，《食货》半月刊和《食货周刊》都就此停刊，中国经济史研究室的工作也就此停顿，已有的工作成果无法出版。

《食货》半月刊在日益紧张的时局中，只出刊了两年七个月，由于抗日战争爆发而停刊，但是对于当代史学的发展已有不可忽视的影响。陶希圣借着到北京大学任教的机缘，将中国社会经济史研究引进学术的中心，也把当时史学界严谨的研究程序注入中国社会经济史研究。《食货》半月刊在当时北平的学术环境中创刊，陶希圣善用学界资源，推展新学风（注一八一）。由于是半月刊，出刊比较密集，可以刊出的作品较多，所以也容易引起人们的注意。这份刊物继承了《读书杂志》对中国社会经济史研究的提倡，也继续讨论中国社会史论战所遗留下来的一些问题，却将其导往以史料与史实为基础的学术方向，并开拓了秦汉至晚清间的社会经济史研究，而有助于学界更清楚地去认识中国社会经济史的分期。陶希圣所主张秦汉是奴隶社会的观点，如今或许没有多少人会接受，然而东汉以后到中唐以前的社会经济自成一阶段的主张，已因这份刊物的努力而获学界的肯定（注一八二）。这份刊物的另一项贡献，是培育出一些重要的中国社会经济史学者。许多这份刊物的作者，因为时势的影响，迫不得已停止他们的研究，令人感叹地从史坛消失；不过也有一些作者，仍有机会得以继续成长，发挥他们的才华，日后在中国社会经济史学界占有一席之地，例如全汉昇、杨联陞、傅衣凌等。特别是全汉昇，他对中国经济史分期的看法来自陶希圣，他的唐宋经济史研究业绩也得益于《食货》半月刊的作品。

（原刊于周樑楷编《结网二编》，
台北，东大图书公司，二〇〇三年七月）。

注释

注一：关于中国社会史论战及其与《读书杂志》的关系，见郑学稼，《“社会史论战”的起因和内容》（台北，中华杂志，一九六五年），此书后辑入其《社会史论战简史》（台北，黎明文化事业股份有限公司，一九七八年），作为上卷；逯耀东师，《从“五四”到中国社会史大论战》，收入其《中共史学的发展与演变》（台北，时报文化出版事业有限公司，一九七九年）；吴安家，《中国社会史论战之研究（一九三一～一九三三年）》（台北，政治大学东亚研究所博士论文，一九八六年）；桂遵义,《马克思主义史学在中国》(济南，山东人民出版社，一九九二)，第四章；赵庆河,《读书杂志与中国社会史论战，一九三一～一九三三》(台北，稻禾出版社，一九九五年)。英文著作有 Arif Dirlik. *Revolution and History: The Origins of Marxist Historiography in China*, 1919—1937 (Berkeley · Los Angeles · London, University of California Press, 1978)。

注二：王礼锡、陆晶清编辑,《中国社会史的论战》(收入《民国丛书》第二编)第一辑,《第三版卷头语》。郑学稼说他所见到的是第五版，见其《社会史论战简史》，页二三。

注三：《读书杂志》第一卷“特刊号”，页四四八。

注四：文载《中国社会史的论战》第一辑。

注五：《中国社会史论战第一辑出版以后——通信十一则》，页三三，载《中国社会史的论战》第一辑。

注六：陶希圣,《中国社会与中国革命》(台北，食货，一九七一年)，页六。

注七：关于陶希圣对中国社会史的看法，及其对中国社会史研究的推动，已有的讨论见鲍家麟师,《中国社会经济史的奠基者——陶希圣先生》，收入逯耀东师编,《拓垦者的画像》(台北，中华文化复兴月刊社，一九七七年)；杜正胜,《通贯礼与律的社会史学——陶希圣先生学述》,《历史月刊》第七期(一九八八年八月)；陈惠芬,《抗战前陶希圣的中国社会史研究》,《侨生大学先修班学报》第三期(一九九五年)；陶晋生师,《陶希圣论中国社会史》,《古今论衡》第二期（一九九九年）。英文著作有 Arif Dirlik, "T'ao His-sheng: The Social Limits of Change" in Charlotte Furth, ed. *The Limit of Change: Essays on Conservative Alternatives in Republic China* （Cambridge, Harvard University Press. 1976）。

注八：陶希圣,《搜读地方志的提议》,《食货》半月刊第一卷第二期（一九三四年十二月。）

注九：陶希圣,《潮流与点滴》（台北：传记文学出版社，一九七〇年），页一三〇；陶希圣,《编者的话》,《食货月刊》复刊第一卷第一期（一九七一年四月）。

注一〇：陶希圣,《八十自序》（上）,《传记文学》第三十三卷第六期（一九七八年十二月）。

注一一：顾颉刚在抗战胜利后出版的《当代中国史学》一书中，已如此指出。见《当代中国史学》（香港，龙门书店，一九六四），页一〇〇～一〇二。晚近学者的讨论，中文著作有罗炳绵,《近代中国社会史研究和史学趋势》,《大陆杂志》第五十五卷第一期（一九七七年七月）；黄宽重,《陶希圣与食货杂志》,《历史月刊》第七期（一九八八年八月）；徐素贞,《"食货半月刊"研究（一九三四～一九三七）》（台北，台湾师范大学历史研究所硕士论文，一九八九 年），第一章；杜正胜,《中国社会史研究的探索——特从理论、方法与资料、课题论》，载中兴大学历史学系主编,《第三届史学史国际研讨会论文集》（台中，中兴大学历史学系，一九九一年）。英文著作见 Arif Dirlik, *Revolution and History: The Origins of Marxist*

Hisroriography in China, 1919—1937, pp. 221—222。

注一二：王礼锡，《中国社会史论战序幕》，页五、六，《中国社会史的论战》第一辑。

注一三：孙倬章，《中国经济的分析》，页五一～五五，《中国社会史的论战》第一辑。

注一四：李季，《对于中国社会史论战的贡献与批评》，页七～一四，《中国社会史的论战》第二辑。

注一五：杜畏之，《古代中国研究批判引论》，页一四～一五，《中国社会史的论战》第二辑；任曙，《怎样切实开始研究中国经济问题的商榷》，页五五，《中国社会史的论战》第三辑。

注一六：李季，《对于中国社会史论战的贡献与批评》，页六，《中国社会史的论战》第二辑。

注一七：季雷，《马克思的社会形式论》，页七〇～七一，《中国社会史的论战》第三辑。

注一八：文载《中国社会史的论战》第二辑。

注一九：逯耀东师，《从"五四"到中国社会史大论战》；桂遵义，《马克思主义史学在中国》第一章第二节。

注二〇：尹达主编，《中国史学发展史》（台北，天山出版社），页四九六～四九七、五〇一～五〇二；又如在《中国社会史的论战》第一辑所附的神州国光社刊行经济历史书目广告中，有叶启芳译马克皮尔著《社会斗争通史》、高素明译库斯聂著《社会形式发展史大纲》；经济书目广告中，有郭沫若译马克思著《政治经济（学）批评》、洪涛译石川准十郎著《资本论概要》、汪馥泉译考茨基著《马克思的经济学说》。

注二一：郑学稼，《社会史论战简史》，页一一七～一一八。

注二二：有关中国社会史论战的苏联与日本根源，可参考何干之，《中国社会史问题论战》（收入《民国丛书》第二编）。又见林甘泉、田人隆、李祖德著，《中国古代史分期讨论五十年》（上海，上海人民出版社，一九八二），第三章；白钢编著，《中国封建社会长期延续问题论战的由来与发展》（北京，中国社会科学出版社，一九八四），第一章。关于苏联斯大林与托洛茨基两派理论争执及其对中国社会史论战的影响，参考 Arif Dirlik, *Revolution and History: The Origins of Marxist Historiography in China*, 1919—1937, pp. 63—67；吴安家，《中国社会史论战之研究（一九三一～一九三三年）》，第二章第一节；赵庆河，《读书杂志与中国社会史论战（一九三一～一九三三）》，页四五～五六。

注二三：孙倬章，《中国经济的分析》，页二〇、四七、七一、七五，《中国社会史的论战》第一辑。

注二四：胡对孙的批评见《中国社会史论战第一辑出版以后——通信十一则》，页二九～三一：《秋原君也懂马克思主义？》与《略覆孙倬章并略论中国社会之性质》均载《中国社会史的论战》第二辑。

注二五：李季，《对于中国社会史论战的贡献与批评》，页四～五、五九～一四九，《中国社会史的论战》第二辑。李季在《对于中国社会史论战的贡献与批评（一续）》中又再指责陶希圣与朱其华两人

"近年来大谈其马克思主义，并且辩论不休"，然而"都不懂马克思主义"，见该文页五一，文载《中国社会史的论战》第三辑。郭沫若在王伯平《中国古代社会研究之发轫》文中也遭到"没有自己宣布成为马克思主义者就其能成为马克思主义者的事"的批评，见该文页二四，文载《中国社会史的论战》第三辑。

注二六：陈邦国，《"关于社会发展分期"并评李季》，《中国社会史的论战》第三辑；陈邦国，《"关于社会发展分期"并评李季（续）》，《中国社会史的论战》第四辑。

注二七：张横，《评陶希圣的历史方法论》，页三、二〇，《中国社会史的论战》第二辑。

注二八：朱文载《中国社会史的论战》第二辑，刘文、余文均载《中国社会史的论战》第四辑。

注二九：王宜昌，《中国社会史短论》，页二，《中国社会史的论战》第四辑。

注三〇：此一争辩其实源于苏联共党内部理论的争辩，见何干之，《中国社会史问题论战》，上编；林甘泉、田人隆、李祖德著，《中国古代史分期讨论五十年》，上编，第三章；吴安家，《中国社会史论战之研究（一九三一～一九三三年）》，第四章；桂遵义，《马克思主义史学在中国》，第四章第一节；赵庆河，《读书杂志与中国社会史论战（一九三一～一九三三）》，第三章。

注三一：王礼锡，《中国社会形态发展史中之谜的时代》，《中国社会史的论战》第三辑。

注三二：参考吴安家，《中国社会史论战之研究（一九三一～一九三三年）》，第六章第三、四、五节。

注三三：朱新繁，《关于中国社会之封建性的讨论》，页一八；孙倬章，《中国经济的分析》，页五六～五七。两文均收入《中国社会史的论战》第一辑。

注三四：文见《中国社会史的论战》第一辑。

注三五：文分见《中国社会史的论战》第三辑、第四辑。

注三六：李麦麦文不载四辑“中国社会史论战”专辑中，而见于《读书杂志》第二卷第六期（一九三二年六月）；又另有《中国封建制之崩溃与专制君主制之完成》阐发从西周封建制到秦朝专制君主制的转变，而认为专制君主制是秦以后最有永久性的政权形态。载《读书杂志》第二卷第十一、十二合期（一九三二年十二月）。

注三七：如陈邦国，《中国历史发展的道路》，《中国社会史的论战》第一辑。王宜昌，《中国社会史论史》；李季，《对于中国社会史论战的贡献与批评》；杜畏之，《古代中国研究批判引论》，均收入《中国社会史的论战》第二辑。熊得山，《中国商业资本发生之研究》；梁园东，《中国社会各阶段的讨论》；王宜昌，《中国奴隶社会史——附论》，均收入《中国社会史的论战》第三辑。王礼锡，《古代的中国社会》；胡秋原，《中国社会＝文化发展草书（上）》，均收入《中国社会史的论战》第四辑。

注三八：文见《中国社会史的论战》第一辑，续篇载《读书杂志》第二卷第十一、十二合期（一九三二年十二月）。

注三九：李季，《对于中国社会史论战的贡献与批评》，《对于中国社会史论战的贡献与批评（一续）》，《对于中国社会史论战的贡献与批评（二续）》，分见《中国社会史的论战》第二辑、第三辑、第四辑。

注四〇：王礼锡，《中国社会形态发展史中之谜的时代》，《中国社会史的论战》第三辑。

注四一：梁园东，《中国社会各阶段的讨论》，《中国社会史的论战》第三辑。

注四二：《中国社会＝文化发展草书（上）》见《中国社会史的论战》第四辑，《专制主义论》见《读书杂志》第二卷第十一、十二合期（一九三二年十二月）；六朝以前部分发表于其他刊物，见郑学稼，《社会史论战简史》，页一〇七～一〇八。

注四三：分见《中国社会史的论战》第一辑、第三辑、第四辑。

注四四：例如戴行轺将实为皇权一部分的宦官也归之于士大夫官僚阶级，熊得山将宋代属于地方官俸禄性质的职田视为采邑，将民众交给政府的赋税视为农民对地主的贡赋，显现的是自然经济的生产关系，因而认为宋代仍是封建式的地方分权。分见戴行轺《中国官僚政治的没落》，页三〇～三一，《中国社会史的论战》第一辑；熊得山，《中国农民问题之史的叙述（续论战第一辑）》，页一三～一四，《中国社会史的论战》第四辑。

注四五：王礼锡，《中国社会形态发展史中之谜的时代》，《中国社会史的论战》第三辑。

注四六：王宜昌，《中国封建社会史》，页七七～七八，《中国社会史的论战》第四辑。

注四七：陶希圣，《中国社会形式发达过程的新估定》，页二～三，《中国社会史的论战》第三辑。

注四八：陶希圣，《中国社会之史的分析》（台北，食货，一九七二年），页三。

注四九：陶希圣，《中国社会与中国革命》，页二。

注五〇：杜维运师，《梁著“中国历史研究法”探源》，收入其《与西方史家论中国史学》（新写本，台北，东大图书公司，一九八一年）附录（三）。

注五一：朗格诺瓦、瑟诺博司著，李思纯译，《史学原论》（台北，台湾商务印书馆，一九六八年），“译者弁言”。

注五二：杜维运师，《西方史学输入中国考》，收入其《与西方史家论中国史学》附录（二）。

注五三：刘龙心，《学术与制度——学科体制与现代中国史学的建立》（台北，远流，二〇〇二年），页二六九～二七八。

注五四：鲁宾孙著，何炳松译，《新史学》（台北，文星书店，一九六五年），页二三、四五～四八、五〇。

注五五：何炳松，《通史新义》（台北，台湾商务印书馆，一九六五年），页一五四～一五五、一九〇～一九二。

注五六：胡适，《中国古代哲学史》（台北，台湾商务印书馆，一九五八年），页九～三一。对于胡适《中国哲学史大纲》导言的讨论，已见周予同，《五十年来中国之新史学》，收入杜维运、陈锦忠编，《中国史学史论文选集（三）》（台北，华世出版社，一九八〇年）。

注五七：文见胡适，《胡适文存》第一集（台北，远东图书公司，一九七一年）卷二。

注五八：逯耀东师，《胡适溯江河而行》，收入其《胡适与当代史学家》（台北，东大图书公司，一九九八年）。

注五九：胡适，《国学季刊发刊宣言》，收入《胡适文存》第二集（台北，远东图书公司，一九七一年），卷一，此文发表于一九二三年。

注六〇：胡适著，姚名达订补，《章实斋先生年谱》（台北，台湾商务印书馆，一九六二年），页一三六～一三八。

注六一：梁启超，《清代学术概论》（台北，中华书局，一九六三年），页四～五、三三。

注六二：梁启超，《中国历史研究法》（台北，台湾商务印书馆，一九六六年），页一四九。

注六三：梁启超，《中国历史研究法补编》（台北，台湾商务印书馆，一九六六年），页一七～二七。

注六四：此书收入杜维运、黄俊杰编，《史学方法论文选集》（台北，华世出版社，一九七九年）。

注六五：何炳松，《通史新义》，页四～五、一四～一五；胡适著，姚名达订补，《章实斋先生年谱》，《何序》，页八～一二。

注六六：收录于傅斯年，《傅斯年全集》（台北，联经，一九八〇年），第四册。

注六七：梁、胡、何三人均以通体的史书作为史学著述的理想目标，所以梁启超拟有中国通史目录、中国文化史目录，见其《国史研究六篇》（台北，中华书局，一九六一年），附录；胡适论理想中的国学研究，亦提出一个中国文化史总系统，而认为可先从各种专史着手，见其《国学季刊发刊宣言》；何炳松在几篇序言中所说的著作与史料分家，著作所指就是通史。而傅斯年所说的“历史学只是史料学”则是要研究题目，而认为“历史学不是著史”。

注六八：陈寅恪，《王静安先生遗书序》，收入《陈寅恪先生文集之三：金明馆丛稿二编》（上海，上海古籍出版社，一九八〇）。

注六九：陈寅恪语见其《陈垣元西域人华化考序》，收入《陈寅恪先生文集之三：金明馆丛稿二编》。陈垣著作刊行时间见刘乃和，《陈垣同志已刊论著目录系年》，收入《励耘书屋问学记：史学家陈垣的治学》（北京，三联书店，一九八二）。

注七〇：汪荣祖，《史家陈寅恪传》（台北，联经，一九八四年），第三章、第六章。

注七一：顾颉刚，《论辨伪工作书》，收入顾颉刚编著，《古史辨》第一册（台北，明伦出版社，一九七〇年）。

注七二：顾颉刚，《当代中国史学》，页一三八。

注七三：逯耀东师，《傅斯年与〈历史语言研究所集刊〉》，《台大历史学报》第二十期（一九九六年）。

注七四：顾颉刚和傅斯年同办中山大学语言历史研究所，主编《中山大学语言历史研究所周刊》；又参与“中央研究院”历史语言研究所的筹备，编辑《“中央研究院”历史语言研究所集刊》第一本第一分，其后任历史语言研究所特约研究员。陈垣亦受聘为历史语言研究所特约研究员。陈寅恪则先任历史语言研究所北平分所主任，其后任研究员兼第一组主任。陈垣与陈寅恪均有著作由历史语言研究所出版，或刊载于《“中央研究院”历史语言研究所集刊》。参考逯耀东师，《傅斯年与〈历史语言研究所集刊〉》；以及顾潮，《顾颉刚先生与史语所》；陈弱水，《一九四九年以前的陈寅恪——学术渊源与治学大要》；陈智超，《陈垣先生与中研院史语所》。后三文均载于杜正胜、王汎森编，《新学术之路》(台北，“中央研究院”历史语言研究所，一九九八年)。

注七五：陶希圣，《中国社会之史的分析》，页十五、三五。

注七六：陶希圣，《潮流与点滴》，页三、二六、三一、六五～六六、七〇、八二；陶希圣，《八十自序》(上)；杜正胜、黄宽重访谈，王健文整理，《风气新开百代师：陶希圣先生与中国社会史研究》，《历史月刊》第七期(一九八八年八月)。

注七七：陶希圣，《中国社会之史的分析》，页三。

注七八：陶希圣，《傅孟真先生》，原刊一九五〇年十二月二十三日《“中央”日报》，收入台湾大学纪念傅故校长筹备委员会哀挽小组编，《傅故校长哀挽录》(台北，台湾大学，一九五一年)。陶希圣回忆此事在一九二五年除夕，时间应有错误，因为傅斯年在一九二六年冬天才归国。见芮逸夫，《傅校长斯年先生年表》，收入《傅故校长哀挽录》；及傅乐成师，《傅孟真先生年谱》(台北，文星书店，一九六四年)，页二三页。

注七九：陈存恭、苏启明、刘妮玲访问，陈存恭、尹文泉总整理，《陶希圣先生访问纪录》(台北，“国防部”

史政编译局，一九九四年），页二四。陶希圣曾说明他的社会史观，思想方法接近唯物史观而不堕入唯物史观的公式主义圈套，使用的方法是社会的历史方法，与桑巴德的《资本主义史》、奥本海马尔的《国家论》如出一辙。见陶晋生师，《陶希圣论中国社会史》，《古今论衡》第二期（一九九九年）。

注八〇：陶希圣，《潮流与点滴》，页一一二、一一七～一一八。

注八一：陶希圣，《潮流与点滴》，页一二七；陶希圣，《八十自序》。

注八二：何兹全，《悼念我师陶希圣先生》，《传记文学》第五十三卷第二期（一九八八年八月）。又全汉昇在访谈中也说到北京大学师长中影响他最大的两位是陶希圣与傅斯年，陶希圣讲授中国社会经济史一课，使他决心研究中国经济史。见黎志刚、林燊禄访问，《全汉昇院士》，《汉学研究通讯》第五卷第一期（一九八六年三月）。

注八三：一九三四年十二月出版的《食货》半月刊创号，刊有这几本书的广告（页二二）。食货出版社在台北再版各书版权页所刊上海初版时间，刘道元《两宋田赋制度》为一九三三年；鞠清远《唐宋官私工业》为一九三四年；全汉昇《中国行会制度史》为一九三五年，应误，据《薪火集：传统与近代变迁中的中国经济／全汉昇教授九秩荣庆祝寿论文集》（台北，稻乡出版社，二〇〇一年）所附"全汉昇教授著作目录"，为一九三四年；刘道元《中国中古时期的田赋制度》为一九四〇年，亦误，此书序文作于一九三三年。附带指出，食货出版社在台北再版的曾謇《中国古代社会》及鞠清远《唐代财政史》，版权页所刊上海初版时间均为一九三四年，亦误。陶希圣在一九三五年三月出版的《食货》半月刊一卷七期《编辑的话》中，说曾謇《中国古代社会》收入《中国社会史丛书》，将由新生命书局出版，可见此书在这时尚未出版。在鞠清远《唐代财政史》的序中，陶希圣说此书与《南北朝经济史》及《刘晏评传》，都是国立北京大学经济史研究室的出品，经济史研究室要到一九三五年才成立。

注八四：台湾商务印书馆于一九六四年，在台北重印的王志瑞《宋元经济史》无初版年月，但王宜昌在刊于《中国社会史论战》第四辑的《中国封建社会史》中已曾引用（页五〇）。

注八五：余秉权，《中国史学论文引得》（台北，泰顺书局，一九七一年），页三二一。

注八六：《南方各大学杂志中中国经济社会史论文索引》，《食货》半月刊第一卷第六期（一九三五年二月）；余秉权，《中国史学论文引得》（台北，泰顺书局，一九七一年），页二六八。

注八七：陶希圣，《编辑的话》，《食货》半月刊第四卷第四期（一九三六年七月）。

注八八：陶希圣，《编辑的话》，《食货》半月刊第一卷第十一期（一九三五年五月）。

注八九：陶希圣，《编辑的话》，《食货》半月刊第二卷第八期（一九三五年九月）。《桑弘羊年谱》于一九七五年由台湾商务印书馆于台北重印，著者姓名改为马元材，自序作于一九三四年，称此书为一九三三年冬所作。

注九〇：《南方各大学杂志中中国经济社会史论文索引》，《食货》半月刊第一卷第六期。

注九一：《食货》半月刊第一卷第七期（一九三五年三月）所刊广告（页四九）。广告误作二卷二期，按所列各文，查余秉权，《中国史学论文引得》均在二卷三期，出版时间在一九三五年一月。

注九二：《中国经济社会史论文索引（二）》，《食货》半月刊第一卷第七期。

注九三：何兹全，《悼念我师陶希圣先生》，《传记文学》第五十三卷第二期。这两期所刊中国经济史论著篇名见《中国经济社会史论文索引（六）》，《食货》半月刊第一卷第十二期（一九三五年五月）；《中国经济社会史论文索引（七）》，《食货》半月刊第二卷第一期（一九三五年六月）。《中国经济》由南京中国经济研究会主编兼发行，见余秉权，《中国史学论文引得》，页四。

注九四：李秉衡，《方法与材料》（通信）所引，《食货》半月刊第一卷第九期（一九三五年九月）。

注九五：直到晚年，陶希圣仍然认为“中国社会发展可与欧洲社会发展作一比较而发现其共同法则”，而追忆他当年创办《食货》半月刊的目的则是“鼓励学生搜辑经济社会史料，并从史料中寻找历史法则”。见其《潮流与点滴》，页一三〇及页一四四注五。

注九六：陶希圣，《搜读地方志的提议》，《食货》半月刊第一卷第二期（一九三四年十二月）。

注九七：陶希圣曾回忆一九三六年七月至三七年六月间，顾颉刚以自用车顺路接他同往燕京大学上课，又载他回家。见其《顾颉刚之自觉与自误》，载一九八一年五月七日《"中央"日报》的《"中央"副刊》。顾潮编著的《顾颉刚年谱》（北京，中国社会科学出版社，一九九三）则在一九三五年七月一日、十一月二十一日、一九三六年十二月一日及年末条下有关于陶希圣的记事。

注九八：顾潮，《顾颉刚年谱》，一九三一年九月条。

注九九：顾颉刚，《圣贤文化与民众文化》，《民俗周刊》第五期；《序闽歌甲集》，《民俗周刊》第二十三、二十四期合刊。两文均刊于一九二八年。

注一〇〇：李季。《对于中国社会史论战的贡献与批评》，页一九～二一、三五～三七，《中国社会史的论战》第二辑；李季，《对于中国社会史论战的贡献与批评（一续）》，页八～十，《中国社会史的论战》第三辑。对于顾颉刚的批评，又见王宜昌，《中国社会史论史》，页一四～一五；杜畏之，《古代中国研究批判引论》，页二～四。王、杜两文均收入《中国社会史的论战》第二辑。

注一〇一：顾颉刚，《自序》，《古史辨》第三册（台北，明伦出版社，一九七〇年）。

注一〇二：顾颉刚，《序》，罗根泽编著，《古史辨》第四册（台北，明伦出版社，一九七〇年）。

注一〇三：刘起釪和刘俐娜讨论顾颉刚的学术，都已论及此事。见刘起釪，《顾颉刚先生学述》（北京，中华书局，一九八六），页七九～八一；刘俐娜，《顾颉刚学术思想评传》（北京，北京图书出版社，一九九九），页二六二～二六四。但应注意顾颉刚的重点是在史料考辨的重要性，而非刘起釪所说的"承认历史唯物论为应当信服的科学理论，应奉为古史研究的指导思想"。

注一〇四：陶希圣，《汉儒的僵尸出祟》，页五、七，《中国社会史的论战》第四辑。这篇文章的题目，应取材自周予同，《殭尸的出祟》，见顾颉刚编著，《古史辨》第二册（台北，明伦出版社，一九七〇年）。陶希圣一直到《食货》半月刊出版期间，仍在为疑古工作辩护，批评把古史记载随意运用的人，见陶希圣《编辑的话》，《食货》半月刊第一卷第二期（一九三四年十二月）；《疑古与释古》，《食货》半月刊第三卷第一期（一九三五年十二月）。

注一〇五：顾颉刚，《自序》，《古史辨》第二册。

注一〇六：顾颉刚，《序》，罗根泽编著，《古史辨》第四册。刘起釪和顾潮、顾洪都已论及顾颉刚承继了清代以来经学变为史学的趋势。见刘起釪，《顾颉刚先生学述》，页十；顾潮、顾洪，《顾颉刚评传》（南昌，百花洲文艺出版社，一九九五），页八～一一。其他讨论顾颉刚的论著亦多论及他的推倒四个偶像。如施耐德（Laurence A. Schneider）著、梅寅生译，《顾颉刚与中国新史学》（台北，华世出版社，一九八四年），页二二九～二三二；王汎森，《古史辨运动的兴起》（台北，允晨文化实业股份有限公司，一九八七年），页二三六；彭明辉，《疑古思想与现代中国史学的发展》（台北，台湾商务印书馆，一九九一年），页九六～九七。

注一〇七：刘起釪，《顾颉刚先生学述》，页一一九～一二〇。

注一〇八：逯耀东师指出，中共政权建立以后，以马克思思想为基础形成的历史解释体系，使中国史学陷入另一个新经学的泥沼，见其《胡适与当代史学家》的代序《现代史学转折中的寻觅》。这种趋势，可以说早在中国社会史论战时期已初现端倪。陶希圣在《汉儒的僵尸出祟》文中所说："要知道翻印马氏全集也替代不了中国史，只能代替汉儒脑力所造的中国史。"正有以当时人引据马克思之言解释中国史和汉儒经说相提并论之意。

注一〇九：顾颉刚，《编后》，《禹贡》半月刊第一卷第一期（一九三四年三月）。

注一一〇：《食货》半月刊创刊号版权页载有食货学会会约，禹贡学会的成立与演变，见彭明辉，《历史地理学与现代中国史学》（台北，东大图书公司，一九九五年），页一五三～一五六。不仅食货学会的设立可能取法禹贡学会，到一九三六年五月禹贡学会召开正式成立大会后，食货学会也有依法令组织，召开会员大会的想法。见陶希圣，《编辑的话》，《食货》半月刊第四卷第七期（一九三六年九月）。

注一一一：陶希圣，《搜读地方志的提议》，《食货》半月刊第一卷第二期。按顾颉刚自一九三一年起已在推动研读地方志，见顾潮，《顾颉刚年谱》，一九三一年二月条，载顾颉刚修改朱士嘉《研究地方志的计划》，此文随即以顾、朱两人之名，发表于本年一月出版的《社会问题》第一卷第四期，见《顾颉刚年谱》所附著述目录，所以如此，当是该期延后出版之故；又见郑良树，《顾颉刚学术年谱简编》（北京，中国友谊出版公司，一九八七），一九三一年一月条。又《禹贡》半月刊第一卷第二期载有朱士嘉《方志之名称与种类》，第三期载有徐家楣《民国二十二年以来所修刻方志目录》，第五期载有朱士嘉《中国地方志综录例目》，第十期载有傅振伦《方志之性质》。

注一一二：陶希圣，《编辑的话》，《食货》半月刊第二卷第七期（一九三五年九月）。

注一一三：《食货》半月刊第二卷第九期（一九三五年十月）、第十二期（一九三五年十一月）所载陶希圣《编辑的话》中，都提到《史学月刊》，第三卷第十二期所载《编辑的话》中则说此刊物"因种种关系延迟创刊"；《顾颉刚年谱》一九三五年十一月二十一日条载顾颉刚致嵇文甫信说此事"商量初就，时局陡变"，于是延长筹备阶段。所谓"时局陡变"，应指一九三五年十一月十九日，宋哲元向北平各界人士宣布日本策动华北自治，事见《陶希圣先生访问纪录》，页一二。

注一一四：《读书杂志》所发起的中国社会史论战，其参与者资历的讨论见赵庆河，《读书杂志与中国社会史论战（一九三一～一九三三）》，页一一七～一三〇；《食货》半月刊作者的背景分析，见徐素贞，《"食货半月刊"研究（一九三四～一九三七）》，页二五、二八。

注一一五：这方面的讨论已见徐素贞，《"食货半月刊"研究（一九三四～一九三七）》，页三二～四〇。

注一一六：陶希圣，《编辑的话》，《食货》半月刊第二卷第二期（民国二十四年六月）。

注一一七：分别见《食货》半月刊第二卷第八期（一九三五年九月）、第十期（十月）、第三卷第一期、第二期（十二月）、第三期（一九三六年一月）、第八期（三月）、第九期（四月）。

注一一八：见《食货》半月刊第四卷第五期（一九三六年八月）。

注一一九：见《食货》半月刊第五卷第九期（一九三七年五月）。

注一二〇：汤象龙，《对于研究中国经济史的一点认识》，《食货》半月刊第一卷第五期（一九三五年二月）。

注一二一：吴景超，《近代都市的研究法》，《食货》半月刊第一卷第五期（一九三五年二月）；齐思和，《研究历史问题之方法》，《食货》半月刊第四卷第三期（一九三六年七月）。

注一二二：陶希圣，《编辑的话》，《食货》半月刊第五卷第十一期（一九三七年六月）。

注一二三：杜正胜已指出这点，见其《中国社会史研究的探索——特从理论、方法与资料、课题论》。

注一二四：陶希圣，《编辑的话》，《食货》半月刊第四卷第二期（一九三六年六月）。

注一二五：陶希圣，《编辑的话》，《食货》半月刊第一卷第三期（一九三五年一月）。

注一二六：陶希圣，《搜读地方志的提议》，《食货》半月刊第一卷第二期（一九三四年十二月）。

注一二七：陶希圣，《编辑的话》，《食货》半月刊第一卷第二期。

注一二八：前者见陶希圣，《中国社会形式发达过程的新估定》，《中国社会史的论战》第三辑；后者见陶希圣，《潮流与点滴》，页一三七、一四五，又参考陶晋生师，《陶希圣论中国社会史》。

注一二九：陶希圣，《战国至清代社会史略说》，《食货》半月刊第二卷第十一期（一九三五年十一月）。

注一三〇：内藤虎次郎以后汉末至西晋为中国史古代至中古的过渡，唐末、五代为中古与近世的过渡，但分期的依据与陶希圣不同。见其《支那上古史》，收入内腾虎次郎，《内藤湖南全集》（东京，筑摩书房，一九六九）第十卷；《支那上古史》为其在京都大学讲课的讲义，另有《支那中古史》《支那近世史》两种讲义，均收入《内藤湖南全集》第十卷。

注一三一：陶希圣也曾声明："本刊今后已成食货学会的公共出版物。深愿大家不以对编者的见解来对本刊，写了什么拿什么来，想着什么说什么话。"

见陶希圣，《编辑的话》，《食货》半月刊第三卷第一期（一九三五年十一月）。

注一三二：各文分见《食货》半月刊第一卷第一期、第二期（一九三四年十二月）、第三期（一九三五年一月）、第三卷第四期（一九三六年一月）。

注一三三：徐素贞对两项工作均已有讨论，见其《“食货半月刊”研究（一九三四～一九三七）》，页四九～六八。

注一三四：见《食货》半月刊第五卷第二期（一九三七年一月）、第三期（二月），译者为萧正谊

注一三五：陶希圣，《食货本年六项工作草约》，《食货》半月刊第一卷第六期（一九三五年二月）。

注一三六：陶希圣，《经济史名著选译计划》，《食货》半月刊第二卷第一期（一九三五年六月）。

注一三七：陶希圣，《冀筱泉著中国历史上的经济枢纽区域》，《食货》半月刊第四卷第六期（一九三六年八月）。

注一三八：文见《食货》半月刊第二卷第四期（一九三五年七月）。

注一三九：卢森堡著、李秉衡译，《对于经济史底两种见地》，《食货》半月刊第三卷第八期（一九三六年三月）；李秉衡，《经济史学上的恩格斯》，《食货》半月刊第三卷第十二期（一九三六年五月）；考茨基著、李麦麦译，《行会制度的起源》，《食货》半月刊第四卷第十二期（一九三六年十一月）。

注一四〇：吴景超，《近代都市的研究法》，《食货》半月

刊第一卷第五期(一九三五年二月)。

注一四一:桑巴德著、连士升译,《经济理论与经济史》,《食货》半月刊第一卷第八期(一九三五年三月)。

注一四二:鞠清远译、格拉斯(N. S. B. Gras)著,《经济史之兴起》,《食货》半月刊第二卷第三期(一九三五年七月);连士升译、克拉判著,《论经济史的研究》,《食货》半月刊第二卷第八期(一九三五年九月)。

注一四三:征文启事见《食货》半月刊第二卷第十二期(一九三五年十一月),页八。三篇作品为连士升原作、陶希圣改写,《斯密亚丹论中国》,《食货》半月刊第三卷第三期:费(C. R. Fay)著、连士升译,《论原富》,《食货》半月刊第三卷第四期(一九三六年一月);赵乃抟,《斯密亚当国富论撰述经过与学说渊源》,《食货》半月刊第三卷第七期(一九三六年三月)。陶希圣的看法见连士升原作、陶希圣改写,《斯密亚丹论中国》。

注一四四:连士升,《重商制度略说》,《食货》半月刊第二卷第五期(一九三五年八月)。《重商制度》译文有两篇在《食货》半月刊刊出,分别为载于二卷十期(一九三五年十月)的《由村落到都市的发达过程》,及三卷一期(一九三五年十二月)的《由城市经济到领域经济的发达(上)》。

注一四五:分见三卷九期(一九三六年四月)、十一期(五月）、四卷一期（六月）、三期（七月）、六期（八月）、九期（十月）、五卷十一期、十二期（一九三七年六月）。

注一四六：鞠清远译，《沙利曼的皇庄法》，《食货》半月刊第五卷第八期（一九三七年四月）。

注一四七：陶希圣，《夏虫语冰录（一七三）》，《法令月刊》第二十五卷第一期（一九七四年一月）。

注一四八：陶希圣，《潮流与点滴》，页一三〇

注一四九：梁园东，《中国经济史研究方法之诸问题》，《食货》半月刊第二卷第二期（一九三五年六月）。

注一五〇：陶希圣，《编辑的话》，《食货》半月刊第三卷第一期（一九三五年十二月）。陶希圣晚年回忆起初印一千五百份，后来印两千份，销路不大，见杜正胜、黄宽重访谈，王健文整理，《风气新开百代师：陶希圣先生与中国社会史研究》，《历史月刊》第七期，有可能是回忆错误。又所谓"销路不大"应是与当时其他非学术性刊物的销路比较而言，据陶希圣回忆，《独立评论》当时每期销一万二三千份。见《夏虫语冰录（三一）》，《法令月刊》第十三卷第三期（一九六二年三月）；又见《潮流与点滴》，页一三六。

注一五一：陶希圣，《自序》，陶希圣、鞠清远，《唐代经济史》（台北，台湾商务印书馆，一九六八年）。

注一五二：陶希圣，《序》，鞠清远，《刘晏评传附年谱》（台北，台湾商务印书馆，一九七〇年）；《潮流与点滴》，页一三七。

注一五三：陶希圣，《潮流与点滴》，页一三七、一四五；《夏虫语冰录（一七三）》，《法令月刊》第二十五卷第一期（一九七四年一月）。其中《唐代寺院经济》《唐代土地问题》《唐代之交通》三种在一九七四年由食货出版社在台北出版。

注一五四：载《食货》半月刊第四卷第一期（一九三六年六月），又见该期陶希圣，《编辑的话》。

注一五五：载《食货》半月刊第四卷第五期（一九三六年八月）。

注一五六：陶希圣，《唐代寺院经济概说》；武仙卿，《唐代土地问题概说》。两文均载《食货》半月刊第五卷第四期（一九三七年二月）。

注一五七：陶希圣，《序》，陶希圣、武仙卿，《南北朝经济史》（台北，食货，一九七九年）；陶希圣，《序》，鞠清远，《唐代财政史》（台北，食货，一九七八年）；陶希圣，《序》，鞠清远，《刘晏评传附年谱》。

注一五八：陶希圣《潮流与点滴》，页一三七；陈存恭、苏启明、刘妮玲访问，陈存恭、尹文泉总整理，《陶希圣先生访问纪录》，页四七。

注一五九：陶希圣，《编辑的话》，《食货》半月刊第四卷第十一期（一九三六年十一月），第五卷第一期（一九三七年一月）。

注一六〇：陶希圣，《编辑的话》，《食货》半月刊第二卷第七期（一九三五年九月），《食货》半月刊第二卷第九期（一九三五年十月）。

注一六一：见《食货》半月刊第四卷第四期（一九三六年

七月），页五二所刊食货学会启事。

注一六二：陶希圣，《编辑的话》，《食货》半月刊第四卷第六期（一九三六年八月）。

注一六三：见《食货》半月刊第四卷第八期（一九三六年九月），页二六所刊《食货》半月刊启事：《食货》半月刊第四卷第十一期（一九三六年十一月），页五〇所刊食货学会启事，及该期陶希圣，《编辑的话》。自第五卷第一期（一九三七年一月）起，封底所刊发行者改为食货社，总经销改为上海杂志公司。又见陶希圣，《潮流与点滴》，页一三八。

注一六四：陶希圣，《编辑的话》，《食货》半月刊第五卷第一期（一九三七年一月）。

注一六五：《食货》半月刊第五卷第四期（一九三七年二月），页四二所刊广告。

注一六六：陶希圣，《编辑的话》，《食货》半月刊第五卷第八期（一九三七年四月）、第九期、第十期（一九三七年五月）。周乾溁当时在北京大学政治系研究室工作。

注一六七：陶希圣，《编辑的话》，《食货》半月刊第一卷第四期（一九三五年一月）。

注一六八：陶希圣，《编辑的话》，《食货》半月刊第一卷第六期（一九三五年二月）。

注一六九："中国社会形式发展史特辑征文"，《食货》半月刊第二卷第三期（一九三五年七月）。

注一七〇：各文分见《食货》半月刊第二卷第九期（一九三五年十月）、十一期（一九三五年十一月）。

注一七一：文见《食货》半月刊第三卷第五期（一九三六年二月）。

注一七二：傅安华，《商业资本社会商榷》；丁道谦，《商业资本主义与专制主义的透视》，均载《食货》半月刊第三卷第十一期（一九三六年五月）。李立中，《关于商业资本主义社会——略覆傅安华、丁道谦两先生》，《食货》半月刊第四卷第四期（一九三六年七月）。丁道谦，《再论商业资本主义及其他》，《食货》半月刊第四卷第十期（一九三六年十月）。

注一七三：关于论辩要点的摘录，参考徐素贞，《"食货半月刊"研究（一九三四～一九三七）》，第三章、第四章。

注一七四：陶希圣，《编辑的话》，《食货》半月刊第三卷第五期（一九三六年二月）。

注一七五：文见《食货》半月刊第五卷第六期（一九三七年三月）。

注一七六：陶希圣，《潮流与点滴》，页一二七；陈存恭、苏启明、刘妮玲访问，陈存恭、尹文泉总整理，《陶希圣先生访问纪录》，页一～二、一二。

注一七七：两次学生游行事件见陶希圣，《潮流与点滴》，页一三四～一三六；陈存恭、苏启明、刘妮玲访问，陈存恭、尹文泉总整理，《陶希圣先生访问纪录》，页一三～一八。

注一七八：陶希圣，《编辑的话》，《食货》半月刊第三卷第四期（一九三六年一月）。

注一七九：陶希圣，《编辑的话》，《食货》半月刊第三卷第三期（一九三六年一月），第三卷第六期（一九三六年二月）。

注一八〇：陶希圣，《编辑的话》，《食货》半月刊第三卷第五期（一九三六年二月）。

注一八一：陶希圣除了善用学界资源以取得稿件、扩大影响外，也借助于学界的帮助以选择及校订译稿。如北京大学法学院长周炳琳协助校正经济方法论的译文，并选择适当的作品；任职"中央研究院"社会科学研究所的梁方仲为其主持翻译日本学者的中国社会经济史论文。见陶希圣，《编辑的话》，《食货》半月刊第三卷第八期（一九三六年三月），第三卷第十期（一九三六年四月）。

注一八二：顾颉刚，《当代中国史学》，页一〇二。

历史未停滞
——从中国社会史分期论争看全汉昇的唐宋经济史研究

一、前言

卒于二〇〇一年，享寿恰好九十岁的全汉昇，是当代中国杰出的经济史家，在学术上的贡献与影响均甚大，被尊为“经济史坛祭酒”（注一）。他对中国经济史研究的起步甚早，一九三四年尚在北京大学历史系就读的期间，已出版专著《中国行会制度史》；这年，陶希圣创办《食货》半月刊，在创刊号上也有他的一篇《宋代都市的夜生活》，以后几年，他多次在这份中国社会经济史专业刊物上撰文。一九三五年自北京大学毕业后，入“中央研究院”历史语言研究所工作，随史语所辗转于各地，并于一九四九年随“中研院”迁来台湾，至一九六五年才离开史语所，到香港任教。在史语所长期工作以及在香港任教的期间，他的研究工作大致可以用一九四九年划分为前后两阶段，此年以前，他的研究范围上溯汉末，下及元代，而以唐宋经济史为主；此年以后，他的研究重心转移到明清与近代的经济问题（注二）。本文所要讨论的，是全汉昇前一阶段的研究在当代史学史上的意义。不过这一阶段的研究虽然大体上在一九四九年已经结束，但是这年以后，他对唐宋经济史的关注并未完全中止，在台湾与香港仍然有相关的演讲与著作。

所以仅以全汉昇前一阶段的研究成果作为本文的主题，而不及于其毕生的业绩，一方面固然与个人的研究兴趣及能力局限有关，另一方面也由于他在这一个课题上的成绩，在当代史学史上有重要的意义。全汉昇自言，在大学时代受陶希圣与傅斯年两位师长的影响最深（注三），他的唐宋经济史研究，实际上也就是这两位师长学风的结合。他的研究在工夫上是踏实的，在方法上是严谨的，可是却不仅仅是就史料以探史实而已。他所得到的结论，纠正了当时知识界对中国历史演变的误解。这种误解以唯物史观为认识中国历史的基础，因一九三一到三三年《读书杂志》将中国社会史论战推动至高潮而大为流行，虽然有各种不同的讲法，但多将中国历史从战国以后到近代以前视为一个阶段，而将历史上这段时期的社会看成是停滞而没有明显变动的。这样的误解，导源于对中国历史没有下过踏实的研究工夫，而只套用外国的理论。曾参与中国社会史论战的陶希圣对此有所领悟，而改弦更张，在作于一九三三年的《中国社会史丛书刊行缘起》中说，“我们的誓愿是，宁可用十倍的劳力在中国的史料里去找出一点一滴的木材，不愿用半分的工夫去翻译欧洲史学家的半句子来，在沙上建立堂皇的楼阁。”正是对当时知识界盛行套用唯物史观来解释中国历史的批评。而他这项主张，和傅斯年发表于一九二八年的《历史语言研究所工作之旨趣》中所提倡的研究态度，有可以接合之处（注四）。所不同的是，陶希圣对中国历史上的社会究竟如何演变的问题，仍然至为关切。全汉昇深受陶希圣与傅斯年的影响，以踏实严谨的态度研究唐宋经济史，得出唐代中叶以前和唐代中叶以后是两个不同阶段社会的看法，可以说是对停滞论者的有力反驳。

正如全汉昇的一位学生对全氏的评论：“实际上，他不少研究都甚具现实意义”（注五），本文的目的，即在于阐释全汉昇谨严研究态度覆盖之下的历史观点，及其与时代的关联。全文除前言、结语外，共分四节。由于全汉昇对于唐宋经济演变的见解是针对停滞论者而发，所以首先讨论中国社会史论战中的停滞论；全氏的中国经济史分期看法来自陶希圣，所以接着说明包括陶希圣的主张在内的时代细分论；全氏最早的经济史论著发表于陶希圣所主编的《中国社会史丛书》和《食货》半月刊，这套丛书和这份刊物中有关中国历史分期的讨论，对他研究方向的酝酿与课题的选择应有直接的影响，所以再接着以这套丛书和这份刊物为主，探讨陶希圣历史分期主张的落实于学术研究；最后则承接以上各节，分析全汉昇有关唐宋经济史的论著，阐明其唐宋经济史观点。

二、社会史论战中的长期停滞论

本籍广东顺德的全汉昇，一九三一年于高中毕业后，自广州北上，考入北京大学历史系（注六），踏入了他的学术生涯。和他同时考入的同学中，有何兹全，四年后和他同时毕业的同学中，除何兹全外，又有杨向奎、李树桐、高去寻（注七），日后都成为中国史学界的菁英，其中何兹全和他同样受陶希圣的影响，而走向中国社会经济史的研究（注八）。当时北京大学名师云集，全汉昇在校期间，先后在历史系修读过傅斯年的“中国古代史单题研究”、钱穆的“中国上古史”和“中国近三百年学术史”、陈受颐的“文艺复兴与宗教改革”和“欧洲中古史”等课；然而影响他日后研究方向最大的，却是到政治系选修陶希圣的“中国社会经济史”（注九）。这时正是北伐完成后没有几年，北伐前后经历了中国国民党和中国共产党由合作而分裂的过程，因中共内部发展路线的争论而引生出中国社会性质的争论，又再进而争论中国社会史发展的分期问题。参加这一场所谓“中国社会史论战”的，除了中共内部的不同派系之外，也有一部分国民党人，而陶希圣则是这场论战中的焦点人物之一，他对中国社会史的看法，是论战中争议的一个中心。

原在文化圈中讨论，带有政治性质的中国社会史问题，因陶希圣到北京大学政治系任教，而引入了深富学术气息的北京大学。陶氏到北京大学任教，也是在一九三一年的秋天。当时的学生由于受社会史论战的影响，对中国社会史的问题很感兴趣。他分析深刻，引人入胜，很快成为北京大学最受欢迎的教授之一，并且启引了一些学生致力于研究中国社会经济史（注一〇）。全汉昇应该就是在这种情况之下，跨系修读了“中国社会经济史”这门课，并使他决心研究中国经济史（注一一）。全氏既然选修陶希圣讲授的课程，应该知悉中国社会史分期的论争。事实上，他入学在一九三一年九月（注一二），而《读书杂志》的《中国社会史论战》专号第一辑就在十一月出版，此后至一九三三年三月为止，共出版了四辑（注一三）。他大学生涯的大半，是伴随着这份专号各辑的出版度过。他很有可能在修习“中国社会经济史”一课之前及同时，读过这份专号各辑中的论著。一九四四年，他在以笔名“皮伦”所写的一篇书评中说：“约在抗战开始前几年，在读书杂志上从事中国社会史论战的人们，由于史料搜索的不完备，往往说完春秋战国或秦汉之后，一跳就跳过千多二千年，接着便大谈其鸦片战争以后的社会经济史。他们大多数都以为由秦汉至明清约共二千多年的中国社会，差不多完全没有什么变动，……无论给它戴上的帽子有种种式式的不同，由秦汉至满清二千年左右的经济社会史可以划成一个段落，他们的见解却完全一致。（注一四）”可见他熟知《读书杂志》上的中国社会史论战，以及论战中对中国社会史分期的特色。

中国社会史论战中对于中国历史分期的争辩，其实只是争辩如何将马克思的历史阶段论套用在中国历史上，史实只是嵌进这套阶段论的材料（注一五）。由于争辩的主体是历史唯物论，所以在论战中对于史实的征引与讨论明显不足，就如全汉昇所说，尤其以自秦汉至晚清的二千年为甚，也因此认为这“二千多年的中国社会，差不多完全没有什么变动”。论战的这种特色，在《读书杂志》的“中国社会史论战”专号出刊以前已经存在。所以王礼锡在《中国社会史论战序幕》中提到中国历史发展的特异，“长期间的停滞，不能依着历史发展的律规发展到工业资本的阶段。而这‘长期间’是封建时期？或者是商业资本时期？这‘停滞’是为什么原因？……这些都是现在争论着而不能解决的问题。（注一六）”可见无论是封建时期的观点，或是商业资本主义时期的观点，中国历史都因为“长期间的停滞”而被认为是“特异”，而其所以被认为是“特异”，是因为对照着马克思以欧洲历史为基础而建立的“历史发展的律规”，有太长的一段时间没有变动的缘故（注一七）。

这种对中国历史的认识，在《读书杂志》将中国社会史论战推动至高潮的期间继续存在（注一八）。除了王宜昌和陶希圣对于中国历史的分期有比较特殊的看法，不认为自秦汉至晚清的二千年历史没有明显的变化之外，“停滞”的观点仍然散见于各辑“中国社会史论战”专号的作品中。例如，朱新繁在《关于中国社会之封建性的讨论》中认为，可以从事实上、理论上证明，从春秋战国以后，一直到帝国主义入侵以前，“中国依然是一个封建国家，封建制度并没有破坏”（注一九）。对于中国近代社会性质和朱新繁有截然不同看法的孙倬章，也同样说“中国数千年都处于黑暗的封建势力之下，封建势力当然异常浓厚”（注二〇）。陈邦国依据拉狄克（Karl Radek）的说法，指出中国因为地理及社会条件的限制，自秦以后没有跳出“循环”圈外，他所谓的“循环”，是指商业资本没有走向工业资本，而是走向土地投资和高利贷，农民丧失土地，造成社会矛盾，导致每一个朝代都亡于同样的原因，这显然是认为自秦以后长期处于商业资本时期（注二一）。在《对于中国社会史论战的贡献与批评》中批评陈邦国的李季，他的看法其实也和陈邦国有相通之处。他在文中首先列举了包括郭沫若在内各家封建的说法，感叹中国自古至今只见封建，“这不是一个大谜么？！”然后提出他自己的分期，他将“封建的生产方法时代”划在周初至周末，而将秦朝至清朝鸦片战争前划为“前资本主义的生产方法时代”，又引据马克思的著作，指出前资本主义的农村是封建制度的残余现象，小农业与家庭工业直接结合而构成一个地方小市场的网，而高利贷资本和商人资本很占优势（注二二）。熊得山显然也认为自东周以后，由于商业资本的萌芽，而往前资本主义的社会阶段演变，他在稍早的另一篇文章则清楚地指出，“中国王朝纵有兴亡，而社会之停滞不前仍如故”（注二三）。胡秋原又有自周末至近代为先资本主义社会的主张，而土地资本与商业资本的联合是这一段时期的特色（注二四）。此外，戴行轺视这二千年为“过渡社会时代”，是封建社会时代和资本主义社会时代之间的过渡，而没有为之特别命名；此一时代的特征是由士大夫阶级所构成的官僚政治，而必须在商业资本发达之后，货币经济增加，才会有官僚政治的萌芽（注二五）。

李季"这不是一个大谜么"的感叹，进一步见于王礼锡《中国社会形态发展史中之谜的时代》一文的题目（注二六）。他在此文开宗明义地指出，"自秦代至鸦片战争以前这一段历史是中国社会形态发展史中的一段谜的时代"，所以是一个"谜的时代"，在于"为什么会有二三千年的不变的社会"，这依然是他在《中国社会史论战序幕》中所提出的问题。他列举了有关这段时期的各家主张，包括（1）以俄人马札尔为代表的亚细亚生产方法论；（2）以郭沫若为代表的封建制度论；（3）以梅思平（公孙愈之）为代表的商业资本主义社会论，及以李麦麦为代表，认为经济基础为商业资本的君主专制论；（4）以陶希圣旧说和李季为代表的前资本主义社会论；（5）以王宜昌和陶希圣新说为代表的时代细分论（注二七）。至于王礼锡自己，则以"专制主义"来解答这个谜，而专制主义立足于商业资本而成长，近于李麦麦的主张，而胡秋原也有相同的看法（注二八），可以视为第六说。

上述六种说法，时代细分论暂且不论，其他五说中，中国有一个长期不变的亚细亚生产方法时期的主张，出自于外国人，国内较少有人呼应（注二九）。胡秋原则将其解释为专制主义的农奴制或亚洲之先资本制，"即与农村公社结合的封建的及一部分农奴底制度"，时间则在秦至清末（注三〇）。余下虽有四说，其实可以大别分为封建与商业资本两种见解，商业资本主义、前资本主义和专制主义三种说法有其相通之处，都强调商业资本的作用，王礼锡便将主张专制主义的李麦麦列入商业资本主义社会论中，而胡秋原又将专制主义等同于先资本主义。这三种说法都将封建社会划在春秋战国以前，只是认为商业资本虽然分解了原有的社会基础，却不足以使社会形态演变为资本主义社会，也因此而有二千年的停滞。而无论哪一种说法，都可以从马克思及其诠释者的著作中找到依据（注三一）。但是商业资本对一些争论者来说，在理论中的作用毕竟只是分解，而未能促成一种新的社会形态出现，"前资本主义"之所以冠以"前"字，原因即在于此，也因此有人将这一段期间命名为"过渡"，如前述的熊得山。杜畏之虽然没有为这段时期命名，却也说"而封建社会分解后则继之以被历史拉长的过渡阶段——从封建社会到资本主义社会之过渡"，而"这里面有封建关系，有奴隶劳动，有资本主义关系"（注三二）。梁园东同样着眼于这长期间社会基础的复杂性，认为既不能完全看成是封建社会，也不能完全看成是商业资本社会，因而称之为"半封建社会"或"农村商业社会"（注三三）。

在封建或商业资本主义的争论中，十九世纪德国历史学派经济学者喜尔德布蓝（Bruno Hildebrand）所提出的自然经济、货币经济两个前后衔接的经济史阶段，成为一些争论者用来了解封建或商业资本主义社会性质的重要概念。当时社会史论战的参与者，对于喜尔德布蓝的自然经济、货币经济、信用经济三阶段历史分期，应该多少有所知，例如李季在《对于中国社会史论战的贡献与批评》中，介绍西洋经济学者各种对于经济史时代的划分，就曾提及。李季此文批评陈邦国，陈邦国撰《"关于社会发展分期"并评李季》加以反驳，也说他对于李季所提的那些作经济史分期的西洋学者，虽不敢说熟稔无遗，却多少知道些（注三四）。此外，论争者有时也会引用马克思理论诠释者的说法，来说明自然经济或货币经济与其对应的社会阶段性质的关系。李季引用了列宁所说的封建的徭役经济的四个条件，其中第一个就是"自然经济的独霸"（注三五）；田中忠夫也引用列宁的话："封建经济是一种自然经济，反之，资本主义经济则为以货币为基础的经济"（注三六）；王礼锡引用了杜波罗夫斯基（S. Dubrovsky）对于马克思的诠释，认为封建制度的特征是自然的农业经济与家庭手工业的联合，以及实物地租（注三七）；胡秋原则引用坡克罗夫斯基（Pokrovsky）和哥兑斯（M. Godes）的说法，认为封建制度定义的第一点为“基础是自然经济”，又引述坡克罗夫斯基所说：“商品经济分解封建主义之经济体制，也变化其政治体制。这变化，就是专制主义”，而以官僚、常备军及货币租税之存在为其特征的专制主义，“立脚于商业资本之上成长”（注三八）。

无论对于中国社会史分期采取那一种看法，论争者大致都同意中国历史上的封建社会是建立在自然经济之上，而商品的交换或货币的流通则是分解封建社会的重要力量。例如，主张中国长期停滞于封建社会的朱新繁，就认为“在封建社会，自然经济占着主要的形式，但是决不能说，在封建时代，没有商品交换及货币流通的现象发生”，然而“商品经济的发展，虽然使农村自然经济渐次发生解体的作用，可是进展的程度，是非常缓慢”，从春秋战国一直到十九世纪中叶，“农村中自然经济还是占着优势”（注三九）。对于近代中国社会性质的看法和朱新繁截然不同，可是同样主张中国近代以前长期停滞于封建社会的孙倬章也说：“封建社会的经济，是自给自足的经济”，而当时中国“农村的封建经济基础，——自然经济，已倾覆了；农村不独商品化了，而且资本主义的生产，亦逐渐发展了。（注四〇）”主张秦以后的中国长期处于商业资本时期的陈邦国，认为秦以后封建社会崩溃的原因之一，是货币经济的发达，而“商品经济是破坏封建经济（自然的生产形式）的”；他又认为宋代货币经济发展到极可观的程度，由于蒙古人的入侵，封建社会在一个很短的特殊时期，又得以发展，这时“货币经济退到自然经济”（注四一）。批评陈邦国，看法和陈邦国其实有相通之处的李季，则指出“西周是自然经济时代，直至春秋战国，商品的生产才发展，这正是封建制度的末期”（注四二）。认为东周以后商业资本才开始萌芽的熊得山，把夏、殷、西周看成是自给自足的庄园经济时代，又说这时的社会大部分“尚停留在自然经济的领域”，货币尚不普遍，“物物的直接交换，亦在所不免”；而在宋代，货币经济虽然尚未占唯一重要的地位，可是“已见盛行”（注四三）。视周末至近代为先资本主义社会或专制主义的胡秋原，周代对他来说，是在封建社会时期，《孟子》书中所描写的封建社会中的井田制度，他认为无疑是“自然经济的农村公社的风光”；而到了战国时代，各国为了争战而大量养兵，非有大量货币不行，“货币商品经济刺激了掠夺的欲求”，又因掠夺而“痛感货币的必要”（注四四）。而以周末至近代间的二千年为封建与资本主义社会的过渡的戴行轺，则清楚地说，只有商业资本发达之后，货币经济增加，做为这一段时期特征的官僚政治，才会萌芽。

此外，涉及从自然经济到货币经济的演变过程的，还有张横和任曙。张横在《评陶希圣的历史方法论》中，站在派别的立场上，批评陶希圣和俄人拉狄克的说法，前者认为商业资本的发生，破坏了中国的封建制度；后者则说秦朝是商业资产阶级的政权，秦始皇统一以后，货币经济代替了自然经济，封建制度开始瓦解。张横也同意周末商业资本开始发展，自然经济因货币经济的产生而逐渐崩溃，可是他认为商业资本虽然在某种程度上破坏了自然经济，腐蚀了封建社会，然而并没有破坏建筑于地主剥削农民的生产关系上的封建制度；货币经济发达以后，地主提高奢侈的欲望，越发加重对人民的剥削（注四五）。张横的说法，其实只是在“腐蚀”和“破坏”上做分辨，和陶希圣原先认为中国封建制度破坏的过程停滞迁延，在商人资本和土地所有互为因果的社会经济上，可以设定某种形式的封建剥削（注四六），并没有本质上的差异。任曙在《怎样切实开始研究中国经济问题的商榷》中，引用高峰译《西方革命史》的一段话，并表示完全同意："中国自然经济的崩坏与交换经济的发展是在公元前四世纪到二世纪"；纪元初，"中国货币经济已经大大的发展了"；十二、十三世纪时，"在中国商业资本已达到了统治的地位"；十三、十四世纪蒙古人统治全亚洲时，中国的货币在这一个范围之内可以通用，"从这种货币不只是金钱而也有纸币一点看来，就可以知道中国交换经济的发展到了何种程度"（注四七）。任曙虽然没有明确说出他对中国社会史分期的看法，但可以清楚地看出，他应是以周代为封建社会，而秦汉以来则是商业资本社会了。

就以上的讨论看来，社会史论战时期的论争者大多认为，自秦至晚清约二千年的历史是没有明显变化的，而对这二千年历史的社会性质，虽有各种不同的说法，大别可以分为封建和商业资本两派。不论那一派，都由于西方经济学说的传入，以及马克思理论诠释者的采用，把马克思的历史阶段论和喜尔德布蓝的经济史阶段论结合在一起。对于封建说这一派来说，多主张停滞的二千年一直处在自然经济时代，但也有人认为即使自周末以后逐渐进入了货币经济的时代，封建制度并没有因之而破坏；对于商业资本说这一派来说，秦以前的周代才是以自然经济为特色的封建社会，周末以来，封建社会已由于商业资本的作用而分解，而货币的流通则是商业资本活跃的一项特征。但是秦以来的二千年是否都处于货币经济的时代呢？商业资本论者却没有明确的说明，他们其实也和封建论者一样，对这二千年的历史很少讨论，至多也不过是举了战国秦汉或宋元做为货币经济兴盛的例证；也有人认为即使在宋代，货币经济并未占唯一重要的地位。

无论如何，日后全汉昇的唐宋经济史研究，一方面固然是对于社会史论战时期的停滞论者的反驳；另一方面，他避开了社会史论战时期如封建、商业资本这一类源自于马克思理论的语词，却也采用了论战中所常见而同样是源于西方经济史学说的自然经济、货币经济等语词，从自然经济到货币经济的演变，正是他的唐宋经济史学说的主轴。

三、时代细分论的提出

全汉昇从唐宋经济史研究而否认中国历史有二千年停滞的观点，来自他在北京大学求学时的业师陶希圣。陶希圣原本也认为自从周朝末年封建社会为商业资本所分解之后，直到近代以前，都是所谓的前资本主义时期，在这二千年的时间，封建制度破坏的过程是停滞迁延；但是在《读书杂志》发动的中国社会史论战期间，他却有了新的看法，王礼锡将其归入时代细分论。同样归入时代细分论的，还有王宜昌。

首先对这二千年历史再做阶段划分的，是王宜昌。王宜昌在四辑“中国社会史论战”专号中，陆续发表了《中国社会史短论》《中国社会史论史》《中国奴隶社会史——附论》《中国封建社会史》四文，除《中国社会史论史》外，其他三篇都涉及他对中国社会史分期的观点。在《中国社会史短论》中，他将中国社会史的分期从现代往前推，在现代的中国社会，资本主义正在完成，封建制度虽仍存在，却也走向没落，正在消灭。封建社会可以从现代以前追溯到五胡十六国，因外族的扰乱中原而形成。特征是农业的主要组织是地主、贵族、僧侣们的庄园，庄园中的主要劳动者是农民与农奴，此外又有贱奴仆婢，则是奴隶制度的遗迹；城市与农村中有独立的手工业者，手工业者和商人发达起来后，在城市发展了行会的工商组织，商工业的发展增大了商业资本和高利贷资本，而有更多兼并的地主。奴隶社会可以从五胡十六国以前追溯到周代，周族征服了商族而建立起奴隶制度，用之于农耕与经营城邑；春秋以后，商业的发达增加了奴隶的贸易，而奴隶也用之于商业的生产。秦、汉两代都以奴隶从事统治，商业的继续发展加重了土地兼并和奴隶买卖。从周代更往前古追溯，则是原始共产社会，这时的社会组织是以母系为中心的氏族，而农业生产组织即是传说中的井田制度（注四八）。这一个分期法，把从秦到近代以前的二千年，以五胡十六国为界线，分成奴隶社会和封建社会两段，不过前一段的奴隶社会，却是延续自周代以来的社会性质而来的。

王宜昌把他对奴隶社会、封建社会两个阶段的看法，在《中国奴隶社会史——附论》《中国封建社会史》两文中做了比较详尽的阐释。前文把奴隶社会再上溯到殷代及其以前，往下则叙述到三国、西晋。文中所强调的是，奴隶在这段时期是重要劳动力，即使春秋战国工商业兴起以后，甚至在汉代，商业的发达已使“货币在经济中有广大的数量存在”，情况也没有改变。因商业的兴盛而有兼并，社会中的自由民因兼并而有贫富分化，贫者卖身成奴隶，而为豪富、工商地主所役使（注四九）。后文则把五胡乱华以后因战乱而成的荫附看成是农奴，他们在僧侣、门阀所拥有的广大庄园中耕作，庄园制度做为乡村中农业的一种封建形式，一直延续到明清。他引用了乌利扬诺夫（列宁）的一句话：“封建制度是建筑在自然经济与农业风俗统治的形式上”，目的虽在于说明中国封建社会中的风俗统治，但是也可以看出他同意，因商业尚未发展起来而存在的自然经济，是封建社会的经济特征。他又对中国封建社会时期再细做分期，六朝是封建制度的黑暗时代，隋唐则已进入封建制度的光明期。在隋、唐两代，手工业和城市从农业独立出来，而有商业的复兴，手工业和城市的发展造成了行会的出现，具有市场独占性质的行会是城市中的封建形式，而这种组织，从宋代以后延续到明清仍然存在；海外交通开始发展，土地私有制度确立，更促进了国内的商业发展，商业的发达使得货币也发达起来了。工商业在宋、元、明三代继续进展，而这段时期已是封建社会的变化期，其特色则是货币经济的发达，货币的需要大增，金属货币感到不足，于是有纸币的出现，银也逐渐用为货币，但是货币也以高利贷与税役的方式，助长封建特权，为害于农民。再往后的清代，则是中国的封建经济抵抗不住西方资本主义经济的入侵，而走向衰颓的时候了（注五〇）。

陶希圣提出时代细分论要比王宜昌稍晚，不过即使在《读书杂志》发动社会史论战之前，他视秦汉至清末为一个阶段的期间，他已注意到在这段长达二千年的时间中，有一些值得注意的变化，而自然经济和货币经济的起伏，也已经是他一再讨论的现象。早在一九二七年北伐过程中发生宁汉分裂以后，已有新生命和新思潮两派在争论中国社会与中国历史的性质（注五一）。属于新生命派的陶希圣，把他在一九二八年发表的作品结集为《中国社会之史的分析》，一九二九年发表的作品结集为《中国社会与中国革命》，从这两本书可以观察他较早对于中国社会史分期的看法。

这段期间陶希圣对于自秦汉至近代以前二千年间社会历史的观点，即王礼锡所说的“陶希圣旧说”，属于前资本主义社会论。陶希圣认为，周代的封建社会在周末以后已因商业资本的作用而分解，但是资本主义社会在近代以前却一直没有出现，取代封建贵族而协助君主统治国家的官僚士大夫，成为一种封建势力，桎梏了工商业资本主义的发展（注五二）。由于封建社会已成过去，封建势力仍然存在，资本主义社会并未依照马克思历史阶段论的顺序出现，所以他一方面说："秦汉以后的中国还是在前资本主义时期"，另一方面说："自战国到最近，是一个变质的封建社会。在数千年的历史上，我们看见许多类似于资本主义社会的现象，又看见了许多和严正的封建制度相同的现象"（注五三）；又说："中国封建社会的崩坏，实开始于公元前五世纪，而直至今日，中国的主要生产方法还不是资本主义。……此二千五百年的中国，由封建制度言，是后封建制度时期；由资本主义言，是前资本主义社会。（注五四）"这一段既是前资本主义社会又是后封建制度时期的期间，长达二千五百年之久，商业资本虽然已经发达，现物地租和现物赋税却一直通行，市场独占的现象也始终存在，"带有欧洲中世的性质"（注五五），在这样的情况下，他认为"中国封建制度的消灭过程，因此也停滞迁延没有鲜明的段落了。（注五六）"所以他会认为中国的历史从古到今有两次大变革，"自春秋至汉为第一次变革"，"帝国主义侵略中国以后，尤其是一九〇〇年以后至现在为第二次变革"（注五七）。由此看来，这时的陶希圣，也认为这两次大变革间二千多年的历史，是停滞的。

比起《读书杂志》的许多作者更早，陶希圣在这时已经使用了自然经济、货币经济的概念，来说明中国的历史。他并不是这段期间第一个使用这两个概念来讨论中国社会史的人，之前至少已有同属新生命派的公孙愈之（梅思平）指出，中国自封建制度崩溃以后，直到现代没有改变的中国社会构造，第一个特征是不发达的钱币经济，钱币经济和天然经济一直并行着，见于陶希圣的引用（注五八）。陶希圣在《中国社会之史的分析》和《中国社会与中国革命》两书中，屡次运用这两个概念来探索史实，解释历史，除了源自于当时的论争者已在使用之外，他在这两年间曾借助英文与日文译本，对马克思、列宁的著作与论文下过工夫（注五九），而列宁以这两个概念来诠释马克思的理论，已见前述。再一个来源，则是德国学者奥本海默（Franz Oppenheimer）所著的《国家论》（*The State*），陶希圣在这两年间也对此书下过工夫，并且在思路上深受其影响（注六〇）。此书曾列举史实说明，"凡国家生存于自然经济之中，货币便是不必要的奢侈，——因不必要，所以在社会复返于原始形式之际，发达到使用货币的经济便即时复返于现物支付的制度"，为陶希圣引用做依据，讨论中国历史上货币经济复返于自然经济的情形（注六一）。

自然经济和货币经济成为陶希圣用以探讨中国社会史的两个重要概念。对照二千多年的前资本主义时期或后封建制度时期的观点，他认为封建制度的破坏以及官僚的出现，固然是商业发达、货币流通所导致（注六二），然而"秦汉以后的社会还是以自然经济为主，虽有货币，却没有占到最高地位"（注六三）。二千多年间，商人资本不能开辟海外市场，不能整理国内市场，不能发达资本主义生产制，并且"不能充分发达货币经济以代替自然经济"，于是"货币经济与自然经济是并行的"（注六四）。秦汉以后，商人资本与土地资本互为因果，造成大土地的私有（注六五），而商人资本与地租都是不生产的资本，官僚所取材的士人阶级又是不生产的社群，"生产既不与日俱增，则二千年来的自然经济，也就无从转化"。这段期间，地租是现物地租，国税是现物国税，正是由于"自然经济的优越”（注六六）。总之，中国的商业资本虽然发生已久，可是长期以来，“自然经济对抗着货币经济，商业资本压倒了工业资本”（注六七）。尽管陶希圣论定这段长时间以自然经济占优势，然而他也注意到其间货币经济和自然经济的起伏。他在《中国社会之史的分析》中，讨论中国社会史研究的困难时，已指出秦汉以后社会中一些令人惶惑不解的杂沓现象和歧异变迁，“在北方，封建制度的复活，货币经济的消灭，具载于历史”（注六八）。他叙述历代使用货币的史实，归纳出来，自汉到南朝用五铢钱，但在五胡乱华的时代，北方的钱极少，差不多是现物交易；唐、宋以后钱额增加，钱币发达的结果，发生了纸币，而市场上银的数量自宋以后也逐渐增加（注六九）。到他写《中国社会与中国革命》的绪论时，更清楚地指出，中国社会不是静的，是动的，“在二千四百年以前，原始封建制度已转变为商人资本与土地私有交相影响而成的经济构造”；但是即使在以后的二千四百年间，也经过几次变迁，“一千年前，自然经济优于货币经济，一千年来，货币经济渐趋优越，商业金融资本主义逐渐形成”（注七〇）。约略同时，他已提过类似的说法，在这二十四世纪长久时间中，虽然社会构造的本质没有根本的差异，但是“前十八个世纪则自然经济优越于货币经济，后六世纪则货币经济始显著抬头”，所以“唐以前，现物经济尚优越于货币经济”，而“公元十一世纪至十六世纪是中国的自然经济逐渐衰落，货币经济逐渐抬头的时期”（注七一）。即使在这段期间的前一阶段，也不是没有变迁，他在讨论自然经济的强大时，再次叙述了从汉末到北朝废钱而改用谷帛交易的史实，以及隋、唐、宋三朝以来的钱量增加、钞币发达、银两流行（注七二）。

除了自然经济与货币经济的起伏外，陶希圣也注意到在这二千年间有一段奴隶经济盛行的时期。他指出春秋以后，封建社会中的农奴阶级分解为自由民与奴隶两阶级，奴隶的使用虽然上自战国，下至元代以后，但是以汉代为最盛（注七三）。在商业资本与土地财富并盛的汉代，“又有奴隶经济，以奴隶经营农工商业，而豪者坐收其利”（注七四），奴隶在这个时代成为一种重要的生产劳力。他特别立了“奴隶经济的盛大”这样一个标题，叙述的内容仅限于汉代，说明这个时代商人资本的发达，一方面促进了大土地所有的发达，另一方面又促进了奴隶经济的盛行。奴隶成为当时富商财富的一部分，用之于逐鱼盐商贾之利，在市场上买卖，并且数量多到政府不得不试图加以限制（注七五）。陶希圣显然认为，奴隶经济已经成为这个时代值得注意的一种特色。

陶希圣在上海讨论中国社会史时，所观察到所谓前资本主义时期的一些历史变化，却在他到北京大学任教以后，由于阅读到更多的史料，酝酿而成对这段长时间再细加分期的新说。他比王宜昌稍晚几个月，在《读书杂志》的“中国社会史论战”专号上发表了《中国社会形式发达过程的新估定》（注七六），把中国社会史分为五期，这是他后来自称的“五阶段说”的基础（注七七）。他在文中提到，此一看法曾在北平和一位黄克谦先生讨论多回（注七八），可见在他的心中已曾深思。三年之后，他在《食货》半月刊上发表《战国至清代社会史略说》（注七九），专就中间三阶段再做讨论。两篇都是提纲挈领的短文，尽管简短，仍不妨做稍详的引述，以见陶希圣的历史分期对后来全汉昇研究唐宋经济史的深切影响。

在《中国社会形式发达过程的新估定》中，陶希圣认为没有三千年之久不变的社会，无论称之为封建或前资本主义都同样不妥。他的新分期法，是把西周时代看成氏族社会末期，这时所谓的“封建”，是指周族征服黄河流域以后，依族内身份而分配土地的意思。从战国到后汉，是以奴隶经济占主要地位的社会。这时主要的阶级是奴主与奴隶，城市的工商业劳动都由奴隶负担，乡村里固然有许多佃户，但一些豪家仍以奴隶耕作。从三国到唐末五代是一个发达的封建庄园时期，最显著的经济组织是“庄”，最显著的经济现象是现物经济，惟独南朝是发达的商业经济，最显著的社会关系是士族、平民、半自由民（部曲、佃客、衣食客等）、奴隶的等级。从宋到明、清是封建制度分解期，也是城市手工业时期，确可说是先资本主义时期。宋代自由劳动已成社会的重要现象，耕地分散成为明显的趋势，行会的势力比唐为小，有独立于行会之外的大工商业，国内外贸易发达。蒙古的入侵，使黄河流域又出现封建田园制，但元朝在江南榨取货币，明代以后则继续宋代的趋向而更加发达。一八四〇年以后，中国受工业资本主义的克服，又走向了另一阶段。在此文中，陶希圣已把他原本称为前资本主义时期的二千多年，再划分为奴隶经济（战国至后汉）、封建庄园（三国到唐末五代）、先资本主义（宋到近代以前）三个阶段，而他所描述的这三个阶段的一些特色，可以和他在《中国社会之史的分析》和《中国社会与中国革命》两书中所观察到的历史变化大体相对应。

在《战国至清代社会史略说》中，陶希圣把从战国到近代以前的三个阶段，分别命名为古代社会、中古社会与近世社会，并列举出各阶段社会在社会、经济、政治、思想、宗教等方面的特色。把奴隶生产、庄园生产和工商发达看成这三个阶段的基本特征，和他三年前的看法仍然相同。他再度强调，在第一阶段商业都市的发达，第二阶段黄河流域的屡次回复现物经济；在第三阶段中，他提到货币经济的发达，货币供给、周转及保存成为社会与政治上的重大问题，则是他在前文中所没有明确指出的，如今提出，使得他的新说和他在一九二八、二九年所观察到的历史变化间的关联，更加明显。不到一年后，他在评论别人的一本书时提到，从秦到清的长期半封建论，他是很早提出的一人，但是最近五年的工作，使他放弃了这个说法；如今他喜欢提中古从汉末到唐末的历史，而中古以前和以后的工商业，性质不太一样，整段历史"不是封建制或半封建制一句话所能包括的"（注八〇）。日本学者内藤虎次郎大约在一九二一年前后，已将中国的历史以上古、中世、近世来划分，又曾在讨论中国近世经济的变化时，指出唐、宋两代为实物经济与货币经济的交替期（注八一），和陶希圣的分期有相近之处，但在分期的时间和依据上不尽相同，陶希圣是否曾受其启发，不得而知。

王宜昌和陶希圣在提出时代细分论的同时，都感到有加强对其他论争者认为停滞的二千年历史研究的必要。两人虽都说要发展唯物史观，却一致认为必须从中国社会史研究本身，或透过历史材料的搜集，来讨论中国社会史的分期，而非以理论或公式为本（注八二），也因此他们的分期不同于其他人。他们两人的分期虽然不尽相同，但是如果撇开战国以前和近代以后不谈，看法也未尝没有可以接近之处。概括地说，尽管王宜昌所说的奴隶社会时期，要比陶希圣所说的奴隶经济时期来得长，但从战国到汉代都在两人所认定的时间范围内，而在这同时有商业的发展；两人都认为，从五胡乱华以后到唐代是封建时期，而庄园制度、自然经济、行会势力是这一个时期的特征。对于王宜昌来讲，宋代以后仍然是封建社会时期，但已进入变化期，货币经济的兴盛是这一个时期的重要特色；陶希圣也以货币经济兴盛为宋代以后的重要特色，却称这段期间为封建的分解期或先资本主义时期。如果避开那些涉及马克思理论的历史分期名称，就商业活动与货币使用的角度去看，两人大体上都认为，从战国以后到近代以前的历史，经历过一个商业发展、衰落而又更为发展的过程，或是一个由货币经济到自然经济而又走向到更兴盛的货币经济的过程，而这个变化过程的分界点，一是汉末魏晋，一是唐宋之间。

全汉昇对于唐宋经济史的研究，主要也就是从商业活动与货币使用的观点，运用丰富的史料，重建史实，指出唐宋之间曾经有过从自然经济走向货币经济的重要变化。如果他曾经阅读过《读书杂志》，未必没有受到王宜昌的影响，但是陶希圣在北京大学教学的影响，对他应该是更直接也更深切。

四、三阶段说的落实

陶希圣的五阶段说中，有三个阶段是把社会史论战中一般认为是停滞的二千多年的历史再加分期，这一个部分，可以称之为三阶段说。尽管陶希圣说这一个新看法是他多读了史料之后而得来的，但他在两篇短文中对这三阶段所提出的说明，只是一个纲领，要让说法成立，还必须落实在实际的研究上。全汉昇的唐宋经济史研究，可以说是陶希圣新说落实的一部分。全汉昇在这方面的重要研究成果，大多完成于从北京大学历史系毕业之后，任职于“中央研究院”历史语言研究所时期。但是当陶希圣在提出新说的同时，也已运用他在北京大学教学的影响力，结合学生与同道，来推动三阶段说在研究上的落实。在陶希圣的引导下，全汉昇参与了这项努力，而他对于唐宋经济史的研究，也可以说是开始于此时。

陶希圣推动其新说落实于研究的具体表现，在于始自一九三三、三四年间的上海生命书局《中国社会史丛书》的出版，以及创刊于一九三四年十二月的《食货》半月刊的发行。他在《中国社会史丛书刊行缘起》以及《食货》半月刊创刊号的《编辑的话》中，都对社会史论战中空论多而工夫少的风气有所批评，而强调要从充分的史料和具体的史实去建设中国社会史。他又提醒人们，要谨防现在谈罢先秦接着下来就是鸦片战争的流行病症，把中间的二千年给截了下来，最好把工夫花到唐宋以后的史书里去。丛书中的各书以及半月刊上针对历史问题而写的各篇，大抵也皆能基于史料而做探讨，所处理的时间大多在秦汉与晚清之间，正是社会史论战中，大部分参战者认为停滞而忽略的时期（注八三）。尽管《食货》半月刊上所刊登的讨论中国社会演变形式过程的作品中，有一些认为秦汉以后的社会长期不变，然而陶希圣很清楚地表达他的不同意见（注八四）。丛书中各书以及半月刊上各篇的作者，虽然各有己见，陶希圣在《食货》半月刊上也曾声明，“深愿大家不以对编者的见解来对本刊，写了什么拿什么来，想着什么说什么话”（注八五），但仍有不少作品是在呼应他对于历史分期的看法，特别是与他有师生关系的一些作者。又有一些作品，尽管意见相异，却与他所提出的分期课题密切相关。

以围绕着陶希圣的分期课题而生的争论来说，《食货》半月刊上有关奴隶制度或奴隶社会的讨论，就是一个例子（注八六）。在发刊之后的第四个月，陶希圣就安排了多篇论及奴隶制度的论文在同一期发表。其中武伯纶《西汉奴隶考》、戴振辉《西汉奴隶制度》两篇（注八七），都牵涉到陶希圣认为是属于奴隶经济时期的汉代。武文认为，西汉奴隶虽然多，但较常用在消费工作上，用在生产工作上较少，用在农业生产上尤其少，所以西汉仍非奴隶制度的时代，而是处在封建社会的阶段，看法和陶希圣明显不同。戴文同意汉代为奴隶经济社会，却认为奴隶制在西周时已开始发展，陶希圣在《编辑的话》中说他取王宜昌的意见。武文引起吴景超的反响，他将在《清华学报》上已发表的《西汉阶级制度》中关于奴隶制度的一段，交给《食货》半月刊刊载，即《西汉奴隶制度》一文（注八八）。文中批评武文对史料的误解，但同样认为西汉虽有奴婢阶级，并非奴隶社会，理由是奴婢占人口的总数有限。同样以奴隶占人口比例甚小为理由之一，而反对以汉代为奴隶社会的，还有马乘风的《从西周到隋初之一千七百余年的经济转移》，文中又指出汉代的主要生产劳力并非奴隶，主要的社会关系为地主与贫农的关系（注八九）。武文、戴文和吴文都搜集了不少汉代奴隶史料，马文虽属概论性质，但也有见于其他著作的史料做依据（注九〇）。马非百的《秦汉经济史资料（六）——奴隶制度》更以搜集史料为目的（注九一），文中引据史料指出官私奴隶数量之多，奴隶暴动规模之大，却没有明确说出汉代是否为奴隶社会。

上述各文虽然都同意汉代奴隶的存在是一个值得注意的现象，却多不认为汉代是奴隶社会，即使认为汉代是奴隶社会的，分期法也和陶希圣不同。接受陶希圣的观点的，只有与他关系比较密切的傅安华（注九二）。傅安华在《食货》半月刊上发表了两篇有关奴隶社会的论文，一篇是《东汉社会之史的考察》，一篇是《关于奴隶社会理论的几个问题》（注九三）。前文认为，东汉是由奴隶社会过渡到封建社会的转型期，把从西汉末到东汉末的历史，看成是奴隶主与奴隶斗争、大奴隶主与小生产者斗争从爆发到缓和，再到总爆发的过程。但是文中所引用的许多实例，能否解释为奴隶主与奴隶间的关系，却显然有疑义。后文清楚地表示赞同陶希圣以秦汉为奴隶社会的主张，可是却没有从史实上去讨论，而是认为大家所以不肯承认奴隶社会的说法，是由于对奴隶社会理论认识的不足。这样专从理论上去讲的说法，在重视史料的《食货》半月刊上，自然很难服人。陶希圣三阶段说中第一阶段的落实，在奴隶经济这一点上，显然不很成功。

尽管上述各文对于汉代是否为奴隶社会有不同的意见，却大概都同意在这一时期值得注意的奴隶活动现象的背后，有商业的发展或货币的发达。马乘风更清楚地说出，从战国初期以前的阶段，到战国后期以后的阶段，交换手段从物物交换到货币交换，新的工商业都市，各处都已形成；从东汉末以前的阶段，到三国时代以后的阶段，货币经济大有返于物物交换之势，最显著的是商业都市的破坏。把商业都市和货币经济看成是战国至汉代的重要历史特征，和陶希圣的分期观点有部分相合之处。《食货》半月刊上，又刊登了一些论及汉代商业、货币而不牵涉到奴隶制度的作品。例如马非百的《秦汉经济史资料》，第一篇是手工业，第二篇是商业，第三篇是农业，第四篇是货币制度（注九四）。他在商业篇中指出，由于秦汉手工业繁荣，分工制度发达，引致商业的兴盛。文中铺陈了都市兴起、商业资本家活跃，以及企业获利的数据。又在农业篇指出，手工业和商业的发展，是这个时代的主要倾向。在货币制度篇，他叙述了黄金、铜钱两种金属货币的使用，对于两汉一些主张废钱而复用谷帛、龟贝交易的复古论者，他认为那是违反社会进化的阶段。讨论货币的，还有陶希圣的学生韩克信所写的《两汉货币制度》（注九五），文中指出西汉商业已有高度的发展，自然也要有复杂的货币系统来适应；而王莽在币制上企图恢复周制，不适合当时经济发展的程度，开的是倒车。还有一些讨论汉代赋税制度的论文，也都涉及货币使用的发达。例如曾获陶希圣指导的刘道元，撰有《商鞅变法与两汉田赋制度》（注九六），强调汉代由于商业发达，货币使用兴盛，货币租税成为这时租税的主要形态。此外，黄君默《两汉的租税制度》、范石轩译《汉代的徭役及人头税》、周筠溪《西汉财政制度之一斑》、马非百《秦汉经济史资料（七）——租税制度》等文（注九七），也都述及汉代的货币租税。以这些论文和陶希圣的观点相印证，如果抛开他认为的基本特征奴隶经济，就商业发展与货币发达方面看，三阶段说的第一阶段在分期上亦非全无理由。

对照第一阶段的商业发展与货币发达，经济衰退很明显是陶希圣所说的中古时期的特征，而这一阶段在研究上的落实，也比较有具体的成果。刘道元的《中国中古时期的田赋制度》是《中国社会史丛书》中很早就出版的一种（注九八），作者的序言在一九三三年五月写于北大图书馆，这时他应仍未毕业，序末说明在研究上得到陶希圣的教正，以及何兹全、沈巨尘的帮助，尤其借用了何兹全的许多材料。他显然是陶希圣所指引的研究群体中的一员。这本书讨论东汉末至唐代安史之乱以前的田赋制度，而称这一段时期为中古，时间比陶希圣的《战国至清代社会史略说》还要早上两年多。陶希圣称他划分三阶段为古代、中古、近世的想法，在这以前应已形成。刘道元在序中指出他所研究的时期，“是中国历史的特别阶段，在社会经济的进展上，是社会的逆转，由交换经济回到自足经济。在社会史上看，是结束了奴隶社会，在奴隶社会的废墟上建筑起中世纪的封建社会”，这也完全是采取了陶希圣的观点。在第一章“绪论”中，他引据史实，认为在三国以后的土地形态已转变为庄园制度，有国家庄园与大族庄园的对立；市场失去了重要性，自足经济取代了交换经济，自足的生产就是庄园生产，货币废弃，交换的媒介成为谷帛；自足经济的基础是农业与手工业经营的合一，农家产品不仅成为交换媒介，也是政府租税征收物。从三国到唐的租税物品，几乎全是谷帛，而这也就是中古时期户调与租庸调税制的最基本条件，要到商业重新发展，两税法取代租庸调法后才有改变。自足经济或现物经济的观点，一再见于此后各章；而中唐以后商业的复兴和货币使用的复盛，书中也做了简略的讨论（注九九）。

庄园生产与自然经济作为中古时期社会经济的特征，在《食货》半月刊上的相关论文继续论及。创刊号刊载了两篇讨论魏晋南北朝历史的论文，一篇是何兹全的《魏晋时期庄园经济的雏形》，一篇是李旭的《魏晋南北朝时政治经济中心的转移》（注一〇〇）。何文指出，这段期间土地集中在大族的手里，自由民因战乱而自动依附于豪族大地主之下，降为农奴；都市商业经济衰落，货币不再通行，交换经济破坏，自然经济占优势，庄、坞成为地方上自给自足的生产组织。李文的重点虽在于说明此一时期政治经济中心由中原转移到南方，但同样指出中原地区由汉代的货币经济衰退为自然经济。次期也刊登了武仙卿《魏晋时期社会经济的转变》，和加藤繁著、傅安华译《唐代绢帛之货币用途》两篇相关论文（注一〇一）。武仙卿也是北京大学的学生（注一〇二），他的论文主要在说明这时大族庄园和国家庄园中的耕作者，身份主要是半自由的农奴；但在文章的一开头，他也指出了战乱使社会经济逆转，“由交换经济的状况重返到自然经济的状况，因是在秦汉奴隶社会的废墟上，建起封建制度”。加藤繁的论文以丰富的史料，证实用绢帛为货币在初唐盛行，盛唐、中唐以后继续如此，却已稍衰。这个论断，和陶希圣把中古的下限断于唐代可以互相呼应。傅安华在译文前的识言中表示，他原本正在搜集这个问题的材料，如今不必再去重做了，可见这个现象原本就是陶希圣引导下的学生们致力的方向之一；他又把这个现象和中古时期的生产形态联结起来，说："什么样的经济条件下才能维持这样的货币呢？那恐怕只有自给自足的庄园经济。"对于汉代是否为奴隶社会，有不同于陶希圣看法的马乘风，在他的《从西周到隋初之一千七百余年的经济转移》里（注一〇三），却也同意货币经济的衰退和庄园组织的发展是三国到隋初的历史特征，这一个时期，"在经济上，各地方是互相隔离，各庄坞差不多是一个自给自足的小单元"。把魏晋以后的社会看成是封建社会，在《食货》半月刊上并非一致的意见，仍有一些作者以周代为封建社会的时期（注一〇四），但是魏晋以后庄园自给自足的生产和货币经济的衰退，在这份刊物上没有引起明显的论辩。

一九三五至三七年间，在陶希圣指导下，而由鞠清远撰写的《唐代经济史》《唐代财政史》，以及由武仙卿撰写的《南北朝经济史》陆续出版。比较三书的内容，不难看出从南北朝到中唐以后的转变。在武仙卿《南北朝经济史》"租税制度"章所述的南朝租税，除田租、户调之外，虽然还有商税、市税、盐税、酒税、口钱等收钱的赋税，却都包含在杂税中；所述的北朝租税，则清楚地指出保持着现物缴纳。"商业交通与工业"和"货币问题与对策"各立了一章，对于汉末以来从货币经济逆转向自然经济的说法有所修正，但也认为虽然不能把这时期的商业地位看得太微小，却不能说得太繁盛，而抹杀了这时期的社会构造；现物交换的说法虽属夸大，南方货币的使用也比北方活泼，但北朝钱币使用的滞塞，则为明显的事实，谷帛不仅用为货币，还常以布帛的价格为铜钱价格的标准（注一〇五）。鞠清远是北师大的学生（注一〇六），他和武仙卿都在陶希圣领导下的北京大学中国经济史研究室工作，而《唐代财政史》是这个研究室的产品（注一〇七），书中“两税法以前之赋税”只占了一章，之后“两税法”“专卖收入”“官业收入与税商”各有专章。两税法后来虽折纳实物，起初却以钱额定税；专卖收入与各类商业税收都收的是钱币，政府税收与钱币的关系日益密切。在《唐代经济史》中，“水陆商路与都市之发展”与“工商业之发展”两章所述中唐以后的商业活泼，已非见于《南北朝经济史》的情况可比。更引人注目的是，出现了为了方便商客运销大量商品的邸店，为了改善因大量交易而导致货币移转不便的柜坊、飞钱（注一〇八）。经过了具体收集史料的研究，至少从商业活动与货币使用的盛衰看，前后对比如此明显，汉末以后到中唐以前的历史，的确有其不同于其前后阶段的特征。

商业活动与货币使用的恢复兴盛，是陶希圣三阶段说中第三阶段的两个特征。唐宋以来这两方面的发展，也见于《中国社会史丛书》和《食货》半月刊上论文的讨论。由于历史现象的愈趋复杂与史料的愈加丰富，使得相关的讨论，除了刘道元的《两宋田赋制度》和陶希圣的《北宋初期的经济财政诸问题》有比较整体的观察外，其他作品主要都是对个别现象做探讨。刘道元的《两宋田赋制度》在一九三三年初就已写成，比他的《中国中古田赋制度》还早出版（注一〇九）。在第一章“宋以前田赋变迁说”中，他论及从唐到宋的一些重大社会经济演变，对照着中古时期的农业与手工业经营合一，这时期的趋势是家庭手工业与农业经营的分离，而推动这一个趋势前进的，则是现物自足经济转变为货币经济。商业资本的集中趋势到南宋愈益明显，大步走向前资本主义时期，这正是陶希圣的看法。商业资本的发展，使得土地私有制度重新确立，租庸调法不能不变为两税法，并且成为宋代夏秋二税法的依据，两税法起先征钱，而宋的田赋则常将现物折纳货币，都是货币经济的影响。这些发展，也都可以和他《中国中古田赋制度》书中所讲的中古时期的一些现象对照着来看。陶希圣的《北宋初期的经济财政诸问题》先发表于《食货》半月刊，成为他不久之后出版的《中国政治思想史》中的一节，是做为宋代改革运动的背景而写的（注一一〇）。文中先论货币、商业与都市，接着才论赋役与农民，把一些重要的问题都点到，比对前述刘道元所论唐宋以来货币经济和商业资本的发展影响到田赋制度，可以看出他心目中问题重要性的先后。

其他个别现象的探讨，如鞠清远讨论唐宋手工业的生产组织与产品销售、南宋官吏的私营工商业（注一一一）。傅安华也讨论了在自然经济瓦解过程中，唐代官僚地主的经营工商业（注一一二）；陶希圣讨论在交换经济仍然存在的情况下，五代都市残破后的迅速恢复（注一一三）；张家驹讨论宋室南渡前后南方农工商业的发达、商业性税收的可观，以及都市的盛况（注一一四）；武仙卿讨论唐代扬州因水陆转运与制造业而导致的商业繁荣（注一一五）；程维新讨论宋代广州对外贸易制度与铜钱外泄（注一一六）；鞠清远、何格恩分别讨论了唐宋四川蚕市，与唐代岭南虚市等地方定期市集（注一一七）；黄君默讨论唐代的货币与物价、元代的纸币与钱币（注一一八）；戴振辉、刘樊都讨论了五代的货币（注一一九）。另外还有两篇日本学者的作品译出刊载，一篇是加藤繁有关宋金榷场贸易的讨论（注一二〇），一篇是日野开三郎有关北宋铜铁钱铸造额的讨论（注一二一）。这些讨论，都和这一阶段商业活动与货币使用复盛的新发展相关联。

全汉昇也对这一阶段做了一些个别问题的探讨。一九三四年，他的专著《中国行会制度史》列入上海新生命书局《中国社会史丛书》出版（注一二二），并开始在《食货》半月刊发表论文，这时他大学尚未毕业。书的写作、出版以及论文的发表，都得自于陶希圣的鼓励（注一二三）。《中国行会制度史》所涉及的时间可以说是自古至今，但是以唐宋时期为关键。书中指出行会发展到宋代，由于商业资本主义的空前发达，已不能保持旧来的纯粹形态，于是发生性质的改变（注一二四）。以商业资本主义的发达做为宋代历史的新发展，应是得之于陶希圣的见解。而陶希圣在他的《战国至清代社会史略说》里，已引据全汉昇的说法，指出近世社会中都市工商业行会性质的转变。《食货》半月刊创刊于《中国行会制度史》出版之后，在创刊号上就有全汉昇的作品，此后他在这份刊物上共发表了七篇论文、一段补白，除两篇论文外，其他都涉及宋代以后的社会经济史。这几篇作品发表在一九三四、三五年间，均应写于他大学毕业以前（注一二五）。其中纯论宋代的有《宋代都市的夜生活》《宋代女子的职业与生计》《南宋杭州的外来食料与食法——南宋都市间的关系之一》《宋代东京对于杭州都市文明的影响》四篇；《中国庙市之史的考察》及补白《鬼子市与黑市》则除宋代外，尚述及其后的史实。这些作品，大体以宋代都市与市集的商业活动为主题，尤其集中于北宋开封与南宋杭州都城的繁荣史事。各文以铺陈史事为主、却也不时点出历史的变化。例如在《宋代都市的夜生活》中，指出比较宋代以前都市的夜禁和宋代都市的夜生活，“一定会感觉到宋代都市之惊人发展”。他较早写成的《中国行会制度史》，也可以归类为都市史的研究。这些探讨，可以呼应陶希圣三阶段说的第三阶段的历史特征，而这也是全汉昇唐宋经济史研究的起步。

除了唐宋历史之外，全汉昇在大学时代还写过中古时期佛教社会活动和清代中西文化关系的论文（注一二六），他尝试的方向是多方面的，但他终究从宋代都市史的研究走入唐宋经济史研究。一九三六年五月，陶希圣在《食货》半月刊的《编辑的话》中告知读者，全汉昇已在中央研究院历史语言研究所研究宋代都市（注一二七）。获陶希圣称赞为“锐敏清爽”的全汉昇（注一二八），延续他的宋代都市研究，应该有陶希圣的影响在。陶希圣曾提到，从历史的材料看，“中国的经济不全是自足农村经济，工商都市的地位和影响是不可忽视的”（注一二九），就如他在讲堂上一再提东汉至中唐自成一个历史段落而影响到学生（注一三〇），他应该也曾在课堂上一再提宋代以后都市的地位而影响到全汉昇。不过宋代都市的研究只是一个开始，全汉昇进一步就把视野扩大到唐宋经济的演变。他以后的研究业绩，在自然经济和货币经济的起伏、商业活动和都市发展等方面，曾获益于《中国社会史丛书》以及《食货》半月刊上的一些作品，是毋庸置疑的；但全汉昇在进入中研院史语所后，以更丰富的史料和更细致的论述，让陶希圣所说的从第二阶段到第三阶段的演变，落实在研究上，也开拓出一些早期的作者所没有注意到的问题。

五、全汉昇的唐宋经济史研究

一九三五年夏天，全汉昇大学毕业之后，进入傅斯年主持的史语所工作，他的唐宋经济史研究也得以开展（注一三一）。

傅斯年自一九二九年史语所迁往北京之后，即在北京大学兼课，全汉昇就读期间，他在历史系所开的课，可以查考出的，有一九三三至三四年度二年级必修的“史学方法导论”，及一九三四年度选修的“中国古代史单题研究”（注一三二）。全汉昇在一九三三年度已是三年级的学生，所以无缘修读傅斯年所开的“史学方法导论”，但是曾在四年级时修读过“中国古代史单题研究”。他日后虽未从事中国古代史研究，可是傅斯年对他仍有很大的影响。傅斯年教导学生要认真搜读史料，主张“上穷碧落下黄泉，动手动脚找东西”，又教导学生“有一分证据说一分话，有两分证据说两分话，没有证据就不说话”。这些教诲，引导全汉昇在治学态度上讲究务实求真（注一三三）。“史学即是史料学”的命题，和“上穷碧落下黄泉，动手动脚找东西”的主张，是傅斯年在北京大学课堂上经常讲的话（注一三四），这样的主张，虽和陶希圣探求历史长期演变的宗旨不完全相同，却与陶希圣到北京大学任教后，把史料与史实提升为社会史研究的首要前提，有可以接合之处，也因此全汉昇可以同时接受陶希圣与傅斯年的影响。而两人的影响在他的身上结合，表现为日后他在史语所的唐宋经济史研究成果，一方面阐释了中国历史上的一段重要变化，另一方面则将见解建立在踏实严谨的研究工夫之上。傅斯年到北京大学兼课，有为史语所从各大学毕业生中挑选顶尖人才的目的，他自喻为“拔尖主义”（注一三五），不过全汉昇虽然修读过傅斯年的课，进入史语所却得力于系主任陈受颐向傅斯年的推荐（注一三六）。

全汉昇进入史语所前，史语所已先于一九三三年先迁至上海，继于一九三四年迁至南京（注一三七），所以他工作的地点最早在南京。一九三七年抗战爆发后，史语所先迁至湖南长沙，次年再南迁云南昆明，其间曾暂驻广西桂林阳朔，一九四一年又迁四川南溪县李庄，抗战胜利后，于一九四六年迁回南京（注一三八）。这段期间，全汉昇一直跟着史语所辗转迁徙，在艰苦动荡的生活中，仍然专心于研究工作，并于一九四四年赴美国，先后于哈佛大学、哥伦比亚大学、芝加哥大学进修，而于一九四七年返回南京中央研究院（注一三九）。他在进入史语所后，受傅斯年的影响更深。傅斯年对史语所历史组的研究人员，在研究上常有所指导（注一四〇），而全汉昇也依其指示，闭门读书，专心找资料，致力于扩大史料搜集的范围（注一四一）。这项特色，只要阅读全汉昇的唐宋经济史论文都可以领会得到。然而从这些论文也可以看出，这时的全汉昇，就如他进入史语所前的著作所已经呈现，并非完全仰仗史料进行研究，他也参考国内及日本学界的中国史研究成果，阅读西方经济学说与西洋经济史的论著，引用来解释史实，或互相比较（注一四二）。甚至他的唐宋经济学说的主轴：从自然经济到货币经济的演变，使得中唐以前和以后成为两个不同的历史段落，就是建立在对西洋经济史学说的检讨之上。而他在重庆《文史杂志》上发表的两篇短文，都署名皮伦，很可能就是用来表达对二十世纪前期比利时的欧洲中古社会经济史家亨利·皮伦（Henri Pirenne）的敬慕。他曾屡次引用后者的《中世纪的城市》（*Medieval Cities*），又曾检讨亨利·皮伦在《中世纪欧洲社会经济史》（*Economic and Social History of Medieval Europe*）中对喜尔德布蓝经济史分期学说的批评（注一四三）。亨利·皮伦这两本书的重点，都在说明欧洲中古后期商业的复兴（注一四四），而全汉昇以中唐以后商业的复兴作为其论述的重点，在论题上正和亨利·皮伦相类；全汉昇晚年述及，在研究汴梁、扬州、广州时，他认为交通运输的便利，是促进这几处城市商业繁荣的一个重要因素（注一四五），也可以和亨利·皮伦视地中海的对外交通为回教徒所封锁，导致欧洲商业的衰退和城市的没落，而地中海对外交通的重新开放，促成欧洲商业的复苏和城市的再兴（注一四六），在观点上相契。

根据全汉昇自己的说法，他从事研究的初期，兴趣集中于唐、宋两代，但研究范围不限于唐宋，也发表了《中古自然经济》和《元代的货币》等论文（注一四七）。不过《中古自然经济》从汉代一直写到唐代，可以视为唐宋历史的往前追溯；《元代的纸币》则以宋代才开始行使的纸币为主题，可以视为唐宋历史的往后延续。这两篇论文，也可以包含入他的唐宋经济史研究之内。他从进入史语所任职，到一九四九年为止，包括《中古自然经济》和《元代的纸币》在内，发表过的唐宋经济史论文与专著共有十七种，每种发表时都会在篇末注明写成或修改的时间、地点，把这些论著依发表时间的顺序（注一四八），列举其写成、修改的时间、地点于下，或许可以观察出他在抗战前后，随着史语所辗转迁徙的过程中工作的一部分情形：

一九三六年：《南宋杭州的消费与外地商品的输入》，一九三六年四月至五月。

《宋代官吏之私营商业》，一九三六年六月至七月。

一九三九年：《北宋汴梁的输出入贸易》，一九三七年三月至四月，南京。

《宋代广州的输出入贸易》，一九三八年八月，昆明。

《宋代寺院所经营的工商业》，一九三八年夏，昆明。

一九四二年：《宋末的通货膨胀及其对于物价的影响》，一九三九年五月初稿，年底增订，昆明。

《中古自然经济》，一九四一年十一月，李庄。

《南宋稻米的生产与运销》，一九四一年一月，昆明。

一九四四年：《唐代物价的变动》，一九三九年，昆明。

《唐宋时代扬州经济景况的繁荣与衰落》，一九四〇年十二月初稿，一九四二年一月改订毕。

《北宋物价的变动》，一九四〇年十月初稿，一九四二年五月重写。

《南宋初年物价的大变动》，一九三九年夏脱稿于昆明，一九四二年夏重写于重庆。

《宋金间的走私贸易》，一九三九年初稿，一九四二年十月重写于重庆。

《元代的纸币》，一九四三年二月，李庄。

《唐宋帝国与运河》，一九四三年十一月，李庄。

一九四七年：《宋代南方的虚市》，一九三八年四月，阳朔。

一九四八年：《唐宋政府岁入与货币经济的关系》，一九四八年二月，南京。

上列全汉昇的各种论著，有几篇虽然没有注明写成地点，但是可以从写成的时间推知。他进入史语所后，在南京的短短两年内，即已写成三篇论文；在阳朔几个月间，也写成一篇；在昆明的四年间，写成或完成初稿的有九篇；在李庄的三年间，写成两篇论文和一本专著；抗战胜利后，从美国回到南京，则仅写成一篇。可以说他的大部分论文，在离开昆明之前已经写成。但是《中古自然经济》和《唐宋政府岁入与货币经济的关系》这两篇最重要的论文，以及《唐宋帝国与运河》这本专著，却在这以后完成。这些论著，《唐宋帝国与运河》为史语所专刊，《宋代寺院所经营的工商业》发表于《国立北京大学四十周年纪念论文集》，其他各篇都发表于《“中央研究院”历史语言研究所集刊》上（注一四九）。所讨论的课题，大体是以市场经济的发展为中心，而又可以分为几组，以下分别讨论（注一五〇）。

第一组讨论都市与乡村的市场活动，包括《南宋杭州的消费与外地商品的输入》《北宋汴梁的输出入贸易》《宋代广州的输出入贸易》《唐宋时代扬州经济景况的繁荣与衰落》《宋代南方的虚市》五篇论文（注一五一）。这是全汉昇较早写成的几篇论文，除有关扬州的一篇外，其他各篇都完成于一九三八年以前。杭州、汴梁、广州、扬州是当时的四处大都市，在讨论扬州时，也述及宋代的真州，所以实际是论及五处都市。全汉昇的讨论，集中在这些都市与外地间的贸易。杭州与汴梁分别是南宋与北宋的首都，是以政治中心而形成的消费型都市，有大量的外地商品输入。他把讨论的重点放在两处城市因大量人口的消费，而带来的大量日常生活用品的输入上；虽然也述及奢侈品的输入，但并非主要。他对于汴梁的讨论比较广泛而深入，汴梁本地生产，以及外地运来商品向西北的输出，也都论及。不过却指出，汴梁的对外贸易有大量的入超，要靠当地居民直接或间接把外地的钱输入汴梁来抵补。他又讨论到这两处城市的商业交通路线，从这些路线的伸展看，显然是可以连结起全国各地。

扬州、真州、广州的特色，与杭州、汴梁不同，主要是转运型的都市，因位于水运或海运的要冲，而成为国内外商品的转运中心。全汉昇在讨论扬州时，举出了扬州在唐代中叶以后繁荣的各种因素，首先述及的，就是作为商品集散地，而导致的国内、国外贸易的发达，此外也述及当地工业、金融业与运输业的发展。不过此文最主要的论点，是在修正扬州因唐末战乱而衰落的说法，他认为最重要的原因，应是扬州作为一个转运中心的地位，在宋朝初年以后为邻近的真州所取代，而国际贸易则因地理条件不适合而衰落了。这意味着从唐到宋，维持运河与长江交口上一处繁荣城市的条件继续存在，因而此文讨论的不仅是历史现象的变化，更是历史因素的延续。全汉昇讨论广州，不仅注意到作为一个海外贸易的大港，海外奢侈品的输入，和国内工业产品的向海外输出；也注意到从海外输入的商品，经由陆路与海路交通路线运销到全国各地及境外。更重要的是，他注意到两广本地所产的米、盐，先集中于广州，而后转运到两广各地及邻近各路。盐固然只产于沿海，至于食米的运销，全汉昇指出了一项历史的变化，“米是重量体积较大而价值又较贱的商品，在以前因负担不起较重的运费，很少运到远地出售——由海道运往更少有。可是到了南宋，情形却大大不同。”福建、两浙地区由于人口密集，而又有较多人以工商业与政治为生，本地米粮供应不足，因而必须由两广输入。这项变化，与前述杭州与汴梁有大量日用商品的输入配合，说明了区域间经济的依赖性增大，商品的交换也愈益发达。

市场活动不仅见于大都市，也见于僻远的乡村。全汉昇讨论了南方定期开市的虚市，指出乡民也不可能完全自给自足，交易量固然小，却仍然有日常生活必需品的买卖。虚市中从事买卖的人，多半是附近的乡民，富于地方色彩，不过也会有外来的客商，有些虚市则逐渐发展为城镇。尽管他认为这样的情形不能夸大，但这也说明了在当时乡村自足经济下发生的交换形态，有进一步发展扩大，而与外地市场活动联结在一起的可能。

第二组讨论有别于一般商人的工商业者，包括《宋代官吏之私营商业》和《宋代寺院所经营的工商业》两篇论文（注一五二）。这两篇论文写得也比较早，在一九三八年以前已写成，可能是全汉昇在研究宋代都市时顺带注意到的问题。前文将商业活动置于士大夫风气中讨论，详细地探讨了宋代官吏私营商业的原因、特色、影响，及他们所经营的各类商业。重要之处不仅在于借着大量的官吏私营商业的实例，可以看出当时商业活动的繁盛，更在于讨论这种现象的原因时，指出“对于商人观念，在唐、宋间有一个很大的转变”。商人的地位在宋代提高，连原本贱商的士大夫也贪图营商的丰厚利润，自己做起商人来；而商人和他们的子孙也可以运用财富来取得官位，“市井子孙不得仕宦为吏”的限制不再存在。后文虽较简短，却从唐、宋间寺院经济的重要变化，申论到经济形态的演变。这篇论文也列述了宋代寺院所经营的各类工商业，但更值得注意的，是文中做了时代的比较和中西的比较。文中指出，宋代以前寺院经济的基础主要在土地，到了宋代，除了土地之外，工商业也很重要；又指出，欧洲中古时期的寺院也经营手工业，是为了修院中修士的生活需要而生产的，而宋代寺院所经营的手工业，产品除供本寺院的消费外，又大量地在市场上出售。宋代的这种情形，是由于“这时已不复是自给自足的庄园经济时代，各地间的相互交换非常盛行”。这是全汉昇在论文中首次将宋代以前和宋代的经济形态做了比较，从自足到交换，所说明的正是市场经济的发展。他在讨论都市的几篇论文中，并没有直接触及唐宋间经济形态转变的问题，但在此文却用了一个小注，以他有关汴梁和杭州的两篇论文，作为宋代各地区交换盛行的依据。这就把他对于都市的研究，和他的历史长期演变观点联结在一起，显出了意义。

第三组讨论区域间的商品流通，包括《南宋稻米的生产与运销》《宋金间的走私贸易》两篇论文，和《唐宋帝国与运河》一本专著（注一五三）。这些作品应该是从前两组研究发展出来的，写得稍晚，分别在昆明和李庄写成。论及稻米的一篇，在宋代农业史的研究上，可以说是开创之作，首先划分南宋全国为几个区域，说明各区域在生产上丰盛与不足的差异，进一步就指出由于生产的差异和消费的需要，而有区域间的稻米运销。文中以丰富的史料描述了各地间稻米运销频繁的情形，认为"这是当日交换经济势力增大，自足经济销声匿迹的表示"，而米产不足地区的民众，多以工商、运输为业，用这些方面的收入来向外地购米。文中论及海道运销稻米的发达状况，认为这种情形打破过去海上贸易只限于奢侈品的局面，使得海上贸易能为一般民众服务，这个看法和前述讨论广州输出入贸易一文可以互相呼应。这篇论文，把各地间经济依赖与商品交换的探讨，从点状的都市扩大到面形的区域，加深了对当时交换经济基础的认识。

另外一篇论文和一本专著，所讨论的都是北方对于南方经济的依存，皆以唐宋时期经济中心的南移为背景。全汉昇注意到运河在唐宋历史中的重要性，是由他研究城市时，重视交通运输对商业发展的作用进一步思索而来（注一五四）。由于经济中心南移，而政治、军事中心仍在北方，北方消费的物资需要南方的供应，而且数量巨大，所以隋代开凿的运河，在盛唐以后就成为连贯南北的经济动脉，支持了国家的生存。运河畅通与否，足以影响到唐与北宋两代国势的盛衰，而两代的政府均致力于维持运河的畅通。全汉昇也提到运河对商品交换的贡献，但他的主题是政府物资的输送。不过政府的物资不仅来自赋税，亦来自征购，即使是赋税，也不妨类比为一宗巨额的商品运输。运河的作用，到南宋与金对立的时期不再存在，但两国在边境却有榷场贸易和走私贸易，全汉昇讨论的是不合法的海、陆两路走私贸易。各种民生、军用物资，以至于书籍、金银铜钱，都有兴盛而大规模的走私贸易，而以从南宋走私入金者为多。走私贸易利润之大，使得不仅一般商人，连官吏、军人都投入这项活动。这种情形，说明南北分裂的政治组织不能满足全国经济联系的要求，而政府所允许的榷场贸易也无法满足商人的需要。

第四组讨论的是物价的长期变动，包括《唐代物价的变动》《北宋物价的变动》《南宋初年物价的大变动》《宋末的通货膨胀及其对于物价的影响》及《元代的纸币》几篇论文（注一五五）。这几篇论文也写得稍晚，分别写成于昆明与李庄。就如全汉昇的学生所言，他对物价长期变动历史研究，可以说是先驱之作（注一五六）。据他自己说，他对物价史所以感到兴趣，可能是由于受到抗战时期通货膨胀现状的影响（注一五七）。不过他这五篇论文中，唐宋时期的四篇，在一九四〇年以前都已写成，而且其中有三篇成于一九三九年，在此之前搜集大量的史料应已花了不少时间，这段期间抗战时期的通货膨胀才初起，尚未趋向严重（注一五八）。现状的影响应该只是他从事这方面研究的原因之一，实际上物价的升降与货币的使用密切相关。而全汉昇一方面从商品的供需，另一方面从钱币或纸币流通额的多少，探讨物价的升降，可能有意以物价史来表现唐宋商业复兴之后货币经济的一个侧影，是他对于从自然经济演变到货币经济研究的一部分。所以在《唐代物价的变动》中，指出两税法实施后，物价的长期下落，是由于当时钱币求过于供，而钱币所以求过于供，固然源自两税法改为以钱而非实物纳税，也因为唐初以来布帛等实物做为重要交易工具的自然经济，到这时已无法适应商业上的需要，钱币已成为最主要的货币，市场上的需要增大。在《北宋物价的变动》中，指出王安石的募役法让民众以缴钱代替服役，是自然经济演化为货币经济的主要特征。不过他同时指出，当时货币经济除在一些大都市占有势力之外，在好些农村中实在没有什么地位，于是造成所谓"钱荒"。北宋神宗时的这种状况，到南宋时如何演变，全汉昇在他的论著中虽然没有明白说出，但在《南宋初年物价的大变动》中，为了说明物价上涨对生产者的影响，他引述一段史料，以见南方农民因麦价高涨，种麦可获丰厚利润，因而竞相种植，显然意味着这时农村也已卷入了货币经济之中。而在《宋末的通货膨胀及其对于物价的影响》中，他又引述"币轻物贵，田里萧条"这段史料，说明物价的高度腾贵，使得消费者购买力降低，生产者也因此无法获利，更显然意味着这时农民与消费者已经成为货币经济下的共生体。《宋末的通货膨胀及其对于物价的影响》和《元代的纸币》两文，讨论的都是政府无力控制纸币发行量而造成通货膨胀的历史，从使用钱币到使用纸币，清楚地显现出货币经济的进一步发展。

第五组讨论从自然经济到货币经济的演变，包括《中古自然经济》和《唐宋政府岁入与货币经济的关系》两篇论文（注一五九）。这两篇论文写成的时间相距较大，前文是在李庄的初期写成，后文则是抗战胜利之后在南京写成，相距有六年多。《中古自然经济》以相对观点，采用喜尔德布蓝的经济史分期学说，来解释从汉末到中唐的经济史。他引用大量实物货币、租税、工资等史料，说明从汉末到中唐这五百多年间，自然经济比较占优势，虽然南朝的钱币势力相当雄厚，但仍不能取自然经济的地位而代之。不过全文的重点，实际在于汉末和中唐的两次大转变。所以文中首先较简略地交代了汉代货币经济的发展，然后讨论汉末以后从货币经济逆转为自然经济的原因；文末则讨论了唐代安史之乱前后自然经济衰落，而货币经济复兴的原因，并颇详尽地描述了钱币在各方面使用愈来愈发达的状况。总结全文，全汉昇引据陶希圣在《南北朝经济史》序文中的说法，认为汉末到中唐的社会明显地可以自成一个段落，有别于之前和之后的社会。陶希圣的学生们对于这段期间是否可以称为“自然经济”虽有争议，但是对于当时华北货币使用的衰退，以及这段期间可以自成一个称为“中古”的历史段落，则看法相同（注一六〇）。这篇论文虽然止于唐代，但是在一个小注中，全汉昇已述及北宋的货币经济要比中唐以后发展得多。

《中古自然经济》指出了中唐以后货币经济代自然经济而兴，《唐宋政府岁入与货币经济的关系》则进一步讨论从中唐到北宋货币经济的发展。全文专就国家财政收入方面做考察，比较从唐到宋政府岁入中钱币、金银的数量，及其在岁入总额中所占的比例。在此文发表的十三年前，日本学者日野开三郎曾撰有《北宋时代における货币经济の发达と国家财政との关系についての一考察》（注一六一），同样从财政收入来讨论货币经济，但是日野开三郎的重点在于货币经济对于北宋国防费用的支持，全汉昇的重点则有所不同，而且在财政收入史料的搜集和分析上，全汉昇也比较广泛而细致。全汉昇的论文指出，从唐到北宋，政府岁入中钱币的数量剧增，钱币在岁入总额中所占的比例也大为增加；唐代岁入中不见有金银的数字，而北宋岁入中已有相当数量。他认为这种情形，足以说明“中国社会自唐至宋的几个世纪内，并没有像一般人所想象的那样长期停滞不进，因为在这一段期间内，货币经济曾作空前的发展”。他继续探讨北宋岁入中的钱币、金银何以较唐代激增，发现是来自盐、酒、茶等专卖收入和商税，也就是来自商业方面的收入。根本原因则在于北宋人口较唐代大增所带来的生产和消费增大，“在当日自给自足经济早已瓦解的情况下，自然要令到物品的交换特别发达了”。他又运用研究物价史时所搜集到的资料，比较唐代和北宋的物价，说明钱币流通的大量增加并没有造成物价的高涨，北宋的物价甚至比唐代更低，所以北宋钱币流通量的激增，实际的作用是有利于当时空前发达的商品交换。这就把他对于货币经济的研究，和他有关商品交换流通的几组研究成果连结起来，而物价史的研究在他对于唐宋历史演变的看法中有了更深一层的意义。

《唐宋政府岁入与货币经济的关系》是他上述五组论著中最后写成的一篇，清楚地说出唐宋时期的历史并未停滞不进，使得他对唐宋历史演变的看法有了比较明确的表达。这篇论文的发表，为他前一阶段的历史研究做了一个总结。而在此之前，当全汉昇在美国进修的期间，他已经开始推敲中国近代工业化迟缓的问题（注一六二），研究的方向有了转变。

六、尾语

全汉昇以对于唐宋商品交换流通及物价长期变动的研究为基础，进而建立起中唐前后社会从自然经济演变至货币经济的见解，并据以指出中国的社会并未像一般人所认为的长期停滞不进。仅读他的学术论文，不易省觉他所说的“一般人”是特有所指。不过他在抗战期间，曾在前述的学术论著之外，发表两篇短文，却提供了线索。

早在他发表《唐宋政府岁入与货币经济的关系》之前六年，也就是发表《中古自然经济》的同一年，他以皮伦的笔名，发表了一篇短文《秦汉以后的社会是停滞不进的吗》（注一六三）。文中列举唐宋时期商业发展、货币使用等史事，与之前的情况相对照，指出唐中叶以前和以后是两个形态完全不同的社会，绝对不能放入同一阶段之内；而批评“抗战以前，一般研究中国社会经济史的人们，多半逃不了公式主义的圈套”，由于无法利用秦汉以后浩繁而不集中的史料，对于秦汉至清末将近二千年的社会，凭己意乱加猜测，“有称这时期为封建社会的，有称这时期为半封建社会的，有称这时期为奴隶社会的，有称这时期为商业资本社会的，有称这时期为前资本主义社会的。”他所批评的对象，很清楚是中国社会史论战时期的各种主张。两年之后，他再以皮伦的笔名发表《评陶希圣武仙卿著南北朝经济史》，在肯定陶希圣认为秦汉以后、中唐以前的中国社会自有其特点的同时，对于社会史论战中的长期停滞论者做了同样的批评，而对象更清楚地写出是“在读书杂志上从事中国社会史论战的人们”。这两篇短文使得我们可以从中国社会史论战中有关自然经济与货币经济的争论，以及陶希圣三阶段论的落实，追溯全汉昇唐宋经济史研究的由来；也使得我们可以了解，全汉昇建基于以严谨态度搜集、论证史料之上的论著，与时代现实间的关联，从而认识原本带有政治性质的论争，如何逐步演变成为学术性质的研究。全汉昇的学术贡献自然不限于落实陶希圣的历史分期观点，他在落实的过程中，开拓了一些新的题材，然而落实的一面，在中国现代史学史上却有不容忽视的意义。

从上述两篇短文看，全汉昇所要反驳的中国社会长期停滞论，长期封建社会说和长期商业资本社会说两种主张均包括在内。长期封建社会说在抗战前已成为苏联与中共所支持的主张（注一六四）；持长期商业资本社会说者，身份、背景各有不同（注一六五），虽然也依据唯物史观立论，却提供了另一种观点，并由此而发展出陶希圣的时代细分论。不过在抗战期间，长期商业资本社会的言论已不复可见，只有中共方面所支持的长期封建社会的说法继续流传。尽管这时由于日人秋泽修二提出日本武力是打破中国社会亚细亚停滞性的主要动力，使得中共方面对“停滞”一词有所忌讳，而改称“迟缓”“阻滞”或“迟滞”，但仍认为中国社会曾长期处于封建制度（注一六六）。全汉昇或许会同意，包括南北朝在内的中古时期具有封建性质，但中唐以后的社会形态既已不同，那就不能再称之为封建了（注一六七）。他不仅不同意长期封建的说法，在解释历史变化时的方式，也有别于唯物史观，视经济结构的变动为一切历史变动的基础。在《中古自然经济》中，尽管也引用了马克思的《资本论》，来讨论货币与交换的关系，但是他以战争的破坏或政治的安定、铸钱材料的减少或增加，来说明汉末以后和盛唐以来两次重大经济变动的原因；而在《秦汉以后的社会是停滞不进的吗》这篇短文中，已不提铸钱材料这一点，而强调战争破坏与政权对立的妨碍商业活动，以及国家统一和休养生息的促进生产、贸易（注一六八）。可见在他的心目中，政治的因素也可以是导致长期经济变动的最重要原因（注一六九）。全汉昇的唐宋经济史研究，虽然意在反驳抗战前《读书杂志》上依据唯物史观立论的中国社会长期停滞论，但在抗战期间的环境里，无论他自己是否意识到，中共方面所支持的长期封建说，已成为他所对话的主要对象，日人秋泽修二的中国社会长期停滞说，同时亦为其所拒斥；而他采取有别于唯物史观的解释历史方式，更显得其观点非长期停滞说的立论基础所能容。在全汉昇发表唐宋经济史论著的同时，傅斯年和他的同事董作宾、胡厚宣也基于学术的立场，或隐约、或明白地批评了左翼历史学者所主张的殷代奴隶社会说（注一七〇），全汉昇和他们虽然没有彼此呼应，却显得不约而同，“中央研究院”内的史学研究毕竟并非完全无关于世变。

全汉昇的学术著作一向风格纯净，语不旁涉，不过两篇短文却透露了社会史论战曾在他的心中产生波澜，一直到他因为抗日战争而转徙于西南时，仍未消散。其实无论是《读书杂志》所发动的中国社会史论战，或是《食货》半月刊的出刊，或是全汉昇接受史学教育、投入史学研究，都是在中、日两国日益紧张的时局中进行。在国、共合作破裂之后兴起的中国社会史论战，原有要求改变中国现状，以求自帝国主义势力下解放的背景（注一七一），外患愈来愈急迫，使人反省历史的缘由与走向，不同立场与不同观点的看法也因而出现，甚至相互对立。但是认识历史毕竟有其必须遵守的基本原则，不能因为悖离这些原则，而使得历史遭到误解，这正是全汉昇的师长陶希圣和傅斯年的呼声。由此也可以窥见，全汉昇的学术研究显然是针对他认为受到扭曲的历史，根据史料与史实重新提出解释，而扭曲的根源则来自政治的论争。我们无法了解，抗战前后中共势力在文化界的发展，在他的心中引起激荡的程度。然而两篇短文都发表在国民党中央党部所办的《文史杂志》上，虽然这份杂志的主编顾颉刚是学界中人（注一七二），可能是能够吸引他投稿的原因，但这多少也可以反映出他与中共的距离。在《唐宋政府岁入与货币经济的关系》刊出之后的一年，也就是一九四九年，中共军事力量已席卷大陆，全汉昇晚年回忆在这大动乱的时代里，“知识分子几乎处于去留两难的抉择中”，而他带着家小，“毅然决然地追随傅先生”到台湾来（注一七三）。他的唐宋经济史学说或许不能完全解释这项抉择，却应能提供我们了解他所以如此的背景。

此后全汉昇在台湾、香港，研究方向虽已改变，但仍有涉及唐宋经济史的演讲与著作。一九五三年在台北的《中国文化论集》发表《从货币制度看中国经济的发展》（注一七四），以通论的方式，将他对中国历史分期的观点写出，大体上是《中古自然经济》和《唐宋政府岁入与货币经济的关系》两文要旨的综合，但是增述了明、清白银普遍用作货币的历史，最后并指出，清末以来仍然大量输入白银，而不输入机器及其他资本物，是中国工业落后的原因。此文后来收入台湾大学和政治大学所用的中国通史论文选内，做为大学一年级学生修习中国通史一课的读物，而且一再重印（注一七五），影响扩及学术界以外。一九六三年，他在台北的宋史座谈会做《略论宋代经济的进步》的演讲，从他过去所研究的商品交换频繁和货币经济发展谈起，进而论及各种生产技术的进步，最后则提出何以在这种情况下，中国不能先于英国发生工业革命的问题。讲词虽然简短，却引起与会者热烈的讨论（注一七六）。一九六七年和一九七一年，他先后在香港的《新亚学报》发表《宋明间白银购买力的变动及其原因》，在台北的《“中央研究院”历史语言研究所集刊》发表《自宋至明政府岁入中钱银比例的变动》（注一七七）。这两篇学术论文，借着银成为货币的经过，把他早期的唐宋经济史研究，和晚期的明清经济史研究连结在一起。上述的演讲和著作，都显现出他早期的研究，对他后来所研究的中国近代工业化问题，和明清白银流入问题具有意义，前后期的研究并没有因为时代和问题的转移而截断（注一七八）。

全汉昇对于唐宋经济史的讨论，大体上可以说在一九七一年已划下句点。一九八〇年代，他先后在香港和台北所举行的唐宋史国际学术会议中，做过三次演讲（注一七九），虽然内容主要是他过去研究成果的重述，却使与会晚辈得以景仰这位治学谨严的前辈学者的风范。就在这段时间，中国大陆学界对于历史的观点，由于政治局势的转换而初现改变的迹象。史学界尽管依然持长期封建说，却开始以广搜史料为基础，来讨论其间明显的变化。有学者采用与全汉昇相同的分期方式，以货币经济的衰落与复兴，来划分中唐以前和以后的经济形态（注一八〇）；也有学者批评，只看到中国封建社会发展缓慢、长期停滞的不妥，而认为社会生产力在唐宋，特别是两宋时期有高度的发展（注一八一）。全汉昇在离开大陆三十多年后，及身见到他的唐宋经济史学说获得大陆历史学界的共鸣。

（原刊于《台大历史学报》第三十五期，二〇〇五年六月）

注释

注一：何汉威，《代序：经济史坛祭酒全汉昇先生传略》，收入全汉昇教授九秩荣庆祝寿论文集编辑委员会编，《薪火集：传统与近代变迁中的中国经济：全汉昇教授九秩荣庆祝寿论文集》（台北，稻乡出版社，二〇〇一），I～IV。

注二：全氏生平事迹可参考：王业键，《全汉昇在中国经济史研究上的重要贡献》，《食货》月刊复刊一四卷一一、一二期（一九八五，台北），一～一四；

李木妙,《全汉昇》,《近代中国史研究通讯》二期(一九八六,台北),五三~六八;李木妙,《享誉中外的中国经济史家——全汉昇教授生平及其著述》,《香港中国近代史学会会刊》四、五期(一九九一,香港),一〇九~一一八;全汉昇,《回首来时路》,收入杜正胜、王汎森主编,《新学术之路:"中央研究院"历史语言研究所七十周年纪念文集》(台北,"中央研究院"历史语言研究所,一九九八),下册,四八七~四九四;何汉威,《代序:经济史坛祭酒全汉昇先生传略》;何汉威,《全汉昇与中国经济史研究》,《中国经济史研究》三期(二〇〇二,北京),一四六~一四九,此文承陈慈玉教授示知,谨此致谢;何汉威,《"中央研究院"院士全汉昇先生传》,《新亚研究通讯》十五期(二〇〇二,香港),四~六;全汉昇院士治丧委员会,《故"中央研究院"院士全汉昇先生事略》,复收入《国史馆馆刊》复刊第三十三期(二〇〇二,台北),二六一~二六五,改名《全汉昇先生传略》。全氏著作编年最详者,见《全汉昇教授著作目录》,《薪火集:传统与近代变迁中的中国经济:全汉昇教授九秩荣庆祝寿论文集》,六一九~六三一。

注三:见李木妙,《全汉昇》;黎志刚、林燊禄访问,《全汉昇院士》,《汉学研究通讯》五卷一期(一九八六,台北),一二~一五。

注四:梁庚尧,《从〈读书杂志〉到〈食货〉半月刊——中国社会经济史研究的兴起》,收入本书,下册,页一二六七～一三三四。《中国社会史丛书刊行缘起》见一九三三年初版的刘道元《两宋田赋制度》（台北，食货，一九七八）书前所载；《历史语言研究所工作之旨趣》，载一九二八年出版的《“中央研究院”历史语言研究所集刊》第一本第一分，收入傅斯年，《傅斯年全集》（台北，联经，一九八〇），册四，二五三～二六六。

注五：何汉威，《全汉昇与中国经济史研究》。

注六：李木妙，《全汉昇》。

注七：王学珍、郭建荣主编，《北京大学史料第二卷（一九一二～一九三七）》（北京，北京大学出版社，二〇〇〇），五七一、七六一。页五七一所录之新生录取公告，将“全汉昇”误为“金汉昇”。

注八：何兹全，《悼念我师陶希圣先生》，《传记文学》五十三卷二期（一九八八，台北），五六～五八。

注九：李木妙，《全汉昇》。

注一〇：何兹全，《悼念我师陶希圣先生》；刘道元，《九十自述》（台北，龙文出版社股份有限公司，一九九四），上册，四五～四七。

注一一：黎志刚、林燊禄访问，《全汉昇院士》。

注一二：全汉昇入学月份，见李木妙，《全汉昇》。

注一三：《中国社会史论战》专号第一辑载上海神州国光社出版于一九三一年的《读书杂志》一卷四、五期，第二辑载二卷二、三期，第三辑载二卷七、八期，均于一九三二年出版，第四辑载于一九三三年出版的三卷三、四期。出版时间见各期《读书杂志》。又见郑学稼，《“社会史论战”的起因和内容》(台北，中华杂志社，一九六五)，六。《“社会史论战”的起因和内容》后收入郑学稼，《社会史论战简史》(台北，黎明文化事业股份有限公司，一九七八)，为上卷。

注一四：皮伦，《评陶希圣武仙卿著南北朝经济史》，《文史杂志》四卷五、六期合刊(一九四四，重庆)，五二～五六。

注一五：王宜昌在论战中指出：“而在一九二七年以来，人们都利用着历史的唯物论研究所得的结论做为根本的指导原理，而将中国史实嵌进去。”见王宜昌，《中国社会史短论》，二，《中国社会史论战》，第一辑，收入王礼锡、陆晶清编，《中国社会史的论战》(《民国丛书》第二编)(上海，上海书店，一九九〇)。编按：《中国社会史的论战》所载篇章，每篇页码皆独立起页，全书未编连续页码。

注一六：王礼锡，《中国社会史论战序幕》，《中国社会史的论战》，第一辑。

注一七：王礼锡在《中国社会史论战序幕》中说：“在中国社会史的论战里，都是唯物的内部的争斗”，见该文页六。

注一八：关于这段期间历史分期方式及长期停滞论的研究，已有 Arif Dirlik，*Revolution and History: The Origins of Marxist Historiography in China*，1919—1937(Berkeley. Los Angeles. London:University of California Press，1978)，一八六～二二〇；白钢编著，《中国封建社会长期延续问题论战的由来与发展》(北京，中国社会科学出版社，

一九八四)，第一章；吴安家，《三十年代学者有关“封建制度”的论战》(上)、(下)，分载《东亚季刊》十八卷四期(一九八七，台北)，二三～五二，及十九卷一期(一九八七，台北)，七二～八九；赵庆河，《读书杂志与中国社会史论战(一九三一～一九三三)》(台北：稻禾出版社，一九九五)，第三、四、五、七章。

注一九：朱新繁，《关于中国社会之封建性的讨论》，《中国社会史的论战》，第一辑。

注二〇：孙倬章，《中国经济的分析》，五六～五七，《中国社会史的论战》，第一辑。

注二一：陈邦国，《中国历史发展的道路》，一五～一七，《中国社会史的论战》，第一辑。俄人拉狄克的说法，见其《中国革命运动史》，此书于一九二七年后译为中文，王宜昌在《中国社会史论史》中曾引用：“中国商业资本主义已有几千年的发展，历史上的封主完全没有了”，见该文，二一，《中国社会史的论战》，第二辑。同样引据拉狄克的说法，认为由于商业资本的发展，使秦以后的历史走入循环圈的，还有王伯平，见王伯平，《中国古代社会研究之发轫》，一六～一七，《中国社会史的论战》，第三辑。

注二二：李季，《对于中国社会史论战的贡献与批评》，二～四、一四～一五、四九～五四，《中国社会史的论战》，第二辑。

注二三：熊得山，《中国商业资本的发生之研究》，四～六、二九，《中国社会史的论战》，第三辑；熊得山，

《中国农民问题之史的叙述》,《中国社会史的论战》,第一辑。

注二四:胡秋原,《略覆孙倬章君并略论中国社会之性质》,四一～四三,《中国社会史的论战》,第二辑。

注二五:戴行轺,《中国官僚政治的殁落》,三～四、一二～一三,《中国社会史的论战》,第一辑。官僚政治之说基本上是发挥陶希圣的见解。

注二六:载《中国社会史的论战》,第三辑。

注二七:王宜昌主张自周至五胡十六国以前为奴隶制度,自五胡十六国至清末为封建制度;陶希圣主张战国至后汉为奴隶经济占主要地位时期,三国至唐末五代为封建庄园时期,宋以后为先资本主义时期。

注二八:李麦麦的说法,见其《中国封建制之崩溃与专制君主制之完成》,胡秋原的看法见《专制主义论》,载《读书杂志》二卷十一、十二合期(一九三二,上海)。胡秋原在《亚细亚生产方式与专制主义》中又说:"中国东周的封建主义,因商品经济之分解,发生变质而为专制主义,自秦至清末,就在这一个阶段。"见该文,二一,《中国社会史的论战》,第三辑。

注二九:Arif Dirlik,*Revolution and History: The Origins of Marxist Historiography in China*,1919—1937,191.

注三〇:胡秋原,《亚细亚生产方式与专制主义》,一七、二一,《中国社会史的论战》,第三辑。

注三一:参考吴安家,《三十年代学者有关"封建制度"的论战》(上)、(下)。

注三二：杜畏之，《古代中国研究批判引论》，二一，《中国社会史的论战》，第二辑。

注三三：梁园东，《中国社会各阶段的讨论》，二一，《中国社会史的论战》，第三辑。

注三四：李季，《对于中国社会史论战的贡献与批评》，七，《中国社会史的论战》，第二辑；陈邦国，《“关于社会发展分期”并评李季》，六，《中国社会史的论战》，第三辑。

注三五：李季，《对于中国社会史论战的贡献与批评》，四一，《中国社会史的论战》，第二辑。原作乌里耶诺夫，按：列宁原名用英文写作 Vladimir Ilich Ulianof。

注三六：田中忠夫，《中国社会史研究上之若干理论问题》，八，《中国社会史的论战》，第二辑。原作伊里奇，应自列宁原名中的 Ilich 而来。

注三七：王礼锡，《中国社会形态发展史中之谜的时代》，八～九，《中国社会史的论战》，第三辑。

注三八：胡秋原，《亚细亚生产方式与专制主义》，一二、一四～一五，《中国社会史的论战》，第三辑。胡秋原在《中国社会＝文化发展草书（上）》，又引述考茨基和普莱勃拉仁斯基的话，来说明自然经济是封建制度的特征，见该文，三一、四六，《中国社会史的论战》，第四辑。

注三九：朱新繁，《关于中国社会之封建性的讨论》，二二，《中国社会史的论战》，第一辑。

注四〇：孙倬章，《中国经济的分析》，三九、四五，《中国社会史的论战》，第一辑。

注四一：陈邦国，《中国历史发展的道路》，一一～一二、一八～一九,《中国社会史的论战》,第一辑。

注四二:李季,《对于中国社会史论战的贡献与批评》,四四,《中国社会史的论战》,第二辑。

注四三:熊得山,《中国商业资本的发生之研究》,二九～三〇、三七,《中国社会史的论战》,第三辑;熊得山,《中国农民问题之史的叙述》,七,《中国社会史的论战》,第一辑。

注四四:胡秋原,《中国社会=文化发展草书(上)》,三六、七六,《中国社会史的论战》,第四辑。

注四五:张横,《评陶希圣的历史方法论》,八～九、一二～一三,《中国社会史的论战》,第二辑。

注四六:陶希圣,《中国社会与中国革命》(台北,食货,一九七一),六、二四。

注四七:任曙,《怎样切实开始研究中国经济问题的商榷》,五～七,《中国社会史的论战》,第三辑。王宜昌《中国奴隶社会史——附论》曾提及俄人金果尔、朴利果仁的《西方革命史》,疑即高峰所译之书,见王宜昌,《中国奴隶社会史——附论》,一四,《中国社会史的论战》,第三辑。

注四八:王宜昌,《中国社会史短论》,《中国社会史的论战》,第一辑。

注四九:王宜昌,《中国奴隶社会史——附论》,《中国社会史的论战》,第三辑。

注五〇:王宜昌,《中国封建社会史》,《中国社会史的论战》,第四辑。

注五一:王宜昌用陶希圣的话,称这一段时期的争论为回想时期,意为革命后的回想,见王宜昌,《中国社会史论史》，二二～三九。

注五二：大要见陶希圣，《中国社会到底是什么社会？》，收入氏著，《中国社会之史的分析》（台北：食货出版社，一九七二），“第二、总论”。相关讨论又可参考 Arif Dirlik，“T'ao Hsi-sheng: The Social Limits of Change，” in Charlotte Furth，ed. *The Limit of Change: Essays on Conservative Alternatives in Republic China*（Cambridge: Harvard University Press，1976），305—331.

注五三：陶希圣，《中国社会之史的分析》，五。

注五四：陶希圣，《中国社会与中国革命》，一二〇。后封建时期一词，陶希圣在《中国社会之史的分析》中已经使用，见该书页五八。

注五五：陶希圣，《中国社会与中国革命》，三九～四九。

注五六：陶希圣，《中国社会与中国革命》，六。

注五七：陶希圣，《中国社会之史的分析》，一三四。

注五八：陶希圣，《中国社会之史的分析》，二二。

注五九：陶希圣，《潮流与点滴》（台北，传记文学出版社，一九七〇），一一一。

注六〇：陶氏曾翻译此书出版，晚年自言：“这本书无异于表现我自己的社会史观的方法论。”见陶希圣，《潮流与点滴》，一一一。

注六一：陶希圣，《中国社会与中国革命》，三七。

注六二：陶希圣，《中国社会之史的分析》，五九～六〇。

注六三：陶希圣，《中国社会之史的分析》，五。

注六四：陶希圣，《中国社会与中国革命》，三六。

注六五：陶希圣，《中国社会与中国革命》，三一。

注六六：陶希圣，《中国社会与中国革命》，一二六。

注六七：陶希圣，《中国社会与中国革命》，一一四。

注六八：陶希圣，《中国社会之史的分析》，三。

注六九：陶希圣，《中国社会之史的分析》，七二～七四。

注七〇：陶希圣，《中国社会与中国革命》，一。

注七一：陶希圣，《中国社会与中国革命》，一二〇、一四五、一九三。

注七二：陶希圣，《中国社会与中国革命》，三七～三八。

注七三：陶希圣，《中国社会与中国革命》，一二四。

注七四：陶希圣，《中国社会之史的分析》，一〇六。

注七五：陶希圣，《中国社会与中国革命》，二〇～二二。

注七六：文见《中国社会史的论战》，第三辑。

注七七：陶希圣于一九三五年曾讲自己的学说可以称为五阶段说，见陶希圣，《编者的话》，《食货》半月刊二卷一一期（一九三五，上海；以下各期《食货》半月刊出刊地均为上海，不另注出），三六。

注七八：此一黄克谦，可能即为一九二七年陶希圣主持国民党江西党务学校时的教员黄克谦，未公开的身份是当时共产党的江西省委书记。见陶希圣，《潮流与点滴》，一〇三。

注七九：文见《食货》半月刊二卷一一期（一九三五），一七～一九。

注八〇：陶希圣，《冀筱泉著中国历史上的经济枢纽区域》，《食货》半月刊四卷六期（一九三六），四〇～四三。

注八一：内藤虎次郎主要从中国文化的内部发展及其与外部种族的关系，以远古到后汉为上古，后汉至西晋为上古到中世的过渡期；五胡十六国至唐代中叶为中世时期，唐末至五代为中世至近世的过渡期；宋、元时代为近世前期，明、清时代为近世后期，见其《支那上古史》绪言。唐、宋两代为实物经济与货币经济的交替期，见其《支那近世史》，第一章。又内藤虎次郎自一九一八、一九年起，已在京都帝国大学讲授中国近世史第一回，至一九二五年继续在讲授，见《支那近世史》后其子内藤乾吉之跋语。《支那上古史》《支那中古の文化》《支那近世史》三门课程讲义，均收入内藤虎次郎，《内藤湖南全集》（东京，筑摩书房，一九六九），卷十。

注八二：陶希圣，《中国社会形式发达过程的新估定》，二～三、八，《中国社会史的论战》，第三辑；王宜昌，《中国封建社会史》，七七～七八，《中国社会史的论战》，第四辑。

注八三：梁庚尧，《从〈读书杂志〉到〈食货〉半月刊——中国社会经济史研究的兴起》（载于本书下册页一二六七～一三三四）。

注八四：例如，《食货》半月刊二卷一一期（一九三五）刊登了非斯《中国社会分期之商榷》，及李立中《试谈中国社会史上的一个‘谜’》。陶希圣在《编辑的话》中说："非斯与李立中先生都是主张中国社会长期不变的，我的意见以为这长期仍然有重大的变化。"（页三六）同一期又刊登出陶希圣述其三阶段说的《战国至清代社会史略说》。

注八五：陶希圣，《编辑的话》，《食货》半月刊三卷一期

（一九三五），三八。

注八六：徐素贞在《“食货半月刊”研究（一九三四～一九三七）》（台北，台湾师范大学历史研究所硕士论文，一九八九）里，已曾以专节讨论这份刊物中对奴隶制度的争辩，见其第四章第二节。

注八七：两文均见《食货》半月刊一卷七期（一九三五），分载页二一～三一、三二～三七。

注八八：文见《食货》半月刊二卷六期（一九三五），一八～二四。又参考陶希圣，《编辑的话》，《食货》半月刊二卷五期（一九三五），四〇。

注八九：文见《食货》半月刊二卷九期（一九三五），二八～三八。

注九〇：马乘风在《从西周到隋初之一千七百余年的经济转移》中说，他的《中国经济史》第二册，费了五万字的工夫来对付这个问题。按：此书在台北曾由台湾商务印书馆于一九八一年重印，作者改名马持盈，讨论奴隶制度的部分见该书第二册第二编第三章。

注九一：文见《食货》半月刊三卷八期（一九三六），三七～五二。

注九二：傅安华是北京大学历史系的学生，《食货》半月刊发刊之后不久，即获陶希圣的鼓励而发表其研究作品。见陶希圣，《编辑的话》，《食货》半月刊一卷四期（一九三五），四〇。

注九三：前文见《食货》半月刊三卷十期（一九三六），一～九；后文见《食货》半月刊五卷六期（一九三七），一一～二一。

注九四：分见《食货》半月刊二卷八期（一九三五），二二～三三；二卷十期（一九三五），七～三二；三卷一期（一九三五），九～三一，及三卷二期（一九三五），二～二五。

注九五：文见《食货》半月刊一卷十二期（一九三五），八～二一。陶希圣于此期《编辑的话》（页四九）中说，韩克信此文是清华大学历史系一九三五年上学期末的学期论文。但根据苏云峰编撰，《清华大学师生名录资料汇编，一九二七～一九四九》（台北，"中央研究院"近代史研究所，二〇〇四），韩克信于一九三八年毕业于经济系。见该书，页一九九。此一资料为陈南之小姐于编排拙文时提供，谨此致谢。

注九六：文见《食货》半月刊一卷三期（一九三五），一～一三。作者于文末附识，此文曾由陶希圣交北大《社会科学季刊》，因未能出版而取回，再交《食货》半月刊发表。刘道元是北京大学经济系毕业生，当时在山东省教育厅工作。见该期所载陶希圣，《编辑的话》，三九。

注九七：文分见《食货》半月刊三卷七期（一九三六），三〇～三五、三五～三九；三卷八期（一九三六），八～三六；三卷九期（一九三六），九～三三。

注九八：刘道元晚年认为此书当时未立即出版，至一九四〇年九月上海新生命书局初版（见刘道元，《九十自述》，上册，五三～五四），系受台北食货出版社于一九七八年重印此书时版权页所载初版时间所误导，其实一九三四年十二月出刊的《食货》半月刊创刊号已有此书广告（页二二）。

注九九：刘道元，《中国中古时期的田赋制度》（台北，食货，一九七八），五三、一四六、一五一、一六一、一八四～一八六、二二八～二二九。

注一〇〇：文均见《食货》半月刊一卷一期（一九三四），六～十、一一～一三。

注一〇一：文均见《食货》半月刊一卷二期（一九三四），一～一三、一四～二七。

注一〇二：何兹全，《悼念我师陶希圣先生》。

注一〇三：文见《食货》半月刊二卷九期（一九三五），二八～三八。

注一〇四：徐素贞，《"食货半月刊"研究（一九三四～一九三七）》，第四章第三节。

注一〇五：陶希圣、武仙卿，《南北朝经济史》（台北，食货，一九七九），五四、八二、九四、一二八～一三三。陶希圣为此书所写的序，作于一九三六年十二月，于一九三七年二月由商务印书馆出版，见皮伦，《评陶希圣武仙卿著南北朝经济史》。

注一〇六：何兹全，《悼念我师陶希圣先生》。

注一〇七：见鞠清远，《唐代财政史》（台北，食货，一九七八），书前陶希圣所写的序。书后版权页作一九三四年上海初版，初版时间应误，因北京大学中国经济史研究室要到一九三五年才成立。《南北朝经济史》是武仙卿乘中国经济史研究室休假之暇而写成的，见该书陶希圣所写的序。

注一〇八：陶希圣、鞠清远，《唐代经济史》（台北，台湾商务印书馆，一九六八），第四章、第五章。陶希圣为此书所写的序作于一九三五年三月。

注一〇九：见刘道元，《两宋田赋制度》，作者在书前所写的序。

注一一〇：文见《食货》半月刊二卷二期（一九三五）。又见陶希圣，《中国政治思想史》（台北，食货，一九七二），册四，二二～三四；此书原于一九三二至三六年陆续写成，由上海新生命书局出版，见陶希圣于一九五三年为台北之全民出版社出版此书而写的《台湾版印行记》。

注一一一：鞠清远，《唐宋官私工业》（台北，食货出版社，一九七八），此书原为上海新生命书局《中国社会史丛书》的一种，出版于一九三四年；鞠清远，《南宋官吏的私营工商业——读朱文公集随笔》，《食货》半月刊二卷八期（一九三五），三七～三九。

注一一二：傅安华，《唐代官僚地主的商人化》，《食货》半月刊一卷六期（一九三五），一五～一八。

注一一三：陶希圣，《五代的都市与商业》，《食货》半月刊一卷十期（一九三五），三一～三五。

注一一四：张家驹，《南宋两浙之盐政》，《食货》半月刊一卷六期（一九三五），一九～二五；张家驹，《宋室南渡后的南方都市》，《食货》半月刊一卷十期（一九三五），三六～四三；张家驹，《宋室南渡前夕的中国南方社会》，《食货》半月刊四卷一期（一九三六），二八～四一。

注一一五：武仙卿，《隋唐时代扬州的轮廓》，《食货》半月刊五卷一期（一九三七），七～二五。

注一一六：程维新，《宋代广州市的对外贸易的情形》，《食货》半月刊一卷十二期（一九三五），二六～三一。程维新也是北京大学历史系的学生，见该期陶希圣，《编辑的话》，四九。

注一一七：鞠清远，《唐宋时代四川的蚕市》，《食货》半月刊三卷六期（一九三六），二八～三四；何格恩，《唐代岭南的虚市》，《食货》半月刊五卷二期（一九三七），三五～三七。

注一一八：黄君默，《唐代的货币》，《食货》半月刊四卷一一期（一九三六），一～一五；黄君默，《元代之钞币制度——元代货币论之一》、《元代之钱币——元代货币论之二》，均载《食货》半月刊六卷一期（一九三七），分见一～一八、一九～二三。

注一一九：戴振辉，《五代货币制度》，《食货》半月刊二卷一期（一九三五），一六～二〇；刘樊，《五代的钱币》，《食货》半月刊四卷二期（一九三六），二〇～三四。

注一二〇：加藤繁著，周乾濚译，《宋金贸易论》，《食货》半月刊五卷九期（一九三七），一〇～二九。

注一二一：日野开三郎著，高叔康译，《北宋时代铜铁钱的铸造额》，《食货》半月刊二卷一期（一九三五），二一～四三。

注一二二：食货出版社于一九七八年在台北再版全汉昇所著《中国行会制度史》，版权页所刊上海初版时间为一九三五年，应误。据《薪火集：传统与近代变迁中的中国经济：全汉昇教授九秩荣庆祝寿论文集》所附"全汉昇教授著作目录"，为一九三四年。

注一二三：全汉昇，《回首来时路》。

注一二四：全汉昇，《中国行会制度史》（台北，食货，一九七八），八一。

注一二五：全汉昇，《宋代都市的夜生活》，《食货》半月刊一卷一期（一九三四），二三～二八；《中国庙市之史的考察》，《食货》半月刊一卷二期（一九三四），二八～三三；《鬼子市与黑市》，《食货》半月刊一卷八期（一九三五），一七；《宋代女子的职业与生计》，《食货》半月刊一卷九期（一九三五），五～十；《南宋杭州的外来食料与食法——南宋都市间的关系之一》，《食货》半月刊二卷二期（一九三五），四二～四四；《宋代东京对于杭州都市文明的影响》，《食货》半月刊二卷三期（一九三五），三一～三四。

注一二六：全汉昇，《中古佛教寺院的慈善事业》，《食货》半月刊一卷四期（一九三五），一～七；《清末西洋医学传入时国人所持的态度》，《食货》半月刊三卷一二期（一九三六），四三～五三，此文为全汉昇在一九三五年上半年的作品，见该期陶希圣，《编辑的话》；《清末的"西学源出中国说"》，《岭南学报》四卷二期（一九三五，广州），五七～一〇二；《清末反对西化的言论》，《岭南学报》五卷三、四期（一九三六，广州），一二二～一六六。最后两文系由当时北京大学历史系主任陈受颐推荐发表，见全汉昇院士治丧委员会，《故“中央研究院”院士全汉昇先生事略》。

注一二七：陶希圣，《编辑的话》，《食货》半月刊三卷一二期（一九三六），五六。

注一二八：陶希圣，《编辑的话》，《食货》半月刊一卷九期（一九三五），五三。

注一二九：陶希圣，《冀筱泉著中国历史上的经济枢纽区域》，《食货》半月刊四卷六期（一九三五），四〇～四三。

注一三〇：陶希圣在其与武仙卿合著的《南北朝经济史》的序中，曾提及此事。

注一三一：大事记编辑小组，《“中央研究院”历史语言研究所七十年大事记》（台北，“中央研究院”历史语言研究所，一九九八），十。

注一三二：欧阳哲生，《傅斯年与北京大学——纪念傅先生一百周年纪念》，《传记文学》六十九卷二期（一九九六，台北），一六～二二。

注一三三：黎志刚、林燊禄访问，《全汉昇院士》；李木妙，《全汉昇》。

注一三四：邓广铭，《怀念我的恩师傅斯年》，《台大历史学报》二十期（一九九六，台北），一～一八。

注一三五：李泉，《傅斯年学术思想评传》（北京，北京图书出版社，二〇〇〇），一百～一〇一。

注一三六：全汉昇，《回首来时路》。

注一三七：大事记编辑小组，《"中央研究院"历史语言研究所七十年大事记》，八、十。

注一三八：大事记编辑小组，《"中央研究院"历史语言研究所七十年大事记》，八、十、一四、一六、二〇、二二。

注一三九：李木妙，《全汉昇》；李木妙，《享誉中外的中国经济史家——全汉昇教授生平及其著述》。

注一四〇：李泉，《傅斯年学术思想评传》，一〇九。全汉昇在多篇论文后均注明曾得傅孟真师指正。

注一四一：全汉昇，《回首来时路》；何汉威，《全汉昇与中国经济史研究》。

注一四二：何汉威已指出全汉昇的主要贡献之一，为吸收西方经济史的新观念、新方法及新成果。见何汉威，《全汉昇与中国经济史研究》。

注一四三：前者见全汉昇，《北宋汴梁的输出入贸易》、《南宋杭州的消费与外地商品之输入》，均收入氏著，《中国经济史论丛》（香港，新亚研究所，一九七二），册一，分载页八七～一九九、二九五～三二三；后者见全汉昇，《中古自然经济》，收入氏著，《中国经济史研究》（香港，新亚研究所，一九七六），上册，一～一四一。

注一四四：*Medieval Cities* 的副题是 *Their Origins and the Revival of Trade*，见该书 Frank D.Halsey 英译本（Princeton: Princeton University Press，一九六九）；*Economic and Social History of Medieval Europe* 仅第一章"导论"回顾十一世纪以前西欧商业衰落的状况，第二章的标题即是"商业的复

兴”，见彼楞著，胡伊默译，《中古欧洲社会经济史》（台北，台湾商务印书馆，一九七〇）。又 *Medieval Cities* 英译本初版于一九二五年，*Economic and Social History of Medieval Europe* 英译本初版于一九三六年，也可看出全汉昇吸收西洋经济史新知的努力。

注一四五：全汉昇，《回首来时路》。

注一四六：相关论点见 Henri Pirenne，*Medieval Cities*，Ⅱ，Ⅳ两章；彼楞著，胡伊默译，《中古欧洲社会经济史》，第一、二章。

注一四七：黎志刚、林燊禄访问，《全汉昇院士》；李木妙，《全汉昇》及《享誉中外的中国经济史家——全汉昇教授生平及其著述》。《元代的货币》应为《元代的纸币》之误。

注一四八：发表时间据全汉昇教授九秩荣庆祝寿论文集编辑委员会编，《薪火集：传统与近代变迁中的中国经济：全汉昇教授九秩荣庆祝寿论文集》所附“全汉昇教授著作目录”。

注一四九：各种论著均收入全汉昇之《中国经济史论丛》及《中国经济史研究》，发表处可参考两书目录所附资料，或参考全汉昇教授九秩荣庆祝寿论文集编辑委员会编，《薪火集：传统与近代变迁中的中国经济：全汉昇教授九秩荣庆祝寿论文集》所附“全汉昇教授著作目录”。

注一五〇：对全汉昇论著的讨论，已有王业键，《全汉昇在中国经济史研究上的重要贡献》；李木妙，《全汉昇》。本文作者以一个宋史研究者的身份讨论全汉昇的唐宋经济史论著，或许有可以补充上述两文之处。

注一五一：除《宋代广州的输出入贸易》收入全汉昇，《中国经济史研究》，中册，八五～一五八外，其他各文均收入全汉昇，《中国经济史论丛》，册一，其中《唐宋时代扬州经济景况的繁荣与衰落》，一～二八；《宋代南方的虚市》，二〇一～二一〇。

注一五二：两文均收入全汉昇，《中国经济史研究》，中册，分载页一～七四、七五～八四。

注一五三：《唐宋帝国与运河》收入全汉昇，《中国经济史研究》，上册，二六五～三九四；其他两篇论文收入全汉昇，《中国经济史论丛》，册一，分载页二六五～二九三、二一一～二三三。

注一五四：全汉昇，《回首来时路》。

注一五五：《唐代物价的变动》收入全汉昇，《中国经济史研究》，上册，一四三～二〇八；其他各篇论文均收入全汉昇，《中国经济史论丛》，册一，分载页二九～八六、二三五～二六三、三二五～三五四、三六九～四一六。

注一五六：王业键，《全汉昇在中国经济史研究上的重要贡献》。

注一五七：全汉昇，《回首来时路》。

注一五八：据吴宗汾，《十年来之物价》，一九三八年十月以前，涨势尚属缓和，一九三九年九月以前，涨势渐次加剧，但国内外之因素仍可缓和涨势；一九四〇年七月以前涨势加甚，至此年八月以后，始呈飞速之上涨。见吴宗汾，《十年来之物价》，收入谭熙鸿主编，《十年来之中国经济，一九三六～一九四五》（台北，文海出版社，一九七四），七～八。

注一五九：两文均收入全汉昇，《中国经济史研究》，上册，其中《唐宋政府岁入与货币经济的关系》，见页二〇九～二六三。

注一六〇：武仙卿在《南北朝经济史》中修正过去的说法，不认为南北朝时代为自然经济，但亦承认北朝钱币使用的滞塞为明显的事实，已见本文第四节所述。全汉昇于一九四四年撰《评陶希圣武仙卿著南北朝经济史》，批评此书认为中古时期未逆转为自然经济的说法，却亦肯定此书对于中古社会特色在论断上的贡献，以及此书打倒中国社会自秦汉至满清长期停滞说法的贡献。其后何兹全发表《东晋南朝的钱币使用与钱币问题》，同意交换经济的衰歇与自给经济的优势，为东汉末至中唐的中古时期社会经济特质之一，但仅限于北方中原地带，长江流域则不能不承认其交换经济及钱币使用的发达。见何兹全，《东晋南朝的钱币使用与钱币问题》，《“中央研究院”历史语言研究所集刊》十四本（一九四九，台北），二一～五六。

注一六一：原文发表于《历史学研究》二卷四期（一九三四，东京），收入日野开三郎，《日野开三郎全集》第六卷《宋代の货币と金融》（东京，三一书房，一九八三），四六六～四八八。

注一六二：全汉昇，《回首来时路》。

注一六三：文载《文史杂志》二卷五、六期（一九四二，重庆），二九～三二。

注一六四：此说成为中共方面所称“正确”的说法及其苏联渊源，见何干之在一九三七年出版的《中国社会史问题论战》（收入《民国丛书》，第二编），一五七～一五八、一八二～二〇〇。何干之为中共代言的身份，见郑学稼，《社会史论战简史》，一二三。

注一六五：《读书杂志》作者的身份背景，可以参考赵庆河，《读书杂志与中国社会史论战（一九三一～一九三三）》（台北，稻禾出版社，一九九五），一一六～一三一。

注一六六：参考白钢编，《中国封建社会长期延续问题论战的由来与发展》（北京，中国社会科学出版社，一九八四），第二章所摘录抗战爆发后至中共建国前诸文。其中除全汉昇以笔名皮伦所写的《秦汉以后的社会是停滞不进的吗》一篇外，以毛泽东为首的其他各文均主张中国社会的长期封建。有趣的是，在抗战结束后，“停滞”一词又再见于使用。吕振羽曾批判秋泽修二的主张，见吕振羽，《“亚细亚生产方式”和所谓中国社会的“停滞性”问题》，收入氏著，《吕振羽集》（北京，中国社会科学出版社，二〇〇一），五〇～八四。

注一六七：在《评陶希圣武仙卿著南北朝经济史》一文里，他肯定此书强调南北朝政治经济的地域性与割据性，曾引用该书文字："从这种割据与孤立的情形中，使我们了解了南北朝时期政府的封建性，及寺院大族之具有封建领主的资格的理由。"

注一六八：许倬云师已曾指出全汉昇《中古自然经济》的论旨，涉及中古时期全国性网络由于政权分立而破碎的问题。见许倬云，《门外汉读全先生的研究》，载《薪火集：传统与近代变迁中的中国经济：全汉昇教授九秩荣庆祝寿论文集》，五九三～五九六。

注一六九：在《中古自然经济》中，全汉昇认为，汉末以后铸钱材料减少的原因之一是铜矿产量减少，而铜矿产量减少的可能原因之一与战争的破坏有关。可见即使铸钱材料减少或增加这一点原因，仍和政治因素有若干牵连。他认为铸钱材料减少的另一个原因是佛教兴盛，使铸铜大量用于铸造佛像，则亦非从经济结构方面去解释，而是宗教信仰的影响。

注一七〇：Fan-sen Wang，*Fu Ssu-nien: A Life in Chinese History and Politics*（Cambridge: Cambridge University Press，2000），147.

注一七一：王宜昌认为，五卅前后的中国社会史论，主要是为当时革命家提供打倒军阀和打倒帝国主义的理论根据；宁汉分裂后的中国社会史论争，则是五卅前后的中国社会史论的继承与分化。见王宜昌，《中国社会史论史》，一七、三六～三七，《中国社会史的论战》，第二辑；

又可参考王礼锡,《中国社会史论战序幕》,指出要理解中国经济的结构,是为了要找出中国的前途,他举出有关中国前途的问题之一,就是“中国革命的对象是否帝国主义与封建势力?”见该文,三～四,《中国社会史的论战》,第一辑。

注一七二:见顾潮编著,《顾颉刚年谱》(北京,中国社会科学出版社,一九九三),三〇五、三〇七。一九四五年,国民党中央党部始停发该社经费,见同书,三二〇。

注一七三:全汉昇,《回首来时路》。

注一七四:收于全汉昇,《中国经济史研究》,下册,一八一～一九六。

注一七五:常春树书坊中国通史集论编辑小组,《中国通史集论》(台北,常春树书坊,一九七二),此书于十四年后由华世出版社重印,编者改题为查时杰;国立政治大学中国通史教学研讨会编,《中国通史论文选》(台北,华世出版社,一九七九),此书于两年后出修订版。

注一七六:讲词与讨论的内容均见全汉昇,《略论宋代经济的进步》,收入《大陆杂志史学丛书》,第二辑第二册,《唐宋附五代史研究论集》(台北,大陆杂志社,一九六七),三九～四六。

注一七七:前文收于全汉昇,《中国经济史研究》,中册,一七九～二〇八;后文收于全汉昇,《中国经济史论丛》,册一,三五五～三六七。

注一七八:王业键已从全汉昇对于元代以前货币使用,与明清时期货币供给的研究，显示其在货币经济研究上的前后期延续性；又从全汉昇对于自唐至清物价变动的研究，显示其在物价史研究上的前后期延续性。见王业键，《全汉昇在中国经济史研究上的重要贡献》。

注一七九：这三次演讲包括：一九八四年在香港中文大学历史系主办的国际宋史研讨会中，讲“The Changing Role of Copper Cash and Silver in the Public Revenue and Expenditure from the Northern Sung to the Ming Period,”此次会议未出版论文集；一九八八年在台北第一届国际唐代学术会议，讲《略论大唐帝国与运河》，后收入第一届国际唐代学术会议论文集编辑委员会编，《第一届国际唐代学术会议论文集》（台北，学生书局，一九八九），一～六；同年，在台北中国文化大学主办的国际宋史研讨会中，讲《宋代的纸币》，后收入国际宋史研讨会秘书处编辑，《国际宋史研讨会论文集》（台北：中国文化大学史学研究所、史学系，一九八八），三～六。

注一八〇：傅筑夫，《货币经济衰落与实物经济的代兴》，收入傅筑夫，《中国经济史论丛》（台北，谷风出版社，一九八七），七〇〇～七六七。此书《后记》作于一九七九年。

注一八一：漆侠，《宋代社会生产力的发展及其在中国古代经济发展过程中所处的地位》，收入邓广铭、漆侠，《两宋政治经济问题》（上海，知识出版社，一九八八），六三～九〇。此文原为一九八四年“多学科学术讲座”上的讲题，同年曾在全汉昇也出席的香港中文大学历史系主办的国际宋史研讨会中宣读，题目作《宋代社会生产力的发展及其在中国古代经济发展过程中的地位》。

引用书目

（按责任人姓氏笔划排列）

（附录各篇所引书籍版本及论文出版时间已见文中，不另列于此。）

一、史料

（一）史籍、政典

《大元圣政国朝典章》，台北，文海出版社，1964。
《吏部条法残本》，台北，文海出版社，1981。
《两朝纲目备要》，台北，文海出版社，1967。
《宋史全文》，《文渊阁四库全书》本。
《宋史全文续资治通鉴》，台北，文海出版社，1969。
马端临，《文献通考》，台北，新兴书局，1964。
王圻，《续文献通考》，台北，文海出版社，1979。
王称，《东都事略》，台北，文海出版社，1967。
司马光，《资治通鉴》，《四部备要》本。
司马光，《稽古录》，《四部丛刊初编》本。
毕沅，《续资治通鉴》，台北，大业书局，1974。
刘昫，《旧唐书》，武英殿本。
刘宰，《京口耆旧传》，台北，广文书局，1969。
杨仲良，《资治通鉴长编纪事本末》，台北，文海出版社，1967。
李心传，《建炎以来系年要录》，台北，文海出版社，1968。
李心传，《建炎以来朝野杂记》，台北，文海出版社，1967。
李焘，《续资治通鉴长编》，台北，世界书局，1964。

李埴，《皇宋十朝纲要》，台北，文海出版社，1967。
陆心源，《宋史翼》，台北，文海出版社，1967。
陈均，《皇朝编年纲目备要》，台北，成文出版社，1966。
欧阳修著、彭元瑞注，《五代史记注》，清道光八年（1828）刊本。
欧阳修，《新唐书》，武英殿本。
徐松辑，《宋会要辑稿》，台北，世界书局，1964。
徐梦莘，《三朝北盟会编》，台北，文海出版社，1962。
黄震，《戊辰修史传》，《四明丛书》本。
脱脱，《辽史》，武英殿本。
脱脱，《宋史》，武英殿本。
脱脱，《金史》，武英殿本。
梁廷枏，《粤海关志》，台北，成文出版社，1970。
彭百川，《太平治迹统类》，台北，成文出版社，1966。
谢深甫，《庆元条法事类》，台北，新文丰出版公司，1976。
魏征，《隋书》，武英殿本。

（二）地志、金石

王元恭，《至正四明续志》，《宋元地方志丛书》本。
王有庆，《道光泰州志》，清道光七年（1827）刊本。
王存，《元丰九域志》，台北，文海出版社，1962。
王光烈，《康熙宜春县志》，清康熙四十七年（1708）刊本。
王恩溥，《同治上饶县志》，清同治十一年（1872）刊本。
王崇，《嘉靖池州府志》，《天一阁藏明代地方志选刊》本。
王象之，《舆地纪胜》，台北，文海出版社，1962。
王懋德，《万历金华府志》，台北，学生书局，1965。
王鏊，《姑苏志》，台北，学生书局，1965。
牛若麟，《崇祯吴县志》，明崇祯十五年（1642）刊本。
方仁荣、郑瑶，《景定严州续志》，《宋元地方志丛书》本。
邓廷辑，《乾隆清江县志》，清乾隆四十五年（1780）刊本。
邓韨，《嘉靖常熟县志》，台北，学生书局，1965。
札隆阿，《道光宜黄县志》，台北，成文出版社，1970。
龙赓言，《民国万载县志》，台北，成文出版社，1975。
平观澜，《乾隆庐陵县志》，清乾隆四十六年（1781）刊本。

卢宪,《嘉定镇江志》,《宋元地方志丛书》本。
卢熊,《洪武苏州府志》，明洪武十二年（1379）刊本。
卢镇,《重修琴川志》,《宋元地方志丛书》本。
归有光,《三吴水利录》,《涉闻梓旧》本。
申嘉瑞,《隆庆仪真县志》,《天一阁藏明代地方志选刊》本。
叶和侃,《乾隆仙游县志》，台北市莆仙同乡会影印本，1963。
史能之,《咸淳毗陵志》,《宋元地方志丛书》本。
乐史,《太平寰宇记》，台北，文海出版社，1962。
冯继科,《嘉靖建阳府志》,《天一阁藏明代地方志选刊》本。
冯福京,《大德昌国州图志》,《宋元地方志丛书》本。
边实,《玉峰续志》,《宋元地方志丛书》本。
吕静,《万历兴化府志》，明万历三年（1575）刊本。
朱长文,《吴郡图经续记》,《宋元地方志丛书》本。
朱昱,《重修毗陵志》，明成化十九年（1483）刊本。
刘坤一,《光绪江西通志》，台北，华文书局，1967。
汤日昭,《万历温州府志》，明万历三十四年（1606）刊本。
许应嵘,《光绪抚州府志》，清光绪二年（1876）刊本。
许应嵘,《同治南昌府志》，清同治十二年（1873）刊本。
阮元,《两浙金石志》,《石刻史料丛书》本。
阮元,《道光广东通志》，台北，中华丛书编审委员会，1959。
阳思谦,《万历泉州府志》，明万历四十年（1612）刊本。
严辰,《光绪桐乡县志》，台北，成文出版社，1970。
苏浚,《万历广西通志》，台北，学生书局，1965。
杜春生,《越中金石记》,《石刻史料新编》第二辑本。
杨世沅,《句容金石记》,《石刻史料新编》第二辑本。
杨洵、陆君弼,《万历扬州府志》,《北京图书馆古籍珍本丛刊》本。
杨准,《嘉靖衢州府志》，明嘉靖四十三年（1564）刊本。
杨譓,《至正昆山郡志》,《宋元地方志丛书》本。
杨潜,《绍熙云间志》,《宋元地方志丛书》本。
李白滋、刘万春,《崇祯泰州志》,《四库全书存目丛书》本。
李堂,《乾隆湖州府志》，清乾隆二十三年（1758）刊本。
李铭皖,《同治苏州府志》，清同治末至光绪八年（1882）刊本。
李翊,《续吴郡志》,《适园丛书》本。

李默，《嘉靖宁国府志》，《天一阁藏明代地方志选刊》本。
李瀚章，《光绪湖南通志》，台北，华文书局，1967。
吴之鲸，《武林梵志》，台北，新文丰出版公司，1987。
吴福源，《嘉靖淳安县志》，《天一阁藏明代地方志选刊》本。
何乔远，《闽书》，明崇祯（1628—1644）间刊本。
应宝时，《同治上海县志》，清同治十一年（1872）刊本。
汪曰桢，《咸丰南浔镇志》，清咸丰九年（1859）刊本。
汪瑀，《嘉靖安溪县志》，《天一阁藏明代地方志选刊》本。
宋如林，《嘉庆苏州府志》，清道光四年（1824）刊本。
宋奎光，《径山志》，台北，明文书局，1980。
张园真，《乌青文献》，清康熙间青草堂刊本。
张孚敬，《嘉靖温州府志》，《天一阁藏明代地方志选刊》本。
张国维，《吴中水利全书》，《文渊阁四库全书》本。
张津，《乾道四明图经》，《宋元地方志丛书》本。
张铉，《至正金陵新志》，《宋元地方志丛书》本。
张衮，《嘉靖江阴县志》，明嘉靖二十六年（1547）刊本。
张淏，《宝庆会稽续志》，《宋元地方志丛书》本。
陆广微（旧题）《吴地记》，《学津讨源》本。
陆心源，《吴兴金石录》，《石刻史料新编》本。
陆在新，《康熙庐陵县志》，清康熙二十八年（1649）刊本。
陆师，《康熙仪真志》，清康熙五十七年（1718）刊本。
陈钟英，《光绪黄岩县志》，清光绪三年（1877）刊本。
陈洪谟，《嘉靖常德府志》，《天一阁藏明代地方志选刊》本。
陈耆卿，《嘉定赤城志》，《宋元地方志丛书》本。
陈效，《弘治兴化府志》，清同治十年（1871）重刊本。
陈棨仁，《闽中金石略》，《石刻史料新编》本。
陈莫纕，《乾隆吴江县志》，清乾隆十二年（1747）刊本。
陈霖，《正德南康府志》，《天一阁藏明代地方志选刊》本。
范成大，《吴郡志》，《宋元地方志丛书》本。
林云程，《万历通州志》，《天一阁藏明代地方志选刊》本。
林应翔，《天启衢州府志》，明天启二年（1622）刊本。
林富，《嘉靖广西通志》，明嘉靖十年（1531）刊本。
欧阳忞，《舆地广记》，台北，文海出版社，1962。

欧阳保,《万历雷州府志》，万历四十二年（1614）刊本。
罗青霄,《万历漳州府志》，台北，学生书局，1965。
罗复晋,《雍正抚州府志》，清雍正七年（1729）刊本。
罗浚,《宝庆四明志》,《宋元地方志丛书》本。
罗愿,《淳熙新安志》,《宋元地方志丛书》本。
金玉相,《太湖备考》，台北，成文出版社，1970。
周应合,《景定建康志》,《宋元地方志丛书》本。
周易藻,《萧山湘湖志》，民国十四年（1925）刊本。
周淙,《乾道临安志》,《宋元地方志丛书》本。
周道遵,《甬上水利志》,《四明丛书》本。
周煦,《周庄镇志》，清光绪六年（1880）刊本。
定祥,《光绪吉安县志》，清光绪二年（1876）刊本。
赵锦,《嘉靖江阴府志》,《天一阁藏明代地方志选刊》本。
胡敬,《淳祐临安志辑逸》,《武林掌故丛编》本。
钟崇文,《隆庆岳州府志》,《天一阁藏明代方志选刊》本。
俞希鲁,《至顺镇江志》,《宋元地方志丛书》本。
施宿,《嘉泰会稽志》,《宋元地方志丛书》本。
施锷,《淳祐临安志》,《宋元地方志丛书》本。
宫兆麟,《乾隆兴化府莆田县志》，台北市莆仙同乡会影印本，1963。
祝穆,《方舆胜览》，上海，上海古籍出版社，1991。
祝穆,《方舆胜览》，台北，文海出版社，1981。
姚文灏,《浙西水利书》,《文渊阁四库全书》本。
姚鸣鸾,《嘉靖淳安县志》,《天一阁藏明代地方志选刊》本。
姚宗仪,《常熟私志》，旧钞本。
秦镛,《崇祯清江县志》，明崇祯十五年（1642）刊本。
袁业泗,《崇祯漳州府志》，明崇祯元年（1628）刊本。
袁桷,《延祐四明志》,《宋元地方志丛书》本。
莫旦,《弘治吴江志》，明弘治元年（1488）刊本。
夏玉鳞,《嘉靖建宁府志》,《天一阁藏明代地方志选刊》本。
夏良胜,《正德建昌府志》,《天一阁藏明代地方志选刊》本。
顾清,《正德松江府志》，明正德七年（1512）松江府刊本。
恩联,《光绪襄阳府志》，清光绪十一年（1885）刊本。
钱肃乐,《崇祯太仓州志》，明崇祯十五年（1642）刊清康熙十七年

（1678）修补本。
倪涛,《武林石刻记》,《石刻史料新编》第二辑本。
徐时聘,《万历上海县志》，明万历十六年（1588）刊本。
徐良傅,《嘉靖抚州府志》，明嘉靖三十三年（1554）刊本。
徐琏,《正德袁州府志》,《天一阁藏明代地方志选刊》本。
徐硕,《至元嘉禾志》,《宋元地方志丛书》本。
高似孙,《剡录》,《宋元地方志丛书》本。
郭忠,《成化处州府志》，明成化二十二年（1486）刊本。
唐煦春,《光绪上虞县志》，清光绪十七年（1891）刊本。
唐锦,《弘治上海志》，上海，中华书局，1940。
凌万顷、边实,《淳祐玉峰志》,《宋元地方志丛书》本。
涂长发,《嘉庆眉州属志》，清嘉庆四年（1799）刊本。
谈钥,《嘉泰吴兴志》,《宋元地方志丛书》本。
陶履中,《崇祯瑞州府志》，抄本。
桑悦,《弘治太仓州志》,《汇刻太仓旧志五种》本。
桑瑜,《弘治常熟县志》，旧抄本。
黄家遴,《康熙饶州府志》，清康熙二十三年（1684）年刊本。
梅应发,《开庆四明续志》,《宋元地方志丛书》本。
曹一麟,《嘉靖吴江县志》，明嘉靖四十年（1561）刊本。
盛仪,《嘉靖惟扬志》,《天一阁藏明代地方志选刊》本。
常棠,《海盐澉水志》,《宋元地方志丛书》本。
梁克家,《淳熙三山志》,《宋元地方志丛书》本。
彭泽,《弘治徽州府志》，台北，学生书局，1965。
董世宁,《乾隆乌青镇志》，清乾隆二十五年（1760）刊本。
董弅,《严州图经》,《宋元地方志丛书》本。
韩国藩,《万历邵武府志》，明万历四十七年（1619）刊本。
韩浚,《万历嘉定县志》，明万历三十三年（1605）刊本。
程子鍪,《万历兰溪县志》，明万历三十四年（1606）刊本。
释广宾,《杭州上天竺讲寺志》，台北，明文书局，1980。
谢启昆,《粤西金石略》,《石刻史料新编》本。
锡荣,《同治萍乡县志》，清同治十一年（1872）刊本。
蔡升,《王鏊重修》,《震泽编》，明弘治十八年（1505）刊本。
裴大中,《光绪无锡金匮县志》，清光绪七年（1881）刊本。

管大勋,《隆庆临江府志》,《天一阁藏明代地方志选刊》本。
缪荃孙,《江苏金石志》,《石刻史料丛书》本。
潜说友,《咸淳临安志》,《宋元地方志丛书》本。
潘绍诒,《光绪处州府志》，清光绪三年（1877）刊本。
魏大名,《嘉庆崇安县志》，清嘉庆十三年（1808）抄本。

（三）文集、奏议

王十朋,《梅溪王先生文集》,《四部丛刊初编》本。
王义山,《稼村类稿》,《文渊阁四库全书》本。
王之望,《汉滨集》,《文渊阁四库全书》本。
王迈,《臞轩集》,《文渊阁四库全书》本。
王安石,《临川先生文集》,《四部丛刊初编》本。
王炎午,《吾汶藁》,《文渊阁四库全书》本。
王炎,《双溪类稿》,《文渊阁四库全书》本。
王柏,《鲁斋集》,《续金华丛书》本。
王庭珪,《卢溪文集》,《文渊阁四库全书》本。
王恽,《秋涧先生大全文集》,《四部丛刊初编》本。
王洋,《东牟集》,《文渊阁四库全书》本。
王结,《文忠集》,《文渊阁四库全书》本。
文天祥,《文山先生全集》,《四部丛刊续编》本。
方大琮,《铁庵集》,《文渊阁四库全书》本。
方回,《桐江续集》,《文渊阁四库全书》本。
方回,《桐江集》,《宛委别藏》本。
方岳,《秋崖集》,《文渊阁四库全书》本。
方逢辰,《蛟峰集》,《文渊阁四库全书》本。
孔文仲等撰、王违编,《清江三孔集》,《文渊阁四库全书》本。
叶适,《叶适集》，台北，河洛图书出版社，1974。
叶梦得,《石林奏议》,《中国文献珍本丛书》本。
包拯,《包孝肃公奏议》,《丛书集成简编》本。
包恢,《敝帚稿略》,《文渊阁四库全书》本。
司马光,《司马文正公集》,《四部丛刊初编》本。
司马光,《传家集》,《文渊阁四库全书》本。
毕仲游,《西台集》,《文渊阁四库全书》本。

吕本中,《东莱诗集》,《文渊阁四库全书》本。
吕诚,《来鹤亭集》,《文渊阁四库全书》本。
吕祖谦,《东莱集》,《文渊阁四库全书》本。
吕祖谦,《宋文鉴》,《国学基本丛书》本。
吕陶,《净德集》,《文渊阁四库全书》本。
朱熹,《朱文公文集》,《四部丛刊初编》本。
仲并,《浮山集》,《文渊阁四库全书》本。
刘一止,《苕溪集》,《文渊阁四库全书》本。
刘才邵,《檆溪居士集》,《文渊阁四库全书》本。
刘仁本,《羽庭集》,《文渊阁四库全书》本。
刘弇,《龙云集》,《文渊阁四库全书》本。
刘克庄,《后村先生大全集》,《四部丛刊初编》本。
刘克庄著,辛更儒校注,《刘克庄集笺校》,北京,中华书局,2011。
刘克庄撰,王蓉贵、向以鲜校点,《后村先生大全集》,成都,四川大学出版社,2008。
刘辰翁,《须溪集》,《文渊阁四库全书》本。
刘挚,《忠肃集》,《文渊阁四库全书》本。
刘宰,《漫塘文集》,《宋集珍本丛刊》本。
刘宰,《漫塘集》,《文渊阁四库全书》本。
刘铣,《桂隐文集》,《文渊阁四库全书》本。
刘爚,《云庄先生刘文简公文集》,明弘治(1488—1505)间刘刊嘉靖间修补本。
牟巘,《陵阳集》,《文渊阁四库全书》本。
孙应时,《烛湖集》,《文渊阁四库全书》本。
孙觌,《内简尺牍》,《常州先哲遗书》本。
孙觌,《鸿庆居士集》,《常州先哲遗书》本。
苏天爵,《元文类》,《国学基本丛书》本。
苏轼,《苏东坡全集》,台北,河洛图书出版社,1975。
苏舜钦,《苏舜钦集》,台北,河洛图书出版社,1976。
苏辙,《栾城集》,《四部备要》本。
杜范,《清献集》,《文渊阁四库全书》本。
杨万里,《诚斋集》,《四部丛刊初编》本。
杨时,《龟山集》,《文渊阁四库全书》本。

杨简，《慈湖遗书》，《文渊阁四库全书》本。
李之仪，《姑溪居士集》，《文渊阁四库全书》本。
李光，《庄简集》，《文渊阁四库全书》本。
李吕，《澹轩集》，《文渊阁四库全书》本。
李弥逊，《筠溪集》，《文渊阁四库全书》本。
李昴英，《文溪集》，《文渊阁四库全书》本。
李流谦，《澹斋集》，《文渊阁四库全书》本。
李曾伯，《可斋杂稿》，《文渊阁四库全书》本。
李觏，《李直讲先生文集》，《四部丛刊初编》本。
吴芾，《湖山集》，《文渊阁四库全书》本。
吴泳，《鹤林集》，《文渊阁四库全书》本。
吴莱，《渊颖先生文集》，《四部丛刊初编》本。
吴潜，《许国公奏议》，《十万卷楼丛书》本。
吴潜，《履斋遗稿》，《文渊阁四库全书》本。
吴澄，《吴文正集》，《文渊阁四库全书》本。
余阙，《青阳先生文集》，《四部丛刊广编》本。
邹浩，《道乡集》，《文渊阁四库全书》本。
辛弃疾（邓广铭辑校），《辛稼轩诗文抄存》，台北，华正书局，1979。
汪应辰，《文定集》，《聚珍版丛书》本。
汪藻，《浮溪集》，《聚珍版丛书》本。
沈括，《长兴集》，《四部丛刊续编》本。
张元幹，《芦川归来集》，《文渊阁四库全书》本。
张方平，《乐全集》，《文渊阁四库全书》本。
张孝祥，《于湖居士文集》，《四部丛刊初编》本。
张栻，《南轩先生文集》，《和刻影印近世汉籍丛刊》本。
陆九渊，《象山先生全集》，《四部丛刊初编》本。
陆游，《陆放翁全集》，台北，世界书局，1970。
陈长方，《唯室集》，《文渊阁四库全书》本。
陈文蔚，《克斋集》，《文渊阁四库全书》本。
陈亮，《陈亮集》（增订本），北京，中华书局，1987。
陈起，《江湖小集》，《文渊阁四库全书》本。
陈耆卿，《筼窗集》，《文渊阁四库全书》本。
陈造，《江湖长翁集》，《文渊阁四库全书》本。

陈旅,《安雅堂集》,《文渊阁四库全书》本。
陈基,《夷白斋稿》,《四部丛刊续编》本。
陈著,《本堂集》,《文渊阁四库全书》本。
陈渊,《默堂文集》,《四部丛刊三编》本。
陈淳,《北溪大全集》,《文渊阁四库全书》本。
陈傅良,《止斋先生文集》,《四部丛刊初编》本。
陈舜俞,《都官文集》,《四部丛刊初编》本。
陈藻,《乐轩集》,《文渊阁四库全书》本。
范成大,《石湖居士诗集》,《四部丛刊初编》本。
范仲淹,《范文正公集》,《四部丛刊初编》本。
范浚,《范香溪文集》,《四部丛刊续编》本。
林之奇,《拙斋文集》,《文渊阁四库全书》本。
林希逸,《竹溪鬳斋十一藁续集》,《文渊阁四库全书》本。
林表民辑,《赤城集》,《文渊阁四库全书》本。
林季仲,《竹轩杂著》,《文渊阁四库全书》本。
林景熙,《霁山集》,《知不足斋丛书》本
欧阳守道,《巽斋文集》,《文渊阁四库全书》本。
欧阳修,《欧阳修全集》,台北,世界书局,1963。
罗从彦,《罗豫章集》,《和刻影印近世汉籍丛刊》本。
罗愿,《罗鄂州小集》,《粤雅堂丛书》本。
周必大,《文忠集》,《文渊阁四库全书》本。
周南,《山房集》,《文渊阁四库全书》本。
周复俊,《全蜀艺文志》,《文渊阁四库全书》本。
周麟之,《海陵集》,《文渊阁四库全书》本。
郑元佑,《侨吴集》,台北,“中央图书馆”,1970。
郑刚中,《北山文集》,《金华丛书》本。
郑兴裔,《郑忠肃奏议遗集》,《文渊阁四库全书》本。
郑侠,《西塘集》,《文渊阁四库全书》本。
赵汝愚编,《诸臣奏议》,台北,文海出版社,1970。
赵孟頫,《松雪斋文集》,《四部丛刊初编》本。
赵鼎,《忠正德文集》,《文渊阁四库全书》本。
赵蕃,《淳熙稿》,《聚珍版丛书》本。
赵蕃,《漳泉稿》,《聚珍版丛书》本。

郝经,《陵川集》,《文渊阁四库全书》本。
胡宏,《五峰集》,《文渊阁四库全书》本。
胡铨,《胡澹庵先生文集》，台北，汉华文化事业公司，1970。
胡寅,《斐然集》,《文渊阁四库全书》本。
胡宿,《文恭集》,《聚珍版丛书》本。
姜夔,《白石诗词集》，台北，华正出版社，1974。
洪适,《盘洲文集》,《四部丛刊初编》本。
洪咨夔,《平斋文集》,《四部丛刊续编》本。
姚勉,《雪坡集》,《文渊阁四库全书》本。
秦观,《淮海集》,《四部丛刊初编》本。
袁甫,《蒙斋集》,《聚珍版丛书》本。
袁易,《静春堂集》,《知不足斋丛书》本。
袁说友,《东塘集》,《文渊阁四库全书》本。
袁桷,《清容居士集》,《四部丛刊初编》本。
袁燮,《絜斋集》,《聚珍版丛书》本。
真德秀,《真文忠公文集》,《四部丛刊初编》本。
钱谷,《吴都文粹续集》,《文渊阁四库全书》本。
徐元杰,《楳埜集》,《文渊阁四库全书》本。
徐经孙,《矩山存稿》,《文渊阁四库全书》本。
栾贵明辑,《四库辑本别集拾遗》，北京，中华书局，1983。
高斯得,《耻堂存稿》,《聚珍版丛书》本。
唐元,《筠轩集》,《文渊阁四库全书》本。
黄公度,《知稼翁集》,《文渊阁四库全书》本。
黄庭坚,《山谷集》,《四部丛刊初编》本。
黄淮、杨士奇编,《历代名臣奏议》，台北，学生书局，1964。
黄溍,《金华黄先生文集》,《四部丛刊初编》本。
黄榦,《勉斋先生黄文肃公文集》,《北京图书馆古籍珍本丛刊》本。
黄榦,《勉斋先生黄文肃公集》，旧钞本。
黄榦,《勉斋集》,《文渊阁四库全书》本。
黄震,《黄氏日抄》,《文渊阁四库全书》本。
黄震,《黄氏日抄》，京都，中文出版社，1979。
曹彦约,《昌谷集》,《文渊阁四库全书》本。
崔敦礼,《宫教集》,《文渊阁四库全书》本。

扈仲荣等编,《成都文类》,《文渊阁四库全书》本。
彭汝砺,《鄱阳集》,《文渊阁四库全书》本。
彭龟年,《止堂集》,《聚珍版丛书》本。
韩元吉,《南涧甲乙稿》,《聚珍版丛书》本。
韩维,《南阳集》,《文渊阁四库全书》本。
程珌,《洺水集》,《文渊阁四库全书》本。
程俱,《北山小集》,《四部丛刊广编》本。
程敏政,《新安文献志》,《文渊阁四库全书》本。
程敏政,《新安文献志》,《文渊阁四库全书》本。
傅增湘辑,《宋代蜀文辑存》,台北,新文丰出版公司,1974。
舒璘,《舒文靖公类稿》,《四明丛书》本。
释居简,《北磵文集》,《文渊阁四库全书》本。
曾丰,《缘督集》,《文渊阁四库全书》本。
曾巩,《元丰类稿》,《四部丛刊初编》本。
曾协,《云庄集》,《文渊阁四库全书》本。
强至,《祠部集》,《文渊阁四库全书》本。
楼钥,《攻媿集》,《四部丛刊初编》本。
虞俦,《尊白堂集》,《文渊阁四库全书》本。
虞集,《道园学古录》,《四部丛刊初编》本。
蔡戡,《定斋集》,《文渊阁四库全书》本。
廖刚,《高峰文集》,《文渊阁四库全书》本。
薛季宣,《浪语集》,《文渊阁四库全书》本。
戴良,《九灵山房集》,《四部丛刊初编》本。
戴复古,《石屏诗集》,《四部丛刊广编》本。
戴栩,《浣川集》,《文渊阁四库全书》本。
魏了翁,《鹤山先生大全文集》,《四部丛刊初编》本。

(四)笔记、其他

《大元海运记》,《雪堂丛刻》本。
《东南纪闻》,《守山阁丛书》本。
《西湖老人繁胜录》,收入《东京梦华录(外四种)》,台北,古亭书屋,1975。
《名公书判清明集》,北京,中华书局,1987。

《异闻总录》,《稗海》本。
《南宋登科录两种》(内含《绍兴十八年同年小录》《宝祐四年登科录》),台北,文海出版社,1981。
《海道经》,《借月山房汇抄》本。
《湖海新闻夷坚续志》,《适园丛书》本。
王佐,《新增格古要论》,《丛书集成》本。
王应麟,《玉海》,台北,大化书局,1977。
王灼,《糖霜谱》,《学津讨源》本。
王明清,《挥尘录》,《四部丛刊续编》本。
王明清,《摭青杂说》,《说郛》一百二十卷本。
王桢,《农书》,《聚珍版丛书》本。
王铚,《默记》,《知不足斋丛书》本。
长谷真逸《农田余话》,《宝颜堂秘笈》本。
仇远,《稗史》,《说郛》一百二十卷本。
方回,《古今考续考》,《文渊阁四库全书》本。
孔齐,《至正直记》,《粤雅堂丛书》本。
孔迩,《云蕉馆记谈》,《稗乘》本。
叶子奇,《草木子》,《文渊阁四库全书》本。
叶绍翁,《四朝闻见录》,《知不足斋丛书》本。
叶梦得,《避暑录话》,《学津讨源》本。
白珽,《湛渊静语》,《知不足斋丛书》本。
冯梦龙,《古今小说》,台北,鼎文书局,1974。
冯梦龙,《警世通言》,台北,世界书局,1958。
司马光,《涑水纪闻》,台北,世界书局,1970。
成寻,《参天台五台山记》,收入《大日本佛教全书》,东京,有精堂,1932。
吕祖谦,《历代制度详说》,扬州,江苏广陵古籍刻印社,1990。
朱国桢,《涌幢小品》,《笔记小说大观》本。
朱彧,《萍洲可谈》,《守山阁丛书》本。
朱熹,《伊洛渊源录》,台北,文海出版社,1968。
庄绰,《鸡肋编》,《丛书集成简编》本。
刘一止,《钱塘遗事》,《武林掌故丛篇》本。
许元溥,《吴乘窃笔》,《指海》本。

苏轼，《物类相感志》，《宝颜堂秘笈》本。
苏辙，《龙川略志》，《百川学海》本。
杨和甫，《行都纪事》，《说郛》一百卷本。
杨循吉，《苏谈》，《纪录汇编》本。
李幼杰，《莆阳比事》，《宛委别藏》本。
李商隐，《义山杂纂》，《说郛》一百二十卷本。
李廌，《师友谈记》，《丛书集成简编》本。
吴允嘉，《浮梁陶政记》，《学海类编》本。
吴自牧，《梦粱录》，《知不足斋丛书》本。
吴莱，《三朝野史》，《说海》本。
何薳，《春渚记闻》，《学津讨源》本。
汪大渊（藤田丰八校注），《岛夷志略校注》，《雪堂丛刻》本。
沙海昂注、冯承钧译，《马可波罗行纪》，台北，台湾商务印书馆，1962。
沈作喆，《寓简》，《知不足斋丛书》本。
沈括，（胡道静校证）《梦溪笔谈校证》，台北，世界书局，1965。
张耒，《明道杂志》，《说郛》一百二十卷本。
张耒，《续明道杂志》，《说郛》一百二十卷本。
张耒撰，查清华、潘超群整理，《明道杂志》，收入《全宋笔记》，郑州，大象出版社，2006。
张端义，《贵耳集》，台北，广文书局，1969。
陆友仁，《吴中旧事》，《函海》本。
陆游，《老学庵笔记》，《宋元人说部丛书》本。
陆游，《放翁家训》，《丛书集成简编》本。
陈元靓，《岁时广记》，《十万卷楼丛书》本。
陈世崇，《随隐漫录》，《稗海》本。
陈言，《三因极病证方论》，《文渊阁四库全书》本。
陈槱，《负暄野录》，《知不足斋丛书》本。
陈襄（旧题）《州县提纲》，《丛书集成简编》本。
范公称，《过庭录》，《稗海》本。
范成大，《吴船录》，《知不足斋丛书》本。
范成大，《骖鸾录》，《知不足斋丛书》本。
罗大经，《鹤林玉露》，《宋元人说部丛书》本。

罗烨,《醉翁谈录》，台北，世界书局，1972。
岳珂,《愧郯录》,《知不足斋丛书》本。
周去非,《岭外代答》,《知不足斋丛书》本。
周密,《齐东野语》,《稗海》本。
周密,《武林旧事》,《知不足斋丛书》本。
周密,《癸辛杂识》,《稗海》本。
周辉,《清波杂志》,《知不足斋丛书》本。
庞元英,《谈薮》,《说郛》一百卷本。
郑刚中,《西征道里记》,《金华丛书》本。
孟元老（邓之诚注）,《东京梦华录注》，台北，世界书局，1963。
赵彦卫,《云麓漫抄》，台北，世界书局，1959。
胡太初,《昼帘绪论》,《百川学海》本。
耐得翁,《都城纪胜》，收入《东京梦华录（外四种）》，台北，古亭书屋，一九七五。
俞文豹,《吹剑四录》，收于《宋人札记八种》，台北，世界书局，1963。
俞德邻,《佩韦斋辑闻》,《学海类编》本。
施彦执,《北窗炙輠录》,《学海类编》本。
洪迈,《夷坚志》，涵芬楼本。
洪迈,《容斋随笔》,《四部丛刊续编》本。
洪巽,《旸谷漫录》,《说郛》一百卷本。
姚广孝等,《永乐大典》，北京，中华书局，1986。
袁采,《袁氏世范》,《知不足斋丛书》本。
贾铭,《饮食须知》,《学海类编》本。
顾炎武,《天下郡国利病书》,《四部丛刊三编》本。
顾震涛,《吴门表隐》，钞本。
钱南扬校注,《永乐大典戏文三种校注》，台北，华正书局，1980。
徐大焯,《烬余录》,《望炊楼丛书》本。
高德基,《平江记事》,《墨海金壶》本。
陶宗仪,《辍耕录》,《丛书集成简编》本。
黄宗羲、全祖望,《宋元学案》,《四部备要》本。
龚明之,《中吴纪闻》,《知不足斋丛书》本。
章俊卿,《群书考索》，京都，中文出版社，1982。

董煟，《救荒活民书》，《丛书集成简编》本。
释文莹，《玉壶清话》，《知不足斋丛书》本。
曾公亮等，《武经总要》，《文渊阁四库全书》本。
蓝浦，《景德镇陶录》，台北，文海出版社，1969。
廉布，《清尊录》，《说郛》一百卷本。
黎靖德编，《朱子语类》，台北，汉京文化事业有限公司，1980。
魏岘，《四明它山水利备览》，《丛书集成简编》本。

二、研究文献

（一）专书

于景让，《栽培植物考》，台北，台湾大学农学院丛书，1958。
于北山著、于蕴生整理，《杨万里年谱》，上海，上海世纪出版股份有限公司、上海古籍出版社，2006。
方豪，《方豪六十自定稿》，台北，自印，1969。
方豪，《方豪六十至六十四自选待定稿》，台北，自印，1974。
王謇，《宋平江城坊考》，苏州，苏州基督教青年会，1925。
王懋竑，《朱子年谱》，台北，台湾商务印书馆，1971。
王国维，《宋元戏曲考》，台北，台湾商务印书馆，1968。
王建秋，《宋代太学与太学生》，台北，中国学术著作奖助委员会，1965。
王保珍，《增补苏东坡年谱会证》，台北，台湾大学文学院文史丛刊，1970。
王德毅，《宋史研究论集》，台北，台湾商务印书馆，1968。
王德毅，《宋史研究论集》第二辑，台北，鼎文书局，1972。
王德毅，《宋代灾荒的救济政策》，台北，中国学术著作奖助委员会，1970。
王德毅等，《宋人传记资料索引》，台北，鼎文书局，1974—1976。
王曾瑜，《岳飞传》，上海，上海人民出版社，1981。
王曾瑜，《宋朝军制初探》（增订本），北京，中华书局，2011。
包遵彭，《中国海军史》，台北，中华丛书编审委员会，1970。

玉井是博,《支那社会经济史研究》,东京,岩波书店,1943。
加藤繁,《支那学杂草》,东京,生活社,1944。
加藤繁著、吴杰译,《中国经济史考证》,台北,华世出版社,1976。
古林森广,《宋朝产业经济史研究》,东京,国书刊行会,1987。
全汉昇,《中国经济史论丛》,香港,新亚研究所,1972。
全汉昇,《中国经济史研究》,香港,新亚研究所,1976。
衣川强著、郑梁生译,《宋代文官俸给制度》,台北,台湾商务印书馆,1977。
朱重圣,《北宋茶之生产与经营》,台北,台湾学生书局,1985。
池田静夫,《支那水利地理史研究》,东京,生活社,1940。
寺田刚,《宋代教育史概说》,东京,博文社,1965。
宋晞,《宋史研究论丛》,台北,国防研究院,1962。
宋晞,《宋史研究论丛》第二辑,台北,中国文化学院出版部,1980。
宋晞,《宋史研究论丛》第三辑,台北,中国文化大学出版部,1988。
李书华,《指南车与指南针》,台北,艺文印书馆,1959。
李剑农,《魏晋南北朝经济史稿》,台北,华世出版社,1981。
李剑农,《宋元明经济史稿》,北京,三联书店,1968。
李约瑟(Josph Needham)著、张一麐、沈百先译,《中国之科学与文明》第十册,台北,台湾商务印书馆,1977。
李天鸣,《宋元战史》,台北,食货出版社,1988。
李廷先,《唐代扬州史考》,南京,江苏古籍出版社,2002。
李之亮,《宋两淮大郡守臣易替考》,成都,巴蜀书社,2001。
李之亮,《宋代路分长官通考》,成都,巴蜀书社,2003。
余英时,《中国近世宗教伦理与商人精神》,台北,联经出版事业公司,1987。
吴廷燮,《南宋制抚年表》,北京,中华书局,1984。
吴缉华,《明代社会经济史论丛》,台北,自印,1970。
汪圣铎,《两宋财政史》,北京,中华书局,1995。
沈宗宪,《宋代民间的幽冥世界观》,台北,商鼎文化出版社,1993。
佐伯富,《中国史研究·第一》,京都,京都大学文学部内东洋史研究会,1969。
佐伯富,《中国史研究·第二》,京都,京都大学文学部内东洋史研究会,1971。

林瑞翰,《读史偶得》，台北，幼狮文化事业公司，1977。
林瑞翰,《宋代政治史》，台北，大学联合出版委员会，1989。
林天蔚,《宋代香药贸易史稿》，香港，中国学社，1960。
林天蔚,《宋史试析》，台北，台湾商务印书馆，1978。
林正秋,《南宋都城临安》，杭州，西泠印社，1986。
武汉水利电力学院《中国水利史稿》编写组,《中国水利史稿》中册，北京，水利电力出版社，1987。
周学武,《叶水心先生年谱》，台北，大安出版社，1988。
周藤吉之,《宋代官僚制と大土地所有》，收入《社会构成史体系》第八回配本，东京，日本评论社，1950。
周藤吉之,《宋代经济史研究》，东京，东京大学出版会，1962。
周藤吉之,《唐宋社会经济史研究》，东京，东京大学出版会，1965。
周藤吉之,《中国土地制度史研究》，东京，东京大学出版会，1965。
周藤吉之,《宋代史研究》，东京，东京大学出版会，1969。
冈崎文夫、池田静夫,《江南文化开发史——その地理的基础研究》，东京，弘文堂书店，1940。
青山定雄,《唐宋时代の交通と地志地图の研究》，东京，吉川弘文馆，1963。
东一夫,《王安石新法の研究》，东京，风间书房，1970。
河上光一,《宋代盐业史の基础研究》，东京，吉川弘文馆，1992。
胡士莹,《话本小说概论》，台北，木铎出版社，1979。
胡昭曦、邹重华主编,《宋蒙（元）关系史》，成都，四川大学出版社，1992。
柳田节子,《宋元乡村制の研究》，东京，创文社，1986。
孙克宽,《宋元道教之发展》，台中，私立东海大学，1965。
孙克宽,《元代汉文化的活动》，台北，台湾中华书局，1968。
徐秉瑜,《宋高宗之对金政策》，台北，国立台湾大学历史研究所硕士论文，1984。
桑原隲藏著、冯攸译,《中国阿拉伯海上交通史》，台北，台湾商务印书馆，1967。
桑原隲藏,《桑原隲藏全集》，东京，岩波书店，1968。
宫崎市定,《アヅア史研究》，京都，京都大学东洋史学会，1962—1964。

岛居一康，《宋代税政史研究》，东京，汲古书院，1993。
岛居一康，《宋代财政构造の研究》，东京，汲古书院，2012。
陈乐素，《求是集》第二集，广州，广东人民出版社，1984。
陈荣捷，《朱学论集》，台北，学生书局，1982。
陈伟明，《唐宋饮食文化初探》，北京，中国工商出版社，1993。
陈元朋，《两宋的"尚医士人"与"儒医"——兼论其在金元的流变》，台北，台湾大学文学院《文史丛刊》，1997。
陈君恺，《宋代医政之研究》，台北，台湾师范大学历史研究所博士论文，1998。
陈衍德、杨权，《唐代盐政》，西安，三秦出版社，1990。
陶晋生，《宋辽关系史研究》（增订版），北京，中华书局，2008。
梅原郁，《宋代官僚制度研究》，京都，同朋舍，1985。
梁启超，《王荆公》，台北，台湾中华书局，1966。
梁方仲，《中国历代户口、田地、田赋统计》，上海，上海人民出版社，1980。
梁天锡，《宋代祠禄制度考实》，香港，自印，1978。
梁庚尧，《南宋的农地利用政策》，台北，台湾大学文史丛刊，1977。
梁庚尧，《南宋的农村经济》，台北，联经出版事业公司，1985 修订再版。
梁庚尧，《宋代社会经济史论集》，台北，允晨文化实业股份有限公司，1997。
梁庚尧，《南宋盐榷：食盐产销与政府控制》，台北，台大出版中心，2010。
郭正忠，《宋代盐业经济史》，北京，人民出版社，1990。
郭正忠主编，《中国盐业史·古代编》，北京，人民出版社，1997。
清木场东，《北宋の商业活动》，福冈，中国书店，2005。
张国淦，《中国古方志考》，台北，鼎文书局，1974。
冯沅君，《古剧说汇》，台北，学海出版社，无出版时间，作者序于1945 年。
冯柳堂，《中国历代民食政策史》，台北，进学书局，1970。
黄敏枝，《唐代寺院经济研究》，台北，台湾大学文学院，1971。
黄敏枝，《宋代佛教社会经济史论集》，台北，学生书局，1989。
黄宽重，《晚宋朝臣对国是的争议》，台北，台湾大学文史丛刊，1978。

黄宽重,《南宋时代抗金的义军》,台北,联经出版事业公司,1988。
黄俊彦,《韩侂胄与南宋中期的政局变动》,台北,台湾师范大学历史研究所硕士论文,1976。
黄纯艳,《宋代茶法研究》,昆明,云南大学出版社,2002。
程章灿,《刘克庄年谱》,贵阳,贵州人民出版社,1993。
曾我部静雄,《中国及び古代日本における乡村形态の变迁》,东京,吉川弘文馆,1963。
曾我部静雄,《宋代财政史》,东京,大安社,1966。
曾我部静雄,《宋代政经史の研究》,东京,吉川弘文馆,1974。
斯波义信,《宋代商业史研究》,东京,风间书房,1968。
斯波义信,《宋代江南经济史の研究》,东京,《东京大学东洋文化研究所纪要》别册,1988。
傅宗文,《宋代草市镇研究》,福州,福建人民出版社,1989。
叶德辉,《书林清话》,台北,文史哲出版社,1988。
赵翼,《廿二史札记》,台北,华世出版社,1977。
漆侠,《王安石变法》,上海,上海人民出版社,1959。
廖奔,《宋元戏曲文物与民俗》,北京,文化艺术出版社,1989。
刘子健,《两宋史研究汇编》,台北,联经出版事业公司,1987。
刘伯骥,《宋代政教史》,台北,台湾中华书局,1971。
刘淑芬,《六朝的城市与社会》,台北,台湾学生书局,1992。
刘佳玲,《宋代巫觋信仰研究》,台北,台湾师范大学历史研究所硕士论文,1996。
邓广铭,《王安石——中国十一世纪的改革家》,北京,人民出版社,1975。
邓广铭,《岳飞传》,北京,人民出版社,1983。
邓广铭,《辛稼轩年谱》,台北,河洛图书出版社,1979。
郑骞,《辛稼轩年谱》,台北,华世出版社,1977。
蔡上翔,《王荆公年谱考略》,台北,洪氏出版社,1975。
钱穆,《宋明理学概述》,台北,学生书局,1977。
钱穆,《朱子新学案》,台北,三民书局,1971。
戴裔煊,《宋代钞盐制度研究》,台北,华世出版社,1982。
庞德新,《从话本与拟话本所见之宋代两京市民生活》,香港,龙门书店,1974。

顾炎武,《日知录》，台北，世界书局，1968。
顾祖禹,《读史方舆纪要》,《国学基本丛书》本。
顾宏义,《宋朝方志考》，上海，上海世纪出版股份有限公司、上海古籍出版社，2010。
Hansen, Valerie, *Changing Gods in Medieval China, 1127—1276*, Princeton, Princeton University Press, 1990。
Katz, Paul R., *Demon Hordes and Burning Boats: The Cult of Marshal Wen in Late Imperial Chekiang*, Albany, State University of New York Press, 1995。

（二）论文

小笠原正治,《宋代弓箭手の研究》前篇，载《中国の社会と宗教：东洋史学论集第二》，东京，不昧堂书局，1954。
小野泰,《宋代浙东の都市水利——台州城の修筑と治水对策》,《中国水利史研究》第二十号，1990。
川上恭司,《南宋の总领所について》,《待兼山论丛》第十二号，1978。
今堀诚二,《宋代常平仓研究》,《史学杂志》第五十六编第十号、第十一号，1946。
日野开三郎,《神宗朝を中心にとして观たる北宋时代の结籴》,《史渊》第二十辑，1939。
日野开三郎,《宋代の塌坊とその由来》,《东洋史研究》第二十七卷第一号，1968。
王德毅,《宋季忠烈汪立信年谱》,《台湾大学历史学系学报》第十四期，1988。
王曾瑜,《宋朝的产钱》,《中华文史论丛》第三期，1984。
王曾瑜,《宋朝的坊郭户》，载中国社会科学院宋辽金元史研究室编《宋辽金史论集》第一辑，北京，中华书局，1985。
木田知生,《宋代の都市研究をめぐる诸问题——国都开封を中心として》,《东洋史研究》第三十七卷第一号，1978。
木田知生,《北宋时代の洛阳と士人达——开封との对立のなかで》,《东洋史研究》第三十八卷第一号，1979。
内河久平,《南宋总领所考——南宋政权との势力关系をめぐっ

て一》,《史潮》第七十八、七十九合并号，1962。
白寿彝,《宋时伊斯兰教徒底香料贸易》，收入存萃学社编《宋辽金元史论集》，香港，崇文书店，1971。
石文济,《宋代市舶司的设置》，收入宋史座谈会编《宋史研究集》第五辑，台北，中华丛书编审委员会，1970。
本田治,《宋元时代の夏盖湖について》，载中国水利史研究会编《佐藤博士还历纪念中国水利史论集》，东京，国书刊行会，1981。
史继刚,《宋代的惩“巫”扬“医”》,《西南师范大学学报》一九九三年第三期，1993。
朱家源、王增瑜,《宋朝的官户》，载《宋史研究论文集》(《中华文史论丛》增刊)，上海，上海古籍出版社，1982。
朱瑞熙,《宋代商人的社会地位及其历史作用》,《历史研究》一九八六年第二期，1986。
朱瑞熙,《宋朝的岁币》，载岳飞研究会编《岳飞研究》第三辑，北京，中华书局，1992。
朱瑞熙,《宋朝官员子弟初探》,《上海师范大学学报(哲学社会科学版)》一九九三年第一期，1993。
朱瑞熙,《大运河和唐、宋帝国的统一》，载中国历史上的分与合学术研讨会筹备委员会编,《中国历史上的分与合学术研讨会论文集》，台北，联经出版事业公司，1995。
池田静夫,《南宋の首都临安の户口の再吟味》,《文化》第五卷第十二号，1937。
池田静夫,《宋元时代の澉浦港》,《东亚经济研究》第二十一卷第四号，1937。
池田静夫,《宋代汴河水运の研究》,《文化》第五卷第五号，1938。
伊原弘,《宋代浙西における都市と士大夫——宋平江图坊名考》，载《中嶋敏先生古稀纪念论集》上卷，东京，汲古书院，1980。
伊原弘,《唐宋时代の浙西における都市の变迁——宋平江图解读作业》,《中央大学文学部纪要》史学科第二十四号，1979。
伊原弘,《宋代の浙西における都市士大夫》,《集刊东洋学》第四十五号，1981。
谷霁光,《宋代造船事业之进展》，收入存萃学社编《宋辽金元史论集》，香港，崇文书店，1971。

李弘祺，《宋代的举人》，载中国文化大学编《国际宋史研讨会论文集》，台北，中国文化大学，1988。
汪圣铎，《宋代地方财政研究》，《文史》第二十七辑，1986。
佐藤武敏，《唐宋时代都市における饮料水の问题》，《中国水利史研究》第七号，1975。
林瑞翰，《宋代保甲》，收入《大陆杂志史学丛书》第一辑第五册，台北，大陆杂志社，1960。
林瑞翰，《建炎明州之战及绍兴宋与伪齐之战》，收入《大陆杂志史学丛书》第一辑第五册，台北，大陆杂志社，1960。
林瑞翰，《晚金国情的研究》，收入《大陆杂志史学丛书》第一辑第五册，台北，大陆杂志社，1960。
林瑞翰，《宋代边郡之马市及马之纲运》，收入《大陆杂志史学丛书》第三辑第三册《宋辽金元史研究论集》，台北，大陆杂志社，1967。
林瑞翰，《南宋之边防》，《幼狮学志》第九卷第二期，1981。
金中枢，《宋代几种社会福利制度——居养院、安济坊、漏泽园》，《新亚书院学术年刊》第十期，1968。
金中枢，《北宋科举制度研究续（上）——进士诸科之解省试法》，收入宋史座谈会编《宋史研究集》第十三辑，国立编译馆中华丛书编审委员会，1981。
竺沙雅章，《宋代官僚の寄居について》，载《东洋史研究》第四十一卷第一号，1982。
幸彻，《北宋の过税制度》，《史渊》第八十三辑，1960。
幸彻，《北宋时代东南盐の官卖法の推移に就いて》，《东方学》第三十四辑，1967。
幸彻，《北宋时代の末盐钞京师现钱发行法の行方について》，《历史学，地理学年报》第二辑，1978。
长井千秋，《淮东总领所の财政经营》，《史学杂志》第一〇一卷第七号，1993。
畑地正宪，《宋代における揽载について》，载日野开三郎博士颂寿纪念论集刊行会:《日野开三郎博士颂寿纪念论集：中国社会·制度·文化史の诸问题》，福冈，中国书店，1978。
夏定域，《元朱清张瑄事迹录》，《国立浙江大学文学院集刊》第三集，1943。

柳田节子,《宋代官僚の商业行为について》,载《中村治兵卫先生古稀纪念东洋史论集》,东京,刀水书屋,1986。
柳田节子,《宋代都市的户等制》,载中国文化大学编《国际宋史研讨会论文集》,台北,中国文化大学,1988。
柳田节子,《宋代の官田と形势户》,《学习院大学文学院年报》第二十六辑,1979。
徐益棠,《南宋杭州之都市的发展》,《中国文化研究汇刊》第四卷上册,1944。
徐益棠,《宋代平时的社会救济行政》,《中国文化研究汇刊》第五卷,1945。
草野靖,《宋の屋税地税について》,《史学杂志》第六十八卷第四号,1959。
草野靖,《南宋财政における会子の品搭收支》,《东洋史研究》第四十一卷第一号,1982。
宫下三郎,《宋元の医疗》,载薮内清编,《宋元时代の科学技术史》,京都,京都大学人文科学研究所,1967。
宫泽知之,《宋代の牙人》,《东洋史研究》第三十九第一号,1980。
高桥芳郎,《宋代の士人身份について》,《史林》第六十九第三号,1986。
陶晋生,《完颜昌与金的对中原政策》,收入陶晋生《边疆史研究集——宋金时期》,台北,台湾商务印书馆,1977。
郭正忠,《南宋中央财政货币岁收考辨》,载中国社会科学院宋辽金元史研究室编《宋辽金史论集》第一辑,北京,中华书局,1985。
郭湖生,《子城制度》,《东方学报》第五十七册,京都,1985。
陈芳明,《宋初弭兵论的检讨》,《“国立”编译馆馆刊》第四卷第二期,1973。
陈智超,《南宋二十户豪横的分析》,载邓广铭、徐规等主编《宋史研究论文集:一九八四年年会编刊》,杭州,浙江人民出版社,1987。
陈智超,《宋代的书铺与讼师》,载《刘子健博士颂寿纪念宋史研究论集》,京都,同朋舍,1989。
陈元朋,《〈夷坚志〉中所见之南宋瘟神信仰》,《史原》第十九期,1993。
梅原郁,《宋代地方小都市の一面——镇の变迁を中心として——》,

《史林》第四十一卷第六号，1958。
梅原郁,《宋代の开封と都市制度》,《鹰陵史学》第三、四号，1977。
梅原郁,《宋代の户等制をめぐつて》,《东方学报》第四十一册，京都，1988。
梅原郁,《宋代の形势と官户》,《东方学报》第六十册，京都，1988。
梁庚尧,《南宋的淮浙盐场》，载“中央研究院”编《第二届国际汉学会议论文集》(历史与考古组)，台北，“中央研究院”，1989。
梁庚尧,《南宋淮浙盐的运销》,《大陆杂志》第七十七卷第一至三期，1988。
梁庚尧,《南宋的军营商业》，载台湾大学历史系编《史学：传承与变迁学术研讨会论文集》，台北，台湾大学历史系，1998。
宿白,《南宋的雕版印刷》,《文物》第一期，1962。
曹树基,《地理环境与宋元时代的传染病》,《历史地理》第十二期，1995。
程光裕,《宋元时代泉州之桥梁研究》，收入宋史座谈会编《宋史研究集》第六辑，台北，中华丛书编审委员会，1971。
辜瑞兰,《青苗法之变动》，收入《大陆杂志史学丛书》第三辑第三册，台北，大陆杂志社，1970，
黄繁光,《赵鼎与宋室南渡政局的关系》，载中国文化大学编《第二届国际华学研究会议论文集》，台北，中国文化大学，1992。
黄敏枝,《关于宋代佛教的浴室院》，载台湾大学历史系编《史学：传承与变迁学术研讨会论文集》，台北，台湾大学历史系，1998。
曾我部静雄,《南宋的隅和隅官》，收入《大陆杂志史学丛书》第二辑第二册，台北，大陆杂志社，1967。
黄纯艳,《论宋代发运使的演变》,《厦门大学学报(哲学社会科学版)》二〇〇三年第二期，2003。
黄纯艳,《唐宋发运使制度考述》，收入黄纯艳《唐宋政治经济史论稿》，兰州，甘肃人民出版社，2009。
斯波义信,《宋代市籴制度の沿革》，载《青山博士古稀纪念宋代史论丛》，东京，省心书房，1974。
斯波义信,《宋代の湖州における镇市の发展》，载《榎博士还历纪念东洋史论丛》，东京，山川出版社，1975。
渡边纮良,《宋代潭州湘潭县の黎氏をめぐつて——外邑新兴阶层の听

讼》,《东洋学报》第六十五卷第一、二号，1984。
森田宪司,《文昌帝君の成立——地方神から科挙の神へ》，载梅原郁编《中国近世の都市と文化》，京都，京都大学人文科学研究所，1984。
杨联陞,《科举时代的赴考旅费问题》,《清华学报》新第二卷第二期，1961。
杨倩描,《宋代禁巫述论》,《中国史研究》第一期，1993。
熊本崇,《北宋神宗期の国家财政と市易法——熙宁八、九年を中心に》,《文化》第四十五卷第三、四合号，1982。
赵铁寒,《宋代的太学》，收入宋史座谈会编《宋史研究集》第一辑，台北，中华丛书编审委员会，1958。
赵铁寒,《宋代的州学》，收入宋史座谈会编《宋史研究集》第二辑，台北，中华丛书编审委员会，1964。
赵铁寒,《宋代的学校教育》，收入宋史座谈会编《宋史研究集》第四辑，台北，中华丛书编审委员会，1969。
赵雅书,《宋代蚕丝业的地理分布》,《史原》第三期，1972。
廖隆盛,《宋夏关系中的青白盐问题》,《食货月刊》复刊第五卷第十期，1976。
刘石吉,《明清时代江南市镇的数量分析》,《思与言》第十六卷第二期，1978。
刘石吉,《明清时代江南地区的专业市镇》,《食货月刊》第八卷第六至八期，1978。
迟景德,《宋高宗与金讲和本末》，收入宋史座谈会编《宋史研究集》第十七辑，台北，编译馆，1988。
桥本紘治,《南宋における漕运の特殊性について》，载《青山博士古稀纪念宋代史论丛》，东京，省心书房，1974。
谢桃枋,《宋代歌妓考略》,《中华文史论丛》第四辑，1983。
戴建国,《宋代的公证机构——书铺》,《中国史研究》第四期，1988。
韩桂华,《宋代真州的兴起》，“中国史地关系研究学术研讨会——纪念张其昀先生百岁诞辰”论文，台北，中国文化大学史学研究所，2000。
韩桂华,《论宋发运使的兴废与职掌》，载张其凡、范立舟主编,《宋代历史文化研究（续编）》，北京，人民出版社，2003。
谭徐明,《宋代復闸的技术成就——兼及復闸消失原因的探讨》,《汉学研究》第十七卷第一期，1999。
Ho, Ping-ti, "Early Ripening Rice in Chinese History"，收入于宗先等编《中国经济发展史论文选集》，台北，联经出版事业公司，1980。
Shiba, Yoshinobo, "Urbanization and the Development of Markets in the Lower Yangtze Valley", in Haeger, John W. ed. *Crisis and Prosperityin Sung China*, The University of Arizona Press, Tucson, 1975.